U0949521

招商格局 湾区元年

招商蛇口（SZ.001979）是招商局集团旗下城市综合开发运营板块的旗舰企业，近40年布局国内外近40城，共计开发精品项目200余个。

招商蛇口在深六大项目共同组成了“招商湾区发展纵贯线”，以“前港-中区-后城”模式，协同邮轮、园区、社区三大业务板块，已己任构建远大格局，推动城市发展，为湾区元年蓄势勃发，与时代并肩起航。

双玺 时光道
IMPERIAL PARK

立足未来的智能化豪宅

约18万m²海景大宅、低密别墅

BUSINESS PLAZA
太子湾·商务广场

南中国海上门户

约170万m²邮轮都会综合体

前海进入招商时区

超500万m²产业新城

times coast
招商·東岸

蛇口之后再造半岛

约32万m²山海门户综合大城

蝶变罗湖新力作

双地铁枢纽·约50万m²城市综合体

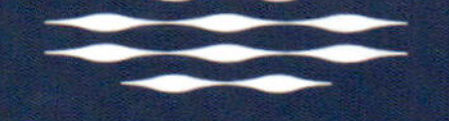

经济腾飞新引擎

湾区会展航母，深圳空港新城

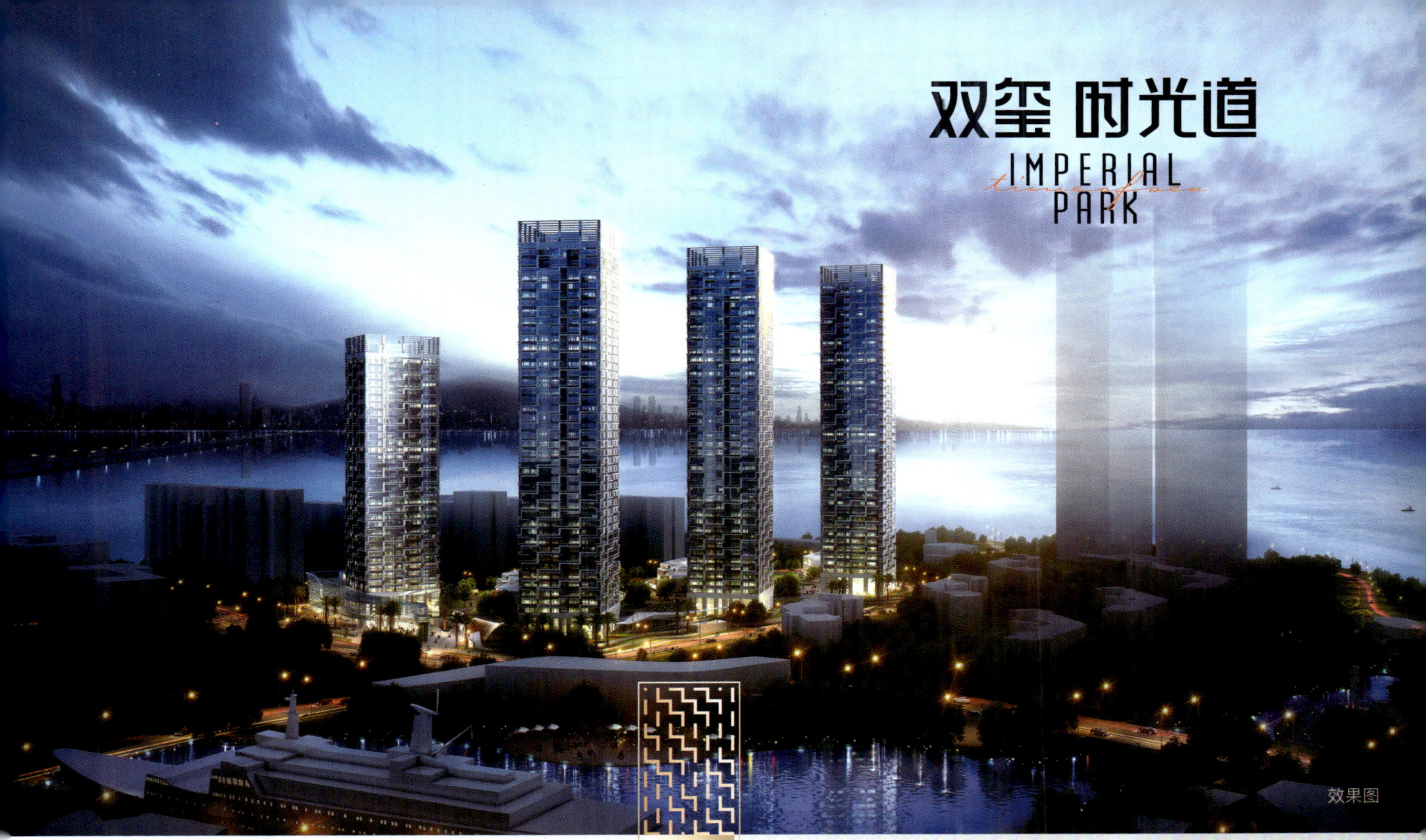

双玺 时光道

IMPERIAL PARK

效果图

TIME OF SEA

时光如玺 一湾珍藏

建筑面积约

200-420m² 传世大宅 震撼登场

- 百年招商 凝聚深厚底蕴
- 千亿资本 聚变前海蛇口
- 6房2厅 尊崇世家风范
- 100平横厅 无界山海景观
- 国际湾区 尽藏山海城港
- 海陆空轨 全球都市范本
- 4梯2户 豪门雍容尺度
- 270度视野 俯瞰世界气魄

大南山 | 15公里滨海长廊 | 500米山海通廊 | 海上世界 | V&A博物馆 | 太子湾邮轮母港 | 十大精装 | 五感园林 | 南海会

400-880-1872

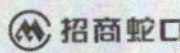

深圳招商房地产有限公司 深房许字（2016）南山012号

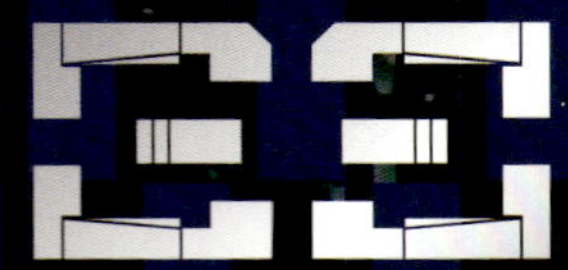

BUSINESS PLAZA
太子湾·商务广场

太子湾 总部独栋

蛇口珍稀商务 约1万m²独栋写字楼

170万m²太子湾邮轮综合体

22万吨级邮轮母港 / 61万m²总部商务 / 46万m²滨海商业

39万m²海景豪宅 / 6万m²文化艺术场馆

8万m²星级酒店 / 国际学校 / 国际医院

招商蛇口
城市生长的力量

客服热线
86 755 2681 8000

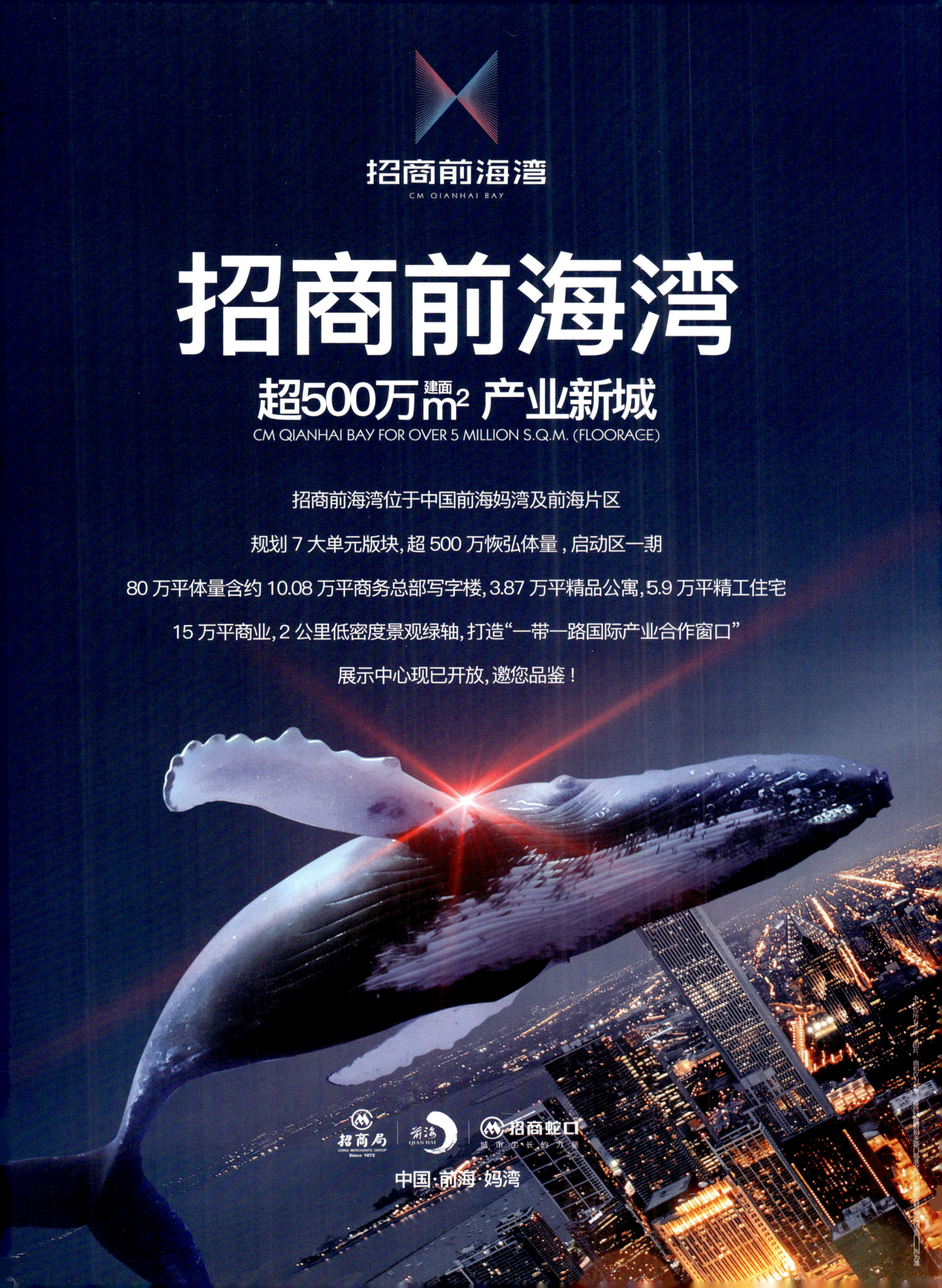

招商前海湾

超500万建面m² 产业新城

CM QIANHAI BAY FOR OVER 5 MILLION S.Q.M. (FLOORAGE)

招商前海湾位于中国前海妈湾及前海片区

规划 7 大单元版块，超 500 万恢弘体量，启动区一期

80 万平体量含约 10.08 万平商务总部写字楼，3.87 万平精品公寓，5.9 万平精工住宅

15 万平商业，2 公里低密度景观绿轴，打造“一带一路国际产业合作窗口”

展示中心现已开放，邀您品鉴！

招商局
CHINA MERCHANTS GROUP
Since 1872

前海
QIAN HAI

招商蛇口
城市生长的力量

中国·前海·妈湾

致敬
深圳时代脊梁

128m² 建面约 双地铁精装公寓 持续热销中

招商中环
Central Times

招商蛇口
城市生长的力量

add 罗湖中心·地铁7、9号线红岭北站G出口 tel 2291 8888

本广告所有资料，包括任何图片、文字描述或其他资料，仅供参考或识别使用。最终以政府批准文件及买卖双方签订的合同为准，开发商保留最终解释权及更改之权利。整合推广：途胜广告

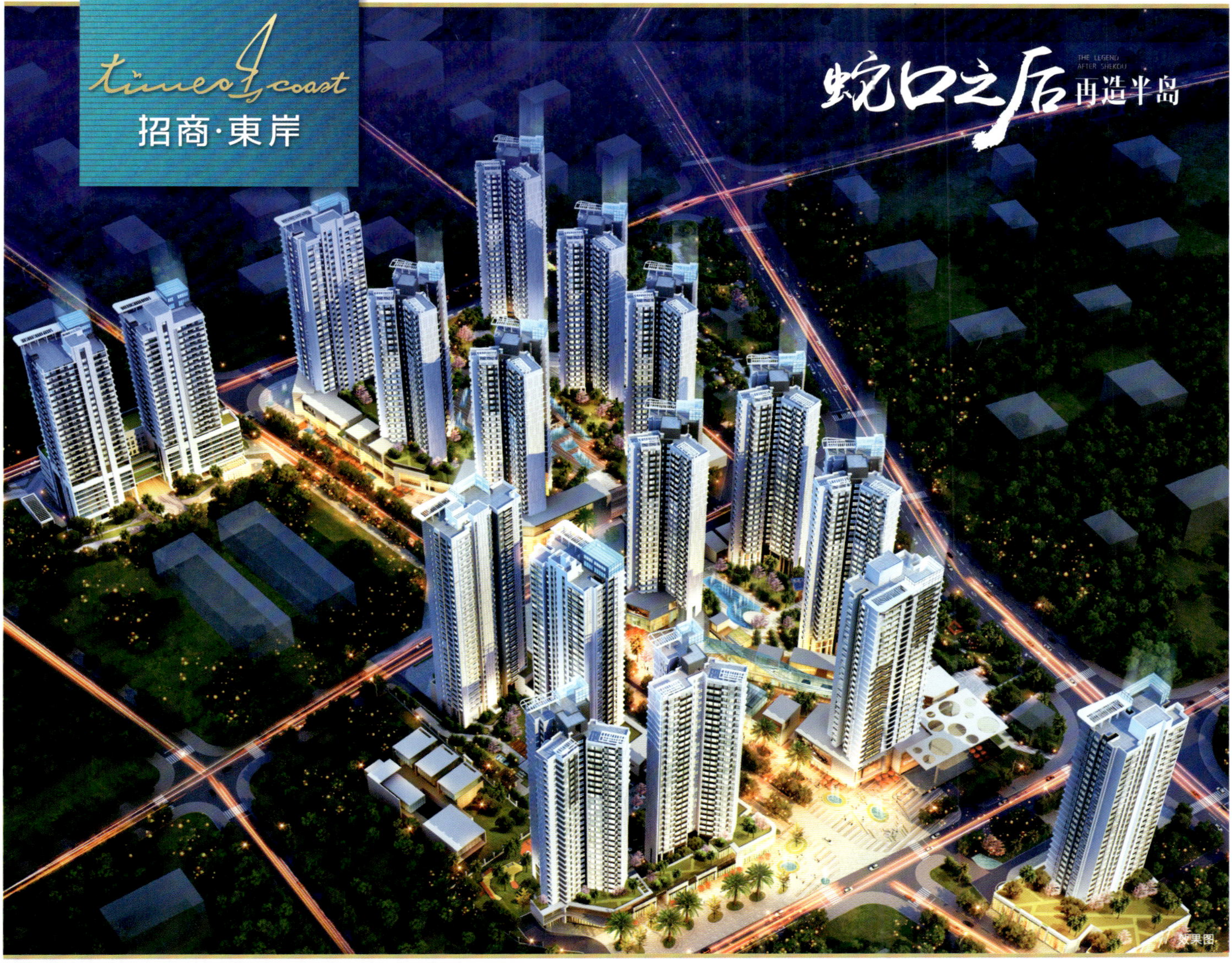

times coast
招商·東岸

THE LEGEND AFTER SHEKOU
蛇口之后 再造半岛

效果图

原山海·东半岛·首站资产

40-70-80m² 建面约 精品公寓

90-120-140m² 建面约 纯氧居所 山海珍藏

约32万m² 建面 大鹏门户综合大城

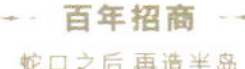

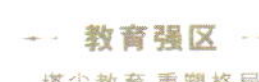

0755 8881 8111

SKYEY Mansion
新天鹅堡

效果图

临水而居 大美无言

天幕大宅 瞰湖面世

OCT 華僑城 地产 · 0755 2690 9888

注册名：天鹅湖花园（一期）
推广名：新天鹅堡
开发商：深圳华侨城房地产有限公司
代理商：深圳世联行地产顾问股份有限公司 中原地产代理（深圳）有限公司
深房许字（2016）南山007号 本项目所有图文以政府最终批文及双方买卖合同为准，开发商保留对本广告的合法解释权。

约164-205m^2（建筑面积）云端瞰景大宅

广告

实景图

OCT 華僑城 地产 269 11111

开发商：深圳华侨城房地产有限公司 代理公司：中原地产代理（深圳）有限公司 深圳世联行地产顾问股份有限公司
注册名：香山里花园四期 深房许字（2017）南山007号
本广告为要约邀请，所有图文以政府最终批文及双方买卖合同为准。

鹏瑞集团
PARKLAND GROUP

实景图

International Vision the Ultimate Innovation

国际视野 极致创新

鹏瑞集团微信平台

ADD：深圳市科苑大道与东滨路交汇处（深圳人才公园西岸） | VIP: 86-755-8666-6668 | www.szprl.com

本广告所有内容，包括但不限于图片、文字等仅供参考，以上面积指建筑面积，深圳湾1号项目所有信息均以政府部门最终审批及买卖双方正式签署的法律文件为准。 预售证许可证：深房许字（2014）南山013号

因 信 念 而 屹 立

效果图

Beyond the world

因信念而屹立

ADD：深圳市科苑大道与东滨路交汇处（深圳人才公园西岸）| VIP: 86-755-8666-6668 | www.oneshenzhenbay.com

本广告所有内容，包括但不限于图片、文字等仅供参考，以上面积指建筑面积，深圳湾1号项目所有信息均以政府部门最终审批及买卖双方正式签署的法律文件为准。 预售许可证：深房许字（2014）南山013号

深圳湾1号微信平台

SHENZHEN AIRPORT REAL ESTATE
深圳机场地产

领航城3rd
UNCITY

机场品牌
深圳机场地产
航空城都会运营商

大城规划
建面约130万m²规模住区
高端综合体

精英教育
9年制公立航城学校
打造精英教育

双园环伺
内享景观面积约8万m²现代园林
外赏建筑面积约2万m²航城公园

缤纷商业
建面约30万m²缤纷商业
汇聚万千繁华

低密舒居
低密度阳光住区
较宽楼间距

130万建面约 m^2 醇熟大城

52-89建面约 m^2、165建面约 m^2 悦景美宅销售中

六年光阴酝酿，大城已成。

现一、二期业主已入住，三期正逐步入伙，

现在购买领航城三期，2018年初可入伙，

入住领航城，兑现你对生活的期许。

中国·深圳·航空新城

299 77777

深房许字（2015）宝安017号　本广告所有图片及文字仅供参考，不作为合同要约，以政府最终批复、实施及合同签订为准，开发商保留最终解释权。

PART1

3大重磅利好 兑现深圳吸金未来

粤港澳大湾区规划启动，各城市群强强联动，将带动深圳宝安发展。航空新城规划实质落地，新航站楼等助推区域腾飞。深圳新会展中心已动工建设，未来综合实力不可小觑。领航城占据航空新城要地，三大重磅利好，稳享强势吸金力。（资料来源：深圳特区报、深圳晚报、网易新闻）

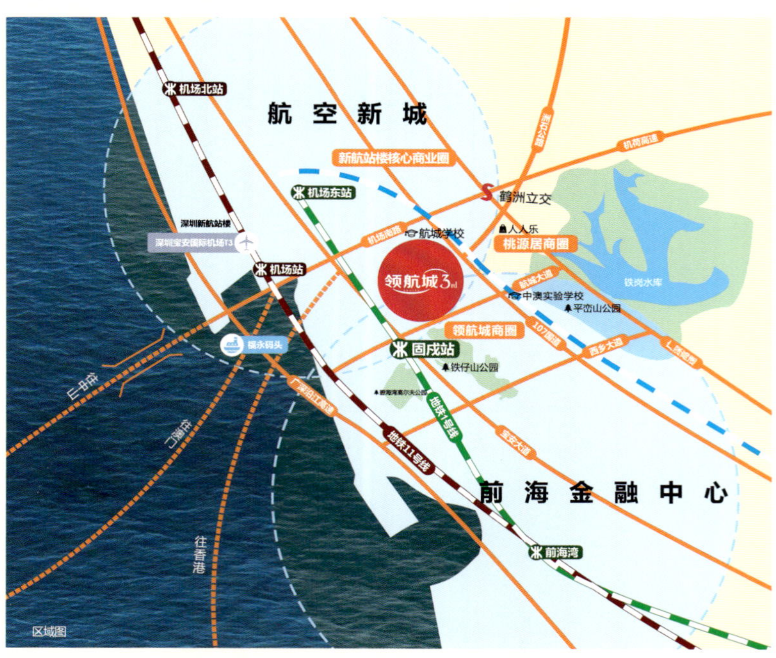

区域图

PART2

4大交通枢纽 兑现便捷出行

领航城紧邻地铁1号线（固戍站），地铁11号线，轨道优势全城瞩目；粤港澳大湾区发展脊梁、黄金商务带发展主轴——107国道升级在即，与宝安大道在此交汇，航城大道直连金湾大道；广深高速、沿江高速、穗莞深城际快线（建设中）、深中通道（建设中）等六大交通动脉连接珠三角，T3航站楼联通世界。

（资料来源：宝安日报）

PART3

12年全龄优质教育 兑现孩子成长

领航城配置三大幼儿园，三期领秀花园门口即是九年制公立航城学校。现航城学校一期已投入使用，二期已完工，2017年秋季首批初一新生入学。学校就在社区里，见证孩子成长的每一步。

示意图

PART4

130万m²醇熟大城 兑现繁华生活梦想

领航城建筑面积约130万㎡综合体，拟打造成集高尚住宅、商业中心、时尚酒店、创意产业园等为一体的多功能生活圈。四期建筑面积约12万㎡购物中心正建设中，六期希尔顿逸林酒店已于2016年9月动工。现一、二期业主已入住，三期已逐步入伙。

效果图

PART5

2万m²航城公园 兑现悠闲时光

领航城毗邻建筑面积约2万㎡航城公园、约6000㎡文体中心，内造景观面积约8万㎡现代园林。北靠狮子山天然氧吧，近享西湾公园、平峦山森林公园、铁仔山郊野公园、碧海湾公园等四季胜景，富氧人生。

效果图

PART6

约5万业主的选择 兑现生活期许

领航城·领秀打造低密度阳光住区，户户朝南，超宽楼间距，宽阔视野予以生活更多享受；低梯户比，让居住更舒心；**以匠心品质，力造建面约52-89m²典雅美居、约165m²阔景大宅。**领航城，约5万业主的共同选择，兑现你对生活的期许。

建筑面积约89m²样板房实景图

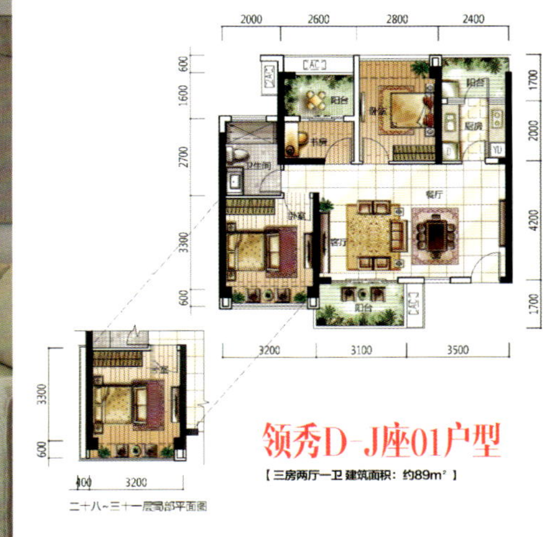

领秀D-J座01户型

【三房两厅一卫 建筑面积：约89m²】

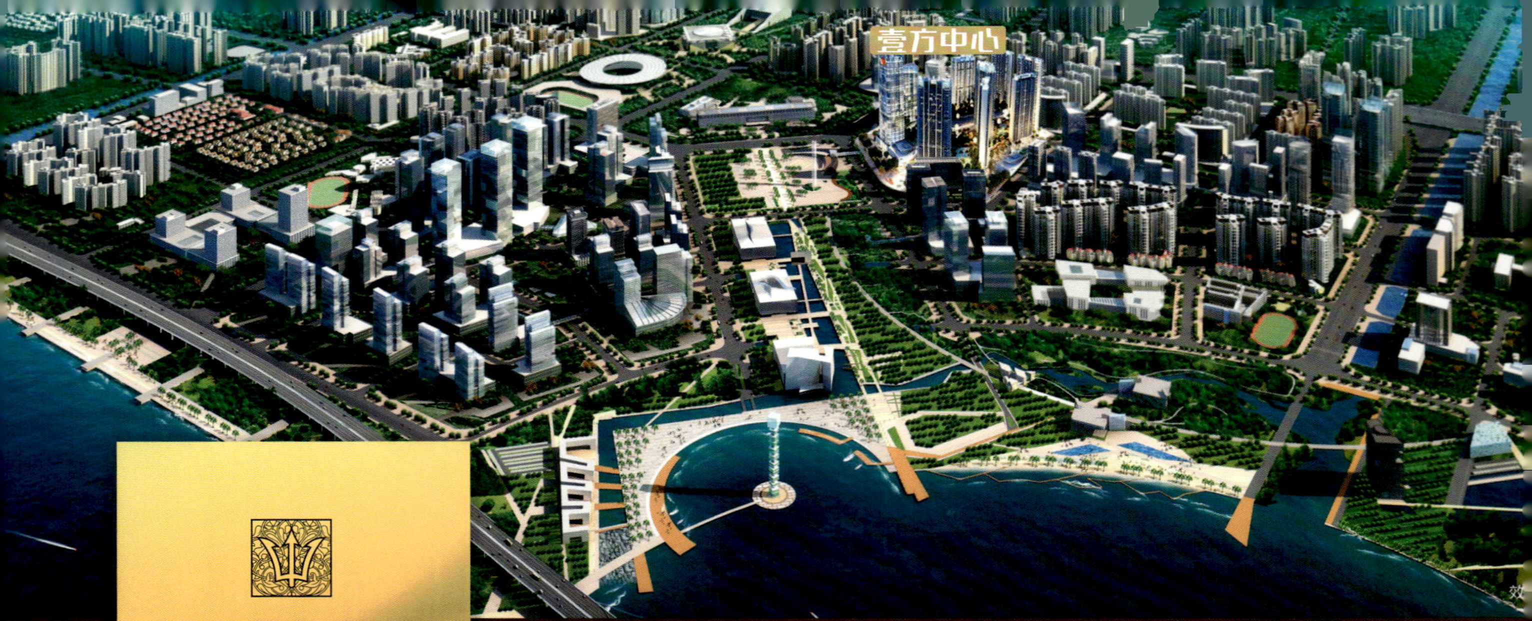

壹方中心

壹方中心|玖誉

UNIGARDEN

世界湾区 前沿生活

373m²阔景央座/488m²琢质观邸 醇新绽放

集大成者，以远见和抱负角逐一时，成大事者，以创见和格局傲立一世。中国·前海鸿荣源·壹方中心，集深圳三十余年卓越创新积淀，成前沿世界峯层人物生活主场。

世界前沿 粤港澳大湾区定位晋级

2017年3月，《政府工作报告》中提到："要推动内地与港澳深化合作，研究制定粤港澳大湾区城市群发展规划"*。"粤港澳大湾区"正式上升为国家战略，将成为与纽约湾区、旧金山湾区、东京湾区相媲美的世界第四大湾区*。前海作为粤港澳大湾区发展枢纽，享受优于深圳经济特区的经济政策，将成为世界湾区经济的又一增长极。

效果图

都会前沿 壹方中心执掌湾区生活主场

鼎立于前海核心，与湾区经济齐头并进，与国家荣耀共襄盛举。鸿荣源·壹方中心以约120亿恢弘手笔，打造建筑面积约88万m²旗舰综合体，集购物、休闲、地下枢纽、文化体育、办公、居住六大功能于一体。随着宝中"升级版欢乐海岸"的奠基落成*，周边醇熟配套正加速兑现中。自带建筑面积约36万m²多元主题体验MALL—壹方城，预计将于2017年10月28日寰球开业，启幕大前海时代国际时尚都会梦想。

效果图

鸿荣源·壹方中心|玖誉建筑面积约178m²臻稀复式精粹所在，建筑面积约373m²阔景央座、建筑面积约488m²琢质观邸醇新绽放，为遍历世界的峯层人物臻藏献上！

以上文字资料来源自：*《粤港澳大湾区写进政府工作报告》广州日报 / *《【头条】粤港澳大湾区：瞄准世界湾区经济新高地》央广天下财经 / *《华侨城45.8亿拿下宝中【欢乐海岸】》香港商报 / 不作为本项目最终的价值承诺及兑现

开发企业：壹方置业（深圳）有限公司 推广名：壹方中心|玖誉 注册名：壹方商业中心 销售代理：中原地产 预售证号：深房许字（2016）宝安005号；深房许字（2015）宝安004号本广告图片及文字资料仅供参考，最终以政府批准文件为准。

* 优越生活：山姆会员店Only For You
* 都心巨擘：踞深圳地理之心，筑造城市新核
* 城市超体：集5大都会业态为一体的综合体集群
* 地铁畅达：多维路网交通枢纽，地铁4号线龙华站
* 教育于侧：3-15岁优越成长平台
* 精研筑心：鸿荣源，优越城市综合运营商

鸿荣源 | Tel 2969 9999 | Add 地铁4号线龙华站

开发商：深圳市鸿荣源实业有限公司 | 营销代理：中原地产代理（深圳）有限公司 | 整合推广：新主创 传播
本广告仅为要约邀请，一切图文资料、规划设计均以政府最终批准文件及双方签订的买

TOP MANSION
尚峻

光芒
总在CLD处

从福田中心区到香蜜湖，清晰的见证从CBD到CLD（中央居住区）的价值演进。千亿龙华光速崛起，以北站CBD为价值依托，诞生龙华红山CLD，区域内鸿荣源、星河、港铁等众多品牌联袂打造，淬炼龙华城市精极，鸿荣源·尚峻作为2017红山板块唯一上市商品住宅项目，代言龙华CLD瞩目光芒。

占位比肩全球的CLD顶级能量场

鸿荣源·尚峻占据龙华价值中轴心，择址红山纯粹中央居住区。萃纳九方、山姆会员店，及约17万㎡LIFESTYLE商业文化街区，约600万㎡四大综合体旧改能量涌动。市美术馆(规划)、图书馆(规划)、展览中心(在建)、艺术沙龙(在建)、演艺馆(在建)等四大顶级文化公建；百万绿谷公园，比肩曼哈顿中央公园，匹配CLD人居典范。

双地铁线与城市核心枢纽并驾齐驱

项目紧邻4/6号双地铁线，上塘、龙胜、上塘北（在建）三地铁口。出门即上新区大道、福龙路、布龙路等城市快速路，未来龙海大道直抵前海，各大中心无缝对接。

27年鸿荣源一线物管顶礼服侍

鸿荣源优越生活标杆的综合运营商，27年潜心磨砺，所到之处皆城市标杆。鸿荣源物业秉承“优越生活实践者”理念，独创“大管家式服务”，历获“深圳市物业管理优秀项目”、“全国物业管理示范项目”等殊荣，业主满意度高达98%，尊享优越生活。

壹方置业 都市品质生活平台创建者

壹方置业（深圳）有限公司是鸿荣源集团全资子公司，自2006年成立以来，凭借“标杆型城市综合体开发+商业综合运营”的商业模式，精耕深圳，布局全国，力争成为国际知名的城市运营商。目前，壹方置业拥有储备用地量超1000万平方米，在建城市综合体建筑面积超500万平方米。其倾力打造的鸿荣源·壹方中心、鸿荣源·壹成中心花园、鸿荣源前海金融中心等多个项目如雨后春笋般璀璨绽放，领耀鹏城。

壹方城及壹方天地一期将于2017年10月28日同期开业

深圳壹方城—36万m²综合多元主题体验MALL

综合“多元主题体验”生活方式和全流程管家服务的运营理念，集萃儿童家庭、视听盛宴、时尚运动、社交聚会、文化创意五大核心功能板块，体验业态占比将超过55%，业态品类丰富多元，体验超乎想象。

深圳壹方天地—60万m²旗舰级商业集群“造城·造商圈”

集群式商业，汇聚青年生活公社“乐聚公园”、潮流女性策源地“PP街“、最具体验购物中心“壹方城龙华店”、创意家居休闲馆“艺创汇”、品质生活空间“LIFE广场”五大主题商业于一体，缔造超级体验式商业集群。

壹方城效果图

壹方天地效果图

Origin opus

原起湖山　著非凡

建筑面积 约71–115m²高层新品发售在即

8年时光，终见最好湖山。

振业城·原著，百万墅区大城，

开启人生非凡之旅。

原著
ORIGIN OPUS
惠阳·振业城
粤港澳世界湾区
大时代
惠州1号线
连接惠州南站
3大高速
一条主干道
约2.4万m²
别墅湖山会所
约5.8万m²
一站式购物中心
2所幼儿园
2所小学
地　址：惠阳 · 惠南大道 · 惠阳振业城
开发商：惠州市惠阳区振业创新发展有限公司
注册名：惠 阳 振 业 城
营销代理 中原地产 整合推广 非比广告
本广告仅为要约邀请，一切图文资料，规划设计最终以政府部门最终审核及正式法律文件为主。最终解释权归开发商所有。
东莞
潮莞高速
象山
石门
潭水库
惠阳
长深高速
惠南大道
惠澳大道
三和站
鸡心石水库
叶挺故居
行政服务中心
深圳
北环路
惠阳汽车
客运总站
深汕高速
双龙站
淡水出口
清湖站
机荷高速
惠阳区政府
梅观高速
清平高速
丹平快速
人民路
惠州南站
龙华
龙城广场站
深圳
坪山站
大亚湾
深圳北站
南坪快速
水官高速
宝安
沿海高速
盐排高速
北环大道
盐田
龙岗
深圳地铁路线
罗湖
高铁轨道
福田
合成图

世界湖山 在原著

——揭秘全球第四大湾区城市群下的湖山新价值标杆

梭罗在《瓦尔登湖》这样写道：每一个早晨都是一个愉快的邀请，使得我的生活跟大自然自己同样地简单，也许我可以说，同样地纯洁无瑕。世界上几乎所有的高尚生活区都与城市和自然相联。这次因振业城·原著，惠阳这片钟灵毓秀之地也再次吸引了人们对临深片区的极度关注。

粤港澳湾区大时代
兑现一个湖山视界的城市梦想 / ORIGIN OPUS

继美国纽约湾区、美国旧金山湾区、日本东京湾区之后，粤港澳大湾区将是世界第四大湾区。同时一个囊括香港、澳门、广州、深圳、惠州、东莞等9大城市的世界级城市群，将以"圈层式效应"的塔尖式格局，打造"金融+科技"双中心的世界经济新模式。

城市的变迁与更新，推动了高尚生活的不断升级。惠阳，拥有粤港澳大湾区的世界助力，更坐享1.4万亿深圳东进战略的直接红利。多条深惠轨道交通连接，未来5年内惠阳将建设20多条交通大动脉，沈海高速，从莞高速等一列改造工程，迅速提升大湾区的优质生活。在产品同质化竞争下，"自然竞争"时代已经来临。惠阳振业城·原著，占据深惠都会的城市主干道——惠南大道封面，拥有一线原生山景与一线湖景，集萃了城市诸多配套资源。超一流的自然资源，难得可贵的城市地段，已演变衡量城市中央生活高端价值的第一标杆，更已成功兑现了一个湖山的城市梦想。

合成图

Tel 0752 373 7777
地址：惠阳·惠南大道·惠阳振业城　**开发商**：惠州市惠阳区振业创新发展有限公司

ORIGIN OPUS

掌控城际枢纽中心的世界版图

据悉，深圳与惠州未来将有8条地铁连接。被视为惠州南北核心的轨道交通惠州地铁1号线（2017年动工）与惠州轨道枢纽中心——惠州南站无缝对接。除了厦深高铁、深汕高铁与深惠深汕城际捷运汇集于此，深圳地铁14号延长线也将抵达惠州南站。

惠阳振业城·原著占据惠州1号线之上。同时，距深圳19号线延长线起点站铁扇门站仅一站之遥。10分钟即抵惠州南站，乘厦深高铁一站到深圳坪山站，两站抵达深圳北站，三站直到福田中心。成熟与便捷的轨道枢纽，真实勾勒出深惠一体生活蓝图。生活在惠阳振业城·原著，工作在深圳，已经触手可及。如果说发达的轨道枢纽，让我们更从容，那么惠大高速、沿海高速、深汕高速，三条高速则给我们更多自由时光。从惠阳振业城·原著自驾，车行30分钟可赏惠州西湖美景，40分钟看尽罗湖繁华，1小时驰骋东莞。湖山为界，繁华为径，自此定义一个王国。

高效的城市日常，喧嚣的都市与静谧的湖山轻松切换，毫不例外成为城市湖山大城生活的另一个核心价值。

ORIGIN OPUS

湖山盛宴镌刻生命的非凡传奇

视无界，景无限。背靠连绵不断的原生森林山体，内赏建面约16万m²阔绰天鹅湖。一种风景，足以拉开与同地段的差距。自然也已分高下。

惠阳·振业城是融别墅、高层、商业于一体的城市高端百万级生活大城。原著作为惠阳·振业城高层首发作品，秉承湖山的高贵血统，无限风光尽收眼底。开阔纵横间，指点江山，感受自然的真意。

丰盛的景致，让生活更丰满。这里季季赏青山，日日观翠树，刻刻亲绿湖，时时与自然相伴。富足的负氧离子，给

示意图

示意图

我们一道最有营养的健康美味。漫步湖山步道，踏着晚霞归家；周末湖边垂钓，绕山慢跑。四季更迭，日子缓缓，自然而然，非凡的生活自当与众不同。

惠阳振业城·原著不负好时光的自然，不负城市的国际生活典范，价值已是斐然。

ORIGIN OPUS

完美配套
用卓越诠释城市湖山生活的国际眼光

为了呈现高品质的生活，惠阳·振业城8年时间不断打磨。如今，汇集休闲、商务、酒店、餐饮于一体的星级湖山会所已经完美绽放。藏于别墅深处，对望天鹅湖与原生山体，造就了一方独特而静谧的胜地。值得一提的是约2000m²无边天际泳池，躺在天地之间，用动静的力量，展现无穷的魅力。不亲临，也足以打动你我。同时，星级标准的餐厅，完全满足宴请好友招待贵宾的需求。

长在社区里的高档MALL，建面约5.8万m²，大型超市、潮流服饰、儿童教育、休闲娱乐等多重业态，形成一站式购物中心。足不出户，就能享受国际品质的时尚生活。乡墅情景商业街区、医院、银行等生活配套也一应俱全。近在咫尺的繁华，让欲望尽情撒欢。

惠阳振业城·原著，9年铂金教育，书香四溢。从起点拉开距离，让孩子梦想走得更远。社区设有2所双语幼儿园，一开始便学会与世界对话。另外，1所36班制公立小学和1所现代化小学，只为少年更强。不远处的中学，成就未来精英的摇篮，见证一个家族新生力量的诞生！

国际眼光下的完美配套，将湖山生活纳入世界生活的版图，重新定义城市湖山的价值标杆。

共筑卓越人生

ENABLING
EXCELLENCE

21年砥砺发展
入围中国地产前30强

卓越集团，1996年成立于深圳
目前业务已布局全国18座核心一、二线城市
业务领域涉及房地产开发、金融投资、资产运营三大产业
在21年的发展历程中
卓越集团秉承长远的发展眼光，在市场竞争中始终保持优势地位

2016年卓越集团以325亿元的销售额名列中国房地产销售榜第40位
迄今已连续13年入选“中国蓝筹地产企业”
连续14年入选“中国房地产百强企业”，2016年位列第22位
更荣膺“中国商业地产3强”称号

今天的卓越集团
是一个业务综合，布局合理，运转高效的
多元化城市综合运营商

干线墅居 中轴盛启

建面筑积 约87-96m²带装修高层 傲然面世

0755 3350 0888

卓越集团
Excellence Group
共筑卓越人生

注册名：卓越蔚蓝居 推广名：卓越蔚蓝郡
本广告仅为要约邀请，买卖双方的权利和义务以最终签署的商品房买卖合同为准，因篇幅有限，详情请见项目其他资料；
预售证号：东莞商房预证字第201700548号、201700549号、201700550号、201700551号。

合成图

股票代码000090

天健集团
Tagen Group

天健·天骄项目是福田CBD景田片区首个旧改项目，位于福田中心区景田西路与商报路交汇处，总建面约30万平方米。

天健·天骄是天健集团豪宅产品启新之作，承担着提升品牌形象、打造品牌新高度的重任，秉承着珍惜每一寸土地，致力于筑建宜居城市，打造城市顶级人居标杆力作的开发理念，为城市的新时代筑建新高度 。

Make A Better City 筑造宜居城市

股票代码000090

天健集团
Tagen Group

天健公馆位于香蜜湖安托山片区内，紧邻塘朗山公园和安托山公园，交通便捷，配套优越，项目规划为两栋高层建筑，定位为新豪宅时代，轻奢产品。预计项目将于明年下半年入市，敬请关注。

从创新之地到深圳重心
建面约180万m²全系大城成就经典
传承与蜕变的传奇不断上演
骄傲与鼓舞的精神由此迸发
佳兆业城市广场
GIVE ME 5

深圳重心·180万m²(建面约)·全系大城

中国·坂雪岗科技城 坂雪岗大道与雪岗北路交汇处

集团服务监督热线：400-188-1638 注册名：佳兆业中央广场二期 深房许字(2017)龙岗018号

本广告为要约邀请，部分内容来源于政府官网公示或官方媒体报道，仅供参考。所有资料以政府部门最终审批为准。

佳兆业·城市广场 深圳

89-143m² 建面约 三至四房 全城发售

创新科技之核

建面约 180万m²全系大城

9万m²商业旗舰 建面约

3-18岁全龄精英教育

香港上市房企

GIVE ME FIVE

259 88888

与大城共5

5年淬炼，成就大城登峰

以醇熟犒赏生活，以经典致敬城市

佳兆业城市广场5期

城市骄傲，载誉而来

89-143m² 建面约 三至四房 全城发售

佳兆业·城市广场 深圳

GIVE ME FIVE

位踞深圳重心——坂雪岗科技城

居重心，享未来。坂雪岗科技城以华为总部为核心，携天安云谷、上雪科技园等组成“一核四翼”高端产业集群，成就深圳之重心。

示意图

5年6000业主 180万建面约m^2大城醇熟登峰

佳兆业城市广场5期，位居大城之核，住宅、公寓、写字楼、星级酒店、集中商业等全系产品，收获醇熟。

示意图

布局20余产业 大型综合性城市运营航母

佳兆业集团，香港联交所上市企业（股票代码：1638.HK），布局50余重要城市，总资产近2000亿元，以城市综合产业运营者的高度，开创盛世伟业。

地铁、快速路全维立体交通

地铁10号线（建设中）岗头站、雪象站双地铁口物业，8站速达福田；坂银通道（建设中）、梅观高速等交通路网，城市一体化加速。

示意图

9万建面约m^2商业旗舰 荣启商业之核

佳兆业城市广场自带建面约9万m^2集中商业（建设中），携手天安云谷建面约25万m^2商业（建设中），开创坂田商业格局。

示意图

3-18岁全龄精英教育 闪耀教育高地

深圳大学师范学院附属坂田学校（已开学）及3所幼儿园，智绘孩子未来；清华附中（规划中）入驻坂田，构建高端教育平台。

示意图

中国·坂雪岗科技城 坂雪岗大道与雪岗北路交汇处

259 88888

集团服务监督热线：400-188-1638 注册名：佳兆业中央广场二期 深房许字(2017)龙岗018号

本广告为要约邀请，部分内容来源于政府官网公示或官方媒体报道，仅供参考。所有资料以政府部门最终审批为准。

世界生活 当选未来

11.11 精工样板盛放 诚邀品鉴

是人文荟萃的深圳智核，也是对话未来的世界舞台

是配套集萃的大运生活圈，也是繁华奢享的国际住区

岂止未来，更拥世界

万千宠爱，集于佳兆业 · 未来城

资本共舞 大运腾飞

无界交通 国际枢纽

配套集萃 文体盛宴

高校云集 人才聚核

约26万m² 城市进化体

精工品质 人居样板

上市港企 城市运营商

品牌物管 贴心关怀

400-111-1638

深圳·国际大运中心·如意路与大运路交汇处西北侧

注册名：佳兆业未来花园　全国服务监督热线：400-188-1638

本广告仅为要约邀请，所有内容及资料仅供参考，一切均以政府最终批准之法律文件以及双方签订的买卖合同为准

深圳佳兆业

佳兆业 前海广场2 深圳
KAISA FORESEA PLAZA

前海“6”字头 建面约51-87平米SOHO资产

粤港澳大湾区

TOD轨道交通线网

全球名品荟萃

山海禀赋万象风华

多重复合业态

18年匠心巨著

TEL 88 277 888

ADD/中国·前海·前海路9号

注册名：诚盈商务中心 预售证号：深房许字（2016）南山015号

全国服务监督热线：400-188-1638

深圳市华银环球房地产开发有限公司

深圳市福田区梅林街道梅林路卓越梅林中心广场（南区）B座B单元1009

0755-8254 8523

中建科技

助力企业成长

深圳市中建科技产业投资有限公司

深圳市前海深港合作区前湾一路1号A栋201室（入驻深圳市前海商务秘书有限公司）

0755-8254 8523

发现价值
共享成长

深圳市富诺嘉基金管理有限公司（备案编号：P1021667）
深圳市前海深港合作区前湾一路1号A栋201室（入驻深圳市前海商务秘书有限公司）
http：//www.fonoga.com　0755-8254 8523

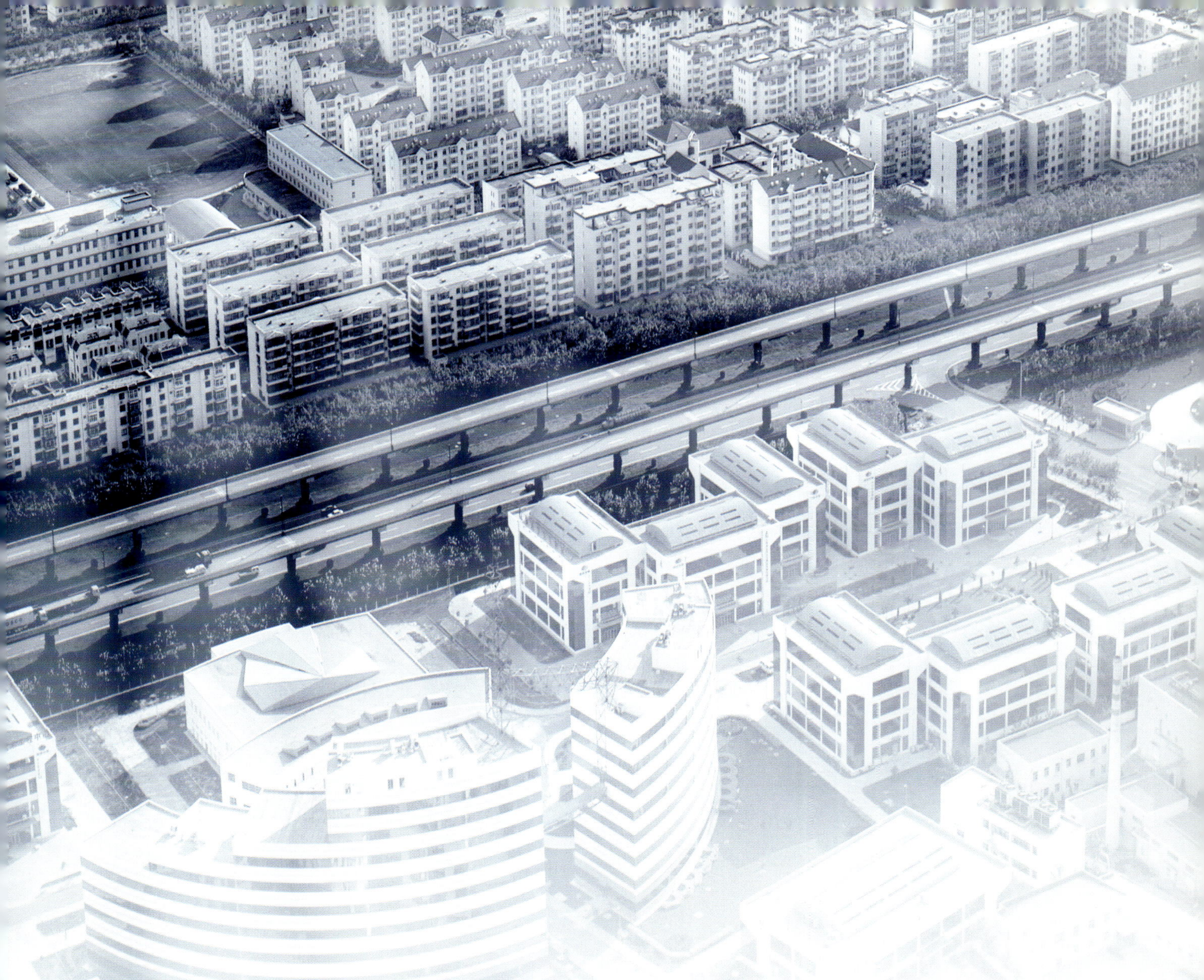

百万平方科技园，成就百万小微企业

小企业 大梦想

太古为您打造！

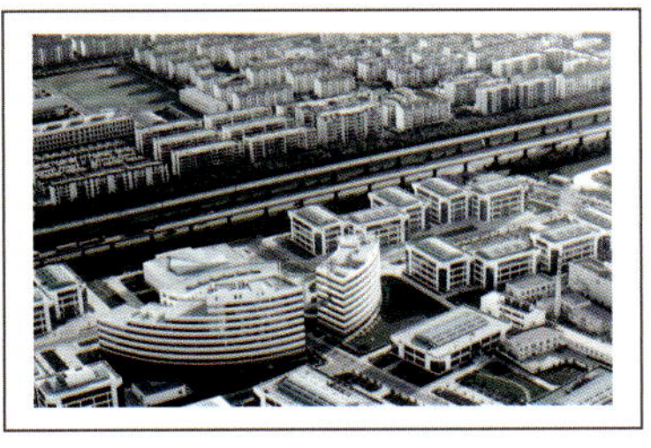

东莞市太古物业管理有限公司

东莞市清溪镇鹌鹑薮村

0769-87339777 http://taigu1688.com

编纂单位：《深圳房地产年鉴》编辑委员会

2017深圳房地产

SHENZHEN REAL ESTATE YEARBOOK

《深圳房地产年鉴》编辑委员会 编

深圳报业集团出版社
SHENZHEN PRESS GROUP PUBLISHING HOUSE

责任编辑：彭春红
排版制作：深圳市尊达设计制作有限公司
美术设计：张展芍
摄　　影：汪秦生

图书在版编目（CIP）数据

2017深圳房地产年鉴/《深圳房地产年鉴》编辑委员会编. -- 深圳 : 深圳报业集团出版社, 2017.12
ISBN 978-7-80709-839-3

Ⅰ. ①2… Ⅱ. ①深… Ⅲ. ①房地产业—深圳—2017—年鉴 Ⅳ. ①F299.276.53-54

中国版本图书馆CIP数据核字(2018)第002469号

2017深圳房地产年鉴
2017 Shenzhen Fangdichan Nianjian

《深圳房地产年鉴》编辑委员会 编

深圳报业集团出版社出版发行
（518034　深圳市福田区商报路2号）
深圳市德信美印刷有限公司印制　新华书店经销
2017年12月第1版　2017年12月第1次印刷
开本：889mm×1194mm　1/16
字数：950千字　印张：51
ISBN 978-7-80709-839-3　定价：268.00元

深报版图书版权所有，侵权必究。
深报版图书凡有印装质量问题，请随时向承印厂调换。

《深圳房地产年鉴》编辑委员会

名誉主任：杨　洪

主　　任：王幼鹏

副 主 任：王　东　洪海灵

编　　委：（按姓氏笔画排序）

王丽华　付群波　朱亚林　李永红　李书韵　肖　纯

谷　强　张　健　苗　晶　金良富　陈海铭　黄征宇

黄明生　夏　雷　耿继进　喻建清　谭　权　戴　晴

《深圳房地产年鉴》编辑部

主　　编：王　东

副 主 编：夏　雷　王　锋

编写人员：（按姓氏笔画排序）

王　颖　王　欢　王　芳　丁树亮　王新波　王博煜

方丽曼　李宇嘉　李　燕　李淑君　李丁鼎　刘　钢

刘志刚　江竺晏　成雁婷　汪云子　肖　斌　邱　洁

柳　荣　杨见闻　杨　盈　杨　韬　张伯乐　张　琰

单顺华　范大猛　林晓芬　贺庆哉　梁　凯　种晓丽

黄　治　曹　霞　黄海涛　黄锡彬　曾　爽　曺文静

蔡永兴　蔡淑敏　殷宇嘉　韩念龙　雷日辉

编辑说明

一、《2017 深圳房地产年鉴》（以下称本书）是一部例行出版的资料性工具书，主要反映 2016 年度深圳市以商品房为主的房地产市场发展变化及其相关环境、管理制度等方面的情况，部分追列出历年数据。

二、本书的综合性资料，来自深圳市统计局；专业性资料，来自深圳市规划和国土资源委员会（市海洋局）、深圳市发展和改革委员会、深圳市住房和建设局、深圳市重点工程办公室、深圳市房屋租赁办公室、深圳市人居环境委员会、中国人民银行深圳中心支行等房地产业主管与相关部门。缘于资料出处的不同和统计口径的差异，编者虽做过一些技术处理，但仍不尽完善。

三、本书主要通过表式或图示以披露各类相关数据，供读者分析使用；部分属文字性的，也以描述事实为主，基本不含价值判断。

四、本书所称的“全市”为六区和四新区之总体范围。

五、本书的度量单位采用国际统一标准。其中，涉及长度、面积或体积时，正文中以米、千米、平方米、公顷、立方米表示，图、表中用对应符号表示，如米为 m、千米为 km、公顷为 hm^2、平方米为 m^2、立方米为 m^3 等。

六、本书的货币单位，除特别注明为港元（HKD）、美元（USD）外，均为人民币“元”“万元”或“亿元”。

七、本书附表、附图均以章号冠前，表序随后。表内，凡有“—”符号者，为不应发生数或应发生但数据为零的；空格者，为应发生而未采集到数据的。

八、本书的增减比较多以“±%”表示。如负增长 23.4%，写作“－23.4%”，但正增长 43.5%，则写作“43.5%”，而不作“＋43.5%”。

九、本书发生之序数多以“～”省略之。如 1、3、4、5、6 写作“1、3～6”，A、C、D、E、F 写作“A、C～F”。

目 录

第一章　深圳概况

第一节　自然条件与行政区划

一、地理环境

深圳市是中国南部海滨城市，属亚热带海洋性气候区，四季温润、阳光充沛，盛产水果，位于北回归线以南，东经113° 46′ 至114° 37′ ，北纬22° 27′ 至22° 52′ 。深圳市地处祖国南疆、广东省南部，珠江口东岸，东临大亚湾和大鹏湾；西濒珠江口和伶仃洋；南边深圳河与香港相联；北部与东莞、惠州两城市接壤；辽阔海域连接南海及太平洋。深圳市所辖范围呈狭长形：东西长、南北窄，行政辖区内土地总面积1991.64平方千米，海岸线长229.9千米，海域面积1145平方千米（其中滩涂面积70平方千米），有大、小岛屿24个，岛岸线总长12.78千米，海洋资源丰富，有优良的海湾港口，通海条件优越。深圳全境地势东南高，西北低，多为低丘陵地，间以平缓的台地，西部沿海一带是滨海平原，平原占陆地面积的22.1%。梧桐山、七娘山、羊台山、大南山等山脉绵延，最高山峰为梧桐山，海拔943.7米。全市境内流域面积大于1平方千米的河流共有310条，分属珠江、东江、粤东沿海水系，较大的河流有深圳河、茅洲河、龙岗河、观澜河和坪山河等。

二、气候条件

（一）常年气候

2016年深圳市年平均气温为23.2℃，比同期气候平均值（23.0℃）略偏高0.2℃；全年降水偏多，且分布严重不均，降水集中多发于1月、5月、8月和10月，全年总雨量2490.6mm，较同期气候平均值偏多28.7%；全年总日照时数为1759.3小时，较同期气候平均值偏少78.3小时；全年平均相对湿度为79%，比气候平均值偏高5个百分点。

（二）气象灾害

2016年，在前期极强厄尔尼诺影响，后期向拉尼娜状态转换的气候背景下，深圳天气气候呈现“冬极冷，夏酷热，雨量大，台风暴雨多”的特征，灾害性天气年景重。

降水偏多暴雨频，强对流天气多发。累计雨量2490.6mm，偏多近三成，近10年中仅次于2008年。共记录到15场暴雨以上降水过程，其中大暴雨3场，深圳国家基本气象站大暴雨日数历史第三多。强对流天气多发，小时滑动雨量100mm以上频次和最大1小时滑动雨量均创历史新高；雷电预警信号和大风黄色预警信号发布次数创历史最多,历史上第二次发布冰雹预警信号。强降雨导致我市水利工程、市政设施出现不同程度的灾情险情，全市发生内涝积水80余处，最深超过1米，灾情最重的大鹏新区，水头沙村村口52名工人一度受困，有5座水库达到或超过防限水位并开闸泄洪，另有2处地下车库受淹。

冬天极冷夏酷热，7月高温特别多。平均气温23.2℃，偏高0.2℃。冬季（2015年12月–2016年2月）为冷冬，最低气温（1.7℃）创深圳经济特区建立以来最低，最低日平均气温（3.5℃）创有气象记录以来新低。夏季气温总体偏高，其中7月集中了全年全部5个高温日，市气象台单月发布高温橙色预警信号3次，创历史记录。受高温影响7月中暑多发，深圳120十天内共接中暑报警40例，无院前死亡病例。

台风偏晚影响重，时隔七年再登陆。有3个台风对深圳造成严重风雨影响，比气候平均数（1.2个）明显偏多，其中“妮妲”登陆我市大鹏半岛，为2009年“莫拉菲”之后首个登陆我市台风，市气象台因此首发台风红色预警信号。“海马”是1954年以来10月登陆粤东的最强台风，也是近十年10月影响深圳风力最强的台风，共造成我市道路积水13处，围墙倒塌1处，部分市政设施受损，树木受损930棵，4人被砸致轻伤，由于及时实行“四停”科学防范，未收到重大灾情和人员因灾死亡报告，风情汛情总体平稳。

三、行政区划

1979 年 3 月，中央和广东省决定将原宝安县改为深圳市，同年 11 月改为省辖市。1980 年深圳经济特区成立，并恢复宝安县建制。1988 年国务院批准深圳市为计划单列市，赋予相当省一级的经济管理权限。1993 年，撤宝安县建制改为深圳市属的宝安、龙岗两区。1997 年 10 月，国务院批准深圳市增设盐田区，至此，全市共辖 6 个区：特区内 4 个区，即福田区、罗湖区、南山区、盐田区；特区外两个区，即宝安区、龙岗区。2003 年 10 月 30 日，《中共深圳市委深圳市人民政府关于加快宝安龙岗两区城市化进程的

意见》颁布实施，原为特区外的宝安、龙岗两区转为城区，撤销镇设立街道办事处；同时撤销村民委员会成立社区居民委员会，街道办事处作为区级政府派出机构，受政府委托行使管理社会经济的职能。为了贯彻实施《深圳市综合配套改革总体方案》提出的全面启动大部制体制改革的精神，创新基层管理体制，2007 年 5 月 31 日，光明新区挂牌成立；2009 年 6 月 30 日，坪山新区挂牌成立；2010 年 7 月 1 日起，深圳经济特区范围延伸到全市；2011 年 12 月 30 日，龙华新区、大鹏新区挂牌成立；2012 年 7 月 3 日，国务院正式批复关于支持深圳前海深港现代服务业合作区开发开放有关政策；2016 年国务院批

复同意设立深圳市龙华区和坪山区。目前，深圳共有罗湖、福田、南山、盐田、宝安、龙岗、龙华、坪山八个市辖行政区和光明、大鹏四个市辖功能区。

第二节 经济发展

2016年，面对复杂多变的外部形势和持续加大的经济下行压力，在市委市政府的坚强领导下，深圳积极践行“五大发展理念”，主动适应和引领经济发展新常态，着力推进供给侧结构性改革，坚持质量引领、创新驱动、转型升级、绿色低碳发展方向，全力推动有质量的稳定增长和可持续的全面发展，实现了“十三五”的良好开局。

一、综合

初步核算，2016年全年本地生产总值19492.60亿元，比上年增长9.0%。其中，第一产业增加值6.29亿元，下降3.7%；第二产业增加值7700.43亿元，增长7.0%；第三产业增加值11785.88亿元，增长10.4%。第一产业增加值占全市生产总值的比重不到0.1%；第二和第三产业增加值占全市生产总值的比重分别为39.5%和60.5%。人均生产总值167411元，增长3.7%，按2016年平均汇率折算为25176美元。

在现代产业中，现代服务业增加值8278.31亿元，比上年增长11.6%；先进制造业增加值5428.39亿元，增长8.5%；高技术制造业增加值4762.87亿元，增长9.8%。

在第三产业中，交通运输、仓储和邮政业增加值594.81亿元，比上年增长10.0%；批发和零售业增加值2103.05亿元，增长3.7%；住宿和餐饮业增加值359.36亿元，增长2.8%；房地产业增加值1866.18亿元，下降0.5%。

四大支柱产业中，金融业增加值2876.89亿元，比上年增长14.6%；物流业增加值1984.50亿元，增长9.4%；文化及相关产业增加值1100.91亿元，增长15.4%；高新技术产业增加值6560.02亿元，增长12.2%。

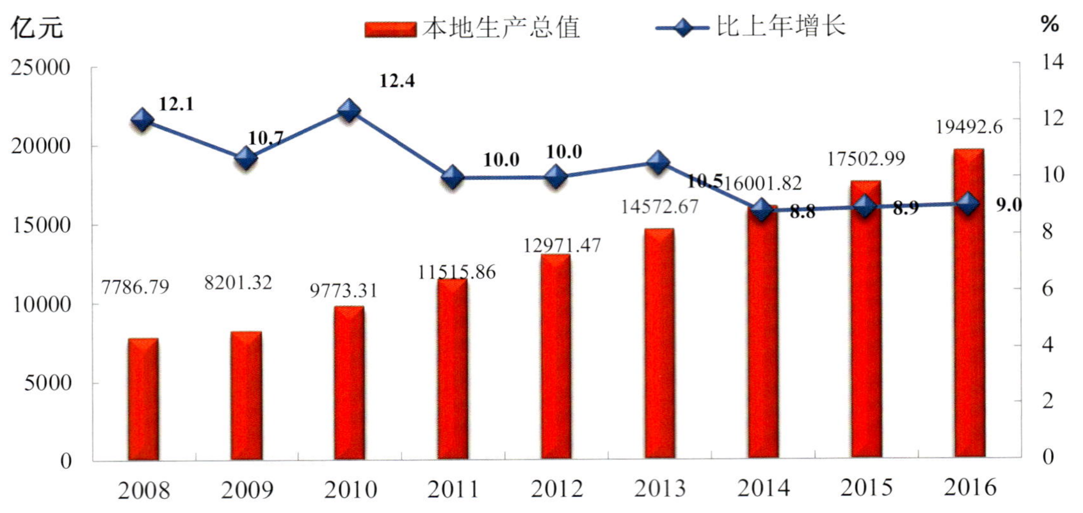

图 1-1 2008—2016 年本地生产总值及增长速度

表 1-1 2016 年分区本地生产总值

单位：亿元

	本地生产总值		第一产业		第二产业		第三产业	
	绝对值	增速（%）	绝对值	增速（%）	绝对值	增速（%）	绝对值	增速（%）
全市合计	19492.60	9.0	6.29	-3.7	7700.43	7.0	11785.88	10.4
福田区	3561.44	8.6	1.88	29.3	222.00	5.1	3337.57	8.8
罗湖区	1974.07	9.0	0.38	-6.6	75.18	3.5	1898.51	9.2
盐田区	537.68	8.8	0.04	-37.5	81.99	3.0	455.64	9.9
南山区	3842.37	9.3	0.42	13.0	1765.59	5.4	2076.36	13.7
新宝安区（不含光明、龙华新区）	3003.44	8.8	0.92	-29.4	1495.01	7.1	1507.51	10.4
新龙岗区（不含坪山、大鹏新区）	3177.06	9.9	0.19	-2.6	2047.20	10.2	1129.67	9.3
龙华区	1856.67	8.0	0.34	-29.2	1038.43	3.7	817.90	14.0
坪山区	506.05	12.6	0.65	-2.3	336.18	16.6	169.22	4.7
光明新区	726.39	9.1	1.05	-28.7	458.29	8.3	267.05	10.7
大鹏新区	307.42	7.0	0.41	-2.4	180.58	4.4	126.44	11.1

新兴产业增加值合计 7847.72 亿元，比上年增长 10.6%，占 GDP 比重 40.3%。

七大战略性新兴产业中，新一代信息技术产业增加值 4052.33 亿元，比上年增长 9.6%；互联网产业增加值 767.50 亿元，增长 15.3%；新材料产业增加值 373.40 亿元，增长 19.6%；生物产业增加值 222.36 亿元，增长 13.4%；新能源产业增加值 592.25 亿元，增长 29.3%；节能环保产业增加值 401.73 亿元，增长 8.2%。文化创意产业增加值 1949.70 亿元，增长 11.0%。

四大未来产业中，海洋产业增加值 382.83 亿元，比上年下降 9.0%；航空航天产业增加值 84.68 亿元，增长 5.8%；机器人、可穿戴设备和智能装备产业增加值 486.42 亿元，增长 20.2%；生命健康产业增加值 72.35 亿元，增长 17.9%。

全年完成一般公共预算收入 3136.42 亿元，增长 9.5%。一般公共预算支出 4178.04 亿元，比上年增长 15.0%。其中税收收入 2488.83 亿元，增长 18.6%。

图 1-2　2008—2016 年地方财政一般预算收入及增长速度

全年居民消费价格比上年上涨 2.4%。工业生产者购进价格下降 1.7%；工业生产者出厂价格下降 0.7%。

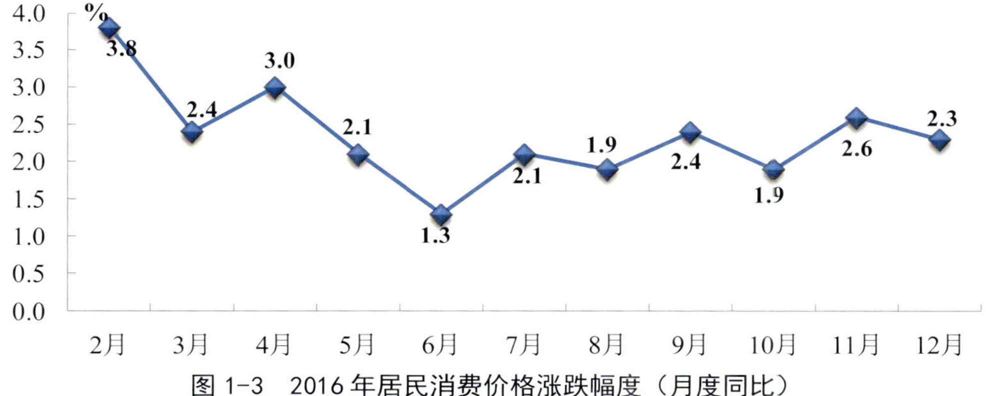

图 1-3　2016 年居民消费价格涨跌幅度（月度同比）

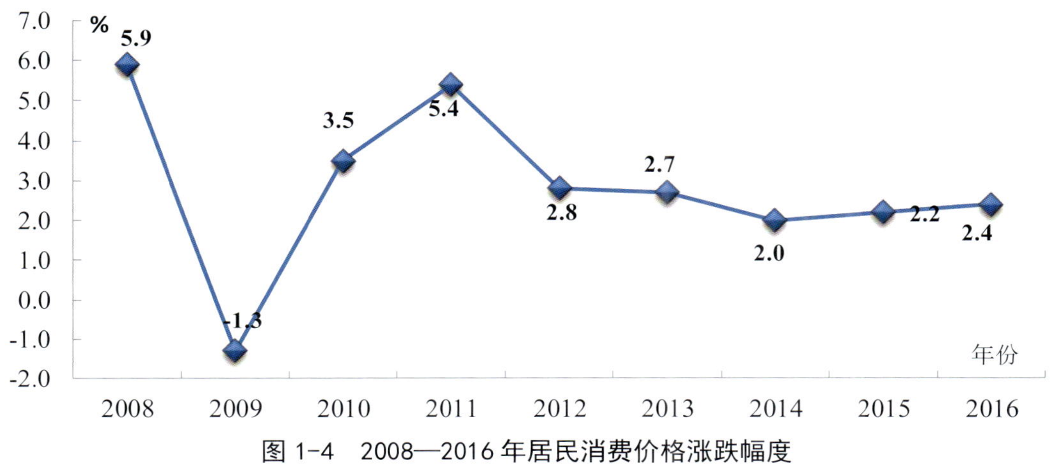

图 1-4　2008—2016 年居民消费价格涨跌幅度

表 1-2　2016 年居民消费价格指数

指标名称	价格指数（%）
居民消费价格总指数（以上年为 100）	102.4
食品烟酒	104.4
衣着	102.7
居住	102.9
生活用品及服务	100.8
交通和通讯	97.4
娱乐教育文化用品及服务	101.2
医疗保健	103.8
其他用品和服务	103.3

二、农业

2016 年农作物播种面积 74165 亩，比上年增长 2.5%，其中，蔬菜播种面积 72342 亩，增长 10.9%。水果播种面积 32287 亩，下降 9.0%。全年蔬菜产量 8.24 万吨，增长 30.8%；水果产量 1.23 万吨，增长 206.5%。

全年水产品总产量 3.99 万吨，比上年增长 0.2%。其中，海产品 3.95 万吨，增长 1.9%；淡水产品 0.03 万吨，下降 66.4%。

表 1-3　2016 年主要畜产品产量

指标	单位	产量	比上年增长（%）
肉猪出栏量	万头	2.90	-43.7
猪肉产量	万吨	0.26	-29.6
家禽饲养量	万只	26.87	-24.2
鲜奶产量	万吨	0.85	-34.6

三、工业和建筑业

2016 年规模以上工业增加值 7199.47 亿元，比上年增长 7.0%。其中，国有企业增加值 22.04 亿元，增长 9.6%；股份制企业增加值 4225.09 亿元，增长 11.4%；外商及港澳台投资企业增加值 2919.00 亿元，增长 1.4%。分轻重工业看，轻工业增加值 1306.55 亿元，增长 1.7%；重工业增加值 5892.92 亿元，增长 8.2%。

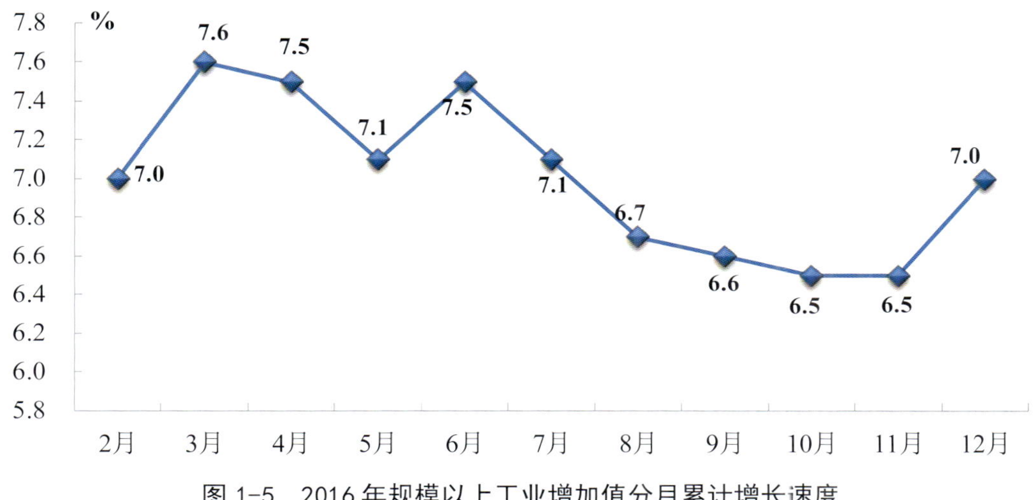

图 1-5　2016 年规模以上工业增加值分月累计增长速度

亿元　工业增加值　比上年增长　%

8000 7000 6000 5000 4000 3000 2000 1000 0

16 14 12 10 8 6 4 2 0

3663.01　12.4
3593.05　8.5
4233.23　13.9
4995.10　12.0
5355.85　7.3
5889.05　9.3
6356.93　8.1
6743.10　7.5
7190.86　6.7

2008　2009　2010　2011　2012　2013　2014　2015　2016

图 1-6　2008—2016 年工业增加值及增长速度

全年规模以上工业增加值排名前五行业依次为：计算机、通信和其他电子设备制造业增加值4393.47亿元，比上年增长9.2%；电气机械和器材制造业423.47亿元，增长3.2%；专用设备制造业295.03亿元，增长24.2%；电力、热力生产和供应业271.04亿元，增长2.0%；石油和天然气开采业205.06亿元，下降0.8%。

全年规模以上工业销售产值26111.59亿元，比上年增长4.0%。其中，出口交货值11389.39亿元，下降2.2%，占规模以上工业销售产值比重43.6%，比上年下降2.2个百分点。工业产品销售率97.2%，比上年下降0.7个百分点。主要工业产品产量见表1-4。

表1-4　2016年主要工业产品产量及增长速度

产品名称	单位	数量	比上年增长（%）
微型计算机	万台	2956.76	-8.4
其中：笔记本计算机	万台	728.30	2.0
程控交换机	万线	1030.74	-12.6
其中：数字程控交换机	万线	462.28	-12.2
移动通讯基站设备	万信道	32593.00	15.5
新能源汽车	万辆	6.05	68.7
金属集装箱	万立方米	441.27	-66.7
数码照相机	万台	219.82	8.2
复印和胶版印制设备	万台	394.19	-8.6
光缆	万芯千米	1154.29	-18.6
打印机	万台	1203.61	-7.8
硬盘存储器	万台	4194.02	-6.0
半导体存储盘	万个	26325.51	48.0
GPS接收机	万部	55.95	-12.1
移动通讯手持机（手机）	万台	38881.15	-5.6
彩色电视机	万台	3883.49	13.0
电视接收机顶盒	万台	5959.25	6.9
半导体分立器件	亿只	117.88	7.1
集成电路	亿块	181.07	29.6
液晶显示屏	万片	78642.76	-3.0
电子元件	亿只	1251.65	10.9
服装	万件	20022.73	-18.9
家具	万件	2161.11	-2.4
中成药	万吨	2.56	-34.8
钟	万只	1375.40	-7.3

2016 年规模以上工业企业主营业务收入比上年增长 4.6%；实现利润总额增长 7.0%；全员劳动生产率 23.76 万元/人，增长 17.3%；工业经济效益综合指数 244.3%，比上年提高 21.0 个百分点。

全年建筑业增加值 525.32 亿元，比上年增长 9.0%。

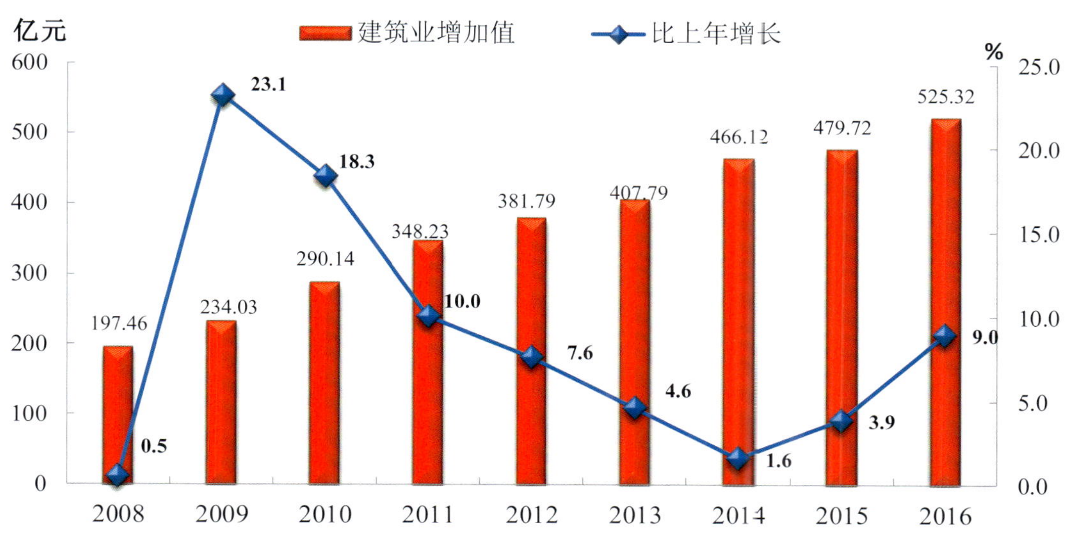

图 1-7 2008—2016 年建筑业增加值及增长速度

四、固定资产投资

2016 年完成固定资产投资额 4078.16 亿元，比上年增长 23.6%。其中，房地产开发项目投资 1756.52 亿元，增长 32.0%；非房地产开发项目投资 2321.64 亿元，增长 18.0%。

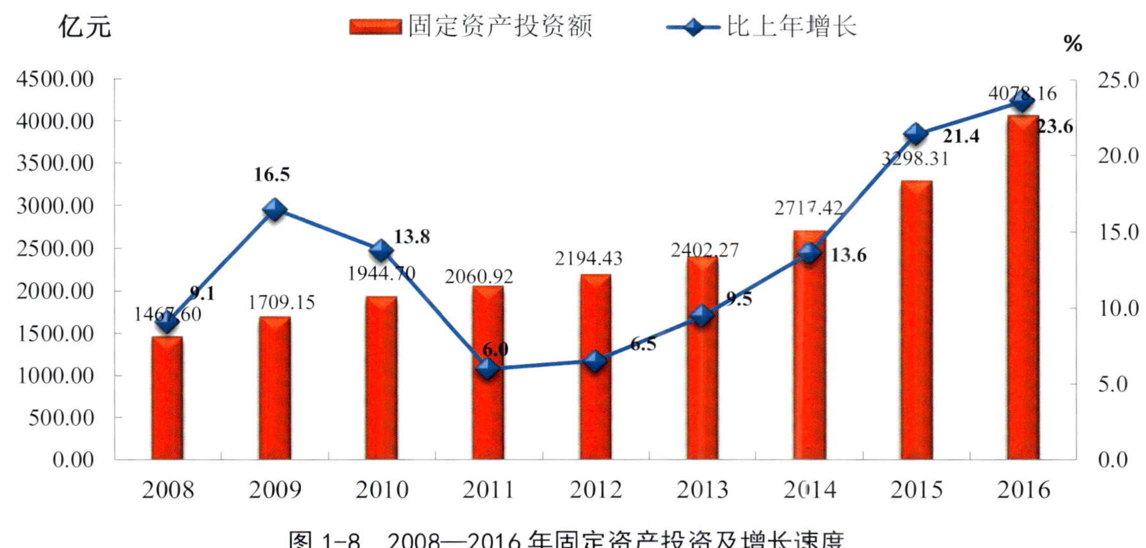

图 1-8 2008—2016 年固定资产投资及增长速度

表 1-5　2016 年分区固定资产投资

	固定资产投资		房地产开发项目		非房地产开发项目	
	绝对值(亿元)	增速（%）	绝对值(亿元)	增速（%）	绝对值(亿元)	增速（%）
全市合计	**4078.16**	**23.6**	**1756.52**	**32.0**	**2321.64**	**18.0**
福田区	300.03	27.5	180.57	15.7	119.46	50.6
罗湖区	184.37	46.4	92.91	161.2	91.46	1.3
盐田区	122.57	23.1	41.67	-1.7	80.90	41.4
南山区	887.97	40.1	350.35	53.1	537.62	32.7
宝安区	650.48	19.2	292.54	37.0	357.95	7.8
龙岗区	763.70	16.0	374.18	7.7	389.52	25.3
龙华区	494.82	20.3	248.25	33.8	246.57	9.2
坪山区	297.89	20.7	84.51	70.6	213.38	8.2
光明新区	302.49	12.3	77.53	26.2	224.96	8.2
大鹏新区	73.84	2.3	14.02	30.7	59.82	-2.7

从三次产业看，第一产业投资 0.13 亿元；第二产业投资 695.47 亿元，比上年增长 17.7%，其中，工业投资 691.57 亿元，增长 17.1%；第三产业投资 3382.56 亿元，增长 25.0%。

表 1-6　2016 年分行业固定资产投资及增长速度

行业	投资额（亿元）	比上年增长（%）
全社会固定资产投资	**4078.16**	**23.6**
农、林、牧、渔业	0.26	-26.5
采矿业	0.11	-76.7
制造业	617.30	20.3
电力、燃气及水的生产和供应业	74.16	-4.0
建筑业	4.59	1773.6
交通运输、仓储及邮电通讯业	447.19	12.0
信息传输、计算机服务和软件业	100.20	122.3
批发和零售业	22.94	-24.8
住宿和餐饮业	6.91	-54.8
金融业	73.83	4.5
房地产业	2095.75	26.0
租赁和商务服务业	73.57	-11.9
科学研究、技术服务和地质勘查业	65.09	15.2
水利、环境和公共设施管理业	336.78	42.9
居民服务和其他服务业	3.26	-19.3
教育	71.24	79.3
卫生、社会保障和社会福利业	38.13	-13.0
文化、体育和娱乐业	34.12	88.4
公共管理和社会组织	12.72	275.7

表 1-7 2016 年房地产开发和销售主要指标完成情况

指标	单位	绝对数	比上年增长（%）
房地产开发项目投资	亿元	1756.52	32.0
商品房施工面积	万平方米	5173.99	3.9
其中：住宅	万平方米	3079.28	-2.5
商品房竣工面积	万平方米	490.03	36.0
其中：住宅	万平方米	280.64	38.7

五、国内贸易

2016 年社会消费品零售总额 5512.76 亿元，比上年增长 8.1%。其中，批发和零售业零售额 4879.32 亿元，增长 8.2%；住宿和餐饮业零售额 633.44 亿元，增长 7.6%。在社会消费品零售总额中，限额以上社会消费品零售额 3712.77 亿元，增长 6.0%，占社会消费品零售总额 67.3%。

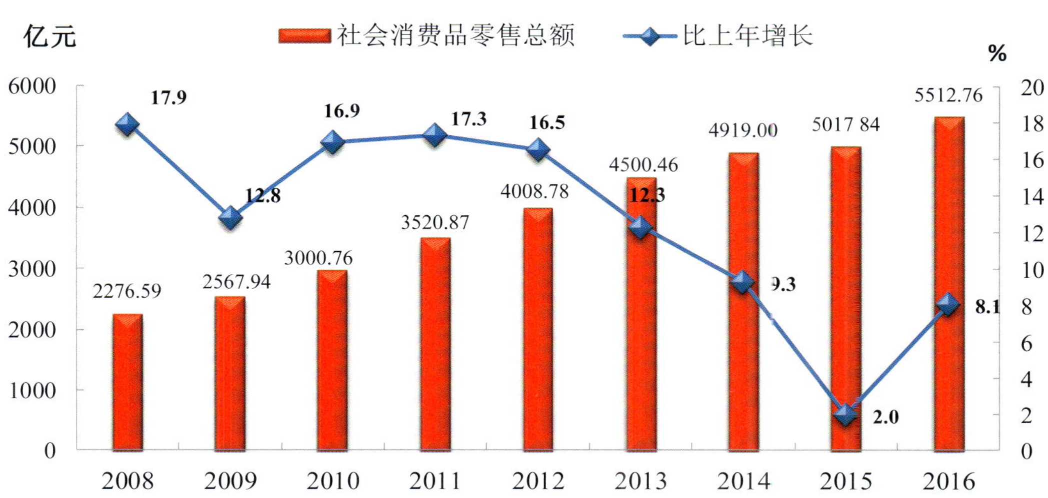

图 1-9 2008—2016 年社会消费品零售总额及增长速度

表 1-8　2016 年分区社会消费品零售总额

	绝对值（亿元）	比上年增长（%）
全市合计	**5512.76**	**8.1**
福田区	1665.12	8.1
罗湖区	1152.47	8.1
盐田区	71.09	8.0
南山区	737.11	8.0
宝安区	715.45	8.1
龙岗区	670.52	8.3
龙华区	263.66	8.0
坪山区	70.90	8.1
光明新区	110.40	7.8
大鹏新区	56.04	7.7

2016 年商品销售总额 24860.15 亿元，比上年增长 5.8%。其中批发销售总额 19988.08 亿元，增长 5.3%。全年限额以上批发零售业商品销售中，食品饮料烟酒类增长 17.5%；服装鞋帽针织类增长 4.1%；体育娱乐用品类增长 4.1%；书报杂志类增长 22.5%；日用品类增长 15.1%；通讯器材类增长 4.9%；文化办公用品类增长 2.8%；金银珠宝类增长 2.4%；汽车类增长 12.7%。

六、对外经济

2016 年外贸进出口总额 26307.01 亿元，比上年下降 4.4%。其中出口总额 15680.40 亿元，下降 4.5%，分别占全国和广东省出口总额的比重为 11.3%和 39.7%；进口总额 10626.61 亿元，下降 4.2%。出口总额连续 24 年居内地城市首位。

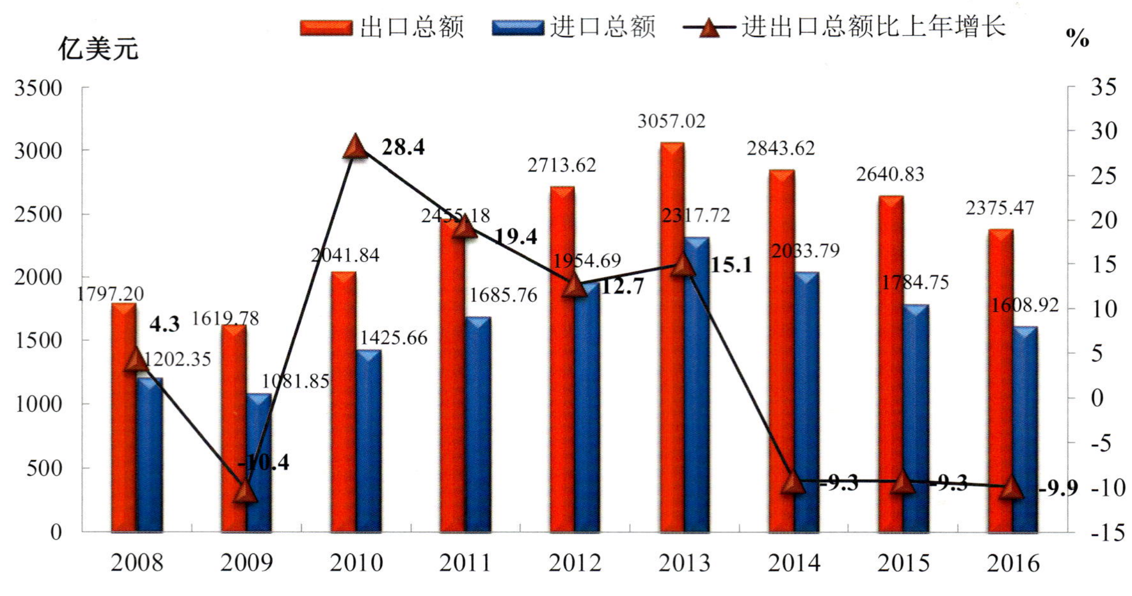

图 1-10　2008—2016 年进出口总额及增长速度

表 1-9　2016 年外贸进出口总额及增速

指标名称	金额（亿美元）	比上年增长（%）
外贸进出口总额	**26307.01**	**-4.4**
外贸出口总额	**15680.40**	**-4.5**
总额中：国有企业	1473.33	-9.0
民营、集体企业	7178.58	6.1
“三资”企业	7028.49	-12.5
总额中：一般贸易	6472.27	-1.2
来料加工装配贸易	110.75	-23.4
进料加工贸易	5433.96	-14.9
其他贸易	3663.42	10.0
总额中：机电产品	12331.10	-5.7
总额中：高新技术产品	8019.84	-8.1
外贸进口总额	**10626.61**	**-4.2**
总额中：国有企业	553.95	-4.4
民营、集体企业	5196.73	2.6
“三资”企业	4875.94	-10.6
总额中：一般贸易	5287.64	8.7
来料加工装配贸易	118.26	-25.4
进料加工贸易	3065.72	-16.7
其他贸易	2154.99	-10.0

表 1-10　2016 年对主要国家和地区进出口总额及增长速度

国家和地区	出口（亿美元）	比上年增长（%）	进口（亿美元）	比上年增长（%）
香港	6887.62	-9.9	70.40	-20.2
美国	2099.87	1.4	409.64	-3.6
日本	444.20	-9.1	886.07	-3.3
欧盟 28 国	1945.15	1.8	542.94	10.7

2016 年新签外商直接投资合同项目 4132 项，比上年增长 23.0%；合同外资金额 521.93 亿美元，增长 103.9%；实际使用外商直接投资金额 67.32 亿美元，增长 3.6%。

全年对外承包工程业务完成营业额 189.93 亿美元，比上年下降 0.3%。

表 1-11　2016 年分行业外商直接投资及增长速度

行业	合同外资金额（万美元）	比上年增长（%）	实际使用金额（万美元）	比上年增长（%）
总计	**5219259**	**103.9**	**673227**	**3.6**
制造业	172115	53.6	48433	-40.6
电力、燃气及水的生产和供应业	172779	18599.0	1861	122.1
建筑业	18605	202.6	170	6.9
交通运输、仓储和邮政业	4232	-88.6	12274	18.0
信息传输、计算机服务和软件业	68199	-64.1	35793	19.3
批发和零售业	379273	32.5	54840	-10.8
住宿和餐饮业	34334	487.7	567	-85.5
金融业	3337411	185.0	106958	49.3
房地产业	281796	-1.6	191914	-15.0
租赁和商务服务业	574548	45.4	209396	53.8
科学研究、技术服务和地质勘查业	145886	119.1	10810	-56.9
水利、环境和公共设施管理业	150	-83.7	0	0
居民服务和其他服务业	6030	65.5	210	150.0
文化、体育和娱乐业	20818	644.3	1	-100.0

七、交通、邮电与旅游

2016 年全社会货运量 31164.49 万吨，比上年增长 0.6%。全社会货物周转量 2246.86 亿吨公里，下降 0.9%。

表 1-12　2016 年各种运输方式完成货物运输量及增长速度

指标	单位	数量	比上年增长（%）
货运量	万吨	31164.49	0.6
铁路	万吨	72.16	8.5
公路	万吨	23787.80	2.2
水运	万吨	7210.91	-4.6
民航	万吨	93.62	21.4
货物周转量	亿吨公里	2246.86	-0.9

表 1-13　2016 年各种运输方式完成旅客运输量及增长速度

指标	单位	数量	比上年增长（%）
客运量	万人	17008.76	5.5
铁路	万人	6615.74	16.5
公路	万人	5585.06	-7.6
水运	万人	454.32	-2.5
民航	万人	4353.64	10.8
旅客周转量	亿人公里	1026.99	9.1

2016 年港口货物吞吐量 21409.87 万吨，比上年下降 1.4%；集装箱吞吐量 2397.93 万标箱，下降 0.9%，其中，出口集装箱吞吐量 1239.11 万标箱，增长 0.3%。全市年末拥有港口泊位数 152 个，其中万吨级泊位 72 个。

全年机场旅客吞吐量 4197.52 万人次，比上年增长 5.7%。年末开通运营国内航线 188 条；国际航线 30 条；港澳台航线 4 条。

全年全市民用汽车拥有量 317.88 万辆，比上年增长 1.0%，其中私人小汽车拥有量 277.58 万辆，增长 1.3%。

全年邮电业务总量（2010 年价格）1715.02 亿元，比上年增长 64.1%。其中，邮政、快递业务量 663.01 亿元，增长 54.4%；电信业务量 1052.01 亿元，增长 70.9%。全年订销报纸 0.87 亿份；收寄函件 2.12 亿份；特快专递 8709 万件（邮政口径）。年末全市有邮政、电信局（所）745 所。全市固定电话交换机总容量 700 万门；年末固定电话用户 644.18 万户。年末移动电话用户 2505.26 万户。国际互联网用户（含家庭视讯）632.15 万户。

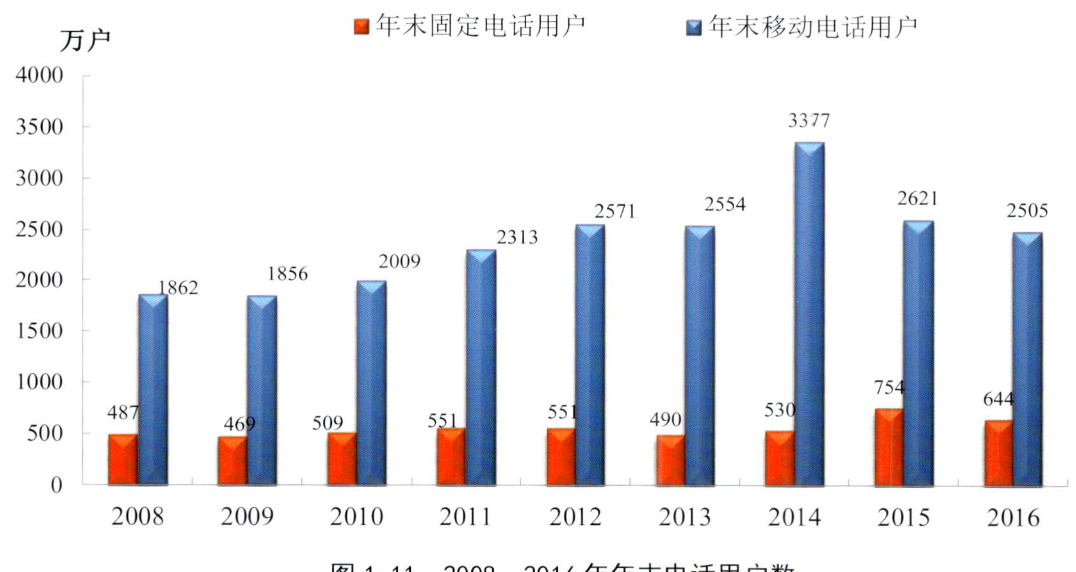

图 1-11 2008—2016 年年末电话用户数

2016 年旅游住宿设施接待过夜游客 5695.74 万人次，比上年增长 6.0%。其中国际游客 1171.18 万人次，下降 3.9%；国内游客 4524.56 万人次，增长 8.9%。在过夜国际游客中，外国游客 168.32 万人次，增长 2.2%；港澳同胞 963.20 万人次，下降 4.8%；台湾同胞 39.66 万人次，下降 6.3%。全年旅游外汇收入 47.71 亿美元，下降 4.0%。宾馆、酒店、度假村开房率 67.6%，比上年降低 0.6 个百分点。

全年经过一线口岸入出境人数 2.39 亿人次；入出境交通工具 1583.63 万辆（艘）次。

八、金融、证券和保险

2016 年末全市国内金融机构人民币存款余额 57793.30 亿元，比上年增长 11.6%；国内金融机构人民币贷款余额 34034.29 亿元，增长 25.4%。

表 1-14　2016 年全市国内金融机构人民币存贷款及增长速度

指标	绝对数（亿元）	比年初增长（%）
国内金融机构各项存款余额	57793.30	11.6
其中：住户存款	10361.19	9.9
非金融企业存款	22949.35	39.5
国内金融机构各项贷款余额	34034.29	25.4
其中：住户贷款	15022.07	38.7
非金融企业及机关团体贷款	18639.54	16.6

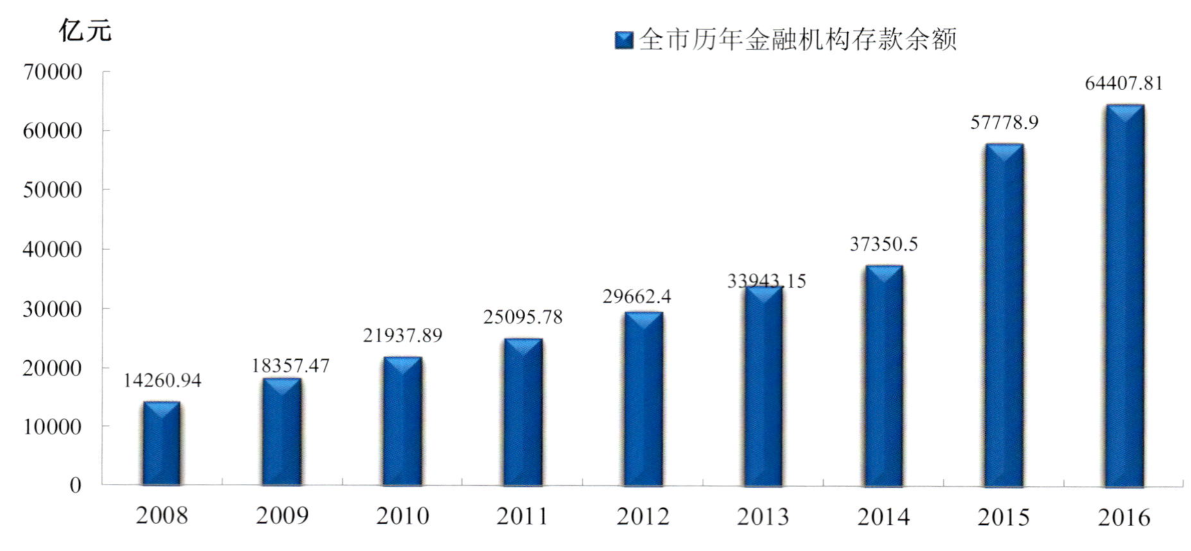

图 1-12　2008—2016 年全市金融机构本外币存款余额

2016 年年末全部金融机构本外币各项存款余额 64407.81 亿元，比上年增长 11.5%；金融机构本外币各项贷款余额 40526.90 亿元，增长 24.9%。

年末深圳证券交易所上市公司 1870 家，比上年增加 124 家。上市股票 1908 只，增加 124 只，其中，A 股 1859 只，增加 124 只；B 股 49 只。总发行股本 16042.53 亿股，增长 25.5%；总流通股本 11763.80 亿股，增长 22.2%。上市公司市价总值 223078.25 亿元，下降 5.5%。上市公司流通市值 153395.44 亿元，下降 6.4%。全年证券市场总成交金额 934458.87 亿元，下降 31.3%。其中，A 股总成交金额 775478.37 亿元，下降 36.6%；B 股总成交金额 501.53 亿元，下降 62.7%。总成交股数 49806.81 亿股，下降 28.2%。

全年保险机构原保险保费收入 834.45 亿元，比上年增长 28.9%。其中，财产险 237.40 亿元，增长 10.7%；人身险 597.05 亿元，增长 37.9%。各项赔付支出 218.55 亿元，增长 23.7%。其中，财产险业务支出 119.62 亿元，增长 14.4%；人身险业务支出 98.93 亿元，增长 37.0%。

表 1-15　深圳市历年国内生产总值（当年价格）

单位：万元

年份	国内生产总值	第一产业	第二产业	工业	建筑业	第三产业	人均 GDP（元）
1980	27012	7803	7036	3726	3310	12173	835
1981	49576	13343	16019	8311	7708	20214	1417
1982	82573	18960	31439	9540	21899	32174	2023
1983	131212	22614	55848	22466	33382	52750	2512
1984	234161	25932	106606	51802	54804	101623	3504
1985	390222	26111	163586	102137	61449	200525	4809
1986	416451	32907	163185	106606	56579	220359	4584
1987	559015	46519	220463	164445	56018	292033	5349
1988	869807	57005	359230	274787	84443	453572	6477
1989	1156565	68615	505361	400579	104782	582589	6710
1990	1716665	70220	769319	644947	124372	877126	8724
1991	2366630	80836	1126084	928846	197238	1159710	10746
1992	3173194	105914	1522432	1176087	346345	1544848	12707
1993	4531445	108615	2420214	1810085	610129	2002616	15005
1994	6346711	134152	3357972	2671299	686673	2854587	16954
1995	8424833	124122	4221435	3370548	850887	4079276	19550
1996	10484421	148796	5065924	4186130	879794	5269701	22498
1997	12974208	147660	6174083	5193120	980963	6652465	25675
1998	15347272	151764	7434976	6315047	1119929	7760532	27701
1999	18040176	150445	9005486	7801018	1204468	8884245	29747
2000	21874515	155656	10860852	9627492	1233360	10858007	32800
2001	24824874	160143	12297665	11053418	1244247	12366796	34822
2002	29695184	166587	14647171	13367060	1280111	14881426	40369
2003	35857235	142048	18174235	16724227	1450008	17540952	47029
2004	42821428	123264	22112353	20597743	1514610	20585811	54236
2005	49509078	97385	26334427	24834947	1499480	23077266	60801
2006	58135624	69675	30495319	28866206	1629113	27570630	69450
2007	68015706	69412	34047608	32300702	1746906	33898686	79645
2008	78065400	66600	38157800	36183200	1974600	39841000	89814
2009	82012300	64700	38316400	35976100	2340300	43631200	92771
2010	95109100	60000	45233600	42332200	2901400	49815500	102877
2011	115020600	57000	53433300	49951000	3482300	61530300	110387
2012	129500800	55600	57376400	50914200	3817900	72068800	123247
2013	145002300	52500	62968400	56950000	4077900	81981400	136947
2014	160019800	52900	68230500	65010600	4661200	91736400	149497
2015	175029900	56600	72055300	67850100	4797200	102918000	157985
2016	194926000	62900	77004300	71994700	5253200	117858800	167411

表 1-16　深圳市历年全社会固定资产投资额

单位：万元

年份	投资总额	基本建设	更新改造	房地产开发	其他
1980	13801	12487	390		924
“六五”时期	**739561**	**610488**	**5770**		**123303**
“七五”时期	**2093234**	**1617070**	**49522**	**112000**	**314642**
1986	248551	191490	10140		46921
1987	285193	215701	3009		66483
1988	436191	347307	2572		86312
1989	499919	435438	9140		55341
1990	579222	427134	24661	112000	59585
“八五”时期	**10750177**	**5174744**	**239096**	**4333168**	**1003169**
1991	912324	528725	36949	255600	91050
1992	1782322	741573	44678	714900	281171
1993	2477875	1222146	20794	1027700	207235
1994	2819413	1281065	66191	1304600	167557
1995	2758243	1401235	70484	1030368	256156
“九五”时期	**23902699**	**11485121**	**1073098**	**9051885**	**2292595**
1996	3275270	1569208	113836	1248251	343975
1997	3930657	2015620	167033	1366545	381459
1998	4803901	2395732	201514	1674854	531801
1999	5695878	2724871	274707	2152541	543759
2000	6196993	2779690	316008	2609694	491601
“十五”时期	**46972337**	**20311862**	**3307791**	**19746742**	**3605942**
2001	6863749	2844010	338886	3156364	524489
2002	7881459	2861079	385050	3884445	750885
2003	9491016	3599182	561722	4126636	1203476
2004	10925571	5009246	879996	4342432	693897
2005	11810542	5998345	1142137	4236865	433195
“十一五”时期	**57954230**	**32251857**	**6058925**	**18010862**	**1632686**
2006	12736693	6396794	1389864	4620940	329095
2007	13450037	7140463	1441061	4610422	258091
2008	14676000	8278300	1558400	4404900	434400
2009	17091500	10436300	1669600	4374600	611100
2010	19447000	12262900	1872300	4584700	7271
“十二五”时期	**126733500**	—	**5115947**	**36521908.7123**	—
2011	20609200	—	2864300	5147400	—
2012	21944300	—	2251647	7368421	—
2013	24022700	—	—	887.7123	—
2014	27174200	—	—	10694900	—
2015	32983100	—	—	13310300	—
2016	40781600	—	—	17565200	—

注：1. 1989 年以前的“房地产开发”归总于“基本建设”。

2. 2011 年起，国家统计局、深圳统计局开始采用新的统计方案，即仅统计“投资总额”“房地产开发项目投资额”和“非房地产开发项目投资中改建和更新改造投资额”三项指标。

第三节　社会发展

一、教育和科学技术

2016年末全市各级各类学校总数达2310所，比上年增加114所；毕业生44.24万人，招生数55.34万人，在校学生数195.86万人，分别增长6.1%、5.0%和4.3%。年末全市有幼儿园1579所，增加90所；在园幼儿46.33万人，增长5.7%。小学337所，增加3所；在校学生91.10万人，增长5.3%。普通中学352所，增加17所；在校学生39.65万人，增长2.9%。全年普通高等学校12所，招生2.85万人，增长3.1%；毕业生2.55万人，增长8.9%；在校学生9.19万人，增长1.5%。

表1-17　2016年各类教育招生、在校生和毕业生人数及增长速度

指标	招生数		在校生		毕业生	
	万人	比上年增长（%）	万人	比上年增长（%）	万人	比上年增长（%）
普通高校	2.85	3.1	9.19	1.5	2.55	8.9
各类中等职业技术（不含技工学校）	1.40	2.0	3.97	4.0	1.14	0.3
普通中学	14.37	6.2	39.65	2.9	12.13	2.4
小学	17.38	1.0	91.10	5.3	11.10	10.8
幼儿园	17.40	8.9	46.33	5.7	15.47	3.2

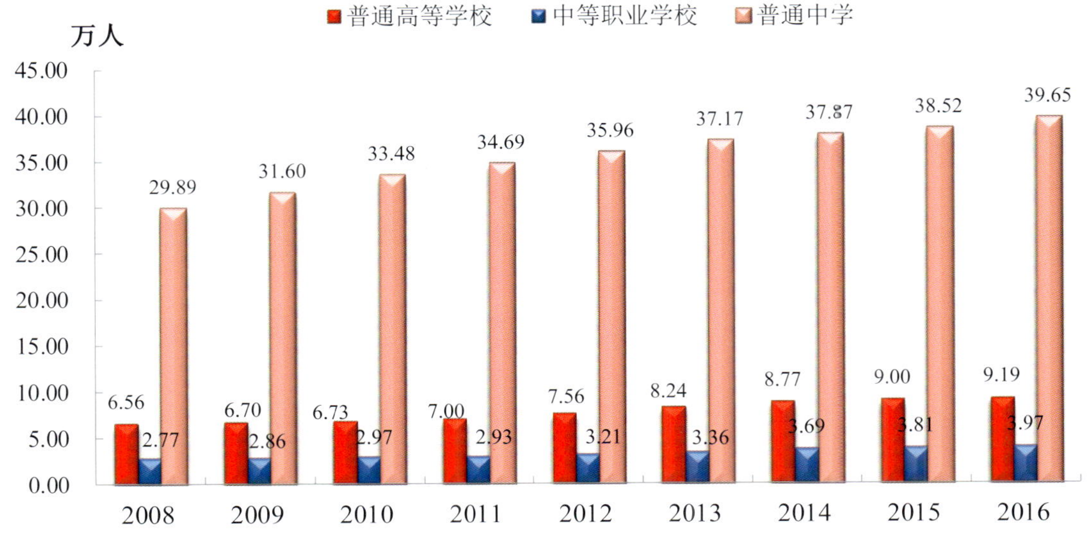

图1-13　2008—2016年各类教育在校生人数

2016 年年末全市各类专业技术人员 144.14 万人，比上年增长 6.5%，其中具有中级技术职称及以上的专业技术人员 43.54 万人，增长 4.9%。年末国内专利申请量 145294 件，增长 37.7%。国内专利授权量 75043 件，增长 4.1%。

二、文化、卫生和体育

2016 年全市有各类公共图书馆 623 座，公共图书馆总藏量 3604.25 万册（件），比上年增长 9.8%。全市拥有博物馆、纪念馆 46 座，拥有广播电台 1 座，电视台 2 座，广播电视中心 3 座，广播、电视人口覆盖率达 100%。全年报纸出版印数 28003 万份；杂志 1106 万册；图书 1380 万册。

2016 年末全市有卫生医疗机构 3339 个，比上年增加 391 个，其中医院 134 个，增加 9 个。卫生机构拥有床位 41512 张，增长 8.9%，其中医院病床 38124 张，增长 7.8%。全市有卫生技术人员 78818 人，增长 5.3%。全年各级各类医疗机构完成诊疗量 9596.46 万人次，增长 7.8%，其中处理急诊 789.12 万人次。入院人数 138.38 万人，增长 11.5%。病床使用率 85.2%。

2016 年全市市民体质综合评定达到《国民体质测定标准》合格以上人数比例为 91.8%。其中，优秀率为 12.0%，良好率为 41.8%，合格率为 37.5%。

三、城市建设、环境和安全生产

2016 年全年基本建设投资中用于城市基础设施的投资 521.93 亿元，比上年增长 9.1%。全年全市用电量 851.08 亿千瓦时，增长 4.4%。其中城乡居民生活用电 134.32 亿千瓦时，增长 7.6%。全市供水综合生产能力（包括自备水源）709.00 万立方米，全年供水总量 17.01 亿立方米。其中居民家庭用水量 6.02 亿立方米。全市自来水普及率达 100.0%。

2016 年全市年末公共交通营运线路总长度 21177.23 公里，比上年增加 616.67 公里。年末实有公共汽车营运车辆 33325 辆，增长 5.1%。其中，公共汽车 15483 辆，增长 2.4%；出租小汽车 17842 辆，增长 7.5%。全年公共汽车客运总量 22.42 亿人次，减少 8.9%。轨道交通线路长度 285 公里，增加 108 公里，轨道交通客运总量 12.97 亿人次，增长 15.6%。

2016 年全市建成区面积 923.25 平方公里，建成区绿化覆盖率 45.1%。全市生活垃圾无害化处理率 100%。

2016 年全年亿元本地生产总值生产安全事故率为 0.0200 人/亿元。

四、人民生活和社会保障

根据居民家庭抽样调查资料显示，2016 年深圳居民人均可支配收入 48695.00 元，比上年增长 9.1%，扣除价格因素，实际增长 6.5%。居民人均消费支出 36480.61 元，增长 12.7%，扣除价格因素，实际增长 10.1%。恩格尔系数为 30.5%。

2016 年末全市有 1029.63 万人参加了基本养老保险，1026.13 万人参加了失业保险。

2016 年末社区服务机构和设施 8980 个。年末居民最低生活保障线以下人数 5916 人；全年共发放最低生活保障金 4409.70 万元。

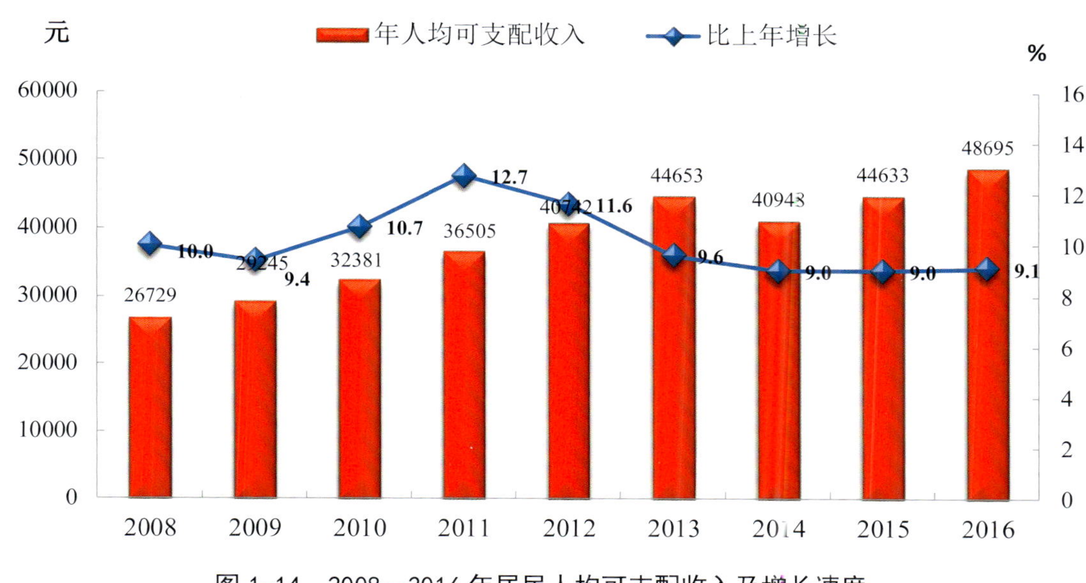

图 1-14 2008—2016 年居民人均可支配收入及增长速度

表 1-18 2016 年末全市参加各类保险人数及增长速度

指标	参保人数（万人）
基本养老保险参保人数	1029.63
基本医疗保险参保人数	1291.80
职工基本医疗保险参保人数	1093.06
失业保险参保人数	1026.13
生育保险参保人数	1090.65
工伤保险参保人数	1083.37
其中：异地劳务工参保人数	932.19

第二章　城市规划

第一节　城市总体规划（2010—2020）

一、《深圳市城市总体规划（2010—2020）》实施效果评价

《深圳市城市总体规划（2010—2020）》于2010年获国务院审批，规划有效期至2020年。根据以往工作经验，在规划有效期限基础上提前3〜5年启动新一轮规划编制工作较为合理。按照相关政策规定，开展总体规划评估及前期研究是编制新一轮总体规划编制的必要内容。

根据《城市总体规划实施评估办法（试行）》（建规〔2009〕59号），城市总体规划的评估报告的内容应该包括对城市发展方向和空间布局是否与规划一致、规划阶段性目标的落实情况、各项强制性内容的执行情况、规划委员会等决策机制的建立和运行情况、土地等相关政策的实施影响情况、依据总体规划制定相关专项规划和下层次规划情况等予以评估，并提出建议。评估报告于2016年底完成，评估结论认为：

《深圳市城市总体规划（2010—2020年）》承担引领城市发展转型的重要使命，引导城市经济社会环境协调发展，是近十年来指导深圳市在城市建设和土地利用方面的十分有效的基础性和依据性文件，对城市发展产生了重要的指导和保障的作用。

——规划在引导经济转型发展方面发挥了尤其重要的作用。在“新常态”的背景下，深圳的经济转型交出了十分亮丽的答卷，不仅产业结构和经济效益不断提升，而且万元GDP能耗、水耗、地耗都持续下降，被誉为创新发展的典范，引起全国和世界瞩目。

——规划确立了较为合理的城市空间架构，为城市持续发展奠定了良好基础。规划有效指导了区域空间拓展方向、战略性地区发展、大型基础设施布局和各项设施建设，促进了城市竞争力提升和快速发展。规划指导了城市土地利用，引导城市存量发展和精明增长，大大提高了空间利用效率。规划科学指导了下层次规划和各专项规划的编制工作，促进了不同地区和各项事业的协调发展。

——规划引导了社会包容发展。在规划的统一部署下，深圳成为对于外来人最具包容性的城市，吸纳了大量就业人口，秉承“来了就是深圳人”的理念，深圳在教育、住房、交通、社会保障等城市服务方面实施公平的政策，为国家城镇化做出了重要贡献。

——规划基本保障了城市生态安全的格局。由城市总体规划所确定的深圳市基本生态控制线，以及“四区”空间管制要求，较好地发挥了作为城市不可逾越的“生态高压线”的效果，缓解了建设用地扩张速度，保护了城市生态用地，遏制了线内违法建设行为，维护了城市生态格局，促进了城市开发的科学有序布局。

但是，城市快速发展使得深圳市人口、土地、资源和环境的紧约束日益加剧，《深圳市城市总体规划（2010—2020年）》也暴露出一些不适应的问题，难以应对新时期城市发展的新要求，同时规划期限即将到期，需要开始新一轮城市总规的编制。

二、《深圳市城市总体规划（2016—2030年）》编制

我市新一轮城市总体规划《深圳市城市总体规划（2016—2030年）》编制工作于2016年4月份启动。新一轮城市总体规划落实第六次党代会精神和市委市政府的部署，紧紧围绕“五位一体”总体布局和“四个全面”战略布局，以加快建设现代化国际化创新型城市和国际科技、产业创新中心，促进有质量的稳定增长、可持续的全面发展为目标。规划大纲阶段开展了十二个专项研究。

（1）《全球视野下的深圳与大珠三角区域协调发展研究》：聚焦中央城市工作会议以城市群作为主体形态的发展思路，研究深圳建设全球城市的目标内涵、发展理念和战略导向，关注深圳与大珠三角区域的协调发展，重点研究一带一路建设、深港合作、深莞惠都市区、粤港澳大湾区、珠三角城市群等多个层面的区域联动发展的目标、机制和策略。

（2）《可持续发展的城市人口战略研究》：以促进社会、经济、环境全面、协调、可持续发展为目标和原则，预测2030年乃至更长远的深圳城市人口规模以及结构；针对深圳未来人口规模和人口结构的不同情景，研究相应的城市人口发展战略和对策措施，提出今后外来人口市民化等方面的政策建议。

（3）《创新驱动战略下的深圳产业发展研究》：在全球经济转型和产业技术革命的背景下，响应国家创新驱动发展和制造强国战略，研究深圳现有产业结构特征和发展趋势，系统全面地提出深圳产业发展方向和思路，分析相应的空间需求，探讨产城融合策略。

（4）《深圳住房发展与居住空间布局研

究》：针对当前高房价引发的就业和生活成本高企、人才外流和社会空间分异加剧等矛盾和问题，着眼于改善民生和提升城市综合竞争力的目标，研究住房发展的长远战略，分析各类住房的空间供应和基础设施支撑需求，提出促进房地产健康发展、完善住房保障的对策建议。

（5）《总体城市设计和特色风貌保护策略研究》：研究城市文化和山水特色，确定城市总体空间格局、整体景观体系、公共空间体系、密度分区，划定城市设计重点控制区，完善空间结构、组织公共空间、塑造城市景观、控制建筑形体的策略，提出总体城市设计实施路径。识别已有或有潜在价值的特色文化资源，深入挖掘城市历史文化发展脉络，探索城市文化保护和特色风貌传承营造的创新方法，提出城市品质提升的总体框架和实施机制。

（6）《紧约束条件下的土地资源可持续利用研究》：在深圳土地资源紧约束的背景下，探索城市总体规划与土地利用总体规划高度统一的规划编制新方法、新机制，分析土地利用现状问题和土地利用潜力，研究刚性土地供给政策下城市土地利用方式和策略转变的可行性，提出未来合理的城市建设用地规模和用地结构，探索土地资源可持续利用的路径、模式、实施机制，以及政策保障。

（7）《海洋强国战略下的陆海统筹发展研究》：响应国家“21世纪海上丝绸之路”和“建设海洋强国”的战略，以建设世界级海洋中心城市为目标，探索深圳向海发展的目标、策略与路径，提出海洋产业发展、海洋环境保护、海洋文化建设及其空间布局，创新陆海资源配置方式和海洋综合管理体制机制。

（8）《基于资源环境承载力的生态环境保护规划研究》：响应国家加快推进生态文明建设的思路，识别制约深圳城市发展的主要生态资源和环境要素；以资源环境承载力为约束，控制开发强度，明确城市生态空间保护目标；优化生态安全格局，推动城市集约紧凑发展；提出城市生态空间保护与利用策略。

（9）《区域综合交通一体化发展策略研究》：针对深圳建设全球交通门户和华南交通枢纽的目标，响应深圳以区域一体化发展突破空间资源约束的战略，按照陆铁海空协调发展的思路，提出深圳与区域综合交通一体化发展策略研究。其中应重点研究国家铁路、区域城际线、市域轨道网络以及区域性综合交通枢纽的布局，提出区域交通与土地利用协同、交通布局与就业人口分布协调的规划策略，以及创新区域交通建设与运营机制的政策建议。

（10）《城市综合防灾与公共安全研究》：分析城市未来面临的主要公共安全问题；借鉴国外先进经验和技术手段，研究防灾与公共安全政策、避难场所及通道的布局以及公共安全应急预案；构建完备的城市公共安全保障体系，为城市可持续发展提供安全保障。

（11）《面向智慧城市的城市规划创新研究》：基于基础数据集成平台，利用多源数据融合、大数据分析等技术手段，结合总规编制工作要求，创新规划编制模式、编制方法。对城市建设的现状基本情况进行评估，分析城市发展要素中人口流动、交通、物流、卫生、建设等各方面的变化，为城市总体规划的专项内容提供必要支持。以建设“智慧城市”为目标，提出完善城市规划和建设管理信息体系的策略和建议。

（12）《城市转型发展和空间管控指标体系

研究》：以促进城市转型发展和完善现代城市治理体系为目标，分析新形势下空间管控的意义和内涵；按照“战略引领”和“刚性管控”相结合的原则思路，研究城市总体规划管控的核心指标体系，提出关于城市开发边界、生态红线等空间管控的策略措施。

目前已完成四方面的工作。一是完成《〈深圳市城市总体规划（2010—2020）〉实施评估报告》并征求了各职能部门和区政府（新区管委会）的意见，经认真研究后对报告进行了完善。二是开展了广泛的调研和公众咨询工作，进行了约40场调研座谈会，调研对象涵盖周边城市、市内政府部门和区政府（新区管委会），以及重点行业和企业，通过调研充分了解各方发展诉求。三是根据规划编制进展适时开展专家咨询工作，于2016年9月2日召开了第一次专家咨询会，与会专家对规划阶段性成果提出了切实可行的改进意见。四是及时向市委市政府汇报工作进展，在2016年第6次市委书记专题会议上，时任深圳市委书记马兴瑞同志和市长许勤同志听取了汇报，对规划阶段性成果予以肯定。

第二节　《深圳市土地利用总体规划（2006—2020年）》

一、工作背景

《深圳市土地利用总体规划（2006—2020年）》于2012年获得国务院批复，规划期限为2006—2020年。2014年11月以来，国土资源部、广东省人民政府相继出台了《全国土地利用总体规划调整完善工作方案》（国土资厅函〔2014〕1237号）、《全省土地利用总体规划调整完善工作方案》（省府函〔2015〕45号）、《关于做好土地利用总体规划调整完善工作的通知》（国土资厅函〔2016〕1096号）等文件，要求各地尽快启动并完成土地利用总体规划调整完善工作。为贯彻落实党中央、国务院关于国土资源的重大决策部署，保障深圳市“十三五”期间城市发展需求，根据国家和省的工作部署，2014年底深圳市启动了《深圳市土地利用总体规划（2006—2020年）》的调整完善工作。

深圳市土地利用总体规划在调整过程中，多次收集了各区（新区）的用地诉求，并与市人居环境委、市交委、市教育局等相关职能部门沟通协调，与“十三五”规划、城市总体规划、法定图则、基本生态控制线等相关规划进行了充分衔接。2016年5月，编制完成了《深圳市土地利用总体规划（2006—2020年）调整完善方案》（以下简称《调整方案》）；2016年8月，按程序召开了听证会，听取社会各界代表的意见；2016年12月，完成了省级专家评审，按规定将全域永久基本农田相关成果纳入到规划调整完善当中；并按要求征求了市政府各职能部门、各区政府意见。《调整方案》报请深圳市政府审议后将按程序报部省审批。

二、工作原则

《调整方案》的基期为2015年，规划目标年为2020年。范围为深圳市行政辖区，包括福田区、罗湖区、南山区、盐田区、宝安区、龙岗区、光明新区、坪山区、龙华区、大鹏新区，总面积201771公顷。在调整完善过程中，按照总体稳定、局部微调的要求，始终坚持保护优先、节约集约、统筹兼顾、突出重点、上下协调、有序推进的基本原则，进一步优化建设用地结构和布局、强化耕地和基本农田保护，保障稳增长、促改革、调结构、惠民生各项政策措施落实。

1.坚持严守底线、保护资源

坚持最严格的耕地保护制度，严守耕地和基本农田保护红线，严控城市建设占用优质耕地。坚持并调整完善已划定的基本生态控制线，保护城市生态资源。

2.坚持合理配置、节约集约

坚持节约集约用地制度，严格控制建设用地规模，合理配置各类各业用地，调整优化建设用地结构、布局。创新土地管理政策，大力推进城市更新、土地整备，盘活存量建设用地，挖掘用地潜力，提高土地配置和利用效率。

3.坚持统筹安排、突出重点

处理好城市开发与保护、当前和长远、局部和全局的关系，增强调整完善工作的时效性和针对性，着重解决全市近期空间发展问题，重点保障近期民生、基础设施等重点项目。

4.坚持上下衔接、有序推进

加强上下沟通衔接，确保市—片区两级土地利用总体规划指标调整按照上级要求落实。加强与相关规划、标准的对接，切实加强与国民经济和社会发展规划、城乡规划的协调衔接，推进“多规”融合，有序推进规划调整完善工作。

三、主要内容

《调整方案》主要工作任务如下：

1.开展规划中期评估

以第二次土地调查及变更调查数据为基础，全面总结现行规划实施情况，科学研判2020年经济社会发展态势、重大空间发展战略和基础设施布局规划及其对土地利用的影响，深入分析耕地和基本农田减少、建设用地较快增加和功能片区规划个案调整个数较多、较频繁等原因，为规划目标调整，空间布局和结构优化提供依据。

2.合理调整规划目标和控制指标

依据广东省下达的规划调控指标，综合考虑深圳市资源环境承载能力、经济社会发展水平和规划剩余空间情况，结合变更调查数据，调整完善全市土地利用总体规划目标，统筹安排各区域和各类用地，重点落实耕地和基本农田保护任务，合理调整建设用地规模，优化建设用地空间结构。

3.推进“多规合一”，优化用地空间布局

规划调整中吸取“多规合一”成果，积极探索完善有利于各类空间规划协调衔接的工作路径、编制规范和协作机制，着力解决各相关规划科学性不强、衔接不够、执行不力等关键问题，为完善土地用途和国土空间管制制度打下基础。在规划用地布局的基础上，充分衔接深圳市“十三五”规划、城市总体规划等规划。按照“大稳定，小调整”的原则，做好基本农田布局、建设用地布局调整优化，合理安排生产、生活、生态用地空间布局。

4.更新完善数据库

按照国家和省的标准，结合规划调整完善工作，同步更新完善全市规划数据库，严格核查规划数据库质量，确保图、数、实地相一致。

四、主要调控指标

《调整方案》主要指标调整情况如下：

规划调整后，深圳市建设用地总规模控制在100400公顷以内，增加2800公顷；城乡建设用地规模控制在 86500公顷以内，增加2800公顷；城镇工矿用地规模控制在 86500公顷以内，增加2800公顷。

规划调整后，深圳市耕地保有量调整为2688公顷，基本农田保护面积保持在2000公顷以上。

规划调整后，深圳市人均城镇工矿用地控制在59平方米以内。建设用地产出率和地均工业增加值维持现行规划确定的目标不变，即建设用地产出率≥20亿元/平方公里，全市每年万元GDP建设用地年均下降7%。全市地均工业增加值≥45亿元/平方公里。

五、重点保障用地

《调整方案》主要用地保障方向如下：

一是大力保障深圳市重点发展地区新增用地。加快重点开发区域建设，是深圳市面向城市未来发展做出的重大决策，对培育新的区域增长极，推进高质量的城市化，加快产业转型升级和提升经济发展水平，具有重要的意义。近年来，深圳市相继确定了深圳湾超级总部基地、留仙洞战略性新兴产业总部基地、高新区北区、坂雪岗科技城、深圳北站商务中心区、平湖金融与现代服务业基地、国际低碳城、笋岗–清水河片区、福田保税区、坪山中心区、大运新城、宝安中心区、空港新城、光玥凤凰城、深圳国际生物谷坝光核心启动区、梅林—彩田片区等16个重点开发区域。《调整方案》大力保障上述重点发展地区新增用地指标。

二是重点保障深圳市新增高等教育用地。根据深圳市《关于加快高等教育发展的若干意见》，争取到2025年，深圳高校达到20所左右。新建高校用地普遍占地规模大，对建设用地指标需求较大，《调整方案》重点保障了中山大学•深圳、中国人民大学深圳校区、南山大学城拓展区等一批高等教育用地。

三是优先保障各类民生基础设施建设用地。年均新增100万常住人口加剧了深圳市文体设施、医疗设施、市政公用设施和交通设施的压力。《调整方案》优先保障了深圳市基础教育、医疗卫生、市政公用设施、保障房、留用地、已批用地等各类民生基础设施及历史遗留问题用地建设指标。

四是保障产业升级转型、战略性新兴产业用地。深圳市“东进战略”的提出和实施、加快深圳国家自主创新示范区建设步伐、一带一路建设、前海—蛇口自贸区的设立等，为深圳市升级转型带来了新的机遇和挑战，《调整方案》结合深圳市重点发展片区，保障各类产业用地需求。

第三节　法定图则

一、法定图则

法定图则编制管理一直是深圳市规划国土资源委员会的一项重要工作。为实现全市范围内法定图则的全覆盖，市规划国土委组织编制了法定图则 252 项,其中已通过审批的法定图则有 239 项，为全市建设发展及管理提供法定规划依据。其中，2016 年全年有 5 项法定图则（含修编）草案经图则委通过。

表 2-1　2016 年通过图则委审批的法定图则一览表

序号	图则编号	图则名称
1	BA401-22	大浪石凹片区
2	LG104-02/02	横岗中心地区（修编）
3	BA202-03&07&T4	海上田园风光及周边地区
4	BA201-06&09	福永西片区
5	BA302-04&06&07&08/02	光明高新技术产业园区]法定图则局部修编

第四节　深圳市住房建设“十三五”规划

一、“十二五”规划实施情况

（一）执行情况

1. 房源筹集建设情况

“十二五”期间，全市新增安排筹集建设保障性住房 24.62 万套，建筑面积约 1600 万平方米，比“十二五”规划目标超额完成 0.62 万套。

2. 项目建设进度

（1）新开工项目。“十二五”期间，全市新开工保障性住房约 17.9 万套，建筑面积 1311 万平方米。

（2）竣工项目。“十二五”期间，全市竣工保障性住房约 10.2 万套，建筑面积 686.17 万平方米。已建成的保障性住房与商品住房套数的比率由 25% 提高至 30%。

（3）基本建成项目。“十二五”期间，全市历年开工项目基本建成保障性住房约 3.86 万套，建筑面积 288 万平方米。

（4）在建项目。截至“十二五”期末，全市历年开工且在建的保障性住房约 9.2 万套，建筑面积 689.69 万平方米。

3. 保障性住房供应

“十二五”期间，全市累计供应保障性住房 11 万套，覆盖约 33 万人，面向人才供应超过 60%。其中市级主管项目供应 79945 套，占比 72%，各区（含新区，下同）主管项目供应 29866 套，占比 28%。公共租赁住房供应 66726 套，安居型商品住房供应 24910 套，经济适用房住房供应 7066 套，拆迁安置房供应 11109 套。

4. 货币补贴发放

“十二五”期间，全市累计发放住房保障货

币补贴 20.43 亿元，其中：

（1）人才货币补贴。人才安居工程实施以来，全市累计发放人才货币补贴 19.7 亿元，其中人才安居补贴约 15.6 亿元（市级约 14.1 亿元、各区局 1.5 亿元），惠及人才约 16 万人；各区按其自行制定的相关人才政策另行发放人才补贴约 4.1 亿元，惠及人才约 2 万人，共计惠及约 18 万人。

（2）低保及低收入家庭住房货币补贴。全市户籍低保及低保边缘家庭应保尽保，累计发放资金约 0.73 亿元。

5. 资金安排

“十二五”期间，全市已安排保障性住房项目计划总投资约 689 亿元，已累计完成 657.7 亿元。其中，政府投资 220 亿元，已累计完成 198.92 亿元；引入社会投资 468 亿元，已累计完成 436.86 亿元，占已完成投资总额约 66%。

6. 土地供应

“十二五”期间，全市供应保障性住房建设用地约 4.33 平方公里，其中新增用地供应 1.67 平方公里，存量用地供应 2.66 平方公里。

7. 棚户区改造

“十二五”期间，全市累计完成棚户区改造 5246 户（套），占《广东省棚户区改造规划（2014-2017 年）》（粤建保〔2014〕120 号）总任务 10789 户（套）的 48.6%。

8. 住房保障政策法规体系建设

“十二五”期间，我市住房保障坚持“法制先行”，积极推进“建章立制”工作，已基本形成以《深圳市保障性住房条例》《关于实施人才安居工程的决定》（深发〔2010〕5 号）、《深圳市住房保障制度改革创新纲要》（深府〔2012〕145 号）为核心的政策法规体系，同时也出台了若干配套规章和规范性文件，包括：《深圳市人才安居办法》（深圳市人民政府令第 273 号）、《关于加快发展产业配套住房的意见》（深府办〔2013〕4 号）、《深圳市安居型商品房轮候与配售办法》（深建规〔2012〕10 号）、《深圳市公共租赁住房轮候与配租暂行办法》（深建规〔2013〕10 号）、《深圳市公共租赁住房置换管理办法（试行）》（深建字〔2014〕113 号）、《深圳市住房公积金管理暂行办法》（深府 2010〔176〕号）等。

二、规划目标

（一）筹集建设目标

全市计划新增筹集建设人才住房和保障性住房 40 万套（新增供应用地建设 21 万套，多渠道筹集 19 万套），总建筑面积约 2600 万平方米，计划供应人才住房和保障性住房 35 万套（含“十二五”续建项目 13 万套）。

（二）土地供应目标

全市人才住房和保障性住房建设用地供应 5.03 平方公里，其中新增供应用地 0.54 平方公里，存量用地折合 1.8 平方公里（含城市更新配建、拆迁安置与产业园区配套宿舍等），多渠道筹集存量住房折合用地 2.69 平方公里。确保每年新增供应的居住用地中，人才住房和保障性住房用地面积不少于总用地面积的 60%。

各区政府应当制定人才住房和保障性住房用地专项储备计划，项目用地应当提前 1 年以上储备。

（三）资金安排目标

全市住房保障预计安排资金约 1724 亿元，包括“十二五”续建项目需继续投入 278 亿元、“十三五”规划期内新增安排项目需安排投资 1310 亿元、“十三五”期间住房租赁补贴约 136 亿元（其中人才补贴约 74 亿元）。

（四）居住品质目标

新出让人才住房、保障性住房用地项目和政府投资建设新开工的人才住房、保障性住房项目全部采用装配式方式建造，在社会投资配建政府回购独立成栋的人才住房、保障性住房项目大力推广装配式建筑。

继续实现人才住房和保障性住房项目100%达到《深圳市绿色建筑评价规范》铜级标准，进一步强化执行节能强制标准和绿色建筑标准，实现住房保障低碳发展。

落实人才住房和保障性住房项目周边配套设施“同步规划、同步建设、同步交付”要求，确保项目入住后的生活便利。

（五）住房公积金发展目标

全市住房公积金新增归集额2300亿元，新增单位开户5万家，新增职工开户人数390万。发放住房公积金贷款资金1000亿元，实现住房公积金提取1500亿元，住房公积金贷款余额达1400亿元。

三、筹集建设渠道

坚持“政府主导、社会参与、资源共享、融合发展”，充分利用市场资源，积极提升社会力量参与人才住房和保障性住房建设的积极性，通过九类十五种渠道，进一步加大人才住房和保障性住房筹集建设力度。

（一）新增用地建设

1. 市、区政府新增安排建设用地集中建设人才住房和保障性住房。

2. 招拍挂出让的商品住宅项目用地应配建不少于总建筑面积10%的人才住房和保障性住房，其中人才住房全部由市人才安居集团或其各区控股子公司接收或回购。招拍挂出让的商品住宅用地，土地溢价率超过一定比例的，由竞价转为竞配人才住房或保障性住房配建面积，或提高开发企业自持住房比例面向人才群体出租。

3. 已批未建工业用地调整功能为居住用地的，可由企业按规定开发人才住房和保障性住房，或按政策收回部分土地优先建设人才住房和保障性住房。

（二）城市更新配建

4. 提高城市更新项目配建人才住房和保障性住房比例，其中城中村改造项目以及改造后建设商务公寓的城市更新项目，基准配建比例不低于15%，旧工业区、仓储区或城市基础设施及公共服务设施改造为住宅的，基准配建比例不低于30%。城市更新配建的人才住房全部由市人才安居集团或其各区控股子公司接收或回购。

（三）工业用地改保障房用地建设

5. 鼓励将位于规划所保留成片产业园区范围外，已建成或近期规划建设轨道站点500米范围内的，用地面积不小于规定标准的旧工业区，在公共配套条件支撑的情况下，按照简易程序调整法定图则、用地功能，配建不少于总建筑面积65%的人才住房和保障性住房。

（四）棚户区改造

6. 加快对我市使用年限较久、房屋质量较差、建筑安全隐患较多、使用功能不完善、配套设施不齐全的老旧住宅区、二线插花地以及成片危房等进行棚户区改造。有条件的棚户区改造项目，除满足拆迁安置需要外，其余住房均配建为人才住房和保障性住房。

（五）公共设施配建

7. 地铁车辆段、停车场、站点以及独立占地、具备条件的公交场站、配电站、消防站等市政公用设施上盖适量增配人才住房和保障性住房。地铁站点500米范围内新出让的招拍挂居住用地，建设不少于总建筑面积60%的人才住房和保障性住房，学校、医院等大型公共设施可配建一定比例的人才住房。

（六）社会存量用地建设

8. 鼓励有条件的企事业单位、原农村集体经济组织继受单位利用自有用地、历史遗留问题用地等存量土地集中建设人才住房和保障性住房，允许其在户型面积、租售价格等方面具有一定的自主权，并在土地收益等方面给予相应政策优惠。

9. 提高征地返还用地、留用地、已批未建的居住用地、商住混合用地的容积率，由此增加的居住面积用于建设人才住房和保障性住房。

（七）筹集社会存量住房（含租赁、购买）

10. 市、区政府在确保安全的前提下，通过改造已控停违法建筑，没收、征收历史遗留问题建筑等方式筹集人才住房和保障性住房。

11. 相关部门和单位可以租购社会存量住房，向基本住房保障对象和各级各类人才出租，市、区财政给予租金差额补贴。

12. 清理整合机关事业单位自有住房，纳入全市人才住房和保障性住房基础信息管理平台，实施规范管理。

13. 鼓励企业将自有商业、办公用房、宿舍等改造为租赁型人才住房和保障性住房，辖区政府给予适当的改造和运营资金补助。

（八）产业园区配建

14. 新建或扩建的各类产业园区，应当就地配建或就近集中建设不少于总建筑面积 25%、总量不低于 160 万平方米建筑面积的人才住房。

（九）城际合作开发

15. 通过加强以“轨道交通+产业园区+人才小镇+公共配套”为要素的都市圈城际住房合作，开发建设一批面向产业园区职工和深圳人才供应的人才住房，打造具有职住平衡、产城融合、交通便利、配套完善等特点的人才特色小镇，推动深惠莞三地互惠共赢、协同发展。

四、任务分解

市、区两级政府按照既定责任分工，继续完成“十二五”尚未竣工并实现供应的人才住房和保障性住房项目。“十三五”期间计划新增安排筹集建设和供应任务，市本级承担 20%，各区政府承担 80%。市保障性安居工程指挥部可以根据人才住房、保障性住房空间规划中项目落地、“东进战略”产业布局情况，适当调整各区建设和筹集、供应的任务量。

表 2-2 市、区新增筹集建设 40 万套、供应 35 万套分配方案（单位：套）

	新增安排筹集建设任务	供应任务（含十二五续建项目）
市本级	80000	71043
福田区	67496	52062
罗湖区	28981	22084
南山区	48188	44899
盐田区	5964	4165
宝安区	53764	38488
龙岗区	43161	42350
光明新区	10905	19344
坪山区	13800	24035
龙华区	27742	24593
大鹏新区	20000	6938
合计	400001	350001

第五节 城市更新“十三五”规划

城市更新“十三五”规划

在省“三旧”改造政策的基础上，我市进行二次创新，建立了一套有效的更新模式。“十二五”期间，全市城市更新已出让用地7.6平方公里，固定资产共1708亿元人民币，全市城市更新工作步入规范有序的运行轨道。城市更新作为一项持续性、常态化、长期性的工作，对城市发展的影响日益扩大。时值“十二五”期末，按照上级部署，我委于2015年5月组织开展我市城市更新“十三五”规划的编制工作，在对近五年全市城市更新实施成效进行总结评估的基础上，通过深入调研、广泛动员、专家领衔、市区联动和全民参与，于2016年11月编制完成《深圳市城市更新“十三五”规划》并印发实施。作为指导全市城市更新工作的纲领性文件和各区（新区）五年规划编制、更新单元计划制定的重要依据，更新“十三五”规划鼓励综合整治，提倡有机更新，确定更新的规模与结构、配套设施和“两房”建设目标。与“十二五”规划相比，本规划更加强化规划引领作用，内容更丰富创新，增加了城市更新产业空间供给，强化更新分区和分类引导个基础设施系统更新指引等。规划还强调上下互动，注重市区联动，与强区放权等工作进行充分结合，将规划目标和任务分解到各区落实，并建立绩效考核与检查督查机制，保障规划实施。

第六节 主要城市设计成果

一、《大空港启动区城市设计》

深圳大空港新城地处广佛肇、深莞惠、珠中江三大城市圈交汇处，位于粤港澳湾区经济的核心区域，既是一带一路建设的支点，也是深圳的城市副中心之一，与前海、前海—蛇口自贸区在功能和产业上高度关联。

大空港启动区位于宝安机场以北，用地面积约 15.5 平方公里，基地内部河涌丰富，桑基鱼塘肌理突出，生态资源良好。启动区作为海绵城市建设的示范区域，将要落实深圳国际会展中心等市重点项目，同时为宝安提供产业升级平台，为加快建成现代化国际化创新型城市提供强有力支撑。

城市设计提出“国际会展岛—科技创新城”的规划目标，致力于加强启动区功能与城市功能的互动关系，探索滨海湿地片区的新型城市发展模式，并打造富有活力的滨海生活。启动区的规划结构为“一带+三核心+五个复合城区”，形成以十字主轴为骨架，东西向多廊道，南北向多核心串联的城市空间构架。并提出“复合联动+多维城区+海绵绿岛’的城市设计策略。

二、《深圳国际会展中心及配套用地城市设计》

深圳国际会展中心选址深圳空港新城，位于珠三角湾区的顶部、穗港深经济走廊的核心部位，珠三角的地理中心和广东自贸区的中心。本项目区位优势突出，交通条件非常便利：距 T3 航站楼 7 公里，距 T4 枢纽 3 公里，深茂铁路、穗莞深城际线、深中通道均在周边经过，规划与地铁 20 号线、12 号线，以及沿江高速、广深高速两条高速接驳。

片区主要空间呈岛状，形成以大型绿色生态开放空间 “海上田园”、大型文化设施为主的空间序列。 沿主要文化设施贯穿全岛的休闲带是将生态环境与城市建设融为一体的主要线索。其他开发用地为两中心一馆提供综合服务配套。项目形成“一河两带三片区”的规划结构。其中配套用地为包含了酒店、办公、餐饮、购物、娱乐、旅游、商务等功能的大型城市综合片区。各类配套推动了会展经济发展，也在交通高峰起到了分流出入人员、缓解交通压力的作用。沿福永海河两岸塑造滨水休闲的氛围，以自然、生态绿地为主，各段设置景观节点，丰富福永海河沿岸的公共空间。会展与开发用地之间的会展休闲带采用立体复合的形式，既是主要的公交换乘区，又是重要的过渡空间。

第三章　城市建设

第一节　基础设施建设

一、轨道交通建设

（一）穗莞深城际线

穗莞深城际线自广州东引出，新建起点位于广深四线新塘站附近，经广州新塘，东莞麻涌、中堂、望牛墩、洪梅、沙田、厚街、虎门、长安，至深圳机场，远期延伸至前海。新建线路全长约74公里。深圳境内长约18.5公里，总投资约为57亿元，由东莞市长安金沙至深圳机场，并在T3、T4航站楼设站，远期延伸至前海合作区。至2016年底，累计完成投资13.1亿元。

（一）前海综合交通枢纽

前海综合交通枢纽工程位于南山区前海片区，占地20公顷，总建筑面积约82.13万平方米，是深圳市西部最重要的综合交通枢纽之一，包括1、5、11号线、穗莞深城际线和港深西部快轨的前海湾站，以及相关配套设施工程。分近期和远期两期开发，近期工程总投资91.07亿元。至2016年底，累计完成投资15.6亿元。T1～T8基坑地连墙已完100%；1号线车站改造地基加固完成100%；5号线车站改造地基加固完成100%、主体结构完成100%。

（三）地铁规划建设

《深圳市城市轨道交通近期建设规划(2011—2016年)》于2011年4月25日获国家发展和改革委员会批准。本次规划建设以下线路：11号线由福田中心区至松岗，线路全长约51.7公里；9号线自向西村至深圳湾，线路全长25.3公里；7号线自太安至动物园，全长30.3公里；6号线自深圳北站至松岗，全长37.9公里；根据前期工作的进展情况，适时建设8号线，自国贸至小梅沙，线路长约26.4公里。《深圳市城市轨道交通第三期建设规划(2011—2020年)调整》于2015年9月21日获国家发展和改革委员会批

准。本次规划建设以下线路：2号线三期工程由新秀至莲塘，线路全长3.8公里；3号线三期（东延）工程由双龙至六联，线路全长9.4公里；3号线三期（南延）工程由益田至保税区，线路全长1.5公里；4号线三期工程由清湖至牛湖，线路全长10.6公里；5号线二期工程由前海湾至赤湾，线路全长7.7公里；6号线二期工程由深圳北至科学馆，线路全长11.5公里；9号线二期工程由红树湾至航海路，线路全长10.8公里；10号线由福田口岸至平湖，线路全长29.2公里。上述线路合计总长度约254.1公里，新增车站数量161座。规划实施后，深圳市轨道交通线路将达到11条，通车里程约433公里。其中：

7号线工程。全长30.3公里，全部为地下线，共设站28座，其中换乘站11座，设置车辆段与停车场各1处，主变电站2座。

9号线工程。全长25.3公里，设车站22座，其中换乘站10座，设车辆段和停车场各1处，主变电站2座。

11号线工程。全长51.7公里，共设车站17座，其中地下站13座，高架站4座，设松岗车辆段1座，机场北停车场1座，全线设主变电所4座。

6号线工程。全长37.6公里，共设车站20座，其中地下站5座，高架站15座，设长圳车辆综合基地1座，全线新设主变电所2座。

2号线三期、8号线一期、3号线三期（南延）、5号线二期、9号线二期和10号线工程于2015年12月28日开工建设。

二、主要道桥工程建设

（一）深圳外环高速公路深圳段

深圳外环高速公路与深圳市所有纵向疏港通道交叉，是《深圳市干线道路网规划》中“七横十三纵”的一横，同时也是广东省“九纵五横两环”高速公路主骨架网中的加密线。起于广深沿江高速，经沙井、松岗、公明 光明、观澜、东莞凤岗、龙岗、坪地 坑梓、坪山、葵涌等，终于盐坝高速。深圳段全长76.386公里，总投资约220亿元，按六车道高速公路标准建设。至2016年底，征地拆迁，管线改迁，土建工程建设工作均已同步开展。

（二）坂银通道

坂银通道总投资约32.9亿元，南起黄木岗立交北侧，止于环城南路路口，全长10.74公里，工程采用城市主干道标准建设，其中新建道路7.6公里，改造拓宽道路3.14公里。项目的建设对于完善我市中部干线路网结构，为中部快速公交系统提供便捷的交通走廊，提高公共交通服务水平，促进特区交通一体化发展具有重意义。至2016年底，累计完成投资10.7亿元，土建四个标已经全部进场施工。

（三）东部过境高速公路

该项目起于莲塘水厂处（与莲塘口岸、爱国路相连接），向南通过莲塘口岸与香港一号干线相接，向北与深惠、深汕高速公路相接，路线全长33公里，总投资62亿元，采用高速公路标准建设，双向八车道，设计行车速度80公里/小时。设特大桥、大桥26座，互通立交6处，综合服务区1处。至2016年底，累计完成投资24亿元，正在开展1–5标工程施工及征地拆迁工作等。

（四）南坪快速路三期工程

南坪快速路是《深圳市干线路网规划》提出的“一横八纵”建设计划中的核心工程，南坪三期总投资约 42.7 亿元，西起水官高速公路横坪立交，东至聚龙路，全长约 22.2 公里，分改建和新建部分，新建桥梁 7 座、改造立交 4 座、远期投建 1 座、保留现状 1 座；新建改造桥梁 20 座；设置分离式隧道 3 座。至 2016 年底，累计完成投资 15.5 亿元，正在开展桩基、土建及桥梁等施工。

三、公用事业工程建设

（一）公明供水调蓄工程

项目位于光明新区，总投资 10.1 亿元，建设公明水库扩建工程、鹅颈水库至公明水库连通隧洞、公明水库至石岩水库供水工程和雨洪利用工程等，库容 1.42 亿立方米。项目建成后，与铁岗水库、石岩水库、西丽水库一起，共同承担宝安区、光明新区、南山区、福田区的供水保障任务，供水范围覆盖市内 950 平方公里，供水保障时间由现在的二十天提高到三个月。

至 2016 年底，累计完成投资 8.7 亿元，6 座大坝基本完工，供水隧洞、闸室交通桥全部完成，。剩余大坝周边绿化、施工进场道路，隧洞光缆敷设待完成。

（二）深圳抽水蓄能电站

项目地址位于深圳市盐田区和龙岗区内，装机容量 1200 兆瓦，项目总投资约 59.9 亿元，建设年限为 2011—2018 年。项目建设有利于优化电源结构、减轻西电故障和大机组跳闸引起的事故风险，改善核电、火电运行条件，提高输电线路输送效率和利用率，降低输电成本，提高电网运行经济性。

至 2016 年底，累计完成投资 30.5 亿元，上水库主要工程已完成，正在进行栏杆、绿化施工。水道系统上中下平洞开挖完成；上平洞、上游调压井衬砌完成，固结灌浆完成 65%；上、下斜井衬砌、灌浆完成；中平洞衬砌完成 90%，下平洞衬砌基本完成。引水支管安装完成 90%。尾水支管安装完成 95%，回填砼完成 70%，固结灌浆完成 60%，下库进出水口结构混凝土浇筑完成。主厂房完成 1#机定子下线、球阀预装、顶盖吊装，完成 2#机底环安装、锥管安装；完成 2#机球阀基础安装。

四、其他公共配套设施工程建设

（一）深圳当代艺术馆与城市规划展览馆

项目位于福田区鹏程四路东侧，总投资 15.6 亿元，用地面积 2.97 万平方米，建筑面积 8.9 万平方米，由当代艺术馆与城市规划展览馆两个馆组成。项目将建成为现代化标志性文化设施，对促进文化产业发展具有积极意义，将成为城市规划宣传、城市旅游和文化教育产业的一部分。截至 2016 年底，项目的精装修和建设已基本完工。

（二）北理莫斯科大学建设工程

北理莫斯科大学建设工程位于龙岗区大运新城西南部，水官高速–盐龙大道西北侧，自行车赛场路及龙岗体育中心南侧，新建校舍 21 栋，总投资 20.4 亿元，新建建筑面积 29.8 万平方米。项目的建设对深化中俄两国全面战略协作伙伴关系，推动两国教育发展、学术交流与科研合作，以及进一步提高深圳及珠三角的教育科研水平，均具有十分重要的意义。

截至 2016 年底，累计完成投资 1.4 亿元，学校一期基础完成，进入开展结构主体工程施工、配套工程等施工阶段。

第二节 重点工程建设

一、2016 年投资完成情况

2016 年，我市共安排重大项目 519 个，总投资 17725 亿元。其中，建设（含续建、新建）项目 289 个，年度计划投资 1181 亿元。9 月，经市政府同意增补了 63 个项目为重大项目，增补后，全市共安排重大项目 582 个，其中，建设项目 310 个，年度计划投资 1232 亿元，前期项目 272 个。1–12 月，310 个重大建设项目完成投资 1313 亿元，占年度投资计划 106.6%，超额完成全年重大项目投资计划。

（一）重大产业项目推动产业创新、科技发展，加快新一轮创新战略布局

全面加强科技创新供给，进一步巩固提升战略性新兴产业支撑作用，加快发展未来产业，推

动现代服务业高端发展，支持先进制造业做大做强，推动优势传统产业转型升级。2016 年重大项目计划安排产业类（含战略性新兴产业和未来产业、现代服务业、高技术制造业）项目 224 个，完成投资 499 亿元，占重大项目完成总额 40%。

一是战略性新兴产业蓬勃发展。华大基因国家基因库（一期）项目、阿里巴巴集团商业云计算研发中心等项目竣工，百度国际总部及研发中心、华强创意产业园等项目加快建设以及中科院育成总部基地等项目的筹备，产业发展后劲持续增强。二是现代服务业加快发展壮大。中国人寿大厦、中信银行大厦等项目主体结构竣工，前海华润金融中心、平安金融中心、、招商证券大厦等项目顺利推进，总部经济地位逐步加强。三是高技术制造业高端化发展。华星光电第 8.5 代 TFT–LCD 生产线建设、星河雅宝高科创新园、赛格国际电子产业中心等一大批项目的持续推进，企业竞争力进一步提升。

（二）重大基础设施建设有序开展，进一步推动城市功能更新

以建设现代化国际化城市为目标，加快新型基础设施的谋划和布局，着力打造市场化。可持续。低成本、高效率的城市基础设施供给体系。2016 年重大项目计划安排城市功能提升类（含轨道交通、道路机场港口、城市更新）项目 161 个，完成投资 610 亿元，占重大项目完成总额 49%。

一是轨道交通建设步伐逐渐加快。2 号线三期、8 号线一期、3 号线三期（南延）、5 号线二期、9 号线二期和 10 号线工程于 2015 年 12 月 28 日开工建设。福田地下轨道交通枢纽建成使用，厦深铁路坪山快捷线开通。二是道路机场港口加快建设。妈湾跨海通道工程、春风隧道工程等项目的筹备，深中通道深圳侧连接线、坂银通

道、南坪快速路、东部过境高速公路、外环高速公路深圳段等项目加快推进，将进一步完善我市对外交通，与周边城市道路交通衔接更加紧密。三是城市发展面貌进一步提升。松岗东方片区更新改造项目的竣工，黄贝岭旧村改造、大冲旧村改造、岗厦河园片区城中村改造等项目加快建设，城市发展品质逐步提升。

（三）重大社会民生工程稳步推进，打造平安和谐、包容发展的幸福之城

在保持经济较快发展的同时，加大重大社会民生项目建设力度，坚持共建共享、增进市民福祉，打造更高质量的民生幸福城市。2016 年重大项目计划安排社会民生类（含教育、医疗、文化等项目）项目 78 个，完成投资 62 亿元。

一是教育项目的建设。香港中文大学（深圳）一期工程、深圳北理莫斯科大学过渡校区改造工程、哈尔滨工业大学深圳校区扩建工程、深圳大学扩建工程等项目的建设，逐渐推进教育事业的向前发展。二是医疗卫生和文化项目全面推进。深圳市人民医院内科住院大楼项目、深圳市妇幼保健院福强院区住院大楼、深圳当代艺术馆与城市规划展览馆等项目开工建设，民生基础设施进一步完善。

（四）生态文明建设加快推进，努力创建安全宜居、绿色低碳的生态文明城市

坚持安全发展和绿色发展理念，大力推进城市公共安全、生态环境和能源保障建设，加快建设美丽深圳。2016 年重大项目计划安排城市安全环境资源类（含能源资源、环境治理等项目）项目 56 个，完成投资 85 亿元。

一是资源保障能力进一步提高。深圳抽水蓄能电站、公明供水调蓄、清林径供水调蓄、深圳电网工程、液化天然气等项目加快推进，保证了城市发展的需求。二是环境治理进一步加强。四联河地面坍塌隐患治理及水环境综合整治工程、茅洲河流域（宝安片区）水环境综合整治工程、观澜河“一河两岸”景观提升工程等项目的逐步推进，全市水环境质量持续改善。

（五）重大项目管理手段不断创新，项目协调效率明显提升

全市上下高度重视重大项目建设，市、区各审批部门对重大项目开通绿色通道，特事特办，缩短审批时限，加快审批进程，满足重大项目建设需要。市发展改革委进一步健全重大项目分级协调机制，创新重大项目协调手段，提高协调效率，每月通过重大项目协调信息平台定期跟踪重大项目进展情况、收集重大项目存在问题和困难，针对项目单位需协调的问题，市发展改革委逐月开展重大项目存在问题协调工作，通过会议、文件、网络等方式与相关部门、区（新区）沟通、协调，及时解决项目单位遇到的各种困难，确保为重大项目建设提供了良好的外部环境，以推动了项目建设。

二、深圳市 2016 年重大项目计划

1. 前期项目

表 3-1 前期项目表

单位：万元人民币

序号	项目代码， 建设单位及项目名称	建设周期	建设规模及建设地址	总投资	至上年止完成投资	本年度计划完成投资	资金来源	本年度建设内容	协调推进牵头单位
合计（共 230 项）				74,700,365					
战略性新兴产业和未来产业 43 项				5,077,453					
前期 43 项				5,077,453					
1	Z12014KY0002 深圳华大基因研究院 深圳国家基因库地下样本库		建设深圳国家基因库地下样本库，按最高可存储细胞样本 5000 万份的存储容量规模进行建设，主要建设内容包括储存库、地下附属洞室和地面辅助建筑物等 大鹏新区大鹏街道大鹏街道下沙片区“禾塘仔”地块	14,583				开展前期工作	大鹏新区管委会
2	S2014C41900001 深圳市一健科技开发有限公司 一健科技生命安全产业园		建设生命安全产业的研发与生产基地，主要建设内容包括生命健康楼、产业服务大楼、生产大楼、生活楼等 申请选址龙华区观澜街道九龙山科技园	80,000				开展前期工作	龙华区政府
3	S2013C2700012 深圳市亚辉龙生物科技股份有限公司 高通量全自动免疫分析仪及配套试剂的研发和产业化		改建研发生产场地，购置全自动温度校准系统等研发生产检测设备，搭建全自动免疫分析仪及配套试剂生产环境 申请选址龙岗区龙岗街道宝龙高新园新能源产业基地	19,948				开展前期工作	龙岗区政府

（续表）

序号	项目代码， 建设单位及项目名称	建设周期	建设规模及建设地址	总投资	至上年止完成投资	本年度计划完成投资	资金来源	本年度建设内容	协调推进牵头单位
4	S2014M7500002 深圳市宏宝实业有限公司 深圳市深商（国际）生命科学产业园		新建研发办公厂房及配套设施，建设深商（国际）生命科学产业园，用于产品中试实验、产品检测检验、企业研发办公、商务会议交流等 申请选址龙岗区南湾街道上李朗社区	448,976				开展前期工作	龙岗区政府
5	L201300073 深圳市森赛生物科技有限公司 森赛酶制剂产业园研发中心及生产中心项目		建设酶制剂产业园，打造生物酶制剂研究开发中心和生产中心，主要建设内容包括厂房、实验室、研发及办公大楼等 申请选址光明新区公明街道	10,000				开展前期工作	光明新区管委会
6	S2015C35890004 深圳前海爱视锐康科技有限公司 深圳爱视锐康高端医疗装备PET-CT产业园		建设高端数字诊疗装备产业园，建设内容包括PET/CT 分子医学影像装备产业基地、分子影像核素探针药物生产及配送基地等 申请选址光明新区公明街道	220,000				开展前期工作	光明新区管委会
7	S2014M7500003 深圳市润杰中医药研发有限公司 深圳润杰中医药研发及产业化应用		项目主要建设科研、办公、展示交流等场地，购置核磁共振波谱仪、高分辨质谱仪、电感耦合等离子体质谱仪等研发设备，开展中医药研发等 申请选址宝安区西乡街道	20,000				开展前期工作	宝安区政府

（续表）

序号	项目代码， 建设单位及项目名称	建设周期	建设规模及建设地址	总投资	至上年止完成投资	本年度计划完成投资	资金来源	本年度建设内容	协调推进牵头单位
8	S2013I6400011 深圳市神州通投资集团有限公司 神州通集团总部及研发中心建设项目		购置移动互联网研发运营设备，打造研产销一体化产业链的移动互联网产业基地，为集团提供集团总部办公、产品研发、互联网运营、文化创意以及商业配套场所 申请选址宝安区新安街道	146,970				办理用地手续，开展前期工作	宝安区政府
9	S2014I6400020 深圳市爱施德股份有限公司 爱施德股份移动互联网研发及运营中心项目		建设爱施德股份移动互联网研发及运营中心，包括商业裙楼和办公大楼2座，开展移动互联网产品研发 申请选址南山区粤海街道	294,543				办理用地手续，开展前期工作	南山区政府
10	S2014A0100003 深圳市果菜贸易有限公司 深圳国际种业电子交易市场项目		建设深圳国际种业电子交易平台，形成种业交易信息交流、种业电子交易等一站式综合服务，内容包括种业电子交易区、检测检验区、生物种业知识产权评估与交易区等 申请选址坪山区坑梓街道新桥围工业区七星伴月地段	82,726				开展前期工作	坪山区政府
11	S2015I64900038 深圳思创光电信息技术有限公司 基于云平台的大数据备份容灾系统		开发易于部署的、安全的、具有高性能的大数据备份容灾系统，系统完成后可提供PB级的数据备份容灾能力 申请选址南山区粤海街道高新南一路思创科技大厦	40,000				开展前期工作	南山区政府

（续表）

序号	项目代码，建设单位及项目名称	建设周期	建设规模及建设地址	总投资	至上年止完成投资	本年度计划完成投资	资金来源	本年度建设内容	协调推进牵头单位
12	S2014C2600008 深圳诺普信农化股份有限公司 基于O2O的农资大平台建设项目		主要建设基于互联网、移动通信、云计算技术的作物社区远程服务网络为信息交互平台，打造集产品销售与植保服务为一体、扁平化、深入基层的农资大平台 宝安区西乡街道水库路113号	29,130				开展前期工作	宝安区政府
13	S2015C35140006 深圳赤湾石油基地股份有限公司 国际油气设备及配件交易平台		项目分为线上网站和线下实体两部分建设，线上进行网站系统的建设，线下在基地内建设交易和办公一体的交易中心，包括油气设备保税展览、设备交易等功能 申请选址南山区招商街道赤湾三路	20,000				开展前期工作	南山区政府
14	S2015C39900032 深圳市创维群欣安防科技有限公司 创维群欣电子化教育设备产业化项目		建设生产车间、研发中心、办公用房等，购置自动化贴片生产线、大尺寸及超大尺寸电子化教育产品组装线、净化车间等配套设备 龙岗区龙岗街道宝龙工业城宝龙六路 1 号创维群欣科技园	44,000				开展前期工作	龙岗区政府
15	S201200134 深圳市华艾实业发展有限公司 华艾信息产业园		建设物联网产业项目孵化基地、物联网核心技术研发及其产品应用和创新产业园 龙岗区龙岗街道新生社区	36,000				调整容积率	龙岗区政府

（续表）

序号	项目代码， 建设单位及项目名称	建设周期	建设规模及建设地址	总投资	至上年止完成投资	本年度计划完成投资	资金来源	本年度建设内容	协调推进牵头单位
16	L201500110 深圳市龙岗回龙埔股份合作公司 深圳龙岗回龙埔物联网创客新城产业基地项目		建设包括物联网总部基地、物联网创客加速器、物联网创客孵化器、物联网创客展示中心等一站式综合产业平台 申请选址龙岗区龙城街道盐龙大道与协力路交界处	170,000				开展前期工作	龙岗区政府
17	S201200922 银盛通信有限公司 深圳银盛金融集团总部及第三方支付产业基地		规划建设办公、支付结算、呼叫、信息、研发、商务、培训与会展、核心机房及其他相关辅助设施。主要开展互联网支付、移动电话支付、固定电话支付、银行卡收单业务等 申请选址龙华区民治街道深圳北站商务中心区	64,000				方案设计等前期工作	龙华区政府
18	S2013I6500059 深圳市新国都技术股份有限公司 深圳市新国都技术股份有限公司研发总部基地（电子支付研发基地及电子支付数据支持中心）		建设研发生产基地，主要产品为互联网支付产品、手机支付产品 申请选址宝安区新安街道宝安中心区	38,777				开展前期工作	宝安区政府
19	S2014C3900057 深圳市华讯方舟投资有限公司 中国天谷（西乡街道超材料产业集聚区一期）		建设华讯方舟企业总部，主要建设内容包括实验室、IDC 数据分析应用中心、军用空间通信技术和核心产品的研发基地等 申请选址宝安区西乡街道新安第一工业区	281,500				开展前期工作	宝安区政府

（续表）

序号	项目代码， 建设单位及项目名称	建设周期	建设规模及建设地址	总投资	至上年止完成投资	本年度计划完成投资	资金来源	本年度建设内容	协调推进牵头单位
20	S2015K70100073 深圳市汇鑫产业发展有限公司 超材料产业集聚区（二期）		建设超材料产业集聚区（二期），重点发展电子通信、软件、节能环保、生物医药、新材料及光机电一体化等高端产业 宝安区西乡街道 107 国道铁仔山旁新安公司第一工业区	147,628				开展前期工作	宝安区政府
21	S2015C29210001 深圳市富城资产经营有限公司 龙华新区福城街道莫立克循环再生新型聚酯材料研发总部基地		用地面积 21399 平方米，主要建设内容为 1 栋 5 层厂房和 2 栋 23 层产业研发楼，主要产品为纳米改性聚酯农用大棚膜 龙华区观澜街道福城街道福花路与狮塘路交汇处	82,000				开展前期工作	龙华区政府
22	S2015M75130017 深圳科技工业园（集团）有限公司 深圳市材料基因组工程设计与应用基地		建设材料基因组工程设计与应用基地，主要包括材料基因组工程设计技术示范区、材料基因组工程应用技术示范区和公共服务平台 申请选址南山区粤海街道科技园	49,929				开展前期工作	南山区政府
23	S2014C2600005 深圳飞扬兴业科技有限公司 环保高性能 3D 打印聚合物新材料二期续建工程		新建研发和生产场地，主要产品包括 PLA、光敏天门冬氨酸酯高分子聚合物等 3D 打印材料 宝安区新安街道宝安 67 区隆昌路 8 号飞扬科技园	15,000				开展前期工作	宝安区政府

（续表）

序号	项目代码，建设单位及项目名称	建设周期	建设规模及建设地址	总投资	至上年止完成投资	本年度计划完成投资	资金来源	本年度建设内容	协调推进牵头单位
24	L201300074 深圳市金凯新瑞光电股份有限公司 光电功能涂层材料研发中试中心		新建光电功能涂层材料研发中试中心，主要包括研发中心、PVD 镀膜、卷绕涂布、平面涂布四个建筑区域 光明新区公明街道下村社区第三工业区 12 号厂房	19,875				开展前期工作	光明新区管委会
25	S2015C39220049 深圳市沙井东塘股份合作公司 智能硬件产业园		拟建设集办公、技术研发、创意设计、组装、孵化加速器、产品展示与消费体验及配套服务于一体的智能硬件产业园 申请选址宝安区沙井街道东塘社区东塘岗头工业区	106,550				开展前期工作	宝安区政府
26	S2013C3900096 深圳市金环宇电线电缆有限公司 金环宇现代数字高速网线研发总基地		建设金环宇现代数字高速网线研发总基地，主要产品为高速网络线等 申请选址宝安区松岗街道松白路和松岗大道交汇处	67,000				开展前期工作	宝安区政府
27	S2015C38320002 富通光纤光缆（深圳）有限公司 富通光电科技园		用地面积 108970 平方米，建筑面积 854559 平方米，建设富通光电科技园，主要产品为光纤材料、高端路由器、宽带网络接入服务器等 南山区粤海街道北环大道北、朗山路南、居二路东园区	424,983				开展前期工作	南山区政府

（续表）

序号	项目代码，建设单位及项目名称	建设周期	建设规模及建设地址	总投资	至上年止完成投资	本年度计划完成投资	资金来源	本年度建设内容	协调推进牵头单位
28	S2014R86100002 深圳广播电影电视集团 深圳广播电影电视集团文化创意产业园二期		总建筑面积 183696 平方米，园区将以研发办公、影视中心、展览中心、摄影基地、艺术产业等模块进行规划建设 龙华区龙华街道清湖工业园清庆路一号	88,191				开展前期工作。	龙华区政府
29	L201500108 深圳市天地混凝土有限公司 天地创智中心		拆除原有建筑物，拟建包括新一代信息技术为主导的战略性新兴产业创智研发中心及商业配套服务中心 申请选址南山区西丽街道茶光路北	74,000				开展前期工作。	南山区政府
30	S201102612 深圳派成铝业科技有限公司 派成科技园暨中南大学深圳（龙岗）创新产业园		拟拆除重建用地面积 36000 平方米，建设包括研发用房、办公、配套设施等，用于发展发展新材料、新能源等战略新兴产业 申请选址龙岗区南湾街道布澜路 78 号	150,243				开展前期工作。	龙岗区政府
31	S2013I6500060 深圳市鹏城建筑集团有限公司 鹏城智慧创意都市工业园		新建研发、科研创新大楼及配套设施，建设 3D 显示、物联网、智能家居、创意设计产业园区，打造产学研合作示范区 申请选址龙岗区横岗街道保安社区	97,883				开展前期工作。	龙岗区政府

（续表）

序号	项目代码，建设单位及项目名称	建设周期	建设规模及建设地址	总投资	至上年止完成投资	本年度计划完成投资	资金来源	本年度建设内容	协调推进牵头单位
32	S2015R87900010 深圳宝昌胜群电力有限公司 观澜宝昌创意科技园		建设观澜宝昌创意科技园，主要包括创意项目、影视制作及设备生产项目、试验展示项目、宝昌胜群人才学院、文化企业创业园、人才公寓等 申请选址龙华区观澜街道	45,000				开展前期工作	龙华区政府
33	L201500093 深圳市华氏创展投资有限公司 满京华艺象 IDTOWN 国际艺术区（大鹏新区葵涌街道鸿华印染厂产业升级综合整治项目）		对原有厂区进行综合整治和产业升级，升级后主要包括产业研发用房、小型商业服务设施、宿舍、公共服务设施等 大鹏新区葵涌街道官湖社区原鸿华印染厂园区	54,000				办理规划手续	大鹏新区管委会
34	S2013R8700031 深圳市中盈贵金属股份有限公司 李朗珠宝文化创意产业园		主要建设内容包括珠宝创意设计研发中心、国家珠宝玉石首饰质量检测鉴定中心、珠宝培训中心、交易展示中心、珠宝电子商务交易平台等 申请选址龙岗区南湾街道布澜路李朗国际珠宝园南侧	107,768				建设前期筹备	龙岗区政府
35	S2014165990001 深圳市绿景房地产开发有限公司 美景工业苑城市更新单元		开发建设用地面积 10863.0 m²，计容积率建筑面积 67920 m²，该项目改造后重点发展战略性新兴产业，包括互联网、移动通讯、安防等领域 申请选址南山区沙河街道北环大道和侨香路交叉口东侧	203,614				开展前期工作	南山区政府

（续表）

序号	项目代码，建设单位及项目名称	建设周期	建设规模及建设地址	总投资	至上年止完成投资	本年度计划完成投资	资金来源	本年度建设内容	协调推进牵头单位
36	L201400005 深圳市数影动漫传媒有限公司 宝安数影科技文化研发基地		建设包括总部运营管理中心、创意设计研发中心、数字化品牌互动展示厅、高等院校产学研实践教育基地及配套生活区 申请选址宝安区新安街道上合村	19,000				办理用地手续，开展前期工作	宝安区政府
37	S2015C30730001 深圳国瓷永丰源股份有限公司 永丰源观澜瓷谷创意产业园		建筑面积 54504 平方米，建设永丰源观澜瓷谷创意产业园，创建包含产品设计、特种陶瓷研制实验、文化创意展示等核心业务 龙华区观澜街道下围工业区	257,752				开展前期工作	龙华区政府
38	L201500080 深圳市特区建设发展集团有限公司 深圳市海洋新兴产业基地海域使用项目		拟用海总面积 755 公顷，其中建设填海造地用海 702 公顷，其他用海 53 公顷。重点发展海洋电子信息、新型海工装备研发设计、海洋生物产业、游艇服务业以及未来产业等 申请选址宝安区沙井街道现状为海域	687,404				完成大空港半岛区项目项目可行性研究、海域使用论证、海洋环评、项目环评等 10 个围填海专题研究	宝安区政府
39	L201500012 深圳能源资源综合开发有限公司 海水淡化试点工程		总体规划为在深圳西部妈湾片区建设规模为 2 万吨/天海水淡化试点工程（包括浓海水制盐等资源化综合利用）和东部片区建设规模为 1 万吨/天海水淡化试点工程 申请选址南山区，大鹏新区	54,000				开展前期工作	大鹏新区管委会，南山区政府

（续表）

序号	项目代码，建设单位及项目名称	建设周期	建设规模及建设地址	总投资	至上年止完成投资	本年度计划完成投资	资金来源	本年度建设内容	协调推进牵头单位
40	S2014C3500009 深圳市迈世纪海洋工程科技有限公司 迈世纪海洋高端装备产业基地		建设厂房及配套设施，购置研发生产设备，建设集海洋工程装备产品研发、制造、检测和维修于一体的产业基地 申请选址宝安区松岗街道潭头芙蓉路	108,380				开展前期工作	宝安区政府
41	S2015C38410001 深圳普益电池科技有限公司 高能量密度锂离子动力电池集成系统生产线技术改造项目		主要建设内容包括生产车间、仓库、办公室及其它辅助（含研发、中试）等，主要产品为高能量密度动力电池系列产品和动力锂离子电池系统等 光明新区公明街道光明北同富裕工业园区	40,000				开展前期工作	光明新区管委会
42	S2014C3000001 深圳市贝特瑞新能源材料股份有限公司 贝特瑞总部及新能源技术研究院		项目新建贝特瑞总部及新能源技术研究院，主要包括研发中心大楼、管理总部大楼和商业配套等 申请选址光明新区光明街道	70,000				开展前期工作	光明新区管委会
43	L201200049 深圳市甘坑生态文化发展有限公司 甘坑客家小镇二期		甘坑客家小镇二期占地160公顷，拟建设农耕体验区、湿地科普区、山地运动区、农业观光区建设 申请选址龙岗区布吉街道甘李路18号甘坑客家小镇	46,100				开展前期工作	龙岗区政府

（续表）

序号	项目代码，建设单位及项目名称	建设周期	建设规模及建设地址	总投资	至上年止完成投资	本年度计划完成投资	资金来源	本年度建设内容	协调推进牵头单位
现代服务业 27 项				8,792,372					
前期 27 项				8,792,372					
44	L201300057 深圳市经济贸易和信息化委员会 深圳国际会展中心		主要建设 50 万平方米展馆、会议室、餐饮区、设备房、停车场等基本配套 82 万平方米，酒店、商业中心、写字楼等商业配套 35 万平方米等 宝安区福永街道凤塘大道及海滨大道交汇处	2,000,000				完成方案及施工设计等前期工作	宝安区政府，市经贸信息委
45	S201200390 深圳市宝安区石岩街道办事处 石岩总部经济园区		拆除范围用地面积 202713.3 平方米，其中拆除重建类开发建设用地面积 153286.9 平方米，计容总建筑面积 43.5 万平方米，包括产业研发 22.9 万平方米，产业配套 9.27 万平方米，厂房 7.56 万平方米，厂房配套 3.05 万平方米 宝安区石岩街道塘头片区	650,000				开展主体确认、专项规划、建筑设计方案等前期工作	宝安区政府
46	S2014L72990001 中节能（深圳）投资集团有限公司 中节能深圳总部大厦		新建一座国际甲级写字楼和一座研发办公楼，用于中节能（深圳）总部办公和研发，以及引进节能环保等高新技术总部企业 龙岗区龙岗街道宝龙大道旁，即京能科技环保工业园内	50,177				方案设计等前期工作	龙岗区政府
47	S2013I6500032 深圳市北大方正数码科技有限公司 方正信息产业集团南方总部（暨深圳市北大方正新一代信息技术产业基地）		规划建设方正信息产业集团南方总部，包括会议中心、大数据产业基地及配套产业基地、云基地、创新服务带及其相关配套设施等 申请选址宝安区石岩街道石岩湖北大方正科技园	500,000				组织招投标方案设计、初步设计、施工图设计等前期工作	宝安区政府

（续表）

序号	项目代码，建设单位及项目名称	建设周期	建设规模及建设地址	总投资	至上年止完成投资	本年度计划完成投资	资金来源	本年度建设内容	协调推进牵头单位
48	S2015L72110001 深圳市民治樟坑股份合作公司、深圳市钰田房地产开发有限公司 嘉茂国际创新中心项目		规划总建筑面积 53 万平方米，建设集办公、人才公寓、商业和配套服务为一体的大型综合体 申请选址龙华区民治街道深圳北站商务中心区 1601 地块和 1604 地块	1,201,085				方案设计、详勘、施工图设计等前期工作	龙华区政府
49	S2013K7000103 深圳市特区建设发展集团有限公司 光明平板显示园中小企业总部基地综合体		用地面积 55332.27 平方米，计入容积率建筑面积 264542 平方米，主要的建设内容包括 SOHO 公寓、商业、办公以及配套用房 光明新区光明街道光明新区地铁 6 号线观光站北侧，南侧紧邻行政中心区	315,126				完成勘察工程、施工临时用水工程等前期工作	光明新区管委会
50	S2014L72110001 深圳市中意安娜文化传播有限公司 世模总部基地项目		拟建国际品牌发布演艺中心、国际品牌设计中心、国际奢侈品展馆、高端办公等具有国际高端水准的综合性总部 福田区福田街道益田路与滨河路交界处西北侧	83,850				方案设计等前期工作	福田区政府
51	S2014F51520001 深圳市金活医药有限公司 金中大厦		金活集团与中联集团的医药研发及总部大厦，包括医药研发中心、采购中心、结算中心、管理中心、培训中心、信息中心等 申请选址南山区粤海街道后海片区	88,600				方案设计等前期工作	南山区政府
52	S2014J6900002 深圳市飞马国际供应链股份有限公司 飞马国际创新中心		规划建设供应链金融创新功能区、科技创新功能区、信息服务功能区、人才服务功能区、商务功能区及资源能源产品交易中心等六大功能区，主要建设塔楼、裙楼及地下室等 申请选址南山区粤海街道后海中心区 M-01 地块	500,300				方案设计等前期工作	南山区政府

（续表）

序号	项目代码，建设单位及项目名称	建设周期	建设规模及建设地址	总投资	至上年止完成投资	本年度计划完成投资	资金来源	本年度建设内容	协调推进牵头单位
53	S2014K70100018 深圳市东方银座集团有限公司 现代服务业总部大厦		规划建设1栋72层的主体塔楼和4层裙房，集商务、办公、购物为一体的现代服务业总部 申请选址南山区南头街道前海路与学府路交汇处	303,833				完成更新范围内拆迁补偿协议签订及方案设计等前期工作	南山区政府
54	S2015L72110002 铭可达国际物流（深圳）有限公司 铭可达国际电商（物流）总部大厦		拟建设国家电子商务大厦、物流仓储用房等 申请选址福田区福保街道红柳道2号	238,931				方案设计等前期工作	福田区政府
55	L201300024 深圳康泰生物制品股份有限公司 康泰生物产业研发总部基地		拟对现有生产厂房进行更新改造，新建企业研发及总部用房、康泰生物产业用房、中小企业孵化园、配套用房等 申请选址南山区粤海街道科技工业园科发路6号	138,704				完成《城市更新单元专项规划方案》《项目交通影响分析》的编制等前期工作	南山区政府
56	S201200796 深圳市龙岗国商企业有限公司 深圳科创谷中小企业总部基地（暂定）		建设集总部空间、NO-collar空间、专业服务平台和科技展览、大型会议中心等，建成后为坂雪岗科技城提供配套服务 龙岗区坂田街道牛古岭	126,069				方案设计等前期工作	龙岗区政府

（续表）

序号	项目代码， 建设单位及项目名称	建设周期	建设规模及建设地址	总投资	至上年止完成投资	本年度计划完成投资	资金来源	本年度建设内容	协调推进牵头单位
57	S2013J6900003 深圳市龙岗区产业投资服务集团有限公司 产融创新城		拟建设中小总部经济区、金融创新服务区、商务商业配套区和生活配套区 申请选址龙岗区龙城街道龙岗中心城龙飞大道与青春路的交汇处	80,716				方案设计等前期工作	龙岗区政府
58	S2015E47000048 深圳市孺子牛工程机械服务有限公司 孺子牛大楼		用地面积6009.49平方米，拟规划建设集工程机械研发设计、工程机械制造、技术咨询、提供专业施工、人员培训、科研办公为一体的公司总部办公楼 龙岗区坂田街道中号一路与六号路交汇处	50,000				完成方案设计等前期工作	龙岗区政府
59	S2015L72110003 深圳市天健龙岗房地产开发有限公司 天健智慧园		拟建设企业办公用房、企业总部用房、展示中心、企业交流中心、配套服务用房等 申请选址龙岗区龙城街道龙岗中心城26区，友谊路与回龙路交汇	96,002				完成方案设计、施工招标等前期工作	龙岗区政府
60	S2013F5100005 深圳市海吉星国际食品产业发展有限公司 深圳海吉星全球食尚港一期——食尚电商港项目		规划建设食尚电商中心、深港“中央大厨房”、实体交易中心、配套服务中心四大功能区 申请选址龙岗区平湖街道白坭坑社区横东岭路工业区	365,299				首期项目地块进行查丈测绘；商业策划；编制城市更新单元制定计划，申报城市更新单元计划等	龙岗区政府

（续表）

序号	项目代码，建设单位及项目名称	建设周期	建设规模及建设地址	总投资	至上年止完成投资	本年度计划完成投资	资金来源	本年度建设内容	协调推进牵头单位
61	S2014N78520001 深圳市特发集团有限公司 小梅沙片区开发		拟规划建设主题公园、星级酒店、游艇帆船码头、商业街、公寓住宅，部分市政公共配套、沙滩、绿地、道路、设施建设等 申请选址盐田区盐田街道小梅沙	1,100,000				方案设计等前期工作	盐田区政府
62	S2015G59900010 深圳市金运达国际物流有限公司 国际高端消费品保税物流中心		建设基于高端消费品的“两仓”物流服务、国际中转物流服务和跨境电商物流服务的公共平台，保税物流信息平台、高端消费品体验商务平台等，拟建总建筑面积 17 万平方米 申请选址光明新区光明街道光明高新技术产业园区，长凤路以北，科裕路以东，长圳路以南，聚新路以西	51,370				完成方案设计、施工招标等前期工作	光明新区管委会
63	S2013M7300012 深圳市深车联合投资有限公司 深圳市南山曙光汽车交易展示中心		规划建设总部金融、产品研发、新车发布及销售、配套服务、汽车零配件配送及现代智能新车存放楼、汽车现代科技及历史文化博览馆、汽车培训及维护检测及地下室 南山区西丽街道茶光路	365,590				完成方案设计等前期工作	南山区政府
64	S2015K70100170 深圳市中汽南华集团有限公司 中汽南华国际知名品牌汽车零配件分拨管理总部		计划将中汽南华工业地块改造为汽车零部件电子销售、电子商务与汽车电子研发、汽车金融、汽车零配件分拨管理总部 申请选址福田区梅林街道上梅林北环大道辅道中汽南方	120,000				方案设计等前期工作	福田区政府

（续表）

序号	项目代码， 建设单位及项目名称	建设周期	建设规模及建设地址	总投资	至上年止完成投资	本年度计划完成投资	资金来源	本年度 建设内容	协调推进 牵头单位
65	S2014G5900017 深圳市深国际现代城市物流港有限公司 深圳市龙华新区黎光物流园项目		建设两栋5层物流仓库、三栋5层配送及分拨中心、一栋25层综合服务大楼、两栋20层生活综合楼等。具有物流配送、物流综合服务、甩挂联盟中转等功能 龙华区观澜街道黎光村梅观高速黎光段原黎光主线收费站西侧	112,786				方案设计等前期工作	龙华区政府
66	S2014G59900010 深圳市盐田港集团有限公司 盐田港国际物流服务中心		用地面积 25008.4 平方米，拟建设综合服务中心、产业用房、产业配套商业等 盐田区盐田街道盐排高速与盐坝高速交汇处的西南角	58,826				完成方案设计、施工招标等前期工作	盐田区政府
67	S201200928 深圳市深国际华南物流有限公司 华南国际物流中心二期工程项目		占地面积 77028.91 平方米，计入容积率面积 120930 平方米，建设仓储设施、配套办公等 龙华区民治街道民康路1号	81,000				方案设计等前期工作	龙华区政府
68	S2014G5990004 深圳深业物流集团股份有限公司 深业物流信息中心		拟建设公共物流信息平台、物流信息产业孵化基地、国际物流信息管理交流中心、高端物流研究所和实验室、海关单证处理中心及相关配套设施 申请选址罗湖区笋岗街道笋岗东路与宝安北路交汇东北角	30,650				方案设计等前期工作	罗湖区政府

（续表）

序号	项目代码，建设单位及项目名称	建设周期	建设规模及建设地址	总投资	至上年止完成投资	本年度计划完成投资	资金来源	本年度建设内容	协调推进牵头单位
69	S2015G59900002 深圳市中油润德物流有限公司 中石油深圳物流配送服务基地		拟规划建设中石油系统应急物资仓储区，采购仓储、加工配送中心，综合行政配套服务中心等 申请选址南山区西丽街道茶光路曙光仓储地区	32,560				方案设计等前期工作	南山区政府
70	S2015J67400001 深圳科技工业园（集团）有限公司 深圳（南山）互联网金融产业园		建设互联网金融创新大厦，提供创业孵化、中小企业加速、天使投资、VC 投资等服务 申请选址南山区粤海街道科技园 T305-0051、T305-0050	50,898				方案设计等前期工作	南山区政府
先进制造业和优势传统产业 14 项				1,615,473					
前期 14 项				1,615,473					
71	S201200799 深圳市英威腾电气股份有限公司 城市轨道交通车辆电气牵引设备研发及产业化		规划建筑面积 104500 平方米，建设城市轨道交通车辆电气牵引设备研发及生产基地 申请选址光明新区公明街道	52,500				落实项目用地，完成可研报告编制及审批，完成产业化初步设计及审批	光明新区管委会
72	S201200998 深圳市共进电子股份有限公司 宽带网络终端设备产业基地		建设宽带网络终端设备项目产业园，将作为共进电子公司的总部办公地点、资金中心、研发中心、生产基地、销售中心、产品展示及配送中心，主要生产和销售宽带接入终端 申请选址坪山区坪山街道坪山区	113,880				完成招拍挂手续，完成设计、报建等前期工作	坪山区政府

（续表）

序号	项目代码，建设单位及项目名称	建设周期	建设规模及建设地址	总投资	至上年止完成投资	本年度计划完成投资	资金来源	本年度建设内容	协调推进牵头单位
73	S2013I6300004 深圳市同洲电子股份有限公司 同洲电子总部研发大楼		拟建总建筑面积约 58800 平方米，建设总部大楼，购置编码器、示波器、逻辑分析仪、服务器等设备，搭建研究开发环境 申请选址宝安区新安街道	79,532				签订土地出让合同，设计及报建等前期工作	宝安区政府
74	S2015M75900008 深圳科技工业园（集团）有限公司 深圳市综合检测产业基地		建筑面积 149000 平方米，包括八个产业集聚区和一个配套服务功能区，形成综合性检测服务平台 申请选址南山区粤海街道高新中四道与科技中三道交汇处	77,283				开展项目前期工作	南山区政府
75	S2015M75140037 深圳市方众投资发展有限公司 广田方特总部基地		规划建筑面积 84000 平方米，拟建设以节能建筑门窗、玻璃幕墙研发、生产为核心的广田方特总部基地 申请选址宝安区石岩街道水田村长城路	42,280				优化用地规划方案，启动项目更新计划调整等工作	宝安区政府
76	S2014C39220013 深圳市富新荣投资有限公司 移动智能终端研发设计与产业化		项目拟购置 123 台设备，建成年产移动智能终端 226 万台产能，包括智能手机 150 万台、平板电脑 50 万台、智能手表 25 万台、智能测血压机 1 万台，达产后预计实现年收入 124485 万元 申请选址龙岗区龙岗街道水岸新都二期东	31,533				落实土地，完成报建手续及设计方案	龙岗区政府
77	S201200927 深圳市富上佳实业发展有限公司 车体支架及汽车零部件的生产		建设一个高效、综合性的车体支架及相关汽车零部件产业基地 申请选址龙华区观澜街道银星高科技工业园南侧紧邻片区	35,894				落实项目用地，前期报建工作	龙华区政府

（续表）

序号	项目代码， 建设单位及项目名称	建设周期	建设规模及建设地址	总投资	至上年止完成投资	本年度计划完成投资	资金来源	本年度 建设内容	协调推进 牵头单位
78	S2015I65990011 豪佳电子（深圳）有限公司 信利康豪佳工业园-观澜孵化基地		拟建设信利康创客孵化基地，为智能移动终端、智能汽配、智能家居等战略性新兴产业提供集采购、生产、资金垫付及结算、物流、信息管理等“一站式”的创客孵化服务 龙华区观澜街道桂花社区放马埔观光路与桂花路交汇处西南侧	70,500				拆迁、地质勘拆迁、地质勘探、初步设计、报批报建、施工图设计、工程招标等前期工作	龙华区政府
79	S2013C3900005 深圳深爱半导体股份有限公司 6 英寸 0.35 微米功率半导体器件芯片生产线项目		用地面积 10080 平方米，总建筑面积 34300 平方米，建设一条 6 英寸 0.35 微米功率半导体器件芯片生产线，生产能力 4 万片/月 龙岗区龙岗街道宝龙工业城宝龙七路三号	46,026				资金筹备等前期工作	龙岗区政府
80	S2015C39710020 深圳市领亚电子有限公司 新一代高速智能数据线科技产业园		拟新建一个用地面积约为 15 万平方米的新一代高速智能数据线科技产业园，主要产品方向为精密数据线、精细电子线等系列产品 宝安区石岩街道塘头社区塘头 1 号路领亚工业园	96,932				完成项设计方案报批、施工招标等前期工作	宝安区政府
81	S201102728 深圳市华之粹生态科技有限公司 华之粹生态茶油产业园		总建筑面积 70000 平方米，建设内容包括生产中心、行政办公中心、研发中心以及生活配套设施及仓储物流 申请选址坪山区坑梓街道丹青路与荣田路交汇处西北角	100,000				落实项目用地	坪山区政府

（续表）

序号	项目代码， 建设单位及项目名称	建设周期	建设规模及建设地址	总投资	至上年止完成投资	本年度计划完成投资	资金来源	本年度建设内容	协调推进牵头单位
82	S2014C3900080 电连精密技术有限公司 微型化、高可靠性射频连接器及互连系统研发和产业化（二期）		拟建设 12 栋大楼，包括生产制造中心、检测试验中心、经营管理中心、教育及培训中心、职工生活中心 申请选址龙华区观澜街道观澜社区	39,000				建设方案优化，落实项目用地等事宜	龙华区政府
83	L201500092 英泰隆工业发展（深圳）有限公司 龙华新区英泰工业中心更新项目		拟拆除重建用地面积 146592 平方米，建设集总部办公、研发、孵化及各项专业服务于一体的产业园区以及包含酒店、商业、公寓、住宅等配套设施 申请选址龙华区大浪街道英泰工业区	590,113				项目前期准备工作	龙华区政府
84	S2015K70400010 深圳市正奇实业有限公司 正奇未来科创城		建设产业研发用房和产业配套设施，包括中小企业总部区、创新企业孵化器、中小企业加速器、公共技术中心、公共制造平台、创投与服务机构区、综合商务配套区 申请选址坪山区坪山街道和平社区深汕公路与金牛路交汇处	240,000				项目前期报建等工作	坪山区政府
轨道交通 4 项				2,017,913					
前期 4 项				2,017,913					
85	L201500094 深圳市地铁集团有限公司 深圳市地铁 8 号线（二期）工程		该项目位于盐田区、大鹏新区，起点为 8 号线一期盐田站，终点为葵冲站，全长约 22.56km，共设 11 座车站，其中地下车站 1 座，高架车站 10 座 申请选址盐田区，大鹏新区	1,080,000				开展前期规划研究及工程设计，适时开展工程招标启动建设	市地铁集团

（续表）

序号	项目代码，建设单位及项目名称	建设周期	建设规模及建设地址	总投资	至上年止完成投资	本年度计划完成投资	资金来源	本年度建设内容	协调推进牵头单位
86	L201500098 深圳市地铁集团有限公司 赣深客专深圳段		赣深高铁初步方案位于江西、广东两省，途径赣州、河源、惠州、深圳四市，全长约430km（深圳境内约30km），设计时速300～350km 申请选址南山区,龙岗区,坪山区,龙华区	400,000				开展项目规划、设计等前期工作	市地铁集团
87	L201500099 深圳市地铁集团有限公司 深茂铁路深圳段		深茂铁路自深圳北站引出，经深圳机场北侧、东莞市，跨越珠江后经中山、江门、阳江，至茂名市，全线长约387km（深圳境内约36 km），设计时速250km 申请选址宝安区,龙华区	480,000				开展深圳段线站位比选等前期工作	市地铁集团
88	L201500100 深圳市地铁集团有限公司 平南铁路深圳西站客运搬迁及线路改造工程		拆除4.6万平方米仓库，新建1座7万平方米客运站房、2座进出站天桥、2条客车到发线和1座基本站台，改建既有基本站台，通信、信号、电力等站后设施进行配套改造 南山区,前海合作区	57,913				开展改造工程招标,开展改造工程	市地铁集团
道路机场港口 24 项				6,467,696					
	前期 24 项			6,467,696					
89	L201400064 深圳市交通运输委员会 妈湾跨海通道工程		南端与既有妈湾大道高架桥对接，北端与沿江高速（大铲湾收费站）衔接，全长约7.3公里（其中跨海段约1.1公里），主线规划为双向6车道，以隧道方式敷设 申请选址南山区,宝安区	840,000				开展环评、水保、工程可行性研究报告、初步设计，海洋环评,海域使用论证等前期工作	市交通运输委

（续表）

序号	项目代码， 建设单位及项目名称	建设周期	建设规模及建设地址	总投资	至上年止完成投资	本年度计划完成投资	资金来源	本年度 建设内容	协调推进牵头单位
90	L201400068 深圳市交通运输委员会 月亮湾大道快速化改造工程		南起妈湾大道，北至深南大道，全长约7.5公里，主线为双向6～8车道，辅道双向六车道 申请选址南山区南头街道月亮湾大道	492,825				开展环评、水保、工程可行性研究报告，初步设计等前期工作	市交通运输委
91	L201500038 深圳市交通运输委员会 春风隧道工程		西起上步立交东侧，东至北斗路，全段为隧道，全长4公里，双向四车道，城市快速路 申请选址福田区，罗湖区	300,000				完成设计工作	市交通运输委
92	L201400065 深圳市交通运输委员会 海滨大道一期A段（听海路—西乡大道）工程		项目位于前海合作区、南山区，东起听海路，西接西乡大道，全长5.5公里（海域段长2公里，为海底隧道），双向8车道城市快速路 申请选址南山区，宝安区	280,000				开展环评、水保、工程可行性研究报告、初步设计，海洋环评，海域使用论证等前期工作	市交通运输委
93	301200502417 深圳市交通运输委员会 丹平快速路一期工程		项目起于爱国路高架桥，终点接机荷高速，全长约9.7公里，主干道按双向六车道标准设计。东湖立交占地19万平方米，设4条匝道，总长度1758米 罗湖区东湖街道爱国路、布心路	242,822				完成爱国路A、B、C及D匝道下部结构施工，完成A、B及D匝道上部结构60%施工，第二、三阶段交通疏解道路	市交通运输委

（续表）

序号	项目代码，建设单位及项目名称	建设周期	建设规模及建设地址	总投资	至上年止完成投资	本年度计划完成投资	资金来源	本年度建设内容	协调推进牵头单位
94	Z12014YS0019 深圳市交通运输委员会 丹平快速路二期工程		起于深圳平湖街道鹅公岭立交，终点接东莞东深二通道和东深一级公路，全长约 2 公里（深圳境内长约 1.8 公里，东莞境内长约 0.2 公里），按城市快速路标准建设，主线双向 6 车道 申请选址龙岗区平湖街道	35,000				完成方案设计	市交通运输委
95	L201400066 深圳市交通运输委员会 大南山隧道工程		西起规划铲湾路与月亮湾大道交叉口处，穿越月亮湾公园南侧，以隧道形式穿越大南山，接蛇口片区的工业六路，全长约 4.6 公里 申请选址南山区南山街道工业六路	140,000				开展规划方案、测量、方案设计、工程可行性研究报告等前期工作	市交通运输委
96	301200600799 深圳市交通运输委员会 深华快速路		路线全长 6.741 km。全线采用城市快速路标准，设计车速 80km/h，位于深圳市中部发展轴线上，线路南北走向，其与龙观快速路北段一同组成了龙观快速路 龙华区龙华街道	96,662				开始施工白石山隧道延长段，华明路跨线桥，大浪河改造工程及跨线桥工程	市交通运输委
97	Z12015YS004 深圳市交通运输委员会 环大鹏湾海岸公路改造工程		西起背仔角检查站，东至布新立交，由 S360 深葵路、葵鹏路、企业大道、金涌路、宝石路、迭福路、金沙西路和新建的油草棚通道组成，项目建设内容包括道路系统和慢行系统两部分 申请选址大鹏新区大鹏街道葵涌街道、南澳街道	89,512				完成方案设计、选址及用地预审、工可、环评、水保编制及申报工作	市交通运输委

（续表）

序号	项目代码，建设单位及项目名称	建设周期	建设规模及建设地址	总投资	至上年止完成投资	本年度计划完成投资	资金来源	本年度建设内容	协调推进牵头单位
98	Z12015YS0017 深圳市交通运输委员会 葵涌环城东路工程		北接葵坪路，南至雷公山隧道与迭福山隧道之间的官湖高架桥，道路全长约5.8公里，按城市主干道标准建设，双向4车道 申请选址大鹏新区葵涌街道葵涌街道	82,192				完成工可、环评、水保编制及申报工作	市交通运输委
99	301201102076 深圳市交通运输委员会 石龙仔路市政工程		项目起于石岩街道现状石岩北环路，终点接大浪街道现状大浪北路，道路全长约5.1公里，城市主干道，道路红线宽50米，双向6车道 申请选址宝安区,龙华区	65,325				完后项目初步设计概算及施工图设计，进场开工	市交通运输委
100	301201004664 深圳市交通运输委员会 沙河西路（滨海大道—茶光路段）快速化改造工程		南起滨海大道，北至茶光路，全长5.45公里，实际长度3.7公里，按城市快速路标准改造，道路红线40～70米，主线双向6车道 申请选址南山区沙河街道沙河西路	46,610				完成施工图设计和施工招标工作	市交通运输委
101	301200822302 深圳市交通运输委员会 石观路（松白路—水田收费站）拓宽改造工程		本项目西起松白路，东至原水田收费站，全长4.02公里，城市主干道，双向6车道，红线宽45米。主要建设内容包括道路、桥梁、给排水、电气、燃气、交通工程等 申请选址宝安区石岩街道宝石路	32,434				完成前期工作，争取开工建设	市交通运输委

（续表）

序号	项目代码， 建设单位及项目名称	建设周期	建设规模及建设地址	总投资	至上年止完成投资	本年度计划完成投资	资金来源	本年度 建设内容	协调推进牵头单位
102	L201500103 深圳惠盐高速公路有限公司 惠盐高速公路深圳段改扩建工程		项目路线起于深圳坪地镇坑塘径，终点设在荷坳与 G15 机荷段连接处，路线全长约 20.305 公里。全线采用设计速度 100 公里/小时的双向 8 车道高速公路设计标准，道路基宽度为 41 米 申请选址龙岗区龙岗街道、龙城街道、坪地街道	273,000				完成立项审批、勘察设计工作以及施工招标等工作，进行开工建设	龙岗区政府
103	L201300041 深圳市坪山新区发展和财政局 深圳市绿梓大道（二标段）市政工程		本工程为绿梓大道二标段，起点在金田路接设计一标，终点接坪西公路，道路长度 2.58 公里，全线为双向 6 车道 申请选址坪山区坪山街道石井地区	68,381				开展环评、水保等编制	坪山区政府
104	L201500079 深圳国际生物谷坝光核心启动区指挥部办公室 深圳国际生物谷坝光核心启动区基础设施建设项目		拟开展坝光核心启动区市政基础设施、河道防护、海堤整治等基础设施项目建设 大鹏新区葵涌街道坝光片区	350,000				前期工作、场平工程、市政道路的施工准备	大鹏新区管委会
105	S2014G5400002 深圳市龙华汽车站有限公司 龙华汽车站改建工程		建设停车场建筑面积 31482 平方米，其中地上停车面积为 13418 平方米，地下停车面积为 18064 平方米 龙华区龙华街道龙观路龙华汽车站	40,000				完善用地手续，基础工程开工	龙华区政府

（续表）

序号	项目代码， 建设单位及项目名称	建设周期	建设规模及建设地址	总投资	至上年止完成投资	本年度计划完成投资	资金来源	本年度 建设内容	协调推进 牵头单位
106	L201500104 深圳市机场（集团）有限公司 三跑道项目		包括机场工程、场地的陆域形成及软基处理工程。机场工程长 3600 米，宽 60 米，陆域形成面积 260.4 万平方米，软基处理面积 277.2 万平方米 申请选址宝安区福永街道宝安国际机场	892,066				进行三跑道可研编制工作，进行三跑道填海及软基处理前期准备工作	宝安区政府
107	L201500051 深圳市建筑工务署 深圳机场扩建工程 T4 航站区软基处理工程		分为两期建设：一期软基处理工程为卫星厅及配套设施用地，共约 108 公顷；二期软基处理工程为 T4 航站楼主体及配套设施用地，共约 333 公顷 申请选址宝安区福永街道深圳机场北片区	440,000				开展初步设计、施工图设计、环评、水保等前期工作	市建筑工务署
108	L201500007 深圳市盐田港集团有限公司 深圳港盐田港区东作业区集装箱码头工程项目		规划建设 10 万吨级和 15 万吨级集装箱泊位各 1 个，20 万吨级及以上集装箱泊位 6 个，陆域总面积 331 万平方米 申请选址盐田区盐田街道盐田港片区东侧	1,160,000				组织开展项目的立项申报、谈判、相关研究及论证工作	盐田区政府
109	S201300107 鑫科贤实业投资有限公司 深圳港宝安综合港区一期工程		3 个 5000 吨级通用散杂货泊位、3 个 1000 吨级多用途泊位，码头岸线总长 548.7 米，陆域总面积 27.435 万平方米，年设计吞量 250 万吨 宝安区福永街道西海堤外侧	120,867				前期工作准备。围堰施工，港池挖泥，陆域吹填、形成，地基处理等准备	宝安区政府

（续表）

序号	项目代码，建设单位及项目名称	建设周期	建设规模及建设地址	总投资	至上年止完成投资	本年度计划完成投资	资金来源	本年度建设内容	协调推进牵头单位
110	L201600002 深圳市交通运输委员会 福洲路（沿江福永立交—立新路）快速化改造工程		项目西起沿江高速，接宝安大道东侧立新路。项目全长3.65公里，红线宽度50米，双向6车道，为城市快速路 申请选址宝安区福永街道沿江高速至立新路	90,000				开展前期工作	市交通运输委
111	L201600003 深圳市交通运输委员会 福洲路二期（立新路—福风路）新建工程		项目西起立新路，接广深高速东侧福风路。项目全长3.15公里，红线宽度50米，双向6车道，为城市快速路 申请选址宝安区福永街道立新路至福风路	190,000				开展前期工作	市交通运输委
112	L201600001 深圳市交通运输委员会 海滨大道（国际会展中心段）工程		南起福洲大道，北至凤塘大道，全长约3公里，红线宽度80米，双向8车道，涉及填海面积约30万平方米，为城市快速路 申请选址宝安区福永街道福州大道至凤塘大道	100,000				开展前期工作	市交通运输委
城市更新 48 项				37,627,537					
前期 48 项				37,627,537					
113	L201500018 深圳市承翰投资开发集团有限公司 水围城市更新单元		拟拆除重建用地面积29958平方米，建设包括酒店、住宅、公寓、保障性住房、配建幼儿园、配建公共设施等 申请选址福田区福田街道水围村	990,000				申报城市更新单元规划审批工作	福田区政府

（续表）

序号	项目代码，建设单位及项目名称	建设周期	建设规模及建设地址	总投资	至上年止完成投资	本年度计划完成投资	资金来源	本年度建设内容	协调推进牵头单位
114	L201500066 深圳华强广场控股有限公司 华强激光工厂城市更新单元		拟拆除重建用地面积 31755 平方米，建设集研发、配套商业的新型产业园区 申请选址福田区梅林街道梅秀路 1-1 号	791,302				推进专项规划审批，完成建筑物拆除、实施主体确认等工作	福田区政府
115	S2015K70100173 天安数码城（集团）有限公司 沙头天安数码城旧厂房区更新单元		拟拆除重建用地面积 55317 平方米，建设包括创新型产业用房、商业、办公用房等 申请选址福田区沙头街道西邻香蜜湖路，东靠泰然三路，南为泰然十路，北为泰然六路	622,738				开展前期工作	福田区政府
116	L201400058 华润置地（深圳）开发有限公司 湖贝片区城市更新项目		拟拆除重建用地面积约 240000 平方米，建设包括商业、办公、住宅、文化、旅游、时尚产业等 申请选址罗湖区东门街道湖贝片区	3,240,000				完成项目东区签约工作，启动东区房屋拆除工作	罗湖区政府
117	L201500026 深圳市益田集团股份有限公司 翠竹木头龙小区城市更新项目		拟拆除用地面积 77026 平方米，建设包括住宅（含保障性住房）、商业、商务公寓、公共配套设施等 申请选址罗湖区翠竹街道木头龙小区	1,000,000				拆迁补偿、建筑物拆除、实施主体确认、缴纳地价签订土地出让合同	罗湖区政府

（续表）

序号	项目代码，建设单位及项目名称	建设周期	建设规模及建设地址	总投资	至上年止完成投资	本年度计划完成投资	资金来源	本年度建设内容	协调推进牵头单位
118	L201400055 深圳金威啤酒有限公司 金威啤酒厂城市更新单元		拟拆除重建用地面积 86549 平方米，建设包括工业、办公和商业等设施 申请选址罗湖区东湖街道东昌路一号	841,206				完成建设用地规划审批，筹备部分地块基坑支护工程及土石方开挖	罗湖区政府
119	L201500016 深圳市白石洲实业股份合作公司（原深圳市白石洲投资发展股份有限公司） 沙河五村城市更新单元		拟拆除重建范围用地面积 459542 平方米，建设包括住宅（含保障性住房）、办公、公寓、商业、酒店、配套设施等 申请选址南山区沙河街道沙河东路以东，华侨城以西深南大道以北，东靠华侨城波托菲诺小区、西近沙河东路、北至香山西街	9,368,355				完成专项规划审批、启动拆迁工作	南山区政府
120	L201500050 深业沙河（集团）有限公司 世纪山谷城市更新单元		拟拆除重建用地面积 99377 平方米，建设包括住宅（含保障性住房）、商业、办公及酒店、商务公寓、公共配套设施等 南山区沙河街道沙河东路沙河工业区	601,305				一期动工拆除，签订一期项目用地合同	南山区政府
121	S2015K70100172 深圳市嘉信松山置业有限公司 松岗溪头第一、二工业区更新项目		拟拆除范围用地面积 198914 平方米，建设包括工业办公、商业、住宅、公寓建设等 申请选址宝安区松岗街道溪头社区	657,447				一期土方及桩基施工，主体工程施工；二期启动拆迁工作	宝安区政府

（续表）

序号	项目代码，建设单位及项目名称	建设周期	建设规模及建设地址	总投资	至上年止完成投资	本年度计划完成投资	资金来源	本年度建设内容	协调推进牵头单位
122	L201400021/S2014K70900002 深圳市益德置业有限公司 西丽益力矿泉水厂城市更新单元改造项目		拟拆除重建用地面积 79197 平方米，建设包括研发办公、配套服务、配套商业、人才公寓等 申请选址南山区桃源街道龙珠大道北	307,125				完成土地和建筑物信息核查、专项规划审批、搬迁补偿协议签订、实施主体确认、建筑物拆除和用地申报等	南山区政府
123	L201300069 深圳市万科南苑房地产开发有限公司 渔一村项目		拟拆除重建用地面积 25283 平方米，建设包括住宅、商业、商务公寓、配套设施等 申请选址南山区蛇口街道湾厦路东南侧	202,321				土地前期问题处理，开展建筑初步规划设计	南山区政府
124	L201500055 深圳卓越松岗城市更新有限公司 松岗商业中心更新单元		拟拆除重建用地面积 200009 平方米，建设包括住宅、商业、商务公寓、公共配套设施等 申请选址宝安区松岗街道松岗商业中心	650,000				开展谈判签约、房屋拆除等工作	宝安区政府
125	L201500061 深圳市京基房地产股份有限公司 石岩上下屋及田心旧村片区城市更新项目		拟拆除重建用地面积 106263 平方米，建设包括住宅、商业、公共配套设施等 申请选址宝安区石岩街道上下屋及田心旧村片区	500,000				现状建筑物拆迁以及开展各项前期报批工作	宝安区政府

（续表）

序号	项目代码， 建设单位及项目名称	建设周期	建设规模及建设地址	总投资	至上年止完成投资	本年度计划完成投资	资金来源	本年度 建设内容	协调推进 牵头单位
126	L201500107 深圳明金海集团有限公司 华石工业区城市更新单元		拟拆除重建用地面积 100256 平方米，建设包括新兴产业用房、办公、宿舍、商业、住宅等 申请选址宝安区石岩街道松白路明金海工业区	500,000				申报专项规划审批，签订拆迁补偿协议，开展开发主体确认等工作	宝安区政府
127	L201500106 深圳市沙井衙边股份合作公司 沙井衙边工业区城市更新单元项目		拟拆迁重建用地面积 52925 平方米，建设包括产业用房、配套宿舍及商业等 申请选址宝安区沙井街道衙边工业区	264,568				开展拆迁补偿安置、实施主体确认、用地预审等工作	宝安区政府
128	L201500058 深圳市官田股份合作公司 石岩官田月明街工业区更新单元		拟拆除重建用地面积 82924 平方米，建设包括住宅、商业、公共配套设施等 申请选址宝安区石岩街道官田社区	200,000				推进专项规划审批、实施主体确认、拆迁谈判等工作	宝安区政府
129	L201500121 深圳市凤凰股份合作公司 凤凰第一工业区城市更新项目		拟拆除重建用地面积 33846 平方米，建设包括创投总部集群、创业立体空间、创新体验街坊、创客生活空间等 申请选址宝安区福永街道凤凰社区凤业一路以东（现状道路）、凤凰兴业一路以南（规划道路）、凤业四路以西（现状道路）、富凤路以北（规划道路）	180,256				开展专项规划编制工作	宝安区政府

（续表）

序号	项目代码，建设单位及项目名称	建设周期	建设规模及建设地址	总投资	至上年止完成投资	本年度计划完成投资	资金来源	本年度建设内容	协调推进牵头单位
130	L201300013 深圳市共乐经济发展有限公司 骏业工业区城市更新单元		拟拆除重建用地面积 48805 平方米，建设包括产业用房、产业配套、公共配套设施等 申请选址宝安区西乡街道铁仔路	180,000				清拆原建筑物，平整场地，主体确认，缴纳地价，土方开挖、基础施工等	宝安区政府
131	L201500060 深圳市汇威投资有限公司 松岗上山门工业区城市更新单元		拟拆除重建用地面积 22791 平方米，建设包括住宅、办公、商业、商务公寓、公共配套设施等 申请选址宝安区松岗街道松白路与松岗大道交汇处	177,000				清退承租人，拆迁房屋，注销房屋产权，签土地出让合同并补交地价	宝安区政府
132	L201500059 深圳市石岩田心股份合作公司 石岩田心工业区城市更新单元		拟拆除重建用地面积 26429 平方米，建设包括商业办公、商务公寓、公共配套设施等 宝安区石岩街道田心工业区	176,400				签订拆迁协议，完成实施主体确认工作，完成用地规划许可手续和建设工程规划许可手续办理，启动土石方及基础设施施工	宝安区政府
133	L201500025 深圳市共乐经济发展有限公司 方大工业园城市更新单元		拟拆除重建用地面积 26997 平方米，建设包括产业用房（含创新型产业用房）、单身宿舍、小型商业服务设施、公共配套设施等 申请选址宝安区西乡街道铁仔路 48 号	171,000				实施主体确认、房产证注销，办理建设用地规划许可证、场地平整等	宝安区政府

（续表）

序号	项目代码，建设单位及项目名称	建设周期	建设规模及建设地址	总投资	至上年止完成投资	本年度计划完成投资	资金来源	本年度建设内容	协调推进牵头单位
134	L201500105 深圳市福航投资发展有限公司 茭塘工业区城市更新		拟拆除重建用地面积 102740 平方米，建设包括产业研发用房（含创新型产业用房）、配套商业、配套宿舍、国际学校、公共配套设施等 申请选址宝安区沙井街道南环路	160,000				开展建筑物拆除工作	宝安区政府
135	L201500017 奋成玩具服装（深圳）有限公司 奋成工业区城市更新单元		拟拆除重建用地面积 21234.5 平方米，建设包括创意研发建筑、园区配套等 申请选址宝安区西乡街道共乐工业区铁仔路 58 号	150,226				申请建设报批手续，开展建筑物拆迁、土地整备工作	宝安区政府
136	L201400056 南太投资（深圳）有限公司 南太集团城市更新单元		拟拆除重建用地面积 26311 平方米，建设包括孵化研发区、新兴产业总部园区、配套服务区等 申请选址宝安区西乡街道固戍社区南太路 2 号南太工业园	150,000				开展规划设计方案报批等前期准备工作	宝安区政府
137	L201500081 深圳市中龙信合投资有限公司 龙腾工业区（二期）城市更新单元		拟拆除重建面积 393144 平方米，建设包括居住、商业、产业、办公、公寓、公共配套设施等 申请选址龙岗区龙岗街道南联社区圳埔岭村	1,520,000				房屋拆迁补偿及单元规划报批等前期工作	龙岗区政府

（续表）

序号	项目代码， 建设单位及项目名称	建设 周期	建设规模及建设地址	总投资	至上年止 完成投资	本年度计划 完成投资	资金来源	本年度 建设内容	协调推进 牵头单位
138	S2015E47000018 深圳市黄阁坑股份合作公司 黄阁坑工业区南片城市更新单元		拟拆除重建用地面积 143317 平方米，建设包括居住、工业、商业、办公、公共配套等 申请选址龙岗区龙城街道黄阁坑工业区	1,500,000				房屋拆迁补偿及城市更新单元报批工作	龙岗区政府
139	L201500082 深圳市横岗四联股份合作公司 横岗四联社区茂盛片区城市更新单元		拟拆除重建用地面积 262200 平方米，建设包括商业、办公及酒店、商务公寓、住宅（含拆迁户回迁、保障房）、公共配套设施等 申请选址龙岗区横岗街道四联社区	900,000				城市更新单元规划报批等前期工作	龙岗区政府
140	L201200011 深圳市保诚房地产开发有限公司 龙城龙西社区楼吓、对面岭片区城市更新项目		拟拆除重建用地面积 330800 平方米，建设包括住宅、商业、配套设施等 申请选址龙岗区龙城街道龙西社区	900,000				房屋拆迁补偿等前期工作	龙岗区政府
141	L201300065 深圳市保达房地产开发有限公司 五联竹头背、岭背坑片区城市更新单元		拟拆除重建用地面积 220559 平方米，建设包括住宅、商业、公共配套设施等 申请选址龙岗区龙城街道五联社区	850,000				房屋拆迁补偿等前期工作	龙岗区政府

（续表）

序号	项目代码， 建设单位及项目名称	建设周期	建设规模及建设地址	总投资	至上年止完成投资	本年度计划完成投资	资金来源	本年度 建设内容	协调推进牵头单位
142	L201500064 深圳市水榭花都房地产有限公司 南联简一、简二、黄龙坡片区城市更新单元项目		拟拆除重建用地面积 288626 平方米，建设包括住宅（含保障性住房）、商业、办公及酒店、商务公寓、公共配套设施等 申请选址龙岗区龙岗街道北接龙园路、南接龙岗大道、西接龙河路、东接南联路	800,000				持续推进项目一期的拆迁工作，开展实施主体确认及规划用地手续等工作	龙岗区政府
143	L201300063 深圳市恒明置业发展有限公司 龙城回龙埔新工业区片区城市更新项目		拟拆除重建用地面积 196369 平方米，建设包括产业研发用房、产业配套、商务公寓、公共配套设施、保障性用房用地等 龙岗区龙城街道回龙埔新工业区片区	498,765				开展一期搬迁补偿谈判工作及实施主体确认工作	龙岗区政府
144	S2015K70100166 深圳天安数码城发展有限公司 南湾南和通讯及南岭地块城市更新项目		拟拆除重建用地面积 58401 平方米，建设包括产业用房（含配建创新型产业用房）、产业配套用房、公共配套设施等 申请选址龙岗区南湾街道位于布沙路与开放路交汇处	396,800				城市更新单元规划报批和房屋拆迁补偿等前期工作	龙岗区政府
145	L201500027 深圳市南约股份合作公司 南约社区洋桥和汉田片区工业区升级改造		拟拆除重建用地面积 290945 平方米，建设包括总部研发功能区、科技创业孵化功能区、综合配套服务区、其他配套设施等 申请选址龙岗区龙岗街道南约社区洋桥和汉田片区	383,785				城市更新单元规划报批工作	龙岗区政府

（续表）

序号	项目代码，建设单位及项目名称	建设周期	建设规模及建设地址	总投资	至上年止完成投资	本年度计划完成投资	资金来源	本年度建设内容	协调推进牵头单位
146	S2015K70100107 深圳朗泓房地产有限公司 杨梅岗、格水村城市更新项目一期		拟拆除重建用地面积 393144 平方米，建设包括居住、商业、产业、办公、公共配套设施等 龙岗区龙岗街道新生村杨梅岗	346,400				房屋拆迁补偿及单元规划报批等前期工作	龙岗区政府
147	L201400013 深圳康利石材有限公司 康利工业园城市更新单元（T-CHOP 未来生活创意广场）		拟拆除重建用地面积 49616 平方米，建设包括产业用房（含创新型产业用房）、配套用房、公共配套设施等 申请选址龙岗区南湾街道布澜路康利工业园	274,670				拆除范围调整、实施主体确认等前期工作	龙岗区政府
148	L201500056 深圳市嘉长源投资发展有限公司 横岗松柏社区老街城市更新项目		拟拆除重建用地面积 186475 平方米，建设包括住宅、商业、办公、公告配套设施等 申请选址龙岗区横岗街道松柏社区老街	265,396				城市更新单元规划报批和房屋拆迁补偿等前期工作	龙岗区政府
149	L201500078 深圳市大真房地产开发有限公司 横岗六约深坑片区更新单元		拟拆除用地面积 99346 平方米，建设包括住宅（含保障性住房）、商业、商务公寓、公共配套设施等 龙岗区横岗街道六约社区深竹路 27-A	252,424				持续推进一期搬迁补偿谈判工作	龙岗区政府

（续表）

序号	项目代码，建设单位及项目名称	建设周期	建设规模及建设地址	总投资	至上年止完成投资	本年度计划完成投资	资金来源	本年度建设内容	协调推进牵头单位
150	L201500054 深圳市华茂嘉投资有限公司 龙城爱联旧村改造东片区项目		爱联旧村东片区拆除用地面积 46335 平方米，建设包括住宅（含保障性住房）、商业综合体、公共配套设施等 申请选址龙岗区龙城街道爱联社区怡翠路与余岭西路交汇处	163,000				持续推进东片区一期搬迁补偿谈判工作	龙岗区政府
151	L201500067 深圳市祥华置业发展有限公司 汤坑片区城市更新单元		拟拆除重建用地面积 198715 平方米，建设包括居住、商业、公共配套设施等 申请选址坪山区坪山街道汤坑社区	960,000				完成项目城市更新单元专项规划审批	坪山区政府
152	L201500065 深圳市坪山南布股份合作公司 南布社区整村统筹土地整备项目		拟拆除重建用地面积 173000 平方米，建设包括住宅、商业、办公、商务公寓、公共配套设施等 申请选址坪山区坪山街道南布社区大同路 8 号	558,000				完成一期范围内建筑物重测，一期范围内建筑物拆迁补偿费用，构建项目围挡、初勘，项目一期启动	坪山区政府
153	L201500046 深圳市宝泰世纪投资有限公司 茜坑新村西片区城市更新单元		拟拆除拆除重建用地面积 305740 平方米，建设包括工业、住宅、商业、办公、公共配套设施等 申请选址龙华区观澜街道茜坑新村	1,800,000				完成更新单元规划审批、一期实施主体确认、成一期用地审批及土地合同签订、一期建筑设计方案审批等工作	龙华区政府

（续表）

序号	项目代码，建设单位及项目名称	建设周期	建设规模及建设地址	总投资	至上年止完成投资	本年度计划完成投资	资金来源	本年度建设内容	协调推进牵头单位
154	L201500021 深圳市深国际联合置地有限公司 梅林关城市更新项目		拟拆除重建用地面积 131300 平方米，建设包括住宅（含保障性住房）、商业、办公、商务公寓及配套设施等 龙华区民治街道民乐路与梅观快速交汇处	1,260,951				开展拆迁工作以及开发建设前期工作	龙华区政府
155	L201500045 深圳市正基房地产开发有限公司 油松工业区更新单元		拟拆除重建用地面积 79655 平方米，建设包括商业、写字楼和高档公寓等 申请选址龙华区龙华街道油松工业区	600,000				专项规划审批、实施主体确认、土地合同签署	龙华区政府
156	L201500063 深圳市兴兆投资有限公司 松元厦大布头片区城市更新单元		拟拆除重建用地面积 169975 平方米，建设包括居住（含保障性住房）、商业、公共服务设施等 申请选址龙华区观澜街道松元厦大布头村	500,000				完成土地权属核查、专项规划，进行拆迁谈判	龙华区政府
157	L201400053 深圳市福民洸屋股份合作公司 观澜洸屋老村片区东侧地块更新单元		拟拆除重建用地面积 92076 平方米，建设包括住宅、商业、公寓、公共配套设施等 申请选址龙华区观澜街道观澜街道洸屋老村片区东侧地块	285,608				申报更新单元审批、现状拆迁、土方开挖等工作	龙华区政府

（续表）

序号	项目代码，建设单位及项目名称	建设周期	建设规模及建设地址	总投资	至上年止完成投资	本年度计划完成投资	资金来源	本年度建设内容	协调推进牵头单位
158	L201500062 深圳市大浪浪口股份合作公司 大浪浪口旧屋村片区城市更新单元		拟拆除重建用地面积 48328 平方米，建设包括住宅（含保障性住房）、商业、商务公寓、写字楼、公共服务设施等 申请选址龙华区大浪街道浪口社区	190,000				开展建筑物拆迁工作、准备规划报建工作	龙华区政府
159	L201500019 深圳市观澜黎光股份合作公司 观澜黎光旧村改造项目		拟拆除重建用地面积 53085 平方米，建设包括住宅、保障性住房、商业、幼儿园、配套等 申请选址龙华区观澜街道街道泗黎路东侧黎光老村	160,489				完成拆赔签约及搬迁、房产证注销、实施主体确认等工作	龙华区政府
160	L201500069 深圳卓越谭屋围城市更新投资有限公司 葵涌高源社区谭屋围片区更新单元		拟拆除重建用地面积 71137 平方米，建设包括住宅（含保障性住房）、公共配套设施等 申请选址大鹏新区葵涌街道高源社区谭屋围片区	180,000				完善建设用地手续	大鹏新区管委会
社会民生 34 项				4,217,555					
	前期 34 项			4,217,555					
161	L201200028 深圳市特区建设发展集团有限公司 科技馆（新馆）与创新大厦		建设科学技术馆、创新大厦 申请选址南山区粤海街道高新技术园区南侧	274,961				落实土地，完成项目 BT 建设谈判，与华润签订合作框架协议，完成科技馆展教设施展示内容总体规划等	南山区政府

（续表）

序号	项目代码， 建设单位及项目名称	建设周期	建设规模及建设地址	总投资	至上年止完成投资	本年度计划完成投资	资金来源	本年度建设内容	协调推进牵头单位
162	Z201200242 深圳美术馆 深圳美术馆新馆		规划总用地面积为27300平方米，总建筑面积为34956平方米，建设内容有展厅、陈列厅、画库、研究用房、学术交流用房、公共教育用房、室外雕塑展区及配套设施用房等 龙华区民治街道腾龙路与中梅路交汇	39,820				前期工程设计及报建，桩基施工	市文体旅游局
163	L201400026 宝安区新安街道办事处 新安文体中心		建设图书馆、文化艺术体育设施、多功能厅、综合服务设施、社区健康服务中心 申请选址宝安区新安街道留仙二路	18,920				开展概算评审，施工图、预算审核，办理工程规划许可证等	宝安区政府
164	L201600012 深圳市宝安区中心区规划建设管理办公室 宝安中心区滨海休闲文化公园		总用地面积约70万平方米，建设成集滨海休闲、创意文化、都市娱乐、观光旅游等功能为一体的滨海休闲文化公园 申请选址宝安区新安街道宝安中心区滨海地带	150,000				开展项目前期工作	宝安区政府
165	Z201203600 深圳图书馆 深圳市图书馆调剂书库		总建筑面积3.5万平方米，建设一座规模适度超前的调剂书库 龙华区龙华街道腾龙路与中梅路交汇处	29,782				前期工作	市文体旅游局

（续表）

序号	项目代码， 建设单位及项目名称	建设 周期	建设规模及建设地址	总投资	至上年止 完成投资	本年度计划 完成投资	资金来源	本年度 建设内容	协调推进 牵头单位
166	L201500102 深圳市宝安区新安街道办事处 尖岗山—大井山生态公园		规划总占地面积 982856 平方米，项目计划分两期实施，建设内容包括登山步道、休闲广场等园区基础设施和景观游览设施 申请选址宝安区新安街道上川路北侧，留仙一路东侧，宝石路东西两侧（尖岗山、大井山、塘坳山）	19,689				完成项目一期的前期工作	宝安区政府
167	00011201564137 深圳市群众艺术馆 深圳市群众艺术馆新馆		拟建设艺术大厅、1 个大剧院（1200 座）、1 个小剧场（600 座）、多功能展厅、录音棚、各艺术门类培训教室、排练厅、仓储区及 10000 平方米以上文化广场和两个露天舞台等 申请选址福田区莲花街道莲花街道深南大道与金田路交界处	30,161				选址勘察、项目调研、专家研讨会、选址报批，可研报告编制及报批，开始初步设计和模型制作	市文体旅游局
168	Z201200501 深圳博物馆 深圳博物馆老馆维修改造工程		深圳博物馆老馆建设维修改造、智能化工程、信息化工程和专用设备购置等 申请选址福田区华强北街道同心路 6 号	11,985				可研报批，初步设计，总概算编制、报批，施工图设计及其他前期准备工作	市文体旅游局
169	L201500126 深圳市教育局 中山大学·深圳		一期总建筑面积为 100 万平方米，建设在校生 20000 人的全日制高校 申请选址光明新区公明街道	600,000				项目可行性研究报告编审，项目总概算编审等工作	市教育局

（续表）

序号	项目代码， 建设单位及项目名称	建设周期	建设规模及建设地址	总投资	至上年止完成投资	本年度计划完成投资	资金来源	本年度 建设内容	协调推进牵头单位
170	L201500127 深圳市教育局 深圳应用技术大学		规划总建筑面积 100 万平方米，建设在校生 25000 人的全日制大学 申请选址坪山区坪山街道	720,000				项目可行性研究报告编审，项目总概算编审等前期工作	市教育局
171	L201500128 龙岗区政府 深圳国际太空科技学院		总建筑面积 89510 平方米，建设规模为全日制在校生 1500 人 申请选址龙岗区坪地街道	58,162				项目可行性研究报告编审，项目总概算编审等前期工作	市教育局
172	L201500125 深圳市教育局 湖南大学罗切斯特设计学院（深圳）校区扩建工程		全日制高校，建设规模为在校生 1500 人 申请选址宝安区西乡街道洪浪一村	21,000				项目可行性研究报告编审，项目总概算编审等	市教育局
173	L201500111 深圳市光明新区城市建设局 光明新区文化艺术中心		用地面积 28860 平方米，建设区级文化艺术中心，主要包括文化馆、图书馆、美术馆、演艺中心、科技馆、室外配套等 申请选址光明新区光明街道观光路	65,424				设计方案深化、施工图设计及施工图审查、人防报建、方案报建、取得用地规划许可等	光明新区管委会
174	00021201564154 深圳市建筑工务署 深圳中学（泥岗校区）		按照全寄宿制高中标准规划建设，办学规模为 75 班/3750 学位 申请选址罗湖区清水河街道泥岗西路 1068 号	73,661				开展前期设计，申报概算	市建筑工务署

（续表）

序号	项目代码，建设单位及项目名称	建设周期	建设规模及建设地址	总投资	至上年止完成投资	本年度计划完成投资	资金来源	本年度建设内容	协调推进牵头单位
175	Z12014JY0016 深圳市罗湖区教育局 深圳市罗湖区滨河中学拆建工程		拆除建筑面积为27123平方米，新建建筑面积为47407平方米，建设全寄宿制校舍，建成后新增普通高中学位300个 罗湖区桂园街道红岭南路金塘街6号	20,845				完成施工招标，开工建设	罗湖区政府
176	L201500084 深圳市宝安区福永街道办事处 福永怀德中学建设工程		用地面积23492平方米，总建筑面积29448平方米，新建一所42班/2100个学位的初中 申请选址宝安区福永街道怀德社区立新南路西侧、福德路北侧	17,606				办理占用林地手续、用地规划许可、方案设计及审查、水保、初步设计及概算编制和报审等	宝安区政府
177	Z12013JY0006 深圳市宝安区福永街道办事处 深圳市第十二高级中学		总建筑面积58832平方米，新建一所48班/2400个学位的寄宿制普通高中 申请选址宝安区福永街道塘尾社区深航幸福小学东南侧	24,963				完成设计方案审查、详细勘察、初步设计和概算编制及报审，施工图设计等	宝安区政府
178	S201200185 深圳市汇清科技有限公司 深圳市微软IT培训学院		建设内容包括软件咨询服务中心、软件认证考试中心、办公楼、教学楼、图书馆、学生宿舍、教师宿舍、食堂、体育馆及配电门卫室等 申请选址龙华区观澜街道横坑水库旁一地块	89,909				完善建设用地手续	龙华区政府

（续表）

序号	项目代码， 建设单位及项目名称	建设周期	建设规模及建设地址	总投资	至上年止完成投资	本年度计划完成投资	资金来源	本年度 建设内容	协调推进牵头单位
179	90021201421051 深圳市新建市属医院筹备办公室 深圳市第二儿童医院		总建筑面积 270000 平方米，建设 1500 张床位 申请选址龙华区民治街道民康路	270,000				落实项目用地，开展概念设计、地质初步勘查、项目设计任务书编写、设计公司招标、可行性研究报告编制、环境影响评估等前期工作	市卫生计生委
180	Z12015WS0006 深圳市第二人民医院 深圳市第二人民医院改扩建工程		改扩建总建筑面积为 173588 平方米，扩建床位 1100 张 申请选址福田区华富街道笋岗西路 3002 号	165,000				一期工程总体规划编制及概念方案、节能评估报告编制、可行性研究报告编制、工程设计招标及工程设计、详勘等	市医管中心
181	90021201421052 深圳市新建市属医院筹备办公室 深圳市新华医院		总建筑面积 450000 平方米，建设规模为 2500 张床位 申请选址龙华区民治街道新区大道东侧，民宝路北侧	432,000				设计招标、方案设计、初步设计、详勘、可研申报、概算申报等	市卫生计生委
182	301201001276 深圳市新建市属医院筹备办公室 深圳市口腔医院		总建筑面积 23443 平方米，建设 100 张床位，牙椅 200 台 申请选址罗湖区桂园街道桂圆北路 70 号	23,600				完成口腔医院住院楼规划确认工作，并将项目移交市工务署	市卫生计生委

（续表）

序号	项目代码， 建设单位及项目名称	建设周期	建设规模及建设地址	总投资	至上年止完成投资	本年度计划完成投资	资金来源	本年度 建设内容	协调推进 牵头单位
183	S201200812 中国人民武装警察边防部队总医院 中国人民武装警察部队广东省边防总队医院住院大楼建设工程		总建筑面积 415000 平方米，新建一栋地上 19 层、地下 2 层的综合性住院大楼，建成后医院新增床位约 700 张 申请选址罗湖区清水河街道金湖路 8 号	31,770				办理用地手续等前期工作	罗湖区政府
184	Z201203596 深圳市住宅工程管理站 市大鹏医院		总建筑面积 87912 平方米，建设规模为 600 张病床，功能定位于集医疗、科研、预防保健和康复疗养功能于一体的三级综合医院 大鹏新区葵涌街道葵涌街道葵新社区	55,002				开展项目前期工作	市建筑工务署
185	Z12014WS0007 深圳市中医院 深圳市中医院光明院区		床位规划 3000 张 申请选址光明新区光明街道光侨路与龙大高速交界处	45,000				完成用地选址申报，启动环评、可研招标工作	市医管中心
186	S2015Q84140004 深圳龙珠医院 深圳龙珠医院（二期）		总建筑面积 79300 平方米，共 26 层，1000 张床位，拟建设康复养老中心 申请选址南山区桃源街道龙苑路 16 号	35,000				办理用地规划变更，完成方案设计、施工图设计等报批，完成施工总包合同、监理合同签订，办理规划许可证、施工许可证等	南山区政府

（续表）

序号	项目代码， 建设单位及项目名称	建设周期	建设规模及建设地址	总投资	至上年止完成投资	本年度计划完成投资	资金来源	本年度 建设内容	协调推进 牵头单位
187	L201500086 深圳市急救中心 深圳市急救血液信息三中心公共卫生服务综合楼		建设面积51000平方米，建设1栋公共卫生服务中心综合楼 申请选址福田区香蜜湖街道安托山04-01地块	45,000				开展项目可行性研究报告、设计、环评及概念设计等前期工作	市卫生计生委
188	L201500087 中国医学科学院肿瘤医院深圳医院 中国医学科学院肿瘤医院深圳医院肿瘤防治中心		拟在医院用地内建设，总建筑面积110000平方米，新增病床1200张，将建成集肿瘤治疗、科研、教学、医疗延伸服务于一体的综合性肿瘤治疗中心 申请选址龙岗区龙城街道宝荷大道113号	99,000				完成环评、可研报告审批，方案设计、初步设计与施工图设计，勘查报告，概算编制申报等	市医管中心
189	L201500022 中国医学科学院肿瘤医院深圳医院 深圳市质子重离子治疗中心		建成集医疗、教学、科研、培训功能于一体，华南地区首家质子重离子治疗中心 申请选址龙岗区龙城街道宝荷大道113号	385,558				可研报告报批；方案初步设计完成，取得用地规划许可证；概算、环评报告编制报批	市医管中心
190	301201101873 深圳市建筑工务署 深圳市医疗器械检测及生物医药安全评价中心		总建筑面积45684平方米，新建一栋地上19层、地下三层的综合实验大楼 申请选址南山区南头街道高新中二道与科技中二路交汇处	52,953				开展建筑设计和工艺设计工作	市建筑工务署

（续表）

序号	项目代码，建设单位及项目名称	建设周期	建设规模及建设地址	总投资	至上年止完成投资	本年度计划完成投资	资金来源	本年度建设内容	协调推进牵头单位
191	L201400024 深圳市龙岗区坪地街道办事处 深圳国际低碳城（坪西，高桥片区）土地整备安置项目		用地面积 91000 平方米，总建筑面积 498404 平方米，建设土地整备安置住房 申请选址龙岗区坪地街道龙岗大道北面	226,000				完成详细蓝图规划编制，规划选址及用地预审，完成用地方案图，办理用地规划许可证、环评、水保、方案设计等前期手续	龙岗区政府
192	Z22015GY0001-00 龙岗区建筑工务局 深圳市金融产业服务基地平湖大新南片区水门地块拆迁安置工程		用地面积 12547 平方米，总建筑面积为 65059 平方米，由 3 栋住宅，1 栋商业大厦组成，功能包括住宅、商业及其他公共配套功能 龙岗区平湖街道中粮储路与福安路交汇处	29,082				开展前期工作	龙岗区政府
193	S201200733 深圳市隆泰投资集团有限公司 深圳市康达养老公寓		建设养老居住房、商业服务设施、文体设施、员工宿舍及附属设施等 申请选址宝安区石岩街道园岭村上屋社区元径居民小组北环路口	38,759				办理工程规划许可等前期工作	宝安区政府
194	S2013S930004 深圳市任达爱心护理院 任达老年公寓爱心护理工程建设(一期)		建筑面积 65476 平方米，提供养床位 2000 张，购置智慧养老在线监护系统、老年康复电动按摩椅等仪器设备及软硬件 2408 台（套），建设 8 栋老年公寓 宝安区石岩街道洲石公路任达山庄内	16,943				调整土地规划等前期工作	宝安区政府

（续表）

序号	项目代码，建设单位及项目名称	建设周期	建设规模及建设地址	总投资	至上年止完成投资	本年度计划完成投资	资金来源	本年度建设内容	协调推进牵头单位
城市安全环境资源 36 项				8,884,366					
前期 36 项				8,884,366					
195	L201500088 深圳市市场和质量监督管理委员会 深圳市计量质量检测研究院食品安全质量检测大楼建设		新建食品安全质量检测主体大楼，建筑面积 48000 平方米，地上 19 层，地下 2 层 南山区桃源街道龙珠大道	29,588				工程前期工作	市市场监管委
196	301201000315 深圳市市场和质量监督管理委员会 深圳市特种设备安全检验测试基地		总建筑面积 36318 平方米，建设 2 栋实验楼和业务服务窗口，一座电梯试验塔构筑物及室外试验场等 宝安区石岩街道龙大路西侧地块	25,266				办理用地手续，开展设计招标	市市场监管委
197	Z12015SL0072 深圳市水务局 坝光片区防洪（潮）排涝工程		河道整治 13.087km，海堤工程 12.25km 申请选址大鹏新区葵涌街道坝光片区	128,445				可行性研究报告审批、初步设计概算审批，移交大鹏新区开展施工图编制、施工招标等	市水务局
198	Z12014SL0055 深圳市水务局 大空港新城区茅洲河治理工程及片区水环境综合治理工程——截流河综合治理工程		综合整治截流河干流 6.37km，北连通渠 1.22km，南连通渠 1.28km。防洪标准 50 年一遇，防潮标准 200 年一遇 申请选址宝安区福永街道大空港新城区	203,350				完成项目前期和设计阶段工作，完成施工图审查，标底编制，施工单位招标，施工单位进场	市水务局

（续表）

序号	项目代码， 建设单位及项目名称	建设周期	建设规模及建设地址	总投资	至上年止完成投资	本年度计划完成投资	资金来源	本年度 建设内容	协调推进 牵头单位
199	L201500072 深圳市光明新区城市建设局 茅洲河流域水环境综合整治工程——光明新区支流（东坑水、玉田河、大凼水、西田水）综合整治工程		是治理茅洲河工程重要组成部分按20～50年一遇防洪标准综合治理河道12.3公里，建设内容包括河道防洪工程、水质改善工程、景观绿化工程等 申请选址光明新区光明街道塘尾、东坑、西田、田寮社区	87,762				完成初步设计及施工图设计	光明新区管委会
200	L201500085 深圳市水务局 前海—南山排水深隧系统工程		包括深水隧道4.1公里，竖井4座，出水泵站1座。整个深层隧道调蓄容积约为12.38万立方米 申请选址南山区南山街道大铲湾流域	149,840				可行性研究和初步设计，用地、规划、环评、水保等报批	市水务局
201	Z12015SL0025 深圳市水务局 西丽水库至南山水厂原水管工程		工程内容包括西丽水库提升泵站一座；长1.99km直径2.8m隧洞；长3.98km，DN2600输水管道，输水规模90万m^3/d 申请选址南山区西丽街道西丽水库—官龙村隧洞—同乐路—二号路—边防二线路—同乐关—广深高速公路—穿越平南铁路后进入南山水厂	49,360				前期设计、勘察工作招投标、可行性研究、初步设计、水保、环评及用地情况审批手续办理	市水务局
202	Z12014SL0031 深圳市水务局 深圳前海深港合作区外围及流域上游水质改善工程——前海湾水动力改善工程		包括深层隧洞5.1km，洞径6.0m，新建15万m^3/d初小雨泵站1座，新建西乡河口水闸，新建3.2km初小雨转输管道 申请选址宝安区新安街道宝安中心区滨海园区	49,218				可行性研究、初步设计、施工图设计。用地、规划、环评、水保等报批	市水务局

（续表）

序号	项目代码，建设单位及项目名称	建设周期	建设规模及建设地址	总投资	至上年止完成投资	本年度计划完成投资	资金来源	本年度建设内容	协调推进牵头单位
203	S2015N78100007 深圳市水务（集团）有限公司 深圳市罗芳污水处理厂提标改造工程		罗芳污水厂现状总规模 35 万吨/日，目前出水执行 GB18918-2002 一级 B 标准。改造后出水达到地表水准Ⅳ类标准（总氮除外），总规模提高到 40 万吨/日 申请选址罗湖区黄贝街道罗芳村	89,975				完成工程设计图、施工图及其审查。场地详勘、临时施工、临时用电等安装	罗湖区政府
204	L201500034 深圳市大鹏新区城市管理和水务局 南澳河等 9 条河涌综合整治工程		南澳河、新大河、杨梅坑河等 9 条河道的防洪（潮）工程、水质改善工程、生态修复工程以及附属设施工程等，整治河道总长 24.36km 申请选址大鹏新区大鹏街道、南澳街道、葵涌街道	150,500				编制可行性研究报告；初步设计、施工图设计等前期工作	大鹏新区管委会
205	L201500033 深圳市龙岗区环境保护和水务局 丁山河综合整治工程		建设范围为丁山河深圳境内河段，即龙岗河的汇入口至深惠交界段，整治河道总长约 4.1km，主要内容为防洪工程、水质改善与生态修复三方面的内容 龙岗区坪地街道国际低碳城	37,766				完成前期工作，移交施工	龙岗区政府
206	L201500042 深圳市光明新区城市建设局 公明核心区西片区等污水支管网工程		新建雨污水管道，涉及茨田埔、合水口、下村；西田、李松朗、上村、根竹园、马山头、将石、塘尾、玉律社区，总管长 239km 申请选址光明新区公明街道茨田埔、合水口、下村；西田、李松朗、上村、根竹园、马山头、将石、塘尾、玉律	126,900				开展前期工作，完成可研编制	光明新区管委会

（续表）

序号	项目代码，建设单位及项目名称	建设周期	建设规模及建设地址	总投资	至上年止完成投资	本年度计划完成投资	资金来源	本年度建设内容	协调推进牵头单位
207	Z201300264 301200800323 深圳市光明新区城市建设局 公明核心区东片区污水支管网工程、公明街道办长圳片区污水支管网工程		涉及社区：长圳、凤凰、上村、公明社区；总管长 104km 申请选址光明新区公明街道长圳、凤凰、上村、公明	45,356				完成前期工作，移交建设单位	光明新区管委会
208	Z12013CJ0035 深圳市坪山新区发展和财政局 深圳国家生物医药产业基地配套集中废水处理厂及干管工程		近期废水处理设施规模为 1.5 万立方米/日，远期规模为 3 万立方米/日。主要建设内容包括污水处理构（建）筑物、设备购置及安装、生产辅助用房、厂区绿化、水土保持及外电工程 申请选址坪山区坑梓街道金联路以东，锦绣东路以北	27,100				完成项目中试提标改造工程、项目可研，开展方案设计编制工作	坪山区政府
209	Z62015SL0237 宝安区新安街道办事处 新安街道翻身、上合片区雨污分流管网工程		面积约 3.3 平方公里，新建各类排水管道总长 88 公里，雨水立管 65.7 公里，配套检查井 3268 座，各类地下管线迁改 申请选址宝安区新安街道宝安大道、裕安路、上川路	53,278				完成勘察测量、方案设计、概算编审、施工图设计等前期工作	宝安区政府
210	L201500075 宝安区新安街道办事处 新安街道新安公园片区雨污分流管网工程		范围由广深公路（107 国道）、裕安二路、广深高速公路及二线关边检路围合，面积约 4.5 平方公里，主要内容是新建和改建雨、污水管网以及配套设施 申请选址宝安区新安街道老城区	35,135				完成初步设计及概算、施工图及预算、招标及施工进场等	宝安区政府

（续表）

序号	项目代码，建设单位及项目名称	建设周期	建设规模及建设地址	总投资	至上年止完成投资	本年度计划完成投资	资金来源	本年度建设内容	协调推进牵头单位
211	L201400029 岭湾核电有限公司 岭澳核电三期扩建工程		工程规划容量2台百万千瓦核电机组，一次规划，一次建成，具体技术路线以国家核电为准 申请选址大鹏新区大鹏街道大亚湾核电基地	4,000,000				进行项目申报，争取获得国家核准，启动项目前期准备工作	大鹏新区管委会
212	301200901103 中国石油天然气股份有限公司深圳液化天然气项目经理部 西气东输二线深圳LNG应急调峰站项目		建设规模300万吨/年，包括LNG接收站工程和配套LNG码头工程，占地面积约40公顷，拟建设20万立方米的LNG储罐4座，配套码头可停靠8万～26.7万立方米的大型LNG运输船 大鹏新区葵涌街道迭福北	577,872				完成项目前期工作，进行开工准备工作	大鹏新区管委会
213	S201102811 深圳大唐宝昌燃气发电有限公司 广东大唐国际宝昌燃气热电2× 400MW级扩建工程		建设两套9F级燃气—蒸汽联合循环机组，对项目周边冷热用户进行冷热电三联供 申请选址龙华区观澜街道人民路233号	303,647				完成项目前期工作，进行开工准备工作	龙华区政府
214	301201000043 深圳能源集团股份有限公司 深圳月亮湾改扩建（光明燃机电厂）项目		项目本期建设2×400MW级天然气蒸汽联合循环发电机组，同期开展余热利用工程 光明新区公明街道田寮采石场临近区域	379,989				落实用地选址，开展可行性研究、环境影响评价等前期工作	光明新区管委会

（续表）

序号	项目代码， 建设单位及项目名称	建设周期	建设规模及建设地址	总投资	至上年止完成投资	本年度计划完成投资	资金来源	本年度 建设内容	协调推进 牵头单位
215	301200904148 深圳市能源环保有限公司 深圳市东部环保电厂		建设6条850吨/日垃圾焚烧生产线，每条垃圾焚烧生产线配置一套烟气净化系统，余热锅炉产出的蒸汽供3台45MW汽轮发电机组 龙岗区坪地街道上坑塘	383,687				建设用地规划许可证核发，环评批复及项目核准；征地拆迁；施工临时进场道路建成；场地平整完成	龙岗区政府
216	301201100412 深圳能源集团股份有限公司 深圳东部电厂二期工程		建设装机容量为3X478MW级燃气蒸汽联合循环机组 大鹏新区大鹏街道深圳市大鹏新区大鹏街道下沙秤头角	350,000				开展项目可行性研究、接入系统、环境影响评价等前期工作	大鹏新区管委会
217	L201500076 深圳市能源环保有限公司 深圳市宝安区老虎坑垃圾焚烧电厂三期项目		建设5条850吨/日垃圾焚烧生产线和烟气净化系统；产出蒸汽供三台40MW汽轮发电机组；配套附属生产、生活设施；在厂内设飞灰稳定化车间 宝安区松岗街道塘下涌村老虎坑环境园内	310,000				开展可行性研究、环境影响评价等前期工作	宝安区政府
218	S2013G5900012 深圳市经济贸易和信息化委员会 深圳市红花岭危险品仓储区项目		本项目仓储区内设置4个分区，共设14个大小不同的危化品仓库及配套的辅助设施，设计仓储能力5825.38吨/次，年仓储周转规模约为35万吨 申请选址龙岗区坪地街道红花岭	17,899				开展项目可行性研究、环境影响评价、安全性评价等前期工作	市经贸信息委

（续表）

序号	项目代码，建设单位及项目名称	建设周期	建设规模及建设地址	总投资	至上年止完成投资	本年度计划完成投资	资金来源	本年度建设内容	协调推进牵头单位
219	L201500070 深圳市大鹏新区投资控股有限公司 深圳大鹏 LNG 冷能利用项目		项目规模为 LNG 气化量约 360t/h，年供冷约 33352 万 kwh，气化站占地约 1000 m²，供冷站占地约 1000 m² 申请选址大鹏新区大鹏街道下沙社区金沙西路	30,429				开展项目可行性研究、环境影响评价、LNG 冷能资源落实等前期工作	大鹏新区管委会
220	301200704375 深圳市住房和建设局 樟坑径液化石油气仓储基地		规划建设占地面积约为 10 公顷，拟确定建设容积为 5000 立方米（包括 3 个 1500 立方米球罐、5 个 100 立方米卧罐） 申请选址龙华区观澜街道	43,000				完成可行性研究、环境影响评价、安全性预评价等前期工作，并进行开工准备	龙华区政府
221	301200704374 深圳市发展和改革委员会 光明吊神山成品油仓储区		规划建设油库库容规模 50 万立方米 光明新区，龙华区	119,200				完成可行性研究、用地预审等前期工作，并进行开工准备	市发展改革委
222	QH2014H009 深圳妈湾电力有限公司 深圳市前海深港合作区区域集中供冷项目蒸汽管网工程		由妈湾电厂机组提供余热蒸汽，从妈湾电厂分两路敷设蒸汽管网至前海合作区各制冷站，蒸汽管网总长约 15.7km 南山区蛇口街道前海合作区	20,718				开展可行性研究、管线路由落实、工程设计等前期工作	前海管理局

（续表）

序号	项目代码，建设单位及项目名称	建设周期	建设规模及建设地址	总投资	至上年止完成投资	本年度计划完成投资	资金来源	本年度建设内容	协调推进牵头单位
223	S2013D4400022 深圳钰湖电力有限公司 2 × 9F 级燃气—蒸汽联合循环热电联产项目		建设 2×430MW（9F 级）燃气蒸汽联合循环发电机组等 龙岗区平湖街道平龙东路 509 号对面	400, 000				完成前期工作；进行开工准备工作	龙岗区政府
224	L201300034 深圳钰湖电力有限公司 深圳国际低碳城分布式能源项目		本项目为 60 MW 级分布式能源集成系统，是为 97 公顷的深圳国际低碳城核心核心启动区实现冷热电联供的一体化综合能源利用项目。远期还规划有绿色大棚及光伏发电 龙岗区坪地街道深圳国际低碳城启动区 04-05 地块	89, 279				完成前期工作；进行开工准备工作	龙岗区政府
225	L201500049 深圳钰湖电力有限公司 深圳钰湖电力有限公司燃气-蒸汽联合循环热电联产项目配套热网工程		该项目是燃气-蒸汽联合循环热电联产项目的配套热网工程，建设项目至平湖片区内各工业蒸汽用户的蒸汽管网，建设集中制冷站至园区内用冷用户冷水管网 龙岗区平湖街道平龙东路	54, 700				建设距离电厂 6km 范围内平湖片区热力管网，距离电厂 6～15km 范围内布吉-南湾片区和横岗片区热力管网	龙岗区政府
226	L201200006 深圳市广前电力有限公司 深圳前湾燃机电厂二期扩建工程		在已有厂址内扩建深圳前湾燃机电厂二期工程 3*390MW 燃气蒸汽联合循环机组 申请选址南山区蛇口街道南山区妈湾大道北深圳前湾燃机电厂	378, 300				开展项目可行性研究、接入系统、环境影响评价等前期工作	南山区政府

（续表）

序号	项目代码，建设单位及项目名称	建设周期	建设规模及建设地址	总投资	至上年止完成投资	本年度计划完成投资	资金来源	本年度建设内容	协调推进牵头单位
227	S2014N7700002 深圳市海吉星环保有限责任公司 综合环保新能源发电及智能微网供配电项目		项目建成后日处理物流园200吨果蔬垃圾，年产电约583万度、热能690万度、有机肥5421吨，实现年减排二氧化碳9000吨 申请选址龙岗区平湖街道白泥坑	31,307				完成项目用地招拍挂工作，开展项目前期各项准备任务	龙岗区政府
228	S2014N7700006 深圳市钰杰环保工程有限公司 新生固废循环利用产业园		项目总占地面积50万平方米，公共建筑面积2万平方米。项目内容是建筑废弃物循环利用，预计年处理建筑废弃物340万立方，回用率78%左右 申请选址龙岗区龙岗街道新生村田祖上	30,000				完成临时用地许可、环评、水保、报建等手续。完成设计、设备选型等工作。进行市政招投标和设备招投标	龙岗区政府
229	S2015C42200006 深圳市新岚再生资源有限公司 深圳市坪山新区循环经济再生资源回收系统化产业基地项目		建设规模为总用地面积25663平方米。其中：总建筑面积33800平方米；其中办公用房建筑面积3000平方米（3F），厂房建设面积29000平方米，其他配套设施1800平方米 申请选址坪山区坑梓街道深汕路（坑梓段）东部公交基地对面	45,000				开展前期各项筹备工作，取得拟建用地的使用权，规划新建建筑的布局，消防、安评、环评等报批	坪山区政府
230	L201500073 深圳市中兴恒熙环保有限公司 深圳市福田区餐厨垃圾综合处理厂建设运营服务项目		一期建设规模为日处理餐厨废弃物300吨/天，废弃食用油脂规模为20吨/天，二期处理餐厨废弃物600吨/天 申请选址福田区沙头街道G4高速与滨河大道交汇处凤塘污水泵站旁	30,500				完成项目实施方案、场地规划及工艺设计，对项目进行环评审计，形成项目可行性报告并通过项目专家评审会	福田区政府

2. 建设项目

表 3-2　建设项目表

单位：万元人民币

序号	项目代码，建设单位及项目名称	建设周期	建设规模及建设地址	总投资	至上年止完成投资	本年度计划完成投资	资金来源	本年度建设内容	协调推进牵头单位
合计（共 289 项）				102,549,146	34,089,362	11,819,901	政府投资 2,175,359 社会投资 9,232,042		
战略性新兴产业和未来产业 58 项				6,394,087	1,528,731	619,597			
续建 45 项				5,488,055	1,528,731	527,597			
1	S201200117、S201200073 深圳华大基因研究院 深圳国家基因库（一期）	2012.10—2016.06	用地面积 25000 平方米，建筑面积 37906 平方米，建设基因数据库（一期）和生物样本资源库（一期），拟实现 1000 万份可溯源性生物样本的存储能力 大鹏新区大鹏街道大鹏街道下沙片区“禾塘仔”地块	78,000	69,800	8,200	政府投资 2,000 社会投资 6,200	完成室内精装修、景观施工，项目验收等	大鹏新区管委会
2	S201102563 深圳市海普瑞药业股份有限公司 深圳市海普瑞生物医药研发制造基地项目	2015.10—2018.12	用地面积 154111 平方米，建筑面积 270200 平方米，建设研发中心、中试中心、办公用房及配套宿舍等。包含肝素钠原料药、肝素钠制剂等 8 条生产线和在研的 2 条生产线 坪山区坑梓街道坪山国际生物技术园区	291,405	1,278	15,000	社会投资 15,000	主体工程施工	坪山区政府
3	S2014C2700005 深圳康泰生物制品股份有限公司 康泰生物光明疫苗研发生产基地（一期）	2013.11—2018.12	拟建仓储物理及分包装大楼、乙肝疫苗大楼、质检/研发大楼、甲肝疫苗大楼、动物实验楼、动力中心大楼及相关配套设施 光明新区公明街道内衣基地科裕三路东侧，民生大道北侧	49,000	27,000	10,000	社会投资 10,000	主体建设及装修工程	光明新区管委会

（续表）

序号	项目代码， 建设单位及项目名称	建设 周期	建设规模及建设地址	总投资	至上年止 完成投资	本年度计划 完成投资	资金来源	本年度 建设内容	协调推进 牵头单位
4	301201002788 国药集团一致药业股份有限公司 国药集团一致药业（坪山）医药研发制造基地	2013.03 — 2017.12	用地面积 73352 平方米，安装面积 46800 平方米，建设内容主要包括厂房、研发楼、办公楼、员工食堂及宿舍等 坪山区坑梓街道青兰三路 18 号	88,317	56,500	13,000	社会投资 13,000	综合厂房整体完工，生产车间投产，试剂库全面使用，综合办公楼、研发楼、食堂及宿舍建成使用	坪山区政府
5	301201001149 深圳市理邦精密仪器股份有限公司 深圳市理邦精密仪器股份有限公司企业研究开发中心及产业化基地	2012.04 — 2017.07	用地面积为 38954 平方米，建筑面积 97490 平方米，建设办公用房、研发中心及其他配套用房等 坪山区坑梓街道坑梓街道金沙社区金辉路 15 号	35,557	27,000	7,000	社会投资 7,000	完成 2#厂房和 3#厂房装修装饰工程,CA 导视工程，智能化弱电工程，家具家私工程，研发相关实验室施工工程等	坪山区政府
6	301201100439 深圳市康哲药业有限公司 康哲药业制药生产厂区	2011.12 — 2017.02	用地面积 36422 平方米，建筑面积 80130 平方米，建设新药酪丝亮肽生产基地，设计产能 600 万瓶/年 坪山区坑梓街道坪山区锦绣东路 104 号	35,654	26,800	3,000	社会投资 3,000	产品转移、生产线试车和药品 CMP 认证以及综合楼装修	坪山区政府
7	S2015C35810012 深圳开立生物医疗科技股份有限公司 深圳开立生物医疗科技股份有限公司医疗器械产业基地建设	2015.07 — 2017.12	建设医疗器械产业基地，基地建设内容为厂房及配套建筑物和设施建设，主要产品为医疗超声产品、内窥镜产品、血液分析仪产品等 光明新区光明街道高新技术园区	33,849	11,866	5,000	社会投资 5,000	工程建设及装修，设备购置及生产线建设	光明新区管委会

（续表）

序号	项目代码，建设单位及项目名称	建设周期	建设规模及建设地址	总投资	至上年止完成投资	本年度计划完成投资	资金来源	本年度建设内容	协调推进牵头单位
8	S2014C2700011 深圳科兴生物工程有限公司 粤海街道科兴生物园	2015.01—2018.01	新建研发场地及配套设施，打造科兴生物医药研发中心，开发重组人胰岛素注射液等药物 南山区粤海街道高新技术产业园区中区	21,400	4,885	5,000	社会投资5,000	土建工程、装饰装修工程、供水工程、供电工程、排水工程、通信工程等	南山区政府
9	301201100718 腾讯科技（深圳）有限公司 腾讯滨海大厦	2011.10—2017.04	用地面积18651平方米，建筑面积266200平方米，建设动漫游戏、移动互联网、搜索研发中心等设施 南山区粤海街道填海六区	180,145	113,000	30,000	社会投资30,000	完成连体钢构与土建施工，精装修进场与施工等	南山区政府
10	301201004542 传云科技（深圳）有限公司 阿里巴巴集团商业云计算研发中心	2012.04—2016.06	用地面积6903平方米，建筑面积47910平方米，建设阿里巴巴集团商业云计算中心的研发、经营、业务办公场所 南山区粤海街道后海中心区	99,802	95,952	3,850	社会投资3,850	项目室内装修	南山区政府
11	S2C14I6500027 深圳市中林实业发展有限公司 宝能新一代信息技术产业基地(宝能科技园)	2014.07—2017.12	建设新一代信息技术产业研发生产基地，主要用于引进嵌入式软件、云计算与高性能计算、数字媒体娱乐、高端信息服务等企业 龙华区龙华街道清祥路1号	698,968	187,365	40,000	社会投资40,000	基础施工，主体工程施工等	龙华区政府

（续表）

序号	项目代码， 建设单位及项目名称	建设 周期	建设规模及建设地址	总投资	至上年止 完成投资	本年度计划 完成投资	资金来源	本年度 建设内容	协调推进 牵头单位
12	301201001655 百度国际科技（深圳）有限公司 百度国际总部、华南总部及研发中心	2012.02 — 2017.12	建设百度国际总部、华南总部及研发中心，地由东、西两栋超高层塔楼组成。其中东塔楼 180 米，西塔 150 米 南山区粤海街道填海区六区	179,748	100,500	30,000	社会投资 30,000	百度国际大厦西塔楼主体封顶	南山区政府
13	S2014C3900037 深圳易方数码科技股份有限公司 易方大厦	2014.11 — 2017.04	建设一栋地上 23 层，地下 2 层的办公和研发的场所，建成后形成手写笔录入器、车载 MP3、平板电脑等电子产品的研发设计能力 光明新区公明街道双明大道南侧 2 号路东侧	20,182	10,182	6,000	社会投资 6,000	完成主体工程、安装工程等施工	光明新区管委会
14	S2014I6500032 深圳市彩讯科技有限公司 彩讯科技大厦	2015.05 — 2018.05	新建研发中心，购置服务器、路由器、交换机等软硬件设备，搭建手机游戏运营平台、139 邮箱研发测试环境，项目建成后形成公司研发总部基地 南山区粤海街道留学生创业大厦旁	40,000	10,000	10,000	社会投资 10,000	基坑支护、土方外运、施工总包	南山区政府
15	S2014I65300003 深圳赛西信息技术有限公司 赛西科技大厦	2015.04 — 2017.10	用地面积 4562.17 平方米，总建筑面积 54431.44 平方米，建设电子信息产品标准化国家工程实验室 南山区粤海街道海天二路	35,000	4,448	8,000	社会投资 8,000	完成主体结构施工，完成部分幕墙和室内装修	南山区政府
16	S2014C3900043 中国长城计算机深圳股份有限公司 中电长城大厦项目	2014.12 — 2018.06	建设中电长城大厦，主要内容包括云计算、信息安全等 5 个产品研发中心，集成电路设计、信息安全与计算技术等 9 个基础核心技术研究中心 南山区粤海街道南山科技园科发路 3 号长城电脑工业园内	193,232	68,000	20,000	社会投资 20,000	土石方、桩基础、基坑支护、主体施工等	南山区政府

（续表）

序号	项目代码， 建设单位及项目名称	建设 周期	建设规模及建设地址	总投资	至上年止 完成投资	本年度计划 完成投资	资金来源	本年度 建设内容	协调推进 牵头单位
17	s201416500020 宇龙计算机通信科技（深圳）有限公司 宇龙酷派研发办公基地一期项目	2014.06 — 2018.12	建设宇龙通信公司研发办公基地，开展以智能手机为核心的无线数据一体化解决方案的研发工作 南山区西丽街道梦溪道2号	69,971	16,812	10,000	社会投资 10,000	1.完成基坑支护及爆破、开挖工作； 2.地下室施工完成，地上结构施工完成至18层	南山区政府
18	S2014I650052 普联技术有限公司 普联技术有限公司全球研发中心	2015.12 — 2019.03	项目拟新建研发中心，建成后将有多个核心实验室，打造普联全球研发中心 南山区粤海街道科技工业园28栋	60,000	20,000	5,000	社会投资 5,000	桩基础及主体工程施工	南山区政府
19	301201003229 深圳国家高技术产业创新中心 深圳国家工程实验室大楼	2012.02 — 2017.06	拟建北侧研发大楼，楼高100米23层，南侧实验室大楼，楼高67米16层以及云计算机房、展览厅等相关配套设施等 南山区粤海街道高新南七道数字技术园	75,357	45,000	20,000	政府投资 20,000	完成幕墙工程，设备安装工程	市发展改革委
20	L201500002 深圳市方格高科技有限公司 方格凤凰科技大楼	2015.02 — 2017.10	建设产业办公、研发用房及配套设施，引进互联网、物联网、生物科技等各类总部产业 宝安区福永街道凤凰社区商西区	52,000	14,485	15,000	社会投资 15,000	完成项目主体封顶工程	宝安区政府
21	S2014I6400019 深圳市银信网银科技有限公司 金融业市场化互联网交易清算信息中心项目	2015.04 — 2016.12	在现有基础上改建场地约2700平方米，购置服务器、路由器、电脑等软硬件，建设银行间收付结算交易信息中枢和清算处理综合服务平台 福田区福田街道滨河路联合广场A座裙楼402	20,000	12,000	8,000	社会投资 8,000	购置系统测试及应用的相关仪器设备，推进金融业市场化互联网交易清算信息中心的运作	福田区政府

（续表）

序号	项目代码， 建设单位及项目名称	建设 周期	建设规模及建设地址	总投资	至上年止 完成投资	本年度计划 完成投资	资金来源	本年度 建设内容	协调推进 牵头单位
22	S2014I6500047 国民技术股份有限公司 信息安全与移动支付研发基地建设项目	2015.10 — 2017.12	建设安全芯片攻击与防护国家重点实验室，安全芯片与防护国家工程中心安全芯片产业聚集区、移动支付研发中心、移动支付产业聚集区等 南山区西丽街道高新园北区	33,235	8,200	8,000	社会投资 8,000	完成项目主体结构工程	南山区政府
23	L201500015 深圳华美园家具有限公司 华美园智能家具产业园（二期）	2015.12 — 2017.06	建设华美园智能家具产业园二期，建设内容包括厂房、办公、物流、库房和设备用房等，主要用于智能家具的组装及智能电子产品的检测及6条组装生产线 光明新区光明街道圳美大道与圳美一路交汇处	14,500	300	4,000	社会投资 4,000	基础工程及主体工程等建设	光明新区管委会
24	S2015M75140003 深圳达实信息技术有限公司 达实大厦改扩建项目	2015.05 — 2018.06	用地面积为11195平方米，拟建40层的超高层研发办公用房，主要包括管理中心、营销中心、研发中心、中试培训展示中心及运营用服中心等 南山区粤海街道科技南一路达实大厦	75,000	10,524	9,000	社会投资 9,000	1.内支撑、基坑土方；2.地下室工程施工；3.主体和裙楼施工；4.幕墙工程预埋件施工	南山区政府
25	S201200435 深圳市民治沙元埔股份合作公司 深圳市泰安物联网产业服务基地	2013.10 — 2017.04	对原有厂房拆除后建设南座和北座两栋综合类高层建筑，用于物联网成果展示、公共服务及办公 龙华区民治街道龙华区民治民福路东侧沙元埔工业区内	20,099	5,600	7,500	社会投资 7,500	主体结构工程、装修工程、室外管线及配套绿化景观工程等	龙华区政府

（续表）

序号	项目代码，建设单位及项目名称	建设周期	建设规模及建设地址	总投资	至上年止完成投资	本年度计划完成投资	资金来源	本年度建设内容	协调推进牵头单位
26	S201102854 深圳思创光电信息技术有限公司 基于物联网的农产品质量追溯系统	2015.10—2017.10	用地面积 49500 平方米，建设思创智能远程抄表系统的研发及系列产品的生产基地和部分产业配套设施 大鹏新区大鹏街道龙岐湾工业区	26,519	3,900	4,000	社会投资 4,000	完成系统开发设计、机房建设	大鹏新区管委会
27	S2014C4100019 深圳市创新智慧港有限公司 康威厂区	2014.11—2017.04	拟在沙井康威厂区新建研发大楼，计划引进小型航拍无人机相关研发生产企业入驻 宝安区沙井街道黄埔社区洪田路 153 号	20,242	8,500	8,000	社会投资 8,000	主体工程、消防工程和设备安装等	宝安区政府
28	S201200280 深圳数字电视国家工程实验室股份有限公司 深圳数字电视国家工程实验室大厦	2015.05—2017.12	建设深圳市数字电视产业基地，主要包括数字电视国家工程实验室、国家标准地面数字电视推广、产品测试中心和产业孵化中心等 南山区粤海街道高新南十一道与沙河西路交汇处西南	31,907	4,761	6,000	社会投资 6,000	完成基坑验收，开展地下室结构、裙楼结构、主体结构等施工	南山区政府
29	s2014r8700010 深圳华强高新产业园投资发展有限公司 华强创意产业园	2014.05—2017.06	项目主要建设内容为服务于文化创意产业发展的研发厂房、公寓宿舍及相关商业配套设施 光明新区光明街道观光路广深港高铁交汇处东北侧	450,000	225,000	55,000	社会投资 55,000	一期竣工验收；二期结构封顶；	光明新区管委会

（续表）

序号	项目代码， 建设单位及项目名称	建设周期	建设规模及建设地址	总投资	至上年止完成投资	本年度计划完成投资	资金来源	本年度建设内容	协调推进牵头单位
30	301200700856 深圳广播电影电视集团 深圳国家动漫产业基地动漫大厦	2014.03 — 2016.11	用地面积 3943 平方米，建筑面积 50677 平方米，在动漫基地现址拆除一栋 6 层楼建筑，建设一栋地上 28 层、地下 3 层的动漫大厦，并购置安装公共技术服务平台设备和软件 罗湖区黄贝街道怡景路和黄贝路交汇处	42,752	36,752	6,000	社会投资 6,000	动漫大厦工程幕墙、水电设备安装、精装修等施工，至 11 月动漫大厦工程整体竣工	罗湖区政府
31	SZ201200674 深圳市锦绣大地投资有限公司 深圳康体文化创意产业园	2011.12 — 2020.06	占地面积 185221.02 平方米，总建筑面积 304941.73 平方米，建设康体文化创意工厂与总部经济区、创意艺术公寓与休闲区、康体文化创意体验与孵化区等 龙华区观澜街道南大富社区虎地排 85 号	197,200	47,000	25,000	社会投资 25,000	二、三期整体施工建设	龙华区政府
32	L201400046 深圳市国富黄金股份有限公司 坪山国富文化创意产业厂区	2014.09 — 2017.09	用地面积 42478 平方米，建筑面积 84100 平方米，主要建设内容包括生产车间、配套工程设施及购置生产设备等，主要产品为贵金属文化品 坪山区坑梓街道坑梓街道兰景中路以东、翠景路以西、兰竹东路以南	30,000	10,000	8,000	社会投资 8,000	施工至主体结构封顶	坪山区政府
33	S2013R8700006 宝钻园创意设计（深圳）有限公司 182 创意设计产业园（二期）	2014.12 — 2017.12	用地面积 28997 平方米，该项目主要建设内容包括产业研发、创意设计等业务用房及展厅、宿舍等 龙岗区南湾街道布澜路 182 号	32,555	7,200	8,000	社会投资 8,000	自±0 起地面全部建筑物	龙岗区政府

（续表）

序号	项目代码， 建设单位及项目名称	建设 周期	建设规模及建设地址	总投资	至上年止 完成投资	本年度计划 完成投资	资金来源	本年度 建设内容	协调推进 牵头单位
34	S2013C4100013 周大福珠宝金行（深圳）有限公司 周大福高新科技研发生产中心	2013.11 — 2017.07	用地面积为 8057 平方米，总建筑面积 23877 平方米，建设厂房、配套宿舍及食堂、研发生产大楼 盐田区盐田街道北山道北山工业区 J315-0010 号宗地	20,007	11,079	2,000	社会投资 2,000	基建工程收尾及精装修施工	盐田区政府
35	S2015k70100045 招商局蛇口工业区控股股份有限公司 工业设计港	2015.10 — 2017.03	用地面积 55000 平方米，建筑面积 44407 平方米，主要建设内容包括企业公馆、创新研究院、休闲商业、展览发布大厅、设计博物馆、设计学院等 南山区蛇口街道赤湾片区	16,500	6,000	6,000	社会投资 6,000	B 区 C 区的竣工验收、试运营，A 区的主体工程建设	南山区政府
36	S2015R87900003 深圳文宝文化产业股份公司 DCC 展览展示文化创意园	2014.11 — 2016.04	对原有建筑物进行改造，推动实现 50 家以上以创意设计、高新科技为主的企业入驻办公 龙岗区平湖街道平新北路 98 号	12,600	7,200	5,000	社会投资 5,000	完成已收回物业的改造和环境综合提升以及基础与配套设施建设	龙岗区政府
37	301201101888 深圳科能先进储能材料国家工程研究中心有限公司 中国储能大厦建设项目	2012.12 — 2016.06	建设中国储能大厦，包括先进储能材料国家工程研究中心、国家轻工业电池及储能材料质量监督检测中心及科力远新能源系统集成运营中心等 南山区粤海街道高新园南区	90,000	80,000	10,000	社会投资 10,000	完成所有建设内容，投入使用	南山区政府

（续表）

序号	项目代码， 建设单位及项目名称	建设 周期	建设规模及建设地址	总投资	至上年止 完成投资	本年度计划 完成投资	资金来源	本年度 建设内容	协调推进 牵头单位
38	S2015M75130015 深圳光启创智科技有限公司 战略性新兴产业基地（超材料一期工程）	2015.10 — 2017.12	建设新型产业大楼，主要包括产业大楼外立面及大楼整体供电供水等配套设施、超材料产线及配套测试实验室的建设等 宝安区西乡街道新安第一工业园区与铁仔山公园间	60,000	12,000	10,000	社会投资 10,000	基地大楼外立面及大楼整体供电供水等配套设施完善建设、超材料产线及配套测试实验室的建设展开	宝安区政府
39	S2015C18300001 深圳市雪仙丽集团有限公司 雪仙丽工业园(三期)厂房二、宿舍二及配套设施	2013.08 — 2017.08	总建筑面积 31449 平方米，建设 1 栋高 16 层的创意大厦和 1 栋高 9 层的员工公寓及配套工程 光明新区公明街道公明街道内衣聚集基地	20,000	10,500	4,000	社会投资 4,000	基础工程建设，内部装修建设，设备购置等	光明新区管委会
40	S201300071、72 深圳市飞荣达科技股份有限公司 电磁屏蔽及导热绝缘器件生产与研发项目	2014.07 — 2017.12	建设生产厂房、试验室和办公用房，购置精密冲床、高速冲床等生产设备，优化生产工艺，扩大现有产品的生产规模 光明新区公明街道高新园区南光高速东侧、环玉路南侧	25,221	5,470	5,500	社会投资 5,500	土建工程竣工、采购生产、研发和测试设备等	光明新区管委会
41	S2014M7500004 深圳邦凯新能源股份有限公司 邦凯科技工业园	2014.09 — 2017.10	新建聚合物锂离子电池生产线，新建厂房、仓库和宿舍等基础设施 光明新区公明街道光明高新园东片区	50,153	5,000	15,000	社会投资 15,000	桩基础及主体施工	光明新区管委会

（续表）

序号	项目代码，建设单位及项目名称	建设周期	建设规模及建设地址	总投资	至上年止完成投资	本年度计划完成投资	资金来源	本年度建设内容	协调推进牵头单位
42	L201400002 深圳市贝特瑞新能源材料股份有限公司 锂离子电池用硅系负极材料的产业化	2014.01—2016.12	建设内容包括实现硅碳复合负极材料、纳米硅负极材料、氧化亚硅负极材料三种材料的规模化生产，并建成三条中试线 光明新区公明街道西田社区高新技术工业园	11,000	7,500	2,500	社会投资 2,500	设备购置、生产线场地施工等	光明新区管委会
43	301201003569 深圳市嘉泉水处理科技有限公司 海水淡化工程中心	2012.12—2016.08	建设海水淡化设计中心、海水淡化中试基地、海水淡化超滤膜及元件研制基地等 龙华区观澜街道	10,000	2,000	2,500	社会投资 2,500	改建科研楼及配套设施、设备采购及调试等	龙华区政府
44	L201200005 创世纪种业有限公司 创世纪管理暨科研大楼	2014.10—2017.07	用地面积 8243 平方米，建筑面积 33410.8 平方米，建设管理和科研大楼，主要用于该公司生产经营和办公用房 龙岗区坪地街道高桥工业园拓展区	15,600	5,000	5,000	社会投资 5,000	水电安装、电梯安装、外墙装饰、设备安装	龙岗区政府
45	L201300010 深圳市特区建设发展集团有限公司 留仙洞战略性新兴产业总部基地 1 街坊项目	2013.09—2020.08	用地面积 137284 平方米，总建筑面积 1278684 平方米，建设留仙洞战略性新兴产业总部基地，主要包含产业用房、商业配套和人才公寓等 南山区西丽街道留仙大道、创科路、兴科路及仙茶路围合的区域	1,825,378	86,372	39,547	社会投资 39,547	二期基坑支护及土石方工程完工；一期桩基工程完工；一期主体工程开工	南山区政府

（续表）

序号	项目代码， 建设单位及项目名称	建设 周期	建设规模及建设地址	总投资	至上年止 完成投资	本年度计划 完成投资	资金来源	本年度 建设内容	协调推进 牵头单位
新建 13 项				906,032		92,000			
46	S2014I64200003 深圳市迅雷网络技术有限公司 迅雷大厦	2016.06 — 2019.09	用地面积 5004 平方米，建筑面积 57800 平方米，地上 26 层，地下 3 层，总高 118.5 米 南山区粤海街道白石路与科苑南路交叉口东南角	33,230		3,000	社会投资 3,000	完成深基坑及地下主体桩基工程	南山区政府
47	S2015C27700002 深圳市博纳药品包装材料有限公司 博纳精密给药技术研发中心和生产基地	2016.01 — 2020.12	建设符合美国 FDA 和欧盟标准 10 万级洁净车间、标准厂房、原材料及成品仓库、研发试验测试中心等 龙华区观澜街道观澜高新园区	28,800		7,000	社会投资 7,000	基础施工、主体工程施工等	龙华区政府
48	S2014C27600002 深圳市中核海得威生物科技有限公司 深圳市中核海得威生物科技有限公司医药生产基地建设工程	2016.04 — 2018.05	用地面积 13004.95 平方米，总建筑面积 34925.81 平方米，建设尿素原料药、尿素呼气试验药盒、幽门螺杆菌测试仪等生产线 坪山区坑梓街道卢田路以北、临松路以西地块	28,953		6,000	社会投资 6,000	土建施工，主要设备采购，安装工程(含净化)施工、厂区工程建设等	坪山区政府
49	301201100454 深圳报业集团 深圳报业集团新媒体文化产业基地	2016.01 — 2018.06	建筑面积约为 52000 平方米，建筑楼高 99 米，共 24 层，主要用于报业集团下属新媒体文化项目及入驻企业的生产和运营 福田区莲花街道商报路商报大厦内	44,192		5,000	社会投资 5,000	土石方桩基础工程，主体建设	福田区政府

（续表）

序号	项目代码，建设单位及项目名称	建设周期	建设规模及建设地址	总投资	至上年止完成投资	本年度计划完成投资	资金来源	本年度建设内容	协调推进牵头单位
50	S2014R8500005 深圳报业集团 报业集团传媒科技产业园	2016.03 — 2020.03	用地面积 82707.76 平方米，计入容积率建筑面积 215038 平方米，主要设立印务中心、3D 打印研发生产中心、数字印刷中心、电子商务区、综合配套服务区等功能区域 龙华区龙华街道龙华清湖工业园区	94,363		3,000	社会投资 3,000	基础工程施工	龙华区政府
51	S2013M7300009 深圳市建筑科学研究院股份有限公司 中美低碳建筑与社区创新实验中心	2016.05 — 2019.03	主要建设内容包括研发办公、实验检测、专家公寓及相关配套设施等 龙岗区坪地街道高桥村	42,688		3,000	社会投资 3,000	土方施工、基础施工、地下室施工等	龙岗区政府
52	S2015C39210014 深圳市特发信息光网科技股份有限公司 特发光网 ODN 系统产业园	2016.10 — 2018.10	建设一栋约 15 层的建筑，包括厂房、办公、配套设施等，主要生产光通讯产品、电力电子产品、通信器件等产品 光明新区公明街道公明街道公明薯田埔地区科裕一路以东，科裕七路以北园区	32,510		3,000	社会投资 3,000	桩基础及地下室建设	光明新区管委会
53	S2014C3900053 荣德昌包装制品（深圳）有限公司 荣丰国际盈创科技园	2016.08 — 2017.06	用地面积 21294.09 平方米，拟建设企业总部大厦、研发设计综合楼等，打造集总部办公、研发设计、创意设计等功能的新一代信息技术产业基地 龙岗区坂田街道雪象村中浩工业城片区	50,602		5,000	社会投资 5,000	完成方案设计等前期工作，项目开工建设	龙岗区政府

（续表）

序号	项目代码， 建设单位及项目名称	建设 周期	建设规模及建设地址	总投资	至上年止 完成投资	本年度计划 完成投资	资金来源	本年度 建设内容	协调推进 牵头单位
54	S2014k70900004 深圳深九国际物流有限公司 深九国际产业升级项目	2016.01 — 2018.06	规划建设 4 栋产业用房、产业配套用房及设施，打造保税区的总部研发、金融互联网及创客中心等 福田区福保街道槟榔道 3 号	220,000		20,000	社会投资 20,000	开挖基坑、土方外运、桩基、地下室施工、主体施工	福田区政府
55	S2015M73200026 深圳华科育成科技开发有限公司 中科院育成总部基地	2016.07 — 2018.07	建设大型产业育成中心，主要集聚生物与生命健康产业、新能源产业、互联网产业、新材料产业等 龙岗区平湖街道平湖金融基地园区	120,000		2,000	社会投资 2,000	现场详勘、基坑施工、桩基础施工等	龙岗区政府
56	S2015M75130013 深圳市宗正汽车贸易有限公司 深圳市宗正新能源汽车和轻量化材料（关键零部件）研产及销售服务	2016.01 — 2018.01	建设内容包括研发、设计、中试、检测、产品展示、财务结算中心、总部办公等，用于新能源汽车和轻量化材料（关键零部件）研、产及销售、服务等 南山区桃源街道龙珠大道 80 号	54,991		5,000	社会投资 5,000	基础施工及主体工程建设	南山区政府
57	S2013C3300002 深圳百泰投资控股集团有限公司 坪山新区百泰黄金珠宝生产基地建设	2016.04 — 2018.01	用地面积 28504.09 平方米，建设 114010 平方米的百泰总部大厦（含黄金珠宝交易中心、创意设计中心、行政办公中心、物流仓储配送中心、珠宝学院等）、黄金珠宝生产中心、员工宿舍生活配套中心等 坪山区坪山街道聚龙山地区 G14209-0173 地块	69,231		10,000	社会投资 10,000	进行桩基础及主体建设	坪山区政府

（续表）

序号	项目代码， 建设单位及项目名称	建设 周期	建设规模及建设地址	总投资	至上年止 完成投资	本年度计划 完成投资	资金来源	本年度 建设内容	协调推进 牵头单位
58	S2013R8700021 周大生珠宝股份有限公司 坪山新区周大生珠宝产业园	2016.09 — 2018.09	用地面积28515.46平方米，建筑面积114060平方米，拟建设周大生全国连锁经营管理中心、生产制造中心、创意设计中心、供应链管理服务中心等 坪山区坪山街道翠景路以西、丹梓大道以南	86,472		20,000	社会投资 20,000	完成施工图设计，进行桩基础施工	坪山区政府
现代服务业 55 项				20,726,214	9,274,429	2,689,546			
续建 47 项				17,936,565	9,274,429	2,248,546			
59	QH2014H005、006、007 华润置地前海有限公司、希润（深圳）地产有限公司、润福（深圳）地产有限公司 前海华润金融中心	2013.12 — 2018.10	用地面积61831.29平方米，计容建筑面积为50.3万平方米，包括商业82660平方米、办公339450平方米、商务公寓55950平方米、酒店5万平方米等 南山区南山街道前海合作区	1,992,434	1,229,586	200,000	社会投资 200,000	T4、T5封顶。T1、T2主体施工	前海管理局
60	301200700882 深圳平安金融中心建设发展有限公司 平安金融中心	2009.08 — 2018.01	用地面积30439.02平方米，计容建筑面积507480平方米，建设商业、办公及酒店，其中北楼拟建高度588米，地上115层；南楼48层 福田区福田街道福华三路与益田路交汇处	1,254,540	766,538	110,000	社会投资 110,000	北塔整体完成施工，并投入使用。南塔完成主体和裙房结构施工，进行局部楼层幕墙、机电安装等	福田区政府
61	S2014J6700006 中信证券股份有限公司 中信金融中心	2014.09 — 2018.09	用地面积31463.77平方米，计入容积率建筑面积24.1万平方米，建设金融业服务用楼及附属配套市政道路，集对外商业服务及对外业务用房与一体的综合性建筑物 南山区沙河街道白石四道以南	849,834	575,717	100,000	社会投资 100,000	完成土方工程，进行基坑支护及桩基施工	南山区政府

（续表）

序号	项目代码， 建设单位及项目名称	建设 周期	建设规模及建设地址	总投资	至上年止 完成投资	本年度计划 完成投资	资金来源	本年度 建设内容	协调推进 牵头单位
62	301201003810 国信证券股份有限公司 国信金融大厦	2012.09 — 2018.12	用地面积5454.78平方米，总建筑面积104998平方米，建设高度不超过208米的自用型综合性营运大厦 福田区福田街道福田区福华路与民田路交界处西北角	192,370	76,855	10,000	社会投资 10,000	塔楼主体结构施工	福田区政府
63	S201102848 安信证券股份有限公司、民太安保险公估集团股份有限公司 安信金融大厦	2014.12 — 2019.07	用地面积4813.45平方米，计入容积率建筑面积7万平方米，建设5A级写字楼，为安信证券和民太安保险公司提供总部办公区、金融业务区、金融会所、金融营业厅等 福田区福田街道福华一路宗地号B116-0077	169,287	83,000	10,000	社会投资 10,000	完成桩基础施工，完成地下室施工，进行主体工程施工	福田区政府
64	S2013J6600004 深圳农村商业银行股份有限公司 信通金融大厦	2014.07 — 2018.12	本项目用地面积7665.64平方米，项目总建筑面积93000平方米，其中地上建筑面积约57000平方米，地下室建筑面积约36000平方米。地上33层，用途为商务办公和营业 宝安区新安街道宝安中心区宝兴路与海秀路交叉处	156,004	63,800	18,000	社会投资 18,000	人工挖孔桩开工，主塔地下室完工，核心筒地上部分开始施工	宝安区政府
65	SZ014J6700004 五矿经易期货有限公司 五矿金融大厦	2015.06 — 2018.06	用地面积4197.4平方米，计入容积率建筑面积3.8万平方米，拟建一栋总高度约150米的写字楼，主要功能设置包括业务用房、商业用房、物业管理用房、停车库等 南山区南山街道滨海大道与后海滨路交叉口东南	80,863	300	8,000	社会投资 8,000	基坑基础支撑和土方施工，主体工程施工	南山区政府

（续表）

序号	项目代码， 建设单位及项目名称	建设 周期	建设规模及建设地址	总投资	至上年止 完成投资	本年度计划 完成投资	资金来源	本年度 建设内容	协调推进 牵头单位
66	301200700611 中国建设银行股份有限公司深圳市分行 深圳建行大厦	2013.06 — 2017.12	用地面积 7095.58 平方米，计入容积率建筑面积 77100 平方米，建筑高度 180 米，其中地上 45 层，包括办公区、营业区、大堂、避难层等；地下 5 层 福田区福田街道福中三路与民田路交汇处	188,000	30,000	35,000	社会投资 35,000	主体结构工程施工	福田区政府
67	301200700211 招商银行股份有限公司 招商银行深圳分行大厦项目	2011.07 — 2016.06	用地面积7593.95平方米，总建筑面积107317平方米，由一座 165 米高塔楼及 3 个裙楼组成 福田区莲花街道深南大道与鹏程一路交汇处	160,000	148,000	12,000	社会投资 12,000	完成机电安装工程、消防工程、弱电工程、精装修工程、室外工程等，项目竣工投入使用	福田区政府
68	301200900839 中信银行股份有限公司信用卡中心 中信银行大厦	2011.09 — 2016.06	中信银行大厦为中信银行股份有限公司信用卡中心自用办公楼，用地面积为 4400.84 平方米，总建筑面积 63670.68 平方米，地上 24 层，地下 4 层 福田区莲花街道福田中心区 23-2-5	83,976	76,430	7,546	社会投资 7,546	完成数据机房建设，项目竣工投入使用	福田区政府
69	S2013J6700003 中国中投证券有限责任公司 中投证券大厦	2016.03 — 2019.12	用地面积 4336.83 平方米，计容建筑面积 5.8 万平方米，拟建设一栋集对外商业服务及高端客户商务出租空间于一体的综合商务 5A 智能化大楼 南山区粤海街道海德三道与科苑大道交界西南角	157,183	1,951	8,000	社会投资 8,000	进行基坑支护、土石方工程、桩基础工程施工	南山区政府

（续表）

序号	项目代码，建设单位及项目名称	建设周期	建设规模及建设地址	总投资	至上年止完成投资	本年度计划完成投资	资金来源	本年度建设内容	协调推进牵头单位
70	301200703727 招商证券股份有限公司 招商证券大厦	2010.05—2017.05	用地面积 4847.92 平方米，拟建造一座建筑面积为 60000 平方米的甲级金融证券总部大厦 福田区福田街道福华一路与民田路交汇处西南角	132,600	104,880	18,000	社会投资18,000	完成主体工程、幕墙工程、机电安装工程等施工，完成室内精装修工程施工	福田区政府
71	301201004214 南方基金管理有限公司、博时基金管理有限公司 基金大厦	2011.04—2017.08	用地面积 7260.06 平方米，计容建筑面积 80500 平方米，是由南方基金管理有限公司和博时基金管理有限公司联合投资兴建的甲级总部办公写字楼 福田区福田街道鹏程二路（深南路与益田路交汇处）	129,090	50,322	30,000	社会投资30,000	完成幕墙、设备安装	福田区政府
72	301201004276 中国人寿保险股份有限公司 中国人寿大厦	2010.10—2016.12	用地面积 5009.35 平方米，总建筑面积 76496.87 平方米，集经营业务、商业、办公于一体的高层综合体项目 福田区福田街道新洲路与福华路交叉口	110,000	100,000	10,000	社会投资10,000	公共区域精装修，剩余部分机电设备安装，完成各专项验收	福田区政府
73	L201200051 深圳市特区建设发展集团有限公司 平湖金融与现代服务业基地配套服务启动区	2014.06—2018.12	用地面积 88831 平方米，建设 10 万平方米公租房，16 万平方米安居型商品房，20 万平方米酒店、商业、办公等。现代服务业集聚区，商住多功能综合社区 龙岗区平湖街道玉平大道以西，惠华路两侧，广九线以西	520,928	87,302	70,000	社会投资70,000	一期主体工程和装修工程完工。开展二期前期工作	龙岗区政府

（续表）

序号	项目代码，建设单位及项目名称	建设周期	建设规模及建设地址	总投资	至上年止完成投资	本年度计划完成投资	资金来源	本年度建设内容	协调推进牵头单位
74	S201102521 深圳市投资控股有限公司 深圳湾科技生态园	2011.12—2020.12	用地面积203080.8平方米，计容积率建筑面积1218270平方米，主体建筑物性质为研发，包括产业用房、办公、商业、酒店、公寓等。项目建筑限高250米，停车位6800个 南山区粤海街道市高新区南区	1,963,035	1,215,355	160,000	社会投资160,000	完成一区1、4、5栋及二区6、7、8、9栋建设；三区装饰和安装工程完成80%；四区装饰和安装工程完成40%	南山区政府
75	S2014K7000035 深圳市万科云城房地产开发有限公司 万科云城一期至六期	2014.02—2018.03	用地面积38万平方米，计入容积率建筑面积1335510平方米，建设研发用房77.5万平方米、商业14.3万平方米、酒店及会议15万平方米等。产业总部和研发为主导的战略性新兴产业总部基地 南山区西丽街道创科路东面、留光路南面	1,616,679	303,000	300,000	社会投资300,000	完成一期至六期基础工程，进行主体工程建设	南山区政府
76	S2013K7000075、76、81 华润深圳湾发展有限公司、华润置地（深圳）发展有限公司、华润万家（深圳）发展有限公司 华润深圳湾国际商业中心	2012.12—2018.12	用地面积6.8万平方米，建设总部办公25.6万平方米、商业8万平方米、商务公寓5万平方米、酒店4万平方米、住宅17万平方米、美术馆3000平方米以及物业管理用房750平方米 南山区粤海街道后海中心区	1,500,000	150,000	150,000	社会投资150,000	华润总部大厦进行主体工程，住宅进行幕墙工程和室内装修工程，万象汇进行主体工程，瑞府进行地下室工程施工	南山区政府

（续表）

序号	项目代码，建设单位及项目名称	建设周期	建设规模及建设地址	总投资	至上年止完成投资	本年度计划完成投资	资金来源	本年度建设内容	协调推进牵头单位
77	S2013J6700001 深圳市金龙房地产开发有限公司 南油购物公园	2011.04—2017.06	用地面积 53724.71 平方米，计容积率建筑面积 227500 平方米，建设集购物商场、甲级办公楼、酒店式服务公寓为一体的综合性开发项目 南山区粤海街道南海大道与创业路交汇处	324,998	252,529	45,000	社会投资 45,000	完成来福士广场综合机电安装、幕墙施工、精装修施工；完成公园一号广场机电安装等	南山区政府
78	301200601609 深圳市特区建设发展集团有限公司 翡翠岛广场项目	2012.11—2018.03	用地面积 55114.97 平方米，计容积率建筑面积 129799.68 平方米，包括甲级写字楼、特色商业、星级酒店、文化展示中心等 盐田区盐田街道西山吓	201,900	101,629	40,000	社会投资 40,000	完成土建工程完、建筑电气、给排水、智能化、空调、电梯、景观工程等施工，进行精装修工程施工	盐田区政府
79	S201200716 壹方置业（深圳）有限公司 壹方商业中心	2012.08—2018.02	一期用地面积 52676.72 平方米，计容积率建筑面积 283592 平方米，包括商业裙楼 9100 平方米、地下商业 1 万平方米、两栋办公塔楼 11.5 万平方米，塔楼 67592 平方米 宝安区新安街道新湖路西面与创业一路南面交汇处	366,231	160,952	50,000	社会投资 50,000	主体工程、设备安装工程	宝安区政府
80	301201100460 中国海洋石油总公司 中海油大厦	2011.04—2016.06	用地面积 12712.51 平方米，总建筑面积 252764 平方米，建设集生产指挥中心、应急指挥中心、研发中心于一体的中国海油南方区域总部大厦 南山区粤海街道后海滨路与创业路交汇东南角	347,000	275,000	72,000	社会投资 72,000	完成室内机电设备、设施安装、调试，室内、外精装修工程等，项目竣工投入使用	南山区政府

（续表）

序号	项目代码，建设单位及项目名称	建设周期	建设规模及建设地址	总投资	至上年止完成投资	本年度计划完成投资	资金来源	本年度建设内容	协调推进牵头单位
81	S2014J6600003 深圳市创新投资集团有限公司 红土创新广场	2015.04—2019.12	用地面积 10438.7 平方米，总建筑面积 14 万平方米，包括金融业务用房 96300 平方米，商业 12000 平方米 南山区粤海街道科苑南路与海德三道交汇处	238,000	103,000	10,000	社会投资 10,000	桩基础施工	南山区政府
82	S2014K70100037/S2014K70100038 深圳市金洪实业投资发展有限公司 观澜商业中心改造项目	2014.06—2017.12	拟拆除重建用地面积 66417 平方米，计容建筑面积 181520 平方米，建设包括住宅（含保障性住房）、商业、商务公寓、公共配套设施等 龙华区观澜街道泗黎路与悦兴路交汇处西南角	240,548	195,000	30,000	社会投资 30,000	二期地下室结构施工、二期裙楼施工、二期标准层施工	龙华区政府
83	S201200242 深圳市明泰润投资发展有限公司 水贝珠宝总部大厦	2013.10—2017.12	用地面积 21428.82 平方米，计容建筑面积 162860 平方米，建设产业用房、产业配套用房、公共配套设施、地下商业用房等，集珠宝设计研发、生产加工、产品交易、会展等功能于一体 罗湖区东晓街道布心路 3008 号	170,000	120,000	38,000	社会投资 38,000	主体塔楼封顶，进行玻璃幕墙施工，电梯工程、空调工程、消防工程安装等	罗湖区政府
84	S2013E4800003 深圳市市政工程总公司 天健科技大厦	2014.01—2017.12	用地面积 23588.76 平方米，计容建筑面积 71100 平方米，拟建设大型智能化绿色产业研发基地和配套商业，打造大、中型科技企业智能化绿色总部基地和城市综合体 南山区沙河街道北环大道南侧广深高速东侧	150,060	26,867	22,000	社会投资 22,000	主体结构封顶，完成玻璃幕墙施工等	南山区政府

（续表）

序号	项目代码，建设单位及项目名称	建设周期	建设规模及建设地址	总投资	至上年止完成投资	本年度计划完成投资	资金来源	本年度建设内容	协调推进牵头单位
85	S201200804 海信南方有限公司 海信南方大厦	2013.12 — 2017.03	项目占地 4322.29 平米，计容建筑面积66927.8 平米。建设建筑高度150米的海信在南方区域的销售总部、研发中心、区域性研究与决策总部、展示接待和公关总部、深圳市本地的产业公司管理总部 南山区粤海街道创业路与后海滨路交汇东南侧	139,000	80,000	20,000	社会投资 20,000	完成主体建设，基本完成室内安装	南山区政府
86	S2013R8600006 深圳华谊兄弟文化创意产业有限公司 华谊兄弟文化城（一期）	2015.11 — 2018.11	用地面积 18.32 万平方米，计容建筑面积474440 平方米，主要建设摄影棚及相关配套用房、影视产业办公配套、大师工作室等 坪山区坪山街道碧岭片区	99,624	20,160	25,000	社会投资 25,000	完成项目基坑支护、桩基础工程施工，进行主体工程施工	坪山区政府
87	S201200415 深圳市万科滨海房地产有限公司 壹海城3#地块	2014.03 — 2016.12	用地面积41600.88平方米，计入容积率建筑面积22万平方米，其中酒店5.5万平方米，办公7万平方米，商务公寓6.5万平方米，商业2.97万平方米 盐田区海山街道海山路与海景二路交汇处	76,915	61,915	15,000	社会投资 15,000	完成主体工程、装修工程施工，项目竣工投入使用	盐田区政府
88	L201200001 深圳市盐田区建筑工程事务局 盐田现代产业服务中心	2013.08 — 2017.12	用地面积 19153.38 平方米，总建筑面积119278.06平方米，集办公及商业为一体的超高层综合体，其中地上建筑面积86777.44平方米，地下建筑面积32500.62平方米 盐田区沙头角街道沙盐路	73,000	44,000	14,000	政府投资 14,000	基本完成土建装饰、强弱电安装、消防安装、暖通安装工程施工	盐田区政府

（续表）

序号	项目代码，建设单位及项目名称	建设周期	建设规模及建设地址	总投资	至上年止完成投资	本年度计划完成投资	资金来源	本年度建设内容	协调推进牵头单位
89	301200703687 深圳市长城物流有限公司 长城国际物流中心	2014.04—2018.12	建设用地面积 66454.22 平方米，总建筑面积 293900 万平方米，包含物流仓储功能 189840 平方米，商务公寓 44000 平方米，商业性办公 60000 平方米等 罗湖区笋岗街道宝岗北路笋岗库一区	560,000	240,000	65,000	社会投资 65,000	完成土石方、桩基坑工程、地下室结构工程施工，进行 1 至 7 栋主体工程施工	罗湖区政府
90	301200800082 深圳深业物流集团股份有限公司 深业物流中心	2013.03—2017.08	用地面积 59313.62 平方米，计入容积率建筑面积 406000 平方米，建设国际物流采购中心、国际物流总部基地及配套设施 罗湖区笋岗街道宝安北路与梨园路交汇东南侧	423,094	290,000	80,000	社会投资 80,000	大宗商品采购中心完工并投入使用；完成国际物流总部基地塔楼主体施工	罗湖区政府
91	301200602222 深圳市农产品股份有限公司 深圳国际农产品物流园	2008.08—2018.08	用地面积 303000 平方米，总建筑面积 820000 平方米，主要建设冷链存储及物流区、交易及配送加工区、综合配套及服务区 龙岗区平湖街道白坭坑社区	180,000	163,949	16,000	社会投资 16,000	进行主体施工、安装工程、装修工程、屋面绿化工程，及配套相关工程建设	龙岗区政府
92	QH2014B007 深圳市信利康电商科技有限公司 信利康电商大厦	2014.10—2017.12	项目占地面积 5277.75 平方米，总建筑面积 69800 平方米，拟建设 1 栋 150 米的 5A 级写字楼，作企业供应链管理、金融服务、信捷网电商服务、产业链上下游客户办公等 前海合作区 19 单元 3 街坊 04 号地块	180,000	111,095	30,000	社会投资 30,000	进行地上结构及初装、外墙工程等建设，包括裙楼、塔楼、幕墙工程等	前海管理局

（续表）

序号	项目代码，建设单位及项目名称	建设周期	建设规模及建设地址	总投资	至上年止完成投资	本年度计划完成投资	资金来源	本年度建设内容	协调推进牵头单位
93	S2015G56110001 东海航空有限公司 东海航空产业中心（普通出勤楼、高级出勤楼、深圳主运营基地综合配套设施）	2015.03—2017.05	东海航空产业中心拟建设集客运、货运、公务飞行、航空维修配套、培训、配餐、金融、旅游等为一体的产业基地。本项目为其中的普通出勤楼、高级出勤楼、航空器材大楼、机务大楼等，用地面积 98448.13 平方米，计容建筑面积 14.8 万平方米 宝安区福永街道航站四路 3009 号	142,596	15,000	70,000	社会投资 70,000	完成高级出勤楼、普通出勤楼土建及装修工程建设；完成深圳主运营基地综合配套设施的方案设计等前期工作	宝安区政府
94	S2015G59900008 深圳市盐田港集团有限公司 盐田港现代物流中心（二期）	2016.02—2018.02	总建筑面积约 23.3 万平方米，主要建设 4 栋仓库、进出库区盘道和行车道、配套办公等，以保税展示交易为主，配套提供跨境电子商务、现代物流供应链、配套金融等服务等 盐田区盐田街道盐田港保税物流园区北片区	106,690		15,000	社会投资 15,000	基坑支护、桩基、地下室工程等施工	盐田区政府
95	S201200637 深圳市美泰国际物流有限公司 龙岗公路货运枢纽工程	2010.05—2020.05	用地面积 49323.39 平方米，总建筑面积 153136.22 平方米，主要建设公路货运信息交易中心，物流总部及电子商务、供应链管理中心，仓库，装卸作业平台，装卸作业场，停车场等 龙岗区南湾街道下李朗村	85,000	54,000	10,000	社会投资 10,000	货运信息交易中心、物流总部、电子商务供应链管理中心主体施工	龙岗区政府
96	S201102729 深圳海源恒业投资有限公司 海源恒业高端塑胶商贸物流基地	2015.01—2017.06	项目用地面积 25741.11 平方米，计容建筑面积 102964 平方米，建设商贸物流及设计研发基地、物流控制及电子商务总部办公、生活服务配套、地下室等 龙岗区平湖街道富安大道北侧	80,000	5,000	18,000	社会投资 18,000	地下室结构、地上主体、消防工程、室内暖通、景观工程、人防、电梯、幕墙等工程施工	龙岗区政府

（续表）

序号	项目代码， 建设单位及项目名称	建设 周期	建设规模及建设地址	总投资	至上年止 完成投资	本年度计划 完成投资	资金来源	本年度 建设内容	协调推进 牵头单位
97	S2014G900009 深圳市铭可达物流有限公司 铭可达物流企业总部基地建设	2014.01 — 2017.04	用地面积 219940.4 平方米，建设钢结构一层仓库 10 栋、2 栋四层仓库及 4 栋员工宿舍楼及配套等。为物流经营企业、部门提供办公场所 龙华区观澜街道环观南路 19 号	65,000	53,080	8,000	社会投资 8,000	完成员工宿舍 C\D 栋的主体工程建设	龙华区政府
98	S2013G5900003 深圳康利置地有限公司 康利物联谷大厦	2014.03 — 2017.03	用地面积 35008.23 平方米，总建筑面积 7 万平方米，拟建设展示、研发、信息技术、电子商务、“云”服务等中心及配套等。提供信息技术、电子商务、物流解决方案 龙岗区南湾街道平吉大道与友信路东南侧	65,405	30,000	30,000	社会投资 30,000	完成全部安装工程，幕墙，内装外装及园林景观等工程施工	龙岗区政府
99	S2014G5900020 华南国际工业原料城（深圳）有限公司 华南国际电子工业原材料物流区（一期）	2015.03 — 2017.05	用地面积 54631 平方米，计容积率建筑面积 12 万平方米，建设一个集物流仓储、配套办公、商业展示及停车等一体的仓储物流商业展示交易中心，包括四栋塔楼和一栋裙楼 龙岗区平湖街道平吉大道上木古村	48,606	12,217	30,000	社会投资 30,000	桩基、主体施工，设备安装等	龙岗区政府
100	S201200063 中国长安汽车集团深圳投资有限公司 观澜汽车整车、零部件展示及售后维保项目	2014.11 — 2017.05	占地面积 70608 平方米，总建筑面积 15.9 万平方米，建设高端品牌 4S 店 4.66 万平方米、综合楼 8.19 万平方米、商业楼 1.2 万平方米等；是长安标致雪铁龙整车厂项目的配套项目之一 龙华区观澜街道观光路南侧	47,394	25,000	15,000	社会投资 15,000	主体工程完工，完成装修工程施工，进行设备安装	龙华区政府

（续表）

序号	项目代码， 建设单位及项目名称	建设 周期	建设规模及建设地址	总投资	至上年止 完成投资	本年度计划 完成投资	资金来源	本年度 建设内容	协调推进 牵头单位
101	S2015081900001 深圳市朗华供应链服务有限公司 朗华国际智慧物流产业园	2015.12 — 2017.08	占地面积 34495.3 平方米，建设智能 E 仓（生产 E 仓和生活 E 仓）、商务 E 所等七大建筑群，打造中国重点行业成品及半成品采购与分拨平台、中国工业制造设（装）备展示与交易平台 龙岗区南湾街道下李朗	45,400	1,000	24,000	社会投资 24,000	桩基础、主体施工	龙岗区政府
102	S2014G59900008 深业泰富物流集团股份有限公司 清水河国际汽车物流产业园三期——博丰大厦	2015.10 — 2017.03	清水河国际汽车物流产业园拟建设集设计研发、汽车物流配送、零配件供应、展示服务、总部办公、信息平台于一体的产业园。本项目为三期，用地面积 6553.28 平方米，总建筑面积 39861.8 平方米，包括仓储物流 10180 平方米，办公建筑面积 15920 平方米 罗湖区清水河街道清水河一路	40,000	1,000	25,000	社会投资 25,000	主体工程建设	罗湖区政府
103	S2014G5900006 深圳市海格物流股份有限公司 海格零售物流中心	2015.08 — 2017.11	用地面积 21564 平方米，项目拟购置 57 台设备，新建 2 座仓储大楼，集仓储、配送、运输、集散、加工、物流信息服务于一体的自营综合性物流中心 盐田区盐田街道东部沿海高速公路与明珠人道交汇处	30,099	8,000	10,000	社会投资 10,000	完成桩基础工程，进行主体工程、幕墙工程等施工	盐田区政府
104	S2014G5900019 深圳市朗华供应链服务有限公司 朗华（物流）供应链外包基地与虚拟生产中心	2015.11 — 2017.08	用地面积 5000.56 平方米，总建筑面积 22000 平方米，建设企业在全国和全球的供应链业务流程外包操作、虚拟生产运营管理中心，具备普通仓储、保税仓、出口监管仓、信息系统管理及相关海关监管等功能 龙岗区南湾街道下李朗	30,000	1,000	15,000	社会投资 15,000	主体工程施工、设备安装等	龙岗区政府

（续表）

序号	项目代码，建设单位及项目名称	建设周期	建设规模及建设地址	总投资	至上年止完成投资	本年度计划完成投资	资金来源	本年度建设内容	协调推进牵头单位
105	S201200392 深圳招商房地产有限公司 海上世界城市综合体	2010.04—2017.12	用地面积 43.9 万平方米，总建筑面积 104.5 万平方米，建设环船广场、船尾广场、船后广场、女娲广场、金融中心二期、文化艺术中心、滨水岸线等 南山区招商街道蛇口海上世界	2,123,182	1,760,000	150,000	社会投资 150,000	南海意库梦工场大厦完工；文化艺术中心进行主体施工和装饰装修；船头广场开工建设	南山区政府
	新建 8 项			2,789,649		441,000			
106	S2013J6600005 中国工商银行股份有限公司深圳市分行 深圳工商银行大厦	2016.03—2019.03	用地面积 4953.74 平方米，计入容积率面积 61500 平方米，建设集产业研发用房、产业服务用房、商业、员工餐厅等配套于一体的产业服务中心；大厦建设高度 180 米 南山区粤海街道海德三道南面中心路东面	152,890		5,000	社会投资 5,000	开展基坑支护、土石方及桩基础施工	南山区政府
107	QH2014B002 深圳前海冠泽投资有限公司 前海 T201-0077 地块项目（暂命名）	2016.01—2019.12	用地面积为 49152.18 平方米，计容建筑面积 32.04 万平方米，建设办公、商业、公寓、酒店 南山区南山街道桂湾片区二单元 0077 地块	1,020,000		70,000	社会投资 70,000	土方工程、基坑支护工程、桩基础工程、地下室工程等施工	前海管理局
108	S201308100006 深圳市宝运达物流有限公司 现代物流研发基地	2016.06—2018.10	更新单元拆除用地面积 18532.2 平方米，其中开发建设用地面积 15532.1 平方米 建设产业研发用房 77930 平方米（含创新型产业用房 3900 平方米），产业配套用房 14000 平方米（全部为小型商业服务业设施） 宝安区西乡街道凤凰岗社区水库路和春蕾路交汇处	80,000		15,000	社会投资 15,000	基础施工完成，主体施工至 5 层	宝安区政府

（续表）

序号	项目代码， 建设单位及项目名称	建设 周期	建设规模及建设地址	总投资	至上年止 完成投资	本年度计划 完成投资	资金来源	本年度 建设内容	协调推进 牵头单位
109	S2015K70100102 深圳市德瀚投资发展有限公司 中外运长航物流中心	2016.06 — 2020.06	项目更新单元用地面积 59652.8 平方米，开发建设用地面积 46699.6 平方米，总建筑面积约 49 万平方米，共有 9 栋 100 至 250 米的塔楼，是集办公、商业、公寓为一体的大型城市综合体项目 罗湖区笋岗街道梨园路 333 号	1,110,000		300,000	社会投资 300,000	进行桩基础、地下室、塔楼施工	罗湖区政府
110	301201004073 深圳市南方农产品物流有限公司 深圳国际农产品物流园西区项目（南方集联国际物流中心）	2016.06 — 2018.03	用地面积100899.27平方米，建筑面积302600平方米，建设集大宗农产品批发、肉类批发、干货批发、水产品批发、大型农产品加工配送、花卉集散等功能的综合性农产品物流园区 龙岗区平湖街道平东大道与联李路交汇处西北侧	216,126		20,000	社会投资 20,000	进行项目一期基础工程及地下室施工	龙岗区政府
111	S201201008 深圳市大铲湾港口投资发展有限公司 大铲湾港区集装箱码头辅建区 2#楼、3#楼	2016.01 — 2020.12	总占地面积 9.7 万平方米，建设用地面积约 7.6 万平方米，计容建筑面积 10.9 万平方米，拟规划建设专业储存仓库、产品展销仓库、企业总部用房、产业配套服务用房、地下车库等，打造集物流仓储、流通加工、展示交易、综合配套服务等多功能于一体的“港口新型商贸物流中心” 宝安区西乡街道大铲湾港区辅建区	97,640		1,000	社会投资 1,000	土方开挖、基坑支护工程施工	宝安区政府

（续表）

序号	项目代码，建设单位及项目名称	建设周期	建设规模及建设地址	总投资	至上年止完成投资	本年度计划完成投资	资金来源	本年度建设内容	协调推进牵头单位
112	S2013G590011 深圳市泛亚物流有限公司 泛亚生鲜物流厂区	2016.03—2018.01	用地面积 31687.27 平方米，总建筑面积 79878.58 平方米，建设仓库（配送）58750 平方米、配套办公（营运中心）1850 平方米、食堂及单身宿舍 2770 平方米、地下建筑面积 16508.58 平方米 龙岗区平湖街道新木社区	45,000		20,000	社会投资 20,000	开展土石方工程、桩基础工程、地下室工程，主体建筑工程施工	龙岗区政府
113	S2015G59900012 深圳腾邦盐田港国际物流配送中心有限公司 腾邦海捣网跨境商品展示交易中心	2016.06—2018.12	用地面积 23034.89 平方米，总建筑面积 75359.06 平方米，建设海捣网全球采购中心、品牌专属展示厅、特种仓储区、创新研发及配套办公区 盐田区盐田街道盐田保税区盐田港后方陆域宗地号 J306-0012	67,993		10,000	社会投资 10,000	开始桩基础工程、地下室施工	盐田区政府
先进制造业和优势传统产业 27 项				9,448,493	4,163,314	1,191,310			
续建 16 项				8,693,231	4,163,314	1,091,067			
114	S2013C3900082 深圳市华星光电技术有限公司 深圳市华星光电技术有限公司第 8.5 代 TFT-LCD（含氧化物半导体及 AMOLED）生产线建设项目	2013.11—2018.06	用地面积 546532 平方米，建设第 8.5 代非晶硅半导体技术（含氧化物半导体及 AMOLED）的 TFT-LCD 液晶显示器件生产线 光明新区光明街道塘明大道 9-2 号	2,440,000	1,100,000	496,000	社会投资 496,000	二期项目建设	光明新区管委会

（续表）

序号	项目代码， 建设单位及项目名称	建设 周期	建设规模及建设地址	总投资	至上年止 完成投资	本年度计划 完成投资	资金来源	本年度 建设内容	协调推进 牵头单位
115	301200500336 创维平面显示科技（深圳）有限公司 创维科技工业园（二期）	2013.08 — 2017.12	二期用地面积约11万平方米，建筑面积约54万平方米，主要建设内容为厂房、研发楼、培训楼、办公楼、宿舍楼，共分为三个标段施工 宝安区石岩街道塘头村18号	220,000	35,000	25,000	社会投资 25,000	一标段室内装饰及安装工程施工，二标段主体工程施工，三标段开始动工	宝安区政府
116	L201400040 中芯国际集成电路制造（深圳）有限公司 超大规模集成电路芯片生产线建设项目	2014.03 — 2016.12	用地面积200060平方米，建筑面积227068平方米，建设1条8英寸，线宽0.35μm-90nm集成电路芯片生产线 坪山区坪山街道出口加工区启二路	275,000	207,900	100,000	社会投资 100,000	生产线产能扩充	坪山区政府
117	301201002806 长安标致雪铁龙汽车有限公司 长安标致雪铁龙合资项目	2011.11 — 2020.12	用地137万平方米，总建筑面积约163万平方米。包括整车基地、研发中心及仓储中心等 龙华区观澜街道原哈飞汽车工业园	1,360,800	904,000	54,175	社会投资 54,175	仓储中心开工建设，整车基地三期和研发中心三期开始方案设计等行政审批	龙华区政府
118	301201101542 深圳市奋达科技股份有限公司 奋达工业园（二期）工程	2014.01 — 2017.06	用地面积80000平方米，建筑面积202100平方米，二期建设厂房、宿舍及研发办公楼 宝安区石岩街道洲石路奋达科技园	106,061	46,600	39,461	社会投资 39,461	1、2、3、4#楼主体封顶，装修及验收。3、4#楼投入使用；1、2#设备安装	宝安区政府

（续表）

序号	项目代码，建设单位及项目名称	建设周期	建设规模及建设地址	总投资	至上年止完成投资	本年度计划完成投资	资金来源	本年度建设内容	协调推进牵头单位
119	S2014C390078 深圳市利金城投资发展集团有限公司 利金城工业园（二期）建设项目	2015.03—2016.12	用地面积 21149 平方米，总建筑面积 129676 平方米，建设厂房、办公楼、宿舍，用于引进新型显示产业链上下游企业，形成高新产业集聚区 龙华区龙华街道工业东路利金城工业园	54,537	27,627	26,910	社会投资 26,910	完成主体土建和安装工程	龙华区政府
120	S201300069 深圳新一代信息技术产业园投资有限公司 深圳福田新一代信息技术产业园	2013.11—2018.12	用地面积32835平方米，计容建筑面积262680平方米，建设内容包括 5 栋研发办公楼及产业配套设施等 福田区梅林街道中康路 26-446 号	235,000	46,000	18,000	社会投资 18,000	主体工程施工	福田区政府
121	S2013K7000086 深圳市特区建设发展集团有限公司 光明光电企业产业加速器及高端人才房	2014.09—2018.06	用地面积 86850 平方米，总建筑面积 419005 平方米，建设光电企业园区，含厂房，住宅，研发办公楼及商铺等 光明新区公明街道光明高新技术产业园	218,590	44,813	20,000	社会投资 20,000	完成基坑及桩基础工程，主体工程施工至地下室负二层顶板	光明新区管委会
122	S201200062 深圳市盛波光电科技有限公司 TFT-LCD 用偏光片（二期）项目	2012.09—2020.12	用地面积 78323 平方米，建筑面积 133150 平方米，将新建生产厂房、增加设备仪器和相关配套设施，建设两条 1490mm 或以上幅宽（即 6 号线和 7 号线）的 TFT-LCD 用偏光片生产线 坪山区坑梓街道深圳市坪山区青松西路 8 号盛波光电科技园	147,093	18,593	9,329	社会投资 9,329	签订 6 号线主机设备合同，并开展 6 号线净化装修工程	坪山区政府

（续表）

序号	项目代码，建设单位及项目名称	建设周期	建设规模及建设地址	总投资	至上年止完成投资	本年度计划完成投资	资金来源	本年度建设内容	协调推进牵头单位
123	S2013C3900092 深圳顺络电子股份有限公司 片式电感器扩产项目	2013.09—2017.12	用地面积2500平米，建筑面积45700平米，建设扩产片式电感器的生产线，设备采购安装调试 龙华区观澜街道大富苑工业区顺络观澜工业园	60,770	30,385	15,192	社会投资15,192	土建装修及购买部分设备仪器	龙华区政府
124	301200600324 中兴发展有限公司 中兴国际研发培训中心	2011.07—2016.08	用地面积110236平方米，建筑面积140846平方米，建设研发、培训及配套宿舍社区等 盐田区梅沙街道盐田深华石场片区	68,000	67,500	5,000	社会投资5,000	高低压变配电工程、园林工程、室外管网工程、弱电工程，项目竣工验收	盐田区政府
125	S2013M7300008 深圳市讯美科技有限公司 深圳市讯美科技有限公司研发办公总部基地	2012.08—2016.06	总建筑面积234617平方米，建设讯美公司研发办公总部基地，用于公司总部办公、研发、中试和检测 南山区粤海街道深圳市南山区高新园中区科苑大道东侧	120,000	119,000	1,000	社会投资1,000	研发办公大楼室内精装修，室外园林环境建设，区内交通道路建设完善	南山区政府
126	S201102578 深圳市科之谷投资有限公司 赛格日立工业区升级改造项目	2010.08—2017.12	总拆迁用地面积为131935平方米，规划建设用地面积121371平方米，改造后建设成为深业集团创新产业总部基地 福田区华富街道赛格日立工业区	1,870,000	934,796	150,000	社会投资150,000	南区一期机电工程、幕墙工程完工，精装修工程完成90%；南区二期竣工验收完成并移交；南区三期核心筒施工至79层	福田区政府

（续表）

序号	项目代码， 建设单位及项目名称	建设周期	建设规模及建设地址	总投资	至上年止完成投资	本年度计划完成投资	资金来源	本年度 建设内容	协调推进 牵头单位
127	301201100474 深圳雅宝房地产开发有限公司 星河雅宝高科创新园	2011.09 — 2021.04	建设用地面积 20.3 万平方米，规划建筑面积 105.26 万平方米，建设产业用房、配套商业和宿舍等 龙岗区坂田街道五合大道北侧，民治水库西北侧	1,300,000	441,100	80,000	社会投资 80,000	二、五、六号地块施工	龙岗区政府
128	S2013I6500031 深圳市赛格新城市建设发展有限公司 赛格国际电子产业中心	2015.05 — 2017.03	项目拟分三期开发，总建筑面积约 350000 平方米，新建研发办公厂房及配套设施，建设赛格电子元器件研发中心、品牌运营中心及电子商务总部等 龙岗区布吉街道布龙路 18 号	150,000	125,000	25,000	社会投资 25,000	主体工程完工	龙岗区政府
129	301201100389 深圳市银星投资集团有限公司 银星产业园	2014.04 — 2017.01	用地面积 66782 平方米，总建筑面积 200320 平方米，拟建设国内一流的激光打印机及配套产品的生产线，形成年产 96 万台激光打印机的生产能力 龙华区观澜街道观澜银星高科技工业园南侧紧邻	67,380	15,000	26,000	社会投资 26,000	一期工程三栋一至十七层封顶，一栋一至十九层封顶；二期工程土石方开挖、桩基础、基坑支护、负一至二层完工	龙华区政府
	新建 11 项			755,262		100,243			
130	S2015C39690037 深圳欧菲光科技股份有限公司 欧菲光新型光电元器件生产基地项目	2016.04 — 2017.12	用地面积 30452 平方米，建筑面积 80119 平方米，建成后达年产纯平电容式触摸屏 3600 万片 光明新区光明街道光明高新西区、十二号路西侧，双明大道南侧	54,400		8,000	社会投资 8,000	前期工作及土建施工	光明新区管委会

（续表）

序号	项目代码， 建设单位及项目名称	建设 周期	建设规模及建设地址	总投资	至上年止 完成投资	本年度计划 完成投资	资金来源	本年度 建设内容	协调推进 牵头单位
131	S2015M73200021 深圳市新光联合制药有限公司 富通新光海智创业基地	2016.03 — 2017.11	用地面积 40036 平方米，计容积率建筑面积为 160142 平方米，将建设成为创新研发、高端制造、海外高端人才创业基地 龙岗区南湾街道布澜路 17 号	50,000		15,000	社会投资 15,000	项目主体建设	龙岗区政府
132	S2014C34640001 深圳创维空调科技有限公司 创维集团智能环保空调产业化项目	2016.01 — 2020.06	建设年产销 300 万台/套的集研发、生产、销售为一体的专业化智能环保空调生产线，建设内容包括研发办公楼、厂房、宿舍楼 龙岗区龙岗街道宝龙工业城高科大道 12 号	260,639		6,000	社会投资 6,000	现有厂房的改造工程，开展新建厂房的前期报建工作及主体工程	龙岗区政府
133	S2013C3400004 深圳市捷顺科技实业股份有限公司 捷顺科技总部基地建设项目	2016.06 — 2019.06	用地面积 24151 平方米，建筑面积 106910 平方米，建设捷顺总部及产业新技术研发基地，含总部大楼，研发办公楼及配套宿舍等 龙华区观澜街道观澜高新科技园（A907-0159 地块）	93,800		22,000	社会投资 22,000	完成施工前所有准备工作，包括方案报建、施工图设计及审批，获取施工许可证等相关政府审批许可，并于年中开工	龙华区政府
134	S2015081900002 深圳市万丰昌实业有限公司 万锦智慧环保汽车产业生态园	2016.12 — 2019.01	用地面积 21765 平方米，规划建筑面积逾 15 万平方米，拟建成为专业化、集成化、网络化、市场化的汽车产业链智能化综合服务平台 龙华区观澜街道福前路南侧	30,000		2,000	社会投资 2,000	建设项目施工围墙、整改项目周边环境及旧厂房拆迁	龙华区政府

（续表）

序号	项目代码， 建设单位及项目名称	建设 周期	建设规模及建设地址	总投资	至上年止 完成投资	本年度计划 完成投资	资金来源	本年度 建设内容	协调推进 牵头单位
135	S2014M7300003 深圳市银台实业集团有限公司 银台低碳环保科技产业园	2016.10 — 2017.12	用地面积 22862 平方米，总建筑面积 80073 平方米，包括工业厂房、配套办公楼、宿舍、配套商业、食堂等 龙岗区龙城街道回龙埔片区	40,887		8,000	社会投资 8,000	开展设计及招标等前期工作；完成土方开挖、基坑支护，开始地下室建设工作	龙岗区政府
136	S2015C39690004 深圳市三利谱光电科技股份有限公司 三利谱科技厂区	2016.01 — 2017.07	用地面积 31406 平方米，总建筑面积 80636 平方米，拟建设一条宽幅偏光片全制程生产线，包括项目厂房的建设、装修工程，生产设备的购置和安装、办公、宿舍食堂及其他配套设施 龙岗区坪地街道高桥园区	55,249		8,420	社会投资 8,420	完成主体土建工程	龙岗区政府
137	S2014C3900040 深圳市飞音通讯技术实业有限公司 无线局域网络接入产品生产基地	2016.03 — 2018.12	主要建设内容为完成厂区基础设施建设和生产线建设，由研发办公区与生产厂房以及其它相关设施组成，生产线及设备安装调试将按照厂房结构分布进行设计 光明新区公明街道高新技术产业园区西片区	45,000		12,000	社会投资 12,000	建筑主体部分施工，完成部分设备订购	光明新区管委会
138	S2015E47000013 深圳市杰美特科技股份有限公司 移动智能终端配件产品扩产项目	2016.04 — 2018.04	用地面积 4555 平方米，总建筑面积 39000 平方米，计容建筑面积 27300 平方米，项目为集研发办公及商业一体化综合楼 龙岗区平湖街道惠华路与中环大道交叉路口东北侧	35,230		4,500	社会投资 4,500	基础工程、地下室工程及主体结构施工	龙岗区政府

（续表）

序号	项目代码， 建设单位及项目名称	建设周期	建设规模及建设地址	总投资	至上年止完成投资	本年度计划完成投资	资金来源	本年度建设内容	协调推进牵头单位
139	S2014C3900059 深圳典邦科技有限公司 多功能集成图像传感器AMOLED微显示器研发和产业化项目	2016.01—2017.12	用地面积12544平方米，总建筑面积40770平方米，新建研发生产用房及研发生产设备，建设AMOLED微显示及器件研发生产基地 光明新区光明街道	60,021		11,323	社会投资11,323	开展主体工程建设等相关工作	光明新区管委会
140	S2014M7400009 深圳市金凤凰家具集团有限公司 现代经典家具研发培训中心	2016.05—2018.11	用地面积14091平方米，总建筑面积56365平方米，拟建设集开发设计、教育培训、展示为一体的专业化、现代化家具研发基地和成品转化交易中心 龙岗区龙岗街道新生村	30,036		3,000	社会投资3,000	设计方案等审批，项目开工建设	龙岗区政府
轨道交通32项				29,220,563	8,286,970	2,228,700			
续建28项				26,585,677	8,286,970	2,053,700			
141	301201001659 深圳市地铁集团有限公司 深圳市轨道交通11号线工程	2012.08—2016.06	起于福田站，止于碧头站，线路全长51.7公里，共设车站17座，其中地下站13座，高架站4座，设松岗车辆段1座，机场北停车场1座，全线设主变电所4座 福田区，南山区，宝安区	3,332,200	2,440,000	150,000	社会投资150,000	开展安装装修收尾及设备调试工程，开展政府专项验收，开通试运营	市地铁集团
142	301201001658 深圳市地铁集团有限公司 深圳市轨道交通7号线工程	2012.08—2016.12	起于南山区丽水站，止于罗湖区太安站，线路全长约30.256公里，全部为地下线，共设站28座，其中换乘站11座，设车辆段与停车场各1处，主变电站3座（新建2座） 福田区，罗湖区，南山区	2,716,701	1,611,000	180,000	政府投资40,000 社会投资140,000	开展设备安装调试及车站装修工程	市地铁集团

（续表）

序号	项目代码，建设单位及项目名称	建设周期	建设规模及建设地址	总投资	至上年止完成投资	本年度计划完成投资	资金来源	本年度建设内容	协调推进牵头单位
143	301201000452 深圳市地铁集团有限公司 深圳市轨道交通 9 号线工程	2012.08—2016.12	西起深圳湾，止于罗湖文锦路，全长约 25.35 公里，全部为地下线路，设站 22 座，其中换乘站 10 座，设车辆段和停车场各一处，主变电站 2 座，控制指挥中心 1 座 福田区，罗湖区，南山区	2,237,100	1,560,000	210,000	政府投资 50,000 社会投资 160,000	开展设备安装调试及车站装修工程，验收试运营	市地铁集团
144	301201100400 深圳市地铁集团有限公司 深圳市轨道交通 6 号线工程	2015.06—2019.12	起自深圳市北站综合交通枢纽，终于松岗站，全长 37.6 公里，其中高架段长 24.5 公里，设车站 20 座，其中高架站 15 座，设长圳车辆基地 1 处，新建主变电所 2 座 宝安区，光明新区，龙华区	1,878,000	10,000	210,000	政府投资 100,000 社会投资 110,000	开展前期规划研究及工程设计、主体施工	市地铁集团
145	301201100392 深圳市地铁集团有限公司 深圳市轨道交通 8 号线工程	2015.12—2020.12	该项目位于罗湖区及盐田区，自莲塘站（不含）起，途径梧桐山、沙头角、海山、盐田港、深外、盐田站共 6 站 6 区间及望基湖停车场，约 12.3 公里，在盐田站与 8 号线二期换乘 罗湖区，盐田区	1,080,000	4,200	50,000	政府投资 50,000	配合征地拆迁实施，开展前期及主体施工	市地铁集团
146	z20112596 深圳市地铁集团有限公司 深圳市轨道交通 10 号线工程	2014.12—2019.12	起自福田区福田口岸站，终至龙岗区平湖中心站，全长 29.92km，其中地下线 28.83km，高架线 0.92km，过渡段 0.17km；设站 25 座，地下站 24 座，高架站 1 座，换乘站 9 座 福田区，龙岗区，龙华区	2,858,000	30,000	280,000	政府投资 120,000 社会投资 160,000	配合征地拆迁实施，开展前期及主体施工	市地铁集团

（续表）

序号	项目代码，建设单位及项目名称	建设周期	建设规模及建设地址	总投资	至上年止完成投资	本年度计划完成投资	资金来源	本年度建设内容	协调推进牵头单位
147	L201300052 深圳市地铁集团有限公司 深圳市轨道交通2号线东延工程	2015.12—2019.12	轨道交通2号线东延（莲塘段）工程由新秀至莲塘片区，线路长约4公里，共设3座车站与3个区间，莲塘口岸站与8号线换乘，全部地下敷设 罗湖区黄贝街道	320,000	200	18,000	政府投资18,000	配合征地拆迁实施，开展前期及主体施工	市地铁集团
148	L201300055 深圳市地铁集团有限公司 深圳市轨道交通3号线南延工程	2015.12—2019.12	线路自3号线益田站引出，往南下穿广深高速后拐入福田保税区红花路，在红花路上设保税区站，全长约1.45km，采用地下敷设方式，共设1座车站 福田区福保街道	101,000	200	26,000	政府投资10,000 社会投资16,000	配合征地拆迁实施，开展前期及主体施工	市地铁集团
149	L201400041 深圳市地铁集团有限公司 深圳市轨道交通5号线南延工程	2014.12—2019.12	起自前海合作区前海湾站，终至南山区赤湾站，途经深圳市前海合作区及南山区，线路全长约7.65km，全线采用地下敷设方式；共设7座车站，其中换乘站3座 南山区，前海合作区	708,000	30,000	106,000	政府投资106,000	配合征地拆迁实施，开展前期及主体施工	市地铁集团
150	L201400042 深圳市地铁集团有限公司 深圳市轨道交通9号线西延（含支线）工程	2014.12—2019.12	西延线起自9号线红树湾站至前海片区航海路站，长约10.7km，设站10座；西延线支线北起南油站，至海上世界站，长约5km，设5座车站，采用Y线贯通运营；均采用地下敷设方式 南山区，前海合作区	1,248,000	20,000	96,000	政府投资96,000	配合征地拆迁实施，开展前期及主体施工	市地铁集团

（续表）

序号	项目代码， 建设单位及项目名称	建设 周期	建设规模及建设地址	总投资	至上年止 完成投资	本年度计划 完成投资	资金来源	本年度 建设内容	协调推进 牵头单位
151	301201101624 深圳市地铁集团有限公司 深圳市车公庙综合交通枢纽工程	2012.12 — 2018.12	包括主体工程（7、9、11 号线车公庙站及其附属设施，约 6.06 万平方米）、接驳设施（公交首末站 5000 平方米等）、市政道路（香蜜湖改造等）、既有 1 号线车公庙占改造及配套景观绿化等 福田区香蜜湖街道车公庙	360,932	142,000	10,000	政府投资 10,000	开展安装装修收尾及设备调试工程，配合 7、9、11 号线开通试运营	市地铁集团
152	301200700597 深圳市地铁集团有限公司 深圳市前海综合交通枢纽工程	2014.12 — 2019.12	占地约 20 公顷，总建筑面积约 82.13 万平方米，包括 1、5、11 号线、穗莞深城际线和港深西部快轨的前海湾站，及相关配套设施工程，分近期和远期两期开发，近期工程总投资 91.07 亿元 前海合作区前海湾	910,725	90,000	40,000	政府投资 40,000	开展基坑地连墙、桩基础施工，1、5 号线车站改造工程	市地铁集团
153	L201500096 深圳市地铁集团有限公司 深圳市轨道交通网络运营控制中心（NOCC）	2014.12 — 2017.06	该项目规模按照 25 条线路规模考虑，主要建设内容包括建筑主体工程和系统工程两部分，建筑主体工程一次建成，总建筑面积为 5.3 万平方米，系统工程按照建设时序逐步到位 南山区沙河街道深云村	102,719	75,000	17,300	政府投资 17,300	开展安装装修及设备安装，配合 7、9、11 号线开通试运营	市地铁集团
154	L201500113 深圳市地铁集团有限公司 深圳市轨道交通 7 号线同步建设工程——华强北地下空间项目	2014.01 — 2017.06	包括地下过街通道、地下商业空间及与 1 号线华强路站连接通道等，总建筑面积 42752.9 平方米 福田区华强北街道	105,091	85,000	11,000	政府投资 11,000.00	开展地铁车站改造、安装装修等施工	市地铁集团

（续表）

序号	项目代码， 建设单位及项目名称	建设 周期	建设规模及建设地址	总投资	至上年止 完成投资	本年度计划 完成投资	资金来源	本年度 建设内容	协调推进 牵头单位
155	Z12013CJ0007 深圳市地铁集团有限公司 深圳市地铁文化体育公园及配套工程	2015.12 — 2019.12	位于深云车辆段上盖，包括文化体育公园和地铁实训基地，总建筑面积 129956 平方米，计容总建筑面积 121953 平方米 南山区沙河街道深云村	117,447	20,000	20,000	政府投资 20,000	开展综合楼主体工程施工	市地铁集团
156	Z201204091 深圳市龙华新区建设管理服务中心 深圳市龙华新区现代有轨电车示范线工程	2015.08 — 2016.12	南起 4 号线清湖站，经和平路、清龙路、梅龙路、大和路、人民路、平安路，至观澜大道路口，在环观南路设支线，线路全长 11.72km，设站 20 座。主线长 8.59km，设站 15 座，支线长 3.13km 龙华区龙华街道清湖	168,467	11,270	138,000	政府投资 138,000	车辆场及上盖物业全部完成；有轨电车本体工程土建全部完成；有轨电车线网、智能化系统、供电设备等全部完成	龙华区政府
157	L201500119 深圳市地铁集团有限公司 深圳市轨道交通二期增购列车项目	2011.11 — 2017.12	根据发改办基础〔2011〕2726 号文要求，合计增购轨道交通 1、2、5 号线 A 型车 76 列/456 辆，3 号线 B 型车 33 列/198 辆。其中 2016 年拟增购 1、2 号线 A 型车各 6 列/36 辆，3 线 B 型车 8 列/48 辆 福田区莲花街道	579,170	510,000	68,000	社会投资 68,000	增购 1、2 号线 A 型车各 6 列/36 辆，3 线 B 型车 8 列/48 辆，完成列车调试	市地铁集团
158	301200900925 广深港客运专线有限责任公司 广深港客运专线深圳福田站及相关工程	2008.11 — 2017.12	广深港客运专线深圳福田站及相关工程起点接深圳北站，终点位于深圳河深港交界处，包括一路基、两隧道（益田路隧道和深港连接段隧道），全长 11.419km 福田区，龙华区	667,352	646,000	3,000	社会投资 3,000	深港隧道轨道工程、附属工程、皇岗工作井结构施工等	市地铁集团，福田区政府

（续表）

序号	项目代码， 建设单位及项目名称	建设 周期	建设规模及建设地址	总投资	至上年止 完成投资	本年度计划 完成投资	资金来源	本年度 建设内容	协调推进 牵头单位
159	L201500112 广东珠三角城际轨道交通有限公司、深圳市地铁集团有限公司 穗莞深城际铁路深圳段	2014.03 — 2018.06	穗莞深城际铁路全长约 74km，深圳境内长约 18.5km，由东莞市长安金沙至深圳机场，并在 T3、T4 航站楼设站，远期延伸至前海合作区 前海合作区，宝安区	576,822	60,000	20,000	社会投资 20,000	进行桩基、承台、路基等线路施工	市地铁集团，宝安区政府
160	S2014K7000068 深圳市地铁集团有限公司 深圳地铁红树湾物业开发项目	2014.12 — 2019.12	位于深圳湾超级总部基地，拟建成集办公、商务公寓、商业及酒店于一体的综合体项目。总用地面积 68285.89 平方米，建设用地 54077.82 平方米，计容建筑面积 41.9 万平方米 南山区南山街道红树湾	1,446,520	15,000	59,000	社会投资 59,000	开展地下室及主体施工	市地铁集团
161	S2014K70000142 深圳市地铁集团有限公司 深圳北站枢纽城市综合体 C2 物业开发项目	2014.12 — 2019.12	位于深圳北站东侧，民塘路与玉龙路交叉口西北角，拟建成集办公、商业于一体的综合体项目，分 C2 和 D2 地块。其中，C2 地块占地 2.03 万平方米，计容面积 14.24 万平方米 龙华区民治街道深圳北站枢纽	307,364	15,000	30,900	社会投资 30,900	地下室及主体工程施工	市地铁集团
162	L201500095 深圳市地铁集团有限公司 深圳北站枢纽城市综合体 D2 物业开发项目	2014.12 — 2019.12	位于深圳北站东侧，民塘路与玉龙路交叉口西北角，拟建成集办公、商业于一体的综合体项目，分 C2 和 D2 地块。其中，D2 地块占地 1.93 万平方米，计容面积 17.35 万平方米 龙华区龙华街道深圳北站	404,067	12,000	34,000	社会投资 34,000	土方外运施工，桩基施工，地下室主体结构施工	市地铁集团

（续表）

序号	项目代码，建设单位及项目名称	建设周期	建设规模及建设地址	总投资	至上年止完成投资	本年度计划完成投资	资金来源	本年度建设内容	协调推进牵头单位
163	L201500115 深圳市地铁集团有限公司 前海时代项目	2014.01 — 2018.12	地铁 1 号线前海车辆段上盖物业，项目总建筑面积约 81 平方米 前海合作区	1,400,000	400,000	85,000	社会投资 85,000	开展主体工程施工	市地铁集团
164	L201500114 深圳市地铁集团有限公司 塘朗城项目	2014.01 — 2018.03	地铁 5 号线塘朗车辆段区域地铁上盖物业，项目建筑面积约 26 万平方米 南山区西丽街道	480,000	200,000	24,300	社会投资 24,300	开展主体工程施工	市地铁集团
165	L201500117 深圳市地铁集团有限公司 横岗锦荟 PARK 项目	2014.06 — 2018.09	地铁 3 号线横岗车辆段区域上盖物业，项目建筑面积约 32 万平方米 龙岗区横岗街道	300,000	100,000	74,000	社会投资 74,000	开展主体工程建设	市地铁集团
166	L201500116 深圳市地铁集团有限公司 地铁科技大厦	2014.06 — 2017.06	地铁 1 号线深大站上盖，总建筑面积约 10 万平方米 南山区粤海街道	230,000	100,000	26,500	社会投资 26,500	开展主体工程施工及安装装修等	市地铁集团
167	L201500118 深圳市地铁集团有限公司 地铁汇通大厦	2014.06 — 2015.06	地铁 1 号线车公庙站上盖，总建筑面积约 12 平方米 福田区香蜜湖街道	350,000	100,000	20,400	社会投资 20,400	开展主体工程施工	市地铁集团

（续表）

序号	项目代码，建设单位及项目名称	建设周期	建设规模及建设地址	总投资	至上年止完成投资	本年度计划完成投资	资金来源	本年度建设内容	协调推进牵头单位
168	L201500124 深圳市地铁集团有限公司 前海枢纽上盖物业开发项目（一期）	2015.09 — 2020.12	新建4栋高层建筑（含2栋办公楼、1栋公寓和1栋酒店），地上建筑面积43万平方米，地下建筑面积5万平方米 前海合作区	1,600,000	100	46,300	社会投资 46,300	开展项目设计、缴交地价及工程施工等工作	市地铁集团
新建 4 项				2,634,886		175,000			
169	L201300055-1 深圳市地铁集团有限公司 深圳市轨道交通 3 号线东延工程	2016.12 — 2021.12	该项目位于龙岗区，起点3号线双龙站，终点为六联站，全长9.5km，共设7座车站 龙岗区龙岗街道双龙	680,000		9,000	政府投资 9,000	开展前期规划研究及工程设计，适时开展招标启动建设	市地铁集团
170	L201300042 龙华新区发展和财政局 深圳市轨道交通 4 号线北延工程	2016.06 — 2021.06	线路由清湖站引出，沿和平东路、观澜大道敷设，到达观澜牛湖站，全长约11.2km，设站8座，新增长坑停车场 龙华区观澜街道	960,000		40,000	政府投资 40,000	完成初步设计概算编制和施工图	市交通运输委
171	L201500097 深圳市地铁集团有限公司 深圳市轨道交通 6 号线南延工程	2016.06 — 2020.06	线路由三期6号线深圳北站引出，沿新区大道、上步路敷设，止于科学馆站。全线设站6座，其中换乘站5座；设停车场1处，车场用地控制10公顷；线路全长约11.2km 福田区,罗湖区,龙华区	771,000		26,000	政府投资 26,000	开展前期规划研究及工程设计，配合征地拆迁实施，开展前期施工	市地铁集团

（续表）

序号	项目代码，建设单位及项目名称	建设周期	建设规模及建设地址	总投资	至上年止完成投资	本年度计划完成投资	资金来源	本年度建设内容	协调推进牵头单位
172	S2013C3700001 深圳北车轨道车辆有限公司 中国北车深圳轨道交通车辆研发及综合服务基地项目	2016.01 — 2019.01	包括土地整备和前期工程、主体工程建设，其中主体工程包括新建研发中心、厂房、库房及存车线等相应辅助配套设施 宝安区松岗街道沙浦围片区	223,886		100,000	社会投资 100,000	完成土地整备，同步开展施工图设计及施工、监理等招标工作；完成前期报建并力争开工建设	宝安区政府
道路机场港口 21 项				8,414,495	2,741,132	867,015			
续建 16 项				7,539,935	2,741,132	802,015			
173	301200600421 深圳市外环高速公路投资有限公司 深圳外环高速公路深圳段	2014.09 — 2020.06	深圳外环高速公路西起于广深沿江高速公路，终点与盐坝高速公路相接。外环项目全长93.204km，其中深圳段全长76.386km，采用全线6车道高速公路建设标准 宝安区，龙岗区，光明新区，坪山区，龙华区	2,202,097	150,000	295,233	社会投资 295,233	征地拆迁，管线改迁；土建工程	龙华区政府，坪山区政府，光明新区管委会，龙岗区政府，宝安区政府
174	301200600704 深圳华昱东部高速公路有限公司 深圳市东部过境高速公路	2014.08 — 2017.12	本项目全长约33.035公里，采用80km/h的高速公路标准建设，双向8车道和双向6车道，大桥、特大桥12256m/26座，中、小桥171m/2座，涵洞99道、隧道5座、互通立交6座，综合服务区1处 罗湖区，龙岗区，坪山区	618,158	195,000	130,000	社会投资 130,000	征地拆迁工作，路基、桥梁及构筑物施工	坪山区政府，龙岗区政府，罗湖区政府

（续表）

序号	项目代码，建设单位及项目名称	建设周期	建设规模及建设地址	总投资	至上年止完成投资	本年度计划完成投资	资金来源	本年度建设内容	协调推进牵头单位
175	301200600183 深圳市交通运输委员会 南坪快速路（二期）A 段工程	2008.06 — 2017.12	南坪快速路（二期）A 段工程起于南头立交，止于塘朗立交，全长 11.178 公里，道路等级为城市快速路，主车道设计速度 80 公里/小时，双向 8 车道 南山区，宝安区	277,317	257,000	20,000	政府投资 20,000	改线段工程预应力砼连续箱梁、简支梁、连续小箱梁、钢盖梁、铁路防护棚以及涉及的铁路复线、铁路信号改造等施工	市交通运输委
176	301201003575 深圳市交通运输委员会 南坪快速路（三期）工程	2014.12 — 2018.06	西起水官高速公路横坪立交，东至聚龙路，全长约 22.2km，分改造和新建部分，新建桥梁 7 座、改造立交 4 座、远期投建 1 座、保留现状 1 座；新建改造桥梁 20 座；设置分离式隧道 3 座 龙岗区，坪山区	427,419	76,890	60,000	政府投资 60,000	交通疏解、土石方开挖、道路软基处理、桥梁下部结构、隧道、路面，管线迁改、绿化迁移等工程施工	市交通运输委
177	Z12013YS0014 深圳市交通运输委员会 坪盐通道工程	2013.12 — 2020.12	北起坪山新区现状锦龙大道—中山大道交叉口，南至盐田盐坝高速盐港东立交，路线全长约 11.252 公里，采用城市快速路标准建设，双向 6 车道 盐田区，坪山区	452,467	70,000	35,000	政府投资 35,000	桥梁、隧道施工	市交通运输委
178	Z201102563 深圳市交通运输委员会 桂庙路快速化改造（一期）工程	2015.03 — 2017.10	道路全长 4.9 公里，主车道双向 6 车道，按城市快速路标准建设。其中与地铁 11 号线共线段长 3.1 公里，为地铁集团代建；非共线段交委自建，长度 1.8 公里 南山区南山街道桂庙路	397,546	80,000	50,000	政府投资 50,000	管线迁改、交通疏解工程，隧道维护结构施工，基坑开挖及隧道主体施工等	市交通运输委

（续表）

序号	项目代码，建设单位及项目名称	建设周期	建设规模及建设地址	总投资	至上年止完成投资	本年度计划完成投资	资金来源	本年度建设内容	协调推进牵头单位
179	301201101219 深圳市交通运输委员会 坂银通道工程	2015.06 — 2017.12	南起黄木岗立交北侧，止于环城南路路口。全长约 10.74 公里，工程采用城市主干道标准建设，其中新建道路 7.6km，改造拓宽道路 3.14km 福田区，罗湖区，龙岗区	328,651	60,000	40,000	政府投资 40,000	桥梁施工，隧道段施工，水库段施工	市交通运输委
180	Z2014YS0018 深圳市交通运输委员会 鹏坝通道工程	2014.10 — 2018.12	北起新态路，南至鹏城银滩路，全长约 8.5 公里，红线宽度 32-40 米，城市主干道，双向四车道 大鹏新区大鹏街道坝光片区、鹏城片区	156,327	12,600	10,000	政府投资 10,000	完成全线初步设计、概算、施工图及预算编制工作，同步推进先行开工段施工工作	市交通运输委
181	301200822009 深圳市交通运输委员会 深圳市东部过境高速公路连接线工程	2014.11 — 2017.12	项目西起爱国路立交，以隧道形式与东部过境高速公路近期实施段起点相接，隧道全长 6.7 公里，主线采用城市快速路标准，双向 6 车道 罗湖区东湖街道东湖公园	203,272	62,300	25,000	政府投资 25,000	隧道明挖及暗挖施工，地面道路改造工程施工，管线迁改及交通疏解工程施工，道路改造、机电、交安工程施工	市交通运输委

（续表）

序号	项目代码，建设单位及项目名称	建设周期	建设规模及建设地址	总投资	至上年止完成投资	本年度计划完成投资	资金来源	本年度建设内容	协调推进牵头单位
182	301200800159 深圳市交通运输委员会 石清大道（一期）道路工程	2014.12—2018.12	项目全长7.29公里，石岩段长4.5公里，双向8车道；龙华段长2.8公里，双向8车道，设计行车速度50公里/小时 宝安区，龙华区	120,829	31,000	5,000	政府投资5,000	1标段除征地拆迁影响外的主线施工；4标段隧道口及部分路基施工，5标段龙观路至梅龙路道路施工，交通监控标、2、3标进场施工	市交通运输委
183	301201101655 深圳市交通运输委员会 坪西公路坪山至葵涌段扩建工程	2014.10—2017.12	项目起于坪西公路与东纵路节点，终于坪西公路与盐坝高速节点，长8.09公里，双向6车道，城市主干道计算行车速度50公里/小时，城市快速路计算行车速度60公里/小时 坪山区，大鹏新区	85,975	30,500	15,000	政府投资15,000	基本完成路基、路面、桥梁、隧道等主体结构物施工	市交通运输委
184	L201300039 坪山新区建设管理服务中心 龙坪路（坪山新区段）市政工程	2013.12—2017.06	道路全长5.86公里，北接龙坪路（龙岗段），南至南坪三期。道路按城市主干道标准，规划红线宽50米，设计行车速度50公里/小时，主线双向6车道 坪山区坪山街道北接丹梓西路、站前路、兰竹西路和深汕路相交，南接南坪三期	48,598	30,000	10,000	政府投资10,000	II标桥梁工程；III标综合管线工程，路基工程，路面工程，交通工程等	坪山区政府
185	301200700895 深圳市机场（集团）有限公司 深圳机场航站区扩建工程	2008.08—2017.12	分为航站区主体工程、航站区配套工程及航站区补充工程。主要包括航站楼工程、停车楼及捷运系统、站前交通工程、供电通信工程、T3配套商务酒店及航空业务综合楼等 宝安区西乡街道深圳宝安国际机场西航站区	1,385,988	1,233,728	36,862	社会投资36,862	停机坪、航站区扩建工程风景园林绿化工程、机场酒店及停车场工程、道路工程、雨水处理厂工程等	宝安区政府

（续表）

序号	项目代码， 建设单位及项目名称	建设 周期	建设规模及建设地址	总投资	至上年止 完成投资	本年度计划 完成投资	资金来源	本年度 建设内容	协调推进 牵头单位
186	301200704369 深圳市机场（集团）有限公司 深圳机场飞行区扩建工程	2008.07 — 2017.12	含机场工程、二跑道（3800 米）、客货码头迁建、油码头迁建、、110KV 机场专用变电站输变电（3 条 110KV 供电线路）、供电、供油、空管、海堤等工程 宝安区西乡街道深圳宝安国际机场西航站区	296,969	233,622	920	政府投资 920	供电调度中心工程、二跑道填土工程、新货站地基病害应急处理工程完成施工，机场专用变电站第三回 110KV 电源接入工程进行施工	宝安区政府
187	301200700845 深圳盐田西港区码头有限公司 深圳港盐田港区西作业区集装箱码头工程	2010.08 — 2017.06	新建 4～6 号 3 个 5 万吨级集装箱泊位、扩建 3 号泊位，形成 4 个 5 万吨级集装箱泊位，设计年通过能力为 180 万 TEU，码头岸线长 1142 米 盐田区盐田街道盐田港区西作业区	383,800	194,667	40,000	社会投资 40,000	6 号泊位及相应配套设施	盐田区政府
188	301200901778 深圳市建筑工务署 莲塘口岸	2013.11 — 2018.06	项目设计通关量为旅客 3 万人次/日，货车 1.5 万自然车次/日，小汽车 2000 自然车次/日，大巴车 850 自然车次/日。建设内容包括：道路场地、旅检大楼、固定 X 光机房、口岸内其他单位建筑等工程及设备购置 罗湖区莲塘街道莲塘片区	154,522	23,825	29,000	政府投资 29,000	旅检区旅检大楼结构完成封顶；出入境桥梁完成车行桥上部结构；市政配套工程完成罗沙路以南桥梁上部结构	市建筑工务署

（续表）

序号	项目代码，建设单位及项目名称	建设周期	建设规模及建设地址	总投资	至上年止完成投资	本年度计划完成投资	资金来源	本年度建设内容	协调推进牵头单位
新建 5 项				874,560		65,000			
189	301200600239 深圳市广深沿江高速公路投资有限公司 广深沿江高速公路（深圳段）项目（二期）工程	2016.01 — 2019.12	本项目分为两部分，1.机场互通立交及深中通道深圳侧接线起点位于机荷高速公路黄鹤收费站，终点与深中通道隧道敞开段对接，主线全长约 5.6 公里。2.沙井互通立交位于深圳市宝安区福永街道境内，与凤塘大道连接 宝安区西乡街道福永街道	589,787		20,000	社会投资 20,000	完成征地拆迁工作约 20%；完成先行施工段的部分永久工程施工	宝安区政府
190	301200813603 深圳市交通运输委员会 龙岗区布坂联络道市政工程	2016.01 — 2018.12	起点接永香路、坂田环城路，终点接龙沙路、布吉三联路，呈东西走向，总长约 3.26 公里，设计车速为 50 公里/小时，双向 6 车道 龙岗区布吉街道永香路与坂田环城路交界处	92,488		18,000	政府投资 18,000	道路、桥梁、人行通道、隧道、给排水、交通疏解、管线迁改、水土保持、环保工程等	市交通运输委
191	L201500052 深圳市交通运输委员会 东部过境高速公路市政连接线配套工程	2016.01 — 2020.12	本项目为东部过境高速公路连接线的配套工程，包括布心路改造、爱国路拓宽、罗芳立交和新秀立交改造等内容 罗湖区东湖街道洪湖立交布心路段至新秀立交沿河南路段	77,977		2,000	政府投资 2,000	完成管线迁改及交通疏解道路施工，主体施工准备	市交通运输委
192	Z12014YS0011 深圳市交通运输委员会 沙河西路与西部通道侧接线连接工程	2016.01 — 2017.09	从沙河西路新建两条定向匝道，西行全长约 772 米，东行全长 1195 米，均为单向 2 车道；改造口岸联络通道 C 匝道，全长 317 米，单向单车道 南山区蛇口街道沙河西路、东滨路	54,992		15,000	政府投资 15,000	开展绿化迁移、管线迁改、交通疏解、箱涵和桩基施工及隧道明挖工程施工	市交通运输委

（续表）

序号	项目代码， 建设单位及项目名称	建设 周期	建设规模及建设地址	总投资	至上年止 完成投资	本年度计划 完成投资	资金来源	本年度 建设内容	协调推进 牵头单位
193	301201002481 深圳市交通运输委员会 坪山新区横坪公路改造工程	2016.09 — 2018.09	工程起于宝坪路，终点与坪联路相交后接现状金碧路，全长约6km。双向6车道，设计速度50km/h，道路定位为城市主干道 坪山区坪山街道起于宝坪路，接现状金碧路	59,316		10,000	政府投资 10,000	新开工建设给水，雨水，污水、电力通信管线迁改，交通疏解，水土保持及环境保护等工程	市交通运输委
城市更新 32 项				18,157,657	5,238,700	2,651,506			
续建 25 项				14,021,866	5,238,700	2,195,991			
194	301201100649 深圳市金地大百汇房地产开发有限公司 岗厦河园片区城中村改造项目	2012.10 — 2018.10	总建筑面积363100平方米，建设包括商业、商务办公、商务公寓、配套设施等 福田区福田街道岗厦河园片区	1,801,522	630,000	265,000	社会投资 265,000	03-1 地块超高层写字楼加建，02-2 地块小学幼儿园用地封顶，05-1、06-1 地块动工	福田区政府
195	S2014K7000057 宝能地产股份有限公司 建业小区北区城市更新单元（宝能城市公馆）	2013.05 — 2017.03	计容建筑面积199800平方米，建设包括普通住宅、安居型商品房、商业、商务公寓、公共配套设施等 福田区香蜜湖街道竹子林片区建业小区北区	300,000	115,169	35,011	社会投资 35,011	第5栋施工建设至封顶，进行外装饰工程施工及室内装饰工程施工	福田区政府
196	S2014K7000047 华润（深圳）地产发展有限公司 银湖三九片区城市更新单元（银湖蓝山润园）	2013.12 — 2016.12	计容建筑面积311970平方米（分A、B两个地块），建设包括住宅（含保障性住房）、商务公寓、商业、公共配套设施等 罗湖区清水河街道罗湖区北环大道北侧	213,275	169,441	40,000	社会投资 40,000	实施一、二期施工以及装修等工程	罗湖区政府

（续表）

序号	项目代码， 建设单位及项目名称	建设 周期	建设规模及建设地址	总投资	至上年止 完成投资	本年度计划 完成投资	资金来源	本年度 建设内容	协调推进 牵头单位
197	S2013K7000015 新旺实业发展（深圳）有限公司 黄贝岭旧村改造项目（03-01 地块）	2013.04 — 2017.04	计容建筑面积 337100 平方米，建设包括住宅、商业、托幼、公共配套设施等 罗湖区黄贝街道深南东路黄贝岭村	522,565	192,148	101,907	社会投资 101,907	一期完成外立面装饰等工程，二期主体封顶	罗湖区政府
198	S20120004 华润置地（深圳）有限公司 大冲旧村改造项目	2012.03 — 2020.10	一期工程主要为原村民回迁物业，总建筑面积约 1500000 平方米，主要建设内容为住宅和办公楼 南山区粤海街道大冲村	2,627,536	1,192,907	296,669	社会投资 296,669	六、七、十标段主体工程建设	南山区政府
199	S201400008 深业沙河（集团）有限公司 鹤塘小区、沙河商城城市更新单元	2015.01 — 2018.01	计容建筑面积 108900 平方米，建设包括住宅、商业、公寓、公共配套设施等 南山区沙河街道华侨城核心地段，沙河世纪假日广场北侧	170,590	8,211	20,000	社会投资 20,000	工程设计、工程招标，土石方工程及基坑支护工程施工	南山区政府
200	S2013C4100033 深圳市方大置业发展有限公司 西丽龙井方大更新单元（方大城）	2014.06 — 2017.03	项目总建筑面积 290800 平方米，包括产业研发用房（含创新产业用房）、产业配套用房、公共配套设施等 南山区桃源街道西丽龙珠四路 2 号方大城	153,939	74,657	64,000	社会投资 64,000	进行结构工程、配套工程安装施工及精装修工工作	南山区政府

（续表）

序号	项目代码，建设单位及项目名称	建设周期	建设规模及建设地址	总投资	至上年止完成投资	本年度计划完成投资	资金来源	本年度建设内容	协调推进牵头单位
201	S2015K70900012/S2015K70100158 深圳市沙浦巨帆投资有限公司 松岗沙浦工业区城市更新项目	2015.09—2020.12	拟拆除重建用地面积 379912 平方米，建设包括展览展销、设计研发、总部商务办公和住宅等 宝安区松岗街道沙浦工业片区	600,000	80,000	35,000	社会投资 35,000	签订一、二期土地合同，地块内平整，下半年一、二期开工	宝安区政府
202	L201500122 深圳市中洲宝城置业有限公司 宝城 26 区（一期）旧改项目	2011.03—2016.07	建筑面积 578688 平方米，建设包括商住楼、商业及商务公寓综合楼、商业楼、保障性住房以及公共配套设施等 宝安区新安街道创业二路与公园路交汇处	574,000	517,976	10,000	社会投资 10,000	商场部分开业、商务公寓部分预售、室内外装修以及各项验收工作	宝安区政府
203	SK2014K000045 深圳市宏发房地产开发有限公司 西乡商业中心旧城旧村改造项目（一期）	2014.03—2018.12	计容建筑面积 832312 平方米，建设包括住宅、商业、商务公寓、公交首末站、其他配套设施等 宝安区西乡街道碧海片区，由宝安大道、海城路、新湖路、码头路所围合而成	550,000	280,354	210,000	社会投资 210,000	01 地块完成验收交付入伙，03 地块开盘销售，04 地块开展基坑工程及相关报建工作	宝安区政府
204	L201400049 深圳华强永兴投资有限公司、深圳市塘尾股份合作公司 塘尾第一工业区城市更新项目（一期）	2015.11—2020.12	总建筑面积 800000 平方米，建设包括住宅、商业、办公等 宝安区福永街道凤塘大道与宝安大道交汇处西南侧	406,000	25,000	81,968	社会投资 81,968	完成地下一层结构施工和主体结构 2/3	宝安区政府

（续表）

序号	项目代码， 建设单位及项目名称	建设周期	建设规模及建设地址	总投资	至上年止完成投资	本年度计划完成投资	资金来源	本年度建设内容	协调推进牵头单位
205	S2015K70100007 中粮地产集团深圳房地产开发有限公司 宝安22区中粮工业园更新项目（中粮紫云项目）	2015.06 — 2017.12	拟拆除重建用地面积 40597 平方米，建设包括住宅、商业办公、配套等 宝安区新安街道22区新安二路与公园路交汇处	360,000	10,000	78,700	社会投资 78,700	主体结构施工至 2/3，达到预售条件，南区住宅地块销售开盘	宝安区政府
206	301201002860/301201100909 深圳市华盛置业有限公司 沙井商业中心改造项目	2010.10 — 2018.12	总建筑面积 298000 平方米，建设包括住宅、商业、酒店、办公、公共配套设施等 宝安区沙井街道新沙路	222,324	152,000	36,000	社会投资 36,000	三期地下室结构施工、三期裙楼施工、三期标准层施工	宝安区政府
207	S201200932/S2013K000019/S2013K7000057 深圳市联投置地有限公司 松岗东方片区更新改造项目	2012.08 — 2016.12	总建筑面积 601399 平方米，建设包括住宅、商业、商务公寓、酒店、保障性住、养老院以及配套设施等 宝安区松岗街道东方大道与松岗大道交汇处	160,000	158,622	12,000	社会投资 12,000	02 地块联投东方华府进行收尾工程，并进行各项竣工验收后移交给业主	宝安区政府
208	S2015K70100047 深圳天安云谷投资发展有限公司 天安岗头城市更新单元（二期）	2015.03 — 2018.12	二期计容建筑面积 542850 平方米，建设包括工业及研发用房、产业配套单身宿、产业配套小型商业服务设施、公共配套设施等 龙岗区坂田街道岗头社区雪岗北路	500,000	70,000	200,000	社会投资 200,000	完成桩基、地下室结构施工	龙岗区政府

（续表）

序号	项目代码， 建设单位及项目名称	建设 周期	建设规模及建设地址	总投资	至上年止 完成投资	本年度计划 完成投资	资金来源	本年度 建设内容	协调推进 牵头单位
209	S2014K7000060 深圳市佳华房地产开发有限公司 坂田村旧工业区更新项目南片区一期	2014.06 — 2017.06	规划建筑面积 140889 平方米，建设包括住宅（含保障性住房）、商业、商业服务业、公共配套设施等 龙岗区坂田街道五和大道与吉华路交汇处	157,000	124,500	24,600	社会投资 24,600	一期主体结构施工收尾阶段，开展装修工程施工	龙岗区政府
210	S2011102678 深圳市茂骏投资有限公司 坪地长美岭工业区更新单元（今日健康产业中心）	2015.01 — 2020.01	一、二期计容建筑面积 560000 平方米，建设内容包括商业、办公、商务公寓、酒店和公共配套设施配套等 龙岗区坪地街道坪西社区龙岗大道 28 号	400,000	115,800	30,000	社会投资 30,000	完善规划用地及报建手续，开展桩基、地下室结构工程施工	龙岗区政府
211	S2015K70100014 深圳市盛隆兴业投资发展有限公司 黄阁新村片区更新项目	2015.09 — 2018.04	计容建筑面积 197000 平方米，建设包括住宅、商业、商务办公、配套设施等 龙岗区龙城街道白灰围路与平安路交汇处西北侧	178,000	84,400	30,000	社会投资 30,000	完成项目主体结构施工，装修施工开始	龙岗区政府
212	S2014K7000133 深圳市德润创展房地产开发有限公司 荣兴工业园城市更新单元（德润荣君府）	2015.04 — 2017.05	计容建筑面积 98337 平方米，建设包括住宅（含保障性住房）、商业、商务公寓、公共配套设施等 龙岗区坂田街道布龙路南侧、坂田西路以西 170 米处	156,483	55,742	44,741	社会投资 44,741	主体施工收尾阶段，装修工程及其他相关分包工程，竣工验收工作	龙岗区政府

（续表）

序号	项目代码，建设单位及项目名称	建设周期	建设规模及建设地址	总投资	至上年止完成投资	本年度计划完成投资	资金来源	本年度建设内容	协调推进牵头单位
213	S2013013580002 深圳市天荣盛房地产开发有限公司 公明商业中心更新单元	2014.12 — 2019.08	拟拆迁重建用地面积 178579 平方米，建设包括住宅（含保障性住房）、商业、商务公寓、办公、酒店、公共配套设施等 光明新区公明街道松白路与风景路交汇处	650,000	230,000	60,000	社会投资 60,000	一、二期施工，三、四期进行基坑工程及相关报批报建手续	光明新区管委会
214	S2014K70100034 中粮地产（深圳）实业有限公司 公明新创维电器片区城市更新项目（中粮云景）	2015.05 — 2018.12	计容建筑面积 584068 平方米，建设包括工业、商业、居住、安居型商品房等 光明新区公明街道松白路与创维路交汇处	326,586	130,000	86,111	社会投资 86,111	南区、北区地块竣工，广场地块（08 地块）达到预售条件	光明新区管委会
215	S2015K70100046 深圳市鸿荣源实业有限公司 深圳北（龙华）商务中心城市更新单元（壹成中心花园）	2014.05 — 2020.10	拟拆除重建用地面积 428220.6 平方米，建设包括住宅（含保障房）、商业、办公、公共配套设施等 龙华区龙华街道人民北路东侧、建设东路南侧、东环一路西侧、工业路北侧	2,500,000	565,304	350,000	社会投资 350,000	实施土方工程、基坑支护工程、基础工程、地下室工程、主体工程	龙华区政府
216	S2015K70100103 深圳市鸿荣源房地产开发有限公司 龙胜建设路工业区更新单元	2015.08 — 2018.08	拟拆除重建用地面积 42569 平方米，建设包括住宅、街铺、公寓（居住性）、保障性住房、公共配套设施等 龙华区大浪街道布龙路与建设路交叉口西北侧	193,287	8,456	41,510	社会投资 41,510	实施土方工程、基坑支护工程、基础工程、局部地下室工程、局部主体工程	龙华区政府

（续表）

序号	项目代码，建设单位及项目名称	建设周期	建设规模及建设地址	总投资	至上年止完成投资	本年度计划完成投资	资金来源	本年度建设内容	协调推进牵头单位
217	S2014K7000067 深圳市佳华房地产开发有限公司 观澜旧村（二期）城市更新项目	2014.06—2017.06	计容建筑面积 138410 平方米，建设包括商业、酒店、住宅、保障性住房、商务公寓建筑、公共配套设施等 龙华区观澜街道观澜旧村第二工业区	153,000	124,500	24,000	社会投资 24,000	全面开展一、二期主体工程建设	龙华区政府
218	S2014K7000043 深圳市保利置业房地产开发有限公司 龙华东风汽车厂城市更新项目（保利悦都花园）	2013.12—2016.12	计容总建筑面积 95350 平方米，包括住宅（含保障性住房和物业管理用房）、商业、公共配套设施等 龙华区龙华街道龙观东路与清龙路交汇处	145,759	123,513	18,774	社会投资 18,774	砌体施工、配套工程施工	龙华区政府
新建 7 项				4,135,791		455,515			
219	L201500077 华润（深圳）有限公司 笋岗冷库城市更新项目	2016.01—2020.04	总建筑面积为 312670 平方米，建设包括住宅、公寓、办公及购物中心等 罗湖区笋岗街道桃园路 128 号	580,000		40,000	社会投资 40,000	土方开挖、桩基工程、地下室施工、主体施工	罗湖区政府
220	L201500048 深圳市康侨佳城置业投资有限公司 康佳集团总部厂区城市更新项目	2016.06—2021.12	计容建筑面积 260000 平方米，建设包括商业办公、商务公寓、商业服务业、公共配套设施等 南山区沙河街道华侨城深南大道与汕头街交汇处	669,576		83,370	社会投资 83,370	完成设计工作，签订土地合同，开始基坑开挖及地下室建设（含地下商业和车库）	南山区政府

（续表）

序号	项目代码，建设单位及项目名称	建设周期	建设规模及建设地址	总投资	至上年止完成投资	本年度计划完成投资	资金来源	本年度建设内容	协调推进牵头单位
221	S201102762 中粮地产（集团）股份有限公司 中粮深圳大悦城	2016.10—2020.12	计容建筑面积约960000平方米，建设包括购物中心、写字楼、酒店、住宅（含安居商品房）、公寓等 宝安区新安街道25区城市更新项目	1,694,342		112,145	社会投资112,145	实施部分地块拆除施工	宝安区政府
222	L201500071 中粮地产集团深圳房地产开发有限公司 中粮69区工业园城市更新项目	2016.02—2017.12	计容建筑面积约140000平方米，建设包括产业研发用房约（含创新型产业用房）、配套用房、公共配套设施等 宝安区新安街道69区留仙一路与创业二路交汇处	300,000		100,000	社会投资100,000	地价款缴交；土方开挖及基坑支护工程；桩基础工程施工；地下室结构及裙房工程施工	宝安区政府
223	L201400014 深圳市臣田股份合作公司 西乡臣田国际汽车城更新	2016.01—2021.10	拟拆除重建用地面积55777平方米，建设包括商业、办公、商务公寓、酒店、公共配套设施等 宝安区西乡街道宝田一路50号臣田村委办公楼	205,000		30,000	社会投资30,000	原有建筑物清拆，场地平整，土方开挖，基坑支护，基础施工	宝安区政府
224	S2015K70100002 深圳市宜泰置业发展有限公司 正山甲单元更新项目（一期）	2016.01—2020.01	计容建筑面积197030平方米，建设包括住宅、商业、商务公寓、公共配套设施等 坪山区坪山街道六和社区	186,873		30,000	社会投资30,000	实施地下室、主体、销售中心、样板房及展示区工程	坪山区政府

（续表）

序号	项目代码， 建设单位及项目名称	建设 周期	建设规模及建设地址	总投资	至上年止 完成投资	本年度计划 完成投资	资金来源	本年度 建设内容	协调推进 牵头单位
225	L201500091 深圳市宝盛龙悦实业投资有限公司 龙华第八工业区宝龙地块城市更新项目	2016.05 — 2020.10	拟拆除重建用地面积 42075 平方米，建设包括住宅（含保障性住房）、商业、办公、商务公寓、公共配套设施等 龙华区龙华街道东环一路与八一路交汇处西南角	500,000		60,000	社会投资 60,000	办理专项规划报批，桩基础工程开工	龙华区政府
	社会民生 44 项			3,758,594	875,794	683,271			
	续建 35 项			2,709,343	875,794	607,819			
226	301200704355 深圳中海地产有限公司 深圳当代艺术馆与城市规划展览馆	2013.04 — 2016.12	用地面积 29688 平方米，建筑面积 89299.46 方米，由当代艺术馆与城市规划展览馆两个馆组成 福田区莲花街道鹏程四路东侧	156,013	125,892	30,121	社会投资 30,121	精装修，工程完工	福田区政府
227	L201200012 深圳市龙岗区住房和建设局 龙岗区“三馆”项目	2014.04 — 2017.04	用地面积 14363 平方米，计容建筑面积 38500 平方米，地上 5 层、地下 2 层，高度 23.9 米，包含科技馆、青少年宫、公共艺术馆，兼顾规划展览、文化商业配套等功能 龙岗区龙城街道龙城广场西侧，北邻龙翔大道及龙岗区政府	82,060	26,000	23,000	政府投资 23,000	结构施工、机电工程、装修工程、幕墙工程、室外工程（管网、园建）	龙岗区政府
228	20130060701 深圳市坪山新区建设管理服务中心 深圳坪山文化中心	2014.01 — 2017.11	用地面积 73689 平方米，总建筑面积 118184 平方米，建设内容包括图书馆、书城、影院、美术馆、展览馆、文化活动中心、剧院等 坪山区坪山街道半月环中心公园西侧	117,520	35,000	25,000	政府投资 25,000	幕墙安装、精装修、舞台机械安装、智能化安装等施工	坪山区政府

（续表）

序号	项目代码， 建设单位及项目名称	建设 周期	建设规模及建设地址	总投资	至上年止 完成投资	本年度计划 完成投资	资金来源	本年度 建设内容	协调推进 牵头单位
237	Z201200504 深圳市光明新区建筑工务和土地开发中心 深圳市第十高级中学	2015.07 — 2017.07	总用地面积 74488 平方米，总建筑面积 70473 平方米，包括教学综合楼、图书馆、体育馆、宿舍、行政楼、钟塔、运动场地及室外配套等 光明新区光明街道公园路新城公园西北	30,441	10,800	10,000	政府投资 10,000	完成地下室工程，主体工程土建完成90%，安装工程完成 20%	光明新区管委会
238	Z201200566 深圳市大鹏新区建设管理服务中心 深圳市第十一高级中学	2015.06 — 2017.07	总用地面积为 100098 平方米，总建筑面积为 67567 平方米，新建 1 所 60 个班共 3000 个学位全寄宿制普通高级中学 大鹏新区葵涌街道溪涌社区洞背片区	31,187	12,600	8,000	政府投资 8,000	完成工程总体形象进度 80%	大鹏新区管委会
239	L201400027 深圳市盐田区建筑工程事务局 盐田实验学校（东港中学）	2015.02 — 2016.09	用地面积 27097 平方米，建筑面积 31698 平方米，该项目按初中 36 个班的办学规模设计，每班 50 人 盐田区盐田街道永安路	15,930	10,000	5,930	政府投资 5,930	完成室内装饰装修工程、室外工程，办理竣工验收及项目移交手续	盐田区政府
240	LH2015000088 深圳市龙华新区建设管理服务中心 上塘片区九年一贯制学校	2015.11 — 2016.10	用地面积 38743 平方米，总建筑面积 39525 平方米，包括体育馆及教学楼、图书信息中心楼、阶梯教室、食堂及教工宿舍和地下室 龙华区民治街道上塘片区	17,939	2,500	15,439	政府投资 15,439	主体工程建设	龙华区政府

（续表）

序号	项目代码，建设单位及项目名称	建设周期	建设规模及建设地址	总投资	至上年止完成投资	本年度计划完成投资	资金来源	本年度建设内容	协调推进牵头单位
241	301201004059 深圳证券交易所 中国资本市场学院建设工程	2013.03 — 2016.06	用地面积 100501 平方米，总建筑面积 113620 平方米，建成后首期可形成 500 个学位的办学规模 南山区西丽街道动物园路与沁园路交汇处 T403-0275 地块	101,828	45,143	56,685	社会投资 56,685	部分机电设备采购安装调试及收尾工作；室内精装修施工；室外园林景观、泛光照明及室外配套工程施工；工程验收等	南山区政府
242	301201100484 深圳市住宅工程管理站 深圳市职工继续教育学院新校区建设工程	2015.04 — 2017.05	用地面积 87653 平方米，总建筑面积 80767 平方米，建设教学楼、实训楼、宿舍楼、图书馆、职工继续教育综合楼等 坪山区坪山街道创景南路	31,634	10,000	10,000	社会投资 10,000	主体封顶，机电完成完成70%、装修完成30%	市建筑工务署
243	301201004148 深圳市住宅工程管理站 深圳职业技术学院西校区综合楼工程	2014.07 — 2017.06	用地 6352 平方米，总建筑面积 33563 平方米，建设学校综合楼，教师宿舍楼等，总高度 88.1 米 南山区西丽街道留仙大道深职院西校区	16,614	8,200	6,000	政府投资 6,000	完成地下室设备安装、主体土建部分的砌筑、建筑装饰施工；内装工程完成至 90%	市建筑工务署
244	301200703493 深圳市建筑工务署 深圳大学附属医院	2013.12 — 2017.03	用地面积 89828 平方米，总建筑面积 135665 平方米，建设拥有 800 张床位规模的医院 南山区西丽街道大学城	79,383	35,500	22,700	政府投资 22,700	室外工程及室内精装修，机电设备管线安装等	市建筑工务署

（续表）

序号	项目代码，建设单位及项目名称	建设周期	建设规模及建设地址	总投资	至上年止完成投资	本年度计划完成投资	资金来源	本年度建设内容	协调推进牵头单位
245	301200900852 深圳市建筑工务署 深圳市人民医院内科住院大楼项目	2015.05—2019.02	用地面积15913平方米，总建筑面积为10.72万平方米，设计床位1200张，新建内科住院大楼及相关配套 罗湖区翠竹街道田贝一路人民医院内西北角	70,092	9,000	10,000	政府投资10,000	基坑支护及土石方施工；地下室结构施工	市建筑工务署
246	z201200029 深圳市建筑工务署 深圳市妇幼保健院福强院区住院大楼	2015.12—2019.12	总建筑面积69880平方米，设计床位650张 福田区福保街道福强路北	47,495	2,500	5,000	政府投资5,000	完成基坑支护工程，土石方工程完成70%，桩基工程完成50%	市建筑工务署
247	301200702060 深圳市住宅工程管理站 深圳市健宁医院	2014.12—2018.08	总建筑面积133744平方米，建设规模为800张病床，项目定位于集医疗、教学、科研和康复为一体的现代化精神疾病专科医院 坪山区坪山街道汤坑社区	78,487	26,800	10,000	政府投资10,000	主体结构封顶，装饰装修工程完成15%，机电安装工程完成20%，室外工程完成15%	市建筑工务署
248	301200900790 深圳市建筑工务署 中山大学附属第七医院（原市新明医院）	2013.04—2017.03	用地面积80503平方米，总建筑面积137900平方米，建筑规模800张床位。主要建设内容包括新建诊疗业务区、行政后勤综合楼及配套建筑物 光明新区光明街道凤新路东侧	80,661	42,500	13,500	政府投资13,500	医技楼精装修完成80%，净化工程完成80%，其余工程基本完工	市建筑工务署

（续表）

序号	项目代码， 建设单位及项目名称	建设 周期	建设规模及建设地址	总投资	至上年止 完成投资	本年度计划 完成投资	资金来源	本年度 建设内容	协调推进 牵头单位
249	Z12013WS0004 深圳市建筑工务署 深圳市第三人民医院改扩建工程	2015.08 — 2018.08	总建筑面积 68098 平方米，建设内容包括门急诊、医技用房、住院病房、教学科研用房、地下室等 龙岗区布吉街道布澜路 29 号	41,880	3,000	10,000	政府投资 10,000	桩基工程完成，主体结构施工至 15 层	市建筑工务署
250	301201000021 深圳市罗湖区建筑工务局 罗湖区中医院莲塘新院建设工程	2012.12 — 2018.06	用地面积 24903 平方米，总建筑面积 72600 平方米，规划床位 400 张 罗湖区莲塘街道北部 39—02 地块	49,849	10,000	3,000	政府投资 3,000	完成住院楼、门诊楼主体结构封顶；外墙施工完成30%；室内水、电工程完成30%	罗湖区政府
251	301200602792 坪山新区建设管理服务中心 市萨米国际医疗中心医疗设备购置（一期）项目（原市聚龙医院）	2015.01 — 2016.12	用地面积 67945 平方米，总建筑面积 133040 平方米，设计病床 600 张，建设包括住院楼、医技楼和门诊楼 坪山区坪山街道燕子岭片区	17,376	7,376	10,000	政府投资 10,000	完成工程建设并移交使用	坪山区政府
252	Z12014CJ0053 深圳市住宅工程管理站 深圳监狱保障性住房项目	2015.01 — 2018.11	用地面积 11165 平方米，总建筑面积 64050 平方米，共建 3 栋塔楼，1、2 栋 31 层，3 栋 33 层，总高度约 98 米，含保障性住房 944 套 坪山区坪山街道祥心路东侧	31,650	8,000	1,800	政府投资 1,800	施工图设计完成；桩基工程完成；地下室结构完成至90%	市建筑工务署

（续表）

序号	项目代码，建设单位及项目名称	建设周期	建设规模及建设地址	总投资	至上年止完成投资	本年度计划完成投资	资金来源	本年度建设内容	协调推进牵头单位
253	S2015K70100136、137、138、139 深圳矽感光电有限公司 石岩（福田）保障性住房项目	2015.01—2019.12	用地面积为115393平米，计容积率建筑面积为622230平方米，项目建设内容包括14栋高层住宅、1栋高层商务公寓、2栋高层办公楼及相关配套设施、2栋幼儿园 宝安区石岩街道水田社区德政路	400,000	60,000	47,000	社会投资 40,000	地块一、二地下室完工，建设裙房及部分塔楼；地块三土方工程、桩基础及部分地下室结构工程	宝安区政府
254	Z12013D20002 深圳市住宅工程管理站 深圳市社会福利中心（新址）建设工程（一期）项目	2013.12—2016.09	用地面积32311平方米，总建筑面积44861平方米，儿童福利院700张床位，老人颐养院300床位 龙华区观澜街道观澜街道观光路北侧	20,897	18,897	2,000	政府投资 2,000	工程竣工验收完成并交付使用	市建筑工务署
255	Z12013D20003 深圳市住宅工程管理站 深圳市养老护理院	2013.12—2016.09	用地面积10000平方米，总建筑面积39922平方米，共800张床位，新建老年人用房、行政办公用房以及室外配套工程等 南山区桃源街道龙珠七路与龙苑路交汇处（龙珠医院西门对面）	19,093	17,093	2,000	政府投资 2,000	工程竣工验收完成并交付使用	市建筑工务署
256	S201200171 深圳市康馨养老事业投资发展有限公司 罗湖康馨养老院	2015.12—2018.01	用地面积约6600平米，总建筑面积为52630平米，拟建设集养老、休闲、医护等专业设施配套于一体的养老服务中心 罗湖区莲塘街道莲塘东片区，北临仙桐路，南侧为仙桐御景小区	35,013	4,000	15,024	社会投资 15,024	基坑开挖及土石方工程，完成施工图设计后主体工程全面开工建设	罗湖区政府

（续表）

序号	项目代码，建设单位及项目名称	建设周期	建设规模及建设地址	总投资	至上年止完成投资	本年度计划完成投资	资金来源	本年度建设内容	协调推进牵头单位
257	L201400048 深圳市福田区城市管理局 香蜜公园建设工程项目	2015.05—2017.05	用地面积约 42 万平方米，建筑面积为 6500 平方米，主要内容包括园林工程、活动中心、自然展览厅、公园管理服务中心、文物保护工程等 福田区香蜜湖街道 04-05 区块	25,645	4,500	16,000	政府投资 16,000	完成公园总体建设工作	福田区政府
258	301200822198 深圳市民政局 深圳市殡仪馆改扩建项目	2015.12—2021.02	用地面积 15.54 万平米，建筑面积为 50978 平方米，建设主要为办公楼、食堂及值班用房、业务楼等 龙岗区南湾街道龙岗大道拖田坑 549 号	32,198	4,550	2,000	政府投资 2,000	完成第一阶段工程，主要包括：搭建临时办公板房，拆除现有办公楼，新建 1#、2#业务楼，3#生活综合楼及 1#变配电室	市建筑工务署
259	301201001307 深圳市住宅工程管理站 深圳大学城会议中心	2015.12—2017.06	用地面积 7469 平方米，总建筑面积 21707 平方米，地下 2 层，地上 3 层，主要设置报告厅、舞台、商务中心、会议厅、多功能厅、社团办公室、会议室、机房、灯光室、控制室等 南山区西丽街道大学城公共核心区的学苑路与春华路交汇处	15,365	5,300	2,000	政府投资 2,000	土石方及基坑支护完成，施工总承包招标完成，二层主体施工完成	市建筑工务署
260	L201500089 深圳市建筑工务署 南方科技大学 B、C 栋实验楼建设工程	2015.12—2017.06	用地面积 14450 平方米，总建筑面积 29856 平方米，新建 B 栋实验楼 1 栋，地下一层，地上五层，建筑高度 23.5 米；新建 C 栋实验楼 1 栋，地上五层，建筑高度 23.5 米。A、B、C 栋实验楼一层有连廊连接 南山区西丽街道南方科技大学校园西南角	14,810	10,000	2,000	政府投资 2,000	完成项目地基基础和主体结构施工，幕墙工程、外墙涂料、防水工程、室内精装修工程、机电安装工程、室外工程基本完成	市建筑工务署

（续表）

序号	项目代码， 建设单位及项目名称	建设 周期	建设规模及建设地址	总投资	至上年止 完成投资	本年度计划 完成投资	资金来源	本年度 建设内容	协调推进 牵头单位
新建 9 项				1,049,251		75,452			
261	Z12014JY0021 深圳市建筑工务署 深圳北理莫斯科大学建设工程	2016.01 — 2022.12	新建深圳北理莫斯科大学校舍，新建建筑面积为227150平方米（其中，地上建筑面积为210470平方米，地下建筑面积16680平方米）；道路、绿化等室外工程等 龙岗区龙城街道深圳市龙岗区大运新城西南部，水官高速—盐龙大道西北侧，自行车赛场路及龙岗区体育中心南侧	117,678		10,000	政府投资 10,000	学校一期基础完成，进入结构施工阶段	市建筑工务署
262	301200900745 深圳出版发行集团公司 深圳书城龙岗城	2016.01 — 2018.10	总建筑面积35000平方米，建设出版物卖场、创意生活空间区域型的文化阅读生活中心 龙岗区龙城街道龙城广场	22,633		6,000	政府投资 5,000 社会投资 1,000	建设图书出版物大卖场，数字影院及相关配套服务设施，停车场，设备用房等	龙岗区政府
263	Z2013DZ0035 深圳市教育局 深圳教育云	2016.05 — 2018.07	云基础建设、云支撑平台建设、云应用服务软件建设、云信息安全保障体系建设、云运营机制与服务体系建设和云服务标准规范体系建设 罗湖区桂园街道罗湖区红岭中路1042号	16,260		8,000	政府投资 8,000	工程招标，开工建设	市教育局
264	L201500047 深圳市龙华新区建设管理服务中心 白石龙九年一贯制学校工程	2016.01 — 2017.01	用地面积31201平方米，总建筑面积49866平方米，规划为54班九年一贯制学校，其中小学36个班，初中18个班，总学位2520个 龙华区民治街道民繁路与民宝路交汇处	21,790		15,700	政府投资 15,700	初中部、小学部及办公楼、艺术楼、风雨操场、图书信息中心、食堂和宿舍、地下室、电梯安装工程及相关室外配套工程等	龙华区政府

（续表）

序号	项目代码，建设单位及项目名称	建设周期	建设规模及建设地址	总投资	至上年止完成投资	本年度计划完成投资	资金来源	本年度建设内容	协调推进牵头单位
265	L201500090 深圳市盐田区建筑工程事务局 沙头角中学总体改造工程	2016.01—2018.02	用地面积 26870 方米，总建筑面积 33662 平方米，建设内容主要是对沙头角中学进行拆除重建，重建后办学规模为 36 班初中，1800 个学位 盐田区沙头角街道东和路	16,146		6,000	政府投资 6,000	基坑开挖及地下室施工，主体结构施工	盐田区政府
266	L201500044 龙岗区建筑工务局 深圳市平湖医院	2016.02—2019.12	用地面积49468平方米，总建筑面积约309000平方米，一期按照 1500 张床位规模建设 龙岗区平湖街道鹅公岭社区	204,000		8,300	政府投资 8,300	完成土方开挖、外弃和基坑支护	龙岗区政府
267	301201000023 深圳市新建市属医院筹备办公室 市吉华医院（原市肿瘤医院）	2016.01—2019.12	规划建设 3000 张床位的综合医院 龙岗区坂田街道吉华路南侧	552,825		5,000	政府投资 5,000	高压线改迁等前期工作，项目开工建设	市卫生计生委
268	LHZ2014000001 深圳市龙华新区建设管理服务中心 观澜体育公园	2016.05—2018.12	用地面积 64350 平方米，建筑总面积 38679 平方米，设计为一座以标准游泳池为主体，附设室内羽毛球场、乒乓球场的多功能馆，室外配套有篮球场、网球场等 龙华区观澜街道观光路以南、观兴东路以西、新丹路以北	38,206		5,000	政府投资 5,000	完成施工图设计、预算编制、招投标并开工建设	龙华区政府

（续表）

序号	项目代码，建设单位及项目名称	建设周期	建设规模及建设地址	总投资	至上年止完成投资	本年度计划完成投资	资金来源	本年度建设内容	协调推进牵头单位
269	S201408100002 深圳市前海幸福之家投资管理有限公司 幸福之家养老院	2016.02—2017.10	用地面积为10861平方米，总建筑面积33400平方米，全部为老人用房及附属设施用房 宝安区新安街道新安六路南侧	59,713		11,452	社会投资 11,452	桩基础工程、主体结构工程	宝安区政府
城市安全环境资源 20 项				6,429,043	1,980,292	888,956			
续建 15 项				3,988,370	1,980,292	453,355			
270	L201500036 深圳市龙岗区环境保护和水务局 四联河地面坍塌隐患治理及水环境综合整治工程	2015.02—2017.12	治理范围包括干流和一条右支流，干流的治理范围从红棉立交至勤富路，长约5645米，右支流起点位于黄竹坑水库大坝下游，长约1567米，总长度7212米 龙岗区横岗街道四联社区	46,547	7,000	10,000	社会投资 10,000	全面开展四联河地面坍塌隐患治理及上游水环境整治工作	龙岗区政府
271	301200822605 深圳市水务局 深圳市清林径引水调蓄工程	2010.08—2017.06	总库容1.86亿立方米，校核蓄水位80米，龙清输水规模60万m³/d，东清输水规模40万m³/d 龙岗区龙城街道、横岗街道、坪地街道	116,075	57,644	14,000	政府投资 14,000	坝体填筑和回填；坝顶构筑物施工；防汛路修筑；帷幕灌浆、隧洞掘进、衬砌；泵房及管理房主体结构施工	市水务局
272	301200901268 深圳市水务局 公明供水调蓄工程	2007.10—2017.10	由原横江水库扩建工程、连通隧洞、供水隧洞和雨洪利用工程组成。主要建筑物包括大坝、溢洪道、放水隧洞和输水隧洞等。正常蓄水位为59.7m，正常库容1.42亿m³ 光明新区光明街道、公明、石岩	101,286	78,178	8,000	政府投资 8,000	闸室、交通桥施工、外电安装、坝顶工程施工及水保、光缆铺设、清库、围网安装等	市水务局

（续表）

序号	项目代码，建设单位及项目名称	建设周期	建设规模及建设地址	总投资	至上年止完成投资	本年度计划完成投资	资金来源	本年度建设内容	协调推进牵头单位
273	301201004443 深圳市水务局 深圳市布吉河（特区内）水环境综合整治工程（第二阶段）	2012.09—2018.12	工程建设内容为整治笋岗桥以下河道2.76km，主要工程建设内容包括护岸改造、河口水闸工程、调蓄池工程及景观绿化、水质改善等 福田区，罗湖区	68,108	30,000	8,000	政府投资 8,000	完成水闸主体结构、水闸上下游连接段、罗雨泵站出水口改造等；完成调节池基坑支护及开挖、地基处理、调节池底板及侧墙施工	市水务局
274	301200812864 深圳市水务局 铜锣径水库扩建工程	2008.08—2018.09	扩建后总库容2400万立方米，主要建设内容包括4座大坝、2条隧洞、11处库岸整治、横岗支线工程、三洲田水库1号坝加固、大康泵站扩建、生产调度中心等 龙岗区横岗街道简龙村	42,664	32,887	2,700	政府投资 2,700	主坝和3座副坝全部完成，库岸防渗全部完成，主体工程的金属结构设备安装基本完成	市水务局
275	301201003586 深圳市水务局 治理深圳河第四期工程	2013.08—2017.07	该工程起点位于平原河口，终点位于莲塘/香园围口岸上游约620米，整治长度4.449公里。工程实施后河道防洪能力由2至20年一遇提高到50年一遇 罗湖区莲塘街道深圳河上游（莲塘河）	33,728	12,600	4,000	政府投资 4,000	土方开挖及处置，截污工程，堤防工程，景观绿化工程及配套工程等	市水务局
276	301200703483 深圳市水务局 深圳市大鹏半岛水源工程-东涌水库工程	2008.10—2017.12	设计总库容1190.99万立方米，最大坝高56米，主要包括：输水隧洞、东涌改线公路、土方填筑、溢洪道等 大鹏新区南澳街道东涌社区	29,604	18,021	5,000	政府投资 5,000	完成大坝填筑施工和管理房建设，开始溢洪道、围网、信息化等项目施工	市水务局

（续表）

序号	项目代码，建设单位及项目名称	建设周期	建设规模及建设地址	总投资	至上年止完成投资	本年度计划完成投资	资金来源	本年度建设内容	协调推进牵头单位
277	L201200043 深圳市龙华新区建设管理服务中心 观澜河“一河两岸”景观提升工程	2013.03—2017.12	项目长约 14.6 公里。建设内容主要是主干流范围内和两岸各 30 米～135 米范围内的景观改造，涉及范围总面积约为 162900 平方米 龙华区观澜街道、观湖街道、龙华街道	24,964	16,199	450	政府投资 450	A-D 段完工；E 段开展施工图设计等工作；F/G/H 段开展方案修改、初步设计、概算编制、施工图设计等工作	龙华区政府
278	301200600349 深圳供电局有限公司 深圳电网重点工程	2010.02—2018.12	2016 年计划共有 186 个子项（含前期 107 项），新增主变容量约 637 万千伏安，线路长约 131 千米，配套线路约 23 千米 福田区，大鹏新区，罗湖区，南山区，宝安区，龙岗区，盐田区，光明新区，坪山区，龙华区	1,481,830	685,819	154,497	社会投资 154,497	建设变电容量约 637 万千伏安，线路长约 131 千米，配套线路约 23 千米	市经贸信息委
279	Z200900015 深圳市建筑工务署 深圳电网北环 110kV 架空线改造入地电缆隧道工程	2013.11—2017.09	线路全长约 24.43km，主要建设内容包括隧道工程、竖井工程、建构筑物保护工程、管线迁改工程、水土保持工程等 福田区，罗湖区，南山区	152,194	70,000	20,000	政府投资 20,000	1. 交通疏解；2. 管线迁改；3. 竖井工程；4. 隧道区间	市建筑工务署
280	301200600370 深圳蓄能发电有限公司 深圳抽水蓄能电站	2012.10—2018.09	上水库发电调节库容 825.24 万 m^3；下水库发电调节库容 825.24 万 m^3。地下厂房内安装 4 台单机容量 300MW 的可逆混流式机组，总装机容量 1200MW，设计年抽水用电量 19.55 亿 KW/h，年发电量 15.11 亿 KW/h 盐田区，龙岗区	599,060	236,024	76,009	社会投资 76,009	水道系统混凝土衬砌和灌浆、主机设备到货、机电设备安装、房屋建筑工程开工等	龙岗区政府，盐田区政府

（续表）

序号	项目代码，建设单位及项目名称	建设周期	建设规模及建设地址	总投资	至上年止完成投资	本年度计划完成投资	资金来源	本年度建设内容	协调推进牵头单位
281	301200812354 中海石油深圳天然气有限公司 深圳液化天然气项目（迭福站址）	2012.12 — 2016.06	建设4座16万立方米LNG储罐及配套气化等设施，建设1个8万～26.6万立方米LNG船接卸泊位及接收站取排水口工程 大鹏新区大鹏街道大鹏街道迭福路3号	807,605	404,050	92,859	社会投资92,859	开展竣工资料整理及工程结算工作，开始联合调试	大鹏新区管委会
282	301200704351 深圳市燃气集团股份有限公司 深圳市天然气高压输配系统工程	2009.09 — 2017.12	项目主要包括4座天然气门站，1座高—次高调压站，5座高—中压调压站、8座电厂专用调压站及约146公里高压输气管线 福田区，大鹏新区，罗湖区，南山区，宝安区，龙岗区，盐田区，光明新区，坪山区，龙华区	289,920	230,000	6,900	社会投资6,900	迭福门站及出站管建设；天然气储备与调峰库高压支线工程建设；华电分布式能源高压管工程前期	大鹏新区管委会，坪山区政府
283	301201101336 深圳市燃气集团股份有限公司 深圳市天然气储备与调峰库工程（含华安液化石油气码头改扩建工程）	2014.03 — 2017.10	8万方LNG储存规模的储罐、LNG气化系统、LNG槽车装卸系统及相应的辅助生产设施，以及通过改扩建现有的华安LPG装卸码头以增加接卸LNG船的功能 大鹏新区葵涌街道下洞华安液化石油气有限公司	148,134	59,170	49,940	社会投资49,940	设备采购安装；内罐焊接保温工程施工，工艺管道及大型设备基础工作；码头工程疏浚、桩基、水工主体结构及栈桥施工	大鹏新区管委会

（续表）

序号	项目代码，建设单位及项目名称	建设周期	建设规模及建设地址	总投资	至上年止完成投资	本年度计划完成投资	资金来源	本年度建设内容	协调推进牵头单位
284	301200703308 深圳市燃气集团股份有限公司 深圳市求雨岭天然气安全储备库工程	2014.03—2017.03	项目占地面积约 13.5 万 m²，拟建设日处理 30 万方天然气预处理系统、液化系统及其配套设施，单罐容积为 2 万 m³ 的 LNG 储罐，20 万 Nm³/h 的 LNG 气化装置、装卸系统及其配套设施等 龙华区观澜街道牛湖社区求雨岭	46,651	42,700	1,000	社会投资 1,000	2016 年 1 月-3 月进行单机调试、系统调试及联动试车；2016 年 4 月-12 月进行竣工验收及全厂试运行	龙华区政府
新建 5 项				2,440,673		435,601			
285	L201600004 各有关建设单位 2016 年地质灾害治理工程	2016.01—2016.12	全市范围内地质灾害治理 福田区，大鹏新区，前海合作区，深汕合作区，罗湖区，南山区，宝安区，龙岗区，盐田区，光明新区，坪山区，龙华区	30,000		30,000	政府投资 30,000.00	全市范围内地质灾害治理	市城管局
286	L201500120 深圳市宝安区环境保护和水务局 茅洲河流域（宝安片区）水环境综合整治工程	2016.01—2020.12	工程内容包括河道综合整治工程、内涝治理工程、污水管网工程、污水处理设施工程、生态处理工程、补水工程、滨水景观工程等七大类 宝安区沙井街道松岗街道	1,521,000		300,000	政府投资 300,000	茅洲河支流综合整治、雨污分流管网工程、排涝泵站工程建设	宝安区政府

（续表）

序号	项目代码，建设单位及项目名称	建设周期	建设规模及建设地址	总投资	至上年止完成投资	本年度计划完成投资	资金来源	本年度建设内容	协调推进牵头单位
287	301200821990 深圳市坪山新区城市建设局 坪山河流域水环境综合整治工程——坪山河干流综合整治工程	2016.03—2018.12	治理坪山河干流兔岗岭水陂—同裕路桥段，河长 13.5km，整治内容包括防洪工程、水质改善工程以及生态景观工程 坪山区坪山街道坪山河	173,974		30,000	政府投资 30,000	进行上游段河道综合整治工程，包括防洪工程、水质改善工程、景观工程	坪山区政府
288	L201400078 中国南方电网有限责任公司超高压输电公司广州局 滇西北至广东特高压直流输电工程（深圳段）	2016.01—2017.12	新建±800KV 受端换流站，按 5000MW 规模建设，±800KV 直流出线一回至云南滇西北地区；新建±800KV 直流输电线路及配套接地极线路，深圳段线路总长约 26 千米 宝安区，光明新区	535,000		20,000	社会投资 20,000	新建±800kV 受端换流站，新建输电线路深圳段线路总长约 26 千米	宝安区政府
289	S201200582 华电国际电力股份有限公司深圳公司 深圳华电坪山分布式能源项目	2016.05—2017.12	用地面积约 5.5 万平方米，建设 3 台 6FA 级燃气—蒸汽联合循环热电联供机组，装机容量 321 兆瓦，配套建设热网工程 坪山区坑梓街道坪山区规划九路以东、青松路以北	180,699		55,601	社会投资 55,601	土方开挖，混凝土浇筑，主厂房结构封顶	坪山区政府

3. 增补项目

表 3-3　增补项目表

单位：万元人民币

序号	项目代码，建设单位及项目名称	建设周期	建设规模及建设地址	总投资	至上年止完成投资	本年度计划完成投资	资金来源	本年度建设内容	协调推进牵头单位
合计（共63项）				23,962,787	356,374	502,860	政府投资 43,762 社会投资 1,532,623		
战略性新兴产业和未来产业 17 项				2,009,592	54,264	94,000			
续建 5 项				144,961	54,264	16,000			
1	S2014I6300004 深圳公众信息技术有限公司 超级 Wi-Fi 覆盖技术融合光网接入项目	2014.11 — 2019.11	项目利用超级 Wi-Fi 和室内超级 AP 技术，实现光纤到户融合光网接入，项目建成后形成覆盖 4600 万平方米保障性住房和商业住宅、30 万个信息点的运营服务能力 南山区粤海街道科技园科苑路科兴科学园	22,000	5,764	4,000	社会投资 4,000	融合光网公共平台的建设	南山区政府
2	S2015G54190006 深圳市联程共享电动汽车租赁有限公司 新能源小汽车分时租赁技术集成及项目应用推广	2015.08 — 2017.12	搭建专用于汽车分时租赁的管理系统平台及手机客户端操作系统，建设新能源汽车充电设施及专用运营网点，并投放新能源汽车，推广分时租赁服务 龙岗区龙城街道龙平西路 129 号龙岗汽车总站 1 楼	12,000	2,500	2,000	社会投资 2,000	启用分时租赁站点，投放纯电动车，建成充电桩功率达到 3200KW	龙岗区政府

（续表）

序号	项目代码， 建设单位及项目名称	建设 周期	建设规模及建设地址	总投资	至上年止 完成投资	本年度计划 完成投资	资金来源	本年度 建设内容	协调推进 牵头单位
3	S2015C38410016 深圳市沃特玛电池有限公司 沃特玛新一代动力电池产业化	2015.05 — 2018.04	扩大动力电池产能，购置安装研发、生产、检测设备，建立完整的电芯生产、电池组装中心和生产线 坪山区坪山街道深宇科技园	68,290	25,000	5,000	社会投资 5,000	购置研发、生产、检测仪器设备，扩建电芯生产和电池组装生产线	坪山区政府
4	S2015C29270002 深圳市虹彩新材料科技有限公司 生物质热塑性复合材料制品城市应用示范	2015.12 — 2017.12	建设基于生物质热塑性复合材料及制品示范应用项目，主要构建从技术研发创新、材料研制开发、产品生产加工到规模推广应用的完整示范应用链条 光明新区公明街道根玉路与南明路交汇处	18,435	12,000	2,000	社会投资 2,000	设备改造及购买新设备	光明新区管委会
5	S2016A03130001 深圳市金新农饲料股份有限公司 金新农研发中心项目	2014.07 — 2017.06	占地面积 7228.64 平方米，总建筑面积 33083.63 平方米，主要建设内容包括模式动物与无菌动物技术平台、生物饲料研发与检测技术平台、饲料行业品牌研究院和科技孵化器等 光明新区光明街道光明新区双明大道南侧、高新路西侧	24,236	9,000	3,000	社会投资 3,000	一期竣工验收；开展二期前期工作	光明新区管委会
新建 3 项				215,665		78,000			
6	S2016C37430020 深圳市大疆创新科技有限公司 大疆创新总部基地	2016.08 — 2019.03	用地面积 8927.67 平方米，拟建设无人机企业总部基地、无人机设计研发基地、无人机产业孵化基地以及综合配套服务用房等 南山区西丽街道留仙洞总部基地兴科路与仙茶路交汇处	159,865		75,000	社会投资 75,000	建筑方案设计、土石方工程施工	南山区政府

（续表）

序号	项目代码， 建设单位及项目名称	建设 周期	建设规模及建设地址	总投资	至上年止 完成投资	本年度计划 完成投资	资金来源	本年度 建设内容	协调推进 牵头单位
7	S2015C40110010 深圳市汇川技术股份有限公司 汇川技术总部大厦	2016.09 — 2019.06	用地面积 12650 平方米，新建建筑面积 5.5 万平方米，建设汇川技术总部大厦，主要包括研发中心、行政大楼、中试生产线及相关生活服务配套设施和相关设备 龙华区观澜街道高新技术产业园	40,200		2,000	社会投资 2,000	桩基础工程、基坑工程施工	龙华区政府
8	S2016M75140024 深圳市嘉力达节能科技股份有限公司 低碳建筑工艺与产业化研究推广中心	2016.10 — 2019.09	主要建设内容包括低碳建设改造、低碳建筑工艺应用研究、低碳建筑日常运行管理研究以及低碳建筑技术、工艺及管理研究成果的产业化推广 龙岗区坪地街道深圳国际低碳城	15,600		1,000	社会投资 1,000	完成项目配套工程场地低碳改造建设	龙岗区政府
	前期 9 项			1,648,966					
9	S2016C39690031 深圳柔宇显示技术有限公司 柔宇国际柔性显示基地（全球首条类 6 代超薄彩色柔性显示器产线）		总占地面积 96088 平方米，规划总建筑面积 306356 平方米，计划建设成为世界首条类 6 代大规模柔性显示屏生产线，产品定位于 2.2-9.7 英寸柔性 AMOLED 显示屏 申请选址龙岗区坪地街道高桥社区坪地国际低碳城园区	900,000				开展前期工作	龙岗区政府
10	S2016C37430001 深圳市万泽精密铸造科技有限公司 先进航空发动机高温合金材料与构件项目		建设内容包括 1 栋 17 层研发厂房，1 栋 13 层员工宿舍，建立高温合金材料熔炼、发动机叶片铸造及粉末冶金制粉为一体的综合生产线 申请选址龙华区大浪街道	201,211				开展前期工作	龙华区政府

（续表）

序号	项目代码，建设单位及项目名称	建设周期	建设规模及建设地址	总投资	至上年止完成投资	本年度计划完成投资	资金来源	本年度建设内容	协调推进牵头单位
11	S2015K70200001 深圳市粤昌物业有限公司 新型节能电机研发中心（粤昌厂房及配套设施）		用地面积 12070 平方米，建设新一代节能环保电机的研发和生产基地，由 1 栋生产厂房和 1 栋宿舍楼组成，生产电子机器及相关产品 宝安区沙井街道马鞍山园区	20,337				基础工程建设	宝安区政府
12	S2016C36600006 深圳创源天地科技有限公司 深圳开沃坪山新能源汽车零部件生产基地		计容建筑总面积 260817 平方米，建设内容包括底盘联合厂房、焊装、涂装、总装车间和综合楼及宿舍楼和部分辅助用房 申请选址坪山区坑梓街道	100,000				办理用地手续，开展前期工作	坪山区政府
13	S2016C40280001 深圳虹海生物工程有限公司、深圳市珠园电子有限公司 虹海研发大楼建设项目		建设集办公、研发、经营为一体的综合性产业研发基地，主要用于生物工程和电子仪器的研发 申请选址南山区粤海街道高新技术产业园科苑路与科华路交叉口东南角 T305-0039、T305-14 地块	60,000				开展前期工作	南山区政府
14	S2016I65100027 深圳市金德来投资有限公司 高博云谷产业园		建设高博云谷产业园，包括研发办公楼，宿舍，配套商业等，主要从事高端软件、高端服务器的研发和应用，发展尖端云计算产业及服务 申请选址光明新区公明街道田寮社区	25,000				开展前期工作	光明新区管委会

（续表）

序号	项目代码， 建设单位及项目名称	建设周期	建设规模及建设地址	总投资	至上年止完成投资	本年度计划完成投资	资金来源	本年度建设内容	协调推进牵头单位
15	S2016C27600011 深圳南方盈信制药有限公司 盈信生物制药产业基地（南方盈信地块城市更新单元）		建设以生物制药为主题的医疗研发中心和产业化基地，实现创新药物产品的研发和生产，主要包括新型生物药品研发区、生产厂房、办公检测区、行政办公楼等 申请选址宝安区西乡街道铁岗村	106,293				开展前期工作	宝安区政府
16	S2016C35890004 深圳金华汉针神科技有限公司 宝龙国际健康产业科技城		建设宝龙国际健康产业科技城，将金华汉全球总部由北京迁至龙岗区，打造健康科技研发中心、推广运营中心及配套等 申请选址龙岗区龙岗街道宝龙工业区	210,000				开展前期工作	龙岗区政府
17	S2016C34240003 深圳市瑞凌实业股份有限公司 深圳市智能焊接装备产业基地		建设智能焊接装备产业基地，主要包括焊接研究院、智能焊接装备实验室、弧焊机器人工程中心等尖端科研平台 申请选址光明新区光明街道原德源木器厂	26,125				办理用地手续，开展前期工作	光明新区管委会
现代服务业 8 项				3,369,416	289,902	265,860			
续建 5 项				1,327,884	289,902	205,860			
18	S201200067 深圳市海王星辰实业有限公司 海王星辰大厦	2012.10 — 2016.12	用地面积 4138.80 平方米，总建筑面积 60633.93 平方米，其中商业 6928.92 平方米，办公 32998.57 平方米，用作海王集团医药零售总部办公 南山区粤海街道后海中心区后湖滨路东侧，东滨路北侧	123,384	120,524	2,860	社会投资 2,860	完成海王星辰大厦的装饰装修工程及相关收尾工作，项目竣工投入使用	南山区政府

（续表）

序号	项目代码， 建设单位及项目名称	建设 周期	建设规模及建设地址	总投资	至上年止 完成投资	本年度计划 完成投资	资金来源	本年度 建设内容	协调推进 牵头单位
19	301201003510 深业泰富物流集团股份有限公司 泰富广场	2015.10 — 2024.12	计容建筑面积 358840 平方米，其中商业、办公及酒店合计 206620 平方米，商务公寓 88050 平方米，产业研发用房 54780 平方米，建设集商业、办公、信息集成及高端物流办公为一体的城市综合体 罗湖区笋岗街道宝安北路以西，梨园路以东，梅园路以北	925,000	13,378	180,000	社会投资 180,000	完成地下室结构工程施工	罗湖区政府
20	S2014K7000018 中国长安汽车集团深圳投资有限公司 长安汽车培训中心项目	2014.12 — 2017.02	建设 45000 平方米培训中心，项目为长安标致雪铁龙整车厂项目的配套项目之一 龙华区观澜街道观光路南侧	113,500	3,000	10,000	社会投资 10,000	土方工程、桩基础工程施工	龙华区政府
21	301201002540 新百丽鞋业（深圳）有限公司 百丽大厦	2011.09 — 2016.12	用地面积 2763.5 平方米，总建筑面积 46808 平方米，建设地上 27 层、地下 4 层的自用型总部办公楼 南山区粤海街道东滨路与后海滨路交汇处	50,000	43,000	7,000	社会投资 7,000	完成大厦精装修施工，竣工投入使用	南山区政府
22	301201001836 天虹商场股份有限公司 天虹商场股份有限公司总部大厦	2012.07 — 2016.12	用地面积 9566.66 平方米，总建筑面积 8.7 万平方米，地下 4 层，地上 20 层，建设天虹君尚店及总部办公楼 南山区粤海街道中心路 3019 号	116,000	110,000	6,000	社会投资 6,000	裙楼装修、周边道路完善，项目竣工投入使用	南山区政府

（续表）

序号	项目代码，建设单位及项目名称	建设周期	建设规模及建设地址	总投资	至上年止完成投资	本年度计划完成投资	资金来源	本年度建设内容	协调推进牵头单位
新建 1 项				538,137		60,000			
23	S2015K70100140 深圳招商华侨城投资有限公司 红山六九七九商业中心	2016.03 — 2018.12	用地面积 109864.42 平方米，总建筑面积 336691.8 平方米，建设展览馆 3008.46 平方米、演艺馆 12000.65 平方米，商业 53181.54 平方米，酒店 11000.85 平方米等 龙华区民治街道腾龙路路东面民宝路路北面	538,137		60,000	社会投资 60,000	基坑支护，土方，桩基础施工	龙华区政府
前期 2 项				1,503,395					
24	S2016K70100080 深圳联想海外控股有限公司 深圳联想后海项目		用地面积 29768.12 平方米，总建筑面积 208700 平方米，其中办公 130200 平方米，商业 42083 平方米，文化用地 6000 平方米，物业用房 417 平方米，地下商业 30000 平方米，建设商业办公中心 南山区粤海街道后海滨路与海德一道交汇处	903,395				方案设计等前期工作	南山区政府
25	S2015I64900004 深圳市腾邦资产管理股份有限公司 深圳（福田）国际互联网金融产业园		规划建设国际名酒交易平台、国际文化保税展示交易平台、保税跨境电商运营平台；互联网金融创业中心、技术研发中心、安全检测认证中心、总部中心、综合服务中心、以及深港商业合作中心 申请选址福田区福保街道福田保税区桃花路 9 号腾邦集团大厦	600,000				方案设计等前期工作	福田区政府

（续表）

序号	项目代码， 建设单位及项目名称	建设 周期	建设规模及建设地址	总投资	至上年止 完成投资	本年度计划 完成投资	资金来源	本年度 建设内容	协调推进 牵头单位
先进制造业和优势传统产业 4 项				4,794,440					
前期 4 项				4,794,440					
26	S2016C39690032 深圳市华星光电半导体显示技术有限公司 第 11 代 TFT-LCD 及 AMOLED 新型显示器件生产线		新建一条第 11 代 TFT-LCD 及 AMOLED 新型显示器件生产线，主要产品包括 43 吋、65 吋、70 吋 、75 吋液晶显示屏、超大型公共显示屏及 AMOLED 显示产品 光明新区公明街道红坳社区	4,650,000				开展前期工作	光明新区管委会
27	301201100982 深圳集成电路设计产业化基地管理中心 深圳集成电路设计产业园		建设深圳集成电路设计产业园，用以满足 IC 企业总部及研发机构、集成电路创新研究院、公共技术服务平台等的空间发展需要 申请选址南山区粤海街道高新区	39,440				办理用地手续，开展前期工作	市科技创新委
28	S2016C39220011 领益科技（深圳）有限公司 总部研发大楼		建设总部研发大楼，主要包拈机器人及精密减速机研发中心、高精密数控设备研发中心等七大研发中心及测试中心、用户体验中心等四大辅助中心 申请选址龙岗区坂田街道坂雪岗科技城园区	45,000				开展前期工作	龙岗区政府
29	S2016C40300003 深圳市中瑞钟表科技开发有限公司 时间谷创意大厦		建设时间谷创意大赛，主要包括研发用房、设备用房、配套展示用房、食堂和配套办公用房、物业服务用房、小型商业及地下车库等 申请选址光明新区公明街道钟表基地功能区南环大道以北、钟表八路以西	60,000				办理各项报建手续	光明新区管委会

（续表）

序号	项目代码， 建设单位及项目名称	建设周期	建设规模及建设地址	总投资	至上年止完成投资	本年度计划完成投资	资金来源	本年度建设内容	协调推进牵头单位
道路机场港口 7 项				1,595,387	8,358	15,000			
续建 1 项				122,403	8,358	15,000			
30	301201002577 深圳市交通运输委员会 深圳市葵涌环城西路新建工程	2014.12 — 2018.12	起于坪西公路金龟路段，终点接盐坝高速和坪西公路雷公山隧道，全长 4.5 公里，为城市快速路，双向 6 车道，设计时速 60 公里 大鹏新区葵涌街道西侧	122,403	8,358	15,000	政府投资 15,000	丰树山跨线桥主桥施工，调整段隧道标进场清表	市交通运输委
前期 6 项				1,472,984					
31	Z12014YS0020 深圳市交通运输委员会 聚龙路道路工程		线路呈南北走向，北起深汕公路，南至金田路，全长约 7.15 公里，设计车速 80 公里/小时 坪山区坑梓街道、坪山街道办	82,457				完成施工图等	市交通运输委
32	L201600024 深圳市交通运输委员会 盐田北综合车场等 10 个综合车场		十个综合车场项目总用地面积 226063 平方米，总建筑面积约 1004328 平方米，预计公交停车位总计 5988 个，充电桩 2062 个 申请选址福田区，盐田区，宝安区，龙岗区，坪山区，龙华区	688,000				完成项目选址申报，可研报告审批，方案设计，环评、水保审批，初步设计、概算审批、施工图设计等前期工作	市交通运输委

（续表）

序号	项目代码，建设单位及项目名称	建设周期	建设规模及建设地址	总投资	至上年止完成投资	本年度计划完成投资	资金来源	本年度建设内容	协调推进牵头单位
33	L201600026 深圳市交通运输委员会 深圳市货运交通组织调整涉及高速公路新建收费站工程（罗田、塘头、朗田、坝光、龙岗、秀峰、排榜、塘背等8个收费站）		设置4个终点收费站及4个匝道处收费站，用地总面积约1360387平方米，建筑总面积1372387平方米 申请选址宝安区,龙岗区,大鹏新区	175,294				完成项目前期工作	市交通运输委
34	L201600025 深圳市交通运输委员会 海滨大道（西乡大道—福州大道）工程		南起西乡大道，北至福州大道,包括大铲湾段、机场段，全长约14公里，道路等级为城市快速路 申请选址宝安区福永街道西乡街道，西乡大道至福州大道	400,000				加快推进设计、勘察、环评、水保等前期工作招标，开展方案设计等前期工作	市交通运输委
35	Z12016YS0004 深圳市交通运输委员会 深圳市盐港东立交工程		北接坪盐通道，东接盐坝高速及东港区进港路，西接盐坝高速及龙盐快速路，包括新建桥梁17座、新建隧道5座 申请选址盐田区盐田街道盐三路与盐梅路交叉口	83,637				完成前期相关发改、规划国土等相关手续	市交通运输委
36	Z12014YS0050 深圳市交通运输委员会 核龙线大鹏段（文化路口—核电站门口）市政化改造工程		西起文化路口，东至核电站门口，全长约5公里，红线宽25.5～40米，城市主干道，双向4车道 申请选址大鹏新区大鹏街道鹏城社区	43,596				完成初步设计及概算编制工作	市交通运输委

（续表）

序号	项目代码，建设单位及项目名称	建设周期	建设规模及建设地址	总投资	至上年止完成投资	本年度计划完成投资	资金来源	本年度建设内容	协调推进牵头单位
城市更新 16 项				8,758,086		110,000			
续建 1 项				150,000		50,000			
37	S2015K70100081 深圳市毅骏房地产开发有限公司 鹿丹村片区综合改造重建工程（中海鹿丹名苑）	2015.07—2018.07	用地面积 47166 平方米，建筑面积 259380 平方米，建设包括高层住宅及商业裙楼等 罗湖区桂园街道鹿丹村片区	150,000		50,000	社会投资 50,000	开展项目主体工程建设	罗湖区政府
新建 2 项				556,000		60,000			
38	L201600043 深圳市海清置业发展有限公司 海龙建筑制品有限公司 H405-0033 地块城市更新单元	2016.06—2018.12	拟拆除重建用地面积 28413 平方米，建设包括物流建筑、配套商业、物流办公基地等 罗湖区清水河街道清水河二路与红岗路交汇处	156,000		20,000	社会投资 20,000	土石方、桩基础、地下室等施工	罗湖区政府
39	S2015K70100105 深圳市深岛实业有限公司 三联社区松元头片区改造	2016.06—2020.05	总建筑面积 346951 平方米，建设内容包括住宅（含保障房）、商业、社区警务室、邮政所、公交首末站、便民服务站、社区管理用房、社区健康服务中心、文化活动室以及老年人日间照料中心等 龙岗区布吉街道三联社区松元头片区	400,000		40,000	社会投资 40,000	完成拆迁补偿以及部分施工图设计，土方及基坑支护开工	龙岗区政府

（续表）

序号	项目代码，建设单位及项目名称	建设周期	建设规模及建设地址	总投资	至上年止完成投资	本年度计划完成投资	资金来源	本年度建设内容	协调推进牵头单位
前期 13 项				8,052,086					
40	S2016K70100102 深圳市天珺房地产开发有限公司 天健工业片区城市更新单元（一期）		拟拆除重建用地面积59037.8平方米(一期)，建设包括住宅、商业、办公及酒店、公共配套设施等 申请选址福田区莲花街道商报路与景田西路交汇处东北角	764,434				开展施工招标等前期准备工作	福田区政府
41	S2016K70100006 深圳市上沙实业股份有限公司/深圳市汇海置业有限公司 上沙村城市更新项目（一期）		拆除重建用地面积（一期）74898平方米，建设包括居住、商业、办公、酒店、公共配套设施等 福田区沙头街道上沙村	880,000				做好施工工程基础桩、基坑支护体系、基坑土方等开工准备	福田区政府
42	L201600041 深圳市裕泰园置业发展有限公司 澳康达战略性新兴产业园城市更新单元		拟拆除重建用地面积107317平方米，建设包括战略性新兴产业综合园及企业总部基地、国际新兴汽车文化主题MALL、配套公寓、配套主题酒店等 申请选址罗湖区清水河街道清水河一路南侧	1,570,000				开展更新单元计划及规划设计报批、原建筑物的拆除等前期工作	罗湖区政府
43	L201600038 深圳市信祥投资发展有限公司 布吉农批市场城市更新项目		拟拆除重建用地面积84741.8平方米，建设包括商业、产业用房、办公、公寓、公共服务设施等 申请选址罗湖区东晓街道布吉路西侧布吉农批市场	610,000				编制专项规划，向主管部门申报计划和专项规划，计划和专项规划审批，签订拆迁补偿协议	罗湖区政府

（续表）

序号	项目代码，建设单位及项目名称	建设周期	建设规模及建设地址	总投资	至上年止完成投资	本年度计划完成投资	资金来源	本年度建设内容	协调推进牵头单位
44	L201600045 深圳市美泰投资有限公司 马留畲工业区城市更新项目		用地面积 23513.62 平方米，建设包括总部研发楼、人才居住楼、产业孵化基地、公共配套设施等 申请选址盐田区盐田街道盐田港后方陆域北山道北侧	262,225				开展城市更新专题研究、产业规划研究、招商策略研究、概念设计等	盐田区政府
45	L201600036 深圳市罗田尖莎咀房地产开发有限公司 罗田第一工业区城市更新单元		拟拆除重建用地面积 97990 平方米，建设包括产业研发用房（含创新型产业用房）、产业配套、养老院等 申请选址宝安区松岗街道高田路西侧	535,076				项目设计招标、方案设计、拆迁安置等	宝安区政府
46	L201600039 深圳市铁岗股份合作公司 西乡益成工业园更新单元		拟拆除重建用地面积 67445 平方米，建设包括产业研发用房、配套宿舍用房、公共和市政配套设施用房等 申请选址宝安区西乡街道益成工业园	240,000				开展专项规划报批工作	宝安区政府
47	L201600042 佳兆业集团(深圳)有限公司 布吉南门墩片区城市更新项目		拟拆除重建用地面积 121672 平方米，建设包括商业、办公、文教、娱乐等综合服务功能为主、居住功能为辅的城市综合体 申请选址龙岗区布吉街道南门墩片区城市更新项目	1,000,000				开展签约谈判工作与物业收房工作	龙岗区政府

（续表）

序号	项目代码，建设单位及项目名称	建设周期	建设规模及建设地址	总投资	至上年止完成投资	本年度计划完成投资	资金来源	本年度建设内容	协调推进牵头单位
48	L201600037 深圳琳珠投资控股（集团）有限公司 龙岗街道第二工业区更新项目（二期）		项目用地面积 25414.9 平方米，建筑面积 137700 平方米，建设办公大楼、商业综合体及公共配套设施等 申请选址龙岗区龙岗街道龙岗路与龙岗大道交汇处	151,000				开展项目前期拆迁谈判、完善项目前期用地手续审批等相关事宜	龙岗区政府
49	S2016K70100031 深圳市宝安威华实业有限公司 威华工业区城市更新单元		拟拆除重建用地面积 26341.4 平方米，建设住宅（含保障性住房）、商业、办公、公共配套设施等 申请选址龙华区民治街道人民路与新区大道交汇处	150,000				开展签署土地出让合同、工程报建等开工建设准备工作	龙华区政府
50	S2015E47000065 深圳市岗隆实业有限公司 公明元昇厂片区城市更新单元		拟拆除重建用地面积 205623.2 平方米，建设包括住宅（包括保障性住房）、商业、办公及酒店、商务公寓、公共配套设施等 申请选址光明新区公明街道长圳社区	1,050,000				拆迁安置、施工图设计、概算编制、概算评审、标底编制、资金落实、施工准备等	光明新区管委会
51	L201600040 大捷达实业（深圳）有限公司 大捷达工业区城市更新单元		拟拆除重建用地面积 40272.87 平方米，建设包括产业用房（含创新型产业住房）、产业配套用房（公寓及商业）、公共配套设施等米 申请选址光明新区光明街道碧水路 8 号	398,350				开展城市更新单元规划报批工作	光明新区管委会

（续表）

序号	项目代码， 建设单位及项目名称	建设 周期	建设规模及建设地址	总投资	至上年止 完成投资	本年度计划 完成投资	资金来源	本年度 建设内容	协调推进 牵头单位
52	S2015K70100153 深圳市鸿腾投资管理有限公司 飞西单元城市更新项目（一期）		拟拆除重建用地面积 142560.7 平方米，建设包括商业、住宅（包括保障房）、幼儿园、公共配套设施等 申请选址坪山区坪山街道北至松坪路，西至绿园五街，南至和富路，东至规划一号路和龙坪路交汇处	441,001				开展征地拆迁、场地清表及平整、地质勘查等前期准备工作	坪山区政府
社会民生 7 项				2,665,313		7,000			
新建 1 项				33,231		7,000			
53	Z22014JY0001-00 深圳市建筑工务署 清华大学深圳研究生院创新基地建设工程（二期）	2016.01 — 2018.08	用地面积 3551.5 平方米，总建筑面积 51485.43 平方米，新建一栋综合实验楼 南山区桃源街道清华大学深圳研究生院校区西侧	33,231		7,000	政府投资 7,000	基坑支护及桩基工程施工完工，主体工程完成 50%	南山区政府
前期 6 项				2,632,082					
54	S2016C38990001 深圳市宝安任达电器实业有限公司 任达科技园升级改造项目（生态健康养老总部基地）		占地面积 49927.09 平方米，拟将现有建筑改建为老年病研究所和生命科学研究中心、中老年康复中心医院、老年大学、自理老人照护康复中心、介助和介护老人照护康复中心、老年用品中心和商务中心等 宝安区石岩街道任达科技园	83,667				方案设计等前期工作	宝安区政府

（续表）

序号	项目代码，建设单位及项目名称	建设周期	建设规模及建设地址	总投资	至上年止完成投资	本年度计划完成投资	资金来源	本年度建设内容	协调推进牵头单位
55	S2016C13920001 深圳市嘉德和绿色食品有限公司 嘉德和绿色食品民生产业基地		用地面积 10074.22 平方米，拟建设一栋工业大厦、一栋研发写字楼、一栋职工公寓，建成后日产豆量 30 吨 宝安区沙井街道宝安区圣佐治低碳产业园旁边	11,462				方案设计等前期工作	宝安区政府
56	L201600034 深圳市新建市属医院筹备办公室 沙井片区新建综合医院		建设床位 4000 张，包括门急诊综合楼、医技综合楼、住院楼、行政科研教学楼、垃圾站、污水处理站、地下室等 申请选址宝安区沙井街道宝安大道以西、蚝乡路以北	690,000				方案设计等前期工作	宝安区政府
57	S2016S93000001 深圳市康馨养老事业投资发展有限公司 福田康馨养老中心		拟建设综合性养老院，包含养老院、商业及配套等，建成后可提供 2000 张床位 申请选址福田区梅林街道中康路西侧，梅林医院南侧，梅丽小学东侧	120,000				方案设计等前期工作	福田区政府
58	S2014S94400002 深圳市道教协会 三联郊野公园三清道观建设项目		用地面积 8800 平方米，拟建设关帝庙规划区、三清观规划区、功能配套区、山门和停车场等主要功能分区 申请选址龙岗区布吉街道三联郊野公园内	10,000				方案设计等前期工作	龙岗区政府

（续表）

序号	项目代码，建设单位及项目名称	建设周期	建设规模及建设地址	总投资	至上年止完成投资	本年度计划完成投资	资金来源	本年度建设内容	协调推进牵头单位
59	L201600035 深圳市罗湖区住房和建设局 罗湖“二线插花地”棚户区改造项目		拟对罗湖“二线插花地”进行棚户区改造，包括木棉岭片区、玉龙片、布心片区、长排片区等四个片区，占地面积约56.6万平方米 申请选址罗湖区，龙岗区	1,716,953				方案设计等前期工作	罗湖区政府
城市安全环境资源 4 项				770,553	3,850	11,000			
续建 1 项				16,543	3,850	1,000			
60	L201600031 深圳市光明新区城市建设局 茅洲河流域水环境综合整治工程（中上游段）—鹅颈水综合整治工程	2014.09—2017.12	治理范围为鹅颈水库坝下至茅洲河河段，整治河道总长约5.6公里，防洪标准按50年一遇设计 光明新区公明街道公明、光明街道	16,543	3,850	1,000	政府投资 1,000	完成3.5km的河道整治，水环境治理以及水景观提升	光明新区管委会
新建 1 项				472,421		10,000			
61	L201600044 深圳市新天光电科技有限公司 新天光电355.28MW太阳能一体化分布式光伏发电项目	2016.07—2020.07	一体化分布式光伏发电站系列项目，共22个。系统总装机容量：355.28MW，系统建成后预计年发电量为41820.24万度 宝安区，龙岗区，光明新区，龙华区，大鹏新区	472,421		10,000	社会投资 10,000	安装光伏发电站系列项目	大鹏新区管委会，龙华区政府，光明新区管委会，龙岗区政府，宝安区政府

（续表）

序号	项目代码，建设单位及项目名称	建设周期	建设规模及建设地址	总投资	至上年止完成投资	本年度计划完成投资	资金来源	本年度建设内容	协调推进牵头单位
前期 2 项				281,589					
62	L201600029 深圳市南山区环境保护和水务局 白芒河、大磡河、麻磡河流域水环境综合治理工程		白芒河、大磡河、麻磡河流域（1）清水绕排工程、（2）水质改善工程、（3）河道防洪工程、（4）生态绿化工程 申请选址南山区西丽街道白芒村、大磡村、麻磡村	54,817				方案设计等前期工作	南山区政府
63	L201600030 深圳市宝安区环境保护和水务局 宝安区治水提质河道整治类项目		宝安区治水体质河道整治类项目包含黄麻布河综合整治工程等 18 个子项目 申请选址宝安区西乡街道、福永街道、沙井街道	226,772				年底完成可研报告编制	宝安区政府

第三节　环境保护和环境建设

2016 年，全市环境质量总体保持良好水平。环境空气中二氧化硫、二氧化氮、可吸入颗粒物（PM10）和细颗粒物（PM2.5）年平均浓度均符合国家二级标准；主要饮用水源水质良好，符合饮用水源水质要求；主要河流中下游氨氮、总磷等指标超标，其他指标达到国家地表水Ⅴ类标准；东部近岸海域海水水质达到国家海水水质第一类标准，西部近岸海域海水水质劣于第四类标准；城市区域环境噪声处于一般（三级）水平；辐射环境处于安全状态。

一、大气环境

1. 大气环境质量

全市环境空气质量指数（AQI）达到国家一级（优）和二级（良）的天数共 354 天，占全年监测有效天数（366 天）的 96.7%（见图 3–1），比上年上升 0.4 个百分点；空气中首要污染物为臭氧（见图 3–2）。全年灰霾天数 27 天，比上年减少 8 天。

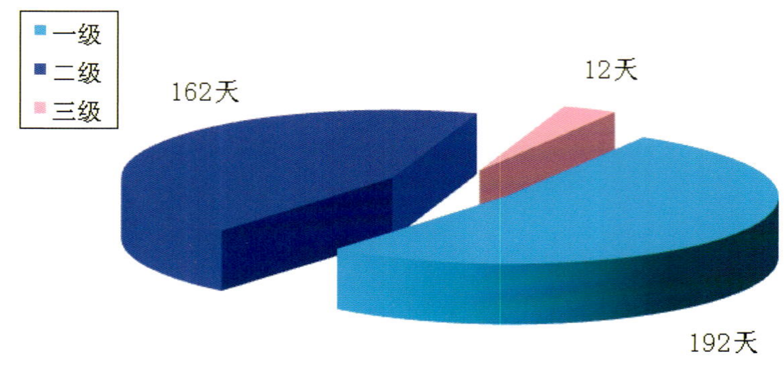

图 3–1　2016 年深圳市空气质量级别天数

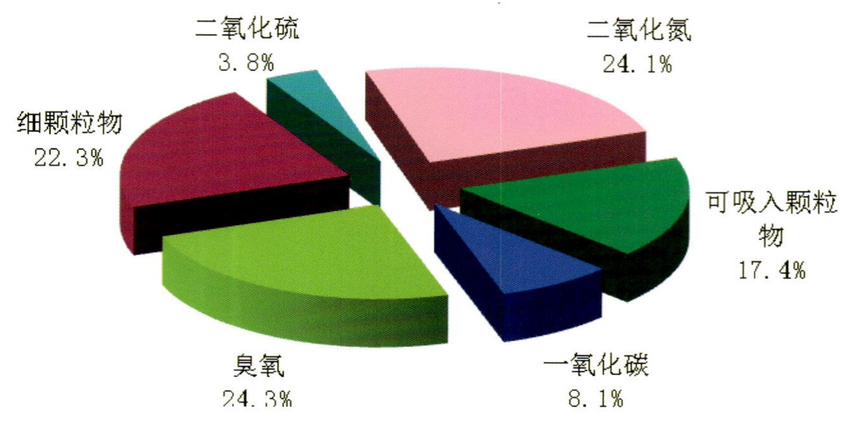

图 3–2　2016 年全市环境空气六项污染物负荷系数

二氧化硫、二氧化氮、可吸入颗粒物、细颗粒物、一氧化碳日平均浓度和臭氧日最大 8 小时平均浓度达到二级标准天数比例分别为 100%、99.7%、100%、99.7%、100%和 99.4%。

全年二氧化硫平均浓度为 8 微克/立方米,与上年持平;二氧化氮平均浓度为 33 微克/立方米,与上年持平；可吸入颗粒物（PM10）平均浓度为 42 微克/立方米，比上年下降 7 微克/立方米；细颗粒物（PM2.5）平均浓度为 27 微克/立方米，比上年下降 3 微克/立方米;一氧化碳平均浓度为 0.8 毫克/立方米，比上年下降 0.1 毫克/立方米；臭氧平均浓度为 59 微克/立方米，比上年上升 3 微克/立方米。

降水 pH 年平均值为 5.03,比上年上升 0.06;酸雨频率为 45.5%，比上年下降 5.4 个百分点。

全市年平均降尘量为 2.7 吨 / 平方公里 ·月，比上年下降 0.3 吨 / 平方公里 · 月，达到广东省推荐标准。

2. 措施与行动

逐步完善大气环境管理制度政策体系。推进大气污染防治地方立法工作，完成了《深圳经济特区大气污染防治条例（草案）》编写工作；编制印发了《深圳市大气环境质量提升计划（2017—2020）》，发布了《家具成品和原辅材料有害物质限量》特区技术规范，同时完成了《生产、生活类产品挥发性有机物含量限值》《低挥发性有机物含量涂料限值》和《深圳市建设工程扬尘污染防治技术规范》等特区技术规范的编制；形成了环境空气质量状况定期发布机制。

全面深化各项大气污染治理。积极推进港口船舶污染治理，累计 4756 余艘次远洋船舶转用低硫燃油，减少二氧化硫排放量约 2600 吨；已建成 12 个泊位的岸电设施，数量在全国最多；开展重点行业挥发性有机物治理，在全国率先禁止在建筑、装修行业使用油性涂料，完成 VOC 排放量较大的自行车、汽车制造、汽修、家具等行业 400 余家企业的低 VOC 改造；严格控制机动车污染，多举措淘汰黄标车及老旧车辆 7.04 万辆，市政重型柴油车、轻型柴油客车执行了国Ⅴ排放标准，累计推广应用新能源汽车 60087 辆；持续推进工业燃烧源治理，妈湾电厂完成全部机组燃气点火改造，东部电厂燃气机组率先开展脱硝改造。组织开展全市污染锅炉执法检查 450 批次，全年累计完成 65 台污染锅炉改造；提升扬尘污染治理水平，推广使用抑尘剂、雾炮车等科技手段控制扬尘污染；逐步完善非道路移动机械管理台账，累计完成 10000 台次非道路移动机械排气检测。

二、水环境

1. 水环境质量

饮用水源方面，12 座主要集中式饮用水源地中，枫木浪水库和三洲田水库水质达到国家地表水Ⅰ类标准，深圳水库、梅林水库、罗田水库、

清林径水库、赤坳水库、松子坑水库和径心水库水质达到国家地表水Ⅱ类标准，水质为优；西丽水库、铁岗水库、石岩水库水质达到国家地表水Ⅲ类标准,水质为良。与上年相比，罗田水库水质有所改善，其他水库水质保持稳定。全市主要集

中式饮用水源地水质达标率为 100%。

河流方面，15 条主要河流中，盐田河水质达到国家地表水 II 类标准，王母河水质达到国家地表水IV类标准，大沙河水质达到国家地表水 V 类标准；深圳河、龙岗河和坪山河上游水质达到或优于国家地表水 II 类标准；主要河流中下游水质氨氮、总磷等指标超过国家地表水 V 类标准，其他指标达到 V 类标准。与上年相比，盐田河、王母河和大沙河水质有所改善；福田河污染程度明显减轻，茅洲河、深圳河、新洲河和坪山河污染程度有所减轻；西乡河、布吉河、凤塘河、观澜河和龙岗河水质基本保持稳定；皇岗河污染程度有所加重，沙湾河（罗湖）污染程度明显加重（见图 3–3）。

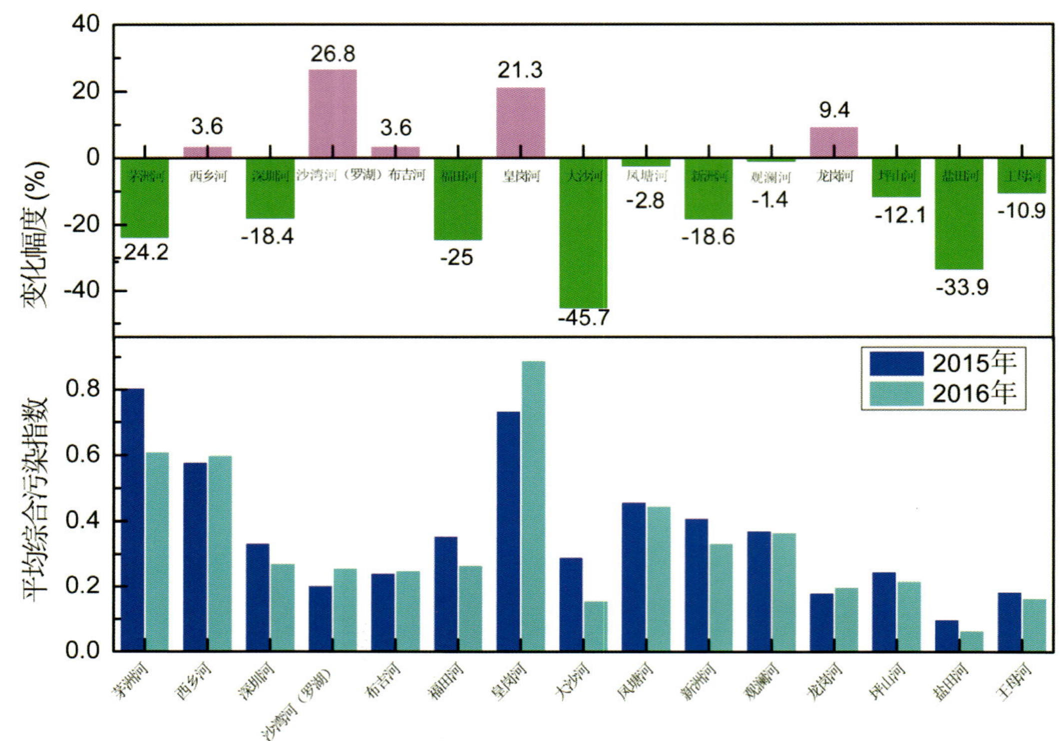

图 3–3　2016 年河流水质平均综合污染指数及与上年比较

近岸海域方面，东部近岸海域水质为优，达到国家海水水质第一类标准；西部近岸海域海水水质劣于第四类标准，主要污染物为无机氮和活性磷酸盐。与上年相比，东部海域水质保持优良水平，西部海域水质污染程度有所加重（见表 3–4）。

表 3–4　2016 年近岸海域水质状况

海域	水质目标	水质类别	综合污染指数			超标项目/超标倍数
			2016 年	2015 年	变化幅度	
东部海域	三类	一类	0.229	0.199	15.10%	—
西部海域	三类	劣四类	1.147	0.952	20.50%	无机氮(3.2) 活性磷酸盐(2.3)

2. 措施与行动

开展水源保护专项执法。以“雨季行动”为契机，推进清理水源保护区内的违章建筑、乱搭建、农家乐、地下作坊和暴露垃圾等，减少面源污染。开展不定时间不打招呼不听汇报的现场“点菜式执法”、随机抽取污染源和执法人员的“双随机执法”等多模式执法行动，不断提升监管执法效能。

全面实施治水提质建设计划。制定 2016 年度茅洲河、淡水河、石马河污染整治实施方案，统筹推进跨界河流治理。2016 年，全市共安排治水提质项目 461 个，全面推进污水管网、河道综合整治、污水厂提标扩容等治污工程。加快污

水管网建设，全年完成 1033 公里建设任务。加快干支流综合整治，动工建设 52 条河道综合整治工程，其中茅洲河干流中上游段完成 19 公里河道整治，深圳河四期已完成 85%工程量。启动 14 座水质净化厂新扩建及 8 座污水厂提标改造，其中沙井厂二期污水厂，盐田、罗芳厂提标改造工程开工建设。将建成区 36 条（45 段）黑臭水体整治工作列入目标责任书，制定了“一河一策”治理方案，有 18 条（段）初步实现不黑不臭。

强化水质目标管理。增加河流、水库、近岸海域监测点位和频次，将常规监测的河流从 48 条扩展到 217 条，断面从 75 个增加到 253 个，深圳湾及西部海域增加 5 个监测点位，基本实现水环境监测全覆盖,并建立水质异常的通报机制。开展了全市水污染源调查，完成了 88 条干流及一级支流的水环境状况和 3500 个排污口、1252 家企业情况调查，基本摸清污染源结构和分布，为精准治污打下坚实基础。

三、声环境

1. 声环境质量

城市声环境质量基本稳定。全市区域环境噪声等效声级平均值为 56.9 分贝，处于一般（三级）水平，比上年上升 0.1 分贝。道路交通干线噪声等效声级加权平均值为 69.6 分贝，处于较好（二级）水平，比上年上升 0.3 分贝；滨河大道、北环大道、深南大道、香蜜湖路、月亮湾大道、泥岗路等部分路段道路交通噪声有超标现象。

2. 措施与行动

加强重点领域噪声污染防治工作。针对近年来成为投诉热点的交通噪声和建筑施工扰民问题，通过实地取证，现场调研，采取建设绿色降噪路面、隔声屏障以及车辆限速等措施，结合处罚手段，整治快速路和轨道交通等噪声扰民问题。

强化全市建筑施工噪声管理工作。严格依法核发建筑施工噪声排放许可证，公开许可信息，将施工噪声违法行为记录纳入建筑企业诚信管

理系统。2016 年全市对建筑施工噪声超标扰民立案 389 宗，处罚金额 1425 万元。

四、固体废物

1. 固体废物利用处置状况

2016 年，全市共收集处置工业危险废物 34.8 万吨，处置利用率为 100%；收集处置医疗废物 12586 吨，集中处置率为 100%；生活垃圾处理设施处理总量 572.28 万吨，无害化处理率 100%，其中垃圾焚烧量 248.46 万吨，填埋量为 323.82 万吨；处理城市污水厂污泥 86.41 万吨。

2. 措施与行动

促进环境基础设施提升改造。重点推进《深圳市固体废物污染防治行动计划（2016—2020》7 大方面 27 项任务建设。截至 2016 年底，东部环保电厂、妈湾城市能源生态园、老虎坑焚烧发电厂三期已全面开工；建成了 3 座餐厨垃圾处理设施和 4 座污水厂污泥处理设施；严格参照欧盟最新标准对 5 座垃圾焚烧厂进行提标改造；同时，对 3 座垃圾填埋场进行提升改造。

全面推行垃圾分类减量工作。建立有害垃圾、大件垃圾、废弃织物、年花年桔、绿化垃圾、果蔬垃圾六大资源类垃圾分流分类处理体系，日均分流分类处理约 340 吨；积极开展“生活垃圾分类和减量”达标小区创建和“资源回收日”活动，在 2097 个住宅小区（城中村）共开展“资源回收日”活动 38800 多场次，创建达标小区 827 个，覆盖率 29%。

加强危险废物规范化管理工作。组织开展危险废物规范化管理抽查考核工作，对 200 家企业（192 家为危险废物产生单位，8 家为危险废物经营单位）的危险废物规范化管理进行抽查考核（125 家考核达标，75 家基本达标）。开展全市危险废物专项检查，全面提升危险废物产生单位和危险废物经营单位在危险废物分类收集、贮存、转移和处置等环节的规范化管理水平。

五、土壤环境保护

完成了土壤环境质量国控监测点位布设工作，持续开展土壤环境质量监测，近年来共对全市 1514 个土壤点位进行了调查。对典型饮用水水源地、农用地和工业企业用地开展研究性调查，并以土壤污染防治为主题，召开全市第五次环境形势分析会。在广东省率先印发《深圳市土壤环境保护和质量提升工作方案》，全面落实国家“土十条”各项要求，结合深圳实际从九个方面提出了 40 条具体工作措施，明确了我市“十三五”期间土壤环境保护工作的总体要求和工作目标。

六、辐射环境

1. 辐射环境质量

全市辐射环境质量状况良好。环境电离辐射水平保持稳定，环境地表 γ 辐射剂量率在 52.6～149 纳戈瑞/小时范围内，环境 γ 辐射累积剂量季度累积均值在 0.1463～0.4553（毫希沃特/季）范围内，大气气溶胶中氡浓度在 4.52～16.9 贝克/立方米范围内，均处于正常天然本底水平；水库水中总 α 值在 0～0.098 贝克/升范围内，总 β

值在 0～0.387 贝克/升范围内，均未超出标准限值；土壤中放射性核素含量均在正常天然本底水平范围内。核设施、核技术利用设备周围环境电离辐射水平未见异常变化。

2. 措施与行动

强化辐射安全监管，加强对全市 37 家重点源使用单位的现场监督检查，完成了对 374 家辐射工作单位的监督检查，下发责令停止违法行为决定书 4 份。严格辐射安全许可准入审查，完成 130 份核技术利用建设项目环评审批工作，以及 239 家单位的许可证发放工作；完成登记表备案 49 批次；完成放射源省内转移备案 81 批次，转让备案 56 批次，收贮备案 24 批次。处理核与辐射立案投诉 286 宗，责令 9 个通信基站及时整改。

七、自然生态保护

1. 生态环境状况

全市绿化覆盖面积 99841 公顷、建成区绿化覆盖率 45.1%、建成区绿地率 39.2%、人均公园绿地面积 16.45 平方米、森林面积 80839.5 公顷，森林覆盖率 40.92%。

2. 措施与行动

进一步提升绿化品质。推进三级公园体系建设，新建、改造 62 个社区公园，全市公园总数达 921 个；实施森林进城围城工程，2016 年新增银湖山森林公园(郊野公园),新增面积 1202.5 公顷,森林公园占国土面积比例 8.8%，比 2015 年提高了 0.6%。

大力维护区域生态安全。相继出台、编制了《深圳市创建国家森林城市工作方案》《深圳市国家森林城市建设总体规划》等文件，指导我市森林资源保护工作；加强对广东内伶仃福田国家级自然保护区、铁岗—石岩湿地市级自然保护区等自然保护区监管，提升了我市生态安全水平。

八、生态文明建设

1. 生态文明体制改革

按照《深圳市 2016 年改革计划》的工作部署，顺利推进全市生态文明体制改革任务 11 项。修订《深圳市基本生态控制线管理规定》，划定生态底线区空间范围并明确管制政策。大鹏新区生态文明体制改革项目被评为“粤治—治理现代化”政府治理创新优秀案例。龙华区、坪山区开展了领导干部自然资源资产离任审计试点工作。积极推动构建资源环境承载力监测预警体系建设，《广东省大鹏半岛资源环境承载力监测预警应急机制研究》获 2016 年广东省环境保护科学技术二等奖。大鹏新区、宝安区开展自然资源资产负债表编制，龙岗区、光明新区开展区级绿色 GDP 2.0 核算试点，盐田区推进 GDP 和 GEP 双核算、双运行、双提升工作。

2. 生态文明建设示范

持续推动我市生态文明建设，出台落实全国生态文明建设工作推进会议工作方案，开展了全市生态文明建设规划和实施方案的编制。开展全市生态文明建设现场调研和技术评估，协调推动各区生态文明创建工作。成功召开湾区城市生态文明大鹏策会和“一带一路”生态环保国际高层对话会，展现了我市绿色发展的新形象，为全国湾区生态文明建设提供交流平台。

福田区、罗湖区、南山区、盐田区获得国家

生态区称号，大鹏新区被列为全国生态文明建设试点，东部湾区被批准成为国家生态文明建设先行示范区试点。

3. 宜居城市建设

持续推进宜居城市建设，2016年全市有60个社区获评“广东省四星级宜居社区”，9个社区获评“广东省五星级宜居社区”，是全省2016年唯一获评五星级宜居社区的城市。“深圳市治污保洁工程”等4个项目获评2016年广东省宜居环境范例奖，“华侨城湿地环境教育示范项目”和“中国•观澜版画原创产业基地建设项目”获评2016年中国人居环境范例奖。

九、环境管理

1. 环境规划

坚持“开门编规划”原则，按规定程序完成深圳市人居环境保护与建设“十三五”规划编制工作，并印发实施。规划坚持以改善环境质量为核心，提出绿色发展水平、生态环境质量、环境治理能力三大方面18项指标，明确促进资源节约利用、提升城市环境质量、严格环境风险管控、强化生态保护修复、健全生态文明制度、提高环境监管水平6大任务，为“十三五”期间全市人居环境保护与建设提供了指导性文件和行动依据，为将深圳建成美丽中国典范城市和国家绿色发展示范城市奠定了良好的基础。

2. 环境立法

积极推进环境立法工作。结合新颁布实施的《中华人民共和国环境保护法》《中华人民共和国大气污染防治法》《广东省环境保护条例》等法律法规，重点推进《深圳经济特区环境保护条例（修订草案）》和《深圳经济特区大气污染防治条例（草案）》立法工作，创新运用微信举行《深圳经济特区环境保护条例（修订草案）》立法听证会。

开展《深圳经济特区实施〈中华人民共和国固体废物污染环境防治法〉若干规定》立法后评估，废止《深圳经济特区实施〈中华人民共和国固体废物污染环境防治法〉若干规定》。完成《深圳经济特区环境保护条例》《深圳经济特区机动车排气污染防治条例》《深圳经济特区建设项目环境保护条例》和《深圳经济特区在用机动车排气污染检测与强制维护实施办法》一次性清理工作。

根据环境管理需求，配套制定了《深圳市人居环境委员会 深圳市交通运输委员会 深圳市公安局交通警察局关于对未取得绿色环保分类标志的机动车采取限行措施的通告》《深圳市人居环境委员会 深圳海事局 深圳市交通运输委员会关于船舶靠泊深圳港期间使用低硫燃油的通告》等规范性文件。

3. 环境政策

稳步推进环境污染责任保险。推进深圳市环境污染责任保险信息统一管理平台建设，实现统一报送、管理。加强环境污染责任保险政策宣传培训，强化保险公司风险预防和理赔服务，2016年全市新保和续保企业332家，保额5.58亿元，位居全国各城市首位。

推动环境损害司法鉴定资质申报。组织相关人员申报国家和广东省环境损害司法鉴定机构登记评审专家。组织市内拟申报单位交流、建立沟通协调机制。按照国家、省市环境损害司法鉴定资质登记管理要求和计划，积极推进环境损害司法鉴定资质登记申报、评审工作。

开展国家绿色 GDP2.0 研究地方试点。按照国家试点要求，研究构建了深圳市环境经济核算（绿色 GDP2.0）框架体系，制定了深圳市绿色 GDP2.0 核算技术方案，构建了深圳市生态系统生产总值（GEP）核算体系。龙岗区、光明新区开展区级绿色 GDP 2.0 核算试点工作。

4. 建设项目环境管理

严把环保准入管理。全年市、区环保审批部门共对 7208 个项目进行了环境影响审批或备案。通过 6498 项，其中编制环境影响报告书 83 项，编制环境影响报告表 4488 项，环评登记表网上备案 1927 个；否定 710 项。通过审批和备案抽查把关，在源头上有效控制新增污染。

推进环保违法违规建设项目清理。组织两轮地毯式排查，全年共筛查出 524 个环保违法违规项目：其中，淘汰关闭类 287 个，整顿规范类 129 个，完善备案类 108 个。通过市有关部门和各区政府、新区管委会协作配合，结合行业转型升级、污染企业淘汰等工作，圆满完成了年度违法违规项目清理工作。

5. 环境监管执法

认真贯彻落实新《环保法》，坚持铁腕治污、铁律拒污，严格依法执法、依法行政。持续推进日常监管随机抽查制度，每月按污染源总量的 10% 开展“双随机”抽查，积极推动“网格化”环境监管体系建设，建立违法企业主动公开道歉承诺激励制度；开展了“雨季行动”等水源保护专项执法行动，重点推动茅洲河流域环境监管执法，印发《茅洲河流域工业污染源联合执法检查工作方案》；开展了以 VOC 治理为主题的大气专项整治工作，以危险废物管理和环境安全为主题的专项执法行动；推进市区联动执法、深莞联合执法；“点菜式”环保执法行动常态化，定期组织党代表、人大代表、政协委员、市民代表和环保专家等，对随机“点菜”企业开展“飞行”检查。

全年对 1688 宗环境违法行为实施行政处罚，罚款 1.5222 亿元，罚款总金额与上年相比增加了 66.3%。对 6 家企业实施按日连续处罚，对 30 家企业实施查封、扣押，对 61 家企业实施限产、停产，移送行政拘留案件 49 宗，向公安部门移送涉嫌环境污染犯罪案件 37 宗，居全省之首。鼓励公众参与环境保护执法活动，查办有奖举报案件 22 宗，共发放奖金 28.25 万元。

6. 环境监管能力建设

全年共投入 4662 万元用于环境监管能力建设。其中，市政府民生工程“蓝天工程超级站项目”完成初步设计、概算报送；完成前海路边站子站站房建设及数据上传；预报预警项目硬件部分进入终验阶段；环境空气质量立体监测系统完成塔上监测仪器安装及数据上传；POPs 实验室完成建设并通过验收；“水环境自动监测站建设”“环境监测与监控预警能力建设”项目完成可研报告编制；国家环境保护科学观测研究站获批，实现了国家级高端科研平台重大突破；开展了中国通量观测研究联盟深圳城市通量观测站建设，完成杨梅坑通量观测塔建设、仪器设备安装调试等工作。

7. 环境安全和应急

认真进行环境风险防控工作。组织开展了汛期环境安全检查、危险化学品专项排查整治、突发事件风险隐患排查整改、风险点和危险源排查整治等环境安全隐患整治专项行动，现场检查发现环境安全隐患146家次，责令112家企业实施整改，消除了一批环境安全隐患。

深入推进企业突发环境事件应急预案管理。印发了《深圳市企业突发环境事件风险评估技术指南（试行）》等指导性文件，规范企事业单位环境应急预案。截至2016年底，我市已有1200余家重点企事业单位编制了突发环境事件应急预案并已在辖区环保部门备案，初步建成了我市突发环境事件应急管理体系。

加强环境应急能力建设。通过组织业务培训、应急演练，提升应急处置专业队伍和有关企业对污染事故的应急处理能力；扩充了应急专家队伍，夯实了应急技术支持力量。妥善处置了布吉甘坑河非法倾倒重油渣等突发环境事件，及时清理处置了污染物，有效防止了次生环境污染。

8. 清洁生产

开展了135家次清洁生产审核评估或验收工作（含往年下达的企业），其中，88家企业通过清洁生产审核评估，7家未通过评估；32家企业通过清洁生产验收，8家未通过验收。对进度明显滞后的企业提出了警告，并依照《中华人民共和国清洁生产促进法》有关规定予以处罚。

9. 治污保洁工程

全年共推进治污保洁工程任务633项，重点项目累计完成投资120.47亿元，涉及区域水环境、饮用水源、大气、噪声、固体废弃物、生态等各环境要素治理，以及产业升级、环境管理与能力建设等内容。对134项在建重点治污保洁工程项目实施每月现场督察，对162项次滞后项目下达了督办函，邀请市人大代表、政协委员、特邀监察员和环保专家等进行了67项次现场督察。

10. 环保考核

顺利通过省政府对城市的环境保护责任考核，获得优秀（2015年度）。对各区、新区、市直有关部门和重点企业共39家单位的领导班子和党政正职开展生态文明建设考核，评出盐田区、大鹏新区、市经济贸易信息委、市建筑工务署、市地铁集团、深圳能源集团等6个优秀单位，市公安局交通警察局、市燃气集团等5个进步单位。

顺利通过环保部和省环保厅对全市的2015年度污染减排考核，在全省减排考核中名列第二。2016年度全市化学需氧量、氨氮、二氧化硫和氮氧化物四项主要污染物排放量均在广东省下达全市的年度控制目标范围内，均按期完成省政府下达的2016年度污染减排目标。

11. 区域合作

深化深港环保合作，召开深港环保合作交流第二十一、二十二次会议和大鹏湾及深圳湾区域环境管理小组第二十二次会议，参加香港卓越环保计划 2015 颁奖典礼和“香港环保博览 2016”。拓展深莞惠环保合作，参加深莞惠经济圈（3+2）环保合作第六次会议。

12. 做好中央环保督察各项任务

在中央环保督察期间，市委市政府主要领导亲自组织推动环保督察迎检工作，建立了多部门协调工作机制和规范工作流程，全市上下以高度的责任感、使命感和奉献精神按要求、高质量完成了督查涉及的资料调拨、案件交办等各项任务，共办理督查组交办案件 33 批 312 件。针对群众反映的突出问题进行重点督办，制定科学整治方案和专门监管方案，取得了良好的效果，得到了督察组和投诉者的认可。

十、环保科技与产业

1. 环境科技

立项环境科研课题 30 项，安排科研经费 2416 万元。7 个项目获广东省环保科技奖，其中，“深圳市大气 PM2.5 来源解析研究”获广东省环保科技奖一等奖。

环保工作信息化建设全面加速，完成生态环境大数据建设设计方案，开展深圳市水环境治理综合运营管理平台建设，环境空气质量立体监测系统、生态安全监测系统扎实推进，水环境自动监测站建设、环境监测与监控预警能力建设、核与辐射环境安全监测监管系统建设等项目完成可研报告编制并报发改委审批。

2. 环保产业

继续深入贯彻落实《深圳节能环保产业振兴发展规划（2014—2020 年）》和《深圳节能环保产业振兴发展政策》，大力推进环保产业健康快速发展，全市环保产业产值突破 480 亿元。

积极探索环保产业“走出去”和“引进来”的创新模式，贯彻落实国家一带一路部署，与环保部共建一带一路环境技术交流与转移中心（深圳），促进环境技术交流转移和环保产业国际合作，为一带一路环保国际合作发挥先行和示范作用。

十一、环境宣传教育与公众参与

1. 环境宣传教育

依托主流媒体，召开 12 场环保新闻发布会，及时向公众公布环境质量状况，回应群众关注的热点环境问题；推出“在线访谈”，发布政务微博，多渠道满足群众知情权；围绕“美丽深圳，幸福家园”的主题开展了 2016“六• 五”世界环境日系列宣传活动暨生态文明建设系列奖项颁授仪式、青少年环保节、“绿韵悠扬”环保诗文朗诵比赛等品牌宣传活动。深入推进“绿色家园系列创建’活动，创新环境宣传载体，新增自然学校 4 座、绿色单位 41 家。

2. 环境信访工作情况

全市环境信访部门收群众投诉及咨询共 91941 宗；立案并到现场处理 80977 宗，其中噪声类投诉占立案总量的 64.1%，废气类投诉占立案总量的 28.2%，废水类占立案总量的 1.8%，固废及其它类占立案总量的 5.9%。全年环境信访件处理率 100%。

第四节　城市更新工作

2016 年，城市更新工作紧紧围绕市委市政府工作部署，全力落实“强区放权”改革要求，坚持有机更新、绿色更新，突出问题导向，着力推进城市更新工作高质、高效、有序实施。

一、城市更新强区放权

全力落实“强权放权”，保障更新业务平稳过渡。2016 年下半年，市委全面深化改革领导小组第十次会议决定，在罗湖区城市更新改革试点基础上，将市级审批事权全部下放至各区。10 月 15 日，市政府发布《深圳市人民政府关于施行城市更新工作改革的决定》（政府令第 288 号），我委会同各区政府开展工作交接，11 月 21 日即全面完成各项移交工作，主要包括：各区规划国土业务和信息查询系统建设、行政委托手续及业务印章移交、项目业务审查意见移交等。为确保各区城市更新工作接得住、接得稳、接得好，我委密集组织了 7 场次的培训交流活动。同时，结合福田、坪山等区域的差异化需求，我们还进行了点对点的指导交流。2016 年底，各区已全面受理城市更新业务。

二、城市更新政策完善

一是以问题为导向，出台新一版《关于加强和改进城市更新实施工作的暂行措施》（以下简称《暂行措施》）。新一版《暂行措施》结合城市更新工作实践，经 30 余轮次的修改、完善，于 2016 年 10 月 27 日经市政府六届五十三次常务会议审议并原则通过，12 月 29 日正式印发。同时，为配合《暂行措施》的出台，完成了《城市更新办法》的修订工作，新修订的《深圳市城市更新办法》于 2016 年 11 月 12 日颁布。

二是修订和完善《深圳市城市更新项目保障性住房配建比例暂行规定》，对城市更新项目保障性住房配建比例地区范围进行调较，进一步促进我市保障性住房建设。

三是组织制定了《深圳市城市更新项目创新型产业用房配建规定》，于 2016 年 9 月初颁布执行，为推进创新型城市建设，多渠道筹集和建设创新型产业用房提供了政策保障。

三、积极推进城市更新计划审批

2016 年，全市共形成城市更新单元计划 97 项，涉及拆除用地面积约 5.68 平方公里。

四、大力推进城市更新规划审批

2016 年，审批通过城市更新单元规划 64 项，涉及拆除用地面积约 3.88 平方公里，开发建设用地 2.70 平方公里，规划批准总建筑面积约 1507 万平方米（含保障性住房约 75.15 万平方米，创新型产业用房约 16.52 万平方米）。规划配建中小学校（含九年一贯制）20 所、幼儿园 27 所、社区健康服务中心 40 处、公交首末站 38 处及其他配套设施一批。

五、有序推进城市更新项目实施

2016 年，全市城市更新项目签订土地使用权出让合同 58 份，涉及用地面积约 239.6 公顷（其中建设用地约 141.7 公顷，移交入库用地面积约 97.9 公顷），超额完成 2016 年度“城市更新实施”市政府绩效考核任务。至今，城市更新供应用地已连续 5 年突破 200 公顷，有力促进了城市发展和产业转型升级，为我市从快速城市化向深度城市化转变提供了重要的空间资源保障。

另外，2016 年度全市在建城市更新项目及部分前期投资项目完成投资 682 亿元，同比增长 24%，为我市固定资产投资和稳增长做出了积极贡献。

第四章　土地市场

第一节　土地资源及利用

一、2015 年土地利用现状构成

按照国土资源部和广东省国土资源厅的统一部署，我市于 2015 年 7 月启动深圳市 2015 年度土地变更调查（以下简称变更调查）工作。我市变更调查严格按照国土资源部和广东省国土资源厅的工作要求，充分应用卫星遥感技术和计算机网络技术等现代科技手段，于 2016 年 6 月全面完成了变更调查任务，并以 2015 年 12 月 31 日为标准时点更新调查数据，全面查清了全市土地利用状况，掌握了各类土地资源家底。

（一）全市及各区主要地类数据

全市陆域控制面积：199727 公顷（299.59 万亩）

其中：

耕地：3977 公顷（5.96 万亩）

园地：20756 公顷（31.13 万亩）

林地：57787 公顷（86.68 万亩）

草地：2500 公顷（3.75 万亩）

城镇村及工矿用地：83682 公顷（125.52 万亩）

交通运输用地：10029 公顷（15.04 万亩）

水域及水利设施用地：15742 公顷（23.61 万亩）

另外为其他土地。

各区主要地类数据详见下表：

表 4-1　深圳市 2015 年度土地变更调查地类汇总表

单位：公顷（万亩）

地区	耕 地	园 地	林 地	草 地	城镇村及工矿用地	交通运输用地	水域及水利设施用地
深圳市	3977 (5.96)	20756 (31.13)	57787 (86.68)	2500 (3.75)	83682 (125.52)	10029 (15.04)	15742 (23.61)
福田区	8 (0.01)	170 (0.26)	1554 (2.33)	5 (0.01)	4938 (7.41)	388 (0.58)	782 (1.17)
罗湖区	22 (0.03)	336 (0.50)	3411 (5.12)	30 (0.05)	3051 (4.58)	404 (0.61)	578 (0.87)
南山区	86 (0.13)	2987 (4.48)	2519 (3.78)	34 (0.05)	9738 (14.61)	1248 (1.87)	1858 (2.79)
盐田区	10 (0.01)	107 (0.16)	4430 (6.64)	13 (0.02)	1735 (2.60)	783 (1.17)	303 (0.45)
宝安区	758 (1.14)	3157 (4.74)	5826 (8.74)	663 (0.99)	19375 (29.05)	2810 (4.21)	6084 (9.13)
龙岗区	598 (0.90)	3542 (5.31)	9904 (14.86)	355 (0.54)	19751 (29.62)	1987 (2.98)	1740 (2.61)
光明新区	1376 (2.06)	3114 (4.67)	2121 (3.18)	263 (0.39)	6026 (9.04)	699 (1.05)	1066 (1.60)
坪山新区	545 (0.82)	1769 (2.65)	5975 (8.96)	452 (0.68)	5821 (8.73)	439 (0.66)	1010 (1.51)
龙华新区	232 (0.35)	1176 (1.76)	3211 (4.82)	436 (0.65)	10285 (15.43)	828 (1.24)	718 (1.08)
大鹏新区	342 (0.51)	4398 (6.60)	18836 (28.25)	249 (0.37)	2960 (4.44)	443 (0.67)	1603 (2.40)

（以 2015 年 12 月 31 日为标准时点）

备注：此表统计数中“园地”包括了林业部门统计为经济林，如山上种植龙眼、荔枝、橡胶、茶树等农作物的范围；“林地”不包括林业部门统计的经济林和县级以上人民政府规划的“宜林地”。

（二）全市耕地分布与质量状况

1. 耕地分布

原特区内耕地面积为 126 公顷（0.18 万亩），占全市耕地总量的 3.17%。原特区外耕地面积为 3851 公顷（5.78 万亩），占全市耕地总量的 96.83%。

2. 耕地质量

全市耕地按坡度划分，2 度以下耕地 3067 公顷（4.60 万亩），占 77.11%；2–6 度耕地 460 公顷（0.69 万亩），占 11.58%；6–15 度耕地 371 公顷（0.55 万亩），占 9.32%；15–25 度耕地 54 公顷（0.08 万亩），占 1.36%；25 度以上耕地 25 公顷（0.04 万亩），占 0.63%。

全市耕地中，水田 7 公顷（0.01 万亩），占 0.19%；水浇地公顷 3829（5.74 万亩），占 96.28%；旱地 141 公顷（0.21 万亩），占 3.53%。

（三）坚持实行最严格的耕地保护制度，确保我市实有耕地数量基本稳定

2015 年变更调查数据显示，2015 年全市耕地 3977 公顷（5.96 万亩），比 2014 年 4045 公顷(6.07 万亩)减少 68 公顷(0.11 万亩)，主要是建设项目占用耕地。

我市耕地保有量虽然超过国家下达任务（2015 年变更调查我市耕地保有量与《广东省土地利用总体规划（2006—2020 年）》下达我市 2020 年耕地保有量任务比较，超出 1.93 万亩），但综合考虑现有耕地数量、质量和人口增长、发展用地需求等因素，我市耕地保护形势仍然十分严峻，优质耕地资源和人均耕地面积仍面临减少趋势。因此必须始终坚持“十分珍惜、合理利用土地和切实保护耕地”的基本国策，将耕地保护作为土地管理的首要任务坚决落实。严守耕地红线，确保耕地实有面积基本稳定，质量不下降。

（四）建设用地增加虽与经济社会发展要求相适应，但土地供需矛盾突出，应继续坚持最严格的节约用地制度，加大盘活存量土地力度

2015 年变更调查数据显示，2015 年全市建设用地面积 97550 公顷（146.33 万亩），比 2014 年 96831 公顷（145.25 万亩）增加 719 公顷（1.08 万亩）。

近年来，我市经济社会发展对新增建设用地的依赖程度逐渐降低，土地利用逐步由新增建设向存量土地二次开发转型，存量土地供应量持续增长，新增建设用地呈减量发展趋势。除此之外，现状建设用地中存在批而未用土地、空闲地、临时用地等尚未实施建设的土地，未来一段时间内仍可为经济社会发展提供支撑。

建设用地增加与我市经济社会发展要求是相适应的，但部分地区建设用地利用粗放、效率不高的情况依然存在。2015 年变更调查全市建设用地总量与《广东省土地利用总体规划（2006—2020 年）》下达深圳市 2020 年的建设用地规模比较，还有 50 公顷（0.07 万亩）净增建设用地指标，但部分地区建设用地总量已接近或超过 2020 年规划控制目标数。继续保持适度投放增量土地，保障我市经济社会发展对增量用地的需求，同时进一步加大盘活存量土地力度，加强节约集约用地，推进城市更新、土地整备、建设用地清退工作，促进经济转型发展和质量提升。

二、2016 年土地利用现状构成

2016 年度土地变更调查从 2016 年 7 月启动，围绕强区放权，工作重心由市级向区级下放，以区（新区）为基本调查单位，实行“委员会统筹前期准备及成果上报、管理局组织外业调查及成果核查”的工作机制，改变管理局参与度低的局面。同时，建立了责任明晰、紧密衔接的工作流程，明确规定了内外业技术单位、管理局、区执法部门、委员会相关处室的工作职责和工作时限，确保按时完成调查任务。

根据 2016 年土地利用现状变更调查“一上”成果统计，2016 年我市陆域控制面积 1997.27 平方公里，其中：建设用地 983.21 平方公里，较 2015 年净增建设用地 7.71 平方公里（其中占用耕地 1.28 平方公里），农用地 886.28 平方公里（其中耕地 38.43 平方公里），未利用地 127.77 平方公里。

备注：2016 年度我市土地利用数据以国家下发“2016 年土地变更调查年末基础库”统计结果为准。

第二节　土地储备

一、储备土地管理机构

深圳市土地储备中心是我市土地储备工作的承办机构，主要履行以下职责：根据本市国民经济发展计划、城市近期建设规划，负责组织对全市土地供需状况的调查，为政府职能部门编制全市土地储备计划、土地储备年度计划提供服务。根据土地储备年度计划制定具体地块的土地储备方案，经报批后组织实施。受政府委托依法适时收购土地。对政府征用、转用、收回、收购、土地整备的建设用地及地上建（构）筑物、附着物进行管理；对城市更新项目中按规定移交政府的建设用地进行管理。负责筹集和管理土地储备资金；受托承担土地投融资职责；作为储备土地权利人代表，申办储备土地房地产证书，作为借款主体开展储备土地的融资工作。参与编制土地整备专项规划、整备项目评审和验收、整备成本核算等工作。

二、2016 年土地储备情况

截至 2016 年 12 月，全市已纳入储备机构管理的土地共计约 203.23 平方公里，主要分布于：原特区内 38.85 平方公里，龙岗 36.52 平方公里，宝安 17.57 平方公里，龙华 21.45 平方公里，滨海 51 50 平方公里，坪山 34.38 平方公里，光明 2.96 平方公里。

三、储备土地管理

市土地储备中心严格按《深圳市土地储备管理办法》的规定，通过招标方式委托物业服务公司或保安服务公司日常看管储备土地、委托辖区街道管理储备土地及自行管理储备土地等三种管理方式对全市储备土地实施了统一、全覆盖式管理。

为保障储备土地精细化管理，2016 年中心

推动落实非经营性储备土地移交工作，即将包括农、林、水、公园用地及非经营性储备土地移交各区实施管理，市土地储备机构负责经营性储备土地的管理。按市政府《深圳市人民政府关于印发全面深化规划国土体制机制改革方案的通知》（深府函〔2016〕259 号）的部署，市土地储备中心依土地总体规划区分出农、林、水、建设用地四类土地；对于建设用地，在叠加城市总体规划或分区规划、法定图则，区分出了经营性储备土地（主要包含居住类、商业类、仓储类、工业类、发展备用地）、非经营性储备土地。经过梳理，初步确定待移交各区管理的非经营性土地总计约 166 平方公里。接着，按照先易后难的原则，先后协调各区政府（新区管委会），明确移交细节，已推动坪山马峦山储备土地、宝安辖区农林水储备土地、大鹏新区农业储备土地移交试点工作。

2016 年，市土地储备中心不断强化储备土地监管力度，提高储备土地巡查频率，采取发现、制止、报告、报警、24 小时死守、案件移送、依托管理单位力量自行清理等多种手段加强储备土地管理，基本遏制了储备土地新增违法侵占现象。2016 年，制止违法侵占及违法倒土等 180 宗；自行清理违法占用 20 宗；配合执法部门开展清理行动 34 次；协调辖区政府组织查处泥头车专项行动 1 次；发送整改通知 47 份；移送案件 44 宗；发送清场通知 132 份。

另外，按照市政府“拓展空间保障发展”的决策部署以及委员会的安排，2016 年，市土地储备中心全力配合开展政府储备土地上的违法违规占用和权属遗留问题处理工作：一方面贯彻落实 2014 年《深圳市人民政府办公厅关于印发深圳市政府储备土地清理专项行动工作方案的通知》（深府办函〔2014〕27 号）要求，继续推进权属清晰但被违法占用的政府储备土地执法清理、验收移交工作；另一方面对权属不清、存在历史遗留问题和经济纠纷的储备土地，制作图册、台账，整体移交各区（新区）政府实施整备清理。截至 2016 年 12 月底，全市已完成 193.22 公顷违法占用储备土地图斑的执法清理工作，91.38 公顷权属存在争议储备土地图斑的整备清理工作。

四、储备土地综合整治

2016 年，为提升储备土地管理效果，巩固储备土地清理成果，中心对暂时未有出让计划的储备土地开展了各类整治工程，全年累计完成围墙 22917 米；围网 58784 米；简易绿化 289500 平方米；垃圾清运 10990 立方米；场地平整 91675 平方米；树立警示牌 242 处。

五、地籍调查与土地登记

根据《深圳市地籍调查和土地总登记工作方案》（深府办函〔2016〕40 号）和《深圳市规划和国土资源委员会地籍调查和土地总登记实施方案》（深规土〔2016〕319 号），2016 年，市土地储备中心负责牵头开展政府储备土地地籍

调查和土地总登记工作：一是制定了《深圳市政府储备土地地籍调查和土地总登记实施方案》并报经委业务会议审议通过；二是召开地籍调查和土地总登记工作动员会，并组织参加相关培训，与相关部门建立了良好地沟通协调机制；三是组织核对辖区内用地申报资料，拟于 2017 年完成

全市约190平方公里储备土地的地籍调查工作；四是配合开展储备土地地籍调查（一期）数据核查复查及成果检查验收工作，提供全市储备地的矢量图形数据及土地权属来源资料，为后期全面工作开展奠定基础。

六、储备土地确权

根据国家有关政策，自2016年1月1日起，各地土地储备机构不得再向银行业金融机构举借土地储备贷款。因此，我市暂停了现有的土地融资工作。依照委员会要求，2016年，市土地储备中心计划注销所有已登记储备土地房地产权登记证书，合计90宗储备土地，面积254.76公顷。经与市不动产权登记中心多次协调沟通，已于2016年底前完成所有90宗土地的注销申请工作。

七、服务土地整备

一是落实土地整备融资后续工作，完成地块解押工作。目前，因土地整备融资与国开行、建行等金融机构签订的所有土地整备项目贷款合同均已经全部履行完毕，所有已抵押储备土地全部解押。二是统筹开展全市整备土地验收工作。截至目前，经中心验收合格的2016年整备土地共42块，面积424公顷；已验收合格的土地中，已办理入库手续的地块共33块，面积167.45公顷。

八、土地储备相关法律政策文件

《土地储备管理办法》国土资源部、财政部、中国人民银行联合发布，2007年11月19日开始实施。

《深圳市土地储备管理办法》（深圳市人民政府令153号），2006年8月1日起施行。

《深圳市土地储备管理办法实施细则》（深国房〔2006〕775号），2007年1月1日起实施。

《深圳市土地收购实施细则》（深国房〔2007〕628号）。

《关于推进土地整备工作的若干意见》（深府〔2011〕102号）。

《深圳市储备土地登记规程》（深规土〔2011〕341号）。

《关于做好土地整备地块验收和移交入库工作的通知》（深规土〔2012〕180号）。

《关于优化调整土地整备地块验收、分类移交和入库管理有关工作事项的通知》（深规土〔2016〕883号）。

第三节　土地出让

一、协议出让用地工作

2016 年 1–12 月，共审批或报批建设项目用地 196 宗（不含前海），用地面积 510.88 公顷，包括交通设施用地 204.7 公顷，市政公用设施用地 6.74 公顷，公共管理与服务设施用地 299.44 公顷。

表 4-2　2016 年 1-12 月公共基础设施用地审批情况

（单位：公顷）

	公共管理与服务设施用地	交通设施用地	公用设施用地	合计
2016 年实施计划	225	457	95	777
累计协议出让项目数	40	138	18	196
累计使用指标面积	299.44	204.7	6.74	510.88
累计完成率（%）	133.08	44.79	7.09	65.75

二、招拍挂出让用地工作

招拍挂出让方面，2016 年 1–12 月招拍挂出让用地 49 宗（不含前海），用地面积 215.21 公顷，土地出让金合同总额 846.72 亿元，其中工业用地 28 宗，土地面积 118.64 公顷，出让金合同总额 74.40 亿元；商业服务业用地 17 宗，土地面积 72.6 公顷，出让金合同金额 519.22 亿元；居住用地 4 宗，土地面积 23.97 公顷，出让金合同金额 253.10 亿元。

表 4-3　2016 年 1-12 实际成交招拍挂用地分类情况（不含前海）

用地种类	供应地块数量（宗）	土地面积（公顷）	出让金合同总额（亿元）
工业用地	28	118.64	74.40
商服用地	17	72.6	519.22
居住用地	4	23.97	253.10
合计	49	215.21	846.72

三、土地使用权出让合同签订工作

土地出让合同签订方面，2016 年 1–12 月已签订土地使用权出让合同 190 宗，用地面积 592.90 公顷，合同总地价 1075.84 亿元（详见表 4–4、表 4–5）。

表 4-4 深圳市历年签订土地出让合同情况（按出让方式分）

单位：宗、公顷、万元

年份	合计			其中							
	宗数	面积	合同地价	协议		招标		拍卖		挂牌	
				宗数	面积	宗数	面积	宗数	面积	宗数	面积
198—1993	1636	3782.93		1574	3739.65	59	42.33	3	0.95	—	—
1994	500	1351.00		495	1342.93	3	4.27	2	3.80	—	—
1995	739	1878.55		739	1878.55	—	—	—	—	—	—
1996	668	1249.83		666	1247.14	2	2.69	—	—	—	—
1997	573	1272.73	705005.00	573	1272.73	—	—	—	—	—	—
1998	560	1978.86	573178.00	556	1968.47	2	5.81	2	4.58	—	—
1999	590	969.67	465915.00	584	934.40	6	35.27			—	—
2000	502	1076.58	519649.71	491	1034.29	7	15.56	4	26.73	—	—
2001	524	1250.99	799422.01	514	1146.03	6	79.90	4	25.06	—	—
2002	427	1332.32	428330.00	415	1273.09	2	7.61	10	51.62	—	—
2003	332	1409.62	592594.00	322	1301.60	—	—	10	108.02	—	—
2004	326	1072.97	756300.00	303	938.56	—	—	12	104.67	11	29.74
2005	288	918.92	534862.23	278	856.28	—	—	5	50.70	5	11.94
2006	368	1688.97	1348305.82	342	1570.04	9	65.38	8	34.79	9	18.76
2007	517	1899.27	1615342.08	487	1787.90	2	5.31	—	—	28	106.05
2008	260	543.48	1273288.08	201	264.91	1	2.95	—	—	58	275.62
2009	232	629.31	1266256.49	176	394.67	—	—	3	18.07	53	216.57
2010	305	1035.97	1317358.19	223	559.50	1	2.40	5	14.45	76	459.62
2011	221	622.95	1413097.70	153	352.90	—	—	—	—	68	270.05
2012	241	768.09	2948044.53	177	512.29	—	—	—	—	64	255.80
2013	219	568.01	5763103.42	170	389.41	0	0	1	0.4223	48	178.18
2014	232	579.03	6945824.19	191	401.32	0	0	5	13.33	36	164.38
2015	214	449.92	6431228.22	166	334.91	-	-	5	6.40	43	108.61
2016	190	592.9036	10758478	131	378.9488	12	56.3857	0	0	47	157.5691

表 4-5 深圳市历年签订土地出让合同情况（按土地用途分）

单位：宗、公顷

年份	合计		其中																				
			商服用地		工矿仓储用地		公用设施用地		公共建筑用地		住宅用地				交通运输用地		水利设施用地		特殊用地	
	宗数	面积	宗数	面积	宗数	面积	宗数	面积	宗数	面积	宗数	面积	经济适用房	宿舍	宗数	面积	宗数	面积	宗数	面积
1987—1993	1690	3784.00	231	151.80	596	1635.45	131（宗）		760.55（公顷）		689	1198.75	—	45.24	13	17.05	—	—	30	20.40
1994	500	1351.01	84	152.29	179	350.73	66（宗）		509.97（公顷）		149	315.54	—	6.70	7	4.42	—	—	15	18.06
1995	739	1878.54	128	96.14	226	451.72	53（宗）		763.85（公顷）		317	542.63	—	6.61	11	10.03	—	—	4	14.17
1996	668	1249.83	97	53.85	180	396.20	103（宗）		191.44（公顷）		266	459.29	—	9.95	19	147.51	—	—	3	1.54
1997	573	1272.72	105	100.67	113	177.70	65（宗）		87.91（公顷）		258	361.33	—	10.91	27	524.16	—	—	5	20.95
1998	560	1976.80	79	79.54	155	332.25	38（宗）		197.75（公顷）		233	404.23	—	9.80	4	1.16	18	703.64	33	258.23
1999	590	969.65	71	91.34	268	402.21	17（宗）		9.29（公顷）		188	226.65	—	5.78	7	6.37	2	1.81	37	231.98
2000	502	1076.58	65	42.33	139	359.24	30（宗）		64.28（公顷）		176	259.51	—	1.62	8	140.17	11	11.08	73	199.97
2001	524	1250.94	68	40.70	167	513.23	55（宗）		100.53（公顷）		154	359.02	—	2.00	16	81.64	10	7.42	54	148.40
2002	427	1332.32	57	61.64	143	389.22	28（宗）		289.94（公顷）		112	244.24	—	—	29	86.04	6	2.29	52	258.95
2003	332	1409.62	29	34.47	105	449.75	46	91.18	26	15.43	98	261.56	25.12	—	9	34.35	—	—	19	522.88
2004	326	1072.97	37	62.81	144	539.92	15	58.19	58	162.64	63	177.77	13.16	—	2	63.17	—	—	7	8.47
2005	288	918.92	16	19.90	127	427.94	38	84.86	42	207.36	58	136.14	4.32	0.92	6	12.68	—	—	1	30.04
2006	368	1688.97	47	331.72	150	519.64	55	248.73	34	94.24	68	232.08	—	2.99	11	258.97	—	—	3	3.59
2007	517	1899.27	22	20.59	291	1397.63	74	76.17	48	114.65	57	136.98	0.50	—	19	146.07	1	0.45	5	6.70
2008	260	543.48	33	20.33	43	154.61	48	39.67	69	146.69	41	122.11	1.70	—	20	52.57	—	—	6	7.50
2009	232	629.31	20	12.33	37	175.09	47	44.96	49	203.89	49	136.84	—	—	24	47.91	—	—	6	8.29
2010	305	1035.97	31	85.37	67	382.65	68	58.95	57	146.46	63	145.78	29.71	—	17	192.20	—	—	2	24.56
2011	218	542.86	20	21.78	45	161.21	22	37.49	30	59.98	90	258.43	77.73	—	9	3.01	1	0.15	1	0.80
2012	241	768.09	38	131.93	61	145.37	16	22.08	42	240.18	76	221.94	7	14.84	5	2.76	1	0.06	2	3.77
2013	219	568.01	39	103.16	44	111.02	25	87.95	25	59.21	80	200.70	3.44	—	6	5.98	0	0	0	0
2014	232	579.03	52	192.09	51	97.72	23	35.58	24	72.36	82	180.70	0.58	-	-	-	-	-	-	-
2015	214	449.69	45	58.56	53	137.04	19	9.41	36	89.10	57	135.67	2	2.20	2	17.94	-	-	-	-
2016	190	592.9036	44	121.5157	55	157.788	16	31.0798	30	152.4997	45	130.0204	4.2836							

注：因土地分类标准发生变化，2002 年及以前的土地分类按以下方式转换为新的地类。原住宅用地、宿舍用地以及以住宅为主的综合楼用地计入新分类标准的住宅用地；原商业、经营性办公用地以及以办公或商业为主的综合楼用地计入商服用地；原工业、仓储用地计入工矿仓储用地；原能源水利用地计入水利设施用地；原非经营性办公用地、公益用地合并计入公用设施用地、公共建筑用地的合并项目中；原交通用地计入交通运输用地；原其他用地均计入特殊用地。

第四节　土地转让

2016 年，深圳市通过有形土地市场转让土地 0 宗。

表 4-6　深圳市历年土地转让情况

单位：hm^2、万元

<table>
<tr><th rowspan="3">年份</th><th colspan="2">合　计</th><th colspan="8">其　　中</th></tr>
<tr><th rowspan="2">面 积</th><th rowspan="2">金 额</th><th colspan="2">商服用地</th><th colspan="2">工矿仓储用地</th><th colspan="2">住宅用地</th><th colspan="2">其他用地</th></tr>
<tr><th>面积</th><th>金额</th><th>面积</th><th>金额</th><th>面积</th><th>金额</th><th>面积</th><th>金额</th></tr>
<tr><td>2001</td><td>34.24</td><td>50686.60</td><td></td><td></td><td></td><td></td><td></td><td></td><td></td><td></td></tr>
<tr><td>2002</td><td>62.72</td><td>94922.64</td><td>8.29</td><td>40148.40</td><td>15.72</td><td>6374.20</td><td>38.71</td><td>48400.04</td><td>—</td><td>—</td></tr>
<tr><td>2003</td><td>141.14</td><td>283900.00</td><td>5.44</td><td>44770.00</td><td>16.29</td><td>11590.50</td><td>114.01</td><td>219529.50</td><td>5.40</td><td>8010.00</td></tr>
<tr><td>2004</td><td>68.84</td><td>182182.15</td><td>—</td><td>—</td><td>18.29</td><td>8542.00</td><td>50.55</td><td>173640.15</td><td>—</td><td>—</td></tr>
<tr><td>2005</td><td>24.70</td><td>51206.80</td><td>0.67</td><td>965.00</td><td>5.20</td><td>3748.00</td><td>14.18</td><td>31589.80</td><td>4.65</td><td>14904.00</td></tr>
<tr><td>2006</td><td>4.77</td><td>47462.50</td><td>1.82</td><td>31800.00</td><td>1.50</td><td>1660.00</td><td>1.45</td><td>14002.50</td><td>—</td><td>—</td></tr>
<tr><td>2007</td><td>0.95</td><td>6931.00</td><td>—</td><td>—</td><td>0.03</td><td>81.00</td><td>0.92</td><td>6850.00</td><td>—</td><td>—</td></tr>
<tr><td>2008</td><td>2.67</td><td>2311.00</td><td>—</td><td>—</td><td>2.47</td><td>2011.00</td><td>0.20</td><td>300.00</td><td>—</td><td>—</td></tr>
<tr><td>2009</td><td>3.33</td><td>9656.15</td><td>1.00</td><td>6912</td><td>2.25</td><td>2444.15</td><td>0.08</td><td>300.00</td><td>—</td><td>—</td></tr>
<tr><td>2010</td><td>0.04</td><td>2216.00</td><td>—</td><td>—</td><td>—</td><td>—</td><td>0.04</td><td>2216.00</td><td>—</td><td>—</td></tr>
<tr><td>2011</td><td>2.74</td><td>15836.00</td><td>—</td><td>—</td><td>2.3</td><td>7000.00</td><td>0.44</td><td>8836.00</td><td>—</td><td>—</td></tr>
<tr><td>2012</td><td>4.94</td><td>3550.52</td><td>—</td><td>—</td><td>4.25</td><td>2888.52</td><td>—</td><td>—</td><td>0.69</td><td>662</td></tr>
<tr><td>2013</td><td>0.18</td><td>40509</td><td>0.17</td><td>40500</td><td>0.01</td><td>9</td><td>—</td><td>—</td><td>—</td><td>—</td></tr>
<tr><td>2014</td><td>3.77</td><td>8985.65</td><td>—</td><td>—</td><td>3.77</td><td>8985.65</td><td>—</td><td>—</td><td>—</td><td>—</td></tr>
<tr><td>2015</td><td>3.84</td><td>83983.55</td><td>—</td><td>—</td><td>—</td><td>—</td><td>—</td><td>—</td><td>3.84</td><td>83983.55</td></tr>
<tr><td>2016</td><td>—</td><td>—</td><td>—</td><td>—</td><td>—</td><td>—</td><td>—</td><td>—</td><td>—</td><td>—</td></tr>
</table>

第五节　土地市场管理

一、加快推进土地供给侧改革，做好建设用地供应与管理的顶层设计

（一）制订《深圳市工业及其他产业用地供应管理办法（试行）》。落实“强区放权”要求，创新以招拍挂方式供应用地的审批机制，实行差别化空间保障，着力加强重大重点产业项目用地的专项保障，确保实现精准供应。该办法已经市政府常务会及市委常委会审议通过，并于 2016 年 10 月 20 日印发实施。

（二）创新民生工程建设项目审批制度，全面下放临时用地审批职权。对以划拨或协议方式供应的建设用地、划定管理范围线委托管理的非城市建设用地，除市投市建的项目，其余用地审批权均由市政府委托区政府行使。将临时用地审批权调整至各区承担，各区参照已出让用地的临时用地、临时建筑审批方式进行审批。上述内容纳入了规划国土体制机制改革方案，已经市政府同意印发实施。

（三）起草《深圳市人民政府关于完善土地供应管理的若干意见》。从整体上完善土地供应的顶层设计，经多次实地调研及征求意见，形成了《深圳市人民政府关于完善土地供应的若干意见》，待市政府审定后发布实施。

（四）是推动以标定地价为核心的地价体系建立。构建能够准确、真实、透明、及时反映市场动态变化的标定地价体系及技术支撑平台。目前，已明确标定地价的价值内涵并建立标定地价评估技术体系，待市政府审定后发布实施。

（五）开展《深圳市地价管理工作规则》拟定工作。为解决我市地价政策系统性不足和地价测算工作的繁杂性的问题，结合我市地价管理实际，配合地价体系重构，组织拟定了《深圳市地价管理工作规则》（草稿），为进一步理顺和完善地价管理工作机制奠定相关的政策支持，待市政府审定后发布实施。

（六）拟订《深圳市已征转未完善出让手续用地处置办法》。推进我市范围内已签订土地征用补偿协议并由第三方代为实施征地补偿、尚未完善用地手续的原批准用途为经营性用地处置。待市政府审定后发布实施。

二、挖掘潜力用地资源，拓展城市发展空间

（一）开展保留建设用地清理工作。根据《市政府六四十次常务会议纪要》的相关要求，我市开展了保留建设用地的清理工作，主要以“全面核查为主、各部门上报为辅”为基础，通过“遥感影像和现场踏勘相结合”的方式对保留建设用地进行全面清理核实。截至 2017 年 1 月 14 日，我市保留建设用地 269 宗，土地面积 375.01 公顷。其中教育设施用地 23 宗，土地面积 102 公顷；交通设施用地共 49 宗，土地面积 20.54 公顷；公安消防用地共 20 宗，土地面积 33.12 公顷；水务设施用地 12 宗，土地面积 11.29 公顷；保障性住房用地 12 宗，土地面积 25.72 公顷；楼堂馆所用地 42 宗，土地面积 13.18 公顷。

（二）结合实际情况推进项目建设。结合各部门未建用地的“批准用途、土地面积、批准时间、报建情况、规划情况以及未建原因”等实际情况，通过“继续保留使用；收回土地使用权，纳入政府储备；及报市政府决策”三种方式积极推进我市建设用地相关工作。

三、保障重大重点产业项目和基础设施土地供应

（一）加快推进重大项目落地。完成了招商银行、天音通信、光汇石油、海能达公司、广田装饰、安邦保险、金龙客车、华星光电 G11、光启研究院总部等 9 项重大项目用地出让的前期工作，其中招商银行、天音通信、海能达公司、广田装饰、安邦保险等项目用地已发布出让公告，金龙客车、华星光电 G11、光启研究院总部项目用地已成交；启动了飞马国际、天珑通信、平安产险、大疆创新（二期）、乐普医疗、碳云智能、普门科技、万科、恒大、恒力、乐视、碳云智能、中兴通讯、神州数码等 14 项重大项目用地的前期工作。

（二）完成了新增保障性住房用地选址和用地报批工作。加大新增保障性住房用地选址和报批力度，一是组织完成了 2016 年度新供应 25 公顷保障性住房用地选址和报批工作，于 10 月上旬完成委内相关用地审批工作，10 月下旬上报市政府审批。二是启动了 2017 年新供应 25 公顷保障性住房用地预选址工作，目前已完成岗头水库人才公寓项目用地（19.6 公顷）及光明长圳车辆段周边保障性住房项目用地（21 公顷）的预选址。

（三）扩大了土地作价出资成果。深化土地管理制度改革，充分发挥土地资产属性，继续推进我市土地作价出资工作，按计划完成将安托山停车场上盖物业地块及塘朗车辆段 F 地块物业地块作价出资给地铁集团，累计年度作价出资金额 110.614 亿元（已签订用地合同的项目），年度作价出资总用地面积 24.221 公顷，年度作价出资计容总建筑面积 57.98 万平方米。

第六节 地价指数

一、指数编制说明

（一）编制对象

深圳市综合地价指数、深圳市住宅用地地价指数、深圳市商业用地地价指数、深圳市工业用地地价指数；罗湖区、福田区、南山区、盐田区的居住、商业、工业用地的地价指数。

（二）指数基期

以 2000 年 12 月 31 日为基期，各类用地类型的指数其基期均设为 100。

（三）指数编制的数据来源

国土资源部部署的深圳市城市地价动态监测项目始于 2C07 年，全市 2007 年以后（含 2007 年）的地价指数编制的数据来源于该项目；2007 年以前的数据来自深圳市规划国土委发布的深圳市地价指数。

（四）指数编制办法

由于编制指数所采用的数据分别来自城市地价动态监测和深圳市地价指数，二者的地价水平值的内涵虽然不同，但均能正确反映深圳市土地价格的变化趋势。通过适当的数据处理手段，将两个时期的地价水平值调整为连续可比，并以此计算各期的地价指数。

表 4-7 深圳市历年地价动态监测的土地评估价值指数

类型 \ 年度	2000	2007	2008	2009	2010	2011	2012	2013	2014	2015	2016			
	4季	4季	4季	4季	4季	4季	4季	4季	4季	4季	1季	2季	3季	4季
综合	100	305.65	208.82	278.07	343.43	408.46	424.59	504.96	537.24	614.54	634.17	651.62	662.73	666.25
住宅	100	268.99	204.62	279.64	300.08	338.34	359.78	433.68	480.93	565.02	587.78	608.92	621.60	620.50
商业	100	329.40	213.36	282.05	418.66	533.71	536.92	632.34	627.36	692.73	706.85	716.75	724.84	736.05
工业	100	269.79	158.19	167.13	199.04	207.87	228.76	255.92	293.46	322.10	328.22	336.56	340.92	346.85

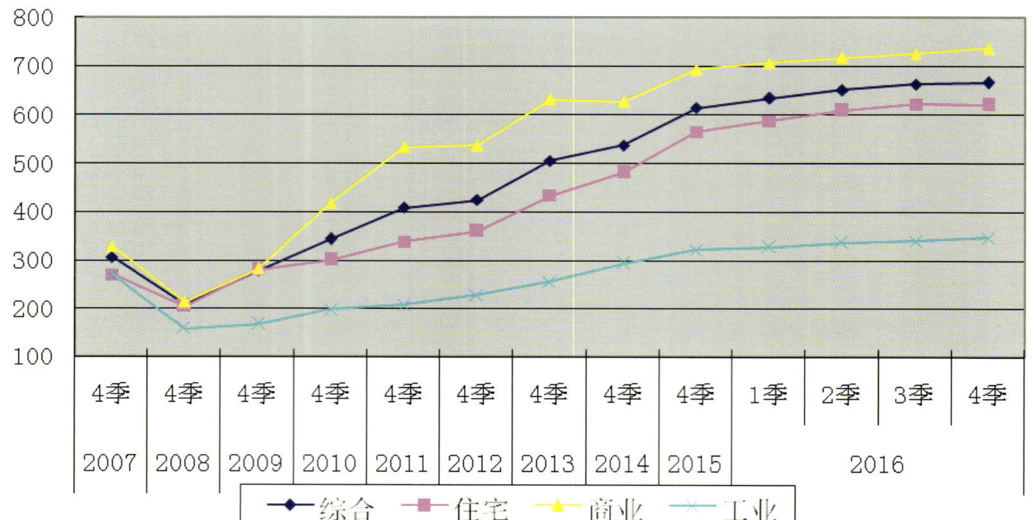

图 4-1 深圳市历年地价动态监测的土地评估价值指数趋势图

表 4-8 深圳市历年居住用地地价动态监测的土地评估价值指数

区域 \ 年度	2000	2007	2008	2009	2010	2011	2012	2013	2014	2015	2016
	4季	4季	4季	4季	4季	4季	4季	4季	4季	4季	4季
福田区	100	279.69	260.21	344.72	335.67	358.36	395.24	465.91	515.81	617.68	679.63
罗湖区	100	214.59	198.84	221.75	266.78	233.94	240.33	277.22	314.74	378.75	408.16
南山区	100	417.29	245.77	378.07	413.70	515.78	549.82	631.03	693.41	814.82	885.28
盐田区	100	242.20	218.52	422.47	445.55	425.33	447.06	485.09	520.03	564.83	553.46

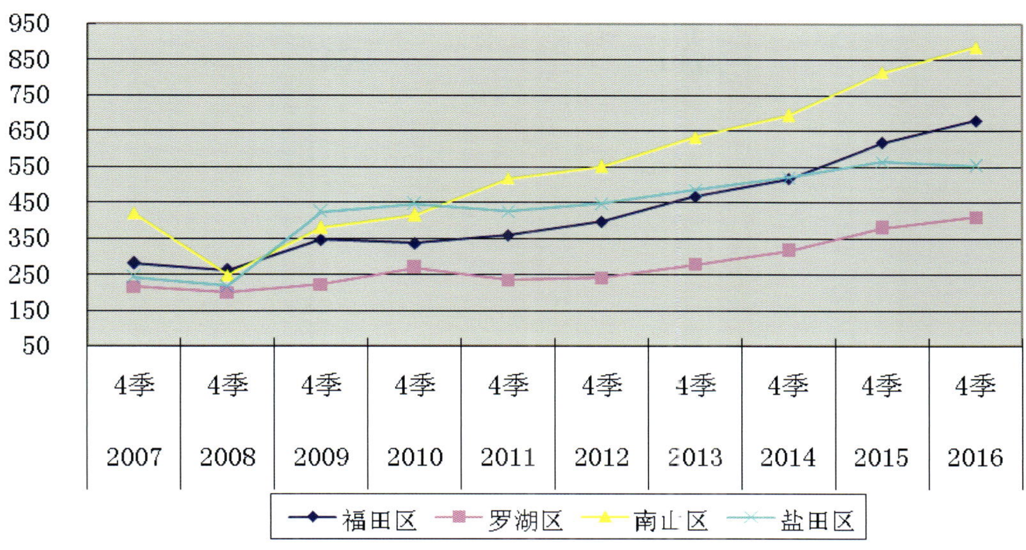

图 4-2　深圳市历年居住用地动态监测的土地评估价值指数趋势图

表 4-9　深圳市历年商业用地地价动态监测的土地评估价值指数

年度 / 区域	2000	2007	2008	2009	2010	2011	2012	2013	2014	2015	2016
	4 季	4 季	4 季	4 季	4 季	4 季	4 季	4 季	4 季	4 季	4 季
福田区	100	354.06	247.78	318.90	486.82	662.00	679.15	715.65	752.83	797.40	830.68
罗湖区	100	254.47	221.37	220.72	243.85	231.45	229.51	234.32	248.78	273.98	290.51
南山区	100	381.57	246.37	390.31	641.24	857.70	831.63	1180.00	1090.62	1204.19	1274.40
盐田区	100	239.11	211.84	197.54	216.32	215.37	230.94	259.93	273.58	302.78	345.43

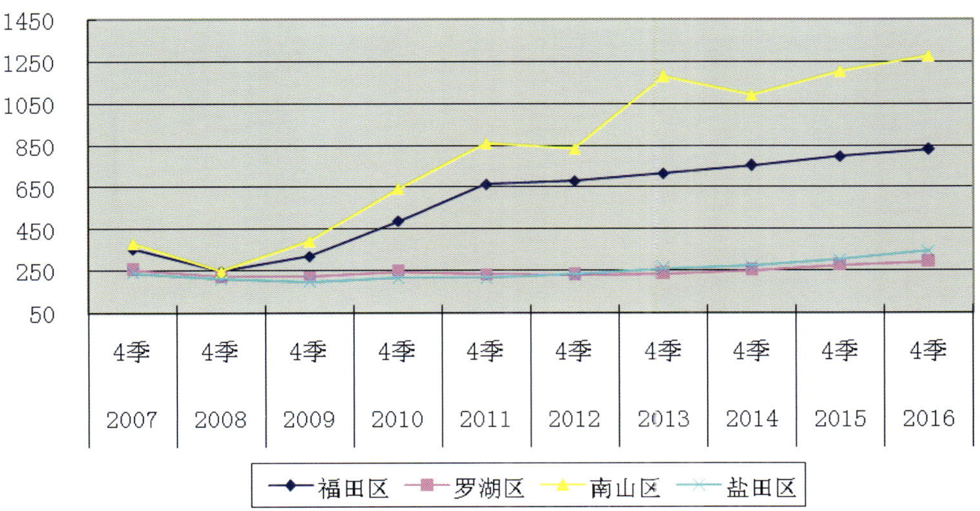

图 4-3　深圳市历年商业用地动态监测的土地评估价值指数趋势图

表 4-10 深圳市历年工业用地地价动态监测的土地评估价值指数

年度 / 区域	2000	2007	2008	2009	2010	2011	2012	2013	2014	2015	2016
	4 季	4 季	4 季	4 季	4 季	4 季	4 季	4 季	4 季	4 季	4 季
福田区	100	327.28	182.44	181.69	224.33	309.82	333.86	334.81	421.37	460.83	493.87
罗湖区	100	164.23	154.97	143.47	153.71	143.75	158.66	181.64	187.16	215.57	232.66
南山区	100	442.21	157.83	153.65	188.60	197.49	230.69	262.93	302.28	329.72	340.23
盐田区	100	183.06	162.41	165.02	181.07	165.64	189.91	207.89	213.59	249.85	277.34

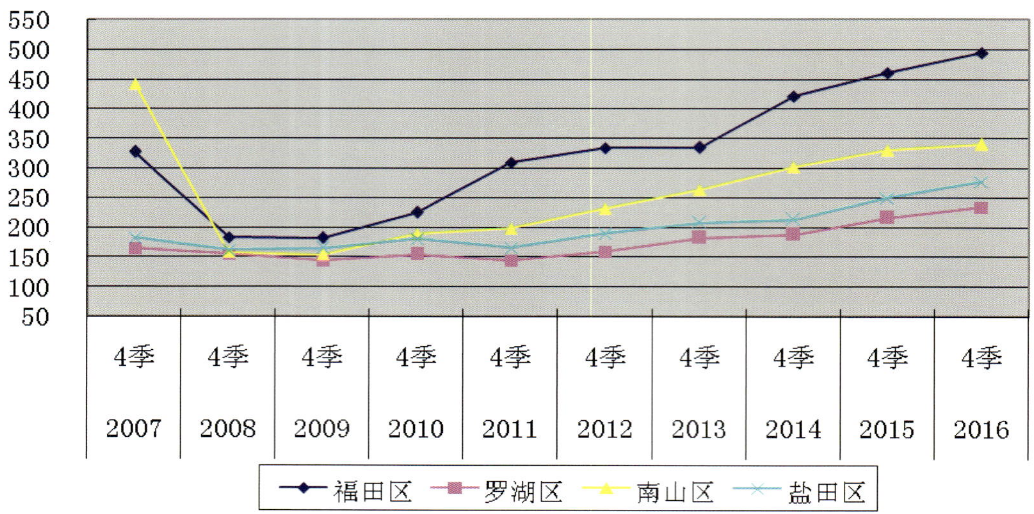

图 4-4 深圳市历年工业用地动态监测的土地评估价值指数趋势图

深圳市办公用地基准楼面地价图

深圳市住宅用地基准楼面地价图

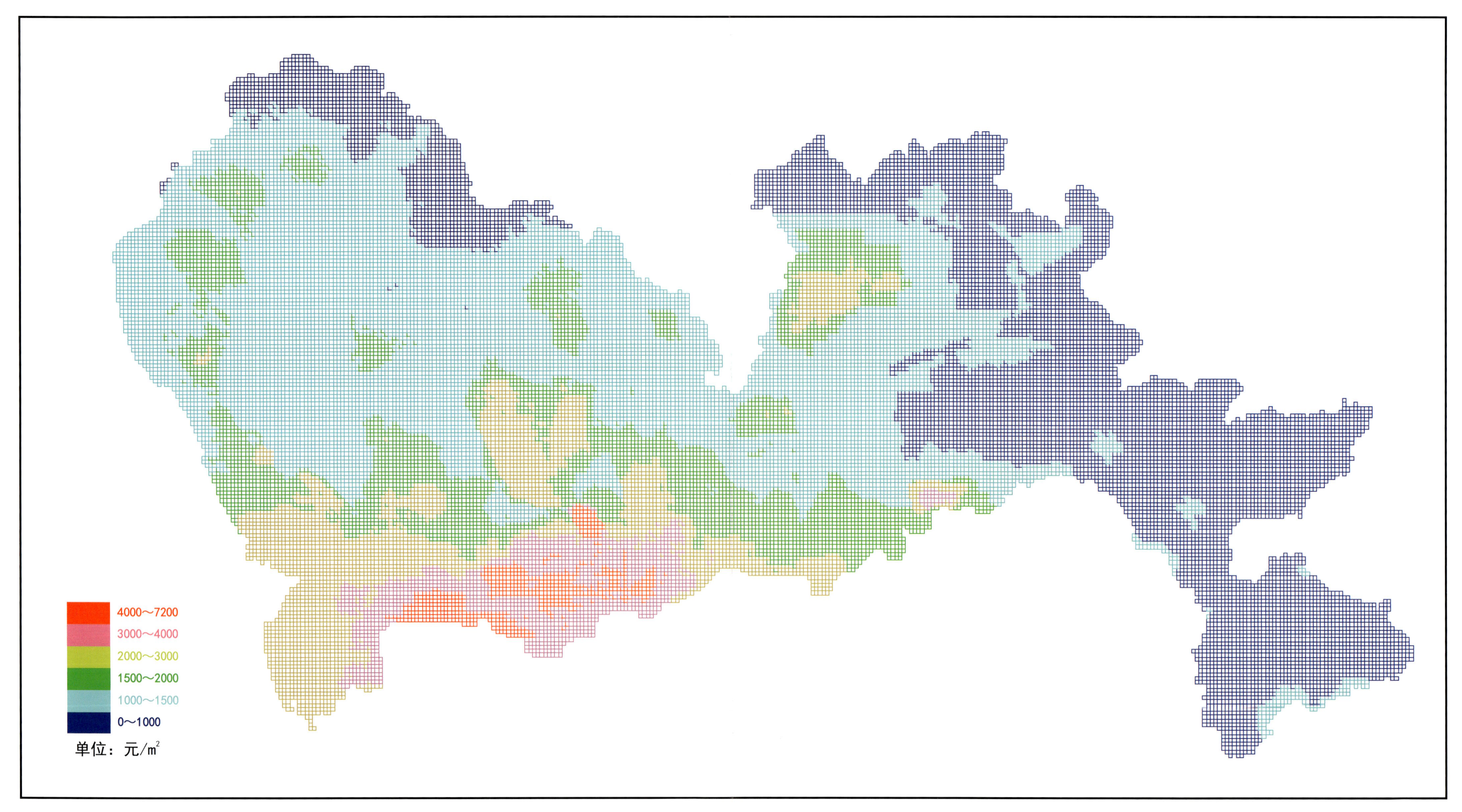

深圳市商业用地基准楼面地价图

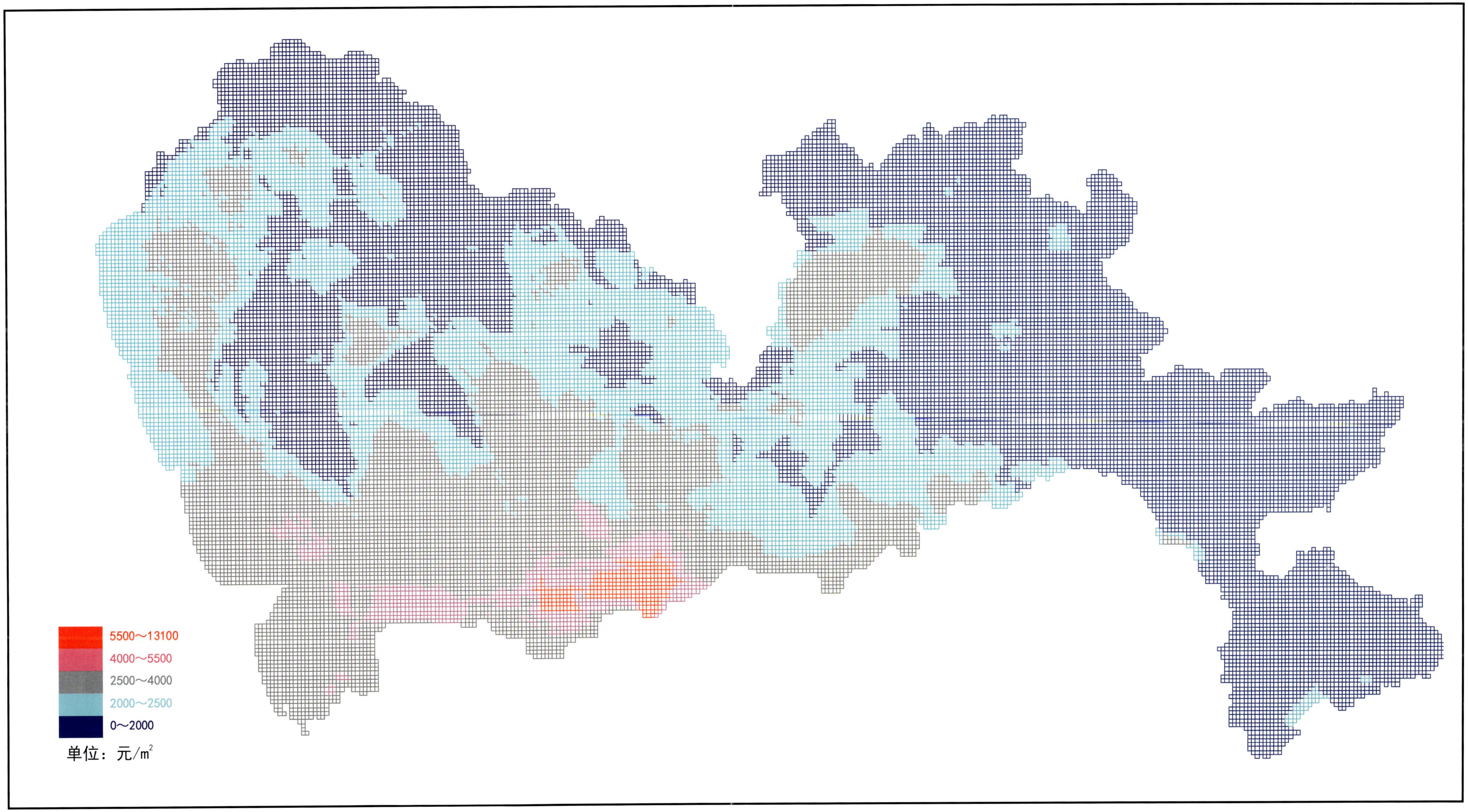

5500～13100
4000～5500
2500～4000
2000～2500
0～2000
单位：元/m²

深圳市工业用地基准楼面地价图

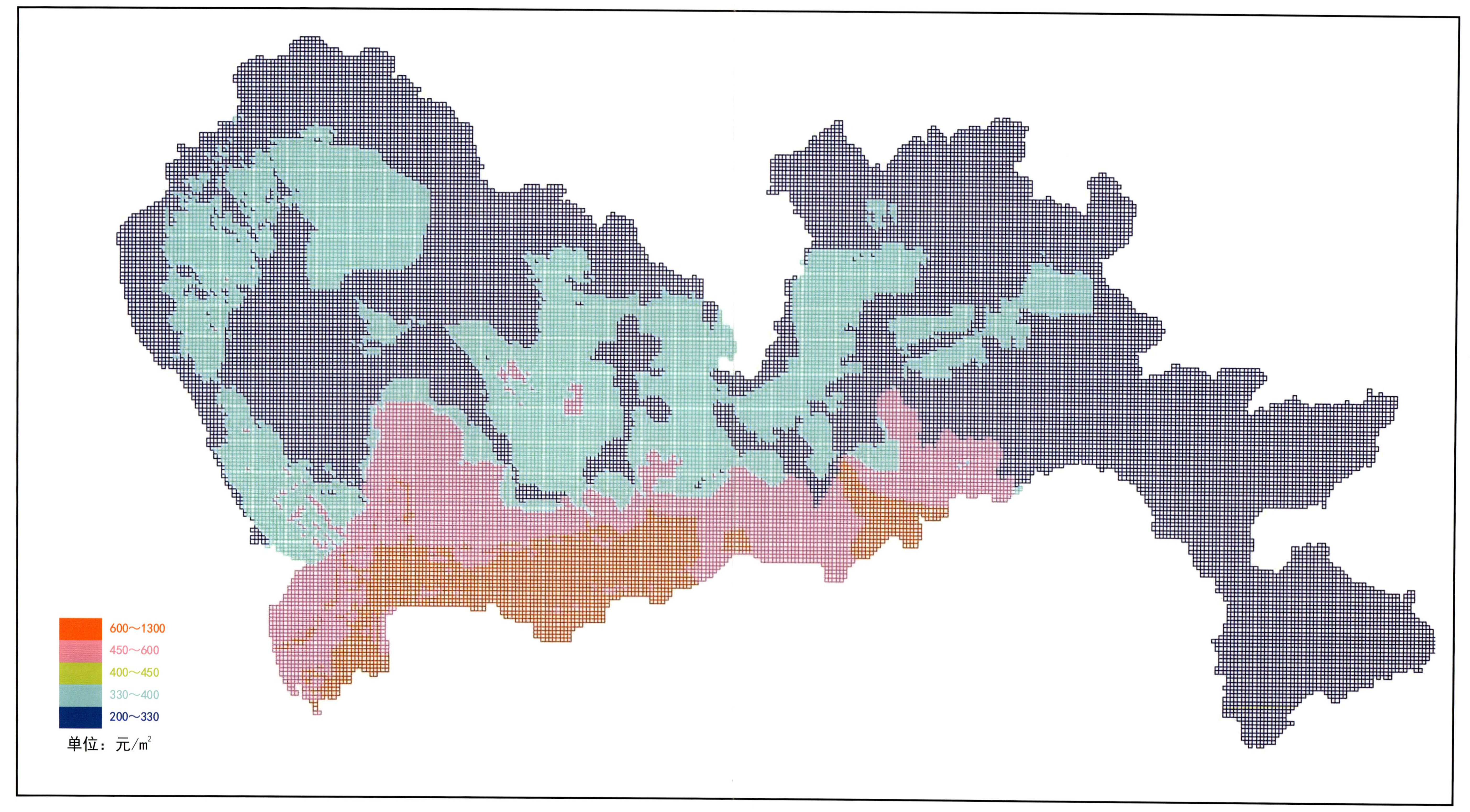

第五章　房地产开发

第一节　房地产开发投资

一、完成投资情况

2016 年，深圳市共完成房地产开发投资 1781.37 亿元，同比增加 33.83%。从用途结构来看，住宅完成投资 1044.54 亿元，同比增加 16.43%。其中，90 平方米以下住宅投资 661.58 亿元，同比增加 17.67%；办公楼投资 310.44 亿元，同比增加 95.44%；商业用房投资 271.29 亿元，同比增加 90.09%；其他用房投资 155.09 亿元，同比减少 17.19%。从投资计划来看，2016 年，全市房地产计划总投资 8224.93 亿元，同比增加 23%。实际完成房地产开发投资额 1331.035514.43 亿元，占年度计划总投资比例的 66.68%，同比增加 3.7 个百分点。

总体而言，2016 年全市的房地产开发投资呈现以下特点：一是全市房地产开发投资仍以住宅为主，住宅所占份额为 58.64%，低于上年 8.8 个百分点。90 平方米以下住宅投资额所占份额 37.14%，比上年减少 5.1 个百分点；二是办公楼投资占比份额较上年有所上升，所占份额为 17.4%，较上年提高 5.5 个百分点；三是商业用房和其他类商品房份额也有所变化，商业用房所占份额 15.23%，同比增加 4.5 个百分点，其他类用房包括工业厂房、仓储、研发等物业投资所占份额为 8.71%，较上年减少 1.2 个百分点。

表 5-1 深圳市历年房地产开发完成投资构成（按房屋用途分）

单位：亿元

年份	本年完成投资	其中					
		住宅	普通住宅	别墅、高档住宅	办公楼	商业用房	其他
1996	124.83						
1997	136.65	85.50			18.18	14.78	18.19
1998	181.01	117.15			16.45	16.82	30.59
1999	261.45	184.25			19.34	21.34	36.52
2000	271.02	193.96			11.61	23.97	41.48
2001	322.85	220.34			9.25	27.30	65.96
2002	410.36	282.81			16.61	36.99	73.95
2003	449.05	308.76			19.20	49.60	71.49
2004*	434.24	255.84	251.36	4.48	24.51	57.44	96.46
2005	423.69	265.53	229.57	35.96	28.04	53.07	77.04
2006	462.09	325.05	252.30	72.75	30.63	67.39	39.02
2007	461.05	331.73	276.25	55.48	30.08	53.53	45.71
2008	440.49	314.98	227.47	6.08	26.12	51.97	47.42
2009	437.46	289.78	284.29	5.49	35.34	53.22	59.12
2010	458.47	304.89	296.01	8.87	37.90	59.36	56.32
2011	590.21	393.35	381.22	12.13	40.55	70.68	85.63
2012	736.84	474.60	264.57	32.64	26.99	90.11	145.13
2013	887.71	594.10	538.27	55.83	64.63	90.22	138.76
2014	1069.49	730.28	650.95	79.33	104.22	118.22	116.77
2015	1331.03	897.13	562.22	334.91	158.84	142.72	132.34
2016	1781.37	1044.54	945.98	98.56	310.44	271.29	155.09

注：从 2005 年 12 月起，深圳市国土资源和房产管理局、深圳市统计局分别取消了原房地产统计系统，统一使用新的统计系统，致使 2005 年统计口径较以前年度发生变化。目前，已对 2004 年度的统计数据做了追溯调整，调整后的口径与 2005 年相同，2003 年及以前年度数据不作调整，下同。

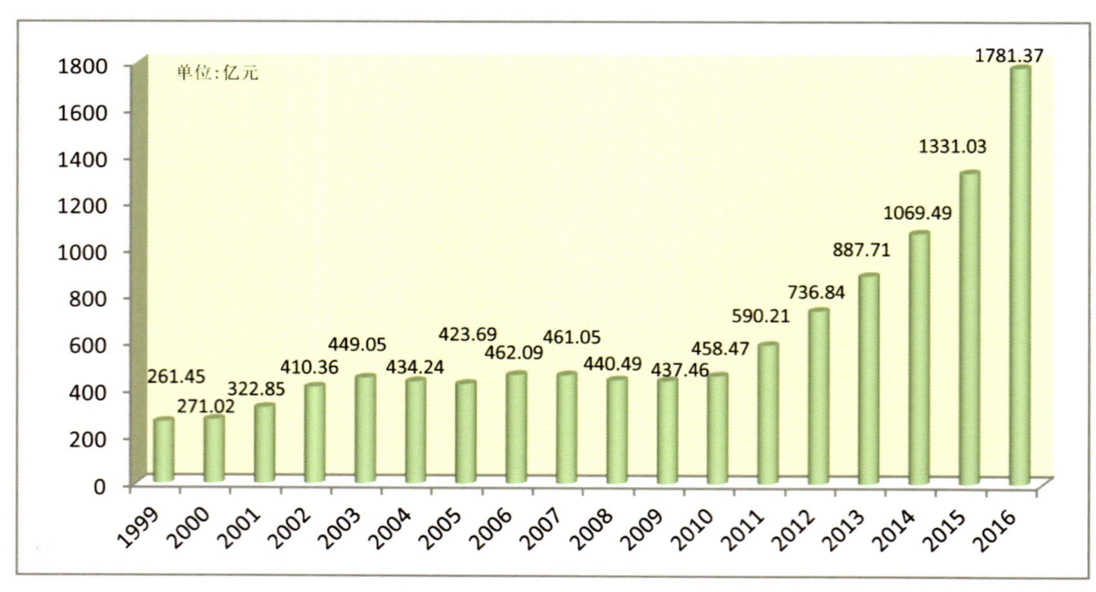

图 5-1 深圳市历年房地产开发完成投资示意图

表 5-2 深圳市历年房地产开发完成投资构成（按投资去向分）

单位：亿元

年份	本年完成投资	其中				
		商品房建设投资	土地开发投资	土地购置费	旧建筑物购置费（2004年以前）/ 配套工程投资（2004年以后	其他
1985年及以前	35.27	29.27	6.00		—	—
1986	9.71	8.04	1.67		—	—
1987	9.02	6.94	1.54		—	0.54
1988	6.80	5.58	1.22		—	—
1989	12.16	9.37	1.06		—	3
1990	11.12	9.39	1.73		—	—
1991	25.56	15.42	9.18		—	0.96
1992	71.49	33.83	35.14		—	2.52
1993	102.77	69.96	26.98		—	5.83
1994	130.46	90.17	30.17		—	10.12
1995	103.04	91.45	11.11		—	0.48
1996	124.82	99.26	9.26	5.72	—	10.58
1997	136.65	109.91	7.78	13.52	—	5.44
1998	181.02	125.40	18.68	34.10	—	2.84
1999	261.45	198.95	16.11	42.46	—	3.93
2000	271.02	196.54	25.24	47.57	—	1.67
2001	322.85	217.57	25.07	80.21	—	—
2002	411.12	304.00	26.25	72.42	1.02	7.43
2003	449.05	321.04	37.63	90.38	—	—
2004	434.24	343.93	11.69	71.80	6.82	
2005	423.69	325.57	24.84	64.05	9.23	
2006	462.09	399.58	6.71	43.86	11.95	
2007	461.05	369.46	10.23	62.22	19.14	
2008	440.49	357.27	6.67	65.98	10.57	
2009	437.46	364.42	7.31	45.25	20.49	
2010	458.47	370.88	5.96	60.99	15.75	
2011	590.21	—	—	111.03	14.38	
2012	736.84	—	—	129.77	14.96	
2013	887.71	—	—	98.88	22.07	
2014	1069.49	—	—	195.67	11.22	
2015	1331.03	142.72	—	316.76	11.38	
2016	1781.37	271.29	—	416.81	27.19	

注：自 2011 年 1 月起，国家统计局和深圳市统计局取消了对商品房建设投资、土地开发投资两项指标的统计。

二、开发资金来源

2016 年，全市商品房开发资金来源合计为 4312.85 亿元，同比增加 19.1%，其中：上年结余 912.37 亿元，同比增加 33.5%，占年度总资金来源的 25.2%；在新增资金中，国内贷款 812.56 亿元，同比增加 11.2%，占新增资金的 23.9%；利用外资 0 元；自筹资金 1081.8 亿元，同比增加 38.1%；其他资金来源 1506.11 亿元，同比增加 6.0%。

表 5-3 深圳市历年房地产开发资金来源构成

单位：亿元

年份 \ 开发资金	合 计	上年末结余资金	本年资金来源小计	国内贷款	银行贷款	非银行机构贷款	利用外资	国家预算内资金	自筹资金	自有资金	其他资金来源	集资（2005 年以前）/ 个人按揭贷款（2005 年以后）	定金及预收款
1992			97.16	25.37					28.99	28.99	42.80		22.54
1993			175.06	39.05					49.14	49.14	86.87		66.01
1994			189.90	40.01					63.56	63.56	86.33		40.43
1995			194.13	31.43					34.94	34.94	127.76		33.77
1996			187.92	29.46					45.49	45.49	112.97		39.43
1997			207.66	30.91					61.19	61.19	115.56		47.28
1998	309.21	59.43	249.78	60.20			12.50		103.69	59.00	73.39	0.77	62.00
1999	391.66	62.22	329.44	85.56			13.91		95.94	56.59	134.03	4.90	107.45
2000	472.68	85.16	387.52	84.09			15.40		125.91	66.74	162.12	4.75	119.33
2001	638.43	127.16	511.27	129.04			9.99		177.42	94.40	194.82	3.33	153.79
2002	737.97	141.87	596.10	152.99			8.62	6.96	165.23	90.71	262.30	6.72	208.01
2003	715.15	125.45	589.70	163.32			5.23	5.92	163.90	100.32	251.32	9.85	210.79
2004*	842.35	179.00	663.35	149.33			7.03	—	197.98	120.34	309.00	2.06	254.21
2005	867.74	173.73	694.01	159.87	152.98	6.88	2.38	—	216.49	132.76	315.27	72.96	184.10
2006	1008.19	170.34	837.85	229.39	220.61	8.78	8.94	—	174.78	128.64	424.74	158.3	213.91
2007	1043.45	195.53	847.92	169.83	163.91	5.92	11.78	—	241.43	176.60	424.88	154.54	223.97
2008	1016.59	262.22	754.37	289.14	269.55	19.6	1.49	—	203.35	149.52	260.39	97.37	134.64
2009	1054.08	172.32	881.76	258.83	236.39	22.44	1.39	—	171.95	115.09	449.59	223.16	205.02
2010	1044.72	271.63	773.09	199.89	177.72	22.16	10.33	—	203.97	157.18	358.90	184.44	154.67
2011	1205.73	314.88	890.85	220.02	189.62	30.40	2.06	—	342.60	281.23	326.17	105.32	203.69
2012	1577.11	386.15	1190.97	302.88	283.07	19.82	—	—	473.24	242.45	414.84	169.20	227.26
2013	2255.87	568.96	1686.91	441.09	417.44	23.65	0.12	—	456.97	223.65	788.73	489.61	242.49
2014	2283.25	651.35	1631.90	538.02	450.77	87.26	20.46	—	545.65	311.14	527.77	175.26	303.22
2015	3622.03	683.50	2938.53	730.79	695.42	35.37	3.21	—	783.13	482.77	1421.41	476.33	906.82
2016	4312.85	912.37	3400.48	812.56	741.47	71.10	0	—	1081.80	427.37	1506.11	613.95	789.69

注：按 2005 年新的统计口径，删除原“债券”项；原“国内贷款”项包含“银行贷款”和“非银行机构贷款”项，“其他”项包含“定金及预收款”和“集资”项，其中“集资”项改为“个人按揭贷款”项。

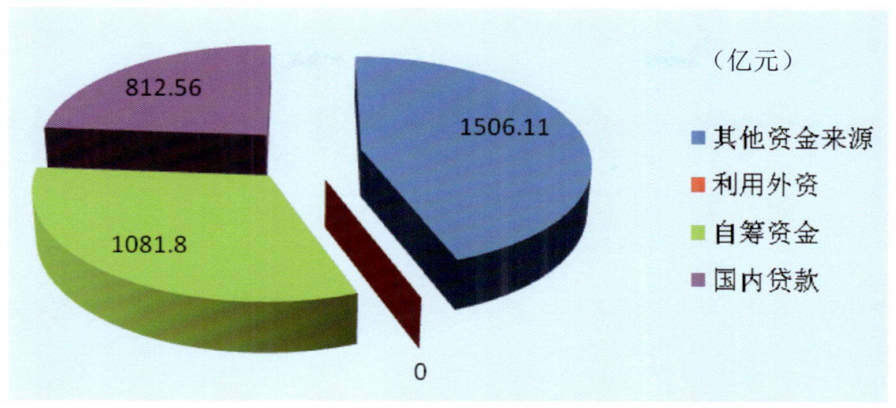

图 5-2 深圳市 2016 年房地产开发资金来源构成示意图

第二节 商品房开发

一、施工情况

2016 年，全市商品房施工面积 5173.99 万平方米，同比增加 3.93%。按用途分，住宅 3079.28 万平方米，同比减少 2.46%；办公楼 562.84 万平方米，同比增加 20.4%；商业用房 705.77 万平方米，同比增加 14.84%；其他用房 826.09 万平方米，同比减少 11.73%。从区域分布看，罗湖区 217.03 万平方米，同比减少 4.7%；福田区 568.95 万平方米，同比增加 3.8%；南山区 804.18 万平方米，同比增加 16.85%；盐田区 140.27 万平方米，同比减少 2.5%；宝安区 851.98 万平方米，同比增加 27.8%；龙岗区 1419.71 万平方米，同比减少 4.3%；光明新区 236.09 万平方米；龙华新区 683.63 万平方米；坪山新区 196 999 万平方米；大鹏新区 55.14 万平方米。

2016 年，全市商品房新开工面积 975.33 万平方米，同比减少 19.28%。按用途分，住宅 472.09 万平方米，同比减少 39.27%；办公楼 165.80 万平方米，同比增加 30.77%；商业用房 154.75 万平方米，同比增加 0.55%；其他用房 182.69 万平方米，同比增加 21.59%。

表 5-4　深圳市历年商品房施工及新开工面积（按用途分）

单位：万平方米

年份＼面积	施工面积	新开工	其中							
			住宅	新开工	办公楼	新开工	商业用房	新开工	其他	新开工
1985年及以前	1091.95	—	711.19	—	121.38	—	148.51	—	110.87	—
1986	503.65	—	327.37	—	51.37	—	58.49	—	66.42	—
1987	331.12	—	201.23	—	33.77	—	45.03	—	51.09	—
1988	345.93	—	193.17	—	45.28	—	57.05	—	50.41	—
1989	392.33	—	201.29	—	55.00	—	63.35	—	72.69	—
1990	304.62	—	192.15	—	31.07	—	41.43	—	39.97	—
1991	467.82	—	279.00	—	47.72	—	73.62	—	67.48	—
1992	950.06	—	601.10	—	101.91	—	139.21	—	107.84	—
1993	1396.44	—	909.51	—	152.43	—	199.92	—	134.58	—
1994	1298.82	—	868.86	—	132.75	—	176.36	—	120.85	—
1995	1371.06	—	844.20	—	214.51	—	187.71	—	124.64	—
1996	1495.27	337.43	940.61	233.99	238.93	—	193.68	—	122.05	—
1997	1454.17	386.35	966.18	300.60	181.76	—	185.17	—	121.05	—
1998	1646.38	490.17	1218.86	393.52	130.58	17.86	180.07	39.46	116.87	39.33
1999	2142.88	745.15	1629.11	620.05	140.44	13.44	245.46	56.49	127.87	55.17
2000	2182.66	737.56	1661.57	577.62	111.56	26.05	230.30	68.83	179.23	65.06
2001	2462.75	884.86	1916.02	712.40	97.26	22.88	240.43	69.52	209.04	80.06
2002	2672.46	944.54	2100.82	730.94	100.54	44.13	251.47	104.85	219.63	64.62
2003	2737.48	957.62	2053.24	715.42	136.82	25.96	291.97	102.43	255.46	113.80
2004*	3120.25	1025.55	2257.68	766.91	147.78	25.32	379.15	123.24	335.64	110.09
2005	3058.90	1054.19	2152.58	753.90	155.67	39.90	370.34	127.15	380.31	133.25
2006	3122.09	798.12	2157.39	609.46	171.88	19.91	385.71	69.98	407.11	98.77
2007	3160.94	876.40	2185.53	621.91	189.65	40.06	337.42	72.94	448.34	141.49
2008	3276.30	752.60	2210.36	471.80	201.55	46.61	346.45	84.90	517.94	149.28
2009	3112.36	489.18	2087.47	328.04	189.09	29.82	328.27	60.70	507.53	70.63
2010	2939.94	470.96	2025.14	355.17	182.36	15.26	298.62	38.69	433.82	61.85
2011	3082.46	628.47	2089.87	417.49	194.57	25.89	325.14	64.46	472.88	120.63
2012	3216.69	905.24	2107.59	561.89	156.93	50.69	339.25	103.47	612.92	189.18
2013	4003.49	1366.40	2608.29	910.13	261.51	114.88	383.62	120.68	750.06	220.70
2014	4492.18	932.68	2870.00	549.50	337.32	91.30	481.78	118.00	803.09	173.87
2015	4978.41	1208.27	3156.99	777.32	467.48	126.79	614.59	153.91	739.35	150.24
2016	5173.99	975.33	3079.28	472.09	562.84	165.80	705.77	154.75	826.09	182.69

表 5-5 深圳市历年商品房施工及新开工面积（按区域分）

单位：万平方米

年度	全市合计		其中																			
			罗湖区		福田区		南山区		盐田区		宝安区		龙岗区		光明新区		龙华新区		坪山新区		大鹏新区	
	施工面积	新开工	施工面积	新开工	施工面积	新开工	施工面积	新开工	施工面积	新开工	施工面积	新开工	施工面积	新开工	施工面积	新开工	施工面积	新开工	施工面积	新开工	施工面积	新开工
1998	1646.38	490.17	418.11	86.01	494.91	164.04	330.98	97.96	36.94	17.82	165.19	64.86	200.25	59.49	—	—	—	—	—	—	—	—
1999	2142.88	745.15	453.11	89.92	730.92	299.14	424.17	150.99	30.59	3.87	211.46	84.27	292.63	116.96	—	—	—	—	—	—	—	—
2000	2182.66	737.56	397.62	96.85	805.69	228.35	427.64	167.59	35.94	15.31	218.4	100.26	297.37	129.19	—	—	—	—	—	—	—	—
2001	2462.75	884.86	362.1	78.05	826.86	246.27	573.9	264.05	24.95	8.43	282.69	150.85	392.25	137.21	—	—	—	—	—	—	—	—
2002	2672.46	944.54	462.31	138.63	786.34	259.01	639	244.53	65.08	48.46	328.44	90.18	391.29	163.73	—	—	—	—	—	—	—	—
2003	2737.48	957.62	397.26	127.68	824.59	216.22	703.52	241.24	43	21.99	422.07	214.23	347.05	136.26	—	—	—	—	—	—	—	—
2004*	3120.25	1025.55	468.19	107.02	780.8	151.1	734.89	211.49	75.24	33.25	631.78	300.11	429.35	222.57	—	—	—	—	—	—	—	—
2005	3058.9	1054.19	333.72	24.81	667.26	208.29	513.84	205.98	76.9	37.99	865.27	319.96	601.91	257.17	—	—	—	—	—	—	—	—
2006	3122.1	798.12	329.37	15.49	517.48	68.99	586.94	123.74	94.44	42.61	859.65	271.85	734.22	275.43	—	—	—	—	—	—	—	—
2007	3160.94	876.4	192.83	36.93	399.24	38.69	605.41	211.7	98.01	25.03	893.09	203.18	970.36	360.87	—	—	—	—	—	—	—	—
2008	3276.3	752.6	251.5	87.76	314.7	52.23	689.7	153.94	125	57.6	880.4	195.6	1015	205.47	—	—	—	—	—	—	—	—
2009	3112.36	489.18	236.45	44.61	315.12	24.29	547.83	144.97	138.36	34.27	823.3	126.67	1051.31	114.36	—	—	—	—	—	—	—	—
2010	2939.94	470.96	208.69	4.15	252.01	25.97	503.31	70.63	147.81	9.97	777.9	225.07	1050.23	135.17	—	—	—	—	—	—	—	—
2011	3082.46	628.47	244.06	16.33	275.52	39.36	404.86	49.13	146.24	41.42	933.96	269.74	1077.81	212.49	—	—	—	—	—	—	—	—
2012	3216.69	905.24	199.69	58.62	261.24	93.28	369.77	88.02	151.13	61.26	948.14	195.98	1286.72	408.08	—	—	—	—	—	—	—	—
2013	4003.49	1366.40	311.03	103.63	404.18	187.83	344.80	87.39	145.12	16.11	525.70	117.16	1454.39	568.88	90.80	50.21	516.54	141.30	177.82	88.31	33.10	5.57
2014	4492.18	932.68	247.94	28.91	522.37	91.01	558.18	227.56	168.10	24.91	569.65	145.68	1457.18	178.28	119.64	57.16	618.05	161.34	169.95	9.64	61.13	8.18
2015	4978.41	1208.27	227.63	14.33	547.92	159.92	688.22	176.85	136.88	11.25	666.83	221.40	1483.34	343.42	258.50	84.04	691.75	163.39	173.94	25.48	76.40	8.20
2016	5173.99	975.33	217.03	61.48	568.95	32.51	804.18	179.27	140.27	39.07	851.98	236.73	1419.71	214.7	236.09	7.26	683.6	139.81	197	56.33	55.14	8.16

单位：万平方米

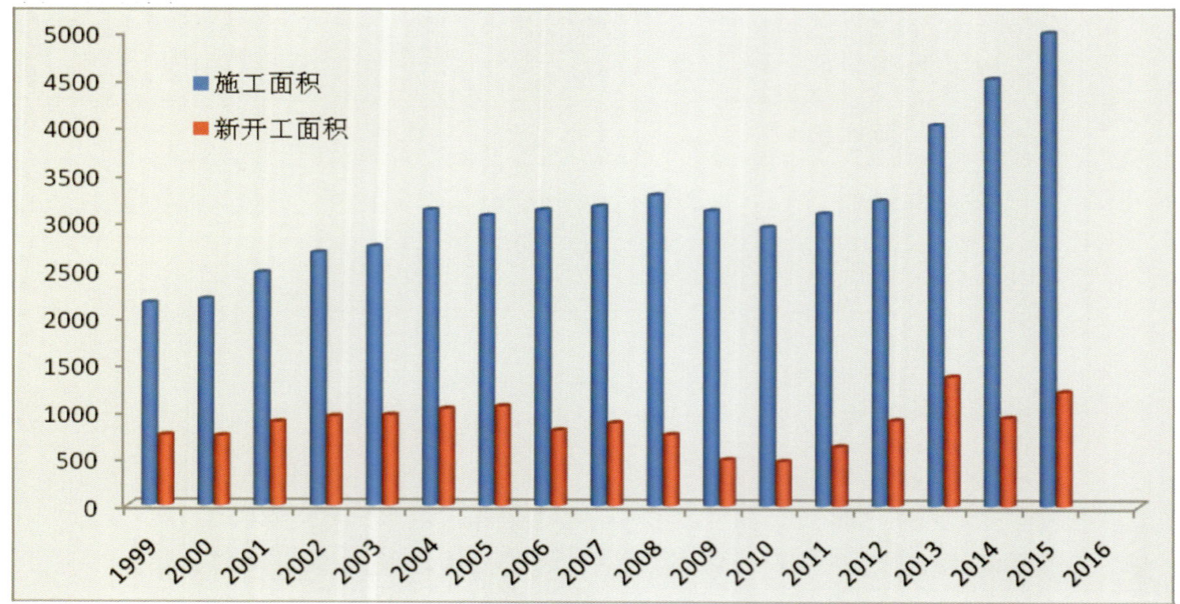

图 5-3　深圳市历年商品房施工及新开工面积示意图

表 5-6 深圳市历年商品住宅施工及新开工面积（按区域分）

单位：万平方米

年度	全市合计		其中																			
			罗湖区		福田区		南山区		盐田区		宝安区		龙岗区		光明新区		龙华区		坪山新区		大鹏新区	
	施工面积	新开工	施工面积	新开工	施工面积	新开工	施工面积	新开工	施工面积	新开工	施工面积	新开工	施工面积	新开工	施工面积	新开工	施工面积	新开工	施工面积	新开工	施工面积	新开工
1998	1218.86	393.52	260.12	73.49	374.92	127.10	270.92	87.25	10.97	4.20	142.18	53.03	159.75	48.45	—	—	—	—	—	—	—	—
1999	1629.11	620.05	296.32	71.19	554.69	239.43	342.16	133.76	19.92	2.87	175.80	71.47	240.23	101.33	—	—	—	—	—	—	—	—
2000	1661.57	577.62	285.72	89.65	597.46	162.23	332.88	125.67	27.39	10.63	175.48	78.10	242.65	111.34	—	—	—	—	—	—	—	—
2001	1916.02	712.40	275.80	55.96	601.09	193.36	462.80	214.99	21.84	7.36	239.78	128.77	314.71	111.96	—	—	—	—	—	—	—	—
2002	2100.82	730.94	355.90	91.73	597.23	197.49	515.49	204.67	56.80	41.30	259.59	69.78	315.80	125.97	—	—	—	—	—	—	—	—
2003	2053.24	715.42	301.35	100.55	558.07	149.27	578.47	186.29	34.06	15.93	334.69	172.03	246.60	91.35	—	—	—	—	—	—	—	—
2004*	2257.68	766.91	338.23	74.16	475.46	104.10	588.86	157.97	59.12	23.84	475.38	224.27	320.63	182.57	—	—	—	—	—	—	—	—
2005	2152.58	753.90	223.81	15.85	381.07	118.42	386.88	148.67	62.14	29.63	649.78	241.17	448.90	200.17	—	—	—	—	—	—	—	—
2006	2157.39	609.46	214.92	11.94	234.09	39.79	427.71	91.89	65.28	33.06	664.24	216.75	551.16	216.03	—	—	—	—	—	—	—	—
2007	2185.53	621.91	140.07	29.85	164.23	14.68	410.94	139.10	62.79	14.20	686.70	180.82	720.80	243.26	—	—	—	—	—	—	—	—
2008	2210.36	471.80	150.37	43.58	117.13	25.99	448.52	83.14	89.86	48.16	677.53	139.01	726.95	131.92	—	—	—	—	—	—	—	—
2009	2087.47	328.04	141.77	28.92	123.98	17.16	351.73	78.30	101.65	31.58	627.46	87.05	740.88	85.03	—	—	—	—	—	—	—	—
2010	2025.14	355.17	118.27	2.80	95.00	11.90	338.69	56.73	111.41	7.68	602.01	185.16	759.76	90.89	—	—	—	—	—	—	—	—
2011	2089.87	417.49	166.35	14.67	106.19	9.16	273.11	33.48	97.42	24.68	701.39	200.78	745.41	134.73	—	—	—	—	—	—	—	—
2012	2107.59	561.89	115.53	28.30	115.16	36.42	248.07	59.77	92.88	31.95	702.31	134.61	833.64	270.85	—	—	—	—	—	—	—	—
2013	2608.29	910.13	187.12	64.00	173.72	74.54	209.76	52.60	88.88	11.17	349.69	71.35	992.83	426.01	62.39	29.70	399.59	109.80	130.59	65.41	13.71	5.55
2014	2870.00	549.50	166.71	14.98	223.80	61.86	263.21	79.46	102.30	15.55	392.22	90.17	1009.18	106.23	80.60	42.21	437.05	112.49	142.75	8.73	42.17	7.82
2015	3156.99	777.32	153.79	11.89	251.04	71.87	351.48	104.62	75.36	1.10	436.85	150.38	1053.62	254.25	162.54	56.30	497.37	115.50	135.91	11.41	39.02	0
2016	3079.28	472.09	129．32	34.02	246.53	0.08	415.71	81.85	79.49	18.62	501.19	110.06	949.72	121.78	152.01	5.29	427.07	53.45	150.78	43.37	27.45	3.56

单位：万平方米

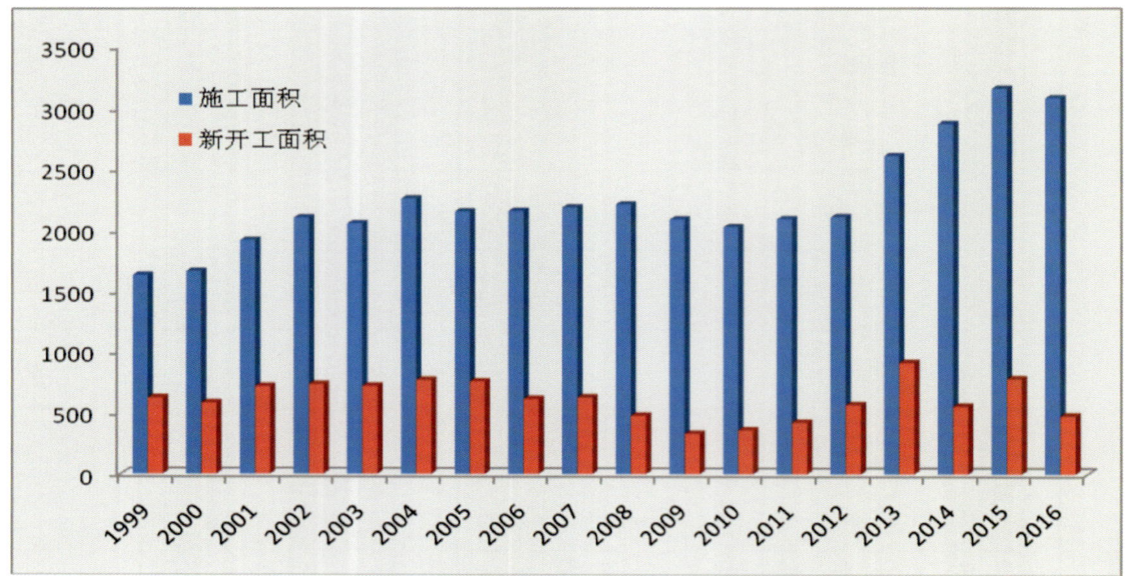

图 5-4　深圳市历年商品住宅施工及新开工面积示意图

单位：万平方米

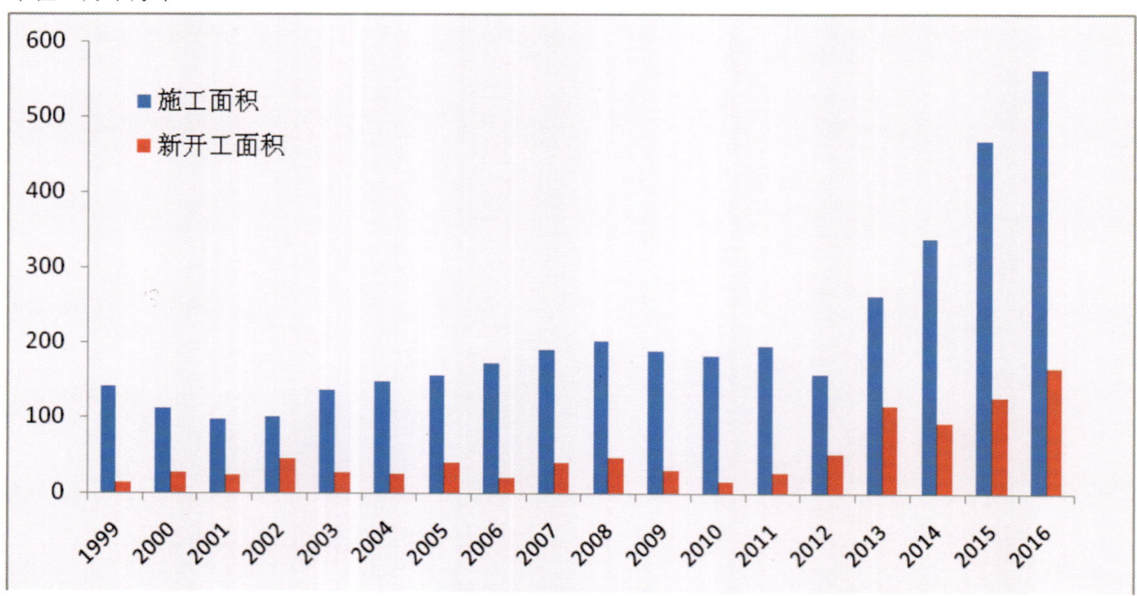

图 5-5　深圳市历年办公楼施工及新开工面积示意图

表 5-7 深圳市历年办公楼施工及新开工面积（按区域分）

单位：万平方米

年度	全市合计		其中																			
			罗湖区		福田区		南山区		盐田区		宝安区		龙岗区		光明新区		龙华新区		坪山新区		大鹏新区	
	施工面积	新开工	施工面积	新开工	施工面积	新开工	施工面积	新开工	施工面积	新开工	施工面积	新开工	施工面积	新开工	施工面积	新开工	施工面积	新开工	施工面积	新开工	施工面积	新开工
1997	181.76	—	99.39	—	61.49	—	14.36	—	—	—	2.58	—	3.94	—	—	—	—	—	—	—	—	—
1998	130.58	17.86	57.46	0.43	36.35	11.05	18.99	1.9	8.12	0.03	0.87	0.85	8.79	3.6	—	—	—	—	—	—	—	—
1999	140.44	13.44	50.09	5.03	55.7	4.12	20.59	2.11	1.19	0.05	1.84	0.77	11.03	1.36	—	—	—	—	—	—	—	—
2000	111.56	26.05	32.05	0.03	54.09	18.3	17.92	5.19	0.47	—	3.41	2.54	3.62	—	—	—	—	—	—	—	—	—
2001	97.26	22.88	18.13	3.59	52.75	13.26	15.55	4.37	—	—	2.58	1.02	8.25	0.64	—	—	—	—	—	—	—	—
2002	100.54	44.13	23.01	10.74	56.2	26.67	9.59	2.48	1.67	1.67	2.46	1.05	7.61	1.52	—	—	—	—	—	—	—	—
2003	136.82	25.96	22.01	1.29	91.07	18.11	12.98	4.54	—	—	3.16	—	7.59	2.01	—	—	—	—	—	—	—	—
2004*	147.78	25.32	21.17	7.27	115.78	16.42	9.57	1.53	0.33	0.07	0.24	—	0.69	0.03	—	—	—	—	—	—	—	—
2005	155.67	39.9	15.55	—	119.23	34.31	9.78	0.47	0.38	0.07	6.52	1.24	4.2	3.81	—	—	—	—	—	—	—	—
2006	171.88	19.91	19.52	—	125.87	10.94	18.38	6.75	0.38	—	6.76	2.22	0.98	—	—	—	—	—	—	—	—	—
2007	189.65	40.06	5.72	0.7	119.12	9.06	35.08	15.53	8.02	8.02	16.03	1.17	5.69	5.58	—	—	—	—	—	—	—	—
2008	201.55	46.61	24.6	18.5	106.45	9.95	33	10.79	2.6	—	23.5	5.57	11.4	1.8	—	—	—	—	—	—	—	—
2009	189.09	29.82	26.58	5.68	94.99	—	47.18	20.22	2.88	0.28	13.91	2.01	3.56	1.63	—	—	—	—	—	—	—	—
2010	182.36	15.26	26.28	—	84.96	1.91	41.9	0.9	1.46	—	13.18	2.44	14.58	10	—	—	—	—	—	—	—	—
2011	194.57	25.89	26.28	—	77.21	1.91	40.41	6.1	9.11	7.65	15.59	5.2	25.05	5.03	—	—	—	—	—	—	—	—
2012	156.93	50.69	22.60	2.00	37.59	18.85	31.65	4.55	21.56	13.33	15.59	5.65	27.94	6.31	—	—	—	—	—	—	—	—
2013	261.51	114.88	32.58	7.02	90.77	55.48	43.72	11.78	21.29	—	12.81	8.53	57.13	32.07	0.13	—	3.09	—	—	—	—	—
2014	337.32	91.30	16.44	4.87	114.87	15.72	72.97	26.98	17.85	0	17.73	4.52	87.28	35.96	0.13	0	9.35	3.25	0.70	0	0	
2015	467.48	126.79	12.45	0.15	158.95	47.16	79.96	17.45	17.36	0	55.51	22.23	110.55	11.36	6.98	0.33	15.54	10.41	10.18	9.48	0	0
2016	562.84	165.8	31.01	22.57	147.24	14.24	98.28	29.71	22.95	7.23	70.98	20.49	121.55	31.54	8.44	1.5	52.21	38.52	10.18	0	0	0

表 5-8　深圳市历年商业用房施工及新开工面积（按区域分）

单位：万平方米

年度	全市合计		其中																			
			罗湖区		福田区		南山区		盐田区		宝安区		龙岗区		光明新区		龙华新区		坪山新区		大鹏新区	
	施工面积	新开工	施工面积	新开工	施工面积	新开工	施工面积	新开工	施工面积	新开工	施工面积	新开工	施工面积	新开工	施工面积	新开工	施工面积	新开工	施工面积	新开工	施工面积	新开工
1997	185.17	—	62.89	—	61.58	—	18.7	—	—	—	26.51	—	15.49	—	—	—	—	—	—	—	—	—
1998	180.07	39.46	57.86	5.74	42.27	11.37	28.81	4.18	1.53	1.01	20.75	10.01	28.84	7.17	—	—	—	—	—	—	—	—
1999	245.46	56.49	66.93	6.81	69.45	24.45	41.35	7.75	8.7	0.95	24.79	5.8	34.23	10.92	—	—	—	—	—	—	—	—
2000	230.3	68.83	52.91	5.04	62.6	18.71	44.46	15.29	3.42	1.61	31.57	14.81	35.34	13.36	—	—	—	—	—	—	—	—
2001	240.43	69.52	38.04	10.57	80.12	17.4	41.55	13.62	2.14	0.37	28.29	13.08	50.29	14.48	—	—	—	—	—	—	—	—
2002	251.47	104.85	53.44	22.61	63.64	23.02	44.27	18.08	3.54	2.99	38.15	7.63	48.43	30.52	—	—	—	—	—	—	—	—
2003	291.97	102.43	45.37	14.75	83.88	15.35	45.24	21.53	4.91	2.56	46.7	17.36	65.87	30.88	—	—	—	—	—	—	—	—
2004*	379.15	123.24	60.86	18.33	86.03	9.68	72.14	32.05	8.61	4.68	75.81	33.54	75.7	24.96	—	—	—	—	—	—	—	—
2005	370.34	127.15	56.37	6.73	75.16	28.61	59.54	27.14	8.63	6.13	92.1	39.72	78.55	18.81	—	—	—	—	—	—	—	—
2006	385.71	69.98	58.66	1.18	77.29	10.57	71.82	7.47	19.22	3.35	68.53	16.84	90.2	30.57	—	—	—	—	—	—	—	—
2007	337.42	72.94	35.15	5.4	51.99	7.17	70.47	21.67	12.94	1.29	68.82	14.75	98.05	22.66	—	—	—	—	—	—	—	—
2008	346.45	84.9	43.78	13.49	44.37	10.95	77.56	17.31	16.49	5.76	67.5	17.28	96.75	20.11	—	—	—	—	—	—	—	—
2009	328.27	60.7	41.75	2.51	45.36	1.29	51.54	17.79	17.54	1.06	70.18	23.82	101.91	14.23	—	—	—	—	—	—	—	—
2010	298.62	38.69	43.59	1.31	37.83	2.97	42.96	2.55	14.65	1.39	52.61	7.13	106.97	23.34	—	—	—	—	—	—	—	—
2011	325.14	64.46	27.5	0.34	42.64	3.51	30.93	2.03	19.42	6.43	69.43	22.5	135.22	29.65	—	—	—	—	—	—	—	—
2012	339.25	103.47	26.12	11.58	41.85	7.54	35.60	10.66	19.92	10.72	82.11	26.84	133.65	36.14	—	—	—	—	—	—	—	—
2013	383.62	120.68	35.88	12.69	64.57	25.91	34.28	9.11	18.54	0.12	51.31	8.64	112.27	46.85	6.79	4.03	34.69	7.39	13.92	5.95	11.38	—
2014	481.78	118.00	20.06	6.76	92.77	12.75	57.72	20.12	27.34	1.35	61.01	17.79	116.34	16.77	23.61	10.33	54.54	31.14	16.72	0.70	11.69	0.28
2015	614.59	153.91	18.75	0.98	97.75	31.79	149.85	16.85	14.46	1.70	74.95	23.51	135.94	45.93	30.73	10.80	61.84	19.35	18.53	3.00	11.78	0
2016	705.77	154.75	21.09	3.58	97.89	16.36	183.40	42.91	9.96	1.87	92.92	20.19	149.14	30.63	27.48	0.35	84.15	27.72	23.80	6.64	15.95	4.51

单位：万平方米

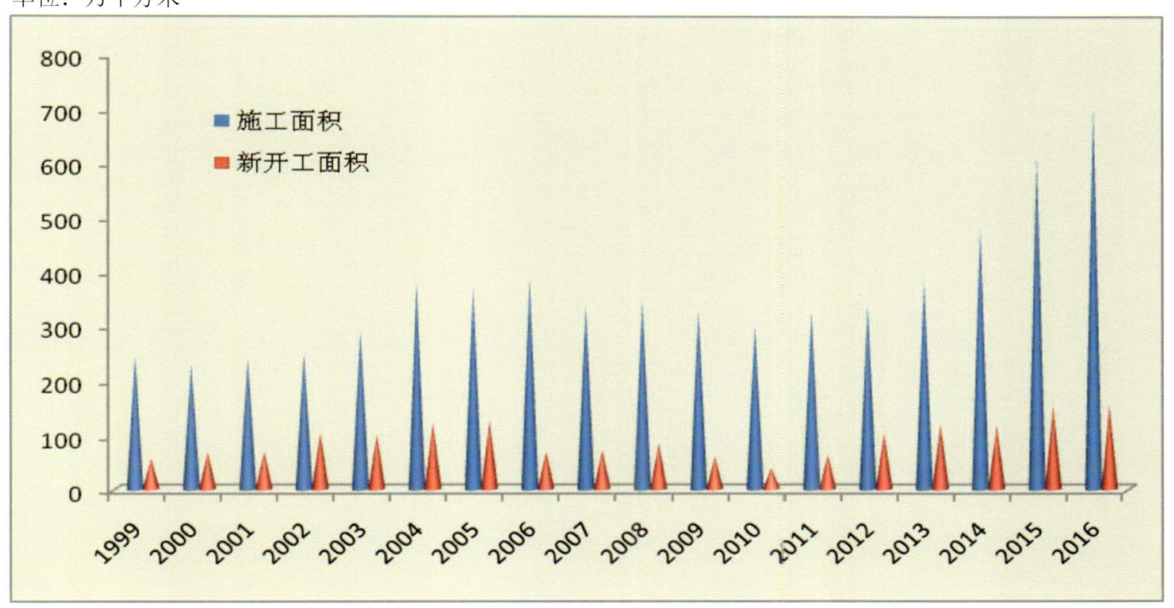

图 5-6 深圳市历年商业用房施工及新开工面积示意图

二、竣工情况

2016 年，全市商品房竣工面积 490.03 万平方米，同比增加 36.04%。按用途分，住宅 280.64 万平方米，同比增加 38.68%；办公楼 51.33 万平方米，同比增加 3.62%；商业用房 39.09 万平方米，同比增加 23.34%；其他用房 118.97 万平方米，同比增加 51.22%。

从区域分布看，罗湖区 3.02 万平方米，同比减少 87.7%；福田区 141.19 万平方米，同比增加 76.33%；南山区 113.32 万平方米，同比增加 137.02%；盐田区 11.41 万平方米，同比减少 67%；宝安区 89.15 万平方米，同比增加 520.82%；龙岗区 69.48 万平方米，同比增加 32.1%；龙华新区 38.17 万平方米，同比减少 64%；坪山新区 0 万平方米，同比减少 100%。

表 5-9　深圳市历年商品房竣工面积（按用途分）

单位：万平方米

年　份	竣工面积	其　　中			
		住　宅	办公楼	商业用房	其　他
1985 年及以前	434.91	238.71	54.38	54.82	87.00
1986	181.27	97.37	24.19	12.57	47.14
1987	134.37	84.80	10.96	4.28	34.33
1988	103.90	62.33	5.19	7.27	29.11
1989	180.29	109.11	9.01	12.62	49.55
1990	133.41	84.40	8.67	12.34	28.00
1991	150.44	91.22	7.93	11.21	40.08
1992	198.40	130.90	9.20	14.70	43.60
1993	281.46	196.75	11.51	21.32	51.88
1994	311.10	206.50	10.01	39.90	54.69
1995	311.55	216.38	34.24	36.98	23.95
1996	394.32	250.51	42.50	48.58	52.73
1997	327.04	243.19	34.22	29.57	20.06
1998	441.97	353.29	24.86	39.79	24.03
1999	571.46	467.36	20.03	59.16	24.91
2000	652.26	551.59	13.54	49.01	38.12
2001	770.58	621.91	24.06	68.65	55.96
2002	915.30	763.64	13.16	65.70	72.80
2003	994.52	778.34	46.08	88.66	81.44
2004*	1012.39	772.20	35.66	105.54	99.00
2005	945.78	704.44	18.70	96.67	125.97
2006	848.89	581.87	36.83	126.63	103.56
2007	630.46	434.70	32.38	73.74	89.64
2008	629.73	443.77	27.55	59.79	98.62
2009	402.01	269.54	25.05	32.2	75.22
2010	344.43	251.11	32.05	25.27	36.00
2011	343.36	247.29	20.97	36.39	38.71
2012	425.75	289.40	12.30	39.75	84.31
2013	353.55	196.33	30.84	53.35	73.03
2014	425.31	269.26	10.97	39.22	105.85
2015	360.21	202.37	49.53	31.69	78.67
2016	490.03	280.64	51.33	39.09	118.97

表 5-10 深圳市历年商品房竣工面积（按区域分）

单位：万平方米

年份	竣工面积	其中									
		罗湖区	福田区	南山区	盐田区	宝安区	龙岗区	光明新区	龙华新区	坪山新区	大鹏新区
1997	327.04	81.31	109.89	68.72	—	30.75	36.37	—	—	—	—
1998	441.97	96.18	114.30	83.48	6.89	62.93	78.19	—	—	—	—
1999	571.46	108.78	158.01	107.54	12.57	75.17	109.39	—	—	—	—
2000	652.26	117.03	209.42	112.43	6.45	94.59	112.34	—	—	—	—
2001	770.58	113.04	270.78	171.80	4.15	82.00	128.81	—	—	—	—
2002	915.30	179.76	199.15	261.14	20.64	125.41	129.20	—	—	—	—
2003	994.52	130.51	275.03	264.51	14.16	161.53	148.77	—	—	—	—
2004*	1012.39	105.71	263.55	341.72	21.06	172.83	107.52	—	—	—	—
2005	945.78	149.96	203.91	157.39	37.16	213.11	184.24	—	—	—	—
2006	848.89	91.89	176.36	159.17	27.36	228.39	165.71	—	—	—	—
2007	630.46	15.02	109.78	125.57	25.78	243.53	110.78	—	—	—	—
2008	629.73	58.10	32.20	214.3	8.10	179.03	138.00	—	—	—	—
2009	402.01	0.57	58.69	93.58	26.98	100.63	121.56	—	—	—	—
2010	344.43	0.24	20.12	70.61	9.85	120.97	122.64	—	—	—	—
2011	343.36	69.34	25.48	22.99	16.90	60.6	148.05	—	—	—	—
2012	425.75	8.28	50.32	73.97	6.41	151.25	135.52	—	—	—	—
2013	353.55	68.79	53.21	35.39	—	67.56	70.18	—	30.52	27.90	—
2014	425.31	24.65	14.47	73.03	35.91	25.02	110.29	27.46	109.16	5.31	—
2015	360.21	24.72	80.07	47.81	19.02	14.36	52.60	0	106	1	14.62
2016	490.03	3.02	141.19	113.32	11.41	89.15	69.48	24.29	38.17	0	0

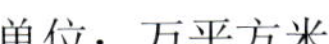
单位：万平方米

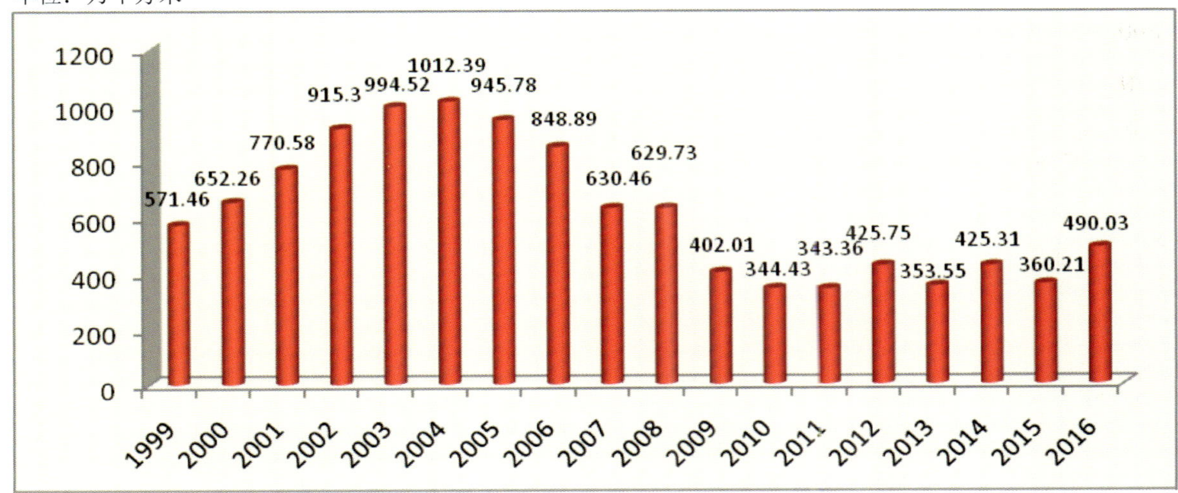

图 5-7 深圳市历年商品房竣工面积示意图

表 5-11　深圳市历年商品住宅竣工面积（按区域分）

单位：万平方米

年份	竣工面积	其中									
		罗湖区	福田区	南山区	盐田区	宝安区	龙岗区	光明新区	龙华新区	坪山新区	大鹏新区
1997	243.19	51.59	83.56	55.52	—	23.33	29.19	—	—	—	—
1998	353.29	61.74	96.47	69.53	3.25	53.92	68.38	—	—	—	—
1999	467.36	83.17	120.98	95.03	5.85	66.52	95.81	—	—	—	—
2000	551.59	102.27	175.02	90.83	5.55	82.66	95.26	—	—	—	—
2001	621.91	90.65	208.59	137.61	3.39	70.56	111.11	—	—	—	—
2002	763.64	156.59	170.49	202.54	18.97	101.34	113.71	—	—	—	—
2003	778.34	91.36	212.78	219.75	12.11	125.88	116.45	—	—	—	—
2004*	772.2	92.29	174	276.8	16.82	124.06	88.22	—	—	—	—
2005	704.44	91.43	156.66	124.72	31.95	159.97	139.7	—	—	—	—
2006	581.87	52.86	93.92	106.94	18.52	170.58	139.04	—	—	—	—
2007	434.7	10.9	53.34	87.83	14.2	180.82	87.6	—	—	—	—
2008	443.77	41.3	17	126.3	7.13	150.03	102.01	—	—	—	—
2009	269.54	0	26.41	58.75	9.91	87.17	87.3	—	—	—	—
2010	251.11	0.24	4.05	47.05	9.35	98.34	92.07	—	—	—	—
2011	247.29	55.84	2.52	15.1	10.56	49.21	114.06	—	—	—	—
2012	289.40	4.44	14.07	50.16	5.96	118.33	96.44	—	—	—	—
2013	196.33	18.4	17.52	32.29	—	51.35	33.33	—	26.36	17.08	—
2014	269.26	19.98	11.51	56.40	21.02	18.02	61.02	16.79	60.67	3.86	0
2015	202.37	17.46	14.50	19.89	12.08	6.16	37.80	0	85.02	0.70	8.75
2016	280.64	3.02	60.84	71.43	10.82	59.03	29.56	20.97	24.97	0	0

单位：万平方米

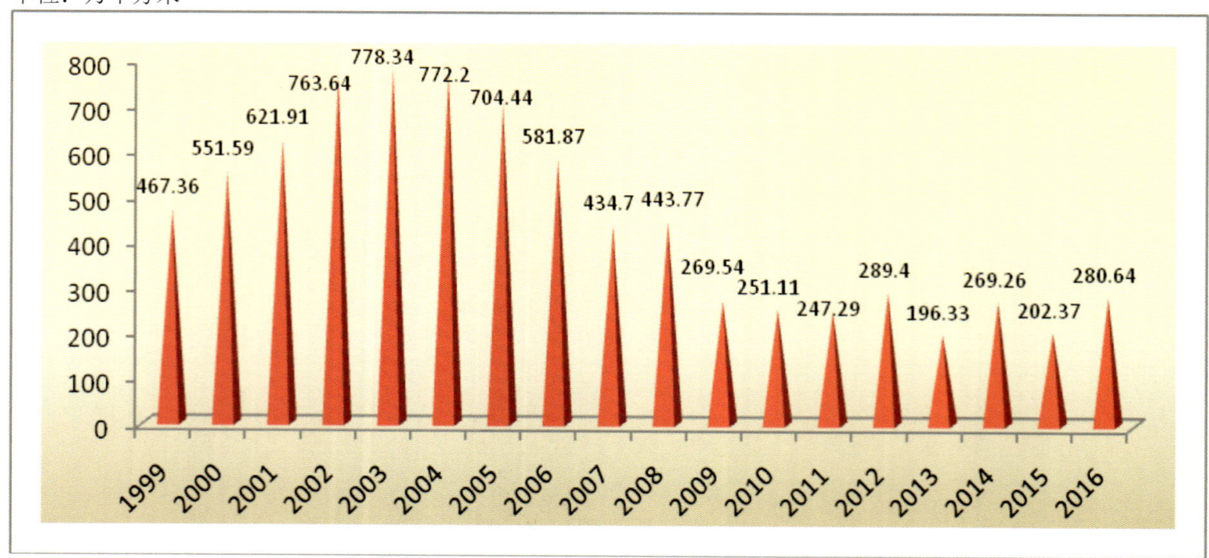

图 5-8　深圳市历年商品住宅竣工面积示意图

表 5-12 深圳市历年办公楼竣工面积（按区域分）

单位：万平方米

年份	竣工面积	其中									
		罗湖区	福田区	南山区	盐田区	宝安区	龙岗区	光明新区	龙华新区	坪山新区	大鹏新区
1997	34.22	18	12.51	2.77	—	0.45	0.49	—	—	—	—
1998	24.86	11.44	5.15	7.54	0.15	—	0.58	—	—	—	—
1999	20.03	5.79	11.67	0.67	0.86	0.59	0.45	—	—	—	—
2000	13.54	0.53	6.9	2.79	0.29	0.38	2.65	—	—	—	—
2001	24.06	5.52	8.18	10	—	0.31	0.05	—	—	—	—
2002	13.16	1.21	5.14	6.01	—	0.8	—	—	—	—	—
2003	46.08	16.42	23.15	4.62	—	1.89	—	—	—	—	—
2004*	35.66	0.15	30.18	4.57	—	0.24	0.52	—	—	—	—
2005	18.71	10.83	4.09	3.49	0.07	—	0.23	—	—	—	—
2006	36.83	7.85	24.73	3.6	0.37	0.29	—	—	—	—	—
2007	32.38	0.75	16.26	12.13	—	3.23	—	—	—	—	—
2008	27.55	—	7.76	16.13	—	0.94	2.72	—	—	—	—
2009	25.05	—	15.37	6.18	2.6	0.9	—	—	—	—	—
2010	32.05	—	9.9	8.17	—	3.97	10.01	—	—	—	—
2011	20.97	—	16.35	4.62	—	—	—	—	—	—	—
2012	12.30	—	7.9	1.42	0.28	2.69	—	—	—	—	—
2013	30.84	19.53	7.91	—	—	—	3.4	—	—	—	—
2014	10.97	1.52	0.16	—	3.00	1.80	—	0.12	4.22	—	—
2015	49.53	0	37.97	7.03	0.47	0.65	13.53	0	0	0	0
2016	51.33	0	36.49	8.63	0	2.62	3.48	0.11	0	0	0

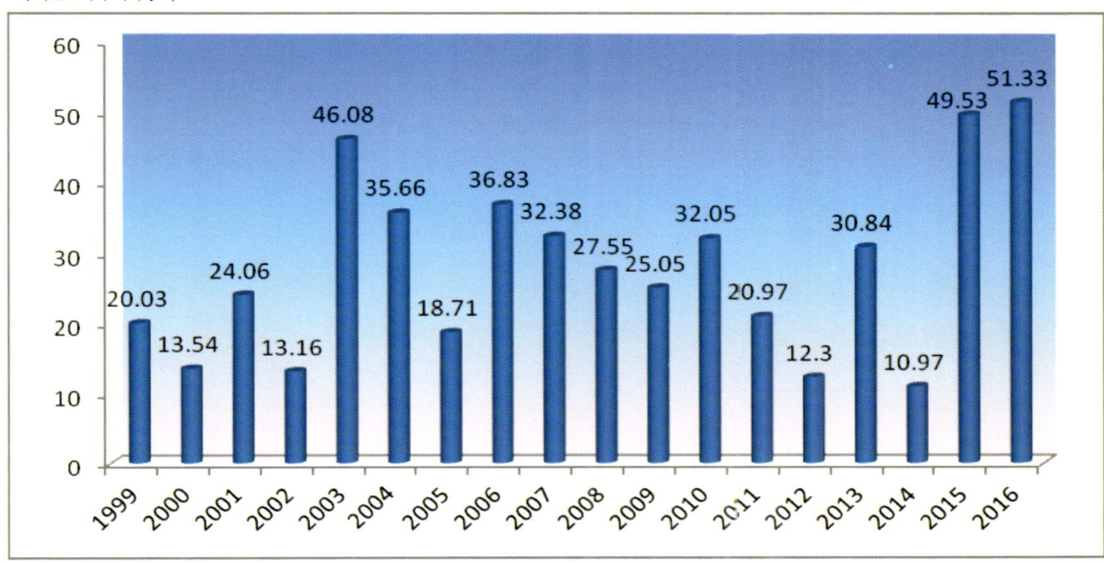

图 5-9 深圳市历年办公楼竣工面积示意图

表 5-13　深圳市历年商业用房竣工面积（按区域分）

单位：万平方米

年份	竣工面积	其中									
		罗湖区	福田区	南山区	盐田区	宝安区	龙岗区	光明新区	龙华新区	坪山新区	大鹏新区
1997	29.57	7.66	8.18	6.68	—	4.3	2.75	—	—	—	—
1998	39.79	13.7	6.51	2.87	—	8.89	7.82	—	—	—	—
1999	59.16	12.27	15.79	7.32	5.72	6.48	11.57	—	—	—	—
2000	49.01	8.68	12.86	9.9	0.26	8.08	9.23	—	—	—	—
2001	68.65	11.9	21.45	14.13	0.49	8.12	12.56	—	—	—	—
2002	65.7	11.87	10.85	20.16	1.22	11.88	9.72	—	—	—	—
2003	88.66	13.53	13.98	12.96	1.52	24.22	22.44	—	—	—	—
2004*	105.54	7.25	21.35	32.05	1.95	31.58	11.36	—	—	—	—
2005	96.67	27.33	17.37	13.26	1.69	11.26	25.76	—	—	—	—
2006	126.63	21.74	32	25.15	5.65	27.82	14.27	—	—	—	—
2007	73.74	1.2	15.25	19.56	8.88	16.66	12.18	—	—	—	—
2008	59.79	2.79	1.3	35.49	0.57	10.47	9.17	—	—	—	—
2009	32.2	0.57	1.05	8.45	9.38	5.21	7.56	—	—	—	—
2010	25.27	—	0.38	9.5	0.51	7.41	7.47	—	—	—	—
2011	36.39	7.92	1.17	0.21	4.01	3.33	19.75	—	—	—	—
2012	39.75	2.80	7.08	4.30	0.15	11.71	13.71	—	—	—	—
2013	53.35	17.87	15.84	1.39	—	2.45	8.88	—	2.64	4.28	—
2014	39.22	0.84	0.79	1.24	9.81	2.00	12.40	0.50	11.53	1.0	—
2015	31.69	0.14	12.95	5.70	1.75	1.79	5.75	0	3.19	0.31	0.13
2016	39.09	0	15.71	11.03	0.58	4.89	4.27	0.75	1.86	0	0

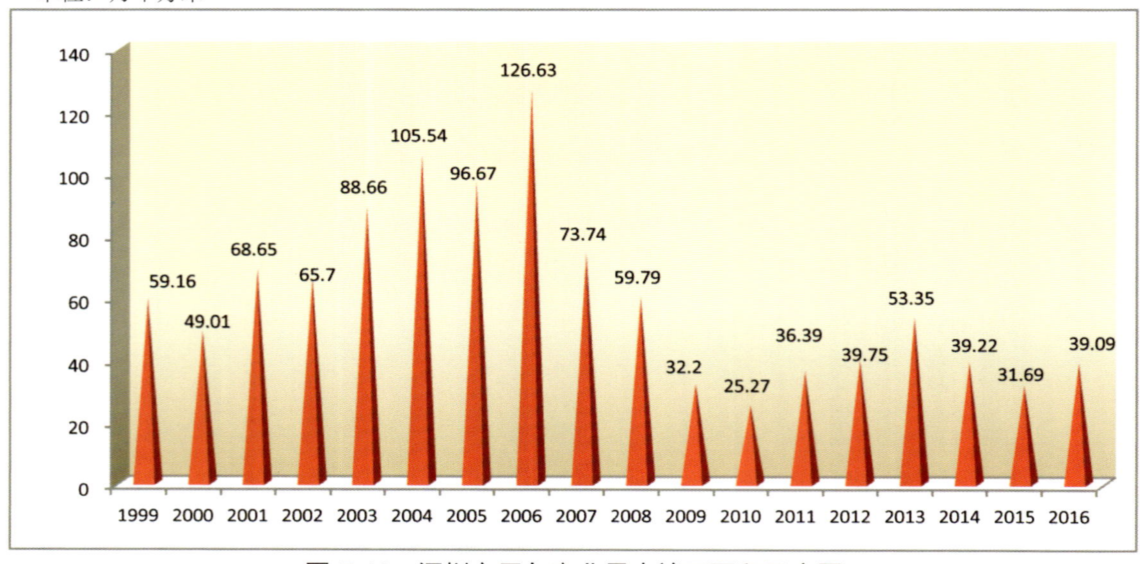

图 5-10　深圳市历年商业用房竣工面积示意图

第三节 保障性住房建设与管理

2016 年度住房保障建设情况

一、主要指标完成情况

（一）新增安排任务

破解土地资源困境，通过城市更新配建、产业园区配建等渠道，向存量土地要资源。2016 年，计划新增安排建设保障性安居工程项目 3 万套，实际新增安排约 4 万套，完成年度目标的 133%。

（二）新开工任务

2016 年，计划新开工及筹集保障性安居工程项目 6 万套，实际新开工及筹集项目 82 个、约 6.36 万套，建筑面积 448.52 万平方米，完成年度目标的 106%。其中：公共租赁住房项目 53 个、约 2.04 万套，建筑面积约 62.72 万平方米；安居型商品房项目 4 个、约 0.68 万套，建筑面积约 50.85 万平方米；拆迁安置住房项目 12 个、约 1.02 万套，建筑面积约 107.41 万平方米；人才住房项目 5 个、约 0.43 万套，建筑面积约 42.88 万平方米；混合建设项目 8 个、约 2.19 万套，建筑面积约 184.67 万平方米。

（三）基本建成及竣工任务

2016 年，计划基本建成保障性安居工程项目 1.5 万套，实际基本建成保障性安居工程项目 18 个、约 1.71 万套，建筑面积约 177 万平方米，完成计划目标的 114%。

2016 年，计划竣工保障性安居工程项目 5 万套，实际竣工保障性安居工程项目 61 个、约 5.42 万套，建筑面积约 349.17 万平方米，完成年度目标的 108%。其中，公共租赁住房项目 43 个、约 3.67 万套，建筑面积约 208.50 万平方米；安居型商品房项目 7 个、约 0.77 万套，建筑面积约 59.12 万平方米；拆迁安置房项目 5 个、约 0.55 万套，建筑面积约 43.2 万平方米；混合建设项目 5 个、约 0.294 万套，建筑面积约 25.11 万平方米；经济适用房项目 1 个、约 0.13 万套，建筑面积约 13.3 万平方米。

（四）供应任务

2016 年，计划供应保障性安居工程项目 4 万套，实际供应约 4.20 万套，完成年度目标的 105%。其中：公共租赁住房约 2.80 万套，安居型商品房约 0.89 万套，拆迁安置住房约 0.5 万套。

表 5-14　2016 年保障性安居工程实施情况明细表

单位：套

责任单位	新增安排		新开工		竣工		基本建成		供应	
	计划完成	实际完成	计划完成	实际完成	计划完成	实际完成	计划完成	实际完成	计划完成	实际完成
合计	30000	40276	61589	63613	51468	54228	15847	17129	43880	41952
住房保障署	—	—	32695	32717	12636	15746	3857	4933	15710	15140
福田区政府	—	—	3700	4059	736	736	572	572	1356	1356
罗湖区政府	—	—	2000	2020	1065	1065	48	48	1036	1036
南山区政府	—	—	2050	2354	7279	7279	658	658	3402	3347
盐田区政府	—	—	1769	1797	1064	1064	824	824	538	538
宝安区政府	—	—	2127	2276	6492	6493	374	374	5000	5174
龙岗区政府	—	—	9677	9983	8158	8158	1026	1026	6508	6106
光明新区管委会	—	—	1030	1030	3092	3092	224	224	1668	2648
坪山新区管委会	—	—	2104	2104	10867	10516	5342	5342	3535	664
龙华新区管委会	—	—	2721	3185	0	0	592	592	802	1618
大鹏新区管委会	—	—	1716	2088	79	79	2330	2536	4325	4325

（五）低保及低收入家庭住房货币补贴

连续 10 年对全市低保及低保边缘家庭实施应保尽保。2016 年，全市发放货币补贴 1650 户，共计约 1420.95 万元。其中：低保及低保边缘家庭住房货币补贴 1345 户，约 1174.45 万元；低收入住房困难家庭货币补贴 305 户，约 246.5 万元。

二、人才安居工程实施情况

2016 年，发放人才安居住房补贴约 2.07 亿元，自我市实施人才安居政策以来，全市人才安居政策共惠及人才及其家庭约 43.1 万人。其中，面向人才及重点单位配租（配售）住房约 8.9 万套，惠及约 26.7 万人，发放人才住房补贴约 17.77 亿元，惠及约 16.4 万人。

三、住房公积金缴存使用情况

2016 年，我市住房公积金新增缴存开户人数 124.32 万人，缴存额 428.68 亿元，公积金提取金额 231.25 亿元，发放公积金贷款 218.39 亿元。截至 2016 年底，我市住房公积金累计单位开户数 17.38 万家，累计个人开户数 1057.47 万人，累计归集资金 1908.59 亿元；累计提取金额 812.41 亿元，住房公积金归集余额 1096.18 亿元；累计发放贷款金额为 734.20 亿元。

四、建设投资完成情况

通过实施简化审批、发行地方债等措施，进一步释放投资潜力和发展活力。2016 年，全市保障性安居工程完成投资约 184.9 亿元，其中，市财政投资约 21.6 亿元，占比 11.7%；区财政投资约 25.0 亿元，占比 13.5%；社会投资约 138.3 亿元，占比 74.8%。

第四节 开发成本

深圳市建设工程造价管理站自 2006 年 6 月起，以该月各类建设工程单位工程造价为基期（基期指数定为 100）按月发布新的造价指数。同时，以 1993 年 12 月为基期的造价指数终止发布。

表 5-15 深圳市建设工程 2006 年 6 月基期造价

类别	项目	基期指数	平均成本（元/平方米）	样本成本区间（元/平方米）
建安工程	多层住宅	100	1282	860～1620
	高层住宅	100	1961	1568～2553
	多层写字楼	100	1900	1210～2280
	高层写字楼	100	2488	1990～3100
	工业建筑	100	1175	940～1411
	公共建筑	100	1451	866～1914
市政工程	给水管道工程	100	1861	1428～2190
	排水管道工程	100	1737	1319～2024
	道路工程（沥青混凝土路面）	100	6030	5567～6796
	道路工程（混凝土路面）	100	6233	5789～7076
	高架桥工程	100	60330	54290～66380

表 5-16　深圳市 2016 年建筑工程造价指数

类别	建安工程						市政工程				
项目	多层住宅	高层住宅	多层写字楼	高层写字楼	工业建筑	公共建筑	给水管道工程	排水管道工程	道路工程（沥青混凝土路面）	道路工程（混凝土路面）	高架桥工程
基数 月份	2006 年 6 月为 100										
1	163.98	157.53	150.3	147.35	155.29	155.9	132.58	184.27	182.43	171.41	151.36
2	163.74	157.45	150.18	147.24	155.2	155.54	133.31	184.38	182.5	171.46	151.41
3	163.36	157.14	150.72	149.72	155.39	156.13	134.22	183.01	180.8	170.19	151.24
4	166.08	158.62	152.73	150.88	156.35	157.15	135.25	184.03	181.43	171.2	152.97
5	165.47	161.59	151.74	153.05	157.79	157.44	137.42	186.32	180.84	170.2	152.29
6	165.33	161.3	151.41	152.78	157.34	157.22	139.41	186.98	180.76	170.12	152.14
7	165.64	161.83	152.2	154.4	158.13	157.78	140.42	187.19	181.42	170.33	152.4
8	166.78	162.36	153.08	157.08	158.82	158.55	139.46	185.28	181.18	170.46	152.49
9	166.48	162.14	152.92	157.14	158.61	158.35	139.24	183.41	178.34	168.31	152.24
10	168.01	163.68	153.75	158.21	159.53	159.62	139.27	183.51	178.84	168.51	152.37
11	169.05	164.49	154.48	158.76	160.19	160.37	140.79	183.7	179.87	169.33	152.64
12	171.35	166.37	155.96	160.11	161.13	162.12	141.52	185.32	182.46	171.25	153.97

表 5-17　深圳市 2016 年建安和市政工程材料费指数

类别	建安工程	市政工程
基数 月份	2006 年 6 月为 100	
1	109.63	114.54
2	109.44	114.79
3	110.89	115.23
4	112.75	116.89
5	114.37	117.2
6	114.1	117.14
7	116.61	117.52
8	118.87	117.66
9	118.85	116.9
10	120.59	117.16
11	121.63	118.05
12	121.94	118.38

第五节 住宅产业化

2016 年度住宅产业化工作情况

近年来，我市将发展装配式建筑、转变建筑业发展方式作为建设领域深入打造“深圳质量”的重要手段，2016 年，通过出台政策措施和推进项目实施，充分发挥政府引导和市场主体的作用，装配式建筑呈现了良好发展态势。

一、加大政策引导扶持

市住房建设局、规划国土委等相关部门先后印发实施了《关于加快推进装配式建筑的通知》《深圳市装配式建筑住宅项目建筑面积奖励实施细则》《深圳市装配式建筑项目设计阶段技术认定工作的通知》等一系列相关重要政策文件，从多方面推出了支持和鼓励措施，促进我市装配式建筑加速有序发展。

二、完善技术标准规范

发布了《预制装配整体式钢筋混凝土结构技术规范》《预制装配钢筋混凝土外墙技术规程》《深圳市住宅产业化项目预制率和装配率计算细则（试行）》，明确了我市装配式建筑项目技术要求，规范我市装配式建筑项目建设管理工作。发布了《深圳市装配式建筑工程消耗量定额》(2016)，完善装配式建筑工程成本计价体系。

三、加快项目落地实施

从供地源头落实装配式建筑项目，并进一步扩大政府投资项目实施力度，2016 年新开工装配式建筑项目 8 个，总建筑面积 61.04 万平方米，在建项目逾 105 万平方米，已落实项目 47 个，总建筑面积约 450 万平方米。

四、加强专家技术服务

建立深圳市装配式建筑专家库，第一批入库专家 68 名，包括国内外知名装配式专家。通过充分发挥专家的作用，提高我市装配式建筑的政策制定、技术咨询等工作的科学性和规范性。

五、强化培训指导工作

组织各区主管部门、质量监督机构、建设、设计、施工、监理、构件企业、审图机构等单位进行培训宣贯，包括：开展万科云城、中海天钻等装配式建筑项目现场观摩活动，参加人数超过 300 人次。针对装配式建筑政策、保障性住房标准化设计图集、装配式建筑技术规范等内容，开展系列培训活动共七期，参加人数超过 1200 人次。

第六章　房地产二级市场

第一节　市场管理

一、市场监管

2016 年，为贯彻党中央、国务院房地产市场调控精神，落实住建部、省委省政府调控部署，在市委市政府领导下，我市全面开展房地产市场调控工作，先后两次出台调控政策。调控政策实施以来，市调控领导小组成员单位密切配合、统一行动、严格落实各项政策，取得明显成效。全年，房地产市场运行总体平稳，四季度房价环比连续下降，投资投机需求基本退场。

（一）市委市政府主要领导亲自抓政策、抓落实

2016 年，面临复杂的房地产市场形势，为贯彻落实国家部署，稳定我市房地产市场，市委、市政府主要领导多次作出重要批示，要求完善调控政策储备和加强房地产调控工作，并三次召开市委书记专题会议，亲自部署发布调控政策、全面检查房地产市场调控工作和调控目标落实情况，并审议印发了《关于促进人才优先发展的若干措施》（深发〔2016〕9 号）和《关于完善人才住房制度的若干措施》（深发〔2016〕13 号），部署加快建设符合我市实际的住房体系。在市委市政府的高度重视和统筹部署下，各单位形成调控一盘棋和政策组合拳，全面发挥了政策效果，坚强有力的组织和领导确保了调控成效。

（二）全面贯彻国家调控要求，综合施策，精准调控

2016 年 3 月 25 日，根据国家房地产市场分类调控、因城施策要求，我市发布实施了《关于完善住房保障体系促进房地产市场平稳健康发

展的意见》（深府办〔2016〕12号，简称“深六条”），提高非户籍家庭购房条件，非户籍家庭购房时，其连续缴纳社保或纳税期限从1年提高至3年；提高购房首付比例，无房家庭近2年有房贷记录的，或已有1套住房但已结清房贷的，再次购房时最低首付比例由3成提高到4成。通过抑制投机炒作，房价过快上涨预期得到初步控制。

10月4日，根据国家关于加强房地产调控的指示精神，为扭转房价过快上涨态势，发布实施了《深圳市人民政府办公厅转发市规划国土委等单位〈关于进一步促进我市房地产市场平稳健康发展的若干措施〉的通知》（深府办〔2016〕28号，简称“深八条”），从六大方面、八项措施综合施策，对供给侧和需求侧两端发力，主要内容可概括为“两个优化、两个完善、两个加强”。一是两个优化，优化商品住房用地“招拍挂”出让方式，提高竞地保证金比例，加强土地购置资金监管，控制地价上涨；优化商品住房供应结构，新增商品住房项目全部实施“90/70”的户型结构政策；二是两个完善，完善差别化限购政策，非户籍居民购房社保连续缴纳年限从3年提至5年，户籍单身人士（含离异）限购一套住房；完善差别化信贷政策，首套房继续实施最低3成的首付比例，对“无房但有贷款记录”和“已有一套住房”的，再次购房时贷款首付比例分别提高至5成和7成，既保护刚需和改善型需求，又抑制投资需求；三是两个加强，加强商品住房和商务公寓销售价格管控，加强房地产市场秩序整顿，严厉打击首付贷、捂盘惜售和其他违法违规行为。

（三）建立务实高效工作机制，确保调控落到实处

一是建立市房地产调控联席会议和周调度会制度。“深八条”发布实施后，我市建立了由市规划国土委、市场和质量监管委、公安局、民政局、人力资源保障局、住房建设局、地税局、金融办、网信办、人民银行深圳市中心支行、深圳银监局参加的市房地产调控联席会议制度，明确了各单位责任分工，每月召开成员单位负责人参加的市房地产调控联席会议，指导、协调、推进、检查全市房地产市场调控工作，建立了市房地产调控周调度会制度。

二是加强和完善工作机制。建立了房地产市场运行和调控工作情况的日报、周报、月报机制及房地产舆情实时监测机制，市房地产调控联席会议各成员单位每日、每周报送市场运行和调控工作情况，实时监测分析房地产市场形势和舆情动态，每天形成日报，开展监测分析，每周、每月向市委市政府报送房地产市场运行和调控工作情况。

三是各单位制定并严格执行细则。深六条、深八条出台后，明确了“90/70”和两次限购政策的实施细则，全面开展预售和现售项目的销售指导，启用了非深户居民购房社保联网核查审验系统；采取“控地价、限房价、竞人才保障房配建面积”方式出让坪山、大鹏2宗新增商品住房用地约6公顷居住用地出让；加快人才和保障性住房新供应用地选址，发布了“十三五”住房建设规划，计划明年完成“十三五”全部人才和保障性住房的新供应用地出让；发布了《关于加强和改进城市更新实施工作的暂行措施》（深府办〔2016〕38 号），推进城市更新持续有序发展，大幅度提高人才和保障性住房配建比例，加强舆论引导，对突发新闻和负面舆情，第一时间澄清，主动消除不良影响。

（四）开展房地产市场秩序专项整治，规范市场发展

“深八条”发布后，市场监管委等部门联合开展了全市房地产行业违法专项整治执法行动，对 100 多家在售楼盘、1000 多家中介进行了检查，对 12000 多条次广告进行监测。2100 多家中介机构（含分支机构）进行现场检查。对涉嫌造谣犯罪等案件，公安部门积极介入查处。

2016 年 12 月，我市房地产行业诚信系统正式上线运行，系统涵盖开发、经纪、评估三大行业，共 300 条正负面清单指标。将根据上线运行情况，进一步完善诚信评价指标体系，加快结果披露，形成企业经营、纳税、融资和劳资等诚信信息共享机制和联合评价机制。

（五）发布“十三五”住房建设规划

2016 年 10 月 25 日，市规划国土委印发《深圳市住房建设规划（2016—2020）》，对“十三五”期间深圳住房发展的目标、任务等提出具体要求，提出新增安排建设商品住房 35 万套、安排筹建保障性住房和人才住房 40 万套、供应住房用地 8 平方公里等量化指标；提出加大人才住房筹建、优化居住空间布局、提升居住质量等政策措施。“十三五”住房建设规划是衔接我市住房与经济社会协调发展的重要手段，目前规划及各年度计划正在有效实施，将有利于我市加强供给侧结构性改革，促进房地产市场中长期稳定健康发展。

二、商品房预售管理

2016 年，全市商品房批准预售面积 671.08 万平方米，同比减少 27.69%。其中，住宅 439.93 万平方米，同比减少 37.49%；办公楼 57.68 万平方米，同比增加 18.4%；商业用房 142.59 万平方米，同比增加 4.72%；其他类用房 30.88 万平方米，同比减少 21.85%。从全市商品房批准预售的区域分布来看，罗湖区 31.39 万平方米，同比减少 9.27%；福田区 6 万平方米，同比减少 84.81%；南山区 149.94 万平方米，同比减少 12.01%；盐田区 2.09 万平方米，同比减少 85.83%；宝安区 82.06 万平方米，同比减少 55.96%；龙岗区 253.6 万平方米，同比增加 12.36%；光明新区 36.29 万平方米，同比减少 9.48%；龙华新区 74.31 万平方米，同比减少 53.73%；坪山新区 30.22 万平方米，同比减少 24.49%；大鹏新区 5.17 万平方米，同比减少 67.96%。

表 6-1 深圳市历年商品房批准预售面积（按用途分）

单位：万平方米

年 度	批准预售面积	其中			
		住 宅	办公楼	商业用房	其 他
1992	134.00	96.45	16.68	13.96	6.91
1993	281.62	211.21	22.70	39.04	8.67
1994	425.06	241.30	103.15	53.94	26.67
1995	331.80	248.07	23.94	48.73	11.06
1996	463.30	305.63	88.57	64.43	4.67
1997	429.68	349.54	24.00	43.77	12.37
1998	603.64	498.60	28.73	70.87	5.44
1999	616.86	538.77	26.54	44.97	6.58
2000	660.45	577.90	12.34	50.45	19.76
2001	722.46	647.14	3.32	65.02	6.98
2002	1058.29	961.42	23.75	71.88	1.24
2003	870.29	716.90	44.69	98.45	10.25
2004	953.19	806.48	30.34	82.84	33.53
2005	894.35	711.58	40.02	101.44	41.31
2006	807.28	694.57	34.40	72.81	5.49
2007	646.17	589.20	9.91	47.06	—
2008	778.54	666.47	20.34	60.40	31.33
2009	572.18	471.96	43.84	45.56	10.83
2010	482.03	393.42	15.72	47.96	24.93
2011	440.31	380.45	14.49	45.37	—
2012	648.79	502.81	21.64	94.39	29.94
2013	776.66	608.43	35.96	120.16	12.11
2014	732.09	550.95	48.79	102.50	29.84
2015	928.12	703.73	48.72	136.16	39.51
2016	671.08	439.93	57.68	142.59	30.88

表 6-2　深圳市历年商品房批准预售面积（按区域分）

单位：万平方米

年　度	批准预售面积	其中									
		罗湖区	福田区	南山区	盐田区	宝安区	龙岗区	光明新区	龙华新区	坪山新区	大鹏新区
1992	134.04	76.26	31.40	26.36	—	—	—	—	—	—	—
1993	281.62	115.81	107.7	58.11	—	—	—	—	—	—	—
1994	425.06	140.39	124.29	51.56	—	80.70	28.12	—	—	—	—
1995	331.80	60.97	50.05	67.10	—	79.89	73.79	—	—	—	—
1996	463.30	103.62	152.31	48.75	—	63.76	94.86	—	—	—	—
1997	429.68	82.30	127.51	64.91	—	79.86	75.10	—	—	—	—
1998	603.64	162.91	180.54	103.6	—	73.15	83.44	—	—	—	—
1999	616.86	149.86	217.97	78.38	6.44	49.07	115.16	—	—	—	—
2000	660.45	92.76	208.81	153.05	22.14	72.91	110.78	—	—	—	—
2001	722.46	142.22	150.86	147.19	11.97	135.17	135.05	—	—	—	—
2002	1058.29	107.47	306.64	258.03	26.05	165.86	194.24	—	—	—	—
2003	870.29	88.97	169.51	318.81	28.34	155.41	109.25	—	—	—	—
2004	953.19	91.54	222.42	220.48	13.41	207.3	198.04	—	—	—	—
2005	894.35	99.14	159.21	122.10	24.09	285.71	204.09	—	—	—	—
2006	807.28	44.17	103.00	158.38	28.18	285.59	187.95	—	—	—	—
2007	646.17	17.96	53.88	111.76	25.75	190.11	246.71	—	—	—	—
2008	778.54	30.24	51.12	129.76	23.18	299.64	244.6	—	—	—	—
2009	572.18	30.74	66.03	143.23	16.01	113.38	202.79	—	—	—	—
2010	482.03	19.84	19.80	85.23	6.82	148.70	201.65	—	—	—	—
2011	440.31	2.86	39.63	68.04	14.51	154.83	160.44	—	—	—	—
2012	648.79	8.98	63.45	53.25	15.19	237.57	270.34	—	—	—	—
2013	776.66	2.00	81.86	69.24	21.38	98.31	295.23	15.13	155.79	27.95	9.77
2014	732.09	18.06	57.57	88.83	19.15	140.61	229.64	51.17	55.12	56.22	8.38
2015	928.12	34.60	39.49	170.40	14.75	186.32	225.71	40.09	160.60	40.02	16.13
2016	671.08	31.39	6.00	149.94	2.09	82.06	253.6	36.29	74.31	30.22	5.17

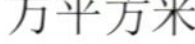

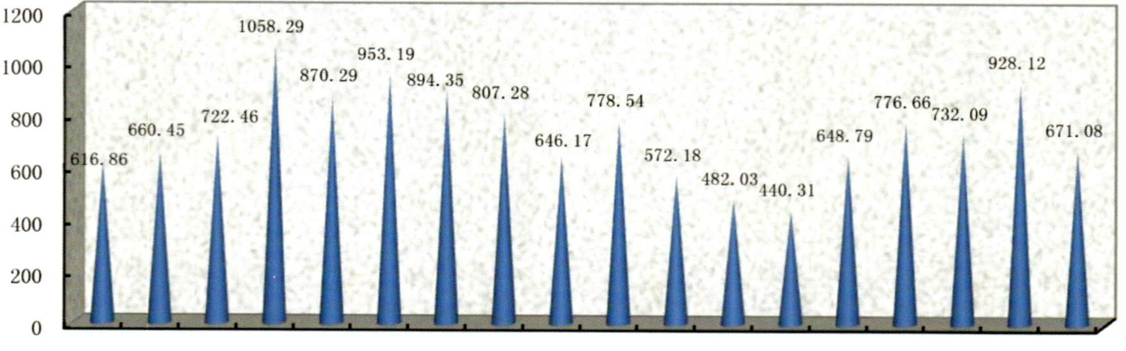

图 6-1　深圳市历年商品房批准预售面积示意图

表 6-3 深圳市历年商品住宅批准预售面积（按区域分）

单位：万平方米

年度	批准预售面积	其中									
		罗湖区	福田区	南山区	盐田区	宝安区	龙岗区	光明新区	龙华新区	坪山新区	大鹏新区
1992	96.45	54.90	24.41	17.14	—	—	—	—	—	—	—
1993	211.21	85.48	79.58	46.15	—	—	—	—	—	—	—
1994	241.30	78.17	70.24	46.86	—	21.59	24.44	—	—	—	—
1995	248.07	35.97	33.87	55.39	—	64.15	58.69	—	—	—	—
1996	305.63	34.29	95.23	41.75	—	51.20	83.14	—	—	—	—
1997	349.54	54.54	107.23	53.71	—	67.03	67.03	—	—	—	—
1998	498.60	129.12	143.61	90.00	—	64.80	71.07	—	—	—	—
1999	538.77	129.34	186.06	71.07	5.22	44.46	102.62	—	—	—	—
2000	577.90	83.17	176.34	139.29	18.41	64.48	96.21	—	—	—	—
2001	647.14	132.10	139.08	135.39	10.68	117.86	112.03	—	—	—	—
2002	961.42	99.98	271.90	242.95	25.10	150.29	171.20	—	—	—	—
2003	716.90	75.35	116.65	281.66	23.44	134.31	85.49	—	—	—	—
2004	806.48	85.39	163.56	205.14	12.22	177.13	163.04	—	—	—	—
2005	711.58	83.13	88.43	108.64	19.17	240.38	171.84	—	—	—	—
2006	694.57	39.50	68.53	128.40	25.04	262.59	170.51	—	—	—	—
2007	589.20	15.95	46.34	98.24	24.99	177.28	226.40	—	—	—	—
2008	666.47	24.73	28.57	115.18	21.55	266.13	210.30	—	—	—	—
2009	471.96	29.70	22.53	120.74	13.49	106.89	178.61	—	—	—	—
2010	393.42	13.49	15.56	56.14	5.81	126.91	175.51	—	—	—	—
2011	380.45	2.06	20.58	51.93	12.87	147.54	145.47	—	—	—	—
2012	502.81	8.97	11.38	40.20	1.31	211.58	229.36	—	—	—	—
2013	608.43	—	31.16	52.62	7.40	83.49	238.55	14.31	149.42	26.12	5.36
2014	550.95	11.18	25.23	55.11	12.69	101.76	190.38	42.33	53.66	45.43	5.85
2015	703.73	26.86	9.74	115.66	10.48	133.77	191.62	26.28	145.69	28.26	15.36
2016	439.93	10.66	0.01	82.57	2.09	60.13	186.81	21.23	53.21	18.04	5.17

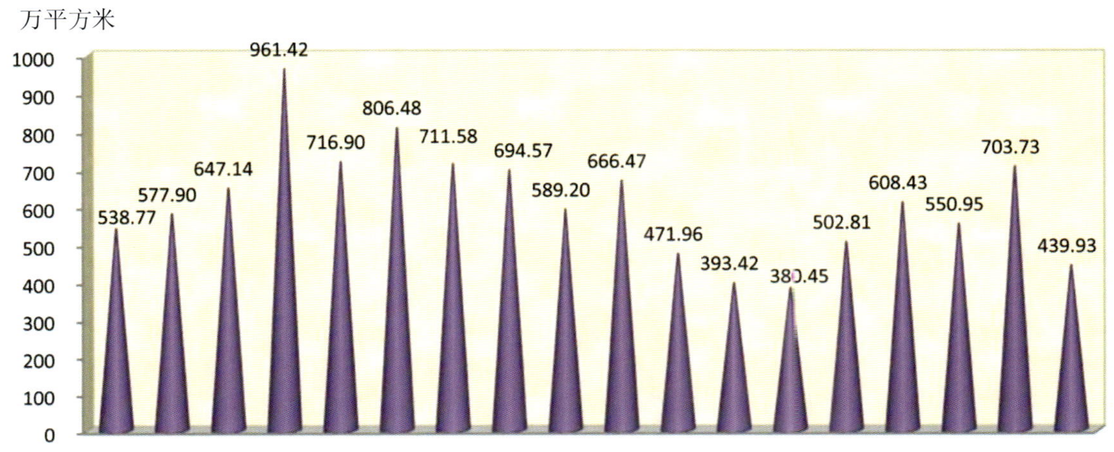

图 6-2 深圳市历年商品住宅批准预售面积示意图

表 6-4 深圳市历年办公楼批准预售面积（按区域分）

单位：万平方米

年度	批准预售面积	其中									
		罗湖区	福田区	南山区	盐田区	宝安区	龙岗区	光明新区	龙华新区	坪山新区	大鹏新区
1992	16.69	13.54	—	3.15	—	—	—	—	—	—	—
1993	22.70	11.97	8.75	1.98	—	—	—	—	—	—	—
1994	103.15	36.37	24.86	0.39	—	41.53	—	—	—	—	—
1995	23.94	12.21	10.74	0.64	—	0.15	0.20	—	—	—	—
1996	88.57	49.07	31.01	3.85	—	4.36	0.28	—	—	—	—
1997	24.00	13.70	5.44	4.86	—	—	—	—	—	—	—
1998	28.73	10.14	15.24	3.29	—	—	0.06	—	—	—	—
1999	26.54	8.03	14.72	1.25	0.88	0.19	1.47	—	—	—	—
2000	12.34	2.35	5.07	2.85	1.85	—	0.22	—	—	—	—
2001	3.32	0.72	1.96	0.30	—	—	0.34	—	—	—	—
2002	23.75	—	20.85	1.91	—	—	0.99	—	—	—	—
2003	44.69	0.69	35.39	6.46	0.12	1.26	0.77	—	—	—	—
2004	30.34	0.39	26.08	2.24	—	0.31	1.32	—	—	—	—
2005	40.02	0.18	34.53	3.70	0.10	—	1.51	—	—	—	—
2006	34.40	0.93	26.95	5.09	—	0.95	0.49	—	—	—	—
2007	9.91	—	3.00	6.91	—	—	—	—	—	—	—
2008	20.34	—	12.54	0.83	—	6.96	—	—	—	—	—
2009	43.84	—	30.35	8.72	—	1.96	2.81	—	—	—	—
2010	15.73	4.71	—	5.73	—	1.99	3.30	—	—	—	—
2011	14.49	—	7.72	6.77	—	—	—	—	—	—	—
2012	21.64	—	7.85	5.97	2.99	0.58	4.26	—	—	—	—
2013	35.96	1.52	22.58	0.87	—	—	10.99	—	—	—	—
2014	48.79	—	28.32	5.57	—	7.22	5.69	—	—	1.99	—
2015	48.72	2.33	9.22	20.46	2.98	5.49	4.30	3.23	—	0.70	—
2016	57.68	8.80	1.97	12.49	—	9.78	13.39	—	4.84	6.40	—

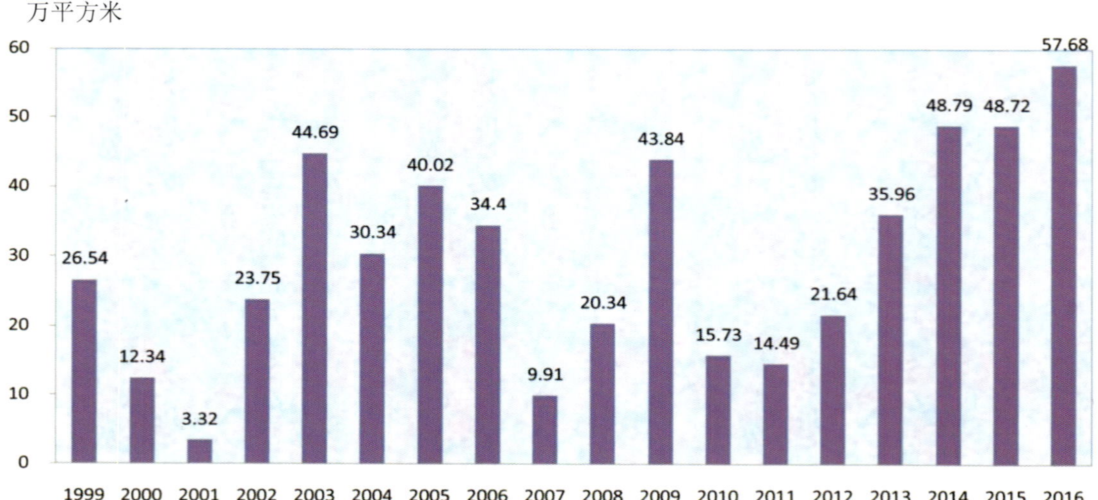

图 6-3 深圳市历年办公楼批准预售面积示意图

表 6-5 深圳市历年商业用房批准预售面积（按区域分）

单位：万平方米

年 度	批准预售面积	其中									
		罗湖区	福田区	南山区	盐田区	宝安区	龙岗区	光明新区	龙华新区	坪山新区	大鹏新区
1992	13.96	7.82	3.30	2.84	—	—	—	—	—	—	—
1993	39.04	18.37	12.94	7.73	—	—	—	—	—	—	—
1994	53.94	17.67	17.06	2.01	—	13.52	3.68	—	—	—	—
1995	48.73	12.79	5.43	6.90	—	13.55	10.06	—	—	—	—
1996	64.43	20.26	21.42	3.15	—	8.19	11.41	—	—	—	—
1997	43.77	14.06	4.44	4.72	—	12.83	7.72	—	—	—	—
1998	70.87	23.66	16.29	10.32	—	8.35	12.25	—	—	—	—
1999	44.97	12.49	14.41	2.25	0.33	4.41	11.08	—	—	—	—
2000	50.45	6.75	8.14	10.90	1.88	8.43	14.35	—	—	—	—
2001	65.02	9.40	9.82	7.21	1.29	17.31	19.99	—	—	—	—
2002	71.88	7.49	12.65	13.17	0.95	15.57	22.05	—	—	—	—
2003	98.45	10.36	16.00	28.98	3.04	18.34	21.73	—	—	—	—
2004	82.84	5.06	9.13	11.96	0.28	24.17	32.24	—	—	—	—
2005	101.44	5.45	10.60	7.60	2.89	42.49	32.41	—	—	—	—
2006	72.81	2.09	7.44	24.55	3.14	21.65	13.95	—	—	—	—
2007	47.06	2.01	4.53	6.61	0.76	12.83	20.31	—	—	—	—
2008	60.40	5.51	4.43	7.73	1.63	26.54	14.55	—	—	—	—
2009	45.56	1.04	6.50	13.51	—	4.53	19.98	—	—	—	—
2010	47.96	1.64	0.06	11.90	1.01	17.57	15.78	—	—	—	—
2011	45.37	0.80	11.33	9.34	1.64	7.29	14.97	—	—	—	—
2012	94.39	—	28.87	7.10	10.89	25.42	22.12	—	—	—	—
2013	120.16	0.48	28.12	3.64	13.98	14.82	45.70	0.82	6.37	1.83	4.40
2014	102.50	4.72	4.02	20.61	6.45	31.64	16.03	8.73	1.46	8.80	0.04
2015	136.16	5.40	5.77	24.74	1.29	31.84	29.79	10.58	14.92	11.06	0.77
2016	142.59	7.89	4.02	39.10	—	12.14	53.40	3.99	16.26	5.78	—

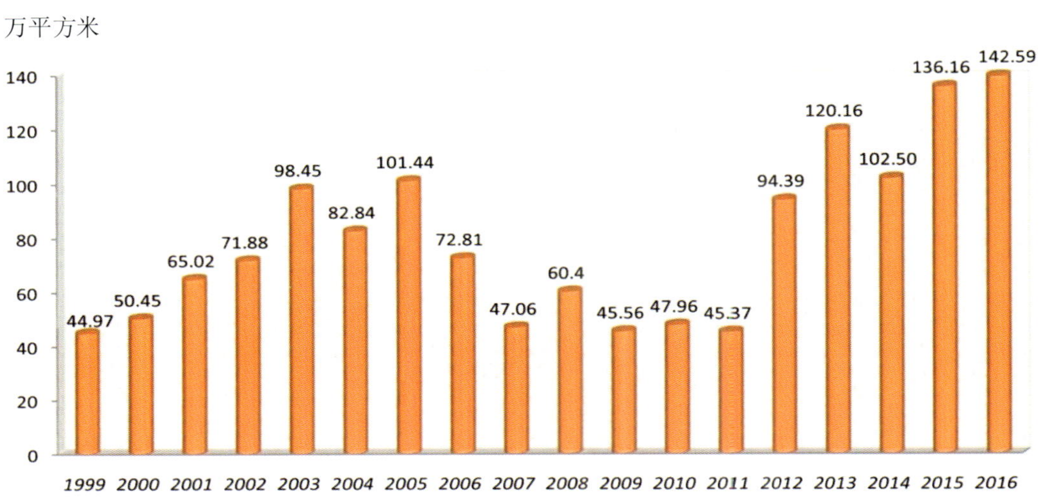

图 6-4 深圳市历年商业用房批准预售面积示意图

表 6-6 深圳市 2016 年颁发《房地产预售许可证》项目一览

单位：平方米

序号	预售许可证号	项目名称	项目位置	开发企业	批准预售面积	其中				
						住宅	办公楼	商务公寓	商业	其他
1	深房许字（2016）宝安 001 号	新锦安壹号公馆	宝安区新安街道	新锦安实业发展（深圳）有限公司	131831.15	122917.6	—	—	8913.51	—
2	深房许字（2016）宝安 002 号	天福华府（A 区）	宝安区西乡街道	深圳市泉堂实业发展有限公司	59244.98	54312.68	—	—	4932.3	—
3	深房许字（2016）宝安 003 号	星航华府（四期）	宝安区福永街道	深圳市金安城房地产开发有限公司	153905.61	78947.52	28779.22	—	46178.9	—
4	深房许字（2016）宝安 004 号	宏发世纪花园（A712—0639）	宝安区石岩街道	深圳市宏发房地产开发有限公司 深圳市源益达股份合作公司	95987.6	84037.27	—	—	11950.3	—
5	深房许字（2016）宝安 005 号	壹方商业中心	宝安区新安街道	壹方置业（深圳）有限公司 深圳市鸿荣源房地产开发有限公司	77299.86	77299.86	—	—	—	—
6	深房许字（2016）宝安 006 号	华海金湾公馆（A104—0136）	宝安区西乡街道	深圳市宝安东海实业有限公司	89739.66	62777.3	22474.84	—	4487.52	—
7	深房许字（2016）宝安 007 号	卓越宝中时代广场（二期）	宝安区新安街道	深圳市卓越宝中房地产开发有限公司	70146.91	—	69057.02	—	1089.89	—
8	深房许字（2016）宝安 008 号	松河瑞园（一期）	宝安.松岗街道	深圳市喜盈盈投资有限公司 深圳市松岗溪头股份合作公司	34322.98	16353.46	—	16679.84	1289.68	—
9	深房许字（2016）宝安 009 号	华苑	宝安区西乡街道	华银通宝投资有限公司	19461.05	18372.87	—	—	1088.18	—
10	深房许字（2016）宝安 010 号	中粮紫云花园	宝安区新安街道	中粮地产集团深圳房地产开发有限公司	88669.64	86314.04	—	—	2355.6	—
11	深房许字（2016）龙华 001 号	奥宸观壹城华轩（A928—0467）	龙华新区观澜办事处松元厦旧村	深圳市奥宸房地产开发有限公司	17364.38	—	17364.38	—	—	—
12	深房许字（2016）龙华 002 号	澜汇花园	龙华新区观澜大道西侧	深圳市福民合建投资有限公司 深圳市福民富康股份合作公司	77835.57	77835.57	—	—	—	—

（续表）

序号	预售许可证号	项目名称	项目位置	开发企业	批准预售面积	其中				
						住宅	办公楼	商务公寓	商业	其他
13	深房许字（2016）龙华003号	金众金域阁	龙华新区民治街道	深圳市金众地产集团有限公司	11230.41	—	—	—	11230.4	—
14	深房许字（2016）龙华004号	深业泰然玫瑰轩	龙华新区观澜办事处辖区	深圳市国惠康国泰房地产开发有限公司	29763.18	—	3999.48	15118.95	10644.8	—
15	深房许字（2016）龙华005号	星河传奇商厦	龙华新区民治上塘	深圳市瑞和佳源房地产开发有限公司 深圳市龙华上塘股份合作公司	38802.32	—	—	28253.85	10548.5	—
16	深房许字（2016）龙华006号	壹成中心花园（A824—0123）	龙华街道东环一路西侧	深圳市鸿荣源实业有限公司	87623.56	87623.56	—	—	—	—
17	深房许字（2016）龙华007号	幸福城商业大厦	龙华新区龙华办事处	深圳市永晋盈投资有限公司	29878.19	—	14799.39	15078.8	—	—
18	深房许字（2016）龙华008号	华业玫瑰四季馨园（二期）	民治街道	深圳市华佳业房地产开发有限公司	58003.08	58003.08	—	—	—	—
19	深房许字（2016）龙华009号	壹成中心花园（A824—0128）	龙华新区龙华街道东环一路旁	深圳市鸿荣源实业有限公司	65438.87	65438.87	—	—	—	—
20	深房许字（2016）龙华010号	汇隆商务中心	龙华新区民治街道	深圳市地铁集团有限公司	38142.01	—	35680.08	—	2461.93	—
21	深房许字（2016）龙华011号	佳华领域广场（一期）	龙华新区观湖街道	深圳市佳华房地产开发有限公司	67832.43	58093.17	—	9739.26	—	—
22	深房许字（2016）龙华012号	华盛观荟名庭	龙华新区观澜办事处	深圳市金洪实业投资发展有限公司	77244.57	77244.57	—	—	—	—
23	深房许字（2016）龙华013号	壹成中心花园（A824—0128）	龙华新区龙华街道东环一路旁	深圳市鸿荣源实业有限公司	107874.08	107874.1	—	—	—	—
24	深房许字（2016）龙华014号	富驰大厦	龙华新区龙华办事处	深圳市富驰房地产开发有限公司	36105.52	—	12241.74	12272.36	11591.4	—
25	深房许字（2016）光明001号	中粮云景花园南区	光明新区公明街道创维路西面、创业路北面	中粮地产（深圳）实业有限公司	127322.2	113469.4	—	—	13852.8	—
26	深房许字（2016）光明002号	中粮云景花园北区	光明新区公明办事处松白路与创维路交汇处	中粮地产（深圳）实业有限公司	75369.24	69377.93	—	—	5991.31	—

（续表）

序号	预售许可证号	项目名称	项目位置	开发企业	批准预售面积	其中				
						住宅	办公楼	商务公寓	商业	其他
27	深房许字（2016）光明003号	峰荟时代科技中心	光明新区公明办事处南环大道南侧、振发路西侧	深圳市秋铭投资发展有限公司	118093.39	—	—	—	7434.34	110659.05
28	深房许字（2016）光明004号	益田假日府邸	光明新区公明办事处松柏路东侧、公常路南侧	深圳市湖贝实业股份有限公司	42132.01	29460.84	—	1890	10781.2	—
29	深房许字（2016）福田001号	深业中城（05—03地块）	红荔西路与农坊路交汇处东南角	深圳市深业中城有限公司	20154.23	—	19692.28	—	461.95	—
30	深房许字（2016）福田002号	宝能城市公馆（三期）	福田区广深高速公路北	宝能地产股份有限公司	39828.87	—	—	39828.87	—	—
31	深房许字（2016）福田003号	清风荣盛创投大厦	福田区八卦岭	四川省清风现代房地产开发有限责任公司	15296.55	—	—	—	—	15296.55
32	深房许字（2016）龙岗001号	信义荔山御园	龙岗区布吉街道	深圳市信旺房地产开发有限公司	53917.91	53917.91	—	—	—	—
33	深房许字（2016）龙岗002号	爵悦公馆	龙城街道仙岭路与清霞路交汇处	深圳市合裕房地产开发有限公司	12201.64	12201.64	—	—	—	—
34	深房许字（2016）龙岗003号	信义御珑豪园	龙岗区坂田街道	深圳市信贤房地产开发有限公司	109330.39	109330.4	—	—	—	—
35	深房许字（2016）龙岗004号	公园里花园（四期）	南湾街道樟树布社区	深圳市聚龙湾投资发展有限公司	38601.8	37676.83	—	—	924.97	—
36	深房许字（2016）龙岗005号	岭宏健康家园	龙岗区南湾街道	深圳市宇宏投资集团有限公司	42815.02	42815.02	—	—	—	—
37	深房许字（2016）龙岗006号	金域中央花园（二期）	龙岗区布吉街道水径社区	深圳市万鸿嘉投资发展有限公司	86514	83031.46	—	—	3482.54	—
38	深房许字（2016）龙岗007号	嘉霖悦禧园	龙岗区坂田街道办	深圳市嘉兴福房地产开发有限公司	31415.49	15526.8	5785.69	2419.18	7683.82	—
39	深房许字（2016）龙岗008号	国香山翡翠华庭	龙岗区南湾街道	深圳市吉厦房地产开发有限公司	26679.28	26679.28	—	—	—	—
40	深房许字（2016）龙岗009号	正大时代华庭	龙岗区横岗街道办	深圳市正大国利投资有限公司	217778.02	177932	28665.42	—	11180.6	—

（续表）

序号	预售许可证号	项目名称	项目位置	开发企业	批准预售面积	其中				
						住宅	办公楼	商务公寓	商业	其他
41	深房许字（2016）龙岗 010 号	中骏蓝湾翠岭花园（一期）	龙岗街道	深圳泛亚房地产开发有限公司	18155.96	18155.96	—	—	—	—
42	深房许字（2016）龙岗 011 号	万科时代广场	龙岗区龙城街道	深圳市龙城广场房地产开发有限公司	64661.45	—	—	61208.78	3452.67	—
43	深房许字（2016）龙岗 012 号	嘉霖悦禧园	龙岗区坂田街道办	深圳市嘉兴福房地产开发有限公司	23270.98	22824.11	—	—	446.87	—
44	深房许字（2016）龙岗 013 号	佳兆业中央广场（三期）	龙岗区坂田街道	宝吉工艺品（深圳）有限公司	66461.96	66461.96	—	—	—	—
45	深房许字（2016）龙岗 014 号	中骏蓝湾翠岭花园（一期）	龙岗街道	深圳泛亚房地产开发有限公司	18656.04	18398.74	—	—	257.3	—
46	深房许字（2016）龙岗 015 号	地铁锦上花园	龙岗区横岗街道	深圳市地铁集团有限公司	90933.5	90933.5	—	—	—	—
47	深房许字（2016）龙岗 016 号	宁佳花园	龙岗区龙城街道	深圳市宁佳置业有限公司	73973.06	66814.46	—	—	7158.6	—
48	深房许字（2016）龙岗 017 号	荣德时代广场	龙岗区横岗街道办	深圳市中爱联实业有限公司	145714.32	—	85810.1	16571.06	43333.1	—
49	深房许字（2016）龙岗 018 号	星河智荟花园	龙岗区横岗街道	深圳市创浩通房地产开发有限公	34947.72	26278.56	—	—	8669.16	—
50	深房许字（2016）龙岗 019 号	星河智荟化园	龙岗区横岗街道	深圳市创浩通房地产开发有限公司	45922.58	25941.19	—	11331.95	8649.44	—
51	深房许字（2016）龙岗 020 号	赛格新城市广场	龙岗区布吉街道	深圳市赛格新城市建设发展有限公司	66352.43	—	17013.84	29553.21	19785.4	—
52	深房许字（2016）龙岗 021 号	恒裕嘉城花园	龙岗区龙岗街道	深圳市恒裕实业（集团）有限公司	75604.36	75604.36	—	—	—	—
53	深房许字（2016）龙岗 022 号	花语馨花园	龙岗区布吉街道	深圳市祥华投资发展有限公司	59912.83	57939.8	—	—	1973.03	—
54	深房许字（2016）龙岗 023 号	金地凯旋广场	龙岗街道龙城南路西面龙岗大道路南面	深圳市淞江康纳投资有限公司	43258.84	43258.84	—	—	—	—

（续表）

序号	预售许可证号	项目名称	项目位置	开发企业	批准预售面积	其中				
						住宅	办公楼	商务公寓	商业	其他
55	深房许字（2016）龙岗 024 号	中骏蓝湾翠岭花园（一期）	龙岗街道	深圳泛亚房地产开发有限公司	19653.26	18411.94	—	—	1241.32	—
56	深房许字（2016）龙岗 025 号	龙平紫园	龙岗区龙城街道	深圳市中民投资发展有限公司	37829.69	35840.63	—	—	1989.06	—
57	深房许字（2016）龙岗 026 号	平吉上苑（二期）	龙岗区平湖街道	深圳市平日上房地产开发有限公司	52779.37	52779.37	—	—	—	—
58	深房许字（2016）龙岗 027 号	佳华领汇广场（二期）	龙岗区坂田街道办	深圳市佳华房地产开发有限公司	12013.08	12013.08	—	—	—	—
59	深房许字（2016）龙岗 028 号	融湖时代花园	龙岗区平湖街道平湖福星路与辅歧路交汇处	深圳市鼎宏投资发展有限公司	35308.31	35308.31	—	—	—	—
60	深房许字（2016）龙岗 029 号	龙园大观花园（一期）	龙岗区龙岗街道	深圳朗泓房地产有限公司	94420.71	94420.71	—	—	—	—
61	深房许字（2016）龙岗 030 号	东部英郡假日广场	龙岗区南湾街道丹竹头社区龙岗大道南面	深圳市东部开发（集团）有限公司	156289.27	57259.87	21610.8	32475.21	44943.4	—
62	深房许字（2016）龙岗 031 号	吉祥里豪庭	龙岗区龙城街道	深圳市盛隆兴业投资发展有限公司	29472.8	29186.63	—	—	286.17	—
63	深房许字（2016）龙岗 032 号	信义荔景御园	罗岗社区罗岗路旁	深圳市信旺房地产开发有限公司	124504.99	124505	—	—	—	—
64	深房许字（2016）龙岗 033 号	岭宏健康家园	龙岗区南湾街道	深圳市宇宏投资集团有限公司	44854.91	44854.91	—	—	—	—
65	深房许字（2016）龙岗 034 号	融悦山居	龙岗区平湖街道	深圳市特区建设发展集团有限公司	96108.86	91115.32	—	—	4993.54	—
66	深房许字（2016）龙岗 036 号	长庆小时代雅轩	龙岗区布吉街道石芽岭布龙路北面	深圳市长庆房地产开发有限公司	9926.31	7061.66	611.08	—	2253.57	—
67	深房许字（2016）龙岗 037 号	华创云轩	龙岗区坂田稼先路北侧	深圳市众驰伟业投资发展有限公司	32464.98	32464.98	—	—	—	—
68	深房许字（2016）龙岗 038 号	丹郡花园	龙岗大道和丹平快速路交汇处西南侧	深圳市合正房地产集团有限公司	81182.08	81182.08	—	—	—	—

（续表）

序号	预售许可证号	项目名称	项目位置	开发企业	批准预售面积	其中				
						住宅	办公楼	商务公寓	商业	其他
69	深房许字（2016）龙岗 039 号	远洋新干线君域花园	龙岗区龙岗街道植物园路与鹏达路交汇处	天基房地产开发（深圳）有限公司	116681.27	101752.4	—	—	14928.9	
70	深房许字（2016）龙岗 040 号	金基吉祥广场	龙岗中心城吉祥中路与清林中路交汇处	深圳市中爱联实业有限公司	67632.17	—	14481.28	19793.67	33357.2	—
71	深房许字（2016）大鹏 001 号	陶柏莉花园（一期）	大鹏新区葵涌办事处丰树山路南侧	深圳市承翰信息咨询有限公司 深圳市葵涌坝光股份合作公司	51699.36	51699.36	—	—	—	—
72	深房许字（2016）坪山 001 号	天峦湖花园	深圳市坪山新区坪山街道马峦北路东面	深圳市泰富华天峦湖置业有限公司	26925.58	26925.58	—	—	—	—
73	深房许字（2016）坪山 002 号	潮商广场	坪山新区坪山街道中山大道路北面	深圳市潮商东部投资有限公司	80028.74	—	63985.87	—	16042.9	—
74	深房许字（2016）坪山 003 号	天峦湖花园	深圳市坪山新区坪山街道马峦北路东面	深圳市泰富华天峦湖置业有限公司	29493.64	29493.64	—	—	—	—
75	深房许字（2016）坪山 004 号	心海城（一期）08 地块	深圳市坪山新区坪山街道坪环路以西，比亚迪路以北	深圳市心海腾楗投资发展有限公司	55253	55253	—	—	—	—
76	深房许字（2016）坪山 005 号	天峦湖花园	深圳市坪山新区坪山街道马峦北路东面	深圳市泰富华天峦湖置业有限公司	26925.89	26925.89	—	—	—	—
77	深房许字（2016）坪山 006 号	龙光玖云著大楼	坪山区坪山街道中山大道北面，振环路东面	深圳市骏腾置业有限公司	53814.43	—	37674.8	10149.15	5990.48	—
78	深房许字（2016）坪山 007 号	中天美景大厦	坪山新区中山人道以北，坪联路以西	深圳市中天美景地产投资有限公司	30599.13	—	30599.13	—	—	—
79	深房许字（2016）坪山 008 号	心海城（一期）07 地块	深圳市坪山新区坪山街道比亚迪路北面	深圳市心海腾楗投资发展有限公司	41853.18	41853.18	—	—	—	—
80	深房许字（2016）罗湖 001 号	鹿丹大厦	罗湖区滨河大道南侧	深圳市城市建设投资发展有限公司	33001.15	—	27868.8	—	5132.35	
81	深房许字（2016）罗湖 002 号	深业东岭花园（二期）	深南东路与沿河北路交汇处西北侧	新旺实业发展（深圳）有限公司	135111.02	106643.6	—	—	28467.5	

（续表）

序号	预售许可证号	项目名称	项目位置	开发企业	批准预售面积	其中				
						住宅	办公楼	商务公寓	商业	其他
82	深房许字（2016）罗湖 003 号	深业进元大厦	罗湖区清水河一路	深业进智物流发展有限公司	40336.38	—	15428.29	—	—	24908.09
83	深房许字（2016）罗湖 004 号	万科深南广场	深圳市罗湖区深南东路	美洲联冠置业（深圳）有限公司	138454.9	—	87997.12	21966.43	28491.4	
84	深房许字（2016）南山 001 号	半岛城邦花园（三期）	蛇口东角头望海路南侧	深圳半岛城邦房地产开发有限公司	184950.71	184950.7	—	—	—	—
85	深房许字（2016）南山 002 号	万科云城（三期）	石鼓路西侧	深圳市万科云城房地产开发有限公司	51287.04	—	—	49411.44	1875.6	—
86	深房许字（2016）南山 003 号	宝能城花园	留仙大道与塘朗地铁站交汇处	宝能城有限公司	90096.4	90096.4	—	—	—	—
87	深房许字（2016）南山 004 号	城脉深圳湾公馆	后海大道与东滨路交汇处	广东城脉地产有限公司	14345.03	14345.03	—	—	—	—
88	深房许字（2016）南山 005 号	深圳湾科技生态园	南山区白石路与沙河西路交汇处	深圳市投资控股有限公司	157786.78	157786.8	—	—	—	—
89	深房许字（2016）南山 006 号	万科云城（三期）	石鼓路西侧	深圳市万科云城房地产开发有限公司	74675.88	—	—	70369.06	4306.82	—
90	深房许字（2016）南山 007 号	天鹅湖花园（一期）	侨香路与香山东街交汇处	深圳华侨城房地产有限公司	114183.52	114183.5	—	—	—	—
91	深房许字（2016）南山 008 号	前海东岸花园	北环大道与南山大道交汇处	深圳市前海股份有限公司	91708.95	91708.95	—	—	—	—
92	深房许字（2016）南山 009 号	香山美墅花园	香山中街	深圳华侨城房地产有限公司	49168.3	49168.3	—	—	—	—
93	深房许字（2016）南山 010 号	香山里花园（三期）	华侨城香山西街	深圳华侨城房地产有限公司	75700.45	75700.45	—	—	—	—
94	深房许字（2016）南山 011 号	豪方天际花园（一期）	北环大道和南山大道交汇	深圳市新豪方房地产有限公司 深圳市南头城实业股份有限公司	51347.94	51347.94	—	—	—	—
95	深房许字（2016）南山 012 号	海上世界双玺花园（三期）	望海路	深圳招商房地产有限公司	28624.69	28624.69	—	—	—	—

（续表）

序号	预售许可证号	项目名称	项目位置	开发企业	批准预售面积	其中				
						住宅	办公楼	商务公寓	商业	其他
96	深房许字（2016）南山 013 号	山语海苑（一期）	赤湾少帝路南侧	深圳市赤湾房地产开发有限公司	58236.97	58236.97	—	—	—	—
97	深房许字（2016）南山 014 号	华润城润府（二期）（二、三区）	南山区铜鼓路东面科发路北面	华润置地（深圳）有限公司	109914.97	67310.26	—	40998.89	1605.82	—
98	深房许字（2016）南山 015 号	诚盈商务中心	南山区月亮湾大道与棉山路交汇处东南向	深圳冠洋房地产有限公司	51227.85	51227.85	—	—	—	—
99	深房许字（2016）南山 016 号	塘朗城广场（西区）	留仙大道和地铁塘朗站交汇处	深圳市朗通房地产开发有限公司	121253.21	—	49964.03	71289.18	—	—
100	深房许字（2016）南山 017 号	万科云城（六期）	石鼓路和打石一路交汇处	深圳市万科云城房地产开发有限公司	49988.3	49988.3	—	—	—	—
101	深房许字（2016）南山 018 号	前海枫叶大厦	南山区常兴路与丁头南巷交汇处西北侧	中国南山开发（集团）股份有限公司	23755.99	—	23755.99	—	—	—
102	深房许字（2016）南山 019 号	华润城润府（二期）（一区）	铜鼓路东面科发路北面	华润置地（深圳）有限公司	891.46	—	—	—	891.46	—
103	深房许字（2016）盐田 001 号	四季水岸雅居	盐田港后方陆域北山道与盐田路交汇处	深圳市鹏广达商业管理有限公司	20907.87	20907.87	—	—	—	—
104	深房许字（2016）前海 001 号	前海卓越金融中心 T201—0075（2）宗地项目（一期）	深圳市前海深港现代服务业合作区二单元	深圳前海卓越汇康投资有限公司	32499.32	32499.32	—	—	—	—
105	深房许字（2016）前海 002 号	前海世茂金融中心（一期）	前海深港现代服务业合作区十九单元 03 街坊	前海世茂发展（深圳）有限公司	8114.41	—	—	—	8114.41	—
106	深房许字（2016）前海 003 号	前海卓越金融中心 T201—0075（2）宗地项目（二期）	前海深港现代服务业合作区开发单元五	深圳前海卓越汇康投资有限公司	59641.62	—	—	59641.62	—	—

第二节　二级市场转让

一、概述

2016 年，全市二级市场商品房销售 690.00 万平方米。其中，现楼销售 143.56 万平方米，楼花销售 546.44 万平方米。从用途结构看，住宅销售 523.41 万平方米，办公楼 41.46 万平方米，商业用房 89.77 万平方米，其他用途房屋 35.36 万平方米。从区域结构看，罗湖区 28.54 万平方米；福田区 65.12 万平方米；南山区 148.26 万平方米；盐田区 20.02 万平方米；宝安区 88.73 万平方米；龙岗区 187.77 万平方米；光明新区 98.16 万平方米；龙华新区 19.92 万平方米；坪山新区 22.16 万平方米；大鹏新区 11.32 万平方米。

从销售对象看，个人购房 643.08 万平方米，所占个人商品房销售比重为 94.1%。其中，商品房外销面积 18.79 万平方米，所占比重为 2.5%，其中个人外销面积 13.79 万平方米，所占比重为 1.8%。

2016 年，全市二级市场商品房销售套数 66414 套。按用途区分，住宅 49607 套，办公楼 4970 套，商业用房 10105 套，其他用途房屋 1732 套。

2016 年，全市二级市场商品房实现销售收入 3401.15 亿元。其中，住宅销售收入 2597.72 亿元，办公楼 258.45 亿元，商业用房 397.56 亿元，其他用途房屋 147.43 亿元。

2016 年末，全市二级市场现楼空置面积 272.98 万平方米，同比下降 18.88 %。从用途结构看，住宅 140.17 万平方米，同比减少 39.49%；办公楼 29.86 万平方米，同比增加 102.89%；商业用房 77.44 万平方米，同比增加 18.11%；其他用途房屋 25.50 万平方米，同比增加 3.79%。从区域分布看，罗湖区 14.78 万平方米，同比减少 52.82%；福田区 12.87 万平方米，同比减少 42.16%；南山区 65.51 万平方米，同比增加 97.13%；盐田区 15.90 万平方米，同比增加 4.22%；宝安区 49.95 万平方米，同比减少 13.02%；龙岗区 52.25 万平方米，同比减少 25.28%；光明新区 11.06 万平方米，同比减少 2.27%；龙华新区 35.29 万平方米，同比减少 49.10%；坪山新区 0 万平方米，同比减少 100%；大鹏新区 15.38 万平方米，同比减少 16.02%。

表 6-7　深圳市历年商品房销售面积（按用途分）

单位：万平方米

年　份	销售面积	其　中			
		住　宅	办公楼	商业用房	其　他
1985 年前	362.25	228.05	34.61	43.30	56.29
1986	63.70	45.29	6.91	3.16	8.34
1987	111.26	73.28	2.82	4.62	30.54
1988	107.39	68.74	6.44	5.37	26.84
1989	90.67	50.77	1.82	2.72	35.36
1990	77.14	56.32	2.31	1.54	16.97
1991	112.54	97.13	2.10	0.63	12.68
1992	151.46	96.00	9.00	10.00	36.46
1993	180.17	140.89	5.85	9.58	23.85
1994	246.93	183.28	13.29	17.14	33.22
1995	274.59	209.07	17.37	16.89	31.26
1996	324.92	261.13	32.33	21.23	10.23
1997	405.44	336.70	28.88	27.40	12.46
1998	432.22	372.38	22.06	19.85	17.93
1999	541.84	492.51	15.02	26.20	8.11
2000	611.37	556.82	12.19	26.32	16.04
2001	643.47	593.72	11.01	27.40	11.34
2002	791.70	724.41	17.94	46.36	2.99
2003	877.85	811.90	19.54	39.37	7.04
2004	908.62	802.58	26.90	58.09	21.05
2005	993.20	901.13	28.49	53.48	10.10
2006	797.65	705.82	38.27	45.96	7.60
2007	555.16	500.40	20.87	30.64	3.25
2008*	466.97	413.69	5.59	33.63	14.06
2009	874.18	793.45	24.96	33.70	22.07
2010	472.60	384.09	21.67	40.98	25.86
2011	408.11	332.64	10.59	45.14	19.74
2012	531.45	462.80	12.31	41.71	14.63
2013	680.35	568.38	24.42	65.19	22.36
2014	557.09	435.91	26.26	63.99	30.94
2015	921.00	727.26	59.50	108.43	25.81
2016	690.00	523.41	41.46	89.77	35.36

注：从 2008 年起，现楼销售由专门的系统单独统计，因此，各类商品房现楼销售量及销售总量的统计口径与以前年度有所不同，下同。

表 6-8　深圳市历年商品房销售面积（按区域分）

单位：万平方米

年份	销售面积	其中									
		罗湖区	福田区	南山区	盐田区	宝安区	龙岗区	光明新区	龙华新区	坪山新区	大鹏新区
1996	324.92	99.68	98.36	55.32	—	25.99	45.47	—	—	—	—
1997	405.44	95.18	126.57	70.27	—	54.48	58.94	—	—	—	—
1998	432.22	90.89	135.99	75.68	7.69	54.63	67.34	—	—	—	—
1999	541.84	118.53	162.69	94.89	12.10	71.62	82.01	—	—	—	—
2000	611.37	86.13	200.59	125.39	7.57	78.65	113.04	—	—	—	—
2001	643.47	110.75	165.28	140.62	9.01	95.21	122.6	—	—	—	—
2002	791.70	129.45	206.81	182.60	9.67	127.22	135.95	—	—	—	—
2003	877.85	120.49	206.3	236.85	25.45	149.76	139.01	—	—	—	—
2004	908.62	83.90	164.74	285.04	17.32	186.4	171.22	—	—	—	—
2005	993.2	103.11	210.36	171.05	22.85	283.84	210.99	—	—	—	—
2006	797.65	54.19	124.47	131.46	18.64	258.76	210.12	—	—	—	—
2007	555.16	35.27	69.30	72.47	17.96	189.16	171.00	—	—	—	—
2008*	466.97	19.00	28.54	81.75	15.59	169.12	152.98	—	—	—	—
2009	874.18	45.46	69.72	190.53	20.20	263.34	284.93	—	—	—	—
2010	472.60	15.86	37.56	95.67	13.52	127.10	182.88	—	—	—	—
2011	408.11	8.86	27.23	56.05	14.71	120.49	180.77	—	—	—	—
2012	531.45	16.87	33.90	71.84	15.25	215.45	178.13	—	—	—	—
2013	680.35	13.81	63.20	77.57	15.62	90.92	248.00	14.71	129.53	23.53	3.44
2014	557.09	18.04	39.32	73.81	15.20	97.11	220.92	11.44	43.38	35.59	2.29
2015	921.00	31.96	66.79	139.68	21.26	138.60	271.36	52.75	126.53	55.65	16.42
2016	690.00	28.54	65.12	148.26	20.02	88.73	187.77	98.16	19.92	22.16	11.32

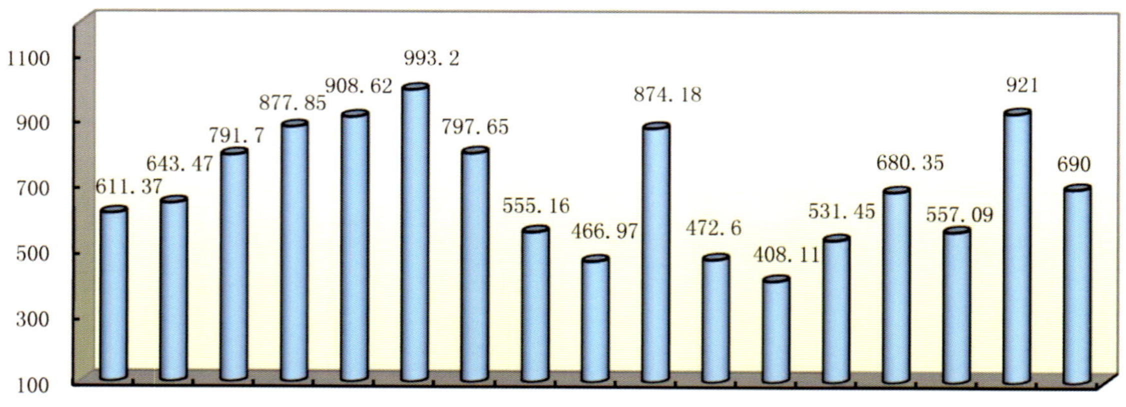

图 6-5　深圳市历年商品房销售面积示意图

表 6-9　深圳市历年商品房现楼销售面积（按用途分）

单位：万平方米

年　份	销售面积	其　　中			
		住　宅	办公楼	商业用房	其　他
1993 年及以前	1256.53	856.47	71.86	80.92	247.28
1994	150.29	108.21	3.93	10.21	27.94
1995	167.32	130.42	3.23	10.41	23.26
1996	186.46	150.65	21.90	9.53	4.38
1997	243.68	199.41	19.17	15.41	9.69
1998	265.34	228.30	11.31	11.25	14.48
1999	213.18	190.37	5.77	14.44	2.60
2000	236.66	205.57	5.18	17.31	8.60
2001	259.87	241.16	3.13	10.02	5.56
2002	308.10	276.74	9.24	20.64	1.48
2003	335.62	299.61	8.85	21.44	5.72
2004	359.52	312.39	12.95	26.94	7.24
2005	140.61	125.80	1.13	11.16	2.53
2006	195.82	182.12	0.31	12.88	0.51
2007	86.74	60.85	10.05	14.59	1.25
2008*	49.30	24.43	0.71	15.73	8.43
2009	161.62	133.20	2.75	19.36	6.30
2010	109.94	70.95	3.33	25.64	10.03
2011	102.35	61.82	4.03	24.54	11.96
2012	132.66	102.27	6.73	17.69	5.97
2013	151.51	128.11	3.09	15.00	5.30
2014	90.89	52.23	4.31	12.33	22.03
2015	84.66	61.39	6.61	13.35	3.31
2016	143.56	105.49	10.96	22.73	4.38

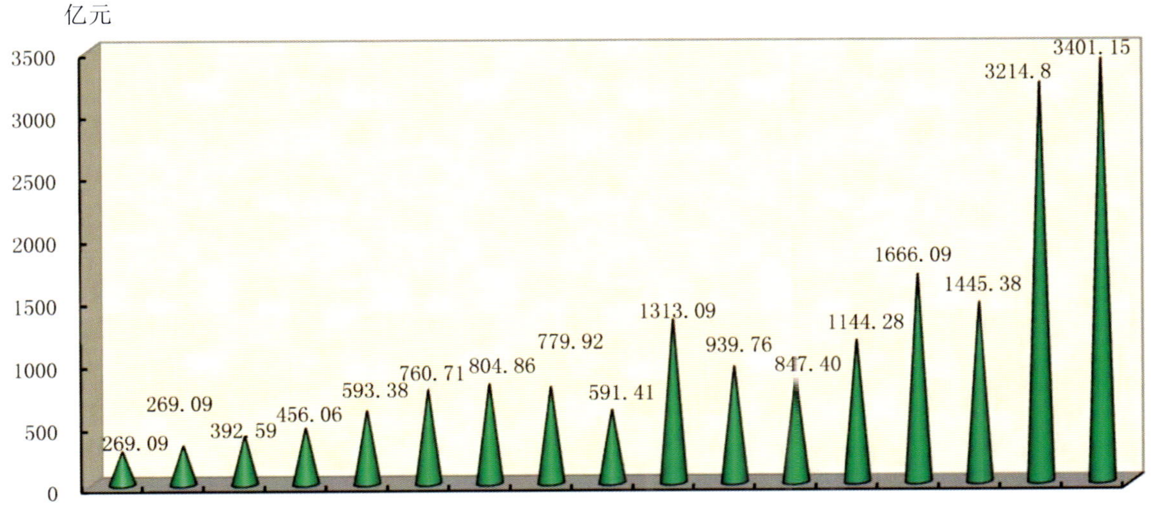

图 6-6　深圳市历年商品房销售收入示意图

表 6-10　深圳市历年商品房楼花销售面积（按用途分）

单位：万平方米

年　份	销售面积	其　　中			
		住　宅	办公楼	商业用房	其　他
1994	96.64	75.07	9.36	6.93	5.28
1995	107.27	78.65	14.14	6.48	8.00
1996	138.46	110.48	10.43	11.70	5.85
1997	161.76	137.29	9.71	11.99	2.77
1998	166.88	144.08	10.75	8.60	3.45
1999	328.66	302.14	9.25	11.76	5.51
2000	374.71	351.25	7.01	9.01	7.44
2001	383.60	352.56	7.88	17.38	5.78
2002	483.60	447.67	8.70	25.72	1.51
2003	542.23	512.29	10.69	17.93	1.32
2004	549.10	500.58	13.18	26.72	8.62
2005	852.59	775.33	27.36	42.32	7.57
2006	601.83	523.78	37.96	33.08	7.01
2007	468.42	439.55	10.82	16.05	2.00
2008	417.67	389.26	4.88	17.90	5.63
2009	712.56	660.25	22.2	14.33	15.77
2010	362.66	313.15	18.34	15.34	15.84
2011	305.76	270.82	6.56	20.60	7.78
2012	398.79	360.53	5.59	24.02	8.66
2013	528.84	440.26	21.33	50.19	17.06
2014	466.20	383.68	21.96	51.66	8.91
2015	836.34	665.87	52.90	95.07	22.50
2016	546.44	417.91	30.50	67.05	30.98

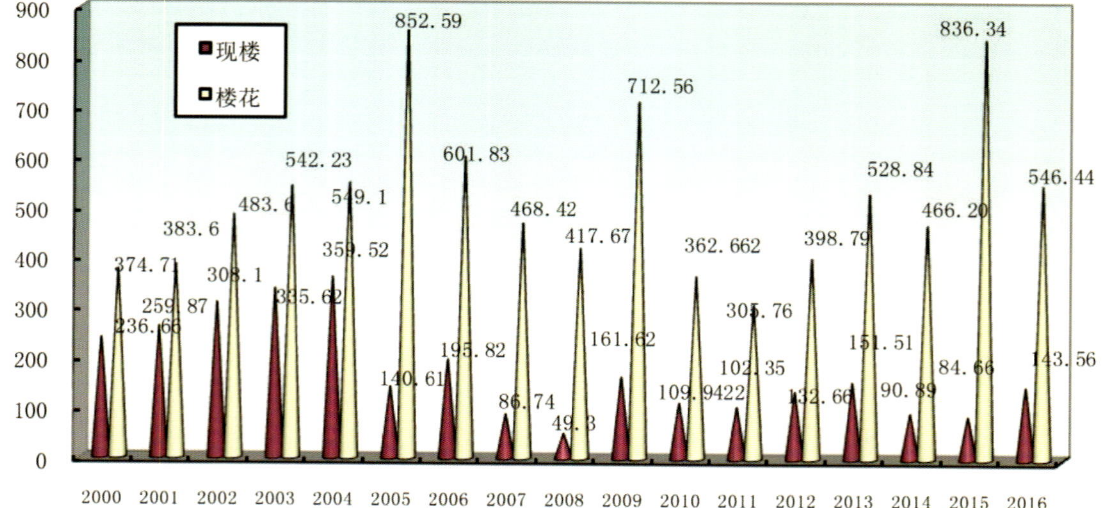

图 6-7　深圳市历年商品房现楼、楼花销售面积示意图

表 6-11　深圳市历年商品房现楼空置面积（按用途分）

单位：万平方米

年　份	空置面积	其		中	
		住　宅	办公楼	商业用房	其　他
1996	328.68	191.94	40.31	55.20	41.23
1997	258.69	137.34	48.69	48.66	24.00
1998	332.38	205.42	49.26	52.99	24.71
1999	274.80	154.77	50.21	57.02	12.81
2000	251.48	158.29	33.69	46.65	12.85
2001	228.53	143.41	18.77	53.77	12.58
2002	246.84	169.18	12.72	46.81	18.13
2003	241.06	161.02	21.60	46.49	11.95
2004	251.53	138.15	21.62	71.25	20.51
2005	191.51	90.24	14.38	63.44	23.45
2006	185.41	69.63	23.98	66.41	25.39
2007	152.66	59.22	15.81	55.30	22.33
2008	231.58	121.16	15.02	69.22	26.18
2009	141.64	63.60	15.41	49.56	13.08
2010	134.36	53.15	9.00	51.83	20.38
2011	261.44	148.54	6.95	85.93	20.02
2012	310.05	188.94	16.89	80.14	24.09
2013	351.66	203.06	14.08	103.06	31.47
2014	314.95	187.07	13.09	93.40	21.39
2015	336.51	231.66	14.72	65.57	24.57
2016	272.98	140.17	29.87	77.44	25.50

表 6-12　深圳市历年商品房现楼空置面积（按区域分）

单位：万平方米

年　份	空置面积	其中									
		罗湖区	福田区	南山区	盐田区	宝安区	龙岗区	光明新区	龙华新区	坪山新区	大鹏新区
1996	328.68	105.18	92.03	55.88	—	49.30	26.29	—	—	—	—
1997	258.69	78.56	55.41	59.13	—	37.47	28.12	—	—	—	—
1998	332.38	77.15	80.62	78.33	3.97	62.03	30.28	—	—	—	—
1999	274.80	81.96	56.63	53.07	8.37	38.42	36.35	—	—	—	—
2000	251.48	71.08	72.25	39.54	3.43	32.28	32.90	—	—	—	—
2001	228.53	67.79	49.88	35.32	3.56	39.22	32.76	—	—	—	—
2002	246.84	62.09	57.45	45.90	7.40	38.24	35.76	—	—	—	—
2003	242.06	57.37	76.70	39.98	7.28	38.91	21.82	—	—	—	—
2004	251.53	60.11	79.83	42.42	12.13	22.00	35.05	—	—	—	—
2005	191.51	46.46	56.42	21.81	11.26	30.27	25.29	—	—	—	—
2006	185.41	48.47	57.02	26.31	7.40	12.79	33.42	—	—	—	—
2007	152.66	32.39	42.48	21.38	3.50	16.29	36.32	—	—	—	—
2008	231.58	33.72	36.14	43.70	6.87	46.78	64.37	—	—	—	—
2009	141.64	28.45	34.65	29.3	3.57	19.38	26.29	—	—	—	—
2010	134.36	23.01	31.52	16.52	8.71	33.35	21.25	—	—	—	—
2011	261.44	22.97	37.82	10.88	13.87	107.66	68.24	—	—	—	—
2012	310.05	20.36	45.64	18.01	16.51	93.40	116.13	—	—	—	—
2013	351.66	37.87	34.72	40.92	18.44	54.89	101.81	0.33	49.45	6.16	7.09
2014	314.95	22.80	18.49	45.92	25.48	49.01	84.76	6.87	42.87	10.63	8.12
2015	336.51	31.32	22.26	33.23	15.26	57.42	69.93	11.32	69.32	8.14	18.31
2016	272.98	14.78	12.87	65.51	15.90	49.95	52.25	11.06	35.29	—	15.38

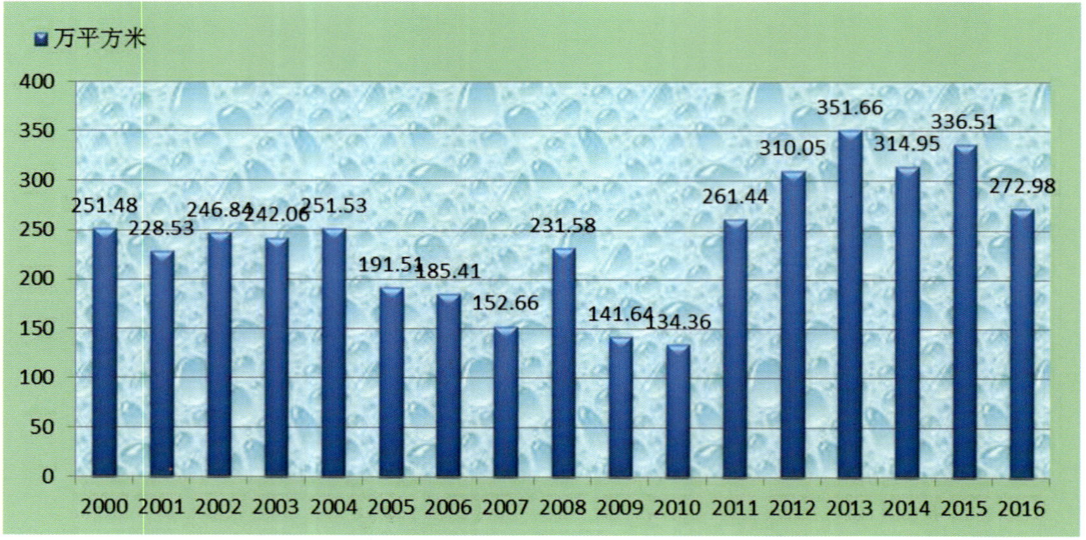

图 6-8　深圳市历年商品房现楼空置面积示意图

二、住宅

2016 年，全市住宅销售面积 105.49 万平方米。从区域结构看，罗湖区 1.77 万平方米，福田区 20.71 万平方米，南山区 13.99 万平方米，盐田区 11.64 万平方米，宝安区 17.35 万平方米，龙岗区 22.42 万平方米，光明新区 1.66 万平方米，龙华新区 8.89 万平方米，坪山新区 4.28 万平方米，大鹏新区 2.78 万平方米。龙岗区住宅销售面积居全市首位，占全市销售量的 21%；其次是福田区占 19.6%；宝安区位列第三，占 16%。

2016 年，住宅（由于现楼系统暂未统计户型数据，户型结构数据均为楼花销售数据）的销售户型结构以宿舍、四房以上、四房住宅为主。其中，单身公寓占 6.01%，一房占 10.58%，二房占 7.95%，三房占 8.97%，四房占 11.42%，四房以上的占 14.55%，复式占 10.55%，宿舍占 20.91%，其他户型占 9.07%。从销售对象看，2016 年个人住房购房占住宅销售比重为 94.1%。全年实现个人住宅外销面积 13.78 万平方米，占住宅销售比重的 2.4%。

2016 年末，全市住宅空置面积 140.17 万平方米，较上年末减少 91.49 万平方米。其中，罗湖区空置 6.76 万平方米，比上年末减少 16.14 万平方米；福田区 4.16 万平方米，比上年末减少 1.63 万平方米；南山区 27.43 万平方米，比上年末增加 4.45 万平方米；盐田区 9.29 万平方米，比上年末减少 2.59 万平方米；宝安区 23.33 万平方米，比上年末减少 5.81 万平方米；龙岗区 27.81 万平方米，比上年末减少 20.53 万平方米；光明新区 9.12 万平方米，比上年末减少 1.66 万平方米；龙华新区 23.30 万平方米，比上年末减少 35.46 万平方米；坪山新区 0 万平方米，比上年末减少 6.45 万平方米；大鹏新区 8.97 万平方米，比上年末减少 5.66 万平方米。

表 6-13　深圳市历年商品住宅销售面积（按区域分）

单位：万平方米

年　份	销售面积	其中									
		罗湖区	福田区	南山区	盐田区	宝安区	龙岗区	光明新区	龙华新区	坪山新区	大鹏新区
1996	261.13	71.87	82.35	43.19	—	21.26	42.46	—	—	—	—
1997	336.70	71.23	106.75	61.63	—	43.31	53.78	—	—	—	—
1998	372.38	75.29	111.06	70.61	3.80	50.07	61.55	—	—	—	—
1999	492.51	109.57	147.54	88.59	6.36	64.24	76.21	—	—	—	—
2000	556.82	77.17	181.94	114.95	6.80	69.70	106.26	—	—	—	—
2001	593.72	97.85	155.44	135.20	7.97	86.75	110.51	—	—	—	—
2002	724.41	119.80	186.29	173.18	9.38	111.31	124.45	—	—	—	—
2003	811.90	111.08	186.59	222.60	24.29	142.53	124.82	—	—	—	—
2004	802.58	83.78	125.29	270.81	17.26	167.84	137.60	—	—	—	—
2005	901.13	100.15	172.73	157.75	21.77	266.25	182.49	—	—	—	—
2006	705.82	53.30	78.88	120.27	17.28	243.20	192.90	—	—	—	—
2007	500.40	31.37	49.23	63.83	17.55	176.40	162.02	—	—	—	—
2008*	413.69	22.53	24.78	64.60	13.83	150.67	137.28	—	—	—	—
2009	793.44	44.26	42.71	177.04	23.21	244.09	262.13	—	—	—	—
2010	384.09	8.42	18.63	75.55	13.23	111.33	156.94	—	—	—	—
2011	332.64	5.66	13.61	44.52	12.90	104.52	151.44	—	—	—	—
2012	462.80	12.59	16.14	58.97	8.53	203.91	162.66	—	—	—	—
2013	568.38	11.96	32.07	59.52	6.76	81.50	212.44	14.66	124.27	24.45	0.75
2014	435.91	13.93	16.11	53.61	6.35	84.59	176.07	10.41	40.45	32.57	1.82
2015	727.26	26.32	23.09	100.51	12.48	110.15	231.05	40.97	116.66	49.61	16.42
2016	105.49	1.77	20.71	13.99	11.64	17.35	22.42	1.66	8.89	4.28	2.78

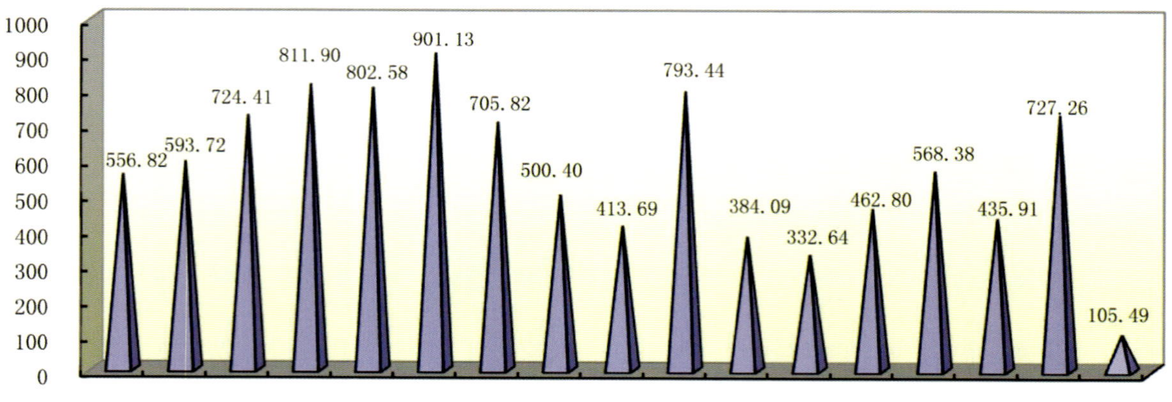

图 6-9　深圳市历年商品住宅销售面积示意图

表 6-14 深圳市历年商品住宅现楼销售面积（按区域分）

单位：万平方米

年份	销售面积	其中									
		罗湖区	福田区	南山区	盐田区	宝安区	龙岗区	光明新区	龙华新区	坪山新区	大鹏新区
1996	150.65	38.04	42.85	32.09	—	12.08	25.59	—	—	—	—
1997	199.41	46.59	60.74	41.39	—	25.77	24.92	—	—	—	—
1998	228.30	33.39	65.48	50.50	0.95	36.82	41.16	—	—	—	—
1999	190.37	31.98	55.66	39.39	1.26	36.77	25.31	—	—	—	—
2000	205.57	36.01	54.04	43.20	3.47	36.98	31.87	—	—	—	—
2001	241.16	33.51	69.15	63.12	1.58	41.41	32.39	—	—	—	—
2002	276.74	64.07	71.04	40.58	2.59	53.86	44.60	—	—	—	—
2003	299.61	44.95	67.40	76.40	10.12	40.46	60.29	—	—	—	—
2004	312.39	36.32	102.26	84.18	7.52	53.37	28.74	—	—	—	—
2005	125.80	22.10	49.78	18.47	6.31	5.72	23.41	—	—	—	—
2006	182.12	10.66	22.09	36.08	5.18	60.80	47.31	—	—	—	—
2007	60.85	9.45	6.56	21.30	1.13	8.78	13.64	—	—	—	—
2008*	24.43	6.04	3.67	7.14	0.78	3.99	2.81	—	—	—	—
2009	133.19	10.36	10.48	36.78	3.59	33.62	38.36	—	—	—	—
2010	70.95	2.42	6.17	19.28	5.70	18.49	18.88	—	—	—	—
2011	61.82	2.58	4.78	11.57	2.58	14.23	26.08	—	—	—	—
2012	102.27	7.57	4.63	21.63	6.71	23.46	38.27	—	—	—	—
2013	128.11	4.18	9.86	29.91	3.59	16.18	42.87	0.66	18.71	1.96	0.18
2014	52.23	3.00	4.35	12.00	2.28	6.85	13.26	0.22	8.30	1.92	0.04
2015	727.26	26.32	23.09	100.51	12.48	110.15	231.05	40.97	116.66	49.61	16.42
2016	105.49	1.77	20.71	13.99	11.64	17.35	22.42	1.66	8.89	4.28	2.78

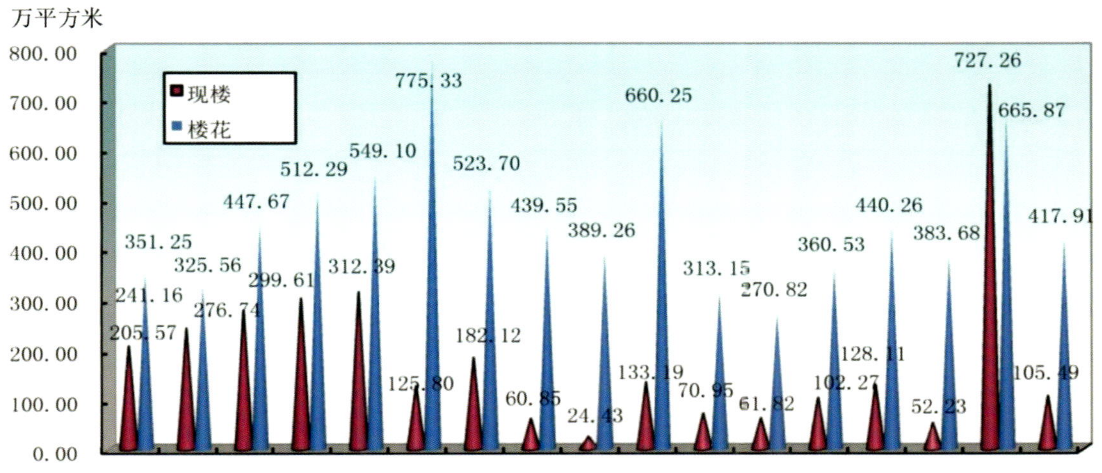

图 6-10 深圳市历年商品住宅现楼、楼花销售面积示意图

表 6-15　深圳市历年商品住宅楼花销售面积（按区域分）

单位：万平方米

年份	销售面积	其中									
		罗湖区	福田区	南山区	盐田区	宝安区	龙岗区	光明新区	龙华新区	坪山新区	大鹏新区
1996	110.48	33.83	39.50	11.10	—	9.18	16.87	—	—	—	—
1997	137.29	24.64	46.01	20.24	—	17.54	28.86	—	—	—	—
1998	144.08	41.90	45.58	20.11	2.86	13.25	20.38	—	—	—	—
1999	302.14	77.59	91.88	49.20	5.09	27.48	50.90	—	—	—	—
2000	351.25	41.16	127.9	71.75	3.33	32.72	74.39	—	—	—	—
2001	352.56	64.34	86.29	72.08	6.39	45.34	78.12	—	—	—	—
2002	447.67	55.73	115.25	132.60	6.79	57.45	79.85	—	—	—	—
2003	512.29	66.13	119.19	146.20	14.17	102.07	64.53	—	—	—	—
2004	549.10	68.68	92.44	186.22	13.06	115.09	73.61	—	—	—	—
2005	775.33	85.26	144.65	136.29	18.47	233.85	156.81	—	—	—	—
2006	523.70	42.64	56.79	84.19	12.10	182.40	145.59	—	—	—	—
2007	439.55	21.92	42.67	42.53	16.42	167.62	148.38	—	—	—	—
2008	389.26	16.49	21.11	57.46	13.05	146.68	134.47	—	—	—	—
2009	660.25	33.90	32.23	140.26	19.62	210.47	223.77	—	—	—	—
2010	313.15	6.00	12.45	56.27	7.53	92.83	138.06	—	—	—	—
2011	270.82	3.08	8.83	32.95	10.32	90.29	125.36	—	—	—	—
2012	360.53	5.02	11.51	37.34	1.82	180.45	124.39	—	—	—	—
2013	440.26	7.78	22.21	29.60	3.17	65.31	169.57	14.00	105.56	22.49	0.57
2014	383.68	10.93	11.75	41.60	4.07	77.73	162.81	10.18	32.15	30.65	1.78
2015	665.87	25.08	18.83	87.41	10.69	99.16	214.56	37.31	110.31	46.48	16.04
2016	417.91	18.24	5.25	92.00	5.48	55.82	130.74	80.77	7.78	13.32	8.50

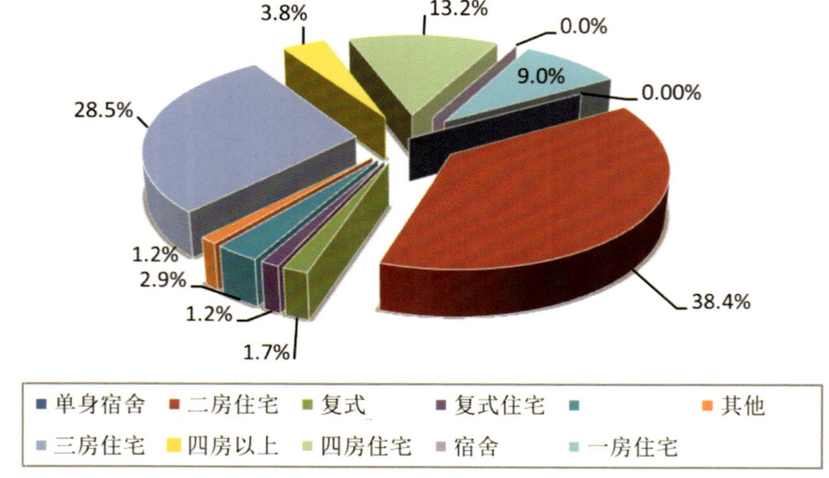

图 6-11　深圳市 2016 年已售楼花商品住宅户型构成示意图（按建筑面积）

表 6-16 深圳市历年商品房外销面积（按区域分）

单位：万平方米

年 份	销售面积	其 中			
		住宅	办公楼	商业用房	其他
2012	19.16	17.72	0.39	0.32	0.73
2013	21.34	19.01	0.64	0.86	0.82
2014	20.33	13.55	2.38	0.43	3.87
2015	28.65	18.63	2.80	5.73	1.49
2016	18.79	14.17	1.72	0.33	2.57

注：由于现楼系统暂不能统计十区的商品房外销面积，故本年调整为各类商品房外销数据。

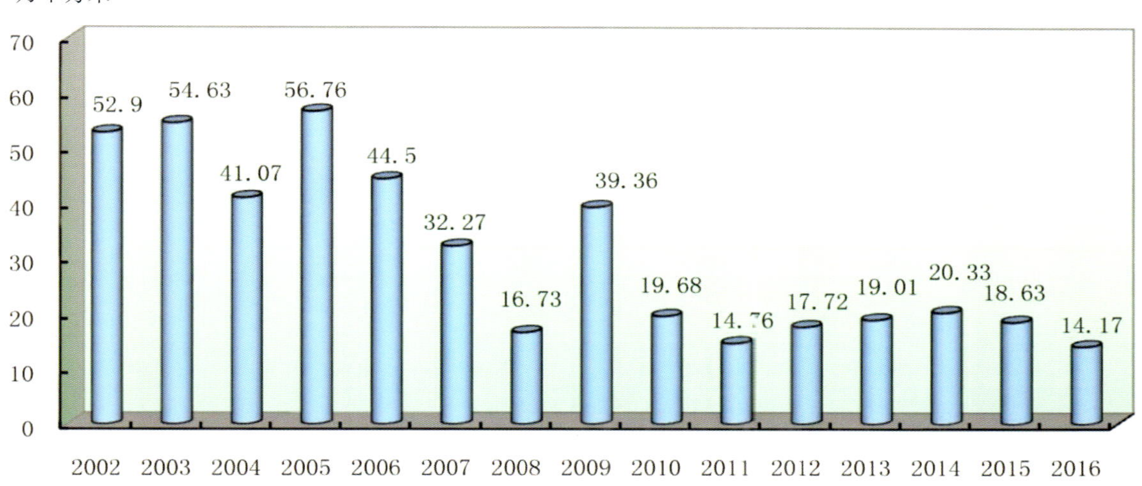

图 6-12 深圳市历年商品住宅外销面积示意图

表 6-17　深圳市历年商品住宅空置面积（按区域分）

单位：万平方米

年份	空置面积	其中									
		罗湖区	福田区	南山区	盐田区	宝安区	龙岗区	光明新区	龙华新区	坪山新区	大鹏新区
1996	191.94	50.38	55.04	36.60	—	33.67	16.25	—	—	—	—
1997	137.34	31.22	22.39	43.28	—	25.27	15.18	—	—	—	—
1998	205.42	32.16	50.64	50.29	2.40	47.26	22.67	—	—	—	—
1999	154.77	29.17	27.88	38.86	2.17	28.02	28.67	—	—	—	—
2000	158.29	29.77	46.36	27.92	2.62	25.73	25.89	—	—	—	—
2001	143.41	38.50	30.56	20.61	2.83	29.58	21.33	—	—	—	—
2002	169.18	38.62	34.84	30.68	6.91	32.07	26.06	—	—	—	—
2003	161.02	29.30	54.17	29.89	6.35	28.74	12.57	—	—	—	—
2004	138.15	27.21	34.63	27.36	8.85	16.31	23.79	—	—	—	—
2005	90.24	20.20	17.95	9.71	6.77	24.97	10.64	—	—	—	—
2006	69.63	22.8	12.26	11.59	1.85	6.80	14.33	—	—	—	—
2007	59.22	11.41	7.26	14.17	0.48	7.00	18.90	—	—	—	—
2008	121.16	9.66	9.40	35.8	3.90	32.30	30.10	—	—	—	—
2009	63.60	9.08	16.23	14.87	0.58	13.05	9.79	—	—	—	—
2010	53.15	5.59	11.45	7.15	5.72	17.96	5.25	—	—	—	—
2011	148.54	7.70	16.57	6.24	9.62	66.84	41.57	—	—	—	—
2012	188.94	4.79	19.68	10.59	12.91	59.53	81.44	—	—	—	—
2013	203.06	19.49	14.33	24.77	14.07	23.89	62.23	—	40.16	1.97	2.15
2014	187.07	10.38	9.48	29.66	12.61	20.54	52.16	6.05	30.62	10.31	5.26
2015	231.66	22.90	5.79	22.98	11.88	29.14	48.34	10.78	58.76	6.45	14.63
2016	140.17	6.76	4.16	27.43	9.29	23.33	27.81	9.12	23.30	—	8.97

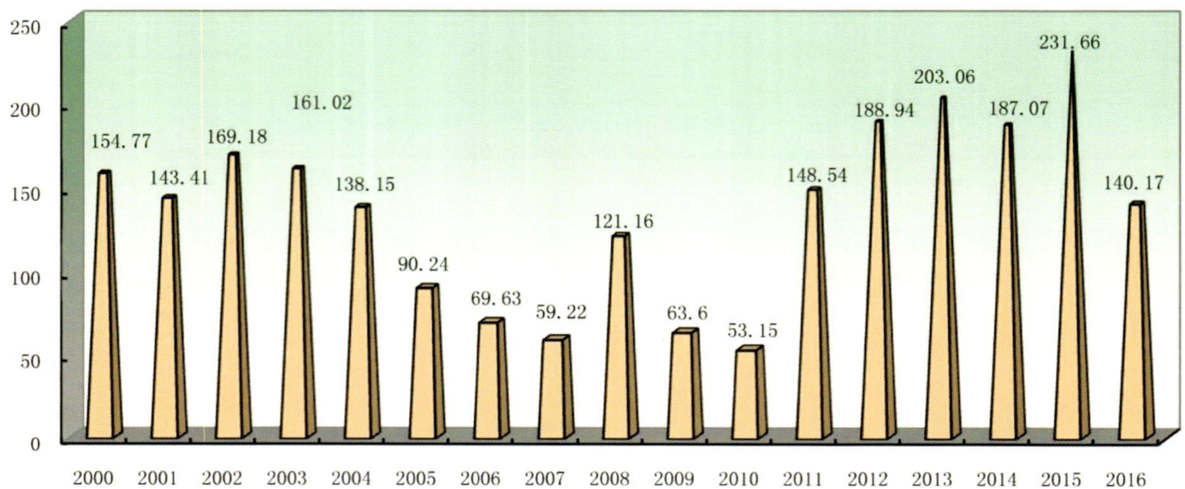

图 6-13　深圳市历年商品住宅空置面积示意图

三、办公楼

2016 年，全市办公楼销售面积 41.46 万平方米。其中，罗湖区 1.20 万平方米，福田区 18.59 万平方米，南山区 7.82 万平方米，盐田区 1.11 万平方米；宝安区 3.92 万平方米，龙岗区 6.07 万平方米，光明新区 1.13 万平方米，龙华新区 0.73 万平方米，坪山新区 0.89 万平方米，其他区域无销售面积。

2016 年，深圳办公楼空置 29.87 万平方米，比上年末增加 15.15 万平方米。从空置的区域分布看，罗湖区 0.85 万平方米，比上年末减少 0.43 万平方米；福田区 6.56 万平方米，减少 5.72 万平方米；南山区 10.05 万平方米，增加 9.01 万平方米；盐田区 3.68 万平方米，增加 3.68 万平方米；宝安区 6.57 万平方米，增加 6.57 万平方米；龙岗区 0.77 万平方米，增加 0.77 万平方米；光明新区 1.39 万平方米，增加 1.39 万平方米；龙华新区 0 万平方米，减少 0.14 万平方米。其他区域无空置面积。

表 6-18 深圳市历年办公楼销售面积（按区域分）

单位：万平方米

年份	销售面积	其中									
		罗湖区	福田区	南山区	盐田区	宝安区	龙岗区	光明新区	龙华新区	坪山新区	大鹏新区
1996	32.33	14.35	8.80	9.18	—	—	—	—	—	—	—
1997	28.88	13.06	9.34	3.59	—	1.39	1.50	—	—	—	—
1998	22.06	7.60	12.11	0.94	0.31	—	1.10	—	—	—	—
1999	15.02	3.70	9.30	0.63	1.33	0.06	—	—	—	—	—
2000	12.19	3.95	6.15	1.50	0.05	0.13	0.41	—	—	—	—
2001	11.01	5.77	2.91	0.66	0.14	0.01	1.52	—	—	—	—
2002	17.94	3.39	12.63	1.37	0.29	0.02	0.24	—	—	—	—
2003	19.54	2.16	13.72	1.69	—	1.45	0.53	—	—	—	—
2004	26.90	—	23.11	3.66	—	0.01	0.12	—	—	—	—
2005	28.49	—	22.19	5.04	—	0.54	0.72	—	—	—	—
2006	38.27	0.06	32.32	5.64	—	—	0.25	—	—	—	—
2007	20.87	0.61	15.51	3.80	—	0.87	0.08	—	—	—	—
2008*	5.60	0.07	1.89	1.96	—	1.68	—	—	—	—	—
2009	25.01	0.02	17.20	3.21	—	4.17	0.41	—	—	—	—
2010	21.67	5.16	7.86	4.43	—	2.04	2.18	—	—	—	—
2011	10.59	0.65	5.79	2.76	—	1.03	0.36	—	—	—	—
2012	12.31	0.47	4.66	1.23	—	0.08	0.29	—	—	—	—
2013	24.42	0.18	13.59	3.73	—	—	5.38	—	—	—	—
2014	26.26	0.60	10.18	4.39	0.87	2.15	8.07	—	—	—	—
2015	59.50	1.90	23.59	13.99	1.87	5.66	8.70	1.10	2.43	0.27	—
2016	41.46	1.20	18.59	7.82	1.11	3.92	6.07	1.13	0.73	0.89	0.00

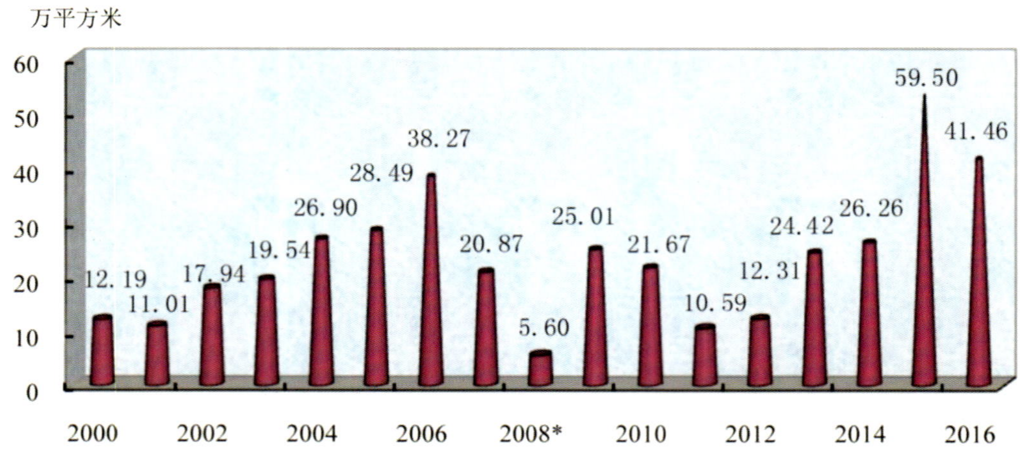

图 6-14 深圳市历年办公楼销售面积示意图

表 6-19 深圳市历年办公楼现楼销售面积（按区域分）

单位：万平方米

年份	销售面积	其中									
		罗湖区	福田区	南山区	盐田区	宝安区	龙岗区	光明新区	龙华新区	坪山新区	大鹏新区
1996	21.90	5.78	6.94	9.18	—	—	—	—	—	—	—
1997	19.17	4.57	9.04	2.67	—	1.39	1.50	—	—	—	—
1998	11.31	2.64	6.79	0.94	0.31	—	0.63	—	—	—	—
1999	5.77	1.11	2.64	0.63	1.33	0.06	—	—	—	—	—
2000	5.18	1.24	2.43	1.00	—	0.10	0.41	—	—	—	—
2001	3.13	0.67	1.57	0.19	0.14	0.01	0.55	—	—	—	—
2002	9.24	2.69	5.84	0.28	0.29	—	0.14	—	—	—	—
2003	8.85	2.16	5.36	0.30	—	1.03	—	—	—	—	—
2004	13.72	—	13.06	0.54	—	—	0.12	—	—	—	—
2005	1.13	—	0.95	—	—	—	0.18	—	—	—	—
2006	0.31	0.01	0.22	0.08	—	—	—	—	—	—	—
2007	10.05	0.15	9.51	0.39	—	—	—	—	—	—	—
2008*	0.71	0.07	0.33	0.31	—	—	—	—	—	—	—
2009	2.76	0.02	1.26	0.81	—	0.67	—	—	—	—	—
2010	3.33	1.02	0.88	1.01	—	0.42	—	—	—	—	—
2011	6.56	0.51	3.75	2.13	—	—	0.17	—	—	—	—
2012	6.73	0.47	4.66	1.23	—	0.08	0.29	—	—	—	—
2013	3.09	0.01	0.99	1.20	—	—	0.88	—	—	—	—
2014	4.31	0.05	1.30	1.82	0.25	0.27	0.61	—	—	—	—
2015	6.61	0.26	1.39	0.38	—	0.01	2.14	—	2.43	—	—
2016	10.96	0.54	6.66	1.37	0.00	0.26	1.67	0.00	0.46	0.00	0.00

表 6-20 深圳市历年办公楼楼花销售面积（按区域分）

单位：万平方米

年份	销售面积	其中									
		罗湖区	福田区	南山区	盐田区	宝安区	龙岗区	光明新区	龙华新区	坪山新区	大鹏新区
1996	10.43	8.57	1.86	—	—	—	—	—	—	—	—
1997	9.71	8.49	0.30	0.92	—	—	—	—	—	—	—
1998	10.75	4.96	5.32	—	—	—	0.47	—	—	—	—
1999	9.25	2.59	6.66	—	—	—	—	—	—	—	—
2000	7.01	2.71	3.72	0.50	0.05	0.03	—	—	—	—	—
2001	7.88	5.10	1.34	0.47	—	—	0.97	—	—	—	—
2002	8.70	0.70	6.79	1.09	—	0.02	0.10	—	—	—	—
2003	10.69	—	8.36	1.39	—	0.42	0.53	—	—	—	—
2004	13.18	—	10.05	3.12	—	0.01	—	—	—	—	—
2005	27.36	—	21.24	5.04	—	0.54	0.54	—	—	—	—
2006	37.96	0.05	32.10	5.56	—	—	0.25	—	—	—	—
2007	10.82	0.46	6.00	3.41	—	0.87	0.08	—	—	—	—
2008	4.88	—	1.56	1.65	—	1.68	—	—	—	—	—
2009	22.25	—	15.94	2.40	—	3.50	0.41	—	—	—	—
2010	18.34	4.14	6.98	3.42	—	1.62	2.18	—	—	—	—
2011	4.03	0.14	2.04	0.63	—	1.03	0.19	—	—	—	—
2012	5.59	—	1.68	3.54	0.37	—	—	—	—	—	—
2013	21.33	0.17	12.60	2.52	1.53	—	4.50	—	—	—	—
2014	21.95	0.54	8.88	2.57	0.62	1.87	7.46	—	—	—	—
2015	52.90	1.64	22.20	13.60	1.87	5.65	6.56	1.10	—	0.27	—
2016	30.50	0.66	11.94	6.45	1.11	3.67	4.40	1.13	0.26	0.89	0.00

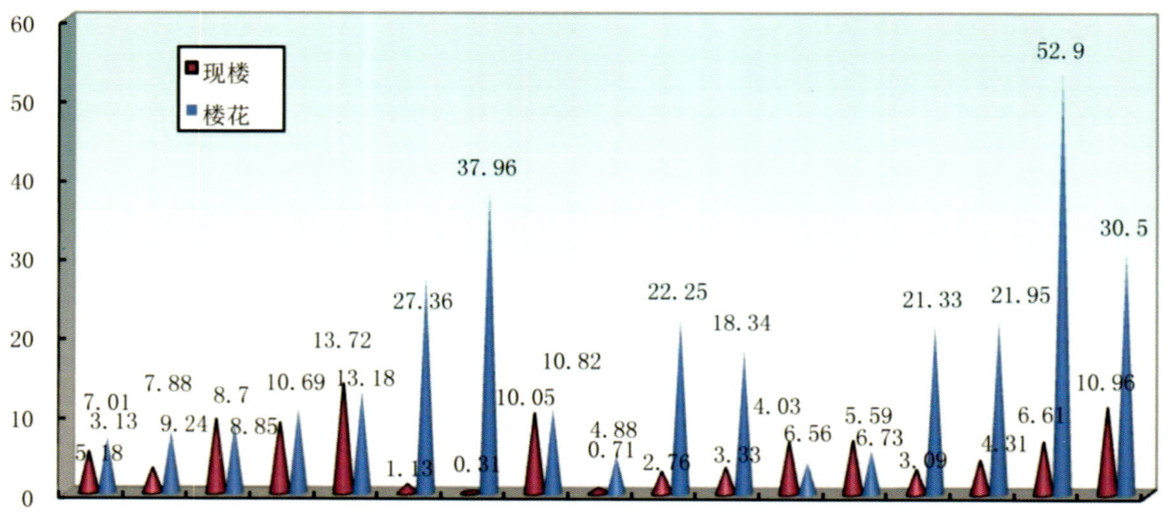

图 6-15 深圳市历年办公楼现楼、楼花销售面积示意图

表 6-21 深圳市历年办公楼现楼空置面积（按区域分）

单位：万平方米

年份	空置面积	其中									
		罗湖区	福田区	南山区	盐田区	宝安区	龙岗区	光明新区	龙华新区	坪山新区	大鹏新区
1996	40.31	28.49	3.96	6.09	—	1.77	—	—	—	—	—
1997	48.69	29.01	11.92	4.76	—	1.25	1.75	—	—	—	—
1998	49.26	26.86	12.15	9.65	0.49	0.06	0.05	—	—	—	—
1999	50.21	25.95	12.93	5.25	4.80	0.90	0.38	—	—	—	—
2000	33.69	18.48	10.01	1.83	0.35	0.33	2.69	—	—	—	—
2001	18.77	3.48	8.62	2.87	0.38	0.29	3.13	—	—	—	—
2002	12.72	5.57	4.25	2.49	0.37	—	0.04	—	—	—	—
2003	21.60	9.98	8.12	1.41	—	0.89	1.19	—	—	—	—
2004	21.62	9.63	9.00	1.25	—	0.24	1.51	—	—	—	—
2005	14.38	5.17	6.83	0.79	0.07	0.91	0.62	—	—	—	—
2006	23.98	7.39	15.50	0.52	—	—	0.58	—	—	—	—
2007	15.81	3.76	11.23	0.06	—	—	0.76	—	—	—	—
2008	15.02	7.40	6.76	0.19	—	—	0.67	—	—	—	—
2009	15.41	3.75	3.73	7.66	—	0.12	0.15	—	—	—	—
2010	9.00	3.20	0.88	4.14	—	0.63	0.15	—	—	—	—
2011	6.95	3.21	0.18	1.80	—	1.61	0.15	—	—	—	—
2012	16.89	3.21	7.88	0.43	—	1.11	4.26	—	—	—	—
2013	14.08	3.77	2.71	2.59	—	—	5.01	—	—	—	—
2014	13.09	1.28	4.00	4.15	—	0.70	1.48	—	1.48	—	—
2015	14.72	1.248	12.28	1.04	—	—	—	—	0.14	—	—
2016	29.87	0.85	6.56	10.05	3.68	6.57	0.77	1.39	—	—	—

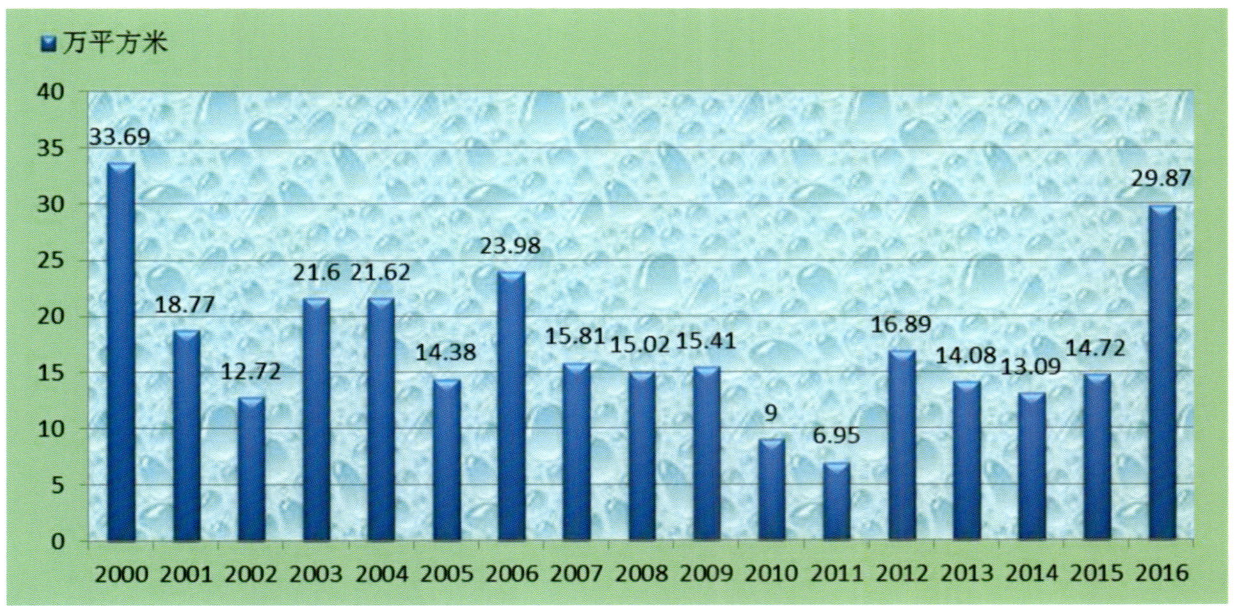

6-16 深圳市历年办公楼现楼空置面积示意图

四、商业用房

2016年，全市共销售商业用房89.77万平方米，罗湖区2.48万平方米，福田区8.82万平方米，南山区21.38万平方米，盐田区1.74万平方米，宝安区9.75万平方米，龙岗区26.65万平方米，光明新区14.60万平方米，龙华新区2.52万平方米，坪山新区1.84万平方米，大鹏新区0.01万平方米。

2016末，全市商业用房空置面积77.44万平方米，比上年末增加11.87万平方米。其中，罗湖区6.98万平方米，比上年末无增减；福田区1.53万平方米，减少2.00万平方米；南山区20.77万平方米，增加12.87万平方米；盐田区1.69万平方米，减少0.44万平方米；宝安区7.75万平方米，减少0.70万平方米；龙岗区21.89万平方米，增加1.35万平方米；光明新区0.56万平方米，增加0.02万平方米；龙华新区11.85万平方米，增加1.71万平方米；坪山新区0.00万平方米，减少1.68万平方米；大鹏新区4.42万平方米，增加0.74万平方米。

表 6-22 深圳市历年商业用房销售面积（按区域分）

单位：万平方米

年份	销售面积	其中									
		罗湖区	福田区	南山区	盐田区	宝安区	龙岗区	光明新区	龙华新区	坪山新区	大鹏新区
1996	21.23	11.49	2.66	1.32	—	4.38	1.38	—	—	—	—
1997	27.40	8.75	4.48	2.48	—	9.54	2.15	—	—	—	—
1998	19.85	5.34	3.70	2.00	0.08	4.04	4.69	—	—	—	—
1999	26.20	5.26	2.15	2.91	4.43	5.85	5.60	—	—	—	—
2000	26.32	3.21	3.88	4.64	0.72	7.57	6.30	—	—	—	—
2001	27.40	4.92	3.42	2.59	0.28	8.23	7.96	—	—	—	—
2002	46.36	6.15	6.52	6.53	—	15.89	11.27	—	—	—	—
2003	39.37	6.61	4.82	7.62	1.16	5.51	13.66	—	—	—	—
2004	58.09	0.94	8.16	9.66	0.15	17.79	21.39	—	—	—	—
2005	53.48	2.93	9.20	8.55	1.17	16.77	14.86	—	—	—	—
2006	45.96	0.72	7.88	6.92	1.16	15.02	14.26	—	—	—	—
2007	30.64	3.28	1.64	4.85	0.41	11.89	8.57	—	—	—	—
2008*	33.63	0.83	2.49	10.26	0.60	7.30	12.15	—	—	—	—
2009	33.69	0.74	3.65	3.85	0.82	14.90	9.73	—	—	—	—
2010	40.98	1.71	2.95	8.17	0.29	12.84	15.02	—	—	—	—
2011	45.14	1.66	7.82	8.81	1.37	12.78	13.39	—	—	—	—
2012	65.72	2.45	7.99	10.19	10.05	16.51	18.52	—	—	—	—
2013	65.19	1.66	12.78	6.94	7.32	9.43	20.44	0.05	4.81	1.33	0.44
2014	63.99	2.90	12.41	7.94	7.97	10.22	15.11	1.03	2.92	3.02	0.47
2015	108.43	3.54	16.63	19.97	6.80	15.52	22.10	10.68	7.44	5.77	—
2016	89.77	2.48	8.82	21.38	1.74	9.75	26.65	14.60	2.52	1.84	0.01

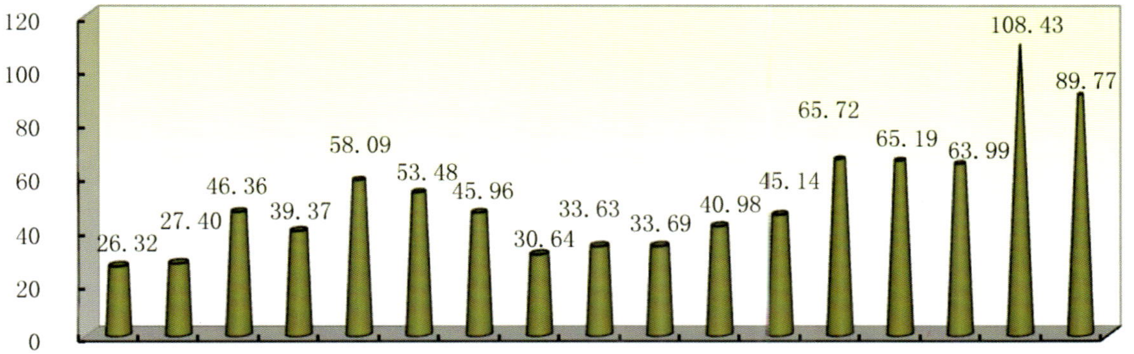

图 6-17 深圳市历年商业用房销售面积示意图

表 6-23　深圳市历年商业用房现楼销售面积（按区域分）

单位：万平方米

年份	销售面积	其中									
		罗湖区	福田区	南山区	盐田区	宝安区	龙岗区	光明新区	龙华新区	坪山新区	大鹏新区
1996	9.53	3.48	2.22	0.79	—	2.47	0.57	—	—	—	—
1997	15.41	3.56	4.17	1.46	—	4.82	1.40	—	—	—	—
1998	11.25	2.69	1.64	1.71	0.05	2.90	2.26	—	—	—	—
1999	14.44	2.01	0.82	1.24	4.23	3.64	2.50	—	—	—	—
2000	17.31	2.41	2.36	2.79	0.25	5.17	4.33	—	—	—	—
2001	10.02	1.26	2.52	1.25	0.09	4.35	0.55	—	—	—	—
2002	20.64	3.31	4.68	3.98	—	5.69	2.98	—	—	—	—
2003	21.44	5.02	3.38	4.88	1.16	2.10	4.91	—	—	—	—
2004	26.94	0.94	5.83	4.93	0.15	10.19	4.90	—	—	—	—
2005	11.16	1.82	3.17	0.40	0.16	2.02	3.58	—	—	—	—
2006	12.88	—	2.31	3.89	0.02	3.49	3.17	—	—	—	—
2007	14.59	2.86	0.54	2.18	0.24	3.70	5.07	—	—	—	—
2008*	15.73	0.60	1.06	8.07	0.09	2.45	3.46	—	—	—	—
2009	19.36	0.57	1.91	3.09	0.67	7.75	5.37	—	—	—	—
2010	25.64	0.85	1.23	6.94	0.23	7.07	9.33	—	—	—	—
2011	24.54	0.74	2.30	5.13	1.00	7.37	7.98	—	—	—	—
2012	72.34	—	10.42	6.95	2.31	28.34	24.32	—	—	—	—
2013	15.00	1.23	1.85	1.87	1.34	3.44	3.90	—	0.88	0.49	0.01
2014	12.33	0.44	2.93	0.74	0.42	3.66	2.72	—	0.96	0.46	—
2015	13.35	0.90	3.46	1.21	0.78	3.11	2.81	0.12	0.91	0.04	—
2016	22.73	1.31	6.87	2.55	1.68	4.68	4.74	0.29	0.19	0.40	0.01

表 6-24　深圳市历年商业用房楼花销售面积（按区域分）

单位：万平方米

年份	销售面积	其中									
		罗湖区	福田区	南山区	盐田区	宝安区	龙岗区	光明新区	龙华新区	坪山新区	大鹏新区
1996	11.70	7.99	0.44	0.55	—	1.91	0.81	—	—	—	—
1997	11.99	5.19	0.31	1.02	—	4.72	0.75	—	—	—	—
1998	8.60	2.65	2.06	0.29	0.03	1.14	2.43	—	—	—	—
1999	11.76	3.25	1.32	1.67	0.20	2.21	3.11	—	—	—	—
2000	9.01	0.80	1.52	1.85	0.47	2.40	1.97	—	—	—	—
2001	17.38	3.66	0.90	1.34	0.19	3.88	7.41	—	—	—	—
2002	25.72	2.84	1.84	2.55	—	10.20	8.29	—	—	—	—
2003	17.93	1.59	1.44	2.74	—	3.41	8.75	—	—	—	—
2004	31.15	—	2.33	4.73	—	7.60	16.49	—	—	—	—
2005	42.32	1.11	6.03	8.15	1.01	14.75	11.28	—	—	—	—
2006	33.08	0.72	5.57	3.03	1.14	11.53	11.09	—	—	—	—
2007	16.05	0.42	1.10	2.67	0.17	8.19	3.50	—	—	—	—
2008	17.90	0.23	1.43	2.19	0.51	4.85	8.69	—	—	—	—
2009	14.33	0.17	1.74	0.76	0.15	7.15	4.36	—	—	—	—
2010	15.34	0.86	1.72	1.23	0.07	5.77	5.70	—	—	—	—
2011	20.60	0.92	5.52	2.98	0.37	5.40	5.41	—	—	—	—
2012	24.02	0.54	3.59	2.75	4.06	5.56	7.52	—	—	—	—
2013	50.19	0.43	10.92	5.07	5.98	5.99	16.54	0.05	3.92	0.84	0.43
2014	51.66	2.46	9.48	7.19	7.55	6.56	12.39	1.03	1.96	2.56	0.47
2015	95.07	2.64	13.16	18.76	6.01	12.41	19.29	10.56	6.53	5.72	—
2016	67.05	1.17	1.95	18.83	0.06	5.07	21.90	14.30	2.33	1.44	0.00

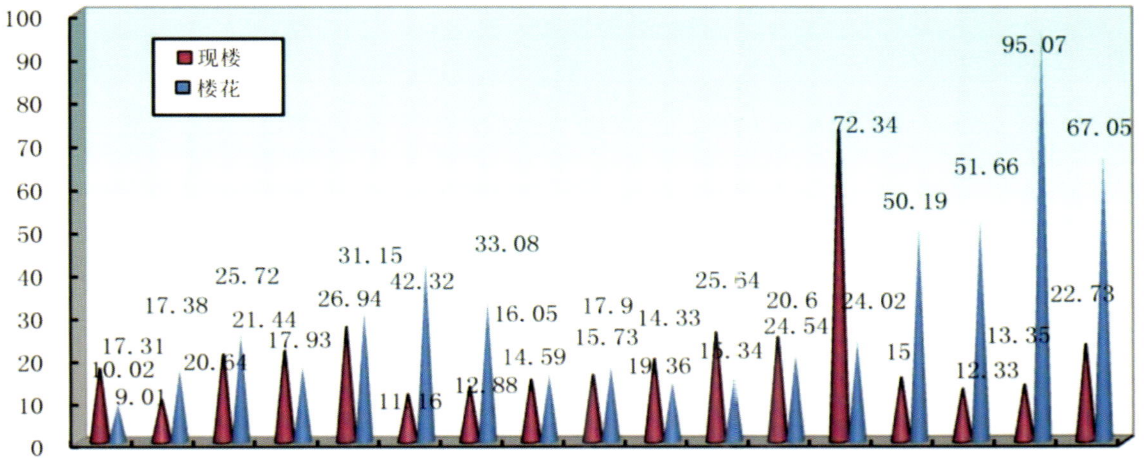

图 6-18　深圳市历年商业用房现楼、楼花销售面积示意图

表 6-25　深圳市历年商业用房现楼空置面积（按区域分）

单位：万平方米

年份	空置面积	其中									
		罗湖区	福田区	南山区	盐田区	宝安区	龙岗区	光明新区	龙华新区	坪山新区	大鹏新区
1996	55.20	14.4	22.76	4.87	—	8.27	4.90	—	—	—	—
1997	48.66	13.62	14.47	8.69	—	7.00	4.88	—	—	—	—
1998	52.99	10.84	13.50	12.55	0.59	10.69	4.82	—	—	—	—
1999	57.02	20.73	13.46	7.56	1.40	7.99	5.88	—	—	—	—
2000	46.65	14.78	13.16	9.25	0.46	5.24	3.76	—	—	—	—
2001	53.77	17.05	10.63	10.06	0.34	9.10	6.59	—	—	—	—
2002	46.81	13.95	13.48	8.41	0.12	5.50	5.35	—	—	—	—
2003	46.49	13.2	14.41	4.12	0.40	8.19	6.18	—	—	—	—
2004	71.25	19.57	23.77	11.94	2.18	5.72	8.09	—	—	—	—
2005	63.44	18.41	19.53	6.99	3.13	4.21	11.16	—	—	—	—
2006	66.41	13.27	18.02	8.01	4.27	5.75	17.10	—	—	—	—
2007	55.30	12.62	17.08	4.96	1.73	3.93	14.98	—	—	—	—
2008	69.22	12.12	14.08	5.15	1.68	7.23	28.96	—	—	—	—
2009	49.56	10.86	10.95	5.05	1.70	6.05	14.95	—	—	—	—
2010	51.83	8.71	12.68	3.59	1.70	11.27	13.87	—	—	—	—
2011	85.93	7.40	12.34	2.58	2.95	35.76	24.9	—	—	—	—
2012	80.14	7.79	10.42	6.95	2.31	28.34	24.32	—	—	—	—
2013	103.06	9.91	9.78	12.28	3.08	21.80	29.61	0.33	7.15	4.19	4.94
2014	93.40	9.88	4.22	10.85	8.57	19.04	29.86	0.82	9.84	0.32	—
2015	65.57	6.98	3.53	7.90	2.13	8.45	20.54	0.54	10.14	1.68	3.68
2016	77.44	6.98	1.53	20.77	1.69	7.75	21.89	0.56	11.85	0.00	4.42

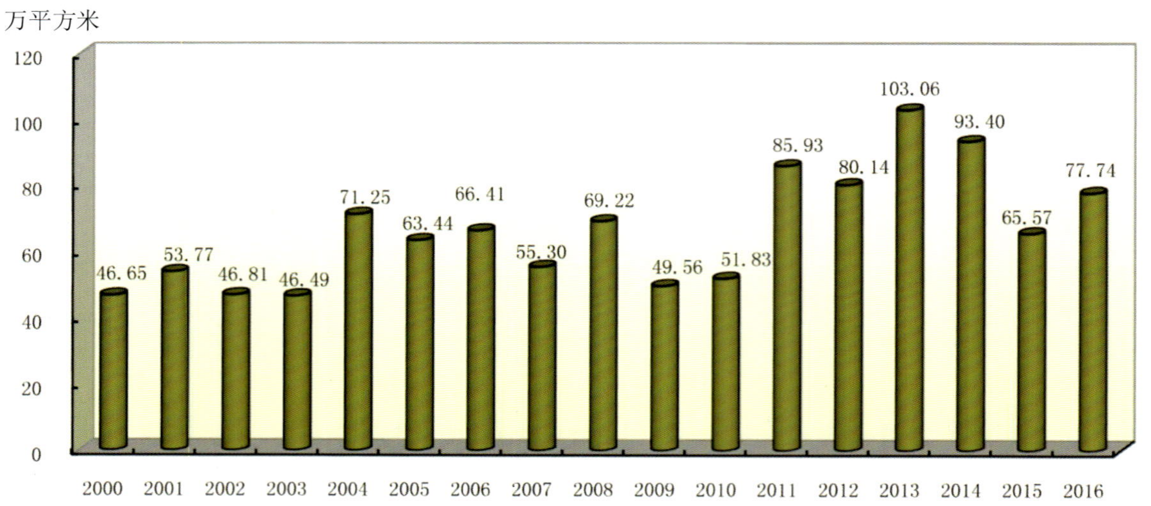

图 6-19　深圳市历年商业用房现楼空置面积示意图

第三节　商品房价格

一、楼花均价

2016 年，在全市楼花交易中，住宅均价（按建筑面积，下同）53454.75 元/平方米，同比上涨 60.02%；办公楼 52529.16 元/平方米，上涨 13.39%；商业用房 53089.94 元/平方米，上涨 24.77%；其他商品房 43209.89 元/平方米，上涨 64.46%。

在全市楼花住宅交易价格结构方面，从户型看，单身公寓 44383.78 元/平方米，一房住宅 78194.43 元/平方米，二房住宅 58732.93 元/平方米，三房住宅 66291.6 元/平方米，四房住宅 84353.36 元/平方米，四房以上住宅 107478.2 元/平方米，复式住宅 77920.49 元/平方米，宿舍 154501.2 元/平方米，其他户型 67016.33 元/平方米。

从价位结构看，10000 元/平方米以内的套均面积为 67.05 平方米，占 0.9%；10001～15000 元/平方米的套均面积为 75.77 平方米，占 2.3%；15001～20000 元/平方米的套均面积为 103.20 平方米，占 0.4%；20001～25000 元/平方米的套均面积为 102.43 平方米，占 1.7%；25001～30000 元/平方米的套均面积为 93.96 平方米，占 7.4%；30000 元/平方米以上的套均面积为 107.20 平方米，占 87.2%。

从区域结构看，罗湖区均价 64329.99 元/平方米，同比上涨 32.27%；福田区 83291.90 元/平方米，上涨 52.94%；南山区 82141.77 元/平方米，上涨 45.48%；盐田区 44605.74 元/平方米，上涨 46.26%，宝安区 58744.54 元/平方米，上涨 63.90 %；龙岗区 40858.74 元/平方米，上涨 50.05 %；光明新区 41850.87 元/平方米，上涨 122.71 %；龙华新区 30837.44 元/平方米，下降 2.08%；坪山新区 33883.10 元/平方米，上涨 111.58%；大鹏新区 27530.59 元/平方米，上涨 61.46%。

表 6-26　深圳市 2016 年商品住宅楼花价位结构

单位：%

价位（元/平方米）	全市	罗湖区	福田区	南山区	盐田区	宝安区	龙岗区	龙华新区	光明新区	坪山新区	大鹏新区
10000 以内	0.90	0.00	0.00	0.00	0.00	0.00	2.14	0.00	1.28	0.00	0.92
10001～15000	2.25	0.00	0.00	0.00	0.00	0.00	0.39	0.11	7.76	3.73	35.79
15001～20000	0.44	0.00	0.00	0.00	0.00	0.07	0.53	5.05	0.27	4.26	4.37
20001～25000	1.74	0.00	0.00	0.00	0.30	0.53	2.58	12.30	2.42	6.59	6.65
25001～30000	7.44	0.05	0.00	0.00	5.96	3.44	13.17	0.74	10.03	51.21	18.05
30000 以上	87.23	99.95	100.00	100.00	93.74	95.97	81.17	81.81	78.24	34.21	34.21
合计	100.00	100.00	100.00	100.00	100.00	100.00	100.00	100.00	100.00	100.00	100.00

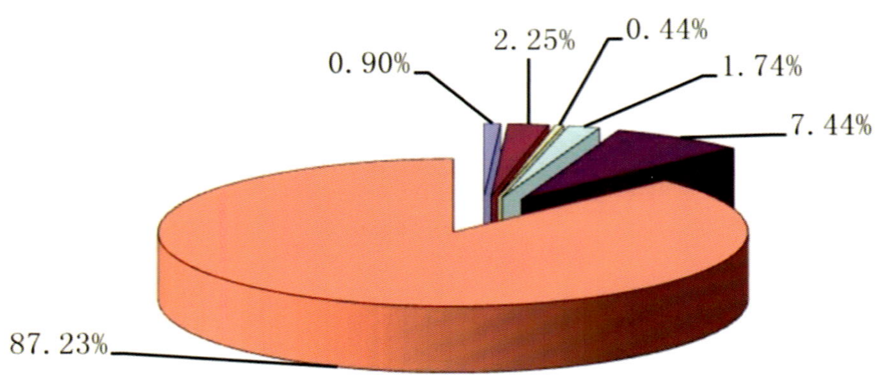

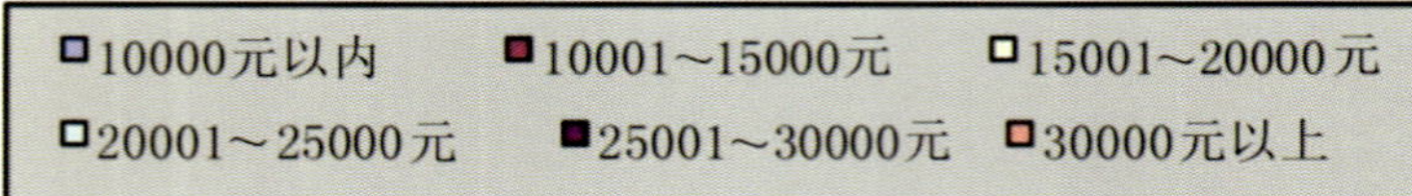

图 6-20　深圳市 2016 年商品住宅楼花价位结构示意图

表 6-27 深圳市 2016 年各区商品住宅楼花交易均价

单位：元/平方米

月份	罗湖区	福田区	南山区	盐田区	宝安区	龙岗区	光明新区	龙华新区	坪山新区	大鹏新区
1	49534.63	74852.87	77586.14	44428.12	47155.91	38427.43	36975.99	25119.39	30936.74	18085.02
2	59905.01	78832.89	76272.52	44029.63	47072.93	40083.66	38102.00	25212.67	30400.21	18313.83
3	59489.30	78177.06	74408.45	42845.25	48716.81	40142.85	38962.67	24975.47	29682.47	19327.75
4	60577.99	78221.34	74797.30	43104.21	49792.06	39734.43	39364.29	25070.22	29988.23	19910.61
5	60890.72	79293.42	75701.28	43074.15	50435.57	39719.89	39923.52	25079.87	30165.11	21287.37
6	61426.43	79770.29	77452.21	43383.21	55180.32	40091.13	40663.27	26459.65	31443.05	22514.41
7	62215.94	81087.76	79152.41	43441.23	55613.34	40362.50	42015.40	27529.86	32301.02	23588.73
8	62724.70	81741.22	80234.07	43312.29	55978.06	40690.85	42433.86	28506.00	32847.44	25764.38
9	63500.30	82373.48	82052.90	43707.73	56692.18	40887.37	43415.11	30044.65	33310.10	27033.99
10	63729.65	82539.72	80828.48	44083.57	56978.43	41493.81	44417.53	30563.71	33770.73	27395.34
11	64091.95	83284.21	81588.23	44281.73	58135.40	41484.76	41883.23	30784.05	33817.38	27464.99
12	64329.99	83291.90	82141.77	44605.74	58744.54	40858.74	41850.87	30837.44	33883.10	27530.59

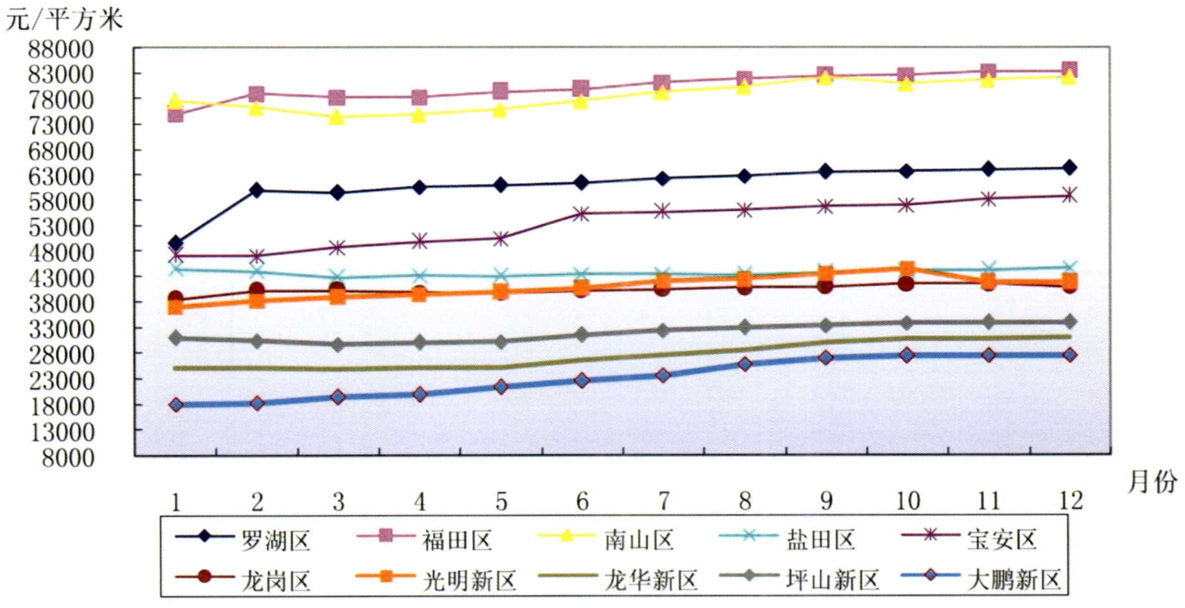

图 6-21 深圳市 2016 年各区商品住宅交易均价走势示意图

表 6-28　深圳市历年各区商品住宅楼花交易均价

单位：元/平方米

年份＼区域	全　市	罗湖区	福田区	南山区	盐田区	宝安区	龙岗区	光明新区	龙华新区	坪山新区	大鹏新区
2005	7040.10	8310.06	9091.75	8699.96	7806.48	5386.20	5287.98	—	—	—	—
2006	9230.35	10000.89	13844.69	12122.02	9454.05	8318.74	6456.87	—	—	—	—
2007	13369.62	16945.31	18442.15	18012.20	14183.50	12214.13	10477.11	—	—	—	—
2008	12794.20	18745.32	18691.89	17500.49	25786.33	11651.80	9112.44	—	—	—	—
2009	14857.68	22607.77	23216.16	19636.5	25366.62	13726.51	9626.79	—	—	—	—
2010	20296.97	23469.94	29248.26	30848.57	40860.07	19943.70	14166.39	—	—	—	—
2011	19038.45	24655.57	29866.35	35369.67	19392.36	17804.66	14705.27	—	—	—	—
2012	18725.21	30519.97	30015.14	34216.11	22954.53	17742.34	13918.01	—	—	—	—
2013	22116.98	36364.43	40854.82	43346.86	19676.48	21232.36	17814.36	17591.33	21526.32	11794.96	17793.60
2014	24640.37	41172.80	42415.11	44313.03	28511.50	25029.22	19503.82	19190.30	24096.00	13625.21	19258.10
2015	33405.79	48636.08	54460.55	56463.13	30497.62	35840.94	27230.48	18791.37	32834.6	16014.34	17050.73
2016	53454.75	64329.99	83291.90	82141.77	44605.74	58744.54	40858.74	41850.87	30837.44	33883.10	27530.59

表 6-29　深圳市历年商品住宅二级市场楼花交易均价

单位：元/平方米

年份＼月份	1	2	3	4	5	6	7	8	9	10	11	12
2004	6076.95	5939.06	5780.40	5827.59	5788.30	5843.72	5841.06	5867.65	5918.63	5915.99	5946.10	5997.52
2005	6184.40	6354.15	6415.99	6443.18	6527.51	6547.90	6558.48	6585.33	6639.64	6716.84	6958.43	7040.10
2006	7949.54	8032.86	8126.14	8075.54	8421.07	8638.46	8744.26	8911.35	8952.97	8992.94	9081.24	9230.35
2007	10871.73	11039.67	11377.87	11339.73	11905.88	12293.15	12564.15	12803.17	13069.93	13211.62	13281.03	13369.62
2008	15080.25	15321.35	14699.39	13628.66	12815.94	12789.26	13276.58	13428.99	13289.13	13216.88	13254.92	12794.20
2009	11458.58	11175.43	11085.63	11458.65	11723.15	12184.68	12571.14	13069.02	13388.79	13977.99	14426.46	14857.68
2010	23117.28	23496.97	22675.94	21911.58	21582.77	21194.68	20901.37	20574.71	20578.42	20416.42	20451.90	20296.97
2011	19366.29	19569.38	19692.32	19502.71	19204.28	18704.62	18706.88	19170.67	19165.75	19142.77	19214.78	19038.45
2012	16319.24	16257.23	16395.77	16661.49	16921.38	17299.21	17559.59	18259.68	18618.91	18735.78	18840.54	18725.21
2013	19248.34	19377.11	19508.94	19905.25	20511.39	21183.45	21275.94	21458.57	21741.10	21801.64	21997.62	22116.98
2014	20097.89	24771.53	26752.73	26259.89	25815.02	25314.02	24840.82	24665.38	24409.23	24322.09	24221.40	24640.37
2015	26622.06	26898.85	26761.58	26662.79	27124.97	28000.42	29205.86	30116.79	30633.71	30934.24	32295.40	33405.79
2016	46514.82	47300.80	48089.40	48335.14	49217.75	51006.22	51650.97	52127.30	52937.14	53244.85	53372.51	53454.75

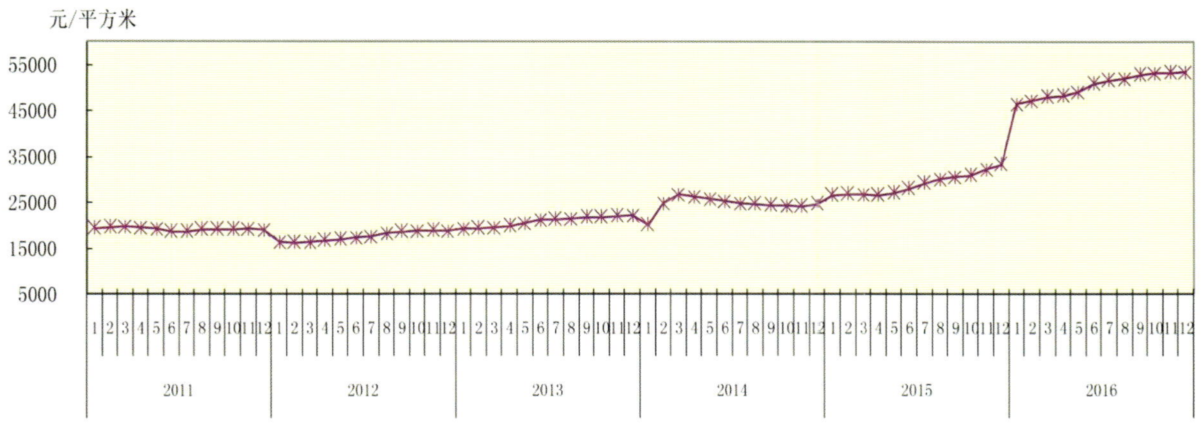

图 6-22　深圳市历年商品住宅二级市场交易均价走势示意图

表 6-30　深圳市历年办公楼二级市场楼花交易均价

单位：元/平方米

年份＼月份	1	2	3	4	5	6	7	8	9	10	11	12
2004	9048.94	8921.50	9106.34	9202.17	9468.89	9713.42	9728.49	9694.10	9388.63	9371.56	9534.22	10016.14
2005	11349.76	12401.15	11754.07	11416.34	11416.16	11659.97	11691.22	11749.71	11715.96	11806.02	11919.81	12490.88
2006	13769.71	13609.60	14953.27	14717.61	14681.74	14259.21	14541.70	14547.47	14818.20	14901.88	15260.07	16014.52
2007	22401.55	22725.95	22478.15	22134.05	22714.38	22571.37	22981.82	23256.66	23745.90	23783.97	23563.47	23534.82
2008	29119.30	26011.77	26432.08	20679.83	20572.23	20426.08	20415.95	20607.17	20614.95	21154.59	20605.49	20397.43
2009	24523.80	24209.51	23425.56	22812.03	22774.31	20929.29	18453.42	19051.31	22271.49	22999.63	23660.57	23919.90
2010	22911.75	24151.91	23764.47	25756.19	25233.58	25595.00	25828.30	25576.42	24045.28	24161.99	24557.87	24797.27
2011	43266.68	41349.09	37959.34	37054.45	36186.90	41854.69	41601.74	41357.74	43193.42	43153.46	44344.76	39481.04
2012	—	—	37077.39	38692.49	38849.25	38986.07	38949.78	38949.95	38882.08	38826.52	38138.11	37895.68
2013	36115.54	42411.20	42200.43	42056.46	41415.50	40687.50	40325.07	40434.79	40513.71	40266.45	38562.62	36695.99
2014	29563.24	28169.14	29607.50	31486.49	31870.80	31631.33	31357.43	32658.41	32363.56	32336.15	31802.51	31816.73
2015	39029.6	37433.6	38723.1	38069	48011.1	47566.4	46843.9	45997.6	46341	46361.6	45912.1	46326.76
2016	71599.4	69505.9	58476.6	57075.0	56546.4	56275.0	56609.1	56471.0	54794.6	54066.6	53109.2	52529.2

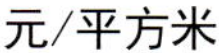

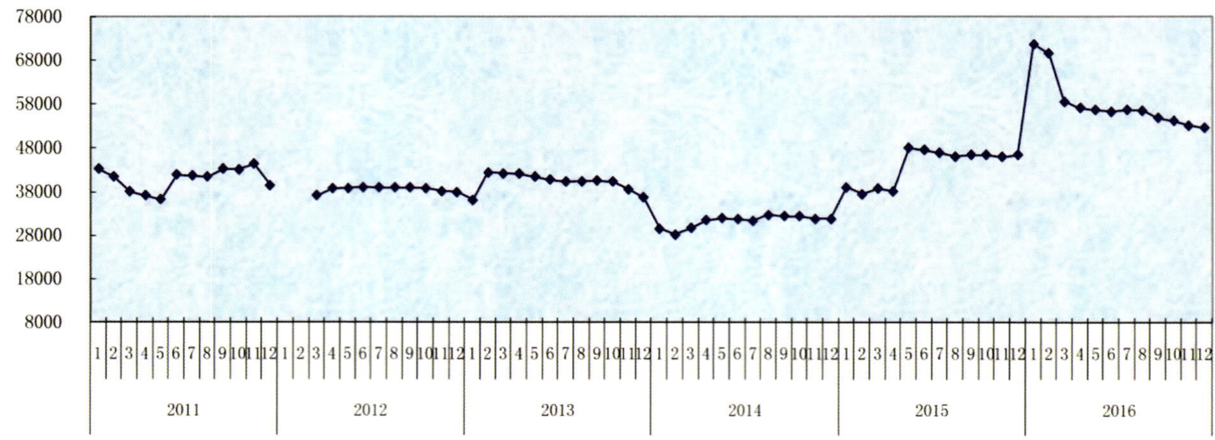

图 6-23　深圳市历年办公楼二级市场交易均价走势示意图

表 6-31　深圳市历年商业用房二级市场楼花交易均价

单位：元/平方米

年份＼月份	1	2	3	4	5	6	7	8	9	10	11	12
2004	12127.96	11033.18	12768.96	12159.84	11980.09	12332.23	12481.55	12483.56	13294.31	12887.17	12827.27	12426.49
2005	17303.51	16156.49	15121.70	14937.23	14833.24	14332.43	14247.38	14626.88	14972.97	15179.91	15292.44	15611.48
2006	12412.66	13084.52	13093.38	15389.65	16711.27	17218.37	16639.35	16939.03	17537.66	18038.86	17846.76	18409.63
2007	18086.30	18313.70	18626.85	17948.96	19508.59	21417.10	21554.25	21119.08	19568.83	19233.34	19233.74	19102.28
2008	14568.35	15122.11	10534.65	10539.73	10955.56	11190.83	12155.84	12533.49	12764.77	12511.31	12127.07	12832.98
2009	14807.03	15423.39	18423.15	18442.40	18830.06	19518.77	18649.21	19843.65	19568.39	19680.20	20209.16	20826.52
2010	38837.22	38250.56	33606.93	29047.55	29780.52	27893.56	21679.38	22092.99	21982.44	21653.55	22515.77	23346.27
2011	33591.95	34777.80	34935.13	31954.51	32181.63	31991.23	31933.26	34615.94	31619.45	32485.87	31917.22	31654.18
2012	36372.07	35744.59	33779.26	31886.87	30491.67	30329.84	30007.49	29426.94	29046.67	29119.69	29371.33	30030.92
2013	23041.07	23510.27	25012.10	25978.08	27255.92	29660.56	30860.45	31773.90	31941.68	32783.62	32890.24	32990.83
2014	36819.49	36814.81	35126.03	34781.70	34530.05	34311.41	33958.13	33722.72	33087.58	32995.59	33047.84	32987.62
2015	32573.61	32644.54	34222.04	35635.71	35992.78	38362.56	40583.01	41545.35	41861.26	42259.68	42512.94	42551.88
2016	42471.91	50709.63	52631.80	51733.51	52372.33	52632.27	51683.04	52608.97	52565.93	52601.01	53103.87	53089.94

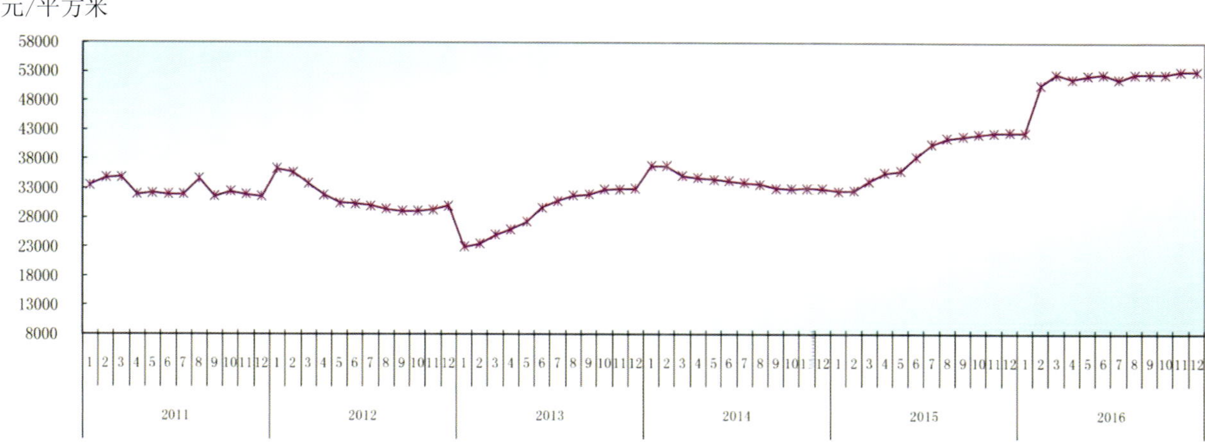

图 6-24　深圳市历年商业用房二级市场交易均价走势示意图

二、现楼均价

2016 年，在全市现楼交易中，住宅均价（按建筑面积，下同）34483.10 元/平方米，同比上涨 7.83%，办公楼 37955.67 元/平方米，上涨 34.84%，商业用房 43230.46 元/平方米，上涨 9.32%。

在全市现楼住宅交易价格结构方面。从价位结构看，10000 元/平方米以内的商品住宅套均面积为 115.09 平方米，销售面积占住宅销售总面积的 31.9%；10001∽15000 元/平方米的套均面积为 84.54 平方米，占 1.3%；15001∽20000 元/平方米的商品住宅无交易；20001∽25000 元/平方米的套均面积 118.83 平方米，占 48.2%；25001∽30000 元/平方米以上的套均面积为 119.01 平方米，占 6.3%；30000 元/平方米以上的套均面积为 113.89 平方米，占 12.3%。

从区域结构看，罗湖区均价 45131.44 元/平方米；福田区 28922.85 元/平方米；南山区 62677.76 元/平方米；盐田区 45407.95 元/平方米；宝安区 21903.01 元/平方米；龙岗区 23837.61 元/平方米；光明新区 40714.22 元/平方米；龙华新区 45135.34 元/平方米；坪山新区 14822 18 元/平方米；大鹏新区 38252.10 元/平方米。

表 6-32 深圳市 2016 年商品住宅现楼价位结构

单位：%

平方米	全 市	罗湖区	福田区	南山区	盐田区	宝安区	龙岗区	龙华新区	光明新区	坪山新区	大鹏新区
10000 元以内	31.94	50.00	17.12	50.00	18.46	50.00	50.00	50.00	50.00	50.00	50.00
10001～15000 元	1.30	0.00	0.00	0.00	0.00	0.00	0.00	0.00	0.00	50.00	0.00
15001～20000	0.00	0.00	0.00	0.00	0.00	0.00	0.00	0.00	0.00	0.00	0.00
20001～25000 元	48.16	0.00	65.76	0.00	63.08	50.00	50.00	0.00	0.00	0.00	0.00
25001～30000 元	6.27	0.00	17.12	0.00	0.00	0.00	0.00	0.00	0.00	0.00	0.00
30000 元以上	12.33	50.00	0.00	50.00	18.46	0.00	0.00	50.00	50.00	0.00	50.00
合计	100.00	100.00	100.00	100.00	100.00	100.00	100.00	100.00	100.00	100.00	100.00

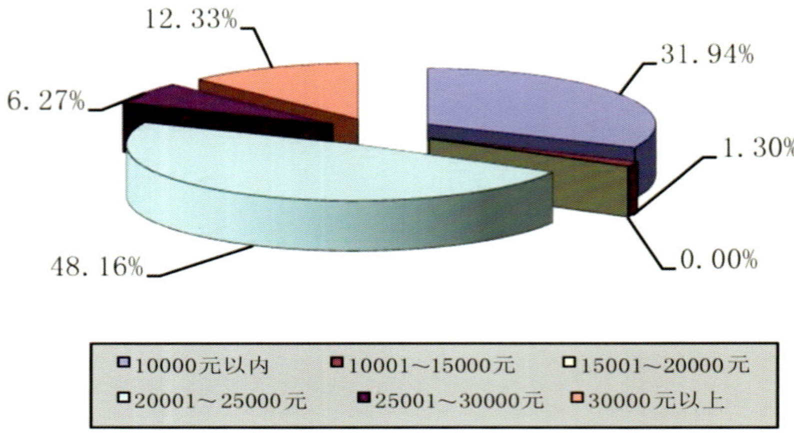

图 6-25 深圳市 2016 年商品住宅现楼价位结构示意图

表 6-33 深圳市 2016 年各区商品住宅现楼交易均价

单位：元/平方米

月份	罗湖区	福田区	南山区	盐田区	宝安区	龙岗区	光明新区	龙华新区	坪山新区	大鹏新区
1	42784.85	9891.13	54004.26	50953.70	11749.28	22160.77	32022.26	32437.84	13856.10	29911.41
2	61174.94	10372.17	49462.54	48796.72	11600.02	22791.49	35933.81	35131.01	13590.72	28428.74
3	57044.00	11723.17	51358.65	46524.94	14227.09	23918.54	37569.92	33735.47	13489.70	27257.59
4	35650.60	12963.88	55480.69	45951.68	14610.26	23802.73	37853.15	36016.03	13519.19	27801.60
5	36447.19	14406.61	56334.05	45685.62	18330.76	23945.08	38375.93	40585.26	13701.50	29168.32
6	39581.43	24866.52	59631.56	45806.08	18657.37	24076.71	38790.48	44458.59	14132.69	34834.80
7	39473.27	27037.72	62008.99	45788.39	18904.28	23531.68	38718.69	44523.41	14594.91	35510.34
8	40463.31	27292.15	62878.87	45748.45	19501.69	23816.79	39962.97	44850.29	14842.90	36058.58
9	41588.25	28095.18	62368.64	45508.08	20257.82	23573.49	40805.60	45125.25	14835.96	37112.19
10	45136.58	28116.79	62395.07	45472.57	21303.60	23637.94	40967.74	45066.35	14833.26	37637.02
11	45136.58	28169.78	62666.56	45494.37	21540.81	23809.66	40636.62	45144.05	14842.95	38187.20
12	45131.44	28922.85	62677.76	45407.95	21903.01	23837.61	40714.22	45135.34	14822.18	38252.10

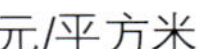

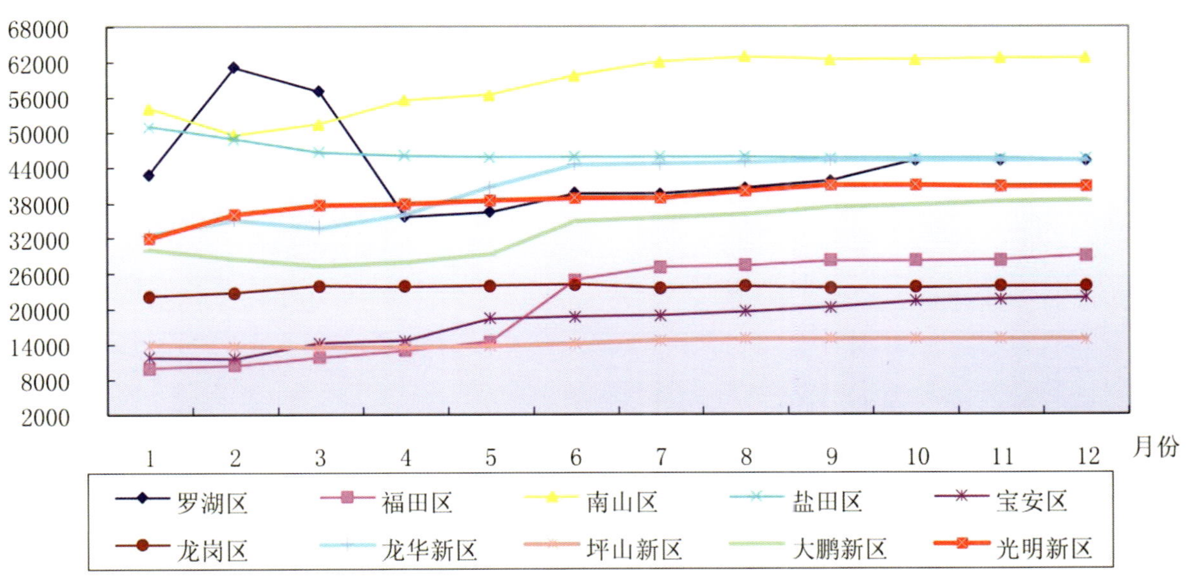

图 6-26 深圳市 2016 年各区商品住宅现楼交易均价走势示意图

表 6-34　深圳市历年各区商品住宅现楼交易均价

单位：元/平方米

区域 年份	全　市	罗湖区	福田区	南山区	盐田区	宝安区	龙岗区	光明新区	龙华新区	坪山新区	大鹏新区
2009	14315.29	17676.25	11938.96	18538.87	20757.03	16024.26	7907.31	—	—	—	—
2010	19243.06	16760.10	20994.53	31485.82	15798.90	15638.85	11061.08	—	—	—	—
2011	23918.53	13951.88	30222.65	42063.53	25999.84	24048.91	15424.06	—	—	—	—
2012	25498.98	17951.26	25319.70	40069.08	29417.13	29608.25	15574.23	—	—	—	—
2013	27300.63	21572.39	31859.87	36238.64	38576.30	34293.41	17280.82	16863.55	28815.29	10158.03	35737.35
2014	34901.20	27643.47	32052.45	42479.15	31656.10	32701.64	17269.46	18803.76	28693.45	11080.84	46200.05
2015	31979.11	37508.08	22136.47	57546.44	42362.08	29112.89	17789.55	23304.76	35058.67	19372.85	28779.19
2016	34483.10	45131.44	28922.85	62677.76	45407.95	21903.01	23837.61	40714.22	45135.34	14822.18	38252.10

表 6-35　深圳市历年商品住宅二级市场现楼交易均价

单位：元/平方米

月份 年份	1	2	3	4	5	6	7	8	9	10	11	12
2004	6076.95	5939.06	5780.40	5827.59	5788.30	5843.72	5841.06	5867.65	5918.63	5915.99	5946.10	5997.52
2005	6184.40	6354.15	6415.99	6443.18	6527.51	6547.90	6558.48	6585.33	6639.64	6716.84	6958.43	7040.10
2006	7949.54	8032.86	8126.14	8075.54	8421.07	8638.46	8744.26	8911.35	8952.97	8992.94	9081.24	9230.35
2007	10871.73	11039.67	11377.87	11339.73	11905.88	12293.15	12564.15	12803.17	13069.93	13211.62	13281.03	13369.62
2008	15080.25	15321.35	14699.39	13628.66	12815.94	12789.26	13276.58	13428.99	13289.13	13216.88	13254.92	12794.20
2009	12301.37	13346.81	13121.84	13069.25	12826.54	13155.57	13337.52	13792.32	13983.16	13977.83	14007.14	14284.25
2010	13054.52	14018.55	15543.11	15730.43	15905.65	16398.65	16381.53	16920.46	17750.62	17908.99	18083.10	19243.08
2011	20885.72	21193.10	21993.78	22731.60	22503.67	22503.67	22457.19	22939.75	23367.91	23267.90	23502.59	23918.53
2012	35117.86	32769.24	27187.24	26480.34	25816.70	25974.90	25372.52	25105.62	25114.60	24949.25	25070.84	25498.98
2013	26858.37	26436.39	25070.18	25387.38	25923.33	26101.99	26139.79	26410.03	26704.57	26866.55	27186.31	27300.63
2014	29551.87	29735.08	29875.50	29386.12	29435.82	28428.67	28475.42	36906.41	36089.52	35659.15	35221.41	34901.20
2015	31836.77	32783.61	33989.38	33077.50	31111.71	31509.70	31219.83	31452.02	31917.33	32483.68	32957.09	31979.11
2016	23505.13	23876.73	25584.56	26789.05	28744.31	32132.71	33082.11	33497.13	33841.75	34105.55	34258.57	34483.10

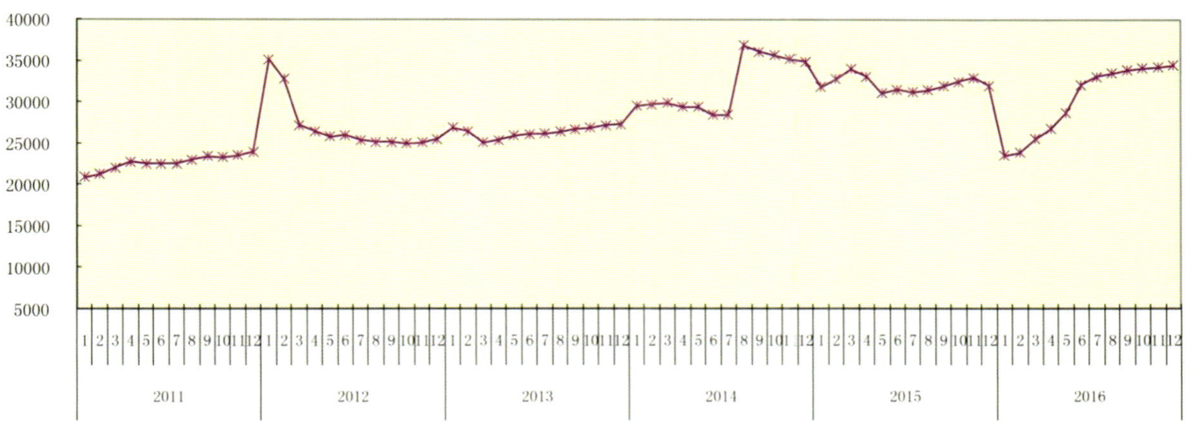

图 6-27 深圳市历年商品住宅二级市场现楼交易均价走势示意图

表 6-36 深圳历年各区办公楼现楼交易均价

单位：元/平方米

区域 年份	全 市	罗湖区	福田区	南山区	盐田区	宝安区	龙岗区	光明新区	龙华新区	坪山新区	大鹏新区
2009	21256.21	905.50	23576.51	20267.91	—	18563.54	—	—	—	—	—
2010	15112.29	3107.97	23627.77	17699.03	—	19983.26	—	—	—	—	—
2011	24810.93	12267.73	30993.51	31062.29	—	12195.87	15340.55	—	—	—	—
2012	37895.68	—	38610.98	38687.27	27095.10	—	—	—	—	—	—
2013	34009.55	26949.71	45813.82	30129.70	—	—	26144.86	—	—	—	—
2014	35354.67	4000.00	48072.68	32462.70	30133.46	26436.92	25784.79	—	—	—	—
2015	28148.00	30863.9	42419.20	34579.00	—	—	—	—	—	—	—
2016	37955.67	23788.65	45997.64	33334.88	—	18883.74	19873.91	—	28500.00	—	—

表 6-37　深圳市历年各区商业用房现楼交易均价

单位：元/平方米

区域 年份	全　市	罗湖区	福田区	南山区	盐田区	宝安区	龙岗区	光明新区	龙华新区	坪山新区	大鹏新区
2009	12413.04	14495.20	24791.43	13991.30	20834.05	9571.36	9927.42	—	—	—	—
2010	12010.54	28168.67	30365.89	13454.24	23139.00	9677.91	8548.85	—	—	—	—
2011	16410.70	10278.48	9158.24	36206.17	11051.37	11647.64	11418.90	—	—	—	—
2012	27096.08	20067.85	50223.96	34237.42	26144.19	30354.22	10339.49	—	—	—	—
2013	21991.08	20971.24	32870.08	38015.63	20518.74	16185.18	16492.41	—	16252.62	21164.03	23896.94
2013	29670.00	28623.08	35986.23	84672.43	11308.17	26625.67	16535.99	—	28340.36	23232.42	—
2014	29670.00	28623.08	35986.23	84672.43	11308.17	26625.67	16535.99	—	28340.36	23232.42	—
2015	39545.09	29748.72	63544.43	62909.98	34776.93	31861.01	17232.52	45110.20	25680.31	33990.21	—
2016	43230.46	28147.437	61769.99	36920.726	43295.544	42990.303	27197.65	34432.227	25199.499	21748.695	56098.624

三、价格指数

系统升级说明：深房地指数系统经过几年的运行，起到了一定的反映房地产市场形势、辅助宏观调控的效果。从 2007 年 1 月起，深房地指数与深圳房地产综合指数系统的价格指数部分一致，每季度或每年结束后 15 天内发布。由于数据库的不断完善，现进行全面的系统升级，自 2009 年开始，对 2001 年至今的全部数据进行了梳理，优化了计算方法。除了二手住宅价格指数外，此次指数均为重新计算所得。其中，新建住宅价格指数、商业及办公价格指数均根据特征根价格法进行价格修正后计算，但不同物业类型，其价格影响因素均有所不同；考虑到不同类型的物业价格存在较大差异及不同质现象，不再进行综合价格指数的计算。

价格指数计算说明：价格指数计算采用了特征根价格法，新建住宅价格指数选用的标准住房为：罗湖区 10 楼（多层为 4 楼）100 平米的三房，即将所有交易数据均修正到标准住房的水平再进行计算和比较，以期获得剔除了地段、面积、楼层和户型等影响的价格，获得单纯由市场变化而引起的价格波动。商业价格指数选用的标准物业为：位于四类商圈一层的裙楼商铺；办公价格指数选用的标准物业为：位于三类办公区域临近地铁 15 楼的办公楼，另外，由于办公楼交易主要集中于福田和南山，区域办公楼价格指数计算只计算该两区。

编制对象：深圳市新建住宅、二手住宅、新建办公楼和新建商业用房。

样点来源：新建住宅价格指数、新建办公价格指数、新建商业价格指数数据来源为备案登记系统；二手住宅价格指数来源为房地产权登记系统。

样点信息：每个样本点共采集物业类型、建筑时间、成交时间、楼层总数、样点所在楼层、建筑面积、户型、所在位置、X 坐标和 Y 坐标等 10 个指标信息。

指数基期：以 2001 年第一季度为基期，基期指数均设定为 100 点，基期新建住宅标准价格为 6250 元/平方米，基期二手住宅标准价格为 3871 元/平方米，基期商业标准价格为 12540 元/平方米，基期办公楼标准价格为 8922 元/平方米。

发布内容：深圳市各行政区及全市的新建住宅价格指数、二手住宅价格指数、新建商业价格指数及新建办公楼价格指数。（受统计方法和样本采集因素，2013 年价格指数保持六区（包含四个新区）统计。

表 6-38 深圳市历年二级市场房价指数

年度	季度	住 宅	办 公	商 业
2001	Q1	100.0	100.0	100.0
	Q2	100.3	98.4	100.0
	Q3	100.1	96.8	110.8
	Q4	100.6	95.1	115.3
2002	Q1	101.2	93.5	126.9
	Q2	104.2	91.9	136.9
	Q3	103.6	90.3	133.3
	Q4	101.5	89.1	128.3
2003	Q1	109.0	85.4	125.0
	Q2	111.7	90.7	128.0
	Q3	112.4	96.1	130.5
	Q4	116.1	101.1	133.9
2004	Q1	116.4	103.8	138.1
	Q2	119.1	107.2	139.4
	Q3	120.4	105.9	137.1
	Q4	123.7	103.0	136.7
2005	Q1	120.6	97.4	149.7
	Q2	123.8	94.3	158.1
	Q3	131.5	91.1	174.3
	Q4	137.7	94.7	184.7
2006	Q1	132.0	101.6	196.6
	Q2	149.7	113.7	206.4
	Q3	159.6	117.7	215.7
	Q4	170.1	121.7	221.5
2007	Q1	188.3	127.6	224.4
	Q2	216.9	144.5	234.8
	Q3	256.6	175.9	259.6
	Q4	267.2	202.6	256.0
2008	Q1	278.4	236.6	233.7
	Q2	268.7	244.0	213.4
	Q3	258.9	251.7	225.1
	Q4	236.2	228.8	229.3
2009	Q1	239.9	227.4	214.7
	Q2	246.7	226.0	200.2
	Q3	260.8	239.4	217.2
	Q4	288.1	269.4	234.6
2010	Q1	317.3	285.6	242.8
	Q2	300.3	309.8	256.1
	Q3	329.1	294.0	234.9
	Q4	342.7	298.4	253.4
2011	Q1	349.2	316.5	277.7
	Q2	317.6	324.4	246.1
	Q3	331.9	325.0	248.6
	Q4	312.4	319.3	242.2

（续表）

年度	季度	住 宅	办 公	商 业
2012	Q1	300.7	324.8	239.9
	Q2	318.6	352.4	251.1
	Q3	334.3	369.9	228.4
	Q4	352.5	346.9	204.9
2013	Q1	375.2	297.3	152.5
	Q2	387.3	336.7	212.0
	Q3	388.4	324.4	251.8
	Q4	390.7	331.1	275.8
2014	Q1	419.5	339.7	280.1
	Q2	403.5	339.1	307.7
	Q3	384.4	348.1	262.6
	Q4	412.1	352.3	228.5
2015	Q1	434.6	389.5	204.2
	Q2	454.2	410.1	231.0
	Q3	538.1	444.4	267.4
	Q4	546.6	479.4	340.3
2016	Q1	647.2	525.9	364.6
	Q2	720.1	555.3	405.5
	Q3	835.4	570.9	434.9
	Q4	813.6	609.0	479.2
注：由于新建办公楼数据从 2002 年开始，2002 年以前数据为指数平滑处理所得。				

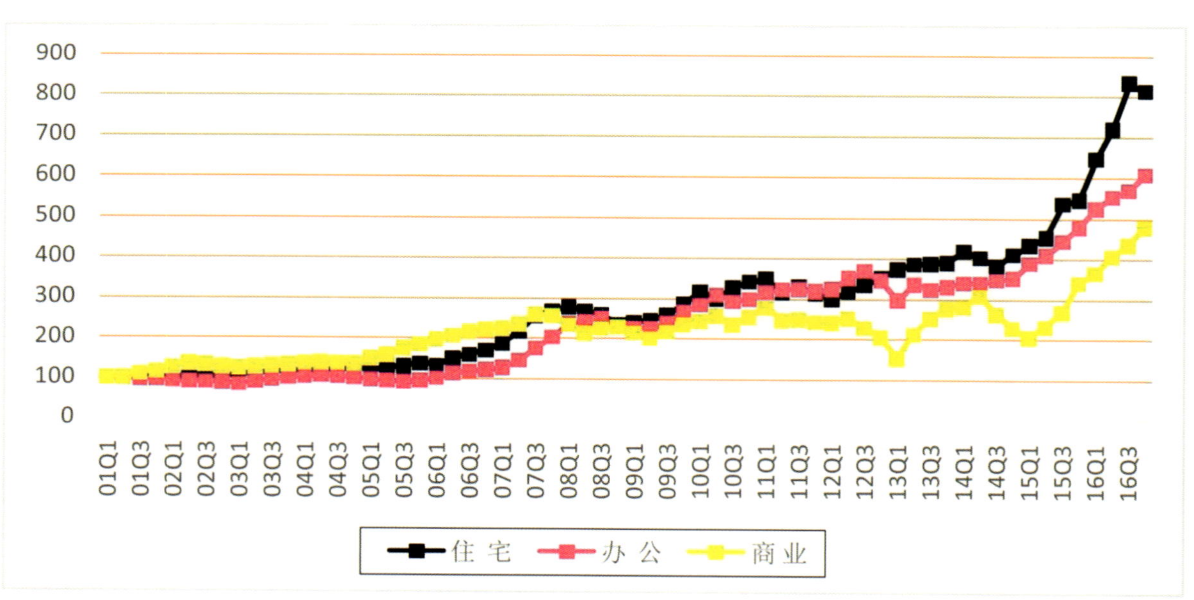

图 6-28 深圳市二级市场房价指数示意图

表 6-39　深圳市历年住宅二级市场价格指数

年度	季度	罗湖区	福田区	南山区	盐田区	宝安区	龙岗区
2001	Q1	91.8	99.6	101.0	60.3	53.8	69.7
	Q2	91.8	99.6	101.0	60.3	53.8	63.1
	Q3	93.8	99.6	91.7	60.3	54.7	62.6
	Q4	98.0	114.2	93.7	75.7	55.5	61.2
2002	Q1	103.0	114.8	81.4	94.1	58.7	60.1
	Q2	105.0	112.3	85.9	89.1	66.0	62.5
	Q3	106.8	110.1	86.3	81.4	61.6	64.0
	Q4	107.1	109.0	83.9	83.9	60.9	62.4
2003	Q1	108.3	104.6	80.9	79.5	60.8	63.3
	Q2	110.9	112.2	83.2	91.6	60.0	63.3
	Q3	114.2	111.9	83.6	87.3	58.9	61.7
	Q4	121.6	113.2	84.3	95.1	62.0	64.2
2004	Q1	120.2	109.5	82.5	108.3	61.3	65.3
	Q2	122.0	121.3	84.7	118.9	62.1	63.9
	Q3	121.0	115.9	86.7	130.5	63.8	66.4
	Q4	121.4	108.7	94.2	140.3	68.5	71.5
2005	Q1	133.0	117.4	95.8	138.4	74.9	74.3
	Q2	127.1	121.9	104.4	110.3	76.6	75.3
	Q3	124.7	119.8	146.9	97.4	82.2	79.2
	Q4	129.9	154.2	131.1	94.2	81.9	86.2
2006	Q1	136.9	164.7	129.1	90.3	89.1	82.8
	Q2	136.3	183.3	169	95.3	98.2	92.8
	Q3	150.8	190	158.3	139.4	110.8	100.6
	Q4	161.8	222.5	151.2	179.6	123.6	105.4
2007	Q1	160.7	212.1	149.6	145.9	117.9	106.3
	Q2	224.8	239.4	191.9	155.5	148.2	130.0
	Q3	253.7	287.1	271.6	244	170.2	159.9
	Q4	285.6	330.3	364.5	262.3	215.4	144.2
2008	Q1	295.4	333.5	257.1	233.5	169.2	145.8
	Q2	277.0	289.5	232.9	194.9	149.0	137.0
	Q3	287.1	287.9	239.5	206.1	136.2	125.2
	Q4	220.2	235.9	213.1	172.0	123.2	113.5
2009	Q1	223.7	257.2	211.9	180.9	130.1	107.4
	Q2	213.3	272.9	224.0	188.5	139.6	119.4
	Q3	242.1	329.4	254.6	206.7	161.2	121.8
	Q4	257.4	333.1	286.3	214.1	180.6	145.0

（续表）

年度	季度	罗湖区	福田区	南山区	盐田区	宝安区	龙岗区
2010	Q1	298.5	340.5	325.4	234.2	200.1	150.0
	Q2	293.4	359.2	284.9	249.0	196.5	155.6
	Q3	313.0	356.6	331.9	257.7	194.9	176.8
	Q4	345.3	402.8	357.5	261.6	175.0	197.2
2011	Q1	357.1	460.8	357.3	257.0	217.9	213.0
	Q2	318.7	408.6	408.6	257.9	170.0	172.3
	Q3	320.1	423.3	376.8	237.1	191.9	151.3
	Q4	293.4	410.2	349.7	265.4	212.5	139.4
2012	Q1	311.6	421.0	319.5	216.8	170.3	130.2
	Q2	307.3	456.8	359.7	208.8	193.9	134.1
	Q3	361.8	404.0	385.1	134.3	220.0	125.1
	Q4	409.2	474.0	400.6	237.6	215.0	133.7
2013	Q1	382.8	488.6	382.4	177.4	236.4	166.1
	Q2	384.3	503.9	401.5	164.1	238.7	165.1
	Q3	416.9	487.7	428.6	181.8	231.6	174.2
	Q4	427.7	458.1	440.9	190.6	234.7	183.6
2014	Q1	404.2	444.4	473.8	228.7	246.4	201.3
	Q2	401.0	467.3	356.3	199.0	262.8	189.0
	Q3	405.1	545.6	404.1	192.0	244.7	164.7
	Q4	470.6	480.2	447.1	146.6	253.7	191.7
2015	Q1	483	498.7	487.5	150	275.7	202.6
	Q2	506.8	534.9	558.5	165.4	285.1	217.5
	Q3	600.5	588.9	635.2	208.9	355.3	268.6
	Q4	652	709.6	665.2	248.4	393.3	287.2
2016	Q1	671.4	813.8	795.1	296.2	444.6	389.3
	Q2	743.1	831.1	865.9	313.2	491.0	408.4
	Q3	797.6	914.3	998.0	343.8	585.5	454.3
	Q4	854.8	977.8	1018.3	373.0	527.7	450.4

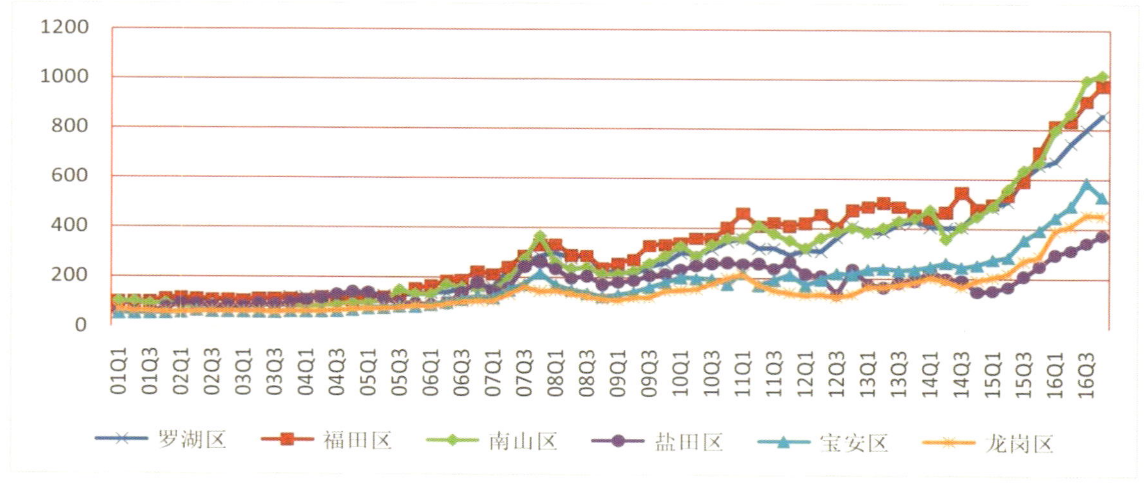

图 6-29　深圳市历年住宅二级市场价格指数示意图

第四节　房地产金融

一、总体概况

（一）房地产贷款大幅增长

2016 年末，深圳市本外币房地产贷款余额 13469.07 亿元，同比增加 3092.06 亿元，增长 29.80%。其中，购房贷款余额 11062.65 亿元，占比 82.13%，较 2015 年高 1.42 个百分点，同比增加 2687.05 亿元，增长 32.08%；房地产开发贷款余额 2298.88 亿元，占比 17.07%，较 2015 年低 2.01 个百分点，同比增加 318.61 亿元，增长 16.09%。保障性住房开发贷款略有增加，年末余额 138.38 亿元，较 2015 年增加 5.08%。

（二）房地产贷款新增额占各项贷款新增额的比重减少

2016 年末，深圳本外币房地产贷款余额占本外币贷款余额的 33.23%，同比增加 1.25 个百分点；新增房地产贷款占新增各项贷款的 36.93%，该比例较 2015 年低 17.32 个百分点；新增额中，90.07% 为购房贷款，同比下降 7.23 个百分点，反映出在房地产调控政策趋于严格等背景下，银行信贷资金开始偏离该领域。

（三）个人住房贷款增速趋缓

2016 年末，深圳个人住房贷款余额 10005.07 亿元，同比增长 33.30%，增速较上年低 6.44 个百分点。其中，新建个人住房贷款余额 4845.79 亿元，同比增长 27.67%，增速较上年低 8.90 个百分点；再交易住房贷款余额 5159.29 亿元，同比增长 39.05%，增速较上年低 4.09 个百分点。

（四）房地产贷款利率微降，首付款比例微升

12 月份，深圳个人住房贷款平均利率为基准利率的 0.90 倍，即 4.41%，同比降低 2.22%，反映出购房成本略微下降。从首付款比例看，12 月份为 36.84%，同比增 1.44 个百分点，反映出贷款成数下降，购房贷款杠杆有所收缩。

（五）房地产贷款质量良好

2016 年末，深圳银行业房地产不良贷款余额为 36.42 亿元，比年初增加 12.67 亿元，不良率为 0.27%，同比上升 0.05 个百分点；房地产开发不良贷款余额为 9.49 亿元，同比增加 7.67 亿元，不良率为 0.45%，同比上升 0.33 个百分点；个人住房不良贷款余额为 16.12 亿元，同比增加 1.24 亿元，不良率为 0.16%，同比下降 0.04 个百分点。反映出在整体贷款质量有所下降的背景下，房地产贷款质量仍然向好，风险整体可控。

二、金融机构存贷款情况

2016 年末，深圳市金融机构（含外资金融机构）本外币存款余额 64407.81 亿元，贷款余额 40526.90 亿元。

表 6-40　深圳市历年金融机构存贷款情况

单位：亿元

年份	存款余额	贷款余额
1979	1.01	0.75
1980	2.03	1.35
1981	4.37	2.39
1982	6.37	6.30
1983	11.26	11.95
1984	34.98	45.10
1985	30.26	53.70
1986	55.11	73.09
1987	80.85	106.52
1988	131.74	153.62
1989	137.63	178.98
1990	194.69	238.62
1991	300.92	279.75
1992	550.46	370.71
1993	657.35	501.59
1994	933.37	642.14
1995	1202.92	786.34
1996	1533.46	965.20
1997	1822.70	1202.58
1998	2216.32	1551.60
1999	2558.99	1848.16
2000	3168.85	2291.52
2001	4091.17	2859.54
2002	4952.73	3512.48
2003	6145.75	4618.41
2004	7197.41	5355.25
2005	9486.71	7596.75
2006	10616.01	8353.80
2007	12729.68	10121.37
2008	14260.94	11234.05
2009	18357.47	14783.39
2010	21937.89	16808.12
2011	25095.78	19248.73
2012	29662.40	21808.34
2013	39343.15	24680.07
2014	37350.50	27922.13
2015	57778.90	32449.04
2016	64407.81	40526.90

表 6-41 深圳市历年金融机构贷款利率

利率执行起始时间	短期贷款(流动资金贷款)(年利率%)		中长期贷款(固定资产贷款)(年利率%)						个人住房贷款(年利率%)					罚息利率(日利率万分之)	
	6个月以下	6个月~1年	1~3年(含3年)		3~5年(含5年)		5年以上		1~3年(含3年)	3~5年(含5年)	5~10年(含10年)	10~15年(含15年)	15年以上	逾期	挤占挪用
			技改	基建	技改	基建	技改	基建							
1991.04.21	8.100	8.640	8.480	9.000	8.460	9.540	8.460	9.720	—	—	—	—	—	加息20%	加息20%
1993.06.01	9.702	10.296	10.098	11.880	10.098	13.266	10.098	13.464	—	—	—	—	—	加息20%	加息20%
1993.07.11	9.900	12.078	12.798	13.464	12.078	15.246	12.078	15.444	—	—	—	—	—	加息20%	加息20%
1995.01.01	9.900	12.078	12.798	14.184	12.798	15.966	12.798	16.164	—	—	—	—	—	加息20%	加息20%
1995.07.01	11.088	13.266	14.850		16.632		16.830		—	—	—	—	—	4.000~6.000	6.000~8.000
1996.05.01	10.404	11.745	14.058		15.984		16.758		—	—	—	—	—	4.000	6.000
1996.08.23	9.828	10.791	11.754		12.519		13.293		—	—	—	—	—	4.000	6.000
1997.10.23	8.415	9.504	10.017		10.593		11.268		9.504	10.017	10.593	11.268	—	4.000	6.000
1998.03.25	7.722	8.712	9.630		10.404		11.079		8.712	9.630	10.404	11.079	11.304	4.000	6.000
1998.07.01	7.227	7.623	7.677		8.037		8.172		7.623	7.677	8.037	8.172	8.334	4.000	6.000
1998.12.07	6.732	7.029	7.227		7.587		7.722		7.029	7.227	7.587	7.722	7.812	3.000	6.000
1999.06.10	5.580	5.850	5.940		6.030		6.210		5.85	5.940	6.030	6.211	6.331	2.100	5.000
1999.09.21			5.940		6.030		6.210		5.31		5.58			2.100	5.000
2002.02.21	5.040	5.310	5.490		5.580		5.760		4.77		5.04			2.100	5.000
2004.10.29	5.221	5.581	5.760		5.850		6.120		4.95		5.31				
2005.03.17									5.184	5.265	5.51				
2006.04.28	5.40	5.85	6.03		6.12		6.39		5.427	5.508	5.751				
2006.08.19	5.58	6.12	6.30		6.48		6.84		5.355	5.508	5.814				
2007.03.18	5.67	6.39	6.57		6.75		7.11		5.585	5.738	6.044				
2007.05.19	5.85	6.57	6.75		6.93		7.19		执行相应档次法定贷款利率						
2007.07.21	6.03	6.84	7.02		7.20		7.38								
2007.08.22	6.21	7.02	7.20		7.38		7.56								
2007.09.15	6.48	7.29	7.47		7.65		7.83								
2007.12.21	6.57	7.47	7.56		7.74		7.83								

注：2009年金融机构贷款利率未作调整

（续表）

利率执行起始时间	短期贷款(流动资金贷款)(年利率%)		中长期贷款(固定资产贷款)(年利率%)						个人住房贷款(年利率%)					罚息利率(日利率万分之)	
	6个月以下	6个月~1年	1~3年(含3年)		3~5年(含5年)		5年以上		1~3年(含3年)	3~5年(含5年)	5~10年(含10年)	10~15年(含15年)	15年以上	逾期	挤占挪用
			技改	基建	技改	基建	技改	基建							
2008.09.16	6.21	7.20	7.29		7.56		7.74		个人住房贷款利率下限为相应档次贷款基准利率的0.85倍						
2008.10.09	6.12	6.93	7.02		7.29		7.47		个人住房贷款利率下限为相应档次贷款基准利率的0.85倍						
2008.10.27	6.12	6.93	7.02		7.29		7.47		个人住房贷款利率下限为相应档次贷款基准利率的0.7倍						
2008.10.30	6.03	6.66	6.75		7.02		7.20		个人住房贷款利率下限为相应档次贷款基准利率的0.7倍						
2008.11.27	5.04	5.58	5.67		5.94		6.12		个人住房贷款利率下限为相应档次贷款基准利率的0.7倍						
2008.12.23	4.86	5.31	5.40		5.76		5.94		个人住房贷款利率下限为相应档次贷款基准利率的0.7倍						
2010.10.20	5.10	5.56	5.60		5.96		6.14		未变化						
2010.12.26	5.35	5.81	5.85		6.22		6.40		未变化						
2011.2.9	5.60	6.06	5.40		5.76		5.94		未变化						
2011.4.6	5.85	6.31	6.4		6.65		6.80		未变化						
2011.7.7	6.10	6.56	6.65		6.90		7.05		未变化						
2012.6.8	5.85	6.31	6.40		6.65		6.80		未变化						
2012.7.6	5.60	6.00	6.15		6.40		6.55		未变化						
2014.11.22	5.6	5.6	6.00		6.00		6.15		对拥有1套住房并已结清相应购房贷款的家庭，为改善居住条件再次申请贷款购买普通商品住房，银行业金融机构执行首套房贷款政策						
2015.3.1	5.35	5.35	5.75		5.75		5.90		未变化						
2015.5.11	5.10	5.10	5.50		5.50		5.65		未变化						
2015.6.28	4.85	4.85	5.25		5.25		5.40		未变化						
2015.8.26	4.60	4.60	5.00		5.00		5.15		未变化						
2015.10.23	4.35	4.75	4.75		4.75		4.90		未变化						

注：2009年金融机构贷款利率未作调整

第七章　房地产三级市场

第一节　三级市场转让

一、三级市场交易情况

2016 年，全市三级市场交易 104868 宗，同比减少 22.77%；面积 907.99 万平方米，同比减少 20.25%。其中，住宅 791.28 万平方米，减少 23.18%；办公楼 17.13 万平方米，减少 19.01%；商业用房 50.33 万平方米，同比增加 5.45%；其他用途房屋 49.25 万平方米，同比增加 18.19%。（由于三级市场系统暂未按十区统计，故区域分类继续以六区进行）。

从区域结构看，罗湖区 17902 宗、面积 131.89 万平方米，同比分别减少 26.34%、22.48%；福田区 19291 宗、161.86 万平方米，同比分别减少 25.47%、25.21%；南山区 16063 宗、146.58 万平方米，同比分别减少 22.33%、22.75%；盐田区 2962 宗、23.74 万平方米，同比分别减少 24.40%、26.36%；宝安区 21545 宗、面积 203.73 万平方米，同比分别减少 20.85%、15.45%；龙岗区 27105 宗、240.19 万平方米，同比分别减少 19.75%、16.91%。

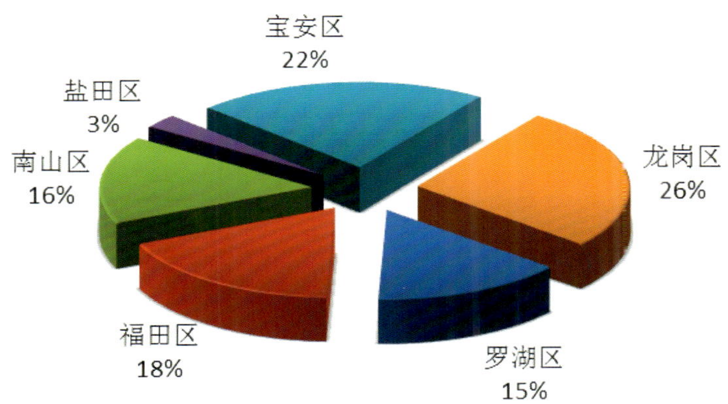

图 7-1　深圳市 2016 年房地产三级市场交易面积区域分布示意图

表 7-1 深圳市历年房地产三级市场交易情况（按区域分）

单位：宗、万平方米

年份	合计		罗湖区		福田区		南山区		盐田区		宝安区		龙岗区	
	宗数	面积	宗数	面积	宗数	面积	宗数	面积	宗数	面积	宗数	面积	宗数	面积
1996	2649	40.61	1560	20.63	431	5.21	416	5.99	—	—	187	1.49	55	7.29
1997	4851	55.23	2508	31.54	1396	9.76	625	9.04	—	—	241	3.16	81	1.73
1998	5987	100.40	2423	39.00	1720	24.00	1034	22.00	144	3.40	367	3.00	299	9.00
1999	7565	149.40	2820	53.60	2151	47.70	1408	22.20	160	7.40	542	8.40	484	10.10
2000	11277	196.60	4565	69.80	2821	43.00	2029	44.00	207	2.70	801	15.90	854	21.20
2001	18853	249.88	6458	76.15	4910	68.80	3629	42.54	465	6.74	1651	29.74	1740	25.91
2002	26629	340.49	8163	91.35	8054	96.34	4776	58.85	537	10.74	2283	40.94	2816	42.27
2003	40899	496.83	11851	133.71	11775	122.61	7233	83.72	1223	18.64	3563	69.13	5254	68.99
2004	59871	732.71	15239	160.62	16055	177.99	11924	127.35	1212	30.21	6131	99.99	9310	136.54
2005	73532	841.29	15827	162.70	20449	227.35	15750	167.62	1401	14.95	8757	108.71	11348	159.97
2006	95506	1013.16	21585	201.11	25085	260.29	19000	192.60	2100	19.41	13197	155.20	14539	184.55
2007*	119957	1089.01	27094	206.84	29074	265.7	21574	200.95	3198	25.88	20703	192.36	18314	197.28
2008*	45851	495.43	10860	97.69	10902	111.53	7888	93.74	1168	10.50	7509	93.21	7524	88.76
2009	157495	1405.27	35000	263.31	36476	332.33	25676	244.14	3551	30.93	27446	263.62	29346	270.94
2010	123669	1119.40	24069	195.32	26220	232.93	20686	200.80	3166	28.08	23804	228.78	25724	233.49
2011	73067	681.52	13314	115.49	15232	148.82	11408	111.82	1915	26.28	15182	137.38	16016	141.73
2012	64361	592.20	11829	95.49	12500	119.38	11121	102.49	1399	13.09	12880	128.02	14632	133.73
2013	94650	850.30	16652	127.45	19372	169.41	15689	147.63	2219	17.29	18246	162.06	22472	226.46
2014	62677	530.58	11630	83.68	13235	116.91	10237	91.73	1773	14.2	12343	104.98	13459	119.08
2015	135783	1138.55	24305	170.14	25883	216.41	20680	189.74	3918	32.24	27221	240.95	33776	289.07
2016	104868	907.99	17902	131.89	19291	161.86	16063	146.58	2962	23.74	21545	203.73	27105	240.19

注：①2008 年三级市场数据统计口径变更为只包含市场交易数据，不包括其他产权转移数据，2007 年的数据按变更后新的可比口径进行调整，2006 年及以前年度数据未作调整，下同。②因市规划和国土资源委员会数据信息库暂未对 4 个新区的三级市场数据进行分类，故保持原 6 个行政区统计数据。

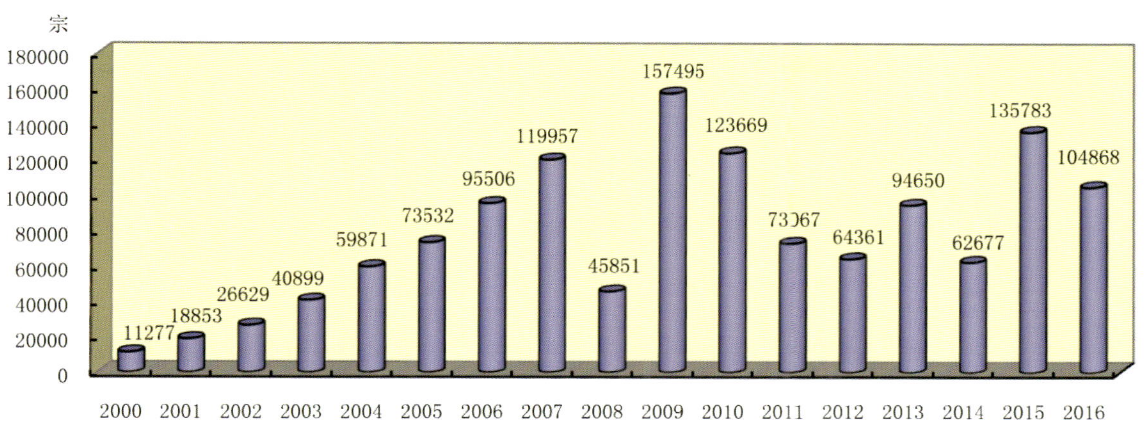

图 7-2 深圳市历年房地产三级市场交易宗数示意图

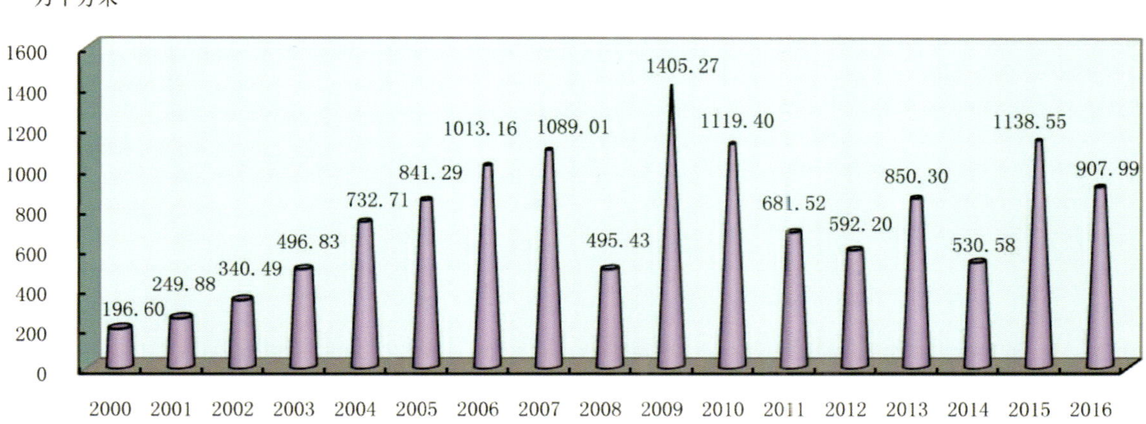

图 7-3 深圳市历年房地产三级市场交易面积示意图

二、三级市场住宅交易情况

2016 年，全市三级市场住宅交易 94766 宗、面积 791.28 万平方米，同比分别减少 23.30%、23.18%。从区域结构看，罗湖区 17902 宗、面积 131.89 万平方米，同比分别减少 26.34%、22.48%；福田区 19291 宗、面积 161.86 万平方米，同比分别减少 25.47%、25.21%；南山区 16063 宗、面积 146.58 万平方米，同比分别减少 22.33%、22.75%；盐田区 2962 宗、面积 23.74 万平方米，同比分别减少 20.40%、26.36%；宝安区 21545 宗、面积 203.73 万平方米，同比分别减少 20.85%、15.45%；龙岗区 27105 宗、面积 240.19 万平方米，同比分别减少 19.75%、16.91%。

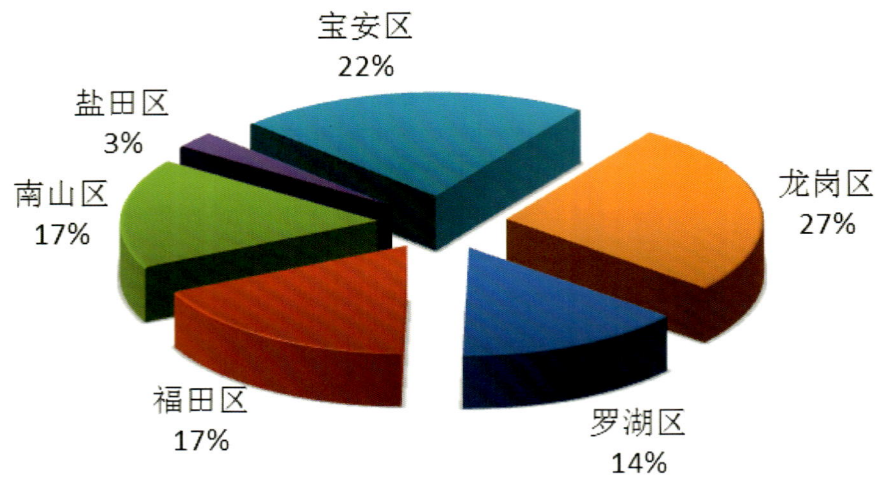

图 7-4　深圳市 2016 年三级市场住宅交易面积区域分布示意图

表 7-2　深圳市历年三级市场住宅交易情况（按区域分）

单位：宗、万平方米

年份	合计		罗湖区		福田区		南山区		盐田区		宝安区		龙岗区	
	宗数	面积	宗数	面积	宗数	面积	宗数	面积	宗数	面积	宗数	面积	宗数	面积
2004	53259	474.53	13103	107.78	14612	130.62	10757	99.81	1212	9.55	4993	47.48	8582	79.29
2005	65541	595.67	13601	109.48	18483	170.33	13986	129.97	1251	10.19	7555	72.81	10665	102.89
2006	84976	737.63	18670	141.59	22268	198.54	17377	160.13	1858	15.11	11062	101.25	13741	121.01
2007*	108270	884.61	23957	164.66	25960	213.68	20000	178.26	2925	21.99	18037	157.82	17391	148.2
2008*	41307	350.93	9475	69.18	9730	86.25	7139	65.93	1114	8.30	6793	60.77	7056	60.50
2009	145863	1226.58	32214	225.40	33139	280.06	23758	219.02	3350	26.52	25646	237.26	27756	238.32
2010	111121	923.40	21338	151.45	22690	186.07	19000	166.92	2860	21.70	21839	195.06	23394	202.20
2011	60013	511.09	10734	78.04	12205	105.07	9719	88.43	1717	13.55	12152	108.75	13486	117.25
2012	55841	468.40	10065	72.48	10961	90.93	8983	79.76	1262	10.34	11172	100.29	13398	114.60
2013	86335	727.10	15111	108.13	17626	144.50	13866	125.54	2144	16.06	16954	149.78	20634	183.09
2014	54382	459.5	9785	69.74	11594	97.24	9143	82.28	1615	12.23	10395	93.89	11850	104.12
2015	123547	1030	21596	150.61	23352	191.54	19247	173.91	3672	28.27	24935	221.13	30745	264.54
2016	94766	791.28	17902	131.89	19291	161.86	16063	146.58	2962	23.74	21545	203.73	27105	240.19

第二节 三级市场交易价格

2016 年，全市三级市场交易均价 24332.04 元/平方米（按建筑面积，下同），同比上涨 51.70%。其中，住宅 24724.58 元/平方米，同比上涨 55.45%；办公楼 23881.45 元/平方米，上涨 1.16%；商业用房 25709.49 元/平方米，同比上涨 14.94%。

从区域结构看，罗湖区 22485.07 元/平方米，同比上涨 49.97%；福田区 29801.04 元/平方米，同比上涨 43.54%；南山区 34452.22 元/平方米，同比上涨 58.69%；盐田区 23012.72 元/平方米，同比上涨 55.96%；宝安区 23899.70 元/平方米，同比上涨 63.30%；龙岗区 15981.86 元/平方米，同比上涨 49.19%。

表 7-3 深圳市 2016 年房地产三级市场交易均价（按区域分）

单位：元/平方米

	全市	罗湖区	福田区	南山区	盐田区	宝安区	龙岗区
全市均价	24332.04	22485.07	29801.04	34452.22	23012.72	23899.70	15981.86
住宅	24724.58	23346.99	29960.88	34920.67	22422.79	23746.24	16640.59
办公楼	23881.45	17864.65	27219.43	26734.97	20717.08	27831.61	15895.54
商业用房	25709.49	17563.82	33704.29	31344.45	28208.58	27529.78	19772.65
其他	16774.38	16133.85	19791.83	29629.4	24314.34	23171.14	6708.06

表 7-4 深圳市历年房地产三级市场交易均价（按区域分）

单位：元/平方米

年份＼区域	全市	罗湖区	福田区	南山区	盐田区	宝安区	龙岗区
2000	3144.97	3699.96	4541.55	2789.46	2492.46	1706.90	1121.99
2001	3022.28	4220.35	4021.27	2826.65	2489.55	1250.62	1107.58
2002	3038.43	3812.62	4239.49	3013.03	1696.71	1303.90	1317.78
2003	3157.20	3937.37	4562.50	3406.51	1872.98	1521.34	1526.44
2004	3527.27	4075.46	4929.10	4007.70	1991.06	1804.08	2198.62
2005	4052.59	4671.36	5417.90	4459.49	3527.09	2331.80	2274.80
2006	4507.34	5331.01	6111.64	4819.21	5035.03	2716.95	2471.42
2007*	5385.14	6214.27	7051.68	5763.52	5387.17	3597.34	3629.06
2008*	5263.65	5557.52	6623.92	6367.83	4953.33	3470.12	3985.13
2009	5902.88	6300.56	7123.67	6537.4	5687.68	5212.62	4143.46
2010	6055.04	6446.24	7354.1	6763.94	6378.92	5342.21	4481.73
2011	7564.28	7815.57	9366.21	8884.37	6643.07	6692.97	5441.33
2012	11191.02	11347.99	14721.56	15052.69	9459.89	8877.21	7352.13
2013	12873.10	12848.80	17047.28	17092.33	12120.88	11597.62	7983.75
2014	15338.95	14672.32	19529.12	20184.24	13669.72	13643.74	9654.69
2015	16039.68	14993.06	20761.38	21710.24	14755.27	14635.78	10712.25
2016	24332.04	22485.07	29801.04	34452.22	23012.72	23899.70	15981.86

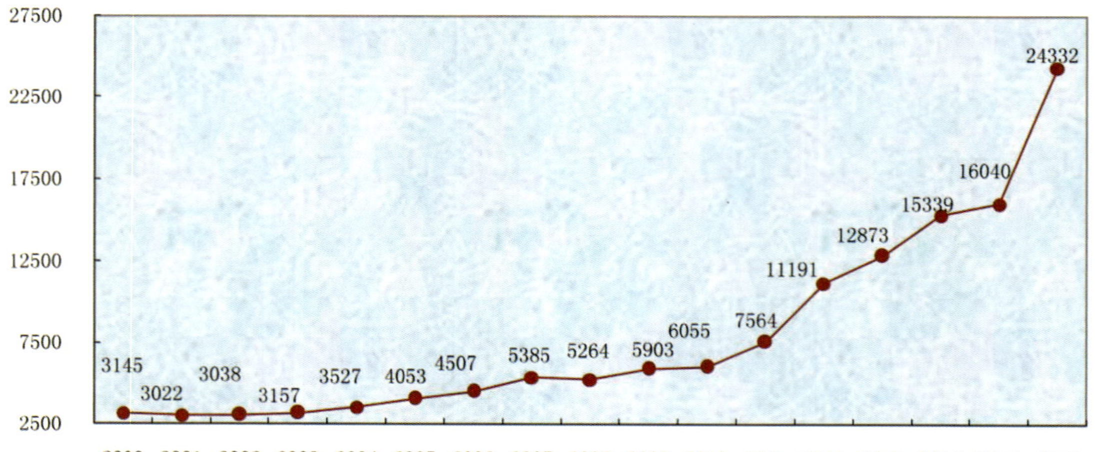

图 7-5 深圳市历年房地产三级市场交易均价走势示意图

表 7-5　深圳市历年三级市场住宅交易均价

单位：元/平方米

年度＼月份	1	2	3	4	5	6	7	8	9	10	11	12
2004	3585.33	3612.09	3713.55	3722.33	3763.00	3792.94	3817.49	3839.75	3834.70	3852.88	3861.68	3890.80
2005	4096.30	4111.35	4123.85	4177.97	4254.87	4312.14	4302.17	4307.50	4281.01	4288.64	4301.50	4283.92
2006	4447.64	4437.87	4441.44	4503.55	4593.31	4639.78	4658.58	4665.77	4679.03	4711.06	4730.08	4757.79
2007*	4994.33	5117.97	5191.14	5194.74	5230.22	5311.56	5388.82	5390.95	5394.63	5395.71	5407.29	5402.00
2008*	5571.40	5638.48	5794.97	5898.32	5951.03	5943.05	5863.68	5836.53	5826.00	5792.96	5761.64	5682.30
2009	5584.20	5584.20	5657.67	5678.22	5694.7	5738.78	5759.72	5811.45	5787.4	5784.71	5772.90	5777.54
2010	5867.83	5805.64	5762.86	5728.45	5782.53	5789.15	5773.91	5761.47	5793.11	5807.20	5834.21	5835.82
2011	6203.17	6147.78	6215.22	6262.59	6258.93	6295.14	6404.85	6531.05	6716.84	6873.42	7049.32	7204.35
2012	10857.02	11260.68	11452.66	11603.83	11621.50	11700.05	11679.32	11699.58	11682.57	11699.25	11769.42	11818.60
2013	12325.52	12432.20	12696.58	12682.99	12680.93	12688.50	12679.04	12683.02	12708.99	12793.94	12917.97	13005.65
2014	14471.92	14538.61	14689.91	14639.38	14702.36	14723.19	14825.47	14835.63	14872.14	14883.08	14918.28	14958.96
2015	15299.50	15678.73	15561.70	15569.33	15430.29	15377.18	15346.47	15267.68	15246.32	15314.93	15543.93	15905.24
2016	20179.44	20192.61	20347.13	20465.27	20888.00	21525.20	22151.05	22934.24	23532.82	24084.78	24456.10	24724.58

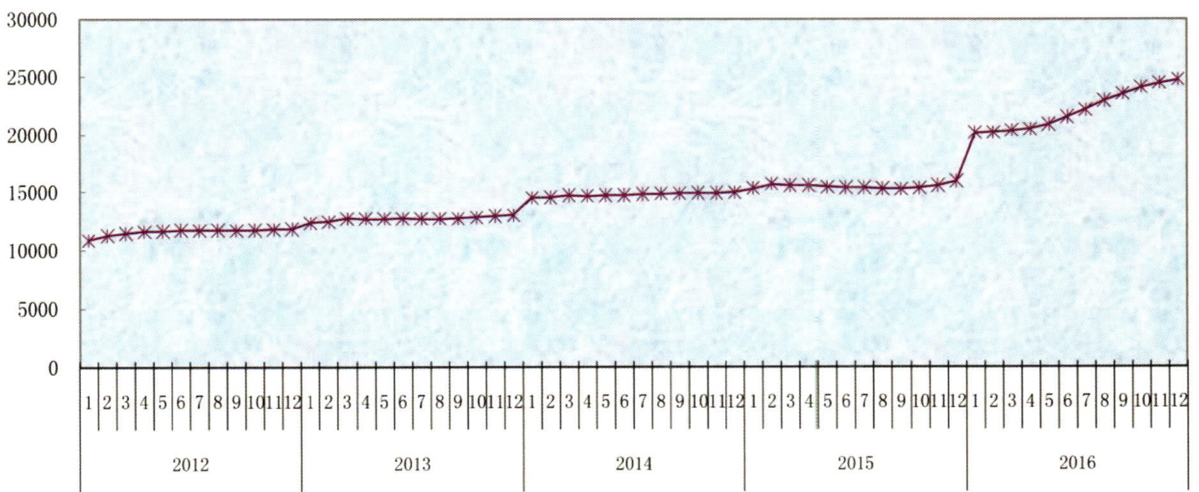

图 7-6　深圳市历年三级市场住宅交易均价走势示意图

表 7-6　二手住宅抽样

区域	项目名称	位置	房屋类型	总面积	挂牌月份	挂牌价
罗湖区	幸福里雅居	罗湖区宝安南路以西	高层	94.51	1	68139
	东方·尊峪花园	莲塘罗沙路	高层	124.75	1	50058
	冠懋金色都汇	春风路	高层	67.29	2	47806.75
	中信星光名庭	笋岗路	高层	144.6	3	47981
	泊林花园	水贝二路	高层	46.7	4	48347
	翠山花半里雅筑	罗湖区布心片区	高层	71.35	5	40931.5
	梧桐合正锦园	罗湖区畔山路	小高层	126.33	4	53705
	松泉山庄	深圳市罗湖区太白路	小高层	77.03	12	44194
	丰湖大厦	布心路与布吉路交界西北	小高层	85.26	7	37897
	名骏豪庭	莲塘罗沙路南	多层	66.95	2	47727.66
	银晖名居	罗湖区金碧路	多层	26.03	11	42181.98
	红桂皇冠名庭	宝安南路	多层	46.16	12	42748.01
	南塘商业广场	罗湖区永新街南侧	多层	132.76	7	34638
	东方都会大厦	沿河路以东	多层	60.7	11	53421.99
	合正荣悦府	文锦中路东北侧	高层	206.88	12	74580
福田区	景源华庭	渔农村	高层	101.6	1	51417
	中银花园	福田中心区彩田路 5015 号	高层	84.79	2	49058.14
	皇御苑 B 区	滨河路	高层	63.92	3	57853.5
	天安高尔夫珑园	福田区泰然一路	高层	195.01	4	61962
	岭尚时代园	八卦四路	高层	71.37	7	57033
	福民佳园	福民路与金田路交汇处	高层	163.35	8	60474.5
	东海花园	深南西路农科中心	高层	115.14	10	79515
	香榭里花园(二期)	农科中心农园路	小高层	179.09	2	72585
	半山御景华庭	梅观高速公路西南	小高层	86.88	7	61857
	国泰豪园	景田一片区	小高层	115.63	11	68742
	俊安苑	农轩路	小高层	141.61	10	84343
	颐林雅院	上梅林中康北路	多层	94.83	4	45108
	怡枫园	莲花路和景田路交界西南	多层	223.73	2	40053.34
	金港豪庭	金田路水围村	多层	76.99	12	61051.5
	福兴花园（二期）	梅林路	多层	79.29	7	51141

（续表）

区域	项目名称	位置	房屋类型	总面积	挂牌月份	挂牌价
南山区	中信红树湾花城	沙河东路	高层	165.78	1	79832.25
	恒立心海湾花园	南山区港湾大道南	高层	87.58	2	63084.5
	南国丽城花园	南山区大沙河西、留仙大道北	高层	104.39	4	49629
	创世纪滨海花园	南油大道东、桂庙路北	高层	121.29	7	62039
	世纪假日广场	深南大道以北	高层	98.09	10	56258
	阳光花地苑	南山区前海路东侧	高层	64.88	12	70011
	纯水岸	南山区华侨城北片区	小高层	177.18	1	63216
	中海阳光玫瑰园	南山区月亮湾大道	小高层	41.24	3	65921
	碧海云天小区（一期）	百石洲路北	小高层	137.99	8	74477
	如意家园	常兴路与桃园路交汇处	小高层	72.8	10	62913
	海月花园（二期）	后海路东、东滨路南	小高层	239.44	1	72563.29
	米兰第二季公寓	南山区花果路与招商东路交汇处	多层	74.29	4	59626.01
	红树西岸花园	滨海大道红树湾	多层	208.7	5	93914.42
	新一代大厦	南油大道与东滨路交汇处	多层	42	4	58213
	麒麟花园	玉泉路南侧	多层	75.86	12	67442
盐田区	蓝郡广场	盐田区沙头角海景二路	高层	308.11	3	61555
	金水湾御园	盐田区北山道和盐田路交界路口处	高层	47.07	5	36420.99
	绿色盐港家园	盐田区明珠大道	高层	89.5	3	28972.01
	壹海城一区	盐田区深盐路南面海山路北面	高层	151.02	1	53037.5
	君临海域名园（一期）	盐田海景二路与海山东二街交汇处	高层	244.18	11	42049
	盛世名门家园	沙头角沙盐路南侧	高层	105.44	2	37954
	东港印象家园（A区）	盐田区东海道	高层	138.08	12	43601
	中海半山溪谷花园	盐田区	小高层	74.58	3	30414
	山海阳光园（二期）	盐田区沙头角园林路北侧	小高层	47.31	4	40400.5
	中通水岸	盐田区大梅沙	小高层	329.57	11	42633
	棕榈湾	海景	小高层	106.48	4	42636.5
	东和海韵园	沙头角	多层	119.08	1	31061
	心海玥雅居	盐葵	多层	45.24	3	25126.87
	东和海韵园	沙头角	多层	95.58	4	32466
	天琴湾	大梅沙崎头岭	多层	162.07	4	75129

（续表）

区域	项目名称	位置	房屋类型	总面积	挂牌月份	挂牌价
龙岗区	天健·现代城花园	中心城	高层	139.08	1	29038
	布吉中心花园	布吉镇	高层	93.11	2	35358.99
	茗萃园(一期)	龙岗区平湖街道良安田社区	高层	80.86	4	30262
	第五园（四期）	龙岗区坂田街道雅园路	高层	73.13	7	57887
	阳光翠园	龙岗区布吉镇	高层	334.56	9	31085.5
	公园大地花园	龙岗区中心城 29 区	高层	170	12	48094
	可园（五、六、七期）	布吉木棉湾	高层	110.75	3	39065
	东都雅苑	平湖镇	小高层	123.09	2	23149.33
	茗萃园(一期)	龙岗区平湖街道良安田社区	小高层	63.31	6	30300.5
	公园大地花园	龙岗区中心城 29 区	小高层	111.71	11	45417
	康达尔花园	布吉镇大芬村	小高层	88.14	1	30365
	东方沁园	中心城	多层	139.37	10	28840
	盛龙花园	龙城街道	多层	146.43	2	23932
	中加名园(二期)	布吉镇	多层	124.48	9	39001
	碧湖玫瑰园	中心城	多层	116.98	3	29625
宝安区	圣莫丽斯花园	宝安区龙华街道玉龙路西侧	高层	196.94	2	57393
	碧海富通城	西乡镇西乡大道西侧	高层	30.6	4	46903.99
	鸿荣源禧园	宝安区沙井街道宝安大道东侧	高层	121.38	7	43547.5
	融景园	宝安区新安街道办裕安二路	高层	219.2	7	43386
	魅力时代花园	宝安区西乡街道西乡大道与新湖路交汇处	高层	65.38	12	59297
	招商观园	宝安区观澜街道环观南路	多层	53.26	3	30974.33
	熙龙湾花园（N10区）	深圳市宝安中心区 N10 区	多层	182.02	5	79260.5
	日出印象花园	龙华镇布龙公路南侧	多层	109.5	11	43078
	大益广场	西乡镇五十七区西乡大道	多层	90.9	3	40161.66
	新华苑	龙华镇东环二路西侧	多层	102.85	3	26806
	潜龙花园	龙华民治大道西测	多层	192.74	5	36503
	幸福海岸	宝安区中心区 N15 区	小高层	138.87	2	63713.5
	世纪春城(三期)	深圳市宝安区龙华街道梅龙南路东侧	小高层	187.91	5	41527
	金域豪庭	福永街道新城大道东侧	小高层	47.86	7	43183
	缤纷世界花园	西乡街道坪洲开发区	小高层	72.9	10	53757

表 7-7 商业办公楼抽样

区域	项目名称	位置	物业类型	房屋类型	面积	挂牌月份	挂牌价
罗湖	世界金融中心	深南东路 118 号和平路宝平街	写字楼	高层	90	5	94.44444444
	好运来大厦	沿河路	写字楼	高层	48	12	68.75
	一品东门雅园	罗湖区中兴	商铺	高层	29	9	57931.03448
	南塘商业广场	罗湖区永新街南侧	商铺	高层	31	8	76774.19355
	青橙时代公寓	罗湖区布心东晓路	商铺	高层	50	11	100
福田	金域蓝湾一期	福荣路北	商铺	高层	63	4	280.7936508
	中电信息大厦	新洲路	写字楼	高层	128.03	4	113.2547059
	南方国际广场	滨河路与益田路交汇处西南侧	写字楼	高层	32.98	5	109.1570649
	金中环商务大厦	福田中心区金田路与福华路交汇处	商铺	高层	54	6	144.4444444
	世纪汇广场	深南中路北中航路西	写字楼	高层	110	9	132.5454545
	理想公馆	福田区梅林	写字楼	高层	72	3	19347.22222
	新亚洲国利大厦	振中路与中航路交汇处	商铺	高层	4.28	12	95794.39252
	天安创新科技广场（二期）	福田区滨河路与香蜜湖路交汇处	写字楼	高层	150	9	133.3333333
	金润大厦	深南大道与泰然九路交界东南	商铺	高层	167	5	419.1616766
南山	海岸时代公寓	南山区南头一甲片区	写字楼	高层	29.51	1	27486.72766
	丽湾商务公寓	前海路与兴海大道交汇处	商铺	高层	71.61	9	181.5388912
	海岸时代公寓	南山区南头一甲片区	写字楼	高层	54.34	11	73.61059993
	苏豪名厦	南山区桃园路北	写字楼	高层	90.21	5	27491.40893
	向南瑞峰花园	桂庙路北、南光路西	商铺	高层	209	9	44976.07656
	现代城华庭	南山区创业路与南光路交汇处	商铺	高层	79	5	518.9873418
	保利文化广场	南山区商业文化中心区	商铺	高层	51	10	980.3921569
	雍景湾花园	南山区爱榕路	商铺	高层	59	4	99322.0339
龙岗	润创兴时代公寓	龙岗区坂田街道	写字楼		110	3	66.36363636
	港信达横岗大厦	龙岗区横岗街道办	写字楼		63	10	113.8888889
	中信龙盛广场	龙岗区龙岗街道龙东社区	商铺		44.71	7	223.6636099
	金汐府	龙岗区龙岗街道	商铺		32	6	312.5
	欧意轩花园	龙岗镇	商铺		150.41	12	46.53945881
宝安	荣超滨海大厦	宝安中心区兴华路南侧	写字楼		81.54	9	118.0034339
	凤凰花苑	宝安区福永街道白石厦	写字楼		57.82	1	44.9671394
	春华四季园	宝安区龙华街道梅观高速公路东侧	商铺		53.97	12	125.0586212
	万骏汇商务公寓	西乡街道广深高速公路西侧	写字楼		36.91	5	22216.20157
	中洲华府(二期)	宝安区新安街道裕安二路与公园交汇处	商铺		46	9	652.173913
	皓月花园	龙华街道民德路南侧	商铺		30	2	133.3333333

第三节　房地产转让税费

房地产转让税费分为二级市场转让税费、三级市场转让税费和政策性住房上市换证登记税费。房地产二级市场转让税费，是指房地产建设方作为转让人对所建房地产的第一次转让过程中所发生的税费；房地产三级市场转让税费，是指在房地产二级市场转让后再转让过程中发生的税费；政策性住房上市换证登记税费，是指符合规定条件的政策性住房转商品房登记过程中发生的税费。

表 7-8　深圳市 2016 年房地产二级市场转让税费

序号	税（费）名称	税（费）率	计算基数	收取对象	征收部门
1	增值税	5%	不含税销售额	转让方	税务机关
2	城市建设维护税	7%	增值税	转让方	税务机关
3	教育费附加	3%	增值税	转让方	税务机关
4	地方教育费附加	2%	增值税	转让方	税务机关
5	印花税	0.05%	合同销售价	双方	登记部门（代征）
6	不动产权证书贴花	5 元	本	受让方	登记部门（代征）
7	企业所得税	15%	所得额	转让方	税务机关
8	契税	1%、1.5%或 3%	合同销售价	受让方	登记部门（代征）
9	土地增值税	别墅、度假村、酒店式公寓 1%；其他房地产 0.5%	销售收入	转让方	税务机关
10	房地产转让（交易）手续费	住房 2 元/平方米 非住房 4 元/平方米	建筑面积	住房为转让方、非住房为双方各 50%	登记部门
11	登记费	住房 80 元 非住房 550 元	件	受让方	登记部门

注：

1. 城市维护建设税及教育费附加：

（1）根据《深圳市地方税务局关于城市维护建设税和教育费附加政策调整的函》（深地税函〔2010〕344 号），对深圳市城市维护建设税和教育费附加的征收政策作以下变动：①自 2010 年 12 月 1 日起，对深圳的外资企业和外籍个人征收城市维护建设税和教育费附加。②根据《中华人民共和国城市维护建设税暂行条例》的有关规定，自 2010 年 12 月 1 日起，深圳市城市维护建设税税率由 1%调整为 7%。

（2）根据《深圳市地方税务局关于代征地方教育附加的通告》（深地税告〔2011〕6 号），从 2011 年 1 月 1 日起，深圳市行政区域内缴纳增值税、营业税、消费税的单位和个人（包括外商投资企业、外国企业及外籍个人），按实际缴纳增值税、营业税、消费税税额的 2%缴纳地方教育附加。

2. 印花税：（1）个人销售或购买住房暂免征收印花税；（2）其他情形按登记价值 0.05%计征。

3. 契税：个人购买 90 平方米以下（含 90 平方米）普通住房，且该住房属于家庭（成员范围包括购房人、配偶以及未成年子女）唯一住房的适用税率为 1%；个人购买 90 平方米以上 144 平方米以下（含 144 平方米）普通住房，且该住房属于家庭（成员范围包括购房人、配偶以及未成年子女）唯一住房的，适用税率为 1.5%；其他情况适用税率为 3%。

*上述“普通住房”的执行标准具体为：同时满足以下条件的为“普通住房”，即住宅小区建筑容积率在 1.0（含）以上；单套住房套内建筑面积 120（含本数）平方米以下或单套建筑面积 144（含本数）平方米以下；实际成交价格低于所在区域普通住房价格标准。

4. 房地产转让（交易）手续费：

（1）根据粤发改价格函〔2015〕4555号文，自2015年10月15日起，新建商品住房由现行每平方米3元降为每平方米2元，存量住房由现行每平方米6元降为每平方米4元；住房以外的其他房地产转让（交易）手续费，由现行的每平方米6元降为每平方米4元。

（2）经济适用房、安居型商品房等保障性住房减半收取。

5. 登记费：根据发改价格规〔2016〕2559号文，不动产登记费按件收取。申请人以一个不动产单元提出一项不动产权利的登记申请，并完成一个登记类型登记的为一件。登记收费标准中包含一本不动产权属证书的工本费。

表 7-9 深圳市 2016 年政策性住房换证登记税费

序号	税（费）名称	税（费）率	计算基数	收取对象	征收部门
1	国有土地收益金	1%	房改购买价	权利人	登记部门（代收）
2	印花税	0.05%	计税价格	权利人	登记部门（代征）
3	登记费	80 元	件	权利人	登记部门

表 7-10 深圳市 2016 年房地产三级市场转让税费

序号	税（费）名称	税（费）率	计 算 基 数	收取对象	征 收 部 门
1	增值税	5%	不含税销售额或差额	转让方	登记部门（代征）
2	城市建设维护税	7%	增值税	转让方	登记部门（代征）
3	教育费附加	3%	增值税	转让方	登记部门（代征）
4	地方教育费附加	2%	增值税	转让方	登记部门（代征）
5	印花税	0.05%	计税价格	转让方	登记部门（代征）
		0.05%		受让方	
6	不动产权证书贴花	5 元	本	受让方	登记部门（代征）
7	个人所得税	20%	核实：计税价格-房产原值-转让过程缴纳的税金、合理费用	转让方	税务机关或登记部门（代征）
		1%、1.5%或 3%	核定：计税价格		登记部门（代征）
8	企业所得税	15%	所得额	转让方	税务机关
9	契税	1%、1.5%或 3%	计税价格	受让方	登记部门（代征）
10	土地增值税	30%～60%	核实：计税价格减除该房地产原价以及转让环节发生的各项税费后的余额	转让方	税务机关
		5%或 10%	核定：计税价格		登记部门（代征）
11	房地产转让（交易）手续费	2 元/平方米	建筑面积	转让方	登记部门
		2 元/平方米		受让方	
12	登记费	住房 80 元 非住房 550 元	件	受让方	登记部门

注：

1. 计税价格确定方式

（1）我市对存量房（即二手房）交易实行计税参考价格的征收方式。计税参考价格由市国土房产评估发展中心根据我市房地产市场交易情况定期更新，经主管税务部门确认后执行。

（2）纳税人申报的存量房买卖成交价格高于或等于计税参考价格的，以纳税人申报的成交价格作为计税价格征税；纳税人申报的存量房买卖成交价格低于计税参考价格的，以计税参考价格作为计税价格征税。

（续表）

(3) 同一套房买卖双方均采用同一计税价格。

2. 增值税

(1) 自2015年3月31日起，个人将购买不足2年的住房对外销售的，全额征收增值税；

(2) 个人将购买超过2年（含2年）的非普通住房对外销售的，按照其销售收入减去购买房屋的价款后的差额征收增值税；

(3) 个人将购买超过2年（含2年）的普通住房对外销售的，免征增值税。

(4) 个人将购买的非住宅类房产对外销售的，或法人团体、企事业单位转让房产的，按照其销售收入减去购买房屋的价款后的差额征收增值税。

3. 城市维护建设税及教育费附加

(1) 根据《深圳市地方税务局关于城市维护建设税和教育费附加政策调整的函》（深地税函〔2010〕344号），对深圳市城市维护建设税和教育费附加的征收政策作以下变动：①自2010年12月1日起，对深圳的外资企业和外籍个人征收城市维护建设税和教育费附加。②根据《中华人民共和国城市维护建设税暂行条例》的有关规定，自2010年12月1日起，深圳市城市维护建设税税率由1%调整为7%。

(2) 根据《深圳市地方税务局关于代征地方教育附加的通告》（深地税告〔2011〕6号），从2011年1月1日起，深圳市行政区域内缴纳增值税、营业税、消费税的单位和个人（包括外商投资企业、外国企业及外籍个人），按实际缴纳增值税、营业税、消费税税额的2%缴纳地方教育附加。

4. 印花税

(1) 个人销售或购买住房暂免征收印花税；

(2) 其他情形按0.05%计征。

5. 个人所得税（个人所得税采用核实征收方式的，有房产原值凭证，又有费用凭证的，由纳税人先到房产所在地主管税务机关办理核实手续。其它均由登记中心直接代征。）

(1) 核定征收方式：应纳个人所得税＝计税价格×1%（或1.5%、3%）

*我市个人住房转让个人所得税核定征收率标准为：普通住房为1%，非普通住房或非住宅类房产为1.5%，拍卖房为3%。

(2) 核实征收方式：应纳个人所得税＝（计税价格-房地产原值-转让过程缴纳的税金-合理费用）×20%。

(3) 根据财税字〔1999〕278号文，对于个人转让自用5年以上、并且是家庭唯一生活用房取得的所得，继续免征个人所得税。

6. 契税

(1) 个人购买90平方米以下（含90平方米）普通住房，且该住房属于家庭（成员范围包括购房人、配偶以及未成年子女）唯一住房的适用税率为1%；

(2) 个人购买90平方米以上144平方米以下（含144平方米）普通住房，且该住房属于家庭（成员范围包括购房人、配偶以及未成年子女）唯一住房的，适用税率为1.5%。

(3) 经济适用房的契税征收，按照深地税函〔2012〕191号文执行。

(4) 其他情况适用税率为3%。

7. 土地增值税（个人转让非住宅类房产的“核定征收方式”由登记中心代征，其他均由纳税人自行到房地产所在地主管税务机关缴纳或办理核实手续后由登记中心代征。）

(1) 对个人销售住房暂免征收土地增值税。

(2) 核定征收方式：应纳土地增值税额＝计税价格×核定征收率

*我市土地增值税核定征收率标准：商铺、写字楼、酒店为10%，其他非住宅类房产为5%。

8. 登记费：根据发改价格规〔2016〕2559号文，不动产登记费按件收取。申请人以一个不动产单元提出一项不动产权利的登记申请，并完成一个登记类型登记的为一件。登记收费标准中包含一本不动产权属证书的工本费。

9. 房地产交易手续费（按建筑面积收取）收费标准为：新建商品住房每平方米2元，经济适用房减半计收，手续费由转让方承担；存量住房（二手房）和住房以外的房地产交易手续费为每平方米4元，由交易双方各承担50%。

10. 其他说明

(1) 上述“普通住房”的执行标准具体为：同时满足以下条件的为“普通住房”，即住宅小区建筑容积率在1.0（含）以上；单套住房套内建筑面积120（含本数）平方米以下或单套建筑面积144（含本数）平方米以下；实际成交价格低于所在区域普通住房价格标准。

(2) 各项税费均按现行规定计算，如有最新规定，按新规定执行。

第八章　房屋租赁

第一节　租赁管理

一、概述

2016年,我市房屋租赁管理系统在市委政法委的领导下，在各有关部门的支持帮助下，全面贯彻落实中央、省、市关于加强社会建设、创新社会治理的指示精神，紧紧围绕全市政法综治工作的中心任务，以推进社区网格化管理、完善楼长制、创建宜居出租屋等各项长效管理措施，全面做好房屋租赁管理和服务管理工作。

（一）完善制度，深化服务，依法做好房屋租赁管理和税费征收

一年来，我们继续深化服务。一是适时调整业务规范，为抵消《深圳经济特区房屋租赁条例》（以下简称《条例》）废止带来的不利影响，维护租赁市场的稳定，结合各区租赁所反映的情况，重新修订《深圳市房屋租赁管理业务规范》（试行），按照国家和省的相关规定调整管理内容，并公告告知相关政府职能部门适时调整工作内容。二是推行便民服务。《条例》废止后，我市房屋租赁工作已成弱化趋势，2016年管理的有效房屋租赁合同51.8万份，较上年同期下降8.6%。宝安区政府为方便群众办事已召开了相关职能部门的会议，拟对宝安区放开房屋租赁备案限制，为许多房屋租赁登记备案受法律限制的企业和个人解决了实质上问题。市办积极响应全市一门一网式政府服务改革，对本办政务服务事项进行梳理和编写，做到全市统一标准，方便群众办事。大鹏新区推广“优质服务岗”专项创建活动，在窗口增设电子评价器，确保了服务质量。三是加强租赁业务监督管理，严格规范业务操作程序，定期开展租赁合同业务督查工作，及时通报检查结果，加强对租赁业务窗口规范化建设。

四是不断加大私房租赁税代征力度，增加财政收入，一年来，全市共征收房屋租赁税8.0亿元，同比下降17.5%。五是积极进行纠纷调解，服务群众，全年调解租赁纠纷609宗，涉及金额达465.6万元。六是及时测算公布了全市2016年度房屋指导租金标准，有效地发挥了市场引导作用。

（二）加强培训，完善考核，着力提升队伍整体素质和能力

为做好群众服务工作，适应新工作需求，我办定期举行房屋租赁业务培训，随后各区也根据实际，积极开展区内业务轮训工作，确保了窗口工作人员的工作质量。培训结束后，我办将通过考试，电话抽查，业务检查等形式，了解各区工

作人员对租赁业务的熟悉程度；对各区反映上来的业务问题，积极解答，做好全市统一引导工作。

（三）积极应对《深圳经济特区房屋租赁条例》废止带来的各方影响

《深圳经济特区房屋租赁条例》自2015年9月1号废止后，给我市房屋租赁工作带来很大影响，2015年9月1日前，我市房屋租赁按照《条例》的规定，认真履行职责，积极开展房屋租赁登记备案及租赁纠纷调解工作，通过以房管人、人房共管的模式有效地维护了我市房屋租赁市场的秩序。《条例》废止后，我市房屋租赁管理工作目前依据国家和省的相关规定进行，目前只针对具有合法产权的房屋进行登记，这给广大人民群众生产、生活带来了极大不便，出现了较多问题，例如：工厂企业因无法办理房屋租赁合同登记备案，至使无法通过环评、年审及货物进出口，适龄儿童因无法办理租赁合同登记备案凭证而不能入学等，尤其是关外，许多大型企业因无合法产权办理不了房屋租赁登记备案，纷纷面临巨额的违约退租风险，给社会稳定带来严重影响，市办针对目前的严峻形势，迅速组织从市场经济、社会管理、便民服务等多个方面，对产权手续不齐全房屋租赁纳管服务工作进行深入调研，提出了一系列的应对之策，如为解决适龄儿童入学问题，我办与市教育局联合发文，从2016年3月1日起正式启用了房屋租赁信息登记，这一举措解决了适龄儿童入学难的问题。同时各区也针对《条例》废止后的租赁工作积极与相关职能部门做好衔接工作，确保租赁市场秩序的稳定。

（四）租赁数据共享

与多个职能部门提供数据共享服务，包括对统计局、市规划局，教育局等职能部门提供相关租赁数据，与各部门的数据往来不仅加强了数据共享和使用率，对数据的准确和实用性也起到了一定的作用。

二、租赁管理情况

2016年，全市共有效存量合同51.8万份，全年新增办理房屋租赁合同 271684份，较往年同期下降 9%，纳入管理的房屋出租总面积约2.0亿平方米，较上年下降16.7%。按区域分，原特区内3595.23万平方米、占20%，原特区外16477.67万平方米、占80%；按房屋所有权性质分，私人出租 8806.09 万平方米、占43.8%，单位（含行政事业、各类企业、经济组织、社会团体等）出租11266.81万平方米、占56.2%；按房屋用途分，全市住宅类出租面积5554.3万平方米，较往年同期下降9%；商业类出租面积 3385.1 万平方米，较往年同期下降14%；办公类出租面积1491.2万平方米，较往年同期下降23%；厂房类出租面积7848.1万平方米，较往年同期下降 20%；仓库类出租面积170.9万平方米，较往年同期增长29%；综合类出租面积 1149.5 万平方米，较往年同期下降17%；其他出租面积473.8万平方米，较往年同期下降32%。

2016年，租金交易额646亿元，总体较去年同期减少 13%。其中单位租金交易额达 382亿元，占总额 59%；私人出租租金交易额 264亿元，占全额41%。

全市代征私房税 8.0 亿元，较往年同期下降17.5%，由于《条例》的废止，全市合同办理量明显下降，各区房屋租赁代征税也随之相应下降，其中宝安区代征私房税18143万元，同期下降20%；龙岗代征私房税9202万元，同期下降22%，龙华代征私房税5577万元，同期下降40%。全市共调解纠纷数609宗，涉及金额465.6万元。

截至2016年12月底，全市共登记住宅出租屋609.9万套（间），采集录入居住人口信息1819万人。

表 8-1 深圳市 2016 年房屋租赁管理情况

单位：万平方米

分类			面积
市场出租房屋	全市		20072.9
	其中	原特区内	3595.23
		原特区外	16477.67

表 8-2 深圳市历年房屋租赁管理面积（按区域分）

单位：万平方米

年份	出租面积	其中									
		罗湖区	福田区	南山区	盐田区	宝安区	龙岗区	光明新区	坪山新区	龙华新区	大鹏新区
2005 年	10390.54	684.71	1129.41	996.63	166.50	4905.39	2507.90				
2006 年	14883.91	977.12	1750.07	1331.28	278.69	6371.99	4174.76				
2007 年	17531.05	1053.60	1876.00	1420.91	280.77	6945.58	5109.89	844.30			
2008 年	19646.72	1074.37	1666.00	1536.25	311.15	7868.26	6229.31	961.38			
2009 年	19448.13	1081.29	1618.01	1598.41	307.09	8439.56	5365.09	1038.68	1513.26		
2010 年	22075.32	1081.29	1835.09	1654.09	282.67	9716.37	6306.74	1199.07	1681.83		
2011 年	19836.97	1441.89	1710.44	1463.71	231.65	9811.57	3772.79	1404.92	1526.20		
2012 年	24402.86	1279.54	1743.50	1594.43	235.16	8405.94	3701.31	1448.13	1596.81	4191.79	206.25
2013 年	22905.11	1189.46	1685.17	1614.71	231.13	7859.10	3710.35	1527.99	1092.60	3820.03	174.57
2014 年	25021.04	1049.96	1933.73	1506.84	219.62	9860.19	3108.58	1717.91	737.66	4719.69	166.86
2015 年	23855.11	953.40	1896.45	1449.34	205.33	9752.31	2852.13	1675.56	706.86	4210.00	153.73
2016 年	20072.90	1598.62	772.28	1224.33	162.87	9225.97	2571.87	1288.14	481.20	2638.66	108.96

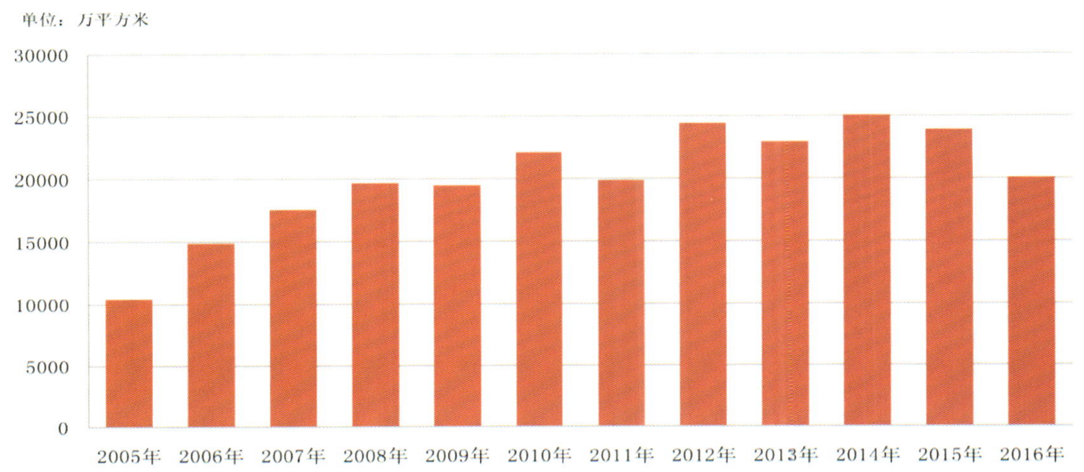

图 8-1 深圳市历年房屋租赁管理面积示意图

表 8-3　深圳市历年房屋租赁管理面积（按性质分）

单位：万平方米

年 份	出租面积	其中			
		私人出租	占比	单位出租	占比
2005 年	10390.54	1602.57	15.4%	8787.97	84.6%
2006 年	14883.91	3892.16	26.2%	10991.75	73.8%
2007 年	17531.05	4699.4	26.8%	12831.65	73.2%
2008 年	19646.72	5453.53	27.8%	14193.19	72.2%
2009 年	20961.39	6240.65	29.8%	14720.74	70.2%
2010 年	23757.15	7328.48	30.8%	16428.67	69.2%
2011 年	21363.17	7757.31	36.3%	13605.86	63.7%
2012 年	24402.86	9713.76	39.8%	14689.1	60.2%
2013 年	22905.11	8286.46	36.2%	14618.65	63.8%
2014 年	25021.04	10342.3	41.3%	14678.74	58.7%
2015 年	23855.11	9955.63	41.7%	13899.48	58.3%
2016 年	20072.90	8806.09	43.8%	11266.81	56.2%

表 8-4　深圳市历年房屋租赁管理面积（按用途分）

单位：万平方米

年 份	出租面积	其中				
		住宅	办公楼	商业用房	厂房仓库	其他
2005 年	10390.54	657.56	816.41	1952.75		6963.82
2006 年	14883.91	2240.70	996.30	2389.68	8975.47	281.76
2007 年	17531.05	2621.25	1286.72	2908.72	10416.95	297.41
2008 年	19646.72	3079.00	1307.77	3427.27	11500.75	331.93
2009 年	20961.39	3803.94	1409.12	3631.89	11741.51	374.93
2010 年	23757.15	3845.27	1814.31	4421.18	13220.78	455.61
2011 年	21363.17	4202.95	1726.73	4064.94	10445.28	923.27
2012 年	24402.86	5758.82	1821.62	4218.56	11210.62	1393.24
2013 年	22905.11	4762.72	1840.27	4026.33	10937.29	1338.50
2014 年	25021.04	6325.23	1971.26	3982.21	10769.23	1973.11
2015 年	23855.11	6085.5	1891.75	3887.54	9876.25	2114.07
2016 年	20072.90	5554.3	1491.2	3385.1	8019	1623.3

表 8-5　深圳市历年房屋租赁纠纷调解一览表

年 份	调解租赁纠纷（宗）	涉及金额（万元）
2005 年	499	3031.55
2006 年	404	3268.62
2007 年	219	538.75
2008 年	231	497.71
2009 年	333	445.85
2010 年	571	396.77
2011 年	365	691.54
2012 年	301	801.63
2013 年	359	547.7
2014 年	528	1394.2797
2015 年	336	823.74
2016 年	609	465.6

表 8-6　深圳市 2016 年私人房屋租赁税一览表

2016 年　住房			
税率	计算基数	收取对象	征收范围
4%　（不含税月租金收入≤30000 元）	不含税月租金	出租人	出租房屋的自然人
6.12%　（不含税月租金收入＞30000 元）	不含税月租金	出租人	出租房屋的自然人
2016 年　非住房			
税率	计算基数	收取对象	征收范围
4%　（不含税月租金收入≤30000 元）	不含税月租金	出租人	出租房屋的自然人
9.62%　（不含税月租金收入＞30000 元）	不含税月租金	出租人	出租房屋的自然人

第二节　租赁价格

2016年全市采集的租金数据与2015年下半年相比，各类用途房屋租金明显上升。

一、住宅类租金整体增幅平稳，毗邻市区租金上涨趋势明显

根据各区的调查报告和租金采样分析，全市住宅类房屋租金明显上涨。一方面受义务教育免费资格申请政策的影响，学校附近的住宅出租率明显上涨，其中坪山新区公办学校附近的住宅出租屋月租金每平米单价涨幅高达 20%。另一方面受城市更新逐步的推进，不少片区的居住环境和配套设施逐步完善，吸引了大量务工人员的青睐，特别是特区内的福田、南山、罗湖等老城区，由于地理位置较好，在租金价格上也占据优势，

福田区住宅类房屋租金价格上涨 15%左右，华强北街道的基本房屋租赁上涨高达 50%。南山片区的各类型住宅出租屋平均月租金由去年下半年的 44.8 元/㎡上升到 51.6 元/㎡，半年的时间，升幅高达 15.2%。罗湖区住宅类租金也明显上涨，由去年下半年的 38.8 元/㎡上升到 44.2 元/㎡，涨幅高达 14%。相比较而言，其他行政区域的住宅类租金水平相对平稳。

二、关内写字楼租金升幅潜力较大，关外租金水平稳中有升

随着近年投资环境的不断改善和经济发展形势的不断好转，新进驻和原有公司部分扩大规模，办公用房需求旺盛，促使办公类房屋的平均租金持续攀升。全市办公类租金升幅在1.7%，商圈较为成熟的福田区、罗湖区和南山区的高层办公楼仍然保持高昂态势。而纵观关外写字楼，租金也持续升温，其中龙华新区因位于深圳中轴地带的改革热土，凭借新区管委会精细化管理、深圳北站开通、原观澜街道行政区域增设划分，昔日的地理中心龙华从边缘走向中央，站在深圳特区舞台的前沿。房屋租赁市场开始迎来旺季，造成房屋租赁市场中办公类用房平均租金总体呈快速上涨趋势，由去

年下半年的16.1元/m²上升到18.4元/m²，租金涨幅14.3%，稳居全市第一。

三、商业类租金打破僵局，整体月租金上扬

由于地铁施工和电商的影响，近年来商业类租金持续低迷，但历经过了一定时期的抑制期后，租金的上涨势头得到释放。全市商业类平均租金明显上升，由去年的47.6元/m²上升到49.8元/m²，其中涨幅较大的大鹏新区和光明新区，由于新区发展迅速，旅游业的发展推动了商业类房屋租金的上涨，但个别区由于去年下半年商铺租金上涨过快，而社会消费能力上升的幅度未能跟上，再加部分路段进行旧城改造，交通不便，人流量减少等原因，导致这部分商铺租金价格呈现下降现象，如宝安区整体商业租金价格呈下滑趋势。

使用功能较强的中心区域，商铺的出售价格和租金涨幅明显。其中，环比上涨幅度较大的当属南山区，该片区受政策利好影响，商业租金涨幅10%左右。

四、产业转型升级，厂房仓库类租金稳中有升

全市工业厂房及仓库类房屋，受地域、园区规模、产业密集度、产业结构调整等因素影响，平均租金稳中有升。如大鹏新区厂房仓库类用房租金涨幅最大，由去年下半年的6元/m²上升到8.25元/m²，涨幅37.5%。纵观全市，仓库类平均月租金由去年的16.5元/m²上升为17.9元/m²，环比上升8.5%。

由于持续的产业升级转型、工业区改造，部分厂房改造升级耗时过长，工业用房市场存量出现临时性减少，形成了供不应求的态势；新建和改造升级提高了配套水平，基础条件更加优良先进，但也增加了业主成本投入，厂房类租金也将会保持稳定的增长。

表 8-7　深圳市 2016 年多层住宅租赁价格抽样

单位：元/㎡·月

位置	物业名称	楼层	租金	位置	物业名称	楼层	租金
罗湖区							
东晓街道	东晓花园	2	42	桂园街道	松园西街 52 号	7	30
东湖街道	大望村	4	20	翠竹街道	水贝一街 210 栋	1	41
笋岗街道	笋岗新村	3	77	清水河街道	清水河村 108 栋	5	33
黄贝街道	文锦花园	4	30	南湖街道	文星花园 10 栋	4	46
莲塘街道	坳下村 48 号	5	25	东门街道	湖贝西坊 36 号	2	33
福田区							
园岭街道	八卦岭宿舍区 30 栋	6	21.2	沙头街道	沙尾东村 213 号	6	40
梅林街道	梅林一村	4	34	福田街道	发展兴苑 2 号楼	9	40
南园街道	巴登村 55 号	3	42.5	华富街道	莲花一村	1	35
华强北街道	华发北路 102 栋	4	60	莲花街道	莲花二村 38 栋	1	35.3
福保街道	石厦东村 8 号	7	43	香蜜湖街道	香荔绿洲	2	131
南山区							
粤海街道	朗景园 F 栋	4	49	南山街道	北头村东街	3	28
招商街道	赤湾村 5 栋	3	26	桃源街道	新屋村	6	25
南头街道	友邻公寓	3	98	沙河街道	石洲东一坊	2	50
西丽街道	白芒村南 161 栋	2	30	蛇口街道	百花苑	6	46
盐田区							
沙头角街道	南天花园	2	17	盐田街道	南方明珠花园	8	18
海山街道	海涛花园	3	28	梅沙街道	海怡轩	1	43
宝安区							
福永街道	兴华路北 98 号	4	20	松岗街道	南边头新村	3	12
西乡街道	福中福花园	4	16	沙井街道	涌兴裕路 10 号	2	11
航城街道	恒丰工业城 D1 栋	6	20	燕罗街道	朝阳路 68 号 1 号宿舍楼	2	20
福海街道	悦昌路 28 号	2	20	新桥街道	新桥洋仔西九巷 1 号	3	6
新安街道	甲岸村南 27 号	5	15	石岩街道	石龙新村	8	11
龙岗区							
龙城街道	金华西二巷	6	12	平湖街道	塘滩路	4	10
南湾街道	中兆花园	7	20	坂田街道	荔园新村	3	19
布吉街道	老圩村	2	20	横岗街道	井下七巷	4	10
坪地街道	鹤鸣东路	2	6	龙岗街道	三和街 10 号	5	20
宝龙街道	金众蓝钻风景房	5	16	吉华街道	下水径三区 2 号	2	3
园山街道	嘉华路 20-24 号	3	8				
光明新区							
公明办事处	东五巷 2 号	1	11	光明办事处	清怡	6	9
马田办事处	德福东六巷	2	7	玉塘办事处	田明街一巷	4	10
新湖办事处	新陂头牛场宿舍	2	9	凤凰办事处	东升路 53 号	1	13
坪山新区							
坪山办事处	日立环球生活宿舍	1	16	坑梓办事处	池屋街 4 号	7	6
碧岭办事处	同富路 137 号	2	10	马峦办事处	坪环社区市场一巷	1	10
石井办事处	金田路 391 号	2	8	龙田办事处	龙湖南区 2 号	1	8
园区	/	/	/				
龙华新区							
龙华办事处	富茂新村	1	14	民治办事处	新村西二巷	8	20
观湖办事处	牛轭岭小区 47 号	1	5	福城办事处	塘前新村 44 号	3	16
观澜办事处	裕安苑	2	13	大浪办事处	下岭排 13 巷	7	18
大鹏新区							
南澳办事处	黄泥湾	1	7	大鹏办事处	新屋园二巷	4	9
葵涌办事处	新源路四巷	3	12				

表 8-8　深圳市 2016 年高层住宅租赁价格抽样

单位：元/㎡·月

位置	物业名称	楼层	租金	位置	物业名称	楼层	租金
罗湖区							
东晓街道	布心住宅区 B 栋	12	40	桂园街道	松园南小区 8 栋	18	30
东湖街道	大望村 536 号	1	50	翠竹街道	逸湖居	16	30
笋岗街道	源兴居	18	19	清水河街道	龙园山庄	9	33
黄贝街道	锦上花家园	25	30	南湖街道	长丰苑	17	56
莲塘街道	仙湖枫景家园	5	31	东门街道	东悦名轩 A 栋	27	36
福田区							
园岭街道	长城大厦 1 栋	15	53.9	沙头街道	阳光名苑	30	69
梅林街道	颂德花园 3 号	28	31.2	福田街道	城中雅苑 B 栋	2	107
南园街道	台湾花园大厦	9	65.6	华富街道	美莲花园	4	32
华强北街道	玮鹏花园 6 号楼	10	102.6	莲花街道	紫玉花园	16	24.7
福保街道	众孚新村 3 栋	19	27	香蜜湖街道	香榭里花园	9	39.5
南山区							
粤海街道	大冲城市花园	34	37	南山街道	北头豪苑	5	44
招商街道	赤湾村	1	40	桃源街道	丽岛茗园	4	52
南头街道	愉康花园	4	50	沙河街道	御景东方花园	10	114
西丽街道	白芒村南	1	42	蛇口街道	滨海苑 4 栋	2	51
盐田区							
沙头角街道	华侨新村 13 栋	3	18	盐田街道	泊郡雅苑 C 座	2	45
海山街道	东埔海景花园	7	16	梅沙街道	大梅沙村	4	30
宝安区							
福永街道	天欣花园	5	45	松岗街道	金棕苑	6	35
航城街道	鹤洲豪庭	20	20	燕罗街道	塘尾新村一巷 4 号	6	12
福海街道	稔田社区统建楼	16	18	新桥街道	正海华府 B 栋	5	14
西乡街道	福中福花园 3 栋	2	15	沙井街道	翡丽郡花园	4	57
新安街道	新安湖花园	7	45	石岩街道	龙老村	3	22
龙岗区							
龙城街道	星河时代花园	5	23	平湖街道	白坭坑社区	2	20
南湾街道	中兆花园	4	30	坂田街道	中海月朗苑	10	27
布吉街道	慢城四期 4 栋	1	30	横岗街道	雅景苑二期 4 栋	3	12
坪地街道	中航鼎尚华庭	6	12	龙岗街道	锦城星苑	3	20
宝龙街道	振业峦山谷花园	19	12	吉华街道	金域上郡花园	16	30
园山街道	深惠路 1138 号	6	7				
光明新区							
公明办事处	宏发美域花园	2	10	光明办事处	清怡花园	7	9
马田办事处	福华路 1 号	3	10	玉塘办事处	田寮社区三巷	6	12
新湖办事处	瑞丰苑 B 座	10	15	凤凰办事处	东新二巷 5 号	4	12
坪山新区							
坪山办事处	豪方菁园	8	40	坑梓办事处	深业御园	4	20
碧岭办事处	汤坑新村六巷	4	10	马峦办事处	曾屋二巷 3 号	4	16
石井办事处	上村五巷 8 号	3	10	龙田办事处	龙兴南路 143 号	4	10
龙华新区							
龙华办事处	民清路	7	26	民治办事处	塘水围三区	2	18
观湖办事处	康平居	6	6	福城办事处	汇隆峰景 A 栋	11	12
观澜办事处	招商观园	8	35	大浪办事处	下岭排 22 区	4	14
大鹏新区							
南澳办事处	马坑村 19 号	3	11	大鹏办事处	刘生楼	4	15
葵涌办事处	海语山林	13	34				

表 8-9　深圳市 2016 年办公用房租赁价格抽样

单位：元/㎡·月

位置	物业名称	楼层	租金	位置	物业名称	楼层	租金
罗湖区							
东晓街道	布心工业区	3	56	桂园街道	鸿翔花园	1	215
东湖街道	大望村	6	44	翠竹街道	茂名大厦	12	40
笋岗街道	笋岗大厦	5	45	清水河街道	博兴大厦	2	80
黄贝街道	文华大厦	3	48	南湖街道	粤运大厦	6	52
莲塘街道	桐馨园 3 号	1	88	东门街道	粮食大厦	4	41
福田区							
园岭街道	长盛大厦	27	136	沙头街道	嘉葆润金座家园	16	33
梅林街道	下梅林文体中心二区	1	35	福田街道	卓越时代广场	15	230
南园街道	滨江新村	4	45	华富街道	莲芳阁	1	160
华强北街道	赛格广场	8	90	莲花街道	北民宁园办公楼	6	82
福保街道	新天世纪商务中心	12	100	香蜜湖街道	财富广场	24	135
南山区							
粤海街道	深圳产学研大楼	4	68	南山街道	南新路 1173	6	55
招商街道	赤湾石油大厦	3	120	桃源街道	南山智园 C3 栋	18	50
南头街道	智恒战略性新兴产业园	5	70	沙河街道	沙河国际市长交流中心	17	90
西丽街道	百旺研发公寓	10	50	蛇口街道	海湾路二号大院	5	70
盐田区							
沙头角街道	水务综合楼	1	41	盐田街道	中铁物流大厦	5	38
海山街道	东和大厦	4	66	梅沙街道	皇庭玺园	2	100
宝安区							
福永街道	福兴达物流园	4	21	松岗街道	东方雾岗工业区	1	16
西乡街道	雅涛花园	20	36	沙井街道	共和第三工业区	1	13
航城街道	金桂园 A23 号	1	14	燕罗街道	松白路一号 B 栋	1	14
福海街道	和社区西二巷 9 号	1	13	新桥街道	新福大厦	8	33
新安街道	高新奇厂房	1	22	石岩街道	石龙工业区	1	10
龙岗区							
龙城街道	星河时代 COCOPARK	4	260	平湖街道	丹农路	1	61
南湾街道	桂芳园六期	1	350	坂田街道	江灏（坂田）工业厂区	1	25
布吉街道	西门街 52 号	6	25	横岗街道	吉华高新科技园	3	13
坪地街道	年丰社区友谊北路	1	7	龙岗街道	银龙工业区	2	11
宝龙街道	同心路 77 号	1	35	吉华街道	布龙路 28 号景元大厦	1	25
园山街道	坪公路 87 号办公楼	1	19				
光明新区							
公明办事处	金海润工业园	1	17	光明办事处	深房传麒山 4 号楼	1	180
马田办事处	创意大厦 1 号楼	1	45	玉塘办事处	田寮社区松白公路东侧	1	21
新湖办事处	圳美同富裕工业园平进园区	1	30	凤凰办事处	无		
坪山新区							
坪山办事处	华瀚科技工业园	5	13	梓横西路	康哲药业 5 号楼	1	19
碧岭办事处	沙湖社区沙环路 18 号	1	10	马峦办事处	坪山雕塑艺术创意园	2	7
石井办事处	/	/	/	龙田办事处	龙窝路 79 号 TSD 工业园	3	20
园区	/	/	/				
龙华新区							
龙华办事处	香缇雅苑	5	80	民治办事处	书香门第上河坊广场 4 栋	1	55
观湖办事处	科威信科技园	1	24	福城办事处	茳峪澜湾花园	1	23
观澜办事处	布新路	3	32	大浪办事处	明君商务中心	7	38
大鹏新区							
南澳办事处	大碓村	1	53	大鹏办事处	新桥三巷 5 号	1	8
葵涌办事处	丰树山西路	1	18				

表 8-10 深圳市 2016 年商业用房租赁价格抽样

单位：元/m²·月

位置	物业名称	楼层	租金	位置	物业名称	楼层	租金
罗湖区							
东晓街道	金迪名苑	1	145	桂园街道	鸿翔花园	12	165
东湖街道	金洲花园	1	26	翠竹街道	南贝丽花园	4	150
笋岗街道	祥福雅居	1	200	清水河街道	龙园山庄	1	78
黄贝街道	金安大厦	1	70	南湖街道	云景豪园裙楼	1	138
莲塘街道	莲塘村委轻工厂房	1	30	东门街道	粮食大厦主楼	1	130
福田区							
园岭街道	长城大厦	1	300	沙头街道	金福苑	1	280
梅林街道	润华苑	1	360	福田街道	卓越大厦	1	110
南园街道	台湾花园大厦	8	125	华富街道	彩电工业区工业厂房	1	35
华强北街道	汽车大厦	1	80	莲花街道	公交大厦 1 栋	1	94
福保街道	石厦新天地	1	254	香蜜湖街道	丰盛町地下阳光街 A 区	3	275
南山区							
粤海街道	京武浪琴半岛	1	269	沙河街道	御景东方花园	1	220
招商街道	榆园 1 栋	1	135	桃源街道	德意名居(二期)	1	62
南山街道	西海花园 E 栋	1	85	南头街道	田厦国际中心	12	220
西丽街道	百旺研发公寓	1	57	蛇口街道	蛇口新街 82 号	16	100
盐田区							
沙头角街道	诗宁大厦	2	210	盐田街道	东海丽景花园	2	42
海山街道	海涛花园 41 栋	1	60	梅沙街道	海丽晶商住园	1	74
宝安区							
福永街道	永利大厦	1	60	松岗街道	宝利豪庭	1	50
西乡街道	福中福商业城一栋	1	34	沙井街道	华盛新沙荟茗庭	1	85
航城街道	黄麻布工业街 23 号	1	40	燕罗街道	众和花园 4 栋	1	30
福海街道	天瑞工业园	1	20	新桥街道	新二红巷工业区	1	50
新安街道	宝蓝旅业大楼	1	63	石岩街道	祚同电子厂厂房	1	15
龙岗区							
龙城街道	星河时代 COCOPARK	1	54	平湖街道	融湖世纪花园	1	100
南湾街道	颂雅苑	1	169	坂田街道	吉华高新科技园	1	18
布吉街道	德兴城	1	101	横岗街道	坳二新村	1	12
坪地街道	中航鼎尚华庭	1	15	龙岗街道	怡龙枫景园	1	121
宝龙街道	金地名峰花园	1	30	吉华街道	金沙花园商业	1	20
园山街道	颐安都会中央花园	1	170				
光明新区							
公明办事处	雍景城 E 栋	1	45	光明办事处	高正豪景花园	1	90
马田办事处	宏发嘉域花园	1	15	玉塘办事处	寮社区市场街 3 栋	3	20
新湖办事处	荔山商业街 2 栋	2	15	凤凰办事处	东新九巷 4 号	1	34
坪山新区							
坪山办事处	东晟时代花园	1	285	坑梓办事处	金田风华苑	1	14
碧岭办事处	碧岭社区振碧路 22 号	1	45	马峦办事处	京基御景印象一期	1	45
石井办事处	田头社区金田路 255 号	1	6	龙田办事处	燕子岭生活区 B 区	1	17
园区	/	/	/				
龙华新区							
龙华办事处	新围新村	1	86	民治办事处	书香门第上河坊广场	1	55
观湖办事处	中航格澜花园	1	140	福城办事处	福安雅园 12 栋	1	130
观澜办事处	高尔夫大道 8 号	1	80	大浪办事处	新围新村	1	80
大鹏新区							
南澳办事处	高源商业城	1	30	大鹏办事处	迎宾路 68 号	1	10
葵涌办事处	高源商业城	1	30				

表 8-11　深圳市 2016 年工业厂房租赁价格抽样

单位：元/m²·月

位置	物业名称	楼层	租金	位置	物业名称	楼层	租金
罗湖区							
东晓街道	工艺制品厂	1	45	桂园街道	/	/	/
东湖街道	梧桐山茂仔村	1	20	翠竹街道	水贝工业区	1	150
笋岗街道	美芝大华电视厂	1	70	清水河街道	宝隆大楼	5	40
黄贝街道	新秀南区厂房	3	36	南湖街道	渔民村工业大厦	1	22
莲塘街道	莲塘第一工业区	6	44	东门街道	机床数控大楼	1	50
福田区							
园岭街道	八卦岭厂房	1	53	沙头街道	沙嘴金地工业区	1	210
梅林街道	龙尾路牛门地工业园	1	46	福田街道	福兴楼	1	45
南园街道	上步综合楼	1	40	华富街道	理光厂房	3	40
华强北街道	桑达工业区 404 栋	6	69	莲花街道	深圳商报、深圳晚报印务楼	1	70
福保街道	/	/	/	香蜜湖街道	/	/	/
南山区							
粤海街道	后海工业区	1	30	南山街道	深圳动漫园	1	85
招商街道	兴华工业大厦	2	52	桃源街道	同富裕工业城 3 号厂房	2	30
南头街道	新兴产业园	2	48	沙河街道	新街港湾厂房	3	40
西丽街道	源兴科技大厦	1	44	蛇口街道	港湾厂房	1	30
盐田区							
沙头角街道	中昌工业大楼	1	21	盐田街道	北山工业区 3 栋	1	22
海山街道	太平洋工业区 3 栋厂房	4	21	梅沙街道	小梅沙村	1	16
宝安区							
福永街道	华丽工业园厂房	1	15	松岗街道	大田洋工业区	1	15
西乡街道	旺业工业厂区	4	10	沙井街道	第一工业区	1	15
航城街道	九围宝罗工业区	3	11	燕罗街道	永建鸿科技园	3	10
福海街道	新兴工业园	2	10	新桥街道	圣佐治科技工业园	1	20
新安街道	新柯城工业园厂房	1	24	石岩街道	水田第三工业区	1	20
龙岗区							
龙城街道	留学生创业园	2	13	平湖街道	宝盛工业区	1	17
南湾街道	和通工业厂房	4	18	坂田街道	吉通工业区	1	20
布吉街道	宝电工业区 7 号厂房	1	17	横岗街道	涌鑫工业厂区	1	23
坪地街道	鹤坑工业区	1	14	龙岗街道	银龙工业城	1	15
宝龙街道	尚荣科技工业厂区	1	17	吉华街道	达成工业区 2A 号厂房	4	13
园山街道	高华眼镜厂 10 栋	3	40				
光明新区							
公明办事处	博聚潜能工业园	1	9	光明办事处	研祥科技工业园	2	12
马田办事处	第七工业区	5	22	玉塘办事处	高科科技园	1	20
新湖办事处	同富裕工业园	1	8	凤凰办事处	新纶科技产业园	6	14
坪山新区							
坪山办事处	新世纪科技工业园	1	20	坑梓办事处	城冠工业厂房	1	15
碧岭办事处	处碧岭社区金碧路 556 号	4	6	马峦办事处	雕塑艺术创意园	1	35
石井办事处	田头社区上村工业区	1	7	龙田办事处	齐心科技园	1	14
园区	/	/	/				
龙华新区							
龙华办事处	东吴工业园	1	25	民治办事处	民乐工业园	1	22
观湖办事处	荣倡工业园	2	16	福城办事处	星河工业园	4	23
观澜办事处	佳怡工业园	1	18	大浪办事处	华联工业园	1	30
大鹏新区							
南澳办事处	海滨南路 42 号	1	6	大鹏办事处	水头第一工业区	1	8
葵涌办事处	第三工业区	1	9				

第三节 指导租金

《商品房屋租赁管理办法》第五条规定："直辖市、市、县人民政府建设（房地产）主管部门应当加强房屋租赁管理规定和房屋使用安全知识的宣传，定期分区域公布不同类型房屋的市场租金水平等信息"。根据规定，市房屋租赁管理办公室组织调查、测算、制定了《深圳市2016 年房屋租赁指导租金》其适用于深圳市2016 年的分地段、分用途的指导租金水平。

2016年房屋租赁指导租金表

表 8-12　福田区2016年房屋租赁指导租金表

单位：元/月·平方米

街道行政区域	路段号	区域位置	住宅				办公		商业					厂房			仓库
									高层		多层						
			带电梯	不带电梯	平房	别墅	高层	多层	一楼	二楼以上	一楼	二楼以上	简易	一楼	二楼以上	简易	
园岭街道行政区域	1	华强北路以东，百花二、三路以西，笋岗路以南，红荔路以北	55	50			100	65	180	65	120	60					
	2	百花二、三路以东，上步中路以西，笋岗西路以南，红荔路以北	60	50					180	70	100	50					
	3	上步中路以东，红岭中路以西，笋岗路以南，红荔路以北	50	45			50		180	70	150	50					
	4	泥岗西路以东，上步北路以西，笋岗西路以北（体育馆）					60		80	50	130						
	5	八卦一路（上步北路以东，红岭北路以西，八卦一路以南，笋岗西路以北）	50	40			50	40	150	55	120	50					
	6	八卦二路（上步北路以东，红岭北路以西，八卦二路以南，八卦一路以北）	45	40			50	40	130	50	100	50		100	40		
	7	八卦三路（上步北路以东，红岭北路以西，八卦三路以南，八卦二路以北）	45	35			50	40	130	50	100	50		100	40		
	8	八卦四路（上步北路以东，红岭北路以西，泥岗西路以南，八卦三路以北）	45	35			50	40	120	40	100	40		70	38		
南园街道行政区域	1	华强南路以东，上步南路以西，深南中路以南，南园路以北	46	41			47	42	268	78	128	63					
	2	上步南路以东，红岭南路以西，深南中路以南，南园路以北（新城市广场除外）	46				65		188	98	168						
	3	华强南路以东，上步南路以西，南园路以南，滨河路以北	46	41			47	42	168	58	168						
	4	上步南路以东，红岭南路以西，南园路以南，东园路以北	46	41			47	42	188	58	168	58					
	5	华强南路以东，上步南路以西，滨河路以南，深圳河以北	46	41			47	42	158	56	78	55					
	6	上步南路以东，红岭南路以西，东园路以南，深圳河以北	46	41			47	42	98	56	98	58					
	7	深南中路新城市广场					140		358	208							
	8	福田区下步庙南区	46														
	9	福田区深南中路中信大厦					135										

（续表）

街道行政区域	路段号	区域位置（指导租金 / 用途）	住宅				办公		商业					厂房			仓库
			带电梯	不带电梯	平房	别墅	高层	多层	高层 一楼	高层 二楼以上	多层 一楼	多层 二楼以上	简易	一楼	二楼以上	简易	
福田街道行政区域	1	福田路以东，华强南路以西，深南中路以南，福华路以北	40	35	25		55	45	160	70	100	60					
	2	福田路以东，华强南路以西，福华路以南，滨河路以北	40	35	25		50	45	160	70	100	60					
	3	福星花园高层	40				50		80	40							
	4	福滨苑高层	40				50		80	50							
	5	滨河路以南，广深高速公路以东至南直至深圳河（含皇岗口岸）	45	35			60	40	100	50	90	50					
	6	金地名津广场	45				60		80	50							
	7	彩田路以东，福田路以西，福华路以南，滨河路以北	45	35			60	45	150	70	100	60					
	8	彩田路以东，福田路以西，深南路以南，福华路以北	45	35			55	45	120	70	60	50					
	9	高科利大厦	45				60		60	50							
	10	福强路以东至南，滨河路以南，广深高速以西至北	45	35			60	50	80	50	80	50					
	11	新洲路以东，彩田路以西，深南大道以南，滨河大道以北	50	40			150	70	200	120	200	120					
	12	嘉麟豪庭，彩福大厦，辛城花园，福岗园	45	35			70	50	120	70	60	50					
	13	金田路以东，滨河大道以南，福民路以北，福强路以西	45	35			60	45	70	50	65	50					
	14	益田路以东，福民路以南，福强路以西至北	45	35	25		60	50	100	60	100	60					
	15	益田路以东，金田路以西，滨河大道以南，福民路以北	45	35	25		60	50	90	60	90	60					
沙头街道行政区域	1	丰盛町地铁商业街 B、C、D 区									280						
	2	NEO 纪元大厦					180		250	180							
	3	绿景广场主楼、副楼，京基滨河时代					130		250	130							
	4	盛唐商务大厦、天安科技创业园、云松大厦、海松大厦、水松大厦、红松大厦、雪松大厦、苍松大厦、安徽大厦、劲松大厦、泰然大厦、创新科技广场					100		140	110				140	100		

（续表）

街道行政区域	路段号	区域位置（指导租金／用途）	住宅				办公		商业					厂房			仓库
									高层		多层						
			带电梯	不带电梯	平房	别墅	高层	多层	一楼	二楼以上	一楼	二楼以上	简易	一楼	二楼以上	简易	
	5	天发大厦、天展大厦、天经大厦、天济大厦、天吉大厦、天祥大厦						70			100			100	70		
	6	天安高尔夫花园、天安公寓	60	50			60		100	65	100	50					
	7	数码时代大厦、喜年中心、本元大厦、金润大厦、金运大厦、创建大厦					110		165	100				140	100		
	8	杭钢富春商务大厦、英龙展业大厦、大庆大厦、有色大厦					100		150	100				140	100		
	9	泰然厂房 201-203 栋、301-304 栋					60		150	60				150	60		
	10	安华小区 501-503 栋		40			55		100	55				100	55		
	11	皇冠工业区		40				55			90			90	60		60
	12	泰然宿舍、泰安轩、泰康轩	55	40			55		100	100							
	13	都市阳光名苑、世纪豪庭(江西大厦)	75				75		130	75							
	14	福田南山交接以东，深南大道以南，广深高速以西，滨河路以北(金城社区，福田汽车站)	50	40			50		130		100	90					
	15	中央西谷、万基商务大厦、国通大厦、民生大厦					120		250								
	16	湖北大厦、祥云天都世纪、花好园	55				50		100	50							
	17	金地工业区、沙尾工业区、上沙工业区						50	100	50	100	50		50	30		
	18	新洲南路以西，滨河路以南，福荣路以北(小区花园)	45	35				50	130	50	130	50					
	19	嘉葆润金座家园 A、B 单元	115				115		150	60							
	20	泰然一路以东，深南大道以南，新洲路以西，滨河路以北(新沙社区)	45	35			50		130	100	100	80		100	65		

（续表）

街道行政区域	路段号	指导租金 区域位置 \ 用途	住宅				办公		商业					厂房			仓库
			带电梯	不带电梯	平房	别墅	高层	多层	高层		多层		简易	一楼	二楼以上	简易	
									一楼	二楼以上	一楼	二楼以上					
梅林街道行政区域	1	梅林路以西，梅山街以南，北环路以北	32	25			40	38	88	78	70	58		40	30	20	20
	2	龙尾路以西，梅山街及梅林路以北片区	40	35			40	36	90	80	88	80		40	30	20	20
	3	梅林路以东，新洲路及梅丽路以西，北环路以北	28	23				36	40	38	50	42		23	20	20	20
	4	新洲路以东，中康路以西，梅华路以南，北环路以北	32	27			50	40	85	79	80	65		45	33	20	20
	5	梅丽路以东，中康路以西，梅林路以南，梅华路以北	36	31			42	39	88	74	74	60		40	30	20	20
	6	龙尾路以东，中康路以西，梅林路以北	35	31			45	41	85	65	55	45		30	27	20	35
	7	中康路以东，皇岗路以西，梅林路以南，北环路以北	30	25			41	36	75	66	64	52		42	32	20	20
	8	中康路以东，凯丰路以西，梅林路以北，梅坳路以南	100				110		180								
	9	凯丰路以东，皇岗路以西，梅林路以北及梅坳片区	29	24			41	38	67	50	55	45		32	28	20	20
	10	皇岗路以东，北环路以北		26			35	34	60	45	41	41		26	20	20	20
华富街道行政区域	1	皇岗路以东，华富路以西，笋岗西路以南，深南中路以北	52	45			50	42	95	75	145	105					
	2	皇岗北路以东，泥岗西路以西，北环大道以南，笋岗西路以北	45	42			50	42	96	46	110	66					
	3	彩田路以东，皇岗路以西，北环大道以南，深南大道以北	48	42			50	42	185	105	140	95					
	4	田面城市绿洲花园，田面城市大厦	75				100		210	155							
	5	彩田路以东，皇岗路以西，红荔路以南，深南大道以北	50	42			65	55	190	135	105	70					
	6	彩田路以东，皇岗路以西，北环大道以南，笋岗西路以北		40				45	85					40	36		

（续表）

街道行政区域	路段号	指导租金 / 用途 / 区域位置	住宅				办公		商业					厂房			仓库
			带电梯	不带电梯	平房	别墅	高层	多层	高层		多层		简易	一楼	二楼以上	简易	
									一楼	二楼以上	一楼	二楼以上					
香蜜湖街道行政区域	1	香梅路以西，香蜜湖路以东，深南路以北，红荔路以南	40	35			90	60	150	80	100	60	40				
	2	香梅路以西，香蜜湖路以东，红荔路以北，侨香路以南	45	35			80	60	120	80	100	60	40				
	3	香梅路以西，香蜜湖路以东，侨香路以北，北环路以南（国华大厦、鸿运阁除外）	40	35			60	50	80	60	65	55	30				
	4	香蜜湖路以西，侨城东路以东，侨香路以北，北环路以南	40	35			60	50	80	60	65	55	30				
	5	香蜜湖路以西，农林路以东，深南路以北，红荔路以南（招商银行大厦、东海商务中心、东海城市广场、东海坊、东海花园、香珠花园除外）	45	35			100	80	200	100	200	100	50				
	6	香蜜湖路以西，农林路以东，红荔路以北，侨香路以南（港中旅花园、香域中央花园、香榭里花园、翠海花园除外）	40	35			80	60	100	60	100	60	30				
	7	深南路以北，侨香路以南，农林路以西，广深高速以东（深国投广场除外）	40	35			60	40	100	60	100	60	60				
	8	深南路以北，侨香路以南，广深高速以西，侨城东路以东	40	35			100	60	100	60	80	55	50				
	9	深国投广场（含负一层）					100	80	150	100	150	100					
	10	港中旅花园、香域中央花园、香榭里花园	45				60	50	120	70	120	70					
	11	翠海花园	45				80		80	60							
	12	招商银行大厦、东海商务中心					130		250	130							
	13	东海花园、东海坊、东海城市广场	45				100	80			180	120					
	14	香珠花园	45				80		100	80							
	15	国华大厦、鸿运阁	40				50		70	60							
	16	丰盛町地铁商城（含负一层）									100	100					

（续表）

街道行政区域	路段号	用途 / 指导租金 / 区域位置	住宅				办公		商业					厂房			仓库
									高层		多层						
			带电梯	不带电梯	平房	别墅	高层	多层	一楼	二楼以上	一楼	二楼以上	简易	一楼	二楼以上	简易	
莲花街道行政区域	1	新洲路以东，彩田路以西，红荔路以南，深南大道以北（中银花园、新世界商务中心除外）	75				160		230	110	150	100					
	2	新洲路以东，彩田路以西，红荔路以北，北环路以南	50	43			90	60	110	70	100	60					
	3	新洲路以西，香梅路以东，北环路以南，深南大道以北（特区报业大厦、哈尔滨大厦、中电信息大厦除外）	50	43			80	60	110	60	110	60					
	4	中银花园	45				80		110	60							
	5	新世界商务中心					245		500	250							
	6	特区报业大厦					115										
	7	哈尔滨大厦、中电信息大厦	70				85		160	80							
华强北街道行政区域	1	赛格广场					90		300	120							
	2	潮流前线地铁商铺							150								
	3	群星购物广场	60				80		200	130							
	4	深纺大厦					65		200	140							
	5	电子科技大厦					110		230	140							
	6	中航中心					250										
	7	世纪汇					120		300	250							
	8	华强北路沿街两侧的房屋	65	58			50		340	100	200	85		90	70		60
	9	华强北路以东，华发北路以西，深南路以北，红荔路以南	60	50			55		200	95	150	85		80	55		60
	10	华发北路以东，燕南路以西，深南路以北，红荔路以南	55	50			60		110	80	120	70		75	55		60

（续表）

街道行政区域	路段号	用途 / 指导租金 / 区域位置	住宅				办公		商业					厂房			仓库
									高层		多层						
			带电梯	不带电梯	平房	别墅	高层	多层	一楼	二楼以上	一楼	二楼以上	简易	一楼	二楼以上	简易	
	11	燕南路以东，上步中路以西，深南路以北，红荔路以南	55	48			60	43	110	80	120	70					
	12	红岭中路以西，上步中路以东，深南路以北，红荔路以南	65	58			60	55	100		95						
	13	华富路以东，华强北路以西，深南路以北，红荔路以南	60	50			90	75	170	85	100	80		100	70		
	14	华富路以东南，华强北路以西，红荔路以北	55	45			80	65	120	80	110	75		70	50		
福保街道办事处行政区域	1	益田路以西，新洲路以东，滨河路以南，福民路以北	33	28			56	35	90	57	75	45					
	2	福民路以南，益田路以西，福强路以北，新洲路以东	30	25			55	35	90	55	70	45					
	3	新洲路以东，福强路以南，福荣路以北，益田路以西	32	28					83	50	65	42					
	4	福强路以南，国花路以西，绒花路以北，益田路以东	30	28			45	35	81	50	65	40					
	5	福荣路以南，益田路以西，绒花路以北，新洲路以东	30	28			45	35	80	50	64	40					
	6	南方国际广场、明月花园、丽阳天下	35				52		82								
	7	建鑫苑、裕康时尚名居、中港城	35						81	53							
	8	益田村、益强居	36	30													
	9	宝田苑、益田花园	36	30					79								
	10	深福保大厦、长宝大厦、帝港海湾、城市三米六	39				55		90	57							
福田保税区	1	深圳福田保税区围网内工业厂房区					73	62						43	36		42

表 8-13 罗湖区 2016 年房屋租赁指导租金表

单位：元 / 月 • 平方米

街道行政区域	路段号	区域位置	住宅				办公		商业					厂房			仓库
			带电梯	不带电梯	平房	别墅	高层	多层	高层 一楼	高层 二楼以上	多层 一楼	多层 二楼以上	简易	一楼	二楼以上	简易	
南湖街道	1	深南东路以南，深圳河以北，东门南路以东，文锦南路以西	45	35			70	50	300	80	250	80					
南湖街道	2	深南东路以南，深圳河以北，南湖路以东，东门南路以西	60	35			65	70	350	130	330	180					
南湖街道	3	深南东路以南，深圳河以北，人民南路以东，南湖路以西	60				80	70	380	180	320	160					
南湖街道	4	深南东路以南，深圳河以北，和平路以东，人民南路以西（含口岸，火车站片区）	45	35			65	50	430	165	380	140					
南湖街道	5	深南东路以南，深圳河以北，和平路以西，布吉河以东	45	40			65	50	250	100	200	80			35		
南湖街道	6	罗湖商业城									600	250 550（中庭）					
南湖街道	7	世界金融中心	100				110		250	110							
南湖街道	8	爵士大厦					100		250	100							
南湖街道	9	深华商业大厦					90										
南湖街道	10	嘉里中心					150										
黄贝街道	1	爱国路—文锦路以东，怡景路以南，沿河路—延芳路—新秀河以西，深圳河以北	50	35		65	65	45	120	85	110	80					
黄贝街道	2	黄贝岭村片区		48							120	80					
黄贝街道	3	爱国路以东，东湖公园以南，莲塘广岭以西，怡景路—罗沙路以北	45	40			60	50	100	60	70	50					

（续表）

街道行政区域	路段号	指导租金 区域位置 \ 用途	住宅				办公		商业					厂房			仓库
									高层		多层						
			带电梯	不带电梯	平房	别墅	高层	多层	一楼	二楼以上	一楼	二楼以上	简易	一楼	二楼以上	简易	
	4	沿河路—延芳路—新秀河以东，罗沙路以南，深圳河以西，深圳河以北	40	35	30		60	40	95	50	80	45		40	30		25
	5	新秀瑞思大厦	60				120		200								
	6	凤凰路、凤凰街	60				80		200	100	180	90					
	7	罗芳村片区	40	30	30		60	40	90	70	80	40					
翠竹街道	1	翠竹路以东，布心路以南，东晓路以西，太宁路以北	40	30			55	45	155	65	145	60		45	35		30
	2	文锦路以东，布心路以南，翠竹路以西，田贝四路以北	40	30			55	45	155	70	145	65		50	40		35
	3	文锦路以东，田贝四路以南，翠竹路以西，东门北路以北	40	30			55	45	155	70	145	60		50	40		30
	4	翠竹路以东，太宁路以南，爱国路以西，东门北路以北	40	30			45	35	150	65	140	55		45	35		
	5	文锦路以东，东门北路以南，爱国路以西	40	25			50	40	150	60	135	50					
笋岗街道	1	洪湖公园以东，洪湖公园以南，文锦北路以西，笋岗东路以北	55	38			70	55	130	70	120	65	75		38		
	2	红岭北路以东，泥岗东路以南，广深铁路（东西线）—梨园路—宝岗路以西，笋岗东路以北	53	38			70	55	120	65	120	65		50	33	40	35
	3	宝岗路以东，广深铁路（东西线）以南，广深铁路（南北线）以西，笋岗东路以北	51	38			67	48	110	55	100	50					
	4	广深铁路（南北线）以东，泥岗东路以南，洪湖公园以西，笋岗东路以北	44	35			62				65						

（续表）

街道行政区域	路段号	用途 / 指导租金 / 区域位置	住宅				办公		商业					厂房			仓库
			带电梯	不带电梯	平房	别墅	高层	多层	高层		多层		简易	一楼	二楼以上	简易	
									一楼	二楼以上	一楼	二楼以上					
桂园街道	1	红岭中路以东，笋岗路以南，公园路以西，红桂路以北	45	35	32		55	50	100	75	80	60					
	2	红岭中路以东，红桂路以南，宝安南路以西，深南东路以北	50	36	33		60	45	120	85	90	75					
	3	宝安南路以东，红桂路以南，公园路建设路以西,深南东路以北	45	35	33		55	45	120	95	113	90					
	4	红岭南路以东，深南东路以南，布吉河以西，深圳河以北	45	35	33		60	45	213	185	100	70					
	5	地王大厦	85				160		630	310							
	6	华润大厦、万象城	120				185		680	383							
	7	金龙大厦、鼎丰大厦、鸿隆世纪广场	70				120		350	200							
	8	京基 100 大厦、京基 KKMALL、京基老围花园	75				280		550	350							
	9	幸福里	160														
东门街道	1	建设路以东，立新路—新园路以南，东门中路以西，深南辅道以北	43	34			56	48	450	160	480	150					
	2	公园路以东，笋岗路以南，东门中路以西，立新路—新园路以北	35	30			46	45	206	132	200	105					
	3	东门中路以东，文锦中路以南，文锦中路以西，湖贝路以北	40	25	18		48	35	294	130	275	125					
	4	建设路以东，深南辅道—湖贝路以南，文锦中路以西，深南路以北	41				65	40	300	135	315	140					
	5	罗湖商务中心					100		330	190							
	6	太阳广场						42			650	315					

（续表）

街道行政区域	路段号	区域位置（指导租金 / 用途）	住宅				办公		商业					厂房			仓库
									高层		多层						
			带电梯	不带电梯	平房	别墅	高层	多层	一楼	二楼以上	一楼	二楼以上	简易	一楼	二楼以上	简易	
莲塘街道	1	东湖公园—罗芳村以东，西岭山以南，鹏兴路以西，莲塘河以北	40	35	25		55	50	100	70	80	60		40	30		30
	2	鹏兴路以东，梧桐山以南，聚宝路以西，罗沙路以北	45	35		70	70	60	160	80	160	60		50	45		35
	3	祥和花园（一期、二期）、聚宝华府	55	40			60	55	250	110	250	110					40
	4	国威路以北，聚宝路以西；仙湖路东南	50	40	25		60	50	175	100	175	100		50	40		30
	5	畔山路以西，罗沙路以北	45	40	25		55	50	180	60	180	60		50	40		25
	6	聚宝路以东（含D小区），梧桐山（仙湖）以南，畔山路以西（不含莲塘村），罗沙路以北	45	35		60	60	55	120	70	120	60		50	40		25
	7	莲南小学以东，罗沙路以南（含凤雅台、玉雅居），梧桐山隧道以西，深圳河以北	40	35	25		50	40	75	50	75	50		35	25		20
东湖街道	1	东晓路以东，布心路以南，爱国路以西，太宁路以北	35	30			45	35	80	60	85						
	2	沙湾路以西，太白路以北，东湖路以东，布心长岭分水线以南	40	30			50	40	150	50	130						
	3	东晓路以东，布心长岭以南，爱国路以西，布心路以北，布心村，水围村	35	30				40			70	40		22	20		
	4	大望村、梧桐山村片区		20				25			35	25		15	15		12
	5	插花地片区：金湖、金鹏、金岭	30	25			40	35	75		50						
	6	淘金山	85				60		125	110							
	7	百仕达东郡、乐湖、百仕达大厦	90				130		320	280							

（续表）

街道行政区域	路段号	区域位置（用途 / 指导租金）	住宅				办公		商业					厂房			仓库
									高层		多层						
			带电梯	不带电梯	平房	别墅	高层	多层	一楼	二楼以上	一楼	二楼以上	简易	一楼	二楼以上	简易	
东晓街道	1	布吉路以东，围岭公园以南，东昌路以西，布心路以北	38	28			38	25	175	65	115	45		55	35		
	2	东昌路以东，布心路以北，东晓路以西，金稻田路东一看守所以南	42	28			45	42	145	62	85	45		55	30		28
	3	布吉路以东，二线关以南，围岭公园以西，翠山路—金稻田路以北。	30	22			35	25	85	45	78	38		48	28		
	4	富基帕克大厦					100		160								
	5	布吉路以西，泥岗路以北，广深铁路以东，布吉海关以南	35	25			45				80	50					
	6	插花地片区（木棉岭、木棉花、马山、马岗、港发）		20							48						
清水河街道	1	插花地片区（玉龙、龙湖）	35	26	20		50	35	50	35	44	30	28	25	20		25
	2	红岗路以东，布吉路以西	30	26	20		50	40	60		75	30		35	30		30
	3	北环路—泥岗西路	33	28	25		40	35	70	33	95	60	40	30	25		
	4	红岗路以东，环仓路以南，布吉路以西，泥岗路以北	30	25	20		50	35	75	35	60	60	40	30	25	20	20
	5	红岗路、金湖路、二线路	30	28			50	35	70	60	65	40		30	25		
	6	泥岗东路以北，红岗路以东，宝清路以南，清水河三路以西	35	25			50	35	70	55	60	40		35	25		
	7	福田区交界（鸡公山）以东，金湖路以南，北环路—泥岗路以北	35	25	20	80	60	38	80	60	65	45	45	30	25	20	20

表 8-14　南山区 2016 年房屋租赁指导租金表

单位：元 / 月 • 平方米

街道行政区域	路段号	区域位置（指导租金 \ 用途）	住宅				办公		商业					厂房			仓库
									高层		多层						
			带电梯	不带电梯	平房	别墅	高层	多层	一楼	二楼以上	一楼	二楼以上	简易	一楼	二楼以上	简易	
南头街道	1	常兴路、学府路、桃园路、荔馨村、桃苑公寓、天虹商场、百安居、南景苑	55	40			65	55	215	88	225	71	93				
	2	发展银行大厦、教育信息大厦、	55	35			60	50	170	68	200	57					
	3	新海大厦、愉康大厦、荟芳园、金桃园大厦、时代骄子	50	40		50	60	40	140	60	93	55	60				
	4	南光路、红花路、南山大道、愉康花园、	50	40			40	32	135	57	68	40					
	5	海岸时代公寓、西海明珠	50				120		170	71	203	60					
	6	玉泉路、科创中心、软件园、新豪方大厦、名家富居、麒麟花园、缤纷年华	50	40	30		100	80	137	60	77	38					
	7	深南大道、嘉南美地苑、前海华庭、东方新地、钰龙园、鸿洲新都、悠然天地	50	40			60	45	148	55	82	44					
	8	北环路、马家龙工业区、黎明工业区、塘尾小区	40	30	20		50	40	80	55	66	44	33	26	22		22
	9	前海路、南头街、星海名城、绿海名都、港湾丽都、前海花园	55	40			75	65	280	71	181	60	93				
	10	同乐村、建工村、关口路、大新村、龙屋村、义学街、南头城	45	35	23			46			85	36	58	23	21		25
	11	中山园路、南山大道、北环路	45	35	23		50	45	70	47	58	47		32	25		25
	12	翡翠明珠花园、田厦金牛广场、振业国际大厦	65				135		335	115							
	13	南新路	50	35			55	48	168	69	179	75					

（续表）

街道行政区域	路段号	指导租金 用途 / 区域位置	住宅				办公		商业					厂房			仓库
			带电梯	不带电梯	平房	别墅	高层	多层	高层 一楼	高层 二楼以上	多层 一楼	多层 二楼以上	简易	一楼	二楼以上	简易	
南山街道	1	学府路、南光路、桂庙路、常兴路、康乐大厦、光彩新天地、顺天大厦、怡园大厦、缤纷假日、鸿瑞花园	45	40			55	45	150	70	150	70					25
	2	创业路、现代城华庭、南光城市花园、东方海雅居、怡海广场、中兴工业城	45	40			50	45	150	90	100	80		40	30	28	25
	3	登良路、登良花园、龙佳园	45	40			50	45	120	100	100	80					
	4	南海大道西侧、南油一、二、三工业区、新保辉、四达大厦、海王大厦、海典居、贵航大厦	40	35			45	40	180	80	120	90		40	30	25	25
	5	粤海工业村、世纪广场	40	35			50	45	150	90	150	70		80	65		
	6	天安工业村		40										60	45		
	7	东滨路城市山林、汇宾广场、绿云大厦、福园厂房	45	40			40	35	150	70	150	60	80	35	30		20
	8	南山大道、南油第四工业区、新绿岛大厦、福临苑	45	40			45	40	150	70	150	60		40	35		20
	9	南新路、仓前锦福苑、富嘉名阁、大陆庄园、南山村、南园村、向南村、北头村、月亮湾大道、月亮湾花园	45	40	30		45	35	120	60	100	50	40	30	25	20	20
	10	月亮湾大道以西、前海片区	40	40			50	40	120	80	120	80					
	11	前海路、阳光棕榈园、瑞景华庭、鸿海大厦、能源小区、太子山庄、海运中心	45	40			45	40	150	80	120	80		40	30		25

（续表）

街道行政区域	路段号	指导租金 用途 / 区域位置	住宅				办公		商业					厂房			仓库
									高层		多层						
			带电梯	不带电梯	平房	别墅	高层	多层	一楼	二楼以上	一楼	二楼以上	简易	一楼	二楼以上	简易	
蛇口街道	1	蛇口新街（合兴大厦、滨海苑、曙光花园、南苑、翠苑）、招商路（蛇口汽车站、米兰公寓、招东小区、园景园）、海湾花园、海湾酒店、南水招南商住楼	40	35	35	75	50	45	80	65	70		80				35
	2	工业七路（四海公寓、临园、宏宝、百花苑、万丰园、雍景轩、福园、机关楼）	40	35	35	75	50	45	80	65	70		80				35
	3	工业七路(广博、弘都、广物花园)、招商路（后海公馆、澳城、金色阳光雅居）	40	35	35		50	45	80	60			80				
	4	海昌街（海伴雅居、春天广场、商乐街、海尚国际、望海汇景苑、海昌大厦、海湾花园、蓝虹豪苑）、公园南路、南水小区、海滨东路（蓝漪花园、海韵嘉园、海虹苑）	40	35	35	75	50	45	80	65	70		80				35
	5	湾厦路（渔港楼、东怡楼）、花果路、国土楼、新街新空气公寓	40	35	35	75	50	45	80	65	70		80				35
	6	蛇口新街（春树里、港湾花园、蛇口油库）	40	35	35		50	45	80	60			80	40	35		35
	7	望海路（南海玫瑰一、二期）金世纪路（南海玫瑰三期、半岛城邦一、二期）	55			100	60		150		80		60				35
	8	金世纪路、海洋渔业大厦、海吉星大楼	55			100	60		80		80		60				35
	9	深圳湾片区、三湘海尚、宝能太古城南北区、卓越维港、致远大厦、曦湾华府、海怡湾、皇庭港湾、君汇新天、百丽湾、颐安阅海、阳光海滨、丽海湾、绿海湾	55			100	80		300	100	300	150	60				
	10	南水村、雷公岭、围仔西、渔一、渔二、海湾、湾厦、荣村	40	35	35		50	45	80	65	100	60	70				
	11	后海大道、港湾创业大厦、海产楼、东帝海景、金色海琴苑、永乐新村、物资大厦、市政单身宿舍公寓、浩宇单身公寓	55	35	35		50	45	80	60			60				35

（续表）

街道行政区域	路段号	区域位置 \ 指导租金 \ 用途	住宅				办公		商业					厂房			仓库
			带电梯	不带电梯	平房	别墅	高层	多层	高层		多层		简易	一楼	二楼以上	简易	
									一楼	二楼以上	一楼	二楼以上					
招商街道	1	赤湾石油大厦、赤湾石油基地、赤湾天后宫		30			75				43			55			40
	2	港湾小区、赤湾港机大楼、工业园厂房	43	38			45							30	25		25
	3	赤湾B区、赤湾六路厂房、赤湾村		30			40				50			50	30		55
	4	海运大厦、赤湾海景公寓、赤湾左炮台片区	42	35			55				45				50	50	
	5	赤湾西坑小区、文武学校、赤湾原边检楼、海洋公司办公楼		28				30						20			
	6	海天楼、西牛埔片区		30							50			20			
	7	赤湾商业街、海曦楼		30							60	45					
	8	蛇口工业区大厦、招港大厦、招商港务综合楼、SCT大厦、蛇口特检站综合楼、招港客运码头、招港集运中心大楼、松湖路（原中宏气体厂房）、南水工业大厦		30			65	45				70		25	20	15	25
	9	蛇口港湾大道20-26号、耀皮玻璃办公楼、海湾路二号		35				40						20		20	20
	10	鲸山花园九期、龙瑞佳园、招商局广场	60				135		560	410							
	11	鸿隆公寓、海上世界、伍兹公寓	105				155		310	190	240	170					
	12	新时代广场、海滨商业中心、太子广场商铺、太子宾馆、金融中心、南山宾馆					115	75	160		170	110					
	13	希尔顿南海酒店、海景广场、顺发大厦、海涛大厦、华达大厦一楼商铺、水湾商贸大厦、兴龙大厦、生活服务大厦、水湾B区、农业银行宿舍楼	50	45		55	70	75	110	90	110	60		70	70		

（续表）

街道行政区域	路段号	指导租金 / 用途 / 区域位置	住宅				办公		商业					厂房			仓库
									高层		多层						
			带电梯	不带电梯	平房	别墅	高层	多层	一楼	二楼以上	一楼	二楼以上	简易	一楼	二楼以上	简易	
	14	南海意库、南海小筑别墅、碧涛苑公寓、碧涛中心俱乐部		45		55		75	100	80	160	95					
	15	碧涛苑别墅、迎宾、迎晖大厦	50	45		95	50	65	90		90						
	16	海滨花园、水湾C区1-9栋、西南饭店、东方药业厂房、华府假日大厦、金銮酒店	50	45			55	45	110		80			30			
	17	华达大厦、水湾小区1-8栋、天厨食品、荔园小区		45			50	45	110		110						
	18	四海宜家大厦南、北座、蛇口体育中心、招北临街商铺	55	45			50		170	70	190	60					
	19	花果山大厦A、B座	45				47		160	65							
	20	花园城（三期）1-20栋	60						175								
	21	兴华工业大厦7栋-8栋、龙尾村1栋-7栋（AB）座、税务综合楼、招商大厦	47	45			45	35	100		125			50	40		
	22	南达楼、花果山小区、招北小区、蛇口消防队、联检楼、配电房附楼、翠竹园小区、联合医院宿舍楼、振兴小区、风华影剧院、招北综合楼	48	45			75		160		110	55					
	23	花果山市场综合楼、电业综合楼、TCL厂房、金其美厂房、中建大厦、翠谷居、百盈医疗器械园、工业三路华达大厦、半山海景别墅、龟山别墅、鲸山别墅、花园城五期、鸣溪谷、招商发展大厦	60	40		115	65	55	130	100	100	60		30	25		
	24	欣泰大厦、利宝大厦、侨联大厦、海关报关楼、火炬大厦、佳利泰大厦、高山花园、创业大厦、华龙阁、水湾公寓、胜发大厦、南山大厦、联合大厦、万维大楼、万融大厦、万海大厦、悠然居、安南花园、半山名店坊、北科创业大厦、边检家属楼、桃花园三期、华彩花园、联检楼、联检平房	50	45			65	55	80	60	90			40	30		

（续表）

街道行政区域	路段号	指导租金（用途）/ 区域位置	住宅				办公		商业					厂房			仓库
			带电梯	不带电梯	平房	别墅	高层	多层	高层 一楼	高层 二楼以上	多层 一楼	多层 二楼以上	简易	一楼	二楼以上	简易	
	25	科技大厦、数码大厦、明华国际会议中心、泰格公寓、美伦会所、兰溪谷（一、二期）、国际公寓、桃花园（三期）商铺、新晨大厦、壹栈人才公寓	85				75		90		130			80	70		
	26	美年广场、花园城（一期）	50				85		210		140	100					
	27	桃花园小区、中农大厦、桃花园商铺、龙电A、B区、欣荔苑	50	45					100	100	110	50					
	28	花园城中心、壹间公寓、紫竹园小区、四海小区	95	45							240	145					
	29	紫竹园商铺、兰园大厦、兰园商住楼、雍华府	50	45					130		175	140					
	30	金竹园小区南、北座、招行宿舍、明华小区宿舍、邮电楼、金竹园小区、兰园小区	50	45					120		110	75					
	31	四海市场综合楼		45							60	55					
	32	爱榕园小区、海琴苑、桂园小区、榆园小区、工贸佳园、农资楼、招商服务大厦	50	45							110						
	33	雍景湾、玫瑰园2-4栋商铺、天海豪景苑、翠薇园商铺	50						80	50	130	100					
	34	玫瑰园1栋商铺、源华综合楼商铺、文竹园小区、翠薇园小区、玫瑰园小区、半岛花园B区、华丰苑A、B区、怡庭园、招商综合楼、招干楼、原联合饼干厂、星发楼	50	45					70	50	100	90		30	25		30
	35	景园大厦、青少年活动中心、四海公园片区	50				45		80		70						
	36	海月花园（二期）、海月华庭、花半里	55	50			50		130	65	130	75					
	37	海月花园（三期）、海月花园（五期）、蓝月湾畔、海月花园13栋商铺	55				50		130	90	90						
	38	天骄华庭、蓬莱花园	55	50			50		110		160	80					
	39	海月花园（一期）、海洋星苑、半岛A区、海琴花园	55	50			50	40	110		110	90					

（续表）

街道行政区域	路段号	指导租金 区域位置 \ 用途	住宅				办公		商业					厂房			仓库
									高层		多层						
			带电梯	不带电梯	平房	别墅	高层	多层	一楼	二楼以上	一楼	二楼以上	简易	一楼	二楼以上	简易	
西丽街道	1	松坪山高新北区、东部物业综合楼、航天微电机大厦、松坪山住宅区、松坪山商业街、紫光信息港大厦	50	45			90	70	120	90	100	50		40	35		20
	2	南国丽城南面、西丽北路、众冠花园北面	60	50			90	70	150	80	150	70		35	25		20
	3	南国丽城东面、留仙大道 沿街、新围工业区	60	50			90	80	100	70	100	60		30	25		20
	4	新围村、官龙村、九祥岭村、丽新花园、留仙洞村、留仙洞关外	50	45			60	50	100	60	100	60		30	25		20
	5	366大街、旺棠工业区沿街	60	50			90	80	200	120	200	100		35	30		30
	6	茶光村、文光村、珠光、文光丽景大厦、珠光公寓、TCL、科学园	50	40			60	50	100	60	100	40		35	28		28
	7	西丽路沿街、新光路沿街、丽苑一、二、三村、华昌大厦、众望公寓、壮丽大厦、石鼓花园、永标大厦、留仙苑、石景湾花园	50	40			60	50	120	60	100	50		35	25		25
	8	西丽湖路两边、西丽沁园路两边、平丽花园		40	30	30		60			90	40		28	25		20
	9	大磡王京坑村、王京坑路两边、王京坑工业区		20	15			50			80	30		25	20	15	15
	10	大磡村口、桥边村、大磡村商业街两边、大磡一、二村、大磡工业一、二、三路工业区、杨门工业区		40	20			50			70	30		28	20	15	15
	11	白芒村	40	35	12			50			65	25		25	20	15	15
	12	麻磡村、牛成村、工业区		35	20			40			60	30		30	20	15	15
	13	白芒关外（阳光）		35	20			40			60	30		35	25	15	20

（续表）

街道行政区域	路段号	指导租金 用途 / 区域位置	住宅				办公		商业					厂房			仓库
									高层		多层						
			带电梯	不带电梯	平房	别墅	高层	多层	一楼	二楼以上	一楼	二楼以上	简易	一楼	二楼以上	简易	
沙河街道	1	纯水岸、天鹅堡、益田假日广场、欢乐谷、东方花园别墅区、锦绣花园（二期）、锦绣花园（三期）、汉唐大厦、沙河世纪假日广场、首地容御、侨香诺园	75			110	120	110	350	250	200	100					
	2	深圳湾畔花园、桂花苑、国际市长交流中心、侨城豪苑、世纪村、美庐锦园、名商高尔夫、御景东方花园裙楼、锦绣花园（一期）、东方花园、香年广场、智慧广场、京基百纳	55	45		110	80	60	200	150	200	100					
	3	湖滨花园裙楼、海景花园、中旅广场、中旅广场裙楼（购物中心）、侨城东部菜市场、侨城西部菜市场、锦绣中华、民俗村、世界之窗、海景酒店、华侨城步行街、沃尔玛、新侨大厦、美加广场、生态广场、假日湾华庭、世界花园、一辉花园、文昌街、(荔海楼)汇文楼、香山里	60	40			70	50	250	150	200	100					
	4	光华街、光桥街、中新街、香山村、松山村、佛山街、侨城东街、芳华苑、荔枝苑、锦绣公寓、荔园新村	55	32				45			75	45					
	5	东园综合楼、金三角大厦、绿景公寓、侨洲花园、沙河菜市场综合楼、联发大厦、新堂花园、海华居	45	32			55	35	100	70	80	50	50	52	30	28	20
	6	建工村、高发东方科技园、美景工业苑、恒通水泥厂、金众工业区小区、天虹物流仓库、中航工业区北区	30	28				35			60	45	30	45	32	28	35
	7	华侨城东部工业区、中航工业区、华侨城仓库	45	35				40			70	45	30	45	32	25	35
	8	塘头村、白石洲村、新塘村、上（下）白石村、沙河工业区	35	30				30			70	40	60	28	25	25	25

（续表）

街道行政区域	路段号	区域位置 \ 指导租金 \ 用途	住宅				办公		商业					厂房			仓库
									高层		多层						
			带电梯	不带电梯	平房	别墅	高层	多层	一楼	二楼以上	一楼	二楼以上	简易	一楼	二楼以上	简易	
	9	沙河街与新中路交界以南，沙河街两旁	40	35				46			120	50	60	42	30	25	25
	10	沙河街与新中路交界以北，沙河街两旁	36	30				36			90	40	60	42	30	25	25
	11	白石路以南深湾五路以西（中信红树湾花园、百仕达红树西岸、瑞河耶纳汀兰鹭榭花园），石洲中路两旁	70			110	90	80	250	150	200	100					
	12	白石路以南深湾五路以东（华侨城欢乐海岸 ）	65			120	95	85	250	150	250	150					
粤海街道	1	天利中央商务广场A座二楼203-217号商铺、天利中央商务广场B座二楼206-219A号商铺、海岸城大厦东座二楼201-219、232号商铺、海岸城大厦西座二楼201、214-222号商铺、保利文化广场 A 区二楼 201-228 商铺、保利文化广场 B 区二楼204-229商铺								530							
粤海街道	2	中洲控股金融中心、中铁南方总部大厦、天利中央商务广场A、B座、海岸城大厦东、西座、保利文化广场A、B、C座1-2楼商铺、办公楼（第一类商铺位置除外）					150		300	290							
粤海街道	3	天利中央商务广场A、B、C座、海岸城大厦东、西座、保利文化广场A、B、C座3-4楼，保利文化广场一楼A区101-121、130-146商铺								160							
粤海街道	4	鹏龙大厦、南山书城、茂业大厦、华彩天成、金钟大厦、青春家园、西海湾花园、漾日湾畔、滨海之窗花园、万商大厦	50				110	100	280	130							

（续表）

街道行政区域	路段号	指导租金 用途 / 区域位置	住宅				办公		商业					厂房			仓库
									高层		多层						
			带电梯	不带电梯	平房	别墅	高层	多层	一楼	二楼以上	一楼	二楼以上	简易	一楼	二楼以上	简易	
	5	保利城花园、美墅蓝山、城市印象、海印长城、海岸明珠、佳嘉豪苑、浪琴屿、蔚蓝海岸1-4期、观海台	50				100		160	80							
	6	海洋之心、瑞铧苑、育德佳园、招商名仕、文德福、南海花园、海逸苑、名苑居、金海岸、梦想家园、粤海大厦、雅仕荔景苑、海晖大厦、海阔天空、信和自由广场、新一代国际公寓、东滨华苑、海珠城、天悦园、云海天城、电力花园（三期）	48				80		160	80							
	7	华英大厦、深蓝公寓、天海花园、南油A、B区、南油商业街、龙城花园、钜建大厦、粤海综合市场、后海花园、京光大厦、怡海花园、学林雅苑、海文花园、创世纪滨海花园、锦隆花园、海映山庄、粤海小区、厚德品园	43	38					120	60	120	60					
	8	后海统建楼、后海村、桂庙村	32	30							80	50					
	9	高新技术产业园南区创维大厦、TCL大厦、飞亚达大厦、联想大厦、力大大厦、威新软件园、恒立听海花园、滨福世纪广场、纯海岸、锦缎之滨、海怡东方花园、高新公寓	105	50			60	60	128	97	115	75		60	60		
	10	深南花园、汇景花园、科技园36区、科技园37区、东方科技大厦、金融科技大厦、科技园25栋厂房、科技园17栋	65	49			100	79	190	130	84			62	51		
	11	帝景园、阳光海景、凯丽花园、晶品居、豪方花园、豪方现代豪园、M-3栋、M-8栋、上汽大厦	65	48			75	74	93	85	66			65	62		
	12	朗景园、莱英花园、城市山谷、英伦名苑	69	54		220			116	75	90						
	13	大冲城市花园、都市花园、华润城大冲商务中心	80				140			180							

（续表）

街道行政区域	路段号	指导租金 / 用途 / 区域位置	住宅				办公		商业					厂房			仓库
									高层		多层						
			带电梯	不带电梯	平房	别墅	高层	多层	一楼	二楼以上	一楼	二楼以上	简易	一楼	二楼以上	简易	
桃源街道	1	桃源村、俊峰丽舍、城市假日、郁金香家园、梅州大厦、天地峰景、香瑞园、高发工业区、怡然天地居、高发陶然居、高发公寓、方大城、本钢大厦、鼎盛林栖园、海龙苑、皇庭香格里、龙福苑、水木华庭、中爱花园、西湖林语、东明花园、十五夆、龙珠军苑、岚峰苑	45	40			50	45	75	70	65	60		40	30		30
	2	龙辉花园、龙联花园	45	35			40	35	65	55	45	40					
	3	龙井村、光前村	30	30			40	35	60	50	45	40	20	30	25	25	25
	4	龙联花园、龙都名园、润城花园	50	40			55	45	65	60	60	50					
	5	体育中心、西丽职校实习基地	60	50			50	45	65	60	60	50		25	20		
	6	宝珠花园	50	45			50	45	85	80	80	75					
	7	花半里、朗苑、塘朗雅苑	60	50			60	50	100	80	70	50					
	8	丽珠花园、珠光宾馆、珠光村	50	40			55	50			80	60		25	20		25
	9	欧陆经典	45	40			40		50	45							
	10	新屋村	45	35			50	40	65	60	55	50		25	20	15	25
	11	丽岛小区、丽岛工业区、学城绿园		30				35						40	20		
	12	德意名居、桑泰丹华、西湖林语	50				45		70	60							
	13	平山旧村		25				18			25	20				12	20

（续表）

街道行政区域	路段号	指导租金 区域位置 \ 用途	住宅				办公		商业					厂房			仓库
			带电梯	不带电梯	平房	别墅	高层	多层	高层		多层		简易	一楼	二楼以上	简易	
									一楼	二楼以上	一楼	二楼以上					
	14	平山新村	40	30		50	35	30	60	50	50	45	40	30	25	12	20
		平山工业园、平山大园工业区		30				30	50	40	40	35		23	18		
		民企科技园、红花岭工业南北区		30				30	50	40	40	35		25	20		
	15	红花岭工业西区、圳宝		30				35			60	55		25	18		
	16	华盛工业区(已拆)															
	17	塘朗新村	60	50			50	45	60	55	55	50		25	20		
	18	塘朗村	40	35			35	30	55	50	45	40		25	20		
	19	塘朗商业街	40	35			80	55	80	60	80	65		22	20		
	20	长源村工业D区、C区、长源村新村(已拆)		25	15			25			30	25		30	25		20
	21	长源大布段、继山工业区、长源旧村(已拆)		15	10						12	10		13	10	10	10
	22	崇文花园	45				50		80	50							40

表 8-15　盐田区 2016 年房屋租赁指导租金表

单位：元 / 月 • 平方米

街道行政区域	路段号	区域位置 \ 指导租金 \ 用途	住宅				办公		商业					厂房			仓库
									高层		多层						
			带电梯	不带电梯	平房	别墅	高层	多层	一楼	二楼以上	一楼	二楼以上	简易	一楼	二楼以上	简易	
沙头角街道	桥东	嘉信蓝海华府（中英街壹号）	55				60		200	70							50
		瀚海翠庭、海涛路、桥东街	40	29			35	30	130	40	110	35	50				20
		公园路、金融路、桥东丽苑、桥东中区、桥东东西区、海滨花园	31	28	20		35	30	85	30	90	30	30				20
		天富花园、山海华庭、联富路、深沙路(沙深路、桥东辖区双号门牌)、田荣路	31	28	20		35	30	75	30	70	30					20
		金融路一巷、金融路二巷、滨源二巷、沙居楼、田心市场、沙深路沙盐路交汇处		25	20		35	30	70	60	65	30	30				20
		盛世名门(金融路一巷)、田心市场中巷	46	25			50	30	170	60	95	30	30				20
		盛世名门(沙深路、深沙路)	46				50		100	60							
		盛世名门(沙盐路)、沙盐路桥东辖区单号门牌	46	27			50	30	190	60	80	30	30				20
	田心	沙盐路 3038 号、东埔福苑(住宅 2 房及以上)	42	30	20		50	30	120	60	110	30	30	20	20	13	16
		上东湾(单房、2 房)	56														
		上东湾(3 房)、恩上路一巷	46	28			60		160	60	80						
		碧桐湾(住宅 2 房及以上)、恩上路、官上路、恩上村、恩上一街、二街	42	28	20		50	30	70	30	70	30	30	20	20	13	16
		碧桐湾单身公寓、东埔福苑单身公寓、建工大厦单身公寓	50				50										

（续表）

街道行政区域	路段号	指导租金 / 区域位置 \ 用途	住宅				办公		商业					厂房			仓库
			带电梯	不带电梯	平房	别墅	高层	多层	高层		多层		简易	一楼	二楼以上	简易	
									一楼	二楼以上	一楼	二楼以上					
		田心东路、建工大厦、深沙路(沙深路)东北侧（田心辖区双号门牌）、二十小区	42	28			50	30	100	40	70	30	30	20	20	13	16
		工业东南街、稳盛大厦、兴田街、粤和街、和田街、田心一街、二街		27	20			30			60	30	30	20	20	12	16
		深盐路(单号门牌)、恩上路综合楼、恩上路115号		25				25			50	25					13
		天丰公寓、沙富小区、深沙路西南侧(田心辖区单号门牌)		27	20			25			55	25	25	18	18	11	13
	沙头角	梧桐路东至看守所、36小区、29小区、山泉小区	31	25	20		28	25			50	25	20	15	15	11	18
		深盐路(双号门牌)、蓝田一站、元墩东、西街	46	25	20		40	25	60	30	50	25	20	15	15	11	18
		梧桐路西至看守所、园林路、24小区、向园路、25小区、宝桐居、桐海雅庭	31	25	20		30	25	50	25	50	25	20	15	15	11	18
		梧桐苑、梧桐山花园、山海阳光、桐辉居、隧道公司宿舍、巡警楼	31	25	20		30	25	50	25	50	25	20	13	13	11	18
		云深处	80			80											
		梧桐山隧道口、罗沙路、元墩头村民自建房		20	18			25			50	20	20	13	13	10	18
	东和	东和路、诗宁大厦、诗宁里、诗宁别墅、金融路、文和园	31	27		30	35	30	120	30	90	30	20				20
		官路吓村委楼、沙中宿舍、瀚海东岸(官吓路商业)、梅花楼、公园路10号-18号	39	27			35	30	150	35	100	50	20				20

（续表）

街道行政区域	路段号	指导租金 / 用途 / 区域位置	住宅				办公		商业					厂房			仓库
									高层		多层						
			带电梯	不带电梯	平房	别墅	高层	多层	一楼	二楼以上	一楼	二楼以上	简易	一楼	二楼以上	简易	
		官路吓村村民自建房、官路吓村委楼住宅及三座和五座商业	33	27	20		35	30	100	30	60	30	20				20
		沙盐路 3001 号-3017 号(园林公司、保险公司、田心、利民综合楼)、沙中后巷	33	27				30			80	30	20				20
		瀚海东岸(住宅及沙盐路商业)、官路吓村综合楼(沙盐路、公园路)	46	27			35	30	200	40	160	30	20				20
海山街道	海涛	蓝郡、皇家海湾公馆	50			100	100		250	200							
		海涛路、进出口公司宿舍、太平洋住宅区、鹏湾二村、海涛花园	28	25			35	32			65	35					16
		翠堤雅居、棕榈湾花园、海景花园	38	30			42	35	120	50	65	50					16
		海天明月居、东和大厦	32	25			38	32	120	50	65	50					16
	鹏湾	壹海城	75			120	110		300	200							
		深盐路、东和路、鹏湾一村	35	30			45	40	170	80	170	80					20
		碧海蓝天、海天一色	45	40			50	45	180	90	180	90					20
		黄金珠宝大厦					55	55						40	40		20
	田东	海山路、深盐路、华逸园、倚山花园、碧桐海苑、东部山海家园、翠海轩、海山道一号、昊海君悦、桐林花园	37	32	22		42	37	152	72	152	72	42	23	18		17

（续表）

街道行政区域	路段号	指导租金 / 用途 / 区域位置	住宅				办公		商业					厂房			仓库
									高层		多层						
			带电梯	不带电梯	平房	别墅	高层	多层	一楼	二楼以上	一楼	二楼以上	简易	一楼	二楼以上	简易	
		海山居、海荣居、海月居、东部阳光、海都大厦、翠景花园、供电大楼、海鹏苑、45 小区	37	32	22		42	37	122	62	122	62	32				17
		梧桐路、瑞林苑、50 号小区	26	22	20		30	30	72	42	65	37	32				17
		保税区第四生活区		22							35	30					17
	梧桐	深盐路东段、海山路、七村集资楼、劳动局综合楼、叶屋村集资楼、沙鑫大厦	35	30	25		42	42	160	80	160	80	40				16
		香径东路、香径南路、井头东街、井头南街、劳动生活一、二所	35	30	25		30	30	100	45	100	50	30				16
		深盐路西段、梧桐路、海山一巷、海鹏工业区、暗径正巷	35	30	25		30	30	70	30	70	40	30	20	17		16
		井头西街、沙井头村	35	30	25		30	30	60	30	45	35	30				16
		叶屋东街、叶屋村	35	30	25		30	30	60	30	40	30	30				16
		保税区第一、二生活区		30	25						50	35					16
盐田街道	盐田港	沙盐路、海港大厦、国际侯工楼	25	20	15		55	50	70	50	60	30	40	18	15	12	16
		沿港路、盐田港区内、同运集运楼、检疫楼	25	20	15		50	40	60	40	50	30	40	17	15	12	16
		盐田国际新行政办公楼			15		55	40	70	40							
		旧水产研究所			15		45	35	50	30	45	30	35	16	15	11	15

（续表）

街道行政区域	路段号	指导租金 / 用途 / 区域位置	住宅				办公		商业					厂房			仓库
			带电梯	不带电梯	平房	别墅	高层	多层	高层		多层		简易	一楼	二楼以上	简易	
									一楼	二楼以上	一楼	二楼以上					
	盐田	海鲜街（一期）			15						90	80	40				15
	盐田	海鲜街（二期）、联裕综合楼		20	15		40	30			40	30	35				15
	盐田	盐田老街、旧墟镇内、渔民新村、山边村、沙头村、四合院		20	15		40	30			50	30	30				15
	盐田	金海雅居、海港城、法院大楼、盐田市场、蔚蓝海湾苑、蔚蓝假日雅苑	25	22	15		40	35	60	35	50	30	35				15
	沿港	沿港路、海滨假日、边检大楼、西山吓、春天海	25	18	15		40	35	55	30	50	30	35				15
	沿港	沿港新村		18	15		40	35	55	30	50	30	35				15
	沿港	沙岗圩、杨梅新村、黄必围		18	15		35	35	55	30	50	30	35				15
	沿港	北山道、星港名苑、宏业大厦、裕民大厦、裕民宿舍楼、和亨雅园	30	18	15		40	35	60	30	50	30	35				15
	沿港	北山工业区、旧地税楼、旧国税楼		18	15		45	35	60	30	50	30	35	18	15	13	15
	沿港	洪安围、吉麻湖		18	15		40	35	55	30	50	30	35	17	15	12	15
	沿港	华侨新村（一、二期）	30	18	15		45	35			50	30	35				15

（续表）

街道行政区域	路段号	区域位置＼指导租金＼用途	住宅				办公		商业					厂房			仓库
									高层		多层						
			带电梯	不带电梯	平房	别墅	高层	多层	一楼	二楼以上	一楼	二楼以上	简易	一楼	二楼以上	简易	
	东海	东海道、中铁物流、五号仓、中铁大厦、依山时代	30	20	15		45	40	60	35	55	30	35				16
		南方明珠（一期）、九号小区、东海龙腾	30	20	15		45	35	60	35	55	35	35				16
		南方明珠（二期）、南方明珠市场、泊郡雅苑、南方明珠公寓	30	20	15		45	40	60	35	55	35	35				16
		天利明园、东海丽景（一、二期）	30	20	15		45	40	70	35	60	35	35				15
		东海道社排门店、洪安二街、社排村上围、下围、小布村内		20	15		40	35	50	30	50	30	35				13
	明珠	北山道、轮训队、石头围老围		22	15			35	50	30	50	30	35	17	15	12	15
		东海道、裕宏花园、裕鹏阁、朝阳围市场、金斗岭	30	22	15		45	35	60	35	55	30	35	16	15	12	15
		和亨家家园、和亨中心广场、花样年花港，幸福海、半山溪谷	30	22	15		50	40	70	35	60	35	35				15
		盐田路、裕达华庭、金水湾、裕宏实业大楼	30	22	15		50	40	70	35	55	35	35				15
		金港盛世华庭、麓港国际、金山碧海	30		15		50	40	100	80	80	60					
		明珠路、裕泰办公楼			15		40	35	55	30	50	30	35				16
		永安路、浩海明珠	30	18	15		45	40	50	30	45	30	35				15
		三村老围、新围、上围、下围、江屋、龙眼园、朝阳围、石头围		18	15		40	35	55	40	50	30	35				15

（续表）

街道行政区域	路段号	区域位置 ＼ 指导租金 ＼ 用途	住宅				办公		商业					厂房			仓库
									高层		多层						
			带电梯	不带电梯	平房	别墅	高层	多层	一楼	二楼以上	一楼	二楼以上	简易	一楼	二楼以上	简易	
梅沙街道	永安	东海道、物流园区、恒盛辉、鸿基、勤辉、怡和仓	25	18	15		40	35	55	40	50	30	35	16	15	12	18
		鑫群大厦、新港大厦	25	18	15		40	35	55	0	50	30	35				15
		西禾树、坜背、四村新老围、伯公树、老圹		18	15		40	35			50	30					15
		永安路 16 号小区		18	15		40	35			50	30	35	16	13	12	15
	大梅沙	倚天阁、海怡轩、中通水岸	35	30	20	70	40	30	50	35	45	30					15
		盐梅路（大梅沙段）、环梅路（南侧）	35	30	20	70	45	45	90	50	90	50	70				15
		梅沙湾、爱琴海	40	35	25	85	40	30	70	40	70	40					15
		大梅沙村	35	30	20	70	40	30	50	35	45	30	45				15
	滨海	盐梅路（大梅沙段）、环梅路（北侧）	40	35	25	85	40	30	70	40	70	40	60				15
		金沙街、上成路、成坑村、上坪村	35	30	20	70	40	30	50	35	45	30	45				15
	小梅沙	盐梅路（小梅沙段）	35	30	20	70	40	30	70	40	70	40	60				15
		小梅沙村	32	28	18	70	25	25	40	35	40	30	35	15	15		15
	东海岸	环梅路（北侧）、万科东海岸	35	30	20	70	40	30	50	40	50	40	60				15
		东海岸体育馆区（含优品艺墅、海语东园）、望翠路	35	30	20	70	35	30	40	30	40	30	30				15
		深圳东部华侨城	40	35	25	85	45	45	80	60	80	60	60				15

（续表）

街道行政区域	路段号	指导租金 用途 区域位置	住宅				办公		商业					厂房			仓库
									高层		多层						
			带电梯	不带电梯	平房	别墅	高层	多层	一楼	二楼以上	一楼	二楼以上	简易	一楼	二楼以上	简易	
中英街管理局		横头街、大王巷、创意大厦、沙栏吓村、碧海苑、碧海花园、海港别墅、环城路、步步街、桥头街、南天花园、海天园、海韵园、大兴巷	26	20	16		30	25	70	22	60	25		14	14		25
		中英街、海傍街、阳和街、沙头街	26	20	16		30	25	70	20	80	25	20				25
沙头角保税区		厂房												28	19		19
		保发大厦					50		45								
		海关楼						25									
		配餐中心											10				
盐田港保税区	区内南北片区	盐田港保税区综合办公楼						60			60						
		保税物流园区 22 米大道以南为（南片区）						55									40
		保税物流园区 22 米大道以北为（北片区）						50									40

表 8-16　宝安区 2016 年房屋租赁指导租金表

单位：元 / 月 • 平方米

街道行政区域	路段号	区域位置		住宅				办公		商业					厂房			仓库
										高层		多层						
				带电梯	不带电梯	平房	别墅	高层	多层	一楼	二楼以上	一楼	二楼以上	简易	一楼	二楼以上	简易	
新安街道	翻身	45 区 47 区 49 区	翻身路	26	20	/	/	30	25	80	25	70	25	/	16	14	/	15
			自由路及其他主要街道（上川路、裕安一路、107 国道旁、新安五路、创业一路）	26	20	/	/	30	25	55	35	45	25	/	16	14	/	15
			小区内	26	20	/	/	30	25	40	25	35	20	/	16	14	/	15
			自建房	20	13	10	/	20	12	/	/	25	20	/	16	14	/	13
		46 区	翻身路	/	/	/	/	30	25	80	30	70	30	/	/	/	/	/
			主要街道及花园外围	26	20	/	/	30	25	65	25	60	/	/	16	14	/	15
			小区内	26	20	/	/	26	20	40	25	35	/	/	16	14	/	15
			自建房	20	13	/	/	20	12	/	/	25	20	/	/	/	/	15
		48 区	翻身路	26	20	/	/	30	25	80	25	70	25	/	/	/	/	20
			主要街道及花园外围	26	20	/	/	30	25	55	25	55	25	/	/	/	/	20
			小区内	26	13	/	/	30	25	40	25	35	25	/	/	/	/	15
		50 区	翻身路	26	20	/	/	30	25	80	25	70	25	/	/	/	/	20
			主要街道及花园外围	26	20	/	/	30	25	50	25	40	/	/	16	14	/	14
			小区内	26	20	/	/	30	25	40	/	35	/	/	16	14	/	14
			自建房	20	13	10	/	20	12	35	/	30	/	/	16	14	/	14
		82 区	主要街道及花园外围	26	20	/	/	30	25	65	25	40	25	/	16	14	/	14
			自建房	20	13	/	/	20	12	30	25	25	20	/	/	/	/	/
			小区内	26	20	/	/	30	25	40	25	35	20	/	/	/	/	14

（续表）

街道行政区域	路段号	区域位置	指导租金 \ 用途	住宅 带电梯	住宅 不带电梯	住宅 平房	住宅 别墅	办公 高层	办公 多层	商业 高层 一楼	商业 高层 二楼以上	商业 多层 一楼	商业 多层 二楼以上	商业 简易	厂房 一楼	厂房 二楼以上	厂房 简易	仓库
		83 区	主要街道及花园外围	28	23	/	/	30	/	65	30	60	25	/	/	/	/	20
			小区内	28	23	/	/	30	25	50	30	40	25	/	/	/	/	20
		84 区 N15、16、17、19 区	主要街道及花园外围	28	/	/	/	30	/	70	30	/	/	/	/	/	/	20
			小区内	28	/	/	/	30	/	55	30	/	/	/	/	/	/	20
		N26 区	荣超、万骏大厦	/	/	/	/	70	/	90	70	/	/	/	/	/	/	/
		润恒御园（别墅）	主要街道及花园外围	/	/	/	30	/	40	/	/	80	30	/	/	/	/	/
			小区内	/	/	/	30	/	40	/	/	60	30	/	/	/	/	/
		假日名居	主要街道及花园外围	28	/	/	/	30	/	60	30	/	/	/	/	/	/	/
			小区内	28	/	/	/	30	/	60	30	/	/	/	/	/	/	/
		前海熙大厦商务公寓	主要街道及花园外围	28	/	/	/	30	/	90	70	/	/	/	/	/	/	/
			小区内	28	/	/	/	30	/	80	70	/	/	/	/	/	/	/
	新乐	N10 区	熙龙湾二期	33	/	/	/	50	/	20	45	/	/	/	/	/	/	35
		N23 区	熙龙湾一期	33	/	/	/	90	/	70	45	/	/	/	/	/	/	35
			天健时尚空间	33	/	/	/	40	/	70	45	/	/	/	/	/	/	35
			龙光大厦	33	/	/	/	100	/	100	100	/	/	/	/	/	/	35
		11 区、37 区	11 区小区内	/	18	/	/	/	18	/	/	25	20	/	13	13	/	13
			自建房	20	10	10	/	15	15	/	/	25	20	/	13	13	/	13
			翻身路	25	18	/	/	25	18	/	/	60	30	/	/	/	/	30
			107 国道边	20	10	/	/	30	20	/	/	30	25	/	/	/	/	20
			晶美花园商业街	20	15	/	/	/	20	/	/	40	/	/	/	/	/	15

（续表）

街道行政区域	路段号	指导租金 区域位置	用途	住宅				办公		商业					厂房			仓库
										高层		多层						
				带电梯	不带电梯	平房	别墅	高层	多层	一楼	二楼以上	一楼	二楼以上	简易	一楼	二楼以上	简易	
		38区	中南花园	28	/	/	/	30	/	35	25	30	25	/	/	/	/	20
			新锦安花园	28	/	/	/	30	/	55	35	/	/	/	/	/	/	20
			翻身路边	26	20	/	/	/	20	55	30	55	30	/	/	/	/	35
			小区内（新乐花园）	26	18	/	/	/	20	30	25	26	20	/	/	/	/	20
			自建房	20	13	/	/	/	20	25	20	25	20	/	16	14	/	14
		39区	主要街道及花园外围	26	20	/	/	26	/	45	25	40	25	/	/	/	/	15
			花园小区内	26	20	/	/	26	/	30	25	30	20	/	/	/	/	15
			翻身路边	26	13	/	/	35	20	85	35	75	35	/	/	/	/	20
			甲岸路边	26	20	/	/	30	25	45	25	45	25	/	/	/	/	20
			自建房	20	13	/	/	/	20	25	20	25	20	/	15	14	/	15
		40区	主要街道及花园外围	26	20	/	/	30	25	45	25	40	25	/	/	/	/	15
			甲岸路边	26	20	/	/	30	25	45	25	45	25	/	/	/	/	/
			翻身路边	26	20	/	/	35	25	75	35	/	/	/	/	/	/	/
			中怡名苑C栋	/	/	/	/	45	/	45	30	/	/	/	/	/	/	/
			自建房	18	13	/	/	20	20	/	/	25	20	/	16	14	/	14
			花园小区内	26	20	/	/	26	20	30	20	30	20	/	/	/	/	20
		41区	主要街道及花园外围	26	20	/	/	30	25	45	25	30	20	/	/	/	/	15
			花园小区内	26	20	/	/	26	20	/	/	28	20	/	/	/	/	20
			甲岸路边	26	20	/	/	26	20	45	/	45	25	/	/	/	/	14
			翻身路边	26	20	/	/	26	20	/	/	80	35	/	/	/	/	/

（续表）

街道行政区域	路段号	区域位置	指导租金 / 用途	住宅 带电梯	住宅 不带电梯	住宅 平房	住宅 别墅	办公 高层	办公 多层	商业 高层 一楼	商业 高层 二楼以上	商业 多层 一楼	商业 多层 二楼以上	商业 简易	厂房 一楼	厂房 二楼以上	厂房 简易	仓库
			107 国道边	20	13	/	/	20	20	/	/	25	20	/	/	/	/	/
			自建房	20	13	/	/	20	20	/	/	25	20	/	16	14	/	14
		42 区	主要街道及花园外围	26	20	/	/	30	25	45	25	30	20	/	/	/	/	15
			花园小区内	26	20	/	/	26	20	/	/	28	20	/	/	/	/	20
			甲岸路边	/	13	/	/	26	20	/	/	45	25	/	/	/	/	15
			翻身路边	/	13	/	/	26	20	/	/	80	25	/	/	/	/	20
			兴华一路边	/	/	/	/	/	/	45	30	/	/	/	/	/	/	20
			自建房	20	12	/	/	20	20	/	/	25	20	/	16	14	/	14
		43 区	主要街道及花园外围	26	20	/	/	30	25	45	25	30	20	/	/	/	/	15
			兴华一路边	/	/	/	/	26	20	45	/	45	30	/	/	/	/	20
			翻身路边	/	/	/	/	/	/	85	35	85	35	/	/	/	/	20
			创业一路边	/	/	/	/	/	/	40	25	/	/	/	/	/	/	20
			碧海花园	/	18	/	/	/	20	/	/	26	20	/	/	/	/	20
			花园小区内	26	20	/	/	26	20	28	/	28	20	/	/	/	/	/
			自建房	20	13	/	/	20	20	25	/	25	20	/	18	14	/	12
		44 区	主要街道及花园外围	26	20	/	/	30	25	45	25	/	/	/	/	/	/	15
			兴华一路边	/	/	/	/	26	/	45	30	45	30	/	/	/	/	20
			翻身路边	26	20	/	/	/	/	35	35	85	35	/	/	/	/	/
			创业一路边	/	/	/	/	/	/	40	25	40	25	/	/	/	/	/
			花园小区内	26	20	/	/	26	20	30	20	30	20	/	/	/	/	15
			自建房	20	13	/	/	20	20	25	/	25	20	/	16	14	/	13

（续表）

街道行政区域	路段号	区域位置	指导租金	住宅				办公		商业					厂房			仓库
										高层		多层						
				带电梯	不带电梯	平房	别墅	高层	多层	一楼	二楼以上	一楼	二楼以上	简易	一楼	二楼以上	简易	
	宝民	9区	建安一路、兴华路主街道	24	22	/	/	30	25	95	45	95	45	/	/	/	/	/
			创业路、宝民路主街道	24	22	/	/	30	25	93	45	93	45	/	/	/	/	/
			白金酒店公寓、广场大厦	42	/	/	/	45	/	65	35	60	35	/	/	/	/	/
			建安花园内	24	22	/	/	30	22	55	35	45	35	/	/	/	/	/
			小区内	24	20	/	/	25	22	55	30	45	30	/	/	/	/	/
		10区	兴华路主街道	24	22	/	/	30	25	105	45	105	45	/	/	/	/	/
			建安一路主街道	24	22	/	/	30	25	95	45	95	45	/	/	/	/	/
			创业路、前进路	24	22	/	/	30	25	75	40	75	35	/	/	/	/	/
			冠城世家、汉宝大厦内	24	22	/	/	35	30	55	35	45	35	/	/	/	/	/
			裕安花园内	24	22	/	/	30	25	55	35	45	35	/	/	/	/	/
			小区内	24	20	/	/	30	25	55	35	45	35	/	/	/	/	/
		13区	广深公路旁、小区内	24	20	/	/	28	23	48	28	33	23	/	17	15	12	12
			宝通大厦	24	20	/	/	38	28	63	38	53	33	/	/	/	/	/
			宝民路	24	20	/	/	28	23	63	38	53	33	/	17	15	12	12
		24区	建安一路、宝民路、创业路、裕安路主街道	24	22	/	/	30	25	75	40	65	35	/	/	/	/	/
			宝豪华庭	24	22	/	/	30	25	75	40	65	35	/	/	/	/	/
			小区内	22	20	/	/	25	20	45	25	35	25	/	/	/	/	/
			自建房	22	14	/	/	25	20	30	25	30	25	/	/	/	/	/
		25区	裕安路、创业路主街道	24	22	/	/	30	25	65	40	55	35	/	/	/	/	/
			前进路、建安路主街道	24	22	/	/	35	35	75	45	75	45	/	/	/	/	/
			小区内	24	22	/	/	25	22	50	35	45	30	/	/	/	/	/

（续表）

街道行政区域	路段号	区域位置	指导租金 \ 用途	住宅				办公		商业					厂房			仓库
				带电梯	不带电梯	平房	别墅	高层	多层	高层 一楼	高层 二楼以上	多层 一楼	多层 二楼以上	简易	一楼	二楼以上	简易	
		29区	建安路	24	20	/	/	33	28	63	38	63	33	/	/	/	/	/
			宝民路	24	20	/	/	33	28	63	38	63	33	/	/	/	/	/
			上川路一侧	24	20	/	/	33	28	63	38	63	33	/	/	/	/	/
			小区内、宝民路一巷	24	20	/	/	33	28	48	28	48	28	/	/	/	/	/
			裕安二路	24	20	/	/	33	28	53	38	53	33	/	/	/	/	/
		30区	建安一路	24	20	/	/	33	28	63	38	63	33	/	/	/	/	/
			前进一路	24	20	/	/	33	28	73	43	73	43	/	/	/	/	/
			冠利达大厦	24	20	/	/	43	38	83	43	83	43	/	/	/	/	/
			上川路	24	20	/	/	33	28	73	38	73	38	/	/	/	/	/
			裕安二路	24	20	/	/	33	28	53	38	53	33	/	/	/	/	/
		34区	前进路、建安路、宝民路	24	20	/	/	33	28	73	38	73	38	/	20	17	12	12
			小区内路	24	20	/	/	33	28	58	33	58	33	/	/	/	/	/
			流塘路段	24	20	/	/	33	28	58	33	58	33	/	18	15	12	12
			上川路	24	20	/	/	33	28	73	38	73	38	/	/	/	/	/
			新四安路、新安五路	24	20	/	/	33	28	60	33	60	33	/	22	20	/	/
	上川	31区	上合路	22	14	/	/	30	20	60	30	60	30	/	20	15	/	14
			上川路	22	17	/	/	30	20	57	30	57	25	/	20	15	/	14
			天源花园	25	17	/	/	30	20	57	30	57	25	/	/	/	/	/
			怡园路	22	14	/	/	30	20	57	30	57	25	/	20	15	/	14
			前进路	25	17	/	/	30	25	62	30	62	25	/	20	15	/	14

（续表）

街道行政区域	路段号	区域位置 \ 指导租金 \ 用途		住宅				办公		商业					厂房			仓库
										高层		多层						
				带电梯	不带电梯	平房	别墅	高层	多层	一楼	二楼以上	一楼	二楼以上	简易	一楼	二楼以上	简易	
			裕安二路	22	14	/	/	25	20	45	25	45	25	/	20	15	/	14
			自建房	22	14	/	/	20	20	22	20	22	17	/	20	15	/	12
			上川市场A栋（靠上川路、怡园路）	/	14	/	/	25	20	/	/	57	22	/	/	/	/	/
			上川市场B栋（上合路）	/	14	/	/	25	20	/	/	45	22	/	/	/	/	/
			上川市场内	/	14	/	/	/	20	/	/	20	15	/	/	/	/	/
		73区	佳华新村	25	20	/	/	25	20	45	20	45	20	/	/	/	/	/
		73区	金海华府	25	20	/	/	25	/	50	30	/	/	/	/	/	/	/
		73区	福安楼、渝达华园	/	20	/	/	/	25	/	/	45	20	/	/	/	/	/
		73区	国通花园	/	17	/	/	/	25	/	/	40	20	/	/	/	/	/
		73区	流塘路、新安四路	22	17	/	/	25	20	45	25	45	25	/	20	15	/	14
		73区	怡园路	22	17	/	/	25	20	35	20	30	20	/	20	15	/	14
		73区	自建房	22	14	/	/	25	20	22	20	22	20	/	20	15	/	14
		35区	上川路	22	17	/	/	30	20	60	30	60	30	/	20	15	/	14
		35区	前进路	22	17	/	/	30	20	60	30	60	30	/	20	15	/	14
		35区	怡园路	22	17	/	/	30	25	60	30	60	30	/	20	15	/	14
		35区	新四安路	22	17	/	/	30	25	45	25	45	25	/	20	15	/	14
		35区	安乐花园(滨城新村）、海滨花园、黄金台小区	22	17	/	/	30	25	30	20	30	20	/	20	15	/	14
		35区	中信楼、公路局宿舍楼	22	17	/	/	25	20	25	20	25	20	/	/	/	/	/
		35区	自建房	22	14	/	/	22	20	22	14	22	14	/	20	15	/	14

（续表）

街道行政区域	路段号	区域位置		住宅				办公		商业					厂房			仓库
										高层		多层						
				带电梯	不带电梯	平房	别墅	高层	多层	一楼	二楼以上	一楼	二楼以上	简易	一楼	二楼以上	简易	
		74 区	宝安新村	25	22	/	/	25	20	45	30	45	30	/	20	15	/	14
			流塘路	22	17	/	/	25	20	40	30	40	30	/	20	15	/	14
			怡园路	22	17	/	/	25	20	35	25	35	20	/	20	15	/	14
			自建房	22	14	/	/	20	20	20	15	20	15	/	/	/	/	/
		32 区	新安三路	25	17	/	/	30	30	55	35	55	35	/	20	15	/	14
			上川路	25	17	/	/	30	30	55	35	55	35	/	20	15	/	14
			裕安路	25	17	/	/	30	30	55	35	55	35	/	20	15	/	14
			小区内	25	14	/	/	30	25	30	25	30	25	/	20	15	/	14
			自建房	22	14	/	/	25	25	25	25	25	25	/	20	15	/	14
		33 区	新安三路	25	17	12	/	30	30	45	25	45	25	/	20	15	/	14
			上川路	25	17	12	/	30	30	35	25	35	25	/	20	15	/	14
			裕安二路	25	17	12	/	30	30	35	25	35	25	/	20	15	/	14
			裕安居	25	/	/	/	35	35	55	45	55	45	/	/	/	/	/
			大宝路	25	17	12	/	30	30	35	25	35	25	/	20	15	/	14
			小区内	25	14	12	/	25	25	30	25	30	25	/	20	15	/	14
			自建房	22	14	/	/	25	25	25	20	25	20	/	18	15	/	14
		36 区	怡园路	25	17	/	/	30	30	55	35	55	35	/	20	15	/	14
			新安四路	25	17	/	/	30	30	55	30	55	30	/	20	15	/	14
			上川路	25	17	/	/	30	30	55	35	55	35	/	20	15	/	14
			小区内	25	14	/	/	30	30	35	30	35	30	/	20	15	/	14
			自建房	22	14	/	/	25	25	25	20	25	20	/	20	15	/	14

注：表头左上角为斜线表头，含"用途""指导租金""区域位置"三项。

（续表）

街道行政区域	路段号	区域位置	指导租金/用途	住宅				办公		商业					厂房			仓库
				带电梯	不带电梯	平房	别墅	高层	多层	高层		多层		简易	一楼	二楼以上	简易	
										一楼	二楼以上	一楼	二楼以上					
	镇南	7区	建安路	22	16	/	/	25	22	95	45	95	45	27	16	13	/	12
			兴华路	22	16	/	/	25	22	65	33	65	33	22	16	13	/	12
			新圳路	22	16	/	/	25	22	85	33	85	33	22	16	13	/	12
			宝民路	22	16	/	/	25	22	50	30	50	30	22	16	13	/	12
			小区内	22	16	/	/	25	22	32	22	32	22	22	16	13	/	12
		20区	大宝路	22	16	/	/	30	22	32	22	32	22	/	/	/	/	/
			洪浪北路	22	16	/	/	30	22	35	22	35	22	/	/	/	/	/
			新安二路	22	16	/	/	30	22	32	22	32	22	/	/	/	/	/
			洪浪南路	22	16	/	/	30	22	32	22	32	22	/	/	/	/	/
			小区内	22	16	/	/	30	22	25	22	25	22	/	/	/	/	/
		23区	创业二路	22	16	/	/	28	22	32	22	32	22	/	16	13	/	12
			新安二路	22	16	/	/	28	22	32	22	32	22	/	16	13	/	/
			大宝路	22	16	/	/	28	22	32	22	32	22	/	16	13	/	/
			洪浪北路	22	16	/	/	28	22	32	22	32	22	/	16	13	/	/
			新圳路	22	16	/	/	28	22	32	22	32	22	/	16	13	/	/
			小区内	22	16	/	/	22	22	28	22	28	22	/	16	13	/	12
		27、28区	裕安二路	22	16	/	/	22	22	33	23	33	23	/	16	13	12	12
			新安三路	22	16	/	/	22	22	33	23	33	23	/	16	13	/	/
			怡园路	22	16	/	/	22	22	33	23	33	23	/	16	13	/	/
			大宝路	22	16	/	/	22	22	33	23	33	23	/	16	13	/	/

（续表）

街道行政区域	路段号	区域位置	指导租金 / 用途	住宅				办公		商业					厂房			仓库
										高层		多层						
				带电梯	不带电梯	平房	别墅	高层	多层	一楼	二楼以上	一楼	二楼以上	简易	一楼	二楼以上	简易	
			创业二路	22	16	/	/	22	22	33	23	33	23	/	16	13	/	/
			小区内	22	16	/	/	22	22	22	20	22	22	/	16	13	/	12
		67区	留仙三路	22	16	/	/	/	22	27	22	32	22	/	16	13	/	12
			留芳路	22	16	/	/	/	22	27	22	32	22	/	16	13	/	12
			留仙一路	22	16	/	/	/	22	27	22	32	22	/	16	13	/	12
			小区内	22	16	/	/	/	22	27	22	32	22	/	16	13	/	12
		68区	留芳路	22	16	/	/	/	22	27	22	32	22	/	16	13	/	12
			留仙三路	22	16	/	/	/	22	27	22	32	22	/	16	13	/	12
			留仙大道	22	16	/	/	/	22	27	22	32	22	/	16	13	/	12
			小区内	22	16	/	/	/	22	27	22	32	22	/	16	13	/	12
		69区.70区	创业二路	22	16	/	/	/	22	32	22	32	22	/	16	13	/	12
			留仙三路	22	16	/	/	/	22	32	22	32	22	/	16	13	/	12
			留仙一路	22	16	/	/	/	22	32	22	32	22	/	16	13	/	12
			留芳路	22	16	/	/	/	22	32	22	32	22	/	16	13	/	12
			小区内	22	16	/	/	/	22	27	22	32	22	/	16	13	/	12
		1区	湖滨路	22	16	/	/	25	20	50	30	/	/	/	/	/	/	/
			建安一路	/	16	/	/	25	20	50	30	/	/	/	/	/	/	/
			龙井二路	22	16	/	/	25	20	50	30	/	/	/	/	/	/	/
			宝民一路	22	16	/	/	25	20	50	30	40	20	/	/	/	/	/
			小区内	22	16	/	/	25	20	30	20	30	20	/	/	/	/	/

（续表）

街道行政区域	路段号	区域位置	指导租金 \ 用途	住宅				办公		商业					厂房			仓库
										高层		多层						
				带电梯	不带电梯	平房	别墅	高层	多层	一楼	二楼以上	一楼	二楼以上	简易	一楼	二楼以上	简易	
		2区	前进路	/	16	/	/	/	20	/	/	30	25	/	/	/	/	/
			龙井二路	/	16	/	/	/	20	/	/	40	25	/	/	/	/	/
			建安一路	/	16	/	/	/	20	/	/	40	25	/	/	/	/	/
			湖滨路	/	16	/	/	/	20	/	/	30	25	/	/	/	/	/
			小区内	/	16	/	/	/	20	/	/	25	25	/	/	/	/	/
		3区	宝民一路	22	16	/	/	30	20	40	20	40	20	/	/	/	/	/
			建安一路	22	16	/	/	30	20	40	20	40	20	/	/	/	/	/
			龙井二路	22	16	/	/	30	20	40	20	40	20	/	/	/	/	/
			新安二路	22	16	/	/	30	20	40	20	40	20	/	/	/	/	/
			小区内	22	16	/	/	30	20	30	20	30	20	/	/	/	/	/
		4区	前进二路	22	16	/	/	25	20	40	30	50	25	/	/	/	/	/
			龙井二路	22	16	/	/	25	20	40	30	45	25	/	/	/	/	/
			新安二路	22	16	/	/	25	20	40	30	45	25	/	/	/	/	/
			建安一路	22	16	/	/	25	20	40	30	40	25	/	/	/	/	/
			小区内	22	16	/	/	25	20	35	20	30	20	/	/	/	/	/
		5区	建安路	22	16	/	/	40	25	70	25	70	25	/	/	/	/	/
			新圳路	22	16	/	/	40	25	40	25	40	25	/	/	/	/	/
			新安二路	22	16	/	/	40	25	40	25	40	25	/	/	/	/	/
			甲岸路	22	16	/	/	40	25	40	25	40	25	/	/	/	/	/
			海雅缤纷城	30	/	/	/	40	25	100	25	100	25	/	/	/	/	/
			小区内	22	16	/	/	40	25	40	25	40	25	/	/	/	/	/

（续表）

街道行政区域	路段号	指导租金 区域位置		住宅				办公		商业					厂房			仓库
										高层		多层						
				带电梯	不带电梯	平房	别墅	高层	多层	一楼	二楼以上	一楼	二楼以上	简易	一楼	二楼以上	简易	
		6 区	建安路	22	16	/	/	25	25	90	25	70	25	/	/	/	/	/
			新圳路	22	16	/	/	25	25	45	25	45	25	/	/	/	/	/
			前进路	22	16	/	/	25	25	50	25	50	25	/	/	/	/	/
			新安二路	22	16	/	/	25	25	50	25	50	25	/	/	/	/	/
			小区内	22	16	/	/	25	25	40	25	30	20	/	/	/	/	/
		8 区	兴华路	25	18	/	/	30	20	80	30	80	30	/	/	/	/	/
			建安路	25	18	/	/	30	20	90	40	90	40	/	/	/	/	/
			新圳路	25	18	/	/	30	20	80	35	80	35	/	/	/	/	/
			前进路	25	18	/	/	30	20	50	30	50	30	/	/	/	/	/
			小区内	25	18	/	/	30	20	30	25	30	25	/	/	/	/	/
		12 区	兴华路	22	16	/	/	30	20	40	20	40	15	/	/	/	/	/
			广深公路	22	16	/	/	30	20	30	20	30	15	/	/	/	/	/
			宝民一路	22	16	/	/	30	20	40	20	40	15	/	/	/	/	/
			小区内	22	16	/	/	30	20	30	20	30	15	/	/	/	/	/
		14 区	龙井二路	/	16	/	/	/	25	/	/	30	20	/	/	/	/	/
			前进路	/	16	/	/	/	25	/	/	30	20	/	/	/	/	/
			小区内	/	16	/	/	/	25	/	/	25	15	/	/	/	/	/
		16 区	新安二路	22	16	/	/	25	25	/	/	35	25	/	/	/	/	/
			小区内	22	16	/	/	20	16	/	/	25	20	/	/	/	/	/

（续表）

街道行政区域	路段号	区域位置		住宅				办公		商业					厂房			仓库
										高层		多层						
				带电梯	不带电梯	平房	别墅	高层	多层	一楼	二楼以上	一楼	二楼以上	简易	一楼	二楼以上	简易	
		18区	新安二路	/	18	/	/	/	20	/	/	30	20	/	/	/	/	/
			洪浪南路	/	18	/	/	/	20	/	/	30	20	/	/	/	/	/
			小区内	/	18	/	/	/	20	/	/	20	15	/	/	/	/	/
		19区	前进路	/	18	/	/	/	20	40	20	40	20	/	/	/	/	/
			公园	/	18	/	/	/	20	40	20	40	20	/	/	/	/	/
			小区内	/	18	/	/	/	18	25	20	25	20	/	/	/	/	/
		21区	公园路	25	18	/	/	25	20	40	25	40	30	/	/	/	/	/
			兴华二路	25	18	/	/	25	20	40	25	50	30	/	/	/	/	/
			创业二路	25	18	/	/	25	20	40	25	50	30	/	/	/	/	/
			前进路	25	18	/	/	25	20	40	40	40	30	/	/	/	/	/
			小区内	25	18	/	/	25	20	30	20	30	25	/	/	/	/	/
		22区	勤诚达创业路	25	/	/	/	25	/	80	40	80	40	/	/	/	/	/
			勤诚达公园路	25	/	/	/	25	/	80	40	80	40	/	/	/	/	/
			勤诚达怡园路	25	/	/	/	25	/	80	40	80	40	/	/	/	/	/
			新安二路	25	18	/	/	25	18	30	25	30	25	/	16	13	/	12
			小区内	25	18	/	/	25	18	30	25	30	20	/	16	13	/	12
		26区	创业二路	25	16	/	/	25	16	50	25	50	25	/	16	13	/	13
			前进二路	25	16	/	/	25	16	50	25	40	25	/	16	13	/	/
			怡园路	25	16	/	/	25	16	50	25	40	25	/	16	13	/	/
			中洲创业路	25	/	/	/	25	/	100	40	100	40	/	/	/	/	/

（续表）

街道行政区域	路段号	区域位置		住宅				办公		商业					厂房			仓库
										高层		多层						
				带电梯	不带电梯	平房	别墅	高层	多层	一楼	二楼以上	一楼	二楼以上	简易	一楼	二楼以上	简易	
			中洲公园路	25	/	/	/	25	/	100	40	100	40	/	/	/	/	/
			中洲裕安路	25	/	/	/	25	/	100	40	100	40	/	/	/	/	/
			中洲小区内	25	/	/	/	25	/	50	40	50	40	/	/	/	/	/
			裕安二路	25	16	/	/	25	16	50	25	50	25	/	16	13	12	13
			小区内	25	16	/	/	25	16	25	20	25	20	/	16	13	/	13
		71 区	创业二路	20	18	/	/	25	18	50	25	50	25	/	18	15	/	13
			创业一村	20	18	/	/	25	18	30	20	30	20	/	18	15	/	13
			小区内	20	18	/	/	25	18	25	20	25	20	/	18	15	/	13
			留仙三路	20	18	/	/	25	18	30	15	30	20	/	18	15	/	13
		72 区	创业路	20	18	/	/	25	18	50	25	50	25	/	18	15	/	13
			留仙三路	20	18	/	/	25	18	35	20	35	20	/	18	15	/	13
			创业二村	20	18	/	/	25	18	35	20	35	20	/	18	15	/	13
			小区内	20	18	/	/	25	18	25	20	30	25	/	18	15	/	13
西乡街道	一类	河西路		/	13	11	/	40	40	70	50	70	50	50	/	/	/	15
		碧湾雅园、海城路、新湖路、新湾路、富成路（荔园路）		14	13	10	15	40	40	60	40	60	40	40	25	15	15	15
		鸿隆广场		20	/	/	/	38	38	70	36	66	36	/	20	12	/	14
		桃源居 3 区		35	30	/	/	/	/	130	60	/	/	/	/	/	/	/
		桃源居 11 区		40	/	/	/	/	/	200	/	/	/	/	/	/	/	/
		桃源居 12 区 1-8 栋、11 栋、14 区		35	30	/	/	/	/	100	/	/	/	/	/	/	/	/
		桃源居 13 区		35	30	/	/	/	/	90	/	/	/	/	/	/	/	/

（续表）

街道行政区域	路段号	区域位置 \ 指导租金 \ 用途	住宅				办公		商业					厂房			仓库
			带电梯	不带电梯	平房	别墅	高层	多层	高层一楼	高层二楼以上	多层一楼	多层二楼以上	简易	一楼	二楼以上	简易	
		桃源居 12 区 12 栋、13 栋、4 区、5 区	40	35	/	/	/	/	120	/	/	/	/	/	/	/	/
		桃源居 15 区	40	/	/	/	/	/	100	/	/	/	/	/	/	/	/
		桃源居 6 区、桃源居 16 区	40	/	/	/	/	/	95	/	/	/	/	/	/	/	/
		桃源居 17 区	40	/	/	/	/	/	/	/	/	/	/	/	/	/	/
		桃源居综合楼	30	/	/	/	50	/	/	/	/	/	/	/	/	/	/
		御龙居、中粮澜山	35	30	/	/	40	40	70	40	40	40	/	/	/	/	/
		白金公寓、码头北路、缤纷世界、万骏汇、友情基地	26	16	/	/	31	30	61	48	61	31	/	/	/	/	16
		财富港	30	/	/	/	55	50	61	/	/	/	/	/	/	/	/
		圣源华庭、天琴阁、蟠龙居、绿海名居、新源花园、宝和大厦	25	15	/	/	31	30	51	21	41	21	/	/	/	/	16
		颐合花园、名城花园	15	15	/	/	31	30	50	21	41	21	/	/	/	/	16
		F518 创意园、衡芳苑、利华楼、宝源居、宝源商业城、林荣综合楼、郑泰来大厦	15	13	/	/	25	20	41	21	41	21	/	/	/	/	15
		蜀风路	15	13	/	/	25	20	41	21	41	21	/	/	/	/	16
		兴业路、宝源路、华丰名优	15	13	/	/	30	20	50	21	40	21	/	/	/	/	/
		安顺路	15	13	/	/	25	20	60	31	/	/	/	/	/	/	/
		劳动路(60 号-120 号)、宝安大道、西乡大道、劳动路（2 号-58 号）、亨业大厦	15	13	/	/	25	20	51	21	51	21	/	/	/	/	16
		骏丰大厦、宝乐新村 A1 号、宝乐新村一巷 1-2 号、丰乐园、丰和园	15	13	/	/	30	30	41	21	/	/	/	/	/	/	/

（续表）

街道行政区域	路段号	用途 / 指导租金 / 区域位置	住宅				办公		商业					厂房			仓库
			带电梯	不带电梯	平房	别墅	高层	多层	高层		多层		简易	一楼	二楼以上	简易	
									一楼	二楼以上	一楼	二楼以上					
		金海路、新湖路（盐田路段）、泰华阳光海花园（东侧、南侧）、圣陶沙骏园（南侧）、槟城西岸（北侧）、汇一城	32	25	/	/	45	45	96	50	96	50	/	/	/	/	23
		宝源路（盐田路段）、悦和路、兴业路(富通城五期路段）、海湾明珠（南侧）、圣陶沙骏园（北侧）	32	25	/	/	45	45	78	41	78	41	/	/	/	/	23
		大益广场（东侧、南侧）、鸿云花园（西侧、南侧）、金港华庭（东侧）、招商果岭（东侧）	32	25	/	/	45	45	72	38	72	38	/	/	/	/	23
		宝安大道（盐田路段）、西乡大道（盐田路段）、华丰商业大厦、兴华花园	32	22	/	/	45	45	64	33	64	33	/	/	/	/	23
		锦明花园（西侧、北侧）	32	25	/	/	45	45	57	36	57	36	/	/	/	/	23
		盐田街（北面）	19	16	/	/	28	28	84	40	84	40	/	/	/	/	13
		盐田街（南面）	19	16	/	/	28	28	75	31	75	31	/	/	/	/	13
		圣陶沙骏园、富通城（二、三、四、五、六期）、海湾明珠（西侧、北侧）、蚝业雅园、泰华阳光海花园（西侧、北侧）、槟城西岸（东侧、南侧）、中信湾花园、碧海湾小区、锦欣花园、锦明花园、香缇湾（西侧）、金港华庭（北侧、西侧）、招商果岭(西侧、南侧、北侧）、劳动第二工业区 1、2 栋	32	25	/	/	45	45	54	36	54	36	/	/	/	/	23
		固戍华庭、香格丽湾园、富通 V 都会	22	18	/	/	50	/	100	80	100	80	/	22	18	/	/
		固戍花园、兴裕花园、塘西花园	20	16	/	/	55	/	100	80	100	80	/	22	18	/	/
		下围园新村地铁口段、新屋园地铁口段	18	14	/	/	55	50	100	80	100	80	/	22	18	/	15
		固戍二路、石街新村三巷、四巷	15	13	/	/	/	45	85	65	85	65	/	22	18	/	15

（续表）

街道行政区域	路段号	指导租金 / 用途 / 区域位置	住宅				办公		商业					厂房			仓库
									高层		多层						
			带电梯	不带电梯	平房	别墅	高层	多层	一楼	二楼以上	一楼	二楼以上	简易	一楼	二楼以上	简易	
		间头新村	16	12	/	/	/	35	/	/	75	60	/	22	18	/	10
		上围园新村、下围园新村、红湾新村(一、二、三区)、石街新村、新屋园	15	13	/	/	35	35	65	50	65	50	/	22	18	/	12
		海滨新村(一区、二区)	14	12	/	/	/	30	/	/	40	30	/	22	18	/	12
		海滨新村(三区、四区、五区)	14	12	/	/	/	25	/	/	35	25	/	22	18	/	12
	二类	龙吟二路、真理街、鸣乐街、广深路、文乐工业区、新湖花园、宝城花园、自由七队、巡抚街、码头北路、麻布新村	14	13	10	15	40	40	50	40	50	40	30	30	25	15	15
		鸣乐东街、兴发楼、柳竹园、 西乡市场、海滨新村、宝凌路、亨林大厦、兰香园、乐园街、兴业路、新安五路、新安六路、宝安大道、常盛街、华侨新村西堤、华侨新村东堤	15	13	10	15	40	40	60	40	60	40	40	30	25	20	15
		福中福、码头路、雅涛花园、安泰花园、龙珠山顶花园、龙珠花园、龙珠市场、乐园小区、半岛名苑、海语西湾、豪业华庭	18	15	12	18	40	40	50	35	50	35	35	25	25	20	15
		幸福花园、天骄世家、泰华明珠、泰华豪园（9-10 栋有梯）、丽景城（1-4 栋无梯）、富瑰园（B 栋无梯）、富盈门(A、B、C 栋)、中粮锦云、凤凰雅居、雍和园、阳光花园	20	16	/	/	30	30	55	40	55	40	/	/	/	/	16
		桃源居 1 区	35	/	/	/	/	40	40	35	/	/	/	/	/	/	/
		桃源居 2 区	35	/	/	/	/	40	50	30	/	/	/	/	/	/	/
		桃源居 7 区	35	/	/	/	/	40	65	40	/	/	/	/	/	/	/
		桃源居 9 区	35	/	/	/	/	40	85	40	/	/	/	/	/	/	/
		桃源居 10 区	35	/	/	/	/	50	/	/	/	/	/	/	/	/	/

（续表）

街道行政区域	路段号	指导租金 区域位置 \ 用途	住宅				办公		商业					厂房			仓库
									高层		多层						
			带电梯	不带电梯	平房	别墅	高层	多层	一楼	二楼以上	一楼	二楼以上	简易	一楼	二楼以上	简易	
		凤凰岗香雅阁、凤凰阁	30	/	/	/	40	/	45	/	/	/	/	/	/	/	/
		宝田一路凤凰岗段、前进二路（宝田段）	20	15	15	/	25	25	40	30	40	30	/	/	/	/	/
		前进二路（凤凰岗段）	20	15	15	/	/	/	50	35	50	35	/	/	/	/	/
		宝田一路铁岗段、铁岗西路、铁岗西巷的1号、凤凰岗东九巷	20	15	15	/	25	25	40	30	40	30	/	/	/	/	/
		宝运达物流园	25	20	/	/	35	35	65	35	65	35	/	18	16	/	20
		乐群二路、翠景花园	15	13	12	/	25	20	36	20	30	20	/	/	/	/	11
		新安市场、景福新村、鸣东街、明珠花园、双龙花园	15	13	12	/	25	20	36	20	30	20	/	/	/	/	11
		共乐路(乐群站)	15	13	12	/	25	20	31	20	31	20	/	/	/	/	11
		马鞍山小区、永丰一队A、B、C区、劳动二队水沟边、劳动二队、宝源二区、海城新村A、B、C区、海城名苑	15	13	12	/	25	20	31	20	31	20	/	/	/	/	13
		共乐路(盐田站)	/	/	/	/	21	21	40	21	40	21	/	/	/	/	13
		碧海名园、宝田雅苑、明月花都、共乐华庭、玉湖湾、城市峰尚、恒生医院小区、碧海新苑	29	23	/	/	31	31	51	29	51	29	/	/	/	/	21
		共和路、银田路、银田支一路、新三村上五排段	20	16	/	/	23	23	44	23	44	23	/	/	/	/	13
		香缇湾（东侧、南侧、北侧）、鸿云花园（东侧、北侧）、绿海名苑（北侧）、大益广场（西侧、北侧）	31	25	/	/	41	41	41	21	41	21	/	/	/	/	23
		聚豪天下、海灏华庭	24	19	/	/	23	23	41	21	41	21	/	/	/	/	16
		铁仔路、银田工业区、共乐工业区、共和工业区	24	19	/	/	21	21	41	18	41	18	/	18	15	/	15
		南昌二队(东区、西区)	13	12	/	/	/	20	/	/	55	30	/	20	16	/	10
		南昌一队、南昌三队	12	11	/	/	/	20	/	/	40	25	/	20	16	/	10

（续表）

街道行政区域	路段号	用途 / 指导租金 / 区域位置	住宅				办公		商业					厂房			仓库
			带电梯	不带电梯	平房	别墅	高层	多层	高层		多层		简易	一楼	二楼以上	简易	
									一楼	二楼以上	一楼	二楼以上					
		宝安大道(固戍一路往机场方向)	14	13	/	/	50	40	90	60	90	60	/	20	16	/	15
		宝安大道(固戍一路往西乡路段)	14	13	/	/	50	40	95	55	95	55	/	20	16	/	15
		航城大道	14	12	/	/	40	35	70	45	70	35	/	20	16	/	15
		固戍一路(宝安大道至 107 国道段)	13	12	/	/	50	40	95	65	80	65	/	20	16	/	15
		固戍一路(宝安大道至宝源路段)	13	12	/	/	45	40	75	55	75	55	/	20	16	/	15
		南昌路(南昌二队路段)	13	12	/	/	/	35	/	/	65	40	/	20	16	/	10
		宝源路(沙边海滨工业区至南昌路段)、宝港中心	13	12	/	/	45	40	70	50	70	50	/	20	16	/	12
		新安第二工业区	13	12	/	/	35	30	65	45	65	45	/	20	16	/	10
		勤辉路、安骏路、迪福路、恒南路、腾联路、福荣路、碧湾路	13	11	/	/	/	25	45	35	45	35	/	20	16	/	12
		文昌路、延康路、南昌路、公园路、沙边新村、井湾、沙湾村、公园新村、海边新村、兴发花园、茶西旧村、茶树旧村、石街旧村、塘西（一、二、三）区、沙边东西区、南昌旧村、龙兴村、其他	11	10	/	/	/	18	30	25	30	25	/	20	16	/	10
		茶树新村、塘西新村、海滨新村、东山旧村、塘东东、塘东西、西井路	13	11	/	/	/	23	35	20	35	20	/	20	16	/	12
	三类	塘西工业区、东财工业区、西井工业区、永利工业区	12	10	/	/	/	30	/	/	45	30	/	22	18	/	12
		田心工业区、沙边工业区、红湾工业区、洪盛工业区、上高田工业区、润丰工业区、华洋工业区	12	10	/	/	/	30	40	35	40	35	/	22	18	/	12
		福森工业区、敦发工业区、红镇岗工业区、西荣工业区、新雄工业区、裕兴工业区、汇潮工业区	12	10	/	/	/	30	55	35	55	35	/	22	18	/	15

（续表）

街道行政区域	路段号	指导租金 用途 / 区域位置	住宅				办公		商业					厂房			仓库
			带电梯	不带电梯	平房	别墅	高层	多层	高层		多层		简易	一楼	二楼以上	简易	
									一楼	二楼以上	一楼	二楼以上					
		南昌第一工业区、南昌第二工业区、华丰工业区	/	/	/	/	/	30	/	/	45	30	/	22	18	/	15
		安乐工业区、华创达工业区、庄边工业区、上合工业区、银丰工业区、安乐工业园、航城工业区	/	/	/	/	/	30	/	/	40	25	/	22	18	/	12
		永安商业城、河东路	14	12	10	/	40	40	40	35	40	35	30	/	/	/	15
		渔业新村、渔业旧村、轻铁东、轻铁西、径贝新村、河东花园、河东桂花园、河东新村、径贝华侨新村、河东东头坊、河东闸头门、河东沙井头、兰香园、同富楼、沙头坊、蚝业巷、麻布旧村、径贝旧村、翻身自由一队、翻身自由二队、河西一至四坊、饭堂门	13	12	10	18	40	40	40	30	40	30	20	15	15	15	15
		铁岗(南巷、东路、东巷、西巷)、铁岗工业区	20	15	15	/	20	20	35	25	25	25	25	20	15	15	20
		凤凰岗村(凤凰岗西区、北区、二村)	20	25	25	/	23	23	40	30	40	30	25	20	16	14	20
		曦城	/	/	/	120	/	/	/	/	100	60	/	/	/	/	/
		铁岗旧村、凤凰岗旧村	15	15	12	/	20	20	/	25	25	25	/	/	/	/	/
		新乐村、乐园新村、鸣园小苑、鸣园村、宝莲新村、宝乐新村	15	13	12	/	21	20	31	20	31	20	/	20	12	/	11
		上塘、下塘、黄屋村、艇巷村、白石村、徐屋村、流仙洞、南沙新村	15	13	12	/	21	20	31	20	31	20	/	/	/	/	11
		吉美禾综合楼	24	19	/	/	33	33	53	33	53	33	/	18	15	/	15
		西成工业区、崩山工业区、伟信达工业区、愉盛工业区、安华小区、宝源第二工业区	24	19	/	/	29	29	53	33	53	33	/	18	15	/	15
		高树围一巷段	19	16	/	/	23	23	40	21	40	21	/	/	/	/	13

（续表）

街道行政区域	路段号	指导租金 区域位置 \ 用途	住宅				办公		商业					厂房			仓库
			带电梯	不带电梯	平房	别墅	高层	多层	高层 一楼	高层 二楼以上	多层 一楼	多层 二楼以上	简易	一楼	二楼以上	简易	
		高树围小区	19	16	/	/	23	23	26	17	26	17	/	/	/	/	13
		盐田新一村、盐田一村、盐田南区、盐田新二村、盐田新三村、牛湾新村、牛湾旧村、银田新村、海乐花园	19	16	10	/	23	23	22	16	22	16	/	/	/	/	13
		三围中路、南路、西路、北路、三围(西、北)区、工业路、果园路	12	10	/	/	29	29	/	/	47	26	/	17	13	12	20
		三围东区、三围(一、二、三）巷	11	10	/	/	29	29	/	/	34	24	/	/	/	/	20
		钟屋新村、沙边、新区南、中、北区、荔苑居、钟屋一至六巷	11	10	/	/	29	29	/	/	37	27	/	17	13	12	20
		钟屋工业区、围门口、沙园、黄田社区文楼路东、钟屋大门	12	10	/	/	29	29	/	/	39	25	/	17	13	12	20
		后瑞新村、后瑞村北旧、瑞康路、瑞发路、甲田岗、岗贝、油麻塘、金荔花园、林屋村、桃园路	11	10	/	/	29	29	/	/	35	27	/	16	13	12	20
		新瑞北区、兴宇路、兴围路	11	10	/	/	29	29	/	/	42	27	/	16	13	12	20
		草围一路、二路、三路、龟山路、草围村	11	10	/	/	29	29	/	/	37	27	/	15	12	12	20
		黄田路、大夫天路、兰花路	11	10	/	/	29	29	/	/	47	27	/	16	13	12	20
		草围社区草围村一、二、三巷、新瑞一、二、三区	12	11	/	/	29	29	/	/	38	23	/	16	13	12	20
		钟屋一路、二路、三路	12	11	/	/	29	29	/	/	47	27	/	17	13	12	20
		后瑞社区爱民路、大围新村、后瑞村南	12	11	/	/	29	29	/	/	47	27	/	16	13	12	20
		霸王工业区、雅乐居、荔园、后瑞第二工业区	19	13	/	/	29	29	/	/	32	23	/	17	14	12	20
		利锦社区金达花园、达利花园、汇庭居	26	21	/	/	29	29	/	/	32	24	/	17	14	12	25
		利锦社区锦绣花园、翠湖花园、俊景园、农贸市场、怡宝花园	21	17	/	/	29	29	/	/	32	24	/	17	14	12	20
		阳光新区、航空路、机场开发区（兴达华府、中信领航）	26	22	/	/	29	29	/	/	52	30	/	17	14	12	25

（续表）

街道行政区域	路段号	指导租金 区域位置 \ 用途	住宅				办公		商业					厂房			仓库
									高层		多层						
			带电梯	不带电梯	平房	别墅	高层	多层	一楼	二楼以上	一楼	二楼以上	简易	一楼	二楼以上	简易	
		杨贝工业区一、二、三期	14	12	/	/	29	29	/	/	32	22	/	19	15	12	20
		青春庭园、翠景居、东方雅苑、农批市场、宝民二路1-143号和2-166号(商业街)、宝雅苑、丰恒苑、前进二路、前进路综合楼、宝田二路雍华源	19	16	15	/	30	30	55	40	55	40	/	/	/	/	16
		建安二路、新安四路、丰雅苑	18	15	15	/	25	25	55	40	55	40	/	/	/	/	16
		宝民二路、榕树路(金达花园)、宝民花园、富东花园、广深公路西乡段(双号)、亨梓楼、怡翠花园、流塘路、嘉华花园、西乡地税路段(含锦花路)、航城工业区、麻布社区62区、流塘大厦、贤基大厦、荣恒新苑、骏丰苑、流塘食街、流塘新村、流塘新村东区、荔景新村、75区商住楼、恒明珠、林果所、西城丰和、新宝盛、富盈门(D1、D2、D3栋)、西乡大道	18	15	15	/	25	25	48	38	48	38	30	18	15	11	15
		鹤洲(宝罗、金佛、东区、阳光、西区)工业区	12	11	/	/	19	16	/	/	32	17	26	18	15	13	14
		鹤洲恒丰工业城	21	18	/	/	20	17	/	/	42	24	/	25	17	/	18
		鹤洲东区、西区、新村、旧村(路边)、商住楼、宝罗小区	12	11	/	/	/	14	/	/	35	17	31	18	14	14	14
		鹤洲东区、西区、新村、旧村(非路边)	12	11	/	/	/	14	/	/	21	16	/	18	14	14	14
		鹤洲路、洲石路	12	11	/	/	16	15	35	17	35	17	18	18	14	13	13
		九围新村、九围路	12	10	8	17	16	15	30	16	30	16	18	17	15	13	13
		九围旧村	12	10	8	/	15	14	28	15	23	16	16	17	13	13	13
		九围村委楼后面片区	12	10	8	/	17	14	29	15	26	15	22	17	13	13	13
		黄麻布黄金洞、西区	11	10	8	/	13	10	22	16	25	17	16	16	14	13	13

（续表）

街道行政区域	路段号	区域位置 \ 指导租金 \ 用途	住宅				办公		商业					厂房			仓库
			带电梯	不带电梯	平房	别墅	高层	多层	高层 一楼	高层 二楼以上	多层 一楼	多层 二楼以上	简易	一楼	二楼以上	简易	
		黄麻布第二、三工业区、新村、东区、南区、工业街、学业路、黄麻布路、泰安路、市场周边、金岗山工业区	12	10	8	/	14	14	/	/	31	17	16	16	14	13	13
		勒竹角同富街、天富安工业路、同富裕工业区	12	11	/	/	17	14	36	17	35	17	25	17	14	12	13
		勒竹角天富安(前门段)	12	11	/	/	17	14	42	17	35	17	/	17	14	/	13
		勒竹角新一村东、西（路边商业街）	12	11	/	/	/	/	/	/	45	17	/	/	/	/	/
		勒竹角新一村东、西(非路边)、第一工业区、勒竹路、洲石路、石场路、东面新村、旧村	12	11	8	/	15	15	28	17	30	17	17	17	14	13	13
		勒竹角同富路(395 总站路段)	11	10	/	/	15	15	30	17	30	17	17	17	14	13	13
	四类	庄边金庄园、河西社区(金雅园、金雅新村、河西工业区、金碧花园)、宝田一路臣田段、凤田中心区、臣田(展丰食街、园艺园、瓜子田、综合楼)、臣田(小区、中区、东区、南区、西区)、流塘工业路、荔园一路、流塘路西区、宝兴花园、安源居	16	13	13	/	20	20	38	30	38	30	25	18	15	11	15
		新城广场、庄边新村、新庄园、麻布旧村、流塘旧村(东区、南区、西区、北区、中区)、流塘市场	16	13	13	/	18	18	35	28	35	28	20	18	15	11	13
福永街道	一类	白石厦大道、福永大道(福永桥底至怀德居委大楼)	18	13.5	9.45	/	31	24	56	32	56	30	27	/	/	/	16
		福永大道（怀德居委大楼至宝安大道）、凤凰富源街（107 国道至小学球场两侧）、金域豪庭、天欣花园一至三期 、万福人家、万科金色领域、凤凰美食街、凤凰山大道、凤凰森林公园商业、政丰南路（福永供电所至白石厦大道）两侧	17	13.5	8.5	31.5	29	21	45	26	45	25	27	/	/	/	13

（续表）

街道行政区域	路段号	指导租金 区域位置 \ 用途	住宅				办公		商业					厂房			仓库
			带电梯	不带电梯	平房	别墅	高层	多层	高层 一楼	高层 二楼以上	多层 一楼	多层 二楼以上	简易	一楼	二楼以上	简易	
		白石厦广场(兴达商业街)、龙洲百货石厦路(白石厦大道至福永大道)两侧、龙翔路(迪欧咖啡至上岛咖啡)、车站后面、白石厦路、福宁工业厂区、凤凰花苑	17	13.5	8	/	24	19	42	25	41	24	27	18	16	13	12
		永平二路、政丰北路(建筑大厦至白石厦大道)路段两侧商业、白石厦路两侧、龙翔山庄内及两侧、时代景苑(主要干道边、金石雅苑(主要干道边)、福永花苑(主要干道边)、白石厦裕华园（东、西主要干道边)、美华路、龙翔路(龙翔山庄至上岛咖啡）、温馨路、政丰北路（住宅区）、 立新湖小区、腾丰大道、广深路福永段、德丰街(中心小学至福永市场）、福园一路（桥头段）、永福路（桥头路段）、福海大道（立新北路与福园一路）	14	12.5	8	21	23	18	35	22	33	21	27	17	15	12	12
		白石厦横巷、石龙头新村旧村、白石厦东区文明路、新塘工业区(主要干道边）、北环路(建筑大厦至107国道段)、龙翔北路、龙腾阁小区、龙腾阁新村、白石厦裕华园(东、西小区内)、永安坊东、永安坊西、东区永丰一、二路、淇誉路、永丰商业街、白石厦东区龙王庙A栋-E栋、白石厦东区新塘工业区(内)、白石厦东区文圣明果场主要干道、东区永泰西路、白石厦东区新开发区、香江家具城、宝桥旧货市场、龙王庙路、福海大道两侧（福永段）、福海科技工业园、听涛雅苑、和平美盛工业园商铺、德金财富广场、和平怡佳商场周边、华东服装城、和平市场内、和平综合市场周边、德金商住楼A、B、C、D座、(桥和路313号、桥和路315号）、福永第二工业村（美联商场）、新和二区主街、福海大道（天福路口至新兴工业区二区）、天福路两侧、新和富和路、新和综合市场、欧联路、民联商场附近、兴华路、兴围物流中心、宝安大道(兴围段)	13	11.5	7.5	/	23	17	33	21	29	20	24	16	14	11	12

（续表）

街道行政区域	路段号	用途 / 指导租金 / 区域位置	住宅				办公		商业					厂房			仓库
									高层		多层						
			带电梯	不带电梯	平房	别墅	高层	多层	一楼	二楼以上	一楼	二楼以上	简易	一楼	二楼以上	简易	
	二类	和沙路、福园一路（塘尾段）、建安路、迎春路、永福路（塘尾段）、鹏洲工业园、凤凰综合市场周边、兴业一路（凤凰汽车站）、金菊下路、兴围农贸市场、金弘盛百货商铺、兴围路、兴业一路(兴围段)、瑞康路(兴围段)、兴围(中、南、西、新)、兴鸿基物流园、江氏大厦、白石厦旧村、永和路北（桥和路与重庆路）、蚝业路两侧、桥荣路两侧、凤塘大道（和平段）、永福路（和平段）、永和路（和平市场对面至银通宾馆路段、荔园路与桥和路）、桥和路、重庆路、荔园路、福园一路（和平段）、万利达工业园、晖信工业园、和平综合市场东侧（一至二巷）、骏丰工业园商铺、德金工业园、怀德北路、怀德南路（其余段）、政丰南路（美联商场至福永供电所）、立新南路、洋田路(怀德饮食广场)、怀德翠岗工业园七区、怀德商贸城、咸田众乐百货、怀德新村宝德楼、怀德路干头建材市场、福永立新路、翠岗西路、东福围东街、东福围西街、福海停车楼、福围市场商住街、惠明盛工业园、桥头综合市场周边、桥头市场内、福永水厂周边、正中工业园、福安路、福山工业区、福盈工业区、润恒工业厂区、和秀西路（锐明工业区、蓝天科技园（久阳工业员）、松发工业园）、金菊花苑、金港实业、万里路、万延工业城、鸿德园	10	8.5	7.5	/	21	16	30	20	28	19	22	15	13	11	12

（续表）

街道行政区域	路段号	指导租金 用途 / 区域位置	住宅				办公		商业					厂房			仓库
									高层		多层						
			带电梯	不带电梯	平房	别墅	高层	多层	一楼	二楼以上	一楼	二楼以上	简易	一楼	二楼以上	简易	
		凤凰商西区、凤凰小学球场周边、天佑工业园、福安商贸城、新塘大道、大洋路、凤城花园、新田大道279号至水库路口、海滨公寓、凤塘大道107至村委两侧（新田段1-37号、2-62号）、永和路（同益新村东、西两侧）、和秀西路、怀德新村、咸田、芳华(一至三区内)、怀德翠岗工业园三至五区(内)、聚福园、福新街、新和悦康路、桥新商业街、新和商业北街、天福路两侧（新和一区至二区）、新和(一、二区一巷）、新和（第一、二、三、八工业区内）、桥新路、富桥三区、悦昌路、同富路（桥和路至重庆路）、桥南新区、桥南育才路、榕树路、桥塘路、宝安大道（桥头路段）	10	8.5	7	/	19	15	26	18	26	17	21	15	13	10	12
	三类	兴业一路（凤凰段）、立新路、福一路、福永一队、金菊南路步行街、马山小区、兴围（第一、二工业区）、福尔园建1-2期、福安二期宿舍、中信工业城、福瑞路、征程二路、美盛新村外围、福二路、福园二路、和平路东、和景工业区、瑞轩阁、福围路商业街、福海二路、福中路、福中工业园、广厦路、福围中路、福围（下沙南、下沙、广生）、翠岗（一、二小区）、桥头七号路、同富裕、永和路（桥头段）、桥头三号路、灶下路、金丰工业区、翠湖工业园、怀德大村福永大道、德金工业园（厂房）、蚝业路（和平段）、佳仕泰工业园、桥西、桥兴路、教育路、新塘路、新田大道（主道两侧）	9	8	7	/	18	14	25	16	24	15	20	14.5	12.5	10	12

（续表）

街道行政区域	路段号	指导租金 用途 / 区域位置	住宅				办公		商业					厂房			仓库
			带电梯	不带电梯	平房	别墅	高层	多层	高层		多层		简易	一楼	二楼以上	简易	
									一楼	二楼以上	一楼	二楼以上					
		凤凰岑下路、凤凰（第一、二、三、四）工业区、凤凰育才路、岭下路、稔田工业区、宝田大厦、福三路、永和路（福永段）、新田大道（水库路口至征程一路两侧）、景山花园、德兆花园内围、旭飞花园、新田商业广场、新田工业区、天瑞工业区、骏星工业园、新和（一、二区住宅区）、新和华达新村、新和商业街旧街、桥头新村、黄屋二区、桥荣一区、桥头富桥（第一、二、三、四、五、六工业区）、桥头工业大道、蚝业路、玻璃围新村、同益新村、和顺新村、海滨小区、和平路南、八达路、和平路北、和泰小区、恒光耀工业园、塘尾十三区	9	7.5	7	/	17	14	22	14	22	14	18	14	11.5	10	12
	四类	接福路、影剧院、塘尾（八区、十一区、十四区、十五区、二十四区、二十五区）、凤塘大道（塘尾段）、塘尾西路、前进路、（富华、富源、聚源、翠海、惠龙科技园、富民、美诚、金星、正丰、华丰、新源、鸿兴、富城、鹏洲工业区）、凤凰东区、凤凰南区(环村路）、凤凰西区（凤凰大道）、凤凰北区、田螺山小区、石山岭小区、稔田商业街、稔田北路两侧、稔田路、稔田工业北路、稔田新区、福永新旧围、裕华东、裕华西、西环路、翠竹街、福新（福永海鲜市场一带）、福新街（福永段）、竹园、新江路、碧湖新村 、大洋花园、新田大道 287 号至平成阁、美盛新村内、新田大道（原新田旧区）、碧湖路、福安广场、新和（东、西区）、新和三区、旧商业街后面、新和居委周边、新和东区西环路、新和旧市场、荔丰路、桥荣二区、同富裕市场范围及周边、灶下村、杨侯庙、桥南路、桥达路、天福路（塘尾段）、南玻集团、稔田统建楼、福源工业区	8.5	7.5	6	/	16	12	20	13	20	13	18	14	11	10	12

（续表）

街道行政区域	路段号	区域位置（指导租金 / 用途）		住宅				办公		商业					厂房			仓库
										高层		多层						
				带电梯	不带电梯	平房	别墅	高层	多层	一楼	二楼以上	一楼	二楼以上	简易	一楼	二楼以上	简易	
		塘尾（九区、十区、十二区）、稔田工业南路、兴围(旧)、新田旧区（旧村老屋）、悦盛路、怀德大村（旧村）		8	7	6	/	13	11	18	12	18	12	15	12	10	9.5	11
	其他	塘尾平房（十二区、九区、十区）、凤凰旧屋村、稔田旧区、稔田旧路、福永（梁屋、庄屋、陈屋、）旧村、和平旧屋村（桥和路、和顺路、玻璃围、同益西巷、同益南、同益北、同益西路）、桥头（黄屋、桥西老区）、桥南老区、孖庙涌路、新和三区旧村、各社区内两层或两层以下旧屋		7	6	5	/	12	10	17	10	17	11	14	11	9	9	10
沙井街道		沙一	沙一社区	10	9	/	/	20	15	25	20	25	20	/	16	13	/	10
			金钻华庭	12	/	/	/	20	/	30	20	/	/	/	/	/	/	/
		沙二	沙二社区	10	9	8	13	20	18	25	20	25	20	15	15	12	7	12
			怡安花园	12	/	/	/	20	/	30	20	/	/	/	/	/	/	/
		沙三	沙三社区	10	9	8	/	18	13	20	15	20	15	20	13	11	11	10
			西环路、帝堂路、西沙路	11	9	/	/	18	13	25	15	25	15	/	/	/	/	/
		沙四	沙四社区	10	9	8	/	18	13	20	15	20	15	20	13	11	11	10
		蚝一	蚝一社区	10	9	8	/	25	25	25	17	25	17	/	/	/	/	/
			万佳裕雅苑	16	/	/	/	/	/	26	15	/	/	/	/	/	/	/
			濠景城、濠景时代	15	/	/	/	20	/	30	25	/	/	/	/	/	/	/
		蚝二	蚝二社区	10	9	8	13	20	18	25	20	25	20	15	15	12	7	12
			学府花园、海欣花园	15	/	/	18	18	/	30	25	/	/	/	/	/	/	6
			西海岸花园	15	/	/	/	18	/	30	25	/	/	/	/	/	/	6

（续表）

街道行政区域	路段号	区域位置	指导租金/用途	住宅				办公		商业					厂房			仓库
				带电梯	不带电梯	平房	别墅	高层	多层	高层一楼	高层二楼以上	多层一楼	多层二楼以上	简易	一楼	二楼以上	简易	
		蚝三	蚝三社区	/	8	7	/	18	12	20	15	20	15	20	/	/	/	/
		蚝四	蚝四社区	/	8	7	/	18	12	20	15	20	15	20	/	/	/	/
		民主	民主社区	10	9	8	14	25	/	25	25	25	20	/	16	15	/	/
		民主	锦绣小区	10	9	/	/	25	/	25	/	20	/	/	16	14	/	/
		民主	民主丰泽园、海怡苑	15	/	/	/	18	/	25	20	/	/	/	/	/	/	/
		共和	共和社区	11	9	8	/	18	13	25	15	25	15	20	13	11	11	10
		共和	新和大道、同富路	12	10	/	/	20	16	35	17	35	17	/	/	/	/	/
		东塘	东塘社区	10	9	8	/	25	20	30	/	30	15	/	15	15	10	10
		东塘	星河名苑、东兴花园	15	/	/	/	20	/	30	25	/	/	/	/	/	/	/
		东塘	东塘大街、明珠一路、明珠二路、东业苑	11	10	9	/	25	20	35	30	35	30	/	/	/	/	/
		辛养	辛养社区	11	9	8	/	18	13	20	15	20	15	20	13	11	11	10
		辛养	辛居路	12	9	8	/	18	13	25	15	25	15	/	/	/	/	/
		步涌	步涌社区	12	9	8	/	18	13	25	15	25	15	20	13	11	11	10
		步涌	新和大道、兴裕路、兴隆路、大兴一路	13	10	/	/	20	16	35	17	35	17	/	/	/	/	/
		沙坐	沙坐社区	10	9	8	/	25	20	25	25	25	25	/	15	12	/	/
		沙坐	沙坐三路	/	/	/	/	30	25	30	25	/	/	/	/	/	/	/
		沙坐	恒源花园	15	/	/	/	20	/	40	25	/	/	/	/	/	/	/
		沙坐	新沙路段	12	10	9	/	30	30	60	55	60	50	/	/	/	/	/
		沙头	沙头社区	10	8	/	/	15	12	25	21	25	21	/	12	10	/	/
		沙头	麒麟花园、沙井路(沙头段)	27	/	/	/	28	/	40	26	35	23	/	/	/	/	/

（续表）

街道行政区域	路段号	区域位置		住宅				办公		商业					厂房			仓库
										高层		多层						
				带电梯	不带电梯	平房	别墅	高层	多层	一楼	二楼以上	一楼	二楼以上	简易	一楼	二楼以上	简易	
		茭塘	茭塘社区	10	8	8	/	15	12	26	20	25	18	/	12	10	/	/
			南环路、西环路(茭塘段)	/	/	/	/	/	/	28	/	25	/	/	/	/	/	/
		马安山	马安山社区	10	8	/	/	15	12	26	20	25	20	/	11	10	/	/
			春和雅苑、学府雅苑、聚宝居	18	14	/	/	20	18	30	25	30	25	/	/	/	/	/
			南环路(马安山段)	/	/	/	/	/	/	25	23	25	23	/	/	/	/	/
		大王山	大王山社区	10	8	/	/	15	12	25	18	25	18	/	11	10	/	/
			阳光假日广场、盛居公寓、骏凯豪庭、腾芳花园、百合雅苑、公园茗苑	20	/	/	/	20	/	30	25	30	25	/	/	/	/	/
			沙井路(大王山段)	/	/	/	/	/	/	35	28	30	25	/	/	/	/	/
		和一	和一社区	10	8	/	/	20	18	25	23	25	19	/	12	10	/	/
			鸿桥花园、裕和花园	15	10	/	/	16	15	30	25	30	25	/	/	/	/	/
			和一锦程路	10	8	/	/	/	/	25	25	26	20	/	/	/	/	/
		坣岗	坣岗社区	10	8	7	12	20	15	25	15	25	15	/	11	10	/	10
			村前路1号-100号	/	/	/	/	/	/	40	15	40	15	/	/	/	/	/
			新沙路	/	/	/	/	/	/	50	16	50	16	/	/	/	/	/
			万科翡丽郡、西荟城	15	/	/	/	20	/	75	25	75	25	/	/	/	/	/
		后亭	后亭社区	10	8	7	12	20	15	25	15	25	15	/	12	10	/	10
			大埔路、沙松路、中亭路、新和大道	/	/	/	/	/	/	35	15	35	15	/	/	/	/	/
		衙边	衙边社区	10	8	7	/	18	15	25	15	25	15	20	12	10	10	10
			环镇路	/	/	/	/	20	15	35	15	35	15	/	/	/	/	/

（续表）

街道行政区域	路段号	区域位置	指导租金	住宅 带电梯	住宅 不带电梯	住宅 平房	住宅 别墅	办公 高层	办公 多层	商业 高层 一楼	商业 高层 二楼以上	商业 多层 一楼	商业 多层 二楼以上	商业 简易	厂房 一楼	厂房 二楼以上	厂房 简易	仓库
		万丰	万丰社区	10	8	7	14	18	15	25	15	25	15	20	15	12	10	10
		万丰	丽沙花都、棕榈堡、创新花园	25	20	/	/	25	25	70	30	70	30	/	/	/	/	/
		万丰	禧园	30	25	/	/	28	25	50	30	50	30	/	/	/	/	/
		上寮	上寮社区、上寮花园	12	10	7	12	20	18	30	16	30	15	20	14	12	12	13
		上寮	城市丽都、广场一号、名豪丽城	19	/	/	/	22	20	40	20	40	20	/	/	/	/	/
		上寮	上南大街	16	15	/	/	20	20	50	32	55	32	/	14	12	/	/
		上寮	广深路	12	10	/	/	20	20	40	25	40	28	/	/	/	/	/
		上星	上星社区	14	12	7	15	18	12	32	17	30	15	20	16	12	12	13
		上星	中心路、中星大厦、星际大厦、上星大厦、新沙路	18	18	/	/	25	25	52	26	52	26	/	/	/	/	/
		上星	星悦豪庭、裕富苑、沙利公馆、东鸿苑	18	16	/	/	20	20	45	25	45	25	/	/	/	/	/
		黄埔	黄埔社区、南洞、洪田	12	10	8	18	18	12	35	18	38	18	25	18	13	12	13
		黄埔	黄埔华庭、黄埔酒店、东环路、和盛花园	18	12	/	/	18	12	45	28	47	28	/	/	/	/	/
		新桥	新桥社区	10	8	8	26	22	20	30	16	26	16	25	18	14	15	15
		新桥	广深路、中心路（新桥段）	12	9	9	/	25	/	50	25	50	25	35	/	/	/	/
		新桥	新桥旧村（上西、深巷、下西、塘面、长巷、大庙、地塘头、桥头、大宗祠）	10	8	8	/	16	15	25	/	22	/	30	14	/	/	12
		新桥	新桥统建楼（景城花园）	15	/	/	/	25	/	40	/	/	/	/	/	/	/	/
		新二	新二社区	10	8	8	25	18	15	25	15	25	15	30	18	14	15	15
		新二	广深路、中心路（新二段）	12	9	9	/	25	15	50	25	50	25	/	/	/	/	15
		新二	新二旧村（向西、新源路、坐边）	10	8	8	/	15	15	25	15	22	15	/	/	/	/	12
		新二	富居	16	/	/	/	35	/	40	35	/	/	/	/	/	/	/

（续表）

街道行政区域	路段号	区域位置	指导租金	住宅				办公		商业					厂房			仓库
										高层		多层						
				带电梯	不带电梯	平房	别墅	高层	多层	一楼	二楼以上	一楼	二楼以上	简易	一楼	二楼以上	简易	
松岗街道（东方片区）	东方社区	中心区	鸿盛花园周边、东方大道两边商铺（52 号-100 号、45 号-113 号）、广深路松岗段两边商铺（98 号-102 号、97 号-143 号）、广深路松岗段 60 号-80 号、立业路兆丰祥周边、上报美工业区商铺	12	9	7	/	15	15	40	15	30	15	25	/	/	/	9
		次中心区	东方村、东方上头田新村、东方上头田旧村、西山村西区、西山村东区、上报美村、南边头新村、南边头旧村、东方大道住宅、爱国路、曙光路、水围新村、东方二队、蚌岗大街两边商铺、蚌岗新区、蚌岗三区、蚌岗二区、立业路商住楼、东方一路	10	8	6	/	13	13	35	13	25	13	20	/	/	/	9
		边缘区	五指耙水库周边工业区商铺及住宅、蚌岗旧区、蚌岗一区、东方大田洋工业区、东方大村、松岗第一工业区、松岗第二工业区、东方第四工业区	10	7	6	/	12	11	20	11	20	11	19	10	9	8	8
	楼岗社区	中心区	前进公社、金富商业街、楼岗社区南区	12	9	6	/	15	15	35	15	25	15	20	/	/	/	9
		次中心区	楼岗社区北区、楼岗社区洋眉坑、楼岗社区旧村	10	8	6	/	13	12	25	13	20	12	20	/	/	/	8
		边缘区	楼岗大道前进公社以东两边商铺、大洋工业区	10	8	6	/	13	12	25	12	20	11	20	10	9	8	9
	潭头社区	中心区	潭头西路商住楼	12	8	6	/	15	15	30	15	25	13	20	/	/	/	9
		次中心区	潭头新一村、潭头四村、潭头新二村、潭头三村（旧一村、旧二村）、潭盛新村，潭头西部工业区两边商铺、鼎丰科技园两边商铺、潭头第三工业区商铺	10	8	6	/	13	13	30	15	25	13	20	/	/	/	9
		边缘区	潭头第一工业区、潭头第二工业城、海洋工业区	10	7	6	/	13	13	25	15	20	12	20	9	8	8	9

（续表）

街道行政区域	路段号	指导租金 / 区域位置		住宅				办公		商业					厂房			仓库
										高层		多层						
				带电梯	不带电梯	平房	别墅	高层	多层	一楼	二楼以上	一楼	二楼以上	简易	一楼	二楼以上	简易	
	松涛社区	中心区	金开路、立业路（第三期步行街）、集信大厦、丽园小筑	12	9	6	/	15	15	40	15	30	15	25	/	/	/	10
	松涛社区	次中心区	居乐苑	10	8	7	/	/	/	/	/	35	15	22	/	/	/	10
	松岗社区	次中心区	车站一街、车站二街、车站三街、松岗汽车站、山美新区	10	8	6	/	13	13	35	13	25	13	23	/	/	/	8
	红星社区	次中心区	大田洋龙门市场	10	8	6	/	13	13	30	15	25	13	20	/	/	/	8
	红星社区	边缘区	桂景园、大田洋西坊工业区、蚝涌工业区、龙门工业区	10	6	5	/	13	13	25	15	20	13	18	/	/	/	8
	其他	中心区	宝利来物业商业街、东方联投商业街	16	10	/	/	18	13	60	20	40	20	/	/	/	/	/
	其他	次中心区	宝利定风情步行街周边	/	/	/	/	/	/	/	/	/	/	/	/	/	25	/
松岗街道（沙岗片区）	溪头	中心区	松河瑞园（在建）、御溪城、沙溪环城路路段、溪头八工业区东二巷至东八巷、溪头西一巷至八巷、溪头B区一巷1栋至60栋(包天云路)、大洋洲、新恒辉工业区、溪头东一巷至东三巷、溪头沙江路30-221号路段	13	11	/	/	17	15	32	17	30	16	20	12	11	10	10
松岗街道（沙岗片区）	溪头	次中心区	溪头二工业区、溪头路路段、溪头工业一路路段、溪头新村、溪头二区(包旧村)、溪头西一巷至十五巷、溪头贤达路路段	12	10	8	12	15	13	26	15	25	14	18	11	10	9	9

（续表）

街道行政区域	路段号	区域位置	指导租金 用途	住宅				办公		商业					厂房			仓库
										高层		多层						
				带电梯	不带电梯	平房	别墅	高层	多层	一楼	二楼以上	一楼	二楼以上	简易	一楼	二楼以上	简易	
		边缘区	溪头新泰思德工业区、溪头广深路路段	10	7	7	/	12	10	22	20	22	/	15	11	10	9	8
	沙浦	中心区	沙浦第二工业区、沙浦一路路段、沙浦一业区、沙浦沙二路路段、沙浦广深路路段、沙浦新村一村二村、沙浦沙溪永新楼A、B栋、沙浦沙朗路20-76号路段、永兴花园、沙浦沙二河滨小区、御景城、沙浦沙二小区	12	9	/	/	18	14	28	17	28	16	22	12	11	10	10
	沙浦	次中心区	沙浦多华路路段、沙浦广进路路段、沙浦旧一村二村、沙浦蒙拓励路路段	11	8	7	/	16	13	22	15	20	14	20	11	10	9	9
	沙浦	边缘区	沙浦洋涌工业区、沙浦沙二工业园、沙浦芦笛围工业区	10	7	7	/	12	11	20	11	18	10	15	10	9	8	8
	沙浦围	中心区	沙浦围商住区1至41栋、别墅、沙浦围沙江路1至18号路段、沙浦围工业大道1-16号路路段、沙浦围花园1至6栋	11	9	/	12	16	14	25	17	25	16	20	/	11	10	9
	沙浦围	次中心区	沙浦围碧朗路路段、沙浦围一巷至十一巷、沙浦围旧村	10	8	8	/	14	13	20	15	20	14	20	/	/	/	/
	沙浦围	边缘区	沙浦围第一、二工业区、沙浦围石龙头工业区、沙浦围创业工业区、沙浦围大地工业区、沙浦围大地路、沙浦围茅洲河工业区、沙浦围东一巷至四巷	10	7	7	/	10	11	20	11	18	10	15	10	9	8	8
	碧头	中心区	碧头许屋住宅区、碧头市场、碧头路路段、碧头碧朗路路段	10	9	/	/	15	14	26	13	25	15	20	/	/	/	/
	碧头	次中心区	碧头街路段、碧头二区一、二、三区、碧头四海花园、碧头新四海花园、许屋路工业区路段、碧头南路路段、碧头旧村	10	7	7	/	13	12	26	12	22	12	20	/	11	10	9

（续表）

街道行政区域	路段号	区域位置	指导租金	住宅				办公		商业					厂房			仓库
										高层		多层						
				带电梯	不带电梯	平房	别墅	高层	多层	一楼	二楼以上	一楼	二楼以上	简易	一楼	二楼以上	简易	
		边缘区	碧头一区、碧头佘屋、碧头工业区、碧头工业区一、二、三、四区、碧头沙碧西路路段	10	7	7	/	10	10	23	10	20	10	15	11	10	9	9
	朗下	中心区	中海南区1-8栋、中海北区1-15栋、朗荣大厦	15	9	/	/	20	20	30	15	30	15	/	/	/	/	/
	朗下	次中心区	朗下新区一至六巷、沙朗朗下路段	10	7	/	/	13	12	26	12	22	12	20	/	/	/	/
	朗下	边缘区	旧区朗碧路路段、朗下码头第三工业区路段、朗下葫芦路路段、朗下第一、二工业区路段、朗下朗沙路路段	10	7	/	/	10	10	21	10	19	10	15	11	10	9	9
	江边	中心区	富通花园1-12栋商业楼、宝安山庄一期A、B栋、宝荣阁、宝丰阁、宝华阁、永安花园A栋、B栋、C栋、D栋	15	12	/	/	18	18	30	15	30	15	20	/	/	/	/
	江边	次中心区	江边旧区、江边二区一巷至六巷、江边三区一巷至四巷、江边南巷一巷至六巷、江边北巷一巷至五巷、金恒盛大厦、江边沙朗路段、江边沙江路路段	10	7	/	/	13	12	26	12	22	12	20	/	/	/	/
	江边	边缘区	江边一工业区、二工业区、三工业区、江边工业一路至六路、江边工业区中心大道、江边工业区	10	7	/	/	10	10	21	10	19	10	15	11	10	9	9
松岗街道（松岗）	花果山社区	中心区	花果山一至十巷、工业后街、勋业街、众心路、永清路、人民路、松园路、广深路、松环路	12	9	7	10	15	15	35	15	30	15	25	11	10	9	9
松岗街道（松岗）	花果山社区	次中心区	建设街、永安街、松园街、松园一至七巷、光明农场119-132号、景湖家园	10	7	7	8	13	13	30	13	25	13	20	10	10	9	9
松岗街道（松岗）	花果山社区	边缘区	松瑞路、恒美市场、沙江路	10	7	7	8	12	11	20	11	20	11	18	10	9	8	8

（续表）

街道行政区域	路段号	区域位置（用途／指导租金）		住宅				办公		商业					厂房			仓库
										高层		多层						
				带电梯	不带电梯	平房	别墅	高层	多层	一楼	二楼以上	一楼	二楼以上	简易	一楼	二楼以上	简易	
	山门社区	中心区	中闽花园、麒麟花园、燕罗路综合楼2号、雅怡居	12	9	7	10	15	15	35	15	30	15	25	/	/	/	/
	山门社区	次中心区	上山门村、下山门村	10	7	7	8	13	13	30	13	25	13	20	10	10	9	9
	山门社区	边缘区	山门工业区	10	7	7	8	12	11	20	11	20	11	18	/	/	/	/
	洪桥头社区	中心区	洪爵豪庭	12	9	7	10	15	15	35	15	30	15	25	/	/	/	/
	洪桥头社区	次中心区	洪桥头村、下围水村	10	7	7	8	13	13	30	13	25	113	20	10	10	9	9
	洪桥头社区	边缘区	洪桥头旧屋村	10	7	7	8	12	11	20	11	20	11	15	/	/	/	/
	松涛社区	中心区	广深路（佳华商场、东方商业楼）、松明大道1-69号、翡翠市场、东新街、吉祥大道、宜新花园、东方花苑	14	10	7	/	15	15	40	22	35	20	30	/	/	/	10
	松涛社区	次中心区	阳光一、二街、春风路、爱国路、爱国一至七街、朝阳一至四街、松涛花园一、二期、东新一巷至五巷（四桂楼）	10	9	7	/	13	13	30	17	30	15	25	/	/	/	9
	松涛社区	边缘区	胜利一、二街	10	7	7	/	12	11	25	14	25	12	20	/	/	/	8
	松岗社区	中心区	广深路323-365号（单号）、广深路松岗段3-9号、472号、466号、492-502号、众心路1-39号（单号）、松环路1-33号（单号）、骏松街（金花街）两侧、山门路1-48栋、沙江路7-27号（单号）、集信名城、沙江东路、松白路7038（星港城）、松白路7024-7036号（双号）、松白路松岗段54-56号、沙江路（22号、42号）、向新路1-15号、宏发君域、立业路38-42号（双号）	12	9	7	10	15	15	35	15	30	15	25	11	10	9	9

（续表）

街道行政区域	路段号	指导租金 区域位置	用途	住宅 带电梯	住宅 不带电梯	住宅 平房	住宅 别墅	办公 高层	办公 多层	商业 高层 一楼	商业 高层 二楼以上	商业 多层 一楼	商业 多层 二楼以上	商业 简易	厂房 一楼	厂房 二楼以上	厂房 简易	仓库
		次中心区	河滨北路1-66号、山美新村、红花村、东风村新区1-108栋、麒麟雅居、红花沙头新区1-66栋、红花新村园心街1-75栋、工业街70-74号、楼岗北路、北边碑工业区、中英文学校、松白路7035号、坑尾村	10	7	7	8	13	13	30	13	25	13	20	10	10	9	9
		边缘区	东风村旧村、麒麟新村二巷至六巷、坑尾旧村	10	7	7	8	12	11	20	11	20	11	18	10	9	8	8
	红星社区	中心区	松裕路131-147号、松瑞路1、2、4、6、8、10、12、14、16、18、20、22、24、松明大道、松瑞路、蚝涌一巷1-21号、蚝涌工业区	12	9	7	10	15	15	35	15	30	15	25	11	10	9	9
	红星社区	次中心区	西坊别墅区、南岸新区、温屋村、大朗工业区、松河北（南）路、佳裕广场、星际家园、红星国际新城、温馨雅苑、金福雅苑、红星大道、格布北、格布新区、石岗大厦、松新南、松新北、松新路、格布北、西坊大园新村、温屋南、蚝涌北一巷至二巷、二巷至十七巷、蚝涌新区	10	7	7	8	13	13	30	13	25	13	20	10	10	9	9
	红星社区	边缘区	龙门村、西坊一巷至十六巷、西坊村旧村、南岸旧村、温屋旧村、湾头（东区、西区、北区）、湾头旧区、温屋东区、蚝涌旧区	10	7	7	8	12	11	20	11	20	11	18	10	9	8	8

（续表）

街道行政区域	路段号	区域位置		住宅				办公		商业					厂房			仓库
				带电梯	不带电梯	平房	别墅	高层	多层	高层 一楼	高层 二楼以上	多层 一楼	多层 二楼以上	简易	一楼	二楼以上	简易	
松岗街道（燕罗）	塘下涌	中心区	众福路、富塘路1-47号（单号）、富塘路2-146号（双号）	12	10	8	/	15	15	26	20	25	15	20	/	/	/	/
松岗街道（燕罗）	塘下涌	次中心区	一村新区、二村新区、二村旧区、一村旧区、幸福北、幸福新区、三村旧区、综合路（一巷1号至一巷10号）、第二工业大道、众和花园、翠逸居、泰和花园、致和路、朗辉路、朗峰路、朗月路、进昊花园、同富裕工业园、物园路、雄宇路、创新路、洋涌路、兴隆路、同富路	10	8	7	/	10	9	20	16	20	12	11	10	10	9	9
松岗街道（燕罗）	塘下涌	边缘区	洋涌工业路、松白工业园、老虎坑	10	7	6	/	9	8	18	13	17	10	10	10	9	8	8
松岗街道（燕罗）	燕川	中心区	红湖路32-62号（双号）、红湖路17-35号（单号）	12	10	8	/	15	15	26	20	25	15	20	/	/	/	/
松岗街道（燕罗）	燕川	次中心区	塘尾新村、土湖小区、燕景华庭、燕川西九巷、燕川西巷、燕川东巷、燕川北路、燕川旧屋村、朗东路、朗西路、天鹅山庄、燕罗公路、牛角路、臻鼎科技园、朝阳路、燕山大道、华丰路、北部工业园、燕朝路、水库路、环胜大道、燕川三工业区、燕川四工业区、水厂路、景业路、必达路、燕川广田路、红湖路	10	8	7	/	10	9	20	16	20	12	11	10	10	9	9
松岗街道（燕罗）	燕川	边缘区	燕川滨河路	10	7	6	/	9	8	18	13	17	10	10	10	9	8	8

（续表）

街道行政区域	路段号	区域位置		住宅				办公		商业					厂房			仓库
										高层		多层						
				带电梯	不带电梯	平房	别墅	高层	多层	一楼	二楼以上	一楼	二楼以上	简易	一楼	二楼以上	简易	
	罗田	中心区	高田大道1-97号（单号）、高田大道2-116号（双号）	12	10	8	/	15	15	26	20	25	15	20	/	/	/	/
	罗田	次中心区	罗中路北区、罗中路南区、井山路、罗田燕罗公路、象山大道、罗田广田路、罗中路、润沁路、景星明苑、龙山一路至龙山八路、第一工业城、广发工业园、广田路华丰工业园、高田大道	10	8	7	/	10	9	20	16	20	12	11	10	10	9	9
	罗田	边缘区	罗田旧屋村、罗田林场	10	7	6	/	9	8	18	13	17	10	10	10	9	8	8
石岩街道		台贸片区（明金海		11	10	/	/	13	13	31	16	21	16	/	13	11	/	11
石岩街道		佳华豪苑（如意路、石岩大道段）、宝石南路（宁远学校至河滨花园段）		22	10	/	/	24	24	77	37	42	27	/	13	11	/	13
石岩街道		佳华豪苑（河滨北路）		25	11	/	/	25	25	60	40	47	30	/	16	13	/	14
石岩街道		罗租统建楼（罗租大道旁）、罗租工业大道		14	11	/	/	25	25	57	32	42	25	/	12	10	/	20
石岩街道		罗租统建楼（佳华背后）、罗租如意路		12	11	/	/	25	25	30	25	22	17	/	/	/	/	/
石岩街道		升平路（三鑫玻璃至新艾美特段）		/	10	/	/	/	/	/	/	36	22	/	13	11	/	13
石岩街道		如意路（罗租公园门口至第五工业区门口段）、罗租路、罗租上新村、如意路食街		11	10	/	/	22	22	41	22	22	16	31	14	13	11	12
石岩街道		宝石南路（万联至宏发大世路段）		15	13	10	/	23	23	/	/	32	17	16	/	/	/	15
石岩街道		罗租中新村、罗租桥头岭、罗租下新村、黄峰岭、宝石南路（变电站）、龙眼山村、罗租老村		12	11	9	/	27	27	32	22	22	17	/	/	/	/	/
石岩街道		台贸工业区和台湾工业区外围		13	11	/	/	16	16	36	17	36	16	/	/	/	/	/

（续表）

街道行政区域	路段号	区域位置 \ 指导租金 \ 用途	住宅				办公		商业					厂房			仓库
									高层		多层						
			带电梯	不带电梯	平房	别墅	高层	多层	一楼	二楼以上	一楼	二楼以上	简易	一楼	二楼以上	简易	
		宝石南路（宁远学校至艾美特）、建兴路（宝丰、黄峰岭、奇利田工业区）、育德路、简龙坳工业区	/	11	/	/	23	23	/	/	26	17	/	18	15	15	15
		石岩第（三、四）工业区	11	9	/	/	/	/	31	21	26	16	/	16	13	11	13
		罗租中新村 4 巷 6 号、3 巷 2 号	17	10	/	/	25	25	34	20	32	20	/	/	/	/	/
		河滨商业城、东海楼	14	11	/	/	22	22	57	32	42	22	/	12	10	/	10
		石岩河南路	11	10	/	/	22	22	52	22	42	17	/	13	11	/	15
		青年东路（联兴大厦 1 号、2 号）	12	11	/	/	24	24	42	24	22	18	/	15	12	10	10
		石岩市场	16	12	/	/	22	22	42	22	37	22	/	14	12	12	13
		康荣庭苑(福华阁、福康阁)	12	11	/	/	22	22	32	22	27	17	/	16	13	/	16
		宝石南路（宁远学校至河滨花园段）	21	11	/	/	23	23	77	38	43	28	/	12	10	/	12
		砖厂新村、砖厂路、河滨南路	12	10	/	/	25	25	30	25	21	17	/	/	/	/	/
		石岩河南路、宝石南路（青年东路口至变电站）	11	9	/	/	22	22	40	22	22	16	30	13	12	10	12
		洲石公路（洲石路、 洲石路石头山）、青年路（青年东、西路）、万效工业园	15	12	10	/	22	22	42	22	32	17	16	16	12	12	14
		金三角（塘头大道）	14	12	10	/	22	22	42	22	37	17	16	/	/	/	14
		浪心新村、山城后门、港湖新村、车头村、浪心西村、石岩新村、变电站、王家庄市场、信宜新村、民生路、料坑新村	13	11	9	21	22	22	32	24	27	17	21	15	12	12	12
		麻布大道、自力大道、料坑大道	12	11	8	20	21	21	31	23	26	16	20	14	12	12	12
		麻布新村、麻布老村、麻布别墅区、石岩新村（151 栋后）	11	10	8	10	14	14	31	21	21	13	13	10	9	/	10

（续表）

街道行政区域	路段号	指导租金 区域位置 \ 用途	住宅				办公		商业					厂房			仓库
			带电梯	不带电梯	平房	别墅	高层	多层	高层 一楼	高层 二楼以上	多层 一楼	多层 二楼以上	简易	一楼	二楼以上	简易	
		河滨花园、宝石南路188号、宝石南路（变电站）、浪心老村、浪心村	12	10	9	/	27	27	32	21	22	17	/	/	/	/	/
		龙马小区	12	11	/	13	16	16	21	16	21	16	/	/	/	/	/
		上屋大道、田心大道、园岭大道	10	9	/	/	13	13	33	26	31	21	12	12	10	10	10
		如意路食街	11	9	/	/	22	22	41	22	22	16	30	13	12	10	12
		北环路北（上屋段）、北环路（上屋段）	14	11	/	/	22	22	32	22	32	22	/	17	12	14	14
		上下屋新村、田心新村、园岭新村、元径新村、坑尾新村	12	10	/	/	22	22	32	22	22	17	/	12	10	/	/
		上下屋老村、田心旧村、园岭旧村、元径旧村、坑尾旧村、园心路、乌石布、田心村	10	8	/	/	17	17	17	11	17	11	/	14	11	11	11
		宝石东路（万联-影剧院两旁）	22	9	/	/	22	22	62	37	42	27	/	/	/	/	/
		如意豪庭	25	12	/	/	22	22	37	17	27	22	/	/	/	/	/
		爱群路	11	10	/	/	14	14	32	17	22	17	/	13	11	11	11
		石岩老街路两旁	16	12	/	/	22	22	42	22	37	22	/	14	12	12	13
		西山路、光辉路、永和路	14	10	/	/	/	/	/	/	22	17	/	15	13	/	13
		宝石西路两旁	13	11	/	/	23	23	42	22	32	22	/	15	14	12	12
		荔湖花园里、宝石西内街	12	11	/	/	17	17	27	17	24	17	/	15	12	12	12
		石岩老街	13	11	/	/	14	14	32	22	32	22	14	14	12	12	12
		北环路径贝、	14	11	/	/	22	22	32	22	32	22	/	17	12	14	14
		宝路区、荔湖花园松白路两旁	12	11	10	22	22	22	32	22	26	21	22	14	12	12	12
		径贝村、上下排村	10	9	/	/	17	17	17	11	17	11	10	11	9	9	9

（续表）

街道行政区域	路段号	指导租金 用途 / 区域位置	住宅				办公		商业					厂房			仓库
			带电梯	不带电梯	平房	别墅	高层	多层	高层		多层		简易	一楼	二楼以上	简易	
									一楼	二楼以上	一楼	二楼以上					
		上下排老村、径贝老村	10	9	7	/	11	11	17	12	14	11	8	16	11	10	11
		径贝石环路	10	9	/	/	16	16	26	21	26	16	/	14	12	12	12
		官田新村、官田西二新村	13	9	/	/	25	25	20	20	20	20	/	/	/	/	/
		宝石东路（官田段）	12	10	/	/	20	20	65	30	60	/	/	/	/	/	/
		官田市场	13	10	/	/	25	25	50	30	45	25	/	/	/	/	/
		官田中心区	13	10	/	/	25	25	25	20	25	20	/	/	/	/	/
		如意路（影剧院段）、吉祥路（中心区段）、石岩大道阳台山庄临街	18	15	/	/	30	30	65	40	55	30	/	/	/	/	/
		北环北、北环南（路两旁）	13	9	/	/	25	25	40	20	40	20	/	15	12	/	15
		北环北、北环南（小区内）	13	9	/	/	25	25	20	15	20	15	/	12	10	/	12
		黎光村、石岩河南路（官田段）、众兴、梨园新村、塘坑村、吉祥路（黎光村段）	12	10	/	/	15	15	20	15	20	15	/	12	10	/	/
		石岩人道阳台山庄内街、盛田路	18	15	/	/	/	/	40	20	30	20	/	/	/	/	/
		官田老村、塘坑老村、黎光老村	11	9	/	/	15	15	20	15	20	15	/	12	10	/	10
		水田老村	9	8	7	/	9	9	21	16	16	13	8	/	/	/	/
		水田新村	9	9	9	/	11	11	26	11	26	11	/	/	/	/	/
		水田新村一区（32、80、27）号、水田新村二区（16、31、33、21）号、水田新村四区（53、55、16、15、1、8）号	10	9	9	/	10	10	31	16	31	16	21	/	/	/	/
		水田新村三区（23、27、50）号、水田新村五区（1、8、15、22、32、34）号、水田新村六区（别墅区）	10	9	9	21	10	10	26	13	26	13	21	/	/	/	/

（续表）

街道行政区域	路段号	指导租金 用途 / 区域位置	住宅				办公		商业					厂房			仓库
			带电梯	不带电梯	平房	别墅	高层	多层	高层 一楼	高层 二楼以上	多层 一楼	多层 二楼以上	简易	一楼	二楼以上	简易	
		水田村新村九区	16	11	11	/	14	14	34	16	31	19	/	/	/	/	/
		水田村新村小区入口路两旁九区（28、29、44、45、55、56、72、73、78、81）号	16	11	11	/	14	14	44	24	44	24	12	/	/	/	/
		水田村新村小区入口路两旁十区（1、3、22、23、24、25、45、46、68、69、92、93）号	13	11	11	/	14	14	42	19	42	19	12	/	/	/	/
		水田村新村十区（1-93）号	13	11	11	/	14	14	29	19	29	19	12	/	/	/	/
		水田村新村小区入口路两旁十区（114、131、132、148、149、162）号	13	10	10	/	13	13	39	19	39	19	11	/	/	/	/
		水田村新村十区（93-301）号	13	10	10	/	13	13	29	14	29	14	11	/	/	/	/
		三祝里村	9	9	9	/	9	9	16	16	16	16	8	/	/	/	/
		三祝里村大道	9	9	9	/	10	10	26	16	26	16	10	/	/	/	/
		石龙新村一、三区大道旁	11	10	9	/	27	27	28	15	25	15	11	/	/	/	/
		石龙新村二、四、五、六、七、八区	9	9	9	/	26	26	26	12	26	10	9	/	/	/	/
		石龙老村	9	8	8	/	22	22	23	10	23	10	9	/	/	/	/
		石龙大道（石龙新村路段）	11	10	10	/	18	18	27	15	28	15	11	14	11	10	10
		德政路	9	9	9	/	10	10	26	12	26	12	12	/	/	/	/
		民营路、捷家宝路、石龙仔创业路、祝龙田路、石龙仔路、石环路	9	9	/	/	18	18	25	16	25	13	22	14	11	11	12
		应人石市场（A、B 应人石综合市场后）	12	10	6	/	15	15	35	14	35	14	/	/	/	/	/
		天宝路商业街、福景大厦	12	10	6	/	15	15	35	15	35	15	/	/	/	/	/

（续表）

街道行政区域	路段号	指导租金 区域位置 \ 用途	住宅				办公		商业					厂房			仓库
									高层		多层						
			带电梯	不带电梯	平房	别墅	高层	多层	一楼	二楼以上	一楼	二楼以上	简易	一楼	二楼以上	简易	
		松柏路宝石小区、应人石创见商务楼A天宝路19号2栋、3栋	12	10	/	/	15	15	30	12	30	12	/	/	/	/	/
		香象路丰南花园1-3栋、15栋、湘江工业园1、2栋、石景花园1-11栋、28栋-38栋、19栋、24栋、天宝路1号、3号、5号、7号、9号、11号、应人石新村18巷1-5栋、福景新村1-15巷的1栋、综合市场4巷1、2栋	12	10	/	/	15	15	35	16	35	15	/	/	/	/	/
		应人石新村1-9巷1栋、8栋、9栋、12栋、13栋、应人石路1、3、4、5、7、8、18号、老村路口商铺1号101-104、南天路商铺5号应人、综合市场5巷1栋-3栋	12	10	/	/	12	12	30	15	30	13	/	/	/	/	/
		石景花园中间	/	10	/	/	15	15	18	10	20	15	/	/	/	/	/
		综合市场1-3巷、4巷3栋、福景新村1-15巷的2栋以后、应人石新村1-9巷2-7栋、10-11栋、14-16栋、10-17巷1栋、8栋、9栋、12栋、13栋、天宝路13号、白芒油站3栋、4栋、5栋3号楼、综合市场6巷以后、应人石新村18巷6-9栋	12	10	/	/	15	15	30	15	30	15	/	/	/	/	/
		应人石市场（C、D、应人石市场前）	/	/	/	/	/	/	30	15	30	15	/	/	/	/	/
		应人石新村15-17巷2-7栋、10-11栋、14-16栋、应人石新村18巷10栋-12栋及19巷以后	12	10	/	/	/	/	15	/	15	12	/	/	/	/	/
		老立基厂	10	8	/	12	15	15	25	15	25	15	/	/	/	/	/
		应人石路19号-110号、天宝路白芒坳工业区宿舍	10	9	/	/	9	9	20	10	20	10	/	/	/	/	/
		应人石老村靠山边、新围仔	/	8	9	/	/	/	15	10	15	10	/	/	/	/	/

（续表）

街道行政区域	路段号	指导租金 区域位置 ＼ 用途	住宅				办公		商业					厂房			仓库
									高层		多层						
			带电梯	不带电梯	平房	别墅	高层	多层	一楼	二楼以上	一楼	二楼以上	简易	一楼	二楼以上	简易	
		香象路丰南花园4-14栋、雅丽商住楼	12	9	/	/	15	15	25	15	25	15	/	/	/	/	/
		第一工业区、塘头又一村1-26号	/	10	8	/	/	/	/	/	25	20	/	/	/	/	/
		青雅居花园1栋、6栋、7栋、8栋、9栋、11栋、12栋、15栋、17栋	/	10	/	/	15	15	/	/	25	15	/	/	/	/	/
		塘头第二、三工业区饮食街、塘头新围1-10巷1栋	12	10	/	/	15	15	30	15	30	15	/	/	/	/	/
		塘头新围1-10巷2栋以后	10	9	/	/	15	15	15	13	15	13	/	/	/	/	/
		塘头老村路口	11	9	8	/	/	/	12	10	15	12	/	/	/	/	/
		塘头又一村27号以后、英才路（新二村）、山城路口、塘头大道5、7号、塘头又一村别墅区	10	9	/	12	15	15	20	15	20	15	/	/	/	/	/
		塘头福景楼（松柏路塘头段）、丽景园	11	9	/	12	20	20	25	20	25	20	/	/	/	/	/
		宝路工业区、早进工业区	12	8	/	/	20	20	30	20	40	20	/	16	12	12	15
		宏发电子厂、佳特利工业园(鸿隆工业园)、塘头大道196号	12	9	/	/	25	25	40	20	40	20	/	16	12	12	12
		石岩物流园	/	10	/	/	25	25	50	40	45	20	/	16	12	12	40
		圳宝、洲石路明金海、田厦、同富裕工业区	10	8	/	/	20	20	30	25	30	20	/	15	12	12	15
		宏发大世界（国惠康）、民致富办公楼及步行街	10	8	/	/	20	20	80	35	50	25	/	14	12	/	12
		万联商场	14	10	/	/	21	21	60	35	60	30	/	14	11	/	11
		宝路科技园	10	9	/	/	13	13	31	16	21	16	/	14	12	10	11
		石岩河南路（砖厂段104、106、86、88、201、182、184、120、231号）	12	9	/	/	21	21	51	30	41	30	/	13	11	/	15
		料坑文韬物流园	9	/	/	/	/	/	/	/	13	/	/	16	12	12	15

（续表）

街道行政区域	路段号	指导租金 用途 / 区域位置	住宅				办公		商业					厂房			仓库
			带电梯	不带电梯	平房	别墅	高层	多层	高层 一楼	高层 二楼以上	多层 一楼	多层 二楼以上	简易	一楼	二楼以上	简易	
		上屋大道（33、181、195、197、213、215、235、249、257、263）、田心大道（3、69号）、园岭大道（25、27、29、33、34、35、37、52、58、68号）福广综合楼	10	9	/	/	12	12	32	25	30	20	12	14	12	11	11
		西山路（4、7号）、光辉路（1、2、3、5、8、10、16、18、20、24、27、28、30、32、43、51、52号）、永和路（1、3、5、7、9、10、11、12、14号）、金龙工业区、田心工业区、园岭工业区、坑尾工业区、志浤翰工业区、上排工业区、料坑工业区、民生路工业区（1路、2路、3路、4路）	13	9	/	/	/	/	25	18	21	16	/	16	12	12	12
		坑尾大道42、44、45、46、49、55、63号	10	9	/	/	16	16	16	10	16	10	9	12	10	9	9
		（洲石公路、富达工业园、玉山、山城、石头山、浪心、旭生、梨园、龙腾添好、创富、北环路径贝、北大方正、益力、旭兴达、恒胜亿、朗日、聚友、麻布第一、第二）工业区	13	10	/	/	20	20	/	/	30	15	/	15	12	12	12
		恒超、万大工业区	10	8	/	/	/	/	30	20	25	15	/	16	12	11	12
		浪心工业区、浪心添好旧工业区	10	9	/	/	/	/	40	20	40	15	/	15	12	12	12
		石岩新村79栋110号、111号、坑尾大道（1、10、12、13、35、37、39号）弘昌工业园、丰正工业园	10	9	8	20	20	20	30	20	20	15	20	13	11	11	11
		料坑旧工业区	/	8	/	/	/	/	/	/	20	12	/	12	10	10	10
		元岭中径工业园、径贝工业区	9	8	/	/	15	15	15	9	15	9	9	12	10	10	10
		横坑工业区	10	9	/	/	22	22	32	26	32	22	/	17	15	15	17
		宝石东路（官田段）	12	10	/	/	20	20	65	30	60	/	/	/	/	/	/

（续表）

街道行政区域	路段号	指导租金 / 用途 / 区域位置	住宅				办公		商业					厂房			仓库
			带电梯	不带电梯	平房	别墅	高层	多层	高层		多层		简易	一楼	二楼以上	简易	
									一楼	二楼以上	一楼	二楼以上					
		石岩第（三、四）工业区	10	8	/	/	/	/	30	20	25	15	/	15	12	10	12
		同富康工业区	11	9	/	/	15	15	32	16	25	16	/	15	11	11	11
		长城路、水田屠宰场、三民路	11	9	/	/	20	20	31	22	28	20	25	14	11	11	12
		鸿兴路、兴业路、三祝里工业园、同福康路	10	9	/	/	18	18	26	16	25	16	20	12	10	10	11
		宝石东路（水田段）、长城工业区、惠科工业园、石环路（石龙段）、德政一路、工业二路、外环路（石龙段）、颐和路、宝田路、新时代共荣工业园	10	9	/	/	16	16	32	18	30	20	20	14	11	11	12
		水田石场路	9	8	/	/	18	18	25	15	20	15	18	13	11	11	11
		径塘路宏发科技工业园、中运泰科技工业园、宝石工业园、创维工业区、领亚工业区	13	12	/	/	25	25	30	20	30	20	/	17	14	/	15
		松白路旺达工业区、塘头第三工业区（南岗、新辉、恒通发、云升）、康荣庭苑	12	10	/	/	20	20	30	20	25	15	/	17	14	/	16
		辉安达（1、2栋、3栋121-125）	12	10	/	/	20	20	20	15	20	15	/	17	13	14	16
		辉安达（3栋101-120）	12	10	/	/	20	20	30	25	30	20	/	17	13	14	16
		塘头大道东海百货商场、三联工业区（A栋、B栋、办公楼）、宏发商住楼	13	11	/	/	16	16	35	16	35	15	/	16	13	/	13
		三联工业区（除A栋、B栋、办公楼）、塘头社区刘伟坚工业园	13	12	/	/	13	13	25	15	25	15	/	16	13	/	13
		台贸片区（明金海、吉安、长利）工业区、天宝路片区（白芒坳、新永丰、雅丽、泰益隆、润兴发、创见一、二期、车站）工业区、香象工业区、文韬工业区、三和工业区	12	10	/	/	15	15	30	15	20	15	/	14	12	/	13

（续表）

街道行政区域	路段号	指导租金 区域位置 \ 用途	住宅				办公		商业					厂房			仓库
									高层		多层						
			带电梯	不带电梯	平房	别墅	高层	多层	一楼	二楼以上	一楼	二楼以上	简易	一楼	二楼以上	简易	
		塘头大道（宝利安工业园、骏业塑胶）、锦丰工业园、西和工业园	12	11	/	/	15	15	/	/	20	15	/	15	13	/	15
		龙马工业区、塘头第一至二工业区	13	11	/	/	20	20	/	/	30	15	/	17	12	13	14
		洲石路塘头物流园、国泰路（亿和段）	/	/	/	/	/	/	/	/	24	/	/	15	13	/	/
		国泰路（深开电器段）	/	18	/	/	/	/	/	/	30	25	/	20	18	/	20
		青雅居花园	/	11	/	/	/	/	/	/	30	20	/	/	/	/	/
		轻工工业区、永新街、伟泰路、塘头老村工业区、应工1-4街	/	10	/	/	/	/	/	/	22	15	/	14	12	10	13
深圳机场	1	凌霄花园、企岗山小区、怡安居	12	11							45						
	2	信息大厦					70		112								
	3	物流园区					65										55
	4	机场保税区					60										50
	5	T3 候机楼						500			330	3000					
	6	GTC						200			600	1500					
	7	机场商业一条街									50	50					50

8-17 龙岗区 2016 年房屋租赁指导租金表

单位：元 / 月・平方米

街道行政区域	路段号	指导租金 / 用途 区域位置	住宅				办公		商业					厂房			仓库
									高层		多层						
			带电梯	不带电梯	平房	别墅	高层	多层	一楼	二楼以上	一楼	二楼以上	简易	一楼	二楼以上	简易	
布吉街道行政区域	1	布吉路 3 至 25 号（单号）	18	15	13		35	30	120	30	120	30					
	2	布吉路 27 至 45 号（单号）	18	15	13		35	30	180	30	180	30					
	3	乐民路 1 至 39 号（单号）	18	16			35	30	230	30	230	30					
	4	乐民路 41 至 49 号（单号）	18	15			35	30	150	30	150	30					
	5	莲花路 21 至 86 号（单双号）	18	16			35	30	230	30	230	30					
	6	莲花路 87 至 128 号（单双号）	18	15			35	30	170	30	170	30					
	7	莲花路 129 至 137 号（单号）	17	15			25	20	60	20	60	20		25	18		25
	8	宝丽路 16 至 108 号（双号）	17	15			25	20	100	25	100	25		25	18		25
	9	百花一路（单双号）	17	15			23	20	80	25	80	25					
	10	百花二路至三路（单双号）	17	15			23	20	40	20	40	20		20	18		18
	11	沙龙路段（单双号）	17	15			23	20	40	20	40	20					
	12	格塘路 2 至 36 号（单双号）	17	16			28	25	100	25	100	25					
	13	格塘路 37 至 105 号（单双号）	17	15			23	20	40	20	35	20					
	14	一村街 1 至 42 号（单双号）	17	15			35	30	100	30	40	30					
	15	一村街 43 至 85 号（单双号）	17	15			35	30	60	25	60	25					
	16	一村西门街 2 至 20 号（单双号）	17	15			35	30	60	25	60	25					
	17	大坪路单号	17	15			28	25	40	20	40	20					
	18	莲花南巷，北巷	17	15	12		23	20	35	20	35	20					
	19	窝吓龙（单双号）	17	14	12		25	20	30	16	30	16					

（续表）

街道行政区域	路段号	指导租金（用途）/ 区域位置	住宅				办公		商业					厂房			仓库
									高层		多层						
			带电梯	不带电梯	平房	别墅	高层	多层	一楼	二楼以上	一楼	二楼以上	简易	一楼	二楼以上	简易	
	20	盘龙村（单双号）	17	14	12		25	20	30	16	30	16					
	21	西环路 1 至 107 号（单号）	18	15			28	20	80	25	80	25		25	18		25
	22	西环路 8 至 38 号（双号）	18	15			28	20	80	25	80	25		25	18		25
	23	正向街，横向南街段	17	15			25	20	35	20	35	20					
	24	何屋村，格塘村，李屋村，老圩村，一村，东心岭	17	15	12		25	20	30	20	30	20					
	25	吉华路大坪路口大坪路 1- 3 号	20	16			30	20	100	30	100	30					
	26	吉华路 85 号至吉华路 117 号	20	16			25	20	280	50	250	40					
	27	布吉路 90 号长兴楼布吉路 129 号江南楼	20	16			35	20	250	60	250	50					
	28	布吉路 71 号邮电局至布吉路 89 号吉信大厦	20	16			35	20	250	50	250	50					
	29	布吉路新南后巷老圩居民楼、市场二期	20	16			25	20	120	20	120	20					
	30	市场一期、凤凰楼	20	16			25	20	150	35	150	35					
	31	布吉路 70 号供销社至布吉路 130 号兰花酒店	22	17			25	20	250	35	250	30					
	32	供销社 1-5 号楼、信用社、药材公司、车亭街 9 号、中天门诊	22	17			25	20	250	35	250	30					
	33	吉华路 69 号中中心广场至吉华路 71 号布吉宾馆(临街)	22	17			40	20	400	70	400	60					
	34	吉华路 69 号中中心广场至吉华路 71 号布吉宾馆	22	17			40	20	280	70	280	60					
	35	乐民路 48 号一村综合楼至吉信街 2 号九矿大厦	20	16			30	25	150	35	150	35					
	36	乐民路吉信附楼至乐民路 2 号永发大厦、莲花路 32 号	20	16			30	25	150	35	150	30					
	37	莲花路 130 号莲花综合楼、长兴楼、莲花山庄	20	16		12	30	25	70	25	70	25					
	38	宝丽路 96 号家和乐商场、宝丽路 104 号、106 号、108 号厂房	18	14			25	20	60	15	60	15	15	25	18	15	20
	39	吉华路 180 号、公园路 6 号	22	17			30	25	280	50	250	40					
	40	金鹏路	22	16			30	25	250	30	250	30					

（续表）

街道行政区域	路段号	区域位置 \ 指导租金 \ 用途	住宅				办公		商业					厂房			仓库
			带电梯	不带电梯	平房	别墅	高层	多层	高层 一楼	高层 二楼以上	多层 一楼	多层 二楼以上	简易	一楼	二楼以上	简易	
	41	金龙路，金利路	22	16			30	25	210	30	210	30					
	42	新乐路 1-27 号，国都（非临街），金鹏路，金利路（非临街）	20	16			30	25	160	30	160	30					
	43	德兴城　1-7 栋，17-19 栋	20	16			30	25	120	25	120	25					
	44	德兴城　8-12 栋	20	16			30	25	160	30	160	30					
	45	德兴城　13-16 栋	20	16			30	25	250	30	250	30					
	46	长龙路，长吉路，新兴街，新龙路	18	15			25	20	60	20	60	20					
	47	长青路 2 号-40 号	20	16			30	25	70	25	70	25					
	48	长青路 42 号-122 号	20	15			30	25	60	20	60	20					
	49	长青街 1-75 号	20	16			30	25	80	25	80	25					
	50	长盛路 2-20 号	20	16			30	25	80	25	80	25					
	51	长盛路 22 号-70 号	17	15			23	20	50	20	50	18					
	52	长景路，长兴路，长乐街	17	15			23	20	25	15	25	15					
	53	长龙一区至七区，河东，河西（非临街）	17	14			23	17	25	15	25	15					
	54	吉华路　（欧密巷 1-6 号）（欧密巷 7 号工厂）	17	14			23	17	35	20	35	20		15	13		
	55	吉华路　（布吉医院宿舍）	20	16			30	25	150	30	150	30					
	56	美杜兰庭、宝龙花园	30				30	30	150		150						
	57	国都金鹏路，金龙路，金利路	30	18			35	30	250	35	250	35					
	58	德兴花园 A 区小商铺、德福苑 2-3 栋、德富苑 2-3 栋、宝丽市场		20	15		30	25			90	30	40				

（续表）

街道行政区域	路段号	指导租金 / 区域位置 \ 用途	住宅				办公		商业					厂房			仓库
									高层		多层						
			带电梯	不带电梯	平房	别墅	高层	多层	一楼	二楼以上	一楼	二楼以上	简易	一楼	二楼以上	简易	
	59	德兴花园(福、禄、寿、禧、荣、华、富、贵、阁等)、泽润华庭	22	20	15		28	25	45	30	50	30	20	25	18		
	60	宝丽路工业园、粤宝工业区、粤宝花园1-4栋、德福中心、京宝苑		20	15	25		25			60	25	20	20	15	15	20
	61	粤宝花园8、9号楼、粤宝宿舍区，宝丽花园片区、粤宝新一、二村	22	14	10		28	25	25	20	25	20	20				
	62	粤宝路10号-26号		16	10		28	25			120	40					
	63	粤宝路2号-8号		16							70						
	64	西环路马安山		16	10			20			30		20				12
	65	布龙路1号东方半岛花园，半岛苑花园	25	18				40			40						
	66	中海怡瑞、华浩源	28	23				30									
	67	华浩源3栋商铺									110						
	68	华浩源C栋商铺									120						
	69	三九万隆苑		16				25			30						
	70	三九万隆苑A栋、B栋									50						
	71	三九万隆苑C栋、中海怡瑞9栋商铺									60						20
	72	三九万隆苑D栋、中海怡瑞8栋商铺									70						20
	73	龙基新村		16				25			75						
	74	龙园意境	28	23				40			70						
	75	慢城	28	23				40									
	76	慢城1-2栋商铺									60						

（续表）

街道行政区域	路段号	指导租金 用途 / 区域位置	住宅				办公		商业					厂房			仓库
									高层		多层						
			带电梯	不带电梯	平房	别墅	高层	多层	一楼	二楼以上	一楼	二楼以上	简易	一楼	二楼以上	简易	
	77	慢城27栋、31栋商铺									90						
	78	慢城四期来座山	30					40			100						
	79	文博宫		18				25			100	80	10				20
	80	大坪部队工业区		13				15						15	13		15
	81	尖山排新村、别墅、芙蓉苑		13		13		15			20						15
	82	格塘新村		13				15			20						15
	83	凤凰山庄		13				15			20						15
	84	德福花园	20	18			25	25	50	25	50	25					15
	85	钱排村		13				15			20	15					13
	86	学园村		13				15			20	15					13
	87	半山道1号	25	20			30	30	50	30	50	30					
	88	秀峰工业城		12	10		15	15	20		20		20	15	12	11	10
	89	同富裕工业区		15	10		15	15	20		20		18	15	12	11	10
	90	中海信科技园、恒特美工业园	28	25			28	28	30	30	30			25	20		20
	91	赛兔工业园、巨银工业园	20				20	20	30		30			30	20		18
	92	甘李工业园	20				18	18	30		30			25	20		20
	93	甘坑新村、凉帽新村、凉帽三区		15			20		25		25		12	15	12	14	15
	94	甘坑商业街		15			20		28		28		12	15	12	14	15
	95	甘坑大围、甘坑老村、凉帽老村		12			18		25		25		10	15	12	10	15
	96	阳光花园8、9、10、11、12、13、15、16、17栋A1、A2、A3、B1、B2、B3、B4、阳光会所	30	23			30	30	40	30	40	30					

（续表）

街道行政区域	路段号	区域位置（指导租金 / 用途）	住宅				办公		商业					厂房			仓库
									高层		多层						
			带电梯	不带电梯	平房	别墅	高层	多层	一楼	二楼以上	一楼	二楼以上	简易	一楼	二楼以上	简易	
	97	阳光花园 18 栋	30				30	30	80	35							
	98	阳光花园 19 栋	30						70	35							
	99	华龙新村、阳光新居、水晶花园、长发楼、医院宿舍		15				15			25	15	10				
	100	花语岸	30				35		60	35							
	101	吉星花园	25	22			22	22	80	22	80	22					
	102	荣华路荣超花园、百合山庄	28	25			25	25	100	25	100	25					
	103	荣华路中加名园	28	25			25	25	80	25	80	25					
	104	国展苑国泰、国兴、国安、国荣、国盛、国耀台	28	25			25	25	40	25	40	25					
	105	国展苑华庭居、逸庭居、御庭居、综合楼	28	25			25	25	60	25	60	25					
	106	百合星城一期百合酒店及住宅楼	40	40			45	45	120	45	120	45					
	107	百合星城一期 A-C 栋	30	30			40	40	100	28	100	28					
	108	百合星城二期 1-9 栋	30	30			40	40	100	30	100	30					
	109	百合星城二期湖南路 A、B 栋商铺							120	60	120	60					
	110	金稻田路理想新城	25	20			25	20	75	25	75	25					
	111	龙岗大道东方盛世	25				22	20	35	25	35	25					
	112	金稻田路长排新村		17				25	35		35						
	113	金稻田路长排老村		15			20	20	30		30						
	114	龙岗大道凤尾坑		15			20	20	25		25						
	115	罗岗路金坑山庄		15			20	20	30		30						25
	116	金稻田路港鹏新村		15			20	20									
	117	禾坑路禾坑草埔		15			20	20	30		30						

（续表）

街道行政区域	路段号	区域位置 \ 指导租金 \ 用途	住宅				办公		商业					厂房			仓库
									高层		多层						
			带电梯	不带电梯	平房	别墅	高层	多层	一楼	二楼以上	一楼	二楼以上	简易	一楼	二楼以上	简易	
	118	禾坑路景和园	28				30		90	35	75	30					
	119	丽湖花园	23	18			25	25	30		30						
	120	上水花园		15				25			30						
	121	金湖星苑		18				25			40						
	122	景华苑		18				25			30						
	123	丽湖花园 1 栋、2 栋、3 栋		18				25			50						
	124	上水花园 131、132、133、134、135、134-1、135-1、124、125、204、186、175-1、164-1、154-1、117、108-1、99、77、64、44、24、25、45、65、77-1、88-1、99-1、109-1、145-1、165-1、175-2、187、205 栋		15				25			60						
	125	龙岭新村、龙岭山庄 16 至 19 栋	20	16				25			40	25					
	126	龙岭路 2 至 82 号		16				25			65	30					
	127	龙岭山庄 1 至 15 栋		19				28			40	25					
	128	龙岭山庄东路		19				28			40	25					
	129	龙岭山庄丽廷豪苑	28				30		42								
	130	龙岭山庄嘉豪苑 AB 栋	25				30		42								
	131	吉华路（119 至 173 号）	28	16				35	335	52	335	52					
	132	吉华路（177 至 215 号）	28	16				35	225	42	225	42					
	133	汇食街（龙岭西路）		16				25			40	20		25	16	16	25
	134	龙岭大坪路 2 至 96 号		16				20			38	20					

（续表）

街道行政区域	路段号	指导租金 区域位置 \ 用途	住宅				办公		商业					厂房			仓库
									高层		多层						
			带电梯	不带电梯	平房	别墅	高层	多层	一楼	二楼以上	一楼	二楼以上	简易	一楼	二楼以上	简易	
	135	龙珠花园、超群大厦	28	20			40	40	80		80	40					10
	136	龙威花园，翡翠星光园（80后街）	28	23			40	40	130								
	137	金百信		17				60			80	40		25	25		
	138	华美工业区、金联冠、金鑫厂、邮政仓库、天时厂		16							70			25	25		
	139	吉昌巷、南上村、南下村、深惠路134号		18				40			130	80		26	26		
	140	龙珠商城									130	80					
	141	大都汇	36				50		180	100							
	142	布龙旅馆									180	100					
	143	新乐大厦（龙岗大道）						50			130	80					
	144	逸翠园、山翠居	30	25					100								
	145	溢芳园、博雅园、菁华园、锦绣园	30						130								
	146	博雅园（荣华路段）、锦绣园（信鸽路段）	30						80								
	147	沁芳园		25					120								
	148	满庭芳	25						80								
	149	庆展		20					50								
	150	景和园（ 荔山公馆）	30						100								
	151	锦龙路89号海轩广场（万科红）	30				40		100	50							
	152	京南华庭	30				40		80	40							
	153	加洲花园		25			30		30								
	154	西湖新村		15			30		30								
	155	老干新村		20					25								

（续表）

街道行政区域	路段号	指导租金 区域位置 \ 用途	住宅				办公		商业					厂房			仓库
									高层		多层						
			带电梯	不带电梯	平房	别墅	高层	多层	一楼	二楼以上	一楼	二楼以上	简易	一楼	二楼以上	简易	
	156	锦龙新村		20					25	18							
	157	银龙汽配城		12					25								
	158	兴之都、金兰坊4、5栋		15					25								
	159	中元路、美康综合楼、联创工业区、京南工业区、纳源工业区、新纪元工业区		15					30					20	17		
	160	建盈工业区		18										25			
	161	深特变		20										25			
	162	左右家私		15										25			
	163	茂业城怡富楼（深惠路边）							100								
	164	茂业城（怡贵，泰，华，乐，康，福，顺，和，兴）	30	28			30		35								
	165	茂业城帝景峰1、2、3栋	30				30		35								
	166	茂业城怡丰楼一单元	30				30		75								
	167	茂业城怡丰楼二单元	30				30		45								
	168	茂业城怡德楼		28			30		70								
	169	花园大厦	30				30										
	170	爱琴居	35				40		120	60							
	171	信和花园		30					80								
	172	名城，友联花园	30	30			30		45								
	173	怡康家园	30				30		40								
	174	万山花园		28							45						
	175	长胜工业区，恒昌工业区												18	15		

（续表）

街道行政区域	路段号	指导租金／用途 区域位置	住宅				办公		商业					厂房			仓库
									高层		多层						
			带电梯	不带电梯	平房	别墅	高层	多层	一楼	二楼以上	一楼	二楼以上	简易	一楼	二楼以上	简易	
	176	知春里花园	30				30		120			50					
	177	康达尔花园 1-9，13-18 栋	30				30										
	178	康达尔花园 10-12 栋	30				30		60								
	179	康达尔花园 19 栋、20-22 栋	30				30		60								
	180	康达尔蝴蝶堡 1、2 栋	35				35		90								
	181	深惠路边康达尔花园地产大厦									180	60					
	182	深惠路边康达尔花园体育馆									180	60					
	183	汇福花园二单元 101、102、103							70	45							
	184	深惠路边汇福花园	30				30		120			45					
	185	汇福花园	30				30		50								
	186	塘径新村、塘径老围、塘园新村、松元头、贵坑、松园新村、石头背、禾沙坑门口埔、博罗帐厂房、坤城工业区、和生工业企业、万华工业区、建华工业区、浙新工业区、松元头工业区、禾沙坑村门前、岭排、出头龙	17	10	10			20			20	15		18	13	10	15
	187	龙景一区、三区	17	15				20			20	16					15
	188	龙景二区、玉石加工街		16				20			25	20					15
	189	龙景二区 4、5、6 号		18				20			90	50					15
	190	龙景一区一巷至九巷的 6、7 号，龙景一区九巷 1-16 号，龙景二区一巷至十二巷 7、8 号，龙景二区一巷 1-17 号，龙景二区十二巷 1-14 号、龙景一区四巷至八巷 1 号，龙景二区一巷至十一巷 1 号，龙景二区二、三、四巷 17 号，龙景二区五、六巷 16 号，龙景二区七、八巷 15 号，龙景二区九、十、十一巷 14 号		14				20			35	20					15

（续表）

街道行政区域	路段号	区域位置（指导租金 / 用途）	住宅				办公		商业					厂房			仓库
			带电梯	不带电梯	平房	别墅	高层	多层	高层		多层		简易	一楼	二楼以上	简易	
									一楼	二楼以上	一楼	二楼以上					
	191	联布北路（两边店铺）		16				30			60	30					18
	192	联布北路60、62、64、66、68、70号，龙景三区一至五巷6、7号，龙景三区一至五巷11、12号，龙景三区一至五巷20、21号；水晶玉石广场商铺A、B排		15				20			40	25		18	13		15
	193	三联大道		14				20			30	18		18	13		15
	194	布吉综合楼（布龙城）、豪庭居	20					20			30	20					20
	195	铭豪家具物流园、红星美凯龙						25			35	30					20
	196	嘉龙苑		15				20			25	16					16
	197	祺润家园、润祥家园	18					20			30	18					15
	198	景芬路9号观山大卫华庭（29层）	20				30		100	50							
	199	石龙坑	15	12	10		20	18	20	15	20	15	10	15	12	10	15
	200	细靓	15	12	10		20	18	20	15	20	15	10	15	12	10	15
	201	大靓村	15	12	10		20	18	25	15	22	15	10	15	13	10	15
	202	大坡头	17	13	10		25	20	25	16	28	17	10	15	13	10	15
	203	吉华路（大坡头路段）	18	15	10		30	25	60	25	60	23	15	15	13	10	15
	204	上水径、东区、老围、官坑南、官坑北、新、老梅子园		13	10		25	20	25	15	25	15	10	15	13	11	15
	205	布龙路路段万科麓城小区、全伟达工业园	50				60		250	200				18	15		15
	206	上水径吉华路、市场及周边老围1号至9号一楼							25	15							
	207	下水径	18	15	10		25	20	25	16	30	18	10	16	13	10	15
	208	下水径吉华路海心汇福园小区	50				60		250	200							

（续表）

街道行政区域	路段号	指导租金 用途 / 区域位置	住宅				办公		商业					厂房			仓库
			带电梯	不带电梯	平房	别墅	高层	多层	高层		多层		简易	一楼	二楼以上	简易	
									一楼	二楼以上	一楼	二楼以上					
	209	中海怡翠山庄1、2、3、4、5、6、7、8、9、10、11、12、13栋		25				28									
	210	中海怡翠山庄15栋				33		35									
	211	中海怡翠山庄16、17栋		30				35									
	212	中海怡翠山庄19栋						35			40	35					
	213	中海怡翠山庄20栋		23				28			60						
	214	中海怡翠山庄23栋									90						
	215	中海怡翠山庄24、25、26、27栋		23				28									
	216	中海怡翠山庄28、29、30、31、32、33、34、35、36、37、38、39栋		25				28									
	217	中海怡翠山庄40、41栋		25				28			40						
	218	中海怡翠山庄42、43、44、45、46、47栋		25				28									
	219	中海怡翠山庄48栋		25				28			30						
	220	中海怡翠山庄49、50、51、52、53、54、55、56、57、58、59、60、61、62栋		25				28									
	221	中海怡翠山庄63、64、65栋				40		40									
	222	中海怡翠山庄66、67、68、69栋		25													
	223	中海怡翠山庄70、71、72、73、74栋		30													
	224	茵悦之生花园1、2、3、4、5、6栋		25				28			43	37					
	225	茵悦之生花园一期会所						40			80	50					

（续表）

街道行政区域	路段号	指导租金 / 用途 / 区域位置	住宅				办公		商业					厂房			仓库
									高层		多层						
			带电梯	不带电梯	平房	别墅	高层	多层	一楼	二楼以上	一楼	二楼以上	简易	一楼	二楼以上	简易	
	226	茵悦之生花园 7、8、9 栋	30				30	30			33						
	227	茵悦之生花园 11、12、13 栋、14 栋	30				30	30									
	228	桔子坑山顶一巷至八巷	20	15							30	20					
	229	桔子坑山顶宝华楼、山顶宝福楼	20								38	20					
	230	桔子坑芬龙、芬桔一巷至九巷		15							30						
	231	桔子坑综合楼						25			50	30					
	232	电联大厦		20							80	30					
	233	喜乐购、八大邦									25	25					
	234	怡芬花园	40	35							100	40					
	235	盈翠家园、中翠路、石灰岭 1-3 栋（新加地址）		35							100						
	236	东益花园		25							100						
	237	中翠花园	40								100						
	238	桂芳园（七期、八期）	40	35					120	30							
	239	简贝一、二、三、四、五、六巷、简贝七巷 1、2 号、简贝七巷新房 ABC		20							30						
	240	布沙路 188-226 号		16							80						
	241	芬丽一、二巷		16							50						
	242	大芬综合楼		16				25			60						
	243	油画街一期 1-22 号									60						
	244	油画街二期 23-36、油画街二期 71-81									65	20					

（续表）

街道行政区域	路段号	指导租金 / 区域位置（用途→）	住宅				办公		商业					厂房			仓库
									高层		多层						
			带电梯	不带电梯	平房	别墅	高层	多层	一楼	二楼以上	一楼	二楼以上	简易	一楼	二楼以上	简易	
	245	油画街二期 37-46									60	20					
	246	油画街二期 47-70						25			50	20					
	247	沃尔玛									70	20					
	248	老围 1-83		16							50	20					
	249	老围东一巷至十五巷		16							60	20					
	250	新芬街		16							50						
	251	新围街		16							40						
	252	深惠路		16							50						
	253	老围西一、二、三巷		16							60						
	254	老围西四巷 4 号以后		16							60						
	255	老围西四巷 1-3 号		16							60						
	256	老围西五巷		16							60						
	257	星都豪庭	50				80				200	120					
	258	新区、海关大厦		15				25			50	20		15			
	259	木棉路、沿河路		15				20			45	20		18	15	12	
	260	河背住宅区、老围住宅区、百劳坑住宅区		15				20			25	15					
	261	兴和苑住宅区	18	15				20			40	20					
	262	沿河路住宅区		15				20			25	15		15	13	12	
	263	下山角住宅区		15				20			20	15		15	13	12	
	264	兴利工业区、吉盛昌工业区		15				20			25	15		18	15	12	

（续表）

街道行政区域	路段号	指导租金 用途 / 区域位置	住宅				办公		商业					厂房			仓库
									高层		多层						
			带电梯	不带电梯	平房	别墅	高层	多层	一楼	二楼以上	一楼	二楼以上	简易	一楼	二楼以上	简易	
	265	鸭秋湖工业区		15				20			25	15		15	13	12	
	266	悦丰广场（可园路口）	20	18			30	20	80	30	80	30					
	267	龙岗大道 1 号	30														
	268	深惠路、龙岗大道（南三社区路段）	20	15	15		50	40	100	60	100	60					30
	269	军民路	20	15	15		25	20	40	30	40	30					30
	270	金运路	20	20			50	40	100	60	100	60		20	15		30
	271	中兴路	20	20			50	40	100	60	100	60					30
	272	布吉新村、南上新村	20	20			20	20	40	35	40	35					30
	273	南门雅苑	20	20			20	20	50	40	50	30					30
	274	南下村	20	20			20	20	60	40	60	40					30
	275	茂宝大厦、中兴路	25	25			50	50	100	70	100	70					30
	276	吉政路	25	20			50	50	120	80	120	80					30
	277	新乐路 2-58 号	25	16			50	50	100	60	100	60					30
	278	长盛路 31-67 号	20	16			30	20	100	50	100	50					30
	279	长吉路、新兴街	20	16			30	20	80	50	80	50					30
	280	长龙路	20	16			30	20	70	40	70	40					30
	281	新民路、新龙路	20	16			30	20	50	40	50	40					30
	282	布李路 162 号-208 号（双号），63 号-109 号	20	16			30	20	60	40	60	40					30
	283	锦绣新村	20	16			30	20	30	20	30	20					30
	284	新三村东区，西区、新围	20	16			30	20	50	30	50	30					30
	285	新三村东区 1-12 巷的 1 号	20	16			30	20	100	50	100	50					30

（续表）

街道行政区域	路段号	区域位置（指导租金 / 用途）	住宅				办公		商业					厂房			仓库
									高层		多层						
			带电梯	不带电梯	平房	别墅	高层	多层	一楼	二楼以上	一楼	二楼以上	简易	一楼	二楼以上	简易	
	286	小区 21 号-57 号	20	16			30	20	60	40	60	40					30
	287	小区 1-20 号	20	16			30	20	100	50	100	50					30
	288	布李路 110 号-160 号、45-61 号	20	16			30	20	100	50	100	50					30
	289	翠枫豪园		20				25			60	20					
	290	湖光山舍	28	20			30		65		60						
	291	青青家园	25	15			25	20			60						
	292	石龙坑新村东区		15				20			45	25					
	293	大靓花园		15				20			20	15					
	294	又一村花园		17				30			45	20					
	295	金沙住宅区		16				20			25	20					
	296	金沙大厦		20				25			40	20					
	297	西环路 46 号、西环路 68 号											50				
	298	吉华工业区		15										20	15		
	299	下水径新村东、西		15				20			25	15					
	300	下水径新村小区		15				20			20	15					
	301	秀丽山庄		15				20			20						
	302	秀丽山庄综合楼		15				20			50	20					
	303	康德大厦												20	16		
	304	湖北工业区		15				20						20	16		
	305	宝利源工业区		15										20	16		
	306	龙翔花园		16				20			40	20					

（续表）

街道行政区域	路段号	指导租金 / 用途 / 区域位置	住宅				办公		商业					厂房			仓库
									高层		多层						
			带电梯	不带电梯	平房	别墅	高层	多层	一楼	二楼以上	一楼	二楼以上	简易	一楼	二楼以上	简易	
	307	牡丹苑		16				25			70	25					
	308	龙富花园		16				20			40						
	309	可园花园（一期）1号楼A、B栋，2号楼A、B、C座，3号楼A、B、C、D、E栋，4号楼	30				25		80		50	35					
	310	可园花园一期5号楼A、B栋，二期6号楼A、B、C、D栋，7号楼A、B栋	30	25			30		80	35	50	35					
	311	可园花园（二期）7号楼C栋，（三期）8号楼A、B、C、D栋，9号楼，10号楼A、B、C、D、E栋	30	25			30		80	35	50	35					
	312	可园花园（四期）11号楼A、B、C栋，12号楼A、B、C栋，13号楼A、B、C栋，（五期）14号楼A、B、C、D、E、F栋,15号楼A、B、C、D栋，（六期）16号楼A、B、C、D栋，17号楼A、B、C、D栋	30	25			30		80	35	55	30					
	313	可园社区（七期）18号楼A、B、C、D栋，19号楼A、B、C、D栋	30	25			30		80	35	50	30					
	314	可园花园（四期）会所	30	25			30		55	45	45	30					
	315	可园花园（四期）柏菲幼儿园、可园幼儿园	30	25			30		55	35	35	30					
	316	湖南路左右家私有限公司	20	15			20			35	40	25	16	15	13	10	15
	317	布沙路217号	20	15			20				40	25		15			
	318	布沙路219号兴业花园	20	15			20				40	25					
	319	大芬村兴业花园内黄角树楼	20	15			20				40	25					
	320	布沙路221号南一号德兴商店	20	15			20				50	25					

（续表）

街道行政区域	路段号	指导租金（用途）/区域位置	住宅				办公		商业					厂房			仓库
									高层		多层						
			带电梯	不带电梯	平房	别墅	高层	多层	一楼	二楼以上	一楼	二楼以上	简易	一楼	二楼以上	简易	
	321	布沙路 221 号南二号明发商店		15	10		20				55	30					
	322	布沙路 223、227、229、231 号，233 号大安门诊、南一号源朗宿舍、南二号基业厂宿舍		15	10		20				55	30		16	13	10	
	323	布沙路 239 号		15	10		25				55	30		16	13	10	
	324	布沙路 239 北一号卢浮宫		15	10		25				45	30		16	13	10	
	325	布沙路 245、247、249 号		15	10		25				40	30		16	13	10	
	326	中心花园 N 开头商铺	30						35		200						
	327	中心花园 B 开头商铺，鸿景豪苑，灏景明苑，	30						35		80	30					
	328	大世纪花园 1 栋、2 栋、10 栋，世纪华厦，诚信华庭，深发巷 8 号	30	25					50		180	60					
	329	大世纪花园 9 栋，文雅豪庭	30						35		80						
	330	吉政路西段，恒得源工业区，教育新村，华昱花园，豪展阁	25	20					25		60			22	20		20
	331	杓妈岭工业区，储发路，储运路，铁东路百和苑，金运路，富丽新村	23	18					20		40			18	15		18
	332	金运家园 1A	28	23					25		40						
	333	金运家园 2A、1B、2B	28	23					25		60	30					
	334	中兴路 38 号（天虹商场 2 楼 200、3 楼 50、4 楼 45、5 楼 40）								300	300						
	335	杰座，布龙路新利苑，怡馨苑，吉祥别墅	30	25		30			30		60						

（续表）

街道行政区域	路段号	区域位置 \ 指导租金 \ 用途	住宅				办公		商业					厂房			仓库
									高层		多层						
			带电梯	不带电梯	平房	别墅	高层	多层	一楼	二楼以上	一楼	二楼以上	简易	一楼	二楼以上	简易	
南湾街道行政区域	1	黄金坑		20					30		60						
	2	祥云苑		30							150						
	3	颂雅苑		30					25		150						
	4	南景豪庭	30							150			30				
	5	桂芳园	40	30			30		30								
	6	泰雅园	40	30			40		30								
	7	中兆花园	35	30			40		30		50						
	8	东大街									150	100					
	9	和通花园		30							100	100		15	12		12
	10	龙泉别墅				40			50		50						
	11	新洲西、新州东		21							23						
	12	岭背东、岭背西		13							20	17					
	13	岭背路		20							25						
	14	园墩路	18	16							25						
	15	园墩西、园墩东、园墩南	15	15							25						
	16	恋珠东、恋珠西		16							26						
	17	立信路	21	15							20						
	18	苏房街、苏房吓	18	15							25						
	19	丹河南路、沙西路		15							23						
	20	树山街、树山背、园径街、围肚、窝肚	20	18							26						

（续表）

街道行政区域	路段号	区域位置 ＼ 指导租金 ＼ 用途	住宅				办公		商业					厂房			仓库
									高层		多层						
			带电梯	不带电梯	平房	别墅	高层	多层	一楼	二楼以上	一楼	二楼以上	简易	一楼	二楼以上	简易	
	21	塘美街、塘尾南区（北区）、丹竹头路、竹头吓	20	18							30						
	22	草堆街	20	17							25						
	23	庙仔街		16							21						
	24	仙桃源工业区		15							18	18					17
	25	禾地、龙山路、岭排东巷、环龙路、岭新街		15													
	26	南晶小区、金龙花园、金龙豪庭	23							65							
	27	健民小区、老禾坪、南新小区		20							53						
	28	原善窝、环湖路		18							46						
	29	崙头窝、南岭东路东路食街、健民路、高凹路		17							55						
	30	农民公寓、宝岭花园、黄金豪庭	26							80							
	31	富璟花园、南洋花园	20				25			80							
	32	荔枝花园、南岭东路	17				20			60							
	33	龙山工业区、南岭北路		15					18						14		
	34	三角街 1 号 A 栋	25							70							
	35	三角街 1 号 B 栋、三角街 2 号厂房	25							70					15		
	36	富源居	15							50							
	37	岭南苑		18							60						
	38	英俊年华、文峰华庭	28							140							
	39	黄金南路、高凹顶、布沙路 138-142 号		15					15		80						
	40	新塘西，布沙路 101-137 号，布沙路 173-187 号	20	15							40						
	41	普强小区	20	15							40						

（续表）

街道行政区域	路段号	指导租金 区域位置 \ 用途	住宅				办公	商业						厂房			仓库
			带电梯	不带电梯	平房	别墅	高层 / 多层	高层 一楼	高层 二楼以上		多层 一楼	多层 二楼以上	简易	一楼	二楼以上	简易	
	42	鸿润豪苑，金桔苑	20	15					40								
	43	玉岭花园	25				40		40								
	44	南和公司、粤强公司					35				40			15	15	13	14
	45	南和花园	20	15			40				40						
	46	山水苑、南华花园	20	15			40				40						
	47	大坑上村、南和新村、南和路、南和路 12 号发展公司		15							40			15	15		
	48	兴华路		20					80	30				18	15		
	49	河滨路		15				15	50	20					15		
	50	沙平北路		20					100	30							
	51	兴华北巷							80	30					15		
	52	花园街							80	30							
	53	沙湾工业区												13	13		
	54	官塘	15	12					15	12	16	15	10				
	55	厦园路	13	12										16	13		
	56	沙湾河花园		14							14	14					
	57	沙岭小区二巷至七巷	12	10					12	12	12	12	10				
	58	沙湾路		13					20	18	20	18					
	59	东坊北	13	11					15	13	15	13					
	60	桂花路		12					20	16	20	16					
	61	厦村市场一巷至六巷	13	11					15								
	62	厦村市场水果街									15						

（续表）

街道行政区域	路段号	用途 / 指导租金 / 区域位置	住宅				办公		商业						厂房			仓库
									高层			多层						
			带电梯	不带电梯	平房	别墅	高层	多层	一楼	二楼以上		一楼	二楼以上	简易	一楼	二楼以上	简易	
	63	冰糖山工业区厂房													18			
	64	沙平北路		16						18	16	18	16					
	65	中坊五巷—六巷		13								20						
	66	中坊一巷—十巷	15	13								20						
	67	兰花北巷	15	13						18	15	18	15	13				
	68	桂新	12	11						16	14	18	14	12				
	69	东坊南		13						13	13	13	13					
	70	桂花路商铺										20	15					
	71	老街	14	12						18	16	18	16		14	12		
	72	兰花路	14	12								18						
	73	西坊老屋		10	10													
	74	花园街		13						20	15							
	75	上李朗商业街		14								30						
	76	住宅一区、住宅二区、瓦窑路		13								25						
	77	田心路、田心围小区、大畲埔		13														
	78	中盛科技、外经贸工业区、上李朗工业区、金积嘉科技园													14	13		
	79	华孚工业区、联大工业园、老圩村工业区、宝钻园													15	13		
	80	莱茵工业区、茶山工业区													14	12		
	81	雷盛工业区、东仁物流园、洲腾工业区													15	13		
	82	丹平东四巷 5 号								20						20		
	83	丹平东六巷 4 号		13						20						20		

（续表）

街道行政区域	路段号	区域位置 \ 指导租金 \ 用途	住宅				办公		商业						厂房			仓库
			带电梯	不带电梯	平房	别墅	高层	多层	高层一楼	高层二楼以上		多层一楼	多层二楼以上	简易	一楼	二楼以上	简易	
	84	丹平东八巷 14 号		13														
	85	丹平东八巷 17 号														20		
	86	金鹏物流 A 区 B 栋		13						60								
	87	金鹏物流 A 区 9 栋		13						60								
	88	金鹏物流 B 区 9 栋		13						60								
	89	金鹏物流 B 区 D 栋		13						60								
	90	康桥花园	23	20					26	120								
	91	怡乐花园	23	18					23	80								
	92	左庭右院南北区	25	20					28	90								
	93	和谐家园	28						30	140								
	94	中海阅景花园								70								
	95	宝鼎威物流园 A 区							11			11						
	96	日塑工业城							11						11	11		
	97	中海信工业园							12						12	12		
	98	皇朝石材															7	
	99	庄氏							12			12			12		7	
	100	港城							10			9					7	
	101	翠山西	30	20					25	40	25	40	25		25	20		20
	102	翠山东		20					25	40	25	40	25		25	20		20
	103	老村		15	10				15	20	20	20	20		20	20		20
	104	翠山西商业街		25					35	40	35	40	35					

（续表）

街道行政区域	路段号	区域位置 \ 指导租金 \ 用途	住宅				办公		商业					厂房			仓库
									高层		多层						
			带电梯	不带电梯	平房	别墅	高层	多层	一楼	二楼以上	一楼	二楼以上	简易	一楼	二楼以上	简易	
	105	翠山路工业区		15			25		25					25	25		25
	106	墙背、麦田街		18	12		18		18	40	30	38	30	15	25	20	15	20
	107	吉厦、东门		15	10		15		15	30	25	30	25	20	20	18	15	18
	108	大块麻、吉盛路		25			25		25	30	25	30	25	15	25	20	15	20
	109	沙平南路	25	19	16		30		28	60	45	55	45	25	25	23	16	18
	110	裕昌路	25	20			28		25	38	25	38	25		20	16		20
	111	吉龙南、吉龙北	30	28	20		28		28	35	25	35	20	20				20
	112	下龙街	30	28	20		28		28	35	25	35	20	20	25	16	15	20
	113	吉园路	30	20	15		25		20	35	20	35	20	20				25
	114	景明新城	30				35			80	35							30
	115	阳基新天地	30	25			30		25	50	35	45	35					
	116	统建楼	30	25			30		25	50	35	45	35					
	117	东门头路	25	20	18		20		18	40	25	40	25	25	25	18	18	20
	118	早禾坑、文坑路	25	18	16		25		22	26	20	26	20	20	25	17	15	18
	119	简竹路	30	25	20		33		30	50	30	15	30		25	20	18	20
	120	南威中心、南岭花园		17					20			30	25					
	121	水山缘	27						26			41	26					
	122	百门前工业区		13					18						20	19	15	16
	123	阳光翠园	25	24			24			44	35							
	124	下李朗工业区							20			30			20	20		20
	125	下李朗新工业区、下李朗联创工业区					25		23			30			23	23		23

（续表）

街道行政区域	路段号	指导租金 区域位置 \ 用途	住宅				办公		商业					厂房			仓库
			带电梯	不带电梯	平房	别墅	高层	多层	高层		多层		简易	一楼	二楼以上	简易	
									一楼	二楼以上	一楼	二楼以上					
	126	上李朗第一工业区									25			18	18		18
	127	澳头、李澳街		14	10						25						
	128	下李南路、刘屋、下李朗市场		14							30		25				
	129	十字路口		17							30	25					
	130	虾公岭		14							20						
	131	深朗南区、深朗北区	22	17	11						30	25	25				
	132	中心围西区（中区、东区）		14	9						20						
	133	花屏、石禾塘		12	9												
	134	对门岗东（西）、下李北路		14	10						20						
	135	华侨新村、水背坑、大坑肚	20	14	10						20						
	136	李朗产业园、珠宝城	22							45	45	40		25	25		25
	137	平吉大道									45			22	22		22
	138	樟富北路		20							40						
	139	新村三巷		18							25						
	140	新塘东		18							20						
	141	樟富		18							22						
	142	樟树		17							20						
	143	布沙路		15							30						
	144	坪铺路		15							20						
	145	上园		17							28						

（续表）

街道行政区域	路段号	指导租金 \ 用途 区域位置	住宅				办公		商业						厂房			仓库
			带电梯	不带电梯	平房	别墅	高层	多层	高层			多层		简易	一楼	二楼以上	简易	
									一楼	二楼以上		一楼	二楼以上					
横岗街道行政区域	1	志健时代广场面对(龙岗大道、茂盛路)、湛宝广场、银信中心、松柏路（前段）	29				65		43	200	80	150	60					
	2	志健时代广场(内铺)、卓越城市中心花园10栋（丽晶中心、靠红棉一路）、锦冠华城、新世界广场(面龙岗大道)、御城、麟恒	23				50		40	120	70	120						
	3	新亚洲广场、隆盛花园S1、S2商场、志健时代广场(四联路)、新马商贸、新城汇、新世界广场（1期）内铺	22	16			40		30	100	70	90	55					
	4	六约购物中心、力嘉路、锦绣花园、六约路、礼耕路（前段）、名门世家、新世界广场（1期）2楼外铺康乐花园、梧桐花园、翠湖山庄别墅、（2、3期）新世界广场1楼内铺、天颂雅苑	18	15		18	38		25	80	45	70	48	40	13	11	8	9
	5	六和路、红棉一路、红棉二路、茂盛路、振业城、水晶之城、大山地、卓越城市中心花园、四联路、瑞泽佳园、花半里、森雅谷、润筑园、乐城红棉、志盛社区	18	15		20	38		25	65	45	60	43	35	13	11	8	9
	6	深惠路（横岗段）、牛始埔路、六约路(后)、连心路、联建楼、得宜一街、贤乐路、塘坑路、埔厦路（南北向）、保康路、富康路、隆盛花园S3、宸和路、六园路、排榜路、卓越城市中心花园(靠信义花园)、恒一路、新世界广场(面名门世家铺位）、康乐路、悦民路、大塘街	17	13		18	30		20	60	40	55	38	32	13	11	8	9

（续表）

街道行政区域	路段号	指导租金 / 区域位置 \ 用途	住宅				办公		商业						厂房			仓库
			带电梯	不带电梯	平房	别墅	高层	多层	高层			多层		简易	一楼	二楼以上	简易	
									一楼	二楼以上		一楼	二楼以上					
	7	丰塘路、兴旺路、联盛巷、红花街、新丰路、恒丰路、银盛路、坳背路、坳一路、坳新路（前）、荷康路、长江浦路、腾昌花园	15	12		18	25		18			53	35	30	13	11	8	9
	8	广达路、红棉三路、红棉四路、富发街、深竹路、六联路、金塘街、太兴街、嘉华路、深坑路、得宜二街、恒心路、恒一路、卓越城市中心花园内铺、伟群路、人工湖、贤东路、宸庆路、贤西街、碧园街、和兴街、福龙街、永福巷、悦利街、独安巷、长盛街、永和路[六约、横岗、四联、华侨新村、怡景社区（住宅）]	15	13			20		18	55	20	50	33	23	13	11	8	9
	9	228工业区、横岗工业区、龙塘工业区、华茂工业区、仙桃源工业区、金龙工业区、腾昌一路、松柏路（后段）、华乐路、新贤街、金塘路、长金路、博安巷、腾昌二路、金源路、荷坳路、联合路、万利路、泉井湖、景和巷、深竹小区、坝心路、富安街、桥西街、上板、下板		12			18		17			48	30	20	13	11	8	9
	10	贤合路、茂兴路、新塘坑路、富利时路、梧岗路、金源一路、二路、求康路、马竹路、横坪路、新园路、塘厦巷、旱塘二路、旱塘三路、安兴路、良华街、创新路、蛇地岭、永旺路、裕民街、华西巷、新光巷、大塘巷、贤德街		11					16			43	28	19	11	9	8	9
	11	宝桐路、惠盐路、红花二区、埔厦路（东西向）、深怡路、厦安街、深峰路、龙兴路、沙坪路、坳新路（后）、沙荷路、吉榕路、聚英街、马五、[松柏社区（住宅）]		11					14			39	25	16	11	9	8	9

（续表）

街道行政区域	路段号	区域位置（指导租金 / 用途）	住宅				办公		商业						厂房			仓库
			带电梯	不带电梯	平房	别墅	高层	多层	高层 一楼	高层 二楼以上		多层 一楼	多层 二楼以上	简易	一楼	二楼以上	简易	
	12	山子下路、谭面路、教育路、环竹路、188、189工业区、安康路、桂坪路、坳二、坳东、横坪公路、横坪路[荷坳、保安、银荷社区、牛始埔、深坑村（住宅）]		9					13			35	20	15	11	9	8	9
	13	西湖路、凤凰路、马六路、幸福小区、八斗路、太湖路、大康路、万凤路、太围路、荔园路、油甘园路、安居路、永湖路、新坡塘路、围湖东路、茶山路[大康、西坑、安良社区（住宅）]		8					13			30	20	13	10	9	7	9
	14	环山路、莘野路、沿河路、创业路、山子下路（福田段）、河背路、龙翔路、新龙路、其他路段		7					12			20	15	11	10	9	7	9
龙城街道行政区域	1	万佳百货、世贸百货、天虹商场、电子世界	18				50		40	150	70	120	60					
	2	正中时代广场、珠江广场、新城市建设大厦、宝钜大厦	18				50		40	100	50	80	45					
	3	龙城国际、家和盛世、朝阳里、一克拉	18				30		25	100	45	80	40					
	4	天安数码城、岁宝百货、妇女儿童活动中心、邮政大厦、港澳城、碧湖大酒店	18				50		40	80	50	60	45		40	40	35	35
	5	欧景花园、罗马公园、锦秀东方、瑞华园学府道、熙和园、锦绣华天花园、公园大地、碧湖花园、和顺苑、满园	18	14		18	35		30	80	30	60	30					
	6	紫薇苑、紫薇花园、花半里、东方御花园、福园临街、宏兴苑、欧景城、新港花园、龙翔大道中心城段、清林路、龙福路、公园路、吉祥路	16	12			30		25	60	30	50	30					

（续表）

街道行政区域	路段号	指导租金 区域位置 / 用途	住宅				办公		商业					厂房			仓库
									高层		多层						
			带电梯	不带电梯	平房	别墅	高层	多层	一楼	二楼以上	一楼	二楼以上	简易	一楼	二楼以上	简易	
	7	天健现代城、天健郡城、君悦龙庭、水蓝湾、香林玫瑰园、东方沁园、爱地花园（二期）(徽王府)、万科金色沁园	18	14			30		25	50	30	50	30					
	8	深宝公寓、紫薇公寓、鸿基（三期）(风临国际)、新鸿进(丽景鸿都)、 御府名筑、非凡空间	18	12			30		30	55	30	55	30					
	9	愉园、福园、和兴、汽车总站、鸿基花园、东都花园、尚景欣园、新亚洲花园、龙福一村、尚景花园、康馨园、城市花园、城龙花园	16	12			25		25	50	30	50	25					
	10	余岭山庄、和田世居、美丽达、爱地花园、创业园、天健花园	16	12			25		20	40	30	35	25		15	12	12	12
	11	盛龙花园（二期）万象天成、维百盛大厦	15	12			40		30	80	50	50	40					
	12	盛龙花园一期、盛龙路、龙平东路、中央悦城、天集雅苑、龙园印象、 楚丰广场1栋、万象天成、汇龙天下、悦澜山花园、阅山公馆、河岸轩花园、东禧花园、紫悦龙庭、麓园、龙平紫园、壹锦园、同创九著	15	12			20		20	50	25	40	25					
	13	盛平中路、盛平南路、阳光广场、龙西中路、学园路、富康苑、育龙庭、友谊路、玫瑰郡、紫麟山、八意府、阅山华府、万科清林径	15	12			20		15	50	25	40	20					
	14	依山郡、长江花园、佳馨园、新龙岗花园、鸿威的森林、承翰陶源、清水路、五联路、全盛御景湾（紫云庭）	15	12			15		15	35	30	30	15					

（续表）

街道行政区域	路段号	区域位置（指导租金／用途）	住宅				办公		商业						厂房			仓库
			带电梯	不带电梯	平房	别墅	高层	多层	高层			多层		简易	一楼	二楼以上	简易	
									一楼	二楼以上		一楼	二楼以上					
	15	欧意轩、竹韵苑、禾田小筑、百合盛世、国香千林郡、玉湖山畔、龙西市场、盛华路、齐心路、连心路、龙埔路、富民路、民盛路、楚丰广场二栋、盛丰路、龙西东路	12	10	8		15		12	30	25	25	20	15	9	8	8	8
	16	朱古石路、移民新村、规划路、龙西大发新区、松子岭、龙西新村、对面岭、新联路、荔枝园、朱古石爱联工业区	12	10	8	/	/		12	/	/	25	15	15	10	8	8	8
	17	松元角、务地埔、将军帽、田段心、官新合、龙西伟龙达小区、陈屋二区、塘背坜、龙城北路	12	10	8				10			20	15	15	9	8	8	8
	18	陈屋、杨屋、郭屋、徐屋、龙西老围、回龙埔老围、李屋、吓屋、吓一、吓二、吓四、上角环新村、松元头、瓦窑坑、岭背坑、朱古石、协平、南蛇坑、玉湖、白沙水、楼吓、石溪、松子路、玉田路、陂头肚等偏远路段		10	8				10			20	13	13	9	8	8	8
	19	万科天誉	18				60		40	150	80	120	60					
	20	星河时代	18				40		30	100	60	80	50					
	21	中海康城（外街）、大公馆、阳光天健城、 奥林华府、保利上城	16				40		30	80	30	60	30					8
	22	A区步行街(爱联路)、晨光路、翡翠明珠花园、塞纳时光（清辉路）、余岭西路、余岭中路、嘉亿爵悦、天昊华庭	16	12	12		30		18	60	25	50	20	40				8

（续表）

街道行政区域	路段号	指导租金 区域位置 \ 用途	住宅				办公		商业						厂房			仓库
			带电梯	不带电梯	平房	别墅	高层	多层	高层			多层		简易	一楼	二楼以上	简易	
									一楼	二楼以上		一楼	二楼以上					
	23	海逸雅居、龙城华府、中海康城（里街）、睿智华庭、中森双子座	16				35		30	50	25	50	20	40	10	9	8	8
	24	如意路、缤纷世纪、飞扬路	14	12	10		30		18	60	25	50	20	45				8
	25	黄阁翠苑、嘉欣园、顺景、园景、雅庭、龙翔花园、丽江花园	14	12			20		20	40	25	40	20	30	10	9	8	8
	26	嶂背步行街、龙岗大道、嶂背大道（嶂背路）		10	8				15	50	20	50	20	35	10	9	8	8
	27	如意南路、宝荷路（爱南路）、园湖路、爱都路、金华街		10	8				15			40	20	40	10	9	8	8
	28	白灰围一路、龙岗体育中心		10	8				15			40	20	30	10	9	8	8
	29	爱华路、金龙巷、爱新西一巷、龙翔大道、 华美中路（华美路）、龙飞大道	14	10	8				12			35	20	25	10	9	8	8
	30	嶂背工业区		10	8				15			25	18	20	10	9	8	8
	31	新陂路、新丰路、锦苑路、怡苑路、军田路、爱新路（龙石路）、新屯中路、蒲新中路、德馨楼、金荣街、创业路、清辉路、华兴路、 阁溪路		10	8				12			25	18	20	10	9	8	8
	32	台湾工业区、龙腾工业区、石龙头工业区、黄阁坑工业区、台中工业区、新屯工业区、白灰围工业区、大围工业区等工业厂房		10	8				15			25	15	18	10	9	8	8
	33	建新、陂头背、前进、田寮、西湖、岗贝、新屯、蒲排、太平、石火、嶂一、嶂二、新秀新村、斜吓、白灰围、大围、A区、B区、如意小区、龙红格		10	8				12			20	15	15	10	9	8	8
	34	东森花园、兴宁花园		8	8				11			15	10	10				8

（续表）

街道行政区域	路段号	指导租金 区域位置 / 用途	住宅				办公		商业						厂房			仓库
									高层			多层						
			带电梯	不带电梯	平房	别墅	高层	多层	一楼	二楼以上		一楼	二楼以上	简易	一楼	二楼以上	简易	
龙岗街道行政区域	1	龙岗大道（梨园段）	12	9	8			17	15	55	25	55	25		12	10	9	8
	2	龙岗大道（新生段）	15	10	8			17	15	50	17	45	15		12	10	9	8
	3	龙岗大道(天虹段、南联段)			10				20			60	20		12	10	9	10
	4	植物园路(南联段)，爱南路（南联段），宝南路，龙城大道	12	10				15	15	50	20	50	15		12	10		10
	5	植物园路(南约段)	12	10				15	5	30	15	30	15		12	7		8
	6	碧新路(鹏达商业街—吓岗村段)、银威路、鹏达路、龙城南路、向银路、南通道、龙峰庄	12	10				13	13	45	20	45	20		12	10		10
	7	碧新路(罗瑞合—九州家园段)	20	18				20	18			60	25					
	8	龙平东路(太和街口到华西街口)	18	15	10			15	20			55	20					
	9	龙平东路（华特工业区段）、人人购物广场	20	18				35	25	150		125	50					
	10	龙平东路(平冈中学到盛平桥段)	18	15	10			25	20	60		60	35					
	11	深汕路单号（龙东段）		10	8				15	30		30	15	15	15	10	10	10
	12	深汕路农贸市场，龙升路	12	10	8				15	25		25	15	15	15	10	10	10
	13	深汕路双号（龙南路口—源盛路口）		10	8				15	35	25	35	15	15	15	10	10	10
	14	深汕路双号（源盛路口—同乐高速路口）	12	10	8				15	20		20	15	15	15	10	10	10
	15	利好工业园、上井对门岭路工业园、银龙工业区、鸿永利工业区、鸿永利工业区二区、盈科利工业区、江南工业区	12	10	8				15	20		20	15	15	15	10	10	10
	16	东方明珠城	25	20			45			100	50							
	17	东方瑞景苑、万汇大夏、旭源大夏	25	20			25			150	50							
	18	华西街	20	18								150	20					
	19	龙兴街	20	18			20					100	20					

（续表）

街道行政区域	路段号	指导租金 / 用途 / 区域位置	住宅				办公		商业					厂房			仓库
			带电梯	不带电梯	平房	别墅	高层	多层	高层		多层		简易	一楼	二楼以上	简易	
									一楼	二楼以上	一楼	二楼以上					
	20	华特广场、华特步行街		25					20		100	50					
	21	富佳街、长盛街、金城街、兴隆街、金龙街民昌街	20	18							160	35					
	22	罗瑞合南街	20	18			20				50	20					
	23	南联路	18	15			20		15		55	20					
	24	罗瑞合东街	20	15			15				35	20					
	25	桥西街	18	15					15		35	20					
	26	榭丽花园、雅豪祥苑、长海雅园	25	20					25		60	30					
	27	龙河路 50-108 号（地税局到南联新市场）	20	18					20		50	30					
	28	龙河路 109-521 号（南联新市场到丰丽学校）	20	18					20		60	30					
	29	龙河路 523-555 号（丰丽学校到南联路）	20	18					20		70	30					
	30	第二市场									43	25					
	31	石桥头	18	15					20		40	20					
	32	龙园路（龙平东路口—南联路口）	20	18					20		60	30					
	33	龙园路(九州家园（二期）—东方明珠城段)	20	18					20		70	30					
	34	龙园路（龙园公园—龙岗中学段）	13	10	8				25		50	25	15	12	10	8	10
	35	东方国际茶都	20	15					25		100	50					
	36	龙昌街	20	18					25		70	35					
	37	梅园路	20	18					20		50	30					
	38	九州家园(沿河街段)	25	20					25		40	30					
	39	万兴街、大和街、南联新市场	20	18					15		50	30					
	40	平南路		18					20		30	25					

（续表）

街道行政区域	路段号	区域位置 ＼ 指导租金 ＼ 用途	住宅				办公		商业					厂房			仓库
			带电梯	不带电梯	平房	别墅	高层	多层	高层 一楼	高层 二楼以上	多层 一楼	多层 二楼以上	简易	一楼	二楼以上	简易	
	41	广安街		10					15		25	20					
	42	文化街、圩肚街、瑞隆街、龙心街、大新街		12	10				15		30	20					
	43	榭丽花园(沿河段)		18					25		40	20					
	44	西二村、简一村、简二村、黄龙陂村、三家村、罗瑞合、西一村、沙坪街		15					20		30	20					
	45	上街、下街、上圩		10					15		25	20					
	46	石湖村、巫屋村和巷、龙昌巷、龙兴巷		10					15		25	15					
	47	华特工业区		20					20		100	50					
	48	龙盈泰（外街铺）、五洲风情（外街铺）、柏龙商业中心（一楼）					25		25		200						12
	49	龙盈泰（内街铺）、五洲风情（内街铺）、柏龙商业中心（二楼以上）									50	35					12
	50	鹏达花园(银威路段)	15	10			18		18		60	45					12
	51	鹏达花园(碧新路段、鹏达路段)、叠翠新峰(碧新路段)	13	10			18		18		40						12
	52	摩尔城、满京华喜悦里	30				40		40	250	200	150	100				12
	53	华兴苑、创富时代、聚龙苑(龙岗路段)、德沁苑(东区)、龙岗路、运河南湾	16	14			18		18	60	25	60	25				12
	54	怡龙枫景园、德沁苑(南区、北区),叠翠新峰(南区)、聚龙苑(南区)、顾景峰苑、锦龙名苑、沁园、城南雅筑花园、御豪苑	16	14			18		18	25	20	25	20				12
	55	龙富路、建新路、翠竹路、瑞记路、龙富花园	12	10	7		13		13	35	15	30	20		12	7		8

（续表）

街道行政区域	路段号	指导租金 用途 / 区域位置	住宅				办公		商业						厂房			仓库
									高层			多层						
			带电梯	不带电梯	平房	别墅	高层	多层	一楼	二楼以上		一楼	二楼以上	简易	一楼	二楼以上	简易	
	56	富临大厦	12	10	8				20			60	45					
	57	明雅巷(龙岗大道段)、联惠巷(龙岗大道段)、黄龙塘(龙岗大道段)		10	9				10			40	20		12	10		8
	58	怡丰路、邱屋路、刘屋南、第六工业区、银珠路		10	7				10	40	25	40	25		12	10	10	10
	59	上江路、春江路、龙溪商业街、圳埔路		10	7				10			30	20		12	11	10	10
	60	一进巷、龙溪巷、竹湾村、瑞记巷、三和巷、文江路、刘屋路巷、麻岭村、麻岭新村、麻岭一路、圳埔南路、上进路、水口村、邱屋巷、吓岗一村、吓岗二村、怡丰巷、黄龙塘巷、上龙塘巷、金钱街、向前路、明志巷	16	10	8	12			10	25		25	15		12	10	10	10
	61	圳埔新村、圳埔巷、银珠岭小区、向新路、宝龙小区、碧新路(陆河新村段)、陆河新村、榕树街、新布路、新布新路		10	7				10	20		20	15		12	10		10
	62	丁甲岭市场,新布市场路	10	8	7		12			25	15	25	15		12	10		12
	63	岗德路（同心段至人人购物段）、乐园路（水田段）		10			12			25	15	25	15		12	10	10	10
	64	岗德路（人人购物段至深汕段）	12	10			12			50	15	50	15		12	10	10	10
	65	乐园路（水田段）	10	9			12			25	15	25	15		12	10		10
	66	乐园路（赖屋段）	10	9			12			20	15	20	15		12	10		10
	67	深汕路（坪山段）	10	9			12			40	15	40	15		12	10		10
	68	深汕路（同乐段）	10	9			12			25	15	25	15		12	10		10
	69	新星路	10	9			12			15	10	15	10		12	10		10
	70	丰顺路	10	9			12			20	15	20	15		12	10	10	10
	71	同心路	10	9					12	25	15	25	15		12	10	10	10

（续表）

街道行政区域	路段号	指导租金 区域位置 \ 用途	住宅				办公		商业						厂房			仓库
									高层			多层						
			带电梯	不带电梯	平房	别墅	高层	多层	一楼	二楼以上		一楼	二楼以上	简易	一楼	二楼以上	简易	
	72	吓坑一、二工业区、吓坑大地工业区、吓坑恒利工业区、吓坑屋头岭工业区、兰水求水岭、兰水路（同乐段）、政华工业区、万泉工业区、九九同心工业区、浪背第六工业区、同路工业区、长湖围工业区、茶寮村（阳和浪厂房）、一鸣路、万乐园、三棵松工业区、宝莱特工业园	10	9			12			20	15	20	12		15	10	10	12
	73	赖屋路、园新路、水田一路、水田二路、水田路	10	9			12			20	12	20	12		10	10	10	10
	74	景盛路、坑尾工业区		8	6				12			20	15	20	12	10	10	10
	75	榕树街、新布路、新布新路、吓坑路、吓坑一路、吓坑二路		8	7		12		10	20	15	20	15		12	10	13	12
	76	同乐科技园、宝龙五路（同乐段）	15	12			12								18	12	15	14
	77	同乐市场		8			12			30	15	30	15		10	10	10	10
	78	阳和路、阳新路、怡安路、长围路、同路工业区铺面、同力路、同创路、同庆路		8	6		12			20	15	20	15		10	10	10	10
	79	同路工业区对面商铺		8			12			25	15	25	15		10	10	10	10
	80	爱民路、利源路、民乐路、乐其路、宝其路		10			12			20	10	20	10		10	10	10	10
	81	黄屋路、黄屋小区、黄屋街、赖屋街、赖屋小区、水流田村、水流田八区、水流田小区、惠民巷,其面村、其面小区、其面东园巷、其面十八小区、老大坑村、老大坑东区、老大坑西区、坑尾村、坑尾小区、企岭村、企岭村小区、丰顺村、长湖围村、新布新村、阳和浪、丁甲岭、浪背村、池屋村、榕树吓村、吓坑村、吓坑田心、浪背新村一区、二区,余宅、叶宅哦、石碑头		9			12			18	10	18	10		10	10	10	10

（续表）

街道行政区域	路段号	区域位置　指导租金　用途	住宅				办公		商业						厂房			仓库
			带电梯	不带电梯	平房	别墅	高层	多层	高层一楼	高层二楼以上		多层一楼	多层二楼以上	简易	一楼	二楼以上	简易	
	82	大坑路（乐园段至景盛段）		9			12			15	10	15	10		10	10	10	10
	83	大坑路（乐园段至深汕段）		9			12			20	10	20	10		10	10	10	10
	84	池屋工业区		8			12			15	10	15	10		10	10	10	10
	85	广德路、广德巷、牛伴岭、常荣街、丰顺路		8			12			15	10	15	10		12	10	10	10
	86	风临四季花园	25	15	10				25	50		50						
	87	鸿景春天花园（一、二期）	25	15	10				25	50		45	20					
	88	鸿景春天花园三期	25	15	10				25	80		80	30					
	89	源盛路、爱南路（龙东段）	15	12	10				20	45	20	45	20	15	15	10	10	10
	90	同富路	15	12	10				16	40	17	40	15	15	15	10	10	10
	91	鸿基路（义乌段）	18	15	10				20	40		40			15	10	10	10
	92	龙湖路（金井路—龙南路）	12	8	8				15	25		25	20	20	15	10	10	10
	93	龙湖路（金井路—爱南路）	12	8	8				15	35		35	15	15	15	10	10	10
	94	龙湖路（爱南路—大埔二路）	10	8	8				15	20		20	15	15	15	10	10	10
	95	龙南路（深汕路口—龙南路 294 号）	10	8	8				15	30		30	15	15	15	10	10	10
	96	龙南路（樟树头—上井村）	10	8	8				15	15		15			15	10	10	10
	97	中信龙盛广场	25	15					25	60		60						
	98	金井路、富源街、龙东商业街、龙湖南路	10	8	7				12	20		20		15	15	10	10	10

（续表）

街道行政区域	路段号	指导租金 / 用途 / 区域位置	住宅				办公		商业						厂房			仓库
									高层			多层						
			带电梯	不带电梯	平房	别墅	高层	多层	一楼	二楼以上		一楼	二楼以上	简易	一楼	二楼以上	简易	
	99	吓井一、吓井南路、吓井北路、吓井西路、桥背村、桥背东、桥背西、紫苑街、兴东大街、新塘围村、新田新村、吓井二、新井路、吓井新村、龙湖新村、桥南街、华龙山庄,兴桥路、大埔一、二、三路、大埔南路、大埔西路、大埔北路、大埔新村、同昌路、打石岭路、打石岭工业园,石湖龙路、龙新街、龙德街、育贤路、育良街,赤石岗小区村道、沙背沥工业区,市场街、龙达小区,新洲路、大埔别墅区	10	8	7				12	18		18	15	15	15	10	10	10
	100	方兴路		10	8				15	15		15		15	10	8	10	8
	101	金龙苑、榕树吓下围工业区、兰水垦村、兰水路、兰水一、二、三路、上井村村道、上井工业区、中心小学教师宿舍、兴农路、龙信工业区、龙洲小区、东升新路、三和一、二村、大和街、中和街、三和街、沙背沥村、沙背沥内环北路、沙背沥村道、妈祖南、妈祖北、大围村、大围一村、东升路	10	8	7				12	15		15		15	15	10	10	10
	102	东三村,新塘围街		6	6				12	15		15		15	15	10	10	10
	103	桥东街		11	10				20	45		45	25		12	10		8
	104	桥西街		12	10				20	45		45	25		12	10		8
	105	水岸新都	17	13			25		20	55	25	50	25					
	106	锦城新苑，锦城星苑	17	13		25			25			30	25	20				
	107	深房传麒尚林	15	12		25			25			30	25	20				
	108	向东路（龙桥新村）、东二村、东一村	13	12	8				20			40	20	15	12	10	9	8
	109	杨梅岗建材路		10	9				15			45	25	15				9

（续表）

街道行政区域	路段号	区域位置 \ 指导租金 \ 用途	住宅				办公		商业						厂房			仓库
			带电梯	不带电梯	平房	别墅	高层	多层	高层			多层		简易	一楼	二楼以上	简易	
									一楼	二楼以上		一楼	二楼以上					
	110	集银皮革广场							20			45	25					9
	111	龙新大道（梅冈小区段）、百富城	15	10			17		15	50	25	30	20		12	10	9	8
	112	同富路、洪围路（双龙安置区）	10	9	7		17		15	50	25	30	20	15	12	10	9	8
	113	新生路、丰田路、楚丰苑、莱茵路	15	10	8	25	17		15	60	30	60	25		12	10	9	8
	114	仙人岭路	12	9	7		17		15	35	17	30	15		12	10	9	8
	115	坪西路、坪西南路	12	10	8		17		15	35	17	30	15		12	10	9	8
	116	福宁路、罗福路、上宁一路、上宁二路、上福路、罗卜坝、陈屋、沿河路	12	10	8				15			45	25	15	12	10	9	8
	117	仙乡路、联丰路、仙中路、中勤路、十八乡路、凤岭街、仙山路		12	8				15			30	15	15	12	10	9	8
	118	牛桥一路、牛桥二路、宝田路、井田路、恒运路、车南路、车村、头圩路、惠园街、后尾街、梨园街、后园街、尾沥新街、梨民一巷、梨民二巷、斗方、安贞、杨梅岗、锦安、锦西		12	7	25			15			25	15	15	12	10	9	8
	119	低山南路、低山中路、低山北路、低山龙山路、低山富山路、低山景山路、金峰路		12	7				15			25	15	15	12	10	9	8
	120	杨田路、锦安路、锦西一路、锦西二路、锦西三路、格水路、振兴路、龙水		12	7	25			15			25	15	15	12	10	9	8
	121	仙田路、田祖上、	12	10	7				15			25	15	15	12	10	9	8
	122	龙凤路		10	7	25			15			20	15		12	10	9	8
	123	华特巷、梁屋村、上圩		13	9				25			30	15	15	12	10	9	8
	124	南约综合楼	20	15	10	20	20		20	30	20	50	35	12	14	12	12	12

（续表）

街道行政区域	路段号	区域位置 \ 指导租金 \ 用途	住宅				办公		商业						厂房			仓库
			带电梯	不带电梯	平房	别墅	高层	多层	高层			多层		简易	一楼	二楼以上	简易	
									一楼	二楼以上		一楼	二楼以上					
	125	金众蓝钻风景	35	15			20		15			50	35					
	126	宝荷路、宝坪路、清风大道、联合工业区、联合市场门口	15	15	8	20	25		20	30	15	40	25	14	14	12	12	12
	127	炳坑东区、炳坑西区、炳坑北区、炳坑老围、烟墩巷、浪背路、菠萝山工业区、菠萝山巷	20	10	8	20	20		25	30	20	40	25	15	12	12	10	9
	128	大浪路、宝龙建材市场、水口村、水口老围、水一、水二、汉田南区、汉田北区、大浪新区、大浪旧区、洋桥路、水背龙		10	8				18			30	15	12	12	12	10	9
	129	绿色满庭芳、西湖山庄、天籁山庄、万年青庄、峦山谷、卓弘高尔夫雅苑、宝荷欣苑、南约统建楼、仁恒峦山美地	15	15	10	20	25		20	40	30	25	15	12	14	12	12	12
	130	宝龙一路、宝龙二路、宝龙三路、宝龙四路、宝龙五路、宝龙六路、宝龙七路	15	15	10	20	15		30	30	15	25	20	12	16	12	12	12
	131	高科大道、南同大道、翠龙路	15	15	8	15	15		15	30	20	30	15	12	16	12	12	12
	132	积谷田（A、B区）、南约广场、广场新村、炳一小区、大行小区、马桥南区、马桥东区、马桥西区、联和东区、联和西区、马桥巷	15	10	10	10	10		15	25	20	25	20	12	14	12	12	12
	133	南联远洋新干线	45				20		20	110	90	100	80					
	134	旭源怡景轩花园	12	10			15		10	70	60	70	60					

（续表）

街道行政区域	路段号	指导租金 区域位置 \ 用途	住宅				办公		商业						厂房			仓库
			带电梯	不带电梯	平房	别墅	高层	多层	高层			多层		简易	一楼	二楼以上	简易	
									一楼	二楼以上		一楼	二楼以上					
坪地街道行政区域	1	龙岗大道周边（坪地、中心、坪东社区等路段）	15	15	10		25		25	100	50	100	30	25	12	10	8	10
	2	坪地中心地段和圩镇范围（益民街、地新街、新兴街、顺景街、文明路、岳湖街、湖田路等）	15	15	10		20		15	50	30	50	20	25	12	10	9	10
	3	一级市政道路(兴华路、教育中路、同心路、教育北路、白石塘街、金城路、振兴路、顺风路、同富路、富坪路、祝博巷、人民路、西湖塘街、中心路、埔仔路、坪梓路、丰茂街、新联路、友谊路、坪西路、顺景路、长美岭路、吉祥一路、福华路、屯富路、翠丽路、罗屋街、富临路、永鸿路、鹤鸣西路和部分龙岗大道路段等及周边住宅小区)	15	12	10	20	20		20	35	20	35	20	25	11	10	8	8
	4	二级市政道路(发展路、教育南路、泰和路、富心路、宝勤路、寿利路、黄竹路、建设路、民福路、四方埔路、兴埔路、牛眠岭路、吉祥二路、六联路、鹤鸣东路、老香街、新香街、联盛路等及周边住宅小区)	15	10	10		15		15	20	20	20	20	20	10	10	8	8
	5	高桥品牌工业区（横坪路、坪桥路、龙腾路、丁山河路、沿河路、富高路、工业路等）	15	10	10		12		12	25	20	25	20	20	20	15		12
	6	其他工业区周边		8	7		10		12	20	15	20	15	15	12	10	8	8
	7	社区、自然村等周边区域	8	6	6		10		7	20	15	20	15	15	10	8	8	8
	8	其他区域		5	5		8		5	10	10	10	10	6	10	8	6	6

（续表）

街道行政区域	路段号	指导租金 用途 / 区域位置	住宅				办公		商业						厂房			仓库
									高层			多层						
			带电梯	不带电梯	平房	别墅	高层	多层	一楼	二楼以上		一楼	二楼以上	简易	一楼	二楼以上	简易	
平湖街道行政区域	1	新村一、二、三区、松园、虎岭 、罗山、建筑公司、横头山、犁头寮、井头岭、科园路、塘口大街、平龙西路、洋坑路、惠华西路、杉坑路、山厦村、大围村、楼下村、小塘口村、大井路、南油花园、内环路、香山路、井和路、山厦路		6	5				8			10	8	10	10	8	6	7
	2	白银路、塘滩路、大园路、二区、一区、顶头布路、横东岭路、沿河北路、新朗仔、高坳路、麻布路、远丰路、皋平路、良白路、泥九坑路、布新路、大山路、莲塘路、红花园、井头村、井头村、新西路、新荔一路	10	7	6	6	8		8	10	8	10	9	9	10	8	7	7
	3	丹农路(海吉星)、东泰路										150	150					13
	4	工业大道、岐龙一巷、育才一路、嘉城路、同富路、辅岐路、岐岭一、二村、岐岭新村、岐康路、岐新一路、岐康一巷、凤岐路、岐横路、岐岭市场、阳光路、新生路、邝屋路、朝阳路		6	6		10		8	10	9	10	9	9	9	8	7	9
	5	新桥一、二、三路、辅城坳二区、平龙西路、新桥新村、永沛厂对面、新村、立新街、岭南路、新源巷、岭北一、二巷、嘉湖路、塘龙路、长龙东、西路、坳背路		6	6				7			9	8	8	7	8	6	6
	6	力元路；创力路、新厦大道	10	7	7				8			10	8	8	9	8	7	8
	7	平龙东路 25-239 号、平龙东路 239 号—平龙东路五联路上（郭先焕院）、东都雅苑	10	7	7		10		10			20	11	12	9	8	7	8

（续表）

街道行政区域	路段号	区域位置 \ 指导租金 \ 用途	住宅				办公		商业					厂房			仓库
			带电梯	不带电梯	平房	别墅	高层	多层	高层		多层		简易	一楼	二楼以上	简易	
									一楼	二楼以上	一楼	二楼以上					
	8	力新一、二、三、四巷；力元吓二、三区、惠华花园；168花园、吉平一、二、巷、民盛路；民盛一、二、三、巷；力元吓一区；力东路、草坪路；草埔一、二、三、四、五巷；草坪一、二路；华昌路；力元一巷、凤凰大道；景泰一巷、二巷、永华街、爱建路、华昌路2-32号		7	7				7		10	8	8	8	8	7	8
	9	平安大道313号(茗萃园)	12								12						
	10	新木门口旁、物业新村门口、榄树下工业区、三八八工业区、物业新村（单间、木板间、车房）、丹平路、白天鹅路、市场、大皇公平房、良白路(万佳分厂一倍光工业区)、爱良路、横岭新村、白天鹅路、兴良路、老村楼(平、瓦房)、大松园（新、老村）		6	5				8	10　8	10	8	8	7	6	6	7
	11	市场、园岭北路、东深公路95-165号、凤凰工业园、凤门园工业区		8					10		12	10	9	10	8	7	6
	12	松园、松园围、东门路、春湖工业区、围岭卡口、水库周边、丹平路、明光路、东深公路、天鹅路、兴达路、高宝路、（坪龙、天鹅、信鹅、宝鹅）工业区、向阳路、新南大岭工业区、善德路、丹平公路、坪龙大街、（求水岭、世纪、倍光）工业区、长排路、伟光路、大竹园、向南路、长兴路、大岭、坪龙1、2路、104区		8	7				10		10	8	8	8	7	7	7
	13	守珍街（107-201、108-138号）		7					8		48	18		8	7		8

（续表）

街道行政区域	路段号	指导租金（区域位置 \ 用途）	住宅				办公		商业						厂房			仓库
									高层			多层						
			带电梯	不带电梯	平房	别墅	高层	多层	一楼	二楼以上		一楼	二楼以上	简易	一楼	二楼以上	简易	
	14	新风北街、荔园街1-92号、平荔东街、双拥街、守珍街（140-224、203-385、286-386号）	11	7					8			28	15		8	7		8
坂田街道行政区域	1	万科城、四季花城、万科第五园、天安云谷、和成世纪、佳兆业城市广场	48	42		60	50		48	130	50	80	40					
	2	阳光第五季、南坑星河银湖谷、十二橡树庄园、信義嘉御山、璞悦山	48	42		60	50		48	130	50	80	40					
	3	万科金色半山、上品雅园、中海月朗苑、中海日辉台、旭景佳园	45	40		50	48		45	100	45	65	35					
	4	台湾花园、金洲嘉丽园、富豪花园、星光之约、天景山庄、家和花园	38	33			45		40	55	30	48	30					
	5	骏和苑小区、泓瀚苑小区、中浩园东苑、雪象花园新村	24	19			28		25	55	30	48	30					
	6	五和大道中、五和大道南、坂雪岗大道、吉华路、布龙路	24	19			30		28	85	45	85	45	19	19	16	12	19
	7	上雪科技城、新天下工业区	24	19			30		28	80	45	80	45	20	20	17	13	20
	8	五和大道东、风门路、长发中路	23	18			30		28	80	40	80	40	19	19	16	12	19
	9	长发西路、冲之大道、马蹄山商业街、居里夫人大道、和磡村	24	19			30		28	80	40	80	40	19	19	16	13	19
	10	永香东路、永香西路、长坑区、长坑新村	23	19			30		28			65	35	19	19	16	13	19
	11	五和民营市场、大同市场、岗头市场、长发东路	23	19			30		28			65	35	20	20	17	14	20
	12	下围东、下围西、大同街、坂兴街、同兴街、新河街	23	19			30		28			60	30	19	19	16	13	19

（续表）

街道行政区域	路段号	指导租金 / 用途 / 区域位置	住宅				办公		商业					厂房			仓库
			带电梯	不带电梯	平房	别墅	高层	多层	高层一楼	高层二楼以上	多层一楼	多层二楼以上	简易	一楼	二楼以上	简易	
	13	吉祥花园 、马蹄山、南坑村、坂田村、禾坪岗	23	19			30		28		65	30	19	19	16	13	19
	14	坂田东村、坂田西村、长坑路东、长坑路西、里浦街	23	19			28		25		55	28	20	20	17	14	20
	15	旺塘小区、金竹小区、雅园路、五和六七区、黄金山	22	19			28		25		50	25	19	19	16	13	19
	16	岗头新围仔、荔园新村、中心围、风门坳	22	18			25		20		50	25	19	19	16	10	19
	17	上雪村、下雪村、象角塘、大光勘、禾塘光、坂田新围仔	22	18			25		20		45	20	19	19	16	12	19
	18	杨美村、河背村、大发埔东村、大发埔西村、雪岗南路	23	19			25		20		45	20	19	19	16	12	19
	19	里石排、扬美路、和西街、和东街、大发路、竹园街	21	18			25		20		45	20	19	19	16	10	19
	20	侨联东、侨联西、麒麟东、麒麟西、环城南路、中兴路	23	20			25		20		45	20	20	20	17	10	20
	21	泰山路、水斗坑东村、水斗坑西村、雪岗北路	19	17			25		20		45	20	19	19	16	10	19

表 8-18 光明新区 2016 年房屋租赁指导租金表

单位：元 / 月 • 平方米

街道行政区域	路段号	指导租金 / 用途 / 区域位置	住宅				办公		商业					厂房			仓库
									高层		多层						
			带电梯	不带电梯	平房	别墅	高层	多层	一楼	二楼以上	一楼	二楼以上	简易	一楼	二楼以上	简易	
公明街道	上村、下村社区、圩镇、马山头社区、根竹园社区、薯田埔社区、李松蓢社区、西田社区、合水口社区	建设西路南星大厦、明安街、公园路、合水口三和百货及附近	15	10	8	30	24	16	40	30	40	30	/	/	/	/	/
		综合市场及周边范围、雍景城、富豪花园（B 区）、康乐路、广雅花园	12	10	8	30	23	15	40	25	40	25	/	/	/	/	/
		红花路 25 小区、长春中路、公平街、迎宾街、迎春街、建设东路	12	10	8	28	23	15	35	25	35	25	/	/	/	/	/
		建设西路、合水口（福庄路）、薯田埔（福华路）	12	10	8	28	23	15	35	25	35	25	/	/	/	/	/
		宝安路、兴发路环发商业街、民生路、富豪花园其他区	10	10	8	28	16	13	35	25	35	25	/	/	/	/	/
		长春花园（住宅、外围商铺）、龙盘花园	10	10	8	28	16	13	35	22	35	22	/	/	/	/	/
		合水口（新村、福东路）、薯田埔（福华南一巷、福前路、福康路、西环路）	10	8	8	28	16	13	30	22	30	22	/	/	/	/	/
		松白公路、人民路、康乐路南四巷、南环路、西田（西田东路、新村、第三工业区）、合水口（马田北路、上屯、下屯、柏溪路）、圩镇工业区、上村（永康路）、马山头（永春街、富利路）、石观工业园、松柏工业园	10	8	7	28	14	11	30	20	30	20	15	10	10	10	10

（续表）

街道行政区域	路段号	指导租金 用途 / 区域位置	住宅				办公		商业					厂房			仓库
			带电梯	不带电梯	平房	别墅	高层	多层	高层 一楼	高层 二楼以上	多层 一楼	多层 二楼以上	简易	一楼	二楼以上	简易	
		马山头（振兴街、第二工业区）、红花路居委会第二工业区、根竹园（三角塘、大江、大秀坑、横坑、东江仔工业区）、上村（上荦工业区、上荦第二、三工业区、五联队工业区、上南、下南、永南工业区）、民生路段厂房	10	8	7	28	14	11	30	20	30	20	15	10	10	10	10
		薯田埔（福庄路、南环路、福华路、福南路、福康路）、马山头（马山头路、人民南路）、根竹园（马园路、南环路）、上村（长春北路）、下村社区、合水口（旧工业区、泥围工业区、上屯银郎工业区）、李松蓢东区	10	7	7	28	14	10	25	20	25	20	15	10	10	10	10
		上村（民生路、下荦路、下荦新村、莲塘工业城、第一、二、三工业区、元山工业区）、根竹园（马园路）、李松蓢（蓢新路、河堤路、炮台路、公园住宅、屋园路、金蓢路、城德轩科技园）、马山头工业区（第二工业区除外）、下村（下村路、力丰、第一、二、三、五、六工业区及商业楼、水贝路及下村路商业楼）、怡景工业区、建设西路南一巷、西田金三角、薯田埔（工业区、福庄花园、新兴路、市场商铺）	10	7	7	28	13	8	25	15	25	15	10	9	9	9	9

（续表）

街道行政区域	路段号	指导租金 用途 / 区域位置	住宅				办公		商业					厂房			仓库
									高层		多层						
			带电梯	不带电梯	平房	别墅	高层	多层	一楼	二楼以上	一楼	二楼以上	简易	一楼	二楼以上	简易	
		共和街、解放街、长春花园（内部商铺）、元山路、上村（下辇旧村、永北新村）	8	7	7	28	13	8	20	10	20	10	10	9	9	9	9
		上村（下南路、永南路）、西田（工业区及工业区内商住楼、西田东路商住楼、西田旧村）、马山头（长乐街）、李松蓢（工业区、新村、西区、围后住宅区）	8	7	7	28	13	8	20	10	20	10	10	9	9	9	9
		上村（永北旧村、上南旧村）、各社区其他地段	7	7	7	28	13	10	20	10	20	10	10	9	9	9	9
	楼村社区	南边坑新村、绘猫路、新村、公常路、楼新一路	12	9	8	/	/	16	/	/	23	16	18	13	11	13	11
		第一工业区（明卓科技工业园、浩轩工业园，陈文礼工业园、滨海明珠工业园、狮山工业园）、鲤鱼河工业园	12	9	8	/	/	16	/	/	20	15	16	12	10	12	12
		第二工业区（耙塘、同富裕、晨光工业园）、凤新路	12	9	8	/	/	14	/	/	16	13	14	9	8	10	8
		旧村南片、第一工业区（一、二、三、四、五、六路、木墩路、工业路）	12	9	7	/	/	8	/	/	14	10	12	10	9	10	8
		楼村社区其他地段	9	7	7	/	/	7	/	/	10	7	10	10	8	10	8

（续表）

街道行政区域	路段号	指导租金 用途 / 区域位置	住宅				办公		商业					厂房			仓库
			带电梯	不带电梯	平房	别墅	高层	多层	高层 一楼	高层 二楼以上	多层 一楼	多层 二楼以上	简易	一楼	二楼以上	简易	
	田寮社区、玉律社区、长圳社区、红星社区、甲子塘社区	田寮社区（商业街、各工业区厂房）	8	6	6	25	15	15	25	20	25	15	15	10	9	10	9
		田寮社区（第五工业区商铺）、长圳社区（第三工业区厂房）	8	6	6	25	15	15	25	20	25	15	15	10	8	10	9
		田寮社区（市场街、环田路、第三、七工业区商铺）、长圳社区（长圳大道）	8	6	6	25	15	15	25	20	25	15	15	10	8	10	8
		田寮社区（警民路、田盛路、田湾路、文明路、长塘路、田明街、田寮大道、第一工业区商铺、塘口工业区商铺）、长圳社区（长新街、长华街、长圳路、沙头巷、长兴科技工业园）、甲子塘社区（新村）	8	6	6	25	15	15	25	20	25	15	15	10	8	10	8
		玉律社区（玉泉东路、玉律大道、大洋路、玉星路、羊栏山工业区、其他各区住宅）	8	6	6	25	15	15	25	20	25	15	15	10	8	9	8
		玉律社区（综合市场、第二、五、六工业区商铺、第六工业区厂房）、长圳社区（旧街、长升路、第四工业区）、红星社区（红日路、玉星路）	8	6	6	25	15	15	25	15	25	15	15	10	8	9	8
		田寮社区（田亭路、松柏路段）、甲子塘社区（旧村、甲子塘路、大园街、第一、二工业区厂房）、玉律社区（玉泉西路、三区）	8	6	6	25	15	15	25	15	25	15	15	10	8	9	8

（续表）

街道行政区域	路段号	指导租金 / 区域位置 \ 用途	住宅				办公		商业					厂房			仓库
									高层		多层						
			带电梯	不带电梯	平房	别墅	高层	多层	一楼	二楼以上	一楼	二楼以上	简易	一楼	二楼以上	简易	
		玉律社区（第四工业区）、长圳社区（长富路、沙头巷工业区）、红星社区（星湖路、红星路、星工一、二路、第一工业区）	8	6	6	25	15	15	25	15	25	15	15	10	8	9	8
		各社区其他地段	8	6	6	25	12	12	20	10	20	10	10	10	8	8	8
	将石社区、东坑社区、塘尾社区、塘家社区	将石社区（明景园、新围商业街）	9	8	6	25	18	15	20	16	22	14	14	11	8	10	8
		将石社区（沙河、新围、水墩街、南庄旧村、新村、南庄中心街、华发商业街、将围旧村将石路、将家路）、东坑社区（鹏凌路、鹏飞路、东升路、长丰工业园）、塘尾社区（面前岭一排、村前路）	9	7	6	25	16	15	18	15	18	14	14	12	8	10	8
		塘尾社区（第一、二、三工业区、兴华、莲塘、宝塘工业区、银海、华一工业园）、塘家社区（汇业科技园）	8	8	6	25	14	12	16	15	17	16	14	10	8	10	8
		将石社区（大围、塘下围、将围、上石家、下石家、南环工业区、公明医院旁）、东坑社区（东隆路、东发路、东旭路）、塘尾社区（新村）	9	8	6	25	15	12	16	12	16	12	14	10	8	10	8
		将石社区（塘下围东周路）、东坑社区（雅明街、宝亿街）、塘尾社区（面前岭二至五排、高墩、沙田坑、塘前路、宝塘工业区）、石围（油麻岗、坪岗工业区、水库路）	9	8	6	25	15	13	15	14	16	12	14	10	8	10	6

（续表）

街道行政区域	路段号	区域位置 \ 指导租金 \ 用途	住宅				办公		商业					厂房			仓库
			带电梯	不带电梯	平房	别墅	高层	多层	高层 一楼	高层 二楼以上	多层 一楼	多层 二楼以上	简易	一楼	二楼以上	简易	
		塘家大道	8	6	6	25	15	12	15	12	16	10	10	10	8	10	6
		将石社区（第一工业区、同富工业区）、塘家社区（新村、旧村、张屋）、将围（第一、二工业区）	9	5	6	25	15	12	15	10	15	8	8	10	8	10	6
		东坑社区（东茂路）、塘家社区（观光路）、将石社区（综合市场）、各社区其他地段	8	6	6	25	12	12	15	8	15	8	8	10	8	10	6
光明街道	一类	新市场、汇食街、高正豪景、新农贸商场、市场大街	/	11	7	/	/	20	/	/	35	30	15	15	10	9	8
	二类	光明大街、中心区（东区、西区、北区）、碧眼（包括碧眼新村）、白琥坜、竹园、糖厂、科技楼、清怡、荔园、柑山、美景、新围、笔架山、侨新花园、滨河苑、旧市场、圳美同富裕工业园、怡景、富安花园	/	9	6	/	/	18	/	/	30	25	15	13	9	8	8
	三类	西区、圳美、白花、恒泰裕工业园及周围、红坳村、碧眼旧村	/	8	5	/	/	13	/	/	28	18	13	10	8	8	8
	四类	黄泥坑、石介头、羌下、新坡头、茶林、凤凰、圳美牛场宿舍、迳口村、木墩新村、木墩旧村、北岗村、红湖村、畔湖村、新坡头牛场宿舍、羌下大松园住宅区、猪婆山住宅区	/	8	5	/	/	13	/	/	20	15	12	9	8	8	7
	其他		/	6	5	/	/	10	/	/	15	12	10	8	7	7	7

表 8-19 坪山新区 2016 年房屋租赁指导租金表

单位：元 / 月 • 平方米

街道行政区域	路段号	指导租金 / 用途 / 区域位置	住宅				办公		商业					厂房			仓库
									高层		多层						
			带电梯	不带电梯	平房	别墅	高层	多层	一楼	二楼以上	一楼	二楼以上	简易	一楼	二楼以上	简易	
坪山街道	1	东纵路		9	8	15	15	15	22	15	20	15	15	9	8	6	8
	2	江岭街、江岭东路、竹园、远香、长守、三河、石灰陂、江边、江岭工业园、赤坳工业区、三河、长守工业区、坪环路、马峦路、德昌东街、金峰街、大万路、同富路、黄沙坑、牛角龙、大万村、老围、曾屋、禾学、禾场头、中兴、三洋湖路、新生路、龙背路、三洋湖工业区		9	8	15	15	15	15	10	15	10	10	9	8	6	8
	3	东胜街、深汕路		15	10			20			50	20		9	8	7	7
	4	为民街		10	5			30			45	20	10	9	8	5	6
	5	十字街、彩虹路、景新街、新兰街、新丽路、立新东路、人民街、振兴街、中兴东西区、团结路、立北、马东、马西、瑞丽巷、学湖浪、文化街		10	8			20			30	15	10	8	8	6	7
	6	立新西路、东纵路		9	5			25			50	15	10	8	7	6	8
	7	东门大街、中兴路、和平路		10	8			20			50	20	10	9	8	8	10
	8	建设路		15	8			80			100	50	35	9	8	8	20
	9	泰富中心广场(内铺)						60			80	45	30				20
	10	泰富中心广场(外铺)						65			100	70					20
	11	泰富华庭	30	10				30			65	60	30				20

（续表）

街道行政区域	路段号	指导租金 / 用途 / 区域位置	住宅				办公		商业					厂房			仓库
			带电梯	不带电梯	平房	别墅	高层	多层	高层		多层		简易	一楼	二楼以上	简易	
									一楼	二楼以上	一楼	二楼以上					
	12	金田路		10			11		10			10		7		6	
	13	坪葵路		10			11		10			9		8		6	
	14	福民路		10			12		15			10		7		7	
	15	横塘路		10			9		10			8		7		6	
	16	石井小区		10			9		10			7					
	17	石井工业区		7			8		15			10		8		7	
	18	荔景南路		10			11		12			10		8		7	
	19	金田路		10			11		11			8		7		6	
	20	老围小区		10			10		10			7		7		6	
	21	新曲村		9			9		10			6		7		6	
	22	创景南路		10			11		10			8		7		6	
	23	马安岭路		10			10		10			8		7		7	
	24	金田路		9			9		8			7		7		6	
	25	同富裕工业区		10			10		8			7		7		6	
	26	对面喊小区		8			7		7			6		7		6	
	27	新村路（沙坣段）、坪葵路、沙新路、民强路、沙坣路、新屋村路（沙坣段）、同富裕路工业区、龙新路		10				15	12			10		8	8	6	7

（续表）

街道行政区域	路段号	指导租金 用途 / 区域位置	住宅				办公		商业					厂房			仓库
			带电梯	不带电梯	平房	别墅	高层	多层	高层 一楼	高层 二楼以上	多层 一楼	多层 二楼以上	简易	一楼	二楼以上	简易	
	28	东纵路（沙坣段）、同富裕路（沙坣段）、金龟金地路、坪葵路（沙坣段）		9				15	12			10		8	8	6	7
	29	上南路、下南路、宏昌路、南巷、恩达街		10					30								
	30	上南布		10					30	16							
	31	同富路厂房												9	8		9
	32	西坑工业区												6	6		6
	33	罗丰路(罗庚丘)、上坝村、老围		10					25								
	34	三栋路、黄泥元片区、河唇片区		10					15								
	35	金竹路、新开村		10					20								
	36	茜坑村		10					22								
	37	沙梨元片区		10					18								
	38	自然村厂房												9	8		8
	39	石湖村		10					20								
	40	燕子岭生活区，启兴生活区		14				20			25	20					
	41	瑞本宝 、华瀚、兆曜、金荔等金牛西路片区		15			22	20			23			14	12		14
	42	广东深圳出口加工区(兰竹东路以南)						22						15	13		15

（续表）

街道行政区域	路段号	指导租金 / 用途 / 区域位置	住宅				办公		商业					厂房			仓库
			带电梯	不带电梯	平房	别墅	高层	多层	高层		多层		简易	一楼	二楼以上	简易	
									一楼	二楼以上	一楼	二楼以上					
	43	福兴达、德菲、松泽、多彩等大工业区东片区		14				20			20			14	12		14
	44	金牛商业大厦、盈富家园、豪方菁园			20	16			30	30	30	27	30	27			
	45	金碧路（六联段）、向阳路、宝珠路、浪尾路、横岭塘路、阳光路		10				10	20	10				9	8	5	7
	46	爱民路、华美街、澳运街、澳昌路、丰田路、安德路		10				10	15	8				9	8	6	6
	47	振业路、建业路、东成路		10				10	15	10				9	8	5	6
	48	深汕路（六联段）、东纵路（六联段）、金山路、宝山第三工业区厂房、军田工业区		15				15	30	10				9	8	5	6
	49	东方威尼斯花园	25					20	40	30							
	50	深业东城上邸	30					25	50	35							
	51	东晟时代花园	30					30	80	50							
	52	国泰路、民安路、向荣街、迎春路		20				20	70	25				10	9	8	10
	53	万科花园、嘉宏湾花园	25						60								
	54	金碧路、石夹路、超群路、东亚路、汤坑路	12	10	8		10	10	12.5	10	12.5	10		10	10	6	7
	55	振碧路、永丰路、永丰巷、秀明北路（第一工业区）		10	8		10	10	22	11	22	10		10	10	6	7
	56	锦华路、碧岭一路、碧峰一、二巷、田村路、秀明南路		10	8		12	12	25	15	25	15		8	7	6	7
	57	新榕路、三和街		10	8		10	10	15	10	13	10		8	7	6	7

（续表）

街道行政区域	路段号	指导租金 用途 / 区域位置	住宅				办公		商业					厂房			仓库
									高层		多层						
			带电梯	不带电梯	平房	别墅	高层	多层	一楼	二楼以上	一楼	二楼以上	简易	一楼	二楼以上	简易	
	58	沙坑路、沙坑二路、沙陂路	12	10	8		10	10	12	10	12	10		8	7	6	7
	59	乾远路、坑边路、坑边一至五巷		10	8		11	10	12	10	12	10		8	8	6	7
	60	新沙路、新沙一至五巷、新沙工业区		10	8		12	10	12	10	12	10		12	12	11	7
	61	同裕路（汤坑新村、汤亭花园）	11	10	6		12	10	10	10	10			10	8	7	6
	62	同富路（第一工业区）		10	6		10	10	13		14			10	8	7	6
	63	同富西路	10	8	7		10	10	12	10	10			10	8	6	6
	64	金碧路		8			11	10	12		20			12	9	8	8
	65	汤坑路		10	6		15	10	15	10	15			8	7	6	6
	66	汤坑二路（第二工业区）		10	6		15	15	18	15	18			10	7	7	6
	67	汤坑三路（第二工业区）		12			15	15	18		18			10	8	7	6
	68	步行街		10			10	10	12		18			10	7	7	6
	69	同富路（上榨新村、吓榨新村、文新村、复兴新村）	13	8	6		10	10	12		15			8	7	6	6
	70	沙湖路（沙湖新村、谢屋村、卢屋新村）		8			10	10	10		12			8	7	6	6
	71	新屋路（新屋村、龙湖工业区）	10	8	6		10	10	12		12			8	8	6	6
	72	金碧路（松岭工业区、家乐工业园）		9			12	12	12		15			12	9	8	8
	73	龙勤路		8			10	10	12		12			9	8	6	6
	74	东深路		8			10	10	10		10			8	7	6	6
	75	锦龙西路		8			20	20	10		10			12	11		7
	76	吓陂路		8	6		10	10	10		10			8	8	6	6
	77	新龙路（新龙工业区、卢屋工业区）		8			10	10	10		12			8	7	6	6
	78	黄竹坑路（南湖工业区）		8	6		10	10	15		15			8	7	6	6

（续表）

街道行政区域	路段号	指导租金 区域位置 \ 用途	住宅				办公		商业					厂房			仓库
			带电梯	不带电梯	平房	别墅	高层	多层	高层 一楼	高层 二楼以上	多层 一楼	多层 二楼以上	简易	一楼	二楼以上	简易	
坑梓街道	1	田脚一区、东巷、西巷、立新路、沙田南路、丹梓大道(沙田段)、深汕路(沙田段)、李中一路、廖和路、李中二路、彩田路、田脚二区、梓田一路、二路、联兴路、昂俄路、东坑、西坑、井水龙、三角楼、水库路、协成路、龙腾路		12	10			15			15	10	10	10	10	7	8
	2	沙田北路、秀沙路、丹梓大道、狮岭路(金沙辖区)、工业区(老坑)、深汕路(老坑段)、松子坑、新乔围住宅区		12	10			15			17	10	10	10	10	7	8
	3	丹梓大道(金沙段)、深汕路(金沙段)、金沙路		12	10			15			17	11	10	10	10	7	8
	4	人民东路(金沙段)、长隆一、二、三区、东联路、金康路、荣田新村、薛屋新村、青排新村、龙山住宅区、五岭东、西区、石田路		12	10			15			17	10	10	10	10	7	8
	5	人民西路 91 号-137 号、文化新村、三角屋、湖心村、利民新村、裕民村、深汕路(居委段)、梓荣路、宝梓路、育新街、禾场吓住宅区		12	10			15			25	15	20	10	10	7	8
	6	人民西路 139 号以上、人民中路、深汕路(宝梓段)、宜卓路、明冠路、梓明路、双秀巷、梓横西路、龙窝路、龙田同富裕小区、龙兴北路、新屋下陂路、龙兴南路、龙湾市场周边、综合大楼、盘龙路段、秀岭路		12	10			15			20	13	15	10	10	7	8
	7	红岭路、梓横西路、宝红路、狮岭路、红岭小区		12	10			15			15	12	10	10	10	7.5	8

（续表）

街道行政区域	路段号	区域位置 \ 指导租金 \ 用途	住宅				办公		商业					厂房			仓库
			带电梯	不带电梯	平房	别墅	高层	多层	高层		多层		简易	一楼	二楼以上	简易	
									一楼	二楼以上	一楼	二楼以上					
	8	人民西路32号-68号、深汕路445号-725号、人民西路(居委段)、梓兴路、吉祥路、光祖北路		12	10			15			50	15	20	10	10	7.5	8
	9	光祖北路、宝梓路、秀新路、新发街、深汕路403号-443号		12	10			15			30	15	15	10	10	7.5	8
	10	人民西路(金田风华苑)西区1、2号楼	25					30			120	35					
	11	人民西路(金田风华苑)西区3、4号楼、东区3、4号楼、光祖南路	25	15				30			45	35					
	12	各自然村厂房		10	8			10			11	9	7	10	10	8	8
	13	广东深圳出口加工区(锦绣西路、兰竹路、荔景北路、启四路、启八路)						30						20	15		15
	14	大工业区东片区(兰景路、锦绣西路、丹梓中路、宝梓南路、金辉路、翠景路、青松路)						30						20	15		15
	15	大工业区(含出口加工区)内单层钢架结构厂房												22			

表 8-20　龙华新区 2016 年房屋租赁指导租金表

单位：元 / 月・平方米

街道行政区域	路段号	区域位置 \ 指导租金 \ 用途	住宅				办公		商业					厂房			仓库
			带电梯	不带电梯	平房	别墅	高层	多层	高层 一楼	高层 二楼以上	多层 一楼	多层 二楼以上	简易	一楼	二楼以上	简易	
观湖办事处	大航社区	中航格兰郡商业街 B501-B615 号、1001-1045 号							65	40	65	40					
观湖办事处	大航社区	中航格兰郡大和路 1601-1610A 号、1501-1518 号、1201-213A 号、1216-1233A 号段，大和路二期—广场段	20			55	25	20	50	30	60	30					
观湖办事处	大航社区	大和路商务大厦，人民路，大航中心花园，大航中心市场，锦鲤一村至二村大和路边第一排，荷叶榕市场第一排，招商澜园中间排	20	10			25	20	45	30	45	30		15	12	10	10
观湖办事处	大航社区	中航格澜郡商业街二楼，中航格澜郡商业街第二排至第四排，招商澜园，沿河路（广场至人民路段），大和路 197 号	20	10			25	20	35	20	35	25					
观湖办事处	大航社区	格澜云天大酒店	30	25			25	20	35	20	35	25					
观湖办事处	大航社区	荷叶榕市场第二排至第四排，锦鲤一村、锦鲤二村，大航五区新村，其他	20	10			25	20	25	20	25	20		15	12	10	10
观湖办事处	大和社区	第二中学至马坜新村路边第一排，环仔新村路边第一排，怡力科技园，进贤酒店，环观南路两侧，招商观园内第一排，人民路东段	15	10			25	20	40	25	40	25		15	12	10	10
观湖办事处	大和社区	招商观园一、二、三、四号路，田寮新村路边第一排及周边花园	20	10		55	25	20	35	20	35	20					
观湖办事处	大和社区	安佳工业园，马坜新村，大和综合楼，大和村村道两侧，大和工业区，田寮工业区，金雄达科技园，易事达宝益成科技园，锦鲤工业区，格澜路两侧，锦秀路两侧	15	10				20	25	20	25	20		15	12	10	10
观湖办事处	大和社区	大和村，田寮新村，田寮老村，环仔新村，大和一、二、三、四、五队，其他	12	10				15	20	15	20	15		15	12	10	10
观湖办事处	大和社区	天悦湾（金地）	42			75	42	42									
观湖办事处	大和社区	懿花园	36			63	36	36	92	83	92	83					

（续表）

街道行政区域	路段号	指导租金 / 区域位置 \ 用途	住宅				办公		商业					厂房			仓库
			带电梯	不带电梯	平房	别墅	高层	多层	高层		多层		简易	一楼	二楼以上	简易	
									一楼	二楼以上	一楼	二楼以上					
	岗头社区	观澜大道岗头陈屋围路边第一排至横坑路口	11	8				16	44	22	44	22		14	12	9	10
		东王围商业步行街，观澜电脑城，宝东路	11	8				16	33	17	33	17					
		第三工业区路边两侧，锦秀路，金茂路，金明路，观中街，盈丰路，同富裕路，陈屋围中间排两边，山寮住宅区路边第一排，山寮住宅区中间排两侧，福田新村中间排，东王围中间排	11	8				16	24	16	24	16		13	11	9	10
		东王围，福田新村，东王新村，陈屋围，山寮住宅区，第三工业区住宅区，第二工业区住宅区(全部在住宅区第二排以后)	10	8				13	16	11	16	11		13	11	8	9
	马坜社区	观澜大道宝荣商场至大和路口段第一排，马坜西区至观澜二中学校大和路段	11	8				17	44	25	44	25		13	11	9	10
		观城山庄，水晶山庄，环观中路两侧	10	8		27		17	33	22	32	22		13	11	9	10
		马坜东区中间排，马坜西区中间排，马坜西新区中间排，马坜老村中间排，新岭工业区路边第一排	9	7				15	20	10	20	10		12	10	8	9
		马坜社区马坜西区内，马坜西新区内，马坜老村内，马坜东区内，新岭工业区住宅内，老一、老二小区(全部在住宅区第二排以后)，其他	10	8				17	17	11	17	11		13	11	9	10
	横坑社区	河东村路边第一排，横坑路路边两侧，河东村商业街，环观中路河西至河东段，福田新村路边第一排	10	9				15	30	16	30	16		13	10		9
		河西市场路边两侧，宝志工业路住宅区，新岭工业园，金祥工业园，荣倡工业园，石角头工业区，唯斯特工业园	10	9				15	25	16	30	16		15	10		9
		河西新村，河东新村，豪亚小区，河西老围，河东老围，福田新村（全部住宅区第二排以后），其他	10	9				12	25	16	15	15		12	9		8

（续表）

街道行政区域	路段号	指导租金 区域位置 用途	住宅				办公		商业					厂房			仓库
			带电梯	不带电梯	平房	别墅	高层	多层	高层 一楼	高层 二楼以上	多层 一楼	多层 二楼以上	简易	一楼	二楼以上	简易	
	松元厦社区	观澜大道（松元段）富兴楼（大布新村 103 号）观澜汽车站，桂新路（松元段）观平路（373-433 号，284-340 号）	11	8	6		12	12	35	20	35	20		12	11	11	12
		高尔夫大道，园湖工业区，育才路，德胜路（振能小学至松元加油站）大布新村 1-14 号，上围新村 1-1 号，上围新村 45、46 号	10	8	6		12	12	33	18	33	18		12	11	11	12
		中心新村，旭玫新村，大布新村，向西新村，向西新围，鹅公碑，观光路，观景路	10	8	6		12	12	30	13	30	13		11	10	10	11
		向西老村，上围老村，其他	9	7	6		10	10	20	10	20	10		11	10	10	11
	福兴围社区	观平路（福兴围段）德胜路（观平路至松元工作站）上围新村 53 号、福楼 86、87、89、90、9-1 号，上围新村 57、59 号	11	8	6		12	12	35	18	35	18		12	11	11	12
		上围新村 53 号，太兴新村第一排，荔城工业区，上围新村第一排，福楼村 56 号	11	8	6		12	12	32	16	32	16		12	11	11	12
		太兴新村第二排起，上围新村第二排起，福楼村，太兴老村，福楼老村，其他	10	8	6		11	11	28	12	28	12		12	11	11	11
	南大富社区	松元市场、建材市场、新华大厦 1 区、河南新村 42 号、鑫辉百货（河南新村 252 号）、环观中路 4 号（新汉大厦）、172 号、206 号，大布头村 108-1 号、宝地利商场、松元商业街、观平路 243、299、323、301 号	11	8	6		12	12	35	20	35	20		12	11	11	12
		观平路（南大富路段）、环观中路、大布头路、河南新村 90 至 102、199 至 205、210 号，粮食工业园，新澜大厦，观平路 189 号	11	8	6		12	12	33	18	33	18		12	11	11	12
		河南新村 70、75、81、89、65、43、211 号	11	8	6		12	12	28	15	28	15		11	10	10	11
		大布头村、河南新村第二排起、虎地排，其他	11	8	6		11	11	20	10	20	10		11	10	10	11

（续表）

街道行政区域	路段号	区域位置（指导租金 / 用途）	住宅				办公		商业					厂房			仓库
			带电梯	不带电梯	平房	别墅	高层	多层	高层 一楼	高层 二楼以上	多层 一楼	多层 二楼以上	简易	一楼	二楼以上	简易	
	新田社区	商业步行街，新樟路 1 号-51 号(单号)，观平路 13 号-75 号(单号)，新安居花园段	11	8			11	10	28	18	28	18	16	11	10	10	9
	新田社区	新樟路 2 号-36 号(双号)，新樟路 70 号-108 号(双号)，君子嘉园，环观南路 67-79 号(单号)，景田路，团和路（双号），创新路，新樟路 53 号-101 号(单号)	11	7			11	10	25	16	25	16	13	11	10	10	9
	新田社区	君新工业区，新丰大道右边（双号），新樟路 103 号-111 号(单号)，新樟路 38 号-68 号(双号)，环观南路 81 号-85 号（单号），吉坑村，元岗村	10	7			10	9	16	11	16	11	11	11	9	9	9
	新田社区	元一村，元二村，元三村，元水老村等其他出租房屋	9	6			9	8	13	10	13	10	10	10	9	8	8
	老村社区	观平路 119 号-159 号(单号)，第二市场，腾龙工业区前段，观平路 161 号-177 号（单号）	11	7			10	9	28	18	28	18	15	11	10	9	9
	老村社区	创新路，景田路，团和路（单号），创新工业园，沙博小区前段，腾龙工业区中段，麒麟工业区	10	7			9	9	23	15	23	15	12	11	10	9	9
	老村社区	景田小区，老三村前三排，田心村，沙博小区中段	9	7			9	8	16	11	16	11	10	10	9	9	8
	老村社区	老一村，老二村，老三村第四排后，腾龙工业区后段，沙博小区后段，老村等其他出租房屋	8	6			8	8	13	10	13	10	9	10	9	8	8

（续表）

街道行政区域	路段号	区域位置 \ 指导租金 \ 用途	住宅				办公		商业					厂房			仓库
			带电梯	不带电梯	平房	别墅	高层	多层	高层 一楼	高层 二楼以上	多层 一楼	多层 二楼以上	简易	一楼	二楼以上	简易	
	金龙湖社区	新田市场（即新丰大道1号），观平路38号	11	8			12	11	38	23	38	23	20				
	金龙湖社区	观平路44号-110号(双号)，新丰大道前段左边（单号），观平路牛轭岭段，牛轭岭A区	11	7			11	10	25	13	25	13	11	11	10	9	9
	金龙湖社区	公坑廊工业区前段，新丰工业区，新丰新村1号-7号，新湖路，新丰大道后段左边（单号），牛轭岭B区，新湖北街	10	7			10	9	20	11	20	11	10	10	9	8	8
	金龙湖社区	新丰新村，谷湖龙新村，谷湖龙二村，中瑞工业园，公坑廊工业区后段，牛轭岭村（小区）等其他出租房屋	9	6			9	8	16	10	16	10	10	9	8	8	8
	下湖社区	樟坑径市场安澜大220-238号(双号)，五和大道333号1-13，下围工业区一路2、3、4、6号，安澜大道227-247号(单号)	10	7				9	25	15	25	15	13	11	9	8	8
	下湖社区	五和大道323号、329号、327号，安澜大道218号、安澜大道240-256号(双号)，下围工业区一路1号	10	7				8	23	13	23	13	10	11	9	8	8
	下湖社区	下围工业区一路7、8、9、11、12号，安澜大道249号-299号(单号)，新樟路128号-136号，白鸽湖路，五和大道325号、331号，新樟路96号-127号，安澜大道274号-288号(双号)		7				7	20	10	20	10	10	10	9	8	8
	下湖社区	白龙头小区，白鸽湖老围，白鸽湖新村，下围村，景山花园新村，其他		7				7	15	10	15	10	10	9	8	8	7

（续表）

街道行政区域	路段号	指导租金 区域位置 \ 用途	住宅				办公		商业					厂房			仓库
			带电梯	不带电梯	平房	别墅	高层	多层	高层 一楼	高层 二楼以上	多层 一楼	多层 二楼以上	简易	一楼	二楼以上	简易	
	上坑社区	福海百货侧边，宝业路50号-88号(双号)、宝业路51号-65号(单号)，高新技术园区	10	7			12	9	25	15	23	15	13	12	10	10	9
	上坑社区	五和大道318号、322号、326号，牛角龙工业区商业步行街	10	7			9	8	23	15	23	15	12	10	9	8	8
	上坑社区	澜园路，富业路，侨安工业园，民爱科技园上围工业区，上围路81号-109号(单号)，宝业路5号-49号（单号）、宝业路18号-48号（双号），上围工业区	10	7			9	8	20	10	20	10	10	10	9	8	8
	上坑社区	上围路42号-70号(双号)、上围路59号-75号(单号)，长坑村长兴路，上围老围村，上围新村，长坑村等偏僻处	9	7			8	7	15	10	15	10	10	9	8		7
	（部分房屋由工业厂房、宿舍改变为商业用途的首次合同指导价为：每平方米15元计算，转租合同按市场指导价计算）																
民治办事处	一类	大虹商场 、深圳北站、1866花园、莱蒙水榭春天、绿景香颂、七里香榭、星河盛世、圣莫丽斯、九方、万科金域华府、金亨利、阳光新境、卓越皇后道、中央原著、书香门第、中航天逸、汇龙湾、上河坊、中航阳光新苑	35	30		30	60	60	150	80	150	80		25	21	18	18
民治办事处	一类	民治大道前段、幸福枫景、民治农贸市场、民旺路至沙吓村路段、世纪春城四期民安路段、东边老村民治大道边、人民南路、民治大道办公楼、民康路办公楼、梅龙路办公楼、人民北路前排、碧水龙庭1-2栋、鑫茂花园、锦绣江南（一期）、民宝路前段、民治大道鑫茂花园	33	27		30	55	55	100	65	100	65		25	21	18	18

（续表）

街道行政区域	路段号	指导租金 / 用途 / 区域位置	住宅				办公		商业					厂房			仓库
									高层		多层						
			带电梯	不带电梯	平房	别墅	高层	多层	一楼	二楼以上	一楼	二楼以上	简易	一楼	二楼以上	简易	
	二类	万众城步行街和商业街、牛栏前市场、万众城建材广场、潜龙花园、春华四季园、东二办公楼、鑫茂公寓、世纪春城民兴路段8号地块、水尾新村一区民治大道边、锦绣江南（三期）、民治商业广场、民乐华润万家、新华城美花园、梅陇镇、星河丹堤、翠岭华府、御龙华庭、上塘道、世纪春城、苹果园、水榭山、熙元山院、丰泽湖、中海锦城、星河传奇、卓能雅苑	32	25		30	50	50	85	50	85	45		25	21	18	18
	二类	惠鑫公寓、鑫海公寓、华星大厦、银泉花园、兴万和广场、梅龙路、世纪春城梅龙路边、东泉新村梅龙路边、南源新村梅龙路边、向南一区民宝路边、榕苑花园、潜龙苑、世纪春城民田路边6、7号地块、鑫茂花园A1栋-A2栋、民宝路后段、世纪春城（一期）7栋A座、民治第三工业商业街、万众家居广场（一、二、三期）、锦绣江南（二期、四期）、樟坑民康路边、梅林检查站、龙峰二路前段（东）、鑫茂花园C栋、民治大道万众城、民旺路、中梅路、民塘路（北）、玉龙华庭	30	24		30	50	45	80	45	80	40		25	21	18	18
	二类	东边市场、沿河南路商业街、民治大道后段、白石龙市场、民乐路、万家灯火、民乐翠园、东二市场、东一综合楼、东二综合楼、民田路、梅坂大道潜龙阁、滢水二区、溪山、龙岸花园、碧水龙庭3栋、民康路皓月花园、皇嘉梅陇公馆、春华四季园民康路段、樟坑工业区、民治第一工业区、简上路、梅陇镇I L M铺、丰润花园、梅龙阁、世纪春城（一期）7栋、世纪春城2栋、风和日丽、日出印象、长城里程、华侨新苑、华美丽苑、骏景华庭、馨园（一、二期）、梅花新园、皓月花园、丰泽湖山庄、潜龙阁、中航香水郡、阳光新苑、远景家园、上丰花园、玉华花园、嘉龙山庄、梅花山庄、汇龙苑	25	20		30	45	40	60	40	60	40		25	21	18	18

（续表）

街道行政区域	路段号	区域位置＼指导租金＼用途	住宅：带电梯	住宅：不带电梯	住宅：平房	住宅：别墅	办公：高层	办公：多层	商业：高层：一楼	商业：高层：二楼以上	商业：多层：一楼	商业：多层：二楼以上	商业：简易	厂房：一楼	厂房：二楼以上	厂房：简易	仓库
		龙胜东路、西头市场前排商铺、民福路、宝山工业区、澳门新村、鑫茂花园B栋129号铺141号铺、民乐工业园、沙元埔工业区、龙发路、创业花园主干道、碧水龙庭4-10栋、上芬小学路、东龙新村、龙峰二路后段、东龙新村、民兴路、塘水围一、二、三区、水尾一、二、三区、横岭一、二、三、四、五区、东边一、二、三区、南源新村、东泉新村、华景乐园、万众城住宅区、南景新村、华侨雅苑、布龙路华侨公寓、民乐一区、民乐新村、创业花园、白石龙一、二区、白石龙老村、万众生活村、民乐老村、龙塘村、潜龙景园、沙元埔、逸秀新村、龙源大厦、民乐一区、民乐新村、民乐花园、牛栏前新村、沙吓村、樟坑一、二、三区、滢水山庄、通博花园	17	15		30	33	33	50	40	50	40		25	21	18	18
	三类	申站路、工业西路、工业东路、布龙公路前排、上塘农贸市场、民兴路、白石龙一区、阳光新苑3栋、东一村、东二村、龙塘主干道、中华工业园、塘水围一、二、三区、东头村、隔圳新村、龙塘市场、松仔园、向南村、华侨新村、简上村、龙屋新村	17	15		30	33	33	40	30	40	30		25	20	18	18
		建设西路、宇丰城、西头新村、榕树苑、龙屋工业区、安宏基工业园、华通源物中心工业区、民治南路、瓜地新村、龙屋新村、坳头新村	16	14	14	30	33	33	40	30	40	30	25	20	18	18	18
	其他	其他范围	14	12	12		25	25	30	25	30	20	20	15	15	15	15

（续表）

街道行政区域	路段号	区域位置 ＼ 用途 指导租金	住宅				办公		商业					厂房			仓库
			带电梯	不带电梯	平房	别墅	高层	多层	高层		多层		简易	一楼	二楼以上	简易	
									一楼	二楼以上	一楼	二楼以上					
龙华办事处		美丽AAA、天虹商场、人民路(中段)	27	19	13	18	42	37	152	57	112	47	42	26	17	13	16
	一类	华富市场前排、金龙华广场、美丽365花园前排、花园大街(中行路段)、南方明珠商业城、金銮时代广场、江南华府、清湖万盛百货商业楼、大润发商场、集市街、粤商中心	24	19	12	18	42	32	77	37	67	32	32	26	16	13	16
	二类	龙观路两边、金碧世家、盛地龙泉、和平花园、美丽365花园、青年城邦、新城市花园、劲力明珠花园、大信花园、华富市场后排、龙鹏大楼、瓦窑排（商业）、东源阁、佳华商场、香缇雅苑、美丽家园、绿茵华庭、丹枫雅苑、南国丽园、东华明珠园、花半里、锦绣御园、荣昌街、升平街、幸福城、富通天骏	20	17	12	18	32	27	64	34	54	29	30	24	16	13	16
	三类	华园道、东环一路、东环二路、建设路、清泉路、龙华车站、宾馆花园、康华苑、潮回楼、华侨苑、百联公寓、泽华大厦、梅龙苑、龙泽榕园、民清路、皇嘉商业大厦、油松路两旁、旭日小区、盘陇新村、油松市场（商业）、清湖新村、福景花园、中环花园、金玲花园、景乐市场、伍屋村、瓦窑排（住宅）、东环花园、梅龙大道两旁、东和花园、清湖市场、水斗富豪新村、东埔龙、龙泉花园、乐景花园、嘉逸花园、金庸阁、盛世江南、桦润馨居、优品建筑、新华苑、弘城阁、赛龙豪轩、海荣豪苑、世纪华庭、华富市场（住宅）、油富商城、丰益路、天汇大厦、油松科技大厦、油松商务大厦、龙华公寓、聚龙华府、凤凌街、金苹果、城市阳光花园、聚豪国际、鸿宇大厦、尚美时代、荣群大厦、清湖科技园、广电集团、共和和丰大厦、宝能科技园、大唐时代大厦、国鸿工业区、卫东龙工业区、港之龙工业区、和平路两旁、良基商业大厦	12	11	10	16	30	24	54	24	40	24	27	21	16	13	12

（续表）

街道行政区域	路段号	指导租金 用途 / 区域位置	住宅				办公		商业					厂房			仓库
									高层		多层						
			带电梯	不带电梯	平房	别墅	高层	多层	一楼	二楼以上	一楼	二楼以上	简易	一楼	二楼以上	简易	
	四类	大浪南路(路两边)、建辉路、景乐新村、景华新村、景龙新村、水斗老围、玉翠新村、华松花园、集瑞、龙辉小区、港侨新村（云都别墅）、煜丰泽花园、富茂新村、宇峰苑、宝湖新村、华联大厦、文化街、第二住宅小区、腾龙花园、龙腾阁、共和新村、共和小区、共和花园、东升小区、油园新村、瑞丰小区、新阳丽舍、松和新村、骏龙新村、上油松、下油松、水斗新围、新弓村、弓村一区、二区、锦绣新村、山咀头、富联新村、富泉新村、新碑村、弓村、康乐花园、双桥花园、金侨花园、碧波花园、锦绣花园、梅苑新村（住宅）、东华苑、和鹏苑、翠湖名苑、清湖铭泉、清湖名苑、金湖雅苑、锦湖公寓、联富华庭、郭吓花园、华美苑、龙湖君荟、清湖湾、贤华名苑、汇食街、大唐时代公寓（住宅）、油松市场（住宅）、宏奕大厦、祥利工业区、和平工业区、硅谷动力工业园、清湖工业区、工业西路、工业东路、梦丽园工业园、圳宝工业园、彩煌工业园、胜立工业园、东吴工业区、华雅科技工业园、利金城科技工业园、华油工业区、油松第二工业区、中裕冠工业区、振华工业园	11	10	9	16	24	24	42	22	32	22	22	19	14	13	12
	其他	河背村、墩背市场、郭吓村、牛地埔村、姜头村、龙园新村、荔园新村、鲤鱼路、狮头岭、墩背、鲤鱼塘、龙马新村、玉石新村、高坳新村、河背工业区、老围工业区、郭吓工业区、三联工业区、墩背工业区、第十工业区、第六工业区、第三、四工业区、宝华工业区、联华工业区、共和工业区、伍屋村工业区、老围村、龙苑新村、龙翔花园、华侨新村、荔苑新村、花园新村 一、二、三、四类区域位置第二排（含第二排）以后的房屋，可下调一个类别计算	11	9	7	16	20	17	27	17	22	17	15	14	11	10	9

（续表）

街道行政区域	路段号	区域位置 \ 指导租金 \ 用途	住宅				办公		商业					厂房			仓库
									高层		多层						
			带电梯	不带电梯	平房	别墅	高层	多层	一楼	二楼以上	一楼	二楼以上	简易	一楼	二楼以上	简易	
大浪办事处	一类	龙观西路（鹊山段）、和平路(龙胜段）、建设西路(龙胜段）、工业西路(龙胜段）、华南批发市场、潜龙曼海宁花园、淘金地展滔商业广场、大浪商业中心、和平里花园	12	10	10	19	31	31	60	30	60	26		15	14	12	12
		龙胜大厦、凯豪大厦、龙胜商业大厦、义乌小商品批发城、港铁天颂、龙胜时代广场、嘉安达大厦	11	10	9	16	29	27	50	26	50	24		15	13	12	12
	二类	华旺路、华荣路、浪荣路、大浪南路（浪口段）、龙胜西路、龙胜市场、桂冠华庭、琼珠花园、石龙路、潭罗段综合办公楼、华悦路(金盈新村段)、布龙路、合盛国际汽车园、宝龙大厦、运华大厦、澳华商务大厦、鹏翔大厦、同富裕工业园、龙胜新村 1、2、3、4、5 区、赤岭头新一村小区、赤岭头一、二村	11	10	9	16	27	27	40	25	40	24		15	13	12	12
	三类	联润路、云峰路、早禾路、鹊山路、春华路、创艺路、高峰路、宝华路（龙胜段）、英泰路、华达路（快速路）、华悦（发）路、华昌路、华兴路、华盛路、华霆（丰）路、华繁路、浪口路、爱义路、华宁路、河坑口工业区、下横朗春长工业区、石观工业区、下横朗第二工业区、光浩工业区、康发科技园、大浪同富邨工业园、澳华工业园（澳华新村）、龙泉科技工业园、远业工业园、联恒商业城、龙华村市场后排、上横朗综合楼、潭罗市场、桃苑新村、龙军花园、中兴小区、海城大厦、荣泰大厦、佳利科技大厦、科泰大厦、钓鱼台工业区、明君商务中心、福龙大厦、新华荣市场、佳运大厦、可乐园花园、赢合工业园、龙峰三路、浪琴（静）路、祥昭（物流园）大厦、福龙家园、鸿盛御景、工业园路、龙城工业区、嘉安达工业园、联建工业园、凯豪达广场、时尚创意城	10	9	9	14	25	24	31	22	31	21		15	13	12	12

（续表）

街道行政区域	路段号	指导租金 区域位置 \ 用途	住宅				办公		商业					厂房			仓库
			带电梯	不带电梯	平房	别墅	高层	多层	高层 一楼	高层 二楼以上	多层 一楼	多层 二楼以上	简易	一楼	二楼以上	简易	
	四类	浪花路、浪奔路、石凹路、浪腾路、浪宁路、石龙仔路、大浪南路（新围段）、新岭路、下岭排路、永乐路、华联工业区 22-23 号（华联丰大厦）、公园路、石凹第二工业区、新围村、浪口一、二、三、八、九区、福轩新村、泥头咀村、水围村、新桥塘工业区一、二路、教育二路、潮回楼工业区、赖屋山新村东区、金盈新村、同胜住宅小区、潭罗 A、B、C 区、三合华侨新村、玉田新村、中保富裕新村、上横朗新村、白云山新村、金龙路、枭龙路、石场路、华辉路、上横朗富裕新村、鲤鱼路、天诚路、佳利工业区、元芬新村、羊龙新村、鹊山新一、二村、上早新村、下早新村、龙禾花园、陶吓新村、龙南路、龙胜工业区、龙胜老村、龙胜一队小区	10	9	8	13	23	21	23	18	22	17		15	13	12	12
	五类	沿河路、水泰路、上岭排工业区、上岭排村、下岭排村、石凹村、黄麻埔村、罗屋围村、大船坑路、玉壶新村、宝山新村、宝龙新村、凯滨新村、三合村、三合二新村、茶角坎新村、菠萝斜新村、石妹工业区、谭罗别墅区、羊台山新村、赖屋山新村、潭罗新村、元芬老村、下横朗新村、大航坑市场	9	8	7	12	21	16	18	13	17	13		14	12	11	11
福城办事处	丹湖社区	悦兴路、福民市场民		8	6		12	12	25	15	25	15	20	13	11	12	11
		泗黎路，金泽花园	13	8	6			12	22	15	20	15	15	14	11	12	11
		丹坑新村，丹坑西区，长湖头新村		8	6			12	18	10	18	10	15	14	11	11	11
		丹坑老村，长湖头老村，其他		7	6			10	12	10	15	10	13	12	9	9	9

（续表）

街道行政区域	路段号	区域位置 \ 指导租金 \ 用途	住宅				办公		商业					厂房			仓库
			带电梯	不带电梯	平房	别墅	高层	多层	高层 一楼	高层 二楼以上	多层 一楼	多层 二楼以上	简易	一楼	二楼以上	简易	
	悦兴围社区	福前路1-110号，豪亚花园，悦兴路1号-36号	11	7	6			13	25	12	23	12	15	15	11	9	9
		悦兴路37号-56号	9	7	6			11	18	10	17	10	10	14	10	10	9
		悦兴围一组，悦兴围二组，其他	9	6	6			10	16	12	15	10	10	13	9	10	9
	狮径社区	核电路，外经发工业区门口	10	7	6			13	21	16	22	15	13	13	10	11	11
		悦兴路(鸿发工业区段)，冼屋村工业一街、二街	9	7	6			12	17	12	16	12	12	13	9	10	10
		狮径一组，狮径二组，冼屋村，其他	9	6	5			12	15	12	15	11	13	12	9	9	8
	新城社区	沚峪澜湾花园	15	15			23	23	43	28	43	28					
		龙观大道11-96号，田背花园	15	8	6			12	30	15	30	15	13	12	9	9	9
		竹村市场，竹村相模厂路段，田背路，田茜路，竹园路	9	8	6			12	20	12	20	12	10	12	9	9	9
		田背一组，田背二组，竹村西区，竹村东区	9	8	6			12	15	10	15	10	12	12	9	9	9
		新城社区竹村老围，其他	9	6	5			10	12	10	12	10	10	10	8	8	8
	茜坑社区	福民路	10	10	5		13	12	27	15	25	15	17	12	9	9	9
		茜坑老围市场，伯公坳工业区	9	7	5			12	20	15	20	15	15	12	9	9	9
		茜坑新村，茜坑老村，老虎凹	9	7	5			11	18	10	15	10	11	12	9	9	9
		茜坑新村老围，其他	9	6	5			10	12	10	12	10	10	10	8	8	8

（续表）

街道行政区域	路段号	指导租金 区域位置 \ 用途	住宅				办公		商业					厂房			仓库
									高层		多层						
			带电梯	不带电梯	平房	别墅	高层	多层	一楼	二楼以上	一楼	二楼以上	简易	一楼	二楼以上	简易	
	四和社区	观澜大道 97-203 号，人民路体育中心段（1-36 号、79-123 号），南木豢别墅	15	8	6	20	15	13	30	20	30	20	20	11	8	8	8
	四和社区	迎侨花园，滨河花园，泰莱雅苑，人民路供电所段，公园路，银河新村，扶龙广场，富民大厦	15	13	6			13	20	15	20	15	10	11	8	8	8
	四和社区	江围村，松元围老村，武馆村南木豢，松元围新村，松元围路，松元围新村	10	8	6			12	15	10	15	10	10	11	8	8	8
	大兴社区	大一村 1 号-160 号，大一村丹乐小区 1 号-33 号	12	11			15		27	18	27	18		15	12	10	10
	大兴社区	大一村 180 号-185 号，大二村 138 号-175 号，大二村猪坑 227 号-258 号，大二村东升小区 211 号-226 号	12	11			16		28	18	27	19		15	14	11	11
	桔塘社区	荣富路 1 号-36 号(新塘村)，荣富路 37 号-63 号(桔岭新村)，新塘村居民小组 1 号-83 号，新塘村东区 1 号-11 号，新塘村下新塘 1 号-38 号，荣辉花园 22 号-33 号，桔岭老村 1 号-209 号，桔岭老村新居 1 号-84 号，观光路 1341 号-1398 号，桔岭新村 1 号-240 号(福前路)，新塘村福前路 241 号-244 号，桔岭新村 262 号-277 号，溢佳路 1 号-18 号，桔岭老村置业小区 1 号-38 号，桔岭老村兆利花园 219 号-230 号，桔岭新村百丽名苑	10	9	6		15	15	20	15	20	14	10	15	12	10	10
	桔塘社区	福安阁	10	9			15	15	20	15	20	14	10	15	12		

（续表）

街道行政区域	路段号	用途 / 指导租金 / 区域位置	住宅				办公		商业					厂房			仓库
			带电梯	不带电梯	平房	别墅	高层	多层	高层		多层		简易	一楼	二楼以上	简易	
									一楼	二楼以上	一楼	二楼以上					
	大三社区	大三村 1 栋-195 栋, 234-704 栋	11	10			16	16	26	17	26	17		14	12	9	9
	大三社区	大三村 196 栋-233 栋	9	8			13	13	24	16	24	16		14	12	9	9
	章阁社区	富士康北门隆添利广场，志扬广场，星河宿舍，桂月路 449 号-482 号，大富工业区，澳门工业区 1 栋-20 栋，中港星广场 A 栋-N 栋，塘前西区 1 号-16 号(英杰利公寓片区)	10	8			16	16	35	20	35	20		13	11	9	9
	章阁社区	塘前新村 1 号-127 号，章阁新村 1 号-168 号，章阁老村东区 1 号-150 号，西区 1 号-288 号，福前路 345 号-488 号，塘前老村 1 号-55 号	9	8			16	16	25	15	25	15		13	11	9	9
观澜办事处	桂花社区	桂新路 1-122 号，桂花路 53 号（国惠康商场）、桂花路 108 号（首信广场）	9	8			20	15	45	30	45	30					
观澜办事处	桂花社区	桂花路 106 号（农贸市场）、桂花路 107 号（美安厂店面）	9	7	6		18	15	32	23	32	23					
观澜办事处	桂花社区	惠民一路全段，桂花路 1-105 号、桂花路 109-171 号、观光路（污水处理厂对面），第六工业区，新石桥街		7	6		15	12	25	15	25	15		10	9	8	8
观澜办事处	桂花社区	桂花新村，惠民二路，其他		7	6		12	10	20	15	20	15		10	9	8	8
观澜办事处	桂花社区	贵湖塘住宅区，放马埔住宅区，新石桥老村南一巷、南二巷、南三巷，赤花岭新村住宅区		7	6		12	10	18	13	18	13		10	9	8	8
观澜办事处	桂花社区	新石桥住宅区，桂花新村(第二排起)，桂花桥公园住宅区（第二排起)，赤花岭住宅区，贵湖塘老村，放马埔老村，赤花岭老村，新石桥老村，其他		7	6		10	7	13	10	13	10		10	9	8	8

（续表）

街道行政区域	路段号	指导租金 区域位置 \ 用途	住宅				办公		商业					厂房			仓库
									高层		多层						
			带电梯	不带电梯	平房	别墅	高层	多层	一楼	二楼以上	一楼	二楼以上	简易	一楼	二楼以上	简易	
	星花社区	桂花路258-334号（庙二市场），观光路段，桂花路200-250号（庙一市场，桂花路庙一、庙二、蚌岭路段），桂圆路1-75号，品顺路11-103号		7	6		16	12	30	20	30	20		10	9	8	8
		庙溪工业区，启威厂对面住宅区，对松堂对面住宅区		6	5		15	10	22	12	22	12		9	9	8	8
		庙一住宅区，庙二住宅区，蚌岭住宅区，大湖住宅区		6	5		12	10	15	10	15	10		10	9	8	8
		蚌岭老村，大湖老村，庙溪新村(第二排起)，其他		6	5		10	8	12	9	12	9		10	9	8	8
	大坪社区	章企路1-114号，佳怡工业区		6	5		13	10	28	18	28	18		10	9	8	8
		大沙河住宅区，企坪村住宅区		6	5		12	9	16	12	16	12		10	9	8	8
		大沙河老村，企坪老村，桂月路，其他		6	5		10	7	15	10	15	10		10	9	8	8
	富坑社区	库坑市场、中心老村、同富裕工业区、泗黎路路口、广澜工业园、皇帝印工业区	10	7	6		15	10	25	15	25	15		10	9		10
		中心新村、新围新村	10	7	6		12	10	20	15	20	15		10	9		9
		新围村（老村）、围仔老村、围仔新村、水围村	10	7	6		15	10	25	15	25	15		10	9		9
		大富工业区	10	7	6		15	10	25	15	25	15		15	12		12
	陂头吓社区	陂新村路口对面店铺至捷坤工业园、章企路至陂新村路段、桂月路、丰盛工业城路段	10	7	6		15	10	25	15	25	15		10	9		9
		陂新村、诚光工业园、章企路至陂老村路段	10	7	6		12	10	20	15	20	15		10	9		9
		陂老老村、陂老新村	10	7	5		10	8	15	10	15	10		10	9		9

（续表）

街道行政区域	路段号	区域位置 \ 指导租金 \ 用途	住宅				办公		商业					厂房			仓库
			带电梯	不带电梯	平房	别墅	高层	多层	高层		多层		简易	一楼	二楼以上	简易	
									一楼	二楼以上	一楼	二楼以上					
	凹背社区	凹背村、库坑小学对面店铺	10	7	5		10	8	15	10	15	10		10	9		9
		亚嘉德美对面的凹背村	10	7	5		10	8	15	10	15	10		10	9		9
	黎光社区	黎光市场、黎光新工业区牌坊两侧、黎光新工业区区牌坊至高速桥段	10	7	6		15	15	25	15	25	20		12	10		12
		黎光新工业区社康站至公园段两侧第一排、高速桥至鸽场段、高尔夫路口至收费站段	10	7	6		12	12	15	10	15	12		10	8		10
		黎光新围第二排、老围	10	7	6		10	10	12	10	12	11		10	8		10
	石马径社区	牛湖综合市场，金石路1、10、19、28、37、43号	9	8	6		10	9	30	20	30	20	15	12	10	11	10
		君新路79、137号（石三工业区、鸿景鹏工业园、胜顺工业园），坳顶村2、3号	10	8	6		11	10	20	10	20	10	15	15	12	12	12
		新湖路9-86号，石一村22-27号（牛湖市场后），金石路2-9号、11-18号、20-27号、29-36号，石一旧屋村，石二村小区，石一新村1-47号，石一村1-21号，三村1-62号	9	8	6		9	9	18	11	16	11	10	12	10	10	9
		石一船岭1-182号，石二村1-185号，石三旧村1-133号		8	6		9	8	12	9	12	8	10				
	启明社区	裕昌路(1号-4号)，牛湖老村门口，永丰恒工业区，丰盛福百货商场，鑫辉百货，南岳工业园，高尔夫大道272、274、276号		8				9	25	15	25	15	20	12	9	10	10
		高尔夫大道1、3号（明澜公司工业园），高尔夫大道5、7、9、11号（老二新工业区），顺兴隆百货，裕昌路6号-32号（双号）、7号-19号（单号），老一村409号-440号	9	8				9	20	12	20	12	15	12	9	10	9
		牛湖老村裕昌路(29号-87号、44号-138号)，老二村1号-42号，启明街1号-488号，老一村1号-400号		7	5			8	15	10	15	10	12	10	9	9	8

（续表）

街道行政区域	路段号	用途 / 指导租金 / 区域位置	住宅				办公		商业					厂房			仓库
			带电梯	不带电梯	平房	别墅	高层	多层	高层		多层		简易	一楼	二楼以上	简易	
									一楼	二楼以上	一楼	二楼以上					
	广培社区	观澜湖高尔夫球会会所、住宅区、别墅区、练习场，高尔夫球会终合体	70	70		100	80	80	140	90	140	90					
	广培社区	高尔夫大道园湖工业区、牛湖居委统建楼（高尔夫大道 288 号）		8				9	30	15	30	15	25	12	10	9	9
	广培社区	南兴工业园，深德技校，宝湖工业区，裕新路 1-81 号(单号）、2 号-142 号（双号)		8				9	25	15	25	15	20	12	10	9	9
	广培社区	牛湖新村裕隆路(1 号-141 号、2 号-178 号)，坳顶村 1-14 号、40-67 号	10	7				9	15	10	15	10	10	11	9	9	9
	广培社区	木头湖村 1-126 号，坳顶村 15-39 号、68-180 号，方一村 1-34 号，方二村 40-59 号，俄地吓新村 1-62 号，吓围新村 1-42 号		6	6			9	12	8	11	8	9				
	大水田社区	大水田工业园 B 区第二排至第六排		8				9	25	15	25	15	20	12	10	10	10
	大水田社区	大水田工业区 B 区第一排(B101-112 号)、大水田工业区 A 区、大水田版画基地(裕新路 171 号-233 号、240 号-280 号)		7	6			9	20	15	20	15	15	12	10	10	10
	大水田社区	大水田新住宅区(裕昌路 266 号-272 号、127 号-151 号)、大水田 1-130 号		7				9	15	10	15	10	15	12	10	10	9
	大布巷社区	布新路 1 号-185 号、2 号-226 号，大坑龙一路，大坑龙工业区，泗黎路两边两侧	15	10			20	18	30	18	30	18		15	12		10
	大布巷社区	白门前三巷 1 号-13 号、四巷 1 号-6 号，银星工业园，鸿信工业园，松泰工业园，鸿联鹰工业园，阳光花园	15	10			20	18	28	18	28	18		15	12		10
	大布巷社区	白门前住宅区内，大布巷新围内，解腰区内，老围内，大坑龙工业区住宅区内，银星工业园住宅区内，鸿信工业园住宅区内(全部在住宅区第二排以后)，其他	15	10			18	15	18	12	18	12		15	12		10

（续表）

街道行政区域	路段号	指导租金 区域位置 \ 用途	住宅				办公		商业					厂房			仓库
									高层		多层						
			带电梯	不带电梯	平房	别墅	高层	多层	一楼	二楼以上	一楼	二楼以上	简易	一楼	二楼以上	简易	
	桂澜社区	汇食街1号-89号、2号-38号，兴万达广场一楼	15	10				30			65	40					10
	桂澜社区	升华二街1号-63号、2号-56号，华园巷内，升华一街2号-34号，观澜老市场、观澜大道421号-491号，商业步行街2号-182号	15	10				25	55	33	55	35		15	10		10
	桂澜社区	玫园新村，桂澜大道1号-51号、2号-44号，新安综合市场路边第一排，景平路1号-77号、2号-100号，沿河东路，沿河西路，兴万达广场负一楼、二楼	15	10				25	45	23	45	25		14	10		10
	桂澜社区	大东门街1号-43号、2号-50号，食品路2号-32号、1号-7号，桂花路2号-54号，桂澜中路路边两侧，聚和路2号-26号，兴万达广场三、四楼	15	10				20	35	23	35	23		14	10		10
	桂澜社区	桂澜新村，玫园新村，桂花路，赤花路两侧，新澜雅苑，福基花园，三栋屋，福苑花园，仲光村，教师村，蘑菇场(全部在住宅区第二排以后)，兴万达广场五至八楼	15	10				20	25	20	25	20		14	10		10
	翠澜社区	汇食街一期，民乐福	15	10				25	60	35	60	35					10
	翠澜社区	升华一街1号-33号，翠澜新村四巷2号-12号，翠澜新村五巷2号-18号，新澜大街1号-99号，众安街16号-75号，观澜大道259号-343号，345号-419号	15	10				20	55	30	55	30					10
	翠澜社区	翠澜新村，民乐福侧边	15	10				20	40	25	40	25					10
	翠澜社区	新东街1-66号，金霞街1号-33号，众安街2号-14号，桂花路两侧，桂花园中间排两侧，沿河路路边第一排	15	10				20	30	20	30	20		14	10		10
	翠澜社区	翠澜社区吓呃新村，吓呃围仔，万安堂村，马坜围仔，鲤鱼岭村，翠澜新村，桂花教师村，观澜老街(全部在住宅区第二排以后)	15	10				20	25	20	25	20		14	10		10

（续表）

街道行政区域	路段号	指导租金 用途 / 区域位置	住宅				办公		商业					厂房			仓库
									高层		多层						
			带电梯	不带电梯	平房	别墅	高层	多层	一楼	二楼以上	一楼	二楼以上	简易	一楼	二楼以上	简易	
	君龙社区	君龙社区德茂街 12-30 号		10	8			15	35	20	35	20	20			10	
		君龙社区德茂街 2-10 号、君新路 55 号-77 号、66-100 号、君新路 79-101 号、102-124 号、龙兴路 26-46 号、凌屋工业区、凌屋工业路		10	8			15	35	20	35	20				12	
		君龙社区凌屋小区第一排、龙兴小区第一排、君新路 1-53 号、紫金围第一排		10	8			15			30	18				12	
		君龙社区张一、张二住宅区、君龙社区凌屋小区二排至里面、龙兴小区二排至里面、龙兴路段		10	8			15	10	10	12	8		16	13	12	12
	君新社区	君新社区德茂街 25-37 号、君新社区铭可达物流中心		10	8			15	30	20	30	20	20	20	15	10	20
		君新社区德茂街 1-23 号		10	8			15	30	20	30	20					
		君新社区君新路 2-64 号、老围小区第一排、环观南路老围路段、老围工业区、田心工业区		10	8			15	20	15	20	15		15	12	11	10
		君新社区田心小区、君新社区老围小区二排至里面		10	8			15	12	10	12	8		15	12	11	10
	（部分房屋由工业厂房、宿舍改变为商业用途的首次合同指导价为：每平方米 15 元计算，转租合同按市场指导价计算）																

表 8-21 大鹏新区 2016 年房屋租赁指导租金表

单位：元 / 月 • 平方米

街道行政区域	路段号	指导租金 / 用途 / 区域位置	住宅				办公		商业					厂房			仓库
									高层		多层						
			带电梯	不带电梯	平房	别墅	高层	多层	一楼	二楼以上	一楼	二楼以上	简易	一楼	二楼以上	简易	
葵涌街道行政区域	1	石场村、丰树山东一村、丰树山村、松树村		7	5						14		5				
	2	双伍村、新岭村、横头新村、荔园路、屯围路、欧角巷、黄榄坑新村、屯围新村、东门西、德华花园		6	4						14		5				
	3	葵新北路(葵丰)		7	4			16			14		6	6.5	6.5		
	4	第三工业区		7	4			16			16		6	7.5	7.5		
	5	葵坪北路、葵坪北路(车站)		7				16			19		7				
	6	葵新南路		5				15			14		7				
	7	万兴中路、葵政西路	16	5	5			15	18		14		7				
	8	葵政东路		7	5			15			20	10	7				
	9	横头老村、屯围村		4	4								6				
	10	金葵小区、金葵二区		5	3						7		5				
	11	商业街		7							20						
	12	商南、商业街南路、商南东、商南东区、兴华路、金业路、海岸新城	10	6	4						8						
	13	澳头村、白石岗、虎地排村		5	3			7			7			7			
	14	新二路、东新路、新二西、新二东、东新南、东新东、欧屋、东门、张屋		4	4						7						
	15	知己工业园						7						9	7		7

（续表）

街道行政区域	路段号	指导租金 区域位置 ＼ 用途	住宅				办公		商业					厂房			仓库
									高层		多层						
			带电梯	不带电梯	平房	别墅	高层	多层	一楼	二楼以上	一楼	二楼以上	简易	一楼	二楼以上	简易	
	16	葵新南路、金葵路、金葵中路、东门新村、葵鹏路		5	3						7			6			
	17	葵新北路、坪葵路、葵兴东路		5	3						12	10					
	18	三溪西路、石榴路		6	4						17						
	19	担水北路、下心径路、径心路		5	4						14						
	20	第一工业区						4						4.2			3
	21	金兴小区		7													
	22	老街		4							22						
	23	市场及周边、横街、旭日路、担水南路		6							22						
	24	商业东街		8							22						
	25	欧新		5							17						
	26	葵兴小区		5													
	27	葵民路、华强路		8							23	18					
	28	福新南路		6							20						
	29	石碑村、围布路、中新村、金业大道、黄屋		8	6						11						
	30	福田、福塘南路、福塘北路、新屋仔、福新北路、福新中路		7	5						10						
	31	三溪西路、三溪中路、曾屋		8	6						13						
	32	奔康工业区、同富裕工业区						10			15			12	10		

（续表）

街道行政区域	路段号	指导租金 用途 / 区域位置	住宅				办公		商业					厂房			仓库
									高层		多层						
			带电梯	不带电梯	平房	别墅	高层	多层	一楼	二楼以上	一楼	二楼以上	简易	一楼	二楼以上	简易	
	33	葵新北路(医院片区)									25						
	34	葵新北路（综合市场以上）		7	6			6			9						
	35	商业步行街		6							23						
	36	第一工业区、三溪工业路									14			7			
	37	延安路						15			20	16					
	38	惠家福商业城及周边、高源路 38-108 号、村委商业楼、金业路		10	6			15			20	10	8	7	7	5	5
	39	深水田、高圳头、谭屋村		5	3						10	8	5	5	5	5	5
	40	土洋东路、海景路、洋西路、猪水岭、土洋第二工业区、洋南一、二路		7	4			7			7	7	5	9	9		
	41	沙渔涌街、土洋后背山、后坑门		7	7						7						
	42	洋沥北路、土洋中路、吓门、土洋洋环路、土洋西路、洋业路、深葵路		6	4	15		7			7	7	4	8	8		
	43	官湖片区		10	4			10			10		4	8	8		
	44	溪涌老屋、溪涌新村、盐村老屋、盐新南、盐新北		5	3.5			5			6			6	6	5	5
	45	上洞村、深葵路、洞背村		4	2.5			5			5	5		6	6	5	5
	46	万科				25											
	47	金海滩				20											

（续表）

街道行政区域	路段号	区域位置（指导租金 / 用途）	住宅				办公		商业					厂房			仓库
			带电梯	不带电梯	平房	别墅	高层	多层	高层		多层		简易	一楼	二楼以上	简易	
									一楼	二楼以上	一楼	二楼以上					
大鹏街道行政区域	1	水贝、石桥头、新屋园、布锦村、布新市场		7													
	2	南坑埔		5	2												
	3	同富工业区		10							15			8			
	4	岭南路、迎宾路、新乐巷、鹏兴街		13	10			20	25	25	22	21					
	5	鹏荣街、鹏兴一巷、鹏兴二巷、鹏兴三巷		13	10			20									
	6	鹏兴南巷		12	10			20	25	25	22	21					
	7	鹏新西路		15				20			25						
	8	大坑村、建设路、新塘街、同乐街、向阳路、青年路		15	10			15			20	15	10				
	9	莲花村		10													
	10	曹屋围		8										9	9		
	11	鹏海苑	20								22						
	12	岭澳花园		17				17			25						
	13	东部明珠雅苑		30													
	14	振兴路		9							12						
	15	刘生楼		6							8						
	16	第一工业区						6						6			6

（续表）

街道行政区域	路段号	指导租金 用途 区域位置	住宅				办公		商业					厂房			仓库
			带电梯	不带电梯	平房	别墅	高层	多层	高层		多层		简易	一楼	二楼以上	简易	
									一楼	二楼以上	一楼	二楼以上					
	17	乌冲		15	15				30								
	18	鹏城花园		20				30									
	19	松山下小区		20									30				
	20	围仔		15	15				30								
	21	南北新村		15	15												
	22	鹏飞路（榕树坑综管办周边）		18	15			20			35	30					
	23	四和、四和松山下		10													
	24	古城内			5												
	25	古城外西门新旧街、东村		6					8								
	26	迎宾街		15					30								
	27	友发厂		15										10			10
	28	二区		12						20					15		
	29	较场尾民宿	20	15	13				50								
	30	较场尾厂房														10	
	31	马宝围		10					13								
	32	水头老屋村		3	3												

（续表）

街道行政区域	路段号	指导租金 用途 / 区域位置	住宅				办公		商业					厂房			仓库
			带电梯	不带电梯	平房	别墅	高层	多层	高层		多层		简易	一楼	二楼以上	简易	
									一楼	二楼以上	一楼	二楼以上					
	33	水头新祠路		6													
	34	石角头街		6	3						38						
	35	布新路		6	3						38						
	36	水头工业区												8	8		8
	37	沙埔村		4	3						3	3					
	38	墩仔村		4	3						5	5					
	39	龙岐大围		5	3						5	5					
	40	海鲜商业街		10							50						
	41	海鲜一街		10							50						
	42	海鲜二街		10							50						
	43	同富工业区		10										8	8		
	44	人民路		8							15						
	45	勤政路		10				20			15						
	46	中山路		15				25			30	20					
	47	迎宾路		9					30		20						
	48	鹏新东路		10	8						50						
	49	建设路		10							15						

（续表）

街道行政区域	路段号	指导租金 / 区域位置 \ 用途	住宅				办公		商业					厂房			仓库
			带电梯	不带电梯	平房	别墅	高层	多层	高层一楼	高层二楼以上	多层一楼	多层二楼以上	简易	一楼	二楼以上	简易	
	50	岭南路		10	5						50						
	51	公园路		15	5												
	52	布新路		10	5						25			20		18	
	53	大鹏第六工业区		15				20			25			20		18	10
	54	王母第一工业区		7				12			15			12			
	55	大鹏第二工业区		7				12			15			12			
	56	大鹏山庄、黄歧塘、旱塘仔、岭吓花园、王母新村东、西区、王桐山、中山里		10	5			30			20						
	57	王母围、石禾塘、王屋巷、岭吓新村、上下新屋		7	3			12									
	58	叠福	17	15				10			38						
	59	岭澳新村、西岭小区、老干部新村		6.5													
	60	龙岭花园		6.5							12						
	61	岭南路		6.5							18	20					
	62	大坑上村工业区、大坑下村工业区、第二工业区		11				11			25	25	10	12.5	12.5	8	12.5
	63	下沙新村	26								40						

（续表）

街道行政区域	路段号	指导租金 / 区域位置 \ 用途	住宅				办公		商业					厂房			仓库
									高层		多层						
			带电梯	不带电梯	平房	别墅	高层	多层	一楼	二楼以上	一楼	二楼以上	简易	一楼	二楼以上	简易	
南澳街道行政区域	1	俄公小组、半天云小组		5					14			14					
	2	马坑小组、南澳老街		8		4			10			13					
	3	南澳街（除咸鱼街）、南渔新村、创业路、新创路、富民路后段（单55号，双84号起）		8		4			13			14					
	4	南澳街（咸鱼街）		10		6			12			29					
	5	富民路前段、人民路、关厂路、金融街		10		5			11			19					
	6	同富路		13					12			19					
	7	海港路（含双拥码头）、南澳湾花园		13					14			24					
	8	沙坑、大龙		6	4				7			9					
	9	百花园、教育路小区、枫南、关厂小区、斜吓小组		10	4				10			12					
	10	海滨南路、上下企沙、同富工业区、第一工业区		10	6				12			15			8	8	
	11	海滨花园		18					18	16		22					
	12	东山社区（除杨梅坑）		12	8							16					
	13	东山社区杨梅坑		13	11							22					
	14	新大社区		9	8				9			16					

（续表）

街道行政区域	路段号	区域位置 \ 指导租金 \ 用途	住宅				办公		商业					厂房			仓库
			带电梯	不带电梯	平房	别墅	高层	多层	高层		多层		简易	一楼	二楼以上	简易	
									一楼	二楼以上	一楼	二楼以上					
	15	东渔社区		7	7							10					
	16	东涌社区、西涌社区（除海边）		5	2				9			9					
	17	东涌社区冲街、海边		6					7			18					
	18	西涌社区海边		5					7			12					
	19	水头沙东区、西区、银沙路、文明路、水沙路		10	8							15	12		8	8	
	20	海滨北路、东沙路		12								10	8		7	7	
	21	海滨北路海鲜街		12								15	15				

第九章　房地产权登记

2016 年，我市不动产登记工作紧紧围绕登记机构、登记簿册、登记依据和信息平台“四统一”目标，全面贯彻落实《物权法》《不动产登记暂行条例》和《不动产登记暂行条例实施细则》等法律法规政策，强化标准化建设，加强服务建设，夯实工作基础，着力推动不动产登记可持续的全面发展，圆满完成了不动产登记目标任务。2016 年，办文约为 84.28 万份，发放《不动产权证书》27.31 万本，出具《不动产登记证明》31.67 万份,处于历史高峰。推出官方微信公众号“深圳不动产登记”和“宜登记”App，加大现楼抵押预约放号量，有效解决不动产登记业务办理排队难、业务量大难题；研发“营改增”计算税费系统，开展不动产系统金税三期配套改造工作，配合地税部门全面推开“营改增”试点，确保我市金税三期系统如期顺利上线并平稳高效运行；在开展不动产登记业务梳理、流程再造的同时，立足已有基础，组织实施升级改造原产权系统，扩展功能，开发建设了新的不动产登记系统，并于 2016 年 5 月 3 日正式上线运行，为接入全国不动产登记信息管理基础平台打下了扎实基础；修订《审核委员会工作规则》，先后审议通过了红树福苑 1 至 6 栋不动产首次登记、T201-0074 宗地土地使用权作价入股转移登记、招商填海项目四宗土地使用权登记、文锦广场部分房产转移登记等业务事项，加强不动产登记管

理；配合国土资源部、委员会等有关部门起草《不动产登记操作规范（试行）》等，推进广东省网上办事大厅不动产登记 51 个办理事项的梳理、整改工作，优化不动产登记服务功能；开展业务操作标准执行情况等专项检查，确保不动产登记质量。2016 年，共抽检登记文 1.68 万份，发出督办通知书 35 份，发出催办邮件 814 份，积极推进不动产登记标准化体系建设；急群众之所急，先后解决了罗湖区景贝北民警宿舍、市中医院内住宅楼 3、4、5 栋，龙岗区坂田高发悦驰苑办证、龙岗区布吉茂宝大厦相关房产办证等 12 个信访积案，消除影响社会和谐稳定的不安因素。2016 年，共接待群众上访 556 批 832 人次，办理信访件 1758 件，处理现场投诉 107 宗；启动了罗湖盐田所、龙岗所、布吉所窗口装修和本部、福田所、前海所、光明所的选址等工作，努力为业主创造良好的办事环境；积极推进现楼抵押登记业务及其相关配套改革，推出现楼抵押登记 3 个工作日发放办理结果的便民服务措施，提高不动产登记效率，进一步缩短办文时限，受到社会各界好评；为有需要的市民提供代为邮寄不动产权证书或登记证明的服务，多项业务实现申请人一次到场办理；从加强软硬件建设、创新服务新举措等方面入手，不断优化自助查档服务，启动了人脸识别自助查档试点工作。2016 年，提供档案查询服务 66 万余人次；积极做好现场引导咨询和电话咨询工作。2016 年，中心共接待并解答市民现场咨询 41934 人次，为市民提供引导服务约 151200 人次，为市民免费复印材料 18 万多份，96508888 电话咨询专线共接听市民来电量 394863 通，人工接听量 168394 通；完成《不动产登记机构沿革研究》及《房地产权证制度研究》专题研究工作，为我市不动产机构的演变历史及各类权利证书的来源和区别提供重要参考；切实做好行政应诉工作,积极推进依法行政。2016 年，共办理 198 宗复议及诉讼案件的应诉工作，其中 81 宗是旧案，117 宗是新增案件。全年审结 109 宗案件，其中胜诉 96 宗，原告撤诉 9 宗，败诉 5 宗，败诉率 4.5%；针对干部职工的基本素质、履职能力、实践能力等方面开展培训，着力提高中心干部职工适应新形势、克服新困难的能力，全面提升中心干部职工的综合素质及专业技术水平。2016 年，开展内部培训 33 次，参加外部培训 16 次，共 1653 人次参加了培训。理顺档案管理机制，落实档案管理职能，顺利完成我市不动产登记档案管理职责，以及 800 万卷的档案资料实体、管理场地、设施和人员的划转工作；创办《深圳不动产》和《不动产登记工作简报》，为员工提供一个了解工作进展状况、发表意见和交流心声的园地。

第一节　初始登记

《不动产登记暂行条例实施细则》规定，不动产首次登记，是指不动产权利第一次登记。未办理不动产首次登记的，不得办理不动产其他类型登记，但法律、行政法规另有规定的除外。

2016 年,全市共办理房地产权初始登记 232 积为 1402.33 万平方米。其中，罗湖 9 宗、面积 25.69 万平方米；福田 17 宗、面积 149.36 万平方米；南山 52 宗、面积 277.53 万平方米；盐田 9 宗、面积 30.04 万平方米；宝安 68 宗、面积 502.04 万平方米；龙岗 77 宗、面积 417.67 万平方米。

表 9-1 深圳市历年房地产初始登记情况

单位：宗、万平方米

<table>
<tr><th rowspan="4">年份</th><th rowspan="4">辖区</th><th rowspan="4">宗 数</th><th rowspan="4">面 积</th><th colspan="7">用 途 分 类</th></tr>
<tr><th rowspan="3">住 宅</th><th colspan="2">工业仓储
（2004 年以前）</th><th rowspan="3">商业金融</th><th rowspan="3">公共建筑</th><th rowspan="3">市政绿化</th><th rowspan="3">其 他</th></tr>
<tr><th colspan="2">（2004 年以后）</th></tr>
<tr><th>办公楼</th><th>工业仓储</th></tr>
<tr><td>1993</td><td>全 市</td><td>846</td><td>962.60</td><td>618.04</td><td colspan="2">202.88</td><td>95.31</td><td>9.04</td><td>—</td><td>37.33</td></tr>
<tr><td>1994</td><td>全 市</td><td>1551</td><td>1921.76</td><td>1274.02</td><td colspan="2">376.55</td><td>201.47</td><td>43.44</td><td>2.82</td><td>23.46</td></tr>
<tr><td>1995</td><td>全 市</td><td>5003</td><td>7232.31</td><td>3818.10</td><td colspan="2">838.82</td><td>129.50</td><td>153.47</td><td>28.54</td><td>2263.88</td></tr>
<tr><td>1996</td><td>全 市</td><td>9028</td><td>5844.83</td><td>927.85</td><td colspan="2">608.51</td><td>61.02</td><td>172.16</td><td>33.69</td><td>4041.60</td></tr>
<tr><td>1997</td><td>全 市</td><td>13502</td><td>4235.97</td><td>1040.45</td><td colspan="2">722.77</td><td>470.49</td><td>55.61</td><td>2.65</td><td>1944.00</td></tr>
<tr><td>1998</td><td>全 市</td><td>1403</td><td>1838.77</td><td>827.63</td><td colspan="2">497.96</td><td>90.38</td><td>50.99</td><td>—</td><td>371.81</td></tr>
<tr><td>1999</td><td>全 市</td><td>5106</td><td>1920.80</td><td>1365.70</td><td colspan="2">442.40</td><td>38.14</td><td>9.48</td><td>0.52</td><td>64.54</td></tr>
<tr><td>2000</td><td>全 市</td><td>2132</td><td>882.19</td><td>—</td><td colspan="2">—</td><td>—</td><td>—</td><td>—</td><td>—</td></tr>
<tr><td>2001</td><td>全 市</td><td>1368</td><td>3210.95</td><td>1144.82</td><td colspan="2">1502.44</td><td>163.41</td><td>13.10</td><td>—</td><td>387.18</td></tr>
<tr><td>2002</td><td>全 市</td><td>3097</td><td>5374.75</td><td>1209.70</td><td colspan="2">3244.56</td><td>195.46</td><td>9.00</td><td>—</td><td>716.03</td></tr>
<tr><td>2003</td><td>全 市</td><td>1683</td><td>1865.93</td><td>1064.19</td><td colspan="2">267.46</td><td>340.39</td><td>27.68</td><td>—</td><td>166.21</td></tr>
<tr><td>2004</td><td>全 市</td><td>7067</td><td>1871.78</td><td>507.6</td><td colspan="2">144.95</td><td>53.46</td><td>8.30</td><td>—</td><td>59.13</td></tr>
<tr><td>2005</td><td>全 市</td><td>4601</td><td>1553.13</td><td>634.74</td><td>70.81</td><td>463.17</td><td>268.72</td><td>1.61</td><td>0.64</td><td>113.44</td></tr>
<tr><td>2006</td><td>全 市</td><td>3900</td><td>1132.95</td><td>390.34</td><td>41.55</td><td>475.28</td><td>50.93</td><td>3.19</td><td>—</td><td>171.66</td></tr>
<tr><td>2007</td><td>全 市</td><td>4612</td><td>1532.41</td><td>369.22</td><td>38.31</td><td>928.31</td><td>64.27</td><td>1.64</td><td>—</td><td>130.67</td></tr>
<tr><td rowspan="7">2008</td><td>罗湖区</td><td>3</td><td>14.64</td><td>7.69</td><td>2.23</td><td>—</td><td>2.85</td><td>—</td><td>—</td><td>1.87</td></tr>
<tr><td>福田区</td><td>10</td><td>40.40</td><td>8.12</td><td>—</td><td>4.52</td><td>—</td><td>0.26</td><td>—</td><td>27.49</td></tr>
<tr><td>南山区</td><td>22</td><td>43.26</td><td>3.93</td><td>—</td><td>11.78</td><td>9.47</td><td>—</td><td>—</td><td>18.08</td></tr>
<tr><td>盐田区</td><td>11</td><td>13.03</td><td>—</td><td>0.58</td><td>3.03</td><td>5.99</td><td>—</td><td>—</td><td>3.42</td></tr>
<tr><td>宝安区</td><td>393</td><td>955.45</td><td>268.80</td><td>11.85</td><td>530.48</td><td>9.78</td><td>0.15</td><td>—</td><td>134.39</td></tr>
<tr><td>龙岗区</td><td>1007</td><td>255.59</td><td>37.26</td><td>4.39</td><td>198.20</td><td>2.23</td><td>—</td><td>—</td><td>13.51</td></tr>
<tr><td>全 市</td><td>1446</td><td>1322.37</td><td>325.80</td><td>19.05</td><td>748.01</td><td>30.32</td><td>0.41</td><td>—</td><td>198.76</td></tr>
<tr><td rowspan="7">2009</td><td>罗湖区</td><td>8</td><td>14.55</td><td>12.33</td><td>—</td><td>0.96</td><td>0.69</td><td>—</td><td>—</td><td>0.57</td></tr>
<tr><td>福田区</td><td>10</td><td>38.34</td><td>19</td><td>0.46</td><td>3.16</td><td>15.38</td><td>—</td><td>—</td><td>0.35</td></tr>
<tr><td>南山区</td><td>25</td><td>73.08</td><td>23.16</td><td>11.12</td><td>23.87</td><td>4.92</td><td>0.07</td><td>—</td><td>9.94</td></tr>
<tr><td>盐田区</td><td>5</td><td>9.62</td><td>0.58</td><td>0.85</td><td>5.44</td><td>0.21</td><td>—</td><td>—</td><td>2.53</td></tr>
<tr><td>宝安区</td><td>400</td><td>885.79</td><td>232.07</td><td>20.71</td><td>562.9</td><td>5</td><td>0.26</td><td>—</td><td>64.88</td></tr>
<tr><td>龙岗区</td><td>1157</td><td>688.56</td><td>33.7</td><td>8.66</td><td>615.6</td><td>1.48</td><td>0.79</td><td>—</td><td>28.33</td></tr>
<tr><td>全 市</td><td>1605</td><td>1709.94</td><td>320.84</td><td>41.8</td><td>1212</td><td>27.68</td><td>1.12</td><td>—</td><td>106.6</td></tr>
</table>

（续表）

年份	辖区	宗 数	面 积	用 途 分 类						
				住宅	工业仓储（2004 年以前） （2004 年以后）		商业金融	公共建筑	市政绿化	其 他
					办公楼	工业仓储				
2010	罗湖区	10	28.5	14.83	0	0.3	2.34	—	—	11.03
	福田区	17	41.62	2.97	7.68	3.31	20.51	—	—	7.16
	南山区	22	73.18	31.99	—	22.02	6.82	—	—	12.35
	盐田区	6	9.24	1.49	—	7.07	0	—	—	0.68
	宝安区	564	904.58	178.07	14.05	633.86	4.77	0.78	—	73.04
	龙岗区	686	393.46	24.91	2.8	348.37	7.16	0.8	—	7.43
	全 市	1305	1450.58	254.26	24.53	1014.93	41.6	1.58	—	111.69
2011	罗湖区	7	18.33	6.02	—	—	—	—	—	12.31
	福田区	11	37.21	9.55	6.1	2.15	5.32	—	—	14.09
	南山区	20	61.74	0.96	0.96	14.54	11.06	—	—	34.21
	盐田区	5	9.92	0.33	—	2.56	0.73	—	—	6.3
	宝安区	1761	872.11	188.4	8.73	562.35	2.67	—	—	109.97
	龙岗区	466	471.08	66.73	1.42	395.45	5.53	—	—	1.96
	全 市	2270	1470.39	271.99	17.21	977.05	25.3	—	—	178.83
2012	罗湖区	7	28.26	0.6	—	2.41	—	—	—	25.25
	福田区	23	79.7	24.29	13.68	2.86	18.32	—	—	20.55
	南山区	45	148.72	71.06	11.45	37.47	0.22	—	—	28.51
	盐田区	16	70.09	33.71	—	15.55	3.29	—	—	17.54
	宝安区	1372	691.13	230.06	2.04	378.17	2.96	0.61	—	77.29
	龙岗区	209	309.25	36.78	0.07	249.44	8.73	—	—	14.23
	全 市	1733	1381.13	400.82	29.37	727.4	33.25	0.61	—	189.42
2013	罗湖区	17	52.32	26.49	0.41	5.05	0	5.22	0	15.16
	福田区	28	110.16	42.69	2.81	6.4	0	15.73	0	42.54
	南山区	37	133.51	56.8	13.98	4.62	0	31.58	0	26.52
	盐田区	12	31.48	8.38	0.51	2.98	0	17.51	0	2.1
	宝安区	2216	662.5	333.08	12.99	10.63	0.58	238.19	0	67.03
	龙岗区	178	203.93	14.91	1.16	1.6	0	183.98	0	2.29
	全 市	2532	1254.79	502.42	32.03	31.28	0.59	527.25	0	161.23
2014	罗湖区	14	37.55	20.94	1.78	0	4.42	0	0	10.41
	福田区	13	85.05	33.98	10.34	3.26	0.01	0	0	37.46
	南山区	38	142.59	73.87	19.42	30.7	4.19	0	0	14.41
	盐田区	10	29.04	5.84	0	7.21	7.68	0	0	8.32
	宝安区	643	375.06	197.27	7.41	101.14	3.79	0.33	0	65.13
	龙岗区	104	128.51	16.48	2.94	107.13	0.97	0	0	0.99
	全 市	884	1008.14	375.67	42.28	425.59	21.04	0.33	0	143.23

（续表）

年份	辖区	宗 数	面 积	用 途 分 类						
				住宅	工业仓储（2004 年以前）		商业金融	公共建筑	市政绿化	其 他
					（2004 年以后）					
					办公楼	工业仓储				
2015	罗湖区	17	55.14	7.97	3.45	3.16	2.4	0	0	38.17
	福田区	14	170.56	76.47	0	16.93	7.37	0	0	69.79
	南山区	40	245.62	101.4	6.09	26.13	0.67	0	0	111.32
	盐田区	12	48.34	24.16	6.48	0	0.93	0	0	16.76
	宝安区	423	498.91	288.95	6.59	124.7	27.28	0.25	0	51.15
	龙岗区	110	334.05	66.27	5.83	243.86	10.8	0.27	0	7.02
	全 市	647	1451.5	577.36	28.96	449.18	49.44	0.52	0	346.03
2016	罗湖区	9	25.69	9.72	3.45	0	2.4	0	0	10.12
	福田区	17	149.36	49.86	25.29	0	14.5	0	0	59.71
	南山区	52	277.53	85.84	39.63	43.91	10.36	0	0	97.79
	盐田区	9	30.04	23.24	0.26	2.4	0.91	0	0	3.23
	宝安区	68	502.04	207.4	8.79	149.4	44.86	0.37	0	91.22
	龙岗区	77	417.67	179.02	14.29	171.6	44.57	0	0	8.19
	全 市	232	1402.33	555.08	91.71	367.31	117.6	0.37	0	270.26

注：根据系统统计，本章数据仍按六区进行统计，新四区数据已经归并在内。

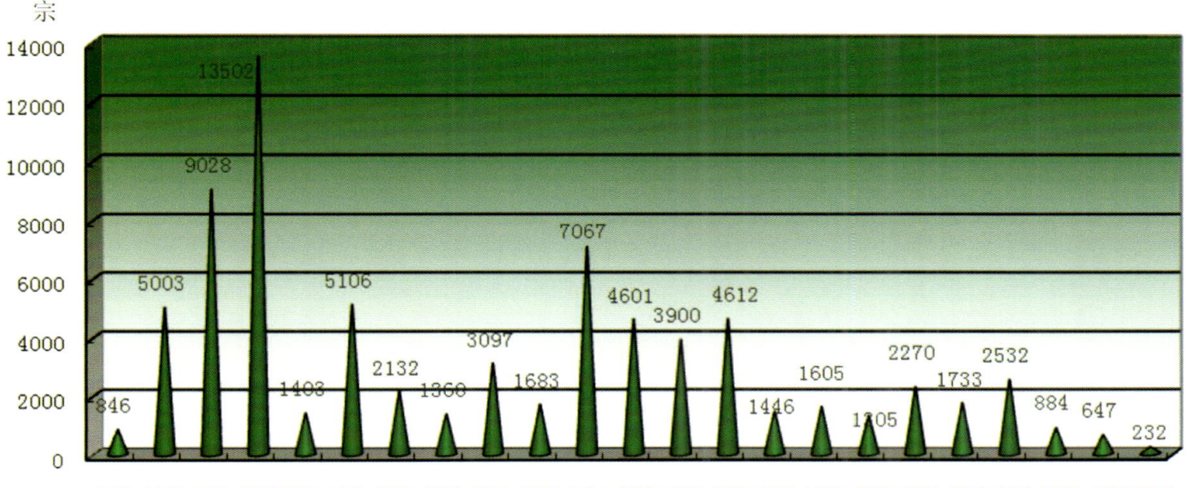

图 9-1 深圳市历年房地产初始登记宗数示意图

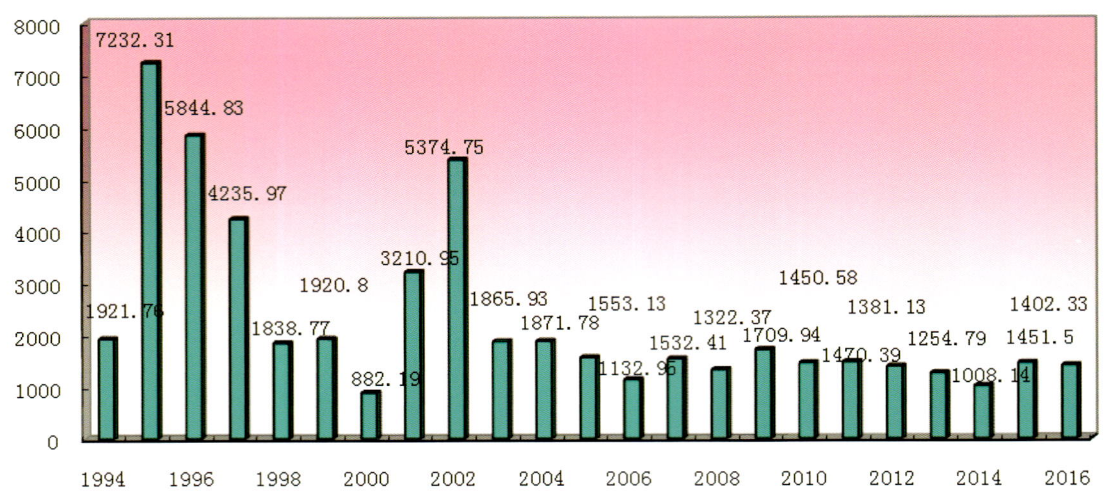

图 9-2　深圳市历年房地产初始登记面积示意图

第二节　转移登记

一、二级市场转移登记

相关法律法规规定，凡已办理首次登记的不动产，包括开发企业销售的市场商品房，企事业单位经济房改出售的住房，市、区住宅局销售的安居房、集资房、拆迁赔偿房等，均应办理不动产登记转移登记。一般此类转移登记称之为二级市场转移登记。

2016 年，全市共办理二市场转移登记 95523 宗、登记建筑面积 969.02 万平方米。其中，罗湖 4580 宗、面积 47.79 万平方米；福田 9094 宗、面积 113.5 万平方米；南山 10968 宗、面积 114.85 万平方米；盐田 3199 宗、面积 33.06 万平方米；宝安 28277 宗、面积 270.74 万平方米；龙岗 39405 宗、面积 389.08 万平方米。

表 9-2 深圳市历年房地产二级市场转移登记情况

年份	辖区	宗数	面积（万平方米）	登记金额（亿元）		
				人民币	港币	美元
1993	全市	4304	70.56	3.810	4.200	0.003
1994	全市	13634	97.01	34.350	11.820	0.350
1995	全市	45731	760.95	119.950	23.400	—
1996	全市	42579	1097.08	77.560	8.980	—
1997	全市	43804	514.86	176.480	47.620	—
1998	全市	70982	775.60	286.480	53.470	0.047
1999	全市	52005	516.70	169.100	23.900	0.024
2000	全市	44773	617.30	167.000	13.200	0.040
2001	全市	88776	856.75	398.730	26.450	—
2002	全市	122936	947.14	490.020	10.700	—
2003	全市	129573	1247.82	647.800	16.880	—
2004	全市	158290	1040.60	467.900	34.900	25.200
2005	全市	120842	1145.29	664.480	14.007	0.207
2006	全市	127370	1147.81	771.115	14.265	0.073
2007	全市	104934	1001.15	939.839	5.060	0.190
2008	罗湖区	6904	58.77	62.368	0.299	—
	福田区	12838	111.99	176.728	0.106	—
	南山区	13369	131.06	172.546	0.360	—
	盐田区	1864	17.19	22.732	0.055	—
	宝安区	23791	251.31	247.503	0.757	—
	龙岗区	19543	166.76	153.339	0.059	—
	全市	78309	737.08	835.216	1.636	—
2009	罗湖区	7612	69.82	83.291	0.142	—
	福田区	8746	85.13	116.176	0.067	—
	南山区	15362	165.83	257.064	0.23	—
	盐田区	2993	25.87	48.127	0.59	—
	宝安区	22551	243.92	291.457	0.266	—
	龙岗区	28416	270	218.748	0.133	—
	全市	85680	860.57	1014.863	1.428	—

（续表）

年份	辖区	宗数	面积（万平方米）	登记金额（亿元）		
				人民币	港币	美元
2010	罗湖区	7520	73.15	107.935	0.123	—
	福田区	6686	77.16	119.015	0.046	0.002
	南山区	18159	156.8	281.519	0.013	—
	盐田区	1705	16.37	30.422	—	—
	宝安区	21635	216.94	258.2	0.068	—
	龙岗区	27499	266.74	241.814	0.091	—
	全市	83204	807.16	1038.905	0.341	0.002
2011	罗湖区	4829	49.41	56.364	1.184	—
	福田区	6469	70.55	142.892	0.028	—
	南山区	13304	111.96	287.339	0.009	—
	盐田区	916	13	37.626	0.008	—
	宝安区	15174	143	260.33	0.058	—
	龙岗区	22069	260.61	259.076	0.017	—
	全市	62761	648.53	1043.628	1.304	—
2012	罗湖区	4466	45.74	65.647	0.329	—
	福田区	5590	65.43	128.706	0.033	0.002
	南山区	9411	97.74	304.23	0.02	—
	盐田区	3189	30.02	64.404	0.002	—
	宝安区	15815	135.84	277.491	0.037	—
	龙岗区	17898	199.27	247.731	0.059	—
	全市	56376	574.44	1088.454	0.48	0.002
2013	罗湖区	1807	20.12	32.413	0.197	0
	福田区	6299	64.24	156.858	0.008	0
	南山区	9444	88.51	288.002	0.01	0
	盐田区	1151	9.37	26.228	0.001	0
	宝安区	17383	174.25	328.392	0.02	0
	龙岗区	16516	158.36	230.219	0.033	0
	全市	53750	525.51	1076.499	0.27	0
2014	罗湖区	2611	31.22	66.03	0.285	0
	福田区	5770	68.33	253.768	0.072	0
	南山区	5076	55.47	203.203	0.028	0
	盐田区	1258	16.36	46.874	0	0
	宝安区	19970	188.65	374.708	0.026	0
	龙岗区	24978	244.29	313.784	0.013	0
	全市	59985	606.14	1260.397	0.424	0

（续表）

2015	罗湖区	3001	23.63	70.81	0.012	0
	福田区	5172	64.64	215.952	0	0
	南山区	6768	88.09	349.851	0.033	0
	盐田区	1133	15.92	49.17	0.001	0
	宝安区	18396	196.51	409.312	0.039	0
	龙岗区	28819	275.1	411.214	0.013	0
	全市	65618	686.57	1551.446	0.098	0
2016	罗湖区	4580	47.79	176.27	0.018	0
	福田区	9094	113.5	384.266	0.013	0
	南山区	10968	114.85	458.836	0.0060	0
	盐田区	3199	33.06	110.751	0.0080	0
	宝安区	28277	270.74	596.132	0.0040	0
	龙岗区	39405	389.08	702.659	0.015	0
	全市	95523	969.02	2428.914	0.064	0

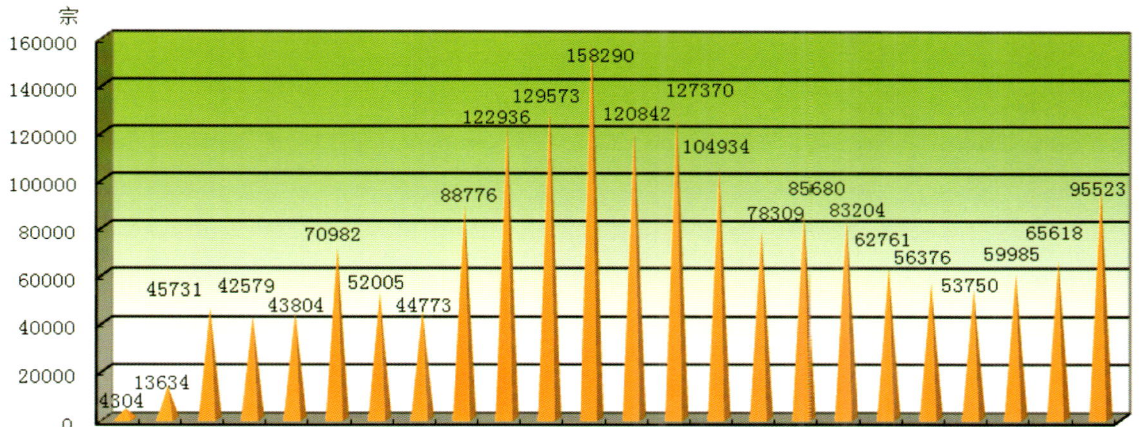

图 9-3　深圳市历年房地产二级市场转移登记宗数示意图

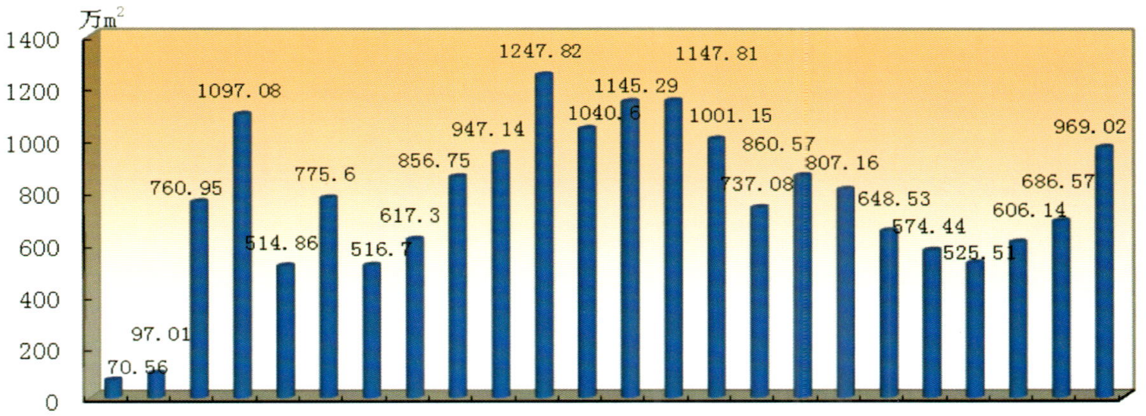

图 9-4　深圳市历年房地产二级市场转移登记面积示意图

二、三级市场转移登记

根据相关规定，凡不动产在已办理二级市场转移登记后又发生转移的，应再次办理转移登记，如房地产买卖、赠与、交换、继承，人民法院判决、裁定的强制性转移和依照法律、法规规定作出的其他强制性转移登记，以及《深圳经济特区房地产转让条例》中规定的其他视为转让的情况等。一般此类及其以后发生的转移登记称之为三级市场转移登记。

2016 年，全市共办理三级市场转移登记 117501 宗，登记建筑面积 977.54 万平方米。其中，罗湖 19778 宗、面积 142.06 万平方米；福田 21542 宗、面积 183.02 万平方米；南山 18329 宗、面积 161.38 万平方米；盐田 3293 宗、面积 26.50 万平方米；宝安 24194 宗、面积 213.79 万平方米；龙岗 30365 宗、面积 250.79 万平方米。

表 9-3 深圳市历年房地产三级市场转移登记情况

年份	区域		宗数	面积（万平方米）
1993	全市		364	2.96
1994	全市		388	4.82
1995	全市		1421	16.99
1996	全市		2592	28.23
1997	全市		4858	55.23
1998	全市		5987	100.40
1999	全市		7565	149.40
2000	全市		11277	196.60
2001	全市		18853	249.88
2002	全市		26629	340.49
2003	全市		40899	496.83
2004	全市		60047	602.04
2005	全市		73532	841.29
2006	全市		95506	1013.16
2007	全市		126690	1253.08
2008	**全市**		**50776**	**595.44**
	其中	罗湖区	12381	118.52
		福田区	12204	134.15
		南山区	8743	103.76
		盐田区	1284	17.41
		宝安区	8126	114.20
		龙岗区	8038	107.40
2009	**全市**		**162876**	**1544.19**
	其中	罗湖区	36713	289.7
		福田区	37697	352.23
		南山区	26556	268.05
		盐田区	3673	32.81
		宝安区	28076	288.95
		龙岗区	30161	312.45
2010	**全市**		**129271**	**1263.15**
	其中	罗湖区	25503	211.42
		福田区	27659	254.6
		南山区	21770	221.47
		盐田区	3179	35.29
		宝安区	24516	269.38
		龙岗区	26644	270.99

（续表）

年份	区域		宗数	面积（万平方米）
2011	全市		79620	857.53
	其中	罗湖区	14776	131.97
		福田区	16915	180.34
		南山区	12836	161.48
		盐田区	2073	27.81
		宝安区	16020	180.28
		龙岗区	17000	175.62
2012	全市		73204	757.57
	其中	罗湖区	13796	117.06
		福田区	14728	142.27
		南山区	13063	129.92
		盐田区	1603	19.92
		宝安区	14224	177.95
		龙岗区	15790	170.45
2013	全市		104395	1038.55
	其中	罗湖区	18594	148.02
		福田区	21899	203.32
		南山区	15688	147.63
		盐田区	2219	17.29
		宝安区	19758	193.51
		龙岗区	24117	282.61
2014	全市		71088	682.58
	其中	罗湖区	13408	99.87
		福田区	15593	164.01
		南山区	11237	131.93
		盐田区	1957	16.12
		宝安区	13895	130.85
		龙岗区	14998	157.8
2015	全市		146799	1303.49
	其中	罗湖区	26424	194.35
		福田区	28477	248.33
		南山区	22787	218.51
		盐田区	4169	35.41
		宝安区	29213	277.1
		龙岗区	35729	329.79
2016	全市		117501	977.54
	其中	罗湖区	19778	142.06
		福田区	21542	183.02
		南山区	18329	161.38
		盐田区	3293	26.50
		宝安区	24194	213.79
		龙岗区	30365	250.79

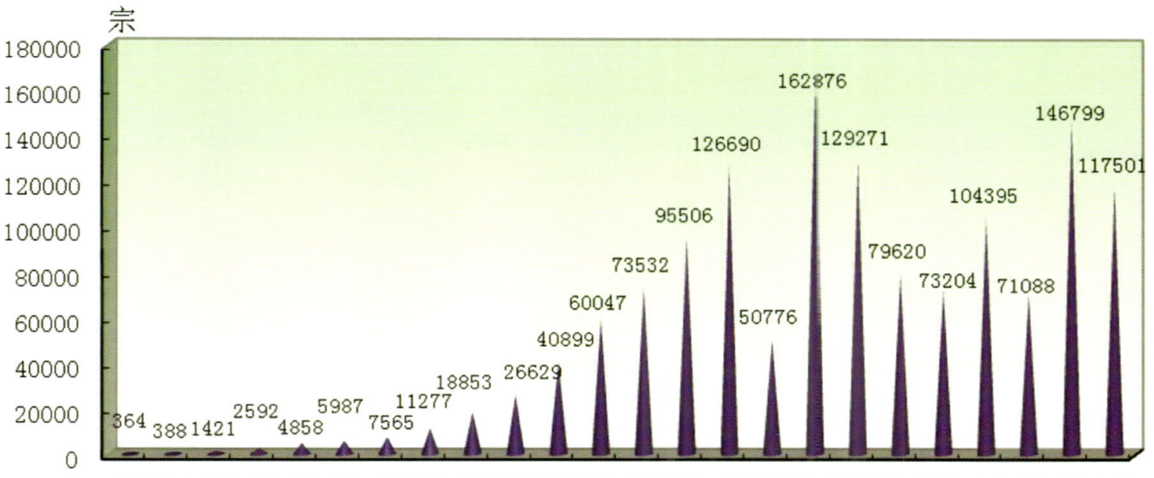

图 9-5 深圳市历年房地产三级市场转移登记宗数示意图

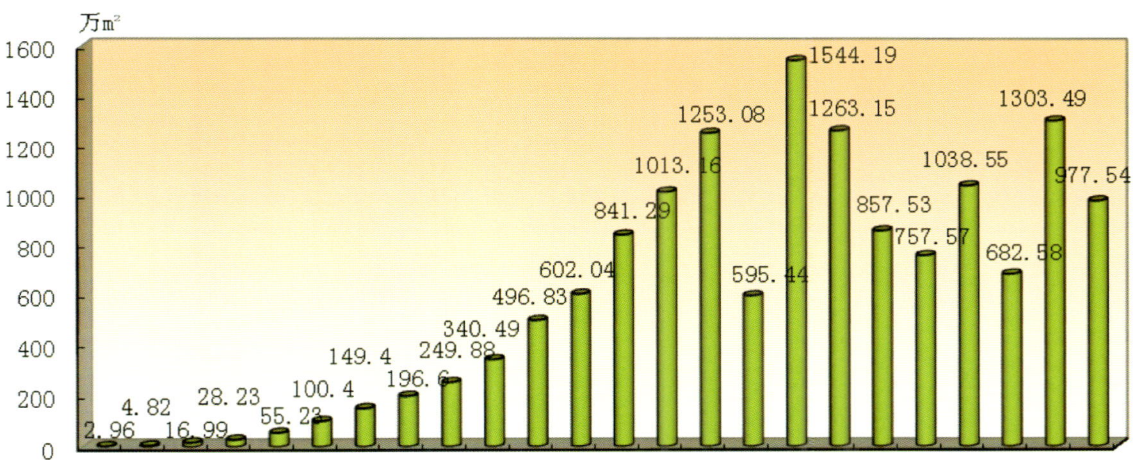

图 9-6 深圳市历年房地产三级市场转移登记面积示意图

第三节　抵押登记

相关法律规定，凡债务人或第三人以其合法拥有的不动产作为担保物向债权人提供债务履行担保的，当事人应于抵押合同生效之日起 15 日内办理房地产抵押登记。

2016 年，全市共办理办理楼花抵押登记 62273 宗，面积 1.91 万平方米，抵押登记金额为人民币 2153.229 亿元、港币 5.514 亿元、美元 0 亿元；办理现楼抵押登记 300930 宗，面积 2055.15 万平方米，抵押登记金额为人民币 147780.222 亿元、港币 49.39 亿元、美元 0 亿元。

表 9-4　2016 年深圳市楼花抵押登记情况

年份	项　目			合　计	其中					
					罗湖	福田	南山	盐田	宝安	龙岗
2016	宗数			62273	2826	1084	8437	1165	24408	24353
	面积（万 m²）			1.91	0.02	0.17	0.32	0.1	0.51	0.79
	登记金额	人民币	（亿元）	2153.229	101.947	97.628	577.014	25.927	837.618	513.095
		港　元		5.514	0.433	0	2.547	0.105	1.609	0.82
		美　元		0	0	0	0	0	0	0

表 9-5　2016 年深圳市现楼抵押登记情况

年份	项目			合计	其中					
					罗湖	福田	南山	盐田	宝安	龙岗
2016	宗数			300930	39384	52742	47533	9146	71041	81084
	面积（万 m²）			2055.15	184.35	297.51	271.39	42.34	663.61	595.95
	登记金额	人民币	（亿元）	147780.222	29232.527	28071.524	26648.461	3279.545	29546	31002.165
		港　元		49.39	13.083	6.207	27.091	0.438	1.456	1.115
		美　元		0	0	0	0	0	0	0

第四节　安居房换证登记

《深圳市国家机关事业单位住房制度改革若干规定》（市政府第 88 号令）规定，从 2007 年 7 月 1 日起，深圳市安居房在经批准后可取得全部产权并进入市场。

2016 年，全市共办理安居房上市登记 3378 份，登记建筑面积 29.61 万平方米。其中，罗湖 610 份、面积 5.26 万平方米；福田 1002 份、面积 9.04 万平方米；南山 1389 份、面积 11.64 万平方米；盐田 61 份、面积 0.53 万平方米；宝安 239 份、面积 2.26 万平方米 ；龙岗 77 份、面积 0.88 万平方米。

第十章　测绘地籍管理

第一节　测绘行业与市场管理

一、规范资质管理

截至2016年底，全市共有60家测绘资质单位，其中甲级17家、乙级28家、丙级14家、丁级1家。已于2016年3月按《测绘资质管理》规定有关要求，组织完成了全市乙、丙、丁级测绘单位的年度报告公示工作。

二、开展市场检查

按要求落实全市地理信息市场持续监测跟踪工作，3月、6月和9月分别开展全市地图市场巡查工作，重点巡查大型书城及机场、火车站、汽车站、关口等重要交通枢纽周边的地图售卖点；5月组织完成全市的地图编制和互联网地图服务资质单位开展地图类产品和互联网地图服务自查工作；上半年按月完成 25 家互联网服务及政府门户网站监控工作；9月开展了全市甲、乙级单位的测绘成果保密现场检查工作。

第二节　基础测绘

一、完善新型测绘基准体系

一是构建现代测绘基准框架。在做好 SZCORS 日常维护的同时，开展了北斗地基增强系统的建设，优化设置地基基准站网，融合地面移动通信网、互联网等基础设施，建成后将成为全市测绘基准框架。二是完善基准控制网。建立了 SZCORS 基准下的深圳市 CGCS2000 平面控制网以及深圳市二等水准网，建立了 CGCS2000 与深圳独立坐标系之间的转换参数，研制了基础地理信息数据坐标转换软件。三是启动深圳市似大地水准面精化工作，对深圳市高等级水准网进行复测，为全市提供统一的高程基准。四是开展测量标志日常巡查，对全市市等级控制点进行年度普查，调查现有的控制点是否存在，并对控制点周边进行清理。

二、开展基础测绘日常工作

2016 年，完成深圳市东部海域约 290 平方公里 1：2000 水下地形图数据建库。完成全市域（禁飞区除外）0.2 米航空摄影测量，及相应的 DOM、DEM 数据内业处理。基本完成度深圳市影像挂图、深圳市地图（1:50000 挂图）编制，启动深圳市政务工作系列地图编制；完成深圳独立坐标系与国家坐标系的转换工作 1000GB，转换界址点、像控点坐标 10 万余个；对外提供 354 个控制点服务，涉及市政、交通以及海洋等 14 家单位和部门。

第三节　地籍管理

一、地籍调查和土地总登记

2016 年 3 月 8 日，市委常委杨洪同志听取市规划国土委关于地籍调查和土地总登记工作情况的汇报，将其列入我市“拓展空间保障发展”十大专项行动，要求转变工作思路，取消试点，重点突破，全面推进，3 年内完成全市地籍调查，5 年内完成全市土地确权和登记。

按照专项行动统一部署，主要开展了以下工作。

（一）建立工作组织，统筹协调推进各项工作。经市政府同意，我委牵头成立了深圳市地籍调查和土地总登记办公室（以下简称“市调查登记办”），统筹协调和组织指导地籍调查和土地总登记各项工作。督促各区政府（新区管委会、前海管理局，下同）及用地单位主管部门印发了实施方案，成立了工作组织并落实了具体工作人员。2016 年市调查登记办组织召开了 3 次工作会议、多次专题会议和调研会议，审议相关规则和计划，协调解决相关问题，有效保障了地籍调查和土地总登记工作的顺利开展。此外，市调查登记办还建立了工作进度汇总制度，掌握总体情况，督促各单位按计划推进各项任务。

（二）调整工作思路，编制年度计划。按照杨洪常委会议精神，调整工作思路，取消试点，2016 年 3 月，重新制定了《深圳市地籍调查和土地总登记工作方案》（以下简称《工作方案》）并报市政府办公厅正式印发。按照十大专项行动部署，我委组织各区政府及用地单位主管部门申报 2016 年度地籍调查计划，经我委统筹协调后，向市财政委申报计划调整。此外，我委还组织编制了地籍调查经费预算标准，划分了建成区和非建成区，编制了采购需求文件，招标确定了 13 家调查作业单位。

深圳市人民政府办公厅

深府办函〔2016〕40 号

深圳市人民政府办公厅关于印发深圳市地籍调查和土地总登记工作方案的通知

各区人民政府，市政府直属各单位：

《深圳市地籍调查和土地总登记工作方案》已经市政府同意，现予印发，请认真组织实施。

深圳市人民政府办公厅
2016 年 3 月 18 日

深圳市地籍调查和土地总登记工作方案

为做好地籍调查和土地总登记工作，根据《中华人民共和国土地管理法》、《不动产登记暂行条例》等法律法规，按照《中共深圳市委贯彻落实〈中共中央关于全面深化改革若干重大问题的决定〉的实施意见》和市政府常务会议要求，结合我市实际，制定本方案。

一、背景和意义

党的十八届三中全会提出要健全归属清晰、权责明确、保护严格、流转顺畅的现代产权制度。《中共中央国务院关于进一步加强城市规划建设管理工作的若干意见》要求用 5 年左右时间，全面清查并处理建成区违法建设。为贯彻落实中央有关精神和市委市政府加强城市管理治理工作部署，亟需通过开展全面的地籍调查和土地总登记工作，摸清土地资产家底，明晰土地权属关系，健全现代产权制度，盘活存量土地资产，促进资源空间优化配置；加快违法建筑疏导处置，提升城市治理水平；保护权利人合法财产权，保障社会和谐稳定，为深圳现代化国际化创新型城市建设提供有力支撑。

二、目标和任务

（一）工作目标。

一是用 5 年时间全面查清全市范围内的土地权属状况，摸清

— 2 —

图 10-1　深圳市地籍调查和土地总登记工作方案

（三）开展 20 多项方案编制和标准规范建设。按照市委市政府总体部署，我委编制了《工作方案》、《实施方案》及其范本、宣传方案、培训方案等，组织制定了《深圳市地籍调查规程（试行）》、《地籍调查工程监理细则》、《地籍调查成果检查验收办法》、《地籍调查数据库标准》、《深圳市调查登记办工作规则》、《地籍调查和土地总登记实施操作指引》、《地籍调查成本综合预算标准（试行）》等一系列标准和规范，为地籍调查和土地总登记工作提供制度和技术规范保障。

（四）推进系统建设，建立不动产籍信息平台。建立不动产籍信息平台应用框架，为地籍调查和土地总登记工作提供信息化支撑，各区政府、经贸信息委、管理局、储备中心、测绘大队、信息中心、作业单位等多个部门通过不动产籍信息平台开展地籍调查工作，实现地籍调查全流程规范化管理，系统自动生成权属文件库、地籍档案自动组卷归档，前期清查、宗地预分宗、宗地调查等阶段成果逐宗录入、数据自动校核，地籍数据、地籍档案等成果质量得到有效管控，从系统自动提取数据统计地籍调查和土地总登记工作进度，实现地籍调查和土地总登记工作的有效监管。

（五）组织开展宣传动员工作。2016 年 9 月 14 日，经市政府同意，我委正式发布《关于开展地籍调查和土地总登记工作的通告》，向社会通告工作目的、时限、机构及配合事项等信息。通过多种渠道宣传和解读《工作方案》，深圳特区报、深圳卫视等多家重要媒体对此项工作进行了专题报道。

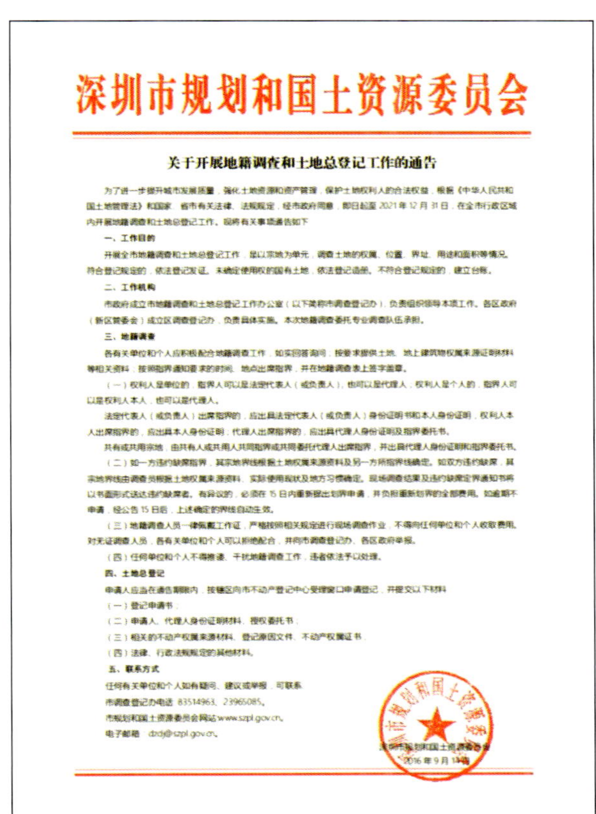

深圳市规划和国土资源委员会

关于开展地籍调查和土地总登记工作的通告

为了进一步提升城市发展质量，强化土地资源和资产管理，保护土地权利人的合法权益，根据《中华人民共和国土地管理法》和国家、省市有关法律、法规规定，经市政府同意，即日起至 2021 年 12 月 31 日，在全市行政区域内开展地籍调查和土地总登记工作。现将有关事项通告如下

一、工作目的

开展全市地籍调查和土地总登记工作，是以宗地为单元，调查土地的权属、位置、界址、用途和面积等情况。符合登记规定的，依法登记发证。未确定使用权的国有土地，依法登记造册。不符合登记规定的，建立台帐。

二、工作机构

市政府成立市地籍调查和土地总登记工作办公室（以下简称市调查登记办），负责组织领导本项工作。各区政府（新区管委会）成立区调查登记办，负责具体实施。本次地籍调查委托专业调查队伍承担。

三、地籍调查

各有关单位和个人应积极配合地籍调查工作，如实回答询问，按要求提供土地、地上建筑物权属来源证明材料等相关资料，按照指界通知要求的时间、地点出席指界，并在地籍调查表上签字盖章。

（一）权利人是单位的，指界人可以是法定代表人（或负责人），也可以是代理人；权利人是个人的，指界人可以是权利人本人，也可以是代理人。

法定代表人（或负责人）出席指界的，应出具法定代表人（或负责人）身份证明书和本人身份证明；权利人本人出席指界的，应出具本人身份证明；代理人出席指界的，应出具代理人身份证明及指界委托书。

共有或共用宗地，由共有人或共用人共同指界或共同委托代理人出席指界，并出具代理人身份证明和指界委托书。

（二）如一方违约缺席指界，其宗地界线根据土地权属来源资料及另一方所指界线确定。如双方违约缺席，其宗地界线由调查员根据土地权属来源资料、实际使用现状及地方习惯确定。现场调查结果及违约缺席定界通知书将以书面形式送达违约缺席者。有异议的，必须在 15 日内重新提出划界申请，并负担重新划界的全部费用。如逾期不申请，经公告 15 日后，上述确定的界线自动生效。

（三）地籍调查人员一律佩戴工作证，严格按照相关规定进行现场调查作业，不得向任何单位和个人收取费用。对无证调查人员，各有关单位和个人可以拒绝配合，并向市调查登记办、各区政府举报。

（四）任何单位和个人不得阻挠、干扰地籍调查工作，违者依法予以处理。

四、土地总登记

申请人应当在通告期限内，按辖区向市不动产登记中心受理窗口申请登记，并提交以下材料

（一）登记申请书；

（二）申请人、代理人身份证明材料、授权委托书；

（三）相关的不动产权属来源材料、登记原因文件、不动产权属证书；

（四）法律、行政法规规定的其他材料。

五、联系方式

任何有关单位和个人如有疑问、建议或举报，可联系

市调查登记办电话 83514963、23965085。

市规划和国土资源委员会网站 www.szpl.gov.cn。

电子邮箱：dzdj@szpl.gov.cn。

深圳市规划和国土资源委员会

2016 年 9 月 14 日

图 10-2 关于开展地籍调查和土地总登记工作的通告

（六）**开展上千余人次的业务培训。**由于我市地籍调查工作基础薄弱，市调查登记办积极组织业务培训工作，截至12月15日，举办了8期共1191人次的业务培训，其中对600多名考试合格的专业技术人员核发了地籍调查工作证。培训对象涵盖各区政府、街道、社区、股份公司、各管理局及调查作业单位等业务骨干。

图10-3　深圳市地籍调查和土地总登记培训班

二、不动产统一登记

按照国家和省对不动产统一登记工作最新要求，认真贯彻《不动产登记暂行条例》和实施细则，紧扣国土部地籍管理司提出的2016年工作要点，在实现登记职责整合后，以不动产登记在基层落地为抓手，在配套制度建设、登记衔接整合、不动产权利体系完善等方面推进不动产统一登记工作。

（一）**制度供给方面。**开展了房地产登记条例评估及立法建议研究，立足不动产登记政策环境，评估我市现有房地产登记政策体系，向市人大报送了《深圳经济特区不动产登记条例》立法项目建议；针对我市林权登记及林权管理存在的问题和不足，开展深圳市不动产统一登记制度体系下的林权登记制度建设和实施研究，会同林业部门联合印发了《关于印发国有林场林权确权发证工作的通知》（深林[2016]101号），明确了林权调查、确权、登记与不动产统一登记的衔接要求，并配套制定了《不动产权籍调查表(林权类)》等式样表格，实质性地推进了林权登记与不动产登记的整合衔接。

（二）**信息化建设方面。**一是继续开展系统升级重建，不动产登记系统一期于2016年5月3日正式上线运行。二是推进跨部门的信息共享，我市不动产登记已实现与土地、房屋交易审批主管等部门的信息实时互通共享，与地税部门的业务协同，与监察、住建、公安、民政、工商、教育、统计、社保等部门的信息共享。三是开展与国土资源部不动产登记信息平台对接工作，目前已完成对接初步设计，正在开展相关编码开发工作，预计年底前接入国家级信息平台。

（三）**完善不动产权籍调查工作体系方面。**编制完成了《深圳市宗地代码编制管理工作规则（试行）》，该编码规则及地籍区（子区）成果已全面用于登记业务。各相关业务系统改造工作也已经同步完成并上线应用，2016年10月8日起，在深圳市全面施行全国宗地统一代码及不动产单元代码，上线使用地籍区（子区）成果，相关管理信息系统、证照文书增加宗地代码。

（四）**完善不动产权利体系建设方面。**在《物权法》有关地役权制度总体设计的基础上，细化开展地役权适用类型实践分析研究，从实践层面探索地役权的适用类型与适用范围等问题。针对深圳市城市建设亟待解决的地铁出入口、风亭、空中连廊、地下通道等情况，探索地役权适用的可行性，与不动产登记进行充分衔接，完善我市不动产权利体系建设，促进地役权制度尽早走向实际应用。

三、日常地籍管理

一是持续对地籍业务全过程开展地籍数据更新日常监控工作，确保地籍数据质量。截至 2016 年底，共完成 13328 项更新任务，年度发起更新任务 1839 项。逐月发布地籍数据质量监控报告，建立并不断完善地籍数据更新规范，对日常更新的地籍数据进行实时校核，对监控中发现的数据问题进行追源分析，提出业务规则改进建议，加强信息系统控制，推动问题的解决。通过地籍数据质量监控及更新工程，实现业务、系统、数据的全面提升。

二是根据最新的行政界线调整了地籍区（子区）范围。根据《国土资源部办公厅关于加快推进地籍区（子区）划分工作的通知》（国土资厅发〔2016〕30 号），按照数据汇交成果要求，对成果数据格式进行标准化处理和坐标转换，协助完成行政区划界线的接边处理，按时完成六个县级行政区划的地籍区（子区）划分成果的汇交任务。

第四节　地籍、房产与拆迁测绘

一、地籍测绘

地籍测绘包括地籍核查、建设用地地界测放点、宗地图与宗地附图制作、变更调查及地籍数据清理等内容。2016 年度，共完成地籍测绘任务 543 项，其中制作宗地图与证书附图 136 宗；完成地界放桩 99 宗，测放点 296 宗。

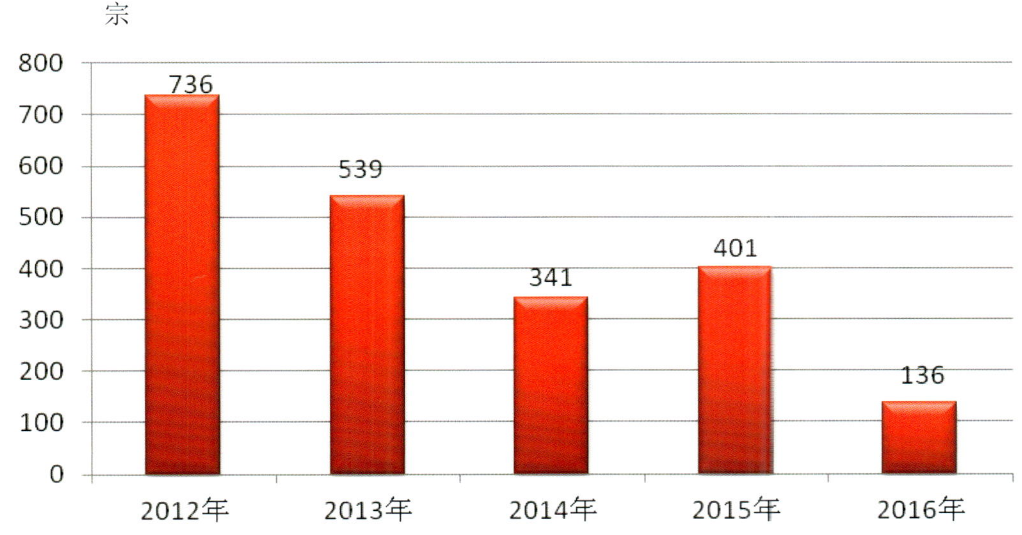

图 10-4　近 5 年完成宗地图制作情况

二、房产测绘

2016 年度共计完成房产测绘业务 886 件，建筑面积约 6082 万平方米。完成施工图测算项目 99 项，约 1342 万平方米；预售测绘项目共 152 项，建筑面积 1601 万平方米；竣工查丈项目共 431 项，约 2780 万平方米；现状测绘、分割测绘项目共 204 项，约 359 万平方米。

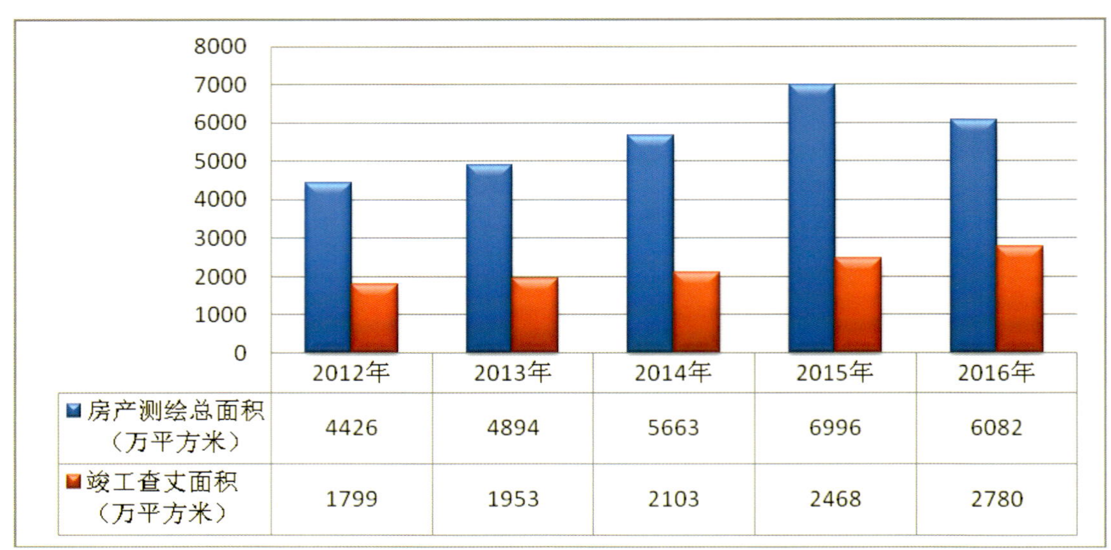

	2012年	2013年	2014年	2015年	2016年
房产测绘总面积（万平方米）	4426	4894	5663	6996	6082
竣工查丈面积（万平方米）	1799	1953	2103	2468	2780

图 10-5　近 5 年完成房产测绘情况

三、拆迁测绘

2007 年 2 月，深圳市人民政府发布第 161 号令，自当年 3 月 5 日起执行《深圳市公共基础设施建设项目房屋拆迁管理办法》，规定："公共基础设施建设项目房屋拆迁中的查勘、测绘工作应当委托市政府设立的地籍测绘机构实施。法律、法规另有规定或者特殊情况需要的，拆迁人可以委托具备法定自治和良好信誉的其他测绘机构进行查勘、测绘。"2016 年度，深圳市地籍测绘大队共完成收地拆迁测绘业务共 39 项。

第五节 城市规划测量

一、城市规划测量的主要内容

城市规划测量的依据是《广东省实施中华人民共和国城市规划法办法》和《深圳市城市规划条例》。

（一）建设工程开工验线。即批准的建筑设计方案在实地放桩定位后的复核工作，主要检查建筑物定位是否与批准的建筑设计图相符，是否符合《深圳市建设用地规划许可证》或相关规划设计要点（退红线要求）。验线合格需要在《深圳市建设工程规划许可证》或《桩基础报建证明书》上作记录。

（二）建设工程竣工测量。主要为建设工程规划、消防、人防等验收提供具有法律效力的基础数据，主要成果包括《建设工程竣工测量报告》和《房屋建筑面积测绘报告》（竣工测绘）两部分。《建设工程竣工测量报告》主要内容有：测量说明、建筑物退红线距离、层数、层高、现状图，并在图上标注宗地红线和界桩点坐标、室内外地坪标高、建筑物基底形状、房角点坐标及四至范围等；《房屋建筑面积测绘报告》（竣工测绘）包括计算（复核）说明、建筑面积汇总表、公用面积分户汇总表、房屋建筑面积分户汇总表、分户平面图、分户编号及位置图等。

（三）市政工程竣工测量。检查城市规划区内的道路、桥梁、隧道、轨道、交通设施等公共设施工程的竣工是否符合《建设工程规划许可证》及经核准的施工图（如发生对规划有影响的设计变更，手续是否完备合法）中有关规划方面的指标和内容。

二、2016年完成城市规划测量情况

2016 年共完成工程验线 289 项；完成建设工程竣工验收（规划监督）测量 431 项，面积 2780 万平方米；完成市政工程竣工测绘 79 项。

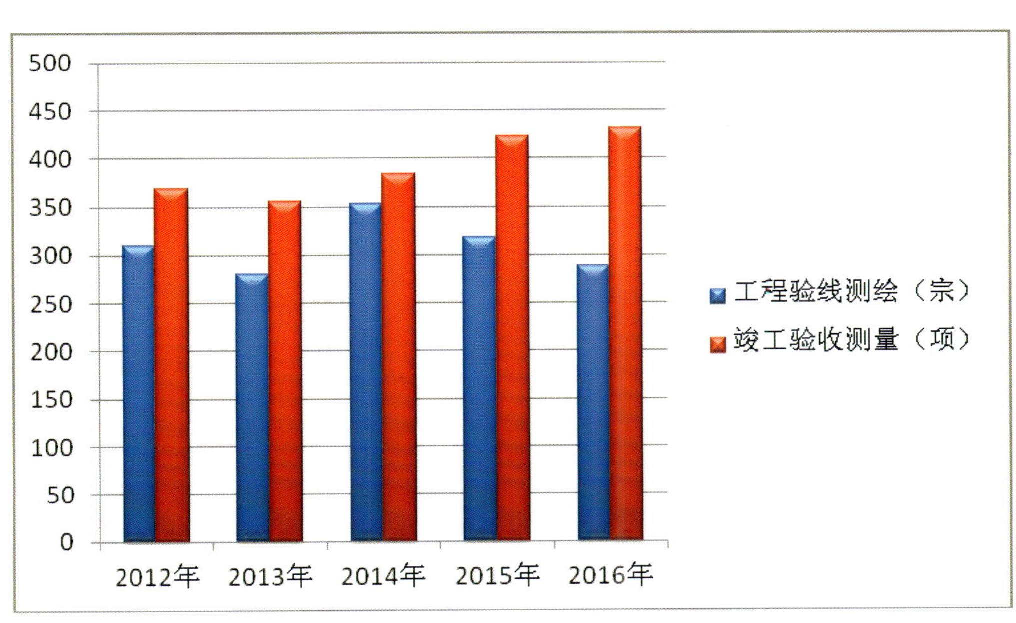

图 10-6 近 5 年完成城市规划测量情况

第六节　行业协会

深圳市测绘学会成立于 1997 年 5 月。2010 年 5 月召开第四次会员代表大会，进行了换届工作。第四届理事会由 61 名理事组成，理事长由市规划和国土资源委员会郭仁忠副主任担任，设六名副理事长和 23 名常务理事及正副秘书长。现有会员单位 46 家、个人会员 308 人。2017 年 2 月正式更名为深圳市测绘地理信息学会

2016 年，学会在市规划和国土资源委员会、市民政局的领导下，在市科协、中国测绘学会、省测绘学会的关怀指导下，结合行业特点和深圳市的实际情况，多渠道开展学会活动，在当好助手、起桥梁纽带作用方面取得了一定成绩，在探索学会工作新路子、努力创品牌学会的实践中，向前迈进了一步：

一是加强组织建设，进一步提升学会服务能力。2016 年，学会分别召开常务理事会和理事会，重点学习传达中国测绘地理信息学会团体会员工作会议暨全国测绘学会工作会议、中国测绘地理信息学会年会等会议精神，审议并原则通过了深圳市测绘学会第四届理事会工作报告、财务报告、换届选举方案，研究确定了会费标准调整方案等。为充分利用市科协平台加强与全市科技工作者的交流与联系，已申请加入深圳市科协会员单位。根据市民政局要求，按时通过年检。

二是重视交流互动，搭建测绘科技交流平台。积极组织市相关单位和企业分别参加了多项交流活动：3 月 30 日在湖南长沙召开的全国测绘地理信息学会工作会暨团体会员工作会议；11 月 1–3 日在湖南长沙召开的 2016 年中国地理信息产业大会；11 月 10–11 日在广西南宁召开的以“互联网+测绘地理信息”为主题的中国测绘地理信息学会 2016 年学术年会，我学会郭仁忠理事长受邀出席开幕式，并作题为《土地科技创新体系建设与测绘机遇》的特邀报告。

三是开展文体活动，丰富测绘地理信息职工生活。7 月 18 日，由中国测绘地理信息学会主办的“中国四维杯”第十二届全国测绘地理信息职工定向越野赛在贵州省兴义市举行。学会组织全市近百人共 7 个代表队参加了比赛。深圳代表队共获得集体奖 6 项，个人奖 9 项。学会连续三年获优秀组织奖。

四是提升专业能力，积极参与各类学习培训。及时向我市各测绘地理信息企事业单位转发国家和省行业主管部门及学会等机构组织的各类培训通知，各会员单位结合自身需求，选择性参加培训学习，提高培训活动的针对性和实效性，努力提高测绘与地理信息技术人员的业务水平。

五是注重奖励机制，组织开展科技奖励申报工作。及时向广大会员单位转发评奖文件，并积极组织申报工作。经评选公示，我市本年度共获奖项 43 项，较 2015 年度增加 30%。其中：中国测绘学会颁发 24 项：全国优秀测绘工程奖金奖 4 项、银奖 4 项、铜奖 12 项，测绘科技进步奖三等奖 1 项，优秀地图作品裴秀奖银奖 1 项、铜奖 2 项；中国地理信息产业协会颁发 19 项：2016 地理信息科技进步奖三等奖 2 项，2016 中国地理信息产业优秀工程奖金奖 2 项、银奖 2 项、铜奖 10 项；我市三家测绘资质单位获 2016 中国地理信息产业百强企业称号：深圳市勘察研究院有限公司（第 25 名）、深圳市凯立德科技股份有限公司（第 34 名）、深圳市勘察测绘院有限公司（第 73 名）。

第十一章 房地产行业管理

第一节 资质管理

一、开发企业资质管理情况

截至 2016 年 12 月 31 日，具有开发资质的企业为 856 家。其中，深圳市共有国家开发企业一级资质企业 16 家，二级资质企业 27 家，具体名单见下表：

表 11-1 具有开发资质企业的名单

企业 ID	企业名称	企业 ID	企业名称
1	深圳市金建业房地产开发有限公司	25	深圳市博众置业有限公司
2	深圳市华讯方舟投资有限公司	26	深圳市中瑞钟表科技开发有限公司
3	深圳市梓盛发实业集团有限公司	27	深圳银天中兴房地产开发有限公司
4	深圳市南联投资发展有限公司	28	深圳市创浩通房地产开发有限公司
5	深圳市茂兴置业有限公司	29	深圳市百年春投资发展有限公司
6	深圳市鹏华达实业有限公司	30	深圳市比亚迪实业发展有限公司
7	深圳市华中城房地产开发有限公司	31	深圳华强永兴投资有限公司
8	深圳华侨城股份有限公司	32	深圳市宁佳置业有限公司
9	深圳市百基业实业有限公司	33	深圳市金鼎盛实业发展有限公司
10	深圳市桂菪园实业有限公司	34	深圳华讯伟豪房地产开发有限公司
11	深圳深九国际物流有限公司	35	建滔数码发展（深圳）有限公司
12	深圳市汇威投资有限公司	36	深圳市凯丰实业有限公司
13	深圳市特皓集团股份有限公司	37	深圳金域融泰投资发展有限公司
14	深圳市泰富华悦都会置业有限公司	38	深圳市深信西部房地产有限公司
15	深圳鸿德房地产开发有限公司	39	深圳市金安轩投资发展有限公司
16	富德义（深圳）投资发展有限公司	40	深圳市尖莎咀上和房地产开发有限公司
17	深圳市鹏城瑞泰投资有限公司	41	深圳市澳瑞房地产开发有限公司
18	深圳市正天龙房屋科技开发有限公司	42	深圳市星顺房地产开发有限公司
19	深圳市有所为置业有限公司	43	粤海置地（深圳）有限公司
20	深圳市兴围股份合作公司	44	深圳市禾兴隆实业有限公司
21	深圳市正晟达投资发展有限公司	45	深圳市华超金都投资有限公司
22	深圳中维菁山房地产开发有限公司	46	深圳市财富城投资有限公司
23	深圳市盛迪嘉置地有限公司	47	深圳市横岗联合投资发展有限公司
24	深圳恒邦伟业投资集团有限公司	48	深圳市桑泰东涌投资有限公司

（续表）

企业 ID	企业名称
49	深圳市乐安房地产有限公司
50	深圳市泰富华澜湾置业有限公司
51	深圳市汇鑫产业发展有限公司
52	汇邦（深圳）置业有限公司
53	深圳市颐轩房地产开发有限公司
54	深圳市红荷纷园房地产开发有限公司
55	深圳市红荷坊房地产开发有限公司
56	深圳市弘安房地产开发有限公司
57	深圳天安云谷投资发展有限公司
58	深圳市裕和投资有限公司
59	深圳市德博房地产开发有限公司
60	深圳市龙光骏景房地产开发有限公司
61	深圳市怡瑞达实业有限公司
62	深圳龙岗区启迪协信科技园发展有限公司
63	深圳市富上佳房地产开发有限公司
64	深圳市天勤置业有限公司
65	深圳市锦峰城房地产开发有限公司
66	深圳市德瀚投资发展有限公司
67	深圳棕科置业有限公司
68	深圳仙诺制药有限公司
69	深圳市中通永安置地有限公司
70	深圳市悦峰投资有限公司
71	深圳市毅骏房地产开发有限公司
72	深圳市盐田佳兆业房地产开发有限公司
73	深圳市迅和投资发展有限公司
74	深圳市向西雍睦豪庭房地产开发有限公司
75	深圳市万科云城置地有限公司
76	深圳市万科云城商业有限公司
77	深圳市万科云城房地产开发有限公司
78	深圳市世基房地产开发有限公司
79	深圳市盛隆兴业投资发展有限公司
80	深圳市山厦股份合作公司
81	深圳市润科房地产开发有限公司
82	深圳市瑞和佳源房地产开发有限公司
83	深圳市儒骏泰峰房地产开发有限公司
84	深圳市鹏广达投资发展有限公司
85	深圳市龙嘉房地产有限公司
86	深圳市龙城广场房地产开发有限公司
87	深圳市浪骑游艇会有限公司

（续表）

企业 ID	企业名称
88	深圳市锦福源投资发展有限公司
89	深圳市金中池投资发展有限公司
90	深圳市金骏房地产有限公司
91	深圳市嘉兴福房地产开发有限公司
92	深圳市黄贝岭靖轩实业股份有限公司
93	深圳市华昌贸易有限公司
94	深圳市国速房地产开发有限公司
95	深圳市国惠康国泰房地产开发有限公司
96	深圳市高力特房地产开发有限公司
97	深圳市骏腾置业有限公司
98	深圳市奥宸房地产开发有限公司
99	深圳朗泓房地产有限公司
100	深圳华谊兄弟文化创意产业有限公司
101	深业进智物流发展有限公司
102	深圳市安托山投资发展有限公司
103	海信南方有限公司
104	中粮地产（深圳）实业有限公司
105	耀骏贸易（深圳）有限公司
106	深圳市燕翰实业有限公司
107	深圳市联建投资发展有限公司
108	深圳市远为科技发展有限公司
109	深圳市新南水门投资有限公司
110	深圳市向南枫叶投资有限公司
111	深圳市太子广场置业有限公司
112	深圳市深业中城有限公司
113	深圳市赛格新城市建设发展有限公司
114	深圳市荣超前海发展有限公司
115	深圳市鹏广达置业有限公司
116	深圳市鹏广达商业管理有限公司
117	深圳市磐业科技开发有限公司
118	深圳市龙园凯利恒丰房地产股份有限公司
119	深圳市径腾投资发展有限公司
120	深圳市景华投资发展有限公司
121	深圳市家乐实业发展公司
122	深圳市富士投资（集团）有限公司
123	深圳市盛迪嘉置业有限公司
124	深圳市赤湾投资发展有限公司
125	深圳市赤湾房地产开发有限公司
126	深圳深中润投资控股有限公司

（续表）

企业 ID	企业名称
127	深圳金利通投资有限公司
128	加福投资（深圳）有限公司
129	前海君临实业发展（深圳）有限公司
130	深圳市万京投资有限公司
131	深圳泰禾房地产开发有限公司
132	深圳市淞江康纳投资有限公司
133	深圳市众驰伟业投资发展有限公司
134	深圳市善嘉置业有限公司
135	深圳市富驰房地产开发有限公司
136	深圳市德润创展房地产开发有限公司
137	深圳市易尚数字技术发展有限公司
138	深圳市宜泰置业发展有限公司
139	深圳市苏豪投资有限公司
140	深圳市中洲投资控股股份有限公司
141	卓越置业集团有限公司
142	深圳华侨城房地产有限公司
143	深业南方地产（集团）有限公司
144	中粮地产（集团）股份有限公司
145	佳兆业集团（深圳）有限公司
146	深业鹏基（集团）有限公司
147	深圳市富通房地产集团有限公司
148	深圳市天健房地产开发实业有限公司
149	深圳市振业（集团）股份有限公司
150	中海地产集团有限公司
151	深圳市东部开发（集团）有限公司
152	深圳招商房地产有限公司
153	龙光地产股份有限公司
154	恒大地产集团有限公司
155	万科企业股份有限公司
156	深圳市丰盛投资集团有限公司
157	深圳市福民合建投资有限公司
158	深圳市华茂嘉投资有限公司
159	深圳市南岭新力佳投资有限公司
160	深圳市红荷新城房地产开发有限公司
161	华联控股股份有限公司
162	深圳市崇诚房地产有限公司
163	深圳市怀德房地产开发有限公司
164	深圳市东方尊峪房地产开发有限公司
165	深圳市佳昌业投资有限公司

（续表）

企业 ID	企业名称
166	深圳市方大置业发展有限公司
167	深圳市锦福城房地产开发有限公司
168	深圳市景业房地产开发有限公司
169	深圳市德欣房地产开发有限公司
170	雄伟房地产开发（深圳）有限公司
171	深圳湾游艇会有限公司
172	北方工业深圳投资有限公司
173	深圳市秋铭投资发展有限公司
174	深圳市合裕房地产开发有限公司
175	深圳市鹏广达广场商业发展有限公司
176	深圳坪山招商房地产有限公司
177	美洲联冠置业（深圳）有限公司
178	深圳市泰新利物业管理有限公司
179	深圳市喀斯特中环星苑置业有限公司
180	深圳市龙华龙屋投资有限公司
181	深圳市天居基业投资有限公司
182	深圳市金利居房地产开发有限公司
183	深圳市大新常盛投资有限公司
184	综合信兴盐保物流（深圳）有限公司
185	中国中电国际信息服务有限公司
186	万菱实业（深圳）有限公司
187	深圳中铁粤丰置业有限公司
188	深圳正中置业有限公司
189	深圳雅宝房地产开发有限公司
190	深圳万庭房地产开发有限公司
191	深圳市铖源实业发展有限公司
192	深圳市曦湾名苑地产有限公司
193	深圳市卓越康华贸易有限公司
194	深圳市卓越宝中房地产开发有限公司
195	深圳市中兴投资有限公司
196	深圳市中添威商贸有限公司
197	深圳市中天美景地产投资有限公司
198	深圳市中航华城置业发展有限公司
199	深圳市中航长泰投资发展有限公司
200	深圳市中海德投资发展有限公司
201	深圳市中富田房地产开发有限公司
202	深圳市友盛地产有限公司
203	深圳市银江置地开发有限公司
204	深圳市信珏房地产开发有限公司

（续表）

企业 ID	企业名称
205	深圳市新屋吓英隆房地产开发有限公司
206	深圳市新建投资发展有限公司
207	深圳市新辉大实业发展有限公司
208	深圳市翔奥投资发展有限公司
209	深圳市下水径投资有限公司
210	深圳市五联将军帽房地产开发有限公司
211	深圳市万疆城投资发展有限公司
212	深圳市田心实业股份有限公司
213	深圳市天就房地产开发有限公司
214	深圳市世纪旭源投资发展有限公司
215	深圳市润创兴投资有限公司
216	深圳市荣超英隆房地产开发有限公司
217	深圳市鹏润达投资发展有限公司
218	深圳市美地置业发展有限公司
219	深圳市龙志投资发展有限公司
220	深圳市龙泉别墅投资发展有限公司
221	深圳市龙井实业股份有限公司
222	深圳市龙岗德兴房地产开发有限公司
223	深圳市鲤鱼门投资发展有限公司
224	深圳市乐丰投资发展有限公司
225	深圳市朗通房地产开发有限公司
226	深圳市九州房地产开发有限公司
227	深圳市金地大百汇房地产开发有限公司
228	深圳市金城光明房地产有限公司
229	深圳市建合恒投资有限公司
230	深圳市佳米基投资有限公司
231	深圳市嘉霖房地产有限公司
232	深圳市集泰实业发展有限公司
233	深圳市吉厦房地产开发有限公司
234	深圳市汇港城投资有限公司
235	深圳市湖润房地产开发有限公司
236	深圳市湖贝实业股份有限公司
237	深圳市红荷森泉置业发展有限公司
238	深圳市红荷房地产开发有限公司
239	深圳市弘金地网球俱乐部有限公司
240	深圳市鸿翔实业有限公司
241	深圳市恒豪实业有限公司
242	深圳市和正泰投资发展有限公司
243	深圳市海之湾科技有限公司

（续表）

企业 ID	企业名称
244	深圳市海科兴留学生产业基地投资有限公司
245	深圳市海汇房地产开发有限公司
246	深圳市港信达投资发展有限公司
247	深圳市富源房地产开发有限公司
248	深圳市富腾投资发展有限公司
249	深圳市福盈置地控股有限公司
250	深圳市福田实业发展有限公司
251	深圳市地业乐安房地产有限公司
252	深圳市德涵投资发展有限公司
253	深圳市大鹏佳兆业房地产开发有限公司
254	深圳市长庆房地产开发有限公司
255	深圳市滨海置业有限公司
256	深圳市宝安石鸿工贸有限公司
257	深圳市保利置地房地产开发有限公司
258	深圳市安鸿业房地产开发有限公司
259	深圳荣超实业有限公司
260	深圳麓园房地产开发有限公司
261	深圳宏明国际地产集团有限公司
262	深业沙河(集团)有限公司
263	彭年中外企业家俱乐部（深圳）有限公司
264	丽廷实业（深圳）有限公司
265	江胜房地产开发（深圳）有限公司
266	鸿硕房地产开发（深圳）有限公司
267	亨德来实业发展（深圳）有限公司
268	宝吉工艺品（深圳）有限公司
269	宝城物业管理（深圳）有限公司
270	宝能城有限公司
271	深圳市金洪实业投资发展有限公司
272	深圳市力高大道置业有限公司
273	深圳市红荷缇居房地产开发有限公司
274	深圳市文宝峰投资发展有限公司
275	中海信科技开发（深圳）有限公司
276	中国长安汽车集团深圳投资有限公司
277	运泰建业置业（深圳）有限公司
278	新旺实业发展（深圳）有限公司
279	深圳西丽高尔夫球俱乐部有限公司
280	深圳西帝房地产开发有限公司
281	深圳腾鸿投资有限公司
282	深圳市鑫地置业有限公司

（续表）

企业 ID	企业名称
283	深圳市正中房地产开发有限公司
284	深圳市正展实业有限公司
285	深圳市兆和置地投资有限公司
286	深圳市运发集团股份有限公司
287	深圳市粤长辉实业发展有限公司
288	深圳市裕兴顺房地产开发有限公司
289	深圳市雨霖投资有限公司
290	深圳市渔丰实业股份有限公司
291	深圳市永利鸿盈投资有限公司
292	深圳市永和投资发展有限公司
293	深圳市银浩实业有限公司
294	深圳市阳光海滨投资有限公司
295	深圳市宣威田丰房地产开发有限公司
296	深圳市星都置业有限公司
297	深圳市新安上合股份合作公司
298	深圳市厦村房地产开发有限公司
299	深圳市西湖股份有限公司
300	深圳市维时科技实业发展有限公司
301	深圳市万博仕科技有限公司
302	深圳市天悦房地产开发有限公司
303	深圳市桃花园置业有限公司
304	深圳市泰业投资有限公司
305	深圳市蛇口湾厦置业有限公司
306	深圳市山海情置业有限公司
307	深圳市荣丰源投资发展有限公司
308	深圳市荣超投资发展有限公司
309	深圳市坪山新区城市建设投资有限公司
310	深圳市鹏龙实业有限公司
311	深圳市鹏城置业投资发展有限公司
312	深圳市明泰润投资发展有限公司
313	深圳市美宝田实业有限公司
314	深圳市绿洲丰和投资发展有限公司
315	深圳市绿色满庭芳实业发展有限公司
316	深圳市六和房地产开发有限公司
317	深圳市霖梓投资发展有限公司
318	深圳市林江房地产有限公司
319	深圳市骏泰房地产开发有限公司
320	深圳市金泽实业发展有限公司
321	深圳市金益田实业发展有限公司

（续表）

企业 ID	企业名称
322	深圳市金地住宅开发有限公司
323	深圳市金地新城房地产开发有限公司
324	深圳市金地日城改造开发有限公司
325	深圳市金地宝城房地产开发有限公司
326	深圳市教新实业有限公司
327	深圳市嘉盛城投资有限公司
328	深圳市华园房地产开发有限公司
329	深圳市华佳业房地产开发有限公司
330	深圳市厚华投资有限公司
331	深圳市红荷庭苑房地产开发有限公司
332	深圳市弘都投资有限公司
333	深圳市宏达同实业有限公司
334	深圳市合正景园实业有限公司
335	深圳市海王星辰实业有限公司
336	深圳市广晟置业有限公司
337	深圳市港城建业房地产开发有限公司
338	深圳市富基投资集团有限公司
339	深圳市东部实业股份有限公司
340	深圳市鼎丰泰投资有限公司
341	深圳市大族基业房地产开发有限公司
342	深圳市大沙河创新走廊建设投资管理有限公司
343	深圳市传承房地产开发有限公司
344	深圳市潮商东部投资有限公司
345	深圳市长城物流有限公司
346	深圳市博住置业有限公司
347	深圳市博林房地产开发有限公司
348	深圳市博厚实业有限公司
349	深圳市宝安区福永物业发展总公司
350	深圳市安泰城投资发展有限公司
351	深圳妈湾电力有限公司
352	深圳九矿企业机械地盘工程公司
353	深圳华强高新产业园投资发展有限公司
354	深圳海王集团股份有限公司
355	深圳泛亚房地产开发有限公司
356	深圳邦兆房地产开发有限公司
357	华润置地（深圳）有限公司
358	华润置地（深圳）发展有限公司
359	华润深圳湾发展有限公司
360	华润（深圳）地产发展有限公司

（续表）

企业 ID	企业名称
361	和黄地产（深圳宝安）有限公司
362	港铁物业发展（深圳）有限公司
363	威新地产（深圳）有限公司
364	深圳市汇东房地产投资管理有限公司
365	壹方置业（深圳）有限公司
366	天基房地产开发（深圳）有限公司
367	深圳亘富投资有限公司
368	深圳正中商业管理有限公司
369	深圳市中航城投资有限公司
370	深圳市志天下实业有限公司
371	深圳市正大国利投资有限公司
372	深圳市耀都房地产开发有限公司
373	深圳市盐田港置业有限公司
374	深圳市新创基投资发展有限公司
375	深圳市祥盛房地产开发有限公司
376	深圳市祥华投资发展有限公司
377	深圳市夏浦光电技术有限公司
378	深圳市五联百合房地产开发有限公司
379	深圳市天耀投资发展有限公司
380	深圳市天勤房地产开发有限公司
381	深圳市腾龙达实业有限公司
382	深圳市特区建设发展集团有限公司
383	深圳市泰富华天峦湖置业有限公司
384	深圳市市建置业有限公司
385	深圳市润恒尚园房地产开发有限公司
386	深圳市泉堂实业发展有限公司
387	深圳市清水河实业有限公司
388	深圳市罗兰斯宝物业发展有限公司
389	深圳市龙盛豪庭投资有限公司
390	深圳市莲塘房地产开发有限公司
391	深圳市联合建业投资发展有限公司
392	深圳市康年科技有限公司
393	深圳市康达尔（集团）股份有限公司
394	深圳市建信锋源实业有限公司
395	深圳市坚得利实业有限公司
396	深圳市嘉鑫辉煌房地产有限公司
397	深圳市华兴广实业有限公司
398	深圳市恒地投资有限公司
399	深圳市光明商业中心开发有限公司

（续表）

企业 ID	企业名称
400	深圳市光明房地产开发公司
401	深圳市东海成投资有限公司
402	深圳市大新尚盛投资有限公司
403	深圳市诚品地产有限公司
404	深圳市昌盛投资发展有限公司
405	深圳市宝盛实业有限公司
406	深圳市宝安东海实业有限公司
407	深圳市百富隆新投资有限公司
408	华银通宝投资有限公司
409	深圳市喜盈盈投资有限公司
410	深圳市恒明珠房地产开发有限公司
411	深圳宝源创建有限公司
412	深圳市盛迪嘉房地产开发有限公司
413	深圳市生良房地产开发有限公司
414	深圳市联投置地有限公司
415	深圳市宝嘉新投资有限公司
416	永泰辉印刷（深圳）有限公司
417	深圳市建艺实业股份有限公司
418	华南国际工业原料城（深圳）有限公司
419	深圳市颂德房地产开发有限公司
420	杨富实业（深圳）有限公司
421	深圳市中海富地物业发展有限公司
422	深圳市致远房地产开发有限公司
423	深圳市新世界投资有限公司
424	深圳市万悦房地产开发有限公司
425	深圳市联城地产发展有限公司
426	深圳市利丰房地产开发有限公司
427	深圳市华熙房地产有限公司
428	深圳市鼎昌实业有限公司
429	振宇物业发展（深圳）有限公司
430	信和（深圳）实业发展有限公司
431	深圳卓越酒店管理有限公司
432	深圳中航城发展有限公司
433	深圳中海投资管理有限公司
434	深圳万泽碧轩房地产开发有限公司
435	深圳万科第五园房地产有限公司
436	深圳万科城房地产开发有限公司
437	深圳拓劲房地产开发有限公司
438	深圳市榕江实业有限公司

（续表）

企业 ID	企业名称
439	深圳市卓越康合投资发展有限公司
440	深圳市卓越康达贸易有限公司
441	深圳市众联业贸易有限公司
442	深圳市众冠股份有限公司
443	深圳市中洲宝城置业有限公司
444	深圳市中云投资发展有限公司
445	深圳市中盛投资开发有限公司
446	深圳市中林实业发展有限公司
447	深圳市中核兴业实业有限公司
448	深圳市中航城置业发展有限公司
449	深圳市中海海景山庄物业发展有限公司
450	深圳市志健实业有限公司
451	深圳市展远房地产开发有限公司
452	深圳市粤国投资发展有限公司
453	深圳市银星房地产开发有限公司
454	深圳市屹海达投资有限公司
455	深圳市屹海达实业有限公司
456	深圳市盐田港集团有限公司
457	深圳市雅豪园投资有限公司
458	深圳市信贤房地产开发有限公司
459	深圳市新润园房地产开发有限公司
460	深圳市新豪方房地产有限公司
461	深圳市物业房地产开发有限公司
462	深圳市维百盛房地产开发有限公司
463	深圳市旺海怡康实业发展有限公司
464	深圳市万龙靓投资发展有限公司
465	深圳市万联嘉投资发展有限公司
466	深圳市万科兴业房地产开发有限公司
467	深圳市万科溪之谷房地产有限公司
468	深圳市万科南苑房地产开发有限公司
469	深圳市万科南城房地产有限公司
470	深圳市万科九州房地产开发有限公司
471	深圳市万科道霖投资发展有限公司
472	深圳市万科城市建设管理有限公司
473	深圳市万科城市风景房地产开发有限公司
474	深圳市万科滨海房地产有限公司
475	深圳市万鸿嘉投资发展有限公司
476	深圳市万达裕实业发展有限公司
477	深圳市万畅房地产开发有限公司

（续表）

企业 ID	企业名称
478	深圳市天健龙岗房地产开发有限公司
479	深圳市天集开投资发展有限公司
480	深圳市天地（集团）股份有限公司
481	深圳市水榭花都房地产有限公司
482	深圳市水围实业股份有限公司
483	深圳市世博海滨实业发展有限公司
484	深圳市时代财富实业集团有限公司
485	深圳市深沙保（集团）有限公司
486	深圳市深润川实业有限公司
487	深圳市深宝实业股份有限公司
488	深圳市尚模发展有限公司
489	深圳市三泰投资有限公司
490	深圳市瑞荣达实业有限公司
491	深圳市鹏润达置业集团有限公司
492	深圳市鹏宝东物业发展有限公司
493	深圳市彭成地产有限公司
494	深圳市南油开发建设有限公司
495	深圳市名爵房地产开发有限公司
496	深圳市铭景实业有限公司
497	深圳市美地佳置业有限公司
498	深圳市满京华投资集团有限公司
499	深圳市龙康弘投资发展有限公司
500	深圳市龙华经济发展有限公司
501	深圳市龙岗鸿基房地产开发有限公司
502	深圳市联路投资管理有限公司
503	深圳市力基房地产有限公司
504	深圳市朗钜实业集团有限公司
505	深圳市科之谷投资有限公司
506	深圳市康达尔（集团）房地产开发有限公司
507	深圳市俊城房地产开发有限公司
508	深圳市君成投资发展有限公司
509	深圳市聚龙湾投资发展有限公司
510	深圳市景诚园投资有限公司
511	深圳市京地投资发展有限公司
512	深圳市锦新玥集团有限公司
513	深圳市锦年基础工程有限公司
514	深圳市津联泰投资有限公司
515	深圳市津房物业发展有限公司
516	深圳市金华南巴士股份有限公司

（续表）

企业 ID	企业名称
517	深圳市金亨利实业集团有限公司
518	深圳市金海港实业有限公司
519	深圳市金地利投资有限公司
520	深圳市建设控股龙岗房地产有限公司
521	深圳市建安（集团）股份有限公司
522	深圳市嘉福房地产开发有限公司
523	深圳市中民投资发展有限公司
524	深圳市华盛业投资有限公司
525	深圳市华明辉置业有限公司
526	深圳市花样年房地产开发有限公司
527	深圳市宏发投资集团有限公司
528	深圳市鸿荣源实业有限公司
529	深圳市鸿荣源房地产开发有限公司
530	深圳市恒运泰控股集团有限公司
531	深圳市恒裕实业（集团）有限公司
532	深圳市恒隆泰房地产开发有限公司
533	深圳市恒基泰投资集团有限公司
534	深圳市合正锦湖投资有限公司
535	深圳市合能房地产开发有限公司
536	深圳市合成隆实业开发有限公司
537	深圳市和诚鸿业投资发展有限公司
538	深圳市禾田居投资有限公司
539	深圳市禾田居投资发展有限公司
540	深圳市海轩投资发展有限公司
541	深圳市广盛荣投资有限公司
542	深圳市广森投资集团有限公司
543	深圳市光彩红投资控股有限公司
544	深圳市富德义房地产综合开发有限公司
545	深圳市富春东方房地产开发有限公司
546	深圳市福中福房地产开发有限公司
547	深圳市福田环庆实业股份有限公司
548	深圳市福东龙投资有限公司
549	深圳市方华房地产开发有限公司
550	深圳市方鼎实业投资发展有限公司
551	深圳市发中实业有限公司
552	深圳市恩地房地产有限公司
553	深圳市东浩荣房地产开发有限公司
554	深圳市东方欣悦实业有限公司
555	深圳市鼎胜投资有限公司

（续表）

企业 ID	企业名称
556	深圳市登程投资开发有限公司
557	深圳市大综艺房地产开发有限公司
558	深圳市大工业区（深圳出口加工区）开发管理集团有限公司
559	深圳市创城投资有限公司
560	深圳市城市建设投资发展有限公司
561	深圳市城龙房地产开发有限公司
562	深圳市百纳投资有限公司
563	深圳市奥康德投资开发有限公司
564	深圳市安业置业发展有限公司
565	深圳市安业房地产开发有限公司
566	深圳世纪星源物业发展有限公司
567	深圳深国投房地产开发有限公司
568	深圳龙岗大鹏长城实业发展有限公司
569	深圳经济特区工业园开发公司
570	深圳华逸园房地产开发有限公司
571	深圳华强广场控股有限公司
572	深圳冠洋房地产有限公司
573	深圳东部华侨城有限公司
574	深圳城盛房地产开发有限公司
575	三科控股集团有限公司
576	民生东都深圳房地产开发有限公司
577	莱蒙房地产（深圳）有限公司
578	莱华商置有限公司
579	君豪实业发展（深圳）有限公司
580	今盛工程管理咨询（深圳）有限公司
581	广东省水电集团有限公司深圳分公司
582	广东恒丰投资集团有限公司
583	丰隆集团有限公司
584	东港实业发展（深圳）有限公司
585	澳达实业发展（深圳）有限公司
586	百仕达地产有限公司
587	华润（深圳）有限公司
588	中粮地产集团深圳房地产开发有限公司
589	中建蛇口发展有限公司
590	中海月朗苑物业发展（深圳）有限公司
591	中国宝安集团股份有限公司
592	天安数码城（集团）有限公司
593	深圳卓越世纪城房地产开发有限公司

（续表）

企业 ID	企业名称
594	深圳卓越房地产开发有限公司
595	深圳置富房地产开发有限公司
596	深圳招商华侨城投资有限公司
597	深圳一冶南方实业有限公司
598	深圳信和（集团）有限公司
599	深圳信德丰房地产有限公司
600	深圳新安湖实业有限公司
601	深圳祥祺房地产开发有限公司
602	深圳厦飞龙置业发展有限公司
603	深圳拓万房地产开发有限公司
604	深圳天利地产集团有限公司
605	深圳天俊实业股份有限公司
606	深圳市翡翠花园房地产开发有限公司
607	深圳市圳宝实业有限公司
608	深圳市紫瑞房地产开发有限公司
609	深圳市卓越维港房地产开发有限公司
610	深圳市中洲置地有限公司
611	深圳市中银信置业有限公司
612	深圳市中金康发房地产开发有限公司
613	深圳市中海深圳湾房地产开发有限公司
614	深圳市中海日辉台物业发展有限公司
615	深圳市中海凯骊酒店管理有限公司
616	深圳市中爱联实业有限公司
617	深圳市招商创业有限公司
618	深圳市粤宝实业发展有限公司
619	深圳市裕德丰投资发展有限公司
620	深圳市优地房地产开发有限公司
621	深圳市永晋盈投资有限公司
622	深圳市银台实业集团有限公司
623	深圳市银海实业有限公司
624	深圳市阳光华艺房地产有限公司
625	深圳市雪霖集团有限公司
626	深圳市旭飞实业有限公司
627	深圳市旭道房地产开发有限公司
628	深圳市雄江投资发展有限公司
629	深圳市星河房地产开发有限公司
630	深圳市心海投资发展有限公司
631	深圳市新洲实业股份有限公司
632	深圳市新世界房地产开发有限公司

（续表）

企业 ID	企业名称
633	深圳市新生辉投资有限公司
634	深圳市香江置业有限公司
635	深圳市西城雅筑置业有限公司
636	深圳市武龙源房地产开发有限公司
637	深圳市万泽房地产开发集团有限公司
638	深圳市投资控股有限公司
639	深圳市桐林房地产开发有限公司
640	深圳市天麒房地产发展有限公司
641	深圳市特发集团有限公司
642	深圳市塘泰投资发展有限公司
643	深圳市松茂房地产集团有限公司
644	深圳市世之鼎实业有限公司
645	深圳市世纪汇鑫实业集团有限公司
646	深圳市世纪丰源投资发展有限公司
647	深圳市盛善投资有限公司
648	深圳市深港数码科技有限公司
649	深圳市蛇口湾厦实业股份有限公司
650	深圳市桑泰房地产开发有限公司
651	深圳市三新房地产开发有限公司
652	深圳市赛格地产投资股份有限公司
653	深圳市瑞恒投资发展有限公司
654	深圳市荣津实业集团有限公司
655	深圳市前海股份有限公司
656	深圳市鹏业房地产有限公司
657	深圳市鹏锦生投资发展有限公司
658	深圳市鹏达房地产开发有限公司
659	深圳市农科房地产开发有限公司
660	深圳市南园枫叶投资有限公司
661	深圳市南山罐头厂有限公司
662	深圳市南岭华业投资有限公司
663	深圳市民华投资有限公司
664	深圳市龙岗天安数码新城有限公司
665	深圳市联泰房地产开发有限公司
666	深圳市兰江房地产开发有限公司
667	深圳市蓝湾房地产开发有限公司
668	深圳市坤宜实业发展有限公司
669	深圳市巨银诚信投资发展有限公司
670	深圳市京基房地产股份有限公司
671	深圳市金洲房地产开发有限公司

（续表）

企业 ID	企业名称
672	深圳市金龙房地产开发有限公司
673	深圳市金海港房地产开发有限公司
674	深圳市金地源房地产开发有限公司
675	深圳市建业房地产开发有限公司
676	深圳市建设（集团）有限公司
677	深圳市佳家豪投资发展有限公司
678	深圳市嘉葆润房地产有限公司
679	深圳市嘉盈鑫实业有限公司
680	深圳市嘉旺城投资有限公司
681	深圳市嘉晨房地产投资有限公司
682	深圳市汇泰实业有限公司
683	深圳市皇城地产有限公司
684	深圳市华嵘投资集团有限公司
685	深圳市华兴昌实业有限公司
686	深圳市华联置业集团有限公司
687	深圳市宏发房地产开发有限公司
688	深圳市恒和基房地产开发有限公司
689	深圳市恒丰浩森房地产有限公司
690	深圳市合正房地产集团有限公司
691	深圳市荷康城房地产开发有限公司
692	深圳市汉森房地产开发有限公司
693	深圳市海怡湾畔房地产开发有限公司
694	深圳市海华实业有限公司
695	深圳市国正向前投资发展有限公司
696	深圳市国野股份有限公司
697	深圳市广业成投资发展有限公司
698	深圳市广兴源投资发展有限公司
699	深圳市广田置业有限公司
700	深圳市高发投资控股有限公司
701	深圳市岗宏集团有限公司
702	深圳市富通房地产开发投资有限公司
703	深圳市福城投资（集团）有限公司
704	深圳市东埔实业集团有限公司
705	深圳市东华实业（集团）有限公司
706	深圳市东方置地集团有限公司
707	深圳市鼎宏投资发展有限公司
708	深圳市地铁集团有限公司
709	深圳市德业基投资集团有限公司
710	深圳市大贸股份有限公司

（续表）

企业 ID	企业名称
711	深圳市创展置地实业发展有限公司
712	深圳市城市建设开发（集团）有限公司
713	深圳市超卓投资发展有限公司
714	深圳市草围投资有限公司
715	深圳市宝发投资有限公司
716	深圳市安联投资有限公司
717	深圳深业物流集团股份有限公司
718	深圳勤诚达地产有限公司
719	深圳南油房地产有限公司
720	深圳茂业（集团）股份有限公司
721	深圳兰亭房地产开发有限公司
722	深圳凯南房地产开发有限公司
723	深圳经济特区新华城有限公司
724	深圳宏达房地产开发有限公司
725	深圳恒丰房地产有限公司
726	深圳恒安房地产开发有限公司
727	深圳和记黄埔中航地产有限公司
728	深圳和记黄埔龙岗地产有限公司
729	深圳和记黄埔观澜地产有限公司
730	深圳广容丰投资发展有限公司
731	深圳冠懋房地产集团有限公司
732	深圳半岛城邦房地产开发有限公司
733	深业泰然（集团）股份有限公司
734	深业泰富物流集团股份有限公司
735	深联实业（深圳）有限公司
736	润杨集团（深圳）有限公司
737	仁恒置地（深圳）有限公司
738	佳峰房地产开发（深圳）有限公司
739	华业发展（深圳）有限公司
740	鸿荣源置业集团(深圳)有限公司
741	和记黄埔地产（深圳）有限公司
742	广东城脉地产有限公司
743	鼎太风华房地产开发(深圳)有限公司
744	鼎太房地产开发（深圳）有限公司
745	大中华国际集团（中国）有限公司
746	中海宝松物业发展（深圳）有限公司
747	中国南山开发（集团）股份有限公司
748	运泰实业（深圳）有限公司
749	新锦安实业发展（深圳）有限公司

（续表）

企业 ID	企业名称
750	太阳世纪地产集团有限公司
751	泰华房地产（中国）有限公司
752	世纪海景集团（深圳）有限公司
753	深圳中核集团有限公司
754	深圳中海地产有限公司
755	深圳兆科房地产有限公司
756	深圳耀华创建房地产发展有限公司
757	深圳兴辽实业有限公司
758	深圳新亚洲实业发展有限公司
759	深圳新浩房地产有限公司
760	深圳西京实业发展有限公司
761	深圳市麟恒投资发展有限公司
762	深圳市卓弘房地产开发有限公司
763	深圳市中熙房地产开发有限公司
764	深圳市知本投资集团有限公司
765	深圳市艺园投资发展有限公司
766	深圳市耀凯房地产投资发展有限公司
767	深圳市阳光丽安投资有限公司
768	深圳市盐田区城建集团有限公司
769	深圳市同和工贸有限公司
770	深圳市田厦实业股份有限公司
771	深圳市田厦房地产开发有限公司
772	深圳市深冠华投资发展有限公司
773	深圳市深福保（集团）有限公司
774	深圳市深房集团龙岗开发有限公司
775	深圳市汕源新实业有限公司
776	深圳市山海园林有限公司
777	深圳市森之润投资发展有限公司
778	深圳市荣超房地产开发有限公司
779	深圳市潜龙实业集团有限公司
780	深圳市平日上房地产开发有限公司
781	深圳市坪宇物业发展有限公司
782	深圳市鹏瑞地产开发有限公司
783	深圳市鹏城港水产批发市场有限公司
784	深圳市名居房地产有限公司
785	深圳市铭兴实业集团有限公司
786	深圳市罗沙工程开发有限公司
787	深圳市龙园山庄实业发展有限公司
788	深圳市琳珠园林有限公司

（续表）

企业 ID	企业名称
789	深圳市蓝基实业有限公司
790	深圳市京武房地产开发有限公司
791	深圳市金光华地产开发有限公司
792	深圳市佳华房地产开发有限公司
793	深圳市华业投资开发有限公司
794	深圳市华讯伟业房地产开发有限公司
795	深圳市华来利投资控股（集团）有限公司
796	深圳市恒祥基房地产开发建设有限公司
797	深圳市恒江地产开发有限公司
798	深圳市海岸投资集团有限公司
799	深圳市海岸融通投资有限公司
800	深圳市海岸房地产开发有限公司
801	深圳市广海投资有限公司
802	深圳市光彩置业有限公司
803	深圳市观瀛物业发展有限公司
804	深圳市港城豪庭实业发展有限公司
805	深圳市福田房地产有限公司
806	深圳市地业房地产有限公司
807	深圳市大康投资集团有限公司
808	深圳市大冲实业股份有限公司
809	深圳市创建业房地产开发有限公司
810	深圳市楚山实业有限公司
811	深圳市承翰投资开发集团有限公司
812	深圳市诚略实业发展有限公司
813	深圳市宝利来贸易有限公司
814	深圳市宝安宝利来实业有限公司
815	深圳润恒房地产开发集团有限公司
816	深圳经济特区房地产（集团）股份有限公司
817	深圳金光华实业集团有限公司
818	深圳机场地产有限公司
819	深圳惠名房地产开发有限公司
820	深圳华讯仨鸿房地产开发有限公司
821	深圳航空城（东部）实业有限公司
822	深圳海滨房产有限公司
823	深圳观澜湖房地产开发有限公司
824	深圳富霖房地产开发有限公司
825	深圳东海集团有限公司
826	深圳博林集团有限公司
827	俊荣发展（深圳）有限公司

（续表）

企业 ID	企业名称
828	金地（集团）股份有限公司
829	嘉里置业（深圳）有限公司
830	深圳市万科房地产有限公司
831	深圳市金安城房地产开发有限公司
832	正兴隆房地产（深圳）有限公司
833	深圳市金众地产集团有限公司
834	招商局蛇口工业区控股股份有限公司
835	深圳市闽泰房地产开发有限公司
836	深圳市宇宏投资集团有限公司
837	深圳市益田集团股份有限公司
838	深圳市阳基房地产开发有限公司
839	深圳市花样年地产集团有限公司
840	深圳市永长润实业有限公司
841	深圳市信义房地产开发有限公司
842	深圳市物业发展（集团）股份有限公司

（续表）

企业 ID	企业名称
843	深圳市华盛置业有限公司
844	沙河实业股份有限公司
845	深圳市天居置业有限公司
846	深圳市绿景房地产开发有限公司
847	宝能地产股份有限公司
848	东旭蓝天新能源股份有限公司
849	深圳市勤诚达集团有限公司
850	中航地产股份有限公司
851	深圳锦峰集团有限公司
852	深圳市锦绣江南投资有限公司
853	深圳市新天时代投资有限公司
854	深圳市皇庭房地产开发有限公司
855	深圳市惠明盛房地产投资开发有限公司
856	深圳市龙光房地产有限公司

二、房地产（土地）价格评估机构资质管理情况

截至 2016 年 11 月 30 日，我市房地产（土地）价格评估机构共 54 家，其中取得房地产价格评估一级资质的 40 家，二级资质的 6 家，三级资质的 8 家；取得土地价格评估全国范围执业的 13 家，广东省范围执业的 12 家，深圳市范围执业的 3 家。

表 11-2　深圳市 2016 年房地产评估机构资质年鉴情况

公司名称	房地产价格评估资质等级	土地价格评估执业范围
国众联资产评估土地房地产估价有限公司	一级	全国
深圳市戴德梁行土地房地产评估有限公司	一级	全国
深圳市格衡土地房地产评估咨询有限公司	一级	全国
深圳市广衡房地产和土地估价有限公司	一级	全国
深圳市国策房地产土地估价有限公司	一级	全国
深圳市国房土地房地产评估咨询有限公司	一级	全国
深圳市国潼联土地房地产评估有限公司	一级	全国
深圳市国咨土地房地产评估有限公司	一级	全国
深圳市国资源土地房地产资产评估有限公司	一级	全国
深圳市鹏信资产评估土地房地产估价有限公司	一级	全国
深圳市世联土地房地产评估有限公司	一级	全国
深圳市世鹏资产评估房地产土地估价顾问有限公司	一级	全国
深圳市同致诚土地房地产估价顾问有限公司	一级	全国

（续表）

公司名称	房地产价格评估资质等级	土地价格评估执业范围
深圳市国浩土地房地产评估经纪有限公司	一级	广东省
深圳市国量行土地房地产估价顾问有限公司	一级	广东省
深圳市国誉房地产土地估价顾问有限公司	一级	广东省
深圳市儒骏辉土地房地产评估有限公司	一级	广东省
深圳市文集土地与房地产评估经纪有限公司	一级	广东省
深圳市新峰土地房地产评估有限公司	一级	广东省
深圳市一统土地房地产评估有限公司	一级	广东省
深圳市英联土地房地产估价顾问有限公司	一级	广东省
深圳市友达康土地房地产评估顾问有限公司	一级	广东省
深圳市中项资产评估房地产土地估价有限公司	一级	广东省
深圳市尊量行土地房地产估价有限公司	一级	广东省
深圳市融泽源资产评估土地房地产估价有限公司	一级	深圳市
深圳市新永基土地房地产评估顾问有限公司	一级	深圳市
深圳市中诚达土地房地产评估顾问有限公司	一级	深圳市
深圳市城市房地产土地评估有限公司	一级	无
深圳市东昊房地产土地评估有限公司	一级	无
深圳市国政房地产土地评估有限公司	一级	无
深圳市和达房地产评估咨询有限公司	一级	无
深圳市乐居行土地房地产估价顾问有限公司	一级	无
深圳市龙房地土地房地产评估咨询有限公司	一级	无
深圳市鹏建土地房地产评估有限公司	一级	无
深圳市深信房地产评估有限公司	一级	无
深圳市世纪中盛房地产评估有限公司	一级	无
深圳市遂兴房地产评估有限公司	一级	无
深圳市永信资产评估房地产估价有限公司	一级	无
深圳市长基房地产评估交易有限公司	一级	无
广东正中联行土地房地产评估有限公司深圳分公司	一级分支	无
深圳市建诚信土地房地产评估咨询有限公司	二级	广东省
深圳德永房地产评估有限公司	二级	无
深圳市润泰阳房地产经纪评估有限公司	二级	无
深圳市深美林房地产评估有限公司	二级	无
深圳市通泰衡房地产估价有限公司	二级	无
深圳市懿元百年房地产土地咨询评估有限公司	二级	无
深圳市百象房地产评估有限公司	三级	无
深圳市大成土地房地产资产评估有限公司	三级	无
深圳市鹏晨房地产土地资产评估有限公司	三级	无
深圳市鹏浩房地产评估有限公司	三级	无
深圳信瑞行房地产估价有限公司	三级	无
深圳中信通房地产评估顾问有限公司	三级	无
深圳市国信房地产土地评估咨询有限公司	三级	无
深圳市世华房地产土地资产评估有限公司	三级	无

三、房地产经纪机构资质管理情况

（一）备案情况

2016 年，深圳市共有有效备案机构 801 家，有效备案分支机构 2946 间。

（二）房地产经纪机构 2016 年（2015 年度）检查情况

本年度全市共有 269 家房地产经纪机构、1912 间分支机构申报并通过年检。各行政辖区年检情况如下：

各分支机构分布相对较为平均，其中宝安区后来居上，已成为经纪机构地铺最为密集的地区，地铺总量达 408 间，占全市地铺总量的 21.3%；其次为福田区，数量也超 380 间以上。

各区具体分布情况请见下表：

表 11-3 各区机构数量

序号	区域	总机构数量	分支机构数量	总机构不在该区的分支机构数量
1	福田区	100	382	50
2	罗湖区	54	250	132
3	南山区	46	370	324
4	龙岗区	36	315	304
5	宝安区	17	408	406
6	盐田区	5	42	40
7	坪山新区	2	16	15
8	光明新区	3	8	8
9	龙华新区	6	120	117
10	大鹏新区	0	1	1

表 11-4　2016 年（2015 年度）房地产经纪机构通过年检名单

序号	机构名称	序号	机构名称
1	深圳市世华房地产投资顾问有限公司	39	深圳市龙城房地产经纪有限公司
2	戴德梁行房地产顾问（深圳）有限公司	40	深圳市朝阳房地产经纪有限公司
3	深圳市兴佳保房地产经纪有限公司	41	国众联资产评估土地房地产估价有限公司
4	深圳市尊地地产咨询有限公司	42	深圳市港都房地产经纪有限公司
5	深圳市泰阳房地产经纪有限公司	43	深圳市创丰房地产经纪有限公司
6	深圳市前海置业经纪有限公司	44	深圳市中发房地产经纪有限公司
7	深圳市广天地房地产交易评估有限公司	45	深圳市世鑫房地产经纪有限公司
8	深圳市世联行房地产经纪有限公司	46	深圳市大晟资产管理有限公司
9	深圳市百年创道房地产投资顾问有限公司	47	深圳世联行地产顾问股份有限公司
10	深圳中原物业顾问有限公司	48	深圳市全策行地产顾问有限公司
11	深圳建华地产顾问有限公司	49	深圳市世方商业地产顾问有限公司
12	深圳市海王城房地产投资顾问有限公司	50	深圳市龙房地土地房地产评估咨询有限公司
13	深圳市英联国际不动产有限公司	51	深圳市德思勤置业有限公司
14	深圳市开诚房地产经纪有限公司	52	启迪爱地（深圳）投资管理有限公司
15	深圳市深房联房地产经纪有限公司	53	深圳市同致行物业顾问有限公司
16	深圳市联冠地产顾问有限公司	54	深圳市至祥置业有限公司
17	深圳市家家发房屋理财中心有限公司	55	深圳市鼎泰投资咨询有限公司
18	深圳市国联物业代理有限公司	56	深圳置业行房地产经纪有限公司
19	深圳市家园房地产经纪有限公司	57	深圳市格衡土地房地产评估咨询有限公司
20	深圳市成宏房地产经纪有限公司	58	深圳市天骥行房地产顾问有限公司
21	深圳市仁雅房地产经纪有限公司	59	深圳市航天置业顾问有限公司
22	深圳市万科物业服务有限公司	60	深圳链家房地产经纪有限公司
23	深圳市星雅舍物业咨询有限公司	61	深圳市中驰置业顾问有限公司
24	深圳市新峰地产顾问有限公司	62	深圳市招商置业顾问有限公司
25	深圳市科海置业有限公司	63	深圳粤商国际投资有限公司
26	深圳市金隆昌地产发展有限公司	64	深圳市我爱我家房地产经纪有限公司
27	深圳市天安房地产经纪有限公司	65	深圳市嘉诚房地产经纪有限公司
28	深圳市海燕置业有限公司	66	深圳市鸿策舫实业有限公司
29	深圳国际房地产咨询股份有限公司	67	深圳市广天地联盟房地产交易有限公司
30	深圳市信保房地产经纪有限公司	68	深圳市旭辉置业顾问有限公司
31	美联物业代理(深圳)有限公司	69	深圳市阳光置业房地产投资顾问有限公司
32	深圳市世鹏资产评估房地产土地估价顾问有限公司	70	中原地产代理（深圳）有限公司
33	深圳市国房土地房地产评估咨询有限公司	71	深圳市尺度房地产经纪有限公司
34	深圳市卓越地产顾问有限公司	72	深圳信誉家房地产代理有限公司
35	港置地产代理（深圳）有限公司	73	深圳市金楚原房地产投资顾问有限公司
36	深圳市宝房房地产代理有限公司	74	深圳市万福房地产投资顾问有限公司
37	深圳市安基房地产交易有限公司	75	深圳市鑫日房地产经纪有限公司
38	深圳市城市策略地产顾问有限公司	76	深圳市世洲房地产经纪有限公司

（续表）

序号	机构名称
77	深圳市腾辉联邦投资发展有限公司
78	深圳市景宏房地产经纪有限公司
79	深圳市协兴房地产顾问有限公司
80	深圳市华厦城房地产交易有限公司
81	深圳市丰盛町物业服务有限公司
82	深圳市明阳基业房地产顾问有限公司
83	深圳市结信房地产经纪有限公司
84	深圳市思勤房地产顾问有限公司
85	深圳市易菲房地产经纪有限公司
86	深圳市住隆市场策划顾问有限公司
87	深圳市泰辰置业顾问有限公司
88	深圳市盛联行投资发展有限公司
89	深圳市鼎强房地产经纪有限公司
90	深圳市众致行房地产经纪有限公司
91	深圳市家家顺房产交易有限公司
92	中原（中国）房地产代理有限公司
93	深圳市港达房地产经纪有限公司
94	深圳市超然房地产经纪有限公司
95	深圳市乐家房地产经纪有限公司
96	深圳市瑞意置业有限公司
97	深圳市海宏房地产经纪有限公司
98	深圳市别致廊投资顾问有限公司
99	深圳市中投房地产经纪有限公司
100	深圳市金大地房地产经纪有限公司
101	森拓普商业地产顾问（深圳）有限公司
102	深圳鸿中源地产经纪有限公司
103	深圳市宝盈房地产经纪有限公司
104	深圳市长福房地产经纪行
105	深圳市成昊房地产经纪有限公司
106	深圳市城策地产顾问有限公司
107	深圳市创建欣业房地产经纪有限公司
108	深圳市大宇行房地产经纪有限公司
109	深圳市方辰房地产经纪有限公司
110	深圳市富家房地产经纪有限公司
111	深圳市广富房地产经纪有限公司
112	深圳市广天地新兴经济信息咨询有限公司
113	深圳市国业房地产经纪有限公司
114	深圳市国源居房地产经纪有限公司
115	深圳市亨通置业有限公司

（续表）

序号	机构名称
116	深圳市鸿荣置业有限公司
117	深圳市汇诚行房地产顾问有限公司
118	深圳市汇丰深惠房地产经纪服务部
119	深圳市佳业房地产经纪有限公司
120	深圳市家家好房地产经纪有限公司
121	深圳市金居房地产经纪有限公司
122	深圳市来福房地产经纪有限公司
123	深圳市邻里家房地产经纪有限公司
124	深圳市满都投资发展有限公司
125	深圳市美馨园房地产经纪有限公司
126	深圳市鹏置房地产经纪有限公司
127	深圳市全洲房地产经纪有限公司
128	深圳市群鼎房地产经纪有限公司
129	深圳市尚策房地产经纪有限公司
130	深圳市深宏房地产经纪有限公司
131	深圳市深原创展房地产经纪有限公司
132	深圳市世耀置业顾问有限公司
133	深圳市腾龙置富房地产经纪有限公司
134	深圳市天盛房地产经纪有限公司
135	深圳市星联地产顾问有限公司
136	深圳市友源房地产经纪有限公司
137	深圳市招华房地产经纪有限公司
138	深圳市智恒房地产经纪有限公司
139	深圳市中部房地产有限公司
140	深圳市中仕达房地产经纪有限公司
141	深圳市天赋房地产顾问有限公司
142	深圳市尚邻房地产经纪有限公司
143	深圳市奥通地产顾问有限公司
144	深圳市信德成房地产顾问有限公司
145	深圳市广业达房地产经纪有限公司
146	深圳市鑫元宝房地产经纪有限公司
147	深圳市吉泰房地产经纪有限公司
148	深圳合富辉煌房地产顾问有限公司
149	深圳市合强地产顾问有限公司
150	深圳市好居家房地产经纪有限公司
151	深圳市坪新房地产经纪有限公司
152	深圳市正宏置业顾问有限公司
153	深圳市固诚房地产经纪有限公司
154	深圳市飞悦房地产经纪有限公司

（续表）

序号	机构名称
155	深圳市信之诺房地产经纪有限公司
156	深圳首选置业顾问有限公司
157	深圳市瑞邦置业顾问有限公司
158	深圳市鸿宇房地产经纪有限公司
159	深圳市同道商业地产顾问有限公司
160	深圳市房多多网络科技有限公司
161	深圳金丰易居置业有限公司
162	深圳市万田房地产经纪有限公司
163	新昌物业管理（深圳）有限公司
164	深圳市金冠房地产经纪服务部
165	深圳市深天地房地产经纪有限公司
166	深圳市吉屋科技股份有限公司
167	深圳市联策行房地产经纪有限公司
168	深圳市中运房地产经纪有限公司
169	深圳市邦宏行房地产投资顾问有限公司
170	深圳市港建地产投资顾问有限公司
171	深圳市和记地产代理有限公司
172	创富房地产信息咨询（深圳）有限公司
173	深圳联合产权交易所股份有限公司
174	深圳市家盈房地产经纪有限公司
175	深圳市世嘉行投资发展有限公司
176	深圳市生生房地产投资顾问有限公司
177	深圳市联杰房地产经纪有限公司
178	深圳市亿家房地产经纪有限公司
179	深圳市罗湖区蔡屋围金龙实业公司
180	深圳市嘉信泰房地产经纪有限公司
181	深圳市根基房地产经纪有限公司
182	深圳家多宏房地产经纪有限公司
183	深圳市鼎煌房地产投资顾问有限公司
184	深圳信纳海地产顾问有限公司
185	深圳市远航远通房地产经纪有限公司
186	深圳市云房网络科技有限公司
187	深圳市崇基兴房地产经纪有限公司
188	深圳市金明投资发展有限公司
189	中海物业管理有限公司深圳分公司
190	深圳冠恒地产经纪有限公司
191	招商局物业管理有限公司
192	深圳市金辉地产经纪有限公司
193	深圳市侨香地产顾问有限公司

（续表）

序号	机构名称
194	深圳市中信物业管理有限公司
195	深圳瑞信行地产顾问有限公司
196	深圳市智航地产代理有限公司
197	深圳市金港原房地产投资顾问有限公司
198	深圳思行合一地产顾问有限公司
199	深圳市锦鸿置业顾问有限公司
200	深圳市豪星屋物业代理有限公司
201	深圳市天安云谷房地产经纪有限公司
202	深圳市中诚致房地产经纪有限公司
203	深圳市远洋星投资实业有限公司
204	深圳市环凯置业房地产有限公司
205	深圳市远洋星电子商务有限公司
206	深圳市览众房地产经纪有限公司
207	深圳鑫顺域商务信息服务有限公司
208	深圳市朗耀房地产经纪有限公司
209	深圳市大家业房地产经纪有限公司
210	深圳市旭升房地产经纪有限公司
211	深圳市广家发实业有限公司
212	深圳市幸福万家地产置业顾问有限公司
213	深圳市新永基地产经纪有限公司
214	深圳市易达行房地产顾问有限公司
215	深圳市润佳地产顾问有限公司
216	深圳市仁什置业有限公司
217	深圳市鼎盛基商务服务有限公司
218	深圳先锋居善科技有限公司
219	深圳市信丰房地产经纪有限公司
220	深圳市云联地产有限公司
221	深圳市中美房地产投资顾问有限公司
222	深圳市天为房地产顾问有限公司
223	深圳巨房房地产信息咨询有限公司
224	深圳市鸿诚置业顾问有限公司
225	深圳市景河田置业有限公司
226	深圳中耀投资控股有限公司
227	深圳好屋网信息技术有限公司
228	深圳市大置汇地产经纪有限公司
229	深圳市吉盛房地产经纪有限公司
230	深圳金宏房地产经纪有限公司
231	深圳市合家兴房地产经纪有限公司
232	深圳市和信安房地产经纪有限公司

（续表）

序号	机构名称
233	深圳市建润房地产投资咨询有限公司
234	深圳市聚一家房地产有限公司
235	深圳房朝房地产经纪有限公司
236	深圳市房谱网络科技股份有限公司
237	深圳市登科盛世房地产投资顾问有限公司
238	深圳创耀房产交易有限公司
239	深圳满懿房地产经纪有限公司
240	深圳市微众地产代理有限公司
241	深圳东晟房地产投资发展有限公司
242	深圳市恒创世纪地产顾问有限公司
243	深圳市房贷通置业代理服务有限公司
244	深圳市众华房地产经纪有限公司
245	深圳市中泰达置业发展有限公司
246	深圳市福兴房地产经纪有限公司
247	深圳市宝华地产投资顾问有限公司
248	深圳市弘兴房地产投资发展有限公司
249	深圳市万家房地产投资顾问有限公司
250	深圳房天下房地产经纪有限公司
251	深圳市匡宇房地产经纪有限公司
252	深圳市新都实业发展有限公司
253	深圳市志信房地产经纪有限公司
254	深圳金明客天下信息技术有限公司
255	深圳市嘉州房地产经纪服务有限公司
256	中房网（深圳）控股有限公司
257	深圳市奕拓丰投资有限公司
258	深圳市创富中安房地产经纪顾问有限公司
259	真二（深圳）房产经纪有限公司
260	深圳怡然居客房地产经纪有限公司
261	深圳市中昊恒基房地产投资顾问有限公司
262	深圳市好房汇网络科技有限公司
263	深圳市赤湾物业管理有限公司
264	深圳市景盛房地产置业有限公司
265	深圳市城铁物业发展有限公司
266	深圳裕丰房地产销售代理有限公司
267	深圳市康源房地产经纪有限公司
268	深圳房讯通信息技术有限公司
269	深圳市安阳房地产经纪有限公司

第二节　行业协会

一、深圳市房地产业协会

（一）协会简介

深圳市房地产业协会,简称深圳房协,英文名称:SHENZHEN REAL ESTATE ASSOCIATION(缩写SREA)。深圳房协成立于1989年，深圳市第一家行业协会，登记证号：社证字第00001号，是由在深圳市从事房地产开发、与房地产相关的咨询单位以及房地产研究的企事业单位自愿组成的非营利性行业组织。现有会员单位816家。

协会是中国房地产业协会常务理事单位，广东省房地产业协会副会长单位，多次受到中国房地产业协会及省、市主管部门的嘉奖，先后被授予“全国房地产行业先进协会”“广东省先进民间组织”及“深圳市优秀社团”等荣誉称号。2015年2月被评为深圳市5A级社会组织。

协会在主管部门的指导下，依照法律、法规、规章和行业组织章程，实行房地产行业自律管理，主要职能有：

（1）制定并组织实施本行业的行规行约，建立行业自律机制和会员信用记录；

（2）对违反行业组织章程或者行规行约、损害行业整体利益者，采取相应的行业自律措施；

（3）开展行业培训、交流、咨询、展览等活动，推广应用新材料、新技术、新工艺，提升行业素质以及产品和服务质量；

（4）发布市场和行业信息，推荐行业产品或者服务，提供技术咨询；

（5）宣传房地产法律法规及相关政策；

（6）规范行业行为，客观公正地协调会员之间、会员与非会员之间、会员与政府之间，会员与消费者之间的矛盾纠纷，发挥其维护社会公共利益的作用；

（7）协助政府部门开展行业调查、决策咨询及产业政策制订等活动，向政府有关部门反映涉及行业利益的事项，提出意见和建议，维护本行业的利益及会员的合法权益；

（8）承担主管部门委托的行业管理工作，对行业行为进行检查和评价；

（9）法律、法规、规章授权或者政府部门委托以及行业组织章程规定的其他职能。

协会宗旨：代表会员意愿，维护会员合法权益，为会员提供服务；维护行业公平竞争，协调会员之间关系；沟通会员与政府的联系，传达政府政策精神；受理行业纠纷投诉，促进市场公平公正；推动建立健康有序的房地产市场，为深圳经济社会发展和城市建设贡献行业力量。

（二）2016年工作情况

（1）紧贴政策，服务政府取得新成绩

圆满完成行业年度检查。受深圳市规划和国土资源委员会委托，组织开展2016年深圳市房地产开发行业年度检查及综合评价工作，完成全市800余家开发企业的年检资料核实、数据录入、合并统计、综合排序等工作及企业开发经营情况综合评价，撰写《深圳市房地产开发企业检查和综合评价报告》、《深圳市房地产开发企业社会责任报告》等，以详实的数据真实地反映深圳市房地产行业发展现状、市场走向、科技发展趋势和企业责任等情况，发布深圳房地产开发企业综合评价及排名，展示深圳房企品牌实力和社会责任成就，成为政府对房地产行业进行监管的有效补充。

顺利完成政府购买服务工作。一是完成深圳市房地产项目物业服务用房配置调查，收集统计历年深圳市取得预售许可证并竣工验收房地产项目的物业用房情况，编制《深圳市物业用房面积汇总表》，撰写《深圳市物业用房配置使用分析报告》，为完善我市房地产开发项目物业用房配置法律适用、行政机关进行物业用房纠纷隐患排查和预防提供支持。二是完成深圳市房地产开发项目手册管理实施方案优化研究。通过赴国家住建部、湖南长沙等地的考察调研，并吸收北京、上海等地的先进经验，针对我市项目手册管理存在的缺陷和问题，提出系统的项目手册管理制度优化建议，为政府部门对房地产开发项目进行事前、事中、事后监管提供支撑。三是完成年度市规划国土委土地整备业务培训工作，为全市完成年度土地整备工作任务提供培训支持。

积极宣贯行业政策。一是举办房地产行业营改增公益培训。5 月 25 日协会组织近 400 名房地产开发企业财税人员参加行业营改增公益培训，特邀深圳市国税局货劳处相关负责人、德勤华永会计师事务所等专家宣讲和解读营改增的政策精神和实操策略，帮助企业合法合理应对营改增新政带来的新挑战。二是多举措宣贯国家市场调控政策。协会积极响应国家调控政策，发挥上传下达的纽带作用。10 月 9 日及时向行业发布贯彻落实“深八条”的温馨提示，呼吁企业认真落实政府调控精神。12 月 8 日，协会协助市规划国土委成功举办规范房地产开发企业行为、促进房地产市场平稳健康发展会议，贯彻落实住房城乡建设部《关于规范房地产开发企业经营行为维护房地产市场秩序的通知》及市规划国土委等七部门制定的《关于进一步促进我市房地产市场平稳健康发展的若干措施》精神，规范企业经营行为，推动诚信建设和行业自律。全市 450 家房地产开发企业参加了会议。市规划国土委王东副主任作重要指示讲话。协会会长吕晋川向全市房地产开发企业发出十条倡议，招商局蛇口工业区控股股份有限公司副总工程师、深圳招商房地产有限公司副总经理史国友代表行业做出十项诚信承诺。此次会议引起了社会和媒体关注，《深圳特区报》《晶报》《深圳都市报》等纸媒以及腾讯网、凤凰网等知名网站进行了广泛报道，协会大力宣贯调控政策、倡导诚信自律得到社会充分认可。

充分反映行业意见。组织参加市政府法制办召开的《深圳经济特区城市更新条例（草案稿）》风险评估会，参会企业代表对草案稿风险论证提出系列建设性意见。先后多次组织由国税局参与的“营改增”意见征求座谈会，2016 年 6 月罗湖国税局受上级部门指定，与协会共同举办“营改增”后深圳城市更新相关涉税座谈会，参会企业提出了包含“城市更新的增值税抵扣项”在内的 20 余条诉求和建议，后由罗湖国税局形成请示报告呈报财政部和国税总局。经多方努力，部分建议被 2016 年 12 月 22 日公布的《关于明确金融、房地产开发、教育辅助服务等增值税政策的通知》（财税〔2016〕140 号）采纳，对我市开展城市更新项目开发具有十分重要意义。组织企业代表参加房屋建筑工程验收及备案流程优化意见征求座谈会，针对有关行政操作流程优化提出行业建议。配合政府开展政策调研，9 月 24 日协会参加国家发改委来深调研房地产市场风险座谈会，在“深八条”实施后 4 次组织企业参加国家、省、市单位召开的行业调研，为政府掌握政策实施效果、调整行业政策提供参考。

（2）紧贴需求，服务企业取得新成就

会员规模不断扩大。以服务吸引会员、留住会员，会员数量实现逐年递增。2016 年底，协会会员共 692 家，深圳市全部大型开发企业和绝大部分中小型开发企业均加入协会，行业自律范围不断扩大，协会公信力和影响力不断提升。

成功举办两大会议。一是成功举办年度会员大会。协会会员大会暨高峰论坛于 2016 年 1 月 14 日在深圳瑞吉酒店举行，共有 485 家企业代表参会。大会审议通过理事会工作报告、财务报

告等重要事项。市规划国土委乔恒利副主任、市社会组织管理局李文海副局长出席大会并讲话，市城市更新局杨利等嘉宾作主题演讲。二是成功召开 2016 深圳房地产盛典暨行业综合评价发布会。市规划国土委副主任乔恒利、市住建局副局长洪海灵等领导出席会议并讲话。500 余家房地产企业齐聚一堂，发布综合评价结果，表彰优秀企业、探讨行业发展。协会编制印发了《2016 深圳房地产特刊》和《2016 深圳房地产开发企业综合评价汇编》等刊物。《深圳特区报》刊发盛典专版，腾讯网、新浪乐居等知名媒体进行报导，深圳房地产品牌影响力不断扩大。

深入走访企业。坚持深入企业、靠前服务，与市规划国土委房地产业处及各管理局联合开展企业走访和市场巡查。通过现场调研、座谈等形式加强与企业的互动，了解企业需求和收集行业意见,现场解答企业咨询的关于资质申报、预售、销售等问题，提高行业服务效率。积极配合政府行政主管部门，建立企业与协会、政府部门间的专人专责联络机制和经营监测机制，针对性收集上报行业信息数据。

开展多元化培训服务。针对企业营销、管理、财务、工程技术等人员具体专业需求，抓好从业人员继续教育工作，增强深圳房企的行业竞争实力。一是举办企业年度检查和综合评价辅导班。为 260 余家开发企业的人员提供年度检查及综合评价申报培训，帮助企业人员掌握最新政策，提高年检申报工作效率。二是举办房地产营销人员培训。分别举办以房地产营销策略、商品房预售审批、房地产信息系统操作、“深八条”实施后商品房宣传与销售规范等内容为主题的房地产营销人员培训 5 期，培训人数共 1650 人。三是举办房地产领域资产证券化操作实务专题讲座，共有 200 余名企业负责人及财务人员参加。四是组织 6 次建筑规划设计相关专题讲座，帮助企业提升规划设计理念，帮助企业节约经营成本。五是与清华大学深圳研究生院合作开展企业负责人专业及综合领导力提升高级研讨班，51 名企业负责人完成 48 学时课程并顺利结业。

增进会员交流学习。一是市内考察交流。组织会员参观中航中心和九方购物中心项目、泰华梧桐岛、鸿荣源壹方中心等；举办“会长分享周”系列活动；累计组织“会长吧”活动8次，先后参观深圳地铁地产前海项目、九届APEC中小企业技术交流暨展览会天安云谷分会场、中海天钻、中粮天悦壹号项目、城建集团御河湾项目等。二是省外交流学习。组织会员赴郑州、洛阳参观考察中海锦苑与恒大绿洲项目，赴西安考察金地西沣公元、白桦林项目，赴上海考察中粮天悦壹号等项目，赴台北考察学习旧工业区改造升级经验。三是国外学习交流。赴英国伦敦考察学习城市旧改和物业管理经验，赴美国考察学习房地产项目规划设计理念，赴韩国考察首尔东大门设计广场（DDP）。

信息服务更加全面。进一步丰富《深圳房地产》刊物内容，及时传递行业资讯和法规政策。充分利用微信互联网工具，对会员实行分类分组管理服务，实现各类信息及时准确传达到各会企业。优化协会微信公众号服务功能，累计推送50期行业周动态，提供更加快捷全面的行业资讯。完善协会网站平台功能建设，加快窗口服务信息化，实现“信息多跑路、企业少跑腿”。

文体活动丰富多彩。组织开展乐昌、杨梅坑、塘朗山等会员踏青活动，让企业人员在繁忙工作之余放松身心，加强交流。成功举办首届房地产开发行业趣味运动会，400余名从业人员热情参与，深受企业欢迎。组织开展“深圳地铁地产杯”羽毛球赛，共有22支会员单位代表队、132名运动员参加。羽毛球赛日益受到企业关注和支持，2017年行业羽毛球赛已提前确定由招商局蛇口工业区控股股份公司冠名承办。

（3）紧贴责任，服务社会树立新形象

积极履行社会责任。坚持宣传《深圳市房地产开发企业社会责任指引》，坚持六年梳理总结我市行业社会责任建设情况，撰写《深圳市房地产开发企业社会责任报告》，参与广东省房地产社会责任绿皮书撰写与发布。协会带头履行行业社会责任，组织30余家企业参与“梦想森林”绿色公益植树活动，向深圳市红树林湿地保护基金会和梧桐山国家森林公园各捐赠8万元。

诚信建设取得新突破。按照政府建立房地产监管长效机制，通过行业诚信体系建设进一步规范市场的要求，协会积极配合行政主管部门构建行业诚信体系，完善《深圳市房地产开发行业诚信评价规则》和《深圳市房地产开发行业信用信息目录表》，依据评价规则和信息目录表报送首批优质诚信企业名单，完成全市开发企业和从业人员的基础诚信行为信息录入，协助推动深圳市房地产行业诚信公示系统在2016年12月22日正式上线。在规范房地产开发企业行为促进房地产市场平稳健康发展会议上发布“十条行业倡议”，推动开发企业做出“十条诚信宣言”，协助主管部门规范企业经营行为，为建设健康有序的房地产市场做出行业贡献。

维护行业和谐稳定。协会发挥“中间人”公平、公正的优势，积极配合政府受理一手房纠纷投诉。全年共受理纠纷20余宗,处置率100%。在“深八条”实施后应企业和消费者的强烈诉求，协会收集已签订买卖合同但因受新政影响无法完成合同备案的在售楼盘交易信息，及时向主管部门汇报，预先防范群体性事件风险，维护房地产市场秩序及社会和谐稳定。

（4）紧贴趋势，党建工作取得新发展

顺应党建进社会组织发展趋势，2016 年 8 月协会党支部正式挂牌成立，在深圳市社会组织联合党委的领导下，积极在协会内部发展入党对象，踊跃开展“两学一做”系列活动，党员先锋模范作用初步凸显，引领协会呈现新的活力。

二、深圳市不动产估价协会

（一）协会简介

深圳市不动产估价协会（以下简称协会）是由深圳从事不动产估价工作的机构、估价师(房地产估价师、土地估价师)等评估专业人员，以及相关专业人士、有关单位自愿组成的学术性、专业性、非营利性社会团体，是依法登记的法人社团组织。协会原名为深圳市不动产估价学会，于 1998 年 11 月 28 日成立，2011 年 9 月 30 日经深圳市民政局批准更名为现名，英文名称为 Shenzhen AssociationofReal Estate Appraisers，英文名称缩写为 SAREA。

协会宗旨为：①为了适应社会主义市场经济发展的需要，促进估价技术的繁荣和发展，对从事房地产（土地）估价工作的单位和个人进行自律管理，规范房地产（土地）估价执业行为；②倡导专业、诚信和履行社会责任，增进社会互信和协作，发动一切力量，谋求行业发展与合作；③引导、监督本会会员正确执行国家的法律、法规，遵守社会道德风尚，遵循专业守则和估价规范；④团结组织本会会员进行估价理论与实践的研究，不间断的专业培训，与国内外估价专业组织联系与交流；⑤依法维护国家、企业和个人在房地产方面的权益；⑥研究并采取措施，抵制和打击一切有悖本会利益的违法、违规行为，为本会会员服务，为深圳市房地产市场的健康发展服务。

作为市场经济不可或缺的现代专业服务业，不动产估价已经渗透到中国经济社会运行的各个领域，大到国企改制、企业上市、跨国兼并、土地整备、公共基础设施和重大产业项目建设，小到百姓日常生活中的融资贷款抵押、房地产交易、司法鉴定、城市更新和棚户区改造等，评估机构和评估专业人员为有关各方提供价值尺度和估值信息，对保障金融资产安全、国有资产保值增值和资本市场有效运转具有不可替代的作用，为城市建设、社会经济发展保驾护航。

协会秉承专业，恪守诚信，不断深化行业自治，促进专业发展，推动行业创新和转型升级，与先进国家、地区的估价行业组织建立良好的学术联系，积极引领会员发挥专业优势，挖掘专业价值，多维度、多层次为政府、企业、社会公众提供更有价值的专业性综合服务。

（二）2016 年工作情况

2016 年，是“十三五”规划开局之年，是供给侧改革实施的第一年，也是行业基本法——《资产评估法》落地之年，我们继续坚持在市民间组织管理局的正确指导下，在市规划和国土资源委员会支持下，在协会第四届理事会的领导下，认真贯彻落实国家房地产市场调控政策，积极宣贯行业基本法新要求，加强行业自律规范制定与推行，不断完善协会内部运作机制和制度建设，积极承接政府购买服务，为政府政策制定建言献策，开展多层次的交流调研活动，各项工作完成总体较好。

（1）引入咨询“外脑”，夯实“内功”

为完善协会内部制度建设，健全人才激励机制，稳固协会团队班子，通过引入第三方咨询机构，以“外脑”专业化视野，开展岗位评估，逐步建立与市场接轨的薪酬绩效体系，加强人才培育和队伍梯队建设，进一步激发团队战斗力，为更有效发挥协会功能，维护行业利益，促进行业发展提供了更强大的人才保障。

同时，协会秘书处依据章程等文件要求，积极完善专门委员会运作规则、会议规则等规范性文件的制定与推行。协会各专门委员会充分发挥的决策主体作用，立足委员会职责，明确重点任务，按照工作计划积极开展工作。协会各职能机构分工明确，有序运行，保证了协会工作的稳步推进。

（2）加强自媒体、公益活动宣传，扩大行业影响力

协会高度重视品牌形象推广，并逐步有计划地组织实施。通过开通协会微信公众号、加强媒体联络和合作等方式，协会积极宣传行业新政，着力塑造评估行业“专业化服务、信息化管理、规范化运作、多元化发展”形象，提升行业影响力。

组织和引导评估机构开展公益活动，提升品牌形象，扩大知名度。2016 年多家评估机构参加了半程马拉松等公益活动，取得良好的社会反响。

（3）宣贯行业基本法，推动《资产评估法》普法与研究

2016 年 7 月 2 日《资产评估法》颁布，其意义深远，影响巨大。协会围绕《资产评估法》积极开展政策解读、主题研讨等多种形式的普法培训，宣导《资产评估法》的立法精神并组织进行专题研究，提出应对行业政策环境变化的措施和建议，提前做好法律正式施行前的衔接工作，引导估价机构认真学心贯彻，按照新法的要求开展业务。

（4）积极参政议政，踊跃建言献策

充分利用行业专家集聚和协会理事中省、市、区政协委员较多的优势，围绕政府中心工作，关注社会热点，为推动深圳城市建设、经济发展和行业进步建言献策，积极履行社会责任，得到政府和社会的广泛关注。

（5）注重个人会员的外延拓展，以“人才圈”撬动产业链联动

协会高度重视新会员的吸纳，尤其倡导在评估产业链上精准化招才引智模式，切实发挥人才和产业的聚合效应，将评估业务涉及的律师、注册会计师、工程造价师等专业人士充实到协会专家库中，建立专业化、分类明确的“人才圈”，为会员、政府和社会服务。同时在行业人才储备上，积极建立“产学研用”平台，以机构为主体，以市场为导向，多次组织团体会员代表与国内知名大学洽谈建立良好的人才引用机制，取得良好

开端。

（6）加大课题研究力量，促进成果转化与分享

2016 年，协会根据政策环境和市场环境的变化，着眼于行业普遍性、紧迫性的热点问题，开展专业研究，将研究成果通过制度修订等方式转化为行业政策，并积极宣贯落实。

（7）注重行业内外交流，多形式、多层次为会员服务

协会以会员服务为宗旨，坚持探索新的服务机制，充分发挥行业组织的“桥梁、纽带”作用，反映行业诉求，加强对会员合法权益的保障，代表会员利益积极协调，为广大会员办实事，不断提升服务水平。协会重视在跨区域、跨行业的交流学习，积极组织会员与台湾、香港地区同行交流，与政府有关部门相关行业协会等建立良好的沟通机制，切实为会员服务。

2016 年，协会共开展交流演讨活动 20 余次，内容涉及批量评估、城市房屋征收管理、城市更新条例社会风险评估、法律咨询和深圳市房地产调控政策解读、和课题成果分享系列等。大型学术活动包括：举办“2016 创新与变革论坛”“整村统筹城市再生—原农村集体土地二次开发高峰论坛”，协办“房地产整体估价信息平台”国际交流研讨活动，组织参加中房学举办的年会，帮助会员开阔视野，了解最新行业发展趋势及前沿技术，拓展业务合作与交流。

尤其是通过与中国房地产估价师与房地产经纪人学会、香港测量师学会共同主办的“2016 年创新与变革论坛”，让会员从香港、内地专家深入交流、探讨和分享中获得有益的指导，跟随经济发展的需要，创新估价行业服务模式，转变服务观念，为市场经济主体提供更为专业的服务，适应更加多样化的需求。

同时，不间断地举办小型专业主题沙龙，为估价师提供多维度、多层次的学习交流平台，引发关注和思考，增进专业研讨深度，提升执业水准，促进机构先进经验推广和估价技术创新。

（8）完善自律功能，协助行业管理

2016 年，协会协助主管部门完成了 2016 年（2015 年度）估价机构及其从业人员年度检查，协助修订我市估价行业诚信评价规则和配套清单，配合开展市场巡查、行业意见征求等工作，撰写行业情况报告、提出行业发展建议。同时，继续完善自律管理制度体系建设，协助主管部门做好房地产调控政策的宣导指导，参与房地产信息系统、诚信公示系统的更新建设，并提出建设性意见；配合开展估价行业年报制度研究，为全面正式实行年报制度改革打下坚实基础。

2016 年，协会协助办理房地产估价机构资质初审 20 余件，开展信访投诉调查及业务咨询 60 余件。

三、深圳市房地产经纪协会

（一）协会简介

深圳市房地产经纪协会，英文名称：Shenzhen Real Estate Intermediary Association。协会成立于 2008 年 1 月 16 日，登记证号：社证字第 00678 号。会员主要由在深圳从事房地产居间、代理、咨询、担保、租赁、评估（以下统称为“房地产中介服务”）等相关

服务的机构、从事房地产市场研究或相关业务的单位、互联网公司或组织以及在深圳从事房地产中介服务的人员自愿发起成立的社团法人。2016年度，协会不仅获评5A级社会团体，更得到国家住房和城乡建设部认可，作为唯一受邀行业组织，在全国住建系统电视电话会议上介绍推广深圳中介行业自律经验。

1.会员情况

截至2016年12月31日，全市备案机构总数达到801家，备案地铺2946间。团体会员总数上升至643家，个人会员总数达到68525名，团体会员、个人会员的行业覆盖率分别达到80%（以备案机构为基数）和100%（以持牌人员为基数）。会费收缴情况占协会总收入比值的69.96%。

2.秘书处内部情况

协会秘书处专职工作人员24人，秘书处为深圳市房地产中介协会常设办事机构，下设会员服务部、信息技术部、发展研究部、综合事务部、财务部。秘书处的职能是：

（1）研究探索房地产中介行业发展理论、方针与政策，协助政府主管部门开展行业调查和立法调研，制定和实施行业发展规划，代表本行业向政府提出行业发展和立法等方面的意见和建议。

（2）制定房地产中介服务标准、行为规范与自律准则，搭建标准化服务应用平台，加强行业自律和诚信体系建设，规范服务行为，弘扬职业道德，维护会员的合法权益。对违反行规、损害行业声誉的行为，采取相应的自律措施。

（3）为政府、行业、社会、会员之间搭建信息沟通的桥梁，为会员提供服务；根据会员关心的热点、难点问题，代表本行业反映会员的呼声与建议；对涉及会员与其他行业、企业或消费者之间因经营活动及业务行为产生的重大争议，协同有关部门进行协调。

（4）采集、整理、发布国内外专业信息，推动行业内交流合作，提高全行业的经济效益和社会效益。

（5）承办政府主管部门交办和授权的房地产中介行业相关工作。

（6）开展行业自律检查，总结交流经验，推动行业品牌建设，树立行业典范，促进行业的持续健康发展。

（7）组织会员参加专业培训及持续素质教育，提高我市房地产中介行业整体素质与专业水准。

（8）开展与国内外同业和社会团体之间的友好往来，组织出访考察，加强交流合作，学习先进经验，推动行业发展。

（9）向罹患重大疾病的会员提供帮助和救济，资助慈善公益性项目，奖励对慈善事业有突出贡献者，包括组织、机构和个人。

（10）依据法律、法规、规章和规范性文件的规定，开展有利于本行业发展的其他活动。

（二）2016年工作情况

2016年，中介行业也经历了有史以来最为严厉的专项整治，这迫使我们必须严肃思考，房地产中介行业的未来，究竟应当何去何从？有鉴于此，协会正努力做着一些“破”与“立”的思考和尝试。打破传统中将客户视作“衣食父母”的心理，树立行业与客户之间平等交易、相互尊重的契约精神，用专业服务赢取职业尊严。打破同业间不合作陋习，在尊重互信基础上建立行业内合作共赢理念，构建行业新生态。正是基于这样的认识，协会自 2016 年起即正式提出“做受尊重的行业和经纪人”，并将之贯穿于一系列工作之中：

（1）从观念上确立房地产中介服务范畴与核心价值

2016 年，协会颁布新版《深圳市房地产中介服务指引暨二手房居间服务标准流程》，依据《中华人民共和国合同法》并参考发达国家对房地产中介服务的定义，明确将“房地产居间服务”界定为向房地产交易双方“报告订立合同的机会或者提供订立合同的媒介服务”，即房地产中介撮合交易双方签订《深圳市二手房预约买卖及居间服务合同》即可视作居间服务的完成，有权向客户收取佣金。

同时为改变社会公众乃至我们自身对中介就是“打几个电话加跑腿办事”的错误认知，对于那些习惯上由中介方一揽子包到底的代办赎楼、交房、水电煤气过户等事宜，协会在《标准流程》中明确将其列为额外服务服务，从中间方应尽义务中剥离，建议消费者确有需要的应与中介方另行约定并支付合理费用。

为推动此标准的贯彻，协会已向市中级人民法院提交《参考房地产经纪服务标准，明晰居间方义务的建议函》，并正敦请市规划国土委与市工商部门在 2017 年内修订二手房交易合同示范文本中的相关表述。

加强行业正面宣传，弘扬房地产中介服务价值。2016 年 4 月，协会联合深圳特区报、南都等多家媒体召开“行业的价值”2016 系列活动新闻发布会，启动行业文化系列活动，旨在传递房地产中介企业与从业人员在履行社会责任、热心慈善公益、提升交易效率节约交易成本等多个层面所发挥的积极作用，争取社会舆论对房地产中介行业给予客观认识、中肯评价，尊重我们的服务价值与社会贡献。

（2）从规则上激励全行业注重专业水平，珍惜专业声誉，用“星”做行业

2016 年协会在星级管理体系中通过优化星级评价指标设计，有意识引导全行业注重服务操守与专业性，既鼓励“高学历高星级”，也对那些持续多年无重大不良行为纪录的资深从业人员给予充分认可，授予较高星级；同时从 16 年起协会开始针对不同星级级别的从业人员开辟符合其资历与需要的分级课程，如针对三星级以上人员开设了“市场走势分析及地铺经理管理能力提升”讲座、“跳单行为预防及维权专题”讲座等等。截止 2016 年底，星级已覆盖 70.2% 的备案机构、93.9% 的备案地铺及 100% 持牌人员。

（3）从具体手段上协助会员保障合法权益，争取职业尊严

A.制定并推广应用《看楼确认书》、《二手房交易重要事项告知书》，引导消费者及从业人员树立“公平、守信”的契约意识，鼓励会员依法维权。

协会受理投诉数据显示，有 11% 消费者投诉集中在中介方“不实、虚假承诺”上。这其中确有一部分属于中介人员的违规操作，但更多发生在我们自身缺乏相应意识，未对交易重要事项通过书面形式予以明确，从而因“未尽告知义务”在投诉或诉讼中处于被动，得不偿失。“两书”的颁布以行业标准文书形式保障中介方程序完备，为预防其后可能发生的争议乃至客户跳单时保障中介方合法权益提供证据支持。

积极搭建会员维权平台，鼓励会员依法维权。一方面，协会于 2016 年内先后通过协会网

站、微信开辟多个会员维权平台，并设立维权专线（83545354-611），邀请签约律师面对面为会员提供免费法律咨询与援助服务。另一方面结合受理投诉所得案例，协会举办多期免费讲座，针对二手房中介服务高风险环节，介绍合法规避职业风险技巧，宣讲守法从业、依法维权知识。与此同时协会还专门设计印刷了大量以“相互尊重，履行合约义务”为主题的维权海报，免费供会员张贴宣传。

（4）共同划定全行业底线，坚决不做伤害行业整体利益和形象的事。

2016 年协会明确提出全行业的三项“不可为”：

a) 同业之间打架斗殴，不可为！

b) 发布虚假、不实信息，损害、诋毁同行声誉，不可为！

c) 暴力威胁消费者，不可为！

2016 年 1 月，协会与中原、Q 房、链家、家家顺、美联、房天下（搜房）等会员单位签订协议，以“同业竞争保证金”形式约定，坚决抵制同业间不良竞争行为，违约机构将自愿接受每宗 5 万元罚金。

2016 年 11 月，协会修订实施《深圳市房地产经纪行业黑名单暨企业风险警示人员名单实施办法》，在原“不良从业人员名单”基础上进一步扩大范围，将做私单、吃差价、协助签订“ABC 单”、打架斗殴等 33 项行为列入“行业黑名单”，并开辟企业风险警示人员平台供会员间分享高风险从业人员信息，鼓励会员间形成互警分享机制。

（5）建立行业数据分享机制，逐步引导、树立行业共同的声音

在中原、Q 房、链家、家家顺、美联、世联行多家会员企业协力支持下，协会研究部门自 2016 年起正式面向社会定期发布市场周报、月报及行业白皮书等权威数据，对房地产市场进行专业分析及预测，为国内同行及媒体广泛引用。此外协会对金融杠杆引爆本轮房价波动的深度剖析为中央媒体所引用，在一定程度上扭转了社会公众及监管部门对房地产中介推高房价的不良印象。

（6）成立深房基金，在会员内部倡导互助共济的正能量

2016 年 4 月，在协会秘书处原 S 基金基础上更名成立“深房基金”，除协会秘书处及团体会员捐赠外，由每位个人会员年费中提取 1 元，由深房基金委员会管理运用，主要用于开展个人会员重疾救助、基金会基础建设等项目。运作 1 年来，深房基金累计获得协会秘书处及会员捐赠

款项 10.15 万元，收到 5 例救助申请，其中已成功完成 1 例对个人会员的帮扶救济，另有 1 例正在申请流程中。此外在 2016 年内深房基金得到了美联物业、世华地产、深圳链家等企业的大力支持，由他们分别承办了基金 VI 设计、基金微官网建设、行业摄影大赛等活动，整体上为树立、传递行业正能量起到了积极促进作用。

（7）鼓励会员之间的互动与合作，促进同业良性竞争与互补

协会在 2016 年先后开放了分别面向团体会员、个人会员的 13 个同业交流群（QQ、微信），除配置会员服务专员随时解答会员咨询，收集会员意见外，更旨在鼓励企业与企业之间、个人与个人之间建立以尊重互信为基础的良性沟通，化解同业分歧，促进会员间的合作共赢。

第十二章　信息化建设和档案管理

第一节　信息化建设

一、基础环境建设和保障

（一）提供系统运维和运维小管家服务

通过受理委机关的前端热线电话提供运维服务。2016 年共受理各类技术维护请求约 102094 次，其中办文系统维护 17161 次，计算机系统维护 23952 次，各类系统授权 60981 次。用户的各类需求都得到了有效的响应。继续做好日常网络维护和保障工作。配合物业维修基金中心完成系统及网络整体迁移，并对各网络设备开展了日常巡检工作，保障了日常各类信息系统依赖的网络环境稳定运行。2016 年共计受理完成网络系统维护 912 余次。

（二）全委信息化基础环境运行良好

对 13 台精密空调、6 台 UPS、50 多台核心网络及安全设备、30 多台小型机服务器、90 多台物理微机服务器和 300 多台虚拟主机服务器、20 多台存储备份设备及各类软件系统等的日常监控和调试运维工作。积极协调协助派驻各管理局档案信息室，顺利完成各管理局信息化基础设施的日常运行维护工作。2016 年全年各类信息系统基础设施运行稳定。

做好日常应用更新部署维护工作。2016 年共计受理完成日常应用更新部署工作 1738 余次。

持续开展了网络和服务器系统故障应急演练工作，制定了应急处理方案，提升了故障处理水平。

（三）信息系统安全和保密建设工作得到持续改善和推进

完成 2016 年季度和年度信息安全指标工作。全年共完成 12 次对网络、服务器和数据库的漏洞扫描、120 次对门户网站（包含下属单位）和信息系统的应用层扫描和 4 次模拟黑客入侵的渗透测试工作，并针对漏洞扫描和渗透测试发现的中高风险，制定安全整改方案落实安全防护措施。

完成了 2016 年全委 8 个信息系统的安全等级保护测评工作，完成 2016 年全委信息资产的安全风险评估工作，共评估信息资产 316 个，处理高风险 23 个、中风险 100 个。

开展市规划国土委下属各管理局、事业单位人员信息系统培训，举办办文系统操作培训 2 次，培训人数 60 余人；信息安全培训 1 次，培训人数 800 余人。

二、数据建设与服务

进一步完善数据规范标准体系，并在全市相关领域推行应用。统一全市建筑物数据库，建立同步更新、统一发布机制。以内业日常更新和外业补充调查方式持续开展建筑信息更新调查，全市共更新调查建筑物 17925 幢，保持建筑信息的时效性和准确性；与深圳市流动人口和出租屋综合管理办公室多次沟通协调，研究编制《深圳市建筑物信息统一发布工作方案》，通过统一建筑物信息指标、建立同步更新和统一发布机制、清理存量数据等工作，解决我委与综管办建筑物数据不一致的历史问题，形成全市统一编码、同步更新、统一发布的建筑物数据库。积极参与地籍调查和土地总登记工作，制定地籍调查数据库标准及培训、提供地籍调查相关的数据及技术支持、调查成果接收入库等项工作，为形成全面准确的地籍基础数据，建立常态化的地籍管理工作机制提供保障。编制宗地统一代码及不动产单元代码，按照国家省市的统一要求，完成已有宗地代码的转换共 11.8 万宗，制定了《深圳市宗地代码工作细则》，并在全市正式施行。

加强数据共享与服务，发挥数据核心价值。持续开展规划国土海洋成果共享服务，为我委及全市各政府部门、社会企业单位提供各类所需数据，2016 年度共接收并建库规划国土项目成果 420 多项、专项成果 5 项，建库成果通过规划一张图综合管理系统和地籍信息系统、办文系统在线提供给我委日常业务办理查询应用。积极开展政务信息资源交换共享服务，在市政务信息资源交换平台建立共享目录数据 51 个，实现了审批过程和结果信息共享、政府投资项目信息共享、“双信”专栏信息共享、企业信用信息共享、商事主体登记信息共享、44 项办事结果信息共享、行政许可和行政处罚双公示信息共享、政务数据开放信息共享等共享专题。

三、数字深圳空间基础信息平台建设与服务

（一）顺应城市发展规律，积极探索云平台新方法，支持城市总体规划修编

2016 年 2 月 19 日，时任深圳市委书记马兴瑞、市长许勤在市规划国土委调研时明确要求启动《深圳市城市总体规划（2016—2030）》编制工作，根据我市总体规划编制实际需求，为弥补传统规划编制手段的不足，以需求、问题、创新为导向，以数字深圳空间基础信息平台为依托，以简化流程、提高效率、统一共享和互动协作为目的，充分利用“云技术”和“大数据”等先进技术，首次探索将规划业务数据放在云空间共享，用“云平台协作”代替“孤岛编制”，用“大数据”驱动“规划创新”，用“互动参与”打造“开门规划”，搭建总体规划编制工作平台，

通过云平台的在线服务模式方式，将 3 大类 84 小类数据资源提供给总规编制单位在线查阅和运用，促进了空间信息的共建共享。在委员会外部单位例如发改委、智慧城市大数据研究院等单位也建立了分平台节点，为数据开放、业务合作提供了新的渠道，创为规划编制拓展了新的数据使用方式，提高了数据使用效率。目前云平台在线规划师用户已达到 85 个。

（二）夯实数据基础，分析新增需求，空间平台尝试大数据服务新模式

2016 年空间平台积极探索多样化的数据更新模式，建立空间基础数据常态化更新机制，更新发布 2 个版本的全市电子地图、4 个版本的重点片区电子地图、2 个版本的全市影像地图，完成 1:1000 地形图更新入库 110 平方公里，完成 1:2000 西部海洋地形图数据质量检查 628.7 平方公里。对龙岗中心区及大运城片区、盐田中心区、熙龙湾及较长尾片区、龙华重点片区等城市更新片区进行了三维模型更新，为我委重点项目报建评审建模，全年累计更新 15450 栋三维建筑模型。截至 2016 年底，我委三维建筑模型覆盖面积为 1255 平方千米。完成符合深圳市地下管线数据建库标准的 1.3 万公里地下管线成果数据建库。2016 年为全市提供基础测绘数据服务 400 余批次，含地形图数据近 4 万幅、影像数据 9 千多平方公里、地下管线数据近 1.6 万公里，为深圳市城市更新、建设、交通、环保等领域提供地理信息服务。截至 2016 年底，空间平台新增用户 10 个，总用户达 82 个。

（三）分析新增需求，空间平台开展大数据可视化研究

在空间平台原有基础上，探索可以满足用户新需求的功能，在大数据可视化研究以及大数据服务平台开发方面取得可观成果。2016 年以手机信令数据为试点制作完成多版动态地图，主要为交通小区居民通勤量 OD 点状统计图和线状分布图，更新了传统数据展示模式，为市交通规划提供重要依据。创新开发“大数据服务平台”，以实景三维环境为基础，集成涉及全市人口、就业、教育、医疗、房产走势、建筑分布等民生主题数据，展示了最受公众关注的重点专题的现势数据，为城市规划以及相关政策的制定提供了数据支持。通过可视化应用，改变了以往数据价值

利用不足的状况，真正发掘平台所掌握资源的隐藏价值。

（四）"天地图·深圳"建设

根据《关于开展2016年天地图省市级节点综合技术评估工作的通知》（测办〔2016〕29号）要求，"天地图·深圳"首次参加省级节点综合技术年度评估，通过了对节点建设、数据整合、运维维护、推广应用、长效机制等方面的评估，并获得"五星级节点"的评估结果。"天地图·深圳"持续为社会公众提供了权威、鲜活、统一、高效的"一站式"地理信息服务。

四、"天地网"平台建设

适应工作新要求，开展移动在线巡查系统建设，数字监察平台实现与省厅巡查系统对接。为应对市规划土地监察局机构调整，结合规划土地监察执法实际，完成对"天地网"平台系统功能改造及新增业务系统建设，建立了行政处罚信息载入征信信用系统，加强"天地网"平台与各查违单位的对接及应用集成，实现规划土地监察平台上下左右的数据及系统互联和数据共享。同时，开展移动巡查执法终端在线巡查系统建设，实施与省厅巡查系统对接，支撑省厅移动巡查督查考核工作，实时上传巡查人员上线时间、巡查轨迹和办案事件，提高了工作效率，满足了省厅关于外业调查及移动巡查工作的相关要求。

优化开展卫星遥感监测，支撑部、省、市卫片执法监督检查工作。完成2016年第二季度土地遥感图斑监测、市卫片执法监督检查、住建部规划遥感督察、第二次土地资源全天候遥感监测、全市水源保护区违法建筑监测和2015年度部卫片自查整改等6个批次的违法建设监测工作。编制《2016年深圳市卫片执法技术支持工作规范》，对卫片执法各关键节点进行表格化管理。编制《卫片执法变化图斑提取质量检查表》等质量管理表格体系，固化内业、外业和执法各环节数据格式和数据成果，提升了卫片执法工作的信息化水平。完善卫片执法管理系统，实现基于宗地号、用地方案号的审批手续自动核查，形成卫片执法违法项目网格化管理模式，确保部、市卫片执法环节和过程数据的完整性和客观性，为查处违法用地、违法建筑共同责任考核工作奠定数据基础。

五、应用系统建设

（一）初步建立十大专项行动指挥与监管系统，建设不动产籍信息平台，实现地籍调查全流程规范化管理

初步建立不动产籍信息平台，系统覆盖前期清查、宗地预分宗、宗地调查、地籍档案组卷归档等环节，通过逐宗录入、数据校核、自动提取数据统计工作进度等手段，保障地籍数据、地籍档案成果质量得到有效管控，实现地籍调查全流程规范化管理和有效监管。各区政府、管理局、

储备中心、测绘大队、信息中心等多个部门通过不动产籍信息平台开展地籍调查工作，保障了2016年地籍调查和土地总登记工作任务的顺利完成。

以宝安区为试点，以指标为中心，以任务为驱动，以十大专项行动地块图形为底板，以监管为手段，初步建立十大专项行动指挥与监管系统，包括十大专项行动一张图子系统、任务管理

子系统，将各项任务按照指标-地块-任务的模型进行层层分解，任务落地、落图、定人、定号，实现任务分解精细化、责任分工专人化，推进宝安十大专项行动落实到位和扎实推进。

（二）不动产登记系统按时上线并接入国家、省不动产登记信息平台

按照国家不动产登记系统建设的总体要求，结合我市实际情况，在委领导、不动产籍管理处（地政地籍处）的统筹领导下，信息中心和登记中心通力合作，克服各种困难，全力、稳步、持续推进不动产登记系统建设工作，我市不动产登记系统建设取得了阶段性成果。3 月不动产登记系统全面试运行， 5 月不动产登记正式切换上线。系统上线平稳运行后，对业务受理、登记审核、查询等功能进行了重点优化，提高了系统易用性，同时系统响应速度得到大幅度提升。截至目前，委内用户总数已超过 1000 人，系统已受理 42.16 万笔登记业务申请，核发不动产证书 13 万余份（累计核发 32.96 万份），核发不动产登记证明 21 万余份（累计核发 45.64 万份），提供不动产信息查档服务近 10 万次。同时，落实国土资源部、省国土资源厅对不动产登记工作的安排，完成网络连通、数据上报等工作，实现 2016 年底我市不动产登记系统接入国家、省不动产登记信息平台。省国土资源厅在全省不动产登记信息基础平台培训班上，充分肯定了深圳工作成果，并给予了积极评价。

（三）落实国家、省、市房地产宏观调控政策，完善房地产市场系统功能，开发上线房地产行业诚信系统

为积极配合我委做好深圳市房地产宏观调控工作，完成房地产市场系统技术改造工作。改造房地产市场系统的一手房预（现）售和二手房买卖合同打印功能、住宅和商务公寓类新建商品房价格备案功能、住宅类一手房预售合同网签申报及审核功能、一手房认购书和合同网签功能、一手房现售价格审查功能等；开发购房人婚姻及家庭成员信息采集和《家庭成员情况申报表》、《婚姻状况说明书》审查功能。为我市房地产市场宏观调控各项政策的落实提供了有力的技术支撑。

配合我委建立以“诚信清单”为基础的房地产行业诚信体系的改革任务，开发完善房地产行业诚信公示子系统和房地产开发、房地产估价行业诚信信息管理子系统，完成房地产市场系统与经纪行业协会业务系统信息交换工作，在全委层面建立以“诚信清单”为基础的诚信信息采集平台，为全市房地产行业诚信体系建设提供基础信息系统支撑。该系统于 2016 年 8 月 15 在内网试运行，并于2016年12月底完成外网上线工作。

（四）落实“强区放权”试点，开展系统对接，快速支撑全市城市更新改革工作

落实委改革工作要求，以龙华管理局为试点建设规划国土海洋大数据中心，完成一期工程数据建设与重点系统建设，以统一核查业务平台、非农用地台账系统、公共项目专员系统等，助力龙华局实现高效审批；以空间平台的推广应用，助推龙华局共享资源拓展服务。开展大数据二期工程的前期研究，收集数据入库更新需求与重点系统建设需求，形成总体工作框架，继续推进龙

华大数据中心建设，创建共享互通的数据体系，支撑“强区放权”试点，强化全流程的行政服务。

落实“强区放权”改革要求，在全市推广罗湖城市更新改革试点经验，全力配合城市更新审批事权下放工作。组织成立跨部门专项组，摸清各区（新区）软硬件情况，对涉及近 30 项业务事项、近 90 个信息系统模块，提前开展核心技术的设计开发，在时间紧、任务重、工作量大、程序复杂情况下，中心全力推进，克服重重困难，在不到 3 个月时间内完成了各区信息系统、数据环境接入上线工作，按时保质完成各区业务审批系统建设。信息系统和数据上线后，向各区（新区）派驻专门服务小组提供现场系统培训、问题反馈的点对点贴身服务，做到“第一时间到达现场，第一时间解决问题，第一时间改进服务”。此项工作在《信息快报》第 158 期上向全市刊登发布。

（五）拓展海洋业务领域，助力前海片区，信息化服务改革试验区

承担海洋经济统计系统的建设，实现了海洋经济统计数据的日常直报、管理，提供海洋经济统计、评估、空间分析的技术支撑；同时承担海洋减灾决策服务及预报产品分发处理系统的建设，实现海洋预报产品分发全过程管理和多途径分发，提高预报信息分发的效率和自动化程度，整合展示多元海洋观测信息，实现基于空间的海洋减灾辅助决策服务。该项目实现了海洋业务信息与规划国土信息平台的整合，为进一步推进“陆海统筹”目标打下了坚实的基础。

承担前海深港现代服务业合作区管理局千万级信息化建设项目。在行政审批、信息共享、城市仿真决策及在建项目监管等业务领域，创新服务方式，优化服务流程，通过一文多事、图文一体、建设项目全生命周期管理等信息化手段，助力前海高效快速发展。项目建设充分利用中心已有成果，结合前海定制化需求，深入分析设计，引入标准化的工作流设计，按照产品化生产方式，以可移植、易扩展、易维护为基本要求，在确保产品质量的同时，大大加快了实施进度。该项目已完成初步验收，并已在前海深港现代服务业合作区管理局正式上线使用。

（六）优化升级规划土地系统，建立地质灾害防治系统，显著提升业务服务能力

面向辅助决策，深化建设城市更新“一张图”系统，在罗湖区示范应用。建立涵盖基于空间的人口、公配设施现状、规划和需求、棚户区改造等数据的区级空间综合信息库，结合项目的审批信息、三维模型展示和统计分析，应用于城市更新决策会议，为更新项目总体定位、配建公配设施等提供信息支撑，提升了区级城市更新辅助决策能力。

配合委员会欠缴地价款专项清理工作，中心组成跨部门技术支撑工作组，为委员会、管理局提供欠缴情况前期分析、欠缴清理工具、清理后成果入库和分析等关键、有效的技术服务，有力支撑了欠缴地价款专项清理工作的顺利、高效开展。同时创新数据清理工作模式，得到了委员会和管理局的认可。

建立地质灾害防治系统，建立地质灾害数据更新流程，实现地质灾害防治数据日常更新、共

享利用，形成全市地质灾害一张图，实现巡查排查、专业监测、事件报送、群测群防、防治备案、统计分析等地质灾害业务管理，实现地质灾害专题核查分析，提升工作效率。系统于 11 月上线运行，填补我市地质灾害信息化建设空白，实现地质灾害防治规范化管理。

（七）持续完善系统，提升服务能力，完成房地产信息系统、不动产登记系统年度建设

完成房地产信息系统日常运维工作。按照 2015 年度三大行业年检工作有要求，开发完善年检功能、年检结果公示模块等，配合房地产业处、三大行业协会完成 2015 年度三大机构年检方面的数据处理等工作，涉及机构总数 1685 家。根据房地产市场相关监管规定，配合我市即将实行年报制度的改革，调整房地产开发企业的资质证书和经纪备案证书内容，完成 2017 年启用新的资质证书和备案证书核发工作。

完成不动产登记系统日常运维工作。按照网上办事大厅 2016 年建设要求，完善不动产登记系统与省网上办事大厅深圳分厅对接功能，根据各个季度考核情况，以及更新的考核指标持续完善不动产登记系统。完成年度内限购政策变化要求，实现与社保信息联网核查系统的集成。完成年度内房地产交易环节征税政策变化配套系统功能开发工作。完善不动产登记信息查档功能，为不动产登记信息查询窗口提供了及时、有效的信息服务。

为委内相关部门提供房地产信息共享持续服务，包括数据服务、信息系统接口开发和维护等，涉及房地产业处、不动产籍管理处、登记中心、评估中心、各管理局等部门，全年提供约 130 批次服务。向委外相关部门提供约 26 次人工数据服务。通过市电子政务资源交换平台，开放有无房产业务记录查询等 7 类实时数据比对服务，向市人力资源和社会保障局、教育局、公安局等 10 多个部门提供约 27 万次服务调用。通过房地产宏观调控信息共享平台 19 个服务接口，向我市住建部门提供有关信息查询约 1300 万次服务调用。

完成二手房自助交易打印系统完善工作，为公众提供更加安全、便捷的服务，全年提供公众技术支持 120 余次，共保障 2.9 万余份自助交易合同完成网签。完成与住建部、省住建厅两级住房信息系统联网年度工作，全年完成对规划、土地、房产、统计等在内的 38 大类 435 个数据采集指标数据的采集、整合报送、数据质量分析检测，人工日常数据报送年度总共报送约 60 万条。

六、网站建设

完成我委门户网、政务内网、市规划委员会网、深圳市地名网、政府在线子站、公务员之窗子站、深圳电子监察网子系统、行政服务大厅网、粤建网及各管理局子网等 18 个网站的日常维护及技术支持工作。通过门户网站主动公开 50 余万条信息，制作了全国测绘法宣传日、全国土地

日、地球日、规划国土档案展、两学一做等各类专题专栏 7 个；接收有效咨询投诉信件 2002 封，进行民意征集 66 次，在线访谈 2 次。由于信息更新及时，内容准确、权威，网站日均访问量过万次，在上级政府部门的网站绩效评估中继续保

持较好成绩。

按照《关于印发“深圳政府在线”业务事项办事指南填报规范的通知》要求，对事项的办事指南、业务流程、表格下载、网上申报等 20 多个具体要素进行规范，在委门户网站、政府在线子站上进行更新维护，实现办事表格提供比率 100%，样表或示范文本提供比率 100%，通过门户网站向公众提供办文状态查询和结果查询 50 余万笔，做到结果和状态查询 100%。

结合不动产统一登记工作，完成“宜登记”APP 的开发和“深圳不动产登记”微信公众号的升级优化工作。通过移动智能终端向用户提供重要通知、办事指南、在线申办、预约取消、进度查询、计税参考价、费税计算器等办事服务，在上述服务开通一个月内，“深圳不动产登记”微信公众号的关注量就从 2 千余人突破至 15000 多人，使用次数达到 3 万多次。

七、重大调查工作

积极开展国家和省、市各项重大基础调查工程，持续建设和更新各类专题调查数据库。在圆满完成第二次全国地名普查试点任务基础上，按照国务院和省民政厅统一部署开展地名补查工作，截止 2016 年底，共编制全市地名补查目录 25300 个，完成原特区内地名补查约 8580 条，地名标志调查约 1100 个。开展常态化地理国情监测建库和统计分析应用工作，构建地理国情信息时空数据库，建立地理国情信息在线发布服务平台，形成多样化地理国情信息产品，充分展示了深圳市经济社会发展和自然资源环境的空间分布规律，为政府规划和决策提供客观科学的数据。深入参与第一次全国海洋经济调查工作，结合地理空间信息管理优势，调查信息空间化实现，直观展示我市海洋经济的空间分布情况，突出我市海洋经济调查的空间化特色。

第二节　档案管理

一、服务强区放权大局，探索全市统一的业务档案管理机制

2016 年以来，配合和协助罗湖区城市更新局开展城市更新档案管理工作，完成 800 卷档案归档和建库工作，实现了档案管理理念、信息系统和管理技术标准 “三落地”以及档案实体和档案信息的“双集中”，为建立在强区放权战略下全市统一的规划国土档案管理体系和机制探索了路径模式，同时打下了基础。

二、全面推进“三个体系”建设

2016 年，中心档案工作以“三个体系”建设为核心，全面推进档案资源体系建设、档案利用体系建设和档案安全体系建设，档案工作迈上一个新台阶。

档案资源建设取得新成就。以同步归档为抓手，大力开展文件材料接收工作，全年接收各类文件材料 73 万余份（件），整理归档 76 万余份（卷），室藏档案资源和数据库得到进一步充实。

档案利用服务工作全面开展。秉持服务大局、服务民生的宗旨，全面开展档案利用服务工作。2016 年提供各类档案查询利用服务共 30 余万人次，调阅各类档案 3.67 万余卷，复制档案 71 万余页，档案价值得以发挥，很好地服务了深圳经济社会发展、服务民生，受到好评。

档案安全环境进一步改善，安全体系不断强化。2016 年以来，认真贯彻落实安全生产相关要求，更加注重档案安全，狠抓安全管理，对档案安全集中进行了全面、细致和严格的排查梳理，在制度上墙、库房空间整顿、“八防”措施

落实、规章制度建设等方面进行了精准整改，全年档案工作没有发生安全事故，档案安全得到了进一步保障。

档案项目齐头并进，取得新进展。档案数字化工作取得进展，《规划国土委文书档案（会议纪要专题）全文检索功能开发及应用》项目顺利进行，国土资源档案数字化项目逐步推进。档案开发利用工作取得新成效，“深圳规划国土口述历史档案收集规范及收集规划编制”项目深入开展，项目成果价值初显。国土资源档案数字化项目逐步推进。

不动产登记档案移交工作顺利完成，历史遗留档案项目问题正在得到解决。中心根据《广东省不动产登记资料移交工作指引》，全面细致地开展编制移交工作方案，清点、造册和核实约806万卷产权档案实体和相关设施设备，并于10月中旬同登记中心成功完成了档案实体、档案管理职责以及工作场地、设施设备等的交接。

三、档案文化建设取得新成绩

国际档案日宣传工作线上线下并行开展，效果良好。2016年6月，举办了主旨为“档案与民生”的“深圳市规划国土档案展”，共制作展板12块，展出图片80幅，图文并茂地展示了口述历史档案访谈工作、口述历史档案开发应用以及房地产权档案源自民生、守护民生和服务民生等三大主题。档案展分别在规划大厦、市档案中心实地以及市规划国土委内网设展，并应市档案学会的邀请，在市档案学会组织的国际档案日宣传活动现场进行了展示，取得了良好的宣传展示效果，增强了社会档案意识，提高了档案自觉和自信。

专注于档案管理研究工作。有一篇论文被2016年广东省档案工作年会被为优秀论文并入选2016年中国档案工作者年会，两篇论文分别被评为2016年深圳市档案工作者年会一等奖和三等奖。

第十三章　房地产法制建设

第一节　立法执法

一、立法

2016 年，市政府发布实施了《深圳市人民政府关于施行城市更新工作改革的决定》（深圳市人民政府令第 288 号）、深圳市人民政府办公厅关于贯彻落实《深圳市人民政府关于施行城市更新工作改革的决定》的实施意见（深府办〔2016〕32 号）、深圳市人民政府关于印发全面深化规划国土体制机制改革方案的通知（深府函〔2016〕259 号）、深圳市人民政府关于印发深圳市工业及其他产业用地供应管理办法（试行）的通知（深府〔2016〕80 号）、深圳市人民政府办公厅印发关于加强和改进城市更新实施工作暂行措施的通知（深府办〔2016〕38 号）、《关于进一步促进我市房地产市场平稳健康发展的若干措施》（深府办〔2016〕28 号）等规章和规范性文件。根据市政府 2016 年度立法工作计划，我委开展了《深圳经济特区城市更新条例》《深圳经济特区城市规划条例》（修改）、《〈深圳市人民代表大会常务委员会关于农村城市化历史遗留违法建筑的处理决定〉试点实施办法等法规、规章立法论证和起草工作，并启动了《深圳经济特区不动产登记条例》《深圳市临时用地和临时建筑管理规定》（修改）、《历史风貌保护区和优秀历史建筑管理规定》《深圳市地铁空间综合开发与登记暂行办法》《蓝线管理规定》等法规、规章的立法调研相关工作，稳步有序推进规划国土海洋管理各立法项目的制定出台。

二、执法

（一）拆除消化违建取得显著成效

深入开展全市违建拆除消化专项行动。严格落实查违“1+2”文件要求，拆字当头，形成一拆到底的态势，全市广泛开展重点案件拆除行动、“百日整治”“百日攻坚”“双提升”“裸楼行动”“基础回填行动”等专项执法行动，对新增违建采取“四清两断、全面控停、实现裸楼”。全市共开展各类整治行动1.8万次，投入约17.9万人次，拆除消化各类违法建筑1100万平方米。各区加大力度，通过城市更新、土地整备、建设用地清退、完善手续等方式消化存量库违建。狠抓巡查防控和案件办理。各区严格日常网格化巡查和案件查处，全市共立案查处833宗违法建设案件，严格依法履职到位。市查违办组织开展17次案件线索及拆除案件抽查行动，落实并全市推广巡查、办案相对分离，划定市级重点巡查线路48条，开展重点巡查211次，组织开展市、区联合交叉巡查检查专项行动17次，核查涉嫌违法用地图斑1582个，通过80个固定视频监控点，加强重点巡查、检查。严格卫片执法检查。开展住房和城乡建设部规划遥感督察，发现违法图斑21个面积185.56万平方米；自行开展2016年度市卫片执法监督检查，通过“双随机、一公开”检查方式随机抽取200宗图斑、随机指派30名执法人员组成10个工作组进行检查，上半年社会投资类违法图斑61个违法用地面积252.48亩，新增社会投资类永久性违建实现零增长。

（二）落实体制改革，提升执法效能

落实查违体制改革。重心下移，将规划、土地管理的行政执法权调整至各区行使，集中执法力量，变两级执法为一级执法，市级查违机构原则上不再执法。同步改革市级规划土地执法监察机构设置和人员配备，强化各区执法力量，市级机构只保留三个内设处室和18名行政执法编制，62名编制划转至新区。将房地产、地名、测绘、矿产资源的行政执法权调整至管理局承担。在较短时间内做到了职能调整到位、人员调整到位和工作衔接到位，确保改革期间工作不断、秩序不乱。完善政策法规体系。研究规划审查规则、没收违建处置指导意见和执法案卷文书归档管理

办法，修订规划土地等行政处罚裁量权标准，完善拆除消化违法建筑核查工作规范，组织对市局成立以来自办案件和指定管辖案件开展案卷评查。深化开放透明工作机制。开展民心桥、在线访谈、查违开放日、土地宣传日等活动，主动架起与社会沟通的桥梁。保持12336举报投诉热线每天24小时畅通，强化查违官方微博、网站实时交流平台作用，市规划土地监察局收集群众举报投诉线索11613件次，第一时间核查处理举报投诉属实632余宗，发布官方微博236条和新闻报道28篇，发送查违舆情短信543282条。

第二节　法规文件选编

中华人民共和国环境影响评价法

中华人民共和国主席令（第四十八号）

《全国人民代表大会常务委员会关于修改〈中华人民共和国节约能源法〉等六部法律的决定》已由中华人民共和国第十二届全国人民代表大会常务委员会第二十一次会议于 2016 年 7 月 2 日通过，现予公布。

《全国人民代表大会常务委员会关于修改〈中华人民共和国节约能源法〉等六部法律的决定》对《中华人民共和国节约能源法》、《中华人民共和国水法》、《中华人民共和国防洪法》、《中华人民共和国职业病防治法》、《中华人民共和国航道法》所作的修改，自公布之日起施行；对《中华人民共和国环境影响评价法》所作的修改，自 2016 年 9 月 1 日起施行。

中华人民共和国主席　习近平
2016 年 7 月 2 日

(2002 年 10 月 28 日第九届全国人民代表大会常务委员会第三十次会议通过；根据 2016 年 7 月 2 日第十二届全国人民代表大会常务委员会第二十一次会议《关于修改〈中华人民共和国节约能源法〉等六部法律的决定》修正)

第一章　总　则

第一条　为了实施可持续发展战略，预防因规划和建设项目实施后对环境造成不良影响，促进经济、社会和环境的协调发展，制定本法。

第二条　本法所称环境影响评价，是指对规划和建设项目实施后可能造成的环境影响进行分析、预测和评估，提出预防或者减轻不良环境影响的对策和措施，进行跟踪监测的方法与制度。

第三条　编制本法第九条所规定的范围内的规划，在中华人民共和国领域和中华人民共和国管辖的其他海域内建设对环境有影响的项目，应当依照本法进行环境影响评价。

第四条　环境影响评价必须客观、公开、公正，综合考虑规划或者建设项目实施后对各种环境因素及其所构成的生态系统可能造成的影响，为决策提供科学依据。

第五条　国家鼓励有关单位、专家和公众以适当方式参与环境影响评价。

第六条　国家加强环境影响评价的基础数据库和评价指标体系建设，鼓励和支持对环境影响评价的方法、技术规范进行科学研究，建立必要的环境影响评价信息共享制度，提高环境影响评价的科学性。

国务院环境保护行政主管部门应当会同国务院有关部门，组织建立和完善环境影响评价的基础数据库和评价指标体系。

第二章 规划的环境影响评价

第七条 国务院有关部门、设区的市级以上地方人民政府及其有关部门，对其组织编制的土地利用的有关规划，区域、流域、海域的建设、开发利用规划，应当在规划编制过程中组织进行环境影响评价，编写该规划有关环境影响的篇章或者说明。

规划有关环境影响的篇章或者说明，应当对规划实施后可能造成的环境影响作出分析、预测和评估，提出预防或者减轻不良环境影响的对策和措施，作为规划草案的组成部分一并报送规划审批机关。

未编写有关环境影响的篇章或者说明的规划草案，审批机关不予审批。

第八条 国务院有关部门、设区的市级以上地方人民政府及其有关部门，对其组织编制的工业、农业、畜牧业、林业、能源、水利、交通、城市建设、旅游、自然资源开发的有关专项规划(以下简称专项规划)，应当在该专项规划草案上报审批前，组织进行环境影响评价，并向审批该专项规划的机关提出环境影响报告书。

前款所列专项规划中的指导性规划，按照本法第七条的规定进行环境影响评价。

第九条 依照本法第七条、第八条的规定进行环境影响评价的规划的具体范围，由国务院环境保护行政主管部门会同国务院有关部门规定，报国务院批准。

第十条 专项规划的环境影响报告书应当包括下列内容：

(一)实施该规划对环境可能造成影响的分析、预测和评估；

(二)预防或者减轻不良环境影响的对策和措施；

(三)环境影响评价的结论。

第十一条 专项规划的编制机关对可能造成不良环境影响并直接涉及公众环境权益的规划，应当在该规划草案报送审批前，举行论证会、听证会，或者采取其他形式，征求有关单位、专家和公众对环境影响报告书草案的意见。但是，国家规定需要保密的情形除外。

编制机关应当认真考虑有关单位、专家和公众对环境影响报告书草案的意见，并应当在报送审查的环境影响报告书中附具对意见采纳或者不采纳的说明。

第十二条 专项规划的编制机关在报批规划草案时，应当将环境影响报告书一并附送审批机关审查；未附送环境影响报告书的，审批机关不予审批。

第十三条 设区的市级以上人民政府在审批专项规划草案，作出决策前，应当先由人民政府指定的环境保护行政主管部门或者其他部门召集有关部门代表和专家组成审查小组，对环境影响报告书进行审查。审查小组应当提出书面审查意见。

参加前款规定的审查小组的专家，应当从按照国务院环境保护行政主管部门的规定设立的专家库内的相关专业的专家名单中，以随机抽取的方式确定。

由省级以上人民政府有关部门负责审批的专项规划，其环境影响报告书的审查办法，由国务院环境保护行政主管部门会同国务院有关部门制定。

第十四条 审查小组提出修改意见的，专项规划的编制机关应当根据环境影响报告书结论和审查意见对规划草案进行修改完善，并对环境影响报告书结论和审查意见的采纳情况作出说明；不采纳的，应当说明理由。设区的市级以上人民政府或者省级以上人民政府有关部门在审批专项规划草案时，应当将环境影响报告书结论以及审查意见作为决策的重要依据。

在审批中未采纳环境影响报告书结论以及审查意见的，应当作出说明，并存档备查。

第十五条 对环境有重大影响的规划实施后，编制机关应当及时组织环境影响的跟踪评价，并将评价结果报告审批机关；发现有明显不良环境影响的，应当及时提出改进措施。

第三章 建设项目的环境影响评价

第十六条 国家根据建设项目对环境的影响程度，对建设项目的环境影响评价实行分类管理。建设单位应当按照下列规定组织编制环境影响报告书、环境影响报告表或者填报环境影响登记表(以下统称环境影响评价文件)：

(一)可能造成重大环境影响的，应当编制环境影响报告书，对产生的环境影响进行全面评价；

(二)可能造成轻度环境影响的，应当编制环境影响报告表，对产生的环境影响进行分析或者专项评价；

(三)对环境影响很小、不需要进行环境影响评价的，应当填报环境影响登记表。

建设项目的环境影响评价分类管理名录，由国务院环境保护行政主管部门制定并公布。

第十七条 建设项目的环境影响报告书应当包括下列内容：

(一)建设项目概况；

(二)建设项目周围环境现状；

(三)建设项目对环境可能造成影响的分析、预测和评估；

(四)建设项目环境保护措施及其技术、经济论证；

(五)建设项目对环境影响的经济损益分析；

(六)对建设项目实施环境监测的建议；

(七)环境影响评价的结论。

环境影响报告表和环境影响登记表的内容和格式，由国务院环境保护行政主管部门制定。

第十八条 建设项目的环境影响评价，应当避免与规划的环境影响评价相重复。作为一项整体建设项目的规划，按照建设项目进行环境影响评价，不进行规划的环境影响评价。已经进行了环境影响评价的规划包含具体建设项目的，规划的环境影响评价结论应当作为建设项目环境影响评价的重要依据，建设项目环境影响评价的内容应当根据规划的环境影响评价审查意见予以简化。

第十九条 接受委托为建设项目环境影响评价提供技术服务的机构，应当经国务院环境保护行政主管部门考核审查合格后，颁发资质证书，按照资质证书规定的等级和评价范围，从事环境影响评价服务，并对评价结论负责。为建设项目环境影响评价提供技术服务的机构的资质条件和管理办法，由国务院环境保护行政主管部门制定。

国务院环境保护行政主管部门对已取得资质证书的为建设项目环境影响评价提供技术服务的机构的名单，应当予以公布。

为建设项目环境影响评价提供技术服务的机构，不得与负责审批建设项目环境影响评价文件的环境保护行政主管部门或者其他有关审批部门存在任何利益关系。

第二十条 环境影响评价文件中的环境影响报告书或者环境影响报告表，应当由具有相应环境影响评价资质的机构编制。

任何单位和个人不得为建设单位指定对其建设项目进行环境影响评价的机构。

第二十一条 除国家规定需要保密的情形外，对环境可能造成重大影响、应当编制环境影响报告书的建设项目，建设单位应当在报批建设项目环境影响报告书前，举行论证会、听证会，或者采取其他形式，征求有关单位、专家和公众

的意见。

建设单位报批的环境影响报告书应当附具对有关单位、专家和公众的意见采纳或者不采纳的说明。

第二十二条　建设项目的环境影响报告书、报告表，由建设单位按照国务院的规定报有审批权的环境保护行政主管部门审批。

海洋工程建设项目的海洋环境影响报告书的审批，依照《中华人民共和国海洋环境保护法》的规定办理。

审批部门应当自收到环境影响报告书之日起六十日内，收到环境影响报告表之日起三十日内，分别作出审批决定并书面通知建设单位。

国家对环境影响登记表实行备案管理。

审核、审批建设项目环境影响报告书、报告表以及备案环境影响登记表，不得收取任何费用。

第二十三条　国务院环境保护行政主管部门负责审批下列建设项目的环境影响评价文件：

(一)核设施、绝密工程等特殊性质的建设项目；

(二)跨省、自治区、直辖市行政区域的建设项目；

(三)由国务院审批的或者由国务院授权有关部门审批的建设项目。

前款规定以外的建设项目的环境影响评价文件的审批权限，由省、自治区、直辖市人民政府规定。

建设项目可能造成跨行政区域的不良环境影响，有关环境保护行政主管部门对该项目的环境影响评价结论有争议的，其环境影响评价文件由共同的上一级环境保护行政主管部门审批。

第二十四条　建设项目的环境影响评价文件经批准后，建设项目的性质、规模、地点、采用的生产工艺或者防治污染、防止生态破坏的措施发生重大变动的，建设单位应当重新报批建设项目的环境影响评价文件。

建设项目的环境影响评价文件自批准之日起超过五年，方决定该项目开工建设的，其环境影响评价文件应当报原审批部门重新审核；原审批部门应当自收到建设项目环境影响评价文件之日起十日内，将审核意见书面通知建设单位。

第二十五条　建设项目的环境影响评价文件未依法经审批部门审查或者审查后未予批准的，建设单位不得开工建设。

第二十六条　建设项目建设过程中，建设单位应当同时实施环境影响报告书、环境影响报告表以及环境影响评价文件审批部门审批意见中提出的环境保护对策措施。

第二十七条　在项目建设、运行过程中产生不符合经审批的环境影响评价文件的情形的，建设单位应当组织环境影响的后评价，采取改进措施，并报原环境影响评价文件审批部门和建设项目审批部门备案；原环境影响评价文件审批部门也可以责成建设单位进行环境影响的后评价，采取改进措施。

第二十八条　环境保护行政主管部门应当对建设项目投入生产或者使用后所产生的环境影响进行跟踪检查，对造成严重环境污染或者生态破坏的，应当查清原因、查明责任。对属于为建设项目环境影响评价提供技术服务的机构编制不实的环境影响评价文件的，依照本法第三十二条的规定追究其法律责任；属于审批部门工作人员失职、渎职，对依法不应批准的建设项目环境影响评价文件予以批准的，依照本法第三十四条的规定追究其法律责任。

第四章　法律责任

第二十九条　规划编制机关违反本法规定，未组织环境影响评价，或者组织环境影响评价时弄虚作假或者有失职行为，造成环境影响评价严重失实的，对直接负责的主管人员和其他直接责任人员，由上级机关或者监察机关依法给予行政处分。

第三十条 规划审批机关对依法应当编写有关环境影响的篇章或者说明而未编写的规划草案，依法应当附送环境影响报告书而未附送的专项规划草案，违法予以批准的，对直接负责的主管人员和其他直接责任人员，由上级机关或者监察机关依法给予行政处分。

第三十一条 建设单位未依法报批建设项目环境影响报告书、报告表，或者未依照本法第二十四条的规定重新报批或者报请重新审核环境影响报告书、报告表，擅自开工建设的，由县级以上环境保护行政主管部门责令停止建设，根据违法情节和危害后果，处建设项目总投资额百分之一以上百分之五以下的罚款，并可以责令恢复原状；对建设单位直接负责的主管人员和其他直接责任人员，依法给予行政处分。

建设项目环境影响报告书、报告表未经批准或者未经原审批部门重新审核同意，建设单位擅自开工建设的，依照前款的规定处罚、处分。

建设单位未依法备案建设项目环境影响登记表的，由县级以上环境保护行政主管部门责令备案，处五万元以下的罚款。

海洋工程建设项目的建设单位有本条所列违法行为的，依照《中华人民共和国海洋环境保护法》的规定处罚。

第三十二条 接受委托为建设项目环境影响评价提供技术服务的机构在环境影响评价工作中不负责任或者弄虚作假，致使环境影响评价文件失实的，由授予环境影响评价资质的环境保护行政主管部门降低其资质等级或者吊销其资质证书，并处所收费用一倍以上三倍以下的罚款；构成犯罪的，依法追究刑事责任。

第三十三条 负责审核、审批、备案建设项目环境影响评价文件的部门在审批、备案中收取费用的，由其上级机关或者监察机关责令退还；情节严重的，对直接负责的主管人员和其他直接责任人员依法给予行政处分。

第三十四条 环境保护行政主管部门或者其他部门的工作人员徇私舞弊，滥用职权，玩忽职守，违法批准建设项目环境影响评价文件的，依法给予行政处分；构成犯罪的，依法追究刑事责任。

第五章 附 则

第三十五条 省、自治区、直辖市人民政府可以根据本地的实际情况，要求对本辖区的县级人民政府编制的规划进行环境影响评价。具体办法由省、自治区、直辖市参照本法第二章的规定制定。

第三十六条 军事设施建设项目的环境影响评价办法，由中央军事委员会依照本法的原则制定。

第三十七条 本法自 2003 年 9 月 1 日起施行。

风景名胜区条例

（2006年9月19日中华人民共和国国务院令第474号公布
根据2016年2月6日《国务院关于修改部分行政法规的决定》修订）

第一章　总　则

第一条　为了加强对风景名胜区的管理，有效保护和合理利用风景名胜资源，制定本条例。

第二条　风景名胜区的设立、规划、保护、利用和管理，适用本条例。

本条例所称风景名胜区，是指具有观赏、文化或者科学价值，自然景观、人文景观比较集中，环境优美，可供人们游览或者进行科学、文化活动的区域。

第三条　国家对风景名胜区实行科学规划、统一管理、严格保护、永续利用的原则。

第四条　风景名胜区所在地县级以上地方人民政府设置的风景名胜区管理机构，负责风景名胜区的保护、利用和统一管理工作。

第五条　国务院建设主管部门负责全国风景名胜区的监督管理工作。国务院其他有关部门按照国务院规定的职责分工，负责风景名胜区的有关监督管理工作。

省、自治区人民政府建设主管部门和直辖市人民政府风景名胜区主管部门，负责本行政区域内风景名胜区的监督管理工作。省、自治区、直辖市人民政府其他有关部门按照规定的职责分工，负责风景名胜区的有关监督管理工作。

第六条　任何单位和个人都有保护风景名胜资源的义务，并有权制止、检举破坏风景名胜资源的行为。

第二章　设　立

第七条　设立风景名胜区，应当有利于保护和合理利用风景名胜资源。

新设立的风景名胜区与自然保护区不得重合或者交叉；已设立的风景名胜区与自然保护区重合或者交叉的，风景名胜区规划与自然保护区规划应当相协调。

第八条　风景名胜区划分为国家级风景名胜区和省级风景名胜区。

自然景观和人文景观能够反映重要自然变化过程和重大历史文化发展过程，基本处于自然状态或者保持历史原貌，具有国家代表性的，可以申请设立国家级风景名胜区；具有区域代表性的，可以申请设立省级风景名胜区。

第九条　申请设立风景名胜区应当提交包含下列内容的有关材料：

（一）风景名胜资源的基本状况；

（二）拟设立风景名胜区的范围以及核心景区的范围；

（三）拟设立风景名胜区的性质和保护目标；

（四）拟设立风景名胜区的游览条件；

（五）与拟设立风景名胜区内的土地、森林等自然资源和房屋等财产的所有权人、使用权人协商的内容和结果。

第十条　设立国家级风景名胜区，由省、自治区、直辖市人民政府提出申请，国务院建设主管部门会同国务院环境保护主管部门、林业主管部门、文物主管部门等有关部门组织论证，提出审查意见，报国务院批准公布。

设立省级风景名胜区，由县级人民政府提出申请，省、自治区人民政府建设主管部门或者直辖市人民政府风景名胜区主管部门，会同其他有关部门组织论证，提出审查意见，报省、自治区、直辖市人民政府批准公布。

第十一条 风景名胜区内的土地、森林等自然资源和房屋等财产的所有权人、使用权人的合法权益受法律保护。

申请设立风景名胜区的人民政府应当在报请审批前，与风景名胜区内的土地、森林等自然资源和房屋等财产的所有权人、使用权人充分协商。

因设立风景名胜区对风景名胜区内的土地、森林等自然资源和房屋等财产的所有权人、使用权人造成损失的，应当依法给予补偿。

第三章 规 划

第十二条 风景名胜区规划分为总体规划和详细规划。

第十三条 风景名胜区总体规划的编制，应当体现人与自然和谐相处、区域协调发展和经济社会全面进步的要求，坚持保护优先、开发服从保护的原则，突出风景名胜资源的自然特性、文化内涵和地方特色。

风景名胜区总体规划应当包括下列内容：

（一）风景资源评价；

（二）生态资源保护措施、重大建设项目布局、开发利用强度；

（三）风景名胜区的功能结构和空间布局；

（四）禁止开发和限制开发的范围；

（五）风景名胜区的游客容量；

（六）有关专项规划。

第十四条 风景名胜区应当自设立之日起 2 年内编制完成总体规划。总体规划的规划期一般为 20 年。

第十五条 风景名胜区详细规划应当根据核心景区和其他景区的不同要求编制，确定基础设施、旅游设施、文化设施等建设项目的选址、布局与规模，并明确建设用地范围和规划设计条件。

风景名胜区详细规划，应当符合风景名胜区总体规划。

第十六条 国家级风景名胜区规划由省、自治区人民政府建设主管部门或者直辖市人民政府风景名胜区主管部门组织编制。

省级风景名胜区规划由县级人民政府组织编制。

第十七条 编制风景名胜区规划，应当采用招标等公平竞争的方式选择具有相应资质等级的单位承担。

风景名胜区规划应当按照经审定的风景名胜区范围、性质和保护目标，依照国家有关法律、法规和技术规范编制。

第十八条 编制风景名胜区规划，应当广泛征求有关部门、公众和专家的意见；必要时，应当进行听证。

风景名胜区规划报送审批的材料应当包括社会各界的意见以及意见采纳的情况和未予采纳的理由。

第十九条 国家级风景名胜区的总体规划，由省、自治区、直辖市人民政府审查后，报国务院审批。

国家级风景名胜区的详细规划，由省、自治区人民政府建设主管部门或者直辖市人民政府风景名胜区主管部门报国务院建设主管部门审批。

第二十条 省级风景名胜区的总体规划，由省、自治区、直辖市人民政府审批，报国务院建设主管部门备案。

省级风景名胜区的详细规划，由省、自治区

人民政府建设主管部门或者直辖市人民政府风景名胜区主管部门审批。

第二十一条 风景名胜区规划经批准后，应当向社会公布，任何组织和个人有权查阅。

风景名胜区内的单位和个人应当遵守经批准的风景名胜区规划，服从规划管理。

风景名胜区规划未经批准的，不得在风景名胜区内进行各类建设活动。

第二十二条 经批准的风景名胜区规划不得擅自修改。确需对风景名胜区总体规划中的风景名胜区范围、性质、保护目标、生态资源保护措施、重大建设项目布局、开发利用强度以及风景名胜区的功能结构、空间布局、游客容量进行修改的，应当报原审批机关批准；对其他内容进行修改的，应当报原审批机关备案。

风景名胜区详细规划确需修改的，应当报原审批机关批准。

政府或者政府部门修改风景名胜区规划对公民、法人或者其他组织造成财产损失的，应当依法给予补偿。

第二十三条 风景名胜区总体规划的规划期届满前2年，规划的组织编制机关应当组织专家对规划进行评估，作出是否重新编制规划的决定。在新规划批准前，原规划继续有效。

第四章 保 护

第二十四条 风景名胜区内的景观和自然环境，应当根据可持续发展的原则，严格保护，不得破坏或者随意改变。

风景名胜区管理机构应当建立健全风景名胜资源保护的各项管理制度。

风景名胜区内的居民和游览者应当保护风景名胜区的景物、水体、林草植被、野生动物和各项设施。

第二十五条 风景名胜区管理机构应当对风景名胜区内的重要景观进行调查、鉴定，并制定相应的保护措施。

第二十六条 在风景名胜区内禁止进行下列活动：

（一）开山、采石、开矿、开荒、修坟立碑等破坏景观、植被和地形地貌的活动；

（二）修建储存爆炸性、易燃性、放射性、毒害性、腐蚀性物品的设施；

（三）在景物或者设施上刻划、涂污；

（四）乱扔垃圾。

第二十七条 禁止违反风景名胜区规划，在风景名胜区内设立各类开发区和在核心景区内建设宾馆、招待所、培训中心、疗养院以及与风景名胜资源保护无关的其他建筑物；已经建设的，应当按照风景名胜区规划，逐步迁出。

第二十八条 在风景名胜区内从事本条例第二十六条、第二十七条禁止范围以外的建设活动，应当经风景名胜区管理机构审核后，依照有关法律、法规的规定办理审批手续。

在国家级风景名胜区内修建缆车、索道等重大建设工程，项目的选址方案应当报省、自治区人民政府建设主管部门和直辖市人民政府风景名胜区主管部门核准。

第二十九条 在风景名胜区内进行下列活动，应当经风景名胜区管理机构审核后，依照有关法律、法规的规定报有关主管部门批准：

（一）设置、张贴商业广告；

（二）举办大型游乐等活动；

（三）改变水资源、水环境自然状态的活动；

（四）其他影响生态和景观的活动。

第三十条 风景名胜区内的建设项目应当符合风景名胜区规划，并与景观相协调，不得破坏景观、污染环境、妨碍游览。

在风景名胜区内进行建设活动的，建设单位、施工单位应当制定污染防治和水土保持方案，并采取有效措施，保护好周围景物、水体、林草植被、野生动物资源和地形地貌。

第三十一条 国家建立风景名胜区管理信息系统，对风景名胜区规划实施和资源保护情况进行动态监测。

国家级风景名胜区所在地的风景名胜区管理机构应当每年向国务院建设主管部门报送风景名胜区规划实施和土地、森林等自然资源保护的情况；国务院建设主管部门应当将土地、森林等自然资源保护的情况，及时抄送国务院有关部门。

第五章　利用和管理

第三十二条 风景名胜区管理机构应当根据风景名胜区的特点，保护民族民间传统文化，开展健康有益的游览观光和文化娱乐活动，普及历史文化和科学知识。

第三十三条 风景名胜区管理机构应当根据风景名胜区规划，合理利用风景名胜资源，改善交通、服务设施和游览条件。

风景名胜区管理机构应当在风景名胜区内设置风景名胜区标志和路标、安全警示等标牌。

第三十四条 风景名胜区内宗教活动场所的管理，依照国家有关宗教活动场所管理的规定执行。

风景名胜区内涉及自然资源保护、利用、管理和文物保护以及自然保护区管理的，还应当执行国家有关法律、法规的规定。

第三十五条 国务院建设主管部门应当对国家级风景名胜区的规划实施情况、资源保护状况进行监督检查和评估。对发现的问题，应当及时纠正、处理。

第三十六条 风景名胜区管理机构应当建立健全安全保障制度，加强安全管理，保障游览安全，并督促风景名胜区内的经营单位接受有关部门依据法律、法规进行的监督检查。

禁止超过允许容量接纳游客和在没有安全保障的区域开展游览活动。

第三十七条 进入风景名胜区的门票，由风景名胜区管理机构负责出售。门票价格依照有关价格的法律、法规的规定执行。

风景名胜区内的交通、服务等项目，应当由风景名胜区管理机构依照有关法律、法规和风景名胜区规划，采用招标等公平竞争的方式确定经营者。

风景名胜区管理机构应当与经营者签订合同，依法确定各自的权利义务。经营者应当缴纳风景名胜资源有偿使用费。

第三十八条 风景名胜区的门票收入和风景名胜资源有偿使用费，实行收支两条线管理。

风景名胜区的门票收入和风景名胜资源有偿使用费应当专门用于风景名胜资源的保护和管理以及风景名胜区内财产的所有权人、使用权人损失的补偿。具体管理办法，由国务院财政部门、价格主管部门会同国务院建设主管部门等有关部门制定。

第三十九条 风景名胜区管理机构不得从事以营利为目的的经营活动，不得将规划、管理和监督等行政管理职能委托给企业或者个人行使。

风景名胜区管理机构的工作人员，不得在风景名胜区内的企业兼职。

第六章　法律责任

第四十条 违反本条例的规定，有下列行为之一的，由风景名胜区管理机构责令停止违法行为、恢复原状或者限期拆除，没收违法所得，并处 50 万元以上 100 万元以下的罚款：

（一）在风景名胜区内进行开山、采石、开矿等破坏景观、植被、地形地貌的活动的；

（二）在风景名胜区内修建储存爆炸性、易

燃性、放射性、毒害性、腐蚀性物品的设施的；

（三）在核心景区内建设宾馆、招待所、培训中心、疗养院以及与风景名胜资源保护无关的其他建筑物的。

县级以上地方人民政府及其有关主管部门批准实施本条第一款规定的行为的，对直接负责的主管人员和其他直接责任人员依法给予降级或者撤职的处分；构成犯罪的，依法追究刑事责任。

第四十一条　违反本条例的规定，在风景名胜区内从事禁止范围以外的建设活动，未经风景名胜区管理机构审核的，由风景名胜区管理机构责令停止建设、限期拆除，对个人处 2 万元以上 5 万元以下的罚款，对单位处 20 万元以上 50 万元以下的罚款。

第四十二条　违反本条例的规定，在国家级风景名胜区内修建缆车、索道等重大建设工程，项目的选址方案未经省、自治区人民政府建设主管部门和直辖市人民政府风景名胜区主管部门核准，县级以上地方人民政府有关部门核发选址意见书的，对直接负责的主管人员和其他直接责任人员依法给予处分；构成犯罪的，依法追究刑事责任。

第四十三条　违反本条例的规定，个人在风景名胜区内进行开荒、修坟立碑等破坏景观、植被、地形地貌的活动的，由风景名胜区管理机构责令停止违法行为、限期恢复原状或者采取其他补救措施，没收违法所得，并处 1000 元以上 1 万元以下的罚款。

第四十四条　违反本条例的规定，在景物、设施上刻划、涂污或者在风景名胜区内乱扔垃圾的，由风景名胜区管理机构责令恢复原状或者采取其他补救措施，处 50 元的罚款；刻划、涂污或者以其他方式故意损坏国家保护的文物、名胜古迹的，按照治安管理处罚法的有关规定予以处罚；构成犯罪的，依法追究刑事责任。

第四十五条　违反本条例的规定，未经风景名胜区管理机构审核，在风景名胜区内进行下列活动的，由风景名胜区管理机构责令停止违法行为、限期恢复原状或者采取其他补救措施，没收违法所得，并处 5 万元以上 10 万元以下的罚款；情节严重的，并处 10 万元以上 20 万元以下的罚款：

（一）设置、张贴商业广告的；

（二）举办大型游乐等活动的；

（三）改变水资源、水环境自然状态的活动的；

（四）其他影响生态和景观的活动。

第四十六条　违反本条例的规定，施工单位在施工过程中，对周围景物、水体、林草植被、野生动物资源和地形地貌造成破坏的，由风景名胜区管理机构责令停止违法行为、限期恢复原状或者采取其他补救措施，并处 2 万元以上 10 万元以下的罚款；逾期未恢复原状或者采取有效措施的，由风景名胜区管理机构责令停止施工。

第四十七条　违反本条例的规定，国务院建设主管部门、县级以上地方人民政府及其有关主管部门有下列行为之一的，对直接负责的主管人员和其他直接责任人员依法给予处分；构成犯罪的，依法追究刑事责任：

（一）违反风景名胜区规划在风景名胜区内设立各类开发区的；

（二）风景名胜区自设立之日起未在 2 年内编制完成风景名胜区总体规划的；

（三）选择不具有相应资质等级的单位编制风景名胜区规划的；

（四）风景名胜区规划批准前批准在风景名胜区内进行建设活动的；

（五）擅自修改风景名胜区规划的；

（六）不依法履行监督管理职责的其他行为。

第四十八条 违反本条例的规定，风景名胜区管理机构有下列行为之一的，由设立该风景名胜区管理机构的县级以上地方人民政府责令改正；情节严重的，对直接负责的主管人员和其他直接责任人员给予降级或者撤职的处分；构成犯罪的，依法追究刑事责任：

（一）超过允许容量接纳游客或者在没有安全保障的区域开展游览活动的；

（二）未设置风景名胜区标志和路标、安全警示等标牌的；

（三）从事以营利为目的的经营活动的；

（四）将规划、管理和监督等行政管理职能委托给企业或者个人行使的；

（五）允许风景名胜区管理机构的工作人员在风景名胜区内的企业兼职的；

（六）审核同意在风景名胜区内进行不符合风景名胜区规划的建设活动的；

（七）发现违法行为不予查处的。

第四十九条 本条例第四十条第一款、第四十一条、第四十三条、第四十四条、第四十五条、第四十六条规定的违法行为，依照有关法律、行政法规的规定，有关部门已经予以处罚的，风景名胜区管理机构不再处罚。

第五十条 本条例第四十条第一款、第四十一条、第四十三条、第四十四条、第四十五条、第四十六条规定的违法行为，侵害国家、集体或者个人的财产的，有关单位或者个人应当依法承担民事责任。

第五十一条 依照本条例的规定，责令限期拆除在风景名胜区内违法建设的建筑物、构筑物或者其他设施的，有关单位或者个人必须立即停止建设活动，自行拆除；对继续进行建设的，作出责令限期拆除决定的机关有权制止。有关单位或者个人对责令限期拆除决定不服的，可以在接到责令限期拆除决定之日起 15 日内，向人民法院起诉；期满不起诉又不自行拆除的，由作出责令限期拆除决定的机关依法申请人民法院强制执行，费用由违法者承担。

第七章 附 则

第五十二条 本条例自 2006 年 12 月 1 日起施行。1985 年 6 月 7 日国务院发布的《风景名胜区管理暂行条例》同时废止。

深圳经济特区绿化条例

（2016年6月22日深圳市第六届人民代表大会
常务委员会第八次会议通过）

第一章 总 则

第一条 为了促进深圳经济特区绿化事业发展，保护和改善生态环境，实现人居环境的自然和谐，根据有关法律、行政法规的基本原则，结合实际，制定本条例。

第二条 深圳经济特区内绿化规划、建设、保护和管理适用本条例。

法律、法规对自然保护区、风景名胜区、林地的保护和管理另有规定的，从其规定。

第三条 绿化工作应当坚持以人为本、因地制宜、植护并重、严格管理的原则，兼顾自然生态效应和景观功能效应，推行立体绿化等绿化新形式，适时调整绿化建设和养护标准。

第四条 鼓励和支持绿化科学研究，加强植物物种保育和引种，加大对珍稀、濒危植物的保护和繁衍，促进植物品种优良化和生态资源多样化，推广生物防治植物病虫害技术，推进绿化科技成果转化。

第二章 工作职责

第五条 市城市管理部门是全市绿化行政主管部门，负责拟订或者制定绿化建设和管理制度并组织实施，负责全市绿化统筹协调和监督管理工作。

区城市管理部门是区绿化行政主管部门，在市绿化行政主管部门指导下，根据职责分工，负责辖区内绿化建设和管理工作。

发展改革、财政、规划国土、市场和质量监管、人居环境、交通运输、住房建设、水务等部门根据各自职责协同实施本条例。

第六条 市、区绿化行政主管部门应当对绿地种类、分布、权属、养护等情况进行定期普查，建立绿化资源档案并及时更新。

第七条 市、区绿化行政主管部门应当定期发布植物病虫害疫情预测、预报及防治技术指引，加强植物病虫害防治工作。

第八条 市绿化行政主管部门应当组织编制绿化设计、施工、养护标准和技术规范，并定期发布树木品种种植指引。

第九条 市绿化行政主管部门应当每两年发布全市绿化白皮书，向社会公布绿化资源状况及发展成果、发展规划等基本情况。

第十条 公共用地绿化建设责任人和养护责任人按照下列规定履行责任：

（一）水务、铁路、交通等单位分别负责河道、水库、铁路、公路、交通场站等用地范围内公共用地的绿化建设和养护；

（二）规划国土、农业渔业、水务、城市管理等部门按照职责分工负责国有储备用地的绿化建设和养护；

（三）交通运输、城市管理、建筑工务等相关部门按照职责分工负责其他公共用地的绿化建设，其中政府投资的城市道路、公园、风景林地等公共用地由城市管理部门负责绿化养护，其他公共用地由相应的管理单位负责绿化养护；

（四）上述第（一）项、第（二）项、第（三）项以外的其他公共用地分别由土地使用权人负责绿化建设和养护。

非公共用地由土地使用权人或者其委托的管理人依照本条例履行绿化建设和养护责任。

第十一条 已出让半年以上未开发的待建地未作其他用途的，土地使用权人应当进行绿化覆盖。

第十二条 绿化养护责任人应当按照相关标准和技术规范履行养护责任；并应当加强绿化、绿化设施的安全管理，建立定期巡查制度，发现安全隐患的，及时采取措施，消除隐患。

第三章 规划和建设

第十三条 市规划国土部门应当会同市绿化行政主管部门遵循科学布局、均衡发展和兼具特色的原则，根据城市总体规划编制绿地系统规划，公开征求社会意见后报市人民政府批准实施。

第十四条 市规划国土部门应当会同市绿化行政主管部门根据法定图则或者绿地系统规划确定绿地范围控制线，并向社会公布。

除下列情形外，绿地范围控制线不得调整：

（一）城市总体规划和绿地系统规划调整；

（二）市级以上重大建设工程和市政公用设施建设；

（三）其他法定情形。

调整绿地范围控制线不得减少规划绿地的总量。因调整绿地范围控制线减少规划绿地的，应当补偿新的规划绿地。

调整绿地范围控制线时，市规划国土部门应当会同市绿化行政主管部门将调整方案向社会公布、征求意见，并公布调整结果。

第十五条 市规划国土部门应当会同市绿化行政主管部门在深圳市基本生态控制线范围内确定永久保护绿地，向社会公布，并在永久保护绿地的显著位置设立告示牌。

第十六条 任何单位和个人不得擅自改变永久保护绿地的使用性质。

有下列情形之一,确需改变永久保护绿地使用性质的，市规划国土部门应当会同市绿化行政主管部门将改变方案向社会公布、征求意见、举行听证会，报市人民政府决定：

（一）城市总体规划调整；

（二）因国务院批准的重大建设工程的需要；

（三）其他法定情形。

改变永久保护绿地使用性质的，应当不低于改变面积补偿新的永久保护绿地。

第十七条 建设工程项目应当安排配套绿化用地。配套绿化用地面积占建设工程项目用地面积的比例应当符合下列标准：

（一）新建居住类建设工程项目不低于百分之三十，拆除重建的城市更新居住类建设工程项目不低于百分之二十五；

（二）公共管理与服务设施类建设工程项目不低于百分之三十；

（三）商业服务业类建设工程项目不低于百分之二十；

（四）城市主干道路、交通枢纽不低于百分之二十。

第十八条 新建城市公园占地面积不足十万平方米的，绿化用地面积占建设工程项目用地面积的比例不得低于百分之七十；占地面积十万平方米以上的，绿化用地面积占建设工程项目用地面积的比例不得低于百分之七十五。

第十九条 下列建设工程项目绿化建设责任人，应当组织专家对绿化设计方案进行论证，并向社会公布，征求意见：

（一）城市主干道路长度一千米以上或者红线范围内面积二万平方米以上的；

（二）建设工程项目用地面积在十万平方米以上的。

前款绿化设计方案确定后，应当报区绿化行政主管部门备案。

第二十条　除绿化行政主管部门负责的公共绿地绿化建设工程外，其他新建公共绿地绿化建设工程施工前，绿化设计方案应当征求区绿化行政主管部门的意见。

已建成公共绿地的主要树种和绿化景观不得随意变更；确需变更的，绿化建设责任人应当组织评估、论证变更方案，并向社会公布、征求意见。

第二十一条　单位或者个人自愿出资更新改造公共绿地的，出资人应当按照相关标准和技术规范制定公共绿地更新改造设计方案，经绿化行政主管部门同意后实施。更新改造后的公共绿地功能、性质、权属不变。

经绿化行政主管部门同意的公共绿地更新改造设计方案，不得擅自变更；确需变更的，应当重新报绿化行政主管部门同意。

第二十二条　新建、改建、扩建工程项目的配套绿化，应当与主体工程同时设计、同时建设、同时验收。

第二十三条　建设工程项目设计方案应当包括配套绿化用地平面图，并标明配套绿化用地的面积和位置。

第二十四条　规划国土部门应当对建设工程项目设计方案中的配套绿化用地进行审查，配套绿化用地面积未达到本条例及有关规定标准的，不予颁发建设工程规划许可证。

规划国土部门在规划验收时，建设工程项目的配套绿化用地面积不符合建设工程规划许可证要求的，不予通过规划验收。

第二十五条　任何单位和个人不得擅自改变已建成的配套绿化用地的功能。

第二十六条　绿化工程项目竣工验收合格后，建设单位应当在建设工程项目所在地的显著位置公示绿化用地平面图，并标明绿化用地的面积。

第四章　立体绿化

第二十七条　推行和鼓励立体绿化。立体绿化实行科学规划、部门统筹、社会参与、多元推进。

本条例所称立体绿化，是指以建筑物、构筑物为载体，以植物为材料，以屋顶绿化、架空层绿化、墙体绿化、棚架绿化、桥体绿化等方法实施的绿化。

第二十八条　新建公共建筑及新建高架桥、人行天桥、大型环卫设施等市政公用设施，应当按照相关标准和技术规范实施立体绿化。

鼓励对前款以外的新建建筑物、构筑物以及适宜实施立体绿化的既有建筑物、构筑物、公共空间及边坡实施立体绿化。

第二十九条　本条例第十七条规定的新建建设工程项目实施立体绿化的，立体绿化可以折算抵扣配套绿化用地面积，但商业服务业类建设工程项目的抵扣面积不得超过百分之五十，其他类建设工程项目的抵扣面积不得超过百分之二十。

达到配套绿化用地面积的建设工程项目实施立体绿化的，也可以折算成地面绿化面积，计入配套绿化用地面积。

第三十条　新建建设工程项目的立体绿化，应当与主体工程同时设计、同时建设、同时验收。

第三十一条　实施立体绿化应当确保其所附建筑物、构筑物安全及相邻区域安全。

第三十二条 公共建筑和市政公用设施上建成的立体绿化，不得占用、拆除，但因公共建筑和市政公用设施改建、扩建、修缮或者拆除的除外。

公共建筑和市政公用设施改建、扩建或者修缮完成后，被占用、拆除的立体绿化应当予以恢复。

第三十三条 立体绿化由其所属建筑物、构筑物的产权单位或者管理单位按照养护标准和技术规范进行养护，并采取相应措施保障安全和清洁。

第三十四条 市规划国土部门应当会同市绿化行政主管部门编制立体绿化发展专项规划。

第三十五条 市绿化行政主管部门应当会同市规划国土部门制定立体绿化技术规范以及立体绿化与地面绿化的折算具体办法，报市人民政府批准；绿化行政主管部门负责立体绿化的指导、检查和监督。

市、区人民政府可以制定立体绿化奖励办法。

第五章 保护和管理

第三十六条 禁止擅自占用公共绿地。

建设项目应当按照规划设计要求执行建筑退让用地红线距离规定。在红线范围内施工以及设置消防通道、消防登高场地等，不得占用公共绿地。

第三十七条 因市政公用设施建设或者经主管部门批准开设临时路口需要临时占用公共绿地的,应当经区绿化行政主管部门批准,需要同时迁移、砍伐树木的,应当在临时占用公共绿地申请中一并提出；临时占用属于市绿化行政主管部门管辖范围公共绿地的,应当经市绿化行政主管部门批准。

第三十八条 临时占用公共绿地期限不得超过一年。因特殊原因确需延期的，应当在期满前向绿化行政主管部门申请延期。

经批准临时占用公共绿地的，应当向绿化行政主管部门缴纳恢复绿化补偿费，并按照要求进行围挡作业，文明施工。经批准延长临时占用期限的，应当双倍缴纳恢复绿化补偿费。

绿化行政主管部门收取的恢复绿化补偿费应当上缴同级财政部门，列入城市绿化专项资金，专门用于绿化建设、养护和管理。

第三十九条 政府投资项目占用公共绿地、迁移或者砍伐树木的，建设单位免交恢复绿化补偿费，由建设单位组织恢复绿化和迁移树木，绿化行政主管部门进行指导和监督。

第四十条 树木生长影响市政管线、交通安全以及居民采光、通风或者居住安全的，绿化养护责任人应当及时修剪。

修剪树木应当按照相关标准和技术规范进行。

绿化养护责任人、电力部门及其他市政设施维护单位需要在公共绿地修剪树木的,应当告知绿化行政主管部门。

禁止非绿化养护责任人擅自修剪树木。

第四十一条 禁止擅自迁移或者砍伐树木。

有下列情形之一，确需迁移树木的，应当向绿化行政主管部门提出书面申请并经批准后迁移：

（一）城市建设的需要；

（二）修剪无法改变树木对人身、居住、交通或者市政设施等安全产生的威胁。

树木需要迁移但无迁移价值或者无法迁移、树木死亡或者发生检疫性病虫害，确需砍伐的，应当向绿化行政主管部门提出书面申请。

第四十二条 迁移、砍伐树木的，应当向区绿化行政主管部门提出申请；迁移、砍伐属于市绿化行政主管部门管辖范围树木的，应当向市绿化行政主管部门提出申请。

第四十三条 经批准迁移或者砍伐公共绿地树木的，申请人应当按照规定向绿化行政主管部门缴纳恢复绿化补偿费。绿化行政主管部门应当及时安排迁移、补栽树木。

第四十四条 有下列情形之一的，应当在施工现场显著位置设立告示牌，向社会公示施工项目、单位、工期等内容：

（一）迁移或者砍伐树木；

（二）临时占用公共绿地；

（三）已建成绿地内部布局调整。

前款事项涉及行政许可的，应当在施工现场公示相关事项。

第四十五条 因抢险救灾或者处理突发事件等紧急情况需要，可以对树木进行修剪、迁移、砍伐或者临时占用公共绿地。修剪树木的，应当在紧急情况排除后二十四小时内，将有关情况报告绿化行政主管部门和绿化养护责任人；迁移、砍伐树木或者临时占用公共绿地的，应当在紧急情况排除后五个工作日内到绿化行政主管部门办理相关手续。

第四十六条 禁止下列损害绿化的行为：

（一）以采摘、攀折、钉拴、刻划、缠绕等方式损害植物；

（二）在禁止践踏的公共绿地践踏绿地；

（三）在公共绿地焚烧、堆放、采石取土、开垦种植、私搭乱建；

（四）在公共绿地倾倒垃圾、污水和其他废弃物；

（五）在公共绿地摆摊设点、停放车辆；

（六）损坏树木支架、栏杆、花基或者绿地范围内的供排水设施等；

（七）其他违反法律、法规规定损害绿化及绿化设施的行为。

第四十七条 单位和个人应当依法履行植树义务。鼓励单位和个人以认种认养树木、绿地的方式履行植树义务。

认种认养树木、绿地的单位和个人，可以享有所认种认养树木、绿地一定期限的冠名权。具体办法由市绿化行政主管部门另行制定。

第四十八条 任何单位和个人都有享受良好绿化环境的权利。对破坏绿化、绿化设施的行为，有权进行劝阻、投诉和举报。绿化行政主管部门应当以多种形式受理投诉和举报。

对绿化事业做出显著成绩的单位和个人，市、区人民政府可以给予表彰和奖励。

第四十九条 绿化行政主管部门可以聘请社会知名人士和对绿化事业作出突出贡献的市民担任绿化大使,向公众宣传、推广绿化。

绿化大使每届任期三年,可以连续聘任。

第六章 古树名木特别保护

第五十条 符合下列规定之一的树木，应当纳入古树名木保护范围，予以特别保护：

（一）树龄在一百年以上的；

（二）有历史价值和纪念意义的；

（三）树种特别珍贵和稀有的；

（四）具有重要科研价值的。

其他树木树龄在八十年以上的，纳入古树名木后备资源库。

第五十一条 古树按照国家规定实行分级管理，由市绿化行政主管部门组织专家鉴定、定级。

古树名木应当按照国家有关规定予以确认、登记并向社会公布，建立专门档案及保护措施，实行严格管理。

第五十二条 古树名木树冠垂直投影线外五米范围内为古树名木的保护范围。

绿化行政主管部门应当在古树名木树干边缘外围设置保护设施，并设立统一的古树名木标识。

第五十三条 建设工程影响古树名木生长的,建设单位在规划设计和施工中应当采取有效的避让和保护措施。

市绿化行政主管部门应当向市规划国土部门提供古树名木的地理位置。

规划国土部门审查建设工程规划设计方案时，根据需要征询绿化行政主管部门意见，由绿化行政主管部门对建设工程范围内是否存在古树名木，以及是否采取了有效的避让和保护措施予以核查并出具意见。

第五十四条 禁止下列损害古树名木的行为：

（一）在古树名木上刻划、张贴或者悬挂物品；

（二）攀树、折枝、截干、挖根、剥皮等；

（三）在古树名木控制保护范围内堆放物料、取土、兴建临时建筑物、构筑物及倾倒污水、垃圾等；

（四）擅自修剪古树名木；

（五）其他损害古树名木的行为。

第五十五条 任何单位和个人不得擅自迁移、砍伐古树名木。

确需迁移、砍伐古树名木的，按照相关法律、法规的规定执行。

第五十六条 绿化行政主管部门应当确定古树名木的养护责任人，并与养护责任人签订养护责任书。

古树名木养护责任人按照下列规定履行养护责任：

（一）机关、部队、学校、企业事业等单位负责其用地范围内的古树名木养护；

（二）铁路、公路、河道、水库、公园和风景区等管理单位负责其管辖范围内的古树名木养护；

（三）私人宅院所有人负责其宅院内的古树名木养护；

（四）绿化行政主管部门负责上述第（一）项、第（二）项、第（三）项以外的古树名木养护。

第五十七条 古树名木养护责任人应当接受绿化行政主管部门的指导、监督和检查，认真履行养护职责，并确保古树名木保护范围不受侵占。发现古树名木出现病虫害、树势衰弱、死亡或者被盗伐等情形的，养护责任人应当及时报告绿化行政主管部门。

第五十八条 绿化行政主管部门负责对古树名木进行病虫害防治和复壮。

古树名木死亡或者被盗伐的，绿化行政主管部门应当查明原因，明确责任，报有关部门依法处理。市绿化行政主管部门负责核实后办理注销登记。

第七章　法律责任

第五十九条 违反本条例第十一条规定，待建地未按规定进行绿化覆盖的，由绿化行政主管部门责令土地使用权人限期进行绿化覆盖;逾期未进行绿化覆盖的，未绿化覆盖面积按照每平方米一千元的标准处以罚款。

第六十条 建设工程项目配套绿化用地面积未达到本条例第十七条规定标准的，由市规划国土部门责令绿化建设责任人限期改正，逾期未改正或者无法改正的，未达标绿化面积按照市场评估地价的两倍处以罚款。

第六十一条 违反本条例第二十一条规定，未经绿化行政主管部门同意或者未按同意方案擅自更新改造公共绿地的，由绿化行政主管部门责令改正，并按照本条例第六十四条擅自占用公共绿地予以处罚。

第六十二条 违反本条例第二十六条规定，

绿化建设责任人未在建设工程项目所在地的显著位置公示绿化平面图，或者绿化平面图不符合要求的，由绿化行政主管部门责令改正；拒不改正的，处五千元罚款。

第六十三条　违反本条例第三十二条规定，占用、拆除立体绿化或者未恢复立体绿化的，由绿化行政主管部门责令限期改正，按照占用或者拆除立体绿化面积每平方米五百元以上二千元以下的标准处以罚款。

第六十四条　违反本条例第三十六条、第三十七条、第三十八条规定，未经批准擅自占用公共绿地，或者占用期满未办理延期手续继续占用公共绿地的，由绿化行政主管部门责令停止施工、限期恢复原状，并按照占用每平方米二千元的标准处以罚款。

第六十五条　违反本条例第三十八条第二款、第四十三条规定，未缴纳恢复绿化补偿费的，由绿化行政主管部门责令限期缴纳；逾期不缴纳的，依法强制缴纳，并按照应缴纳费用的两倍处以罚款。

第六十六条　违反本条例第四十条第一款规定，树木生长影响市政管线、交通安全，绿化养护责任人不履行修剪义务的，由绿化行政主管部门责令限期改正，逾期未改正的，处五千元罚款；树木生长影响居民采光、通风或者居住安全，绿化养护责任人不履行修剪义务的，责令限期改正，逾期未改正的，处二千元罚款。绿化养护责任人逾期未履行修剪义务的，由绿化行政主管部门代为修剪，修剪费用由绿化养护责任人承担。

违反本条例第四十条第二款规定，不按照技术规范修剪树木的，处一千元罚款。

违反本条例第四十条第三款、第四款规定，擅自修剪树木的，由绿化行政主管部门按照每株二千元的标准处以罚款；致使树木死亡的，按照每株三千元的标准处以罚款。

第六十七条　违反本条例第四十一条规定，未经批准擅自迁移树木的，由绿化行政主管部门按照每株五千元的标准处以罚款；未经批准擅自砍伐树木的，按照每株一万元的标准处以罚款。

第六十八条　违反本条例第四十四条规定，未按规定在施工现场设立告示牌的，由绿化行政主管部门责令限期改正，逾期未改正的，处五千元罚款。

第六十九条　违反本条例第四十六条第（一）项、第（二）项、第（六）项、第（七）项规定的，由绿化行政主管部门处一百元以上五百元以下罚款；违反第（三）项、第（四）项、第（五）项规定的，按照所占用或者损毁绿地面积每平方米五百元以上二千元以下的标准处以罚款。

第七十条　违反本条例第五十四条规定，损害古树名木的，由绿化行政主管部门处三千元以上一万元以下罚款。

第七十一条　违反本条例第五十五条规定，擅自迁移古树名木的，按照每株十万元以上二十万元以下的标准处以罚款；擅自迁移致古树名木死亡或者擅自砍伐古树名木的，按照每株三十万元以上五十万元以下的标准处以罚款。

第七十二条　违反本条例规定,擅自修剪、迁移、砍伐树木，擅自占用公共绿地以及其他损坏绿化、绿化设施,造成损失的,应当赔偿损失。

第七十三条　有损毁绿化和绿化设施、侵占公共绿地等行为，或者绿化行政主管部门、其他相关部门及其工作人员违法行使职权或者不作为，致使公共利益受到侵害的，检察机关、法律规定的社会组织可以依法提起公益诉讼。

第七十四条　绿化行政主管部门等有关部门及其工作人员违反本条例规定，有下列情形之一的，对直接负责的主管人员和其他责任人员依法给予行政、纪律处分；构成犯罪的，依法追究刑事责任：

（一）未按规定履行绿化规划、建设和管理责任；

（二）擅自改变绿地范围控制线和永久保护绿地使用性质；

（三）违法审批、违法处罚或者违法采取强制措施；

（四）未按规定向社会征求意见、组织专家论证、向社会公布；

（五）未按规定对国有储备用地进行绿化建设或者恢复绿地绿化；

（六）其他滥用职权、玩忽职守、徇私舞弊的行为。

第八章　附 则

第七十五条　本条例下列用语的含义：

（一）绿地，是指专门用于改善城市生态、保护环境、美化景观的所有绿化用地。

（二）公共绿地，是指向公众开放的各类公益性公园绿地、街旁绿地、道路绿地、广场绿地、河道绿地等。

（三）公共用地，是指城市交通、通讯、能源、供排水系统、广场、公共绿地以及学校、医院等教育、卫生、文化娱乐公共基础设施用地。

依照本条例规定按面积处以罚款的，不足一平方米的按照一平方米计算。

第七十六条　本条例规定由绿化行政主管部门或者其他部门制定具体办法的，应当在本条例施行之日起六个月内制定。

相关部门应当自本条例施行之日起六个月内对本条例规定的罚款幅度制定具体的执行标准。

第七十七条　本条例自 2016 年 10 月 1 日起施行。

广东省无障碍环境建设管理规定

广东省人民政府令第229号

《广东省无障碍环境建设管理规定》已经2016年11月3日广东省人民政府第十二届85次常务会议修订通过，现予公布，自2017年2月1日起施行。

省长　朱小丹

2016年12月2日

第一章　总　则

第一条　为了创造无障碍环境，保障残疾人等社会成员平等参与社会生活，根据《中华人民共和国残疾人保障法》《无障碍环境建设条例》等有关法律、法规，结合本省实际，制定本规定。

第二条　本规定适用于本省行政区域内无障碍环境建设及相关管理活动。

本规定所称无障碍环境建设，是指为便于残疾人、老年人、伤病患者、孕妇和儿童等社会成员（以下统称行动不便者）自主安全地通行道路、出入相关建筑物、搭乘公共交通工具，交流信息，获得社会服务、享受公共服务和家居生活所进行的建设活动。

第三条　无障碍环境建设应当与本省经济和社会发展水平相适应，符合行动不便者的实际需要，并遵循实用、易行、广泛受益的原则。

第四条　无障碍环境建设发展规划应当纳入国民经济和社会发展规划以及城乡规划。县级以上人民政府负责组织编制无障碍环境建设发展规划并组织实施。

编制无障碍环境建设发展规划，应当征求残疾人组织、老年人组织等社会组织的意见。

地级以上市人民政府应当每五年至少组织一次无障碍环境建设发展规划实施情况评估，各有关部门和单位每年应当将实施情况向本级人民政府报告。

第五条　县级以上人民政府应当加强对无障碍环境建设工作的领导。

县级以上人民政府残疾人工作委员会负责协调本行政区域内的无障碍环境建设与管理工作；县级以上人民政府住房城乡建设主管部门负责本行政区域内无障碍设施工程建设活动的监督管理工作。

县级以上人民政府发展改革、经济和信息化、公安机关交通管理、规划和金融、通信、邮政、铁路、民航等有关部门在各自职责范围内，做好无障碍环境建设与管理工作。

乡镇人民政府、街道办事处配合各有关部门做好无障碍环境建设与管理工作。

第六条　县级以上人民政府及其有关部门应当利用广播、电视、报刊、互联网等媒体，加强对无障碍环境建设的宣传，增强全社会成员的无障碍环境建设意识。

鼓励公民、法人或者其他组织为无障碍环境建设提供捐助及志愿服务。

第七条　残疾人和残疾人组织、老年人和老年人组织、妇女联合会可以对无障碍环境建设与管理情况，向有关部门提出意见和建议，有关部门应当及时办理和答复。

各级残疾人联合会、老龄工作办公室、妇女联合会可以组织残疾人代表、老年人代表和妇女代表等对本地行政区域内的无障碍环境建设情况开展调查评估，向当地人民政府提出意见和建议。

第八条 对损毁、擅自占用无障碍设施以及擅自改变无障碍设施用途的行为，任何单位或者个人可以向有关行政主管部门投诉、举报。有关行政主管部门接到投诉、举报后，应当及时依法处理。

县级以上人民政府及其有关部门应当完善无障碍环境投诉举报机制，接到投诉举报的部门应当及时处理或者转交有受理权的部门处理，并将处理结果及时答复投诉举报的单位或者个人。

第二章 无障碍设施建设与管理

第九条 无障碍设施工程应当与主体工程同步设计、同步施工、同步验收投入使用。新建的无障碍设施应当与周边的无障碍设施相衔接。

第十条 工程建设项目立项审批时，立项审批单位应当落实无障碍设施建设的要求。

设计单位进行建设工程设计时，应当按照无障碍设计规范的要求，设计配套的无障碍设施。对应当设计无障碍设施而未设计的，施工图设计文件审查机构不予通过设计文件审查。

施工单位应当按照审查合格的施工图设计文件和施工技术标准进行无障碍设施施工，并对施工质量负责。

工程监理单位应当依照法律、法规以及无障碍设施工程建设标准、审查合格的施工图设计文件，对无障碍设施的施工质量实施监理，并对施工质量承担监理责任。

第十一条 建设无障碍设施应当符合安全、适用和便利的基本要求，并遵守下列规定：

（一）城市的主要道路、主要商业区、大型居住区的人行天桥和人行地下通道，应当按照无障碍设施工程建设标准配备无障碍设施，人行道的路口、出入口位置应当设置缘石坡道；

（二）盲道铺设应当连续，并避开树木（穴）、电线杆、拉线、垃圾箱等障碍物；

（三）公共汽车、城市轨道交通车辆的停靠站设置盲文站牌的，站牌的位置、高度、形式和内容应当方便视觉障碍者使用；

（四）公共建筑、历史文物保护单位建筑内的售票处、服务台、公用电话、饮水器等应当设置低位服务设施；

（五）公共建筑、公共交通设施的玻璃门、玻璃墙、楼梯口、电梯口和通道等处应当设置警示标志、信号或者指示装置；

（六）城市的主要道路、主要商业区和大型居住区的人行道信号灯应当设置声响提示装置。

无障碍设施应当设置国际通用的无障碍标志，无障碍标志应当位置明显，内容清晰、规范。

第十二条 城镇新建、改建、扩建的道路、城市广场、城市绿地、居住区、居住建筑、公共建筑、公共交通设施、公园，应当符合《无障碍设计规范》和《无障碍设施施工验收及维护规范》等无障碍设施工程建设标准。

村庄的建设，应当逐步达到无障碍设施工程建设标准。

第十三条 无障碍设施的所有权人和管理人，应当对无障碍设施进行保护，有损毁或者故障应当及时进行维修，确保无障碍设施正常使用。

所有权人和管理人自行约定对无障碍设施的维护、修复责任的，按照其约定承担相应责任。

第十四条 禁止损毁、擅自占用无障碍设施或者改变其用途。

因城市建设、重大社会公益活动等原因需要临时占用城市道路的，应当避免占用无障碍设施；确需占用的，应当经无障碍设施所有权人或者管理人同意；依法应当经有关部门批准的，应当报经有关部门批准，并设置护栏、警示标志或者信号设施，采取必要的替代措施。临时占用期满，应当及时恢复无障碍设施的使用功能。

第十五条　对城镇已建成的不符合无障碍设施工程建设标准的道路、城市广场、城市绿地、居住区、居住建筑、公共建筑、公共交通设施、公园以及具备无障碍设施改造条件的对外开放的文物保护单位，县级以上人民政府应当制定无障碍设施改造计划并组织实施。

所有权人或者管理人改造无障碍设施的，应当符合无障碍环境建设发展规划、无障碍设施工程建设标准。

第十六条　县级以上人民政府应当优先推进下列机构、场所的无障碍设施改造：

（一）特殊教育、康复、社会福利等机构；

（二）国家机关的公共服务场所；

（三）学校、医院、体育场馆、图书馆、文化馆、博物馆、影剧院；

（四）机场、火车站、汽车客运站、客运码头、口岸等公共交通服务场所；

（五）金融、邮政、通信、商业、旅游等公共服务场所；

（六）城市的主要道路、广场、绿地、公园；

（七）与行动不便者生活、工作密切相关的其他服务场所。

县级以上人民政府对前款规定的机构、场所的无障碍设施进行改造时，应当征求残疾人组织、老年人组织的意见。

第十七条　民用航空器、客运列车、客运船舶、公共汽车、城市轨道交通车辆等公共交通工具，应当按照国家和省有关规定逐步达到无障碍设施的要求。

城市的公共汽车、轨道交通车辆和出租车运营单位应当配置一定比例的供轮椅乘客使用的无障碍车辆。公共汽车和轨道交通车辆应当逐步安装字幕、语音报站装置和供视力障碍者识别的车辆导盲系统。

第十八条　下列停车场应当按照《无障碍设计规范》《城市公共停车场工程项目建设标准》等规定，在方便通行的位置设置并标明无障碍停车位：

（一）国家机关的公共服务场所停车场；

（二）大型商场、二级以上医院、三星级以上酒店停车场；

（三）中型、大型、特大型城市公共停车场。

无障碍停车位为肢体残疾人驾驶或者乘坐的机动车专用。肢体残疾人使用无障碍停车位时，应当在车辆明显位置放置《中华人民共和国残疾人证》。

鼓励停车场经营者免收或者减收残疾人停车费用。

第十九条　保障性住房项目和商品房项目中的无障碍住房，应当优先保障残疾人或者老年人等特定人群需求。住房保障主管部门应当将无障碍住房信息在保障性住房选房清单中标示注明；房地产主管部门应当将无障碍住房信息在商品房预售许可证的房屋清单及网签系统上标示注明；房地产开发企业应当将无障碍住房信息在销售现场公示。

第三章　无障碍信息交流

第二十条　县级以上人民政府应当将无障碍信息交流建设纳入信息化建设规划，引导和鼓励有关部门、科研单位、企业或者个人开展无障碍信息交流的技术、产品、服务的研发、推广和应用工作，为残疾人、老年人获取公共信息提供便利。

第二十一条 县级以上人民政府及其有关部门应当创造条件，在发布国民经济和社会发展规划、年度工作报告等重要政务信息和与残疾人相关信息时，为残疾人提供语音和文字提示等信息交流服务。

第二十二条 县级以上人民政府网站和政府公益活动网站、社会公共服务网站应当达到无障碍网站设计标准，方便视力障碍者获取相关信息。

第二十三条 医院、体育场馆、图书馆、博物馆、影剧院等文体娱乐场所以及金融、邮政、通信、商业、旅游等公共服务场所应当创造条件，为残疾人、老年人提供语音和文字提示、手语、盲文等信息交流服务，并提供优先服务和辅助性服务。

举办邀请听力残疾人参加的会议和活动时，举办单位应当配备手语翻译或者字幕。

第二十四条 电信业务经营者应当创造条件为有需求的听力、言语残疾人提供文字信息服务，为有需求的视力残疾人提供语音信息服务。

第二十五条 地级以上市人民政府设立的电视台应当在播出电视节目时配备字幕，每周播放至少一次配播手语的新闻节目。

公开出版发行的影视类录像制品应当配备字幕。

第二十六条 国家和本省举办的各类升学考试、职业资格考试和任职考试，有视力残疾人参加的，考试组织单位应当为视力残疾人提供盲文试卷、电子试卷，或者由工作人员予以协助。

第二十七条 地级以上市人民政府设立的公共图书馆应当开设视力残疾人阅览室，提供盲文读物、有声读物，配备语音读屏软件，为视力残疾人阅读书籍、使用互联网提供便利；其他图书馆应当逐步开设视力残疾人阅览室。

第四章　无障碍服务

第二十八条 报警求助、火警、医疗急救、交通事故等紧急呼叫系统应当具备文字信息报送、文字呼叫功能，方便听力、言语障碍者报警、呼救。

第二十九条 国家机关、社会团体等单位以及居民委员会、住宅区业主委员会选举时，组织选举的单位应当为有选举权的行动不便者参加选举提供便利，并根据需要为视力残疾人提供盲文选票。

第三十条 有固定自有住房的贫困残疾人家庭需要进行无障碍改造的，可以向村民委员会或者居民委员会提出，经乡镇（街道）残疾人联合会核实后报上级残疾人联合会批准。上级残疾人联合会可以组织相关技术人员现场勘查、提出设计方案并施工，也可以通过政府购买服务或者委托的方式实施。

残疾人家庭进行居家无障碍改造时，业主委员会和物业服务企业应当为其改造提供便利。

县级以上人民政府对需要进行居家无障碍改造的贫困残疾人家庭给予适当补助。

第三十一条 社区公共服务设施应当逐步完善无障碍服务功能，为行动不便者参与社区生活提供便利。

第三十二条 视力残疾人携带导盲犬出入公共场所，应当遵守国家和省有关规定。公共场所的工作人员应当按照国家和省有关规定提供无障碍服务。

第三十三条 国家机关、公用企业事业单位、金融机构、医院、商场、酒店、旅游景区应当组织开展无障碍设施使用培训，相关工作人员应当学习无障碍服务知识。

第五章　法律责任

第三十四条　城镇新建、改建、扩建的道路、城市广场、城市绿地、居住区、居住建筑、公共建筑、公共交通设施、公园，不符合无障碍设施工程建设标准的，由住房和城乡建设主管部门责令改正，依法给予处罚。

第三十五条　肢体残疾人驾驶或者乘坐的机动车以外的机动车占用无障碍停车位，影响肢体残疾人使用的，由公安机关交通管理部门责令改正，依法给予处罚。

第三十六条　无障碍设施的所有权人或者管理人对无障碍设施未履行保护或者维修责任，导致无法正常使用的，由有关主管部门责令限期维修；造成使用人人身、财产损害的，无障碍设施的所有权人或者管理人应当承担赔偿责任。

第三十七条　无障碍环境建设主管部门工作人员滥用职权、玩忽职守、徇私舞弊的，依法给予处分；涉嫌犯罪的，移交司法机关依法处理。

第六章　附　则

第三十八条　本规定自 2017 年 2 月 1 日起施行。2005 年 5 月 26 日广东省人民政府公布的《广东省无障碍设施建设管理规定》（第 99 号令）同时废止。

关于修改《深圳市城市更新办法》的通知

深圳市人民政府令（第290号）

《深圳市人民政府关于修改〈深圳市城市更新办法〉的决定》已经市政府六届五十三次常务会议审议通过，现予发布，自发布之日起施行。

市长　许勤

2016年11月12日

深圳市城市更新办法

第一章　总　则

第一条　为规范本市城市更新活动，进一步完善城市功能，优化产业结构，改善人居环境，推进土地、能源、资源的节约集约利用，促进经济和社会可持续发展，根据有关法律、法规的规定，结合本市实际，制定本办法。

第二条　本办法适用于本市行政区域范围内的城市更新活动。

本办法所称城市更新，是指由符合本办法规定的主体对特定城市建成区（包括旧工业区、旧商业区、旧住宅区、城中村及旧屋村等）内具有以下情形之一的区域，根据城市规划和本办法规定程序进行综合整治、功能改变或者拆除重建的活动：

（一）城市的基础设施、公共服务设施亟需完善；

（二）环境恶劣或者存在重大安全隐患；

（三）现有土地用途、建筑物使用功能或者资源、能源利用明显不符合社会经济发展要求，影响城市规划实施；

（四）依法或者经市政府批准应当进行城市更新的其他情形。

第三条　城市更新应当遵循政府引导、市场运作、规划统筹、节约集约、保障权益、公众参与的原则，保障和促进科学发展。

第四条　城市更新应当符合国民经济和社会发展总体规划，服从城市总体规划和土地利用总体规划。城市更新实行城市更新单元规划和年度计划管理制度。

城市更新单元规划是管理城市更新活动的基本依据。

城市更新年度计划应当纳入近期建设规划年度实施计划及土地利用年度计划。

第五条　城市更新可以依照有关法律法规及本办法的规定分别由市、区政府、土地使用权人或者其他符合规定的主体实施。

第六条　市、区政府应当保障开展组织实施城市更新的工作经费，对城市更新项目提供适当的资金扶持。

城市更新涉及的基础设施和公共服务设施建设，应当从土地出让金中安排相应的项目资金。城市更新涉及政府投资项目的，根据政府投资项目管理的相关规定实施。

第七条　市规划国土主管部门负责组织、协调全市城市更新工作，依法拟订城市更新相关的规划土地管理政策，统筹城市更新的规划、计划管理，制定城市更新相关技术规范，组织制定城市更新单元规划，负责城市更新过程中的土地使用权出让、收回和收购工作。

第八条　各区政府（含新区管理机构，下同）组织辖区内城市更新用地的整理，组织辖区内综合整治类更新项目和市政府确定由其实施的拆除重建类更新项目的实施，对功能改变类和其他拆除重建类更新项目的实施进行协调。

市发展改革部门负责拟定城市更新相关的产业指导政策，统筹安排涉及政府投资的城市更新年度资金。市财政部门负责按照计划安排核拨城市更新项目资金。

各相关主管部门依法在各自职能范围内为城市更新活动提供服务并实施管理。

第二章　城市更新规划与计划

第九条　全市城市更新专项规划根据城市总体规划制定，与近期建设规划相衔接，明确全市城市更新的重点区域及其更新方向、目标、时序、总体规模和更新策略。

第十条　法定图则应当对其规划范围内的城市更新作以下规定：

（一）城市更新单元的范围；

（二）城市更新单元范围内应当配置的基础设施和公共服务设施的类型和规模；

（三）城市更新单元的规划指引。

第十一条　对于城市建成区中具有本办法第二条所规定情形，需要进行城市更新的区域，应当在保证基础设施和公共服务设施相对完整的前提下，按照有关技术规范，综合考虑道路、河流等自然要素及产权边界等因素，划定相对成片的区域作为城市更新单元，制定城市更新单元规划。

一个城市更新单元可以包括一个或者多个城市更新项目。

第十二条　城市更新单元规划应当按照有关技术规范制定，依法进行公示、征求意见。

城市更新单元规划应当包括以下内容：

（一）城市更新单元内基础设施、公共服务设施和其他用地的功能、产业方向及其布局；

（二）城市更新单元内更新项目的具体范围、更新目标、更新方式和规划控制指标；

（三）城市更新单元内城市设计指引；

（四）其他应当由城市更新单元规划予以明确的内容。

城市更新单元规划涉及产业升级的，应当征求相关产业主管部门意见。

第十三条　城市更新单元规划应当根据法定图则所确定的各项控制要求制定，由市规划国土主管部门批准后实施。

未制定法定图则地区应当在现状调查研究的基础上，根据分区规划确定的各项要求拟订城市更新单元规划，报市政府批准后实施。城市更新单元规划的相关内容应当纳入法定图则的制定。

城市更新单元规划对法定图则的强制性内容作出调整的，由市规划国土主管部门报市政府批准后实施。相应的内容应当纳入法定图则并予以公布。

第十四条　城市更新年度计划对包括城市更新单元规划的制定计划、已具备实施条件的拆除重建类和综合整治类城市更新项目、相关资金来源等内容。其中，综合整治类城市更新项目可以单独制定年度计划。

第十五条 各区政府可以组织其相关职能部门对辖区内各类需要进行城市更新的项目进行筛选，提出辖区内的城市更新单元规划的制定计划和已具备实施条件的拆除重建类、综合整治类项目，向市规划国土主管部门申报纳入城市更新年度计划。

市政府各相关主管部门、有关企事业单位，也可以提出城市更新单元规划的制定计划和已具备实施条件的拆除重建类、综合整治类项目，在征求项目所在区政府意见后，向市规划国土主管部门申报纳入城市更新年度计划。

第十六条 未纳入城市更新单元的城市建成区具有本办法第二条所规定情形，具备制定城市更新单元规划相关条件的，各区政府和市政府各相关主管部门可以依据全市城市更新专项规划等相关规划，拟订城市更新单元范围并提出纳入城市更新年度计划的建议，提交市规划国土主管部门。

第十七条 市规划国土主管部门对各区政府、市政府各相关主管部门及有关企事业单位的申报进行统筹、协调后，拟订城市更新年度计划，按照规定程序公示后纳入近期建设规划年度实施计划及土地利用计划草案，报市政府审批。

需单独制定综合整治类更新项目年度计划的，市规划国土主管部门可以单独制定并报市政府审批。

城市更新年度计划可以按照上述报批程序进行调整。

第十八条 区政府申报的辖区内城市更新单元规划制定计划纳入城市更新年度计划的，由区政府组织原申报单位拟订城市更新单元规划草案，按照规定程序报批。

市政府各相关主管部门、有关企事业单位申报的城市更新单元规划制定计划纳入城市更新年度计划的，由市规划国土主管部门组织申报单位拟订城市更新单元规划草案，按照规定程序报批。

第三章 综合整治类城市更新

第十九条 综合整治类更新项目主要包括改善消防设施、改善基础设施和公共服务设施、改善沿街立面、环境整治和既有建筑节能改造等内容，但不改变建筑主体结构和使用功能。

综合整治类更新项目一般不加建附属设施，因消除安全隐患、改善基础设施和公共服务设施需要加建附属设施的，应当满足城市规划、环境保护、建筑设计、建筑节能及消防安全等规范的要求。

第二十条 综合整治类城市更新的相关技术规范由有关主管部门组织拟订，报市政府批准后执行。

第二十一条 综合整治类更新项目由所在区政府制定实施方案并组织实施。

根据法律、法规及有关规定或者相关标准与规范，实施综合整治需报有关部门批准或者备案的，应当进行报批或者备案。

第二十二条 综合整治类更新项目的费用由所在区政府、权利人或者其他相关人共同承担，费用承担比例由各方协商确定。涉及改善基础设施、公共服务设施和市容环境的费用，费用承担比例按照市、区两级财政负担事权划分的有关规定执行。

第四章 功能改变类城市更新

第二十三条 功能改变类更新项目改变部分或者全部建筑物使用功能，但不改变土地使用权的权利主体和使用期限，保留建筑物的原主体结构。

功能改变类更新项目可以根据消除安全隐患、改善基础设施和公共服务设施的需要加建附属设施，并应当满足城市规划、环境保护、建筑设计、建筑节能及消防安全等规范的要求。

第二十四条　功能改变类更新项目应当符合产业布局规划，优先满足增加公共空间和产业转型升级的需要。

第二十五条　实施功能改变类更新项目的土地使用权人应当按照有关法律法规规定的建筑物改变使用功能的程序，向市规划国土主管部门及相关主管部门申请办理规划许可变更和相关手续。

市规划国土主管部门在受理规划许可变更申请后，应当在深圳特区报、深圳商报就申请事宜进行公示，公示时间不少于 7 日，公示费用由申请人承担。

建筑物由业主区分所有，部分业主申请将住宅改为经营性用房的，申请人应当依法征得利害关系人的同意，并在申请办理规划许可变更手续时提交书面证明文件。

建筑物由业主区分所有，部分业主申请其他形式的功能改变的，参照前款规定处理。

第二十六条　市规划国土主管部门批准功能改变的，应当与土地使用权人签订土地使用权出让合同补充协议或者补签土地使用权出让合同；土地使用权人应当按照相关规定缴纳地价。

功能改变后的土地使用权使用期限按照原用途的使用期限扣除已实际使用时间的剩余期限确定。原土地使用期限不足原土地用途法定最高期限的，可以在申请人补缴地价后按照规定予以补足。

第五章　拆除重建类城市更新

第二十七条　拆除重建类更新项目应当严格按照城市更新单元规划、城市更新年度计划的规定实施。

第二十八条　根据城市更新单元规划的规定，城市更新单元内土地使用权期限届满之前，因单独建设基础设施、公共服务设施等公共利益需要或者为实施城市规划进行旧城区改建需要调整使用土地或老具备其他法定收回条件的，由市规划国土主管部门依法收回土地使用权并予以补偿。

第二十九条　除依法应当收回的外，市政府可以根据城市更新的需要组织进行土地使用权收购，城市更新单元内的土地使用权人也可以向市规划国土主管部门申请土地使用权收购。

土地使用权收购的程序、条件、价格按照土地储备和土地收购的有关规定执行。

第三十条　除鼓励权利人自行改造外，对由政府统一组织实施城市更新的，可以在拆迁阶段通过招标的方式引入企业单位承担拆迁工作，拆迁费用和合理利润可以作为收（征）地（拆迁）补偿成本从土地出让收入中支付；也可以在确定开发建设条件且已制定城市更新单元规划的前提下，由政府在土地使用权招标、拍卖、挂牌出让中确定由中标人或者竞得人一并实施城市更新，建筑物、构筑物及其他附着物的拆除清理由中标人或者竞得人负责。

第三十一条　拆除重建类城市更新项目范围内的土地使用权人与地上建筑物、构筑物或者附着物所有权人相同且为单一权利主体的，可以由权利人依据本办法实施拆除重建。

第三十二条　拆除重建类城市更新项目范围内的土地使用权人与地上建筑物、构筑物或者附着物所有权人不同或者存在多个权利主体的，可以在多个权利主体通过协议方式明确权利义务后由单一主体实施城市更新，也可以由多个权利主体签订协议并依照《中华人民共和国公司法》的规定以权利人拥有的房地产作价入股成立公司实施更新，并办理相关规划、用地、建设等手续。

第三十三条 同一宗地内建筑物由业主区分所有，经专有部分占建筑物总面积三分之二以上的业主且占总人数三分之二以上的业主同意拆除重建的，全体业主是一个权利主体。

城中村、旧屋村拆除重建的，应当经原农村集体经济组织继受单位股东大会按照有关规定表决同意。

本办法所称城中村是指我市城市化过程中依照有关规定由原农村集体经济组织的村民及继受单位保留使用的非农建设用地的地域范围内的建成区域。

第三十四条 权利人拆除重建类更新项目的实施主体在取得城市更新项目规划许可文件后，应当与市规划国土主管部门签订土地使用权出让合同补充协议或者补签土地使用权出让合同，土地使用权期限重新计算，并按照规定补缴地价。

第三十五条 实施拆除重建的权利人应当依法解决拆除重建项目范围内的经济关系，自行拆除、清理地上建筑物、构筑物及附着物等，并按照城市更新单元规划和土地使用权出让合同的要求移交基础设施、公共服务设施等用地，政府均不作补偿。

第六章 其他规定

第三十六条 被依法鉴定为危房、需要拆除重建的单栋建筑，依据城市危房管理的有关规定执行，不需要纳入城市更新年度计划，不专门制定城市更新单元规划。

第三十七条 城市更新项目范围内的违法用地、违法建筑应当依照有关法律、法规及广东省、本市有关规定接受处理后，方可作为权属确定的更新对象。

城市更新项目范围内未办理房地产权登记、又不属违法用地或者违法建筑的建筑物、构筑物或者附着物，应当根据本市有关房地产权登记历史遗留问题处理的相关规定完善手续后，方可作为权属确定的更新对象。

第三十八条 城市更新单元范围内的边角地、夹心地、插花地等零星未出让国有土地应当优先用于基础设施和公共服务设施的建设。

未被规划用于基础设施和公共服务设施建设的，可以根据城市更新单元规划一并纳入更新改造，由市规划国土主管部门办理相关手续，出让给其相邻地块的城市更新实施主体。出让的零星土地总面积不超过该项目总用地面积的 10% 且不得超过 3000 平方米。

第三十九条 城市更新项目应当遵守保护历史文化遗存的法律、法规，依法保护城市更新范围内的历史文化遗存。

实施城市更新不得破坏城市防洪系统、城市人民防空设施等各类城市安全保障系统，或者使其功能部分、全部丧失。

第四十条 根据保障性住房建设及产业用房建设的有关要求，可以在拆除重建类项目中配建一定比例的政策性用房，具体办法由相关主管部门另行制定，报市政府批准后实施。

第四十一条 城市更新涉及产业用地的，除应当遵守本办法的规定之外，还应当符合深圳市产业导向目录、城市更新或者相关产业升级政策。

第四十二条 市规划国土主管部门根据城市更新单元规划的规定，在土地使用权出让合同中与更新项目实施主体约定配套建设保障性住房、产业用房、基础设施和公共服务设施的内容。

第四十三条　规模较大的城市更新项目可以分期实施。

城市更新项目分期实施的时序、规模等规划控制指标由城市更新单元规划和规划许可文件规定。

分期实施的城市更新项目应当优先安排基础设施、公共服务设施和用于安置回迁业主的建筑。

第四十四条　城市更新项目地价计收的具体规定，由市政府另行制定。

第四十五条　实施城市更新过程中，应当通过发展绿色建筑，营造宜居环境，改善能源结构，推广中水和雨水利用，加强建筑废弃物再利用等多种途径，有效推进节能减排工作。

第七章　附　则

第四十六条　相关管理部门及其工作人员在城市更新管理中有违法违纪行为的，依法追究行政责任；涉嫌犯罪的，依法移送司法机关处理。

对城市更新实施主体违反城市规划和土地管理等方面法律、法规的行为，应当依法追究法律责任。

第四十七条　为了推进强区放权，加快城市更新实施，市政府可以根据工作实际，调整职责分工，创新工作机制，并向社会公布。

第四十八条　本办法自 2009 年 12 月 1 日起施行。本办法施行前本市相关规定与本办法不一致的，以本办法为准。

深圳市城市建设档案管理规定

《深圳市城市建设档案管理规定》已经市政府六届十三次常务会议审议通过，现予发布，自 2016 年 2 月 1 日起施行。

市长　许勤

2015 年 12 月 26 日

第一章　总　则

第一条　为了有效收集、保管和利用城市建设档案（以下简称城建档案），规范城建档案管理，根据《中华人民共和国档案法》《建设工程质量管理条例》《深圳经济特区档案与文件收集利用条例》等法律、法规的规定，结合本市实际，制定本规定。

第二条　本规定适用于本市行政区域内城建档案的形成、收集、整理、接收、保管、利用和管理等活动。

地下管线信息和档案管理另有规定的，从其规定。

第三条　本规定所称城建档案，是指在城市规划、建设及其管理活动中直接形成的，对国家和社会具有保存价值的文字、图纸、图表、声像等各种形式和载体的文件材料。

第四条　城建档案管理工作遵循统一领导、统一标准、分级管理、信息共享的原则，确保城建档案完整收集、安全管理和有效利用。

第五条　市档案行政管理部门（以下简称市主管部门）是全市城建档案工作的行政主管部门，履行以下职责：

（一）组织协调城建档案工作，制定城建档案管理的规划、规章制度和技术规范并组织实施；

（二）监督、指导城建档案工作，依法查处城建档案工作中的违法行为；

（三）负责全市城建档案信息化工作的统筹、规划和协调，建立城建档案业务系统；

（四）法律、法规、规章规定的其他职责。

城建档案馆（室）是城建档案管理机构，负责城建档案的接收、管理和利用，指导建设工程档案的专项验收。

第六条　建设、水务、交通运输部门应当按照建设工程质量监督管理规定，加强对建设工程档案的监督管理，督促建设工程各主体做好建设工程档案的收集、整理、归档、保管和移交工作。

发展改革、规划国土等部门在对建设工程项目进行稽查或者检查时，应当将建设工程档案的形成质量（包括文件的原始性、记载内容的真实准确、签署用章的完备有效等）纳入稽查或者检查范围，以确保建设工程档案的完整、准确和有效利用。

第七条　市主管部门应当建立统一的城建档案业务系统，整合城建档案信息资源，实现城建档案的信息共享和综合利用。

城建档案管理机构应当使用统一的城建档案业务系统，采用先进技术和设备实现馆（室）藏城建档案的数字化，并对重要城建档案进行异地异质备份。

第八条　任何组织或者个人有权制止或者举报损毁、伪造、篡改城建档案的行为，有权对不依法移交城建档案的行为进行举报或者投诉。

市主管部门在接到举报或者投诉后，应当及时进行调查，核实情况，依法处理，并于处理结束后 10 个工作日内，将调查处理情况书面反馈实名举报人或者投诉人。

第二章　管理范围

第九条　市城建档案管理机构负责接收、管理以下档案资料：

（一）建设工程档案：

1. 工业、民用建筑工程；

2. 市政基础设施工程；

3. 公用基础设施工程；

4. 交通基础设施工程；

5. 园林建设、风景名胜建设工程；

6. 市容环境卫生设施建设工程；

7. 城市防洪、抗震、人防工程；

8. 军事工程档案资料中，除军事禁区和军事管理区以外的穿越市区的地下管线走向和有关隐蔽工程的位置图；

（二）地下管线档案资料；

（三）城市勘察和城市规划编制成果档案；

（四）城市建设科研档案；

（五）有关城市规划、建设及其管理的政策法规和城市历史、自然、经济等方面的基础资料。

第一款第（一）项中移交市城建档案管理机构的建设工程档案具体目录，由市主管部门另行制定。

第十条　本规定第九条第一款第（一）项规定的工业、民用建筑工程由宝安区、龙岗区建设部门批准开工建设且不属于市级以上重大建设项目的，其建设工程档案由宝安区、龙岗区城建档案管理机构负责接收、管理。

宝安区、龙岗区城建档案管理机构应当于每年第一季度向市城建档案管理机构报送上一年度所接收、管理的建设工程档案电子目录、建设工程竣工图电子文件和未按期移交归档的建设工程名单。

第十一条　建设单位是建设工程档案管理的责任主体，应当建立健全建设工程档案工作制度，落实领导责任制和相关人员岗位责任制，加强同步管理工作。

勘察、设计、施工、监理、检测等单位（以下统称参建单位）应当指定专人负责本单位建设工程档案的收集、整理、归档、保管和移交工作。

第十二条　建设单位应当做好以下城建档案管理工作：

（一）将对参建单位编制、收集、整理和移交建设工程档案的要求纳入合同管理，明确归档质量、移交时限、违约责任等；

（二）指导、督促和检查参建单位编制、收集、整理建设工程档案，组织建设工程档案专项验收；

（三）接收参建单位移交的建设工程档案；

（四）按照规定对建设工程档案进行汇总、整理和移交；

（五）按照规定管理本单位应当归档保存的建设工程档案。

第三章　收集和归档

第十三条　市主管部门应当明确建设工程档案归档标准和要求，制定接收和整理规范，并向社会公布。

第十四条 建设单位、参建单位对建设工程档案的真实性、准确性负责。建设单位应当及时收集、整理建设工程档案。建设工程档案涉及的文件内容和签字盖章，应当符合国家有关工程勘察、设计、施工、监理等方面技术标准和技术规范的要求。

第十五条 建设工程竣工验收前，建设单位应当组织参建单位对建设工程档案进行专项验收，可以要求城建档案管理机构进行指导，形成建设工程档案专项验收报告，并于 10 个工作日内报城建档案管理机构备案。

建设工程档案专项验收应当符合以下要求：

（一）完成建设工程设计和合同约定的各项内容；

（二）技术档案和施工管理资料完整，并作分类整理；

（三）参建单位签署建设工程档案自查合格文件。

市主管部门制定建设工程档案专项验收报告的标准格式文本，明确建设工程档案专项验收工作的组织架构、具体内容和工作程序等。

第十六条 城建档案管理机构对建设工程档案专项验收报告予以核查，符合要求的，当场出具备案回执；不符合要求的，一次性告知需要改正的内容，改正后符合要求的，出具备案回执。

建设、水务、交通运输部门或者其委托的工程质量监督机构在进行建设工程竣工验收现场监督时，应当查验建设工程档案专项验收备案回执。

第十七条 建设工程竣工验收合格后 3 个月内，参建单位应当对本单位承建部分形成的建设工程档案进行收集、整理，落实建设工程档案专项验收报告中的具体要求，并移交建设单位。

参建单位应当按照规定管理由本单位归档保存的建设工程档案。

第十八条 新建、改建、扩建的工程，建设单位应当于建设工程竣工验收合格后 6 个月内，落实建设工程档案专项验收报告中的具体要求，并向城建档案管理机构移交建设工程档案；法律、法规对建设工程档案移交时限另有规定的除外。

分期建设的工程，建设单位可以按照建设周期移交建设工程档案。

已建成项目管养、维护等工程形成的档案，由该项目的接管单位归档保存。

第十九条 建设单位移交的建设工程档案，应当符合建设工程档案接收和整理规范要求；不符合要求的，城建档案管理机构应当一次性告知需要改正的内容。

城建档案管理机构对建设工程档案的真实性、准确性有异议的，应当先接收建设工程档案，同时有权要求建设单位、参建单位作出书面解释，并可以提请市主管部门或者相关部门进行调查并依法处理。

第二十条 建设单位向城建档案管理机构移交建设工程档案时，应当编制一式 3 套，原件移交城建档案管理机构，其余 2 套分别由建设单位和使用单位保存。

第二十一条 建设单位向城建档案管理机构移交纸质建设工程档案的同时，还应当按照规定移交电子档案和声像档案。

电子档案和声像档案移交的具体办法，由市主管部门另行制定。

第二十二条 停建、缓建、临时建设的工程，其建设工程档案暂时由建设单位保管。

建设工程因故不能按期竣工，但建设单位已履行建成部分竣工验收程序并作出竣工验收合格结论的，可以将已建成部分的档案汇总、整理、检查合格后，移交城建档案管理机构。

第二十三条　建设单位为企业且发生合并、分立或者被注销的，其保管的建设工程档案按照下列规定处置：

（一）建设单位发生合并或者分立的，建设工程档案随同建设工程实体移交合并或者分立后的单位；

（二）建设单位被注销的，建设工程档案应当在注销手续办理完毕前，移交其上级单位或者城建档案管理机构。

建设单位为国家机关、事业单位且被撤销、合并的，建设工程档案按照《机关档案工作条例》的规定处置。

第二十四条　规划国土、建设、水务、交通运输等部门在城市建设管理中形成的属于本规定第九条第一款第（三）项、第（四）项、第（五）项的档案，在本单位档案室集中保管10年后，移交市城建档案管理机构。

第二十五条　规划国土、建设、水务、交通运输等部门，应当于每年3月底前向市主管部门通报上一年度已办理规划许可、工程质量监督登记、规划验收合格和工程竣工验收合格的建设工程信息。

市主管部门应当会同规划国土、建设、水务、交通运输等部门，建立城建档案监督管理和执法工作协调机制，定期通报情况，加强监督管理。

第四章　开放和利用

第二十六条　城建档案管理机构的库房建设应当符合《档案馆建设标准》，配备防盗、防火、防雷、防震、防水、防潮、防高温、防霉、防虫、防光和防污染等设备设施，建立灾害应急预案，安全保管城建档案。

第二十七条　城建档案管理机构应当定期公布城建档案目录、摘录，采用开放查询、出版发行、互联网发布、展览等多种形式，向社会无偿提供城建档案利用服务。

城建档案管理机构应当积极应用信息化技术，创造条件，方便社会利用城建档案。

第二十八条　除涉及城市公共安全、专利技术、个人隐私和国家秘密外，城建档案管理机构保管的城建档案，应当自形成之日起满30年向社会开放。

中国公民和组织，持有介绍信或者身份证、工作证等合法证明，可以按照有关规定利用已开放的城建档案。

香港、澳门、台湾居民，华侨，外国公民及组织利用城建档案的，按照国家有关规定办理。

第二十九条　建设单位和参建单位持有单位介绍信等合法证明，可以利用其移交的未开放城建档案。

业主持有产权证明和身份证明，可以利用其产权范围内的未开放城建档案。

第一、二款规定之外的组织或者个人利用未开放城建档案的，应当经城建档案管理机构审查同意。

第三十条　因重大灾害或者处理突发事件等紧急情况需要利用城建档案的，城建档案管理机构应当在受理紧急情况处理通知2小时内提供档案信息，特殊情形的，可以适当延长。紧急情况处理结束后，相关单位应当在3个工作日内补办城建档案利用手续。

第三十一条　组织或者个人可以采取下列方式利用城建档案：

（一）查阅；

（二）复印；

（三）摘录；

（四）复制；

（五）法律、法规规定的其他方式。

组织或者个人复印、复制城建档案超出合理利用范围的，城建档案管理机构可以收取复印、复制成本费用，纳入同级财政管理。收费标准由价格主管部门另行制定。

第三十二条 组织或者个人利用城建档案时，不得在档案上勾画、涂改，不得擅自抄录、复制档案，不得损毁、剪裁、抽取档案，不得泄露档案秘密。

第三十三条 城建档案的鉴定、销毁应当遵守有关法律、法规的规定，禁止擅自销毁城建档案。

第三十四条 城建档案管理机构提供社会利用的档案，应当逐步实现以缩微品或者档案复制件代替原件。

经城建档案管理机构确认的档案缩微品和档案复制件，同档案原件具有同等效力。

第五章 法律责任

第三十五条 城建档案、规划国土、建设、水务、交通运输等部门及其工作人员违反本规定，有下列情形之一的，依法追究行政责任；涉嫌犯罪的，依法移送司法机关处理：

（一）未按规定查处城建档案工作中违法行为的；

（二）未按规定出具、查验建设工程档案专项验收备案回执的；

（三）未按规定对损毁、伪造、篡改城建档案、不依法移交城建档案等行为的举报或者投诉进行处理的；

（四）未按规定移交、接收城建档案的；

（五）未按规定完善城建档案保管条件，造成档案损失的；

（六）未按规定提供城建档案利用的；

（七）未按规定通报上一年度已办理规划许可、工程质量监督登记、规划验收合格和工程竣工验收合格的建设工程信息的；

（八）其他滥用职权、玩忽职守、徇私舞弊的行为。

第三十六条 建设单位或者参建单位违反本规定第十四条规定，移交的建设工程档案不真实、不准确的，由市主管部门责令改正，拒不改正的，对单位处3万元罚款，并对直接负责的主管人员和其他直接责任人员各处2000元罚款；情节严重的，对单位处10万元罚款，并对直接负责的主管人员和其他直接责任人员各处5000元罚款。

因建设工程档案不真实、不准确，对利用者造成损失的，建设单位或者参建单位应当依法赔偿损失；涉嫌犯罪的，依法移送司法机关处理。

第三十七条 建设单位违反本规定第十五条规定，未按规定办理建设工程档案专项验收备案的，由市主管部门处1万元罚款。

第三十八条 参建单位违反本规定第十七条规定，未按期将本单位承建部分的建设工程档案向建设单位移交、致使建设单位未能按时完整地向城建档案管理机构移交建设工程档案的，由市主管部门对参建单位处5万元罚款，并对直接负责的主管人员和其他直接责任人员各处5000元罚款。罚款不免除建设工程档案移交义务。

第三十九条 建设单位违反本规定第十八条、第十九条第一款、第二十条、第二十一条第一款规定，未按规定向城建档案管理机构移交建设工程档案的，由市主管部门责令改正，对单位处10万元罚款，并对直接负责的主管人员和其他直接责任人员各处1万元罚款。罚款不免除建设工程档案移交义务。

第四十条 建设单位违反地下管线档案管理规定，未按规定向城建档案管理机构移交地下管线档案资料的，由市主管部门责令改正，对单位处10万元罚款，并对直接负责的主管人员和其他直接责任人员各处1万元罚款。罚款不免除地下管线档案资料移交义务。

第四十一条 建设单位违反本规定第二十三条规定，未按规定处置建设工程档案的，由市主管部门对单位处5万元罚款，并对直接负责的主管人员和其他直接责任人员各处2000元罚款。

第四十二条　组织或者个人违反本规定第三十二条规定，在档案上勾画、涂改或者擅自抄录、复制档案的，由市主管部门责令改正，处2000元罚款；剪裁、抽取档案的，处3万元罚款；损毁档案或者泄露档案秘密的，处10万元罚款。

组织或者个人违法利用档案有违法所得的，由市主管部门依法没收违法所得；造成损失的，依法赔偿损失；涉嫌犯罪的，依法移送司法机关处理。

第四十三条　违反本规定第十四条、第十七条、第十八条、第十九条第一款、第二十条、第二十一条第一款、第二十三条规定的，除按本规定进行处罚外，属于建筑市场主体的，市主管部门将相关处罚信息通报建设、水务、交通运输部门，建设、水务、交通运输部门应当将相关处罚信息列入建筑市场主体诚信记录，并予以公示。

第六章　附 则

第四十四条　本规定自2016年2月1日起施行。1994年1月29日深圳市人民政府发布实施的《深圳经济特区城市建设档案管理规定》(深圳市人民政府令第21号)同时废止。

中共中央 国务院
关于进一步加强城市规划建设管理工作的若干意见

（2016年2月6日）

城市是经济社会发展和人民生产生活的重要载体，是现代文明的标志。新中国成立特别是改革开放以来，我国城市规划建设管理工作成就显著，城市规划法律法规和实施机制基本形成，基础设施明显改善，公共服务和管理水平持续提升，在促进经济社会发展、优化城乡布局、完善城市功能、增进民生福祉等方面发挥了重要作用。同时务必清醒地看到，城市规划建设管理中还存在一些突出问题：城市规划前瞻性、严肃性、强制性和公开性不够，城市建筑贪大、媚洋、求怪等乱象丛生，特色缺失，文化传承堪忧；城市建设盲目追求规模扩张，节约集约程度不高；依法治理城市力度不够，违法建设、大拆大建问题突出，公共产品和服务供给不足，环境污染、交通拥堵等“城市病”蔓延加重。

积极适应和引领经济发展新常态，把城市规划好、建设好、管理好，对促进以人为核心的新型城镇化发展，建设美丽中国，实现“两个一百年”奋斗目标和中华民族伟大复兴的中国梦具有重要现实意义和深远历史意义。为进一步加强和改进城市规划建设管理工作，解决制约城市科学发展的突出矛盾和深层次问题，开创城市现代化建设新局面，现提出以下意见。

一、总体要求

（一）指导思想。全面贯彻党的十八大和十八届三中、四中、五中全会及中央城镇化工作会议、中央城市工作会议精神，深入贯彻习近平总书记系列重要讲话精神，按照“五位一体”总体布局和“四个全面”战略布局，牢固树立和贯彻落实创新、协调、绿色、开放、共享的发展理念，认识、尊重、顺应城市发展规律，更好发挥法治的引领和规范作用，依法规划、建设和管理城市，贯彻“适用、经济、绿色、美观”的建筑方针，着力转变城市发展方式，着力塑造城市特色风貌，着力提升城市环境质量，着力创新城市管理服务，走出一条中国特色城市发展道路。

（二）总体目标。实现城市有序建设、适度开发、高效运行，努力打造和谐宜居、富有活力、各具特色的现代化城市，让人民生活更美好。

（三）基本原则。坚持依法治理与文明共建相结合，坚持规划先行与建管并重相结合，坚持改革创新与传承保护相结合，坚持统筹布局与分类指导相结合，坚持完善功能与宜居宜业相结合，坚持集约高效与安全便利相结合。

二、强化城市规划工作

（四）依法制定城市规划。城市规划在城市发展中起着战略引领和刚性控制的重要作用。依法加强规划编制和审批管理，严格执行城乡规划法规定的原则和程序，认真落实城市总体规划由本级政府编制、社会公众参与、同级人大常委会审议、上级政府审批的有关规定。创新规划理念，改进规划方法，把以人为本、尊重自然、传承历史、绿色低碳等理念融入城市规划全过程，增强规划的前瞻性、严肃性和连续性，实现一张蓝图干到底。坚持协调发展理念，从区域、城乡整体协调的高度确定城市定位、谋划城市发展。加强空间开发管制，划定城市开发边界，根据资源禀赋和环境承载能力，引导调控城市规模，优化城市空间布局和形态功能，确定城市建设约束性指标。按照严控增量、盘活存量、优化结构的思路，逐步调整城市用地结构，把保护基本农田放在优先地位，保证生态用地，合理安排建设用地，推动城市集约发展。改革完善城市规划管理体制，加强城市总体规划和土地利用总体规划的衔接，推进两图合一。在有条件的城市探索城市规划管理和国土资源管理部门合一。

（五）严格依法执行规划。经依法批准的城市规划，是城市建设和管理的依据，必须严格执行。进一步强化规划的强制性，凡是违反规划的行为都要严肃追究责任。城市政府应当定期向同级人大常委会报告城市规划实施情况。城市总体规划的修改，必须经原审批机关同意，并报同级人大常委会审议通过，从制度上防止随意修改规划等现象。控制性详细规划是规划实施的基础，未编制控制性详细规划的区域，不得进行建设。控制性详细规划的编制、实施以及对违规建设的处理结果，都要向社会公开。全面推行城市规划委员会制度。健全国家城乡规划督察员制度，实现规划督察全覆盖。完善社会参与机制，充分发挥专家和公众的力量，加强规划实施的社会监督。建立利用卫星遥感监测等多种手段共同监督规划实施的工作机制。严控各类开发区和城市新区设立，凡不符合城镇体系规划、城市总体规划和土地利用总体规划进行建设的，一律按违法处理。用 5 年左右时间，全面清查并处理建成区违法建设，坚决遏制新增违法建设。

三、塑造城市特色风貌

（六）提高城市设计水平。城市设计是落实城市规划、指导建筑设计、塑造城市特色风貌的有效手段。鼓励开展城市设计工作，通过城市设计，从整体平面和立体空间上统筹城市建筑布局，协调城市景观风貌，体现城市地域特征、民族特色和时代风貌。单体建筑设计方案必须在形体、色彩、体量、高度等方面符合城市设计要求。抓紧制定城市设计管理法规，完善相关技术导则。支持高等学校开设城市设计相关专业，建立和培育城市设计队伍。

（七）加强建筑设计管理。按照“适用、经济、绿色、美观”的建筑方针，突出建筑使用功能以及节能、节水、节地、节材和环保，防止片面追求建筑外观形象。强化公共建筑和超限高层建筑设计管理，建立大型公共建筑工程后评估制度。坚持开放发展理念，完善建筑设计招投标决策机制，规范决策行为，提高决策透明度和科学性。进一步培育和规范建筑设计市场，依法严格实施市场准入和清出。为建筑设计院和建筑师事务所发展创造更加良好的条件，鼓励国内外建筑设计企业充分竞争，使优秀作品脱颖而出。培养既有国际视野又有民族自信的建筑师队伍，进一步明确建筑师的权利和责任，提高建筑师的地位。倡导开展建筑评论，促进建筑设计理念的交融和升华。

（八）保护历史文化风貌。有序实施城市修补和有机更新，解决老城区环境品质下降、空间秩序混乱、历史文化遗产损毁等问题，促进建筑物、街道立面、天际线、色彩和环境更加协调、优美。通过维护加固老建筑、改造利用旧厂房、完善基础设施等措施，恢复老城区功能和活力。加强文化遗产保护传承和合理利用，保护古遗址、古建筑、近现代历史建筑，更好地延续历史文脉，展现城市风貌。用 5 年左右时间，完成所有城市历史文化街区划定和历史建筑确定工作。

四、提升城市建筑水平

（九）落实工程质量责任。完善工程质量安全管理制度，落实建设单位、勘察单位、设计单位、施工单位和工程监理单位等五方主体质量安全责任。强化政府对工程建设全过程的质量监管，特别是强化对工程监理的监管，充分发挥质监站的作用。加强职业道德规范和技能培训，提高从业人员素质。深化建设项目组织实施方式改革，推广工程总承包制，加强建筑市场监管，严厉查处转包和违法分包等行为，推进建筑市场诚信体系建设。实行施工企业银行保函和工程质量责任保险制度。建立大型工程技术风险控制机制，鼓励大型公共建筑、地铁等按市场化原则向保险公司投保重大工程保险。

（十）加强建筑安全监管。实施工程全生命周期风险管理，重点抓好房屋建筑、城市桥梁、建筑幕墙、斜坡（高切坡）、隧道（地铁）、地下管线等工程运行使用的安全监管，做好质量安全鉴定和抗震加固管理，建立安全预警及应急控制机制。加强对既有建筑改扩建、装饰装修、工程加固的质量安全监管。全面排查城市老旧建筑安全隐患，采取有力措施限期整改，严防发生垮塌等重大事故，保障人民群众生命财产安全。

（十一）发展新型建造方式。大力推广装配式建筑，减少建筑垃圾和扬尘污染，缩短建造工期，提升工程质量。制定装配式建筑设计、施工和验收规范。完善部品部件标准，实现建筑部品部件工厂化生产。鼓励建筑企业装配式施工，现场装配。建设国家级装配式建筑生产基地。加大政策支持力度，力争用 10 年左右时间，使装配式建筑占新建建筑的比例达到 30%。积极稳妥推广钢结构建筑。在具备条件的地方，倡导发展现代木结构建筑。

五、推进节能城市建设

（十二）推广建筑节能技术。提高建筑节能标准，推广绿色建筑和建材。支持和鼓励各地结合自然气候特点，推广应用地源热泵、水源热泵、太阳能发电等新能源技术，发展被动式房屋等绿色节能建筑。完善绿色节能建筑和建材评价体系，制定分布式能源建筑应用标准。分类制定建筑全生命周期能源消耗标准定额。

（十三）实施城市节能工程。在试点示范的基础上，加大工作力度，全面推进区域热电联产、政府机构节能、绿色照明等节能工程。明确供热采暖系统安全、节能、环保、卫生等技术要求，健全服务质量标准和评估监督办法。进一步加强对城市集中供热系统的技术改造和运行管理，提高热能利用效率。大力推行采暖地区住宅供热分户计量，新建住宅必须全部实现供热分户计量，既有住宅要逐步实施供热分户计量改造。

六、完善城市公共服务

（十四）大力推进棚改安居。深化城镇住房制度改革，以政府为主保障困难群体基本住房需求，以市场为主满足居民多层次住房需求。大力推进城镇棚户区改造，稳步实施城中村改造，有序推进老旧住宅小区综合整治、危房和非成套住房改造，加快配套基础设施建设，切实解决群众住房困难。打好棚户区改造三年攻坚战，到 2020 年，基本完成现有的城镇棚户区、城中村和危房改造。完善土地、财政和金融政策，落实税收政策。创新棚户区改造体制机制，推动政府购买棚改服务，推广政府与社会资本合作模式，构建多元化棚改实施主体，发挥开发性金融支持作用。积极推行棚户区改造货币化安置。因地制宜确定住房保障标准，健全准入退出机制。

（十五）建设地下综合管廊。认真总结推广试点城市经验，逐步推开城市地下综合管廊建设，统筹各类管线敷设，综合利用地下空间资源，提高城市综合承载能力。城市新区、各类园区、成片开发区域新建道路必须同步建设地下综合管廊，老城区要结合地铁建设、河道治理、道路整治、旧城更新、棚户区改造等，逐步推进地下综合管廊建设。加快制定地下综合管廊建设标准和技术导则。凡建有地下综合管廊的区域，各类管线必须全部入廊，管廊以外区域不得新建管线。管廊实行有偿使用，建立合理的收费机制。鼓励社会资本投资和运营地下综合管廊。各城市要综合考虑城市发展远景，按照先规划、后建设的原则，编制地下综合管廊建设专项规划，在年度建设计划中优先安排，并预留和控制地下空间。完善管理制度，确保管廊正常运行。

（十六）优化街区路网结构。加强街区的规划和建设，分梯级明确新建街区面积，推动发展开放便捷、尺度适宜、配套完善、邻里和谐的生活街区。新建住宅要推广街区制，原则上不再建设封闭住宅小区。已建成的住宅小区和单位大院要逐步打开，实现内部道路公共化，解决交通路网布局问题，促进土地节约利用。树立“窄马路、密路网”的城市道路布局理念，建设快速路、主次干路和支路级配合理的道路网系统。打通各类“断头路”，形成完整路网，提高道路通达性。科学、规范设置道路交通安全设施和交通管理设施，提高道路安全性。到 2020 年，城市建成区平均路网密度提高到 8 公里 / 平方公里，道路面积率达到 15%。积极采用单行道路方式组织交通。加强自行车道和步行道系统建设，倡导绿色出行。合理配置停车设施，鼓励社会参与，放宽市场准入，逐步缓解停车难问题。

（十七）优先发展公共交通。以提高公共交通分担率为突破口，缓解城市交通压力。统筹公共汽车、轻轨、地铁等多种类型公共交通协调发展，到 2020 年，超大、特大城市公共交通分担率达到 40%以上，大城市达到 30%以上，中小城市达到 20%以上。加强城市综合交通枢纽建设，促进不同运输方式和城市内外交通之间的顺畅衔接、便捷换乘。扩大公共交通专用道的覆盖范围。实现中心城区公交站点 500 米内全覆盖。引入市场竞争机制，改革公交公司管理体制，鼓励社会资本参与公共交通设施建设和运营，增强公共交通运力。

（十八）健全公共服务设施。坚持共享发展理念，使人民群众在共建共享中有更多获得感。合理确定公共服务设施建设标准，加强社区服务场所建设，形成以社区级设施为基础，市、区级设施衔接配套的公共服务设施网络体系。配套建设中小学、幼儿园、超市、菜市场，以及社区养老、医疗卫生、文化服务等设施，大力推进无障碍设施建设，打造方便快捷生活圈。继续推动公共图书馆、美术馆、文化馆（站）、博物馆、科技馆免费向全社会开放。推动社区内公共设施向居民开放。合理规划建设广场、公园、步行道等公共活动空间，方便居民文体活动，促进居民交流。强化绿地服务居民日常活动的功能，使市民在居家附近能够见到绿地、亲近绿地。城市公园原则上要免费向居民开放。限期清理腾退违规占用的公共空间。顺应新型城镇化的要求，稳步推进城镇基本公共服务常住人口全覆盖，稳定就业和生活的农业转移人口在住房、教育、文化、医疗卫生、计划生育和证照办理服务等方面，与城镇居民有同等权利和义务。

（十九）切实保障城市安全。加强市政基础设施建设，实施地下管网改造工程。提高城市排涝系统建设标准，加快实施改造。提高城市综合防灾和安全设施建设配置标准，加大建设投入力度，加强设施运行管理。建立城市备用饮用水水源地，确保饮水安全。健全城市抗震、防洪、排涝、消防、交通、应对地质灾害应急指挥体系，完善城市生命通道系统，加强城市防灾避难场所建设，增强抵御自然灾害、处置突发事件和危机管理能力。加强城市安全监管，建立专业化、职业化的应急救援队伍，提升社会治安综合治理水平，形成全天候、系统性、现代化的城市安全保障体系。

七、营造城市宜居环境

（二十）推进海绵城市建设。充分利用自然山体、河湖湿地、耕地、林地、草地等生态空间，建设海绵城市，提升水源涵养能力，缓解雨洪内涝压力，促进水资源循环利用。鼓励单位、社区和居民家庭安装雨水收集装置。大幅度减少城市硬覆盖地面，推广透水建材铺装，大力建设雨水花园、储水池塘、湿地公园、下沉式绿地等雨水滞留设施，让雨水自然积存、自然渗透、自然净化，不断提高城市雨水就地蓄积、渗透比例。

（二十一）恢复城市自然生态。制定并实施生态修复工作方案，有计划有步骤地修复被破坏的山体、河流、湿地、植被，积极推进采矿废弃地修复和再利用，治理污染土地，恢复城市自然生态。优化城市绿地布局，构建绿道系统，实现城市内外绿地连接贯通，将生态要素引入市区。建设森林城市。推行生态绿化方式，保护古树名木资源，广植当地树种，减少人工干预，让乔灌草合理搭配、自然生长。鼓励发展屋顶绿化、立体绿化。进一步提高城市人均公园绿地面积和城市建成区绿地率，改变城市建设中过分追求高强度开发、高密度建设、大面积硬化的状况，让城市更自然、更生态、更有特色。

（二十二）推进污水大气治理。强化城市污水治理，加快城市污水处理设施建设与改造，全面加强配套管网建设，提高城市污水收集处理能力。整治城市黑臭水体，强化城中村、老旧城区和城乡结合部污水截流、收集，抓紧治理城区污水横流、河湖水系污染严重的现象。到 2020 年，地级以上城市建成区力争实现污水全收集、全处理，缺水城市再生水利用率达到 20%以上。以中水洁厕为突破口，不断提高污水利用率。新建住房和单体建筑面积超过一定规模的新建公共建筑应当安装中水设施，老旧住房也应当逐步实施中水利用改造。培育以经营中水业务为主的水务公司，合理形成中水回用价格，鼓励按市场化方式经营中水。城市工业生产、道路清扫、车辆冲洗、绿化浇灌、生态景观等生产和生态用水要优先使用中水。全面推进大气污染防治工作。加大城市工业源、面源、移动源污染综合治理力度，着力减少多污染物排放。加快调整城市能源结构，增加清洁能源供应。深化京津冀、长三角、珠三角等区域大气污染联防联控，健全重污染天气监测预警体系。提高环境监管能力，加大执法力度，严厉打击各类环境违法行为。倡导文明、节约、绿色的消费方式和生活习惯，动员全社会参与改善环境质量。

（二十三）加强垃圾综合治理。树立垃圾是重要资源和矿产的观念，建立政府、社区、企业和居民协调机制，通过分类投放收集、综合循环利用，促进垃圾减量化、资源化、无害化。到 2020 年，力争将垃圾回收利用率提高到 35%以上。强化城市保洁工作，加强垃圾处理设施建设，统筹城乡垃圾处理处置，大力解决垃圾围城问题。推进垃圾收运处理企业化、市场化，促进垃圾清运体系与再生资源回收体系对接。通过限制过度包装，减少一次性制品使用，推行净菜入城等措施，从源头上减少垃圾产生。利用新技术、新设备，推广厨余垃圾家庭粉碎处理。完善激励机制和政策，力争用 5 年左右时间，基本建立餐厨废弃物和建筑垃圾回收和再生利用体系。

八、创新城市治理方式

（二十四）推进依法治理城市。适应城市规划建设管理新形势和新要求，加强重点领域法律法规的立改废释，形成覆盖城市规划建设管理全过程的法律法规制度。严格执行城市规划建设管理行政决策法定程序，坚决遏制领导干部随意干预城市规划设计和工程建设的现象。研究推动城乡规划法与刑法衔接，严厉惩处规划建设管理违法行为，强化法律责任追究，提高违法违规成本。

（二十五）改革城市管理体制。明确中央和省级政府城市管理主管部门，确定管理范围、权力清单和责任主体，理顺各部门职责分工。推进市县两级政府规划建设管理机构改革，推行跨部门综合执法。在设区的市推行市或区一级执法，推动执法重心下移和执法事项属地化管理。加强城市管理执法机构和队伍建设，提高管理、执法和服务水平。

（二十六）完善城市治理机制。落实市、区、街道、社区的管理服务责任，健全城市基层治理机制。进一步强化街道、社区党组织的领导核心作用，以社区服务型党组织建设带动社区居民自治组织、社区社会组织建设。增强社区服务功能，实现政府治理和社会调节、居民自治良性互动。加强信息公开，推进城市治理阳光运行，开展世界城市日、世界住房日等主题宣传活动。

（二十七）推进城市智慧管理。加强城市管理和服务体系智能化建设，促进大数据、物联网、云计算等现代信息技术与城市管理服务融合，提升城市治理和服务水平。加强市政设施运行管理、交通管理、环境管理、应急管理等城市管理数字化平台建设和功能整合，建设综合性城市管理数据库。推进城市宽带信息基础设施建设，强化网络安全保障。积极发展民生服务智慧应用。到 2020 年，建成一批特色鲜明的智慧城市。通过智慧城市建设和其他一系列城市规划建设管理措施，不断提高城市运行效率。

（二十八）提高市民文明素质。以加强和改进城市规划建设管理来满足人民群众日益增长的物质文化需要，以提升市民文明素质推动城市治理水平的不断提高。大力开展社会主义核心价值观学习教育实践，促进市民形成良好的道德素养和社会风尚，提高企业、社会组织和市民参与城市治理的意识和能力。从青少年抓起，完善学校、家庭、社会三结合的教育网络，将良好校风、优良家风和社会新风有机融合。建立完善市民行为规范，增强市民法治意识。

九、切实加强组织领导

（二十九）加强组织协调。中央和国家机关有关部门要加大对城市规划建设管理工作的指导、协调和支持力度，建立城市工作协调机制，定期研究相关工作。定期召开中央城市工作会议，研究解决城市发展中的重大问题。中央组织部、住房城乡建设部要定期组织新任市委书记、市长培训，不断提高城市主要领导规划建设管理的能力和水平。

（三十）落实工作责任。省级党委和政府要围绕中央提出的总目标，确定本地区城市发展的目标和任务，集中力量突破重点难点问题。城市党委和政府要制定具体目标和工作方案，明确实施步骤和保障措施，加强对城市规划建设管理工作的领导，落实工作经费。实施城市规划建设管理工作监督考核制度，确定考核指标体系，定期通报考核结果，并作为城市党政领导班子和领导干部综合考核评价的重要参考。

各地区各部门要认真贯彻落实本意见精神，明确责任分工和时间要求，确保各项政策措施落到实处。各地区各部门贯彻落实情况要及时向党中央、国务院报告。中央将就贯彻落实情况适时组织开展监督检查。

住房城乡建设部关于印发《城市公园配套服务项目经营管理暂行办法》的通知

建城〔2016〕36号

各省、自治区住房城乡建设厅，北京市园林绿化局，上海市绿化和市容管理局，天津市市容和园林管理委员会，重庆市园林事业管理局，新疆生产建设兵团建设局：

为了保障城市公园为民服务的公益属性，规范城市公园配套服务项目经营行为，进一步提升城市公园服务质量和效率，促进城市公园事业健康有序发展，现将《城市公园配套服务项目经营管理暂行办法》印发给你们，请遵照执行。

中华人民共和国住房和城乡建设部
2016年2月25日

城市公园配套服务项目经营管理暂行办法

第一条 为规范公园配套服务项目经营活动，合理拓展城市公园配套服务功能，进一步提高城市公园服务质量和效率，向广大游客提供公平、安全、优质的服务，促进城市公园事业健康、有序发展，根据有关法律、法规和标准，特制定本办法。

第二条 在城市公园内开展配套服务项目经营，应当遵守本办法。

第三条 本办法所称城市公园，是指政府投资建设和管理、在城市行政区域内具有良好园林景观和较完善设施，具备改善生态、美化环境、游览休憩和科普宣传等功能，向公众开放的场所。

第四条 本办法所称城市公园配套服务项目经营，是指城市公园管理机构（业主单位）或通过市场竞争机制选择的经营者按照有关法律、法规规定，投资、建设、运营城市公园内配套服务项目的行为。

第五条 国务院住房和城乡建设主管部门负责指导全国城市公园配套服务项目经营活动。

省、自治区、直辖市人民政府住房和城乡建设（园林绿化）主管部门负责指导本行政区域内城市公园配套服务项目经营活动。

城市人民政府（含直辖市区县人民政府）园林绿化行政主管部门负责本行政区域内城市公园配套服务项目经营活动的监督管理工作。

经城市人民政府授权的城市公园管理机构（业主单位）负责授权管理范围内城市公园配套服务项目经营活动的实施和管理工作。

第六条　公园配套服务项目设施、场地的设置应当符合已批准的公园规划及有关标准规范要求。不得擅自新建、改建、扩建公园配套服务设施和场地。不得因经营而改变或破坏公园内建（构）筑物原有风貌和格局。

公园管理用房不得用于配套服务项目经营。公园历史建筑、文物保护建筑内的配套服务项目应严格控制经营类型和规模。

第七条　公园配套服务项目经营场所的广告牌匾、装饰装修、物品陈列等应与公园性质、功能、整体环境等相协调。

第八条　公园配套服务项目应以游客需求为导向，以大众服务为主，遵循公平、安全、优质的服务原则。配套服务项目主要包括餐饮服务、零售服务、游览服务、游艺服务等。经营项目应按规定明码标价。

第九条　公园配套服务项目经营不得出现下列情形：

（一）设立私人会所，即改变公园内建（构）筑物等公共资源属性，设置高档餐馆、茶楼、休闲、健身、美容、娱乐、住宿、接待等场所，包括实行会员制的场所、只对少数人开放的场所、违规出租经营的场所；

（二）利用“园中园”进行变相经营；

（三）法律、法规禁止的其他情形。

第十条　支持和鼓励社会资本进入城市公园配套服务领域，提倡公园配套服务项目品牌化连锁经营、整体打包专业化运营模式。公园配套服务项目经营按照以下程序实施：

（一）编制项目计划：城市公园管理机构（业主单位）根据公园配套服务的需要，提出经营项目设立申请，制定经营项目设立计划、实施及运行管理方案。

（二）征求公众意见：城市公园管理机构（业主单位）应采取听证会、媒体公示、园内公示等至少 1 种形式，将拟定经营项目设立计划、实施及运行管理方案向公众公开，广泛征求意见，接受社会监督。征求的公众意见应当作为方案论证的参考。

（三）组织方案论证：由城市公园管理机构（业主单位）组织相关部门和专家，结合公众意见对经营项目实施及运行方案进行论证。论证通过的方案报城市人民政府（含直辖市区县人民政府）园林绿化行政主管部门备案。

（四）确定经营主体：城市公园管理机构（业主单位）应本着公平、公正、公开的原则，依法通过招标、竞争性谈判等竞争方式，选择城市公园配套服务经营项目经营者，并将最终结果向社会公示，接受社会监督。

（五）签订经营合同并备案。公示期满，且利益相关方在公示期间无异议的，由城市公园管理机构（业主单位）与经营者签订经营合同，并在签订合同后 30 日内，报城市人民政府（含直辖市区县人民政府）园林绿化行政主管部门备案。

第十一条　参与城市公园配套服务经营的经营者应当具备下列条件：

（一）具有独立承担民事责任能力的法人或自然人；

（二）企业法人具有良好的商业信誉和健全的企业管理制度，包括但不限于财务会计制度，并具备与进行经营配套服务项目相当的经济实力；

（三）自然人具有良好的银行资信、财务状况及相应的偿债能力；

（四）具有经营项目所必需的设备、专业人员、专业技术能力与商业经营管理能力；

（五）有依法缴纳税收和社会保障资金的良好记录；

（六）无违法犯罪记录；

（七）法律、法规规定的其他条件。

第十二条 公园配套服务项目经营期限应当根据行业特点、经营服务内容、规模、方式等因素综合确定，一般不超过5年。

符合条件的城市公园配套服务项目可实施特许经营。特许经营者的选定、经营期限等应符合《基础设施和公用事业特许经营管理办法》、《市政公用事业特许经营管理办法》等法规规定。

第十三条 公园配套服务项目自主经营收入以及租金、特许经营管理费等收益，应当专款专用于城市公园的日常运营维护与保护发展。城市园林绿化行政主管部门应会同财政、审计等有关部门加强跟踪监督。

第十四条 城市公园配套服务项目经营者不得出现下列行为：

（一）擅自转让、分包经营项目；

（二）擅自将所经营的财产进行处置或者抵押；

（三）危及公共利益、公众安全；

（四）因经营者自身原因不能提供经营服务；

（五）超出经营范围，从事合同约定以外的经营项目；

（六）擅自将经营所用的配套服务设施改作其它用途；

（七）擅自扩大经营面积，私自搭建经营设施；

（八）擅自对配套服务设施进行改造装修；

（九）经营行为不文明，服务态度恶劣且造成严重后果；

（十）法律、法规及城市公园管理制度禁止的其他行为。

通过招标等形式确定经营者时，应当在招标文件、经营协议等中对上述行为作明确约定。

第十五条 取得城市公园配套服务项目经营权的经营者应当遵守其所在公园的管理规定，服从城市公园管理机构（业主单位）的监督管理。

对违反经营合同或城市公园管理有关规定的经营者，城市公园管理机构（业主单位）有权要求其限期整改；对拒不整改或整改不到位的，可依据合同终止经营合同；违法行为属于《城市绿化条例》第二十九条规定情形的，应当提请城市人民政府（含直辖市区县人民政府）园林绿化行政主管部门依法予以处理。

第十六条 经营期间出现下列情形，并对经营者利益造成实质性损害的，可以根据经营协议的约定进行补偿或适当延长经营合同期：

（一）因相关法律法规变更、国家政策调整或公共利益需要，需提前终止经营协议、收回经营权；

（二）依法征用经营设施或场地；

（三）因城市公园改造维修等，严重影响经营活动正常开展；

（四）经营协议约定的其它需要进行补偿或延长经营合同期的情形。

补偿的具体办法，由城市人民政府（含直辖市区县人民政府）园林绿化行政主管部门根据国家有关规定，与当地财政、物价、国资委等部门协商，并结合当地实际情况制定。

因自然灾害等不可抗力导致经营者利益受损的，不适用本条款。

第十七条 城市园林绿化行政主管部门和公园管理机构（业主单位）的工作人员玩忽职守、滥用职权、徇私舞弊的，依照《城市绿化条例》第三十一条的规定予以处理。

第十八条 本办法自发布之日起施行。本办法实施之前已依法订立经营协议的，按照原定协议执行。法律、法规对城市公园配套服务经营另有规定的，从其规定。

住房城乡建设部　国土资源部
关于进一步完善城市停车场规划建设及用地政策的通知

建城〔2016〕193号

各省、自治区住房城乡建设厅、国土资源厅，北京市住房城乡建设委、规划国土委、交通委，天津市建委、规划局、国土房管局，上海市住房城乡建设委、规划国土局、交通委，重庆市建委、市政委、规划局、国土房管局：

为贯彻落实《中共中央国务院关于进一步加强城市规划建设管理工作的若干意见》和《节约集约利用土地规定》等文件要求，合理配置停车设施，提高空间利用效率，促进土地节约集约利用；充分挖潜利用地上地下空间，推进建设用地的多功能立体开发和复合利用；鼓励社会资本参与，加快城市停车场建设，逐步缓解停车难问题。现将有关事项通知如下：

一、强化城市停车设施专项规划调控

（一）科学编制城市停车设施专项规划。依据土地利用总体规划、城市总体规划和城市综合交通体系规划，城市停车行业主管部门要会同规划部门编制城市停车设施专项规划（以下简称专项规划），合理布局停车设施。专项规划应符合《城市停车规划规范》《城市停车设施规划导则》、充电基础设施建设等相关要求。编制专项规划同时，应对建设项目停车配建标准实施情况进行评估，并适时调整，调整后的停车配建标准应及时向社会公布。

（二）专项规划要突出重点。专项规划应坚持设施差别化供给原则，按照城市中不同区域的功能要求和城市综合交通发展策略，合理确定停车设施规模。对于老旧居住区等停车设施供需矛盾突出的重点区域，应结合片区停车综合改善方案，合理确定停车方式和停车规模；对于公共交通发达地区，应合理控制停车设施建设规模。

（三）分层规划停车设施。可充分结合城市地下空间规划，利用地下空间分层规划停车设施，在城市道路、广场、学校操场、公园绿地以及公交场站、垃圾站等公共设施地下布局公共停车场，以促进城市建设用地复合利用。

（四）严格实施专项规划。经依法批准的专项规划中有关要求应及时纳入控制性详细规划，并作为城市停车场建设和管理的依据，严格执行。城市新建建筑配建停车设施应符合相应的停车配建标准。

二、加强停车场建设项目的规划管理

（五）明确停车场用地性质。单独新建公共停车场用地规划性质为社会停车场用地。为鼓励停车产业化，在不改变用地性质、不减少停车泊位的前提下允许配建一定比例的附属商业面积，具体比例由属地域市政府确定，原则上不超过20%。通过分层规划，利用地下空间建设公共停车场的，地块用地规划性质为相应地块性质兼容社会停车场用地。

（六）鼓励超配建停车场。新建建筑超过停车配建标准建设停车场以及随新建项目同步建设并向社会开放的公共停车场（地下停车库和地上停车楼，配建附属商业除外），在规划审批时可根据总建筑面积、超配建的停车泊位建筑面积、公共停车场建筑面积等情况，给予一定的容积率奖励，具体规定由城市政府规划部门根据实际情况研究制定。其中，停车楼项目应符合日照、绿化、消防等相关标准。

（七）鼓励增建公共停车场。在符合土地利用总体规划和城市总体规划前提下，机关事业单位、各类企业利用自有建设用地增建公共停车场可不改变现有用地性质及规划用地性质。增建方式包括利用自有建设用地地下空间、既有建筑屋顶、拆除部分既有建筑新建、既有平面停车场改加建等，在符合日照、消防、绿化、环保、安全等要求的前提下增建后地块的建筑高度、建筑密度等指标可由城市政府有关部门按照程序依法进行调整。

（八）明确公共停车场规划审批条件。地下空间单独出让建设公共停车场的，项目出让规划条件应明确用地红线范围、公共停车场建筑面积等，有需要配建附属商业的公共停车场，还应明确商业建筑面积。利用现有城市公园绿地地下空间建设公共停车场的，在报城市政府规划部门审批时，应征求园林绿化部门及有关部门的意见，并符合国家和地方有关规范。地下停车库顶板上覆土最小厚度要保证停车场工程质量和安全，并满足绿化种植相关要求，其具体规定以及地下停车库面积占公园绿地面积的最大比例等规定，由城市政府有关部门根据实际情况研究制定。与其他功能的建筑结合开发的公共停车场应设置独立区域、单独出入口、明确的标志和诱导系统。

（九）简化停车场建设规划审批。在满足结构、消防安全等条件下，既有其他功能建筑改建为停车场的，可简化规划审批流程。临时公共停车设施（含平面及机械设备安装类）由城市政府建设和规划等相关部门通过联席会议（或相关综合协调制度）进行审定，不需要办理相关审批手续。机械停车设备应当按相关规定进行验收。居住区利用自有建设用地设置机械设备类停车设施，还应取得业主委员会同意（没有业主委员会的，街道办事处或社区居委会等要征求居民意见），且满足日照、消防、绿化、环保、安全等要求。

三、规范停车设施用地管理

（十）依法确定停车场土地使用年期。停车场用地以出让方式供应的，建设用地使用权出让年限按最高不超过 50 年确定。工业、商住用地中配建停车场的，停车场用地出让最高期限不得超过 50 年。以租赁方式供应的，租赁年限在合同中约定，最长租赁期限不得超过同类用途土地出让最高年期。

（十一）规范编制停车场供地计划。停车场用地供应应当纳入国有建设用地供应计划。新建建筑物配建停车场以及利用公园绿地、学校操场等地下空间建设停车场的，其建设规模应一并纳入建设用地供应计划。闲置土地依法处置后由政府收回、规划用途符合要求的，可优先安排用于停车场用地，一并纳入国有建设用地供应计划。

（十二）细化停车场供地政策。符合《划拨用地目录》的停车场用地，可采取划拨方式供地，不符合的，应依法实行有偿使用。对新建独立占地的、经营性的公共停车场用地，同一宗用地公告后只有一个意向用地者的，可以协议方式供应土地。协议出让价不得低于按国家规定确定的最低价标准。供应工业、商业、旅游、娱乐、商品住宅等经营性用地配建停车场用地的，应当以招标、拍卖或者挂牌方式供地。标底或者底价不得低于国家规定的最低价标准。鼓励租赁供应停车场用地，各地可以制定出租或先租后让的鼓励政策和租金标准。城市公共交通停车场用地综合开发配建商服设施，采取划拨方式供地的，配建的商服等用地可按市场价有偿使用。出让土地建设公共停车场的，可根据城市公共停车场客观收益情况评估并合理确定出让地价。在城市道路、广场、公园绿地等公共设施下建设停车场，以出让等有偿方式供地的，可按地表出让建设用地使用权价格的一定比例确定出让底价。具体比例由市、县政府根据当地实际情况确定，并向社会公示。

（十三）鼓励盘活存量用地用于停车场建设。对营利性机构利用存量建设用地从事停车场建设，涉及划拨建设用地使用权出让（租赁）或转让的，在原土地用途符合规划相关标准规范的前提下，可不改变土地用途，允许补缴土地出让金（租金），办理协议出让或租赁手续。在符合规划相关标准规范的前提下，在已建成的住宅小区内增加停车设施建筑面积的，可不增收土地价款。

（十四）加大停车场建设中节地技术和节地模式的政策支持力度。各地要及时总结有利于节约集约用地的停车场建设技术和利用模式，对节地效果明显、有推广价值的节地模式和节地技术，在划拨和出让土地时，可将节地模式、节地技术作为供地条件，写入供地方案，合理评估出让底价，在供地计划、供地方式、供地价格、开发利用等方面体现政策支持，逐步建立和完善节约集约用地的激励机制。对新建建筑充分利用地下空间，超过停车配建标准建设地下停车场，并作为公共停车场向社会开放的超配部分，符合规划的，可不计收土地价款。

四、加强停车场规划建设和用地监管

（十五）规范办理停车场产权手续。停车场权利人可以依法向停车场所在地的不动产登记机构申请办理不动产登记手续，不动产登记机构要依据《不动产登记暂行条例》及其实施细则等法规规章政策，积极做好停车场登记发证服务工作。

（十六）规范停车场土地供后管理。市、县国土资源管理部门应当在核发划拨决定书、签订出让合同和租赁合同时，明确规定或者约定：停车场建设用地使用权可以整体转让和转租，不得分割转让和转租；不得改变规划确定的土地用途，改变用途用于住宅、商业等房地产开发的，由市、县国土资源管理部门依法收回建设用地使用权；以出让或者租赁方式取得停车场建设用地使用权的，可以设定抵押权。以划拨方式取得停车场建设用地使用权设定抵押的，应当约定划拨建设用地使用权不得单独设定抵押权，设定房地产抵押权的停车建设用地使用权以划拨方式取得的，应当从拍卖所得的价款中缴纳相当于应缴纳的土地使用权出让金的款额后，抵押权人方可优先受偿。划拨决定书、出让合同和租赁合同要及时上传土地市场动态监测监管系统。

（十七）加强城市停车场建成后的监管。不符合规划、不满足配建标准、充电基础设施和有关工程建设标准的，不得通过规划核实。城市停车行业主管部门要会同城市规划、国土资源部门，加强停车场建成后的使用监管，对未经批准、挪作他用的停车设施，应限期进行整改，并恢复停车功能。

（十八）加强停车场经营管理。坚持市场化原则，鼓励路内停车泊位和政府投资建设的公共停车场实行特许经营，通过招标等竞争性方式，公开选择经营主体。鼓励各类配建停车场委托停车管理企业进行专业化管理，促进各类经营性停车场企业化、专业化经营。同时，各地要尽快研究制订停车场管理规定或运营服务规范，加强停车场运营监管。

（十九）强化停车行业管理。停车场规划、建设、运营、管理工作涉及多个部门，各省（自治区）住房城乡建设厅作为本地区停车行业主管部门，要充分认识加强停车场规划建设的重要性，统筹协调有关部门完善有关政策、做好项目储备，并督促、指导各城市加快停车场规划建设。各城市建设行政主管部门要主动作为、牵头协调，尽快开展停车资源普查，完善有关政策措施，充分发挥规划调控作用，建立基础数据库和项目库，统筹各类停车场建设，加强停车场经营管理，切实抓好停车有关工作。

统筹地上地下空间开发，充分挖潜、高效利用土地资源，加快停车场规划建设，既有利于缓解停车难问题、营造城市宜居环境，又有利于促进土地节约集约利用、促进经济发展方式转变，符合创新、协调、绿色、开放、共享五大发展理念。各级住房城乡建设（规划）、国土资源部门要高度重视、各司其职、加强协调、形成合力，依据本通知的要求开展有关工作，进一步加快城市停车场规划建设，促进停车行业健康发展。

中华人民共和国住房和城乡建设部

中华人民共和国国土资源部

2016 年 8 月 31 日

深圳市规划国土委关于印发《深圳市城市更新项目保障性住房配建规定》的通知

各区人民政府、市政府直属各单位：

《深圳市城市更新项目保障性住房配建规定》已经市政府同意，现予印发，请遵照执行。

特此通知。

深圳市规划国土委

2016年1月5日

深圳市城市更新项目保障性住房配建规定

第一条　为落实我市保障性安居工程建设要求，多渠道增加保障性住房供应，有效促进产城融合，根据《国务院办公厅关于促进房地产市场平稳健康发展的通知》、《中共深圳市委深圳市人民政府关于实施人才安居工程的决定》、《深圳市保障性住房条例》、《深圳市城市更新办法》及其实施细则等有关规定，制定本规定。

第二条　本规定适用于拆除重建类城市更新项目中保障性住房的配建。

具体配建方式包括在改造方向为居住用地的项目中按建筑面积的一定比例进行配建，以及在改造方向为新型产业用地的项目中安排部分保障性住房用地进行建设等。

第三条　城市更新项目配建保障性住房的配建类型、配建比例、建设规模、公共服务设施在城市更新单元规划中予以明确。其中，配建类型在规划审查过程中由市规划国土部门商市住房建设部门确定。

第四条　改造方向为居住用地的项目的配建比例是指配建保障性住房的建筑面积占该项目规划批准住宅建筑面积的比例。配建比例在基准比例的基础上，按照本规定第五条的规定进行核增、核减。

其基准比例按照以下标准确定：

（一）一类地区的基准比例为12%。

（二）二类地区的基准比例为10%。

（三）三类地区的基准比例为8%。

前款规定的一、二、三类地区的空间范围图详见本规定附图。

第五条　项目位于城市轨道交通近期建设规划的地铁线路站点500米范围内的，配建比例核增3%。

项目属于工业区、仓储区或城市基础设施及公共服务设施改造为住宅的，配建比例核增8%。

项目拆除重建范围中包含城中村用地的，配建比例可以进行相应核减。核减数值为核减基数与城中村用地面积占项目改造后开发建设用地总面积的比例的乘积。其中，一类地区核减基数为8%，二类和三类地区核减基数为5%。前述城中村用地是指符合《深圳市城市更新办法实施细则》第五十六条第一款规定的用地。

城市更新项目土地移交率超过30%但不超过40%的，保障性住房配建比例核减2%；土地移交率超过40%的，保障性住房配建比例核减3%。

第六条 项目拆除重建范围跨多个区域涉及不同配建比例的，根据所在区域的配建要求分别进行核算，加权平均后确定配建比例。

经核算后，项目配建的保障性住房建筑面积超过30000平方米的，宜在单元范围内安排一定的集中用地进行建设。

项目需配建的保障性住房建筑面积不足3000平方米的，为便于规划设计和管理，可用作搬迁安置用房，优先用于土地整备、政府组织的城市更新项目的搬迁安置等。

第七条 改造方向为新型产业用地的项目，在综合考虑其产业发展需要、职住平衡需求、项目区位条件、公共设施及交通市政承载能力的情况下，结合更新单元规划地块划分，可在开发建设用地内，规划不少于开发建设用地面积15%且不超过20%的独立的保障性住房用地。保障性住房的建设类型由市规划国土部门商市住房建设部门确定。

配建类型为公共租赁住房等产权归政府所有的保障性住房的，相应的用地计入城市更新用地移交率。

第八条 城市更新项目配建的保障性住房应集中布局。项目分期建设的，保障性住房原则上应安排在首期。

城市更新单元中规划的公共服务设施应充分满足保障性住房的需求。市、区政府相关部门应当按照城市更新单元规划确定的实施时序，优先安排相关公共服务设施的建设，加快实施。

第九条 城市更新项目配建的保障性住房原则上由项目实施主体在项目实施过程中一并建设，但独立占地的保障性住房也可划定宗地由政府相关部门组织建设。

第十条 城市更新项目配建的公共租赁住房及搬迁安置用房，免缴地价，建成后由政府回购，产权归政府所有。回购价格及程序等按照我市有关政策执行。

改造方向为居住用地的项目配建的安居型商品房，按该项目安居型商品房以外住宅部分应缴地价标准的50%计收地价，但最高不超过其按公告基准地价标准应计收的地价。改造方向为新型产业用地的城市更新项目建设的安居型商品房，按住宅类公告基准地价标准的50%计收地价。

第十一条 需配建保障性住房的城市更新项目应由项目实施主体按照要求与市、区住房建设主管部门签订保障性住房建设监管协议书，载明保障性住房配建类型、比例、规模及布局；保障性住房的建设标准（含户型、面积、装修等）、交付时间以及相关违约责任等内容；涉及回购的，还应载明回购主体、回购价格的测算规则等。项目取得工程规划许可后，实施主体可向回购主体申请核定回购价格。

第十二条 建立保障性住房配建空间范围图动态修订机制。市规划国土部门可根据城市发展需要及住房保障发展需要，对本规定附图进行修订，报市政府备案并公布后施行。

第十三条 本规定自发布之日起施行，有效期五年。城市更新单元规划在此之前已经市规划国土部门审议通过的，其配建比例参照原有规定办理。

深圳市人民政府办公厅印发
关于加强和改进城市更新实施工作暂行措施的通知

各区人民政府，市政府直属各单位：

《关于加强和改进城市更新实施工作的暂行措施》已经市政府同意，现予印发，请认真组织实施。实施中遇到的问题，请迳向市规划国土委反映。

深圳市人民政府办公厅
2016 年 12 月 29 日

关于加强和改进城市更新实施工作的暂行措施

为深入贯彻落实党的十八大、十八届三中、四中、五中、六中全会及中央城镇化工作会议、中央城市工作会议精神，按照“四个全面”战略布局和“五大发展理念”要求，深入推进供给侧结构性改革，完善城市功能，提升城市发展质量，落实“十三五”期间城市更新各项工作目标，推动我市经济社会实现有质量的稳定增长和可持续的全面发展，加快建成现代化国际化创新型城市，结合《深圳市城市更新办法》（深圳市人民政府令第 290 号）（以下简称《办法》）和《深圳市城市更新办法实施细则》（深府〔2012〕1 号）（以下简称《实施细则》）有关规定，制定以下暂行措施。

一、坚持规划引领，实现城市更新科学有序发展

（一）科学编制全市更新“十三五”规划。市规划国土部门组织编制《深圳市城市更新“十三五”规划》（以下简称《城市更新“十三五”规划》），经市政府批准后作为全市城市更新工作的纲领性文件。《城市更新“十三五”规划》重点研究“十三五”期间全市城市更新总体目标与发展策略，划定城市更新的标图建库范围和不同更新模式的分区指引，确定全市及各区拆除重建类城市更新计划规模、供应用地规模及综合整治类城市更新计划规模，明确配建保障性住房、创新型产业用房及各类配套设施的任务等。

（二）分区落实市更新“十三五”规划。各区政府（含新区管理机构，下同）根据《城市更新“十三五”规划》及相关标准规范、技术指引编制本辖区的城市更新五年规划，由市规划国土部门统筹报市政府审批。各区（含新区，下同）城市更新五年规划以《城市更新“十三五”规划》划定的更新模式分区范围为指引，确定实施拆除重建与综合整治的空间范围，落实各类城市更新的计划用地规模和供应用地规模，分解各项配建和建设任务，保障全市城市更新规划目标的实现。

各区城市更新五年规划批准后，辖区内申报拆除重建类更新计划的项目原则上应位于其确定的拆除重建空间范围内；各区城市更新五年规划批准前，申报拆除重建类更新计划的项目应当位于《城市更新“十三五”规划》划定的优先拆除重建区内。城市更新项目的更新方向应符合法定图则和其他上层次规划要求。

（三）推进“城市修补、生态修复”。在城市更新中落实海绵城市建设要求，有序实施城市修补和生态修复，引导城市有机更新。市规划国土部门负责开展全市城市修补、生态修复的基础评估，制定工作目标与行动计划，明确城市修补、生态修复的重点地区和重点要素，出台相关政策与技术标准。

注重在城市更新中保留历史记忆、文化脉络和地域风貌，弘扬传统优秀建筑文化。历史建筑、历史风貌区、特色风貌区原则上不进行拆除重建城市更新，鼓励结合城市更新项目对上述片区实施活化、保育。

二、优化计划管理，拓展城市更新范围

（四）合理设定合法用地比例。申报拆除重建类城市更新计划的城市更新单元，拆除范围内权属清晰的合法土地面积占拆除范围用地面积的比例（以下简称合法用地比例）应当不低于60%。合法用地比例不足60%但不低于50%的，拆除范围内的历史违建可按规定申请简易处理，经简易处理的历史违建及其所在用地视为权属清晰的合法建筑物及土地。

位于探索实施土地开发创新模式的坪山中心区范围的，其拆除范围内合法用地比例应当不低于50%。

（五）优化建筑物建成年限规定。旧住宅区申请拆除重建城市更新的，建筑物建成时间原则上应不少于20年；旧工业区、旧商业区申请拆除重建城市更新的，建筑物建成时间原则上应不少于15年。

符合我市产业发展导向，因企业技术改造、扩大产能等发展需要且通过综合整治、局部拆建等方式无法满足产业空间需求，在2007年6月30日前建成的旧工业区，经区政府组织研究论证，可申请拆除重建，更新改造方向应为普通工业用地（M1）。

因规划统筹和公共利益需要，旧工业区、旧商业区中部分建成时间未满15年的建筑物，符合以下条件之一的，可纳入城市更新单元拆除范围进行统筹改造：

1. 建成时间未满15年的建筑物占地面积之和原则上不得大于6000平方米，且不超过更新单元拆除范围用地面积的三分之一。宗地内全部建筑物建成时间未满15年的，其占地面积为该宗地面积；宗地内部分建筑物建成时间未满15年的，按其建筑面积占宗地内总建筑面积的比例折算其占地面积。

2. 城市更新单元公共利益用地面积原则上不小于拆除范围用地面积的40%，或者该城市更新单元涉及法定规划要求落实不小于6500平方米独立占地的公共服务设施及落实政府急需建设的轨道交通、次干道及以上道路、河道整治等基础设施。

（六）稳步推进旧住宅区更新。对使用年限较久、房屋质量较差、建筑安全隐患较多、使用功能不完善、配套设施不齐全等亟需改善居住条件的成片旧住宅区，符合棚户区改造政策的，按照棚户区改造相关规定实施改造。成片旧住宅区确需通过城市更新实施拆除重建的，应当由区政府组织开展现状调研、城市更新单元拟订、意愿征集、可行性分析、更新计划申报、市场主体公开选择等工作。

与其他各类旧区（旧工业区、旧商业区、城中村及旧屋村等）混杂的零散旧住宅区，因规划统筹需要确有必要纳入拆除范围的，需同时具备以下条件：

1. 零散旧住宅区总用地面积占拆除范围用地面积的比例原则上不超过二分之一。

2. 零散旧住宅区部分由区政府组织开展前期工作，由区城市更新职能部门申报，权利主体的城市更新意愿应当达到100%。拆除范围内其余部分由其他主体进行申报的，其与区城市更新职能部门一起作为该单元的联合申报主体。

3. 零散旧住宅区部分和其余部分的城市更新意愿进行分别计算，并均应符合城市更新政策相关要求。

零散旧住宅区所在地块的总面积不超过6000平方米且占拆除范围用地面积的比例不超过三分之一的，可不适用《实施细则》第四十六条关于公开选择市场主体的相关规定。

零散旧住宅区的住宅类合法房屋产权置换原则上按照套内面积1：1进行，其他类型合法房屋产权置换协商确定。

（七）放宽部分建成的已出让用地更新条件。国有已出让用地在2007年6月30日之前已建设，但建设面积不足合同或有关批准文件确定的建筑面积，不涉及闲置土地或闲置土地处置已完成，因规划实施等原因需划入城市更新单元的，整宗地可纳入城市更新单元拆除范围，适用城市更新政策。

（八）有序开展小地块更新。需要进行城市更新的区域，应当优先划定相对成片、拆除范围用地面积大于10000平方米的城市更新单元。对位于原特区已生效法定图则范围内、拆除范围用地面积不足10000平方米但不小于3000平方米且具有以下情形之一的区域，方可申请划定小地块城市更新单元：

1. 旧工业区升级改造为工业用途或者市政府鼓励发展产业的。

2. 旧工业区、旧商业区升级改造为商业服务业功能的。

3. 为完善法定图则确定的独立占地且总面积不小于3000平方米的城市基础设施、公共服务设施或其他城市公共利益项目，确需划定城市更新单元的。

小地块城市更新单元拆除范围内的用地应为完整宗地，土地及建筑物应当具有合法手续，权利主体的城市更新意愿应当达到100%。在计划申报阶段，申报主体除提供计划申报指引规定的申报材料外，还应提交符合城市更新单元规划编制技术规定要求的城市更新单元规划方案；属旧工业区升级改造为工业用途或者市政府鼓励发展产业的，应提供产业主管部门意见。区城市更新职能部门结合周边地块的改造情况、改造条件和必要性，就申报区域进行城市更新的必要性及更新单元范围的合理性出具意见。

小地块城市更新单元内可供无偿移交给政府的独立用地应当不小于拆除范围用地面积的30%。移交的土地除用于落实规划确定的城市基础设施、公共服务设施、城市公共利益项目等以外，其余部分可协议出让给项目实施主体按照规划进行建设。

三、创新实施机制，试点重点更新单元开发

（九）探索政府主导的重点更新单元开发。为落实上层次规划要求，完善城市功能结构，优先落实城市基础设施和公共服务设施，试点探索政府主导的重点更新单元开发，加快城市各级中心和重点区域发展，推动特区一体化。“十三五”期间，全市试点开展10个左右重点更新单元实施。区政府根据辖区发展需要、城市更新政策要

求及相关权利主体意愿，初步划定重点更新单元范围，由市规划国土部门统筹上报市政府批准后，列入城市更新单元计划。重点更新单元应符合以下条件：

1. 位于《城市更新“十三五”规划》划定的优先拆除重建区内。

2. 属于福田、罗湖、盐田、南山等区的，拆除范围用地面积原则上不小于 15 万平方米；属于宝安、龙岗、龙华、坪山、光明、大鹏等区的，拆除范围用地面积原则上不小于 30 万平方米。

3. 拆除范围内合法用地比例应当不低于 30%。

重点更新单元范围内用地视其合法用地比例按照本暂行措施第（十一）条规定分档处置。

（十）明确重点更新单元实施机制。区政府组织编制重点更新单元规划，报市政府批准。重点更新单元原则上应当整体实施；确需分期实施的，独立占地的城市基础设施和公共服务设施、政策性用房以及用于安置回迁业主的物业应在首期落实。重点更新单元规划经批准后，由区政府组织以公开方式选择一家市场主体实施。区政府应当每年向市政府报告实施进展情况。

四、完善用地政策，促进城市更新项目实施

（十一）完善历史用地处置政策。对于经批准纳入城市更新计划的城市更新区域内未签订征（转）地协议或已签订征（转）地协议但土地或者建筑物未作补偿，用地行为发生在 2007 年 6 月 30 日之前，用地手续不完善的建成区，可按照以下规定进行历史用地处置：

1. 原农村集体经济组织继受单位（以下简称继受单位）自行理清处置土地范围内的经济关系。进行拆除重建的，应当自行拆除、清理地上建筑物、构筑物及附着物等。

2. 继受单位应当与政府签订完善处置土地征（转）用手续的协议，政府不再另行支付补偿费用。

3. 对于拆除重建类项目，政府将处置土地的一定比例交由继受单位进行城市更新，其余部分纳入政府土地储备，具体比例见表 1。在交由继受单位进行城市更新的土地中，应当按照《办法》和《实施细则》要求将不少于 15% 的土地无偿移交给政府纳入土地储备。前述储备土地优先用于建设城市基础设施、公共服务设施、城市公共利益项目等。

4. 对于拆除重建类项目，处置后的土地可以通过协议方式出让给项目实施主体进行开发建设，其分摊的建筑面积按照改造后的功能和土地使用权使用期限以公告基准地价标准的 110% 计收地价（其中的 10% 为对历史用地行为的处理）。

表 13-1　拆除重建类城市更新项目历史用地处置比例表

拆除重建类城市更新项目	处置土地中交由继受单位进行城市更新的比例	处置土地中纳入政府土地储备的比例
一般更新单元	80%	20%
重点更新单元	合法用地比例≥60%	80%
	60%>合法用地比例≥50%	75%
	50%>合法用地比例≥40%	65%
	合法用地比例<40%	55%

对于旧工业区综合整治类增加生产经营性建筑面积的项目，处置后的土地可以通过协议方式出让给继受单位，使用年期为 30 年；新建建

筑面积部分按照本暂行措施规定缴纳地价后可按程序登记在继受单位名下。

（十二）扩大旧屋村政策适用范围。福田、罗湖、盐田、南山等区在 1992 年 6 月 18 日市政府《关于深圳经济特区农村城市化的暂行规定》实施前已经形成的原农村旧（祖）屋的集中分布区域，适用城市更新旧屋村有关政策。

（十三）继续推进 70 个旧城旧村改造项目。对市政府《关于宝安龙岗两区自行开展的新安翻身工业区等 70 个旧城旧村改造项目的处理意见》（深府〔2006〕258 号）确定的 70 个旧城旧村改造项目，根据城市更新单元规划确定的开发建设用地，按照《实施细则》第六十二条缴交地价后可以通过协议方式出让给经确认的项目实施主体。

（十四）规范城市更新土地出让年限。按照城市更新单元规划，项目改造后的一个宗地内包含居住及其他土地用途的，居住部分土地使用权使用年限不超过 70 年。

拆除重建类的城市更新项目改造为工业用途的，其土地使用权使用期限不超过 50 年；拆除重建类的城市更新项目原则上不得改造为仓储物流用途，若确因我市产业发展需要，改造为现代物流用途的，其土地使用权使用期限按不超过 30 年确定。

（十五）简化城市更新地价体系。整合地价标准类别，简化城市更新项目地价测算规则，建立以公告基准地价标准为基础的地价测算体系（各用地类别或改造类型的修正系数详见附件 1）。在保持城市更新地价水平相对稳定的前提下，城市更新地价测算逐步纳入全市统一的地价测算体系。城市更新项目地价可不计息分期缴交，首次缴交比例不得低于 30%，余款 1 年内交清。

（十六）明确公告基准地价标准适用条件。2013 年 1 月 8 日之前核发更新单元规划批复的城市更新项目，当期的地价测算涉及基准地价且符合以下条件的，按照更新单元规划批复核发之日的公告基准地价标准执行：

1. 项目整体或分期开发的首期在城市更新单元规划批复核发之日起 2 年内办理用地出让手续的；

2. 项目分期开发的二期在城市更新单元规划批复核发之日起 3 年内办理用地出让手续的；

3. 项目分期开发的三期及后续各期在城市更新单元规划批复核发之日起 4 年内办理用地出让手续的。

2013 年 1 月 8 日之前核发更新单元规划批复的城市更新项目不符合上述条件的，或 2013 年 1 月 8 日及之后核发更新单元规划批复的，项目地价测算执行 2013 年公告基准地价标准。

五、加大配套力度，提升公共设施服务水平

（十七）提高公共配套设施配建标准。拆除重建类城市更新项目配建的社区级非独立占地公共设施应满足法定图则、相关专项规划和《深圳市城市规划标准与准则》（以下简称《深标》）要求，涉及的公共设施规模不小于附件 2 确定的规模；并在此基础上增配 50%且不小于 1000 平方米的社区级公共配套用房，具体功能在建设用地规划许可前明确。

充分利用城市更新单元的统筹作用，提升公共配套设施建设规模。在拆除范围内用地已落实法定图则及相关专项规划配套责任，并满足自身配套需求的前提下，拆除范围外的国有未出让用地可纳入更新单元规划研究范围，通过规划统筹，与更新项目的移交用地、清退形成的用地进行整合，进一步扩大教育、医疗等独立占地的公共配套设施规模。

（十八）加强公共配套设施建设管理。城市更新项目应当按标准配置各类公共配套设施，大

力推进无障碍设施建设，完善城市公共服务。各区政府应当建立机制、明确程序，及时接收城市更新项目配建的各类公共配套设施（详见附件3）。同时加强对各类公共配套设施、公共空间及公共通道的有效利用和监督管理，保证公共空间的公共性、可达性与便利性。城市更新单元规划确定的公共车行通道建成后产权移交政府。

各区政府应当加紧开展本辖区公共设施及市政交通设施承载能力的规划评估，加大公共配套与市政设施建设力度，保障城市更新项目与周边配套设施的同步实施及正常运行。各区政府可结合本辖区实际出台相关政策，引导社会资金积极参与上述设施的建设。

（十九）加大人才住房和保障性住房供应力度。在公共配套条件支撑的情况下，规划为工业的旧工业区同时符合以下条件的，可申请按照保障性住房简易程序调整法定图则用地功能，通过城市更新建设人才住房和保障性住房，促进产城融合与职住平衡。

1. 位于规划保留的成片产业园区范围外。

2. 位于已建成或近期规划建设的轨道站点500米范围内。

3. 位于原特区内的，用地面积不小于3000平方米；位于原特区外的，用地面积不小于10000平方米。

人才住房和保障性住房为公共租赁住房的，实施主体可取得不超过项目总建筑面积45%的商品性质建筑面积；人才住房和保障性住房为安居型商品房的，实施主体可取得不超过项目总建筑面积25%的商品性质建筑面积。实施主体取得的商品性质建筑面积中住宅的套型建筑面积应控制在90平方米以下。

（二十）提高人才住房、保障性住房配建比例。拆除重建类城市更新项目改造后包含住宅的，一、二、三类地区的人才住房、保障性住房配建基准比例分别由12%、10%、8%提高至20%、18%、15%，具体比例根据《深圳市城市更新项目保障性住房配建规定》（以下简称《配建规定》）进行核增、核减后确定，其中属于工业区（仓储区）或城市基础设施及公共服务设施改造为住宅的核增比例由8%提高至15%。上述人才住房、保障性住房配建比例提高部分的50%对应的建筑面积在城市更新单元规划容积率测算时计入基础建筑面积。具体如下：

表13-2　人才住房、保障性住房配建基准比例表

类型	一类地区	二类地区	三类地区
城中村及其他旧区改造为住宅	20%	18%	15%
旧工业区（仓储区）或城市基础设施及公共服务设施改造为住宅	35%	33%	30%

（二十一）创新人才公寓配建制度。拆除重建类城市更新项目改造后包含商务公寓，位于《配建规定》确定的一、二、三类地区的，建成后分别将20%、18%、15%的商务公寓移交政府，作为人才公寓。上述配建的商务公寓建筑面积的50%在城市更新单元规划容积率测算时计入基础建筑面积。

移交政府的商务公寓免缴地价，建成后由政府按照公共租赁住房的回购方式回购，产权归政府所有，纳入全市住房保障体系由住房建设主管部门进行管理。

六、提倡有机更新，鼓励旧工业区转型升级

（二十二）推进旧工业区复合式更新。对于单一宗地的“工改工”项目，部分建筑物未满15年但满足旧工业区综合整治类更新年限要求，且该部分建筑物集中成片，所在区域具备独立使用、独立成宗的条件，建筑面积不超过宗地总建筑面积三分之一的，可开展以拆除重建为主、综合整治为辅的城市更新。

以拆除重建为主、综合整治为辅的城市更新，其拆除范围用地面积应当大于10000平方米，按照拆除重建类城市更新单元计划的要求进行申报，并在更新单元计划公示中一并公示初步划定的拆除重建和综合整治用地范围。更新单元计划批准后，计划申报主体同步编制拆除重建与综合整治的更新单元规划一并报审。更新单元规划批准后，办理拆除重建与综合整治范围的土地分宗手续，按照有关规定予以实施。

（二十三）鼓励旧工业区综合整治。鼓励旧工业区开展以综合整治为主，融合功能改变、加建扩建、局部拆建等方式的城市更新。

旧工业区出于消除安全隐患、完善现状功能等目的进行综合整治的，可增加面积不超过现状建筑面积15%的电梯、连廊、楼梯等辅助性公用设施，不需列入综合整治类城市更新单元计划，由主管部门直接组织实施。

对于符合我市产业发展导向和法定图则用地功能，地上建筑物建成时间不少于10年，权利主体的城市更新意愿符合《实施细则》第三十七条设定标准且权属清晰的合法土地面积占申报范围用地面积的比例不低于50%的旧工业区，可申请列入综合整治类城市更新单元计划，在符合《深标》的前提下，通过加建扩建、功能改变、局部拆建方式增加生产经营性建筑面积。属于在原有建筑结构主体上进行加建的，加建的规模不得导致对原有结构安全和消防安全产生影响；属于空地扩建的，扩建范围内新批准的容积率不超过综合整治范围内现状合法容积率的两倍；属于局部拆建的，拆除范围面积不超过综合整治用地面积的15%且不大于5000平方米，拆除范围内新批准容积率按《深标》执行。

同一宗地上建成时间未满10年的建筑物，因规划统筹确需纳入综合整治范围的，其占地面积之和不超过该宗地面积的二分之一。

（二十四）明确旧工业区综合整治用地政策。旧工业区综合整治项目根据已批准的更新单元规划按规定办理规划、用地手续。其用地土地使用权使用期限按照该宗地原用途使用期限扣除已实际使用时间的剩余期限确定。剩余期限不足30年的，最高可按30年补足，但剩余期限与该宗地已实际使用时间之和不可超过该宗地的原土地用途法定最高期限。

改造后新建的建筑面积均限定自用，属于工业楼宇的可按照《深圳市工业楼宇转让管理办法（试行）》及其实施细则进行转让，其中，按照本暂行措施第（一一）条进行用地处置的，其原有工业楼宇首次转让免收增值收益。

七、加强服务监管，保障更新项目有序实施

（二十五）规范实施主体资格。对本暂行措施施行后纳入我市城市更新单元计划的城市更新项目，涉及房地产开发经营的，在申请实施主体确认时，申请人应当具备房地产开发资质并提

交相关证明材料，属于原权利主体自行改造的项目除外。

（二十六）建立信息通报制度。区城市更新职能部门在核发实施主体确认文件时，应当同时抄送市场监督管理部门。如实施主体股权后续发生变更，市场监督管理部门应当及时将变更情况向税务部门通报，由税务部门督促相关企业依法纳税。

（二十七）强化建筑物拆除监管。城市更新项目在实施主体与区城市更新职能部门签订项目实施监管协议后方可进行建筑物拆除。区政府应当组织相关部门对具体拆除工作做好施工安全等监督管理。

（二十八）定期开展更新计划清理。各区政府应当定期对城市更新计划进行清理，对于具有以下情形之一的项目，可按程序调出计划：

1. 自城市更新计划公告之日起 1 年内，未完成土地及建筑物信息核查和城市更新单元规划报批的。

2. 自城市更新单元规划批准之日起 2 年内，项目首期未确认实施主体的。

3. 自实施主体确认之日起 1 年内，未办理用地出让手续的。

（二十九）明确职责，优化城市更新审批程序。市规划国土部门作为市城市更新主管部门，负责组织、协调、指导全市城市更新工作；区政府作为统筹推进本辖区城市更新工作的责任主体，负责本辖区城市更新的具体管理工作。相关部门应当进一步精简城市更新审批环节，提高审批效率。市规划国土部门会同各区政府，建立涵盖城市更新全流程的网上申报及管理系统，所有审查事项均纳入网上办事大厅进行监管，严格按照统一标准和时限进行办理，杜绝在法定程序之外增设审查事项。

单个城市更新单元涉及多个主体的，各主体应当协商一致，共同编制规划草案报批并形成相应可操作的利益分配方案。难以达成一致的，区政府应当搭建平台，加强协调，指导完成上述工作。

（三十）实施城市更新绩效考核。城市更新项目的实施纳入市政府绩效考核。对于城市更新单元规划已获批准的项目，区政府应抓紧组织制定实施方案，加强搬迁等工作的组织协调，明确项目实施进度，推动项目按时开工；应定期向市查违和城市更新工作领导小组办公室报送项目推进情况。市规划国土部门应当加强对城市更新项目实施的考核，定期向市查违和城市更新工作领导小组报告项目实施情况。

（三十一）其他。本暂行措施自 2017 年 1 月 1 日起施行，原深圳市人民政府办公厅《印发关于加强和改进城市更新实施工作的暂行措施的通知》（深府办〔2014〕8 号）同时废止。本暂行措施施行前市政府规范性文件有关内容与本暂行措施不一致的，以本暂行措施的规定为准。

本暂行措施施行前城市更新单元规划已通过主管部门审议的项目不适用第（十七）（二十）（二十一）条规定。

附件：1. 各用地类别或改造类型适用地价标准及修正系数汇总表

2. 社区级公共配套设施汇总表

3. 无偿移交的公共配套设施汇总表

附件 1

表 13-3　各用地类别或改造类型适用地价标准及修正系数汇总表

<table>
<tr><th>更新类别</th><th>序号</th><th colspan="2">用地类别或改造类型</th><th>适用地价标准</th><th>地上部分修正系数</th><th>地下商业修正系数</th><th>备注</th></tr>
<tr><td rowspan="10">拆除重建类</td><td rowspan="2">1</td><td colspan="2" rowspan="2">城中村用地</td><td rowspan="8">公告基准地价</td><td>容积率 5 及以下部分：0
容积率 5 以上部分：1</td><td rowspan="10">1</td><td>适用于按照本暂行措施配建保障性住房或人才公寓的城市更新单元</td></tr>
<tr><td>容积率 2.5 及以下部分：0
容积率 2.5 至 4.5 部分：0.2
容积率 4.5 以上部分：1</td><td>适用于未按照本暂行措施配建保障性住房或人才公寓的城市更新单元</td></tr>
<tr><td rowspan="2">2</td><td colspan="2" rowspan="2">旧屋村用地</td><td>容积率 2 及以下部分：0
容积率 2 以上部分：1</td><td>适用于按照本暂行措施配建保障性住房或人才公寓的城市更新单元</td></tr>
<tr><td>容积率 1.5 及以下部分：0
容积率 1.5 以上部分：1</td><td>适用于未按照本暂行措施配建保障性住房或人才公寓的城市更新单元</td></tr>
<tr><td rowspan="6">3</td><td colspan="2">未办理转地补偿的零星国有未出让用地</td><td rowspan="4">1</td><td rowspan="3"></td></tr>
<tr><td colspan="2">按历史遗留违法建筑处理相关规定进行处理给原农村集体经济组织或其继受单位且权属未转移的用地</td></tr>
<tr><td colspan="2">国有已批住宅、办公、商业等用地改造为经营性用途的</td></tr>
<tr><td colspan="2">国有已批城市基础设施及公共服务设施用地改造为经营性城市基础设施及公共服务设施的</td><td>限定整体转让</td></tr>
<tr><td colspan="2">政府社团用地</td><td rowspan="2"></td><td rowspan="2"></td><td>产权置换给政府的物业，其性质确定为非商品性质</td></tr>
<tr><td colspan="2">深府〔2006〕258 号文件确定的 70 个旧城旧村改造项目除城中村用地、旧屋村用地外的其余用地</td><td></td></tr>
<tr><td rowspan="7">拆除重建类</td><td>4</td><td colspan="2">历史用地处置</td><td rowspan="7">公告基准地价</td><td>1.1（其中 0.1 为对历史用地行为的处理）</td><td>1</td><td rowspan="2"></td></tr>
<tr><td>5</td><td colspan="2">国有已批工业用地、仓储用地、物流用地、城市基础设施及公共服务设施用地升级改造为工业用途或者市政府鼓励发展产业的</td><td colspan="2">自用：0.1
整体转让：0.7
分割转让：工业厂房、新型产业用房：1（工业与办公基准地价的平均值）；配套设施：5</td></tr>
<tr><td rowspan="3">6</td><td rowspan="3">国有已批工业用地、仓储用地、物流用地、城市基础设施及公共服务设施用地升级改造为经营性用途</td><td>住宅、办公、商务公寓功能部分</td><td>4</td><td rowspan="5">5</td><td>按照本暂行措施配建保障性住房或人才公寓的城市更新单元，其住宅、商务公寓功能部分（不含保障性住房及人才公寓）按相应修正系数的 80%测算</td></tr>
<tr><td>酒店功能部分</td><td>3</td><td rowspan="4"></td></tr>
<tr><td>商业功能部分</td><td rowspan="3">5</td></tr>
<tr><td rowspan="2"></td><td colspan="2">已办理转地补偿的零星国有未出让用地</td></tr>
<tr><td colspan="2">小地块城市更新项目应移交未移交用地</td></tr>
</table>

（续表）

<table>
<tr><th>更新类别</th><th>序号</th><th>用地类别或改造类型</th><th>适用地价标准</th><th>地上部分修正系数</th><th>地下商业修正系数</th><th>备注</th></tr>
<tr><td rowspan="3">功能改变类</td><td>7</td><td>原有建筑面积部分</td><td rowspan="5">公告基准地价</td><td colspan="2">1</td><td>按照改变后功能和土地使用权剩余年限以公告基准地价标准计算应缴纳的地价，扣减原土地用途及剩余期限以公告基准地价标准计算的地价</td></tr>
<tr><td>8</td><td>增加建筑面积中工业楼宇及其配套设施部分</td><td colspan="2">自用：0.1
整体转让：0.7
分割转让：工业厂房、新型产业用房：1（工业与办公基准地价的平均值）；配套设施：5</td><td rowspan="2">按照改变后功能和土地使用权剩余年限计算</td></tr>
<tr><td>9</td><td>增加建筑面积中非工业楼宇及其配套设施部分</td><td colspan="2">5</td></tr>
<tr><td rowspan="2">旧工业区综合整治类</td><td>10</td><td>历史用地处置（地上原有建筑面积部分）</td><td colspan="2">自用：0.2
整体转让：0.8
分割转让：工业厂房、新型产业用房：1.1（工业与办公基准地价的平均值）；配套设施：1.1（其中0.1为对历史用地行为的处理）</td><td></td></tr>
<tr><td>11</td><td>新建建筑面积部分</td><td colspan="2">自用：0.1
整体转让：0.7
分割转让：工业厂房、新型产业用房：1（工业与办公基准地价的平均值）；配套设施：5</td><td>属于城市基础设施、公共服务设施及电梯、连廊、楼梯等辅助性公用设施的，免收地价</td></tr>
</table>

附件 2

表 13-4　社区级公共配套设施汇总表

<table>
<tr><th rowspan="2">序号</th><th rowspan="2">项目名称</th><th colspan="2">规模（平方米）</th><th rowspan="2">地价标准</th><th rowspan="2">移交方式</th><th rowspan="2">接收部门</th></tr>
<tr><th>建筑面积</th><th>用地面积</th></tr>
<tr><td>1</td><td>社区警务室</td><td>≥50</td><td>—</td><td>免地价</td><td>无偿移交</td><td>区政府</td></tr>
<tr><td>2</td><td>社区管理用房</td><td>≥300</td><td>—</td><td>免地价</td><td>无偿移交</td><td>区政府</td></tr>
<tr><td>3</td><td>社区服务中心</td><td>≥400</td><td>—</td><td>免地价</td><td>无偿移交</td><td>区政府</td></tr>
<tr><td>4</td><td>文化活动室</td><td>1000～2000</td><td>—</td><td>免地价</td><td>无偿移交</td><td>区政府</td></tr>
<tr><td>5</td><td>社区健康服务中心</td><td>≥1000</td><td>—</td><td>免地价</td><td>无偿移交</td><td>区政府</td></tr>
<tr><td>6</td><td>社区老年人日间照料中心</td><td>≥750</td><td>—</td><td>免地价</td><td>无偿移交</td><td>区政府</td></tr>
</table>

附件 3

表 13-5 无偿移交的公共配套设施汇总表

序号	项目名称	规模（平方米）		地价标准	移交方式	接收部门
		建筑面积	用地面积			
1	社区警务室	≥50	—	免地价	无偿移交	区政府
2	社区管理用房	≥300	—	免地价	无偿移交	区政府
3	社区服务中心	≥400	—	免地价	无偿移交	区政府
4	文化活动中心	8000～10000	—	免地价	无偿移交	区政府
5	文化活动室	1000～2000	—	免地价	无偿移交	区政府
6	幼儿园	1600～5800	1800～6500	免地价	无偿移交	区政府
7	社区健康服务中心	≥1000	—	免地价	无偿移交	区政府
8	社区老年人日间照料中心	≥750	—	免地价	无偿移交	区政府
9	小型垃圾转运站	150～480	500～800	免地价	无偿移交	区政府
10	再生资源回收站	60～100	—	免地价	无偿移交	区政府
11	公共厕所	60～120	90～170	免地价	无偿移交	区政府
12	环卫工人作息房	7～20	20～30	免地价	无偿移交	区政府
13	公交场站	—	—	免地价	无偿移交	市交通运输委或区政府
14	公共车行通道	—	—	免地价	无偿移交	区政府

国土资源部关于进一步加快宅基地和集体建设用地确权登记发证有关问题的通知

国土资发〔2016〕191号

各省、自治区、直辖市国土资源主管部门,新疆生产建设兵团国土资源局:

《国土资源部财政部住房和城乡建设部农业部国家林业局关于进一步加快推进宅基地和集体建设用地使用权确权登记发证工作的通知》（国土资发〔2014〕101 号）印发以来，各地采取切实措施，大力推进农村宅基地和集体建设用地确权登记发证工作，取得了积极进展。但同时也遇到了一些问题，比如有的地方农村地籍调查工作基础薄弱，难以有效支撑和保障农村房地一体的不动产登记；有的地方只开展宅基地、集体建设用地调查，没有调查房屋及其他定着物；个别地方不动产统一登记发证后，仍然颁发老证；一些地方宅基地“一户多宅”、超占面积等问题比较严重，且时间跨度大，权源资料不全等，影响了不动产登记工作的整体进度。尤其是农村土地制度改革试点地区土地确权登记发证迟缓，直接影响了试点工作的顺利推进。为进一步加快农村宅基地和集体建设用地确权登记发证工作，有效支撑农村土地制度改革，现就有关问题通知如下：

一、颁发统一的不动产权证书。目前全国所有的市、县均已完成不动产统一登记职责机构整合，除西藏的部分市、县外，都已实现不动产登记“发新停旧”。农村宅基地和集体建设用地使用权以及房屋所有权是不动产统一登记的重要内容，各地要按照《不动产登记暂行条例》《不动产登记暂行条例实施细则》《不动产登记操作规范（试行）》等法规政策规定，颁发统一的不动产权证书。涉及设立抵押权、地役权或者办理预告登记、异议登记的，依法颁发不动产登记证明。

二、因地制宜开展房地一体的权籍调查。各地要开展房地一体的农村权籍调查，将农房等宅基地、集体建设用地上的定着物纳入工作范围。对于已完成农村地籍调查的宅基地、集体建设用地，应进一步核实完善地籍调查成果，补充开展房屋调查，形成满足登记要求的权籍调查成果。对于尚未开展农村地籍调查的宅基地、集体建设用地，应采用总调查的模式，由县级以上地方人民政府统一组织开展房地一体的权籍调查。农村权籍调查不得收费，不得增加农民负担。

农村权籍调查中的房屋调查要执行《农村地籍和房屋调查技术方案（试行）》有关要求。条件不具备的，可采用简便易行的调查方法，通过描述方式调查记录房屋的权利人、建筑结构、层数等内容，实地指界并丈量房屋边长，简易计算房屋占地面积，形成满足登记要求的权籍调查成果。对于新型农村社区或多（高）层多户的，可通过实地丈量房屋边长和核实已有户型图等方式，计算房屋占地面积和建筑面积。

三、规范编制不动产单元代码。宅基地、集体建设用地和房屋等定着物应一并划定不动产单元，编制不动产单元代码。对于已完成宗地统一代码编制的，应以宗地为基础，补充房屋等定着物信息，形成不动产单元代码。对于未开展宗地统一代码编制或宗地统一代码不完备的，可在地籍区（子区）划分成果基础上，充分利用已有的影像图、地形图等数据资料，通过坐落、界址点坐标等信息预判宗地或房屋位置，补充开展权籍调查等方式，编制形成唯一的不动产单元代码。

四、公示权属调查结果。县级以上地方人民政府统一组织的宅基地、集体建设用地和房屋首次登记，权属调查成果要在本集体经济组织范围内公示。开展农村房地一体权籍调查时，不动产登记机构（国土资源主管部门）应将宅基地、集体建设用地和房屋的权属调查结果送达农村集体经济组织，并要求在村民会议或村民代表会议上说明，同时以张贴公告等形式公示权属调查结果。对于外出务工人员较多的地区，可通过电话、微信等方式将权属调查结果告知权利人及利害关系人。

五、结合实际依法处理“一户多宅”问题。宅基地使用权应按照“一户一宅”要求，原则上确权登记到“户”。符合当地分户建房条件未分户，但未经批准另行建房分开居住的，其新建房屋占用的宅基地符合相关规划，经本农民集体同意并公告无异议的，可按规定补办有关用地手续后，依法予以确权登记；未分开居住的，其实际使用的宅基地没有超过分户后建房用地合计面积标准的，依法按照实际使用面积予以确权登记。

六、分阶段依法处理宅基地超面积问题。农民集体成员经过批准建房占用宅基地的，按照批准面积予以确权登记。未履行批准手续建房占用宅基地的，按以下规定处理：1982 年《村镇建房用地管理条例》实施前，农民集体成员建房占用的宅基地，范围在《村镇建房用地管理条例》实施后至今未扩大的，无论是否超过其后当地规定面积标准，均按实际使用面积予以确权登记。1982 年《村镇建房用地管理条例》实施起至 1987 年《土地管理法》实施时止，农民集体成员建房占用的宅基地，超过当地规定面积标准的，超过面积按国家和地方有关规定处理的结果予以确权登记。1987 年《土地管理法》实施后，农民集体成员建房占用的宅基地，符合规划但超过当地面积标准的，在补办相关用地手续后，依法对标准面积予以确权登记，超占面积在登记簿和权属证书附记栏中注明。

历史上接受转让、赠与房屋占用的宅基地超过当地规定面积标准的，按照转让、赠与行为发生时对宅基地超面积标准的政策规定，予以确权登记。

七、依法确定非本农民集体成员合法取得的宅基地使用权。非本农民集体成员因扶贫搬迁、地质灾害防治、新农村建设、移民安置等按照政府统一规划和批准使用宅基地的，在退出原宅基地并注销登记后，依法确定新建房屋占用的宅基地使用权。

1982 年《村镇建房用地管理条例》实施前，非农业户口居民（含华侨）合法取得的宅基地或因合法取得房屋而占用的宅基地，范围在《村镇建房用地管理条例》实施后至今未扩大的，可按实际使用面积予以确权登记。1982 年《村镇建房用地管理条例》实施起至 1999 年《土地管理法》修订实施时止，非农业户口居民（含华侨）合法取得的宅基地或因合法取得房屋而占用的宅基地，按照批准面积予以确权登记，超过批准的面积在登记簿和权属证书附记栏中注明。

八、依法维护农村妇女和进城落户农民的宅基地权益。农村妇女作为家庭成员，其宅基地权益应记载到不动产登记簿及权属证书上。农村妇女因婚嫁离开原农民集体，取得新家庭宅基地使用权的，应依法予以确权登记，同时注销其原宅基地使用权。

农民进城落户后，其原合法取得的宅基地使用权应予以确权登记。

九、分阶段依法确定集体建设用地使用权。1987 年《土地管理法》实施前，使用集体土地兴办乡（镇）村公益事业和公共设施，经所在乡（镇）人民政府审核后，可依法确定使用单位集体建设用地使用权。乡镇企业用地和其他经依法批准用于非住宅建设的集体土地，至今仍继续使用的，经所在农民集体同意，报乡（镇）人民政府审核后，依法确定使用单位集体建设用地使用权。1987 年《土地管理法》实施后，乡（镇）村公益事业和公共设施用地、乡镇企业用地和其他经依法批准用于非住宅建设的集体土地，应当依据县级以上人民政府批准文件，确定使用单位集体建设用地使用权。

十、规范没有土地权属来源材料的宅基地、集体建设用地确权登记程序。对于没有权属来源材料的宅基地，应当查明土地历史使用情况和现状，由所在农民集体或村委会对宅基地使用权人、面积、四至范围等进行确认后，公告 30 天无异议，并出具证明，经乡（镇）人民政府审核，报县级人民政府审定，属于合法使用的，予以确权登记。

对于没有权属来源材料的集体建设用地，应当查明土地历史使用情况和现状，认定属于合法使用的，经所在农民集体同意，并公告 30 天无异议，经乡（镇）人民政府审核，报县级人民政府批准，予以确权登记。

深圳市人民政府
关于印发工业及其他产业用地供应管理办法（试行）的通知

各区人民政府，市政府直属各单位：

现将《深圳市工业及其他产业用地供应管理办法（试行）》印发给你们，请遵照执行。

深圳市人民政府
2016 年 10 月 20 日

深圳市工业及其他产业用地供应管理办法（试行）

第一章　总　则

第一条　为了进一步推进土地供给侧结构性改革，加快工业及其他产业用地供应，推动产业转型升级，构建质量型发展新优势，根据有关法律法规及规章，结合我市实际，制定本试行办法。

第二条　本试行办法适用于深圳市行政辖区内供应工业及其他产业用地的行为。

第三条　工业及其他产业用地供应应当遵循以下原则：

（一）坚持市场在资源配置中起决定性作用和更好发挥政府作用；

（二）坚持节约集约用地；

（三）坚持公开、公平、公正；

（四）坚持产业用地供应与产业导向相适应。

第四条　工业及其他产业用地应当采用招标、拍卖、挂牌（以下简称招拍挂）等公开竞价方式，通过深圳市工业及其他产业用地供需服务平台（以下简称供需平台）以出让或者租赁方式供应。

重点产业项目用地可以采取“带产业项目”挂牌出让（租赁）方式供应。

第五条　工业及其他产业用地供应应当符合城市建设与土地利用实施计划，符合我市经济发展方向、产业政策和环境保护等要求。

第六条　工业及其他产业用地供应由市人民政府（以下简称市政府）委托区人民政府（含新区管理机构，以下简称区政府）组织实施。

第二章　用地供应

第七条　区政府应当根据城市建设与土地利用实施计划确定拟供应的工业及其他产业用地，在供需平台公布。

拟供应土地的安置补偿应当落实到位，并具备动工开发所需的道路、供水、供电及场地平整等基本条件。

第八条 企业可以通过供需平台常态化申报工业及其他产业用地需求。

企业申报的用地需求信息应当通过供需平台在市产业行政主管部门和各区政府之间共享。

第九条 重点产业项目由区政府组织遴选，拟定遴选方案。

遴选方案应当包括以下内容：

（一）项目名称及意向用地单位；

（二）项目必要性、可行性、建设内容和初步建设规模等论证材料；

（三）产业准入条件，包含产业类型、生产技术、产业标准、产品品质要求，以及投产时间、投资强度、产出效率、节能环保等；

（四）用地规模、用地功能、建设规模及土地供应方式、期限、权利限制等；

（五）其他相关事项。

重点产业项目也可由市政府确定后，交由区政府组织开展土地供应工作。

第十条 遴选方案应当在深圳特区报等媒体及深圳政府在线等网站公示。公示期不得少于5个工作日。

区政府应当将确定的遴选方案和产业发展监管协议一并报市发展改革、规划国土及相关产业行政主管部门备案。

第十一条 区政府组织区产业行政主管部门、市规划国土行政主管部门辖区派出机构（以下简称规划国土派出机构）拟订建设用地使用权出让方案或建设用地租赁方案（以下统称土地供应方案）。

土地供应方案应当包括以下内容：

（一）产业准入条件；

（二）用地预审意见；

（三）规划设计条件、使用期限、开竣工期限、权利限制等土地利用要求；

（四）土地供应方式；

（五）出让或者租赁底价、履约保证金数额、付款方式；

（六）中标人或者竞得人确定办法；

（七）其他需要明确的事项。

第十二条 产业准入条件由区产业行政主管部门设置。

《深圳市产业结构调整优化和产业导向目录（2013 年本）》中被列为限制发展类和禁止发展类的产业项目不得供地。

一般产业项目的产业准入条件包括企业注册地、产业准入行业类别、从事准入行业年限、国家或者深圳市高新技术企业认证（高新项目认定）等。产业准入行业类别应当按照《国民经济行业分类与代码(GBT4754-94)》中的“大类”或者市政府鼓励发展类产业政策设置，重点产业项目的产业准入条件可以在前款规定的基础上，按照确定的遴选方案增加设置项目名称、产业类型、生产技术、产业标准、产品品质，以及投产时间、投资强度、产出效率、节能环保等。

第十三条 工业及其他产业用地实行弹性年期供应制度。

一般产业项目用地出让期限按照 20 年确定，重点产业项目用地出让期限可以按照 30 年确定。

工业及其他产业用地租赁期限不少于5年且不超过 20 年。租赁转出让的，出让年期与已租赁年期之和不超过本试行办法规定的出让最高期限。

第十四条 以出让方式供应的一般产业项目用地，建设用地使用权及建筑物限整体转让或不得转让，初始登记后不得办理分证；允许抵押，但抵押金额不得超出合同地价与建筑物残值之和。

以出让方式供应的重点产业项目用地，建设用地使用权及建筑物允许抵押，但抵押金额不得超出合同地价与建筑物残值之和。建设用地使用权及建筑物原则上不得转让，如有特殊情形需要转让的，应当在遴选方案中明确。其中，总部类用地中按规定应予权利限制的部分，可选择以下类型之一：

（一）建设用地使用权及建筑物，自规划验收起 10 年后方可转让；

（二）建设用地使用权及建筑物，自规划验收起 15 年后方可转让；

（三）建设用地使用权及建筑物，自规划验收起 20 年后方可转让；

（四）建设用地使用权及建筑物在出让期内不得转让。

以租赁方式供应的建设用地不得转让、转租或抵押。

第十五条 工业及其他产业用地出让底价结合权利限制以评估方式确定，不得低于全国工业用地出让最低价标准。

一般产业项目中战略性新兴产业、未来产业、高端制造业项目用地上除配套商业以外的建筑类型，出让底价适用产业发展导向修正系数。

重点产业项目用地上除配套商业以外的建筑类型，出让底价按照评估价的 70%确定。其中，战略性新兴产业、未来产业、高端制造业项目出让底价同时适用产业发展导向修正系数。

一般产业项目地价一次性缴交。重点产业项目地价可以不计利息分期缴交，首期缴交比例不得低于 50%，并且应当自合同生效之日起 15 个工作日内付清，余款 1 年内支付完毕。

第十六条 一般产业项目用地的年租金底价按照该类建设用地出让 20 年期评估价的 5%确定。重点产业项目用地的年租金底价在该类建设用地出让 20 年期评估地价的 3%到 5%之间确定，并在遴选方案中明确。

工业及其他产业用地租赁的租金按年支付。

第十七条 区政府对土地供应方案进行审定，规划国土派出机构根据审定的土地供应方案，委托市土地交易机构组织交易。

按照本试行办法第二十八条规定，需要签订产业发展监管协议的，产业发展监管协议应当与建设用地供应公告一并公告。区政府应当就产业准入条件及产业发展监管协议有关内容接受公众咨询。

第十八条 一般产业项目的中标人或者竞得人在签订成交确认书后 5 个工作日内，向供应土地所在辖区的产业行政主管部门提出产业准入条件核实申请。符合产业准入条件的，区产业行政主管部门应当在 10 个工作日内出具核实文件。不符合产业准入条件的，中标人或者竞得人应当按照建设用地供应公告的要求承担相应的法律责任。

重点产业项目用地竞买申请人应当在建设用地供应公告规定的公告期内，向拟供应土地所在辖区的产业行政主管部门提出产业准入条件审查申请。符合产业准入条件的，区产业行政主管部门应当在 5 个工作日内出具审查文件。竞买申请人凭审查文件到市土地交易机构办理竞买手续。

第十九条 中标人或者竞得人持成交确认书、产业准入条件核实文件，申请签订建设用地使用权出让合同或者建设用地租赁合同（以下统称土地供应合同）。

按照本试行办法第二十八条规定，需要签订产业发展监管协议的，应当先签订产业发展监管协议，作为土地供应合同的附件。

第二十条 土地供应合同签订后，用地单位可以向发展改革、规划国土、建设、产业、环保等相关部门分别申请办理立项、规划许可、环评及其他审批手续。

第二十一条 转让建设用地使用权、因人民法院强制执行而拍卖或者变卖建设用地使用权，涉及受让人资格条件限制的，次受让人应当符合原建设用地使用权出让合同中限定的受让人资格条件，次受让人用以经营的产业必须符合相关的产业政策。

确需转让或者人民法院强制执行又无符合受让条件的次受让人的，可以由政府优先回购。

第二十二条 租赁期内，承租人可以向区政府申请承租土地转出让。经区政府审定土地供应方案后，符合本试行办法条件的，以协议方式出让建设用地使用权。

承租土地转为出让的，出让价格及支付方式按照本试行办法第十五条确定，评估期日应当以区政府审定土地供应方案的时点为准。

第二十三条 租赁期届满前6个月，承租人可以向规划国土派出机构提出续租申请。按照本试行办法第二十九条规定通过履约考核的，除因公共利益需要外，土地续租申请应当予以批准，并重新签订建设用地租赁合同。批准续期的，续租期限不得超过自原租赁合同生效之日起算的租赁最高期限。续期租金按照本试行办法第十六条确定，评估期日应当以批准续租时为准。

第二十四条 出让期限届满前6个月，用地单位可以申请续期。区政府按届时土地政策和产业发展政策进行审批，批准续期的，续期年限与已使用年限之和不得超过国家规定的最高出让年限，并按规定缴纳地价。

第二十五条 出让以及租赁期限届满，用地单位未按规定申请续期或者续期申请未获批准的，建设用地无偿收回。地上建筑物及构筑物补偿，应当在土地供应合同中约定采取残值补偿、无偿收回、恢复原状等方式处置。因公共利益需要，依照法律程序提前收回的，应当给予合理补偿。

逾期未完成土地清理或者拒不办理土地移交手续的，由规划国土监察机构依法处理。

第二十六条 区政府应当定期将辖区工业及其他产业用地出让情况报市规划国土行政主管部门，市规划国土行政主管部门应当定期将全市工业及其他产业用地供应情况报告市政府。

市规划国土行政主管部门应当做好全市工业及其他产业用地供应管理的政策制订、统筹指导、情况汇总等工作，并建立评估考核机制。

市规划国土行政主管部门根据国家下达的年度新增建设用地计划指标和各区建设用地规模，结合各区城市建设与土地利用实施计划、土地整备计划、建设用地清退计划、闲置土地处置、供地率等执行情况，可调整各区土地供应的规模和时序。

市规划国土行政主管部门就拟供应土地是否达到供应条件，产业准入条件设置是否符合规范等进行监督，根据有关政策规定要求启动、中止或者终止工业及其他产业用地供应工作。

第三章 产业发展监管

第二十七条 工业及其他产业用地实行“全方位、全年限”多部门联动的监管机制。

第二十八条 重点产业项目和战略性新兴产业、未来产业、高端制造业项目，由区政府与用地单位签订产业发展监管协议。

产业发展监管协议应当包括产业准入条件、投产时间、投资强度、产出效率、节能环保、股权变更约束、退出机制、违约责任等相关条款。

区政府应当制定产业发展监管协议的格式文本、履约考核标准和考核实施细则。

第二十九条 区政府应当根据产业发展要求，分别在项目建成投产、投产后每隔5年、出让（租赁）年期届满前1年等阶段对产业发展监管协议约定事项的履行情况进行核查。

根据履约核查情况，对履约考核未通过的，区政府应当组织规划国土、产业行政主管、市场质量监管、国税、地税、证监、信用监管等部门依法依约进行处置，并形成履约核查处理报告，按批次报送市政府。

第三十条 签订产业发展监管协议的建设用地使用权人（承租人）出资比例结构、项目公司股权结构改变，应当事先经区政府及土地行政主管部门的同意。

第三十一条 在土地供应合同约定的开工日期之前或达产之后，建设用地使用权人（承租人）因自身原因无法开发建设或运营，可以申请解除土地供应合同。土地行政主管部门可以按照约定终止土地供应合同，收回建设用地，返还剩余年期土地出让价款；对地上建筑物及构筑物补偿，应当在土地供应合同中事先约定处置方式。

第三十二条 建设用地使用权人（承租人）取得建设用地后，应当按照合同约定的土地使用条件使用土地。存在下列情形之一的，土地行政主管部门可以无偿收回建设用地。对地上建筑物及构筑物补偿，应当在土地供应合同中事先约定处置方式：

（一）除不可抗力外，因建设用地使用权人（承租人）自身原因未按时开工、竣工，超过合同约定最长时限的；

（二）按照产业发展监管协议约定应当解除土地供应合同的。

第三十三条 区政府将履约考核未通过的企业、关联企业及法人代表列入失信“黑名单”，并及时报送至市公共信用信息管理系统。失信主体不得参与我市城市更新、土地竞拍，并由各部门依照职责分工，依法依规实施联合惩戒。

第四章 法律责任

第三十四条 投标或者竞买申请人采取欺骗、贿赂、恶意串通等非法手段取得投标或者竞买资格的，取消其投标或者竞买资格并予以公告；已被确定为中标人或者竞得人的，取消其中标或者竞得资格，确认中标或者竞得结果无效，保证金不予退还；已签订土地供应合同的，依法解除合同，收回建设用地，并追究损害赔偿责任。

第三十五条 中标人或者竞得人不按照规定签订成交确认书、产业发展监管协议以及土地供应合同的，取消其中标或者竞得资格，保证金不予退还。

中标人或者竞得人签订土地供应合同后不能按时缴清地价款的，依法解除合同，收回建设用地，中标人或者竞得人应当按照合同约定承担违约责任。

第三十六条 在工业及其他产业用地供应过程中，有关单位或者个人违反规定，泄露底价（保留价）、投标人或者竞买人情况等应予保密内容的，应当依法承担相应的民事责任和行政责任；涉嫌犯罪的，移送司法机关依法处理。

第三十七条 政府有关部门、管理机构及其工作人员未按照规定履行职责或者有违反法律、法规、规章规定行为的，依照有关规定追究相关责任人的行政责任；涉嫌犯罪的，移送司法机关依法处理。

第五章附则

第三十八条 本试行办法所称供需平台，是指专门设立的全市统一、公开、常设性的市场化配置工业及其他产业用地资源以及进行全年限监管的载体。供需平台通过用地供应信息公开、需求信息收集和供需信息共享，推动用地供应与企业需求对接，优化产业用地供应管理。

本试行办法所称重点产业项目，是指经重点产业项目遴选认定的、对城市经济社会发展具有重大带动作用且至少符合以下条件之一的产业项目：

（一）按我市总部认定相关办法认定为总部企业的；

（二）在本行业中处于领先地位具有重大影响力或者品牌具有重大国际影响力的；

（三）对我市重点发展产业具有填补空白和完善产业链作用或者核心技术专利处于国内外领先地位的；

（四）市政府审定的其他项目类型。

市产业行政主管部门应当制定本产业领域重点产业项目认定标准与实施细则。

除重点产业项目之外的项目为一般产业项目。

第三十九条 本试行办法自公布之日起施行，有效期2年。

国务院办公厅关于加快培育和发展住房租赁市场的若干意见

国办发〔2016〕39号

各省、自治区、直辖市人民政府，国务院各部委、各直属机构：

实行购租并举，培育和发展住房租赁市场，是深化住房制度改革的重要内容，是实现城镇居民住有所居目标的重要途径。改革开放以来，我国住房租赁市场不断发展，对加快改善城镇居民住房条件、推动新型城镇化进程等发挥了重要作用，但市场供应主体发育不充分、市场秩序不规范、法规制度不完善等问题仍较为突出。为加快培育和发展住房租赁市场，经国务院同意，现提出以下意见。

一、总体要求

（一）指导思想。全面贯彻党的十八大和十八届三中、四中、五中全会以及中央城镇化工作会议、中央城市工作会议精神，认真落实国务院决策部署，按照“五位一体”总体布局和“四个全面”战略布局，牢固树立和贯彻落实创新、协调、绿色、开放、共享的发展理念，以建立购租并举的住房制度为主要方向，健全以市场配置为主、政府提供基本保障的住房租赁体系。支持住房租赁消费，促进住房租赁市场健康发展。

（二）发展目标。到2020年，基本形成供应主体多元、经营服务规范、租赁关系稳定的住房租赁市场体系，基本形成保基本、促公平、可持续的公共租赁住房保障体系，基本形成市场规则明晰、政府监管有力、权益保障充分的住房租赁法规制度体系，推动实现城镇居民住有所居的目标。

二、培育市场供应主体

（三）发展住房租赁企业。充分发挥市场作用，调动企业积极性，通过租赁、购买等方式多渠道筹集房源，提高住房租赁企业规模化、集约化、专业化水平，形成大、中、小住房租赁企业协同发展的格局，满足不断增长的住房租赁需求。按照《国务院办公厅关于加快发展生活性服务业促进消费结构升级的指导意见》（国办发〔2015〕85号）有关规定，住房租赁企业享受生活性服务业的相关支持政策。

（四）鼓励房地产开发企业开展住房租赁业务。支持房地产开发企业拓展业务范围，利用已建成住房或新建住房开展租赁业务；鼓励房地产开发企业出租库存商品住房；引导房地产开发企业与住房租赁企业合作，发展租赁地产。

（五）规范住房租赁中介机构。充分发挥中介机构作用，提供规范的居间服务。努力提高中介服务质量，不断提升从业人员素质，促进中介机构依法经营、诚实守信、公平交易。

（六）支持和规范个人出租住房。落实鼓励个人出租住房的优惠政策，鼓励个人依法出租自有住房。规范个人出租住房行为，支持个人委托住房租赁企业和中介机构出租住房。

三、鼓励住房租赁消费

（七）完善住房租赁支持政策。各地要制定支持住房租赁消费的优惠政策措施，引导城镇居民通过租房解决居住问题。落实提取住房公积金支付房租政策，简化办理手续。非本地户籍承租人可按照《居住证暂行条例》等有关规定申领居住证，享受义务教育、医疗等国家规定的基本公共服务。

（八）明确各方权利义务。出租人应当按照相关法律法规和合同约定履行义务，保证住房和室内设施符合要求。住房租赁合同期限内，出租人无正当理由不得解除合同，不得单方面提高租金，不得随意克扣押金；承租人应当按照合同约定使用住房和室内设施，并按时缴纳租金。

四、完善公共租赁住房

（九）推进公租房货币化。转变公租房保障方式，实物保障与租赁补贴并举。支持公租房保障对象通过市场租房，政府对符合条件的家庭给予租赁补贴。完善租赁补贴制度，结合市场租金水平和保障对象实际情况，合理确定租赁补贴标准。

（十）提高公租房运营保障能力。鼓励地方政府采取购买服务或政府和社会资本合作（PPP）模式，将现有政府投资和管理的公租房交由专业化、社会化企业运营管理，不断提高管理和服务水平。在城镇稳定就业的外来务工人员、新就业大学生和青年医生、青年教师等专业技术人员，凡符合当地城镇居民公租房准入条件的，应纳入公租房保障范围。

五、支持租赁住房建设

（十一）鼓励新建租赁住房。各地应结合住房供需状况等因素，将新建租赁住房纳入住房发展规划，合理确定租赁住房建设规模，并在年度住房建设计划和住房用地供应计划中予以安排，引导土地、资金等资源合理配置，有序开展租赁住房建设。

（十二）允许改建房屋用于租赁。允许将商业用房等按规定改建为租赁住房，土地使用年限和容积率不变，土地用途调整为居住用地，调整后用水、用电、用气价格应当按照居民标准执行。允许将现有住房按照国家和地方的住宅设计规范改造后出租，改造中不得改变原有防火分区、安全疏散和防火分隔设施，必须确保消防设施完好有效。

六、加大政策支持力度

（十三）给予税收优惠。对依法登记备案的住房租赁企业、机构和个人，给予税收优惠政策支持。落实营改增关于住房租赁的有关政策，对个人出租住房的，由按照5%的征收率减按1.5%计算缴纳增值税；对个人出租住房月收入不超过3万元的，2017年底之前可按规定享受免征增值税政策；对房地产中介机构提供住房租赁经纪代理服务，适用6%的增值税税率；对一般纳税人出租在实施营改增试点前取得的不动产，允许选择适用简易计税办法，按照5%的征收率计算缴纳增值税。对个人出租住房所得，减半征收个人所得税；对个人承租住房的租金支出，结合个人所得税改革，统筹研究有关费用扣除问题。

（十四）提供金融支持。鼓励金融机构按照依法合规、风险可控、商业可持续的原则，向住房租赁企业提供金融支持。支持符合条件的住房租赁企业发行债券、不动产证券化产品。稳步推进房地产投资信托基金（REITs）试点。

（十五）完善供地方式。鼓励地方政府盘活城区存量土地，采用多种方式增加租赁住房用地有效供应。新建租赁住房项目用地以招标、拍卖、挂牌方式出让的，出让方案和合同中应明确规定持有出租的年限。

七、加强住房租赁监管

（十六）健全法规制度。完善住房租赁法律法规，明确当事人的权利义务，规范市场行为，稳定租赁关系。推行住房租赁合同示范文本和合同网上签约，落实住房租赁合同登记备案制度。

（十七）落实地方责任。省级人民政府要加强本地区住房租赁市场管理，加强工作指导，研究解决重点难点问题。城市人民政府对本行政区域内的住房租赁市场管理负总责，要建立多部门联合监管体制，明确职责分工，充分发挥街道、乡镇等基层组织作用，推行住房租赁网格化管理。加快建设住房租赁信息服务与监管平台，推进部门间信息共享。

（十八）加强行业管理。住房城乡建设部门负责住房租赁市场管理和相关协调工作，要会同有关部门加强住房租赁市场监管，完善住房租赁企业、中介机构和从业人员信用管理制度，全面建立相关市场主体信用记录，纳入全国信用信息共享平台，对严重失信主体实施联合惩戒。公安部门要加强出租住房治安管理和住房租赁当事人居住登记，督促指导居民委员会、村民委员会、物业服务企业以及其他管理单位排查安全隐患。各有关部门要按照职责分工，依法查处利用出租住房从事违法经营活动。

各地区、各有关部门要充分认识加快培育和发展住房租赁市场的重要意义，加强组织领导，健全工作机制，做好宣传引导，营造良好环境。各地区要根据本意见，研究制定具体实施办法，落实工作责任，确保各项工作有序推进。住房城乡建设部要会同有关部门对本意见落实情况进行督促检查。

国务院办公厅

2016 年 5 月 17 日

住房城乡建设部等部门
关于加强房地产中介管理促进行业健康发展的意见

建房〔2016〕168号

各省、自治区、直辖市住房城乡建设厅（建委、房地局）、发展改革委、物价局、通信管理局、工商局（市场监督管理部门）、银监局，中国人民银行上海总部、各分行、营业管理部、省会（首府）城市中心支行、副省级城市中心支行，各省、自治区、直辖市、计划单列市国家税务局、地方税务局：

房地产中介行业是房地产业的重要组成部分。近年来，房地产中介行业发展较快，在活跃市场、促进交易等方面发挥了重要作用。但部分中介机构和从业人员存在着经营行为不规范、侵害群众合法权益、扰乱市场秩序等问题。为加强房地产中介管理，保护群众合法权益，促进行业健康发展，现提出以下意见：

一、规范中介服务行为

（一）规范中介机构承接业务。中介机构在接受业务委托时，应当与委托人签订书面房地产中介服务合同并归档备查，房地产中介服务合同中应当约定进行房源信息核验的内容。中介机构不得为不符合交易条件的保障性住房和禁止交易的房屋提供中介服务。

（二）加强房源信息尽职调查。中介机构对外发布房源信息前，应当核对房屋产权信息和委托人身份证明等材料，经委托人同意后到房地产主管部门进行房源信息核验，并编制房屋状况说明书。房屋状况说明书要标明房源信息核验情况、房地产中介服务合同编号、房屋坐落、面积、产权状况、挂牌价格、物业服务费、房屋图片等，以及其它应当说明的重要事项。

（三）加强房源信息发布管理。中介机构发布的房源信息应当内容真实、全面、准确，在门店、网站等不同渠道发布的同一房源信息应当一致。房地产中介从业人员应当实名在网站等渠道上发布房源信息。中介机构不得发布未经产权人书面委托的房源信息，不得隐瞒抵押等影响房屋交易的信息。对已出售或出租的房屋，促成交易的中介机构要在房屋买卖或租赁合同签订之日起2个工作日内，将房源信息从门店、网站等发布渠道上撤除；对委托人已取消委托的房屋，中介机构要在2个工作日内将房源信息从各类渠道上撤除。

（四）规范中介服务价格行为。房地产中介服务收费由当事人依据服务内容、服务成本、服务质量和市场供求状况协商确定。中介机构应当严格遵守《中华人民共和国价格法》、《关于商品和服务实行明码标价的规定》及《商品房销售明码标价规定》等法律法规，在经营场所醒目位置标识全部服务项目、服务内容、计费方式和收费标准，各项服务均须单独标价。提供代办产权过户、贷款等服务的，应当由委托人自愿选择，并在房地产中介服务合同中约定。中介机构不得实施违反《中华人民共和国价格法》、《中华人民共和国反垄断法》规定的价格违法行为。

（五）规范中介机构与金融机构业务合作。中介机构提供住房贷款代办服务的，应当由委托人自主选择金融机构，并提供当地的贷款条件、最低首付比例和利率等房地产信贷政策，供委托人参考。中介机构不得强迫委托人选择其指定的金融机构，不得将金融服务与其他服务捆绑，不得提供或与其他机构合作提供首付贷等违法违规的金融产品和服务，不得向金融机构收取或变相收取返佣等费用。金融机构不得与未在房地产主管部门备案的中介机构合作提供金融服务。

（六）规范中介机构涉税服务。中介机构和从业人员在协助房地产交易当事人办理纳税申报等涉税事项时，应当如实告知税收规定和优惠政策，协助交易当事人依法诚信纳税。税务机关对在房地产主管部门备案的中介机构和取得职业资格的从业人员，其协助房地产交易当事人办理申报纳税事项诚信记录良好的，应当提供方便快捷的服务。从业人员在办理涉税业务时，应当主动出示标明姓名、机构名称、国家职业资格等信息的工作牌。中介机构和从业人员不得诱导、唆使、协助交易当事人签订“阴阳合同”，低报成交价格；不得帮助或唆使交易当事人伪造虚假证明，骗取税收优惠；不得倒卖纳税预约号码。

二、完善行业管理制度

（七）提供便捷的房源核验服务。市、县房地产主管部门要对房屋产权人、备案的中介机构提供房源核验服务，发放房源核验二维码，并实时更新产权状况。积极推行房地产中介服务合同网签和统一编号管理制度。房地产中介服务合同编号应当与房源核验二维码关联，确保真实房源、真实委托。中介机构应当在发布的房源信息中明确标识房源核验二维码。

（八）全面推行交易合同网签制度。市、县房地产主管部门应当按照《国务院办公厅关于促进房地产市场平稳健康发展的通知》（国办发[2010]4 号）要求，全面推进存量房交易合同网签系统建设。备案的中介机构可进行存量房交易合同网上签约。已建立存量房交易合同网签系统的市、县，要进一步完善系统，实现行政区域的全覆盖和交易产权档案的数字化；尚未建立系统的，要按规定完成系统建设并投入使用。住房城乡建设部将开展存量房交易合同网签系统建设和使用情况的专项督查。

（九）健全交易资金监管制度。市、县房地产主管部门要建立健全存量房交易资金监管制度。中介机构及其从业人员不得通过监管账户以外的账户代收代付交易资金，不得侵占、挪用交易资金。已建立存量房交易资金监管制度的市、县，要对制度执行情况进行评估，不断优化监管方式；尚未建立存量房交易资金监管制度的，要在 2016 年 12 月 31 日前出台监管办法，明确监管制度并组织实施。省级住房城乡建设部门要对所辖市、县交易资金监管制度落实情况进行督促检查，并于 2016 年 12 月 31 日前将落实情况报住房城乡建设部。

（十）建立房屋成交价格和租金定期发布制度。市、县房地产主管部门要会同价格主管部门加强房屋成交价格和租金的监测分析工作，指导房屋交易机构、价格监测机构等建立分区域房屋成交价格和租金定期发布制度，合理引导市场预期。

三、加强中介市场监管

（十一）严格落实中介机构备案制度。中介机构及其分支机构应当按规定到房地产主管部门备案。通过互联网提供房地产中介服务的机构，应当到机构所在地省级通信主管部门办理网站备案，并到服务覆盖地的市、县房地产主管部门备案。房地产、通信、工商行政主管部门要建立联动机制，定期交换中介机构工商登记和备案信息，并在政府网站等媒体上公示备案、未备案的中介机构名单，提醒群众防范交易风险，审慎选择中介机构。

（十二）积极推行从业人员实名服务制度。中介机构备案时，要提供本机构所有从事经纪业务的人员信息。市、县房地产主管部门要对中介从业人员实名登记。中介从业人员服务时应当佩戴标明姓名、机构名称、国家职业资格等信息的工作牌。各地房地产主管部门要积极落实房地产经纪专业人员职业资格制度，鼓励中介从业人员参加职业资格考试、接受继续教育和培训，不断提升职业能力和服务水平。

（十三）加强行业信用管理。市、县房地产主管部门要会同价格、通信、金融、税务、工商行政等主管部门加快建设房地产中介行业信用管理平台，定期交换中介机构及从业人员的诚信记录，及时将中介机构及从业人员的基本情况、良好行为以及不良行为记入信用管理平台，并向社会公示。有关部门要不断完善诚信典型“红名单”制度和严重失信主体“黑名单”制度，建立健全守信联合激励和失信联合惩戒制度。对诚实守信的中介机构和从业人员，在办理房源核验、合同网签、代办贷款等业务时，可根据实际情况实施“绿色通道”等便利服务措施；在日常检查、专项检查中优化检查频次；在选择中介机构运营管理政府投资的公租房时，优先考虑诚信中介机构。对违法违规的中介机构和从业人员，有关部门要在依法依规对失信行为作出处理和评价的基础上，通过信息共享，对严重失信行为采取联合惩戒措施，将严重失信主体列为重点监管对象，限制其从事各类房地产中介服务。有关部门对中介机构作出的违法违规决定和“黑名单”情况，要通过企业信用信息公示系统依法公示。对严重失信中介机构及其法定代表人、主要负责人和对失信行为负有直接责任的从业人员等，要联合实施市场和行业禁入措施。逐步建立全国房地产中介行业信用管理平台，并纳入全国社会信用体系。

（十四）强化行业自律管理。充分发挥行业协会作用，建立健全地方行业协会组织。行业协会要建立健全行规行约、职业道德准则、争议处理规则，推行行业质量检查，公开检查和处分的信息，增强行业协会在行业自律、监督、协调、服务等方面的功能。各级行业协会要积极开展行业诚信服务承诺活动，督促房地产中介从业人员遵守职业道德准则，保护消费者权益，及时向主管部门提出行业发展的意见和建议。

（十五）建立多部门联动机制。省级房地产、价格、通信、金融、税务、工商行政等主管部门要加强对市、县工作的监督和指导，建立联动监管机制。市、县房地产主管部门负责房地产中介行业管理和组织协调，加强中介机构和从业人员管理；价格主管部门负责中介价格行为监管，充分发挥 12358 价格监管平台作用，及时处理投诉举报，依法查处价格违法行为；通信主管部门负责房地产中介网站管理，依法处置违法违规房地产中介网站；工商行政主管部门负责中介机构工商登记，依法查处未办理营业执照从事中介业务的机构；金融、税务等监管部门按照职责分工，配合做好房地产中介行业管理工作。

（十六）强化行业监督检查。市、县房地产主管部门要加强房地产中介行业管理队伍建设，会同有关部门建立健全日常巡查、投诉受理等制度，大力推广随机抽查监管，建立“双随机”抽查机制，开展联合抽查。对存在违法违规行为的中介机构和从业人员，应当责令限期改正，依法给予罚款等行政处罚，记入信用档案；对违法违规的中介机构，应按规定取消其网上签约资格。对严重侵害群众权益、扰乱市场秩序的中介机构，工商行政主管部门要依法将其清出市场。

中华人民共和国住房和城乡建设部
中华人民共和国国家发展和改革委员会
中华人民共和国工业和信息化部
中国人民银行
国家税务总局
中华人民共和国国家工商行政管理总局
中国银行业监督管理委员会
2016 年 7 月 29 日

住房城乡建设部关于进一步规范房地产开发企业经营行为维护房地产市场秩序的通知

建房〔2016〕223号

各省、自治区住房城乡建设厅，直辖市建委、房地局：

为净化房地产市场环境，维护房地产市场秩序，保护消费者合法权益，促进房地产市场平稳健康发展，现就进一步规范房地产开发企业经营行为有关工作通知如下：

一、积极引导房地产开发企业规范经营

各级房地产主管部门要充分认识规范房地产开发企业经营行为，维护房地产市场秩序对稳定房地产市场的重大意义，通过推进简政放权、放管结合、优化服务改革，加强监管创新，加快构建事中事后监管体系，依法保护合法经营房地产开发企业的正当利益，严肃查处房地产开发企业违法违规等不正当经营行为，营造公平竞争的房地产市场环境。

房地产开发企业要遵纪守法，诚实守信，恪守对消费者在商品和服务质量方面的承诺；要发布真实房源信息和广告，严格执行商品房销售的有关规定，实行明码标价制度，维护消费者合法权益；要接受政府和公众监督，积极履行企业社会责任，通过向消费者提供优质的商品和服务赢得市场。

二、依法查处房地产开发企业不正当经营行为

一些房地产开发企业为了追求不正当利益，存在违法违规等不正当经营行为，其中包括：

（一）发布虚假房源信息和广告；

（二）通过捏造或者散布涨价信息等方式恶意炒作、哄抬房价；

（三）未取得预售许可证销售商品房；

（四）不符合商品房销售条件，以认购、预订、排号、发卡等方式向买受人收取或者变相收取定金、预订款等费用，借机抬高价格；

（五）捂盘惜售或者变相囤积房源；

（六）商品房销售不予明码标价，在标价之外加价出售房屋或者收取未标明的费用；

（七）以捆绑搭售或者附加条件等限定方式，迫使购房人接受商品或者服务价格；

（八）将已作为商品房销售合同标的物的商品房再销售给他人；

（九）其他不正当经营行为。

对存在上述行为的房地产开发企业，各级房地产主管部门要加大执法检查力度，依法严肃查处。不正当经营行为应当由其他部门处理的，及时移交有关部门依法处理。涉嫌犯罪的，移交司法机关依法追究刑事责任。

在此基础上，各级房地产主管部门应当视情节轻重，对房地产开发企业采取以下措施：

（一）书面警示；

（二）约谈企业主要负责人；

（三）公开通报企业不正当经营行为；

（四）列入严重违法失信房地产开发企业名单；

（五）由资质许可机关在资质审查中重点审核。

各地要按照本通知要求，认真抓好落实，并结合实际制定相关办法。

中华人民共和国住房和城乡建设部

2016年10月10日

住房城乡建设部办公厅 国家发展改革委办公厅 财政部办公厅关于印发《棚户区改造工作激励措施实施办法（试行）》的通知

建办保〔2016〕69 号

各省、自治区住房城乡建设厅、发展改革委、财政厅，北京市住房城乡建设委、重大项目办公室、发展改革委、财政局，上海市住房城乡建设委、发展改革委、财政局，天津、重庆市城乡建设委、国土资源房屋管理局、发展改革委、财政局，新疆生产建设兵团建设局、发展改革委、财务局：

根据《国务院办公厅关于对真抓实干成效明显地方加大激励支持力度的通知》（国办发[2016]82号）要求，为鼓励各地干事创业、真抓实干，有效推进棚户区改造工作，我们制定了《棚户区改造工作激励措施实施办法（试行）》。现印发给你们，请认真贯彻落实。

中华人民共和国住房和城乡建设部办公厅
国家发展和改革委员会办公厅
财政部办公厅
2016 年 12 月 19 日

第一条 为贯彻落实《国务院办公厅关于对真抓实干成效明显地方加大激励支持力度的通知》（国办发〔2016〕82 号）精神，鼓励各地干事创业、真抓实干，有效推进棚户区改造（以下简称棚改）工作，制定本办法。

第二条 本办法的激励支持对象是指年度棚改工作积极主动、成效明显的省（自治区、直辖市，含兵团，下同）。

年度激励支持的省（区、市）数量在 8 个左右，并适当兼顾东中西部地区的差异。

第三条 每年 1 月，住房城乡建设部根据上一年度棚改工作情况，会商国家发展改革委、财政部，提出拟予激励支持的建议名单，并报送国务院。

第四条 拟激励支持地方名单的提出，主要考虑棚改年度任务、工作进度、货币化安置情况、中央预算内投资项目开工和投资完成情况、中央财政补助资金使用情况，同时参考资金筹集、工作成效、日常管理、守法执规等情况，并结合国务院大督查、部门日常督查、相关专项督查、审计等情况综合评定。

在具体评定拟激励支持名单时，可根据上一年度实际情况，进一步听取有关部门和单位意见，或核查有关地方的相关情况。

第五条 对在棚改工作中具有下列情形之一的地方，实行一票否决，不列入拟激励支持名单：

（一）棚改年度任务未完成的；

（二）在国务院大督查中发现问题较多、工作不力的；

（三）对上一年度棚改工作审计发现问题整改不力、进展缓慢的；

（四）存在其它严重问题，有必要取消其激励支持资格的。

第六条　国家发展改革委会同住房城乡建设部在安排保障性安居工程中央预算内投资时，对受表扬激励的地方给予适当倾斜支持。

第七条　财政部会同住房城乡建设部在安排中央财政城镇保障性安居工程专项资金时，对受表扬激励的地方给予适当倾斜支持。

第八条　有条件的省（区、市）住房城乡建设、发展改革、财政部门，可以根据国办发[2016]82 号文件及本办法，并结合当地实际，制定相应的配套措施，加大激励力度，增强激励效果。

第九条　本办法由住房城乡建设部、国家发展改革委、财政部负责解释。

第十条　本办法自发布之日起施行。

深圳市人民政府办公厅
关于印发深圳市创新型产业用房管理办法的通知

各区人民政府，市政府直属各单位：

《深圳市创新型产业用房管理办法》已经市政府同意，现予印发，请遵照执行。

深圳市人民政府办公厅

2016 年 1 月 9 日

第一章 总 则

第一条 为加大对创新型产业的支持力度，形成支持创新型产业发展的长效机制，构建梯次型现代产业体系，促进“深圳质量”建设，加快建成现代化国际化创新型城市，根据深圳市人民政府《关于加快产业转型升级的指导意见》（深府〔2011〕165 号）和《中共深圳市委深圳市人民政府关于努力建设国家自主创新示范区实现创新驱动发展的决定》（深发〔2012〕14 号），制定本办法。

第二条 本办法所称创新型产业用房，是指为满足创新型企业发展的空间需求，由政府主导并按政策出租或出售的政策性产业用房。

第三条 创新型产业用房的建设和管理遵循政府主导、市区联动、企业参与的原则。

第四条 市政府成立由市领导任组长，市发展改革委、经贸信息委、科技创新委、财政委、规划国土委、交通运输委、文体旅游局、国资委、住房建设局、金融办和前海管理局、各区政府（含新区管理机构，下同）等单位为成员的市创新型产业用房建设和管理领导小组（以下简称领导小组），其主要职责为：协调、解决创新型产业用房相关政策落实过程中的重大问题；监督检查创新型产业用房工作落实情况。领导小组办公室设在市发展改革委。

市产业主管部门、各区政府作为管理主体，负责管辖区域内创新型产业用房的筹集建设、运营管理和监督检查等工作。前海管理局参照各区政府执行。

第二章 筹建方式

第五条 创新型产业用房通过以下方式筹建：

（一）由政府或承担政府投融资任务的综合性平台企业（以下简称平台企业）投资建设、回购或统租；

（二）企业通过招标、拍卖、挂牌方式取得建设用地使用权，建成后按一定比例移交给政府；

（三）在城市更新项目中按一定比例配建；

（四）其他符合政策规定的筹建方式。

第六条 市政府及市产业主管部门建设、回购、统租创新型产业用房资金来源为市财政；各区政府及区产业主管部门建设、回购、统租创新型产业用房资金来源为区财政；平台企业建设、回购、统租创新型产业用房资金来源为企业自筹；后期可考虑通过设立政府和社会资本共同参与的产业投资基金解决创新型产业用房建设或回购资金来源。

第七条 通过招标、拍卖、挂牌方式取得建设用地使用权建设的以及城市更新项目配建的创新型产业用房实行监管协议书制度。管理主体应当制订监管协议书，监管协议书应明确项目设计要求、建设标准、产权限制、建设工期、可用于租售的建筑面积比例、无偿且无条件移交给政府的建筑面积或由政府回购的建筑面积及价格、交付方式、交付时间、企业支配用房的租售价格、违约责任等内容。

竞买人（竞标人）递交书面竞买、投标申请或城市更新项目实施单位确认文件申请时，须一并提交建设和管理承诺书，确保按照监管协议书相关要求组织开发建设。土地竞得者或城市更新项目实施单位应在签订土地出让合同前与管理主体签订监管协议书。

第八条 在城市更新中配建的创新型产业用房配建比例，依据深圳市城市更新项目创新型产业用房配建的有关规定执行。

第九条 根据市住房建设部门发布的建安工程造价指数核算建安工程参考价，建安工程造价指数取竣工验收前 12 个月造价指数平均值。政府回购价格按经核算的建安工程参考价的 1.1 倍执行，并报请审计机构审计确认。

第十条 政府回购创新型产业用房面积原则上不计入项目可售面积，不占用项目可分割转让比例。

第三章 运营管理

第十一条 市财政在高新区内投资建设、回购、统租的创新型产业用房由市科技创新委作为管理主体；市财政在保税区域内投资建设、回购、统租的创新型产业用房由市经贸信息委作为管理主体；市财政在其它区域内投资建设、回购、统租的创新型产业用房根据项目具体情况报领导小组审定后确定管理主体。管理主体可指定相关部门或委托第三方机构进行日常运营管理。

区财政在管辖区域内投资建设、回购、统租的创新型产业用房由各区政府作为管理主体，可指定相关部门或委托第三方机构进行日常运营管理。

平台企业建设、回购、统租的创新型产业用房由对应的市产业主管部门或区政府作为管理主体，委托、指导和监督平台企业进行日常运营管理。

第十二条 根据《深圳市人民政府关于印发促进创客发展若干措施（试行）的通知》（深府〔2015〕46 号），市、区财政投资建设的创新型产业用房优先用于创客空间的建设发展。

第十三条 财政投资建设或回购以及平台企业回购的创新型产业用房原则上只能用于出租，如确有出售必要，市财政投资建设或回购以及市平台企业回购的需报请领导小组审定；区财政投资建设或回购以及区平台企业回购的需报请区政府审定。

平台企业建设的创新型产业用房，坚持以租为主、租售并举的配置原则，出租比例原则上不低于 50%。

第十四条 市产业主管部门及各区政府结合产业发展及产业用房实际情况，在本办法的指导下拟定实施细则，明确管辖区域内创新型产业用房的日常运营管理机构、准入门槛、申报受理流程、审核程序、调剂退出机制和租金指导价格等，租金价格原则上应为同片区同档次产业用房市场评估价格的 30%—70%，重点企业确有必要超出此范围的，需经领导小组办公室审核后报市政府批准。实施细则报领导小组办公室备案并按规定颁布实施。

第十五条 市产业主管部门及各区政府可结合实际情况，探索以租金入股等方式支持创新型企业发展。

第十六条 入驻创新型产业用房的企业，应符合下列产业领域：

（一）生物、互联网、新能源、新材料、文化创意、新一代信息技术和节能环保等战略性新兴产业；

（二）生命健康、海洋、航空航天以及机器人、可穿戴设备和智能装备等未来产业；

（三）先进制造业、现代服务业、优势传统产业及我市产业发展规划中重点支持的其它产业。

第十七条 入驻及配置标准应当包括以下内容：

（一）企业所属行业类别；

（二）企业经营状况要求，包括资产规模或销售规模、纳税额、人员规模、研发投入、自主知识产权情况等；

（三）项目基本要求，包括投资领域、投资额、投资强度等；

（四）能耗、环境保护、安全生产等要求；

（五）使用建筑面积标准或核定依据；

（六）管理主体规定的其它条件。

第十八条 各日常运营管理机构应将创新型产业用房房源信息录入市产业用房供需服务平台，并统一通过服务平台向社会公开发布创新型产业用房租售信息。符合条件的企业可通过服务平台向各日常运营管理机构申请租用创新型产业用房，日常运营管理机构应在 10 个工作日内对申请企业进行准入资格审核；申请购买创新型产业用房的，日常运营管理机构应在 10 个工作日内对申请企业进行准入资格审核，并报市、区相应审批单位审批。审核结果通过服务平台向社会公示，公示期为 5 个工作日。公示无异议后办理相关租售手续，并通过服务平台向社会发布租售结果；公示期间有异议的，由日常运营管理机构负责调查，出具调查结论，并将结果函告异议者。

第十九条 市规划国土委应会同有关单位，对全市创新型产业用房需求、供给、空间分布等情况进行汇总，据此整理形成创新型产业用房动态使用情况按季度报市政府，并分送各区、各有关部门。

第二十条 创新型产业用房原则上限定自用。购买创新型产业用房的企业确需要转让的，经日常运营管理机构批准后方可转让，且优先由原所有人回购，回购价格不高于原销售价格；原所有人不回购的，在市土地房产交易中心按原销售价格作为底价以公开方式进行转让，成交价高于底价的溢价部分根据创新型产业用房筹建资金来源及管辖区域范围对应纳入市、区财政统筹，次受让方也应符合创新型产业用房准入条件，经日常运营管理机构资格审查合格后方可参与竞买。

第二十一条 企业租用创新型产业用房的合同期限不超过 5 年。日常运营管理机构应在距离合同到期 6 个月和 3 个月时，分别告知承租企业，如企业需继续租用，应协助企业及时办理续约申请，并按有关规定审查企业续租资格，为符合条件的企业办理续租手续。

第二十二条 承租企业因技术升级、规模扩张等原因需扩大租赁规模或变更租赁地址的，可向日常运营管理机构提出换租申请，经审查符合条件的方可换租，换租结果应通过市产业用房供需服务平台向社会公布。

第二十三条 入驻企业每年应在规定时间内向相关日常运营管理机构汇报入驻和配置标准所要求的相关指标及其变动情况，经审查连续2年均不符合入驻条件的，日常运营管理机构可终止租赁合同或由原所有人提前回购用房。

第四章 监督检查

第二十四条 入驻企业在合同期限内擅自转租、转售、抵押、改变其原有使用功能等不按租售合同约定使用创新型产业用房的，日常运营管理机构可终止租赁合同或提前由原所有人回购用房，并追究原入驻企业相关责任。

第二十五条 入驻企业有隐瞒真实情况、伪造有关证明等骗租或骗购行为的，一经查实，取消该企业入驻资格，载入企业诚信不良记录，5年内不得租赁或购买我市创新型产业用房或享受其它政府专项扶持资金，并向社会公布。

第五章 附 则

第二十六条 本办法自发布之日起实施，有效期至2020年12月31日。《深圳市创新型产业用房管理办法（试行）》（深府办〔2013〕2号）同时废止。

深圳市住房和建设局
关于印发《深圳市保障性住房收购操作规程（试行）》的通知

深建规〔2016〕1 号

各区人民政府，各有关单位：

为规范保障性住房收购价格的计价行为，维护各方的合法权益，我局制定了《深圳市保障性住房收购操作规程（试行）》，现予印发，请遵照执行。

深圳市住房和建设局
2016 年 1 月 22 日

深圳市保障性住房收购操作规程（试行）

第一条 为规范保障性住房收购行为，依据《中华人民共和国物权法》《深圳市保障性住房条例》等相关法律、法规及规范性文件规定，结合深圳市实践，制定本规程。

第二条 本规程适用于市（区）住房保障部门对社会投资主体建设的，且纳入我市保障性安居工程年度计划的公共租赁住房和安居型商品房进行的收购活动，土地出让合同中已经明确收购价格和方式的除外。

第三条 市住房保障主管部门负责组织拟订全市保障性住房年度收购计划或者市政府安排的其他收购计划，经批准后组织实施。

市（区）住房保障部门或者其授权单位为收购主体，分别负责本级保障性住房的收购，签订保障性住房收购合同，委托市（区）建设工程造价管理机构对收购价格进行测算。区住房保障部门或者其授权单位签订保障性住房收购合同的，应当报市住房保障部门备案。

第四条 保障性住房收购范围包括保障性住房专有部分、与专有部分对应的共有部分和产权归小区居民共有或者共同使用的公共配套设施设备。

宗地内属于供社区居民使用的社康中心、警务室、幼儿园、中小学、市政道路等公共设施、交通设施不纳入保障性住房收购范围。

第五条 保障性住房收购计划经审批后，由住房保障部门负责组织实施。

社会投资主体在收购项目取得建设工程规划许可，且基坑支护工程完工后，根据本规程测算收购价格，并报收购主体审核。

收购主体委托建设工程造价管理机构对收购项目进行价格测算，审核确定收购价格后，签订保障性住房收购合同。

第六条　在洽谈收购前已经确定为安居型商品房的，参照《安居型商品房定价实施细则》测算收购价格；在洽谈收购时或者后期确定为安居型商品房性质的，其收购价格按照本规程进行测算，如已缴纳地价则应当把实际缴纳的地价计算至收购价格。

第七条　收购价格的测算时点以建设工程规划许可证确定的时间为准。其收购价格由下列内容组成：

（一）建设成本。指项目投资建设所发生的客观平均成本，测算方式依据本规程第八条执行。

（二）合理利润。按基本建设费与管理费之和的3%计取。

（三）户内装饰装修造价。市（区）住房保障部门委托市（区）造价管理机构按实际装饰装修配置审核户内装饰装修造价，装饰装修造价以审核的结论为准。

（四）收购双方约定的其他项目。

收购价格不得包括下列费用：

（一）开发经营单位自用的办公用房、营业用房等各种费用。

（二）企业的赞助、捐赠支出以及其他各种与开发经营无关的费用。

（三）各种赔偿金、违约金、滞纳金和罚款。

（四）国家和省、市规定不得列入成本费用的其他支出。

第八条　建设成本的测算对象包括：

（一）主体部分及其附属。包括保障性住房主体部分以及为使主体功能得以正常发挥所必须的附属及配套设施，如主体土建（含基坑、桩基）工程、水暖电气消防等安装工程及设备、附属工程等。

（二）地下室。指地下室建筑及其安装部分、人防工程、地下室车道出入口及其应当分摊的土方及桩基工程。

（三）基础设施及公共配套部分。基础设施主要包括小区用地规划红线以内的道路、围墙、供水、供电（含一户一表）、供气、有线电视、电信、邮政报箱、路灯、防盗、绿化、园林建筑、环卫、排污、排水、消防设施等；公共配套部分包括小区居民共同使用或者土地使用权出让合同中约定建后产权归全体业主共有的附属及配套设施。

第九条　建设成本所包含内容（建设成本是各项费用之和，各项费用计算原则在附件中说明）：

（一）基本建设费用。包括建设前期工程费及勘察设计费、建筑安装工程费及设备费、基础设施建设费和公共配套设施建设费及工程建设其他支出等费用。

（二）管理费。指建设单位在建设期间发生的管理性开支。

（三）法定规费。包括物业专项维修资金、竣工测绘费用等规费。

（四）资金成本。指社会投资主体为保障性住房建设筹措资金所发生的银行贷款利息或者自筹资金的货币时间价值。资金成本的计算时间为项目开发期，如在约定交付日前提前支付的资金需扣减相应的货币时间价值。但社会投资主体与住房保障部门在签订收购合同中约定不计资金成本的除外。

（五）法定税金。包括营业税、城建维护税、教育附加费及印花税等国家规定的税费。

第十条 保障性住房收购合同应当包括但不限于下列内容：

（一）项目概况。包括土地来源、建设规模、项目建设工期、建设内容及标准。

（二）项目收购。包括收购范围、收购价款、收购款支付、收款账户。

（三）项目移交与保修。包括项目移交条件、移交时间、移交验收、移交手续、保修责任、保修程序等。

（四）产权登记。包括初始登记、转移登记、相关税费承担主体等。

（五）违约责任和争议处理。

第十一条 收购款项按照以下方式支付：

（一）社会投资主体利用自有用地投资建设的保障性住房，收购款项按照下列步骤支付：

1. 项目收购范围住宅工程进度达到±0.00后且已签订收购合同的，按照不超过收购总价20%的标准支付；

2. 项目收购范围住宅的全部主体封顶（建设单位和监理单位盖章确认）后，按照不超过收购总价45%的标准支付；

3. 取得竣工验收备案回执后，按照不超过收购总价80%的标准支付；

4. 项目移交且产权证办理至住房保障部门后，按照不超过收购总价95%的标准支付，余款在工程竣工验收合格满2年后支付。

其中，当收购项目未含装修费用或装修费用未确定时，按照上述条款计算支付；当项目装修费用已确定时，需将装修费用计入收购总价后，再进行计算支付。

（二）城市更新改造或商品房搭配建设的保障性住房，其保障性住房配建面积不足1万平方米的，收购款项在移交且产权转移登记至住房保障部门后按照不超过收购总价95%的标准支付，余款在工程竣工验收合格满2年后支付；保障性住房配建面积超过1万平方米（含1万平方米）的，收购款项支付参照本条第（一）款执行。

第十二条 本规程实施前，已签订收购合同或有批复意见的收购项目，按照收购合同条款或批复意见继续履行；未签订收购合同或无批复意见的收购项目，参照本规程确定。

第十三条 本规程附件《深圳市保障性住房收购价格测算指引》与本规程同时颁布实施，市住房保障主管部门可以根据法律、法规、政策的变动和本规程的规定结合市场实际情况，会同相关部门对本规程附件所列内容进行适时调整。

本规程及附件对法定规费、法定税金的规定，与法律、法规及政策规定不一致时，以法律、法规及政策规定为准。

本规程规定之外的保障性住房收购价格，可以参照本规程进行测算和审核。

第十四条 本规程自发布之日起实施，有效期2年。

附件

深圳市保障性住房收购价格测算指引

根据《深圳市保障性住房收购规程》，结合本市实际情况，制定本指引。

本指引包括如下三个部分：《第一部分：建设成本计算方式》《第二部分：合理利润计算方式》《第三部分：户内装饰装修造价确定原则》。每个部分的计算方式采用文字说明与表格相结合的形式，表格所指数据或者计算方式等需结合文字说明使用。

深圳市保障性住房收购价格计算公式为：

保障性住房收购价格＝建设成本＋合理利润＋户内装饰装修造价

收购价格构成示意图

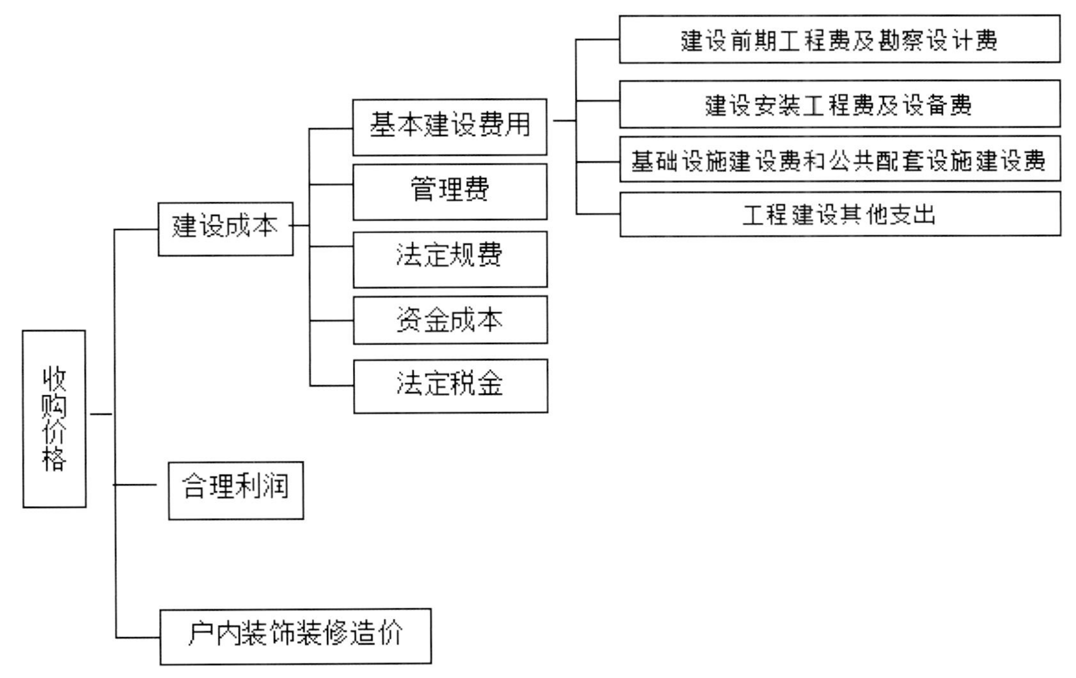

第一部分　建设成本计算方式

建设成本＝基本建设费＋管理费＋法定规费＋资金成本＋法定税金

Ⅰ　基本建设费

基本建设费＝建设前期工程及勘察设计费＋（建筑安装工程及设备费＋基础设施建设费与公共配套建设费）×（收购当期造价指数/2011年11期造价指数）×（1−市造价站公布的上一年度住宅工程平均下浮率）＋其他费用

建设前期工程及勘察设计费

序号	费用名称	计算方式	包括内容
1	建设前期工程及勘察设计费	（建筑安装工程费及设备费＋基础设施建设费＋公共配套建设费）×6%（或4.6%或4.8%）	建设前期工程及勘察设计费包括前期工作咨询费、环境影响评价费、水土保持评价费、招标代理服务费与工程交易服务费、勘察设计费及施工图审查费、工程造价咨询费、雷电风险评估费、交通影响评价，以及施工通水、通电、通路及场地平整、苗木迁移、临时占用绿地费、路口开设等开发项目前期发生的所有费用
2	建筑安装工程及设备费	见表2-1	包括房屋主体部分的土建（含基坑、桩基）工程费、公共建筑装饰、水暖电、燃气、建筑智能、消防、电梯等安装工程费及设备费、附属工程费等，以及在施工过程中因设计变更等增加合同价款和合理的材料价差、施工过程所发生的检验检测、监测费及规费、保险费等
3	基础设施建设费与公共配套建设费	建筑安装工程及设备费×2.5%×保障性住房配建比例	基础设施建设费包括：（1）园林绿化，其苗木种植是指乔木、灌木及地被搭配种植，主要苗木的规格不得低于以下标准：乔木胸径 6-7cm、灌木苗高*冠幅 100*80cm、花坛苗高*冠幅 20*15cm，且乔灌木种植面积占绿化面积不得低于 15%。（2）社区智能，通信系统设备安装，监控系统安装，有线电视系统设备安装、停车场管理系统及室外交通设施等所有室外智能线路铺设及设备安装。（3）社区管网，室外所有管道安装，阀门、水表安装、阀门井制作。（4）室外土建、园建及照明，室外道路（包括消防车道）、绿化种植土回填、室外铺装、挡墙、围墙、边坡、标识系统、照明、休闲活动场所等所有室外土建、园建。 公共配套设施建设费包括小区居民共同使用或建后产权归全体业主共有的附属及配套设施如物业管理用房、小区文化室或业主委员会用房、垃圾收集站、游泳池、网球场、篮球场等
4	其他费用		见附表

说明：建设前期工程及勘察设计费是以无重复或无采用标准设计考虑，如工程设计中采用标准设计或复用设计的，其建设前期工程及勘察设计费应为建安工程费、基础设施建设费用以及公共配套建设费的 4.6%；采用标准设计或复用设计但需要重新进行基础设计的，其建设前期工程及勘察设计费应为建安工程费、基础设施建设费用以及公共配套建设费的 4.8%。

依据收购房屋所在楼栋的总楼层、地下室层数以及基坑支护施工特点选择对应的建筑安装工程及设备的经济指标。

附表 建筑安装工程及设备经济指标

<table>
<tr><th>序号</th><th colspan="2">单位工程</th><th>单位</th><th>单价（元）</th><th>工程特征及工程范围</th></tr>
<tr><td>1</td><td rowspan="6">框剪结构25层以上，建筑高度100米（含100米）以内的高层住宅</td><td>二层及多于二层地下室且基坑采用排桩或锚索支护（排桩或锚索支护面占总支护面积50%以上）</td><td rowspan="14">元/平方米住宅产权建筑面积</td><td>3710</td><td rowspan="14">涂地下室所有单位主体建筑及其附属结构，主要包括：土石方、基坑支护、桩基础、入户门（采用钢质防火门或其他）、门窗（铝合金或塑钢门窗或其他）、公共建筑装修、室内毛坯、外墙面（涂料或砖或其他）等所有建筑及附属结构；安装部分：给排水、电气（高低压配电发电机组）、消防水、消防电、气体灭火系统、通风防排烟、通风空调、燃气、弱电工程（包括视频监控系统等），电梯工程等所有安装设备工程且管道铺设至户内。</td></tr>
<tr><td>2</td><td>一层地下室且基坑采用排桩或锚索支护（排桩或锚索支护面占总支护面积50%以上）</td><td>3630</td></tr>
<tr><td>3</td><td>二层及多于二层地下室且基坑采用土钉锚支护</td><td>3600</td></tr>
<tr><td>4</td><td>一层地下室基坑采用土钉锚支护</td><td>3580</td></tr>
<tr><td>5</td><td>二层及多于二层地下室利用天然独立基础</td><td>3370</td></tr>
<tr><td>6</td><td>一层地下室利用天然独立基础</td><td>3290</td></tr>
<tr><td>7</td><td rowspan="6">框剪结构15-24层高层住宅</td><td>二层及多于二层地下室且基坑采用排桩或锚索支护（排桩或锚索支护面占总支护面积50%以上）</td><td>3530</td></tr>
<tr><td>8</td><td>一层地下室且基坑采用排桩或锚索支护（排桩或锚索支护面占总支护面积50%以上）</td><td>3440</td></tr>
<tr><td>9</td><td>二层及多于二层地下室基坑采用土钉锚支护</td><td>3400</td></tr>
<tr><td>10</td><td>一层地下室基坑采用土钉锚支护</td><td>3320</td></tr>
<tr><td>11</td><td>二层及多于二层地下室利用天然独立基础</td><td>3190</td></tr>
<tr><td>12</td><td>一层地下室利用天然独立基础</td><td>3110</td></tr>
<tr><td>13</td><td colspan="2">框剪结构14层以下住宅</td><td>2550</td></tr>
<tr><td>14</td><td colspan="2">超高层住宅（建筑高度100米以上）</td><td>在25层以上建筑高度100米（含100米）以内的同类别的单位工程的经济指标基础上上浮20%</td></tr>
</table>

注：

1. 表中的经济指标未含地下室工程造价。地下室经济指标为：二层及多于二层地下室经济指标是2200元/平方米地下室面积（包括地下室建筑及安装造价、人防工程、地下室车道出入口），一层地下室经济指标是2300元/平方米地下室面积（包括地下室建筑及安装造价、人防工程、地下室车道出入口）。如地下室属于小区业主共有，则收购价格应分摊地下室造价，计算方式为地下室建筑面积乘以地下室经济指标，然后除以宗地可售面积。

2. 框剪结构14层以下住宅，如不包括电梯工程，则应在该经济指标基础上再扣减130元。

3. 表中的经济指标未含太阳能热水系统和中水系统，如收购项目含有太阳能热水系统和中水系统，则其价格另算，中水系统按33.69元/平方米计算，太阳能热水系统按76.39元/平方米计算，中水系统按收购住宅的总建筑面积计算收购价，太阳能热水系统按收购住宅的能覆盖太阳能热水服务的房屋建筑面积计算，覆盖太阳能热水服务的房屋建筑面积如有详细图纸则按图纸计算，未有详细图纸则以住宅每栋屋顶层往下计共12层的总建筑面积。

其他费用计算表

费用名称	分档计费（平方米）		费用单价（元）	包含项目
其他费用	宗地计容积率总建筑面积	10000	99	监理费、白蚁防治费等
		16600	93	
		33300	84	
		100000	75	
		166600	75	
		333300	54	

Ⅱ 管理费计算方式

依据收购房屋所在宗地的建设规模选择对应的单价。

费用名称	分档计费（平方米）		费用单价（元）	取费依据
管理费	宗地计容积率总建筑面积	15001～30000	40～44	深财基〔2003〕2号，每档计费对应的单价用插值法计算
		30001～150000	30～40	
		150001～300000	24～30	
		300001～600000	15～24	

Ⅲ 规费、税金计算方式

费用名称	计算公式	其他		
		计费单位	费用单价（元）	取费依据
规费（包括：物业专项维修资金、建筑面积及预售面积以及竣工面积测绘等	直接套用费用单价	元/平方米住宅产权建筑面积	57	深建规〔2010〕14号、（粤价〔2007〕193号、粤价函〔1998〕548号、深价联字〔1994〕129号
法定税金（包括：营业税、城建维护税、教育附加税、印花税）	$\frac{\text{未包含法定税金的收购价格}}{1-\text{税率}}\times$税率	税率为5.65%		

注：法定税金在收购价格计算时如已缴纳税金，则按实际缴纳计算，如未缴纳，则按上述规定计算。

Ⅳ　资金成本计算方式

序号	收购价付款方式	计算规则
1	一次性支付	$I = P \times [(1+i)^{\frac{n}{2}} - 1]$
2	建设期间分期支付收购款项的资金成本计算（扣减提前支付的款项利息）	$I = P \times [(1+i)^{\frac{n}{2}} - 1] - \sum_{k=1,n=1} P_k \times [(1+i)^{\frac{n_k}{2}} - 1]$

注：1．I 为资金成本总额，P 为基本建设费用，i 为同期银行商业贷款年利息率，n 为保障性住房开发建设周期，P_1、$P_2 \cdots P_k$ 为收购价格预付款金额，n_1、$n_2 \cdots n_k$ 为预付款的计息期（是从支付时点起到开发结束的时间段）。

2．开发期及分期支付的支付时点。

收购的保障性住房建筑面积	整个开发期	分期支付的支付时点	
50000平方米以下	2年	住宅主体工程±0.00	8月
		住宅主体封顶	14月
		取得竣工验收备案回执	22月
		项目移交且产权转移登记至住房保障部门	24月
50001平方米～200000平方米	3年	住宅主体工程±0.00	12月
		住宅主体封顶	23月
		取得竣工验收备案回执	32月
		项目移交且产权转移登记至住房保障部门	36月
200001平方米以上	4年	住宅主体工程±0.00	13月
		住宅主体封顶	24月
		取得竣工验收备案回执	34月
		项目移交且产权转移登记至住房保障部门	48月

第二部分　合理利润计算方式

费用名称	计算公式	其他
合理利润	（基本建设费＋管理费）×利润率	利润率：3%

第三部分　户内装饰装修造价确定原则

费用名称	确定原则
户内装饰装修造价	市（区）住房保障部门委托市（区）造价管理机构按实际装饰装修配置审核户内装饰装修造价，装饰装修造价以审核的结论为准。

造价指数

季度	月份	住宅指数（高层）	住宅指数（多层）
06Q1	2006 年 1 月	1.0497	1.0000
	2006 年 2 月	1.0476	1.0000
	2006 年 3 月	1.0456	1.0000
06Q2	2006 年 4 月	1.0400	1.0000
	2006 年 5 月	1.0000	1.0000
	2006 年 6 月	1.0000	1.0000
06Q3	2006 年 7 月	1.0099	1.0071
	2006 年 8 月	1.0360	1.0456
	2006 年 9 月	1.0334	1.0434
06Q4	2006 年 10 月	1.0347	1.0451
	2006 年 11 月	1.0327	1.0431
	2006 年 12 月	1.0331	1.0443
07Q1	2007 年 1 月	1.0379	1.0456
	2007 年 2 月	1.0426	1.0509
	2007 年 3 月	1.0419	1.0505
07Q2	2007 年 4 月	1.0446	1.0532
	2007 年 5 月	1.0503	1.0585
	2007 年 6 月	1.0578	1.0637
07Q3	2007 年 7 月	1.0569	1.0612
	2007 年 8 月	1.0612	1.0659
	2007 年 9 月	1.0664	1.0709
07Q4	2007 年 10 月	1.0828	1.0847
	2007 年 11 月	1.0946	1.0982
	2007 年 12 月	1.1118	1.1105
08Q1	2008 年 1 月	1.1859	1.1790
	2008 年 2 月	1.1845	1.1796
	2008 年 3 月	1.2138	1.2116
08Q2	2008 年 4 月	1.2102	1.1967
	2008 年 5 月	1.2325	1.2161
	2008 年 6 月	1.2328	1.2184
08Q3	2008 年 7 月	1.2380	1.2255
	2008 年 8 月	1.2251	1.2137
	2008 年 9 月	1.2336	1.2441
08Q4	2008 年 10 月	1.1654	1.1741
	2008 年 11 月	1.1179	1.1497
	2008 年 12 月	1.1250	1.1532

（续表）

季度	月份	住宅指数（高层）	住宅指数（多层）
09Q1	2009年1月	1.1213	1.1502
	2009年2月	1.1212	1.1498
	2009年3月	1.1052	1.1329
09Q2	2009年4月	1.0969	1.1292
	2009年5月	1.1037	1.1352
	2009年6月	1.1152	1.1478
09Q3	2009年7月	1.1330	1.1643
	2009年8月	1.1445	1.1771
	2009年9月	1.1273	1.1636
09Q4	2009年10月	1.1221	1.1584
	2009年11月	1.1265	1.1711
	2009年12月	1.1532	1.2001
10Q1	2010年1月	1.1731	1.1938
	2010年2月	1.1686	1.1921
	2010年3月	1.1854	1.2026
10Q2	2010年4月	1.2113	1.2165
	2010年5月	1.2014	1.2139
	2010年6月	1.1929	1.2061
10Q3	2010年7月	1.1875	1.2008
	2010年8月	1.2212	1.2312
	2010年9月	1.2636	1.2767
10Q4	2010年10月	1.2628	1.2765
	2010年11月	1.2793	1.2892
	2010年12月	1.3084	1.3149
11Q1	2011年1月	1.3021	1.3083
	2011年2月	1.3066	1.3131
	2011年3月	1.2935	1.3011
11Q2	2011年4月	1.2958	1.3044
	2011年5月	1.3786	1.4023
	2011年6月	1.3757	1.4008
11Q3	2011年7月	1.4078	1.4321
	2011年8月	1.4177	1.4371
	2011年9月	1.4218	1.4403
11Q4	2011年10月	1.4029	1.4243
	2011年11月	1.3926	1.4158
	2011年12月	1.3876	1.4116

（续表）

季度	月份	住宅指数（高层）	住宅指数（多层）
12Q1	2012 年 1 月	1.3807	1.4063
	2012 年 2 月	1.3724	1.4006
	2012 年 3 月	1.3692	1.3991
12Q2	2012 年 4 月	1.3727	1.4025
	2012 年 5 月	1.3609	1.3924
	2012 年 6 月	1.4063	1.4445
12Q3	2012 年 7 月	1.4021	1.4406
	2012 年 8 月	1.3929	1.4336
	2012 年 9 月	1.3874	1.4304
12Q4	2012 年 10 月	1.4033	1.4446
	2012 年 11 月	1.3932	1.4363
	2012 年 12 月	1.3844	1.4312
13Q1	2013 年 1 月	1.3970	1.4397
	2013 年 2 月	1.3926	1.4359
	2013 年 3 月	1.4040	1.4451
13Q2	2013 年 4 月	1.4485	1.4942
	2013 年 5 月	1.4427	1.4903
	2013 年 6 月	1.4331	1.4821
13Q3	2013 年 7 月	1.4362	1.4838
	2013 年 8 月	1.4441	1.4992
	2013 年 9 月	1.4565	1.5140
13Q4	2013 年 10 月	1.4747	1.5305
	2013 年 11 月	1.4766	1.5385
	2013 年 12 月	1.4788	1.5402
14Q1	2014 年 1 月	1.4746	1.5354
	2014 年 2 月	1.4583	1.5229
	2014 年 3 月	1.4553	1.5174
14Q2	2014 年 4 月	1.4731	1.5296
	2014 年 5 月	1.4696	1.5281
	2014 年 6 月	1.5285	1.5983
14Q3	2014 年 7 月	1.5266	1.5967
	2014 年 8 月	1.5280	1.5975
	2014 年 9 月	1.5236	1.5885
14Q4	2014 年 10 月	1.5214	1.5860
	2014 年 11 月	1.5204	1.5847
	2014 年 12 月	1.5498	1.6201

贷款利率

调整时间	1-3 年（含）（%）	3-5 年（含）（%）
2006. 04. 28	6. 03	6. 12
2006. 08. 19	6. 30	6. 48
2007. 03. 18	6. 57	6. 75
2007. 05. 19	6. 75	6. 93
2007. 07. 21	7. 02	7. 20
2007. 08. 22	7. 20	7. 38
2007. 09. 15	7. 47	7. 65
2007. 12. 21	7. 56	7. 74
2008. 09. 16	7. 29	7. 56
2008. 10. 9	7. 02	7. 29
2008. 10. 30	6. 75	7. 02
2008. 11. 27	5. 67	5. 94
2008. 12. 23	5. 4	5. 76
2010. 10. 20	5. 6	5. 96
2010. 12. 26	5. 85	6. 22
2011. 02. 09	6. 1	6. 45
2011. 04. 06	6. 4	6. 65
2011. 07. 07	6. 65	6. 9
2012. 06. 08	6. 4	6. 65
2012. 07. 06	6. 15	6. 4
2014. 11. 22	6. 0	6. 0

2006—2014 住宅工程下浮率

序号	年份	下浮率
1	2006 年	18. 25%
2	2007 年	18. 16%
3	2008 年	12. 28%
4	2009 年	9. 82%
5	2010 年	9. 47%
6	2011 年	11. 83%
7	2012 年	13. 06%
8	2013 年	14. 37%
9	2014 年	15. 11%

深圳市住房和建设局　深圳市财政委员会深圳市发展和改革委员会关于印发《深圳市公共租赁住房和廉租住房并轨运行实施办法》的通知

各有关单位和个人：

为实现公共租赁住房与廉租住房统一分配及运营管理，根据《住房城乡建设部、财政部、国家发展改革委关于公共租赁住房和廉租住房并轨运行的通知》（建保〔2013〕178 号）等有关规定，结合本市实际，我们组织制定了《深圳市公共租赁住房和廉租住房并轨运行实施办法》，现予印发，请遵照执行。

深圳市住房和建设局
深圳市财政委员会
深圳市发展和改革委员会
2016 年 5 月 31 日

第一条　为实现公共租赁住房（以下简称公租房）与廉租住房（以下简称廉租房）统一分配及运营管理，根据《住房城乡建设部、财政部、国家发展改革委关于公共租赁住房和廉租住房并轨运行的通知》（建保〔2013〕178 号）、《住房城乡建设部关于并轨后公共租赁住房有关运行管理工作的意见》（建保〔2014〕91 号）的要求，结合本市实际，制定本办法。

第二条　本市范围内公租房和廉租房并轨运行工作适用本办法。

第三条　公租房和廉租房并轨运行应当坚持对廉租保障对象实行应保尽保、适度保障、不降低现有保障水平的原则。

前款规定的廉租保障对象，是指符合本办法第八条规定，按本办法第十二条、第十三条规定的程序核查、公示通过的家庭和单身居民。

第四条　自本办法施行之日起，不再建设筹集廉租房，本办法施行之日前由政府直接投资建设、城市更新配建以及通过其他途径筹集的廉租房纳入公租房房源，但本办法第十九条、第二十条所规定继续履行合同、申请续租的情形除外。

符合条件的廉租保障对象承租公租房的，按照本办法第十四条、第十六条、第十七条规定发放公租房租金补贴。

第五条　市住房保障主管部门（以下简称市主管部门）负责牵头推进全市公租房和廉租房并轨运行工作，对全市公租房与廉租房并轨实行监督管理。

市发展改革、财政、规划国土、卫生计生、公安、民政等部门应当根据《深圳市保障性住房条例》等相关规定，在各自职权范围内负责公租房和廉租房并轨运行相关工作。

行政监察等部门依法对公租房和廉租房并轨运行实施监督。

第六条 按照属地管理原则,由各区政府(含新区管委会，下同)负责辖区内公租房和廉租房并轨运行工作，对辖区内廉租保障对象实施住房保障。

各区住房保障主管部门(以下简称区主管部门)负责辖区内公租房的房源建设筹集、廉租保障对象的准入审核、配租及管理，以及签订合同、发放租金补贴等具体工作。

各区公租房和廉租房并轨运行，以及对廉租保障对象实施住房保障所需资金，应当列入区政府财政预算。

第七条 区主管部门建设筹集的公租房房源，应当优先解决辖区内廉租保障对象的住房困难，对其应保尽保。

第八条 申请廉租保障的家庭或者单身居民，应当同时符合下列条件：

(一)申请人年满 18 周岁，且具有本市户籍；

(二)申请人及其配偶、未成年子女或者其他共同申请人在本市未拥有任何形式自有住房(含住房建设用地)，且在享受廉租保障期间，不得重复享受本市其他任何住房保障；

(三)申请人属于经民政部门按本市低收入居民社会救助办法规定认定的低收入居民(包括低保人员和低保边缘人员)且已经取得由民政部门出具的《低保证》或者《低保边缘人员救助证》等低收入证明文件。未经认定为本市低收入居民的共同申请人，不计入廉租保障对象人口数。

第九条 申请人已经组建家庭的，应当以家庭为单位提出廉租保障申请，申请人配偶、未成年子女应当列为共同申请人。

第十条 申请廉租保障，应当提交以下材料：

(一)廉租保障申请表；

(二)申请人及共同申请人的身份证、户口簿或者其他户籍证明；申请人、共同申请人已婚的，提交结婚证；离异的提交离婚证明(包括离婚协议书或者法院判决书、调解书)；

(三)本市低收入证明文件。

按本办法第十四条第二款规定，申请承租公租房，享受公租房租金补贴的，应当同时提交公租房轮候申请受理回执。

申请人在提交本条第一款、第二款规定材料的同时，应当签署诚信申报声明，对其提交申请材料和申报信息的真实性、准确性、合法性负责。

第十一条 申请人可以登录市主管部门网站按要求在线填写廉租保障申请表，也可以在区主管部门指定地点领取或者登录市主管部门网站下载廉租保障申请表后按要求填写，并备齐本办法第十条规定的材料，向户籍所在地区主管部门提出廉租保障申请。

第十二条 接受申请材料的区主管部门应当对申请材料进行核查，材料齐备且符合规定形式的，予以受理，并向申请人出具受理回执；材料不齐备、不符合规定形式的，应当当场书面告知原因以及应当补正的材料和补正期限，逾期未补正的，视为主动放弃本次申请。

第十三条 区主管部门应当将辖区内符合廉租保障申请条件的申请人、共同申请人相关信息，以及廉租保障对象按本办法相关规定承租住房、领取租金补贴的信息向社会公开，接受社会监督。

第十四条 廉租保障对象可以自行承租市场房源，由户籍所在地区主管部门按本办法第十五条规定发放市场房租金补贴。

符合我市公租房轮候申请条件且已载入轮候册的廉租保障对象，可以选择按前款规定享受廉租保障，或者选择轮候公租房。经轮候并承租公租房的，由户籍所在地区主管部门按本办法第十六条、第十七条规定发放公租房租金补贴。

第十五条 市场房租金补贴标准由各区政府（新区管委会）制定并公布执行，按廉租保障对象人口数发放。

市场房租金补贴标准应根据本区（新区）社会经济发展状况、物价变动情况和住房保障水平等适时进行调整。

第十六条 廉租保障对象经轮候并承租公租房的，户籍所在地区主管部门与其签订公租房租赁合同。配租面积和租金的标准与其他公租房轮候家庭一致。

自公租房租赁合同签订之日起，廉租保障对象退出轮候库，在本办法第十七条规定的建筑面积（以下简称面积）标准内，按照其所承租公租房租金标准的90%向其发放公租房租金补贴。

第十七条 公租房租金补贴面积标准按廉租保障对象人口数计算，人均补贴面积标准为15平方米，每个家庭补贴面积上限为50平方米。承租面积低于补贴面积标准的，按实际承租面积计算；承租面积高于补贴面积标准的，超出补贴面积标准部分不予补贴。

第十八条 正在承租公租房的廉租保障对象可申请转换保障方式，自行承租市场房源的，公租房租赁合同解除。自合同解除当月起，按本办法第十四条第一款规定享受市场房租金补贴，同时停止享受公租房租金补贴。

正在承租市场房源且符合我市公租房轮候申请条件的廉租保障对象，可申请转换保障方式，按规定申请轮候公租房。经载入轮候册的，按本办法第十四条第二款规定执行。

第十九条 本办法施行之日前已经承租廉租房且租赁合同未到期的廉租保障对象，可以继续履行租赁合同，不予发放租金补贴。

廉租房租赁合同履行期间，符合我市公租房轮候申请条件且已经载入轮候册的廉租保障对象可按照本办法第十四条第二款规定轮候公租房。经轮候并承租公租房的，自公租房租赁合同签订之日起，廉租房租赁合同解除，应当退出原承租的廉租房，按本办法第十四条、十六条、十七条规定享受公租房租金补贴。其退出的原廉租房纳入公租房房源。

第二十条 廉租房租赁合同期限届满后，可以选择按以下方式处理：

（一）申请续租。续租合同的租金标准按原合同约定执行，续租期间不予发放租金补贴。

（二）不再续租。自行承租市场房源或者按规定轮候并承租公租房的，按本办法第十四条规定相应发放市场房租金补贴或者公租房租金补贴。

发生前款第（二）项规定情形的，原廉租房纳入公租房房源。

第二十一条 本办法施行之日前因承租公租房导致原廉租房货币补贴停发的，廉租保障对象户籍所在地区主管部门应按本办法第十四条、第十六条、第十七条规定为其补发公租房租金补贴。

第二十二条 廉租保障对象的住房、人口、户籍、收入等情况发生变化的，应当在发生变化之日起30日内，登录市主管部门网站或者到户籍所在地区主管部门办理信息变更并提交相关资料。

市、区主管部门应当会同规划国土、卫生计生、公安、民政等部门，对廉租保障对象的住房、人口、户籍、低收入居民身份等情况进行不定期核查。发现不符合规定条件的，区主管部门应当通知其在15日内办理信息变更。

根据申报和核查的结果，廉租保障对象家庭人口等发生变化的，区主管部门应当调整租金补贴额度或者实物配租面积、租金；不再符合本办法第八条规定的廉租保障申请条件的，按以下规则处理：

（一）符合公租房轮候申请条件的，取消其廉租保障对象资格，停止对其发放租金补贴，并将理由书面告知。未承租公租房的，同时告知其可以按规定申请轮候公租房。

（二）已按规定轮候公租房或者已承租公租房，但不再符合公租房保障条件的，取消其公租房保障资格，并按有关规定处理。

第二十三条　不符合条件的申请人、共同申请人以隐瞒或者虚报住房、人口、户籍、收入等状况的方式弄虚作假，或者采取贿赂等不正当手段申请廉租保障的，根据《深圳市保障性住房条例》等法规、规章和规范性文件处理。

第二十四条　区主管部门负责建立健全辖区内廉租保障对象享受住房保障的信息档案，包括廉租保障对象名单清册（台帐），租金补贴发放名单清册（台账），银行对帐单，廉租保障对象统计月（季）报表，承租公租房的租金收缴情况及廉租保障管理工作文件、表、图、册等相关资料。廉租保障信息应当纳入住房保障信息平台。

有本办法第二十二条第三款规定情形的，区主管部门应当及时更新，确保档案数据完整、准确，实现对保障对象信息的动态管理。

第二十五条　本办法自 2016 年 7 月 1 日起施行。

深圳市住房和建设局深圳市财政委员会
关于印发《深圳市政府购买棚户区改造服务管理办法》的通知

深建规〔2016〕7号

各有关单位：

为规范政府购买棚户区改造服务，根据《国务院关于进一步做好城镇棚户区和城乡危房改造及配套基础设施建设有关工作的意见》（国发〔2015〕37号）、《财政部关于做好城市棚户区改造相关工作的通知》（财综〔2015〕57号）等规定，结合我市实际，市住房和建设局会同市财政委制定了《深圳市政府购买棚户区改造服务管理办法》，现予印发，请遵照执行。

深圳市住房和建设局深圳市财政委员会
2016年6月6日

深圳市政府购买棚户区改造服务管理办法

第一条 为规范政府购买棚户区改造（以下简称棚改）服务，贯彻落实《国务院关于进一步做好城镇棚户区和城乡危房改造及配套基础设施建设有关工作的意见》（国发〔2015〕37号）、《财政部关于做好城市棚户区改造相关工作的通知》（财综〔2015〕57号），根据《深圳经济特区政府采购条例》《深圳市人民政府印发关于建设工程招标投标改革若干规定的通知》（深府〔2015〕73号）等规定，结合我市实际，制定本办法。

第二条 本办法适用于本市行政区域内政府购买棚改服务的监督管理。

第三条 本办法所称政府购买棚改服务，是指棚改项目由购买主体按照政府购买服务相关规定，向承接主体购买服务的模式。

本办法所称购买主体，是指经市、区政府（含新区管委会，下同）批准同意，实施购买棚改服务的行政机关或者参照公务员法管理、具有行政管理职能的事业单位。

本办法所称承接主体，是指承接政府购买棚改服务、符合相应条件的企业。

第四条 政府购买棚改服务的范围，限定在政府应当承担的棚改征地拆迁服务以及安置住房筹集、公益性基础设施建设等方面，不包括棚改项目中配套建设的商品房以及经营性基础设施。

第五条 市、区住建部门负责依法制定本级中长期棚改规划和分年度建设计划。

第六条 市、区财政部门就本级政府具体购买棚改服务事项进行财政承受能力评估，将购买棚改服务资金逐年列入同级财政预算支出管理和中期财政预算，按程序报同级人大或者人大常委会审议。

市、区财政承担政府购买棚改服务的资金比例由市政府根据事权划分、项目投资规模等因素综合确定。

第七条 购买主体应当按照政府购买服务有关法律规定，根据购买内容的供求特点、市场发育程度等因素，按照方式灵活、程序简便、公开透明、竞争有序、结果评价的原则组织实施政府购买棚改服务，依法确定承接主体。

第八条 购买主体依法确定承接主体后，应当与承接主体签订棚改购买服务合同（或者协议，下同）。合同应当明确购买棚改服务的内容、期限、数量、质量、价格等要求，以及资金结算方式、双方的权利义务事项和违约责任等内容。

第九条 购买主体应当加强棚改购买服务合同的管理，督促承接主体严格履行合同，及时了解掌握项目实施进度，严格按照国库集中支付管理有关规定和合同执行进度支付款项。

第十条 承接主体应当按照合同履行提供棚改服务的义务，认真组织实施服务项目，切实加强项目安全管理，按时完成服务项目任务，保证服务数量、质量和效果，严禁转包行为；主动接受和配合相关部门对项目管理、资金使用情况等进行的监督检查及绩效评价。

第十一条 承接主体应当建立政府购买棚改服务台账，记录相关文件、工作计划方案、项目和资金批复、项目进展和资金支付、工作汇报总结、重大活动和其他有关资料信息。

第十二条 承接主体应当严格财务管理，按照会计制度规定对购买棚改服务的项目资金进行会计核算，保证会计资料真实、完整。建立健全内部监督机制，确保资金规范管理和使用。

第十三条 承接主体可以向国家认可的、承担棚改服务贷款的金融机构申请贷款，金融机构对贷款进行独立审批。审批通过后，金融机构与承接主体签署借款合同。承接主体可以以棚改购买服务合同项下权益向金融机构提供质押担保。

购买主体根据项目实际需要，合理确定政府购买棚改服务年限和分年度的资金支付计划。

第十四条 住建、财政等相关部门以及购买主体应当建立承接主体履行政府购买棚改服务合同的信用记录，对弄虚作假、冒领财政资金以及有其他违法违规行为的承接主体，依法给予行政处罚，并列入政府购买服务黑名单；构成犯罪的，依法追究刑事责任。

第十五条 住建、财政、审计、监察等有关部门应当加强对政府购买棚改服务的监督、审计，确保政府购买棚改服务资金规范管理和合理使用。对截留、挪用、滞留建设资金等其他违反本办法规定的行为，依法追究法律责任；构成犯罪的，依法追究刑事责任。

第十六条 本办法未尽事宜，按照政府购买服务、棚户区改造的有关规定执行。

第十七条 本办法自发布之日起施行，有效期5年。

深圳市人民政府办公厅转发市规划国土委等单位《关于进一步促进我市房地产市场平稳健康发展的若干措施》的通知

各区人民政府，市政府直属各单位：

经市政府同意，现将市规划国土委、市场和质量监管委、公安局、住房建设局、地税局、金融办、网信办制定的《关于进一步促进我市房地产市场平稳健康发展的若干措施》予以转发，自印发之日起实施，请认真贯彻执行。

市政府办公厅
2016 年 10 月 4 日

关于进一步促进我市房地产市场平稳健康发展的若干措施

市规划国土委 市场和质量监管委 市公安局
市住房建设局 市地税局 市金融办 市网信办

为贯彻落实国家房地产市场调控要求，增加住房供应，规范市场秩序，进一步促进我市房地产市场平稳健康发展，现提出如下措施：

一、加大住房用地供应力度，有效增加住房供给

加快落实“十三五”期间 800 公顷商品住房、人才住房和保障性住房用地供应目标，尽快完成 2016 年 137 公顷各类住房供地任务；通过优先选址、加快供地节奏，加大原特区外住房用地供应力度；提高土地开发强度，盘活各类存量土地，加大城市更新、棚户区改造和土地整备的力度，加快轨道交通沿线及上盖各类住房建设，多渠道增加住房供应，满足人民群众的居住需求。

二、优化土地出让模式，加强土地购置资金监管

“招拍挂”出让商品住房用地，土地溢价率超过一定比例的，由竞价转为竞配人才住房或保障性住房面积，或提高开发企业自持住房比例用于租赁经营。

提高竞买商品住房用地保证金的比例，企业和个人竞买土地保证金不得低于出让底价的 50%。企业和个人参与商品住房用地“招拍挂”前，承诺土地购置资金来源不属于开发贷款、资本市场融资、资管计划配资等，违反承诺的取消中标资格并没收竞地保证金。

金融监管机构严查企业和个人购买商品住房用地资金的来源，税务部门严查偷税漏税行为，对存在违法违规的企业和个人以及金融机构，依法依规严厉处罚。

三、调整住房户型结构，增加普通住房供应

增加中小户型、中低价位普通商品住房的供应。新增商品住房项目，套内建筑面积在 90 平方米以下的普通住房的建筑面积和套数占比不低于商品住房项目总建筑面积和总套数的 70%。

四、完善住房限购政策，抑制投资投机需求

本市户籍居民家庭（含部分家庭成员为本市户籍居民的家庭）继续执行限购 2 套住房的政策；本市户籍成年单身人士（含离异）在本市限购 1 套住房；能提供自购房之日起计算的前 5 年及以上在本市连续缴纳个人所得税或社会保险证明的非本市户籍居民家庭，限购 1 套住房；对境外机构和个人购房，严格按照有关政策执行。购房时间的认定，以在本市房地产主管部门信息系统网签购房合同的时间为准。

五、加强商品住房和商务公寓项目销售价格管理

房地产开发企业应当接受主管部门对商品住房和商务公寓项目销售价格的指导，对项目申报价格明显高于周边同类在售项目价格或本项目前期成交价格或周边同类二手房价格的，市场监管和规划国土部门暂不办理价格备案、暂不核发预售许可证或暂不办理现房销售备案。

对已取得预售许可和现售备案的商品住房和商务公寓项目，主管部门实时监测销售行为；对超出备案价格、擅自提价且不接受主管部门价格指导的开发企业，立即停止网签并责令企业整改。

六、进一步完善差别化住房信贷政策

根据中国人民银行有关规定，经深圳市场利率定价自律机制商定，对差别化住房信贷政策作以下要求：

对购房人家庭名下在本市无房且无商业性住房贷款记录或公积金住房贷款记录的，继续执行贷款首付款比例最低 30% 的政策；购房人家庭名下在本市无房但有商业性住房贷款记录或公积金住房贷款记录的，贷款首付款比例不低于 50%；购房人家庭名下在本市拥有 1 套住房的，贷款首付款比例不低于 70%。

人民银行深圳市中心支行、深圳银监局将继续加强监管并指导各商业银行分类调整个人住房贷款最低首付比例，各商业银行应严格执行差别化住房信贷政策，并进一步加强住房信贷风险控制。

七、严厉查处房地产市场违法违规行为

房地产主管部门会同市场监管、公安、税务、金融等相关部门开展房地产开发项目交易秩序整顿，对未取得预售许可的项目，禁止企业以诚

意金、VIP 卡等形式蓄客，对已取得预售许可或已办理现房销售备案的项目，企业要在规定时间内一次性公开全部销售房源；开发企业应在交易场所醒目位置明确标示所有可售房源及其价格等信息，严格执行明码标价、一房一价的规定，严禁企业采取拖延开盘时间、控制房源等手段捂盘惜售、制造供不应求假象。

金融主管部门会同规划国土、市场监管、公安、税务等部门，加强房地产金融秩序整顿和监管，重点打击零首付、首付贷、众筹买房等市场违法违规行为，严禁中介机构从事自我融资、自我担保、设立资金池等场外配资金融业务，继续开展房地产领域非法集资排查。

各相关部门要加强市场主体经营行为监管，加强房地产行业专项整治，严厉打击合同违法、虚假广告、价格欺诈、偷税漏税等违法违规行为，并将相关信息记入企业和个人诚信档案，予以公开曝光；对涉嫌违法的企业和个人，由公安等部门依法处理。

八、加强部门联动，完善房地产调控联席会议制度

加强组织领导，建立由市规划国土委牵头，市市场和质量监管委、市公安局、市住房建设局、市地税局、市金融办、市网信办、深圳市国税局、人民银行深圳市中心支行、深圳银监局等单位参加的房地产调控联席会议制度，指导、协调、推进全市房地产市场监管工作。完善工作机制，加强对房地产市场的跟踪、分析和研判，加强房地产调控政策研究，及时完善相关监管措施，加强房地产市场和调控政策的正面宣传和舆论引导。

深圳市前海深港现代服务业合作区管理局关于印发《深圳市前海深港现代服务业合作区人才住房管理暂行办法》的通知

深前海〔2016〕213号

各有关单位：

为进一步扶持深圳市前海深港现代服务业合作区（以下简称前海）产业发展，优化营商环境，加强深港合作，促进职住平衡，根据《深圳经济特区前海深港现代服务业合作区条例》等相关法规、政策，结合前海实际，我局制定了《深圳市前海深港现代服务业合作区人才住房管理暂行办法》，现予印发，请遵照执行。

深圳市前海深港现代服务业合作区管理局

2016年11月9日

深圳市前海深港现代服务业合作区人才住房管理暂行办法

第一章　总　则

第一条　为进一步扶持深圳市前海深港现代服务业合作区（以下简称前海）产业发展，优化营商环境，加强深港合作，促进职住平衡，根据《深圳经济特区前海深港现代服务业合作区条例》等相关法规、政策，结合前海实际，制定本办法。

第二条　本办法适用于前海人才住房的筹建、配租及相关管理活动。

第三条　根据前海的目标定位和产业导向，前海人才住房优先面向符合前海金融、现代物流、信息服务、科技服务和专业服务等产业的人才，同时兼顾为前海发展提供公共服务的机关、企事业单位或者社会团体中的人才。

前海人才住房作为深圳市以及南山区人才住房的补充，其管理应当遵循诚实信用和公开、公平、公正的原则。

第四条　前海管理局是前海人才住房的主管单位，负责前海人才住房的筹建、配租的组织实施和监督管理，具体职责为：

（一）负责管理前海人才住房的建设活动和供应计划。

（二）负责前海人才住房的租金定价、资金

收支安排。

（三）负责制定申请单位的遴选条件、排位规则及申请房源的上限。

（四）负责制定专业人才遴选条件。

（五）负责前海人才住房管理的其他活动。

前海管理局可以通过购买服务等方式依法委托前海管理局局属公司或者其他第三方机构（以下简称受托单位）负责前海人才住房的日常管理工作，包括负责受理人才住房的申请、初审、日常运营管理、建立人才住房台账等。

第五条　前海管理局成立人才住房工作领导小组作为人才住房管理工作的领导机构，由前海管理局分管住房管理的副局长任组长，前海管理局产业促进、保税港管理、金融创新、香港事务、发展财务、土地房产、规划建设、组织人事等部门负责人为小组成员，负责审定前海人才住房管理工作中的日常管理事项。

总部企业、港资企业或者特别重大的产业项目，应当经人才住房工作领导小组审议后报局长办公会审定。

第二章　筹集与建设

第六条　前海管理局根据前海发展规划，组织编制前海人才住房发展年度计划，涉及土地出让的，纳入土地供应年度实施计划。

第七条　前海人才住房的来源包括：

（一）第三方通过招标、拍卖、挂牌等方式取得土地使用权，建成后按照协议规定移交给前海管理局的配建住房。

（二）由前海管理局统一建设、购买、租赁或者委托企业或者其他机构建设的住房。

（三）其他依法筹集的住房。

第八条　筹集与建设前海人才住房的资金来源包括：

（一）土地出让净收益中安排的资金。

（二）财政预算安排的资金。

（三）出租人才住房及其配套设施所得的收益。

（四）前海管理局自筹资金。

（五）社会资本。

（六）依法通过其他方式筹集的资金。

第九条　根据本办法第七条第（一）项规定配建的人才住房，应当明确项目设计要求、建设标准、产权限制、建设工期、移交给前海管理局的建筑面积、价格、交付方式、交付时间等内容，并作为土地使用权的出让条件。

竞买人（竞标人）递交书面竞买、投标申请时，应当一并提交建设和管理承诺书，确保按照相关要求组织开发建设。竞得者应当与前海管理局签订监管协议书，监管协议书将作为土地出让合同的组成部分。

第三章　申请及配租

第十条　前海管理局根据前海的经济发展、产业导向、人才政策和房源情况等因素制定配租方案，配租方案、房源信息、配租政策等信息应当在前海官方网站和全市公共住房基础信息管理平台公布，配租方案应当在公布后组织实施。

前海管理局应当按照同期同区域同类型普通商品住房市场指导租金标准，综合考虑筹建成本、配套设施、房屋折旧等因素，确定人才住房的租金标准。租金标准的确定，应当遵循深圳市相关规定，并在前海官方网站公布后实施。

第十一条　前海人才住房分为深港合作住房、产业扶持住房和公共服务住房。

各类人才住房申请单位的分类标准和申报资格，由配租方案予以确定。

第十二条　本办法所称深港合作住房，是指配租给在前海注册的港资企业的人才住房。

申请配租深港合作住房的企业应当同时符

合下列条件：

（一）符合前海合作区产业准入目录。

（二）无行贿犯罪记录。

（三）经前海管理局认定的港资企业。

第十三条　本办法所称产业扶持住房，是指配租给在前海注册并符合前海产业发展要求的非港资企业的人才住房。

申请配租产业扶持住房的企业应当同时符合下列要求：

（一）符合前海合作区产业准入目录。

（二）无行贿犯罪记录。

第十四条　本办法所称公共服务住房，是指配租给为前海产业、公共事业发展提供公共服务的机关、企事业单位或者社会团体的人才住房。

第十五条　前海人才住房的申请人应当同时符合下列条件：

（一）在所在机关、企事业单位或者社会团体全职工作。

（二）具有大学本科及以上学历。

（三）申请人及其配偶、未成年子女或者其他共同申请人均未在本市拥有任何形式自有住房（含住房建设用地），未领取过购房补贴。

（四）申请人及其配偶、未成年子女或者其他共同申请人均未在本市租住任何形式的保障性住房或者政策优惠性质的住房（含军队用房）。正在本市领取租房货币补贴的，可以依照本办法申请人才住房，申请通过并承租人才住房的，按照我市相关规定停止享受租房货币补贴。

申请人符合我市杰出人才、领军人才安居条件的，可以由市住房保障部门统筹安排，也可以自愿选择前海人才住房，但不得重复享受。

在同等条件下，住房应当优先配租给港籍人才、境外高端人才和紧缺人才。

第十六条　前海人才住房的配租申请主体原则上为机关、企事业单位或者社会团体。申请前海人才住房，按照以下程序办理：

（一）申请。符合规定条件的机关、企事业单位或者社会团体的职工向所在单位提交申请，所在单位统筹本单位入住需求后，向受托单位提交申请，并对本单位员工申请材料的真实性负责。

（二）受理。受托单位统一受理申请，材料齐备且符合规定形式的，予以受理，并出具受理回执；材料不齐备、不符合规定形式的，当场书面告知原因以及所有应当补正的材料和补正期限，逾期未补正的，视为放弃本次申请。

（三）审核。受托单位将已经受理的申请人材料初审后报送前海管理局进行审核。

（四）公示公告。前海管理局应当将审核结果在前海官方网站公示 15 日。公示期内对审核结果有异议的，应当以书面形式向前海管理局提出。前海管理局对异议应当予以核实，并公布核实结果。公示期满无异议或者经核实异议不成立的，予以配租住房；公示期内有异议并经核实异议成立的，不予配租住房，并在 5 个工作日内将有关情况反馈给申请单位。

第十七条　前海人才住房首次租赁期限不超过两年，期满后可以申请续租一次，续租期限不超过两年。

续租期满后，承租单位继续申请租赁人才住房的，可以根据该年度人才住房的申请条件和程序重新提出申请；再次申请未获得批准的，按照原租赁合同约定办理退房手续。

第四章　管理及退出

第十八条　人才住房配租后，承租单位应当按照相关规定在 10 个工作日内将住房分配给申请人，并在分配住房后 5 个工作日内，将承租人信息报受托单位备案；人才住房逾期未分配的，按照租赁合同约定予以收回。

承租单位应当定期对本单位承租的住房进行日常监管，在承租期内可以根据需要自主变更承租人，承租人应当满足本办法第十五条规定的条件。承租人信息变更的，承租单位应当在信息变更后 5 个工作日内将有关情况报受托单位备案。

第十九条 承租单位在合同期限届满前需要提前退租的，应当提前两个月向受托单位提出书面申请，并按照租赁合同约定办理退房手续。

第二十条 租赁期满后，承租单位或者承租人仍符合前海人才住房申请条件且需要续租的，应当由承租单位在期满前 3 个月内提出续租申请，续租申请的办理参照首次申请程序。

第二十一条 每一户家庭在本市范围内只能承租一套人才住房或者保障性住房，因结婚、住房政策等原因承租两套及以上住房的，应当自行选择保留一套，并在 3 个月内向原承租单位申请退租其余住房；承租人因购买、继承、赠与等原因在本市拥有任何形式自有住房的，应当按照租赁合同约定退出前海人才住房。

第二十二条 受托单位按照委托协议做好对前海人才住房的运营管理：

（一）对人才住房进行统筹运营、分类管理，制订日常运营管理方案，由前海管理局审定后实施。

（二）拟订前海人才住房的申请表、租赁合同等相关示范文本，报前海管理局批准后另行公布。

（三）及时统计空置房源信息，并报送前海管理局在前海官方网站及时公布更新人才住房信息。

（四）负责办理承租人信息备案，并将承租人信息上报市人才住房主管部门备案。

（五）负责对承租单位的配租情况及承租人入住情况进行抽查，对违反本办法规定的情形，上报前海管理局，由前海管理局按照相关规定或者租赁合同约定处理。

第二十三条 承租单位具有下列情形之一的，受托单位应当责令承租单位限期整改，逾期未整改的，受托单位应当按照有关规定或者租赁合同约定收回住房：

（一）因企业注册地迁出等原因不再符合前海人才住房申请条件的。

（二）无正当理由连续 3 个月空置的。

（三）累计两个月未缴纳租金的。

（四）擅自转租、互换、出借的。

（五）改变前海人才住房使用功能的。

（六）擅自进行装修或者改造的。

（七）因故意或者重大过失，造成住房严重毁损的。

（八）承租人因解除劳动合同等原因不再符合申请条件，因购买、继承、赠与等原因在本市拥有任何形式自有住房，对婚姻家庭、住房和住房保障等情况弄虚作假，以贿赂等不正当手段骗取住房。

（九）其他应当退租而未退租的，或者退租后逾期未腾退住房的。

（十）其他违法或者违约情形。

第二十四条 前海人才住房租金收入按照“收支两条线”原则上缴国库，前海管理局参照市相关规定统筹安排前海人才住房资金支出。

第二十五条 前海廉政监督局加强对人才住房配置执行情况的监督和检查。

前海人才住房管理工作接受社会公众监督。前海管理局对接到的投诉或者举报应当进行调查核实，发现承租单位或者承租人不符合配租条件的，或者存在隐瞒、虚报等违法行为的，按照相关规定处理。

第二十六条 前海管理局及其工作人员不按规定履行职责，滥用职权、玩忽职守、徇私舞弊的，依法追究行政责任；涉嫌犯罪的，依法移送司法机关处理。

第五章　附　则

第二十七条　本办法所称港籍人才，是指与在前海注册的企业建立了劳动关系并符合本办法第十五条要求的香港永久居民。

本办法所称境外高端人才和紧缺人才，是指经前海管理局按照规定程序认定的境外高端人才和紧缺人才。

本办法所称港资企业，是指香港特别行政区投资者在前海独资或者合资设立的企业。

第二十八条　本办法自 2016 年 12 月 1 日起施行，有效期 3 年。

国土资源部关于印发《实物地质资料管理办法》的通知

国土资规〔2016〕11 号

各省、自治区、直辖市国土资源主管部门，中国地质调查局：

根据《地质资料管理条例》（国务院令第 349 号）、《地质资料管理条例实施办法》（国土资源部令第 16 号）等有关规定，部组织对《国土资源部关于印发〈实物地质资料管理办法〉的通知》（国土资发〔2008〕8 号）进行了修订，现予以印发，请遵照执行。

2016 年 9 月 29 日

实物地质资料管理办法

第一条 为加强实物地质资料管理，充分发挥实物地质资料服务作用，根据《地质资料管理条例》（国务院令第349号）和《地质资料管理条例实施办法》（国土资源部令第16号），制定本办法。

第二条 实物地质资料的汇交、保管和利用，适用本办法。

第三条 国土资源部负责全国实物地质资料的汇交、保管和利用的监督管理。

省级国土资源主管部门负责本行政区域内实物地质资料汇交、保管和利用的监督管理。

第四条 实物地质资料实行分类筛选、分级保管。实物地质资料根据内容的重要性、典型性和代表性，分为Ⅰ、Ⅱ、Ⅲ类。国土资源部委托国土资源实物地质资料中心接收、保管Ⅰ类实物地质资料。省、自治区、直辖市国土资源主管部门的地质资料馆（以下简称“省级地质资料馆藏机构”）负责接收、保管Ⅱ类实物地质资料。矿业权人或项目承担单位自愿保管Ⅲ类实物地质资料。

第五条 国土资源部负责国土资源实物地质资料中心建设，馆藏建设和运行费用列入部门预算。国土资源实物地质资料中心可根据需要设立实物地质资料分库。

省级国土资源主管部门负责省级地质资料馆藏机构建设，馆藏建设和运行费用列入地方预算。鼓励通过建设区域分库或将管理职能向市、县延伸等方式提高实物地质资料保管服务能力。

受国土资源部委托的实物地质资料保管单位（以下简称“受委托保管单位”），负责本单位的实物地质资料馆藏建设和运行。

第六条 国土资源实物地质资料中心和省级地质资料馆藏机构（以下简称“实物地质资料馆藏机构”）及受委托保管单位履行下列职责：

（一）筛选、采集、验收、整理、保管实物地质资料；

（二）向社会提供实物地质资料服务；

（三）建立健全馆藏实物地质资料保管、利用制度；

（四）每年1月底前向国土资源主管部门报送上一年度实物地质资料汇交、保管和服务等情况；

（五）国土资源主管部门规定的其他职责。

第七条 汇交人应在汇交成果地质资料之前，填写实物地质资料目录清单（附件1），报项目所在地的省级地质资料馆藏机构。

项目跨省级行政区的，可向其中任一省级地质资料馆藏机构报送。

古生物化石标本的汇交、收藏、保管和利用，依照《古生物化石保护条例》（国务院令第580号）的有关规定执行。

第八条 省级地质资料馆藏机构在收到实物地质资料目录清单后，按照《实物地质资料分类要求》（附件2），根据实物地质资料内容的重要性、典型性和代表性，筛选确定Ⅰ、Ⅱ类实物地质资料总目录清单，商国土资源实物地质资料中心从中筛选确定Ⅰ类实物地质资料目录清单。

第九条 省级地质资料馆藏机构在收到实物地质资料目录清单后，应在30个工作日内向汇交人印发实物地质资料汇交通知书（附件3），通知书明确Ⅰ、Ⅱ类实物地质资料汇交清单，对于经筛选无Ⅰ类和Ⅱ类实物地质资料的，向汇交人印发无Ⅰ类Ⅱ类实物地质资料回执（附件4）。汇交人收到实物地质资料汇交通知书后，应分类整理并保管好相应实物地质资料，以备验收。

第十条 实物地质资料馆藏机构在印发汇交通知书之日起30个工作日内，应到实物地质资料暂时保管地接收、验收汇交人汇交的Ⅰ类、Ⅱ类实物地质资料，通过验收的，出具验收交接单（附件5）。

通过验收的Ⅰ类实物地质资料由国土资源实物地质资料中心运输到保管地点妥善保管，Ⅱ类实物地质资料由省级地质资料馆藏机构运输到保管地点妥善保管。

第十一条 实物地质资料目录清单、实物地质资料汇交通知书、无Ⅰ类Ⅱ类实物地质资料回执、验收交接单等均通过全国地质资料汇交监管平台办理。

监管平台显示汇交人未依法履行实物地质资料汇交义务的，由负责接收地质资料的国土资源主管部门依据《地质资料管理条例实施办法》第二十四条规定，书面通知汇交人限期汇交。未按照本办法汇交实物地质资料或在汇交中弄虚作假的，依照《地质资料管理条例》第二十条和第二十一条的规定进行处罚。

第十二条 Ⅰ类、Ⅱ类实物地质资料的保管单位应符合《实物地质资料馆藏建设要求》（附件6）规定的条件。

第十三条 实物地质资料馆藏机构、受委托保管单位及汇交人应按照《实物地质资料保管要求》（附件7）的规定，妥善保管实物地质资料。

Ⅰ类、Ⅱ类实物地质资料需要用新产生的更优资料进行替换时，应分别报国土资源实物地质资料中心、省级地质资料馆藏机构组织论证和审定。未按本办法保管实物地质资料，擅自缩减、替换或处置Ⅰ类、Ⅱ类实物地质资料的，按照《地质资料管理条例》第二十二条规定予以处理。

第十四条 国土资源主管部门应建立和完善服务机制，强化监督检查，提高实物地质资料社会化服务能力。

实物地质资料馆藏机构和受委托保管单位应积极向社会提供公益性服务，依照规定收取工本费；提供非公益性服务的，按有关规定执行。

汇交人保存的实物地质资料可按市场原则向社会提供服务。

第十五条 国土资源实物地质资料中心应及时汇总、检查和整理全国实物地质资料信息，建立全国实物地质资料目录数据库、重要地质钻孔数据库及其他实物地质资料数据库。

省级地质资料馆藏机构应及时采集、录入和更新实物地质资料目录、重要地质钻孔等数据信息。

第十六条 对于本办法实施后新产生的实物地质资料，按本办法严格管理；对于本办法实施前形成的实物地质资料，由各省级国土资源主管部门组织开展清理工作，解决历史遗留问题。

第十七条 各省、自治区、直辖市国土资源主管部门可根据本办法的规定，制定具体办法。

第十八条 本办法自发布之日起施行，有效期8年，《国土资源部关于印发〈实物地质资料管理办法的通知〉》（国土资发〔2008〕8号）同时废止。

附件：1.实物地质资料目录清单（格式）

2.实物地质资料分类要求

3.实物地质资料汇交通知书（格式）

4.无Ⅰ类Ⅱ类实物地质资料回执（格式）

5.实物地质资料验收交接单（格式）

6.实物地质资料馆藏建设要求

7.实物地质资料保管要求

附件1

实物地质资料目录清单（表一）（格式）

<table>
<tr><td>项目名称</td><td colspan="6"></td></tr>
<tr><td>项目编号</td><td colspan="6"></td></tr>
<tr><td>项目来源</td><td colspan="6">□中央财政安排项目　□地方财政安排项目　□其他资金安排项目</td></tr>
<tr><td>所在行政区名称</td><td colspan="6">省（区、市）市（地）县（市）</td></tr>
<tr><td>汇交人</td><td colspan="6"></td></tr>
<tr><td rowspan="2">汇交人联系方式</td><td colspan="4">通讯地址：</td><td colspan="2">邮政编码：</td></tr>
<tr><td colspan="2">联系人：</td><td colspan="2">联系电话：</td><td colspan="2">电子信箱：</td></tr>
<tr><td>工作区地理位置</td><td colspan="3">经度：度分秒
至度分秒</td><td colspan="3">纬度：度分沙
至度分秒</td></tr>
<tr><td>工作性质</td><td colspan="6">□区调　□矿产　□海洋　□水工环　□科研　□其他</td></tr>
<tr><td rowspan="2">工作程度</td><td colspan="6">比例尺：□小于 1:100 万　□1:100 万　□1:50 万　□1:25 万
□1:20 万　□1:10 万　□1:5 万　□1:2.5 万
□1:1 万　□大于 1:1 万</td></tr>
<tr><td colspan="6">工作阶段：口预查口普查口详查口勘探口开发</td></tr>
<tr><td rowspan="3">地质简况</td><td colspan="6">大地构造位置：(填至三级)</td></tr>
<tr><td colspan="6">成矿带：(填至三级)</td></tr>
<tr><td colspan="2">主要矿种：</td><td colspan="2">成因类型：</td><td colspan="2">成矿时代：</td></tr>
<tr><td>主要成果简述</td><td colspan="6">主要填写“工作进展情况、取得的项目成果及新的发现”等。</td></tr>
<tr><td rowspan="4">实物数量
(详见表二、表三)</td><td colspan="6">岩矿心：孔，总进尺米，取心米，岩屑袋。</td></tr>
<tr><td colspan="3">标本：块</td><td colspan="3">样品（副样）：袋</td></tr>
<tr><td colspan="3">光片：件</td><td colspan="3">薄片：件</td></tr>
<tr><td colspan="3">其他：</td><td colspan="3"></td></tr>
<tr><td colspan="4" rowspan="2">汇交人盖章
年　月　日</td><td colspan="3">备注：</td></tr>
<tr><td colspan="3">说明：表中属于选项栏的，只需在方框口中打“√”。有野外地质工作量的项目均应填报此表。</td></tr>
</table>

填表人：　　年　　月　　日

实物地质资料目录清单（表二）（格式）

序号	钻孔名称	钻孔位置		总进尺（米）	取心数量（米）	岩屑（袋）	见矿深度范围（米）	备注
		经度	纬度					

说明：有钻探工程的项目除填报表一外，还应填报此表。

实物地质资料目录清单（表三）（格式）

序号	图幅名称	实测剖面名称	标本数量（块）	光片数量（件）	薄片数量（件）	重要发现	副样数量（袋）	备注

说明：区调项目除填报表一外，还应填报此表。

附件2

实物地质资料分类要求

本要求主要用于指导实物地质资料馆藏机构和汇交人对实物地质资料进行分类筛选，根据实物地质资料的重要性、典型性和代表性，从区域地质调查、矿产勘查、海洋地质、水文地质、工程地质、环境地质、地质科学研究七大类地质工作项目产生的实物地质资料中筛选出Ⅰ、Ⅱ、Ⅲ类。

Ⅰ类实物地质资料是从能够反映全国或区域地质现象或重大地质工作成果，具有全国重要性、典型性和代表性的实物地质资料中筛选。

Ⅱ类实物地质资料是从能够反映本省（区、市）或一定行政区域地质特征和主要地质工作成果，具有本省（区、市）或一定行政区域重要性、典型性和代表性的实物地质资料中筛选。

Ⅲ类实物地质资料是除Ⅰ、Ⅱ类外其它具有重要重复利用价值的实物地质资料。

附件3

实物地质资料汇交通知书（格式）

（全或省简称）实资通字〔20××〕第××号

××××（汇交人名称）：

你单位报送的××××××（项目名称及编号）形成的实物地质资料目录清单已收到，根据《实物地质资料管理办法》的有关规定，你单位报送的本通知附表所列的实物地质资料应向国土资源主管部门汇交。××××××（馆藏机构名称）30 个工作日内将到现场进行验收与接收，具体时间由负责接收地质资料的地质资料馆藏机构另行通知。

附表：应汇交实物地质资料清单

馆藏机构地质资料汇交管理专用章

××××年××月××日

附表：

应汇交实物地质资料清单（格式）

<table>
<tr><td colspan="2">项目名称</td><td colspan="2"></td></tr>
<tr><td colspan="2">项目编号或探（采）矿权许可证号</td><td colspan="2"></td></tr>
<tr><td>序号</td><td>资料类别</td><td>资 料 名 称</td><td>数量及单位</td></tr>
<tr><td></td><td></td><td></td><td></td></tr>
<tr><td></td><td></td><td></td><td></td></tr>
<tr><td></td><td></td><td></td><td></td></tr>
<tr><td></td><td></td><td></td><td></td></tr>
<tr><td></td><td></td><td></td><td></td></tr>
<tr><td></td><td></td><td></td><td></td></tr>
<tr><td></td><td></td><td></td><td></td></tr>
<tr><td></td><td></td><td></td><td></td></tr>
<tr><td></td><td></td><td></td><td></td></tr>
<tr><td></td><td></td><td></td><td></td></tr>
<tr><td></td><td></td><td></td><td></td></tr>
<tr><td></td><td></td><td></td><td></td></tr>
<tr><td></td><td></td><td></td><td></td></tr>
<tr><td></td><td></td><td></td><td></td></tr>
</table>

说明：本表一式两份，汇交人和负责接收地质资料的馆藏机构各一份。表中“资料类别”项填写Ⅰ类或Ⅱ类；“数量及单位”项的“单位”按以下规则填写：“岩心”类填“米”，“标本”类填“块”，“副样”和“岩屑”类填“袋”，“光薄片”类填“件”。

附件4

无Ⅰ类Ⅱ类实物地质资料回执（格式）

（全或省简称）实资回字〔20××〕第××号

××××（汇交人名称）：

你单位报送的××××××（项目名称及编号）形成的实物地质资料目录清单已收到，根据《实物地质资料管理办法》的有关规定，经研究确定该项目无需向国土资源主管部门汇交实物地质资料，由你单位按国家有关规定妥善保管。

馆藏机构地质资料汇交管理专用章

××××年××月××日

附件5

实物地质资料验收交接单（格式）

<table>
<tr><td colspan="2">项目名称</td><td colspan="2"></td></tr>
<tr><td colspan="2">项目编号或探（采）矿权许可证号</td><td colspan="2"></td></tr>
<tr><td>序号</td><td>资料类别</td><td>资　料　名称</td><td>数量及单位</td></tr>
<tr><td></td><td></td><td></td><td></td></tr>
<tr><td></td><td></td><td></td><td></td></tr>
<tr><td></td><td></td><td></td><td></td></tr>
<tr><td></td><td></td><td></td><td></td></tr>
<tr><td colspan="4">接收方经办人（签字）：　　　　汇交方经办人（签字）：
年　月　日　　　　年　月　日</td></tr>
</table>

注：本文书一式二份，接收方（馆藏机构）一份，汇交人一份。表中“数量及单位”项的“单位”按以下规则填写：“文字类”填写“册”，“图件类”填写“幅”；“岩心”类填“米”，“标本”类填“块”，“副样”和“岩屑”类填“袋”，“光薄片”类填“件”。

附件6

实物地质资料馆藏建设要求

本要求适用于实物地质资料馆藏机构和拥有地质勘查资质的单位及其他实物地质资料保管单位的馆藏建设。

根据实物地质资料馆藏机构和保管单位在馆舍建筑、设施与设备、人员、经费、馆藏、业务六个方面应具备的条件，将其分为三级：特级、甲级和乙级。

国土资源实物地质资料中心应按照特级要求建设，省级地质资料馆藏机构应按照甲级（含）以上要求建设，其它实物地质资料保管单位可参照乙级要求建设实物地质资料库房。

附表：实物地质资料馆藏机构分级表

附表

实物地质资料馆藏机构分级表

要求			特级	甲级	乙级
馆舍建筑	总体建筑	实物地质资料馆藏机构有独立建造、自成体系的独栋地质资料馆舍	√		
		实物地质资料馆藏机构所在建筑应符合《档案馆建筑设计规范》中甲级档案馆的建设要求（包括防火、防震、防雷等级、馆址选择、建筑设计、档案防护、防火设计、建筑设备等）	√	√	
	库房	各库房集中布置，自成一区。库区内不应设置其他用房，其他用房之间的交通也不得穿越库区。库房内的保管条件应符合“防盗、防光、防高温、防火、防潮、防尘、防鼠、防虫”八防要求。与库房有关的安全管理制度应挂在库房内或库房附近适宜且醒目的位置	√	√	√
		实物库应位于建筑底层，有地下室时设在最下层，没有地下室时设在地面一层。实物库的设计地面载荷应满足需要	√	√	√
		设置独立实物库和纸质资料库房	√	√	
		有特殊实物库（防辐射、恒温恒湿、低温、超低温、高压、低压）	√		
		实物库温度、湿度应满足不同类型实物地质资料保管需要	√	√	
	业务与技术用房	有实物整理室	√	√	
		有岩心扫描室、标本摄像室、实物取样室、检测分析室等	√	√	
		有纸质资料整理室、纸质资料扫描室、电子文件处置室、网络机房和值班室等	√		
		业务与技术用房使用面积（平方米）	≥500	≥200	
	查阅资料用房	查阅资料用房使用面积（平方米）	≥500	≥200	
		有实物观察室	√	√	
		有纸质资料阅览室和电子资料阅览室	√	√	
		有接待室、实物展览室和会议报告室等	√		
设施与设备	馆舍建筑中的设施与设备	所在建筑应配备《档案馆建筑设计规范》中要求的各项设施与设备	√	√	√
		符合《档案馆建筑设计规范》中甲级档案馆的建设要求各项设施和设备	√	√	
		设置防盗报警及视频监视系统	√	√	

（续表）

<table>
<tr><th colspan="3">要求</th><th>特级</th><th>甲级</th><th>乙级</th></tr>
<tr><td rowspan="16"></td><td rowspan="3">库房中的设施与设备</td><td>配备有防火、防盗、防虫等设施和设备</td><td>√</td><td>√</td><td>√</td></tr>
<tr><td>配备火灾自动报警设施和灭火系统。灭火系统应采用惰性气体灭火系统</td><td>√</td><td>√</td><td></td></tr>
<tr><td>配备自动化立体仓储设施，采用叉车和托盘车等设备搬运实物</td><td>√</td><td>√</td><td></td></tr>
<tr><td rowspan="5">业务与技术用房设施与设备</td><td>配备开展日常工作所需的相关设备</td><td>√</td><td>√</td><td>√</td></tr>
<tr><td>配备实物整理设备（工作台、蜡封机、计算机、打印机、喷漆枪、切纸机、塑封机、清洁工具等）、给排水系统和通风除尘系统</td><td>√</td><td>√</td><td></td></tr>
<tr><td>设有取样和制样设备，包括：切片机、岩心钻柱机、岩心剖切机（便携和台式）、碎样机、磨片机等</td><td>√</td><td>√</td><td></td></tr>
<tr><td>配备灭火系统，应采用水喷雾灭火系统或非卤代烷灭火系统</td><td>√</td><td>√</td><td></td></tr>
<tr><td>配备大幅面扫描仪、大幅面打印机</td><td>√</td><td></td><td></td></tr>
<tr><td rowspan="4">查阅资料用房设施与设备</td><td>配备文本资料打印、复印、扫描设备</td><td>√</td><td>√</td><td>√</td></tr>
<tr><td>设有实物观察设备，包括：显微镜、放大镜、罗盘、皮卷尺、钢尺、三角板、计算器、量角器、图板、照明灯具、稀盐酸等</td><td>√</td><td>√</td><td>√</td></tr>
<tr><td>纸质资料阅览室、电子阅览室内应设置自动防盗监控系统</td><td>√</td><td>√</td><td></td></tr>
<tr><td>设有各类检索服务设备（计算机、掌上电脑、多点触控屏幕、多媒体展厅数字墙、网络在线虚拟现实展示系统）</td><td>√</td><td>√</td><td></td></tr>
<tr><td rowspan="2">实物地质资料扫描数字化设备</td><td>配备实物表面图像扫描或照相设备，包括岩心表面图像扫描仪、标本摄像仪和带有照相功能的显微镜等</td><td>√</td><td>√</td><td></td></tr>
<tr><td>配备实物定量、半定量参数扫描数字化设备，包括元素浓度、矿物组成、结构构造、电阻率、磁化率等扫描数字化设备</td><td>√</td><td></td><td></td></tr>
<tr><td rowspan="3">人员</td><td>数量</td><td>直接从事实物地质资料管理工作的人员（人）</td><td>≥50</td><td>≥20</td><td>≥3</td></tr>
<tr><td rowspan="2">结构</td><td>年龄、学历、专业结构合理，有地质、档案、计算机等不同专业人员</td><td>√</td><td>√</td><td></td></tr>
<tr><td>中、高级职称或本科学历以上技术人员应占总人数的30%以上</td><td>√</td><td>√</td><td></td></tr>
<tr><td rowspan="2">经费</td><td>预算</td><td>列入国家、地方财政预算，或有稳定的经费保障</td><td>√</td><td>√</td><td>√</td></tr>
<tr><td>数额</td><td>经费数量能够保障馆藏机构日常运行和管理与服务等工作需要</td><td>√</td><td>√</td><td>√</td></tr>
<tr><td>馆藏</td><td>馆藏容量</td><td>库房容量（按岩心延米数计算）</td><td>≥50万</td><td>≥30万</td><td>≥5万</td></tr>
<tr><td rowspan="10">业务工作</td><td rowspan="2">资料接收</td><td>按规定接收实物地质资料目录，开展实物地质资料筛选分类</td><td>√</td><td>√</td><td></td></tr>
<tr><td>按规定接收、验收汇交的实物地质资料</td><td>√</td><td>√</td><td></td></tr>
<tr><td rowspan="4">馆藏管理</td><td>对入库的实物进行统一的整理</td><td>√</td><td>√</td><td>√</td></tr>
<tr><td>开展实物表面图像扫描或照相工作</td><td>√</td><td>√</td><td></td></tr>
<tr><td>开展实物定量、半定量扫描数字化工作</td><td>√</td><td></td><td></td></tr>
<tr><td>定期、不定期检查各类实物保管状态</td><td>√</td><td>√</td><td>√</td></tr>
<tr><td rowspan="4">服务利用</td><td>提供实物地质资料观察、取样等服</td><td>√</td><td>√</td><td>√</td></tr>
<tr><td>提供实物地质资料社会化网络服务</td><td>√</td><td>√</td><td></td></tr>
<tr><td>提供资料目录互联网查询服务</td><td>√</td><td>√</td><td></td></tr>
<tr><td>提供各类实物扫描数字化数据互联网查询浏览服务</td><td>√</td><td>√</td><td></td></tr>
</table>

附件7

实物地质资料保管要求

一、入库保管要求

（一）资料整理

实物地质资料馆藏机构和保管单位，要按照《实物地质资料馆藏管理技术要求》（DD2010-05）规定的技术方法，对接收的实物地质资料进行建档和必要的整理后入库保管，确保实物地质资料在保管过程中的安全和稳定，主要工作如下：

1.核对资料

根据实物地质资料目录清单核对实物地质资料的数量、完整性和各类标识的齐全性。

2.清洁资料

将实物地质资料表面的灰尘、污垢等清洁干净，至露出实物的表面纹理或表面地质特征清晰，便于后期观察和扫描数字化等。

3.更换装具

按照实际要求对实物地质资料的装具进行统一或部分更换，装具应满足性能稳定、抗变形、抗风化、耐腐蚀、便于长期保管的要求。

4.补充标识

检查实物地质资料的各项标识是否清晰、完整、连续，补充缺失的标识。

5.包装防护

对于易挥发、易潮解、易氧化和易变质等性能不稳定的实物地质资料，要采取必要的包装防护措施。

（二）分配并登记存储空间

根据库房空间情况，合理安排实物地质资料存储位置，以方便实物地质资料的查询和调用。并对存储位置进行登记，建立库房台账。

（三）保管环境要求

1.保管实物地质资料的库房须满足防盗、防光、防高温、防火、防潮、防尘、防鼠、防虫八防要求。

2.按照实物地质资料的物理性质，选择常温、恒温、低温、密封、恒压、高压、低压等保管方式。

（四）其他事项

实物地质资料库房要建立设施设备保养与维护、库房环境维护与检测、资料保管情况定期检查等工作制度，对实物库的设施设备、实物地质资料的保管环境和保管情况等进行定期的检查、维护，确保实物地质资料得到安全、有序、和长期的保管。有条件的汇交人可参照上述要求将Ⅲ类实物地质资料入库保管。

二、埋藏保管要求

实物地质资料馆藏机构、保管单位和汇交人要按照以下要求对需埋藏保管的实物地质资料进行埋藏保管。

（一）准备工作

1.结合相关地质资料，以项目为单位收集实物地质资料的污染性信息，包括放射性实物的辐射强度数据和其他易产生污染的有毒有害组分含量，准确地评估埋藏实物的污染隐患。

2.将易引起污染的实物地质资料拣选出来，单独装箱、登记，并将放射性辐射强度数据或样品分析结果填写在登记表的备注中，为制定埋藏、清除方案提供依据。

（二）资料埋藏

1.具有放射性或有毒有害成分的实物地质资料必须深埋或送专门冶炼厂处理，处理后要符合相应的行业标准规范，以防污染环境。

2.应以地质工作项目或矿区为单元，以实测剖面或钻孔为单位，自深而浅依次埋藏于坑中。

3.选择地势较高，不易积水的场地作为坑址。可利用工矿废弃地、拟平复的槽、井探工程掩埋，山区可利用山洞或废坑道，黄土高原可挖窑洞，平坦地区可挖浅坑等。

4.浅坑的四壁及底部应用水泥涂浆抹平，坑底用 10cm ~ 20cm 的砂砾铺平或铺防水油纸、塑料等。

5.埋藏岩矿心、标本等实物地质资料时，应按剖面线及钻孔顺序依次放入坑内。埋藏时应照相或摄像存档。

6.放置岩矿心时，应从终孔岩矿心放起，每一个钻孔的最上面一排岩矿心都应用油漆写上孔号，以区别于其上堆放的其他钻孔的岩矿心。岩矿心铺放长度不宜过长，以 1m 为宜，堆放高度不超过 1.5m，应堆放整齐。在长岩心坑内分段放置岩矿心时，各段之间应用砖或其他硬质材料隔开，岩心顶部覆盖厚度应在 0.5m 以上。

7.放置标本时，应从剖面线末端放起，每一个剖面的最上面一排标本都应用油漆写上剖面编号，以区别于其上堆放的其他剖面的标本。标本铺放长度不宜过长，以 1m 为宜，堆放高度不超过 1.5m，应堆放整齐。在长标本坑内分段放置标本时，各段之间应用砖或其他硬质材料隔开，标本顶部覆盖厚度应在 0.5m 以上。

8.利用坑道或山洞埋藏岩矿心、标本等实物地质资料的，应将坑道、山洞等封闭。

9.埋藏点应编号、登记、标明位置，设立地石标志。绘制埋藏坑分布图及坑内埋藏实物地质资料示意图。

深圳市规划和国土资源委员会
关于印发《深圳市突发地质灾害应急预案》的通知

深规土〔2016〕501 号

各有关单位：

经市政府同意，现将《深圳市突发地质灾害应急预案》（2016 年修订版）印发你们，请认真组织实施。

深圳市规划和国土资源委员会
2016 年 7 月 19 日

深圳市突发地质灾害应急预案

（2016 年修订版）

一、总则

（一）编制目的

为进一步提高深圳市应对突发地质灾害的能力，高效有序做好突发地质灾害应急处置工作，维护人民生命财产安全和社会稳定，避免或最大限度减轻突发地质灾害造成的人员伤亡和财产损失。

（二）编制依据

依据国务院《地质灾害防治条例》《广东省突发地质灾害应急预案》《深圳市地质灾害防治管理办法》和《深圳市突发事件总体应急预案》等法律法规及相关规定，结合本市实际，制定本预案。

（三）工作原则

以人为本、预防为主。进一步加强基层地质灾害群测群防工作，建立健全以政府主导、全社会参与的地质灾害监测预警体系，最大限度预防并减少突发地质灾害及其造成的损失，保障人民生命财产安全。

统一指挥、分级负责。在各级政府领导下，由地质灾害应急指挥机构统一指挥，分级启动应急预案。有关单位各司其职、密切配合，共同做好突发地质灾害应急处置工作。

依法规范、高效有序。各级地质灾害应急指挥机构及有关单位依照法律法规规定的相关工作职责，高效有序开展突发地质灾害应急处置工作。

（四） 突发地质灾害等级

根据突发地质灾害的险情及灾情的严重程度和影响范围分为四个等级，由低到高依次分为一般地质灾害（Ⅳ级）、较大地质灾害（Ⅲ级）、重大地质灾害（Ⅱ级）和特别重大地质灾害（Ⅰ级）。

1. 一般地质灾害（Ⅳ级）

（1）因山体崩塌、滑坡、泥石流、地面塌陷等灾害造成 3 人以下（不含本数）死亡，或直接经济损失 100 万元人民币以下的突发地质灾害。

（2）受突发地质灾害威胁，需转移人数在 50 人以下或潜在经济损失 500 万元人民币以下的灾害险情。

（3）影响铁路、国家和省高速公路、国省道和航道正常通行，威胁群众生命财产安全的地质灾害。

2. 较大地质灾害（Ⅲ级）

（1）因山体崩塌、滑坡、泥石流、地面塌陷等灾害造成 3 人及以上、10 人以下死亡，或直接经济损失 100 万元人民币及以上、500 万元人民币以下的突发地质灾害。

（2）受突发地质灾害威胁，需转移人数在 50 人及以上、200 人以下或潜在经济损失 500 万元人民币及以上、5000 万元人民币以下的灾害险情。

（3）直接影响铁路干线、国家和省高速公路、国省道和航道正常通行，或较严重威胁群众生命财产安全、有较大社会影响的地质灾害。

3. 重大地质灾害（Ⅱ级）

（1）因山体崩塌、滑坡、泥石流、地面塌陷等灾害造成 10 人及以上、30 人以下死亡，或直接经济损失 500 万元人民币及以上、1000 万元人民币以下的地质灾害。

（2）受突发地质灾害威胁，需转移人数在 200 人及以上、500 人以下或潜在经济损失 5000 万元人民币及以上、1 亿元人民币以下的灾害险情。

（3）造成铁路繁忙干线、国家高速公路网线路、民航和航道较长时间中断，或严重威胁群众生命财产安全、有重大社会影响的地质灾害。

4. 特别重大地质灾害（Ⅰ级）

（1）因山体崩塌、滑坡、泥石流、地面塌陷等灾害造成 30 人及以上死亡，或直接经济损失 1000 万元人民币及以上的地质灾害。

（2）受突发地质灾害威胁，需转移人数在 500 人及以上，或可能造成的经济损失在 1 亿元人民币及以上的灾害险情。

（3）因突发地质灾害造成大江大河支流被阻断，严重影响群众生命财产安全。

（五）适用范围

本预案适用于发生在深圳市行政区域内的突发地质灾害防范和应对工作。法律法规另有规定的，从其规定。

（六）突发地质灾害现状

深圳市为亚热带海洋性季风气候，每年 4—9 月为雨季。受全球气候变化影响，我市台风和暴雨等灾害性天气频发。全市地形地貌以低山、丘陵和台地为主，地形起伏大，地质条件较复杂，部分自然山体斜坡稳定性较差，强降雨作用下易发生滑坡、崩塌等突发地质灾害，危害周边群众生命财产安全。全市泥石流突发地质灾害比较少，在山区沟谷处偶有发生。龙岗、坪山和大鹏部分地区分布有可溶岩。近十几年来，上述地区很少发生岩溶塌陷突发地质灾害。其他突发地质灾害在我市少见。我市需要应对的主要突发地质灾害为山体滑坡地质灾害和山体崩塌地质灾害。

二、组织机构和职责

（一）市地质灾害应急指挥部

市政府根据工作需要，在市突发事件应急委员会（简称市应急委）下设市地质灾害应急指挥部（以下简称市指挥部），负责统一组织、指挥和协调全市突发地质灾害的防范和应对工作。

总指挥：由分管地质灾害防治工作的市委或市政府领导担任。

副总指挥：1 名副总指挥由协助分管地质灾害防治工作的市委或市政府副秘书长兼任；1 名副总指挥由市政府协助分管应急工作的副秘书长兼任。

执行总指挥：由市规划国土委主任担任。

市指挥部成员由下列部门（单位）负责人或分管负责人组成。市指挥部各成员单位（以下简称成员单位）根据应急响应级别，按照市指挥部的统一部署和各自职责，共同做好突发地质灾害应急处置工作。

（1）市政府新闻办：负责指导、协调较大以上突发地质灾害应急处置的信息发布和舆论引导工作，保障应急信息发布的一致性、准确性和权威性。

（2）市应急办：组织协调相关应急资源参与突发事件处置工作，传达并督促有关部门（单位）落实市委、市政府、市应急委有关决定事项和市领导批示、指示。

（3）市规划国土委：负责地质灾害防治的组织、协调、指导和监督工作；组织突发地质灾害应急调查，核查地质灾害险情、灾情与诱发因素，实时掌握险情灾情动态信息，分析、预测发展趋势，及时提出应急防范措施和建议；指导地质灾害调查评价、监测和预报，与市气象局联合发布地质灾害气象风险预警；指导灾区做好灾后恢复重建规划、地质灾害应急治理工程等工作。

（4）市发展改革委：负责安排地质灾害专项治理、救灾重建基建项目及建设资金。

（5）市经贸信息委：负责组织制定应急救援物资储备计划，做好突发地质灾害应急处置过程中所需生活必需品等应急救援物资保障；指导、协调、监督电力运营企业及时修复损毁的电力设施，尽快恢复供电，保障受灾区应急装备的临时供电需求和电力供应；根据相关通讯保障应急预案要求，协调各通信运营企业抢险公共通信设施及提供抢险救灾通信保障。

（6）市财政委：负责做好应急资金的保障工作，安排突发地质灾害应急资金预算，制定应急资金使用管理制度，监督、检查应急资金的使用。

（7）市人居环境委：负责灾区环境的监测、监控与评价，防范发生环境污染次生灾害。

（8）市交通运输委：负责交通设施沿线地质灾害的排查、应急和治理工作；在危险路段设立警示标志；组织、指挥、协调有关单位抢修损毁的交通公路设施，保障道路畅通；组织协调各种交通运力，做好受灾人员、救援人员、物资和设备的运输工作。

（9）市卫生计生委：负责组织开展受灾区伤病员医疗救治工作、疾病预防控制工作和卫生监督工作，报告伤员救治信息和疾病防控工作。

（10）市教育局：负责组织开展危及学校（含学前教育机构）安全的地质灾害险情排查、监测和治理工作；灾害发生时，组织在校师生安全疏散，妥善解决受灾学生的就学问题；开展学生防灾减灾、应急避险科普知识宣传教育工作。

（11）市公安局（交通警察局、消防监督管理局）：负责组织、指挥、协调公安机关参与抢险救灾，配合当地人民政府组织疏散、撤离受地质灾害威胁的人员；组织维护受灾区社会治安秩序，依法打击违法犯罪活动；做好灾区交通管制和疏导工作；督促有关单位清除消防安全隐患。

（12）市民政局：负责协助做好受灾人员紧急转移和安置工作；核定、报告和发布救助信息；接收、管理、分配救灾捐赠财物；督促指导做好受灾困难群众生活救助，为受灾人员提供食品、饮用水、住所等基本生活保障；指导做好灾后民房恢复重建；协助做好遇难人员善后处置工作。

（13）市司法局：负责司法行政系统特殊单位及群体的监控和安置。

（14）市人力资源保障局：负责危及技工学校校舍和附属设施安全的地质灾害隐患排查治理工作；灾害发生时，督导技工学校组织在校师生安全疏散；指导技工学校组织开展师生防灾减灾、应急避险科普知识宣传工作。

（15）市文体旅游局：负责指导旅游企业、单位做好游客的安全疏散工作；负责完善广播电视传输覆盖网，建立健全应急广播体系，确保公众及时、准确获取政府发布的权威灾情和应急救援信息。

（16）市住房建设局：负责组织房屋建筑、燃气（天然气）管线和附属设施等本部门职责范围内各区域的地质灾害险情排查、监测和治理；监测、处置灾区房屋建筑和附属设施的安全隐患，评估受灾建筑物的损坏程度；组织指导燃气（天然气）的抢险、抢修工作；负责组织建筑工程应急抢险队伍，配合开展地质灾害应急抢险工作；督促指导灾后恢复重建工程建设。

（17）市水务局：负责水利设施和沿线的地质灾害险情排查、监测、应急和治理工作；组织水情汛情监测以及地质灾害引发的次生洪涝灾害的处置工作；组织指导水利工程设施和城市供水工程设施的抢修，保障城市供水安全。

（18）市市场和质量监管委：负责市场监管工作，维护灾区市场稳定，依法打击制售假冒伪劣救灾物资违法行为；组织指导食品药品安全事故应急处置和调查处理工作；督导有关企业做好灾后安全隐患排查和安全生产工作。

（19）市安全监管局：负责监管受灾区危险化学品安全（港口区域、城镇燃气、放射性物品等除外），防范次生灾害；协助有关单位督促工矿商贸企业做好危及自身安全和威胁人民群众生命财产安全的地质灾害防治工作。

（20）市城管局：负责公共绿地、公园、野生动植物园、建成后的自然保护区（除水源保护区范围）等场所内地质灾害隐患的防治工作；指导公共绿地、公园内基础设施和服务设施灾后恢复重建工作。

（21）市气象局：负责提供突发地质灾害气象风险预警所需的气象资料，联合市规划国土委及时、准确发布突发地质灾害气象风险预警信息；加强灾区气象监测预报，为应急救援提供气象保障。

（22）市外办（港澳办）：突发地质灾害涉及外籍人员伤亡、失踪、被困时，协助市指挥部向有关国家驻华领事馆通报情况，并协调处理有关涉外涉港澳事宜。

（23）市台办：协调处理在深台湾地区居民在突发地质灾害后的有关事宜。

（24）市无线电管理局：负责突发地质灾害抢险救灾期间的无线电通信畅通，组织、指导和协调无线电通信设施的抢修工作。

（25）市公安消防支队：负责组织实施突发地质灾害时的抢险、救援和消防应急抢险救灾工作。

（26）市建筑工务署：负责组织、协调、监督有关单位做好危及除水务、交通以外的由市建筑工务署负责实施的政府投资建设工程项目的地质灾害隐患排查、监测和治理工作。

（27）各区人民政府（含新区管理机构，以下统称区政府）：按照“属地管理”原则，负责建立健全地质灾害专项应急指挥机构，统一领导、组织、指挥、协调辖区突发地质灾害应急处置工作；组织制定和公布实施本辖区突发地质灾害应急预案；负责本辖区应急救灾物资储备库和应急避难场所建设，储备应急救灾物资及设备；组织建立健全辖区综合救援队伍、专业队伍和基层地质灾害抢修救灾队伍；组织开展辖区内突发地质灾害应急演习和宣传教育工作；组织所辖应急力量对突发地质灾害实施先期处置，及时上报突发地质灾害信息，及时组织人员实施紧急救助、疏散安置，控制次生、衍生灾害，开展社会动员，防止险情、灾情扩大；启动突发地质灾害应急响应后，负责成立地质灾害应急现场指挥部，统一指挥、协调现场应急处置工作，及时组织发布或配合上级单位发布突发地质灾害及其处置情况的消息。

（28）深圳警备区：根据市指挥部的申请，负责组织协调所属部队、民兵预备役参加抢险救灾行动；必要时，协调驻地部队参加突发地质灾害抢险救灾。

（29）武警深圳市支队、省边防总队深圳指挥部：根据市指挥部的要求，组织、指挥所属部队参与抢险救灾工作，配合公安机关维护灾区社会秩序，保卫重要目标。

（30）市水务集团公司：负责管辖范围的供水、排水设施设备的抢险、抢修工作，确保灾区自来水供应和污水排放。

（31）深圳供电局有限公司：负责所辖范围内电力系统恢复及电力设施的抢险、抢修工作，为应急抢险提供电力保障，及时恢复灾区电力供应。

（32）其他成员单位：根据市指挥部的安排部署，配合做好地质灾害应急处置工作。

各成员单位还应承担本部门（单位）职责范围内的其他应急工作。

（二）市指挥部办公室

市指挥部办公室设在市规划国土委，负责指挥部日常工作。办公室主任由市规划国土委分管委领导兼任。办公室主要职责：

（1）贯彻落实突发地质灾害防治的相关法律法规，执行指挥部各项指示和工作部署。

（2）及时研判突发地质灾害（含险情）的等级与响应级别，按规定提请指挥部启动、终止市级应急预案。

（3）市级应急预案启动后，组织指挥部成员单位和专家组查明地质灾害发生的原因、评估灾害损失及影响情况、分析灾害发展趋势、提出应急处置方案等，为指挥部提供决策支撑。

（4）按有关规定，接收、核实、处理、传递、通报、报告突发地质灾害信息，组织发布或配合上级单位对外发布突发地质灾害（含险情）救援、应急处置等信息。

（5）组织编制和修订市突发地质灾害应急预案。

（6）指导、协助各区建立和完善突发地质灾害应急抢险救援队伍。

（7）建立健全地质灾害监测预警体系，会同指挥部成员单位开展群测群防、监测预防和风险预警工作。

（8）建立和维护地质灾害应急指挥平台，纳入全市应急指挥平台体系。

（9）组织编制应急资源分布图谱，统筹应急物资、装备的储备和调用。

（10）制定年度突发地质灾害预防和应对工作计划，总结年度工作。

（11）组织开展突发地质灾害应急宣传、培训和演练等工作。

（12）指导、协助各区开展突发地质灾害应急处置工作。

（13）承办市委、市政府、市应急委交办的其他事项。

（三）基层地质灾害应急指挥机构

各区政府参照市指挥部设立相应的地质灾害应急指挥机构，统一领导辖区突发地质灾害的防范和应急工作。

（四）应急专家组

市规划国土委负责成立市地质灾害应急专家组，健全突发地质灾害应急管理决策咨询机制，为突发地质灾害应急指挥辅助决策、应急救援与处置、灾害监测及趋势预测、灾害损失评估等提供技术支持和咨询服务。

地质灾害应急专家组由工程地质、水文地质、环境地质、应急管理、基础地质、岩土工程、地基与基础工程及其相关专业等领域的专家、学者组成。

三、运行机制

（一）预防、监测与预警

1. 预防

（1）坚持“预防为主、预防与应急相结合”的原则。统筹考虑、综合运用各方面资源和力量，在城市规划、建设、和管理的各个阶段做好日常预防工作，提升防灾减灾能力，预防和减少突发地质灾害的发生，控制、减轻或消除突发地质灾害引起的社会危害。

（2）编制年度地质灾害防治方案。市规划国土委在开展地质灾害调查的基础上，结合气象预测信息，会同市指挥部成员单位依据地质灾害防治规划，在年初拟订市级年度地质灾害防治方案，报市政府批准后公布实施。各区政府组织编制辖区年度地质灾害防治方案，对辖区内的地质灾害防治工作进行统筹安排。

（3）各区政府及有关部门应按照《深圳市地质灾害防治管理办法》、地质灾害防治规划和年度地质灾害防治方案，做好突发地质灾害（隐患）的预防工作。

（4）加强宣传培训工作，鼓励报灾报险。各有关部门要加大地质灾害防治知识宣传培训力度，鼓励支持群众和单位向当地区政府及有关部门（单位）报告地质灾害信息。

2. 监测

（1）建立健全地质灾害监测网络。市规划国土委会同各区政府、市相关职能部门根据地质灾害防治规划和工作需要，确定地质灾害（隐患）监测点，建立监测网络，并按照国家有关规定对地质灾害险情实施动态监测。

（2）各区政府应加强地质灾害群测群防工作的组织领导和工作体系建设，根据年度地质灾害防治方案，组织街道办事处、社区工作站、居民委员会及相关预防、监测责任人登记地质灾害隐患点并进行日常巡查，发现险情灾情及时处理并报告。市规划国土委辖区管理局应充分发挥专业优势，每年汛期前，会同辖区住房建设、交通、水务、城管等单位进行地质灾害隐患排查，发现险情及时报告，落实防灾责任人、监测单位和监测人；汛中、汛后进行定期和不定期的检查，加强对地质灾害重点地区的监测和防范。

（3）因工程建设可能引发地质灾害的，建设单位、产权人应加强地质灾害监测。建设、交通、水务等行政主管部门按照各自职责分工负责指导、检查和监督。

3. 预警

（1）预警级别

地质灾害气象风险预警分为四个等级，由弱到强依次为四级、三级、二级、一级，分别表示气象因素致地质灾害发生有一定风险、风险较高、高、很高，分别对应地质灾害蓝色、黄色、橙色和红色预警。

（2）预警信息发布

当地质灾害气象风险预警等级达到三级（黄色）以上时，由市规划国土委、市气象局联合签发地质灾害气象风险预警信息并对公众发布，并同时通报市应急办、市三防部门和预警所在地区政府。

（3）预警信息发布内容

预警信息发布内容主要包括：地质灾害可能发生的时间、地点、成灾范围、影响程度、预警级别、警示事项、发布机构和发布时间等。

（4）预警信息发布方式

地质灾害气象风险预警信息通过深圳市突发事件预警信息发布系统（设在市气象局）对市有关部门（单位）、各区政府及公众发布。

各区政府应充分利用广播电视、手机短信、电子显示屏、警报器、宣传车等各种手段，及时、准确地将地质灾害气象风险预警信息转发给基层工作人员和受威胁群众。

（5）气象风险预警响应措施

预警信息发布后，预警所在地区政府、市各有关部门应根据实际情况和分级负责的原则，制定相应的气象风险预警响应措施并予以落实，严格执行值班制度，加强地质灾害巡查、监测，及时发现险情、灾情并报告。

（6）预警信息的调整

市规划国土委会同市气象局结合预测气象信息和地质环境条件，适时调整地质灾害气象风险预警信息。

（二）应急处置与救援

1. 信息报告和共享

（1）各区政府及有关部门要认真执行关于加强值班和信息报送的有关规定，对突发地质灾害做到早发现、早报告、早处置。

（2）发现地质灾害险情或灾情的单位和个人，应迅速通过电话等各种渠道向当地区政府、街道办事处、市规划国土委辖区管理局等报告灾情险情。接到报告的部门（单位），应按照相关规定转报。

（3）发生一般地质灾害，事发地的区级地质灾害应急指挥机构应立即向市委、市政府、市指挥部办公室和辖区政府报告，力争口头报告时间不超过60分钟、书面报告时间不超过90分钟。

（4）发生较大地质灾害，事发地的区政府应立即向市委、市政府及市指挥部报告，力争口头报告时间不超过 30 分钟、书面报告时间不超过 45 分钟。

发生重特大地质灾害，事发地的区政府应立即向市委、市政府及市指挥部报告，力争口头报告时间不超过 15 分钟、书面报告时间不超过 30 分钟。

特殊情况下，事发地街道办事处在向区政府报告的同时，可直接向市委值班室（电话：0755-88133333）、市政府总值班室（电话：0755-82003399）报告。经分析研判认为可能引发严重后果或造成重大影响的敏感信息、预警信息，按照较大突发事件信息报告时限要求执行。

获悉地质灾害线索后，要及时、主动、全面调度核实，按照突发事件分级报告要求立即报告，同时将事发现场的现场指挥官、现场联络员通讯方式一并报告。处置过程中，要密切跟踪、全面掌握事态发展，及时续报重要进展情况。处置结束后，要第一时间做好终报。

市指挥部办公室接到较大及以上突发地质灾害报告后，按照国家、省和市有关规定，及时做好地质灾害灾情和险情报送工作。

（5）突发地质灾害速报内容主要包括：地质灾害险情或灾情出现的时间、地点、地质灾害类型、灾害体规模、可能引发因素和发展趋势，死亡、失踪和受伤人数，以及造成的直接经济损失等，采取的对策措施。

（6）当突发地质灾害造成港澳台人员或外

籍人士伤亡时，市指挥部办公室应及时通报市外办（港澳办）、市台办，依据《深圳市涉外（港澳）突发事件应急预案》和《深圳市涉台突发事件应急预案》处置。

2. 先期处置

突发地质灾害发生后，涉事的单位、事发地工作站（居委会）、街道办事处应立即开展先期处置工作：组织应急救援力量和工作人员，营救受伤害人员，搜寻、疏散、撤离、安置受到威胁的人员；控制现场，采取其他防止危害扩大的必要措施；向事发地的区政府及有关部门（单位）报告信息。

对于初步判断为较大地质灾害、重大地质灾害和特别重大地质灾害，应立即向市委总值班室、市政府总值班室和市规划国土委值班室报告。

3. 应急响应

对于先期处置未能有效控制事态发展的突发地质灾害，应根据地质灾害等级，按照分级响应的原则，启动相应级别的应急响应。突发地质灾害应急响应从低到高分为Ⅳ级、Ⅲ级、Ⅱ级和Ⅰ级四个等级。

（1）Ⅳ级应急响应

发生一般地质灾害，事发地的区地质灾害应急指挥机构立即组织各成员单位和专家进行分析研判，对地质灾害影响及其发展趋势进行综合评估，由区地质灾害应急指挥机构负责人根据辖区突发地质灾害应急预案决定启动Ⅳ级应急响应，向辖区各有关单位发布启动相关应急程序的命令。必要时，市指挥部派出工作组赶赴灾害现场，指导区级地质灾害应急指挥机构做好地质灾害应急处置工作。

在应急过程中，对判定属于较大以上突发地质灾害的，事发地区政府（新区管委会）应根据辖区相关应急预案采取措施控制事态发展，组织开展应急处置工作，并立即向市委、市政府报告有关情况。事发地区级地质灾害应急指挥机构应立即向市指挥部报告地质灾害处置有关情况。

（2）Ⅲ级应急响应

发生较大地质灾害或接到较大地质灾害报告后，市指挥部立即组织各成员单位和专家进行分析研判，对地质灾害影响及其发展趋势进行综合评估，由市指挥部总指挥决定启动Ⅲ级应急响应，向各有关单位发布启动相关应急程序的命令。市指挥部及时将有关情况报告市委、市政府及省突发地质灾害应急指挥部办公室。

（3）Ⅱ级、Ⅰ级应急响应

接到重大、特别重大地质灾害报告经核实的，或现场处置中确认为重大、特别重大地质灾害的，市指挥部应立即启动Ⅲ级应急响应，组织各相关成员单位和专家组赶赴现场开展应急处置工作，并按规定将地质灾害情况速报省突发地质灾害应急指挥部办公室，提请上级部门启动Ⅱ级、Ⅰ级应急响应。

Ⅱ级、Ⅰ级应急响应启动后，市指挥部在上级应急指挥机构的领导下，配合做好地质灾害应急处置工作。

4. 指挥协调

启动Ⅰ级、Ⅱ级、Ⅲ级应急响应时，市指挥部按照“统一指挥，分级负责，属地为主，专业处置”的要求，组织开展应急处置工作。

（1）市指挥部传达上级指示，督促并指导辖区政府开展应急处置工作；协调市指挥部成员单位、相关应急资源参与应急处置工作；及时掌握地质灾害应急处置进展情况，及时报告市委、市政府及省突发地质灾害应急指挥部，并将有关信息通报市新闻办；组织或配合发布突发地质灾害应急处置有关信息。

（2）市应急办应及时掌握地质灾害应急处置进展情况，协调相关应急资源参与地质灾害处

置工作，传达并督促有关部门（单位）落实市委、市政府有关决定事项和市领导批示、指示；协助地质灾害应急处置的新闻发布工作。

（3）事发地的区政府在市指挥部的指挥或指导下，根据辖区突发地质灾害应急预案，全面开展应急处置工作，并及时向市委、市政府和市指挥部报告事件的相关情况；组织区有关单位做好人力、物资、装备、技术等应急保障工作，并提供应急救援队伍；制订并组织实施地质灾害应急救援处置方案，具体承担受灾群众安全撤离及安置等工作；协调建立现场警戒区和交通管制区域，确定重点防护区域，维持现场秩序，维护当地社会稳定；采取其他应急处置措施。

（4）市指挥部其他相关成员单位按照各自职责，在现场指挥部的具体指挥下，开展应急救援和现场处置等工作，并及时向市指挥部报告处置情况。

5. 现场指挥部与现场指挥官

启动Ⅰ级、Ⅱ级、Ⅲ级应急响应时，市指挥部牵头，市应急办、市新闻办和事发地区政府配合，组织市指挥部有关成员单位成立现场指挥部，统一指挥和协调地质灾害现场应急处置工作。现场指挥部实行现场指挥官负责制，现场指挥官全权负责指挥现场应急处置，履行现场决策、指挥、调度职责。现场指挥官负责决定现场应急处置方案；指挥调度现场应急救援队伍和应急资源；统筹调配应急救援物资；协调有关单位参与突发地质灾害应急处置；及时判断地质灾害级别以及是否需要上级支持；及时向市委、市政府和市指挥部报告现场处置动态情况并提出建议。

现场指挥官原则上由市指挥部执行总指挥兼任或其指定的其他负责同志担任。现场指挥部设现场副指挥官若干名，协助现场指挥官开展工作。现场副指挥官原则上由市应急办、市新闻办和事发地区（新区）应急委的负责同志分别担任；军地协同应对地质灾害的，参与应急处置的驻深解放军、武警部队各确定1名现场副指挥官。

6. 处置措施

参与应急处置工作的各有关单位按照职责和现场指挥部的指令，采取以下措施：组织营救和救治受伤害人员，确定预警信号和撤离路线，疏散撤离并妥善安置受灾人员；及时掌握和报告灾情和人员伤亡情况；协调各级各类救援队伍的行动，分配救援任务；区政府应根据抢险救灾需要，及时划定地质灾害危险区，设立明显的危险区警示标志；加强监测，查明并及时组织力量消除次生灾害、衍生灾害；组织抢修公共设施；调用应急物资，接收与分配援助物资；实施交通管制、维护秩序及社会治安等。

7. 响应升级（扩大）

（1）在应急处置过程中，因突发地质灾害次生或衍生出其他突发事件，已经采取的应急措施不足以控制事态发展，需由多个专项应急指挥部、多个部门（单位）增援参与应急处置的，市指挥部应立即报告市委、市政府和市应急委，由市政府或市应急委指挥和协调其他相关单位参与应急处置工作。

（2）在应急处置过程中，当突发地质灾害波及周边城市或地区的，市指挥部应立即报告市委、市政府和市应急委，由市政府协调周边城市启动应急联动机制。

（3）在应急处置过程中，当突发地质灾害造成的危害程度超出本市自身控制能力，需要广东省、其他省（直辖市、自治区）或国土资源部提供援助和支持的，由市政府报请广东省人民政府或国土资源部协调相关资源和力量参与事件处置。

8. 社会动员

根据突发地质灾害的危害程度、影响范围等

情况，市、区政府（新区管委会）可发布社会动员令，动员公民、企事业单位、社会团体、基层群众自治组织和其他力量，协助政府及有关部门（单位）做好突发地质灾害应急处置。紧急情况下可依法征用、调用车辆、物资、人员等。

鼓励公民、法人和其他组织按照《中华人民共和国公益事业捐赠法》等有关法律法规的规定进行捐赠和援助。

9. 信息发布

（1）信息发布机构。

发生较大以上突发地质灾害，市指挥部办公室按照有关规定及时、准确、客观地向社会发布突发地质灾害应急救援、灾害损失等相关信息。市政府新闻办对信息发布工作进行指导和协调。

一般地质灾害（Ⅳ级）的应急救援、灾险情损失等相关信息由事发地辖区政府负责组织发布。

（2）信息发布内容。

发布的信息包括：地点、规模、人员伤亡和财产损失情况、监测预警信息、救援进展情况、应急处置措施等。

（3）信息发布的方式。

信息发布形式包括授权发布、提供新闻通稿、接受记者采访、举办新闻发布会等。较大及以上突发地质灾害事件信息应及时通过互联网平台（政府网站、政务微博等）、广播电视、移动通信等媒介向公众发布。

（4）法律法规明确规定由国家和广东省的有关部门授权发布的，从其规定。

10. 应急结束

突发地质灾害及其次生、衍生灾害造成的威胁和危害得到有效控制或基本消除，经评估确定短期内灾害影响不再扩大或已减轻，现场应急处置工作即告结束。由启动应急响应的机构按程序终止应急响应，停止有关现场应急处置措施，撤销现场指挥部；采取或继续实施其他必要措施，防止地质灾害反复或发生衍生、次生灾害。

（三）后期处置

1. 善后处置

地质灾害应急处置结束后，事发地区政府（新区管委会）应根据灾害损失情况，制定和实施救助、补偿、抚慰、抚恤、安置等善后工作方案。各相关单位按各自职责，开展现场清理、灾害监测及必要的安全防范工作。

2. 社会救助

民政部门统筹突发地质灾害社会救助工作，按照政府救济和社会救济相结合的原则，做好受灾群众安置工作。

政府鼓励红十字会、慈善组织、社会公益团体和组织，依法组织开展互助互济和救灾捐赠活动。

3. 保险

市指挥部、各有关成员单位和各区政府（新区管委会）应为地质灾害应急救援工作人员购买人身意外伤害保险。

鼓励地质灾害多发地区的公民、法人和其他组织购买财产和人身意外伤害保险。

地质灾害发生后，保险机构应及时开展受灾单位、人员的保险理赔工作；相关单位应为保险理赔工作提供便利。

4. 调查评估

较大以上突发地质灾害应急结束后，参与应急工作的各有关部门（单位）应对本单位应急处置工作及时进行总结，并书面报送市指挥部办公室。

市指挥部办公室根据各应急处置参与部门（单位）工作总结和专家组调查意见，编制地质灾害应急处置综合调查评估报告，及时上报市政府及省突发地质灾害应急指挥部办公室。报告内容主要包括：地质灾害类型和规模、发灾原因、基本灾情（人员伤亡、失踪和财产损失情况）、发展趋势、应急抢险经验及教训、已经采取的防范对策和措施、今后防治工作建议等。

5. 恢复与重建

地质灾害应急处置结束后，需要开展治理的，由事发地的区政府或相关责任单位按照有关规定组织开展地质灾害治理工作。

对需要开展恢复重建的，由事发地的区政府组织编制灾后恢复重建计划，统筹安排受灾地区重建工作。

四、应急保障

（一）人力资源保障

各区政府、相关部门应不断加强地质灾害应急救援队伍建设，通过针对性的培训和应急演练提高专业水平及应急抢险实战能力。

市公安消防支队、驻深部队、武警部队和民兵、预备役部队是我市处置突发地质灾害的骨干和突击力量，依法参与抢险救灾、应对突发地质灾害等应急处置任务。

市规划国土委负责在市地质环境监测中心的基础上，利用本市地质灾害防治专业技术单位充实应急力量，保证相对稳定和相应数量的工程技术人员，满足地质灾害监测预警、应急抢险和工程治理等需要。

（二）经费保障

市、区政府要根据地质灾害防治工作所需经费情况，将地质灾害应急抢险救灾经费纳入本级年度财政计划和预算，确保地质灾害应急工作的顺利开展。

市、区地质灾害应急资金按照《深圳市突发事件总体应急预案》等相关规定申请使用。市、区（新区）财政部门应建立地质灾害应急经费快速拨付机制。

鼓励公民、法人和其他组织等社会力量为应对突发地质灾害提供资金捐赠和支持。

（三）物资保障

市指挥部办公室和市经贸信息委、民政局、市场和质量监管委、交通运输委、住房建设局、水务局、各区政府等成员单位应按照上级有关规定和各自应急职责分工，加强地质灾害应急物资的统筹规划、日常储备、监督管理和调拨分配等工作。

鼓励公民、法人和其他组织为应对突发地质灾害提供物资捐赠和支持。

（四）医疗卫生保障

市卫生计生部门负责牵头建立和完善全市卫生应急预案体系、卫生应急指挥体系和医疗卫生救援体系，组建卫生应急专家和卫生应急队伍，储备医疗救治、监测检验等卫生应急物资，开展医疗救护演练。

发挥红十字会等社会组织的力量，开展医疗卫生救援知识培训，提高公众自救、互救等能力，组织群众开展意外伤害和自然灾害的现场救护。

（五）交通运输保障

市交通运输委制定各类交通运输工具的调用方案，建立健全交通运输应急联动机制，保障突发地质灾害时的综合运输能力。必要时，可紧急动员和征用社会交通运输工具。根据突发地质灾害处置需要，市公安交警局对地质灾害现场及有关道路实行交通管制，维持应急处置期间的交通秩序，必要时开设应急救援专用通道。

道路及交通设施被破坏或毁坏时，市交通运输委应牵头迅速组织专业应急队伍进行抢修，保障交通线路顺畅。

（六）治安保障

突发地质灾害时，公安部门依据本部门应急预案维持地质灾害事发地社会治安秩序，集结警力，巡逻执勤，采取相应措施保障社会治安稳定有序，阻止破坏社会秩序的行为。

（七）人员防护保障

各成员单位应根据地质灾害特点和自身应急工作职责，充分考虑应急处置过程中的参与人员受到伤害的可能性和伤害类别，建立健全紧急情况下人员安全防护机制，配备相应专业防护装备，采取必要的安全防护措施，确保应急处置工作人员安全。

各区政府和各街道办（办事处）、社区工作站应建立健全紧急情况下的人员疏散机制，明确紧急疏散行动的各级责任人。一旦发生地质灾害，确保受地质灾害威胁的群众能及时有序疏散至应急避难场所或其他安全地带。

（八）通信和信息保障

市经贸信息委协调各相关通信运营企业保障地质灾害应急处置的通信畅通；市文体旅游局（市新闻出版广电局）协调各相关广播电视、新闻出版和公用信息网运营企业保障地质灾害应急相关信息及时准确传播。

市指挥部办公室应定期汇总各成员单位的通讯方式、分级联系方式，并动态更新通讯录。

（九）现场救援和工程抢险装备保障

市公安消防支队、交通运输委、住房建设局、水务局和各区政府等成员单位应根据本单位职责分工，配备满足地质灾害应急工作需要的现场救援和工程抢险装备及器材，建立健全维护保养和调用制度。

（十）应急避难场所保障

市民政局、应急办分别负责指导和检查室内、室外应急避难场所的建设、管理工作。各区政府（新区管委会）应掌握本辖区各应急避难场所的功能及分布情况。地质灾害发生时，由民政部门统一协调使用和管理应急避难场所。

（十一）科技支撑保障

由市科技创新委牵头，市规划国土委配合，采取扶持政策和优惠措施，鼓励支持本地有关科研机构和企业积极研究开发和应用于地质灾害监测预警、应急处置与救援和工程治理等工作的技术、设备和工具，为地质灾害防治工作提供科技支撑。

（十二）气象服务保障

根据应对突发地质灾害的需要，市气象局加强对极端天气和相关自然灾害的监测和预警，为处置突发地质灾害提供气象服务和保障。

（十三）法制保障

在处置突发地质灾害期间，市政府依法发布紧急决定和命令。市法制办按照市政府的要求，对突发地质灾害应急处置工作提供法律支持和指导。

（十四）其他应急保障

各成员单位按照各自职责完成其他相关应急保障工作。

五、监督管理

（一）应急演练

应急演练应从实战角度出发，深入发动群众参与，达到普及应急知识和提高应急抢险实战能力的目的。市指挥部、各区政府（新区管委会）负责组织开展突发地质灾害综合应急演练；各成员单位应结合自身职责，有计划地组织开展本系统、本领域地质灾害专项应急演练，检验并提升地质灾害应急处置能力。地质灾害应急演练原则上每年不少于一次，每次应急演练结束后牵头部门应对应急演练进行系统评估。市指挥部应加强对各成员单位地质灾害应急演练工作的检查和指导。

（二）宣传教育

市指挥部相关成员单位要有组织、有计划地向公众广泛开展突发地质灾害防治知识宣传教育活动，通过电视、电台、报刊、网络等媒介，普及应急法律法规、应急预案和预防、避险、自救、互救、减灾等常识，增强公众的防灾减灾意识和自救互救能力。

（三）培训

市指挥部和市各成员单位应按照隶属关系和管理责任，加强本系统、本领域地质灾害应急管理人员、参与应急处置工作人员和应急救援队伍的培训，提高日常应急管理、现场指挥协调和专业抢险救灾的能力。

各区政府（新区管委会）应有计划地组织开展本辖区应急管理培训，提高基层工作人员的地质灾害识灾避险技能和先期应急处置能力。

（四）责任与奖惩

突发地质灾害的预防和应对工作实行行政领导负责制和责任追究制，纳入行政机关主要负责人和有关负责人绩效考核范围。对瞒报、漏报、谎报突发地质灾害灾情和在应急处置工作中玩忽职守及存在其他失职、渎职行为的部门（单位）和个人，依照相关规定追究其行政责任；涉嫌犯罪的，依法移送司法机关处理。

市政府和各区政府（新区管委会）对在地质灾害应急处置、信息报送等方面有突出贡献的单位和个人，可按有关规定给予表彰。

（五）预案实施

本预案自发布之日起施行。2006 年市政府办公厅印发的《深圳市突发性地质灾害应急预案》即日起停止执行。

六、附则

（一）名词术语的定义和说明

本预案所称突发地质灾害，是指因自然因素或人为活动引发的危害人民生命财产安全的山体崩塌、滑坡、泥石流、地面塌陷等与地质作用有关的灾害。突发地质灾害包括出现地质灾害灾情和地质灾害险情。

本预案所称地质灾害隐患点，是指可能危害人民生命财产安全的潜在或已经发生但目前还不稳定的山体崩塌、滑坡、泥石流、地面塌陷等灾害。

本预案所称地面塌陷，是指岩溶塌陷和矿山采空塌陷。

（二）预案管理

根据《关于印发深圳市突发事件应急预案管理办法的通知》（深府办函〔2012〕117 号）的规定，由市规划国土委负责按照实际需要对本预案进行修订，并报市政府审定。

（三）制定与解释

本预案由市规划国土委牵头组织制定和解释，经市政府同意后印发。

各区政府参照本预案，组织有关部门制定或修订区级突发地质灾害应急预案，并公布实施。

（附录略）

最高人民法院　最高人民检察院
关于办理非法采矿、破坏性采矿刑事案件适用法律若干问题的解释

法释〔2016〕25 号

《最高人民法院、最高人民检察院关于办理非法采矿、破坏性采矿刑事案件适用法律若干问题的解释》已于 2016 年 9 月 26 日由最高人民法院审判委员会第 1694 次会议、2016 年 11 月 4 日由最高人民检察院第十二届检察委员会第 57 次会议通过，现予公布，自 2016 年 12 月 1 日起施行。

最高人民法院最高人民检察院

2016 年 11 月 28 日

为依法惩处非法采矿、破坏性采矿犯罪活动，根据《中华人民共和国刑法》《中华人民共和国刑事诉讼法》的有关规定，现就办理此类刑事案件适用法律的若干问题解释如下：

第一条　违反《中华人民共和国矿产资源法》《中华人民共和国水法》等法律、行政法规有关矿产资源开发、利用、保护和管理的规定的，应当认定为刑法第三百四十三条规定的“违反矿产资源法的规定”。

第二条　具有下列情形之一的，应当认定为刑法第三百四十三条第一款规定的“未取得采矿许可证”：

（一）无许可证的；

（二）许可证被注销、吊销、撤销的；

（三）超越许可证规定的矿区范围或者开采范围的；

（四）超出许可证规定的矿种的（共生、伴生矿种除外）；

（五）其他未取得许可证的情形。

第三条　实施非法采矿行为，具有下列情形之一的，应当认定为刑法第三百四十三条第一款规定的“情节严重”：

（一）开采的矿产品价值或者造成矿产资源破坏的价值在十万元至三十万元以上的；

（二）在国家规划矿区、对国民经济具有重要价值的矿区采矿，开采国家规定实行保护性开采的特定矿种，或者在禁采区、禁采期内采矿，开采的矿产品价值或者造成矿产资源破坏的价值在五万元至十五万元以上的；

（三）二年内曾因非法采矿受过两次以上行政处罚，又实施非法采矿行为的；

（四）造成生态环境严重损害的；

（五）其他情节严重的情形。

实施非法采矿行为，具有下列情形之一的，应当认定为刑法第三百四十三条第一款规定的“情节特别严重”：

（一）数额达到前款第一项、第二项规定标准五倍以上的；

（二）造成生态环境特别严重损害的；

（三）其他情节特别严重的情形。

第四条　在河道管理范围内采砂，具有下列情形之一，符合刑法第三百四十三条第一款和本解释第二条、第三条规定的，以非法采矿罪定罪处罚：

（一）依据相关规定应当办理河道采砂许可证，未取得河道采砂许可证的；

（二）依据相关规定应当办理河道采砂许可证和采矿许可证，既未取得河道采砂许可证，又未取得采矿许可证的。

实施前款规定行为，虽不具有本解释第三条第一款规定的情形，但严重影响河势稳定，危害防洪安全的，应当认定为刑法第三百四十三条第一款规定的“情节严重”。

第五条　未取得海砂开采海域使用权证，且未取得采矿许可证，采挖海砂，符合刑法第三百四十三条第一款和本解释第二条、第三条规定的，以非法采矿罪定罪处罚。

实施前款规定行为，虽不具有本解释第三条第一款规定的情形，但造成海岸线严重破坏的，应当认定为刑法第三百四十三条第一款规定的“情节严重”。

第六条　造成矿产资源破坏的价值在五十万元至一百万元以上，或者造成国家规划矿区、对国民经济具有重要价值的矿区和国家规定实行保护性开采的特定矿种资源破坏的价值在二十五万元至五十万元以上的，应当认定为刑法第三百四十三条第二款规定的“造成矿产资源严重破坏”。

第七条　明知是犯罪所得的矿产品及其产生的收益，而予以窝藏、转移、收购、代为销售或者以其他方法掩饰、隐瞒的，依照刑法第三百一十二条的规定，以掩饰、隐瞒犯罪所得、犯罪所得收益罪定罪处罚。

实施前款规定的犯罪行为，事前通谋的，以共同犯罪论处。

第八条　多次非法采矿、破坏性采矿构成犯罪，依法应当追诉的，或者二年内多次非法采矿、破坏性采矿未经处理的，价值数额累计计算。

第九条　单位犯刑法第三百四十三条规定之罪的，依照本解释规定的相应自然人犯罪的定罪量刑标准，对直接负责的主管人员和其他直接责任人员定罪处罚，并对单位判处罚金。

第十条　实施非法采矿犯罪，不属于“情节特别严重”，或者实施破坏性采矿犯罪，行为人系初犯，全部退赃退赔，积极修复环境，并确有悔改表现的，可以认定为犯罪情节轻微，不起诉或者免予刑事处罚。

第十一条　对受雇佣为非法采矿、破坏性采矿犯罪提供劳务的人员，除参与利润分成或者领取高额固定工资的以外，一般不以犯罪论处，但曾因非法采矿、破坏性采矿受过处罚的除外。

第十二条　对非法采矿、破坏性采矿犯罪的违法所得及其收益，应当依法追缴或者责令退赔。

对用于非法采矿、破坏性采矿犯罪的专门工具和供犯罪所用的本人财物，应当依法没收。

第十三条　非法开采的矿产品价值，根据销赃数额认定；无销赃数额，销赃数额难以查证，或者根据销赃数额认定明显不合理的，根据矿产品价格和数量认定。

矿产品价值难以确定的，依据下列机构出具的报告，结合其他证据作出认定：

（一）价格认证机构出具的报告；

（二）省级以上人民政府国土资源、水行政、海洋等主管部门出具的报告；

（三）国务院水行政主管部门在国家确定的重要江河、湖泊设立的流域管理机构出具的报告。

第十四条 对案件所涉的有关专门性问题难以确定的，依据下列机构出具的鉴定意见或者报告，结合其他证据作出认定：

（一）司法鉴定机构就生态环境损害出具的鉴定意见；

（二）省级以上人民政府国土资源主管部门就造成矿产资源破坏的价值、是否属于破坏性开采方法出具的报告；

（三）省级以上人民政府水行政主管部门或者国务院水行政主管部门在国家确定的重要江河、湖泊设立的流域管理机构就是否危害防洪安全出具的报告；

（四）省级以上人民政府海洋主管部门就是否造成海岸线严重破坏出具的报告。

第十五条 各省、自治区、直辖市高级人民法院、人民检察院，可以根据本地区实际情况，在本解释第三条、第六条规定的数额幅度内，确定本地区执行的具体数额标准，报最高人民法院、最高人民检察院备案。

第十六条 本解释自 2016 年 12 月 1 日起施行。本解释施行后，《最高人民法院关于审理非法采矿、破坏性采矿刑事案件具体应用法律若干问题的解释》（法释〔2003〕9 号）同时废止。

中华人民共和国资产评估法

（2016 年 7 月 2 日第十二届全国人民代表大会常务委员会第二十一次会议通过）

《中华人民共和国资产评估法》已由中华人民共和国第十二届全国人民代表大会常务委员会第二十一次会议于 2016 年 7 月 2 日通过，现予公布，自 2016 年 12 月 1 日起施行。

中华人民共和国主席　习近平

2016 年 7 月 2 日

第一章　总　则

第一条　为了规范资产评估行为，保护资产评估当事人合法权益和公共利益，促进资产评估行业健康发展，维护社会主义市场经济秩序，制定本法。

第二条　本法所称资产评估（以下称评估），是指评估机构及其评估专业人员根据委托对不动产、动产、无形资产、企业价值、资产损失或者其他经济权益进行评定、估算，并出具评估报告的专业服务行为。

第三条　自然人、法人或者其他组织需要确定评估对象价值的，可以自愿委托评估机构评估。

涉及国有资产或者公共利益等事项，法律、行政法规规定需要评估的（以下称法定评估），应当依法委托评估机构评估。

第四条　评估机构及其评估专业人员开展业务应当遵守法律、行政法规和评估准则，遵循独立、客观、公正的原则。

评估机构及其评估专业人员依法开展业务，受法律保护。

第五条　评估专业人员从事评估业务，应当加入评估机构，并且只能在一个评估机构从事业务。

第六条　评估行业可以按照专业领域依法设立行业协会，实行自律管理，并接受有关评估行政管理部门的监督和社会监督。

第七条　国务院有关评估行政管理部门按照各自职责分工，对评估行业进行监督管理。

设区的市级以上地方人民政府有关评估行政管理部门按照各自职责分工，对本行政区域内的评估行业进行监督管理。

第二章　评估专业人员

第八条　评估专业人员包括评估师和其他具有评估专业知识及实践经验的评估从业人员。

评估师是指通过评估师资格考试的评估专业人员。国家根据经济社会发展需要确定评估师专业类别。

第九条　有关全国性评估行业协会按照国家规定组织实施评估师资格全国统一考试。

具有高等院校专科以上学历的公民，可以参

加评估师资格全国统一考试。

第十条 有关全国性评估行业协会应当在其网站上公布评估师名单，并实时更新。

第十一条 因故意犯罪或者在从事评估、财务、会计、审计活动中因过失犯罪而受刑事处罚，自刑罚执行完毕之日起不满五年的人员，不得从事评估业务。

第十二条 评估专业人员享有下列权利：

（一）要求委托人提供相关的权属证明、财务会计信息和其他资料，以及为执行公允的评估程序所需的必要协助；

（二）依法向有关国家机关或者其他组织查阅从事业务所需的文件、证明和资料；

（三）拒绝委托人或者其他组织、个人对评估行为和评估结果的非法干预；

（四）依法签署评估报告；

（五）法律、行政法规规定的其他权利。

第十三条 评估专业人员应当履行下列义务：

（一）诚实守信，依法独立、客观、公正从事业务；

（二）遵守评估准则，履行调查职责，独立分析估算，勤勉谨慎从事业务；

（三）完成规定的继续教育，保持和提高专业能力；

（四）对评估活动中使用的有关文件、证明和资料的真实性、准确性、完整性进行核查和验证；

（五）对评估活动中知悉的国家秘密、商业秘密和个人隐私予以保密；

（六）与委托人或者其他相关当事人及评估对象有利害关系的，应当回避；

（七）接受行业协会的自律管理，履行行业协会章程规定的义务；

（八）法律、行政法规规定的其他义务。

第十四条 评估专业人员不得有下列行为：

（一）私自接受委托从事业务、收取费用；

（二）同时在两个以上评估机构从事业务；

（三）采用欺骗、利诱、胁迫，或者贬损、诋毁其他评估专业人员等不正当手段招揽业务；

（四）允许他人以本人名义从事业务，或者冒用他人名义从事业务；

（五）签署本人未承办业务的评估报告；

（六）索要、收受或者变相索要、收受合同约定以外的酬金、财物，或者谋取其他不正当利益；

（七）签署虚假评估报告或者有重大遗漏的评估报告；

（八）违反法律、行政法规的其他行为。

第三章 评估机构

第十五条 评估机构应当依法采用合伙或者公司形式，聘用评估专业人员开展评估业务。

合伙形式的评估机构，应当有两名以上评估师；其合伙人三分之二以上应当是具有三年以上从业经历且最近三年内未受停止从业处罚的评估师。

公司形式的评估机构，应当有八名以上评估师和两名以上股东，其中三分之二以上股东应当是具有三年以上从业经历且最近三年内未受停止从业处罚的评估师。

评估机构的合伙人或者股东为两名的，两名合伙人或者股东都应当是具有三年以上从业经历且最近三年内未受停止从业处罚的评估师。

第十六条 设立评估机构，应当向工商行政管理部门申请办理登记。评估机构应当自领取营业执照之日起三十日内向有关评估行政管理部门备案。评估行政管理部门应当及时将评估机构备案情况向社会公告。

第十七条　评估机构应当依法独立、客观、公正开展业务，建立健全质量控制制度，保证评估报告的客观、真实、合理。

评估机构应当建立健全内部管理制度，对本机构的评估专业人员遵守法律、行政法规和评估准则的情况进行监督，并对其从业行为负责。

评估机构应当依法接受监督检查，如实提供评估档案以及相关情况。

第十八条　委托人拒绝提供或者不如实提供执行评估业务所需的权属证明、财务会计信息和其他资料的，评估机构有权依法拒绝其履行合同的要求。

第十九条　委托人要求出具虚假评估报告或者有其他非法干预评估结果情形的，评估机构有权解除合同。

第二十条　评估机构不得有下列行为：

（一）利用开展业务之便，谋取不正当利益；

（二）允许其他机构以本机构名义开展业务，或者冒用其他机构名义开展业务；

（三）以恶性压价、支付回扣、虚假宣传，或者贬损、诋毁其他评估机构等不正当手段招揽业务；

（四）受理与自身有利害关系的业务；

（五）分别接受利益冲突双方的委托，对同一评估对象进行评估；

（六）出具虚假评估报告或者有重大遗漏的评估报告；

（七）聘用或者指定不符合本法规定的人员从事评估业务；

（八）违反法律、行政法规的其他行为。

第二十一条　评估机构根据业务需要建立职业风险基金，或者自愿办理职业责任保险，完善风险防范机制。

第四章　评估程序

第二十二条　委托人有权自主选择符合本法规定的评估机构，任何组织或者个人不得非法限制或者干预。

评估事项涉及两个以上当事人的，由全体当事人协商委托评估机构。

委托开展法定评估业务，应当依法选择评估机构。

第二十三条　委托人应当与评估机构订立委托合同，约定双方的权利和义务。

委托人应当按照合同约定向评估机构支付费用，不得索要、收受或者变相索要、收受回扣。

委托人应当对其提供的权属证明、财务会计信息和其他资料的真实性、完整性和合法性负责。

第二十四条　对受理的评估业务，评估机构应当指定至少两名评估专业人员承办。

委托人有权要求与相关当事人及评估对象有利害关系的评估专业人员回避。

第二十五条　评估专业人员应当根据评估业务具体情况，对评估对象进行现场调查，收集权属证明、财务会计信息和其他资料并进行核查验证、分析整理，作为评估的依据。

第二十六条　评估专业人员应当恰当选择评估方法，除依据评估执业准则只能选择一种评估方法的外，应当选择两种以上评估方法，经综合分析，形成评估结论，编制评估报告。

评估机构应当对评估报告进行内部审核。

第二十七条　评估报告应当由至少两名承办该项业务的评估专业人员签名并加盖评估机构印章。

评估机构及其评估专业人员对其出具的评估报告依法承担责任。

委托人不得串通、唆使评估机构或者评估专业人员出具虚假评估报告。

第二十八条 评估机构开展法定评估业务，应当指定至少两名相应专业类别的评估师承办，评估报告应当由至少两名承办该项业务的评估师签名并加盖评估机构印章。

第二十九条 评估档案的保存期限不少于十五年，属于法定评估业务的，保存期限不少于三十年。

第三十条 委托人对评估报告有异议的，可以要求评估机构解释。

第三十一条 委托人认为评估机构或者评估专业人员违法开展业务的，可以向有关评估行政管理部门或者行业协会投诉、举报，有关评估行政管理部门或者行业协会应当及时调查处理，并答复委托人。

第三十二条 委托人或者评估报告使用人应当按照法律规定和评估报告载明的使用范围使用评估报告。

委托人或者评估报告使用人违反前款规定使用评估报告的，评估机构和评估专业人员不承担责任。

第五章 行业协会

第三十三条 评估行业协会是评估机构和评估专业人员的自律性组织，依照法律、行政法规和章程实行自律管理。

评估行业按照专业领域设立全国性评估行业协会，根据需要设立地方性评估行业协会。

第三十四条 评估行业协会的章程由会员代表大会制定，报登记管理机关核准，并报有关评估行政管理部门备案。

第三十五条 评估机构、评估专业人员加入有关评估行业协会，平等享有章程规定的权利，履行章程规定的义务。有关评估行业协会公布加入本协会的评估机构、评估专业人员名单。

第三十六条 评估行业协会履行下列职责：

（一）制定会员自律管理办法，对会员实行自律管理；

（二）依据评估基本准则制定评估执业准则和职业道德准则；

（三）组织开展会员继续教育；

（四）建立会员信用档案，将会员遵守法律、行政法规和评估准则的情况记入信用档案，并向社会公开；

（五）检查会员建立风险防范机制的情况；

（六）受理对会员的投诉、举报，受理会员的申诉，调解会员执业纠纷；

（七）规范会员从业行为，定期对会员出具的评估报告进行检查，按照章程规定对会员给予奖惩，并将奖惩情况及时报告有关评估行政管理部门；

（八）保障会员依法开展业务，维护会员合法权益；

（九）法律、行政法规和章程规定的其他职责。

第三十七条 有关评估行业协会应当建立沟通协作和信息共享机制，根据需要制定共同的行为规范，促进评估行业健康有序发展。

第三十八条 评估行业协会收取会员会费的标准，由会员代表大会通过，并向社会公开。不得以会员交纳会费数额作为其在行业协会中担任职务的条件。

会费的收取、使用接受会员代表大会和有关部门的监督，任何组织或者个人不得侵占、私分和挪用。

第六章 监督管理

第三十九条 国务院有关评估行政管理部门组织制定评估基本准则和评估行业监督管理办法。

第四十条 设区的市级以上人民政府有关

评估行政管理部门依据各自职责，负责监督管理评估行业，对评估机构和评估专业人员的违法行为依法实施行政处罚，将处罚情况及时通报有关评估行业协会，并依法向社会公开。

第四十一条 评估行政管理部门对有关评估行业协会实施监督检查，对检查发现的问题和针对协会的投诉、举报，应当及时调查处理。

第四十二条 评估行政管理部门不得违反本法规定，对评估机构依法开展业务进行限制。

第四十三条 评估行政管理部门不得与评估行业协会、评估机构存在人员或者资金关联，不得利用职权为评估机构招揽业务。

第七章 法律责任

第四十四条 评估专业人员违反本法规定，有下列情形之一的，由有关评估行政管理部门予以警告，可以责令停止从业六个月以上一年以下；有违法所得的，没收违法所得；情节严重的，责令停止从业一年以上五年以下；构成犯罪的，依法追究刑事责任：

（一）私自接受委托从事业务、收取费用的；

（二）同时在两个以上评估机构从事业务的；

（三）采用欺骗、利诱、胁迫，或者贬损、诋毁其他评估专业人员等不正当手段招揽业务的；

（四）允许他人以本人名义从事业务，或者冒用他人名义从事业务的；

（五）签署本人未承办业务的评估报告或者有重大遗漏的评估报告的；

（六）索要、收受或者变相索要、收受合同约定以外的酬金、财物，或者谋取其他不正当利益的。

第四十五条 评估专业人员违反本法规定，签署虚假评估报告的，由有关评估行政管理部门责令停止从业两年以上五年以下；有违法所得的，没收违法所得；情节严重的，责令停止从业五年以上十年以下；构成犯罪的，依法追究刑事责任，终身不得从事评估业务。

第四十六条 违反本法规定，未经工商登记以评估机构名义从事评估业务的，由工商行政管理部门责令停止违法活动；有违法所得的，没收违法所得，并处违法所得一倍以上五倍以下罚款。

第四十七条 评估机构违反本法规定，有下列情形之一的，由有关评估行政管理部门予以警告，可以责令停业一个月以上六个月以下；有违法所得的，没收违法所得，并处违法所得一倍以上五倍以下罚款；情节严重的，由工商行政管理部门吊销营业执照；构成犯罪的，依法追究刑事责任：

（一）利用开展业务之便，谋取不正当利益的；

（二）允许其他机构以本机构名义开展业务，或者冒用其他机构名义开展业务的；

（三）以恶性压价、支付回扣、虚假宣传，或者贬损、诋毁其他评估机构等不正当手段招揽业务的；

（四）受理与自身有利害关系的业务的；

（五）分别接受利益冲突双方的委托，对同一评估对象进行评估的；

（六）出具有重大遗漏的评估报告的；

（七）未按本法规定的期限保存评估档案的；

（八）聘用或者指定不符合本法规定的人员从事评估业务的；

（九）对本机构的评估专业人员疏于管理，造成不良后果的。

评估机构未按本法规定备案或者不符合本法第十五条规定的条件的，由有关评估行政管理部门责令改正；拒不改正的，责令停业，可以并处一万元以上五万元以下罚款。

第四十八条 评估机构违反本法规定，出具虚假评估报告的，由有关评估行政管理部门责令停业六个月以上一年以下；有违法所得的，没收违法所得，并处违法所得一倍以上五倍以下罚款；情节严重的，由工商行政管理部门吊销营业执照；构成犯罪的，依法追究刑事责任。

第四十九条 评估机构、评估专业人员在一年内累计三次因违反本法规定受到责令停业、责令停止从业以外处罚的，有关评估行政管理部门可以责令其停业或者停止从业一年以上五年以下。

第五十条 评估专业人员违反本法规定，给委托人或者其他相关当事人造成损失的，由其所在的评估机构依法承担赔偿责任。评估机构履行赔偿责任后，可以向有故意或者重大过失行为的评估专业人员追偿。

第五十一条 违反本法规定，应当委托评估机构进行法定评估而未委托的，由有关部门责令改正；拒不改正的，处十万元以上五十万元以下罚款；情节严重的，对直接负责的主管人员和其他直接责任人员依法给予处分；造成损失的，依法承担赔偿责任；构成犯罪的，依法追究刑事责任。

第五十二条 违反本法规定，委托人在法定评估中有下列情形之一的，由有关评估行政管理部门会同有关部门责令改正；拒不改正的，处十万元以上五十万元以下罚款；有违法所得的，没收违法所得；情节严重的，对直接负责的主管人员和其他直接责任人员依法给予处分；造成损失的，依法承担赔偿责任；构成犯罪的，依法追究刑事责任：

（一）未依法选择评估机构的；

（二）索要、收受或者变相索要、收受回扣的；

（三）串通、唆使评估机构或者评估师出具虚假评估报告的；

（四）不如实向评估机构提供权属证明、财务会计信息和其他资料的；

（五）未按照法律规定和评估报告载明的使用范围使用评估报告的。

前款规定以外的委托人违反本法规定，给他人造成损失的，依法承担赔偿责任。

第五十三条 评估行业协会违反本法规定的，由有关评估行政管理部门给予警告，责令改正；拒不改正的，可以通报登记管理机关，由其依法给予处罚。

第五十四条 有关行政管理部门、评估行业协会工作人员违反本法规定，滥用职权、玩忽职守或者徇私舞弊的，依法给予处分；构成犯罪的，依法追究刑事责任。

第八章　附　则

第五十五条 本法自 2016 年 12 月 1 日起施行。

附录一

有关房地产法律、法规、规章和规范性文件索引

一、规划建设类

（一）法律

1. 中华人民共和国城乡规划法（2007 年，2015 年修正）
2. 中华人民共和国建筑法（1997 年，2011 年修正）
3. 中华人民共和国环境保护法（1989 年，2014 年修正）
4. 中华人民共和国消防法（1998 年，2008 年修正）
5. 中华人民共和国环境影响评价法（2002 年，2016 年修正）

（二）行政法规

6. 村庄和集镇规划建设管理条例（1993 年）
7. 建设项目环境保护管理条例（1998 年）
8. 工程建设项目招标范围和规模标准规定（2000 年）
9. 建设工程质量管理条例（2000 年）
10. 建设工程安全生产管理条例（2003 年）
11. 防治海洋工程建设项目污染损害海洋环境管理条例（2006 年）
12. 民用建筑节能条例（2008 年）
13. 历史文化名城名镇名村保护条例（2008 年）
14. 规划环境影响评价条例（2009 年）
15. 国家重点建设项目管理办法（1996 年，2011 年修正）
16. 无障碍环境建设条例（2012 年）
17. 建设工程勘察设计管理条例（2000 年，2015 年修正）
18. 风景名胜区条例（2006 年，2016 年修正）
19. 中华人民共和国防治海岸工程建设项目污染损害海洋环境管理条例（1990 年，2007 年修正）
20. 城市绿化条例（1992 年，2017 年修正）

（三）广东省地方法规

21. 广东省土地利用总体规划条例（2008 年）
22. 广东省实施《中华人民共和国消防法》办法（2010 年）
23. 广东省建设项目环境保护管理条例（1994 年，2012 年修正）
24. 广东省风景名胜区条例（1998 年，2012 年修正）
25. 广东省城乡规划条例（2012 年）
26. 广东省城市控制性详细规划管理条例（2004 年，2014 年修正）
27. 广东省珠江三角洲城镇群协调发展规划实施条例（2006 年，2014 年修正）
28. 广东省民用建筑节能条例（2011 年，2014 年修正）
29. 广东省环境保护条例（2004 年，2015 年修正）

（四）深圳市地方法规

30. 深圳市城市规划条例（1998 年，2001 年修正）
31. 深圳经济特区建设工程施工招标投标条例（1993 年，2004 年修正）
32. 深圳市建设工程质量管理条例（1994 年，2004 年修正）
33. 深圳经济特区建设工程监理条例（1995 年，2004 年修正）
34. 深圳市停车场规划建设和机动车停放管理条例（2003 年，2004 年修正）
35. 深圳经济特区建筑节能条例（2006 年）
36. 深圳市建筑市场严重违法行为特别处理规定（2007 年）
37. 深圳经济特区环境保护条例（1994 年，2009 年修正）
38. 深圳经济特区消防条例（1999 年，2009 年修正）
39. 深圳经济特区梧桐山风景名胜区条例（2009 年）
40. 深圳市建筑废弃物减排与利用条例（2009 年）
41. 深圳经济特区城市绿化管理办法（1994 年，2012 年修正）
42. 深圳经济特区建设项目环境保护条例（2006 年，2012 年修正）
43. 深圳经济特区规划土地监察条例（1995 年，2014 年修正）
44. 深圳经济特区绿化条例（2016 年）

（五）国务院部门规章

45. 房屋建筑工程质量保修办法（2000 年）
46. 房屋建筑和市政基础设施工程施工招标投标管理办法（2001 年）
47. 建设项目竣工环境保护验收管理办法（2001 年）
48. 工程建设项目施工招标投标办法（2003 年）
49. 环境保护行政许可听证暂行办法（2004 年）
50. 工程建设项目招标投标活动投诉处理办法（2004 年）

51. 建筑施工企业安全生产许可证管理规定（2004 年）
52. 环境保护法规制定程序办法（2005 年）
53. 国家环境保护总局建设项目环境影响评价文件审批程序规定（2005 年）
54. 工程建设项目货物招标投标办法（2005 年）
55. 建设工程质量检测管理办法（2005 年）
56. 城市规划编制办法（2005 年）
57. 环境保护违法违纪行为处分暂行规定 (2006 年)
58. 房屋建筑工程抗震设防管理规定（2006 年）
59. 建设工程勘察质量管理办法（2007 年）
60. 建设项目环境影响评价文件分级审批规定（2008 年）
61. 房屋建筑和市政基础设施工程竣工验收备案管理办法（2000 年，2009 年修正）
62. 房屋建筑和市政基础设施工程质量监督管理规定（2010 年）
63. 省域城镇体系规划编制审批办法（2010 年）
64. 城市、镇控制性详细规划编制审批办法（2010 年）
65. 城市照明管理规定（2010 年）
66. 城市公厕管理办法（1990 年，2010 年修正）
67. 城市国有土地使用权出让转让规划管理办法（1992 年，2011 年修正）
68. 建制镇规划建设管理办法（1995 年，2011 年修正）
69. 城市建设档案管理规定（1997 年，2011 年修正）
70. 城市地下空间开发利用管理规定（1997 年，2011 年修正）
71. 住宅室内装饰装修管理办法（2002 年，2011 年修正）
72. 城市绿线管理办法（2002 年，2011 年修正）
73. 城市抗震防灾规划管理规定（2003 年，2011 年修正）
74. 城市紫线管理办法（2003 年，2011 年修正）
75. 建设部关于纳入国务院决定的十五项行政许可的条件的规定（2004 年，2011 年修正）
76. 城市黄线管理办法（2005 年，2011 年修正）
77. 城市蓝线管理办法（2005 年，2011 年修正）
78. 建设工程消防监督管理规定（2009 年，2012 年修订）
79. 消防监督检查规定（2009 年，2012 年修订）
80. 建筑工程施工许可管理办法（2014 年）
81. 历史文化名城名镇名村街区保护规划编制审批办法（2014 年）
82. 建设项目环境影响评价资质管理办法（2005 年，2015 年修订）
83. 建筑业企业资质管理规定（2015 年）
84. 建设项目环境影响评价分类管理名录（2015 年）
85. 国家级风景名胜区规划编制审批办法（2015 年）

86. 城乡规划编制单位资质管理规定（2012 年，2016 年修正）
87. 城乡规划违法违纪行为处分办法（2012 年，2016 年修订）
88. 建筑工程设计招标投标管理办法（2017 年）

（六）广东省政府规章

89. 广东省建设项目安全设施监督管理办法（2010 年）
90. 广东省绿道建设管理规定（2013 年）
91. 广东省涉及国家安全事项的建设项目管理规定（2013 年）
92. 广东省建设工程造价管理规定（2014 年）
93. 广东省专职消防队建设管理规定（2015 年）
94. 广东省无障碍环境建设管理规定（2016 年）

（七）深圳市政府规章

95. 深圳市地下铁道建设管理暂行规定（2001 年）
96. 深圳市基本生态控制线管理规定（2005 年）
97. 大鹏半岛保护与发展管理规定（2008 年）
98. 深圳市地下空间开发利用暂行办法（2008 年）
99. 深圳市建设项目涉及国家安全事项管理暂行规定（2009 年）
100. 深圳市规划土地监察行政执法主体及其职责规定（2010 年）
101. 深圳市建筑物和公共设施清洗翻新管理规定（2010 年，2012 年修正）
102. 深圳市绿道管理办法（2012 年）
103. 深圳市地下管线管理暂行办法（2014 年）
104. 深圳市城市更新办法（2009 年，2016 年）
105. 深圳市城市建设档案管理规定（2016 年）
106. 深圳市人民政府关于施行城市更新工作改革的决定（2016 年）

（八）国务院及其部门规范性文件

107. 住房和城乡建设部、国家计委关于印发《建设项目选址规划管理办法》的通知（1991 年）
108. 住房和城乡建设部关于印发《国家重点风景名胜区审查办法》的通知（2004 年）
109. 住房和城乡建设部关于印发《关于加强对城市优秀近现代建筑规划保护的指导意见》的通知（2004 年）
110. 国务院办公厅转发《建设部关于加强城市总体规划工作意见》的通知（2006 年）
111. 国务院办公厅关于加强和规范新开工项目管理的通知（2007 年）
112. 住房和城乡建设部关于贯彻实施《城乡规划法》的指导意见（2008 年）
113. 住房和城乡建设部关于对房地产开发中违规变更规划、调整容积率问题开展专项治理的通知

（2009 年）

114. 住房和城乡建设部关于印发《关于规范城乡规划行政处罚裁量权的指导意见》的通知（2012 年）
115. 住房和城乡建设部关于贯彻落实《无障碍环境建设条例》进一步加强无障碍环境建设工作的通知（2012 年）
116. 国务院关于加强城市基础设施建设的意见（2013 年）
117. 住房城乡建设部关于印发《关于规范国务院审批城市总体规划上报成果的规定》（暂行）的通知（2013 年）
118. 住房城乡建设部关于印发《村庄整治规划编制办法》的通知（2013 年）
119. 住房和城乡建设部关于印发《住房城乡建设部利用遥感监测辅助城乡规划督察工作管理办法（试行）》的通知（2014 年）
120. 住房和城乡建设部关于印发《乡村建设规划许可实施意见》的通知（2014 年）
121. 国务院办公厅关于改善农村人居环境的指导意见（2014 年）
122. 民政部国土资源部财政部住房城乡建设部关于推进城镇养老服务设施建设工作的通知（2014 年）
123. 国务院办公厅关于加强城市地下管线建设管理的指导意见（2014 年）
124. 住房城乡建设部等部门关于加强村镇无障碍环境建设的指导意见（2015 年）
125. 住房城乡建设部关于印发《城市地下综合管廊工程规划编制指引》的通知（2015 年）
126. 国务院办公厅关于推进城市地下综合管廊建设的指导意见（2015 年）
127. 住房城乡建设部关于印发城市停车设施规划导则的通知（2015 年）
128. 住房城乡建设部关于印发城市停车设施建设指南的通知（2015 年）
129. 国务院办公厅关于推进海绵城市建设的指导意见（2015 年）
130. 住房城乡建设部关于印发城市轨道沿线地区规划设计导则的通知（2015 年）
131. 住房城乡建设部关于改革创新、全面有效推进乡村规划工作的指导意见（2015 年）
132. 国家发展改革委住房和城乡建设部关于城市地下综合管廊实行有偿使用制度的指导意见（2015 年）
133. 中共中央国务院关于进一步加强城市规划建设管理工作的若干意见（2016 年）
134. 住房城乡建设部关于印发《城市公园配套服务项目经营管理暂行办法》的通知（2016 年）
135. 国土资源部关于印发《国土资源“十三五”规划纲要》的通知（2016 年）
136. 住房城乡建设部国土资源部关于进一步完善城市停车场规划建设及用地政策的通知（2016 年）

（九）广东省政府及其部门规范性文件

137. 广东省人民政府办公厅关于进一步加强和改进城乡规划工作的实施意见（2006 年）
138. 中共广东省委、广东省人民政府关于贯彻实施《珠江三角洲地区改革发展规划纲要(2008—2020年)》的决定（2009 年）
139. 广东省国土资源厅关于印发《广东省各级土地利用总体规划审查审批办法》的通知（2009 年）
140. 广东省人民政府关于推进“三旧”改造促进节约集约用地的若干意见（2009 年）
141. 广东省人民政府关于进一步做好我省规划环境影响评价工作的通知（2010 年）

142. 广东省国土资源厅关于印发《广东省土地利用总体规划修改管理规定》的通知（2013 年）
143. 广东省人民政府印发《广东省国土规划（2006—2020 年）》的通知（2013 年）
144. 广东省人民政府办公厅关于加强城市地下管线建设管理的实施意见（2014 年）

（十）深圳市政府规范性文件

145. 中共深圳市委、深圳市人民政府关于进一步加强城市规划工作的决定（2005 年）
146. 深圳市人民政府关于宝安龙岗两区自行开展的新安翻身工业区等 70 个旧城旧村改造项目的处理意见（2006 年）
147. 深圳市人民政府关于印发《深圳市城中村（旧村）改造扶持资金管理暂行办法》的通知（2007 年）
148. 中共深圳市委、深圳市人民政府印发《深圳市关于〈珠江三角洲地区改深圳市城中村（旧村）改造暂行规定的实施意见革发展规划纲要（2008－2020 年）〉的实施方案》的通知（2009 年）
149. 深圳市人民政府办公厅关于贯彻实施中华人民共和国城乡规划法有关事项的通知（2009 年）
150. 深圳市人民政府关于印发深圳市绿道网规划建设总体实施方案的通知（2010 年）
151. 深圳市人民政府关于授权市城市规划委员会建筑与环境艺术委员会审批城市更新单元规划的通知（2010 年）
152. 深圳市人民政府关于印发《深圳市城市更新办法实施细则》的通知（2012 年）
153. 深圳市人民政府关于巩固市容环境提升成果进一步加强城市管理工作的意见（2012 年）
154. 深圳市人民政府办公厅关于印发深圳环境质量提升行动计划的通知（2012 年）
155. 深圳市人民政府办公厅关于印发深圳市宜居社区建设工作方案的通知（2012 年）
156. 中共深圳市委、深圳市人民政府关于进一步加强城市绿化工作的意见（2012 年）
157. 深圳市规划和国土资源委员会关于印发《深圳市城市更新历史用地处置暂行规定》的通知（2013 年）
158. 深圳市规划和国土资源委员会关于印发《深圳市危房拆除重建规划管理规定》的通知（2013 年）
159. 深圳市规划和国土资源委员会深圳市财政委员会深圳市发展和改革委员会深圳市残疾人联合会关于印发《深圳市建设项目无障碍设施改造办法》的通知（2014 年）
160. 深圳市前海深港现代服务业合作区管理局关于印发《深圳市前海深港现代服务业合作区共同沟管理暂行办法》的通知（2015 年）
161. 深圳市规划和国土资源委员会关于印发《深圳市 2016—2020 年建设用地清退工作方案》的通知（2015 年）
162. 深圳市规划和国土资源委员会关于印发《深圳市城市更新项目保障性住房配建规定》的通知（2016 年）
163. 深圳市人民政府关于进一步规范基本生态控制线管理的实施意见（2016 年）
164. 深圳市发展和改革委员会关于印发《深圳城市基础设施建设五年行动计划（2016—2020 年）》的通知（2016 年）

165. 深圳市人民政府办公厅关于贯彻落实《深圳市人民政府关于施行城市更新工作改革的决定》的实施意见（2016 年）
166. 深圳市人民政府办公厅印发关于加强和改进城市更新实施工作暂行措施的通知（2016 年）

二、土地类

（一）法律

1. 中华人民共和国土地管理法（1986 年，2004 年修正）
2. 中华人民共和国农村土地承包法（2002 年，2009 年修正）
3. 中华人民共和国农村土地承包经营纠纷调解仲裁法（2009 年）

（二）行政法规

4. 中华人民共和国城镇国有土地使用权出让和转让暂行条例（1990 年）
5. 基本农田保护条例（1998 年，2011 年修正）
6. 土地复垦条例（2011 年）
7. 中华人民共和国土地管理法实施条例（1998 年，2014 年修正）
8. 土地调查条例（2008 年，2016 年修正）
9. 大中型水利水电工程建设征地补偿和移民安置条例（2006 年，2017 年修订）

（三）广东省地方法规

10. 广东省人民代表大会常务委员会关于授权深圳市人民政府自行决定调整深圳经济特区土地使用费收费标准的决定（1984 年）
11. 广东省国土资源监督检查条例（2004 年）
12. 广东省湿地保护条例（2006 年，2014 年修正）
13. 广东省征收农民集体所有土地各项补偿费管理办法（1994 年，2008 年修正）
14. 广东省实施《中华人民共和国土地管理法》办法（1999 年，2008 年修正）
15. 广东省土地权属纠纷处理条例（1995 年，2014 年修正）
16. 广东省基本农田保护区管理条例（2002 年，2014 年修正）

（四）深圳市地方法规

17. 深圳市土地征用与收回条例（1999 年）
18. 深圳经济特区高新技术产业园区条例（2001 年，2006 年修正）
19. 深圳经济特区土地使用权出让条例（1994 年，2011 年修正）

（五）国务院部门规章

20. 划拨土地使用权管理暂行办法（1992 年）
21. 土地监察暂行规定（1995 年）
22. 国有企业改革中划拨土地使用权管理暂行规定（1998 年）
23. 闲置土地处置办法（1999 年，2012 年修订）
24. 划拨用地目录（2001 年）
25. 土地登记资料公开查询办法（2002 年）
26. 协议出让国有土地使用权规定（2003 年）
27. 中华人民共和国农村土地承包经营权证管理办法（2003 年）
28. 农村土地承包经营权流转管理办法（2005 年）
29. 耕地占补平衡考核办法（2006 年）
30. 招标拍卖挂牌出让国有建设用地使用权规定（2002 年，2007 年修正）
31. 土地登记办法（2007 年）
32. 违反土地管理规定行为处分办法（2008 年）
33. 征收土地公告办法（2001 年，2010 年修正）
34. 土地权属争议调查处理办法（2003 年，2010 年修正）
35. 土地复垦条例实施办法（2012 年）
36. 闲置土地处置办法（2012 年）
37. 节约集约利用土地规定（2014 年）
38. 不动产登记暂行条例（2014 年）
39. 建设用地审查报批管理办法（1999 年，2016 年修正）
40. 建设项目用地预审管理办法（2001 年，2016 年修正）
41. 土地调查条例实施办法（2009 年，2016 年修正）
42. 土地利用年度计划管理办法（1999 年，2016 年修正）

（六）广东省政府规章

43. 广东省维护水库移民土地山林房产权属的若干规定（1989 年）
44. 广东省城镇国有土地使用权出让和转让实施办法（1992 年，1997 年修正）
45. 广东省地价管理规定（1998 年）
46. 广东省土地使用权交易市场管理规定（2002 年）
47. 广东省集体建设用地使用权流转管理办法（2005 年）
48. 广东省森林林木林地权属争议调解处理办法（2006 年）
49. 广东省非农业建设补充耕地管理办法（2010 年）

（七）深圳市政府规章

50. 深圳市土地交易市场管理规定（2001 年）
51. 深圳市征用土地实施办法（2002 年）
52. 深圳市土地储备管理办法（2006 年）
53. 深圳市临时用地和临时建筑管理规定（2006 年）
54. 《深圳市人民代表大会常务委员会关于农村城市化历史遗留违法建筑的处理决定》试点实施办法（2013 年）
55. 深圳市基本农田保护区管理办法（2014 年）

（八）国务院及其部门规范性文件

56. 国家土地管理局印发《国家土地管理局土地登记规则》的通知（1995 年）
57. 国家土地管理局印发《关于认定收回土地使用权行政决定法律性质的意见》的通知（1997 年）
58. 国务院办公厅关于加强土地转让管理严禁炒卖土地的通知（1999 年）
59. 国土资源部关于加强土地资产管理促进国有企业改革和发展的若干意见的通知（1999 年）
60. 国土资源部关于进一步推行招标拍卖出让国有土地使用权的通知（1999 年）
61. 国土资源部关于建立土地有形市场促进土地使用权规范交易的通知（2000 年）
62. 国土资源部关于改革土地估价结果确认和土地资产处置审批办法的通知（2001 年）
63. 国务院关于加强国有土地资产管理的通知（2001 年）
64. 国土资源部、监察部关于严格实行经营性土地使用权招标拍卖挂牌出让的通知（2002 年）
65. 国家投资土地开发整理项目实施管理暂行办法（2003 年）
66. 国务院关于深化改革严格土地管理的决定（2004 年）
67. 国土资源部关于印发《查处土地违法行为立案标准》的通知（2005 年）
68. 国土资源部关于印发《招标拍卖挂牌出让国有土地使用权规范》（试行）和《协议出让国有土地使用权规范》（试行）的通知（2006 年）
69. 国务院关于加强土地调控有关问题的通知（2006 年）
70. 国务院办公厅关于规范国有土地使用权出让收支管理的通知（2006 年）
71. 财政部、国土资源部、中国人民银行关于印发《国有土地使用权出让收支管理办法》的通知（2006 年）
72. 国土资源部关于发布实施《全国工业用地出让最低价标准》的通知（2006 年）
73. 财政部、国土资源部、中国人民银行关于建立国有土地收支统计报表体系的通知（2007 年）
74. 财政部、国土资源部关于印发《土地储备资金财务管理暂行办法》的通知（2007 年）
75. 国土资源部、财政部、中国人民银行关于印发《土地储备管理办法》的通知（2007 年）
76. 国土资源部关于加大闲置土地处置力度的通知（2007 年）
77. 国土资源部关于认真贯彻《国务院关于解决城市低收入家庭住房困难的若干意见》进一步加强土

地供应调控的通知（2007 年）

78. 国土资源部、监察部关于落实工业用地招标拍卖挂牌出让制度有关问题的通知（2007 年）
79. 国务院关于促进节约集约用地的通知(2008 年)
80. 财政部、国土资源部关于印发《中央分成新增建设用地土地有偿使用费稽查暂行办法》的通知（2008 年）
81. 城乡建设用地增减挂钩试点管理办法（2009 年）
82. 国土资源部关于进一步加强土地整理复垦开发工作的通知（2008 年）
83. 国土资源部关于建立健全土地执法监管长效机制的通知（2008 年）
84. 国土资源部关于部署运行土地市场动态监测与监管系统的通知（2008 年）
85. 国土资源部关于贯彻实施《土地登记办法》进一步加强土地登记工作的通知（2008 年）
86. 国土资源部关于严格建设用地管理促进批而未用土地利用的通知（2009 年）
87. 财政部、国土资源部、中国人民银行等关于进一步加强土地出让收支管理的通知（2009 年）
88. 国家土地总督察办公室关于印发《土地例行督察工作规范（试行）》的通知（2009 年）
89. 国土资源部、监察部关于进一步落实工业用地出让制度的通知（2009 年）
90. 国务院关于加强地方政府融资平台公司管理有关问题的通知（2010 年）
91. 国土资源部关于印发《土地矿产卫片执法检查工作规范（试行）》的通知（2010 年）
92. 国土资源部关于严格土地利用总体规划实施管理的通知（2012 年）
93. 财政部、国土资源部关于印发《新增建设用地土地有偿使用费资金使用管理办法》的通知（2012 年）
94. 国土资源部关于进一步加强和改进建设项目用地预审工作的通知（2012 年）
95. 国土资源部关于进一步改进建设用地审查报批工作提高审批效率有关问题的通知（2012 年）
96. 国土资源部、国家发展和改革委员会关于发布实施《限制用地项目目录（2012 年本）》和《禁止用地项目目录（2012 年本）》的通知（2012 年）
97. 国土资源部关于提升耕地保护水平全面加强耕地质量建设与管理的通知（2012 年）
98. 国土资源部关于规范土地登记的意见（2012 年）
99. 国土资源部关于严格执行土地使用标准大力促进节约集约用地的通知（2012 年）
100. 国土资源部办公厅关于发布《国有建设用地使用权出让地价评估技术规范（试行）》的通知（2013 年）
101. 国土资源部办公厅关于下放部分建设项目用地预审权限的通知（2013 年）
102. 国土资源部国务院侨务办公室关于做好华侨农场土地保护和开发利用工作的意见（2013 年）
103. 财政部关于城乡建设用地增减挂钩试点有关财税政策问题的通知（2014 年）
104. 国土资源部关于强化管控落实最严格耕地保护制度的通知（2014 年）
105. 国务院办公厅关于推进城区老工业区搬迁改造的指导意见（2014 年）
106. 国土资源部办公厅关于印发《养老服务设施用地指导意见》的通知（2014 年）
107. 国务院办公厅关于支持铁路建设实施土地综合开发的意见（2014 年）

108. 国土资源部财政部住房和城乡建设部农业部国家林业局关于进一步加快推进宅基地和集体建设用地使用权确权登记发证工作的通知（2014 年）
109. 国土资源部关于推进土地节约集约利用的指导意见（2014 年）
110. 国土资源部、农业部关于进一步做好永久基本农田划定工作的通知（2014 年）
111. 中共中央办公厅、国务院办公厅关于引导农村土地经营权有序流转发展农业适度规模经营的意见（2014 年）
112. 国土资源部关于贯彻实施《不动产登记暂行条例》的通知（2014 年）
113. 国务院办公厅关于引导农村产权流转交易市场健康发展的意见（2014 年）
114. 财政部国家税务总局关于企业改制重组有关土地增值税政策的通知（2015 年）
115. 农业部、中央农村工作领导小组办公室、财政部、国土部、国务院法制办、国家档案局关于认真做好农村土地承包经营权确权登记颁证工作的意见（2015 年）
116. 农业部办公厅关于印发《农村土地承包经营权确权登记颁证成果检查验收办法（试行）》的通知（2015 年）
117. 国土资源部办公厅关于实施《城镇土地分等定级规程》和《城镇土地估价规程》有关问题的通知（2015 年）
118. 国土资源部住房城乡建设部关于优化 2015 年住房及用地供应结构促进房地产市场平稳健康发展的通知（2015 年）
119. 国土资源部关于做好不动产登记信息管理基础平台建设工作的通知（2015 年）
120. 国务院关于开展农村承包土地的经营权和农民住房财产权抵押贷款试点的指导意见（2015 年）
121. 国土资源部发展改革委科技部工业和信息化部住房城乡建设部商务部关于支持新产业新业态发展促进大众创业万众创新用地的意见（2015 年）
122. 国土资源部关于进一步做好新型城镇化建设土地服务保障工作的通知（2016 年）
123. 国土资源部关于印发《不动产权证书和登记证明监制办法》的通知（2016 年）
124. 财政部国土资源部关于印发《农村集体经营性建设用地土地增值收益调节金征收使用管理暂行办法》的通知（2016 年）
125. 国土资源部关于印发《不动产登记操作规范（试行）》的通知（2016 年）
126. 国土资源部关于印发全国土地利用总体规划纲要（2006—2020 年）调整方案的通知（2016 年）
127. 国土资源部农业部关于全面划定永久基本农田实行特殊保护的通知（2016 年）
128. 国土资源部办公厅关于印发《产业用地政策实施工作指引》的通知（2016 年）
129. 中共中央办公厅国务院办公厅印发《关于完善农村土地所有权承包权经营权分置办法的意见》（2016 年）
130. 国土资源部关于改进和优化建设项目用地预审和用地审查的通知（2016 年）
131. 国土资源部关于进一步加快宅基地和集体建设用地确权登记发证有关问题的通知（2016 年）
132. 国土资源部财政部农业部关于加快推进农垦国有土地使用权确权登记发证工作的通知（2016 年）

（九）广东省政府及其部门规范性文件

133. 广东省人民政府关于加强国有企业改革改组改造中原划拨土地管理的通知（1999 年）
134. 广东省人民政府办公厅转发省侨办、省国土资源厅、省农垦总局关于国有农场土地确权与登记发证工作意见的通知（2001 年）
135. 广东省土地使用权公开交易规则（2003 年）
136. 土地交易机构内部工作制度（2003 年）
137. 土地使用权交易成交证明书（2003 年）
138. 广东省国土资源厅关于加强土地估价行业管理的通知（2004 年）
139. 广东省国土资源厅关于印发《广东省土地利用总体规划调整修改报批办法》的通知（2004 年）
140. 广东省人民政府办公厅关于加快国有农场土地确权与登记发证工作的通知（2005 年）
141. 广东省国土资源厅关于深入开展征地制度改革有关问题的通知（2005 年）
142. 广东省国土资源厅关于公布和实施《广东省协议出让国有土地使用权最低价标准》的通知（2006 年）
143. 广东省国土资源厅关于进一步做好房地产市场土地供应调控的意见（2006 年）
144. 广东省人民政府办公厅印发广东省非农业建设依法占用基本农田跨地级以上市补划办法的通知（2007 年）
145. 广东省人民政府关于切实做好土地调控工作的通知（2007 年）
146. 广东省人民政府办公厅转发省国土资源厅关于深化征地制度改革意见的通知（2007 年）
147. 广东省人民政府关于建立土地管理共同责任制度的通知（2008 年）
148. 广东省人民政府办公厅印发广东省征收农村集体土地留用地管理办法（试行）的通知（2009 年）
149. 广东省国土资源厅、广东省农业厅关于省级投资土地开发整理项目竣工验收的暂行办法（2010 年）
150. 广东省国土资源厅关于印发《广东省基本农田调整补划验收暂行办法》的通知（2010 年）
151. 广东省国土资源厅、广东省农业厅关于印发《广东省高标准基本农田建设项目设计编制规程（试行）》的通知（2012 年）
152. 广东省国土资源厅关于印发《广东省高标准基本农田建设规范（试行）》的通知（2012 年）
153. 广东省国土资源厅、广东省农业厅关于印发《广东省高标准基本农田建设项目验收规程（试行）》的通知（2012 年）
154. 广东省国土资源厅关于印发《广东省城乡建设用地增减挂钩试点拆旧复垦地块验收暂行办法》的通知（2014 年）
155. 广东省人民政府办公厅关于进一步加强高标准基本农田建设工作的通知（2014 年）
156. 广东省人民政府办公厅关于印发广东省占用征收林地定额管理办法的通知（2014 年）
157. 广东省国土资源厅关于加强临时用地管理的通知（2016 年）
158. 广东省人民政府办公厅关于加强征收农村集体土地留用地安置管理工作的意见（2016 年）
159. 广东省人民政府关于提升“三旧”改造水平促进节约集约用地的通知（2016 年）
160. 广东省国土资源厅关于印发广东省征地补偿保护标准（2016 年修订调整）的通知（2016 年）

161. 广东省国土资源厅关于严格控制非农业建设占用高标准农田的通知（2016 年）
162. 广东省农业厅广东省国土资源厅关于印发《广东省土地整治垦造水田建设标准（试行）》的通知（2016 年）
163. 广东省国土资源厅关于加大耕地提质改造力度严格落实占补平衡的通知（2016 年）

（十）深圳市政府规范性文件

164. 深圳市宝安、龙岗区规划、国土管理暂行办法（1993 年）
165. 中共深圳市委、深圳市人民政府关于进一步加强规划国土管理决定（1998 年）
166. 深圳市人民政府关于加强土地市场化管理进一步搞活和规范房地产市场的决定（2001 年）
167. 深圳市人民政府批转市规划与国土资源局、市国有资产管理办公室关于我市国有企业改制中土地资产管理若干意见的通知（2003 年）
168. 深圳市人民政府关于坚决制止违法用地和违法建筑行为的通告（2004 年）
169. 深圳市人民政府关于印发《深圳市宝安龙岗两区城市化土地管理办法》的通知（2004 年）
170. 中共深圳市委、深圳市人民政府关于坚决查处违法建筑和违法用地的决定（2004 年）
171. 深圳市人民政府关于贯彻落实国务院关于深化改革严格土地管理决定的通知（2004 年）
172. 深圳市人民政府关于印发《深圳市宝安龙岗两区城市化非农建设用地划定办法》的通知（2005 年）
173. 深圳市人民政府关于进一步加强土地管理推进节约集约用地的意见（2006 年）
174. 深圳市人民政府关于印发深圳市集约利用的工业用地地价计算暂行办法的通知（2006 年）
175. 深圳市人民政府关于印发《深圳市宝安龙岗两区城市化转为国有土地交接与管理实施方案》的通知（2006 年）
176. 深圳市人民政府关于印发《深圳市原村民非商品住宅建设暂行办法》的通知（2006 年）
177. 深圳市人民政府关于印发《深圳市闲置土地处置工作方案》的通知（2007 年）
178. 深圳市人民政府办公厅关于印发《深圳市宝安龙岗两区城市化国有农业用地管理办法实施细则》的通知（2007 年）
179. 深圳市人民政府关于在我市出让商品住宅用地中安排建设一定比例政策性住房的实施意见（2007 年）
180. 深圳市人民政府关于印发《深圳市土地闲置费征收管理办法》的通知（2008 年）
181. 深圳市人民政府办公厅关于印发《深圳市企业总部用地用房配置管理办法（试行）》的通知（2009 年）
182. 深圳市人民政府关于印发《深圳市国有未出让土地日常管理暂行办法》的通知（2010 年）
183. 深圳市人民政府关于印发《深圳市原农村集体经济组织非农建设用地和征地返还用地土地使用权交易若干规定》的通知（2011 年）
184. 深圳市人民政府办公厅关于印发《深圳市土地整备资金管理暂行办法》的通知（2012 年）
185. 中共深圳市委、深圳市人民政府关于贯彻落实《深圳市土地管理制度改革总体方案》的通知

（2012 年）

186. 深圳市人民政府办公厅关于印发《工业楼宇转让管理办法》的通知（2013 年）

187. 深圳市规划和国土资源委员会关于印发《深圳市宗地地价测算规则（试行）》的通知（2013 年）

188. 深圳市规划和国土资源委员会关于印发《深圳市贯彻执行〈闲置土地处置办法〉的实施意见（试行）》的通知（2013 年）

189. 深圳市规划和国土资源委员会关于印发《〈深圳市工业楼宇转让管理办法（试行）〉实施细则》的通知（2013 年）

190. 深圳市人民政府办公厅关于印发《深圳市政府储备土地清理专项行动工作方案》的通知（2014 年）

191. 深圳市规划和国土资源委员会关于工业楼宇转让管理有关事宜的通知（2014 年）

192. 深圳市经济贸易和信息化委员会关于印发《深圳市基本农田保护区内土地租赁合同》的通知（2014 年）

193. 深圳市经贸信息委关于印发《深圳市基本农田保护区内土地租赁招标投标管理办法》的通知（2015 年）

194. 深圳市规划和国土资源委员会关于印发《深圳市养老服务设施用地供应暂行办法》的通知（2015 年）

195. 深圳市规划和国土资源委员会关于印发《关于促进安居型商品房用地供应暂行规定》的通知（2015 年）

196. 深圳市规划和国土资源委员会关于印发《深圳市非原村民所建住宅类历史遗留违法建筑临时使用管理办法（试行）》的通知（2015 年）

197. 深圳市经济贸易和信息化委员会关于印发《深圳市基本农田保护区内土地租赁招标投标管理办法》的通知（2015 年）

198. 深圳市人民政府印发关于征地安置补偿和土地置换若干规定（试行）的通知（2015 年）

199. 深圳市规划和国土资源委员会关于印发《关于规范已出让未建用地土地用途变更和容积率调整的处置办法（试行）》的通知（2015 年）

200. 深圳市规划和国土资源委员会关于印发《深圳市城市更新清退用地处置规定》的通知（2015 年）

201. 深圳市规划和国土资源委员会关于印发《〈关于征地安置补偿和土地置换的若干规定（试行）〉实施细则》的通知（2016 年）

202. 深圳市规划和国土资源委员会关于印发《深圳市 2016 年度土地整备计划》的通知（2016 年）

203. 深圳市人民政府关于印发工业及其他产业用地供应管理办法（试行）的通知（2016 年）

204. 深圳市前海深港现代服务业合作区管理局关于印发《深圳市前海深港现代服务业合作区土地储备管理办法（试行）》的通知（2016 年）

205. 深圳市人民政府办公厅关于印发《深圳市创新型产业用房管理办法》的通知（2016 年）

206. 深圳市大鹏新区管理委员会关于印发《大鹏新区城市化转地非农建设用地调整暂行办法》的通知（2016 年）

（十一）司法解释

207. 最高人民法院关于行政机关对土地争议的处理决定生效后一方不履行另一方不应以民事侵权向法院起诉的批复（1991 年）
208. 最高人民法院关于能否将国有土地使用权折价抵偿给抵押权人问题的批复（1998 年）
209. 最高人民法院关于审理破坏土地资源刑事案件具体应用法律若干问题的解释（2000 年）
210. 最高人民法院关于破产企业国有划拨土地使用权应否列入破产财产等问题的批复（2003 年）
211. 最高人民法院关于审理与企业改制相关的民事纠纷案件若干问题的规定（2003 年）
212. 最高人民法院关于转发国土资源部《关于国有划拨土地使用权抵押登记有关问题的通知》的通知（2004 年）
213. 最高人民法院关于审理涉及国有土地使用权合同纠纷案件适用法律问题的解释（2005 年）
214. 最高人民法院关于审理破坏林地资源刑事案件具体应用法律若干问题的解释（2005 年）
215. 最高人民检察院关于印发《关于加强查办危害土地资源渎职犯罪工作的指导意见》的通知（2008 年）
216. 最高人民法院关于审理涉及农村集体土地行政案件若干问题的规定（2011 年）
217. 最高人民法院关于坚决防止土地征收、房屋拆迁强制执行引发恶性事件的紧急通知（2011 年）
218. 最高人民法院关于办理申请人民法院强制执行国有土地上房屋征收补偿决定案件若干问题的规定（2012 年）
219. 最高人民法院关于国有土地开荒后用于农耕的土地使用权转让合同纠纷案件如何适用法律问题的批复（2012 年）
220. 最高人民法院关于征收国有土地上房屋时是否应当对被征收人未经登记的空地和院落予以补偿的答复（2012 年）
221. 最高人民法院关于违法的建筑物、构筑物、设施等强制拆除问题的批复（2013 年）
222. 最高人民法院关于审理涉及农村土地承包经营纠纷调解仲裁案件适用法律若干问题的解释（2014 年）
223. 最高人民法院关于在征收拆迁案件中进一步严格规范司法行为积极推进“裁执分离”的通知（2014 年）

三、房地产类

（一）法律

1. 中华人民共和国城市房地产管理法（1994 年，2009 年修正）

（二）行政法规

2. 城市房地产开发经营管理条例（1998 年，2011 年修正）
3. 国有土地上房屋征收与补偿条例（2011 年）

4. 物业管理条例（2003 年，2016 年修订）

（三）广东省地方法规

5. 广东省房地产评估条例（1994 年）
6. 广东省城镇华侨房屋租赁规定（1994 年）
7. 广东省房地产开发经营条例（1993 年，1997 年修正）
8. 广东省城镇房地产转让条例（1994 年，1997 年修订）
9. 广东省城镇房地产权登记条例（1994 年，1999 年修订）
10. 广东省拆迁城镇华侨房屋规定（1995 年，2004 年修正）
11. 广东省物业管理条例（1998 年，2008 年修订）
12. 广东省城镇房屋租赁条例（1994 年，2010 年修正）
13. 广东省租赁房屋治安管理规定（2012 年）
14. 广东省商品房预售管理条例（1998 年，2014 年修正）

（四）深圳市地方法规

15. 深圳经济特区房地产转让条例（1993 年，1999 年修正）
16. 深圳经济特区陆路口岸和特区管理线检查站物业管理规定（1999 年）
17. 深圳市人民代表大会常务委员会关于坚决查处违法建筑的决定（1999 年）
18. 深圳经济特区处理历史遗留违法私房若干规定（2001 年）
19. 深圳经济特区处理历史遗留生产经营性违法建筑若干规定（2001 年）
20. 深圳经济特区物业管理条例（2007 年）
21. 深圳市人民代表大会常务委员会关于农村城市化历史遗留违法建筑的处理决定（2009 年）
22. 深圳市保障性住房条例（2010 年，2011 年修正）
23. 深圳经济特区房地产登记条例（1992 年，2013 年修正）

（五）国务院部门规章

24. 建设部关于已购公有住房和经济适用住房上市出售管理暂行办法（1999 年）
25. 城市房地产转让管理规定（1995 年，2001 年修正）
26. 城市房地产抵押管理办法（1997 年，2001 年修正）
27. 商品房销售管理办法（2001 年）
28. 城市房地产权属档案管理办法（2001 年）
29. 城市危险房屋管理规定（1989 年，2004 年修正）
30. 城市商品房预售管理办法（1994 年，2004 年修正）
31. 住宅专项维修资金管理办法（2007 年）
32. 廉租住房保障办法（2007 年）

33. 房屋登记办法（2008 年）
34. 商品房屋租赁管理办法（2010 年）
35. 公共租赁住房管理办法（2012 年）
36. 房地产开发企业资质管理规定（2000 年，2015 年修正）
37. 房地产估价机构管理办法（2005 年，2015 年修正）
38. 房地产经纪管理办法（2011 年，2016 年修正）

（六）广东省政府规章

39. 广东省公有房产管理办法（1983 年，2002 年修正）
40. 广东省城镇住房保障办法（2013 年）

（七）深圳市政府规章

41. 深圳市国家机关事业单位住房制度改革若干规定（1999 年）
42. 《深圳经济特区处理历史遗留违法私房若干规定》实施细则（2002 年）
43. 《深圳经济特区处理历史遗留生产经营性违法建筑若干规定》实施细则（2002 年）
44. 深圳经济特区物业管理行业管理办法（1998 年，2004 年修正）
45. 深圳市房地产登记若干规定（试行）（2009 年）
46. 深圳市海上构筑物登记暂行办法（2009 年）
47. 深圳市房地产市场监管办法（2010 年）
48. 深圳市安居型商品房建设和管理暂行办法（2011 年）
49. 《深圳经济特区物业管理条例》实施若干规定（2013 年）
50. 深圳市人才安居办法（2014 年）
51. 深圳市房屋征收与补偿实施办法（试行）（2013 年，2016 年修订）

（八）国务院及其部门规范性文件

52. 国务院关于促进房地产市场持续健康发展的通知（2003 年）
53. 建设部、民政部关于印发《城镇最低收入家庭廉租住房申请、审核及退出管理办法》的通知（2005 年）
54. 国家发展改革委、建设部关于印发《城镇廉租住房租金管理办法》的通知（2005 年）
55. 国务院办公厅转发建设部等部门关于调整住房供应结构稳定住房价格意见的通知（2006 年）
56. 建设部关于落实新建住房结构比例要求若干意见（2006 年）
57. 建设部、商务部、国家发展和改革委员会、中国人民银行、国家工商行政管理总局、国家外汇管理局关于规范房地产市场外资准入和管理的意见（2006 年）
58. 建设部等三部委关于制止违规集资合作建房的通知（2006 年）
59. 建设部关于印发《房屋权属登记信息查询暂行办法》的通知（2006 年）

60. 住房和城乡建设部关于印发《房屋登记簿管理试行办法》的通知（2008 年）
61. 国务院办公厅关于促进房地产市场健康发展的若干意见（2008 年）
62. 国务院办公厅关于促进房地产市场平稳健康发展的通知（2010 年）
63. 住房和城乡建设部关于进一步加强房地产市场监管完善商品住房预售制度有关问题的通知（2010 年）
64. 国土资源部关于加强房地产用地供应和监管有关问题的通知（2010 年）
65. 国土资源部、住房和城乡建设部关于进一步加强房地产用地和建设管理调控的通知（2010 年）
66. 住房和城乡建设部、国土资源部、监察部关于进一步贯彻落实国发〔2010〕10 号文件的通知（2010 年）
67. 中华人民共和国住房和城乡建设部、国家外汇管理局关于进一步规范境外机构和个人购房管理的通知（2010 年）
68. 国务院关于坚决遏制部分城市房价过快上涨的通知（2010 年）
69. 住房和城乡建设部等三部委关于规范商业性个人住房贷款中第二套住房认定标准的通知（2010 年）
70. 国务院办公厅关于进一步做好房地产市场调控工作有关问题的通知（2011 年）
71. 中华人民共和国住房和城乡建设部关于印发《国有土地上房屋征收评估办法》的通知（2011 年）
72. 住房和城乡建设部关于进一步加强住房公积金监管工作的通知（2012 年）
73. 国土资源部、住房城乡建设部关于进一步严格房地产用地管理巩固房地产市场调控成果的紧急通知（2012 年）
74. 住房和城乡建设部印发《住房保障档案管理办法》的通知（2012 年）
75. 住房城乡建设部办公厅关于贯彻实施《住房保障档案管理办法》的意见（2013 年）
76. 国务院办公厅关于继续做好房地产市场调控工作的通知（2013 年）
77. 住房城乡建设部工商总局关于集中开展房地产中介市场专项治理的通知（2013 年）
78. 国务院关于加快棚户区改造工作的意见（2013 年）
79. 国土资源部办公厅住房城乡建设部办公厅关于坚决遏制违法建设、销售“小产权房”的紧急通知（2013 年）
80. 住房城乡建设部财政部国家发展改革委关于公共租赁住房和廉租住房并轨运行的通知（2013 年）
81. 财政部国家税务总局关于棚户区改造有关税收政策的通知（2013 年）
82. 住房城乡建设部关于保障性住房实施绿色建筑行动的通知（2013 年）
83. 住房城乡建设部国家发展改革委财政部关于印发《农村危房改造绩效评价办法（试行）》的通知（2013 年）
84. 住房城乡建设部关于发布《绿色保障性住房技术导则》的通知（2013 年）
85. 财政部关于做好公共租赁住房和廉租住房并轨运行有关财政工作的通知（2014 年）
86. 民政部国土资源部住房城乡建设部关于印发《优抚对象住房优待办法》的通知（2014 年）

87. 住房城乡建设部　工商总局关于印发《商品房买卖合同示范文本》的通知（2014 年）
88. 住房城乡建设部关于全面开展农村危房现状调查的通知（2014 年）
89. 住房城乡建设部关于并轨后公共租赁住房有关运行管理工作的意见（2014 年）
90. 国务院办公厅关于进一步加强棚户区改造工作的通知（2014 年）
91. 财政部关于印发《城镇保障性安居工程贷款贴息办法》的通知（2014 年）
92. 住房城乡建设部关于加快培育和发展住房租赁市场的指导意见（2015 年）
93. 住房城乡建设部财政部人民银行关于放宽提取住房公积金支付房租条件的通知（2015 年）
94. 财政部住房城乡建设部关于印发《城镇保障性安居工程财政资金绩效评价暂行办法》的通知（2015 年）
95. 中国人民银行住房城乡建设部中国银行业监督管理委员会关于个人住房贷款政策有关问题的通知（2015 年）
96. 财政部国家税务总局关于调整个人住房转让营业税政策的通知（2015 年）
97. 国务院关于进一步做好城镇棚户区和城乡危房改造及配套基础设施建设有关工作的意见（2015 年）
98. 财政部国土资源部住房城乡建设部中国人民银行国家税务总局银监会关于运用政府和社会资本合作模式推进公共租赁住房投资建设和运营管理的通知（2015 年）
99. 国土资源部住房城乡建设部关于做好不动产统一登记与房屋交易管理衔接的指导意见（2015 年）
100. 住房城乡建设部等部门关于调整房地产市场外资准入和管理有关政策的通知（2015 年）
101. 财政部关于做好城市棚户区改造相关工作的通知（2015 年）
102. 国务院办公厅关于加快培育和发展住房租赁市场的若干意见（2016 年）
103. 住房城乡建设部关于加快建设住房公积金综合服务平台的通知（2016 年）
104. 住房城乡建设部等部门关于加强房地产中介管理促进行业健康发展的意见（2016 年）
105. 住房城乡建设部关于进一步规范房地产开发企业经营行为维护房地产市场秩序的通知（2016 年）
106. 住房城乡建设部财政部关于做好城镇住房保障家庭租赁补贴工作的指导意见（2016 年）
107. 住房城乡建设部办公厅国家发展改革委办公厅财政部办公厅关于印发《棚户区改造工作激励措施实施办法（试行）》的通知（2016 年）
108. 财政部住房城乡建设部关于印发《中央财政城镇保障性安居工程专项资金管理办法》的通知（2017 年）

（九）广东省政府及其部门规范性文件

109. 广东省建设厅、广东省国土资源厅、广东省财政厅、广东省审计厅、广东省监察厅、广东省国家税务局、广东省地方税务局、广东省发展和改革委员会、广东省物价局、广东省工商行政管理局转发建设部等八部委关于开展房地产市场秩序专项整治的通知（2007 年）
110. 广东省建设厅关于进一步加强房地产经纪管理的紧急通知（2008 年）
111. 广东省建设厅办公室关于加强房地产信息系统安全管理的通知（2009 年）

112. 广东省人民政府办公厅关于促进我省房地产市场平稳健康发展的若干意见（2009 年）
113. 广东省人民政府办公厅印发关于加快发展公共租赁住房实施意见的通知（2010 年）
114. 广东省人民政府办公厅印发《广东省住房保障制度改革创新方案》的通知（2012 年）
115. 广东工商行政管理局广东省住房和城乡建设厅关于推行《广东省房地产经纪服务合同示范文本》的通知（2014 年）
116. 广东省人民政府关于加快棚户区改造工作的实施意见（2014 年）

（十）深圳市政府规范性文件

117. 深圳市人民政府关于处理深圳经济特区房地产权属遗留问题的若干规定（1993 年，1994 年修正）
118. 深圳市房地产中介行业规范服务标准（2003 年）
119. 深圳市人民政府关于印发《深圳市到期房地产续期若干规定》的通知（2004 年）
120. 深圳市人民政府关于印发深圳市处理房地产登记历史遗留问题若干规定的通知（2004 年）
121. 深圳市人民政府关于稳定房价促进我市房地产市场持续健康发展的意见（2006 年）
122. 深圳市人民政府关于贯彻落实国务院办公厅转发建设部等部门关于调整住房供应结构稳定住房价格意见的通知（2006 年）
123. 深圳市人民政府关于进一步促进我市住房保障工作的若干意见（2007 年）
124. 深圳市人民政府关于加强房地产登记历史遗留问题处理工作的若干意见（2010 年）
125. 深圳市人民政府办公厅印发《深圳市贯彻落实国务院文件精神坚决遏制房价过快上涨的意见》的通知（2010 年）
126. 深圳市人民政府办公厅关于印发深圳市房地产市场秩序专项整治工作方案的通知（2010 年）
127. 中共深圳市委深圳市人民政府关于实施人才安居工程的决定（2010 年）
128. 深圳市人民政府办公厅关于进一步贯彻落实国务院文件精神坚决遏制房价过快上涨的补充通知（2010 年）
129. 深圳市人民政府关于印发深圳市住房公积金管理暂行办法的通知（2010 年）
130. 深圳市人民政府办公厅关于进一步做好我市房地产市场调控工作确保年度新建住房价格控制目标的通知（2011 年）
131. 深圳市住房公积金管理委员会关于印发《深圳市住房公积金贷款管理暂行规定》的通知（2012 年）
132. 深圳市房屋租赁管理办公室关于印发《深圳市房屋租赁违法案件举报奖励办法》的通知（2012 年）
133. 深圳市住房和建设局关于印发《深圳市安居型商品房轮候与配售办法》的通知（2012 年）
134. 深圳市人民政府关于印发深圳市住房保障制度改革创新纲要的通知（2012 年）
135. 深圳市人民政府办公厅关于继续做好房地产市场调控工作的通知（2013 年）
136. 深圳市规划和国土资源委员会关于印发《深圳市房地产行业诚信档案管理办法》的通知（2013 年）
137. 深圳市住房和建设局深圳市发展和改革委员会深圳市规划和国土资源委员会关于印发《深圳市安居型商品房定价实施细则（试行）》的通知（2013 年）
138. 深圳市住房公积金管理委员会关于印发《深圳市商业性住房按揭贷款转住房公积金贷款暂行规

定》的通知（2013 年）

139. 深圳市住房公积金管理委员会关于重新发布《深圳市住房公积金提取管理暂行规定》的通知（2013 年）

140. 深圳市住房和建设局关于印发《深圳市公共租赁住房轮候与配租暂行办法》的通知（2013 年）

141. 深圳市规划和国土资源委员会关于印发《深圳市既有住宅加装电梯的实施意见》的通知（2013 年）

142. 深圳市住房和建设局关于印发《深圳市农村城市化历史遗留违法建筑房屋安全检测鉴定管理暂行办法》的通知（2014 年）

143. 深圳市住房公积金管理委员会关于印发《深圳市住房公积金提取管理规定》的通知（2014 年）

144. 深圳市住房和建设局深圳市发展和改革委员会深圳市规划和国土资源委员会关于印发《深圳市安居型商品房定价实施细则》的通知（2014 年）

145. 深圳市财政委员会深圳市住房和建设局关于印发《深圳市保障性住房专项资金管理办法》的通知（2015 年）

146. 深圳市住房公积金管理委员会关于提高住房公积金资金使用效率加快发展住房公积金贷款业务的通知（2015 年）

147. 深圳市住房和建设局关于印发《深圳市经济适用住房取得完全产权和上市交易暂行办法》的通知（2015 年）

148. 深圳市商品房预售价格备案办法（2013 年，2015 年修正）

149. 深圳市人民政府办公厅关于印发深圳市创新型产业用房管理办法的通知（2016 年）

150. 深圳市住房和建设局关于印发《深圳市保障性住房收购操作规程（试行）》的通知（2016 年）

151. 深圳市人民政府办公厅关于完善住房保障体系促进房地产市场平稳健康发展的意见（2016 年）

152. 住房城乡建设部关于印发住房公积金信息化建设导则的通知（2016 年）

153. 深圳市住房和建设局深圳市财政委员会深圳市发展和改革委员会关于印发《深圳市公共租赁住房和廉租住房并轨运行实施办法》的通知（2016 年）

154. 深圳市住房和建设局深圳市财政委员会关于印发《深圳市政府购买棚户区改造服务管理办法》的通知（2016 年）

155. 深圳市住房和建设局关于印发《深圳市棚户区改造项目界定标准》的通知（2016 年）

156. 深圳市人民政府办公厅转发市规划国土委等单位《关于进一步促进我市房地产市场平稳健康发展的若干措施》的通知（2016 年）

157. 深圳市前海深港现代服务业合作区管理局关于印发《深圳市前海深港现代服务业合作区人才住房管理暂行办法》的通知（2016 年）

（十一）司法解释

158. 最高人民法院关于共有人之一擅自出卖共有房屋无效的批复（1988 年）

159. 最高人民法院关于受理房屋拆迁、补偿、安置等案件问题的批复（1996 年）
160. 最高人民法院关于审理商品房买卖合同纠纷案件适用法律若干问题的解释（2003 年）
161. 最高人民法院关于房地产管理机关能否撤销错误的注销抵押登记行为问题的批复（2003 年）
162. 最高人民法院、国土资源部、建设部关于依法规范人民法院执行和国土资源房地产管理部门协助执行若干问题的通知（2004 年）
163. 最高人民法院关于当事人达不成拆迁补偿安置协议就补偿安置争议提起民事诉讼人民法院应否受理问题的批复（2005 年）
164. 最高人民法院关于人民法院执行设定抵押的房屋的规定（2005 年，2008 年修正）
165. 最高人民法院关于审理建筑物区分所有权纠纷案件具体应用法律若干问题的解释（2009 年）
166. 最高人民法院印发《关于当前形势下进一步做好房地产纠纷案件审判工作的指导意见》的通知（2009 年）
167. 最高人民法院关于审理物业服务纠纷案件具体应用法律若干问题的解释（2009 年）
168. 最高人民法院关于审理房屋登记案件若干问题的规定（2010 年）
169. 最高人民法院关于《城市房地产抵押管理办法》在建工程抵押规定与上位法是否冲突问题的答复（2012 年）

四、测绘、地名、地质环境类

（一）法律

1. 中华人民共和国矿产资源法（1986 年，2009 年修正）
2. 中华人民共和国矿山安全法（1992 年，2009 年修正）
3. 中华人民共和国测绘法（1992 年，2017 年修正）

（二）行政法规

4. 地名管理条例（1986 年）
5. 矿产资源监督管理暂行办法（1987 年）
6. 中华人民共和国矿产资源法实施细则（1994 年）
7. 矿产资源补偿费征收管理规定（1994 年，1997 年修正）
8. 地质灾害防治条例（2003 年）
9. 中华人民共和国测绘成果管理条例（2006 年）
10. 地质勘查资质管理条例（2008 年）
11. 基础测绘条例（2009 年）
12. 自然灾害救助条例（2010 年）
13. 古生物化石保护条例（2010 年）
14. 中华人民共和国测量标志保护条例（1996 年，2011 年修正）

15. 矿产资源勘查区块登记管理办法（1998 年，2014 年修改）
16. 矿产资源开采登记管理办法（1998 年，2014 年修改）
17. 探矿权采矿权转让管理办法（1998 年，2014 年修改）
18. 地质资料管理条例（2002 年，2016 年修正）

（三）广东省地方法规

19. 广东省矿产资源管理条例（1999 年，2012 年修正）
20. 广东省地质环境管理条例（2003 年，2012 年修正）
21. 广东省实施《中华人民共和国矿山安全法》办法（1994 年，2004 年修正）
22. 广东省地名管理条例（2007 年）
23. 广东省采石取土管理规定（1998 年，2008 年修正）
24. 广东省测绘条例（1997 年，2014 年修正）

（四）国务院部门规章

25. 地质勘查市场管理暂行办法（1991 年）
26. 地质遗迹保护管理规定（1995 年）
27. 中华人民共和国矿山安全法实施条例（1996 年）
28. 房产测绘管理办法（2001 年）
29. 古生物化石管理办法（2002 年）
30. 公开地图内容表示若干规定（2003 年）
31. 重要地理信息数据审核公布管理规定（2003 年）
32. 测绘作业证管理规定（1995 年，2004 年修正）
33. 矿产资源登记统计管理办法（2004 年）
34. 地图审核管理规定（2006 年）
35. 测绘行政处罚程序规定（2000 年，2010 年修正）
36. 外国的组织或者个人来华测绘管理暂行办法（2007 年，2011 年修正）
37. 矿产资源规划编制实施办法（2012 年）
38. 地质环境监测管理办法（2014 年）
39. 地质灾害危险性评估单位资质管理办法（2005 年，2015 年修正）
40. 地质灾害治理工程勘查设计施工单位资质管理办法（2005 年，2015 年修正）
41. 地质灾害治理工程监理单位资质管理办法（2005 年，2015 年修正）
42. 矿山地质环境保护规定（2009 年，2015 年修正）
43. 古生物化石保护条例实施办法（2012 年，2015 年修正）
44. 地图管理条例（2015 年）
45. 地质资料管理条例实施办法（2003 年，2016 年修正）

（五）深圳市政府规章

46. 深圳市门楼牌管理办法（2011 年）
47. 深圳市内伶仃岛—福田国家级自然保护区管理规定（2012 年）
48. 深圳市地名管理办法（2012 年）
49. 深圳市地质灾害防治管理办法（2012 年）

（六）国务院及其部门规范性文件

50. 国土资源部、财政部关于印发《探矿权采矿权使用费减免办法》的通知（2000 年）
51. 国土资源部关于印发《探矿权采矿权招标拍卖挂牌管理办法(试行)》的通知（2003 年）
52. 国土资源部关于印发《非法采矿、破坏性采矿造成矿产资源破坏价值鉴定程序的规定》的通知（2005 年）
53. 国务院关于加强地质工作的决定（2006 年）
54. 国家突发地质灾害应急预案（2006 年）
55. 国家测绘局关于印发《基础测绘成果提供使用管理暂行办法》的通知（2006 年）
56. 国务院关于加强测绘工作的意见（2007 年）
57. 国家测绘局关于印发《基础测绘成果应急提供办法》的通知（2007 年）
58. 国家发展改革委、国家测绘局关于印发《基础测绘计划管理办法》的通知 (2007 年)
59. 国家测绘局关于印发《测绘标准化工作管理办法》的通知（2008 年)
60. 国家测绘局关于加强互联网地图管理工作的通知（2009 年）
61. 国家测绘地理信息局关于印发测绘资质管理规定和测绘资质分级标准的通知（2014 年）
62. 公开地图内容表示补充规定（试行）（2009 年）
63. 国土资源部关于印发《保护性开采的特定矿种勘查开采管理暂行办法》的通知（2009 年）
64. 民政部关于颁发《地名管理条例实施细则》的通知（1996 年，2010 年修正）
65. 财政部、国土资源部关于印发《地质矿产调查评价专项资金管理办法》的通知（2010 年）
66. 国家测绘局关于印发《测绘成果质量监督抽查管理办法》的通知（2010 年）
67. 国家测绘局关于进一步加强涉密测绘成果行政审批与使用管理工作的通知（2010 年）
68. 国家测绘局关于切实做好国家基础测绘项目成果档案归档工作的通知（2010 年）
69. 国家测绘地理信息局关于做好测绘地理信息应急保障工作的通知（2012 年）
70. 国土资源部关于印发《非法制贩爆炸物品和违法采矿专项治理工作实施方案》的通知（2012 年）
71. 国土资源部办公厅关于印发《全国地质环境信息化建设方案》的通知（2013 年）
72. 国家测绘地理信息局关于印发《测绘地理信息公益性行业科研专项项目管理暂行办法》的通知（2013 年）
73. 国家测绘地理信息局关于印发《测绘地理信息部门信息化建设指导意见》的通知（2014 年）
74. 国土资源部关于印发《矿产资源节约与综合利用鼓励、限制和淘汰技术目录（修订稿）》的通知

（2014 年）

75. 国家测绘地理信息局关于印发《测绘地理信息质量管理办法》的通知（2015 年）
76. 国土资源部关于严格控制和规范矿业权协议出让管理有关问题的通知（2015 年）
77. 国土资源部关于印发《实物地质资料管理办法》的通知（2016 年）
78. 国土资源部关于进一步贯彻落实《古生物化石保护条例》及实施办法的通知（2016 年）
79. 国土资源部关于印发《中央财政地质调查项目管理办法》的通知（2016 年）
80. 国土资源部关于推进矿产资源全面节约和高效利用的意见（2016 年）
81. 国家测绘地理信息局关于印发《全国测绘地理信息应用成果和地图网上展览运行维护管理办法》的通知（2016 年）
82. 国土资源部办公厅关于印发《国土资源应急遥感监测工作预案（试行）》的通知（2016 年）
83. 国土资源部关于印发《国家地质公园规划编制技术要求》的通知（2016 年）

（七）广东省政府及其部门规范性文件

84. 广东省人民政府颁布《广东省矿产资源补偿费征收管理实施办法》的通知（1995 年）
85. 广东省建设委员会关于加强房地产测绘和房屋面积测量计算管理二作的通知（1998 年）
86. 广东省人民政府办公厅印发《广东省突发性地质灾害应急预案》的通知（2004 年）
87. 广东省国土资源厅矿山储量动态监督管理办法（2008 年）
88. 广东省国土资源厅关于进一步规范矿产资源勘查登记管理工作的道知（2009 年）
89. 广东省国土资源厅关于进一步加强和规范测绘质量管理工作的通知（2009 年）
90. 广东省国土资源厅关于加强矿山地质环境治理和国家级地质遗迹倶护项目管理的通知（2010 年）
91. 广东省国土资源厅关于印发《广东省探矿权采矿权招标拍卖挂牌出让管理办法》的通知（2010 年)
92. 广东省国土资源厅办公室关于印发《广东省国家秘密基础测绘成果利用审批程序规定（试行）》的通知（2012 年）
93. 广东省国土资源厅关于印发《广东省国土资源厅关于连续运行卫星定位服务系统应用管理的暂行规定》的通知（2012 年）
94. 广东省国土资源厅广东省财政厅广东省发展改革委关于《矿山地质环境治理恢复保证金的管理办法》（2014 年）

（八）深圳市政府规范性文件

95. 深圳市人民政府关于加强水土保持生态建设工作的决定（2005 年）
96. 深圳市规划和国土资源委员会关于印发《深圳市突发地质灾害应急预案》的通知（2016 年）

（九）司法解释

97. 最高人民法院行政审判庭关于地质矿产主管部门作出的非法采矿及破坏性采矿鉴定结论是否属

于人民法院受案范围问题的答复（2005 年）

98. 最高人民法院、最高人民检察院关于办理非法采矿、破坏性采矿刑事案件适用法律若干问题的解释（2016 年）

五、综合类

（一）法律

1. 中华人民共和国继承法（1985 年）
2. 中华人民共和国反不正当竞争法（1993 年）
3. 中华人民共和国担保法（1995 年）
4. 中华人民共和国价格法（1997 年）
5. 中华人民共和国招标投标法（1999 年）
6. 中华人民共和国合同法（1999 年）
7. 中华人民共和国婚姻法（1980 年，2001 年修正）
8. 中华人民共和国海域使用管理法（2001 年）
9. 中华人民共和国行政许可法（2003 年）
10. 中华人民共和国宪法（1982 年，2004 修正）
11. 中华人民共和国公务员法（2005 年）
12. 中华人民共和国审计法（1994 年，2006 年修正）
13. 中华人民共和国物权法（2007 年）
14. 中华人民共和国反垄断法（2007 年）
15. 中华人民共和国防震减灾法（1997 年，2008 年修正）
16. 中华人民共和国企业国有资产法（2008 年）
17. 中华人民共和国循环经济促进法（2008 年）
18. 中华人民共和国森林法（1984 年，2009 年修正）
19. 中华人民共和国民法通则（1986 年，2009 年修正）
20. 中华人民共和国仲裁法（1994 年，2009 年修正）
21. 中华人民共和国行政处罚法（1996 年，2009 年修正）
22. 中华人民共和国行政复议法（1999 年，2009 年修正）
23. 中华人民共和国侵权责任法（2009 年）
24. 中华人民共和国保守国家秘密法（1988 年，2010 年修正）
25. 中华人民共和国行政监察法（1997 年，2010 年修正）
26. 中华人民共和国涉外民事关系法律适用法（2010 年）
27. 中华人民共和国社会保险法（2010 年）
28. 中华人民共和国个人所得税法（1980 年，2011 年修正）

29. 中华人民共和国行政强制法（2011 年）
30. 中华人民共和国民事诉讼法（1991 年，2012 年修正）
31. 中华人民共和国国家赔偿法（1994 年，2012 年修正）
32. 中华人民共和国治安管理处罚法（2005 年，2012 年修正）
33. 中华人民共和国草原法（1985 年，2013 年修正）
34. 中华人民共和国渔业法（1986 年，2013 年修正）
35. 中华人民共和国消费者权益保护法（1993 年，2013 年修正）
36. 中华人民共和国公司法（1993 年，2013 年修正）
37. 中华人民共和国行政诉讼法（1989 年，2014 年修正）
38. 中华人民共和国政府采购法（2002 年，2014 年修正）
39. 中华人民共和国安全生产法（2002 年，2014 年修正）
40. 中华人民共和国全国人民代表大会和地方各级人民代表大会选举法（1979 年，2015 年修正）
41. 中华人民共和国文物保护法（1982 年，2015 年修正）
42. 中华人民共和国广告法（1994 年，2015 年修订）
43. 中华人民共和国拍卖法（1996 年，2015 年修正）
44. 中华人民共和国公证法（2005 年，2015 年修正）
45. 中华人民共和国海洋环境保护法（1982 年，2016 年修正）
46. 中华人民共和国水法（1988 年，2016 年修正）
47. 中华人民共和国节约能源法（1997 年，2016 年修正）
48. 中华人民共和国立法法（2000 年，2015 年修正）
49. 中华人民共和国资产评估法（2016 年）
50. 中华人民共和国国民经济和社会发展第十三个五年规划纲要（2016 年）
51. 中华人民共和国企业所得税法（2007 年，2017 年修订）

（二）行政法规

52. 广告管理条例（1987 年）
53. 行政区域边界争议处理条例（1989 年）
54. 中华人民共和国契税暂行条例（1997 年）
55. 行政法规制定程序条例（2001 年）
56. 规章制定程序条例（2001 年）
57. 行政区域界线管理条例（2002 年）
58. 中华人民共和国行政监察法实施条例（2004 年）
59. 取水许可和水资源费征收管理条例（2006 年）
60. 地方各级人民政府机构设置和编制管理条例（2007 年）
61. 行政机关公务员处分条例（2007 年）

62. 中华人民共和国政府信息公开条例（2007 年）
63. 中华人民共和国行政复议法实施条例（2007 年）
64. 中华人民共和国耕地占用税暂行条例（2007 年）
65. 中华人民共和国营业税暂行条例（1993 年，2008 年修正）
66. 中华人民共和国消费税暂行条例（1993 年，2008 年修正）
67. 中华人民共和国防汛条例（1995 年，2011 年修正）
68. 中华人民共和国审计法实施条例（1997 年，2010 年修正）
69. 价格违法行为行政处罚规定（1999 年，2010 年修正）
70. 气象灾害防御条例（2010 年）
71. 中华人民共和国城市维护建设税暂行条例（1985 年，2011 年修正）
72. 中华人民共和国房产税暂行条例（1986 年，2011 年修正）
73. 中华人民共和国印花税暂行条例（1988 年，2011 年修正）
74. 中华人民共和国土地增值税暂行条例（1993 年，2011 年修正）
75. 中华人民共和国自然保护区条例（1994 年，2011 年修正）
76. 国家赔偿费用管理条例（2011 年）
77. 中华人民共和国城镇土地使用税暂行条例（1988 年，2013 年修订）
78. 中华人民共和国增值税暂行条例（1993 年，2016 年修正）
79. 中华人民共和国税收征收管理法实施细则（2002 年，2016 年修正）
80. 中华人民共和国文物保护法实施条例（2003 年，2016 年修正）
81. 城镇燃气管理条例（2010 年，2016 年修正）
82. 农田水利条例（2016 年）
83. 城市道路管理条例（1996 年，2017 年修正）

（三）广东省地方法规

84. 广东省各级人民政府行政执法监督条例（1997 年）
85. 广东省森林保护管理条例（1994 年，1998 年修正）
86. 广东省农业环境保护条例（1998 年）
87. 广东省行政复议工作规定（2003 年）
88. 广东省实施《中华人民共和国招标投标法》办法（2003 年）
89. 广东省政务公开条例（2005 年）
90. 广东省人民政府关于若干临时行政许可事项的决定（2006 年）
91. 广东省海域使用管理条例（2007 年）
92. 广东省港口管理条例（2007 年）
93. 广东省行政执法责任制条例（1999 年，2009 年修正）
94. 广东省行政机构设置和编制管理条例（2000 年，2009 年修正）

95. 广东省实施《中华人民共和国政府采购法》办法（2009 年）
96. 广东省突发事件应对条例（2010 年）
97. 广东省东江流域新丰江枫树坝白盆珠水库库区水资源保护办法（2011 年）
98. 广东省行政执法队伍管理条例（1997 年，2012 年修正）
99. 广东省行政审批事项目录管理办法（2012 年）
100. 广东省经纪人管理条例（1993 年，2014 年修正）
101. 广东省实施《中华人民共和国反不正当竞争法》办法（1996 年，2014 年修正）
102. 广东省林地保护管理条例（1998 年，2014 年修正）
103. 广东省实施《中华人民共和国文物保护法》办法（2009 年，2014 年修正）
104. 广东省森林公园管理条例（2010 年，2014 年修正）
105. 广东省农村集体资产管理条例（1996 年，2016 年）
106. 广东省地方立法条例（2001 年，2016 年修正）

（四）深圳市地方法规

107. 深圳经济特区政府采购条例（1998 年，2012 年修订）
108. 深圳经济特区饮用水源保护条例（1994 年，2012 年修正）
109. 深圳经济特区福田保税区条例（1996 年，2003 年修正）
110. 深圳经济特区港口管理条例（1998 年，2004 年修正）
111. 深圳市无障碍环境建设条例（2009 年）
112. 深圳经济特区股份合作公司条例（1994 年，2011 年修正）
113. 深圳经济特区信访条例（2011 年）
114. 深圳经济特区环境噪声污染防治条例（2011 年）
115. 深圳市实施《中华人民共和国人民调解法》办法（2012 年）
116. 深圳经济特区社会建设促进条例（2012 年）
117. 深圳市制定法规条例（2012 年，2016 年修订）
118. 深圳经济特区合同格式条款条例（2012 年）
119. 深圳经济特区控制吸烟条例（2013 年）
120. 深圳市人民代表大会常务委员会讨论决定重大事项规定（2013 年）
121. 深圳经济特区行业协会条例（2014 年）
122. 深圳市人民代表大会常务委员会关于加强深圳经济特区标准建设若干问题的决定（2014 年）
123. 深圳经济特区道路交通安全管理条例（2011 年，2015 年修正）
124. 深圳经济特区水资源管理条例（1994 年，2017 年修正）
125. 深圳经济特区水土保持条例（1997 年，2017 年）
126. 深圳经济特区公证条例（1999 年，2007 年修正）

（五）国务院部门规章

224. 国土资源听证规定（2004 年）
127. 政府采购货物和服务招标投标管理办法（2004 年）
225. 国土资源信访规定（2002 年，2006 年修正）
128. 政府制定价格行为规则（2006 年）
226. 国土资源行政复议规定（2009 年）
227. 国土资源行政复议决定履行与监督规定（2012 年）
129. 评标委员会和评标方法暂行规定（2001 年，2013 年修正）
130. 国土资源行政处罚办法（2014 年）
131. 基础设施和公用事业特许经营管理办法（2015 年）
132. 住房城乡建设行政复议办法（2015 年）
133. 国土资源规范性文件管理规定（2016 年）

（六）广东省政府规章

134. 广东省调处行政区域边界争议的若干规定（1991 年）
135. 广东省《行政执法证》管理办法（1997 年，2013 年修订）
136. 广东省各级人民政府实施行政处罚规定（1997 年）
137. 广东省行政处罚听证程序实施办法（1999 年）
138. 广东省生态公益林建设管理和效益补偿办法（1998 年，2002 年修正）
139. 广东省行政机关规范性文件管理规定（2004 年）
140. 广东省行政审批管理监督办法（2007 年）
141. 广东省规范行政处罚自由裁量权规定(2011 年)
142. 广东省人民政府 2012 年行政审批制度改革事项目录（2012 年）
143. 广东省法治政府建设指标体系（试行）（2013 年）
144. 广东省重大行政决策听证规定（2013 年）
145. 广东省地方税务局土地增值税清算管理规程（暂行）（2014 年）
146. 广东省桥梁水域通航安全管理规定（2014 年）
147. 广东省行政应诉工作规定（2016 年）
148. 广东省依法行政考评办法（2017 年）

（七）深圳市政府规章

149. 深圳市行政执法主体公告管理规定（2003 年）
150. 深圳经济特区城市雕塑管理规定（1994 年，2004 年修正）

151. 深圳市实施行政许可若干规定（2004 年）
152. 深圳市人民政府行政执法协调办法（试行）（2004 年）
153. 深圳市政府信息公开规定（2006 年）
154. 深圳市行政听证办法（2006 年）
155. 深圳市光明新区管理暂行规定（2007 年）
156. 深圳市规范行政处罚裁量权若干规定（2008 年）
157. 深圳市人民政府行政执法督察办法（2009 年）
158. 深圳市行政过错责任追究办法（2009 年）
159. 深圳市行政监督工作规定（2009 年）
160. 深圳市坪山新区管理暂行规定（2009 年）
161. 深圳市行政服务管理规定（2010 年）
162. 深圳市市级行政审批事项调整目录（2011 年）
163. 深圳市前海深港现代服务业合作区管理局暂行办法（2011 年）
164. 深圳前海湾保税港区管理暂行办法（2011 年）
165. 深圳市龙华新区和大鹏新区管理暂行规定（2012 年）
166. 深圳市行政电子监察工作规定（2013 年）
167. 深圳市公共厕所管理办法（2013 年）
168. 深圳市绿色建筑促进办法（2013 年）
169. 深圳市机动车道路临时停放管理办法（2014 年）
170. 深圳市机关事务管理办法（2015 年）
171. 深圳市城市轨道交通运营管理办法（2015 年）

（八）国务院及其部门规范性文件

172. 国家税务总局、财政部、建设部关于加强房地产税收管理的通知（2005 年）
173. 财政部、国家税务总局关于土地增值税若干问题的通知（2006 年）
174. 财政部、国家税务总局关于集体土地城镇土地使用税有关政策的通知（2006 年）
175. 国家税务总局、财政部、国土资源部关于进一步加强土地税收管理工作的通知（2008 年）
176. 国家税务总局关于印发《土地增值税清算管理规程》的通知（2009 年）
177. 国家税务总局关于加强土地增值税征管工作的通知（2010 年）
178. 财政部、国家税务总局、住房和城乡建设部关于调整房地产交易环节契税个人所得税优惠政策的通知（2010 年）
179. 国务院关于第六批取消和调整行政审批项目的决定（2012 年）
180. 国土资源部关于印发《国土资源部重点实验室建设与运行管理办法》的通知（2012 年）
181. 国土资源部关于贯彻实施《中华人民共和国行政诉讼法》的通知（2015 年）
182. 国务院关于取消非行政许可审批事项的决定（2015 年）

183. 国土资源部关于《国土资源行政处罚办法》第七条的解释（2016 年）
184. 最高人民法院关于行政诉讼应诉若干问题的通知（2016 年）
185. 国务院关于印发《政务信息资源共享管理暂行办法》的通知（2016 年）
186. 国务院关于加快推进“互联网＋政务服务”工作的指导意见（2016 年）
187. 中共中央国务院关于完善产权保护制度依法保护产权的意见（2016 年）
188. 国土资源部关于贯彻实施《中华人民共和国资产评估法》的通知（2016 年）
189. 住房城乡建设部关于贯彻落实资产评估法规范房地产估价行业管理有关问题的通知（2016 年）
190. 中共中央国务院关于稳步推进农村集体产权制度改革的意见（2016 年）
191. 国土资源部、中央编办、财政部、环境保护部、水利部、农业部、国家林业局关于印发《自然资源统一确权登记办法（试行）》的通知（2016 年）

（九）广东省政府及其部门规范性文件

192. 广东省人民政府颁布《广东省土地增值税征收管理办法》的通知（1995 年）
193. 广东省海域使用管理规定（1996 年，1998 年修正）
194. 广东省违法收费行为处罚规定（1996 年，1998 年修正）
195. 广东省财政厅、广东省地方税务局关于贯彻落实城镇土地使用税暂行条例有关问题的通知（2007 年）
196. 广东省城镇土地使用税实施细则（1989 年，2009 年）
197. 广东省人民政府办公厅关于印发《广东省信访事项复查复核办法》的通知（2015 年）
198. 广东省人民政府办公厅关于印发《广东省行政复议案件庭审办法（试行）》的通知（2015 年）
199. 广东省司法厅关于行政处罚自由裁量权的适用规则（2016 年）
200. 广东省人民政府关于取消 170 项行政审批事项的决定（2016 年）
201. 广东省人民政府关于第一批清理规范 58 项省政府部门行政审批中介服务事项的决定（2016 年）

（十）司法解释

202. 最高人民法院关于审理行政赔偿案件若干问题的规定（1997 年）
203. 最高人民法院关于适用《中华人民共和国合同法》若干问题的解释（一）（1999 年）
204. 最高人民法院关于执行《中华人民共和国行政诉讼法》若干问题的解释（2000 年）
205. 最高人民法院关于适用《中华人民共和国担保法》若干问题的解释（2000 年）
206. 最高人民法院关于适用《中华人民共和国婚姻法》若干问题的解释（一）（2001 年）
207. 最高人民法院关于人民法院民事执行中拍卖、变卖财产的规定（2004 年）
208. 最高人民法院关于人民法院民事执行中查封、扣押、冻结财产的规定（2004 年，2008 年修正）
209. 广东省高级人民法院关于行政案件管辖若干问题的意见（试行）（2008 年）
210. 最高人民法院关于适用《中华人民共和国民事诉讼法》执行程序若干问题的解释（2008 年）
211. 最高人民法院关于适用《中华人民共和国民事诉讼法》审判监督程序若干问题的解释（2008 年）

212. 最高人民法院关于审理民事案件适用诉讼时效制度若干问题的规定（2008 年）
213. 最高人民法院《关于适用〈中华人民共和国合同法〉若干问题的解释（二）》（2009 年）
214. 最高人民法院关于人民法院委托评估、拍卖和变卖工作的若干规定（2009 年）
215. 最高人民法院关于审理行政许可案件若干问题的规定（2009 年）
216. 最高人民法院关于委托执行若干问题的规定（2011 年）
217. 最高人民法院关于适用《中华人民共和国婚姻法》若干问题的解释（三）（2011 年）
218. 最高人民法院关于国家赔偿案件立案工作的规定（2012 年）
219. 最高人民法院关于修改后的民事诉讼法施行时未结案件适用法律若干问题的规定（2012 年）
220. 最高人民检察院关于贯彻执行《中华人民共和国民事诉讼法》若干问题的通知（2013 年）
221. 最高人民法院关于开展行政案件相对集中管辖试点工作的通知（2013 年）
222. 最高人民法院关于适用《中华人民共和国公司法》若干问题的规定（一）（2006 年，2014 年修正）
223. 最高人民法院关于适用《中华人民共和国公司法》若干问题的规定（二）（2008 年，2014 年修正）
224. 最高人民法院关于适用《中华人民共和国公司法》若干问题的规定（三）（2011 年，2014 年修正）
225. 最高人民法院关于审理融资租赁合同纠纷案件适用法律问题的解释（2014 年）
226. 最高人民法院关于适用《中华人民共和国民事诉讼法》的解释（2015 年）
227. 最高人民法院关于废止部分司法解释和司法解释性质文件(第十一批)的决定（2015 年）
228. 最高人民法院印发《〈关于案例指导工作的规定〉实施细则》的通知（2015 年）
229. 最高人民法院关于人民法院办理执行异议和复议案件若干问题的规定（2015 年）
230. 最高人民法院关于适用《中华人民共和国行政诉讼法》若干问题的解释（2015 年）
231. 最高人民法院关于审理环境侵权责任纠纷案件适用法律若干问题的解释（2015 年）
232. 最高人民法院关于适用《中华人民共和国物权法》若干问题的解释（一）（2016 年）
233. 最高人民法院关于适用《中华人民共和国婚姻法》若干问题的解释（二）（2003 年，2017 年修正）
234. 最高人民法院关于适用《中华人民共和国婚姻法》若干问题的解释（二）的补充规定（2017 年）

附录二

2016年深圳房地产大事记

◆1月1日，《不动产登记暂行条例实施细则》正式实施，这标志着不动产登记将在地市层面全面实施。

◆1月5日，财政部发布消息，国家机关、军队、人民团体、财政补助事业单位、居民委员会、村民委员会拥有的体育场馆，用于体育活动的房产、土地，将免征房产税和城镇土地使用税。

◆1月28日，中国保监会召开的老年人住房反向押养老保险试点工作座谈会上，保监会副主席黄洪表示，2016年要在现有4个试点城市的基础上，选择经济条件较好、房地产市场较为规范、当地政府支持的城市和地区纳入试点范围。

◆2月2日，央行银监会发布通知，对房地产贷款政策作出调整：在不实施"限购"措施的城市，居民家庭首次购买普通住房的商业性个人住房贷款，原则上最低首付款比例为25%，各地可向下浮动5个百分点；对拥有1套住房且相应购房贷款未结清的居民家庭，为改善居住条件再次申请商业性个人住房贷款购买普通住房，最低首付款比例调整为不低于30%。

◆2月22日，财政部发布《关于调整房地产交易环节契税、营业税优惠政策的通知》。对个人购买家庭唯一住房（家庭成员范围包括购房人、配偶以及未成年子女，下同），面积为90平方米及以下的，减按1%的税率征收契税；面积为90平方米以上的，减按1.5%的税率征收契税。对个人购买家庭第二套改善性住房，面积为90平方米及以下的，减按1%的税率征收契税；面积为90平方米以上的，减按2%的税率征收契税。个人将购买不足2年的住房对外销售的，全额征收营业税。个人将购买2年以上（含2年）的住房对外销售的，免征营业税。

◆2月22日，财政部、国土资源部、中国人民银行、银监会联合发布《关于规范土地储备和资金管理等 相关问题的通知》指出，各地区应当结合事业单位分类改革，对现有土地储备机构进行全面清理。自 2016年1月1日起，各地不得再向银行业金融机构举借土地储备贷款。

◆2月23日，物权法司法解释历时七年终出台，未经预告登记权利人同意转移不动产所有权无效。

◆2月23日，《关于进一步加强城市规划建设管理工作的若干意见》近日印发，其中提出，加强街区的规划和建设， 分梯级明确新建街区面积，原则上不再建设封闭住宅小区。

◆3月1日，中国人民银行决定，自2016年3月1日起，普遍下调金融机构人民币存款准备金率0.5个百分点，以保持金融体系流动性合理充裕，引导货币信贷平稳适度增长，为供给侧结构性改革营造适宜的货币金融环境。

◆3月9日，养老机构自用房产土地将暂免房产税土地使用税。

◆3月10日，深圳出手整治"首付贷"。

◆4月15日，国土部：房地产库存高城市停供住房用地。

◆4月29日，"营改增"新系统今起上线。

◆5月3日，财政部下发了《关于营改增后契税房产税土地增值税个人所得税计税依据问题的通知》。通知明确，营改增后计征契税的成交价格不含增值税；房产出租的，计征房产税的租金收入不含增值税；土地增值税纳税人转让房地产取得的收入为不含增值税收入。

◆5 月 4 日，国务院总理李克强主持召开国务院常务会议时提出，培育和发展住房租赁市场措施，推进新型城镇化满足群众住房需求。

◆6 月 3 日，国务院发布《关于加快培育和发展住房租赁市场的若干意见》，支持住房租赁消费，促进住房租赁市场健康发展。《意见》指出，将鼓励房地产企业开展住房租赁业务，鼓励个人出租住房的优惠政策，政策还将对提供住房租赁的公司和个人提供税收优惠。对于承租人来说，非本地户籍承租人可按照《居住证暂行条例》等有关规定申领居住证，享受义务教育、医疗等国家规定的基本公共服务。值得注意的是，其中明确指出允许改建房屋用于租赁，并且其土地性质将被调整为居住用地。意见还指出，允许将商业用房等按规定改建为租赁住房，土地使用年限和容积率不变，土地用途调整为居住用地，调整后用水、用电、用气价格应当按照居民标准执行。

◆6 月 6 日，住建部：部署开展房地产中介专项整治。

◆7 月 21 日，万科首入世界 500 强，创始人王石表态感恩深圳。

◆7 月 29 日，住房城乡建设部、国家发展改革委、工业和信息化部、人民银行、税务总局、工商总局、银监会等七部门联合印发了《关于加强房地产中介管理促进行业健康发展的意见》。《意见》要求，中介机构不得强迫委托人选择其指定的金融机构，不得将金融服务与其他服务捆绑，中介机构不得提供或与其他机构合作提供首付贷等违法违规的金融产品和服务，不得向金融机构收取或变相收取返佣等费用。金融机构不得与未在房地产主管部门备案的中介机构合作提供金融服务。中介机构在门店、网站等不同渠道发布的同一房源信息应当一致。中介机构不得发布未经产权人书面委托的房源信息，不得隐瞒抵押等影响房屋交易的信息。中介机构要在经营场所醒目位置标识全部服务项目、服务内容、计费方式和收费标准，各项服务均须单独标价。

◆8 月 24 日，住建部重拳打击房产中介违规 共提出了 16 项政策措施。

◆8 月 25 日，住建部要求统筹规划城市地下综合管廊建设。

◆9 月 1 日，由国家工商总局发布的《互联网广告管理暂行办法》正式生效，明确要求互联网广告应当具有可识别性，显著位置标明“广告”，付费搜索广告应当与自然搜索结果明显区分。且弹窗广告要能一键关闭。在粉丝经济中，网红、明星的微博、微信等自媒体发布商业广告，也要显著标明“广告”。特别注意的是，朋友圈、微博等社交媒体转发广告也要担责。而且此次广告法规定了一系列涉及虚假、夸张、国家等方面的敏感词，其影响席卷了整个广告圈。

◆9 月 6 日，住建部发布了贯彻《法治政府建设实施纲要（2015—2020 年）》的实施方案。住建部将完善房地产宏观调控，坚持分类调控，因城施策。建立全国房地产库存和交易监测平台，形成常态化房地产市场监测机制。实施住宅用地分类供应管理，完善和落实差别化税收、信贷政策。建立公开规范的住房公积金制度，改进住房公积金提取、使用、监管机制，支持居民合理住房消费。同时，推行权力清单、责任清单、负面清单制度。

◆9 月 29 日，广东省住房和城乡建设厅与广东省工商行政管理局发布了关于进一步规范广东房地产广告活动的通知，房地产销售广告对一些系列内容明令禁止。

◆9 月 30 日，国土部表示，全国将停止别墅类供地 联排低密度项目审批受控。

◆9 月 30 日开始，北京、天津、苏州、成都、合肥、南京、深圳等 30 多个城市先后发布新楼市调控政策，除了重申或是重启限购之外，最严厉的是信贷政策的从严从紧，提高首付比例和收回房贷利率优惠同时进行，抑制投资需求，防止房价过快上涨。

◆10 月 4 日，为贯彻落实国家对房地产市场调控要求，进一步促进我市房地产市场平稳健康发展，满足刚性需求，支持合理改善型需求，抑制投资需求，打击投机炒作，稳定市场预期，防控资产泡沫，防止房价过快、过高上涨，深圳发布《关于进一步促进我市房地产市场平稳健康发展的若干措施》的通知（深府办〔2016〕28号）。

◆10月31日，中共中央办公厅、国务院办公厅印发《关于完善农村土地所有权承包权经营权分置办法的意见》。

◆11月11日，国家六部门联合发表意见指出，城镇人买农村宅基地和住房不得办证。

◆11月8日起，国家发改委和住房城乡建设部部署从2016年11月10日至12月10日在全国范围内开展商品房销售明码标价专项检查，检查对象为房地产开发企业和房地产中介机构，对房地产开发企业在售楼盘和房地产中介机构门店明码标价情况进行检查。

◆11月15日，深圳公积金首付比例调整，住房公积金缴存职工家庭名下在本市无房，使用公积金贷款购买首套住房的，公积金贷款首付款比例最低为30%；职工家庭名下在本市拥有1套住房的，使用公积金贷款再次购房的，公积金贷款首付款比例不低于70%。

◆11月27日，中共中央、国务院近日印发《中共中央、国务院关于完善产权保护制度依法保护产权的意见》，为解决长期以来社会所关注的八大产权问题明确了方向。

◆12月14日，深圳发布个人出租房屋征税意见稿，房东缴纳个税税率为10%。

◆12月26日，官方透露不动产登记制全面落地，全国市县均实现发新停旧

◆12月30日，商品房现房销售须先价格备案，严格执行明码标价、一房一价。

附录三

深圳市规划和国土资源委员会（市海洋局）系统机构设置

- 深圳市规划和国土资源委员会（市海洋局）
  - 秘书处
  - 人事处
  - 计划财务处
  - 政策法规处
  - 总体规划处
  - 地区规划处
  - 土地利用处
  - 规划和资源管理处
  - 生态环保和减灾处
  - 科技信息和经济发展处
  - 市政交通处
  - 城市与建设设计处
  - 地质环境处
  - 房地产业处
  - 不动产籍管理处
  - 测绘处
  - 直属单位
    - 市规划土地监察局
    - 市海监渔政处
    - 市城市更新办公室
    - 市土地整备局
  - 派出机构
    - 福田管理局
    - 罗湖管理局
    - 南山管理局
    - 宝安管理局
    - 龙岗管理局
    - 盐田管理局
    - 光明管理局
    - 坪山管理局
    - 龙华管理局
    - 大鹏管理局
  - 事业单位
    - 市规划国土发展研究中心
    - 市规划国土房产信息中心
    - 市公共艺术中心
    - 深圳当代艺术馆与城市规划展览馆筹建办公室
    - 市轨道交通4号线拆迁办公室
    - 市土地房产交易中心
    - 市房地产权登记中心
    - 市房地产评估发展中心
    - 市土地储备中心
    - 市地籍测绘大队
    - 市海洋监测预报中心
    - 市数字城市工程研究中心

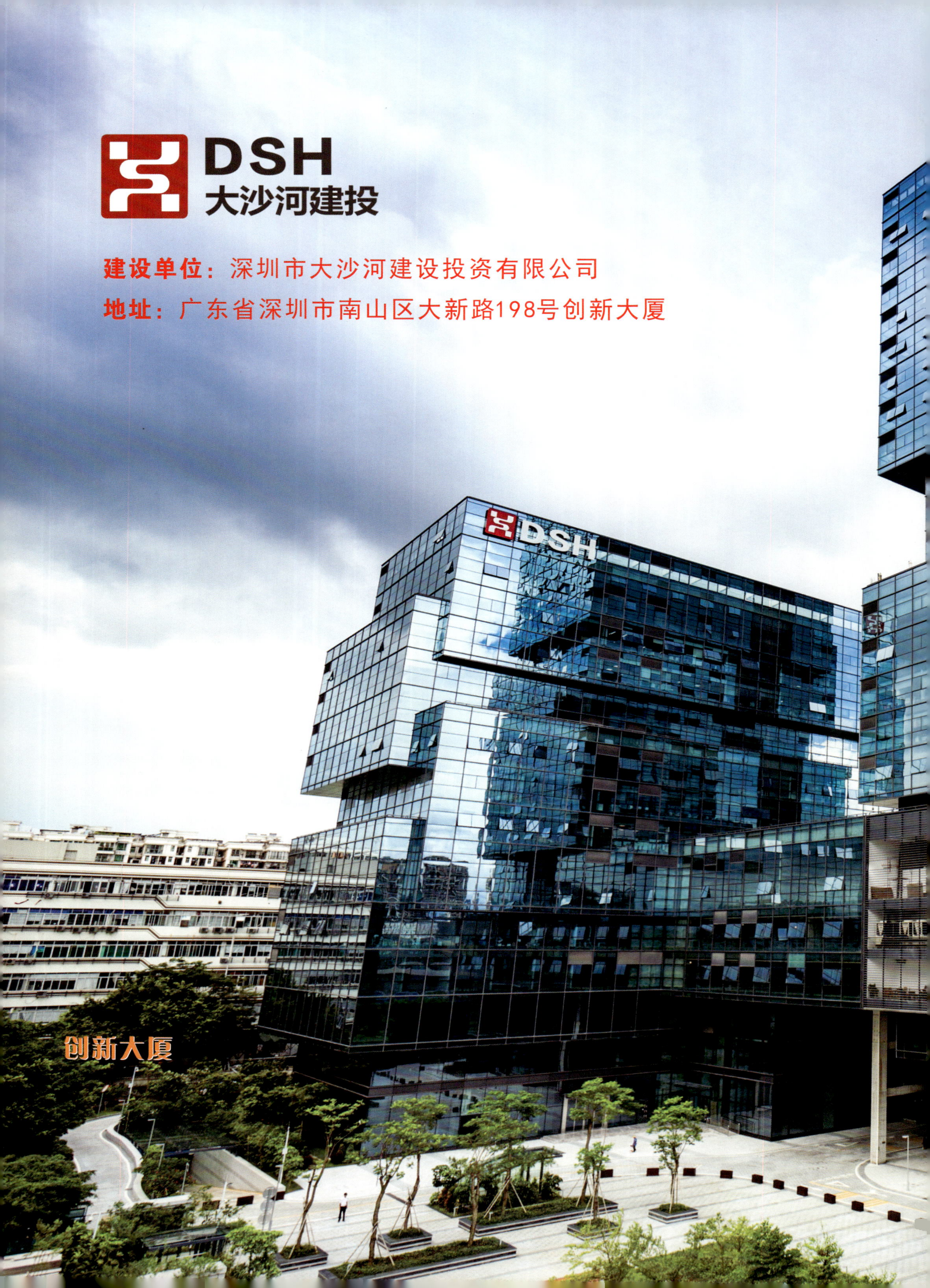

建设单位：深圳市大沙河建设投资有限公司

地址：广东省深圳市南山区大新路198号创新大厦

创新大厦

一、创新大厦

南山区马家龙片区的创新大厦总部基地由大沙河建投公司建设和管理，已于2016年投入使用，大厦总建筑面积10万平方米，总投资约8.5亿元，是南山区政府为高科技、创新型优质企业解决总部研发用房的重点项目，现已成为南山打造总部经济的新引擎。

创新大厦项目在建设过程中，坚持贯彻“创新、协调、绿色、开放、共享”五大发展理念，落实“供给侧结构性改革”关于提高供给质量方面的要求，一是引进世界500强、全国物业品牌综合排名第一的万科物业负责大厦物业服务；二是引入世界500强企业、全球最大的餐饮公司康帕斯负责创新大厦员工餐厅的运营服务；三是完善硬件建设，坚持绿色低碳建筑理念，大楼采用低辐射LOW-E全玻璃幕墙，全面应用智能信息化系统，配备17部高速电梯，打造高端商务办公空间。

建设单位：深圳市大沙河建设投资有限公司

地址：广东省深圳市南山区大新路198号创新大厦

南山智园

二、南山智园

南山智园是深圳国家自主创新示范区——留仙洞、大学城片区的重要区块，位于南山区桃源街道学苑大道1001号，由大沙河建投公司运营和管理，该园区是以南方科技大学和深圳大学新校区建校为契机，将周边的旧村、旧工业区、低端制造业改造成为一个战略性新兴产业集聚园。南山智园规划用地面积14.2万平方米，容积率3.72，建筑面积65.79万平方米，园区共14栋办公楼,分为两期进行建设，一期目前已投入使用，园区主要建筑功能为研发（占82%）、办公（占15%）及商业（占3%），园区设有地下车库停车位约3000个。

南山智园按“一楼一园区”的专业规划，建设了网络信息安全、机器人、军工、大数据分析、集成电路设计等专业园区，成为引领战略性新兴产业和未来产业的创新高地。吸引清华—伯克利深圳学院、深港青年创新创业基地、深圳未来媒体研究院、中科创客学院等创新载体入驻，引进千人计划、孔雀计划等海内外高端人才，形成优质资源的聚集效应，打造综合创新生态体系。截至2016年底，南山智园共引入企业及各类创新机构共计103家，出租率达100%，全园总营业收入达到317.49亿元，纳税总额达到12.13亿元, 吸纳就业人数约21277人，其中，大学专科以上学历有17294人，占总人数的81.28%。其中博士研究生学历292人，占1.37%；硕士研究生学历2024人，占9.51%；大学本科学历10419人，占48.96%；大学专科学历4559人，占21.42%，该项目已成为“三区联动”的典范项目。

三、茶光总部园区

茶光总部园区是列入南山区北部片区协调发展三年行动计划的重点建设项目，位于南山区西丽沙河西路路段，园区建筑面积46万平方米，属于旧工业区城市更新项目，建成后功能定位为创新型、高科技企业总部研发基地，可为一大批优质企业解决产业用房。大沙河建投公司正在全力以赴加快项目建设工程施工进度，同时在茶光项目建筑设计和规划中，坚持贯彻“深圳质量、深圳标准”，按照中心城区的高标准，提升设计品质，建设一流园区。

茶光总部园区主要经济技术指标

项目		数量
开发建设用地面积（m^2）		63652
容积率		7.3
计容积率总建筑面积（m^2）		464400
其中	产业研发用房	353500（含创新型产业用房78400）
	产业配套用房	103600
	公共配套设施	7300

筑 就

我们还在前行……

We are still keeping our pace.

……

2016年
大连·高发上东1号（二期）

2014年
深圳·高发悦驰苑

2013年
黑河·高发曦城、秦皇岛·莲花岛
深圳市房地产业协会第六届理事单位

2012年
深圳·第5大道V国际（2012深圳最具市场竞争力楼盘）、深圳房地产开发最具发展潜力企业

2011年
大连·高发上东1号
深圳市房地产综合实力百强企业

2009年
深圳·第5大道（三期）

2007年
深圳·第5大道（二期）
通过了ISO9001:2000质量管理体系认证

2006年
深圳·高发城驰苑

2004年
深圳·第5大道（一期）

2002年
深圳·高发东方科技园

2000年
深圳·天泽花园

1999年
深圳·高发佳苑

1998年
深圳·高发单身公寓楼
被深圳市政府评为“深圳市文明企业”

1997年
深圳·高发住宅楼

1992年
深圳·高发科技工业园

1988年
深圳·猫头山开发区
征地、拆迁、土地开发

1987年
广深高速公路（深圳段）征地、拆迁